교원 임용시험 대비

AK

임용 경제학
길라잡이

허역 편저

박영사

Introduction

2년 만에 'AK 임용 경제학 길라잡이' 교재를 개정했습니다. 이번 개정 교재에 반영된 특징을 간단히 살펴보면 다음과 같습니다.

출간에 가장 큰 힘이 되어준 수험생 여러분께 감사드리며

이전 교재 작업을 할 때에도 많은 도움을 받았던 멋진 수험생들 모두가 이번에도 역시 헤아릴 수 없는 도움을 주었습니다. 많은 수험생들이 학원 홈페이지 질의-응답 게시판은 물론이고 현장 강의에서 다양한 질문을 통해 필자의 의도와 달리 해석될 수 있는 부분에 대한 지적을 해 주었습니다. 이번 개정 작업에서는 이를 충실히 반영하기 위해 수험생들이 궁금해 하는 상당히 많은 내용을 기존의 "Q&A……solution" 이외에 "Q&A……?" 항목을 별도로 추가하여 수록함으로써 수험생들의 궁금증이 해소될 수 있도록 노력했습니다.

'교원 임용 시험' 출제 방향에 특화된 교재

경제 영역 출제 방향이 연이어 기본내용 중심으로 이루어지고 있습니다. 이러한 추세를 반영하기 위해 다소 심화된 내용들을 과감하게 삭제하였고, 내용을 보다 쉽게 이해할 수 있도록 상세한 설명들을 추가했습니다. 이 결과 기존의 100여 쪽 정도 내용이 삭제되었고, 100여 쪽 정도가 새롭게 추가되어 전체 분량은 기존 교재와 비슷해졌습니다.

스스로 학습을 돕는 문제 수록

교원 임용 시험 합격의 '길라잡이'라는 모토를 그대로 실현하기 위하여 앞에서 배운 내용을 바로 확인할 수 있도록 주요 '기출문제'는 물론 '확인 TEST'와 다양한 'Quiz'를 자세한 해설과 함께 수록하였습니다. 이를 통해 진정한 임용시험 합격의 '길라잡이'라는 모토를 실천하고, 문제 적응력을 함께 배양할 수 있도록 최선의 구성을 하였습니다.

알기 쉽게 풀어 쓴 경제학 이야기

이번에도 필자가 기존에 출간한 단행본인 『알고 보면 쉬운 경제학 – 황금비율』의 내용의 상당 부분을 첨가하여 강의 중 배웠던 이론에 대한 구체적인 사례를 통해 이해도를 높이고자 시도하였습니다. 친근한 이야기 형태의 글을 통해 경제학에 대한 막연한 두려움을 가볍게 없애줌으로써 경제학 초심자도 쉽게 교재를 이용할 수 있도록 시도하였습니다.

다채로운 시각자료의 활용

컬러 인쇄를 통하여 수험생의 시각적 피곤함을 덜어주고자 노력하였습니다. 특히 그래프를 통해 이론을 이해할 때 도움이 될 수 있도록 다양한 색깔을 활용하여 시각적 효과를 높이고자 하였습니다.

아무쪼록 본 교재가 수험생 여러분에게 조금이라도 도움이 된다면 더 이상의 바람이 없을 것입니다.

본 교재가 세상의 빛을 볼 수 있도록 도움을 주신 분들께 감사의 말씀을 드리고자 합니다. 우선 소중한 출간의 기회를 주신 안종만 회장님, 안상준 대표님, 조성호 기획이사님께 감사함을 전합니다. 그리고 전체 교재들의 편집 총괄 업무로 바쁨에도 불구하고 본 교재 편집을 직접 맡아주신 김선민 편집이사님께도 마음 속 깊은 곳에서부터 고마움을 전합니다. 끝으로 항상 나의 영원한 응원군인 가족 민향과 준서, 그리고 쪼꼬에게도 변함없는 사랑을 전합니다.

2023년 12월
허역

AK 경제학 여섯 가지 학습 Tip

본 교재를 통해 경제학에 대한 효과적인 공부 방법론에 대해 개략적으로 제시하고자 합니다.

하나. "경제학적 마인드를 키우자!"

경제적 선택에 있어서 항상 자원 제약이라는 조건을 잊어서는 안 되고 그것에 기초한 선택이 곧 경제학에서 요구하는 것임을 유념해야 합니다. 그것이 곧 경제학적 마인드입니다.

둘. "경제이론에 전제된 가정에 유의하자!"

경제학자는 끊임없이 모든 경제현실에 보편적으로 적용될 수 있는 경제이론을 정립하기 위한 시도를 합니다. 그러나 그것을 위해서 현실의 모든 정체변수를 고려할 수는 없습니다. 그것은 불가능하기 때문입니다. 그렇다고 그러한 시도를 포기할 수는 없습니다. 그래서 경제학자들은 단순화 작업을 통해 그 목적을 달성하고자 하는 것입니다. 그것을 위해 경제학자들이 즐겨 전제하는 조건이 그 유명한 "ceteris paribus"인 것입니다.

셋. "기본적인 미분법을 반드시 숙지하자!"

미시 경제학은 기본적으로 최적화 문제를 다루는 분야입니다. 그것은 자원 제약에 따른 필연적인 귀결입니다. 이에 따라 주어진 목표의 최적화를 묻는 것이 미시 경제학의 중심에 있게 됩니다. 그런데 그러한 최적 상태를 알기 위해 필요한 수학적 지식이 바로 미분법입니다. 총함수를 주어진 변수로 1차 미분하면 그것이 한계함수이고, 그 한계함수를 0이 되게 하는 수준에서 총함수의 최적조건을 구할 수 있게 됩니다.

다음과 같은 문제를 살펴볼까요.

> **문제** 어떤 재화의 수량을 X라 하고 총효용이 $TU = -3X^2 + 120X$일 때 한계효용은?
>
> **풀이** $M = \dfrac{dTU}{dX} = -6X + 120$

위 문제는 총함수와 한계함수와의 관계, 그리고 아주 아주 간단한 미분법만 알면 정답률 100%가 가능한 문제입니다. 만약 위 문제가 총효용이 극대일 때 수량을 구하는 문제로 변형된다면, 그것은 한계효용이 0일 때이므로 이라는 답을 쉽게 구할 수 있는 것입니다.

넷. "그래프와 친해지자!"

그래프는 경제이론을 가장 간단히 보여주는 아주 훌륭한 경제학의 설명 도구입니다. 그러므로 평소에 서술되어 있는 내용을 단순히 암기하는 식으로 접근하지 말고 그래프를 통해 내용을 정리하길 바랍니다. 이러한 그래프를 통한 이해는 실제 우리에게 매우 융통성 있는 풀이법을 제시해 줍니다.

다음과 같은 문제를 살펴볼까요.

> **문제** 수요함수가 $Q = 100 - 5P$일 때, 독점기업의 총수입이 극대인 가격수준은?
>
> **풀이** $Q = 100 - 5P$를 변형하면 $P = 20 - \dfrac{1}{5}Q$이므로
>
> $$총수입(TR) = P \times Q = \left(20 - \frac{1}{5}Q\right) \times Q = 20Q - \frac{1}{5}Q^2$$이 되어
>
> $$한계수입(MR) = 20 - \frac{2}{5}Q$$

따라서 총수입이 극대가 되기 위해서는 한계수입이 0이 되어야 하므로 $Q = 50$과 $P = 10$을 구할 수가 있습니다. 그런데 이것은 대단히 고지식한 방법입니다.

평소에 그래프와 친한 센스를 발휘하면, 수요함수가 직선일 때 총수입이 극대가 되는 점은 수요의 가격탄력도가 1인 경우이고, 그것은 곧 중점이므로 $P = 10$이라는 답을 쉽게 구할 수 있는 것입니다. 그러므로 귀찮아도 평소에 그래프를 자주 접하도록 해서 익숙해지는 것이 중요합니다.

다섯. "미시가 전제되지 않는 거시는 존재하지 않는다!"

흔히 경제학에서 미시경제와 거시경제를 별도로 생각하여 학습하려는 수험생들이 있는데, 그럴 경우 미시와 거시의 상호보완적 관계의 중요성을 간과하게 된다는 문제가 있습니다. 그런 생각이야말로 경제학 공부를 더욱 어렵게 하는 원인이 됩니다. 물론 미시와 거시가 연구범주와 방법론에서 차이가 있지만, 양자는 동전의 양면인 것입니다.

예를 들어 미시적 분석의 가장 기본인 개별수요곡선과 개별공급곡선에서 가격 축을 모두 합하면 물가라는 거시경제변수로 연결되고, 수량 축을 모두 합하면 총생산량 즉, GDP라는 거시경제변수로 연결되는 것입니다. 따라서 미시와 거시가 별개라는 생각은 멀리멀리 내다 버리는 것이 바람직합니다.

여섯. "거시 경제학은 역사이다!"

극히 기술적인 미시 경제학과 달리 거시 경제학에는 위대한 학자들의 철학이 담겨 있습니다. 또한 당시의 시대정신이 내포되어 있습니다.

예를 들어 A. Smith의 대표적 저술의 제목은 왜 "국부론"일까요? 이유는 간단합니다. 약 250년 전의 학자들의 주된 관심사는 어떻게 하면 나라를 부자로 만들어서 국민들을 배불리 먹일 수 있을까 하는 문제였기 때문입니다. 이처럼 거시 경제학을 공부할 때는 학자들이 활동했던 시대의 역사적 상황을 살펴볼 필요가 있는 것입니다. 그것이 빠른 이해를 돕는 지름길입니다.

위의 내용은 경제학을 처음 대한 사람이라면, 그리고 시행착오 중에 있는 사람이라면 꼭 한 번 마음속에 새겨 두어야 할 만한 것이라고 생각합니다.

Contents

제1편 경제학 일반론

제1장 경제활동과 경제문제   4

Theme 01   희소성과 경제문제   4
Theme 02   경제학의 구분   11

제2장 경제체제와 자본주의   20

Theme 03   경제체제와 자본주의의 변천과정   20

제2편 미시경제학

제3장 소비이론   28

Theme 04   소비이론의 기초   28
Theme 05   한계효용이론-Ⅰ   35
Theme 06   한계효용이론-Ⅱ   38
Theme 07   한계효용이론-Ⅲ   41
Theme 08   무차별곡선 이론-Ⅰ   46
Theme 09   무차별곡선 이론-Ⅱ   55
Theme 10   무차별곡선 이론-Ⅲ   59
Theme 11   무차별곡선 이론과 가격효과   71
Theme 12   무차별곡선 이론과 보상수요곡선   82
Theme 13   현시선호이론   88
Theme 14   보조제도의 경제적 효과   93

제 4 장 생산이론   100

Theme 15 생산의 기초 개념   100
Theme 16 생산함수의 기초   103
Theme 17 단기생산함수   105
Theme 18 장기생산함수   110
Theme 19 등비용선   114
Theme 20 생산자 균형   116
Theme 21 여러 가지의 생산함수   118
Theme 22 규모에 대한 보수와 기술 진보   124

제 5 장 생산비용이론   128

Theme 23 생산비용의 기초 이론   128
Theme 24 단기비용함수   131
Theme 25 장기비용함수   139

제 6 장 수요 · 공급이론   146

Theme 26 수요   146
Theme 27 공급   158
Theme 28 시장의 균형과 가격   161

제 7 장 수요 · 공급이론의 응용   170

Theme 29 수요의 가격탄력성   170
Theme 30 수요의 소득탄력성과 교차탄력성   184
Theme 31 공급의 가격탄력성   189
Theme 32 소비자 잉여와 생산자 잉여   193
Theme 33 조세와 보조금의 경제적 효과   199
Theme 34 가격통제와 수량통제   212

Contents

제 8 장 **시장이론**   222

Theme 35 완전경쟁시장의 의의   222
Theme 36 완전경쟁기업의 균형   228
Theme 37 독점시장의 의의   235
Theme 38 독점기업의 균형   240
Theme 39 가격차별   246
Theme 40 독점기업에 대한 규제   256
Theme 41 독점적 경쟁시장의 의의   262
Theme 42 과점시장의 의의   267
Theme 43 다양한 과점이론   269
Theme 44 게임이론   275

제 9 장 **생산요소시장과 분배이론**   288

Theme 45 생산요소시장 이론   288
Theme 46 지대론과 인적 분배론   301

제10장 **일반균형 분석과 시장의 실패**   314

Theme 47 시장균형 분석   314
Theme 48 완전경쟁과 Pareto 최적성   317
Theme 49 사회 후생함수와 사회 무차별곡선   325
Theme 50 외부효과   333
Theme 51 공공재   345
Theme 52 정보의 비대칭성   357

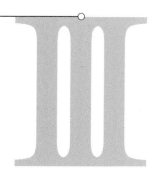

제3편 거시경제학

제11장 국민소득이론   368

Theme 53   국민소득의 기초 개념   368
Theme 54   국내총생산   378

제12장 소비이론과 투자이론   392

Theme 55   소비이론   392
Theme 56   투자이론   410

제13장 국민소득결정론   420

Theme 57   고전학파의 국민소득 결정이론   420
Theme 58   케인스의 국민소득 결정이론   431
Theme 59   승수효과   442

제14장 화폐금융이론   448

Theme 60   화폐와 화폐제도   448
Theme 61   화폐수요이론   455
Theme 62   화폐공급이론   478
Theme 63   이자율 결정이론   485
Theme 64   금융과 금융정책   495
Theme 65   금융정책 수단   501

제15장 조세와 재정   514

Theme 66   조세   514
Theme 67   재정정책   520

Contents

제16장 거시경제의 균형　　　530

Theme 68 생산물시장과 화폐시장의 동시균형　　530
Theme 69 *IS–LM* 분석　　538
Theme 70 완전고용 가능성과 구축효과　　549
Theme 71 총수요(AD)–총공급(AS) 모형　　557

제17장 물가와 실업　　　584

Theme 72 인플레이션 이론　　584
Theme 73 실업이론　　601
Theme 74 스태그플레이션과 자연실업률 가설　　615

제18장 경기변동과 경제성장론　　　644

Theme 75 경기변동론　　644
Theme 76 경제성장이론　　651

제 4 편 국제경제학

제19장 국제무역론   668

Theme 77 절대우위론과 비교우위론   668
Theme 78 헥셔 – 올린의 정리와 현대무역이론   682
Theme 79 교역조건   689
Theme 80 무역정책론   693
Theme 81 경제통합   708

제20장 국제수지론과 환율론   712

Theme 82 국제수지론   712
Theme 83 환율   721
Theme 84 환율의 결정 – Ⅰ(구매력 평가설과 환수급설)   726
Theme 85 환율의 결정 – Ⅱ(이자율 평가설)   737
Theme 86 환율제도   741

제21장 개방경제하의 거시경제 균형   748

Theme 87 개방경제하의 국민소득 결정과 BP곡선   748
Theme 88 IS–LM–BP 모형   758

제1편

경제학 일반론

제 1 장 경제활동과 경제문제

제 2 장 경제체제와 자본주의

제1장
경제활동과 경제문제

Theme 01 │ 희소성과 경제문제

❶ 경제문제의 발생

1) 경제문제: 한정된 자원의 효율적인 활용에 대한 의사결정 문제 ⇒ 경제적 선택의 문제

2) 경제문제 발생의 원인

  (1) 인간의 무한한 욕망에 비해 그 욕망을 충족시켜 줄 수 있는 자원이 부족한 것이 경제문제 발생의 원인이다. ⇒ 희소성의 원칙(law of scarcity: G. Cassel)

> ┌─ 희귀성과 희소성 ─
>
>   북태평양 연안에서 잡히는 집게발이 하나인 바다가재는 두 개의 집게발을 가진 가재보다 개체수가 더 적은 희귀종으로 알려지고 있다. 하지만, 소비자들이 두 발 가재 요리를 더 선호하다 보니 두 발 가재는 외발 가재보다 더 희소한 자원으로 취급되고 있다.

  (2) 여기서 "희소하다"라는 것은 자원의 절대량이 부족하다는 것이 아니고 인간의 욕망에 비해 상대적으로 그 존재량이 부족하다는 것을 의미한다.

> ┌─ 실질적 희소성(real scarcity)과 경제적 희소성(economic scarcity) ─
>
>   여름휴가 때 요트를 타고 바다로 나왔다가 풍랑을 만나 배가 난파되어 침몰하게 되었다고 하자. 승선인원은 4명인데 구명조끼가 3벌밖에 없다. 그렇다면 구명조끼를 어떤 기준에 따라 배분할 것인가? 이때 구명조끼가 부족한 것이 실질적 희소성(real scarcity)이다. 구명조끼를 얻기 위해 가장 높은 가격을 제시한 사람에게 배분한다고 해서 부족 문제가 해결될 수는 없다. 그런데 만약 '오리배 타기'를 하려고 하는데 구명조끼를 입지 않으면 배를 타지 못하게 한다면 구명조끼의 부족 문제는 가격으로 해결할 수 있다. 가장 높은 가격을 제시한 사람부터 구명조끼를 배정하면 되는 것이다. 이때의 부족이 경제적 희소성(economic scarcity)이다. 경제이론에서 말하는 부족 문제는 이러한 경제적 희소성의 문제이다.

  (3) 자원의 희소성으로 인해 인간의 욕구 충족을 위해 이와 같은 한정된 자원을 어떻게 활용할 것인지의 선택의 문제, 즉 경제문제가 등장한다.

3) 기본적인 경제문제 – P. A. Samuelson

  (1) 무엇을 얼마나 생산할 것인가(What & How much to produce)?: 생산물의 적절한 종류와 생산량의 선택을 결정하는 문제이다. ⇒ 자원 배분 문제

(2) **어떻게 생산할 것인가(How to produce)?**: 생산에 있어 적절한 생산방법과 기술의 선택에 관한 문제이다. ⇒ 무인 자동화 시스템을 갖출 것인가, 해외로 공장을 이전할 것인가 하는 등의 문제

(3) **누구를 위해 생산할 것인가(For whom to produce)?**: 생산활동에 참여한 경제주체에게 생산물을 나누어 줄 때 고려하게 되는 분배방식에 관한 선택의 문제를 의미한다.

  ① 분배의 일반적 기준(효율성): 생산활동에 기여한 정도에 따른 분배

  ② 분배의 사회적 기준(형평성): 사회정의에 따른 규범적 분배 ⇒ 최소한의 인간다운 삶 보장

(4) **언제 생산할 것인가(When to produce)?**: 석유, 석탄, 기타 광물과 같이 한번 써 버리면 재생할 수 없는 자원(exhaustible resources)의 시간적인 배분에 관심을 가지면서 그 중요성이 부각되었다. ⇒ 세대 간 자원 배분과 관련된 문제

Q&A

다음 밑줄 친 내용에 해당하는 기본적인 경제문제는?

㉠ 정유년에 전선 7척을 새로 만들기로 하였다. 그런데 여러 읍진에 있는 조선소마다 공정이 들쭉날쭉하고 목수들의 솜씨도 차이가 났기 때문에 ㉡ 조선소들을 우수영으로 통합하여 목재와 연장을 나누어 쓰도록 하였다. 전선을 완공한 날에 ㉢ 돼지 5마리를 보내 먹게 하였다.

Solution

  ㉠: 무엇을 얼마나 생산할 것인가(What & How much to produce)?

  ㉡: 어떻게 생산할 것인가(How to produce)?

  ㉢: 누구를 위해 생산할 것인가(For whom to produce)?

❷ 경제문제와 합리적 선택

1) 선택의 기준

(1) **효율성(efficiency)**: 최소의 비용으로 최대의 효과를 얻는 경제원칙(economic principle)

  ⇒ 희소한 자원을 가장 효율적으로 배분

  ① 소비자의 경제원칙: 최소 지출로 최대의 만족을 얻는 것으로 효용 극대화를 의미

  ② 생산자의 경제원칙: 최소 비용으로 최대의 산출을 얻는 것으로 생산 극대화를 의미

(2) **형평성(equity)**: 경제적 선택을 할 때 공공 복리와 사회 정의의 실현을 위해 필요한 기준

  ① 기회 균등의 원칙: 각 경제주체에게 생산에 참여할 기회가 균등하게 주어져야 한다는 원칙

  ② 필요도의 원칙: 최소한의 삶을 영위하기 위한 최소한의 정도는 분배되어야 한다는 원칙

> ┌ 효율성과 형평성의 조화 ─────────────────────
>
> 저소득층 가구 학생들에게 무상교육을 실시한다고 가정해 보자. 평소에 학원조차 제대로 다니지 못하던 아이들에게 공부할 기회를 주게 되면, 이들의 능력이 계발되어 경쟁력 있는 인재로 성장할 수 있다. 그 결과 개인적으로는 소득이 증가하므로 소득분배의 형평성이 높아지고, 사회적으로는 인적자원을 보다 효율적으로 활용하므로 자원배분의 효율성이 높아질 수 있다.

2) 기회비용과 합리적 선택

(1) 기회비용(opportunity cost)

① 한 경제에서의 선택은 반드시 어떤 것을 포기함을 수반한다. ⇒ 경제적 선택의 결과로 포기되는 여러 대안의 가치 중에서 가장 경제적 가치가 큰 대안(the next best alternative)이 바로 기회비용

② 어떤 선택을 하는 경우에 선택된 것의 가치와 포기해야 하는 대안의 가치는 모두 선택 당사자만 알 수 있는 것이므로 기회비용은 주관적 개념이다. 같은 이유로 동일한 선택을 하였다 하더라도 선택 상황에 따라 기회비용의 크기는 서로 다를 수 있는 것이다.

기회비용의 주관성과 상대성

> **방송:** 13시 출발 예정 △△항공 001편이 승객 여러분께 알려드립니다. 현재 탑승 가능 좌석보다 예약자 수가 두 명 초과하였습니다. 16시에 출발하는 002편을 이용하실 두 분께는 20만 원 상당의 마일리지를 드리겠습니다.
>
> **영희:** 제가 002편을 타겠습니다.
>
> **방송:** (잠시 후) △△항공 001편 승객 여러분께 다시 한 번 알려드립니다. 16시에 출발하는 002편 탑승을 신청하시는 한 분께는 30만 원 상당의 마일리지를 드리겠습니다.
>
> **철수:** 제가 002편을 타겠습니다.

마일리지가 20만 원이었을 때 영희가 이에 응했다는 것은 영희에게 001편의 탑승의 가치(기회비용)가 20만 원보다 작다는 것을 의미한다. 그러나 마일리지가 20만 원이었을 때 이에 응하지 않던 철수가 마일리지가 30만 원이었을 때 응했다는 것은 철수에게 001편의 탑승의 가치(기회비용)는 20만 원보다는 크지만 30만 원보다는 작다는 것을 의미한다. 따라서 두 사람에게 기회비용은 서로 동일하지 않다.

— 튤립 꽃의 전설과 기회비용 —

옛날 한 공주가 3명으로부터 청혼을 받았다. 이웃나라 황태자는 "나와 결혼해주면 찬란한 왕관이 당신 것이 된다."고 하며, 우아한 젊은 기사는 "나와 결혼해 주면 집안에 대대로 내려오는 보검을 당신에게 주겠다."고 하며, 부유한 상인은 "나와 결혼해 주면 우리 집 금고의 황금덩이가 모두 당신 것이 될 것이다."고 하며 청혼을 했다. 청혼이 쇄도하자 공주는 누구를 선택해야 할지 몰라 고민하였다. 황태자비가 되는 것도, 우아한 젊은 기사의 부인이 되는 것도 그리고 부유하고 자유로운 상인의 아내가 되는 것도 모두 포기하기 어려운 매력이었기 때문이다. 공주가 결정을 내리지 못하는 사이에 청혼했던 세 사람은 기다리다 못해 떠나 버렸다. 이에 공주가 상심해서 병을 앓다 죽었는데, 무덤에서 피어난 꽃이 튤립이었다. 그 꽃송이는 왕관을 닮고, 꽃잎은 기사의 보검을, 그리고 뿌리는 상인의 금괴를 닮았다고 한다. 이 튤립공주의 불행은 어떤 것도 쉽게 포기하지 못했기 때문에 발생했다.

Q&A 기회비용에 대한 정확한 이해를 위해 고려해야 할 요소는? ─────

1. 서로 다른 대안을 전제로 선택을 해야 한다는 것은 그러한 선택을 하는 누군가가 있다는 것이다.
2. 선택을 위해 포기한 대가를 의미하는 기회비용은 선택을 하는 사람에 따라 달라질 수 있다. 따라서 기회비용은 제 3자에 의해서 측정되거나 객관화할 수 없는 주관적 가치라는 특성을 갖는다.
3. 기회비용은 선택의 결과에 따라 사후적으로 발생하는 것이 아니라 선택을 하기 전 차선의 대안으로 평가되는 사전적 개념으로 선택의 바로 그 순간에만 의미를 갖는다. 즉 기회비용은 선택에 의해 영향을 받는 것이 아니라 선택에 영향을 주는 것이다.

③ 경제학에서의 비용은 모두 이러한 기회비용으로 이해된다.

┌─ 기회비용의 측정 ─────────────────────────────────
│ 기회비용 = 이 선택을 하지 않았다면 지불할 필요가 없었던 비용
│   + 이 선택을 하지 않았다면 얻을 수 있었던 경제적 이익
└──

(2) 합리적 선택(rational choice)

① 기회비용을 고려하여 희생은 최소화하고 만족은 극대화시키는 선택하는 것을 말하며, 그렇게 자원을 사용하려는 의지를 경제하려는 의지(will to economize)라 한다.

② 여기서 '합리적'이란 의미는 목표 자체가 합리적이라는 것은 아니다. 그것은 어떤 목표가 주어 졌을 때, 그것을 달성하는 수단이 합리적이어야 한다는 뜻이다.

알고 보면 쉬운 경제학 | 세상에는 공짜가 없다는데?

다음과 같은 옛날 이야기가 있다.

"옛날 옛적에 우애가 좋았던 삼형제에게는 각각 아주 귀한 보물이 있었다. 첫째에게는 아무리 먼 곳이라도 볼 수 있는 천리경이 있었고, 둘째에게는 어디든지 갈 수 있는 나는 양탄자가 있었고, 막내인 셋째에게는 먹게 되면 어떤 병도 낫게 하는 사과가 한 개 있었다. 어느 날 첫째가 우연히 천리경을 통해 이웃 나라를 살펴보던 중 이름 모를 병을 앓고 있는 공주로 인해 시름에 빠진 그 나라의 임금님의 모습을 보게 되었다. 그런데 임금님은 공주의 병을 낫게 해주는 사람은 누구든지 공주와 결혼시켜 나라를 물려주겠다는 방을 전국 곳곳에 붙여 놓고 있었다. 그래서 삼형제 는 둘째의 양탄자를 타고 이웃 나라로 건너가 임금님을 만나 공주를 낫게 해 주겠다고 했다. 임금님은 매우 기뻐하 며 이를 허락하였다. 그리하여 막내가 갖고 있는 사과를 공주에 먹이니 병이 씻은 듯이 낫게 되었다. 임금님은 건강 을 되찾은 공주를 보며 기쁨을 감추지 못했지만 한편으로는 삼형제 중에서 누구를 공주와 결혼시켜야 할지 고민하 게 되었다. 천리안이 없었다면 공주의 병을 알지 못했을 것이고, 양탄자가 없었다면 병을 치료할 시기를 놓칠 수 있 었겠고, 사과가 없으면 병을 낫게 하지 못했을 것이고… 이리하여 임금님의 고민은 깊어만 갔다."

위 경우에 경제학적 관점에서 본다면 과연 누구와 결혼시키는 것이 옳은 판단일까?

우리의 인생을 한마디로 정의하기는 어렵지만 '선택의 연속'이라 해도 지나친 말은 아닐 것이다. 그런데 이러한 선 택을 하는 데 있어서 우리가 반드시 고려해야 하는 것이 자원의 희소성이다. 이러한 제약 때문에 우리는 우리가 원 하는 모든 것을 할 수는 없는 것이다.

예를 들어 다음 그림을 보면 이 문제를 쉽게 이해할 수 있게 된다.

그림은 주어진 자원을 가장 효율적으로 활용하여 생산할 수 있는 X재와 Y재의 최대 생산가능량의 궤적을 의미하는 생산가능곡선이다. 예컨대 점 a에서 점 b로 생산점을 옮기면 X재의 생산량은 X_0에서 X_1으로 증가하게 된다. 그러나 이를 위해서는 반드시 Y재의 생산량을 Y_1에서 Y_0로 감소시켜야 한 다. 결국 주어진 자원이 한정되어 있는 한 X재 생산을 증가시 키려면 필연적으로 일정량의 Y재 생산을 희생(포기)해야 하 는 것이다.

이처럼 어떤 경제적 선택을 하기 위해 포기해야 하는 최선

7

의 대안을 '기회비용'이라고 부른다. 경제학에서는 모든 비용을 이러한 기회비용으로 이해한다.

필자는 매주 일요일이 되면 날씨가 여간 나쁘지 않은 한 꼭 집 근처에 있는 우면산이란 곳을 아침 일찍 오른다. 물론 동네 야산이기 때문에 설악산처럼 입장료를 지불하지는 않는다. 그렇다면 이 경우에는 공짜로 산을 오른 것이 아닐까?

이러한 질문에 답을 하기 위해서는 우선 경제학에서 이해하는 비용에 대한 정의가 필요하다. 만약 비용을 우리의 호주머니에서 나가는 금전적인 것으로만 이해한다면 입장료를 지불하지 않았으므로 공짜일 것이다. 그러나 앞에서 언급한 것처럼 경제학에서는 비용을 금전적인 것에만 한정하지 않고 기회비용 개념으로 이해하기 때문에 다음과 같이 판단해야 하는 것이다. 만약 필자가 우면산에 오르지 않았다면 다른 것을 할 수는 없었을까? 하다못해 산에 갔다 오는 시간만큼 그동안 부족한 잠을 더 잘 수도 있을 것이다. 따라서 일요일의 단잠을 포기하지 않으면 우면산에 오를 수는 없을 것이다. 왜냐하면 주어진 시간은 한정되어 있으므로… 결국 비록 입장료를 지불하지 않고 산에 갔다 왔지만 이를 위해 귀한 일요일 아침의 단잠을 포기했으므로 공짜가 아닌 것이다.

이렇게 기회비용을 이해한다면, 불가에서 끊임없는 수양과 참선을 통해 깨달음을 얻고자 하는 이판(理判)의 길을 포기하고 사찰의 관리업무를 맡아 처리하는 사판(事判)의 길을 선택한 스님들의 선택에도, 전문기사로서 대회에 참여하는 것이 금지된 한국기원 사무총장에 취임한 OOO 九단의 선택에도 기회비용은 엄연히 존재한다. 즉, 세상에는 공짜가 없는 것이다.

자, 이제 옛날 이야기 속에 등장한 임금님의 고민을 경제학적 관점에서 해결해 보자. 우리가 고려해야 할 핵심적인 요소는 무엇보다 공주의 병을 고치기 위한 선택을 했을 때 세 사람은 과연 무엇을 희생(포기)했는가가 아닐까? 물론 첫째와 둘째의 천리경과 나는 양탄자가 없었다면 공주의 병은 고칠 수가 없었을 것이다. 그러나 천리경과 양탄자는 그 이후에도 그들에게 남아있으니 희생의 정도는 미약하다. 하지만 셋째는 그 귀한 사과를 공주에게 먹임으로써 더 이상 수중에는 사과가 남아있지 않게 된 만큼 값진 희생을 하였다. 그렇다면 경제학적 입장에서는 사과를 희생한 막내와 공주의 결혼 결정이 합리적이 아닌가 하는 것이 필자의 생각인데 임금님의 생각은 어떨지 궁금하다.

매몰비용(sunk cost)

우리 속담에 '엎질러진 물'이라는 말이 있다. 물동이가 넘어져 물이 엎질러지면 다시는 주워 담을 수 없다는 말이다. 경제활동에서도 한 번 선택하면 되돌릴 수 없는 경우가 많다. 극장에서 영화를 관람하기 전에 안타깝게도 표를 잃어버렸다면 표 구입비용은 매몰비용이 된다. 또한 뷔페 식당에서 초밥 하나를 먹든 100개를 먹든 지불된 음식비는 역시 매몰비용이 된다. 이처럼 어떠한 경제적 선택을 하든지 회수가 불가능한 비용은 매몰비용인 것이다. 따라서 이러한 매몰비용은 경제적 선택에 있어 고려되어서는 안 되는 것이다.

Quiz①

甲은 영화를 관람하는 데 20,000원의 가치를 느낀다. 영화 관람권을 8,000원에 구입하였지만 영화관을 들어가기 전에 분실하였다. 이에 따라 甲은 영화 관람권을 8,000원에 다시 구입하고자 한다. 이 시점에서의 영화 관람권 재구입에 따른 기회비용과 매몰비용은 각각 얼마인가? (단, 분실된 영화 관람권의 재발급이나 환불은 불가능하다)

⇒ 영화 관람권 재구입을 위해 8,000원을 지불해야(포기해야) 하므로 기회비용은 8,000원이다. 또한 분실한 영화 관람권은 재발급이나 환불이 불가능하므로, 분실한 영화 관람권 구입비용 8,000원은 회수 불가능한 매몰비용인 것이다.

Quiz 2

100억 원을 갖고 있는 갑 회사는 A, B 프로젝트 중 B 프로젝트에 투자하기로 했다. 갑 회사의 결정이 합리적 선택이 되기 위한 B 프로젝트 투자 자금 200억 원에 대한 연간 예상 수익률의 최적 수준은? (단, 각 프로젝트의 기간은 1년이다)

- A 프로젝트는 80억 원의 투자 자금이 소요되고, 연 10.0%의 수익률로 8억 원의 수익이 예상되며, 남는 돈은 연 5.0%의 금리로 예금한다.
- B 프로젝트는 200억 원의 투자 자금이 소요되고, 부족한 돈은 연 5.0%의 금리로 대출받는다.

⇒ A 프로젝트를 선택했다면 갑 회사는 9억 원의 수익을 얻을 수 있었는데(80억 원의 투자수익 8억 원+20억 원의 예금이자 1억 원), B 프로젝트를 선택했으므로 9억 원을 포기한 것이 된다. B 프로젝트 선택에 따른 추가 비용은 100억 원의 대출이자 5억 원이다. 따라서 갑 회사의 결정이 합리적 선택이 되려면 A 프로젝트의 기회비용 9억 원에 대출이자 5억을 더한 14억 원 이상의 수익을 올려야 한다. 200억 원의 투자로 14억 원 이상의 수익을 올리려면 최소한 7.0% 이상의 수익률이 되어야 한다.

한계적 판단과 매몰비용이란?

다음과 같은 경우를 생각해 보자.

"서울의 남부터미널에서 거제도의 고현까지 가는 우등 고속버스에 좌석이 27석이 있다고 가정하자. 이때 연료비·인건비 등을 포함한 운행에 필요한 비용이 30만 원이고, 고속버스 회사 측은 이윤을 고려하여 1인당 요금을 1만 원으로 책정하였다. 그런데 출발 직전까지 빈 좌석이 10석이었다. 만약 늦게 온 어떤 승객이 5천 원을 내고 타고자 한다면 탑승시켜야 하는가?"

우리는 경제생활을 영위하는 데 있어 끊임없는 선택의 상황에 놓이게 된다. 경제학에서는 이러한 경우 우리의 선택이 합리적으로 이루어질 것을 요구한다. 여기서 '선택이 합리적'이라는 것은 어떤 목표를 추구할 때 그 목표 자체가 합리적이라는 것이 아니라, 그 목표를 달성하기 위해 필요한 수단이 합리적이라는 것이다. 이러한 합리적 선택을 하기 위해서는 이른바 '한계적 판단'이 요구된다. 한계적 판단이란 미래를 지향한다. 즉 어떤 선택을 함으로써 장래에 추가적으로 얻을 수 있는 이익(한계편익)과 추가적으로 지불해야 하는 비용(한계비용)을 고려해서 의사결정을 해야 하는 것이다.

이제 앞의 질문에 대한 답을 찾아보자. 결론부터 얘기하면 당연히 태워야 한다. 왜냐하면 이 승객이 비록 5천 원을 지불한다고 해도 그 승객을 태움으로써 드는 추가적인 (한계)비용은 거의 없기 때문이다. 버스에 한 사람 더 태웠다고 해서 버스가 무겁다고 운행을 거부하지는 않을 것이다. 결국 최선의 선택이란 선택을 하는 시점에서부터 장래를 향한 작은 변화에 따른 추가적인 이익과 추가적인 비용을 고려하면서 내려져야 한다는 것이다. 즉 한계적 판단에 의한 선택을 의미하는 것이다.

그런데 우리 속담에는 '엎질러진 물'이라는 말이 있다. 물동이가 넘어져 물이 엎질러지면 다시는 주워 담을 수 없다는 말이다. 경제활동에서도 한 번 선택하면 되돌릴 수 없는 경우가 많다. 극장에서 영화를 관람하기 전에 안타깝게도 표를 잃어버렸다면 이전의 표 구입비용은 매몰비용이 된다. 또한 뷔페 식당에서 초밥 하나를 먹든 100개를 먹든 이미 지불된 음식비는 역시 매몰비용이 된다. 이처럼 어떠한 경제적 선택을 하던지 회수가 불가능한 비용을 매몰비용(sunk cost)이라 한다. 그런데 이러한 매몰비용은 선택을 할 때 미래를 향한 개념이 아니라 과거 회귀적인 개념이다. 그러므로 이러한 매몰비용은 한계적 판단을 요구하는 합리적 선택을 위해서는 집착해서는 안 되는 것이다. 오히려 표를 잃어버렸음에도 불구하고 추가적인 표 구입비용보다 영화 관람이 주는 만족이 더 크다고 판단하면 과감히 표를 한 장 더 구입하여 영화를 관람하는 것이 합리적 선택이다.

다음 글을 읽고, 합리적 의사결정은 어떤 경제 원리에 입각해야 하는지, 또 그릇된 의사결정은 어떤 경제 개념에 집착하기 때문인지를 각각 쓰시오.

[2005]

오늘날 우리는 위험(risk)과 불확실성(uncertainty)의 시대를 살아가고 있다. 이러한 시대적 상황 속에서 합리적 의사결정을 통하여 살아간다는 것은 대단히 중요하다. '영화관에 가서 영화가 재미없을 때 영화를 끝까지 보는 게 경제적일까, 아니면 중간에 나오는 게 경제적일까?', '주식투자? 아니야, 이번엔 대출을 받아 땅을 조금 사 볼까?', '집을 지금 사는 게 경제적일까? 아니면 나중에 사는 게 경제적일까?' 이러한 경우 각 경제주체들은 자신의 의사결정 과정에서 비합리적 의사결정을 함으로써 큰 손실을 입거나 그릇된 의사결정을 하고 난 후에야 후회를 하는 경우도 자주 있다.

분석하기
- 경제 원리: 효율성 ⇒ 합리적 의사결정은 기회비용을 고려하면서 비용(희생)은 최소화하고 만족(편익)은 극대화하는 선택에서 비롯된다.
- 경제 개념: 매몰비용 ⇒ 이미 지출된 비용 중 현재 시점에서 어떠한 선택을 하더라도 회수 불가능한 비용이므로 이에 집착하는 것은 비합리적 의사결정을 초래한다.

과연 합리적이며 이기적인 경제주체는 현실적인가?

"나희에게 100원짜리 100개를 주며 다음과 같은 게임을 제시해 본다. 서로 모르는 사이인 지수에게 100원 단위로 돈을 나누어 주되 만약 지수가 나희의 분배 제안을 받아들이면 두 사람은 각각 그 금액을 모두 가질 수 있지만, 받아들이지 않는다면 두 사람 모두 한 푼의 돈도 가질 수 없다. 이 게임의 결과 나희와 지수는 각각 얼마의 돈을 가질 수 있게 될까?"

전통적인 경제학은 인간이 자신의 이익에만 관심을 갖고 또한 자신의 이익을 합리적으로 선택할 수 있다는 기본 가정에서 출발한다. 이를 호모 에쿠노미쿠스(homo economicus), 즉 경제인의 가정이라고 한다. 그런데 이러한 가정이 과연 현실을 정확하게 설명해줄 수 있는가에 대해서는 상당한 의문이 제기된다. 이러한 문제제기 하에 구체적인 실험적 게임 상황을 통해 그 답을 얻고자 하는 분야가 이른바 '행태 게임 이론(behavior game theory)'이고, 앞의 문제는 그중에서도 '최후 통첩 게임(ultimatum game)'이다. 최후 통첩 게임에서 밝히고자 하는 것은 과연 경제 주체들은 다른 것은 고려하지 않고 항상 자신의 이익만을 근시안적으로 추구하는지 여부이다.

앞의 문제에서 나희는 일정한 금액을 지수에게 제시하며 '싫으면 말고(take it-or-leave it)'식의 제안을 한다. 문제는 이를 지수가 거절하게 되면 두 사람 모두 한 푼의 돈도 가질 수 없다는 것이다. 그렇다면 결론은?

일단 게임에 참여한 나희와 지수 모두가 '합리적'으로 행동한다면 나희는 9,900원을 가지고, 지수에게는 100원을 주겠다는 제안을 하고 지수가 이를 받아들이는 결론에 도달할 것이다. 왜냐하면 지수가 나희의 제안을 거절하면 자신은 그나마 한 푼도 얻지 못한다는 것을 알기 때문에 차라리 100원이라도 받는 것이 자신에게 이익이 되므로 이 제안을 받아들일 것이다. 또한 이것을 나희는 합리적으로 예상하여 지수에게는 거절할 수 없는 최소한의 금액인 100원을 주고, 자신은 자신의 이익을 극대화할 수 있는 금액인 9,900원을 가지려 하기 때문이다.

그러나 과연 이러한 결론이 최선일까? 만약 나희와 지수가 서로 사이가 좋지 않다면 어떻게 될까? 지수가 이른바 '물귀신 작전'을 써서 자신에게 상대적으로 적은 돈을 제안하게 되면 이를 거절하여 자신은 물론 나희도 한 푼도 얻지 못하게 할 수도 있을 것이다. 더군다나 그 금액이 10,000원이 아닌 1억 원이라면 100원을 주겠다는 나희의 제안을 지수는 100% 거절할 것이다. 또한 지수가 아주 부자라 나희가 제안하는 금액이 웬만큼 크지 않다면 그러한 제안에는 관심도 갖지 않을 것이며, 역시 100% 거절할 것이다.

결국 전통적인 경제학에서 기본가정으로 전제하는 이기적이면서도 합리적인 경제주체를 현실에서 그대로 발견한다는 것은 상당히 어렵다고 할 수 있을 것이다. 전통적인 경제이론에서 벗어나 다양한 변수들을 심도 있게 고려하는 새로운 경제학 접근 방법을 모색해야 할 필요성을 인식해야 하는 대목이다.

Theme
02 경제학의 구분

❶ 경제학의 세 분야와 방법론

1) 경제학의 세 분야

(1) **경제사(economic history)**: 과거의 역사적인 경제적 사실들을 분석하여 경제의 역사적 변화의 원리 내지 법칙을 연구하는 분야

(2) **경제이론(economic theory)**: 여러 가지 경제현상들 상호 간에 존재하는 보편적인 인과관계를 발견하려는 분야 ⇒ 이론 경제학

(3) **경제정책론(economic policy)**: 경제사와 경제이론으로부터 얻은 경제법칙들을 이용하여 현실 경제의 문제점들을 시정하여 보다 바람직한 경제 상태를 만들기 위해 필요한 대안을 다루는 분야

2) 경제학 방법론

(1) **경제이론의 목적**: 복잡한 경제현상을 추상화(abstraction)하고 단순화(simplification)하여 이로부터 보편적인 법칙성을 밝혀내고, 또한 그 법칙성을 이용하여 다른 경제현상을 설명하고, 경제현상의 여러 가지 변화를 예측하고자 하는 것이다.

(2) **경제이론의 구성**

① **가정(assumption) 설정**: 현실의 경제는 수많은 경제변수들이 서로 얽혀서 움직이고 있다. 이러한 모든 변수를 고려하면 너무나 복잡하여 분석이 불가능하므로 수많은 경제변수들 중에서 중요한 일부 경제변수에만 분석을 집중하기 위하여 나머지 변수들은 '일정불변이다', '존재하지 않는다', '어떤 조건이 있다'는 등의 가정으로 추상화하여 인과관계를 추론한다.

┌─ 경제학에서 사용되는 가정 ─
│ 1. 자원과 생산기술에 관한 가정: 경제 내의 자원 부존량(endowment) 및 투입량과 생산량 사이의 기술적 관계를 규정하고 일정기간 동안 그 관계에 변화가 없다는 것을 전제한다.
│ 2. 제도와 기구에 관한 가정: 경제체제는 어떤 것인가, 시장의 형태는 어떤 것인가 하는 것이 제도적인 가정에 속한다.
│ 3. 경제주체들의 행태에 관한 가정: 경제학에서는 경제주체들이 경제적 합리주의를 냉정하게 그리고 일관성 있게 추구하는 합리적인 경제주체인 경제인(homo economicus)을 상정한다.
└─

② **모형(model) 또는 가설(hypothesis) 설정**: 가정이 설정되면 주요 경제변수들 간 인과관계에 대한 명제가 제시되어야 하는데 제시된 이들 명제는 법칙으로 확정된 것이 아니므로 가설이라 한다. 주어진 가정으로부터 이러한 가설을 도출하는 과정을 가설 설정이라고 하는데 이것이 이론의 중심이 된다. 이러한 모형은 가정, 독립변수(설명변수), 종속변수(피설명변수)로 이루어진다.

'ceteris paribus'의 의미

이것은 '다른 조건은 모두 동일함' 또는 '다른 상황은 모두 불변함'을 의미한다. 즉, 'other things being equal'을 뜻한다. 'ceteris'와 같은 어원을 가진 단어로서 'et cetra(약자로 etc.)'는 '다른 …… 등등, 기타 등등'의 뜻으로 자주 쓰인다. 또한 'pari'는 영어로 'par'와 같으며 여기에는 'equal'이라는 뜻이 있다. 골프용어 중에서도 'par putting' 또는 'even par'라는 말이 있다.

정책 예상이 빗나갈 수 있는 이유는?

"교통량 증가로 인한 도심의 심각한 교통 체증 문제를 해결하기 위해 고민하던 주무 담당관인 웅재는 경제학과에서 공부했던 '수요의 법칙'을 떠올리며 휘발유의 가격을 올리기 위해 휘발유세 인상을 실시했다. 이것은 휘발유와 보완재 관계에 있는 승용차에 대한 수요 감소를 통해 교통난 해소를 도모하기 위해서였다. 그런데 결과는 정반대로 나타났다. 휘발유 가격이 상승했음에도 불구하고 오히려 교통 체증은 심각했기 때문이다. 웅재는 매우 당황하며 생각했다. '수요의 법칙이 잘못된 것인가?'

경제학의 성격을 특징짓는 유명한 농담이 있다.

어느 날 물리학자, 화학자, 경제학자 3명이 요트 여행을 하다가 요트가 난파되어 며칠째 어떤 무인도에 표류하게 되었다. 배고픔에 지친 이들에게 한 가닥의 빛이 바닷가에서 밀려왔다. 바로 통조림이 파도에 밀려왔던 것이다. 그런데 기쁨도 잠시, 그 통조림은 요즘 유행하는 이른바 '원터치 캔'이 아니어서 통조림 따개가 있어야만 하는 것이었다. 낙담하던 물리학자와 화학자는 자신들의 전공에 맞는 방법을 찾기 시작했다. 물리학자는 통조림을 바위에 던져 운동에너지를 이용하여 통조림을 깨려고 했고, 화학자는 통조림을 가열하여 통조림을 터트려서 깨려고 시도했다. 이를 본 경제학자가 불쑥 한마디를 했다. "이 사람들아! 왜 그리 어리석나? 여기에 통조림 따개가 있다고 가정해 봐!" 물리학자와 화학자는 태평스러운 경제학자를 바라보며 어이없어 했다.

사회과학으로서의 경제학은 매우 복잡하고 다양한 경제현상을 분석의 대상으로 삼는다. 이 중 하나의 경제현상에 영향을 주는 변수는 셀 수 없이 많으며, 그 변수 중에도 직·간접적으로 영향을 주는 변수들의 수도 상당하다. 이에 따라 이 모든 변수들 모두 고려하는 보편적인 법칙을 도출하는 것은 사실상 불가능하다. 그래서 경제현상을 분석하는 데 있어서 분석 대상인 경제현상에 가장 직접적이고도 밀접한 영향을 주는 변수들만 남겨놓고 나머지 변수들은 'ceteris paribus'라고 가정하여 단순화하는 것이 일반적인 모습이다.

여기서 'ceteris paribus'는 '다른 조건은 모두 동일함' 또는 '다른 상황은 모두 불변함'을 의미한다. 영어의 'other things being equal'을 뜻한다. 'ceteris'와 같은 어원을 가진 단어로서 'et cetra(약자로 etc.)'는 영어 사전에서 자주 본 것처럼 '다른 …… 등등, 기타 등등'의 뜻으로 자주 쓰인다. 또한 'pari'는 영어로 'par'와 같으며 여기에는 'equal'이라는 뜻이 있다. 골프용어 중에서도 'par putting' 또는 'even par'라는 말이 있는데, 여기서 par는 규정타수와 '같다'는 것을 의미하는 것이다.

웅재가 알고 있는 '수요의 법칙'은 '해당 상품의 가격과 '수요량'만의 관계를 나타낸 것이며, 여기와 관련된 일체의 모든 변수를 고려하지 않는다. 그래서 웅재가 휘발유세 인상을 통해 교통량을 줄이고자 한 것은 다른 조건들, 예컨대 '소득', '대중교통요금', '소비자의 기호' 등의 조건들이 'ceteris paribus'일 것이라는 기대를 전제한 것이다. 그런데 만약 자동차 판매회사들이 한참 유행하는 '반값'으로 자동차 판매를 시도한다면 휘발유 가격의 상승에도 불구하고 자동차를 적극적으로 구매하려 할 것이고, 이에 따라 도심 교통난은 좀처럼 해결되지 않을 것이다. 또한 자동차 판매의 증가로 휘발유의 수요가 증가하여 휘발유 가격은 오히려 상승할 수 있게 되는 것이다. 또한 휘발유 가격의 상승으로 대중교통 요금이 크게 상승하면 소비자들이 차라리 자가용을 구입하려고 할 수도 있으므로 자동차의 수요가 증가할 수 있는 것이다. 결국 특정 변수들 사이의 관계만을 전제로 한 정책결정은 현실에서는 쓴 맛을 볼 가능성이 매우 높다. 이것을 보면 노벨 경제학상을 받은 경제학자들이 경제장관을 맡지 않는 이유를 대충 알 것 같다.

③ 가설 검증(test): 도출된 가설이 과연 사실인지 아닌지를 지금까지 얻어진 경제적 통계를 이용하여 통계학적으로 검증하는 가설 검증의 단계를 거친다. 특히 이처럼 통계학적 기법을 사용하여 경제이론을 검증하는 분야를 계량 경제학(econometrics)이라고 한다.

산양(山羊)의 이야기

영국의 유명한 어느 경제학자는 자기 자신을 "산양들이 끊임없이 돌을 떨어뜨리고 있는 알프스의 등산로를 올라가는 등산가"라고 비유했고, "산양은 특수한 발굽으로 급경사면의 암석을 밟아 부수어 밑에서 올라가는 등산가에게 돌을 떨어뜨리게 된다"고 말했다. 여기에서 산양은 상식을 가지고 경제문제를 말하는 일반대중을, 등산가는 일상생활의 상식을 사회과학의 견지에서 체계화시키는 경제학자를 말한다.

경제학에서 사용되는 학문용어는 일상용어에서 온 것이 많고 게다가 경제학이 논의하는 내용 자체도 일상생활과 직결되는 것이므로 일반대중들이 상식을 가지고 경제학자들이나 전문가들에게 도전해오는 경우가 많다. '산양의 이야기'는 일반인들이 '임금을 올려야 한다'든가 또는 '금리를 내려야 한다'든가 하는 주장을 섣불리 하는 것은 옳지 않다는 것을 은유적으로 말해 준다.

개념 플러스+ 경제이론과 현실

현실경제를 설명할 수 있는 거시경제모형을 정립해 가는 과정을 한 예를 들어 설명하고자 한다. 이러한 예를 통하여 우리는 마치 현실경제를 실험실에서 실험하듯이 머릿속으로 상상하면서 분석하는 훈련을 할 수 있다. 현실경제는 너무 복잡하므로 현실경제의 커다란 윤곽을 설명할 수 있는 간단한 모형, 즉 논리적 체계를 설정한 다음 여기서 얻어지는 논리적 결론과 현실을 비교하는 것이다. 이러한 비교 결과 모형이 현실을 설명하지 못하면 다시 수정하는 과정을 반복해 가는 훈련을 쌓는 것이 곧 바람직한 경제이론을 정립하는 과정이다.

1. 기본모형

통화공급이 증가하면 이자율이 하락한다. 이자율이 하락하면 소비도 증가하고 투자도 증가한다. 이러한 소비와 투자의 증가에 의해서 기업이 생산한 제품의 판매가 증가한다. 판매량의 증가에 따라서 기업은 생산을 늘리기 위해서 노동수요가 증가하므로 경제의 고용수준이 증가하고 실업률은 하락한다. 그러나 생산의 증가는 수요증가보다 느리게 일어나므로 조정과정에서 물가도 상승한다.

2. 분석대상

위의 기본모형을 가지고 분석하고자 하는 대상은 우리의 연말상황이다. 매년 연말이 다가오면 자금수요가 증가하게 된다. 통화당국에서는 이러한 수요증가를 예상하고 통화공급을 늘기로 결정했다고 하자. 통화당국은 기본모형에 바탕을 두고서 통화공급의 확대로 인하여 판매와 생산이 증가되고 이에 따라 고용사정도 개선되고 소득수준도 향상될 것으로 기대하고 있다.

3. 현실

그런데 현실에서 기본모형의 결론대로 효과가 나타난 것이 아니라 다음과 같은 몇 가지 다른 경우가 나타났다고 하자.

1) 이자율이 하락하지 않고 오히려 증가했다.
2) 이자율은 하락했으나 총수요가 증가되지 않고 따라서 생산도 증가하지 않았다.
3) 물가수준만이 대폭 증가하였다.

4. 모형의 수정

현실에서 나타난 결과가 모형의 결론과 다르다면 우리는 당연히 모형의 타당성에 의문을 제기하고 모형을 수정해야 할 것이다. 이러한 과정은 예를 들면 다음과 같다.

1) 기본모형에서 통화공급이 증가하면 이자율이 하락한다는 것은 화폐에 대한 수요와 공급에 의해서 이자율이 변한다는 것을 의미하는 것이다. 그러나 실제 이자율이 하락하지 않았다면 이 이론에 문제가 있는 것은 아닌가? 아니면 통화공급보다 화폐수요가 더 크게 증가해서 이자율이 하락하지 않은 것은 아닌가? 만일 이러한 추론이 맞다면 우리는 화폐수요에 관하여 더 정밀한 분석을 해야 할 것이다.
2) 이자율이 하락했는데도 총수요가 증가하지 않았다면 이자율과 소비, 이자율과 투자에 관한 기본모형의 결론에 잘못이 있는 것은 아닌가? 만일 이러한 추론이 맞다면 우리는 소비결정이론과 투자결정이론을 더욱 엄밀하게 분석해야 될 것이다. 예를 들어 기업의 투자는 이자율수준과는 관계없이 자금의 이용가능성에 의해 결정된다고 설명할 수도 있다.
3) 물가수준이 대폭 증가된 이유는 무엇일까? 통화팽창으로 인하여 앞으로 물가수준이 상승할 것으로 모두가 예상하고 있기 때문에 이에 따라서 모든 가격이 일제히 올라버린 탓은 아닌가? 만일 이러한 추론이 맞다면 우리는 기대물가 결정에 관하여 분석을 하고 그 결과를 기본모형에 명시적으로 포함시켜야 될 것이다. 예를 들어 기대물가수준이 높아지고 이로 인하여 이자율이 오히려 더 높아졌을 가능성도 있기 때문에 이러한 분석결과를 바탕으로 하여 기본모형을 수정할 필요가 있는 것이다.

(3) 경제이론의 표현방법

① 서술적 표현 방법: 경제 이론을 순수하게 언어를 이용하여 나타내는 방법 ⇒ 수요법칙을 표현할 때 "다른 조건이 일정할 때 가격이 하락하면 수요량이 증가한다"고 언어적으로 표현하는 것

② 수리적 표현 방법: 경제 이론을 수리적인 방법으로 간단·명료하게 나타내는 방법
⇒ 수요 법칙을 "$Qd = f(P), \dfrac{dQd}{dP} < 0$ (단, Qd: 수요량, P: 가격)"의 형태로 나타내는 것

③ 기하학적 표현 방법: 경제 이론을 도형이나 그림 등을 이용하여 나타내는 방법 ⇒ 수요법칙을 오른쪽의 그래프 형태로 표현하는 것

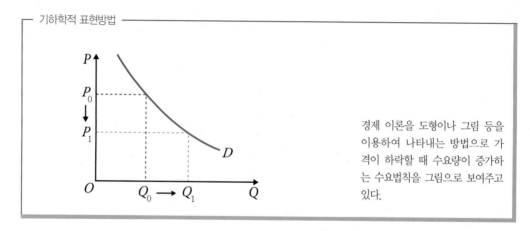

┌─ 기하학적 표현방법

경제 이론을 도형이나 그림 등을 이용하여 나타내는 방법으로 가격이 하락할 때 수요량이 증가하는 수요법칙을 그림으로 보여주고 있다.

3) 경제이론을 이해할 때 고려해야 할 요소

(1) 유량과 저량

① **유량(플로우, flow):** 일정 기간에 걸쳐서 측정할 때 의미있는 변수 ⇒ 수요(구매, 소비)와 공급(생산, 판매), 정부재정적자, 저축, 투자, 소득, 수출, 수입, 국제수지 등

② **저량(스톡, stock):** 일정 시점에 측정할 때 의미있는 변수 ⇒ 통화량, 저축잔고, 재산총액, 정부부채, 인구, 자본량, 외환보유액, 외채 등

③ **양자의 관계:** 유량은 저량의 변동분을 말한다. 예를 들면 수도꼭지를 통해 얼마의 물이 흘러나왔는가 하는 것은 일정 기간 동안에 측정할 수 있는 것이므로 유량에 해당하고, 그것을 통해 욕조에 담긴 물의 양이 얼마인가 하는 것은 일정 시점에서 측정될 수 있는 것이므로 저량에 해당한다.

저량과 유량

저량 개념 중의 하나는 자산(asset)의 가치이다. 만약 2016년 1월 1일자로 1년 만기 예금 통장에 1억 원을 예치하였다면, 바로 그 날짜에서 평가한 자산의 가치는 저량의 개념이며, 2016년 한 해 동안 500만 원의 이자소득이 발생하였다면 그 소득은 유량의 개념이다.

유량과 저량

"옆에 있는 학생에게 용돈이 얼마인가를 물어보았더니 그 학생 왈(曰) '30만 원입니다'라고 대답을 하였다. 그 순간 '와우! 완전 금수저인가 보다'하는 생각이 번득 머릿속에 떠올랐다. 그런데 뭔가가 이상하다. 이런 내 생각이 과연 옳은 것인지?"

경제 이론을 이해할 때 고려해야 할 요소 중에 하나가 이른바 유량(플로우, flow)과 저량(스톡, stock)이다. 유량은 일정 기간에 걸쳐서 측정할 때 의미가 있는 경제 변수를 의미하며, 수요량이나 공급량, 소득, 소비, 저축, 투자, 수출과 수입, 국제 수지 등이 이에 속한다. 저량은 일정 시점을 전제로 측정할 때 의미가 있는 경제 변수를 의미하며, 저축잔고, 재산의 크기, 통화량, 자본량, 인구, 외환 보유고, 대외 채권과 대외 채무 등이 이에 속한다. 예컨대 만약 2011년 1월 1일자로 연 5%의 이자율인 1년 만기 예금 통장에 1억 원을 예치하였다면, 상환일인 2012년 1월 1일자의 통장에 적혀 있는 1억 500만 원은 바로 그 날짜(일정 시점)에서 평가한 자산(asset)의 가치인 저량이고, 예치기간 1년 동안 발생한 500만 원의 이자소득이 유량인 것이다.

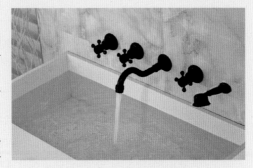

여기서 유량은 저량의 변동분을 말한다. 예를 들면 수도꼭지를 통해 얼마의 물이 흘러나왔는가하는 것은 일정 기간 동안에 측정할 수 있는 것이므로 유량에 해당하고, 그것을 통해 욕조에 담긴 물의 양이 얼마인가 하는 것은 일정 시점에서 측정될 수 있는 것이므로 저량에 해당하는 것이다.

자! 이제 앞의 글에 대한 평가를 해 보자. 처음에 잠시나마 '부자 집 자식'이라는 생각이 든 것은 30만 원의 크기를 하루 용돈으로 생각한 오해로부터 비롯된 것이다. 하루 용돈인지, 1주일 용돈인지, 한 달 용돈인지를 구체적으로 밝혀야 이를 듣는 사람이 앞의 얘기 속에 나타난 오해가 생기지 않게 되는 것이다. 따라서 일정 기간을 전제하는 것인지 일정 시점을 전제한 것인지에 따라 경제 변수의 의미가 달라지는 것이므로 용어를 사용할 때 조심해야 하는 것이다.

(2) **외생변수(exogeneous variable)와 내생변수(endogeneous variable)**

① **외생변수**: 그 모델 안에서 결정되지 않고 모델 밖에서 결정되어 일정하게 주어지는 변수

⇒ 통화량이나 정부지출과 같은 정책변수 등이 여기에 해당한다.

② **내생변수**: 그 모델 안에서 결정되는 변수를 말하며, 외생변수의 변동에 따라서 결정

⇒ 수요량, 공급량, 국민소득, 물가, 임금 등이 여기에 해당한다.

③ **양 변수의 상호작용**: X재가 Y재에 대하여 대체재 관계에 있는 경우에 Y재 가격이 상승(외생변수의 변화)하면 X재 수요가 증가(내생변수의 변화)하게 되고, 국민소득결정에 대한 단순모형에서 수출 수요가 증가(외생변수의 변화)하면 국민소득이 증가(내생변수의 변화)하게 된다.

내생변수와 외생변수

경제학자들은 경제를 이해하기 위해 모형을 사용한다. 경제모형은 현실을 논리적으로 이해하기 위해 경제변수들 간의 관계를 단순화시킨 것이다. 모형은 두 가지 종류의 변수, 즉 내생변수(endogenous variable)와 외생변수(exoge-nous variable)를 포함한다. 내생변수는 모형이 설명하고자 하는 변수이며, 외생변수는 모형 밖에서 주어진 변수이다. 그리고 경제모형은 외생변수가 내생변수에 어떠한 영향을 미치는가를 분석한다. 다만 어떤 경제변수가 내생변수인지 외생변수인지는 사전적으로 확정되는 것은 아니고, 선택된 모형에 따라 달라진다. 가령 이자율이 소비에 영향을 준다는 거시경제모형을 설정하였다면, 소비는 내생변수 이자율은 외생변수가 된다. 그러나 모형에 이자율이 통화량의 영향을 받는다는 관계를 추가한다면 이자율은 외생변수가 아닌 내생변수가 된다.

---

(3) **경제이론에서 범하기 쉬운 오류**

① **구성의 오류(구성의 모순: fallacy of composition)**: 이미 널리 알려져 있는 일반적인 사실이나 법칙으로부터 다른 구체적인 사실이나 법칙을 끌어내는 방법을 연역법(deduction)이라 하는데, 이러한 연역법에 있을 수 있는 '부분에 대해서 옳으면 전체에 대해서도 반드시 옳다'고 분석하는 오류를 말한다.

절약의 역설

"개인이 저축을 늘리면 국민 전체의 저축도 늘어난다"고 하는 경우가 대표적인 구성의 오류에 해당한다. 왜냐하면 개인이 저축을 늘리면 이에 따라 소비가 위축되고 이는 국민소득의 감소를 가져와서 오히려 소득 감소에 따른 저축의 감소를 가져올 수 있기 때문이다.

---

② **인과의 오류(post hoc fallacy)**: 개별적인 사실들로부터 일반적인 원리나 법칙을 끌어내는 방법을 귀납법(induction)이라 하는데, 이러한 귀납법에서 있을 수 있는 '단지 어떤 현상 A가 다른 현상 B보다 먼저 발생하였다고 해서 A가 B의 원인이고, B가 A의 결과'라고 분석하는 오류를 말한다.

인과의 오류의 예

"통화량이 증가하면 물가가 상승한다"고 하는 경우에 발생할 수 있다. 물론 통화량이 증가하면 물가는 상승한다. 그러나 이를 확대해석해서 물가 상승의 원인이 오직 통화량의 증가에 기인한다고 해석하면 인과의 오류가 발생할 수 있다. 즉 '성급한 일반화의 오류'를 범하게 되는 것이다. 왜냐하면 정부가 조세감면과 재정지출을 확충하는 확대재정정책을 쓰는 경우에도 물가가 상승할 수 있기 때문이다. 또한 "큰 아들이 매년 추석 전날 고향집에 내려 왔기 때문에 큰 아들이 내려와야 추석이 시작된다"는 것도 인과의 오류에 해당된다.

경제학에서 피해야 할 오류는 무엇일까?

"불확실한 미래의 소득을 위해 모든 경제주체들은 저축을 늘려야 한다. 또는 추석이 되면 서울에 있던 자식들이 고향에 내려왔으니, 자식들이 고향에 내려오면 이것은 곧 추석이 되었다는 것이다"라는 진술 속에 숨어있는 오류는 무엇일까?

경제 이론을 정립하는 과정 속에서 범하기 쉬운, 즉 피해야 할 오류에는 어떤 것들이 있을까? 우선 일반화된 이론이나 법칙을 도출하기 위한 방법론에는 크게 두 가지가 있다. 첫째, 이미 널리 알려져 있는 일반적인 사실이나 법칙으로부터 다른 구체적인 사실이나 법칙을 끌어내는 연역법(deduction)이 있다. 둘째, 개별적인 사실로부터 일반적인 원리나 법칙을 끌어내는 귀납법(induction)이 있다.

첫 번째의 연역법에서 흔히 범하기 쉬운 오류는 '부분에 대해서 옳으면 전체에 대해서도 반드시 옳다'고 분석하는 오류이다. 우리는 이를 구성의 오류(구성의 모순: fallacy of composition)라고 부른다. 다음과 같은 경우를 생각해보자. 만약 우리가 죽을 때까지 안정적인 소득을 얻을 수 있다면 평소에 구차하게 허리띠를 졸라매면서까지 저축을 할 필요가 없을 것이다. 그러나 언제 어느 때 직장을 잃을지 모르는 현실 속에서 미래를 대비하는 똑똑한 사람이라면 여유가 있을 때 저축을 하는 것은 당연한 것이다. 그런데 만약 모든 사람이 저축을 늘리면, 국민 저축은 증가하지만 이에 따라 경제 전체에서 소비가 감소하여 유효 수요가 감소하므로 오히려 국민소득을 감소시켜 결과적으로 다시 저축을 감소시키게 되는 것이다. 이러한 것은 '풍년'은 농부 개인에게는 일단 바람직하지만 모든 농부가 '풍년'을 경험하게 되면 농산물의 가격이 폭락하여 오히려 농부의 소득이 감소하게 되는 이른바 '풍년 기근 현상'에서도 발견될 수 있다.

두 번째의 귀납법에서 흔히 범하기 쉬운 오류는 '단지 어떤 현상 A가 다른 현상 B보다 먼저 발생하였다고 해서 당연히 A가 B의 원인이고, B가 A의 결과'라고 분석하는 오류이다. 우리는 이를 인과의 오류(post hoc fallacy)라고 한다. 다음과 같은 경우를 생각해보자. 속담에 "까마귀 날자 배 떨어진다"라는 것이 있다. 그러나 배가 떨어질 때 주위를 둘러보아도 까마귀가 나는 모습이 반드시 보인다는 보장은 없는 것이다. 이를 경제 현상에 적용해 보면 일반적으로 통화량이 증가하면 물가가 상승하게 된다. 그러나 이를 잘못 확대해석하여 물가가 상승하는 원인이 오직 통화량의 증가에 의해서만 이루어진다고 파악하면 바로 인과의 오류가 발생할 수 있는 것이다. 이른바 '성급한 일반화의 오류'를 범하게 되는 것이다. 왜냐하면 통화량의 증가가 없어도 정부가 조세감면과 재정지출의 확대를 통한 확장적 재정적 정책을 사용하는 경우에도 물가는 상승할 수 있게 된다. 또한 "큰 아들이 매년 추석 전날 고향집에 내려왔기 때문에 큰 아들이 내려와야 추석이 시작된다"는 것도 마찬가지로 인과의 오류에 해당되는 것이다.

② 경제학의 분류

1) 실증경제학과 규범경제학

(1) **실증경제학**(positive economics)

① 가치 판단이 배제된 '있는 그대로의' 실제 경제현상들(what is, what was)에 존재하는 경제법칙("……이다")을 찾아내고, 장래 경제현상들의 변화를 예측하는 분야이다. 즉 주어진 상황의 성질이 어떠한가에 대한 분석이다.

② 예: 총수요가 증가하면 물가가 상승한다.

③ 범주: 경제 이론과 경제사

(2) **규범경제학**(normative economics)

① 가치 판단을 전제하여 어떤 경제상태가 '바람직한' 상태(what should be)인가를 정의("……이어야 한다")하고, 이를 기초로 실제 경제현상들을 분석하는 분야이다. 즉 주어진 상황이 어떻게 되어야만 하는가에 대한 분석이다.

② 예: 물가수준이 너무 높으므로 세율을 높여야 한다.

③ 범주: 경제정책론, 후생경제학

2) 미시경제학과 거시경제학

(1) **미시경제학**(microeconomics)

① 가계나 기업과 같은 개별 경제주체의 개별적인 경제행위의 동기와 형태 및 그 효과를 분석함으로써 궁극적으로는 생산물과 생산요소 시장에서의 수요와 공급 및 가격의 변동을 연구하는 분야이다.

② 가격이론(price theory)

(2) **거시경제학**(macroeconomics)

① 개별 경제주체가 아니라 국민경제 전체의 입장에서 국민소득, 물가, 실업 등과 같은 국민경제의 총량적·집계적인 경제변수를 주로 분석하는 분야이다.

② 국민소득이론(national income theory)

구분	미시경제학	거시경제학
자원배분	자원의 최적 배분	자원의 최대 활용
분석방법	실증적, 정태적	규범적, 동태적
균형분석	부분 균형 분석	일반 균형 분석
이론구조	가격론	국민소득결정론
중심학파	신고전학파	케인즈학파
구성의 오류	불인정	인정

③ 경제현상 분석의 유형

1) 부분균형분석과 일반균형분석

(1) **부분균형분석**(partial equilibrium analysis)
① "다른 경제 여건들은 일정하다(ceteris paribus)"는 가정 아래에서 개별 시장에서의 경제현상을 분석하는 데 주로 이용되는 분석방법이다.
② 케임브리지 학파를 중심으로 발전
③ 대표적 학자: A. Marshall, J. M. Keynes

(2) **일반균형분석**(general equilibrium analysis)
① 모든 경제주체와 시장들 사이의 상호의존관계를 함께 분석하는 방법이다.
② 로잔느 학파를 중심으로 발전
③ 대표적 학자: L. Walras, V. Pareto, K. J. Arrow. G. Debreu

2) 정태분석과 동태분석

(1) **정태분석**(정학: static analysis): 시간의 변화에 따른 경제변수들의 변화를 고려하지 않고, 여건이 일정불변한 일정 시점의 균형 상태를 분석한다.

(2) **동태분석**(동학: dynamic analysis, dynamics): 시간의 변화에 따른 경제변수들의 변화를 고려하여, 여건 변화 이전의 원래 균형 상태로부터 여건 변화 이후의 새로운 균형 상태로 옮겨가는 과정에 대해 분석한다.

(3) **비교정태분석**(비교정학: comparative static analysis): 경제 여건이 변했을 때 여건 변화 이전의 원래의 균형 상태와 여건 변화 이후의 새로운 균형 상태를 비교분석한다.

제2장
경제체제와 자본주의

경제체제와 자본주의의 변천과정

❶ 경제체제와 변천

1) 경제체제

(1) **의의**: 국민경제의 기본 문제가 해결되는 사회의 제도적 양식을 말한다.

(2) **경제체제의 변천**

① **원시 공산 체제**: 사유재산제도가 인정되지 않고 생산과 소비를 공동으로 해결하는 체제

② **고대 노예 체제**: 노예가 생산의 대부분을 담당했던 체제

③ **중세 봉건 체제**: 신분상 영주에게 현물이나 노동의 형태로 지대를 납부하던 체제

④ **자본주의 체제**: 자본과 토지와 같은 생산수단이 모두 개인에게 사유되는 사유재산제도가 확립되어 있기 때문에 기업이 노동자를 고용하여 상품을 생산하는 체제

2) 경제체제의 분류

(1) **시장경제체제**

① **성립 배경**: 중세 봉건사회의 붕괴에 따른 시민사회의 형성과 산업혁명이 그 성립의 배경이다.

② **특징**

ㄱ. 각 개인이 자신의 이익을 추구할 때 시장 가격이 '보이지 않는 손'과 같은 역할을 수행하여 사회의 조화로운 발전이 가능하다는 A. Smith의 자유 방임 사상이 기초가 되었다.

ㄴ. 정부의 역할은 개개인으로 하여금 자유로운 경제 활동을 펼 수 있는 법 질서를 마련해주는 것에 한정해야 한다는 작은 정부론을 주장한다.

③ **한계**: 자본가 계층과 노동자 계층으로 구성된 새로운 사회 구조가 형성됨에 따라 생산 구조의 변동과 경기 순환이 발생했고, 이로 인한 극심한 빈부격차로 사회적 갈등의 심화가 빚어졌다.

(2) **계획경제체제**

① **성립 배경**: 독점 자본가들이 이윤 극대화를 위해 노동자를 착취하고, 소득과 부의 불공정한 분배에 따른 갈등 심화라는 사회적 모순 상태에서 등장했다.

② **특징**

ㄱ. 모든 잉여 생산물은 그것을 산출해 낸 노동자의 몫이라는 잉여 가치설과 노동자의 빈곤은

자본가의 소득이 더욱 커지는 데에서 비롯된다는 착취설에 기초한다.

ㄴ. 자본과 토지의 생산수단을 개인이 아니라 국가가 소유하고 생산, 분배 및 소비가 국가의 계획에 의해서 이루어진다.

③ 한계: 시장에 의한 경제문제 해결을 인정하지 않음으로써 자원이 비효율적으로 배분된다.

(3) **혼합경제체제**

① **성립 배경**: 1929년 시작된 1930년대의 세계 대공황을 계기로 시장경제체제에 대한 반성으로 등장했다.

② **특징**: Keynes의 경제 이론

ㄱ. 시장 기구의 자동 조절 장치는 한계가 있다고 주장했다.

ㄴ. 시장의 한계를 극복하기 위해 정부의 적극적 개입이 필요하다고 주장 ⇒ 뉴딜 정책에 반영되어 대공황 극복의 결정적 역할을 했다.

재산소유 \ 조정기구	시장	중앙계획
사유	자본주의 시장경제	자본주의 통제경제
국유	사회주의 시장경제	사회주의 계획경제

❷ 자본주의 변천 과정

1) **상업자본주의**: 15세기 중엽~18세기 중엽 시기에 귀금속 보유 중시, 국가의 경제 개입, 보호무역주의를 주창했던 중앙집권적 중상주의를 말한다.

2) **산업자본주의**: 18세기 초~19세기 중엽 시기에 가치 창출의 원천을 생산 자체라고 인식하고, 시장가격 기구의 "보이지 않는 손"에 의한 경제문제 해결을 신뢰하여 자유방임주의를 주창하고 정부 개입을 반대한다는 주장이다.

3) **독점자본주의**

(1) 19세기 후반~제2차 세계대전 시기에 자본주의 경제의 팽창에 따른 자본의 집중 및 집적, 독과점 산업자본과 금융자본의 결합으로 소수의 대자본이 형성되면서 성립했다.

(2) 과잉생산과 과잉자본축적의 해결책으로 해외 식민지 개척을 추진했고, 이는 군사력·경제력에 의한 대외팽창정책으로 이어져 제국주의를 탄생시켰다. 이로 인해 제1차 세계대전이 발발하게 되었으며 후에 세계 대공황의 원인이 되었다.

4) **수정자본주의**

(1) 1930년대 세계 대공황에 대응하면서 등장했다.

(2) 유효수요 증대, 실업 구제 등의 정부 역할을 강조하여 혼합경제체제가 성립했다.

5) 신자유주의

등장배경	• 정부의 지나친 개입으로 효율성이 오히려 떨어지는 현상이 나타남 → 정부의 실패
정부 실패의 원인	• 집단 이기주의 (관료제) • 정부의 근시안적 규제에 따른 지나친 시장에 대한 개입 • 정부의 불완전한 지식과 정보 • 규제자의 개인적 목표나 편견 • 이익 집단의 정치적 압력 등과 같은 정치적 제약 존재 • 동기(이윤)의 부족에 따른 무사안일주의
정부 실패의 결과	• 부정부패, 정경유착 • 재정적자 발생 → 공공지출의 확대 • 시장의 효율성 저하
대책	• 공기업의 민영화, 노동 시장의 유연화, 복지 축소

자본주의 변천 과정

절대왕정		근대		20C 초반		20C 후반
상업자본주의 중상주의		산업자본주의 자유방임주의		수정자본주의 혼합경제체제		신자유주의
수출 장려 수입 규제	→	A. Smith "보이지 않는 손" • 작은 정부 • 소극 국가 • 야경 국가	시장실패 →	J. M. Keynes "뉴딜정책" • 큰 정부 • 적극 국가 • 복지국가	정부실패 →	시장의 자율성 강조 • 작은 정부

기출확인

다음 글은 '18세기 기계의 발명 및 기술의 혁신'과 관련된 내용이다. 이 글을 읽고 물음에 답하시오.

[2000]

  기계의 발명과 기술의 혁신이 근대 사회 형성에 결정적인 영향을 미쳤으며, 이로 인해 인류는 과거와 크게 다른 정치·경제·사회적 환경을 맞이하게 되었다. 특히 경제적 측면에서 기존의 상업 자본주의는 ①(새로운 형태의 자본주의)로 전환되었고, 스미스(Smith, A.)는 각 개인이 자신의 이익을 추구할 때 ②('보이지 않는 손')의 인도를 받아 공익이 증진되며 사회가 조화를 이루면서 발전한다고 주장하였다. 또한 그는 ③(정부가 개인의 자유로운 경제 활동을 보장해주는 법 질서를 마련하는 일에만 힘을 쏟고, 개인의 경제 활동을 규제해서는 안 된다)고 하였다.

  윗글에서 ① "새로운 형태의 자본주의"는 무엇인지 쓰고 ② "보이지 않는 손"이 가지는 경제적 의미가 무엇인지 쓰고, ③과 같은 정부의 역할에 대한 관점을 무엇이라 하는지 쓰시오.

분석하기
①: 산업자본주의 ⇒ 상업자본주의(중상주의)를 반대하고 경제활동의 자율성 보장을 주장하였다.

②: 가격기구의 자동조절 기능 ⇒ 시장에 대한 개입이 없어도 가격기구에 의한 자원의 효율적인 배분이 이루어진다.

③: 작은정부론, 소극국가론, 야경국가론 ⇒ 정부는 경제주체들의 대내외적인 안전만 책임지고, 경제활동은 경제주체들의 자유로운 의사결정에 맡기자는 주장이다.

위대한 경제학자: Adam Smith

1. 배경

A. Smith가 자유방임주의를 내세우기 이전의 사회는 절대왕정시대로 큰 정부시대였다. 그러나 국가가 개인의 너무 많은 것에 간섭하다보니 자유가 제한되고 사익 추구가 힘들어서 경제 발전도 어려웠다. 이러한 상황 속에서 이전의 절대주의 시대에 겪었던 것들을 생각하며 정부는 치안 등의 사소한 것들에만 관심을 기울여야 된다는 주장이 대두되었다. 그것이 바로 A. Smith의 주장이다.

2. 보이지 않는 손

A. Smith는 개인과 기업가의 자유로운 경제활동을 강조했다. Smith는 각 개인이 자신의 지위를 향상시키려는 이기심을 쫓아 행동하면 '보이지 않는 손'이 작용하여 경제활동 전반이 조율되고 결과적으로 사회 전체의 이익이 증대된다고 보았다. Smith는 중상주의에 입각한 보호무역주의를 비판하고, 각 개인의 경제활동의 자유를 보장함으로써 '보이지 않는 손'에 의해 사회 전체의 질서와 조화를 유지하는 것이 경제 발전의 원동력이라고 주장했다.

〈국부론〉에서 Smith는 개인은 자신의 이익을 추구하는 과정에서 '보이지 않는 손'의 인도를 받아 의도하지 않았던 사회 전체의 이익, 즉 공익의 증진에 기여할 수 있다고 주장한다. 개인이나 기업가가 자신의 이익을 위해 상품을 생산하려 하고 또 이렇게 해서 생산물이 늘어나면 국부도 증대된다는 것이다. 따라서 무엇보다도 개인과 기업이 자신의 이익을 추구하는 자유로운 경제활동이 보장되어야 한다.

이에 따라 Smith는 자유방임주의를 추구하였고 그에 따른 정부의 역할은 최소한으로 제한되어야 한다고 주장하였다.

그러나 한편으로 Smith는 경제활동의 자유를 무엇보다 강조하였지만 자유에도 한계가 있다는 사실을 분명하게 말했다. Smith가 표방하는 자유는 무분별한 사욕추구의 자유가 아니라 공정한 규칙이 전제된 자유이다. 이와 같은 맥락에서 Smith는 자신을 위해서만 일하고 다른 사람들을 위해서는 아무것도 하지 않는 개인이나 특정집단의 탐욕에 대해서 비판하며 이를 제한하는 법률의 필요성을 언급한다.

3. 가치론

A. Smith는 가치론에 있어서 두 가치론이 공존한다고 생각했다. 어느 한쪽으로만 치우치게 된 것이 아니라 노동가치론과 효용가치론, 각각의 가치론 전통을 인정한 것이다. 우선 Smith는 노동가치론을 계급갈등을 강조하는 전통이라는 데 지적 연원을 두었다. 그리고 이기적이고 탐욕적인 동기가 개인적인 대립과 갈등을 야기한다고 보았다. 그는 국가의 부(富)를 "그 사회의 모든 국민이 해마다 소비하는 생활필수품과 편의품의 양"으로 규정하고 그 부의 원천이 "국민들의 연간 노동"이라고 주장했다. 그는 "세상의 모든 부의 가치는 근본적으로 금이나 은에 의해서가 아니라 노동에 의해 결정된다"고 말하고, 어떤 상품이 가치를 지니려면 그것이 반드시 인간 노동의 산물이어야 한다고 주장했다. 그는 더 나아가 "상품의 교환가치는 그것을 생산하는 데 투입된 노동량에 의해 규정된다"고 했다. Smith는 상대가치 혹은 교환가치로서 가치문제를 제기한다. Smith는 사용가치와 교환가치를 설명하기 위해 '가치의 역설' 혹은 'Smith의 역설'을 제시한다.

정부 부문의 확대는 필연인가?

"한 광역 지자체는 퇴출 후보인 공무원 102명으로 구성된 이른바 '현장시정추진단' 102명 중 43%에 달하는 44명에게 직무수행을 박탈하는 직무배제 조치를 취했다. 또한 그 44명의 공무원 중 재교육 통보자를 뺀 24명은 이미 퇴출됐거나 퇴출 판정을 받았다. 공무원은 더 이상 '철밥통'이 아니며, '게으르고 능력 없는 것은 죄(罪)가 된다'는 게 현실로 증명된 셈이다. —어느 신문기사에서"

우리는 이른바 '철밥통'이란 용어를 자주 접한다. 여기서 철밥통이란 한번 국영기업에 고용되면 평생 해고될 걱정 없이 근무할 수 있는 중국의 '테판완(鐵飯碗)'과 유사한 개념이다. 우리나라에서는 신분 보장이 이루어지는 공무원이나 공기업 직원 등을 주로 지칭한다. 우리 사회에서는 이러한 철밥통을 바라보는 두 가지 모순된 시각이 공존한다. 일반적으로는 부정적인 의미로 바라보지만 이는 다른 사람을 바라볼 때의 정서이고, 이것이 나와 관계된 것이라면 오히려 철밥통을 동경하는 이중적 시각이 존재하는 것이다. 왜냐하면 철밥통이란 용어 속에는 고소득과 안정성이라는 두 가지 요소가 담겨 있기 때문이다.

그렇다면 '철밥통' 속에 담겨진 문제점은 무엇인가? 무한 경쟁이 이루어지면 이른바 '정글의 법칙'이 적용되는 '시장'에서는 게으르고 능력 없는 것은 죄가 된다. 언제든 퇴출될 수 있다는 불안한 현실 속에서 지금도 무거운 발걸음을 직장으로 옮긴다. 그러나 우리의 '철밥통'에게는 이는 먼 나라의 모습에 불과하다. 왜냐하면 가재와 게가 함께 사이좋게 살아가는 아늑한 그들만의 리그에서 살고 있기 때문이다. 문제는 이것으로 인해 발생하는 비효율의 결과를 이른바 우리의 '혈세'로 채워야만 하는 것이다. 따라서 이러한 '혈세'의 지출에는 항상 '왜(Why)?'라는 질문을 던져야만 하며, 이에 대한 합당한 대답이 나오지 않는다면 그러한 철밥통은 당연히 깨뜨려야 하는 것이다.

여기서 생각나는 '철밥통 깨뜨리기'는 영국의 대처 수상에 의한 탄광노조를 무릎 꿇린 산업구조조정이다. 당시 영국에서는 탄광노조가 총파업을 하면 정권이 바뀐다고 할 정도였고, 실제로 1973년 총파업 직후 보수당 정권이 무너졌을 만큼 강력한 힘을 가지고 있었다. 그런데 영국 산업의 석유 의존도가 높아지면서 탄광의 적자를 엄청난 '혈세'로 메워야 했고, 그럼에도 불구하고 탄광노조는 영국의 석탄 매장량이 고갈되지 않는 한 탄광을 폐쇄할 수 없다고 버텼던 것이다. '어느 정도의 적자라야 탄광을 포기할 수 있나'라는 질문에 대해 '적자는 무한정이라도 좋다'라고 대답한 탄광 노조위원장의 말 속에 당시의 철밥통의 강도를 짐작할 수 있다. 1983년 탄광노조의 저항 시위가 불법화되었을 때, 대처 수상은 기마경찰을 보내 진압했고, 이에 항의하는 탄광노조 관련자들에게 대처 수상은 '다음엔 탱크를 보내겠다'고 대응했다. 그 후 대처 수상에게는 '철밥통'을 깬 '철의 여인'이라는 칭호가 주어졌다. 우리는 이를 통해 철밥통이 한 번 생기면 이를 깨는 것이 쉽지 않다는 것을 알게 되었다. 역설적으로 '철의 여인'의 의미를 다시 한 번 음미할 필요가 있는 것이다.

MEMO

제2편

미시경제학

제3장 소비이론

제4장 생산이론

제5장 생산비용이론

제6장 수요·공급이론

제7장 수요·공급이론의 응용

제8장 시장이론

제9장 생산요소시장과 분배이론

제10장 일반균형 분석과 시장의 실패

제3장
소비이론

Theme 04 소비이론의 기초

① 소비자 행동과 소비자 이론

1) 소비자

(1) **의미**: 소비자란 상품수요와 생산요소 공급에 대한 의사결정의 주체 ⇒ 소비선택을 함에 있어서 "소비능력과 의사결정에 필요한 완전한 정보를 갖고 한정된 소득 하에서 모순이 없는 합리적인 효용극대화 행위를 한다"고 가정한다.

> **소비자 우위의 원칙**
>
> 생산자가 비록 이윤을 목적으로 하여 생산하지만 고이윤은 고가격의 상품에서 실현되고 고가격은 소비 수요가 많은 상품에서 실현되므로 결국 생산자의 이윤 동기도 소비자에 의하여 지배된다는 원칙

(2) **전제**: 최적의 행동을 일관되게 하는 합리적 소비자를 전제한다.

2) 소비자 행동

(1) 인간의 욕망은 무한하지만 이러한 욕망을 이루기 위한 수단(소득)에 제약을 받는다.

(2) 소비자의 행동기준은 주어진 소득의 제약 밑에서 어떠한 방법으로 상품을 구입하고 원하는 욕망(만족)을 최대로 할 수 있느냐에 있다.

3) 소비자 이론

(1) **의미**: 주어진 소득의 제약 밑에서 어떠한 방법으로 상품들을 구입하면 소비자의 효용 또는 만족을 최대로 할 수 있느냐를 규명하는 이론이다.

(2) 소비자의 선택 행동을 관찰 ⇒ 수요곡선을 도출 ⇒ "수요의 법칙"을 정립

② 효용과 소비이론

1) 효용(Utility)의 의의

(1) 의미

① 일정 기간 동안 일정량의 상품을 소비함으로써 얻을 수 있는 주관적인 만족감을 말한다.

② 만족감이란 주관적인 심리적인 감정으로 추상적인 개념 ⇒ 만족의 크기를 측정할 수 있느냐의 여부에 대해 논란의 여지가 발생한다.

(2) 논의의 편의상 만족의 크기를 숫자, 또는 순서로 나타낼 수 있다고 가정 ⇒ 기수적 방법과 서수적 방법으로 나뉜다.

2) 기수적 효용(cardinal utility)과 서수적 효용(ordinal utility)

(1) 기수적 효용

① 효용의 크기를 무게나 길이와 같이 절대적인 크기로 계량화해서 측정 ⇒ 효용의 차이에 의미를 부여한다.

② 재화의 소비로부터 얻는 만족의 크기는 독립적이며 가산성(加算性)이 인정된다.

기수적 효용의 기원

효용의 개념을 본격적으로 발전시킨 학자들은 제본스(W. Jevons), 왈라스(L. Walras) 등을 중심으로 한 1870년대의 한계효용학파였는데 이들은 효용을 상품소비에서 오는 심리적인 만족으로 간주하였다. 또한 그들은 효용의 크기를 소득이나 부, 그리고 깊이나 무게처럼 객관적으로 측정이 가능한 것으로 간주하는 기수적 효용(cardinal utility) 개념을 만족의 지표로 삼았다.

---

(2) 서수적 효용

① 효용의 크기를 계량화할 수는 없고 다만 효용 간의 상대적인 크기의 대소만을 비교함으로써 순서를 정할 수 있는 효용을 말한다.

② 서열성: 모든 상품 묶음은 A>B 또는 A<B 또는 A=B로 구분이 가능하다.

③ 이행성: A>B이고 B>C이면 A>C가 성립한다.

3) 소비이론의 전개: 소비이론은 기수적 효용함수를 전제로 하는 한계효용이론에서 서수적 효용함수를 전제로 하는 무차별곡선 이론으로, 그리고 효용함수 자체를 필요로 하지 않는 현시선호이론으로 발전했다.

소비자는 효용의 크기를 어떻게 알 수 있는가?

"고등학생인 준서는 친구들과 서울랜드에 놀러갔다. 점심시간에 되어 배가 출출해지자 준서는 식당에서 김밥 2줄과 사이다 1캔을 구입하여 먹었다. 친구들과 재미있게 놀면서 먹어서 그런지 준서는 김밥과 사이다가 평소보다 더 맛있다고 생각되었다. 과연 준서가 느낀 맛의 크기는 얼마나 될까?"

소비자가 재화나 서비스를 소비함으로써 얻는 쾌락 또는 만족을 효용(utility)이라 한다. 소비자는 재화나 서비스를 소비함으로써 이러한 효용을 극대화하려는 경제주체이다. 그런데 소비자는 이러한 효용의 크기를 어떻게 알 수 있을까?

효용을 측정하는 방법은 다음과 같이 크게 두 가지로 나눌 수 있다. 첫째, 효용의 크기를 구체적인 숫자로 나타내는 기수적(cardinal)인 방법이다. 효용의 개념을 본격적으로 발전시킨 학자들은 제본스(W. Jevons), 왈라스(L. Walras) 등을 중심으로 한 1870년대의 한계효용학파였는데 이들은 효용을 상품소비에서 오는 심리적인 만족으로 간주하였다. 또한 그들은 효용의 크기를 소득이나 부, 그리고 깊이나 무게처럼 객관적으로 측정이 가능한 것으로 간주하는 기수적 효용(cardinal utility) 개념을 만족의 지표로 삼았다. 이러한 기수적 방법에 따르면 준서가 느낀 맛, 즉 효용의 크기는 다음과 같이 나타낼 수 있다. '준서는 김밥 2줄에서 200, 사이다 1캔에서 100만큼의 효용을 얻어 총 300만큼의 효용을 얻었다' 또는 '준서는 김밥 2줄에서 4,000원어치, 사이다 1캔에서 2,000원어치만큼의 효용을 얻었다'.

둘째, 효용의 크기를 다양한 상품 묶음(combination bundle)에서 얻는 만족도에 대한 선호에 따라 서수적(ordinal)으로 나타내는 방법이다. 이 방법은 효용의 크기를 계량화할 수는 없고 다만 효용 간의 상대적인 크기의 대소만을 비교함으로써 순서를 정할 수 있다는 전제 하에서 출발한다. 이러한 방법에 따르면 효용은 다음과 같이 나타낼 수 있다. '준서는 김밥 2줄과 사이다 1캔의 소비를 김밥 1줄과 사이다 1캔의 소비보다 더 선호한다'.

그렇다면 앞의 두 가지 표현방법 중에서 어느 것이 더욱 현실적일까? 현실에서는 소비자들이 상품을 소비할 때 얻는 효용을 기수적으로 표시하는 경우는 매우 드물다. 김밥 1줄을 먹으면서 '음! 김밥 1줄은 100만큼의 만족을 주는군!' 하면서 소비하지는 않기 때문이다. 그렇지만 '음! 나는 김밥 1줄보다는 김밥 2줄을 먹는 것이 좋아!'라고는 쉽게 말할 수 있다. 결국 효용의 크기를 나타내는 것은 기수적인 방법보다는 서수적인 방법이 현실적이라고 할 수 있다.

경제학을 위한 미분법의 기초

1. 직선의 기울기

1) 정의: 일차함수 $y=ax+b$에서 x값의 증가량 (Δx)에 대한 y값의 증가량 (Δy)의 비율은 항상 일정하고 그 비율은 x의 계수 a와 같다. 이때, a를 일차함수 $y=ax+b$의 기울기라고 한다.

$$\text{직선의 기울기} = \frac{(y \text{ 의 증가량})}{(x \text{ 의 증가량})} = \frac{\Delta y}{\Delta x} = a$$

예 (1) x의 증가량(Δx)이 2이고, y의 증가량(Δy)은 2이면 이때의 기울기는 1이다.

(2) x의 증가량(Δx)이 −3이고, y의 증가량(Δy)은 3이면 기울기는 −1이다.

2) 두 점이 주어졌을 때의 기울기

(1) 함수 $y=f(x)$일 때, $y=f(x)$ 위의 두 점 (x_1, y_1), (x_2, y_2)가 주어질 때의 기울기를 말한다.

$$기울기 = \frac{y_2 - y_1}{x_2 - x_1} = \frac{\Delta y}{\Delta x} = \frac{f(x_2) - f(x_1)}{x_2 - x_1}$$

(2) 평균변화율

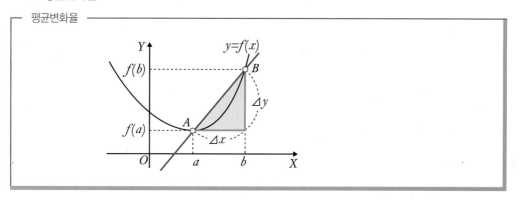
평균변화율

① 두 점 A$(a, f(a))$, B$(b, f(b))$가 주어질 때, 두 점을 지나는 직선의 기울기를 의미한다.

② 함수 $y=f(x)$에서 x의 증가량 Δx에 대한 y의 증가량 Δy의 비율($\frac{\Delta y}{\Delta x}$)을 x의 값이 a에서 b까지 변할 때의 함수 $y=f(x)$의 평균변화율이라 한다.

$$평균변화율: \frac{\Delta y}{\Delta x} = \frac{f(b) - f(a)}{b - a} = \frac{f(a + \Delta x) - f(a)}{\Delta x}$$

2. 곡선 위의 한 점에서의 기울기(접선의 기울기)

1) 미분계수

① 평균변화율의 극한값(=접선의 기울기)을 의미한다.

$$미분계수: f'(a) = \lim_{\Delta x \to 0} \frac{\Delta y}{\Delta x} = \lim_{\Delta x \to 0} \frac{f(a + \Delta x) - f(a)}{\Delta x}$$

② 두 점 사이의 Δx가 충분히 작아지면 Δy도 충분히 작아진다. 그러면 두 점이 서로 가까워져 한 점처럼 보이게 되는데, 그때의 두 점 사이의 기울기를 한 점에서의 기울기로 보아도 된다.

2) 도출: 접선의 기울기를 간단하게 구하는 방법이 미분이다. 이때 함수를 미분했다는 표시를 y', $f'(x)$, $\frac{dy}{dx}$라고 표현한다.

(1) **미분법:** $y=x^n$를 x에 관해 미분하면 $y'=nx^{n-1}$이 된다. 즉, 지수 n을 x의 앞(계수)으로 내려 x와 곱하고, 지수에는 1을 뺀다.

> **예** $y=x^3+2x^2+3$을 미분하면 $y'=3x^2+2 \cdot 2x$ (∵상수항은 미분하면 0이므로)

(2) **접선의 기울기 구하기**

① 곡선 $y=f(x)$ 위의 점 $P(a, f(a))$에서의 접선의 기울기는 $y=f'(a)$

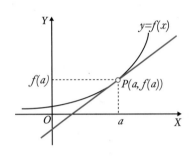

② 우선 주어진 함수를 미분한 후, 미분한 식에 구하고자 하는 x값을 대입한다.

> **예** $y=3x^2+4x$ 위의 점 $x=2$에서의 기울기를 구해보면
> $y'=3 \times 2x + 4$이고 x에 2를 대입하면 $3 \times 2 \times 2 + 4 = 16$이다.

3) 생산가능곡선에서의 구체적 예

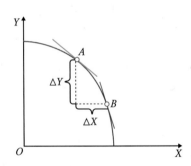

(1) A점에서의 접선의 기울기의 절댓값이 B점의 기울기의 절댓값보다 작으므로 B점에서 X재를 증가시키기 위해 감소시켜야 하는 Y재의 수량이 커짐을 의미한다. 즉 X재 한 단위를 증가시키기 위한 기회비용이 증가함을 의미한다.

- 접선의 기울기의 절댓값이 클수록 기울기는 가팔라진다. 여기서 접선의 기울기는
  $MRT(=-\dfrac{\Delta y}{\Delta x}$: 한계변환율)를 의미한다.
- 이때 '−' 부호가 붙는 이유는 x가 증가할 때, y는 감소하기 때문이다.

---

(2) X재의 생산량이 많아짐에 따라 기울기의 절댓값이 커지게 되고, 이것은 X재를 늘리기 위한 기회
비용이 커진다는 것을 의미한다.

3. 극댓값과 극솟값

1) 극대점: $f(x)$가 증가상태(↗)에서 감소상태(↘)로 바뀌는 점에서 함수 값은 극대가 된다. 다음 그림
에서 $x=a$에서 극대이고, 극댓값은 $f(a)$이다.

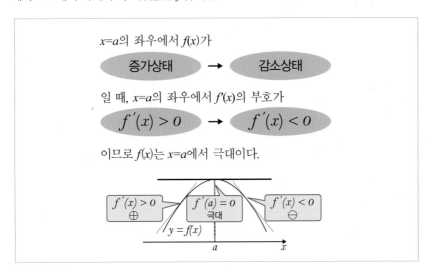

2) 극소점: $f(x)$가 감소상태(↘)에서 증가상태(↗)로 바뀌는 점에서 함수 값은 극소가 된다.
다음 그림에서 $x=a$에서 극소이고 극솟값은 $f(a)$이다.

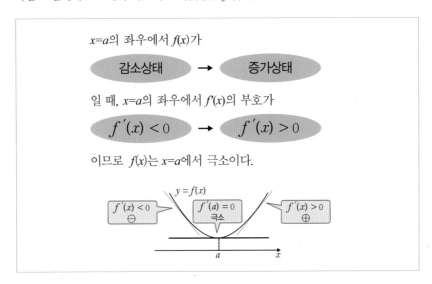

3) 결국 함수의 극댓값, 극솟값은 $f'(a)=0$인 수준에서 결정된다.

33

Q&A

$f(x)=x^3-6x^2+9x-1$일 때, $f(x)$의 극댓값과 극솟값을 구하시오.

Solution

일단 $f(x)$를 x에 관해 미분하면 $f'(x)=3\times x^2-2\times 6x+9=3x^2-12x+9$이다.

그 다음 $f'(x)=0$이 되는 x값을 찾으려면 $f'(x)$를 인수분해한다.

$f'(x)=3x^2-12x+9=3(x^2-4x+3)=3(x-1)(x-3)$이므로

$f'(x)=0$의 x값은 $x=1$ 또는 $x=3$이다.

다음의 $y=f'(x)$ 그래프에서 $x=1$의 왼쪽에서 $\oplus$(증가 ↗)이고 오른쪽에서 $\ominus$(감소 ↘)이므로 극댓값 ($f(1)$)을 갖고,

$x=3$의 왼쪽에서 $\ominus$(감소 ↘)이고 오른쪽에서 $\oplus$(증가 ↗)이므로 극솟값($f(3)$)을 갖는다.

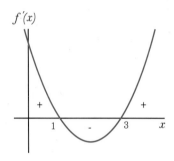

따라서 다음 그래프에서 극댓값 $f(1)=1^3-6\cdot 1^2+9\cdot 1-1=3$이고 극솟값 $f(3)=3^3-6\cdot 3^2+9\cdot 3-1=-1$인 $f(x)$ 그래프이다.

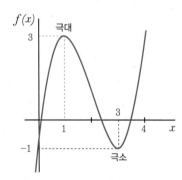

Theme 05 한계효용이론-I

❶ 효용(Utility)의 의의

1) **효용함수**: 일정 기간 동안 상품의 소비량과 그로부터 얻어지는 총효용의 관계를 수학적으로 보여주는 것을 말한다.

$$TU=U(X,\ Y),\ \ 이때\ TU:\ 총효용,\ \ X:\ X재\ 소비량,\ \ Y:\ Y재\ 소비량$$

2) **한계효용(Marginal Utility, MU)**

(1) **의미**: 어떤 상품의 소비를 한 단위 증가(감소)시켰을 때 그로 인한 총효용의 증가(감소)분을 말한다. 이때의 효용은 기수적으로 측정이 가능하다.

$$MU_X = \frac{\Delta TU}{\Delta X}\ ,\ \ MU_Y = \frac{\Delta TU}{\Delta Y}$$

(2) **특징**
① 한계효용은 인간의 욕망 정도에 비례한다.
② 한계효용은 재화의 존재량에 반비례한다.
③ 한계효용은 총효용 곡선상의 한 점에서 접선의 기울기이다.
④ 한계효용은 재화의 소비량이 증가함에 따라 한계효용은 체감한다.

3) **총효용(Total Utility, TU)**: 일정 기간 동안 일정량의 상품을 소비함으로써 얻을 수 있는 주관적인 만족의 총량을 말한다.

❷ 한계효용과 총효용의 관계

1) **한계효용 체감의 법칙(law of diminishing marginal utility)–Gossen의 제1법칙**

(1) 다른 상품의 소비량은 일정하게 유지하면서 한 상품의 소비량을 계속적으로 증가시키면 그 상품의 한계효용은 궁극적으로 감소하는 현상을 말한다.

(2) 한계효용이 체감한다고 하더라도 그 값이 양(+)의 값을 갖는 한 총효용은 증가 ⇒ 다만 그 증가율이 작아질 뿐이다.

2) 도해적 설명

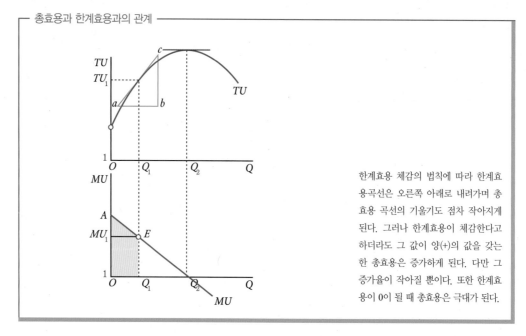

┌─ 총효용과 한계효용과의 관계 ──────────

한계효용 체감의 법칙에 따라 한계효용곡선은 오른쪽 아래로 내려가며 총효용 곡선의 기울기도 점차 작아지게 된다. 그러나 한계효용이 체감한다고 하더라도 그 값이 양(+)의 값을 갖는 한 총효용은 증가하게 된다. 다만 그 증가율이 작아질 뿐이다. 또한 한계효용이 0이 될 때 총효용은 극대가 된다.

(1) 한계효용은 총효용의 미분값이므로 총효용 곡선의 접선의 기울기 그래프에서 소비량이 Q_1일 때의 한계효용은 Q_1에서의 총효용 곡선의 접선의 기울기 bc/ab와 같다.

(2) 한계효용을 소비량으로 적분하면 총효용 그래프에서 소비량이 Q_1일 때의 총효용은 한계효용 그래프에서 색칠된 사다리꼴 $A0Q_1E$와 같다.

(3) 한계효용 체감의 법칙에 따라 한계효용곡선은 오른쪽 아래로 내려가며 총효용 곡선의 기울기도 점차 작아지게 된다.

(4) 그래프에서 한계효용이 영(0)이 되는 소비량이 Q_2일 때의 총효용은 최대(포화점: saturation point)가 되며 그때의 총효용 곡선의 기울기는 수평, 즉 영(0)이 된다.

확인 TEST

어떤 소비자가 X재에 대하여 그 소비량의 크기를 Q라고 할 때, 총효용(TU) 함수가 다음과 같다.

$$TU = 12Q - \frac{3}{2}Q^2$$

총효용을 극대화하는 X재 소비량(Q)과 이때의 총효용(TU)은 각각 얼마인가?

① $Q=3$, $TU=18$ ② $Q=4$, $TU=18$

③ $Q=4$, $TU=24$ ④ $Q=5$, $TU=24$

해설 ▶ 효용(TU)은 한계효용(MU)이 '0'일 때 극대가 된다. 따라서 총효용(TU) 함수를 미분하여 도출한 한계효용(MU) 함수인 $MU\left(=\dfrac{dTU}{dQ}\right)=12-3Q=0$에서 $Q=4$일 때, 총효용은 극댓값을 갖는다. 이 $Q=4$를 총효용 함수에 대입하면 총효용 극댓값인 $TU=24$를 구할 수 있다.

정답 ▶ ③

┌─ 총함수와 한계함수 ─

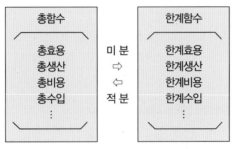

한계효용이론-Ⅱ

① 소비자 선택 이론

1) 의의

(1) **의미**: 소비자가 주어진 소득과 주어진 상품 가격에서 최대의 효용을 얻기 위해 여러 가지 상품을 어떻게 배합하여 소비해야 하느냐의 문제를 말한다.

(2) **대표적 학자**: Menger, Jevons, Walras

2) 소비자 선택의 조건

(1) **가정**: 한계효용이론은 모든 재화의 한계효용이 체감한다는 가정(law of diminishing marginal utility: 한계효용 체감의 법칙=Gossen의 제1법칙)을 전제로 하여 성립한다.

(2) **한계효용 균등의 법칙**(law of equimarginal utility: Gossen의 제2법칙)

① **의미**: 상품가격이 각각 다를 때, 화폐 한 단위당 한계효용(MU)이 균등하게 되도록 재화를 소비하면 극대의 총효용을 얻을 수 있다.

$$\frac{MU_1}{P_1} = \frac{MU_2}{P_2} = \cdots\cdots = \frac{MU_n}{P_n}$$

② **소비자의 소득제약조건**(income constraint)

$$P_1Q_1 + P_2Q_2 + P_3Q_3 + \cdots\cdots + P_nQ_n = I$$
(단, P_n: 재화의 가격, Q_n: 재화의 구입량, I: 소득)

기출확인

재화의 단위당 가격과 총효용이 [표]와 같을 때. 16원을 가진 사람이 합리적인 소비를 한다면 C재의 소비량은? (단, 각 재화 1단위 가격은 A재: 1원, B재: 2원, C재: 3원이다)

[1992]

재화 ＼ 단위	1	2	3	4	5
A재	10	19	26	30	32
B재	16	28	36	40	40
C재	15	27	36	42	45

① 2단위   ② 3단위   ③ 4단위   ④ 5단위

분석하기

• 주어진 표를 각 재화의 한계효용으로 나타내면 다음과 같다.

재화＼단위	1	2	3	4	5
A재	10	9	7	4	2
B재	16	12	8	4	0
C재	15	12	9	6	3

• 앞의 표를 다시 각 재화의 가격으로 나누어 1원어치당 한계효용으로 나타내면 다음과 같다.

재화＼단위	1	2	3	4	5
A재	10	9	7	4	2
B재	8	6	4	2	0
C재	5	4	3	2	1

• 이에 따라 1원어치당 한계효용이 높은 순서대로 16원을 모두 지출할 때까지 소비하면 된다. 따라서 A재 4단위, B재 3단위, C재 2단위를 소비할 때 가장 높은 효용을 얻을 수 있다.

정답 ①

② 한계효용이론에 따른 수요곡선의 도출

1) 수요곡선의 도출

(1) P_X=3원, P_Y=2원, Q_X=6단위, Q_Y=4단위, I=26원의 조건이 주어졌고 그래프에서 A점으로 나타나 있다고 가정하자. 점 A는 지금 한계효용 균등의 법칙을 만족$\left(\dfrac{MU_X}{P_X}=\dfrac{MU_Y}{P_Y}\right)$함으로써 극대 효용에 도달해 있다.

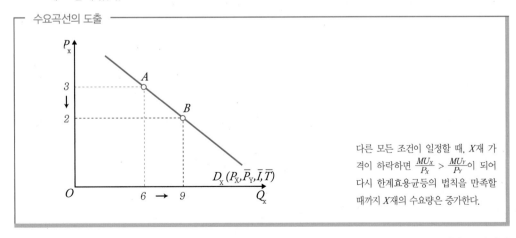

수요곡선의 도출

다른 모든 조건이 일정할 때, X재 가격이 하락하면 $\dfrac{MU_X}{P_X} > \dfrac{MU_Y}{P_Y}$이 되어 다시 한계효용균등의 법칙을 만족할 때까지 X재의 수요량은 증가한다.

(2) 만약 다른 조건은 일정한데 P_X가 3원에서 2원으로 하락했다고 하자. 이에 따라 소비자 균형식이 $\dfrac{MU_X}{P_X} > \dfrac{MU_Y}{P_Y}$이 되어 소비자는 Y재의 소비를 줄이고 X재의 소비를 늘리는 조정을 하게 된다.

(3) 이와 같은 조정은 MU_X가 감소하게 되어 (한계효용체감의 법칙에 따라) $\dfrac{MU_X}{P_X}$가 $\dfrac{MU_Y}{P_Y}$와 같아질 때까지 하락하게 되고 새로운 균형은 B에서 다시 이루어지게 된다.

2) 시사점

(1) 위의 내용은 X재 가격이 하락함에 따라 X재의 수요량이 증가하는 우하향의 수요곡선을 시사해 준다.

(2) 재화에 대한 어떤 소비자의 개별 수요곡선은 화폐로 표시한 이 소비자의 그 재화에 대한 개별 한계효용곡선 ⇒ 이를 수평으로 합한 시장 수요곡선은 이 재화의 한계효용을 화폐단위로 표시한 사회적 한계효용 곡선(이는 소비자 잉여를 이해하는 데 있어서 매우 중요)

3) 소비자 균형을 위한 조정과정

$\dfrac{MU_X}{P_X} > \dfrac{MU_Y}{P_Y}$ 인 경우	$\dfrac{MU_X}{P_X} = \dfrac{MU_Y}{P_Y}$ 인 경우	$\dfrac{MU_X}{P_X} < \dfrac{MU_Y}{P_Y}$ 인 경우
• X재 소비↑→ MU_X↓ • Y재 소비↓→ MU_Y↑	• 효용극대화가 충족된 균형 상태	• X재 소비↓→ MU_X↑ • Y재 소비↑→ MU_Y↓

Theme 07 한계효용이론-Ⅲ

① 한계효용이론과 가치의 역설

가격과 가치

1. 가격: 화폐나 다른 재화와 교환되는 비율을 의미한다.
2. 가치: 어떤 재화에 가격이 성립하는 이유를 의미한다.

1) Smith의 역설(Smith's Paradox=가치의 역설: paradox of value)

(1) **의미**: 물이나 공기같이 사용가치(어떤 재화가 인간에게 만족감을 주는 능력: 총효용)가 큰 재화의 교환가치(다른 재화를 구매할 수 있는 능력: 가격)가 다이아몬드와 같이 사용가치가 거의 없는 재화의 교환가치보다 오히려 작은 현상 ⇒ 사용가치와 교환가치 간에 존재하는 괴리현상을 말한다.

구분	사용가치	교환가치
물	크다	작다
다이아몬드	작다	크다

(2) 한계효용학파적 설명

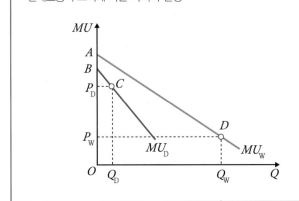

한계효용의 크기에 따른 가격의 결정

물의 존재량은 무한대에 가까움에 따라 그 한계효용은 0에 가깝게 되고, 반면에 다이아몬드의 존재량은 극히 적어 그 한계효용은 매우 크다. 이에 따라 다이아몬드의 가격이 물의 가격보다 높게 된다.

① 존재량이 같을 때, 물은 다이아몬드보다 인간생활에 더 유용하기 때문에 물의 한계효용(MU_W)은 다이아몬드의 한계효용(MU_D)보다 항상 위에 위치하게 된다.

② 한계효용이론에 따르면 재화의 가격(교환가치)은 그 재화의 총효용(사용가치)이 아니라 그 재화의 한계효용과 비례하며 재화의 한계효용은 소비량 혹은 존재량이 증가함에 따라 체감하게 된다.

③ 현실적으로, 물의 존재량(OQ_W)은 무한대에 가까움에 따라 그 한계효용은 0에 가깝게 되고, 반면에 다이아몬드의 존재량(OQ_D)은 극히 적어 그 한계효용은 매우 크다.

④ 따라서 상품가격에 영향을 미치는 것이 총효용이 아닌 한계효용인 한 다이아몬드의 가격(OP_D)이 물의 가격(OP_W)보다 비싼 것은 결코 역설적 현상이 아니라 합리적 현상인 것이다.

> **그래프에서의 총효용의 크기**
>
> 다이아몬드의 총효용: $OBCQ_D$, 물의 총효용: $OADQ_W$

2) 수학적 유도

(1) 화폐단위로 효용을 측정한 효용함수를 $TU_X = f(Q_X)$라고 하자. 만일 소비자가 P_X의 가격으로 Q_X를 구매한다면, 그의 지출액은 $P_X \times Q_X$이다. 이때 총효용과 총지출액의 차이가 순효용(NU_X)이다.

$$NU_X = TU_X - P_X \times Q_X$$

소비자는 이러한 총효용과 총지출액의 차이인 순효용을 극대화하려고 할 것이다.

(2) 극대화의 필요조건은 위의 함수 "$NU_X = TU_X - P_X \times Q_X$"를 Q_X로 미분한 도함수가 값이 "0"이 되는 것이다.

$$\frac{dNU_X}{dQ_X} = \frac{dTU_X}{dQ_X} - \frac{d(P_X \times Q_X)}{dQ_X} = MU_X - P_X = 0 \Rightarrow MU_X = P_X$$

이에 따라 상품의 가격은 상품의 한계효용의 크기에 의해 결정되는 것이다.

(3) 앞의 결과를 그림으로 나타내면 다음과 같다.

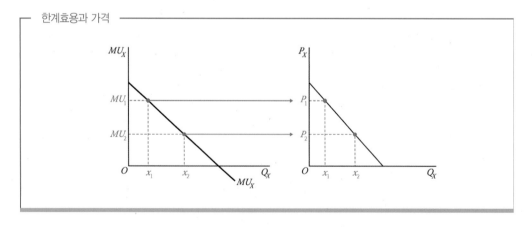

한계효용과 가격

주의할 것은 MU곡선이 음(−)이 되는 부분은 수요곡선에 반영되지 않는다. 음(−)의 가격은 경제학에서는 존재할 수 없기 때문이다.

왜 다이아몬드는 물보다 비쌀까?

"우리 인간의 생존에 가장 중요한 것은 무엇일까? 그 대답은 너무도 자명하다. 이것이 없이 인간은 일주일을 넘기지 못한다고 한다. 답은 바로 '물'이다. 그런데 다이아몬드가 없으면 우리는 더 이상 살 수 없을까? 아니다! 다이아몬드는 우리의 생명과 아무런 관계가 없다. 그럼에도 다이아몬드는 매우 비싸고 물은 매우 싸다. 왜 그럴까?"

아담 스미스(Adam Smith)와 데이비드 리카도(David Ricardo)와 같은 18세기의 경제학자들은 '가치'와 '가격'을 구별해서 사용했다. 어떤 재화가 인간에게 만족감을 주는 능력(사용가치:value in use)과 다른 재화를 구매할 수 있는 능력(교환가치:value in exchange) 사이에 존재하는 괴리를 '가치의 역설(paradox of value)'이라 한다. 이와 같은 현상은 사용가치가 매우 큰 물의 교환가치가 사용가치가 그리 크지 않은 다이아몬드의 교환가치보다 오히려 작은 것에서 쉽게 발견할 수 있다. 여기서 사용가치는 총효용, 교환가치는 (상대)가격에 해당한다고 볼 수 있다.

즉 소비자에게 주는 총효용이 큼에도 불구하고 가격이 낮다는 것이 '가치의 역설'이고 이를 Smith의 역설(Smith's Paradox)이라고도 한다. 이것을 '역설적' 상황이라고 하는 것은 가격은 총효용이 크면 클수록 높아야 한다는 전제가 깔려 있는 것이다. 도대체 어디에 문제가 있는 것일까? A. Smith는 이를 설명하기 위해서 '노동가치설'을 내세운다. 이에 따르면 상품의 가격은 그것을 얻기 위해 투입한 노동의 양에 의해 결정된다. 즉, 그 당시 물을 얻기 위해서는 깨끗한 계곡물을 허리만 굽히고 한 바가지를 퍼 올리면 되지만, 다이아몬드를 캐고 이를 가공하기 위해서는 엄청난 시간과 노동이 필요하기 때문에 다이아몬드가 비싼 것이 설명될 수 있다는 것이다. 과연 그럴까? 10여 년 동안 목에서 피가 나면서까지 판소리를 배워 명창의 반열에 올랐음에도 불구하고 2-3년 동안 기획사에 의해 만들어진 아이돌 그룹의 콘서트 입장료보다 '판소리 5마당 완창' 입장료가 더 싼 것을 보면 그건 아닌 듯 싶다.

다음 경우를 상상해 보자. 신밧드가 사막을 여행하다가 그만 길을 잃고 말았다. 일주일 동안 아무것도 먹지 못한 채 사경을 헤매고 있는데 홀연 천사가 나타나서 오른손엔 물 한 컵, 왼손에는 다이아몬드 한 컵을 쥐고서 10만 원만 내면 둘 중에 하나를 주겠다고 제의했다. 신밧드는 어떤 것을 선택할까? 여기서 다이아몬드는 한 개가 아니라 한 컵이다. 그럼에도 불구하고 신밧드가 제정신이라면 당연히 물을 구입할 것이다. 이것은 동일한 수량(존재량)이라면 물이 다이아몬드보다 가격이 높다는 것을 시사해 준다. 물에 대해 먼저 가격을 지불하고자 하는 이유는 그러한 상황에서 물이 다이아몬드보다 한계효용이 높기 때문이다. 이는 상품의 가격이 총효용에 의해서 결정되는 것이 아니라 한계효용에 의해서 결정된다는 것을 보여준다.

❷ 한계효용이론의 의의

1) 특징

⑴ **주관적 가치설에 따른 수요측면을 강조한다.**

　① 1870년대 이전 경제학자들의 주된 입장이었던 '한 상품의 시장가격은 생산에 투하된 노동량 또는 생산비에 의해 결정된다'는 이른바 객관적 가치설을 부정하였다.

> R. Whately
>
> "진주가 비싼 이유는 잠수부가 목숨을 걸고 바닷속으로 잠수하여 진주를 캐왔기 때문이 아니다. 오히려 진주가 비싸기 때문에 잠수부가 바닷속으로 잠수하는 것이다."

　② 상품의 마지막 한 단위에서 얻는 주관적인 효용, 즉 한계효용의 크기가 상품가격을 결정한다고 주장 ⇒ 가격결정이론에 획기적인 전기를 마련함으로써 "한계혁명(marginal revolution)"이라고까지 불리게 되었다.

③ 이후 A. Marshall에 의해 시장가격은 공급 측의 생산비에 의해서 결정되는 공급곡선과 한계효용에 의해서 결정되는 수요곡선이 만나는 곳에서 결정된다는 수요·공급의 원리가 정립된다.

⑵ 효용의 의미를 "크기로 측정할 수 있다"는 '기수적 효용' 개념으로 이해했다.

2) 한계

⑴ 개인적·주관적·심리적 평가인 효용을 계량화할 수 있다는 '효용의 기수적 측정'이라는 경직된 가정을 사용하였다.

⑵ 화폐의 한계효용이 불변이라고 가정하였으나 현실적으로 이것도 가변적이다.

⑶ 이러한 가정을 완화하면서 우하향의 수요곡선을 설명하기 위해 무차별곡선이론과 현시선호이론이 등장하게 되었다.

위대한 경제학자 : Alfred Marshall

1. 배경

A. Marshall이 살았던 당시 영국은 빅토리아 시대의 호황기로 진보와 낙관주의가 넘쳐났다. 식민지 지배를 확대하여 세계대제국이 되었고, 연이은 선거법 개정으로 선거자격이 확대되었고, 1871년에는 초등교육법 발표로 보통교육이 보급되었으며, 노동조합법 제정으로 노동조합 운동이 합법적으로 인정되었다. 산업혁명이 완성된 후 임금 인상과 노동시간 단축으로 노동자들의 생활수준이 향상되었고, 비록 1870년대에 불황이 닥쳤으나 노동자들의 생활이 크게 악화되지는 않았다. 이런 시대를 반영하여 Marshall은 A. Smith와 D. Ricardo 등 고전파 경제학자들의 관심주제였던 국부의 원천이나 분배문제를 떠나 주어진 자원을 효과적으로 이용하는 문제로 관심을 돌렸다.

2. 한계이론(한계적 시야)

어떤 선택을 할 때 중요한 것은 지금 선택하려는 것의 이익(효용)이 비용보다 큰지 작은지 판단하는 것이다. 선택에서 과거는 중요한 것이 아니다. 예를 들어 기업이 몇 대의 자동차를 생산할지를 결정해야 할 때, 이를 한계이론의 관점에서 살펴보면 한 대를 더 생산함으로써 얻는 수입과 그 한 대를 더 생산하는 데 드는 비용이 같아질 때까지 생산을 계속하는 것이 정답이다.

3. 수요와 공급의 법칙

Marshall에 의하면 균형가격은 소비자의 효용과 생산자의 생산비에 의해 동시에 결정된다고 보고 이를 가위의 양날에 비유하였다. 즉, 균형가격이란 소비자의 효용 또는 생산자의 생산비 중 하나의 작용에 의해 결정되는 것이 아니라, 마치 가위로 종이를 자를 때 윗날과 아래 날이 함께 종이를 자르는 것처럼, 소비자의 효용과 생산자의 생산비가 동시에 영향을 미친다고 생각하였다.

Marshall은 수요를 분석하는데 한계효용이론을 적용하였다. 여기서 한계효용이란 재화의 소비량이 한 단위 증가할 때 추가적으로 늘어나는 효용의 크기를 말한다. 이러한 한계효용분석을 토대로 Marshall은 '수요의 법칙'을 발표했다. Marshall의 수요의 법칙이란 재화의 가격이 떨어지면 수요량이 증가하고 재화의 가격이 올라가면 수요량이 감소하는 것을 말한다. 또한 Marshall은 수요가 상품의 가격에 의해서만 결정된다고 생각하지는 않았다. 수요를 결정하는 다른 이유로 Marshall은 소비자의 취향, 관습, 기호, 소비자의 소득수준, 대체할 수 있는 상품의 가격 등이 있다고 보았다.

공급 측면에서 Marshall은 고전학파의 비용가치설을 발전시켰다. 공급을 결정하는 요소로는 실질생산비가 영향을 미친다고 보았다. 이것은 생산을 위한 노동의 투입과 생산에 사용되는 자본을 축적하는 데 필요한 절약 또는 기다림을 포함한 수고와 희생이라고 하였다. 이러한 생산비를 한계희생 또는 한계노고라고 정의하였다. 또한 실질적으로 지불되는 것은 화폐단위이기 때문에 이를 화폐생산비라고 하였고, 이러한 화폐생산비가 상품의 공급가격을 결정한다고 보았다. Marshall은 생산자가 공급을 늘릴 경우 비용이 체증적으로 증가한다고 보았고, 이에 따라 가로축을 상품량, 세로축을 가격이라고 할 때 공급곡선은 우상향하는 모습을 보인다고 하였다.

Marshall은 이러한 수요와 공급에 의해 가격이 결정되고 수요곡선과 공급곡선의 교차점에서 균형가격이 형성된다고 보았다. 동시에 가격이란 수요량과 공급량에도 영향을 주기 때문에 수요, 공급, 가격 등은 서로 상관관계에 놓여 있다고 보았다. 이러한 그의 균형가격이론은 오스트리아학파의 한계효용이론과 고전학파의 생산비설을 종합한 개념이라고 볼 수 있다.

Theme 08 무차별곡선 이론 - I

① 무차별곡선의 의의(서수적 효용 개념 전제)

1) 무차별곡선(indifference curve)의 의의

(1) 가정: X, Y의 두 재화밖에 없다.

(2) 의미: 두 재화의 소비량을 각각 가로축과 세로축에 놓은 좌표 상에서 어떤 개인에게 동일한 만족을 주는 두 재화 소비량의 무수한 조합(상품묶음: combination bundle)을 연결한 곡선을 말하며 그 형태는 개인의 선호에 따라 다르게 나타난다.

(3) 대표적 학자: Edgeworth, Pareto, Hicks, Slutsky

무차별곡선의 유래

무차별곡선은 에지워드(F. Y. Edgeworth)가 최초로 사용했고, 그 후 파레토(V. Pareto)가 이 분석방법을 다듬어서 보급시키게 되었다. 그리고 1934년 힉스(J. R. Hicks)와 알렌(R. G. D. Allen)이 무차별곡선을 가지고 서수적 효용(ordinal utility)의 소비자 이론을 전개하게 되었다.

---

2) 무차별지도(indifference map)

(1) 각기 상이한 효용수준을 나타내는 등고선과 같은 무수히 많은 무차별곡선들의 집합

(2) 무차별지도는 개인적인 것이며 따라서 개인마다 다르게 나타난다.

무차별곡선과 무차별지도

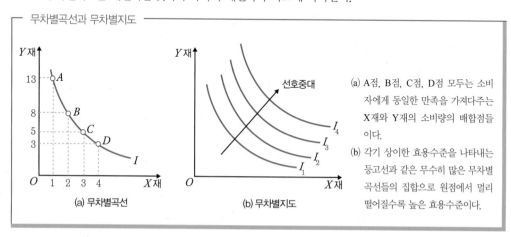

(a) 무차별곡선

(b) 무차별지도

(a) A점, B점, C점, D점 모두는 소비자에게 동일한 만족을 가져다주는 X재와 Y재의 소비량의 배합점들이다.

(b) 각기 상이한 효용수준을 나타내는 등고선과 같은 무수히 많은 무차별곡선들의 집합으로 원점에서 멀리 떨어질수록 높은 효용수준이다.

---

② 무차별곡선의 특징

1) 가정

(1) 서수적 효용 가정: 효용의 절대치는 의미가 없고 그 순서만이 의미가 있다고 전제

(2) 선호 관계의 완전 서열성(complete ordering) 가정: 한 소비자에게 두 묶음(A와 B)의 상품 소비조합을 제시했을 때 어느 하나를 다른 하나보다도 더 선호하든지, 덜 선호하든지, 또는 무차별(indiferrent)이든지를 구별할 수 있다. 즉, 어느 한 효용(A)은 다른 효용(B)에 비하여 크거나 (A>B), 작거나 (A<B), 같다 (A=B).. ⇒ 완비성(completeness)

(3) 선호관계의 일관성(consistence) 가정: 어느 한 효용(A)을 다른 한 효용(B)보다 선호한다면, 다른 시기에 어느 것이나 선택할 수 있을 경우 B를 A 대신에 선택하지 않는다.

> $A>B$이면 $B>A$인 선택은 하지 않는다.

(4) 선호 관계의 완전 이행성(transitivity) 가정: 어느 한 효용(A)이 다른 한 효용(B)보다 크고, 그 다른 한 효용(B)이 또 다른 한 효용(C)보다 크다면, 어느 한 효용(A)은 또 다른 한 효용(C)보다 크다. 즉, A>B 이고 B>C이면 A>C가 성립한다.

(5) 선호 관계의 연속성(continuity) 가정: 효용의 크기는 불연속적이 아니라 연속적으로 변동한다. 즉, 소비량이 조금씩 변해가면서 효용도 조금씩 변해간다. 따라서 무차별곡선은 끊어지거나 꺾이지 않는다.

(6) 선호관계의 강단조성(strong monotonicity) 가정: 상품묶음을 비교할 때 다른 모든 재화의 수량이 동일하고 어느 한 재화의 수량에 차이가 있다면, 소비자는 해당 재화가 많은 상품묶음을 더욱 선호한다는 것이다.

(7) 선호관계의 강볼록성(strict convexity): 임의의 두 상품묶음 A와 B가 있고 이들을 가중평균한 또 다른 상품묶음 C가 있다고 할 때, 소비자는 C를 A나 B보다 선호한다는 것이다.

 볼록(convex)과 오목(concave)의 의미는?

수학에서는 어떤 곡선 상의 두 점을 연결한 직선이 기존 곡선에 비해 위에 위치하는 경우를 '볼록'이라고 하고, 반대로 아래에 위치하는 경우를 '오목'이라고 정의한다.

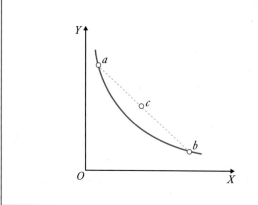

a, b점은 상대적으로 X재나 Y재로 편중된 소비임을 의미한다. 무차별곡선이 볼록하다는 것은 이러한 편중된 소비보다 상대적으로 균형적인 소비(c점)가 보다 만족도를 증가시킨다는 것을 의미한다. 수식으로는 다음과 같이 설명할 수 있다. 'c=αa+(1−α)b (0≤α≤1)'에서 α가 1에 가까울수록 c점은 a점에 가까워지고, α가 0에 가까울수록 c점은 b점에 가까워진다. 이때 c점은 a점과 b점의 가중평균값이다.

(8) **욕망의 불포화성(non-saturation) 가정**: 한정된 소득으로 말미암아 아무리 소비를 늘려도 욕망의 포화 정도에는 이르지 못한다. 이에 따라 소비자들은 소비량이 아무리 많아도 포화상태에 도달하지 않기 때문에 더 많은 상품을 원하게 된다.

2) 성질

(1) 원점에서 멀리 떨어진 무차별곡선일수록 높은 만족 수준을 갖는다. ⇒ 다다익선(多多益善: the more, the better)

(2) 무차별곡선은 우하향이다. ⇒ 정도의 차이는 있지만 두 재화 상호 간의 대체 관계 존재

(3) 무차별 곡선은 서로 교차하지 않는다. 만일 교차한다면 그 교차점은 동일한 소비 수준임에도 불구하고 두 개의 상이한 만족수준을 갖는다는 모순이 발생하기 때문이다. 단, 이것은 동일한 소비자의 무차별곡선인 경우이고, 상이한 선호체계를 갖는 서로 다른 소비자들의 무차별곡선은 교차할 수 있다.

소비자의 선호 체계와 무차별곡선

무차별 곡선은 개인의 선호 체계에 따라 그 형태가 다르게 나타난다. 예를 들면 그림에서 소비자 A는 X재를 ab만큼 더 소비하기 위해서 Y재를 ad만큼 포기할 용의가 있는 반면에 소비자 B는 X재를 ab만큼 더 소비하기 위해서 Y재를 ac만큼만 포기할 용의가 있다. 이것은 소비자 A가 소비자 B에 비하여 상대적으로 X재를 더 선호한다는 것을 보여주며, 이에 따라 후술하는 한계대체율에 있어 $MRS_A > MRS_B$가 성립한다는 것을 의미한다. 이는 또한 어떤 이유로 인해서 개인의 X재에 대한 선호가 커지게 되면 무차별 곡선의 형태가 I_B에서 I_A로 변할 수 있다는 것을 의미하기도 한다.

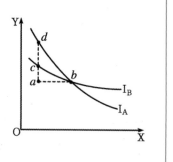

(4) 무차별 곡선의 접선의 기울기는 X, Y 두 재화 간의 한계대체율(MRS_{XY}=Marginal Rate of Substitution)이며, 그 크기는 체감한다. 여기서 Y재에 대한 X재의 한계대체율은 동일한 만족을 유지

하면서 X재 1단위를 더 소비하기 위한 대가로 포기하려고 하는 Y재의 수량$\left(=\dfrac{\Delta Y}{\Delta X}\right)$을 의미하며, 이것이 체감한다는 것은 Y재를 X재로 대체하기가 점점 더 어려워진다는 것을 의미한다.

한계 대체율(marginal rate of substitution)의 도출

$\Delta TU = \Delta X \times MU_X + \Delta Y \times MU_Y$ 식에서 '$\Delta TU = 0$'이 성립할 때 한계대체율(MRS_{XY})은 정의된다. 이에 따라 $\Delta X \times MU_X + \Delta Y \times MU_Y = 0$을 정리하면 다음 결과를 도출할 수 있다.

$$MRS_{XY} = -\frac{\Delta Y}{\Delta X} = \frac{MU_X}{MU_Y}$$

 Y재를 X재로 대체하기가 점점 더 어려워진다는 이유는?

소비자에게 동일한 만족을 주는 두 재화 X재와 Y재의 소비조합표가 다음과 같다.

X재 소비량	1	2	3	4
Y재 소비량	12	7	3	1

위 표에서 X재 소비량이 '1 → 2', '2 → 3', '3 → 4'로 증가할 때 소비자가 포기할 용의가 있는 Y재 수량(=Y재 소비감소량)은 각각 '−5', '−4', '−2'가 된다. 이에 따라 각 경우에 따른 한계대체율($MRS_{XY} = -\dfrac{\Delta Y}{\Delta X}$)은 다음과 같다.

X재 소비량 변화	1 → 2	2 → 3	3 → 4
$MRS_{XY} = -\dfrac{\Delta Y}{\Delta X}$	$-\dfrac{\Delta Y}{\Delta X} = -\dfrac{-5}{1} = 5$	$-\dfrac{\Delta Y}{\Delta X} = -\dfrac{-4}{1} = 4$	$-\dfrac{\Delta Y}{\Delta X} = -\dfrac{-2}{1} = 2$

이에 따라 한계대체율($MRS_{XY} = -\dfrac{\Delta Y}{\Delta X}$)이 체감(5 → 4 → 2)함을 알 수 있다.

그런데 이를 Y재 입장에서 보면 다음과 같은 표를 만들 수 있다.

Y재 소비량 변화	12 → 7	7 → 3	3 → 1
X재 증가 소비량	1	1	1
$-\dfrac{\Delta X}{\Delta Y}$	$-\dfrac{\Delta X}{\Delta Y} = -\dfrac{1}{-5} = \dfrac{1}{5}$	$-\dfrac{\Delta X}{\Delta Y} = -\dfrac{1}{-4} = \dfrac{1}{4}$	$-\dfrac{\Delta X}{\Delta Y} = -\dfrac{1}{-2} = \dfrac{1}{2}$

앞의 표에 따르면 동일한 만족을 유지하면서 Y재 소비를 줄이고, 이때 감소한 Y재를 X재로 대체하기 위해 필요한 Y재 1단위 당 X재 수량이 체증($\dfrac{1}{5} \to \dfrac{1}{4} \to \dfrac{1}{2}$)함을 알 수 있다. 이것은 곧 동일한 수량만큼의 Y재를 대체하기 위해 필요한 X재 수량이 점점 더 많아진다는 것을 의미하며, 이는 곧 Y재를 X재로 대체할 때 부담이 점점 더 커진다는 것을 말한다.

소비자 민주의 효용함수가 다음과 같다.

$$U(X,\ Y) = X^\alpha \times Y^\beta (\alpha + \beta = 1)$$

$X=2$, $Y=4$일 때 민주의 한계대체율(MRS_{XY})은 4라고 알려져 있다. α의 크기를 구하면?

① 1   ② $\dfrac{1}{2}$ ③ $\dfrac{2}{3}$ ④ $\dfrac{3}{4}$

해설 주어진 효용함수는 다음과 같이 나타낼 수 있다.

$U(X,\ Y) = X^\alpha \times Y^{1-\alpha}$ ($\because$ $\alpha + \beta = 1$에서 $\beta = 1 - \alpha$)

따라서 한계대체율(MRS_{XY})을 다음과 같이 도출할 수 있다.

- $MRS_{XY} = \dfrac{MU_X}{MU_Y} = \dfrac{\alpha \times X^{\alpha-1} \times Y^{1-\alpha}}{(1-\alpha) \times X^\alpha \times Y^{-\alpha}} = \dfrac{\alpha \times Y}{(1-\alpha) \times X}$ ($\because$ $\beta = 1 - \alpha$)

- $\dfrac{\alpha \times 4}{(1-\alpha) \times 2} = 4 \Rightarrow \alpha = 2(1-\alpha) \Rightarrow 3\alpha = 2 \Rightarrow \alpha = \dfrac{2}{3}$

정답 ③

(5) 무차별곡선은 원점에 대해 볼록(convex toward origin)하다. ⇒ 동일한 효용 수준을 유지하면서 한 상품을 다른 상품으로 대체해 나갈 때 두 상품 사이의 대체비율인 한계대체율이 체감하기 때문이다.

개념 플러스⁺ 한계대체율(marginal rate of substitution)

1. 한계대체율(MRS_{XY} = 무차별곡선의 기울기)

Y재에 대한 X재의 한계대체율은 동일한 만족을 유지하면서 X재 1단위를 더 소비하기 위한 대가로 포기하려고 하는 Y재의 수량 $\{= -\dfrac{\Delta Y}{\Delta X}\}$을 의미한다. 한계지불성향(marginal willingness to pay)이라고도 한다.

$$MRS_{XY} = -\dfrac{\Delta Y}{\Delta X} = \dfrac{MU_X}{MU_Y}$$

2. 한계효용(MU)체감의 법칙과 한계대체율(MRS) 체감의 법칙의 비교

MU 체감의 법칙	MRS 체감의 법칙
① 다른 재화의 소비량을 일정하게 두고 한 가지 재화 소비량을 증가시킬 때 나타나는 현상	① 두 가지 재화의 대체적 소비관계에서 나타나는 현상
② 대부분의 재화 소비에서 나타남	② 두 재화의 보완적 소비에서 나타나지 않음
③ 총효용곡선의 접선의 기울기로 측정됨	③ 무차별곡선의 접선의 기울기로 측정됨

사례 연구 한계효용과 한계대체율

◈ 효용함수가 다음과 같이 주어져 있다.

$$U = X^2 Y^2$$

한계효용(MU)이 체증하는 것과 한계대체율(MRS_{XY})이 체감하는 것은 양립할 수 있는가?

⇒ 한계효용(MU)은 다른 재화 소비량이 고정된 상태에서 한 재화만의 소비를 증가시키는 경우 정의되는 개념이다. 이제 주어진 효용함수를 전제로 각 재화의 한계효용(MU)을 구하여 체증여부를 검토해보면 다음과 같다.

- $MU_X = \dfrac{dU}{dX} = 2XY^2 \Rightarrow Y$재 소비량을 고정시킨 상태에서 X재 소비량을 증가시키면 X재의 한계효용(MU_X)은 계속 체증한다.
- $MU_Y = \dfrac{dU}{dY} = 2X^2 Y \Rightarrow X$재 소비량을 고정시킨 상태에서 Y재 소비량을 증가시키면 Y재의 한계효용(MU_Y)은 계속 체증한다.

- 한편 한계대체율(MRS_{XY})은 다음과 같이 도출된다.

$$MRS_{XY} = \frac{MU_X}{MU_Y} = \frac{2XY^2}{2X^2 Y} = \frac{Y}{X}$$

- 그런데 한계대체율(MRS_{XY})은 무차별곡선을 따라 X재 소비량은 증가하고, Y재 소비량은 감소할 때 정의되는 개념이다. 따라서 한계대체율(MRS_{XY})은 지속적으로 체감하는 모습을 보인다.
- 결국 한계효용(MU)의 체증과 한계대체율(MRS_{XY})의 체감은 특정한 효용함수를 전제로 서로 양립할 수 있음을 보여 준다.

Q&A

다음 표에서 A ⇒ B ⇒ C ⇒ D로 이동함에 따라 Y재에 대한 X재의 한계대체율은 어떻게 변하는가?

재화 조합	A	B	C	D
X재	1	2	3	4
Y재	13	8	5	3

Solution

Y재에 대한 X재의 한계대체율은 동일한 만족을 유지하면서 X재 1단위를 더 소비하기 위한 대가로 포기하려고 하는 Y재의 수량으로 위 표에서는 X재의 소비를 한 단위씩 늘림에 따라 Y재는 5(A ⇒ B), 3(B ⇒ C), 2(C ⇒ D)로 작아져서 한계대체율이 체감하게 된다.

Q&A

소비자 준서의 효용함수가 $U = X^2Y$로 주어졌다고 가정하자. 준서가 $X = 3$, $Y = 2$를 소비한다면 이때 한계대체율 (MRS_{XY})은 얼마인가?

Solution

$MRS_{XY} = -\dfrac{\Delta Y}{\Delta X} = \dfrac{MU_X}{MU_Y}$이고, $MU_X = 2XY$, $MU_Y = X^2$이므로 $MRS_{XY} = \dfrac{2XY}{X^2} = \dfrac{12}{9} = \dfrac{4}{3}$가 된다.

(6) 무차별곡선의 곡률은 재화의 성질을 나타낸다. ⇒ 곡률이 클수록 보완재, 작을수록 대체재 관계 가 존재

③ 특수한 경우의 무차별곡선

1) X, Y재가 완전대체재인 경우(예 100원짜리 주화와 500원짜리 주화의 경우)

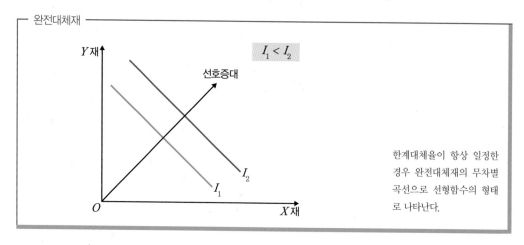

한계대체율이 항상 일정한 경우 완전대체재의 무차별 곡선으로 선형함수의 형태로 나타난다.

(1) 효용함수가 $U=aX+bY$로 나타나며, 한계대체율(MRS)이 $-\dfrac{a}{b}$로 일정하다. 한계대체율은 효용함수(무차별곡선)의 접선의 기울기이므로 선형함수인 $U=aX+bY$의 기울기인 $-\dfrac{a}{b}$와 항상 일치하게 된다.

(2) 소비자 균형은 한 재화만 소비하는 경우에 이루어지게 되는 구석해(corner solution)가 존재하게 되어 통상의 소비자 행동 분석에서 제외된다.

2) X, Y재가 완전보완재인 경우(예 왼쪽과 오른쪽 신발의 경우)

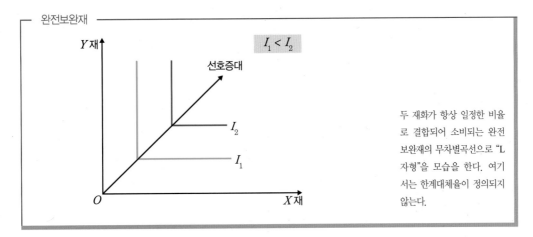

완전보완재

$I_1 < I_2$

선호증대

Y재

I_2

I_1

O X재

두 재화가 항상 일정한 비율로 결합되어 소비되는 완전보완재의 무차별곡선으로 "L자형"을 모습을 한다. 여기서는 한계대체율이 정의되지 않는다.

(1) 효용함수가 $U = \min\left(\dfrac{X}{a}, \dfrac{Y}{b}\right)$ (a, b: 상수)로, 한계대체율은 0 또는 ∞가 된다. 엄밀히 말하면 재화 사이에 대체가 불가능하므로 한계대체율 자체가 정의되지 않는다. 여기서 a와 b는 X재와 Y재가 항상 '$a : b$'의 비율로 결합되어 소비된다는 것을 알려주는 상수이다. 만약 X재가 안경테이고 Y재가 안경알이라면 '$a=1$, $b=2$'인 것이다.

─ $U = \min\left[\dfrac{X}{a}, \dfrac{Y}{b}\right]$의 의미 ─

1. a가 2이고 b가 3이라고 가정하자.

2. X재를 8 단위 소비하고, Y재를 15단위 소비한다고 하면, $\dfrac{8}{2} = 4 < \dfrac{15}{3} = 5$가 된다.

3. 이에 따라 $U=4$가 된다.

(2) 재화 간에 대체가 이루어지지 않으므로 무차별곡선 분석이 무너지게 된다.

 완전보완재와 강단조성은?

　　강단조성이란 한 재화의 소비량이 일정한 상태에서 다른 재화의 소비량을 증가시키면 이전에 비해 더 높은 효용수준에 도달한다는 특성을 말한다. 그런데 두 재화가 최적 결합비율로 소비되고 있는 상태의 완전보완재에는 강단조성이 적용되지 않음을 유의한다. 이러한 상태에서 한 재화의 소비량을 그대로 둔 채, 다른 재화 소비량만을 증가시킨다고 하더라도 효용수준은 이전과 동일하기 때문이다.

3) 두 재화 중 하나가 부(負)의 효용을 갖는 비효용재인 경우(예 쓰레기의 경우)

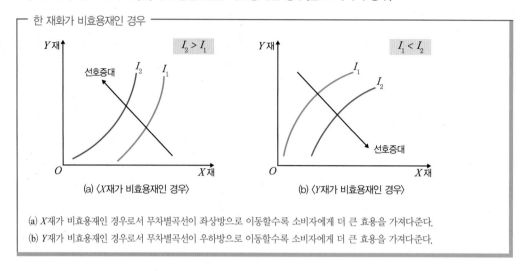

┌─ 한 재화가 비효용재인 경우 ─────────────────────

(a) 〈X재가 비효용재인 경우〉   (b) 〈Y재가 비효용재인 경우〉

(a) X재가 비효용재인 경우로서 무차별곡선이 좌상방으로 이동할수록 소비자에게 더 큰 효용을 가져다준다.
(b) Y재가 비효용재인 경우로서 무차별곡선이 우하방으로 이동할수록 소비자에게 더 큰 효용을 가져다준다.

4) 두 재화 중 하나가 영(0)의 효용을 갖는 무차별 재화인 경우

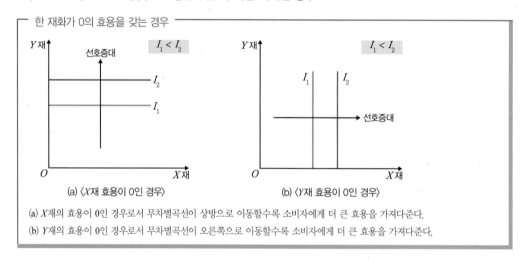

┌─ 한 재화가 0의 효용을 갖는 경우 ─────────────────

(a) 〈X재 효용이 0인 경우〉   (b) 〈Y재 효용이 0인 경우〉

(a) X재의 효용이 0인 경우로서 무차별곡선이 상방으로 이동할수록 소비자에게 더 큰 효용을 가져다준다.
(b) Y재의 효용이 0인 경우로서 무차별곡선이 오른쪽으로 이동할수록 소비자에게 더 큰 효용을 가져다준다.

5) 종합

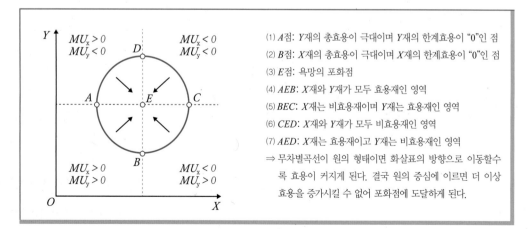

(1) A점: Y재의 총효용이 극대이며 Y재의 한계효용이 "0"인 점
(2) B점: X재의 총효용이 극대이며 X재의 한계효용이 "0"인 점
(3) E점: 욕망의 포화점
(4) AEB: X재와 Y재가 모두 효용재인 영역
(5) BEC: X재는 비효용재이며 Y재는 효용재인 영역
(6) CED: X재와 Y재가 모두 비효용재인 영역
(7) AED: X재는 효용재이고 Y재는 비효용재인 영역
⇒ 무차별곡선이 원의 형태이면 화살표의 방향으로 이동할수록 효용이 커지게 된다. 결국 원의 중심에 이르면 더 이상 효용을 증가시킬 수 없어 포화점에 도달하게 된다.

Theme 09 무차별곡선 이론-Ⅱ

❶ 예산선(Budget Line)의 의의

1) 개념: 주어진 소득으로 주어진 가격에서 구입할 수 있는 X재와 Y재의 구입량들의 배합을 연결한 직선 ⇒ 가격선(price line)이라고도 한다.

X재	0	1	2	3	4	5	6	7	8	9	10
Y재	20	18	16	14	12	10	8	6	4	2	0

(단, 소득(I)=1,000원, P_X=100원, P_Y=50원)

2) 예산제약식과 예산선

(1) X와 Y를 두 재화의 소비량(=구매량), Px와 Py를 두 재화의 가격, I를 가처분 소득이라 할 때 다음의 예산제약식이 성립한다.

$$I = P_X \cdot X + P_Y \cdot Y \ \text{또는} \ Y = -\frac{P_X}{P_Y} \cdot X + \frac{I}{P_Y}$$

(2) 위 식을 오른쪽 그림처럼 X와 Y를 두 축으로 하는 좌표상에 그린 직선을 가격선이라 한다.

┌ 예산선과 구입가능영역 ─────

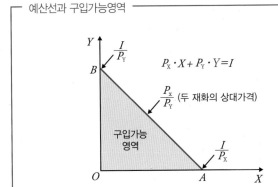

예산선이란 주어진 소득과 가격 하에서 구입할 수 있는 X재와 Y재의 최대 구입량들의 배합을 연결한 직선으로 이러한 예산선과 각 축으로 이루어진 삼각형의 영역이 소비자가 구입 가능한 영역이 된다.

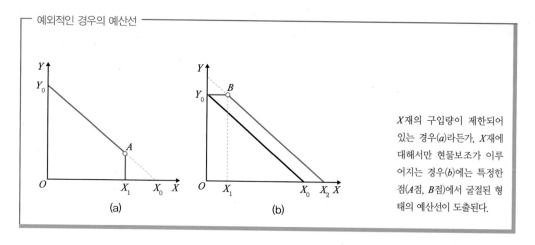

— 예외적인 경우의 예산선 —

X재의 구입량이 제한되어 있는 경우(a)라든가, X재에 대해서만 현물보조가 이루어지는 경우(b)에는 특정한 점(A점, B점)에서 굴절된 형태의 예산선이 도출된다.

3) 가격선의 기울기

(1) 위 그래프에서 예산선(AB) 기울기의 절대값(P_X / P_Y)은 두 상품의 "가격비(price ratio)", 또는 "상대가격(relative price)" ⇒ 시장에서 X재 한 단위와 교환되는 Y재의 수량을 의미한다.

┌─ 절대가격과 상대가격 ─────────────────────
│ 1. 절대가격: 재화와 화폐와의 교환비율을 말한다.
│ 2. 상대가격: 재화와 다른 재화와의 교환비율을 말한다.
└──────────────────────────────

절대가격과 상대가격

화폐가 사용되지 않는 경제에서도 과연 가격이라는 개념이 존재할까? 아마도 이에 대한 대답으로 우선 떠오르는 대답은 '아니오'일 것이다. 그런데 이러한 대답은 당연히 상품의 가격표에 100원짜리, 1,000원짜리 등등처럼 나타내왔던 관례에 길들여져 있던 것에 기인한다. 화폐가 사용되지 않는다면 이와 같이 표현할 수 없기 때문에 쉽게 이러한 답이 나올 수 있는 것이다. 그러나 이것은 올바른 답이 아니다.

가격이란 어떤 상품의 가치를 외부에 표현하는 방법으로 이해할 수 있다. 예컨대 수박 1통은 10,000원, 참외 1개는 2,000원 하는 식으로 나타낼 수 있다. 이처럼 한 상품이 화폐와 교환되는 비율로 나타내는 가격을 우리는 '절대가격'이라고 부른다. 대부분의 가격은 이와 같은 절대가격으로 나타내어진다. 그런데 만약 상품 사이에 직접적인 교환이 가능하다면 이것을 어떻게도 표현할 수 있을까? 당연히 수박 1통이 10,000원이고, 참외 1개가 2,000원이므로 수박 1통은 참외 5개의 가치가 있고, 반대로 참외 1개는 수박 1/5통의 가치가 있어 이와 같은 비율로 교환될 것이다. 이처럼 한 상품이 다른 상품과 교환되는 수량으로도 상품의 가격을 나타낼 수 있다. 이와 같은 가격을 우리는 '상대가격'이라고 부른다.

경제학을 공부할 때에는 절대가격 개념보다도 상대가격 개념이 더 유용하게 사용된다. 이것은 수많은 가격을 일반화할 때에는 절대가격보다는 상대가격이 더 용이할 수 있기 때문이다. 따라서 경제학을 보다 쉽게 공부하기 위해서는 상대가격의 의미를 정확히 이해하는 것이 무엇보다 중요하다.

상대가격은 어떻게 나타낼 수 있는가?

소비자 갑과 을이 각각 1,000원 어치의 X재와 Y재를 서로 맞교환한다고 가정하자. X재 가격(P_X)이 200원이라면 갑은 5개의 X재를 교환할 것이며, Y재 가격(P_Y)이 100원이라면 을은 10개의 Y재를 교환할 것이다. 이것은 결국 X재 1단위 당 Y재 2단위가 교환된다는 의미이다. 이러한 내용을 식으로 정리하면 다음과 같다.

- $P_X \times X = P_Y \times Y \Rightarrow 200 \times 5 = 100 \times 10$
- $P_X \times X = P_Y \times Y \Rightarrow \dfrac{P_X(=200)}{P_Y(=100)} = \dfrac{Y(=10)}{X(=5)} = 2$

앞의 식에서 $\dfrac{P_X(=200)}{P_Y(=100)} = 2$와 $\dfrac{Y(=10)}{X(=5)} = 2$는 모두 '$Y$재 수량으로 나타낸 X재의 상대가격'이고, 이때 '2'에는 'X재 1단위의 상대가격은 Y재 2단위에 해당한다'는 뜻이 담겨져 있는 것이다. 즉 상대가격은 두 재화의 절대가격 비($\dfrac{P_X}{P_Y}$) 또는 두 재화의 교환수량($= \dfrac{Y}{X}$)으로 나타낼 수 있는 것이다.

(2) 한계대체율(MRS)이 "주관적" 교환비율인 데 반해, 예산선의 기울기, 즉 상대가격 P_X / P_Y는 "객관적" 교환비율을 나타낸다.

❷ 가격선의 이동

예산이 변화하고 두 재화의 가격은 일정한 경우	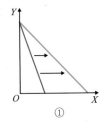 〈예산 증가의 경우〉　　〈예산 감소의 경우〉
예산은 일정하고 두 재화의 가격이 변화하는 경우	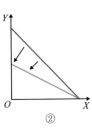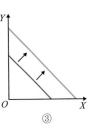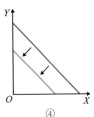 ①　　　　②　　　　③　　　　④ ① P_Y는 일정하고 P_X만 하락하는 경우 ② P_X는 일정하고 P_Y만 상승하는 경우 ③ P_X, P_Y가 하락했으나 상대가격은 불변인 경우 ④ P_X, P_Y가 상승했으나 상대가격은 불변인 경우

| 예산과 두 재화의 가격이 같은 방향으로 동일한 비율만큼 변화하는 경우 | 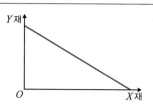 |

 재화의 종류가 3개 이상인 경우의 예산선은?

예산선의 기본형은 다음과 같다.

$$I = P_1 \times X_1 + P_2 \times X_2 + \cdots + P_n \times X_n$$

• 위 식의 하첨자는 재화의 종류를 의미한다.

만약 분석하고자 하는 재화가 X_1 하나라면 다음과 같이 예산선을 변형시킬 수 있다.

$$P_2 \times X_2 + \cdots + P_n \times X_n = Y$$
$$I = P_1 \times X_1 + Y \Rightarrow Y = I - P_1 \times X_1$$

여기서 Y는 X_1을 제외한 나머지 재화에 대해 이루어지는 총지출액을 의미하고, 일반적으로 복합재(composite goods)라고 부른다. 이러한 복합재 Y는 총지출액을 의미하므로 화폐단위로 표시되고 복합재에 속하는 모든 재화들의 가격은 1로 간주한다. 이를 그림으로 나타내면 다음과 같다.

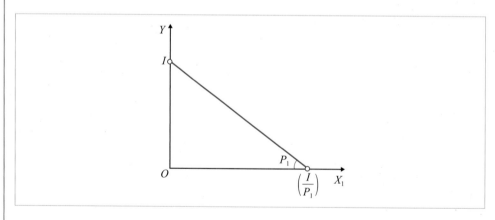

앞의 그림에서 기울기인 P_1은 재화 X_1의 절대가격이다. 이에 따라 기울기 단위를 화폐 크기로 나타낼 수 있게 되어 주어진 상황을 보다 쉽게 분석할 수 있게 된다.

Theme 10 무차별곡선 이론-Ⅲ

① 소비자 균형의 의의

1) 개념: 주어진 소득과 주어진 재화의 시장 가격 하에서 소비자에게 극대 만족을 주는 상태를 말한다.

┌─ 균형의 다양한 의미 ─────────────────────────────────────┐

1. '같다'라는 의미로 사용된다. 서로 다른 경제변수 값이 같아졌다는 의미이다. 예컨대 국제수지가 균형이라는 것은 수취외화의 크기와 지급외화의 크기가 같다는 것이다.
2. '변하지 않는다'라는 의미로 사용된다. 예컨대 현재의 시장 균형가격은 외부로부터 충격이 가해지지 않는 한 계속해서 현재 수준에서 머무르려고 한다는 것이다.
3. '한쪽에 치우치지 않았다'라는 의미로 사용된다.

└──┘

2) 도해적 설명(일반적인 경우)

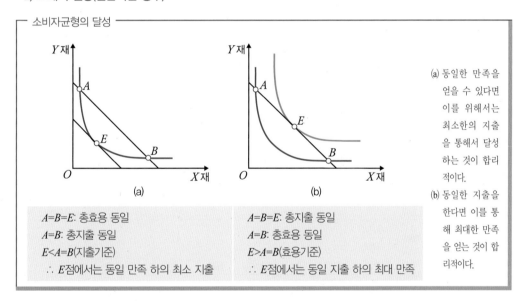

┌─ 소비자균형의 달성 ──────────────────────────────────────┐

(a)
A=B=E: 총효용 동일
A=B: 총지출 동일
E<A=B(지출기준)
∴ E점에서는 동일 만족 하의 최소 지출

(b)
A=B=E: 총지출 동일
A=B: 총효용 동일
E>A=B(효용기준)
∴ E점에서는 동일 지출 하의 최대 만족

(a) 동일한 만족을 얻을 수 있다면 이를 위해서는 최소한의 지출을 통해서 달성하는 것이 합리적이다.
(b) 동일한 지출을 한다면 이를 통해 최대한 만족을 얻는 것이 합리적이다.

└──┘

(1) 무차별곡선과 예산선이 접하는 점에서 소비자 균형이 이루어진다.

(2) 소비자의 주관적 만족 수준을 의미하는 무차별곡선의 기울기(한계대체율)와 시장에서의 객관적 현실조건을 의미하는 예산선의 기울기(상대가격)가 일치하는 수준에서 균형이 이루어진다.

$$\left(MRS_{XY} = \frac{P_X}{P_Y} \right)$$

(3) 만약 현재의 소비점이 A라면 $MRS_{XY} > \dfrac{P_X}{P_Y}$가 성립되어 주관적 교환비율이 객관적 교환비율보다 커진다. 이에 따라 합리적 소비자는 X재 소비량을 늘리고, Y재 소비량을 줄인다.

기출확인

〈그림〉과 같이 가격선과 효용 무차별곡선이 A점에서 접하고 있다고 가정할 때, A점에 대한 설명으로 잘못된 것은?

[1996]

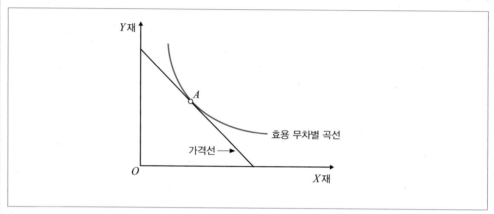

① 주어진 소득으로 욕망 충족을 얻을 수 있는 소비방법을 나타내고 있다.
② X, Y 두 재화의 가격의 비와 한계대체율의 비가 동일하다.
③ X, Y 두 재화의 화폐 1단위의 한계효용이 동일하다.
④ X, Y 두 재화의 한계효용의 비와 총효용의 비가 동일하다.

분석하기

그림의 A점은 무차별곡선과 예산선이 접하고 있는 상태이다. 이에 따라 무차별곡선의 기울기인 한계대체율(MRS_{XY})과 예산선의 기울기인 상대가격($\dfrac{P_X}{P_Y}$)이 같아져 소비자 균형에 도달하게 된다(①, ②).

- 한계대체율은 두 재화의 한계효용의 비와 동일하므로 소비자 균형점인 A점에서는 다음과 같은 조건이 충족되고 있다.

- $MRS_{XY} = \dfrac{MU_X}{MU_Y}$

- $MRS_{XY} = \dfrac{P_X}{P_Y} \Rightarrow \dfrac{MU_X}{MU_Y} = \dfrac{P_X}{P_Y} \Rightarrow \dfrac{MU_X}{P_X} = \dfrac{MU_Y}{P_Y}$

이에 따라 X, Y 두 재화의 화폐 1단위당 한계효용이 동일해지는 '한계효용균등의 법칙'을 충족하게 된다.

정답 ④

─ 한계효용이론과 무차별곡선 이론의 비교 ───────────

이 두 가지 이론은 결코 서로 배타적인 것이 아니며, 다같이 소비자 행동을 설명하는 유용한 접근방법이다. 왜냐하면 두 이론들은 서로 통할 수 있기 때문이다. 즉, Y재로 표시한 X재의 한계대체율은 Y재의 한계효용에 대한 X재의 한계효용의 비율과 같다.

$$MRS_{XY} = -\frac{\Delta Y}{\Delta X} = \frac{MU_X}{MU_Y}$$

또한 무차별곡선에 있어서의 소비자의 균형조건은 바로 한계효용이론에 있어 소비자의 균형조건인 한계효용 균등의 법칙과 상응한다. 그러므로 무차별곡선 이론에 있어서의 소비의 균형조건은 한계효용이론에 있어서의 소비자의 균형조건과 형태만 다를 뿐 본질적으로 일치한다.

사례 연구 **소비자 균형**

◈ 소비자 소영은 다음과 같은 조건 하에서 극대효용을 달성하고자 한다.

$$U(F,\ C) = F \times C + F,\ P_F = 100,\ P_C = 200,\ I = 2,200$$

소영이 효용극대화를 달성하기 위한 F와 C의 소비량은?

효용극대화는 한계대체율($MRS_{FC} = \frac{MU_F}{MU_C}$)과 상대가격($\frac{P_F}{P_C}$)이 일치하는 수준에서 달성된다. 따라서 다음 식이 성립해야 한다.

$$\left(\frac{MU_F}{MU_C} = \frac{C+1}{F}\right) = \left(\frac{P_F}{P_C} = \frac{100}{200}\right) \Rightarrow F = 2C + 2 \cdots\cdots\cdots\cdots ①$$

한편 이러한 결과는 예산제약을 만족시켜야 한다. 주어진 조건에 따른 예산제약식은 다음과 같다.

$$I = P_F \times F + P_C \times C \Rightarrow 2,200 = 100 \times F + 200 \times C \cdots\cdots\cdots\cdots\cdots ②$$

①식을 ②식에 대입하여 풀면 '$F = 12,\ C = 5$'라는 결과를 얻을 수 있다.

구석해(corner solution)

1. 무차별곡선이 X축 또는 Y축과 만나는 경우 또는 한계대체율이 체증하거나 일정한 경우에는 무차별곡선이 원점에 대해서 오목(체증하는 경우)하거나 직선(일정한 경우)의 형태를 띤다.
2. 이러한 경우에는 대개 X재 또는 Y재 하나만 특화해서 소비하게 된다.

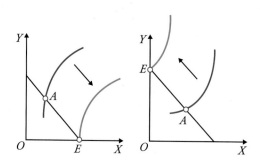

3. 단, 무차별곡선이 직선이고, 기울기가 가격선과 동일한 경우에는 소비자 균형점이 무수히 많이 존재한다.
4. 소비자 균형점이 X축 또는 Y축에 놓이므로 이를 구석해라고 하고, 이 경우에도 예산제약 조건은 충족된다.

예산선과 합리적 소비선택

◈ 취업 준비생 민주의 월 용돈은 100,000원이다. 민주는 이번에 새롭게 출시된 휴대전화를 구입하고 통신사에 신규 가입을 위해 각 통신사들이 제시한 요금체계를 분석하고 있다. 각 통신사들이 제시한 요금체계는 다음과 같다.

> • S 통신사 : 월 기본료는 없으며, 1분당 50원의 통화료를 지불해야 한다.
> • K 통신사 : 월 기본료는 20,000원이며, 1분당 20원의 통화료를 지불해야 한다.

1. 각 통신사들의 요금체계를 전제로 민주의 예산선을 그리면?

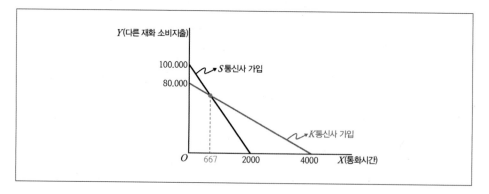

따라서 S통신사에 가입을 하는 경우 민주의 예산선은 '$Y=100,000-50X$', K통신사에 가입하는 경우 민주의 예산선은 '$Y=80,000-20X$'가 된다. 또한 두 예산선은 '$X≒667$'에서 서로 교차하게 된다.

2. 민주는 어느 통신사를 선택하는 것이 합리적인가? 이때 기준으로 삼아야 할 것은 무엇인가?

⇒ 민주의 통신사 선택의 기준은 통화시간이다. 만약 민주의 월 통화시간이 '667분보다 짧다면' S통신사를 선택하고, 월 통화시간이 '667분보다 길다면' K통신사를 선택하는 것이 보다 높은 효용에 도달할 수 있는 방법이다.

이것을 그림으로 그리면 다음과 같다.

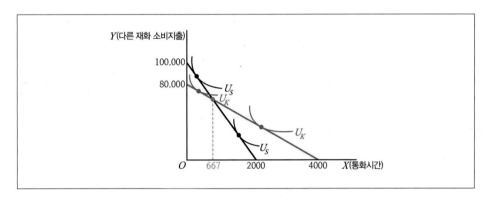

3) 특수한 무차별곡선과 소비자 균형

(1) 두 재화가 완전대체재인 경우: 무차별곡선이 직선인 경우 소비자 균형은 다음과 같은 세 가지 형태로 나타난다.

① $MRS_{XY} > \dfrac{P_X}{P_Y}$ 인 경우: 오직 X재(X_0)만을 소비하는 균형(=구석해)이 성립한다.

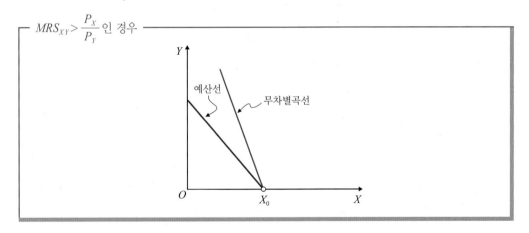

② $MRS_{XY} = \dfrac{P_X}{P_Y}$ 인 경우: 예산선 상의 모든 점에서 소비자 균형이 달성된다.

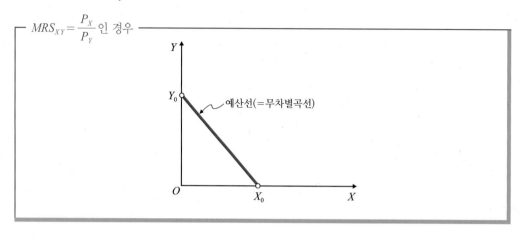

③ $MRS_{XY} < \dfrac{P_X}{P_Y}$ 인 경우: 오직 Y재(Y_0)만을 소비하는 균형(=구석해)이 성립한다.

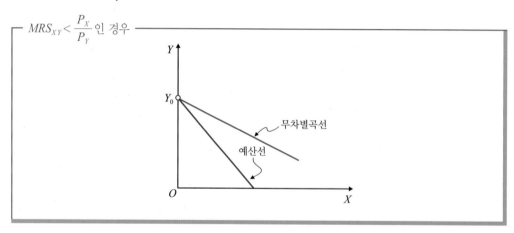

기출확인

표는 상품 '가'와 '나'에 대한 갑의 한 무차별 곡선과 상품 '다'와 '라'에 대한 을의 한 무차별 곡선 위에 있는 일부 상품 묶음을 나타낸 것이다. 이에 대한 분석으로 옳지 않은 것은? [2012]

〈갑〉		(단위 : 개)
상품묶음	상품 '가'	상품 '나'
A	2	14
B	3	8
C	6	4
D	7	3

〈을〉		(단위 : 개)
상품묶음	상품 '다'	상품 '라'
a	3	0
b	2	1
c	1	2
d	0	3

① 갑이 상품 '가'와 '나'를 각각 3개, 9개 소비한다면 효용은 A에서보다 증가한다.
② 갑에게 B와 C의 상품 묶음이 주는 효용은 동일하다.

③ 갑은 상품 '가' 한 단위를 포기하는 대가로 D에서보다 B에서 상품 '나'를 더 많이 요구할 것이다.

④ 을에게 상품 '다'와 '라'는 완전 대체재이다.

⑤ 을의 예산선과 무차별 곡선이 일치할 경우 그의 최적 선택점은 1개이다.

> **분석하기**
>
> ① 주어진 표는 모두 동일한 무차별곡선 상의 두 상품의 묶음을 나타낸다. 따라서 소비자들은 모든 점에서 동일한 효용을 얻게 되어 상품 묶음 A와 B는 갑에게 서로 동일한 효용을 준다. 한편 한 상품의 소비량이 불변인 경우, 다른 상품의 소비량이 증가하면 소비자가 얻는 효용은 이전에 비해 증가하게 된다(∵ 강단조성의 가정). 따라서 이러한 강단조성의 가정에 의해 갑이 상품 '가'와 '나'를 각각 3개, 9개 소비한다면, 효용은 상품묶음 B보다 증가하며 상품묶음 B와 동일한 효용 수준인 A보다도 증가하게 된다.
>
> ② B와 C의 상품 묶음은 동일한 무차별곡선 상에 존재하므로 두 묶음이 주는 효용이 동일하다.
>
> ③ D에서 갑은 상품 '나'를 한 단위 증가(3 → 4)할 때 상품 '가' 한 단위를 포기(7 → 6)해도 동일한 만족을 유지할 수 있지만, B에서는 상품 '나'를 6단위만큼 증가(8 → 14)해야 상품 '가' 한 단위를 포기(3 → 2)해도 동일한 만족이 유지될 수 있게 된다.
>
> ④ 상품 '라'를 한 단위씩 증가시킬 때, 동일한 만족을 유지하기 위해 필요한 상품 '다'의 감소분 역시 항상 한 단위씩으로 일정한 값을 갖는다. 즉 한계대체율이 '1'이다. 따라서 을에게 상품 '다'와 '라'는 완전 대체재이다.
>
> ⑤ 을에게 상품 '다'와 '라'는 완전대체재이다. 따라서 을의 예산선과 무차별 곡선이 일치할 경우, 예산선의 모든 점에서 소비자 균형이 달성될 수 있다. 즉 을의 최적 선택점은 무수히 많게 된다.

정답 ⑤

---

(2) 두 재화가 완전보완재인 경우

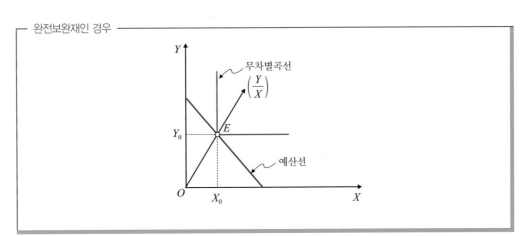

― 완전보완재인 경우 ―

① 두 재화가 완전보완재인 경우 무차별 곡선은 "L"자형의 모습을 보인다.

② 소비자 균형은 예산선과 무차별 곡선이 접하는 점(E)에서 달성된다.

③ 소비자 균형이 달성될 때, 두 재화 X와 Y의 결합비율$\left(\dfrac{Y}{X}\right)$은 항상 $\left(\dfrac{Y_0}{X_0}\right)$로 일정한 값을 갖는다.

② 소득−소비 곡선(Income-Consumption Curve, ICC)과 엥겔곡선

1) 의미

(1) 소득효과와 소득−소비 곡선(ICC)

① 소득효과(income effect): (실질)소득이 변함에 따라 예산선이 평행이동하여 각 상품의 소비량이 변하게 되는 효과를 말한다.

② 소비재의 가격은 불변이고, 소득만이 변화하여 가격선(=예산선)이 평행이동할 때, 각 소득에서의 소비자 균형점을 연결한 궤적[그림 (a)]을 의미한다.

③ 소득이 '0'일 때 두 상품의 소비량도 '0'이 되므로 ICC곡선은 반드시 원점에서 출발한다.

(2) 엥겔곡선(Engel curve): 소득−소비 곡선(ICC)을 바탕으로 소득과 소비와의 관계를 나타내는 곡선[그림 (b)]을 말한다.

(3) 소득이 I_1, I_2, I_3로 증가함에 따라 소비자 균형점에서의 X재의 소비량은 X_1, X_2, X_3 로 증가하게 되는데 이를 소득과 소비량 공간으로 옮기면 엥겔곡선을 얻을 수 있다.

┌─ 소득−소비곡선과 엥겔곡선 ─

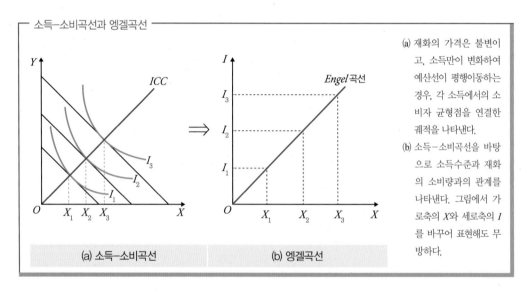

(a) 소득−소비곡선 　　　(b) 엥겔곡선

(a) 재화의 가격은 불변이고, 소득만이 변화하여 예산선이 평행이동하는 경우, 각 소득에서의 소비자 균형점을 연결한 궤적을 나타낸다.

(b) 소득−소비곡선을 바탕으로 소득수준과 재화의 소비량과의 관계를 나타낸다. 그림에서 가로축의 X와 세로축의 I를 바꾸어 표현해도 무방하다.

2) 소득−소비 곡선과 엥겔곡선의 여러 가지 형태

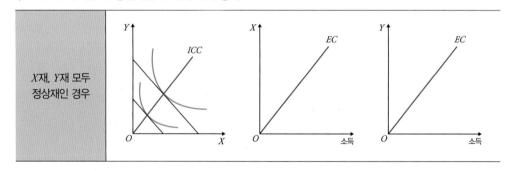

X재, Y재 모두 정상재인 경우

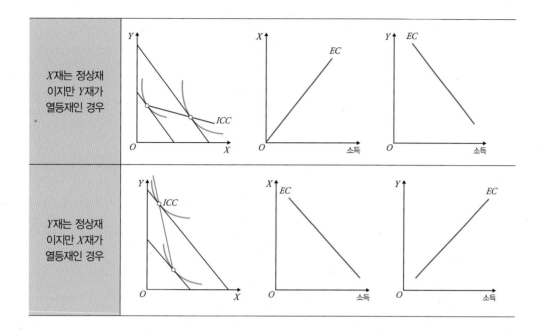

X재는 정상재 이지만 Y재가 열등재인 경우	
Y재는 정상재 이지만 X재가 열등재인 경우	

─ 상대적인 정상재와 열등재의 의미 ─

　정상재 또는 열등재는 절대적인 개념이 아니다. 즉 동일 재화라 하더라도 소득수준에 따라, 어느 소득수준에서는 정상재인 재화가 소득수준이 변함에 따라 열등재로 바뀔 수도 있다. 또한 동일한 재화라도 소비자에 따라 정상재와 열등재 여부가 다르게 나타날 수도 있다. 따라서 '컴퓨터는 정상재이다'와 같은 절대적인 의미가 가미된 표현은 엄격한 의미에서 정확한 것이 아니다. 다만 관습적으로 이와 같은 표현을 쓰는 경우가 종종 있는데 이는 대부분 소비자에게, 또한 대부분의 소득수준에 있어서 적용된다는 의미이다.

❸ 가격–소비 곡선(Price-Consumption Curve, PCC)과 수요곡선

1) 의미

(1) 가격효과와 가격–소비 곡선(PCC)

① **가격효과(price effect)**: 다른 조건이 일정하고, 한 상품의 (상대)가격이 변할 때, 그 상품에 대한 균형소비량이 변하는 효과

② 소득과 다른 재화의 가격이 일정한 상태에서 당해 재화의 가격변동에 따른 소비자 균형점의 궤적을 의미[그림 (a)]

(2) **수요곡선(demand curve)**: 가격–소비 곡선을 이용해서 가격과 수요량 공간으로 옮겨서 도출한다 [그림 (b)].

2) 도해적 설명

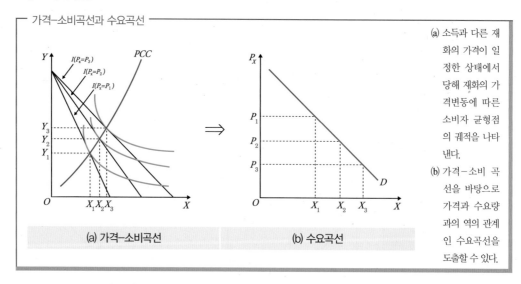

가격-소비곡선과 수요곡선

(a) 가격-소비곡선

(b) 수요곡선

ⓐ 소득과 다른 재화의 가격이 일정한 상태에서 당해 재화의 가격변동에 따른 소비자 균형점의 궤적을 나타낸다.

ⓑ 가격-소비 곡선을 바탕으로 가격과 수요량과의 역의 관계인 수요곡선을 도출할 수 있다.

(1) 그림 ⓐ에서 소득과 Y재의 가격이 변화가 없을 때 X재의 가격만이 P_1, P_2, P_3로 하락함에 따라 소비자 균형점에서의 X재의 소비량은 X_1, X_2, X_3로 증가하게 된다. 이를 X재 가격과 수요량 공간에 옮기면 수요곡선을 도출할 수 있다.

(2) 한편 PCC가 우상향하면 X재 가격 하락에 따라 X재는 물론 Y재의 소비량도 증가하므로 두 재화 사이에는 보완재 관계가 성립한다. 반면에 PCC가 우하향하면 X재 가격 하락에 따라 X재 소비량은 증가하지만, Y재 소비량은 감소하므로 두 재화 사이에는 대체재 관계가 성립한다.

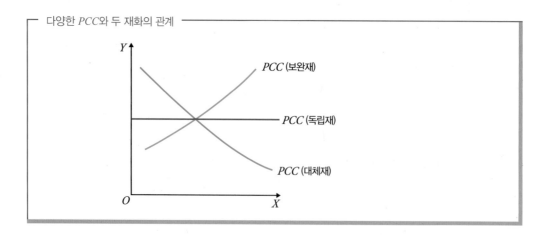

다양한 PCC와 두 재화의 관계

PCC (보완재)

PCC (독립재)

PCC (대체재)

사례 연구 $E_P = 0$인 상품의 PCC

◈ 한 재화에 대한 수요의 가격탄력성이 완전비탄력적인 경우, 가격-소비 곡선(PCC)과 수요곡선의 모습은?

재화에 대한 수요의 가격탄력성이 완전비탄력적인 경우, 예컨대 재화의 가격이 하락한다고 하더라도 그 재화의 소비량에는 전혀 변화가 없게 된다. 이에 따라 가격-소비 곡선은 현재의 소비량 수준에서 수직의 모습을 보이며 수요곡선 역시 수직의 모습을 보인다.

이것을 그림으로 나타내면 다음과 같다.

예컨대 가격이 P_1에서 P_2로 하락하는 경우 예산선은 바깥쪽으로 회전하게 되고, 이에 따라 소비자 균형점은 A점에서 B점으로 이동한다(왼쪽 그림). 이때 A점은 a점에 대응되고 B점은 b점에 대응된다(오른쪽 그림). 결국 수요의 가격탄력성이 완전비탄력적인 경우의 가격-소비 곡선(PCC)은 수직선이 되고(왼쪽 그림), 수요곡선은 역시 수직선이 된다(오른쪽 그림).

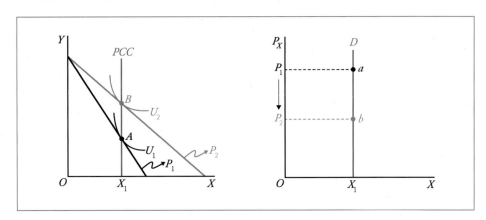

확인 TEST

진수와 성찬의 초콜릿(X)에 대한 가격-소비 곡선(PCC)이 아래 그림과 같이 주어져 있다. 두 사람의 초콜릿에 대한 각각의 수요곡선의 형태는?

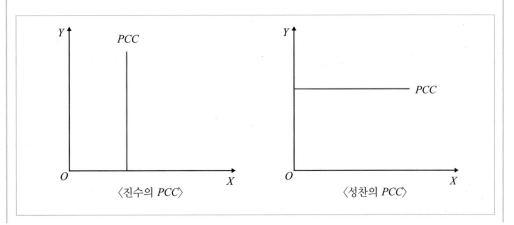

	진수	성찬
①	수평	수직
②	수직	직각쌍곡선
③	수직	수평
④	직각쌍곡선	수평

해설 가격 – 소비 곡선이 수직이면 X재의 가격이 변동하여도 X재의 소비량은 일정하므로 X재의 수요곡 선은 수직의 모습을 보인다.

• 가격 – 소비 곡선이 수평이면 X재의 가격이 변동하여도 Y재 소비량은 일정하므로 Y재에 대한 소 비지출액은 일정하고, 이에 따라 X재에 대한 소비지출액도 일정($P_X \times X = \alpha$(일정))하게 된다. 결국 '$P_X = \dfrac{\alpha(일정)}{X}$'와 같은 유리함수가 되어 이를 그림으로 나타내면 X재의 수요곡선은 직각쌍곡선의 형태를 갖게 된다.

정답 ②

사례 연구 완전보완재와 수요함수

◈ 치킨(C)과 맥주(B)에 대한 주경(酒鯨) 씨의 효용함수는 다음과 같다.

$$U(C,\ B) = \min[C,\ 5B]$$

주경 씨의 월 소득은 I이고, 소득 모두는 치킨과 맥주를 소비하는 데 사용된다. 한편 치킨과 맥주의 가격은 각 각 P_C, P_B로 나타낸다. 주경 씨의 맥주에 대한 수요함수를 도출하면?

⇒ 주경 씨의 효용함수에서 치킨과 맥주는 완전보완재임을 알 수 있다. 따라서 주경 씨가 효용극대화에 도달하 기 위해서는 항상 다음과 같은 관계를 유지하면서 소비를 해야 한다.

$$C = 5B \ \cdots\cdots\cdots\cdots\cdots\cdots\cdots\cdots\cdots\cdots\cdots\cdots ①$$

또한 이러한 소비는 다음과 같은 주경 씨의 예산제약식을 충족해야 한다.

$$I = P_C \times C + P_B \times B \ \cdots\cdots\cdots\cdots\cdots\cdots\cdots\cdots\cdots ②$$

이제 ① 식을 ② 식에 대입하여 정리하면 다음과 같은 주경 씨의 맥주에 대한 수요함수가 도출된다.

$$I = P_C \times 5B + P_B \times B \ \Rightarrow \ B(5P_C + P_B) = I \ \Rightarrow \ \frac{I}{5P_C + P_B}$$

이 식에 따르면 소득(I)이 증가하거나, 치킨가격(P_C), 또는 맥주가격(P_B)이 하락하게 되면 맥주 소비량이 증가한 다는 것을 확인할 수 있다.

Theme 11 무차별곡선 이론과 가격효과

① 가격효과의 의의

1) 개념

(1) 가격효과(Price Effect)

① 다른 조건이 일정하다는 가정 하에서 한 상품가격의 하락으로 인하여 그 상품의 소비량에 변화가 생기는 현상을 말하며, 이것은 대체효과와 소득효과로 이루어진다.

> 가격효과 = 대체효과 + 소득효과

② 가격효과로 인하여 발생하는 소비자 균형점들의 이동을 연결한 궤적이 가격-소비 곡선(PCC)이다.

(2) 대체효과(Sudstitution Effect)

① 다른 조건이 일정하다는 가정 하에서 한 상품가격의 하락으로 상대가격이 변하여 상대적으로 싸진 재화를 더 많이 소비하고, 상대적으로 비싸진 재화를 더 적게 소비하게 되는 현상을 말한다.

> $P_X \downarrow$ $\Rightarrow$ X재의 상대가격 $\downarrow$ $\Rightarrow$ X재 수요량 $\uparrow$

② 대체효과는 동일한 무차별곡선상에서 상대가격이 싸진 상품을 보다 많이 소비하여 소비지출액을 줄이고자 하는 목적으로 이루어지는 소비자 균형점의 이동이며 이때 성질의 부호는 항상 부(−) ⇒ (상대)가격이 하락하면 소비량은 증가하고 (상대)가격이 상승하면 소비량은 감소한다.

③ 대체효과가 나타나면 효용은 기존과 동일하고, 소비 배합점만 바뀌게 된다. 즉 상대가격이 변화된 새 예산선이 기존의 무차별곡선과 접하는 점으로 소비점 이동이 이루어진다.

(3) 소득효과(Income Effect)

① 다른 조건이 일정하다는 가정 하에서 한 상품가격의 하락으로 인한 실질소득의 증가로 수요량에 변화가 생기는 현상 ⇒ 소비자의 실질소득의 변화에 따라 가격선이 동일한 기울기로 평행이동하게 되고, 이에 따라 소비자 균형점이 이동하게 되는 효과가 나타난다.

> $P_X \downarrow$ $\Rightarrow$ 실질소득$\uparrow$ $\Rightarrow$ X재 소비량(정상재)$\uparrow$ or X재 소비량(열등재) $\downarrow$

② 소득효과로 인하여 발생하는 소비자 균형점의 이동, 즉 최적 소비점들의 이동을 연결한 궤적이 소득-소비 곡선(ICC)이다.

가격이 불변인 경우 소득효과는?

두 재화의 가격이 불변인 경우에도 명목소득 자체가 증가하게 되면 실질소득은 증가한다. 이에 따라 상품 소비량이 증가하는 경우도 소득효과에 포함된다.

기출확인

철수와 영희는 이자율 정책이 소비지출에 미치는 영향을 탐구하려고 한다. 다음의 대화를 읽고 ㉠, ㉡과 관련된 경제학 용어를 쓰시오.

[2007]

철수 : 이자율이 올라가면 소비지출이 증가할까, 감소할까?
영희 : ㉠ 이자율이 오르면 내가 현재 소비하지 않고 저축하는 것이 미래에 더 많이 소비할 수 있게 하지. 그러면 현재의 소비가 줄어들 거야.
철수 : 아니야. ㉡ 이자율이 오르면 나의 저축으로 인한 이자수입이 증가할 거야. 그러면 그 수입증가로 소비가 늘어날 거야.

• ㉠ :

• ㉡ :

분석하기
• ㉠ : 대체효과(☞ 이자율은 현재소비에 따른 기회비용 즉 상대가격이다. 따라서 이자율이 상승하게 되면 현재소비의 상대가격이 상승하여 현재소비가 감소하고, 미래소비(=저축)가 증가하는 소비선택의 변화가 나타난다.)
• ㉡ : 소득효과(☞ 이자율이 상승하면 저축자(=대부자)는 이자수입의 증가로 실질소득이 증가하게 된다. 이에 따라 현재소비와 미래소비 모두 이전에 비해 증가하게 된다. 물론 이것은 현재소비와 미래소비는 모두 정상재라고 가정하는 경우이다.)

2) 도해적 설명(X재가 정상재인 경우)

(1) 최초의 소비자 균형은 그래프의 E_0점에서 이루어진다고 가정한다.

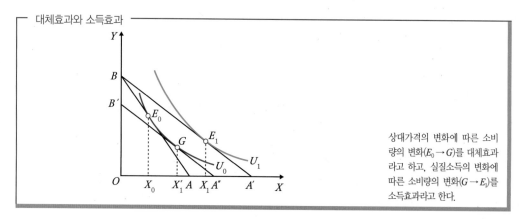

대체효과와 소득효과

상대가격의 변화에 따른 소비량의 변화($E_0 \rightarrow G$)를 대체효과라고 하고, 실질소득의 변화에 따른 소비량의 변화($G \rightarrow E_1$)를 소득효과라고 한다.

(2) 만약 소득과 Y재 가격은 불변인데 X재 가격만이 하락하여 예산선이 AB에서 $A'B$로 이동하면 균형점도 E_0에서 E_1으로 이동하게 된다. 이에 따라 X재의 소비량은 $X_0 X_1$만큼 증가하게 된다(⇒ 가격 효과).

(3) 이러한 가격효과를 대체효과와 소득효과로 분리하기 위해 새로운 예산선($A'B$)을 기존의 무차별곡선과 접하게 되는 G점까지 이동($A''B'$까지 이동)시켜 실질소득변화에 따른 소득효과를 제거하면 X재 수요량은 $X_0 \rightarrow X'_1$만큼만 증가하게 된다. 이처럼 E_0에서 G로의 이동 또는 증가한 $X_0 X'_1$의 X재 수요량을 가격 하락에 의한 "대체효과"라 한다. 또한 그림에서 상대가격의 변화에 따라 새롭게 변화된 예산선($AB \rightarrow A''B'$)이 기존의 무차별곡선(U_0)에 접하는 변화($E_0 \rightarrow G$)를 대체효과로 설명하는 것도 가능하다. 이렇게 이해하면 대체효과는 효용은 불변인 상태에서 두 재화의 소비량만이 변화하게 된다는 것을 알 수 있다.

(4) X재 가격하락은 실질 소득의 증가와 동일한 효과를 초래하였으므로 X재 수요량은 $X'_1 \rightarrow X_1$으로 증가하게 된다. 이처럼 G에서 E_1으로의 이동 또는 증가한 $X'_1 X_1$의 X재 수요량을 가격 하락에 의해 발생한 실질소득의 증가에서 기인한 소득효과라 한다.

3) 재화 종류에 따른 가격효과

다른 조건이 일정할 때 가격하락에 따른 수요량의 변화는 재화에 따라 다르게 나타난다.

상품	대체효과	소득효과	가격효과
정상재	–	–	–
열등재	–	+	–
Giffen재	–	+	+

"+": 가격과 수요량의 변동방향이 같은 것을 뜻함
"–": 가격과 수요량의 변동방향이 다른 것을 뜻함

4) 기펜(Giffen)재

(1) **의미**: 당해 재화의 가격이 하락하였을 때 소비가 오히려 감소하고, 반대로 가격이 상승하였을 때 소비가 오히려 증가하여 일반적인 "수요의 법칙"과 상반된 결과가 발생하는 특수한 재화를 말한다.

① 열등재 중에서도 소득효과가 대체효과를 압도하는 재화만이 기펜재가 될 수 있다.

② 기펜재는 모두 열등재라고 할 수 있으나, 반대로 열등재라고 해서 모두 기펜재라고 할 수는 없다.

(2) **기펜재의 특징**

① 당해 재화의 가격변화가 실질소득의 변화를 통해 엄청난 소득효과를 초래한다.

② 약간의 실질소득의 증가에도 소비가 기피되는 심각한 열등재이다.

(3) 기펜재인 X재의 엥겔곡선과 수요곡선의 형태

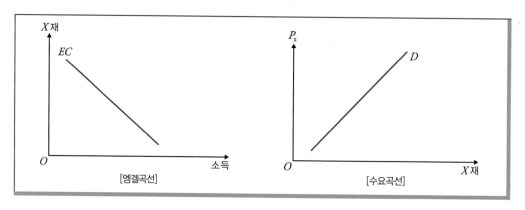

[엥겔곡선] [수요곡선]

5) 특수한 효용함수인 경우의 가격효과

(1) 두 재화가 완전대체재인 경우 – 선형 효용함수

━ 완전대체재와 가격효과 ━━━━━━━━━━━

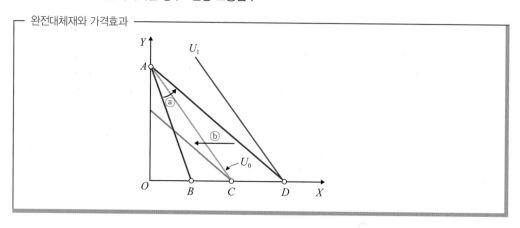

① 현재 '한계대체율(MRS_{XY}) < 상대가격$\left(\dfrac{P_X}{P_Y}\right)$'가 성립하여 최초의 소비자 균형은 기존 가격체계의 예산선 AB와 무차별곡선 U_0가 그래프의 A점에서 구석해가 이루어지고 있다. 이때 두 재화의 소비량 조합은 $(X, Y) = (0, A)$이다.

② 만약 소득과 Y재 가격은 불변인데 X재 가격만이 하락하여 예산선이 AB에서 AD로 이동(ⓐ)하면 '한계대체율(MRS_{XY}) > 상대가격$\left(\dfrac{P_X}{P_Y}\right)$'이 성립하게 된다. 이에 따라 새로운 균형은 새로운 가격체계의 예산선 AD와 이전에 비해 높은 수준의 효용인 무차별곡선 U_1이 만나는 D점에서 구석해가 이루어지게 된다. 이때 두 재화의 소비량 조합은 $(X, Y) = (D, 0)$이 되어, X재 소비량은 OD만큼 증가하게 된다(⇒ 가격효과).

③ 이러한 가격효과를 대체효과와 소득효과로 분리하기 위해 새로운 예산선(AD)을 기존의 무차별 곡선과 만나게 되는 C점까지 평행이동(ⓑ)시켜 실질소득변화에 따른 소득효과를 제거하면 X재 수요량은 처음(A점)에 비해 OC만큼만 증가하게 된다. 이처럼 A에서 C로의 이동 또는 OC만큼 증가한 X재 수요량을 X재 가격 하락에 의한 '대체효과'라 한다.

④ 한편 X재 가격하락은 실질 소득의 증가와 동일한 효과를 가져와 X재 수요량은 CD만큼 증가하게 된다. 이처럼 C에서 D로의 이동 또는 CD만큼 증가한 X재 수요량을 X재 가격 하락에 의해 발생한 실질소득의 증가에서 기인한 '소득효과'라 한다.

대체효과	소득효과	가격효과
$O \rightarrow C$	$C \rightarrow D$	$O \rightarrow D$

─ 완전대체재의 소득−소비 곡선(ICC) ───────────────

앞의 그림에서 실질소득 변화 이전과 이후의 소비자 균형점인 C점과 D점을 연결한 것이 완전대체재의 ICC이다. 따라서 완전대체재의 ICC는 원점에서 출발해서 X축과 겹치는 직선임을 기억해 둔다.

기출확인

다음 글에서 괄호 안의 ⊙과 ⓒ에 들어갈 숫자를 순서대로 쓰시오.　　　　　　　　　　　　[2020]

소비자 갑은 두 재화 A와 B만을 소비하여 효용을 얻고 있으며, A재 2단위는 B재 3단위와 완전히 대체될 수 있다. 갑의 소득은 12원, A재 가격은 2원, B재의 가격은 1원이다. 만약 A재의 가격이 1원으로 하락한다면 효용을 극대화하는 A재의 소비량은 (⊙)단위 만큼 늘어나고, 이 중에서 대체효과는 (ⓒ) 단위이다.

분석하기

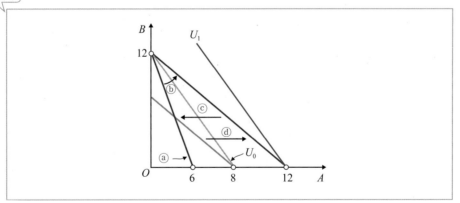

- A재 2단위는 B재 3단위와 완전히 대체 ⇒ 소비자 갑의 효용함수(=무차별곡선)는 A재와 B재의 한계대체율(MRS_{AB})이 '$\frac{3}{2}$'인 선형함수임을 의미한다. 이에 따라 효용함수는 기울기가 '$\frac{3}{2}$'인 우하향하는 모습을 보인다(그림에서 U_0).

- 갑의 소득은 12원, A재 가격은 2원, B재의 가격은 1원 ⇒ 소비자 갑의 예산선은 다음과 같다.

$$I = P_A \times A + P_B \times B \Rightarrow B = \frac{I}{P_B} - \frac{P_A}{P_B} \times A \Rightarrow B = 12 - 2A$$

(여기서 I는 소득, P_A와 P_B는 각각 A재와 B재의 가격, A와 B는 A재와 B재의 수량이다.)

이에 따라 소비자 갑의 예산선은 기울기(=상대가격)가 '2'인 우하향하는 직선의 모습을 보인다 (그림에서 ⓐ).

- 소비자 갑의 효용함수가 선형함수이고, '$MRS_{AB}\left(=\dfrac{3}{2}\right)$<상대가격(=2)'인 관계가 성립하므로 오직 B재 12단위만 소비하는 '구석해'가 성립하게 된다.

- 만약 A재의 가격이 1원으로 하락한다면, 새로운 예산선은 그림에서 ⓑ와 같이 바깥으로 회전이동을 하게 된다. 이때 예산선의 기울기는 '1'이 되어 '$MRS_{AB}\left(=\dfrac{3}{2}\right)$>상대가격(=1)'인 관계가 성립하므로, 이번에는 이전에 비해 효용이 증가한 무차별곡선인 U_1하에서 오직 A재 12단위만 소비하는 '구석해'가 성립하게 된다.

- 이제 A재 가격 하락에 따른 대체효과를 구하기 위해서 '보상 변화'를 분석해야 한다. 여기서 '보상변화'란 상대가격이 '1'인 새로운 가격체계 하에서 이전의 효용수준을 유지하기 위해 필요한 실질소득의 변화를 의미한다. 이를 구하기 위해서는 A재 가격 하락에 따른 새로운 예산선을 평행이동시켜 기존의 효용을 누릴 수 있는 균형점을 찾아야 한다. 이것이 그림에서 ⓒ의 변화이다. 이에 따라 기존의 상대가격(=2) 하에서 소비량이 0단위였던 A재 소비량이 8단위로 증가하게 된다. 이 크기가 A재 가격 하락에 따른 대체효과의 크기이다.

- 한편 A재 가격 하락에 따른 소득효과를 구하기 위해서 실질소득의 변화에 따른 A재 소비량의 변화를 분석해야 한다. 새로운 가격 체계 하에서의 실질소득이 증가하면, 예산선은 ⓓ와 같이 바깥으로 평행이동하게 되고, 이에 따라 새로운 균형점에서의 A재 소비량은 12단위가 되고, 이중에서 대체효과의 크기인 8단위를 뺀 나머지 4단위가 소득효과가 된다.

정답 ▶ ㉠: 12, ㉡: 8

---

(2) 두 재화가 완전보완재인 경우 – 'L'자형 효용함수

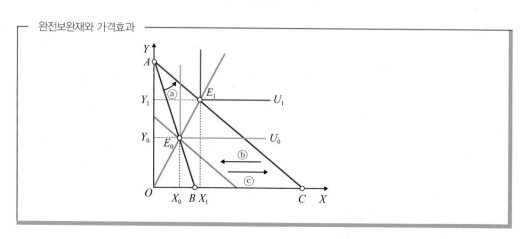

완전보완재와 가격효과

① 최초의 소비자 균형은 그래프의 E_0점에서 이루어진다고 가정한다. 이때 두 재화의 소비량 조합은 $(X, Y)=(X_0, Y_0)$이다.

② 만약 소득과 Y재 가격은 불변인데 X재 가격만이 하락하여 예산선이 AB에서 AC로 회전이동(ⓐ)하면 새로운 균형은 새로운 가격체계의 예산선 AC와 이전에 비해 높은 수준의 효용인 무차별곡선 U_1이 만나는 E_1점에서 이루어지게 된다. 이때 두 재화의 소비량 조합은 $(X, Y)=(X_1, Y_1)$이 되어, X재 소비량은 $X_0 X_1$만큼 증가하게 된다(⇒ 가격효과).

③ 이러한 가격효과를 대체효과와 소득효과로 분리하기 위해 새로운 예산선을 기존의 무차별 곡선과 만나게 되는 E_0점까지 평행이동(ⓑ)시켜 실질소득변화에 따른 소득효과를 제거하면 X재

수요량은 최초 균형점 수준의 소비량과 동일해진다. 이에 따라 대체효과는 나타나지 않게 된다. 두 재화가 완전보완재이기 때문에 상대가격이 변화한다고 하더라도 두 재화 사이에는 대체가 전혀 이루어지지 않기 때문이다.

④ 한편 X재 가격하락은 실질 소득의 증가(ⓒ)와 동일한 효과를 초래하였으므로 X재 수요량은 $X_0 X_1$만큼 증가하게 된다. 이와 같이 $X_0 X_1$만큼 증가한 X재 수요량을 가격 하락에 의해 발생한 실질소득의 증가에서 기인한 '소득효과'라 한다.

대체효과	소득효과	가격효과
O	$X_0 \rightarrow X_1$	$X_0 \rightarrow X_1$

─ 완전보완재의 가격-소비 곡선(PCC)과 소득-소비 곡선(ICC) ─

앞의 그림에서 X재 가격 변화 이전과 이후의 소비자 균형점 또는 실질소득 변화 이전과 이후의 소비자 균형점인 E_0점과 E_1점을 연결한 것이 완전보완재의 PCC이면서 ICC이다. 이러한 PCC와 ICC의 기울기는 '$\dfrac{OY_0}{OX_0} = \dfrac{OY_1}{OX_1}$'으로 일정한 값을 갖는다. 이 크기가 곧 두 재화의 결합비율$\left(\dfrac{Y}{X}\right)$이다. 따라서 완전보완재의 PCC와 ICC는 원점을 지나는 직선임을 기억해 둔다.

② 소득-여가 선택에 의한 노동 공급 곡선(일반적인 경우)

1) 가정: 노동 시간을 N, 여가 시간을 L, 시간당 임금을 w_0라 하자.

─ 예산선 ─

$$M = N \times W_0 = (24 - L) \times W_0$$

2) 도해적 설명

─ 노동공급곡선의 도출 ─

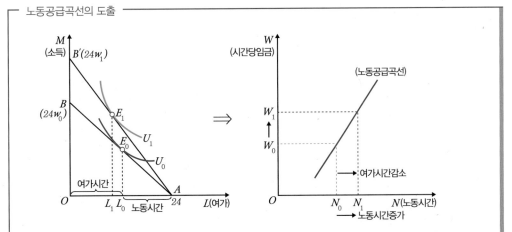

임금이 w_0에서 w_1으로 증가함에 따라 노동시간이 N_0에서 N_1으로 증가하게 되어 우상향하는 일반적인 노동 공급 곡선이 도출된다.

(1) 예산선이 AB일 때, 최대 효용을 얻기 위해 선택된 소비자 균형점이 E_0가 되어, 여가가 L_0가 되므로 노동시간은 $(24-L_o)$가 되고 이때 소비자의 효용은 U_o가 된다.

(2) 이때 임금이 w_1으로 상승하게 되면 총소득 $M=N \times w_1 = (24-L_o) \times w_1$으로 되어 예산선이 AB'로 회전이동하여 균형점이 E_0에서 E_1으로 이동하여 여가가 L_1으로 감소하고 노동시간은 $(24-L_1)$으로 증가하여 효용이 U_1으로 증가하게 된다.

(3) 결국 임금이 w_0에서 w_1으로 증가함에 따라 노동시간이 N_0에서 N_1으로 증가하게 되어 우상향하는 일반적인 노동 공급 곡선이 도출된다.

3) 후방 굴절 노동 공급 곡선

(1) 임금 상승에 따른 대체효과와 소득효과

① 대체효과: 임금이 상승하게 되면 이에 따라 여가의 상대가격이 상승하게 되고 이는 여가의 소비 감소를 초래 ⇒ 노동 공급 증가

② 소득효과: 임금의 상승은 곧 실질소득의 상승 ⇒ 여가는 일반적으로 정상재의 성격을 가지므로 여가의 소비는 증가 ⇒ 노동 공급 감소

③ 임금 상승에 따른 노동공급의 증가여부는 결국 대체효과와 소득효과의 상대적 크기에 달려 있다.

(2) 도해적 설명

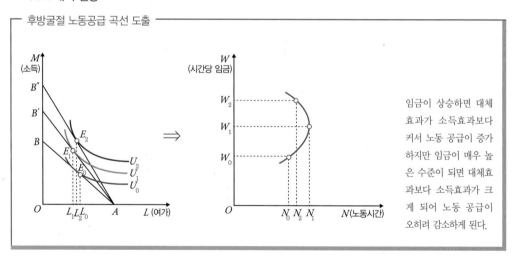

후방굴절 노동공급 곡선 도출

임금이 상승하면 대체효과가 소득효과보다 커서 노동 공급이 증가하지만 임금이 매우 높은 수준이 되면 대체효과보다 소득효과가 크게 되어 노동 공급이 오히려 감소하게 된다.

① 처음에는 임금이 상승($w_0 \rightarrow w_1$)하면 대체효과가 소득효과보다 커서 노동 공급이 증가하지만 임금이 매우 높은 수준(w_2)이 되면 오히려 대체효과보다 소득효과가 크게되어 노동 공급이 오히려 감소하게 된다.

② 임금이 w_1에서 w_2로 상승하게 되면 총소득이 $M=N \times w_2 = (24-L) \times w_2$로 되어 예산선이 AB''로 회전이동하게 되어 균형점이 E_1에서 E_2로 이동하게 된다. 이에 따라 여가가 L_1에서 L_2로 증가함에 따라 노동이 N_1에서 N_2로 감소하고 효용은 U_1에서 U_2로 증가하게 되는 것이다.

③ 따라서 만일 기업이 더 많은 시간의 노동을 원한다면 개인에게 여가시간을 줄이려는 동기를 부여하기 위하여 정상임금률보다 더 높은 초과시간 임금률을 지급해야 할 필요성을 시사해 준다.

┌─ 대체효과와 소득효과의 크기에 따른 노동공급곡선 ─────────────────────

a. 임금 상승 → 대체효과 > 소득효과 → 노동 공급곡선 우상향

b. 임금 상승 → 대체효과 < 소득효과 → 노동 공급곡선 후방굴절

4) 효용극대화 모형에 기초한 노동공급모형의 한계

(1) 효용극대화 모형에서는 임금률의 변화에 따라 노동자들이 자신의 노동시간을 재량적으로 조절할 수 있다는 것을 전제로 한다.

(2) 현실에서의 노동시간은 일정 기간 동안 효력을 갖는 노동공급 계약에 의해 고정되어 있는 것이 일반적이다.

 재화의 종류가 3개 이상인 경우의 예산선은?

예산선의 기본형은 다음과 같다.

$$I = P_1 \times X_1 + P_2 \times X_2 + \cdots + P_n \times X_n$$

• 위 식의 하첨자는 재화의 종류를 의미한다.

만약 분석하고자 하는 재화가 X_1 하나라면 다음과 같이 예산선을 변형시킬 수 있다.

$$P_2 \times X_2 + \cdots + P_n \times X_n = Y$$
$$I = P_1 \times X_1 + Y \Rightarrow Y = I - P_1 \times X_1$$

여기서 Y는 X_1를 제외한 나머지 재화에 대해 이루어지는 총지출액을 의미하고, 일반적으로 복합재(composite goods)라고 부른다. 이러한 복합재 Y는 총지출액을 의미하므로 화폐단위로 표시되고 복합재에 속하는 모든 재화들의 가격은 1로 간주한다. 이를 그림으로 나타내면 다음과 같다.

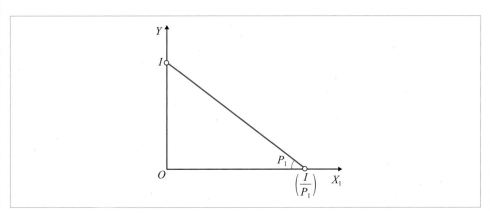

앞의 그림에서 기울기인 P_1은 재화 X_1의 절대가격이다. 이에 따라 기울기 단위를 화폐 크기로 나타낼 수 있게 되어 주어진 상황을 보다 쉽게 분석할 수 있게 된다.

다음은 여가수요와 노동공급에 대한 자료이다. 〈작성 방법〉에 따라 서술하시오. [2021]

> 갑은 하루 24시간 중 여가(L)로 l시간을 즐기고 $(24-l)$시간만큼 일한다. 여가는 식사, 수면, 오락 등 모든 비노동 활동을 포함한다. 시간당 임금이 w일 때 하루 소득은 $w(24-l)$이 되고 전액을 복합재(Y) 구매에 사용하여 y만큼 소비한다. 여가의 가격(P_L)은 w이고 복합재의 가격(P_Y)은 1이다. 여가와 복합재 소비에 대한 갑의 효용과 한계 효용은 다음과 같다.
>
> > - 효용: $U(l, y) = (l-4)y$
> > - 여가의 한계 효용: $MU_L = y$
> > - 복합재의 한계 효용: $MU_Y = l-4$
>
> 갑은 자신에게 주어진 ㉠ 예산제약 내에서 복합재에 대한 여가의 한계대체율($MRS_{L,Y}$)과 상대가격($\frac{P_X}{P_Y}$) 이 같은 ㉡ 접점조건을 고려하여 최적의 하루 여가 시간(l^*)을 선택할 때 효용이 극대화된다는 것을 안다.

〈 작성방법 〉

- 갑이 효용을 극대화하기 위해 고려하는 두 조건인 밑줄 친 ㉠, ㉡을 순서대로 쓸 것.
- 갑이 효용을 극대화하는 최적의 하루 여가 시간(l^*)을 구하고, 임금(w)과의 관계를 서술할 것.

분석하기

주어진 조건에 따른 갑의 예산제약식은 다음과 같이 나타낼 수 있다.

> - $y = w(24-l)$ …… ㉠

이때 예산제약식의 기울기인 'w'가 곧 여가의 상대가격이다.
- 여가(L)와 복합재(Y)의 한계효용은 각각 다음과 같다.

> - 여가의 한계 효용: $MU_L = \dfrac{dU(l, y)}{dl} = y$ - 복합재의 한계 효용: $MU_Y = \dfrac{dU(l, y)}{dy} = l-4$

따라서 갑의 복합재(Y) 크기로 나타낸 여가(Y)의 한계대체율($MRS_{L,Y}$)은 다음과 같이 도출된다.

> - $MRS_{L,Y} = \dfrac{MU_L}{MU_Y} = \dfrac{y}{l-4}$

- 효용극대화는 한계대체율($MRS_{L,Y}$)과 상대가격($\frac{P_L}{P_Y}$)이 일치하는 수준에서 달성된다.

> - $MRS_{L,Y} = \dfrac{P_L}{P_Y} \Rightarrow \dfrac{MU_L}{MU_Y} = \dfrac{P_L}{P_Y} \Rightarrow \dfrac{y}{l-4} = w \Rightarrow y = w(l-4)$ …… ㉡
> - 예산제약식: $y = w(24-l)$

㉠식과 ㉡식을 연립하여 풀면 다음과 같은 경로를 통해 갑이 효용극대화를 달성하기 위해 필요한 최적의 여가시간(l^*)을 도출할 수 있다.

> - $w(l-4) = w(24-l) \Rightarrow l-4 = 24-l \Rightarrow 2l = 28 \Rightarrow l^* = 14$

- 한편 최적의 여가시간을 도출하는 계산과정에서 나타나 있는 것처럼, 임금(w)은 크기가 얼마인가 와 관계없이 계산과정 속에서 항상 소거되므로 최적의 하루 여가시간(l^*)은 임금(w)의 크기와 관 계없이 항상 '14시간'이 된다. 이에 따라 노동공급곡선은 10시간(=24-여가시간)의 노동시간 수 준에서 수직의 모습을 보이며, 임금이 상승한다고 하더라도 후방굴절하지 않는다.

기출확인

다음은 가격효과에 관한 글이다. 이에 부합하는 판단으로 옳은 것을 〈보기〉에서 고른 것은? [2011]

재화의 가격이 변화할 때 그 재화의 수요량이 변화하는 가격효과는 다른 재화에 대한 상대가격이 싸지거나 비싸져서 그 재화의 수요량이 늘거나 줄어드는 대체효과와 가격 변화가 실질소득의 변화를 야기해서 이로 인해 수요량이 변화하는 소득효과의 합으로 구성된다.

〈 보 기 〉

ㄱ. 과거 아일랜드의 감자 흉년으로 발생한 기펜재(Giffen goods) 현상은 그 재화의 가격이 상승할 때만 발생할 수 있다.
ㄴ. 복권이 당첨된 경우의 노동 공급 변화를 해석하는 소득-여가 분석에서 대체효과는 0이다.
ㄷ. 소비자의 소득이 증가할 때 재화에 대한 수요가 감소하지 않는다면, 재화의 가격이 상승할 때 그 재화에 대한 수요량은 반드시 감소한다.
ㄹ. 열등재인 경우에는 수요의 법칙이 성립할 수 없다.

① ㄱ, ㄴ   ② ㄱ, ㄷ   ③ ㄴ, ㄷ   ④ ㄴ, ㄹ   ⑤ ㄷ, ㄹ

분석하기

- 한 재화가 가격이 하락할 때 수요량이 감소한다면 그 재화 역시 기펜재가 된다(ㄱ).
- 복권이 당첨된 경우에는 여가의 상대가격의 변화가 없이 실질소득만이 증가한 경우이므로 대체효과는 '0'이 된다(ㄴ).
- 소비자의 소득이 증가할 때 재화에 대한 수요가 감소하지 않는다면, 그 재화는 열등재가 아니므로 또한 기펜재도 아니다. 따라서 항상 수요의 법칙이 성립하게 되므로 재화의 가격이 상승할 때 수요량은 반드시 감소한다(ㄷ).
- 열등재인 경우에도 기펜재가 아닌 일반적인 열등재는 가격효과의 성질의 부호가 (-)이 되어 수요의 법칙이 성립하게 된다(ㄹ).

정답 ▶ ③

Theme 12 | 무차별곡선 이론과 보상수요곡선

① 보상의 의의

1) 통상수요곡선과 보상수요곡선

(1) **통상수요곡선(Ordinary Demand Curve)**

① 명목소득이 일정한 경우 가격 변화에 따른 수요량 변화를 나타내는 수요곡선(A. Marshall)을 말한다.

② 통상수요곡선은 가격-소비곡선(PCC)에서 도출되므로 대체효과와 소득효과가 모두 포함된다. 따라서 통상수요곡선을 따라서 내려갈수록(올라갈수록) 실질소득과 효용이 증가(감소)한다.

(2) **보상수요곡선(Compensated Demand Curve)**

① 실질소득이 일정한 경우 가격 변화에 따른 수요량 변화를 나타내는 수요곡선을 말한다.

② 통상수요곡선에서 소득효과를 제외한 대체효과만을 포함한다.

2) 보상방법

(1) **보상(Compensation)의 의미**: 재화의 가격이 변화할 때 변화된 실질소득을 재화의 가격이 변화되기 전의 실질소득과 같게 하여주는 것을 말한다. 즉, 재화 가격의 변화가 있을 때 소비자에게 최초의 만족도를 누릴 수 있도록 해주는 것을 말한다.

(2) **힉스(J. R. Hicks)의 보상**

① 보상의 의미를 재화의 가격이 변화된 후에도 가격이 변화하기 전의 최초의 효용수준을 계속해서 유지할 수 있도록 하는 것으로 이해하고, 이를 위해 원래의 소비자의 무차별곡선의 모양을 전제해야 한다는 것이다.

② 이는 힉스가 실질소득의 의미를 효용, 즉 무차별곡선의 '높이'를 가지고 정의하고 있다는 것을 말해준다.

(3) **슬러츠키(E. Slutsky)의 보상**

① 힉스의 효용은 소비자의 주관적 판단으로만 측정할 수 있으므로 객관적 기준이 될 수 없다. 따라서 보상의 의미를 재화의 가격이 변화된 후에도 가격이 변화하기 전의 최초의 구매수준을 계속해서 유지할 수 있도록 하는 것으로 이해하고, 실질소득의 의미를 구매력(Purchasing Power)으로 파악한다.

② 이에 따라 힉스의 대체효과는 원래의 무차별곡선의 모양을 알아야 하지만, 슬러츠키의 경우에는 원래의 무차별곡선의 모양을 모르더라도 대체효과를 가려낼 수 있게 된다.

② 도해적 설명

1) 도출

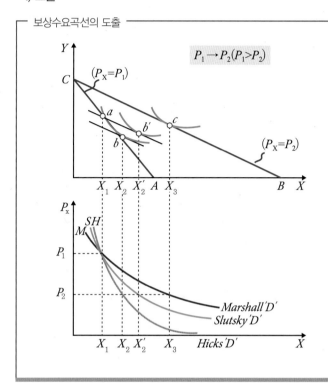

보상수요곡선의 도출

힉스(J. R. Hicks)는 보상의 의미를 재화의 가격이 변화된 후에도 가격이 변화하기 전의 최초의 효용수준을 계속해서 유지할 수 있도록 최초의 무차별곡선을 중심으로 이해하고, 슬러츠키(E. Slutsky)는 보상의 의미를 재화의 가격이 변화된 후에도 가격이 변화하기 전의 최초의 구매수준을 계속해서 유지할 수 있도록 구매력을 중심으로 이해한다.

① 가격이 하락($P_1 \rightarrow P_2$)하여 가격선이 CA에서 CB로 이동했다고 가정한다.

② 균형점이 a에서 c로 이동하는 것을 가격효과라고 한다.

③ 여기서 힉스(J. R. Hicks)의 보상이 이루어지면 대체효과는 a에서 b까지로 X재 구입량이 X_1에서 X_2로 증가하는 것으로 측정된다.

④ 만약 슬러츠키(E. Slutsky)의 보상이 이루어지면 대체효과는 a에서 b'까지로 X재 구입량이 X_1에서 X_2'로 증가하는 것으로 측정된다.

> **b'가 b보다 오른쪽에 위치하는 이유**
>
> 슬러츠키의 보상이 이루어지면 힉스의 보상의 경우보다 실질소득 감소의 크기가 작게 나타난다. 이는 곧 슬러츠키의 경우에는 힉스의 경우보다 대체효과가 크게 나타나고 소득효과가 작게 나타난다는 것을 의미한다. 이에 따라 b'가 b보다 오른쪽에 위치하게 되는 것이다.

⑤ 따라서 대체효과만으로 도출되는 보상수요곡선은 Slutsky의 보상수요곡선이 Hicks의 보상수요곡선보다 완만한 모습을 갖게 된다.

2) 보상수요곡선의 특징

(1) 보상수요곡선은 재화의 종류에 관계없이 우하향이다.

(2) 보상수요곡선은 대체효과에 의해서만 도출된다.

(3) 보상수요곡선은 대체효과의 부호와 기울기의 부호가 일치한다.

(4) 가격 하락 시 기울기의 크기는 Hicks > Slutsky > Marshall의 순서이다.

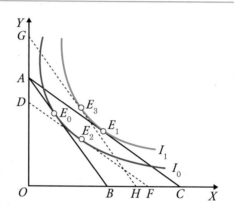

보상변화와 대등변화

1. **보상변화: 소비자의 효용을 가격 변화가 일어나기 이전의 효용 수준으로 되돌려 놓기 위해 필요한 소득의 변화를 의미한다. ⇒ 가격 변화로 인한 후생상의 변화**

   1) X재 가격의 하락으로 예산선이 AB에서 AC로 회전이동하고 이에 따라 소비자의 효용극대화 수준이 무차별곡선 I_1의 E_1으로 이동하여 이전에 비해 효용수준이 높아진다.

   2) 가격 변화 전의 효용수준으로 되돌리기 위해 예산선을 DF로 이동시켜야 한다. 이에 따라 기존의 무차별곡선 I_0의 E_2수준에서 새로운 균형에 도달하게 된다.

   3) 이처럼 가격 변화가 일어나기 이전의 효용수준으로 되돌려 놓기 위해 필요한 소득은 AD(또는 FC)만큼이다. 이 크기가 곧 소득의 보상변화이다.

2. **대등변화(Equivalent Variation): 상품의 가격이 하락하지 않아도, 가격이 하락할 때와 동일한 효용을 얻을 수 있기 위해 필요한 소득의 크기가 얼마인가 하는 문제이다.**

   1) X재 가격이 하락하지 않은 상태에서 효용을 X재 가격이 하락할 경우의 효용 수준(무차별 곡선 I_1)으로 높이기 위해서는 원래의 예산선 AB를 새로운 예산선 GH로 이동시켜야 한다.

   2) 이에 따라 소비자 균형은 E_3에서 이루어지게 되어 무차별곡선 I_1수준과 동일한 효용을 누릴 수 있게 된다.

   3) 이처럼 상품의 가격이 하락하지 않아도 가격이 하락할 때와 동일한 효용을 얻기 위해 필요한 소득은 AG(또는 BH)만큼이다. 이 크기가 곧 소득의 대등변화이다.

사례 연구 보상변화와 대등변화

1. 보상변화의 크기: 대학 구내식당에서 음식 가격을 10% 인상하려고 한다고 한다. 이에 대해 학생들의 심한 반발이 일자 학교 당국에서는 원래 계획대로 음식 가격을 인상하고, 그 대신 학생들이 이미 낸 등록금의 일부분을 되돌려주는 방법으로 문제를 해결하려고 한다. 이 경우에 학교 당국은 학생들에게 정확히 얼마만큼의 등록금을 되돌려 주어야 하는가?

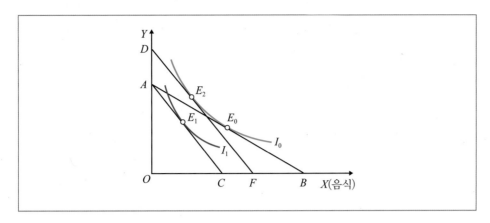

1) 학생들이 음식 가격 인상 전에 선택한 균형점은 무차별 곡선 I_0상의 E_0이다.

2) 음식 가격이 인상되면 예산선은 AB에서 AC로 회전이동하게 된다. 이에 따라 새로운 균형점은 무차별 곡선 I_1상의 E_1이 된다.

3) 이때 학생들이 원래의 효용 수준인 무차별 곡선 I_0만큼을 누리기 위해서는 예산선이 DF로 평행이동해야 하며 새로운 균형점은 E_2에서 달성된다. 이때 AD만큼이 소득의 보상변화이다.

2. 대등변화의 크기: 음식 가격의 인상이 필연적이라고 생각은 하고 있지만 학교 당국은 방법을 달리하여 학생들에게 음식 가격을 10% 인상하는 대신, 등록금을 더 내게 하는 방안을 제시하려고 한다. 이러한 경우에 학생들은 어느 정도의 등록금 인상을 받아들이겠는가?

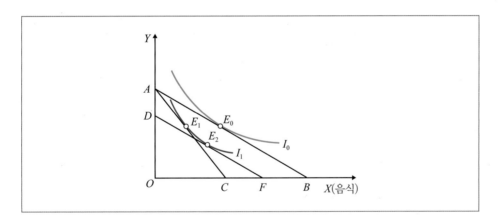

1) 만약 음식·가격이 인상되면 예산선은 AB에서 AC로 회전이동하게 된다. 이에 따라 새로운 균형점은 무차별 곡선 I_1상의 E_1이 된다.

2) 등록금이 AD만큼 오르면 예산선은 AB에서 DF로 평행이동하게 된다. 이것은 등록금이 오른 만큼 실질소득이 감소했기 때문이다. 그 결과 학생들은 음식 가격이 인상된 경우의 효용 수준과 동일한 수준의 효용을 누릴 수 있게 되고, 이때의 균형점은 I_1상의 E_2가 된다.

3) 결과적으로 음식 가격 인상 후에 학생들이 누릴 수 있는 효용은 음식 가격을 올리지 않고 등록금을 AD만큼 올리는 경우와 같아진다. 결국 학생들은 더 내야 할 등록금이 AD보다 작기만 하면 학교 측의 제안을 받아들일 수 있는 것이다. 이때의 AD만큼이 소득의 대등변화이다.

기출확인

㉠과 ㉡에 나타난 개념에 해당하는 부분을 그래프상의 기호로 표시하고, 철수가 동호가 '㉡ 제의를 받아들일 때의 헬스 이용 빈도'와 '공짜로 회원 대우를 받을 때의 이용 빈도'를 그래프상의 구간을 기호로 쓰시오.

[2008]

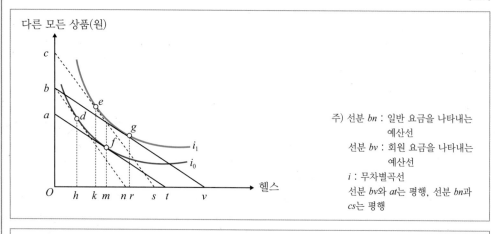

주) 선분 bn : 일반 요금을 나타내는 예산선
선분 bv : 회원 요금을 나타내는 예산선
i : 무차별곡선
선분 bv와 at는 평행, 선분 bn과 cs는 평행

철수는 친구인 동호가 대규모 헬스장을 개업했다는 말을 듣고 찾아갔다. 동호의 헬스장은 가입비를 납부한 회원에게는 회원 요금을, 회원이 아닌 사람에게는 그보다 비싼 일반 요금을 받고 있었다.

철수: 동호야. 개업을 축하한다. 그런데 회원 가입비는 얼마냐? 그리고 회원 요금은 얼마나 받니?
동호: 회원 가입비는 백만 원인데, 회원은 일반 요금의 3분의 1만 내면 돼. 왜, 너도 회원 가입하게?
철수: 가입비가 좀 비싸다. 나한테는 싸게 해줄 수 없니?
동호: 그래? ㉠ 그럼 네가 회원 가입비로 최대 얼마까지 낼 용의가 있는지 정직하게 말해 봐.
철수: 그걸 말하자니 좀 그렇다. 나한테는 회원 가입비 없이 그냥 회원 요금만 받으면 안 되겠니?
동호: 그래도 그렇지. 회원도 아니면서 회원 요금을 내면 직원들이 뭐라 그러겠어? 대신 ㉡ 내가 너한테 얼마를 보조해 줄 테니까, 헬스장에 와서는 그냥 일반 요금 내고 이용해라. 얼마면 회원 대우해주는 셈이 되겠니?

- ㉠ :
- ㉡ :
- ㉡ 제의를 받아들일 때의 이용 빈도 :
- 공짜로 회원 대우를 받을 때의 이용 빈도 :

분석하기

- ㉠ : ab
  ☞ 철수는 기존의 효용수준인 i_0와 회원들이 누리는 효용수준인 i_1의 차이보다 가입비가 크지 않아야 가입할 것이다. 그런데 i_0를 누리기 위해서는 Oa만큼의 예산이 필요하고, i_1을 누리기 위해서는 Ob만큼의 예산이 필요하다. 따라서 철수가 낼 용의가 있는 최대 금액은 두 예산의 차이인 ab가 된다.

- ㉡ : bc
  ☞ 회원이 되지 않으면서도 회원들이 누리는 효용 수준과 동일한 효용을 얻기 위해서는 철수의 예산선이 bn에서 cs까지 평행이동을 해야 한다. 따라서 bc만큼의 금액 지원이 필요하다.
    ⇒ 대등변화

- ㉡ 제의를 받아들일 때의 이용 빈도 : Ok
  ☞ 철수가 동호의 제의를 받아들이면 cs의 예산으로 무차별곡선 i_1과 접하는 e점 수준에서 소비를 하게 된다.

- 공짜로 회원 대우를 받을 때의 이용 빈도 : Or
  - ☞ 공짜로 회원 대우를 받는다는 것은 헬스장에 대한 가격할인을 받은 경우와 동일한 효과가 발생한다. 이에 따라 철수는 bv의 예산선과 무차별곡선 i_1과 접하는 g점 수준에서 소비를 하게 된다.

현시선호이론

① 현시선호이론의 기초

1) 현시선호이론(theory of revealed preference)의 의의

(1) 한계효용이론과 무차별곡선이론은 모두 효용이라는, 주관적이며 심리적이어서 현실적으로는 확인할 수 없는 현상을 이론의 기초로 삼았다.

(2) 현시선호이론은 효용의 가측성이나 무차별곡선을 전제로 하지 않는, 즉 현실적으로 확인할 수 없는 효용이라는 개념을 이용하지 않고 현실적으로 관찰 가능한 예산선과 선택된 소비점을 통해 나타난 "현시된 선호(revealed preference)"에 기초하여 수요법칙과 수요곡선을 도출하고자 한다.

현시선호이론의 특징

현시선호이론은 예산선만 가지고 전개한다는 점에서 무차별곡선이론보다 더 일반적인 이론이다. 여기서 더 일반적이란 상대적으로 제약이 덜한 가정을 가지고 전재된 이론이란 의미이다. 무차별곡선이론이 기수적 효용 분석을 하는 효용함수이론보다 더 일반적인 이론이라는 사실을 기억한다면, 우리는 소비자 이론 중에서 현시 선호이론이 가장 완화된 가정에서 출발하는 일반적 이론이라는 것을 알게 될 것이다.

---

(3) 소비자의 주관적 선호관계를 전부 알 필요는 없고, 단지 필요로 하는 것은 특정한 상품묶음이 선택됨으로써 현시된 선호관계뿐이다.

Q&A

다음 중 현시선호이론에서 필요한 것은?

ⓐ 서수적 효용   ⓑ 예산   ⓒ 상품가격
ⓓ 상품소비량   ⓔ 무차별곡선

Solution

현시선호이론은 효용의 불가측성의 가정에서 출발하므로 효용에 관계되는 용어는 필요 없고, 가격선에 관계되는 용어만 필요하다. 즉, 예산이라든가 두 재화의 가격과 귀납적인 수요량 등이 필요하다.

🅰 ⓑ, ⓒ, ⓓ

2) 개념

현시선호의 의미

어떤 상점의 종업원이 상점에 들어온 고객의 용모만을 보고 그 고객이 어떤 상품조합을 선택할 것인지를 알 수는 없다. 그러나 그 고객이 특정상품을 선택하면 고객이 어떤 상품조합을 선호하는지가 겉으로 드러난다. 이 때는 "고객의 선호구조가 현시되었다(revealed)"고 말할 수 있다. 따라서 현시된 선호(Revealed Preference)라는 말은 결국 소비자가 어느 한 상품조합을 구입했다는 말과 같은 것이다.

(1) 직접현시선호와 간접현시선호

직접현시선호와 간접현시선호

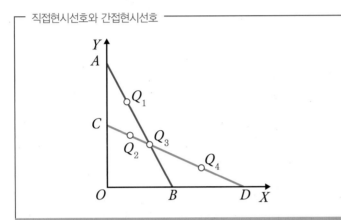

동일한 예산집합을 전제할 때 성립되는 것이 직접현시선호이고, 서로 다른 예산집합을 전제할 때 성립되는 것이 간접현시선호이다.

① **직접현시선호**: 가격선이 AB인 경우에 AOB를 예산집합 또는 선택가능영역이라 하는데, 소비자가 Q_1을 선택하였다면 Q_1이 Q_2나 Q_3보다 직접적으로 현시선호되었다고 한다(Q_1 is directly revealed preferred to Q_2 and Q_3).

② **간접현시선호**: 가격선이 AB인 경우에 Q_1이 Q_2나 Q_3보다 직접적으로 현시선호되었고, 가격선이 CD인 경우에 Q_3가 Q_2나 Q_4보다 직접적으로 현시선호되었다면 Q_1이 Q_4보다 간접적으로 현시선호되었다고 한다(Q_1 is indirectly revealed preferred to Q_4).

(2) 현시선호의 공준(공리)

① **약공리**(Weak Axiom of Revealed Preference, WARP): 주어진 예산집합 안에 있는 두 개의 상품조합을 직접 비교하여 소비자가 어느 한 상품조합을 선택한, 즉 직접현시선호로부터 도출된 소비자 선택의 일관성(consistency)을 의미 ⇒ 재화의 여러 배합 중에서 A배합을 선택했다면 A배합이 있는 곳에서는 절대로 다른 배합을 선택하지 않는 소비자의 무모순 행동의 공리를 말한다.

> • Q_1이 Q_3보다 현시선호되었다면, Q_3는 Q_1보다 선호될 수 없다.
> • Q_3가 Q_4보다 현시선호되었다면, Q_4는 Q_3보다 선호될 수 없다.

약공리 충족구간

예산선이 *AB*에서 *CD*로 변했을 때 구입점이 Q_0에서 Q_1, Q_2로 이동할 때 약공리 충족 여부를 살펴보자.

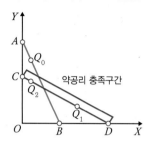

- 최초의 구입점 Q_0가 선택 불가능할 경우: Q_0는 새로운 예산선 *CD*에서 선택 불가능하므로 어느 점에서도 약공리를 충족한다.

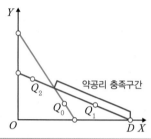

- 최초의 구입점 Q_0가 선택 가능할 경우: Q_0는 새로운 예산선 *CD*에서도 선택 가능하고 이때 Q_1을 선택하면 이전의 예산 하에 선택할 수 없었던 구입점이므로 약공리를 충족시켜 주지만, Q_2는 이전의 예산 하에서도 선택할 수 있었으나 선택하지 않은 점이므로 약공리에 위배된다.

확인 TEST

철수는 용돈으로 *X*, *Y*만 소비한다. 용돈이 100원이고 *X*, *Y*의 가격이 각각 1원일 때 철수는 $(X, Y)=(50, 50)$을 소비했다. 그런데 *X*의 가격은 그대로인데 *Y*의 가격이 두 배로 오르자 어머니가 원래 소비하던 상품묶음을 구매할 수 있는 수준으로 용돈을 인상해 주었다. 다음 중 옳지 않은 것은?

① *X*의 기회비용이 전보다 감소하였다.
② 철수의 용돈은 50원만큼 인상되었다.
③ 철수의 효용은 변화 전의 효용 이상이다.
④ 새로운 예산집합의 면적은 이전보다 크다.
⑤ 철수는 *Y*를 50개보다 많이 구매할 것이다.

해설 주어진 조건을 그림으로 나타내면 다음과 같다. 최초의 예산선은 I_0이고 이때 철수는 *A*점에서 소비하고 있었다. 그런데 *X*재 가격과 용돈이 그대로일 때 *Y*재 가격만이 두 배(1원 ⇒ 2원)로 오르면 예산선은 I_1으로 회전이동을 하게 된다. 이에 따라 *X*재의 기회비용은 '*Y*재 1단위 ⇒ *Y*재 0.5단위'로 작아진다(①). 그런데 어머니가 철수의 원래 소비점인 *A*를 계속해서 소비할 수 있도록 용돈을 올려주었다는 것은 *A*점을 지나갈 수 있도록 예산선을 I_2로 평행이동을 시켜준 것과 동일한 의미이다. 이때 계속해서 *A*점을 소비하기 위해 필요한 용돈은 *X*재가 1원이고, *Y*재가 2원이므로 1×50+2×50=150원이다. 따라서 철수의 용돈은 50원이 인상된 것이다(②).

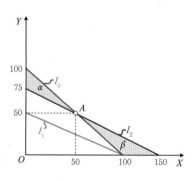

한편 이와 같은 예산선의 변화로 이전의 예산집합에 비해 *α*만큼 작아지고 *β*만큼 커졌으므로 새로운 예산집합의 면적은 이전에 비해 커지게(∵*α*<*β*) 된다(④). 이에 따라 철수의 효용은 변화 이전에 비해 커진다(③). 반면에 철수가 *Y*재를 50개보다 더 많이 구매하는 선택은 현시선호이론에 따른 약공리를 위반하게 되므로 선택되어서는 안 된다(⑤).

정답 ⑤

② **강공리**(Strong Axiom of Revealed Preference, SARP): 상이한 예산집합에 속한 두 개의 상품조합을 간접비교하여 소비자가 어느 한 상품조합을 선택한, 즉 간접현시선호로부터 도출된 소비자 선택의 일관성을 의미하며 A배합을 B배합보다 선호하고 B배합을 C배합보다 선호한다면 A배합을 C배합보다 선호해야 한다는 추이율의 공준을 말한다.

③ **결론:** 강공리가 성립하면 약공리는 성립하지만 그 역은 성립하지 않는다.

> ┌─ 현시선호의 강공리와 약공리 ─
>
> 만약 a_1이 a_2보다, a_2는 a_3보다, 계속적으로 a_{n-1}은 a_n보다 현시선호되었다면, a_n은 a_1보다 현시선호될 수 없다 ($n \geq 2$). 이에 따라 $n=2$일 경우 강공리는 약공리와 일치하게 된다. 즉 강공리를 만족하면 약공리는 자동적으로 성립하게 되는 것이다.

② 가격효과와 수요곡선 도출의 도해적 설명

┌─ 가격효과와 수요곡선 도출 ─

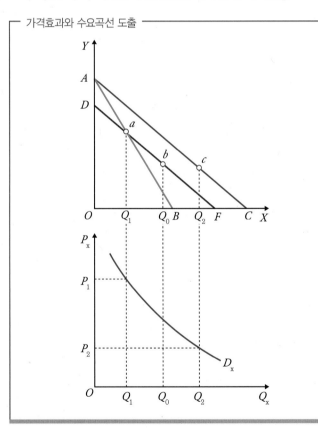

상대가격의 변화에 따른 소비량의 변화(a → b)를 대체효과라고 하고, 실질소득의 변화에 따른 소비량의 변화(b → c)를 소득효과라고 한다. 이를 바탕으로 가격의 하락에 의한 최종소비량의 변화(a → c)를 가격-수량 공간으로 옮기면 우하향의 수요곡선을 도출할 수 있다.

1) 대체효과: 현재 점 a를 현시선호하고 있다고 가정

(1) 만일 X재의 가격이 하락하였다면, 예컨대 예산선은 위 그래프의 AB에서 AC로 이동할 것이다. 이때 원래의 소비점 a를 지나며 새로운 가격선과 평행한 예산선 DF를 그릴 수 있다.

(2) 만일 이 *DF*선 위에서 선택을 할 때 현시선호의 약공리를 가정하면 *DF*선상의 점들 중 *a*의 왼쪽에 있는 선분 *Da*선상의 점은 선택되지 않으므로 *a*의 오른쪽에 있는 선분 *aF*선상의 한 점, 예컨대 *b* 점을 선택할 것이다.

(3) 이와 같이 점 *a*에서 *b*로의 소비자 균형점의 이동을 대체효과라고 할 수 있다.

2) 소득효과

(1) 예산선이 직선 *DF*에서 *AC*로 이동하는 것은 *X*재 가격의 하락으로 인한 이 소비자의 실질소득의 증가이다.

(2) 실질소득의 증가로 인하여 소비자 균형점이 *b*에서 *AC* 선상의 한 점 예컨대 위 그래프의 *c*로 이동 하는 것이 소득효과이다.

(3) 여기서 *X*재가 정상재이면 *c*는 *b*의 오른쪽에 있게 되며, 열등재라면 왼쪽에 있게 된다.

3) 가격효과

(1) 가격효과는 대체효과와 소득효과의 합으로 이루어지는데 재화의 성질이 정상재인 경우는 물론, 소비를 증가시키는 대체효과보다 소비를 감소시키는 소득효과가 작은 일반적인 열등재인 경우에 도 새로운 균형점 *c*는 가격이 하락하기 이전의 균형점 *a*보다 오른쪽에 있게 되므로 가격의 하락 은 소비를 증가시키게 된다.

(2) 만일 *X*재가 기펜재이면 소득효과가 대체효과를 압도하여 최종소비자 균형점 *c*는 *a*의 왼쪽에 있 게 되어 가격하락이 오히려 소비를 감소시킨다.

(3) 따라서 효용이라는 개념을 이용하지 않은 현시선호의 개념만으로도 기펜재가 아닌 한, 정상재와 열등재의 경우 가격이 하락할 때 수요량이 증가하는 수요법칙을 설명할 수 있다.

4) **수요곡선의 도출**: 위 그래프에서 가격이 P_1인 경우의 소비자 균형점 *a*수준에서의 소비량인 Q_1과의 배합점과 가격이 P_2로 하락한 경우의 최종 소비자 균형점 *c*수준에서의 소비량인 Q_2와의 배합점을 가격-수량 공간으로 옮기면 우하향의 수요곡선을 도출할 수 있다.

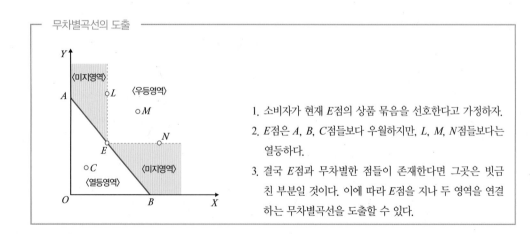

무차별곡선의 도출

1. 소비자가 현재 *E*점의 상품 묶음을 선호한다고 가정하자.
2. *E*점은 *A*, *B*, *C*점들보다 우월하지만, *L*, *M*, *N*점들보다는 열등하다.
3. 결국 *E*점과 무차별한 점들이 존재한다면 그곳은 빗금친 부분일 것이다. 이에 따라 *E*점을 지나 두 영역을 연결하는 무차별곡선을 도출할 수 있다.

Theme 14 보조제도의 경제적 효과

① 보조제도

1) 보조(subsidy, transfer)의 의의: 소비자의 생활수준이 열악할 때 이를 개선시키는 것을 말한다.

2) 보조의 목적: 저소득층에 대한 소득재분배 정책으로서 여러 가지 유형의 생계보조를 통해서 그들의 생활수준을 향상시키는 것을 목적으로 한다.

3) 보조정책에 대한 효과판단의 기준
   (1) 보조정책을 통해서 소비자의 효용이 얼마나 증가했는가?
   (2) 보조정책을 통해서 재화의 소비량이 얼마나 증가했는가?

② 현금보조와 현물보조

1) 현금보조(cash transfer)

   (1) 의미: 일반적인 의미는 정부가 저소득층에게 생활수준의 향상을 위하여 현금을 생활보조금으로 지급하는 것을 말한다.

   (2) 현금보조가 이루어지면 그 금액만큼 예산선이 바깥쪽으로 평행이동 ⇒ 소비가능영역이 확대

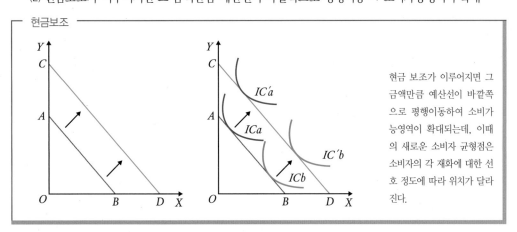

현금보조

현금 보조가 이루어지면 그 금액만큼 예산선이 바깥쪽으로 평행이동하여 소비가능영역이 확대되는데, 이때의 새로운 소비자 균형점은 소비자의 각 재화에 대한 선호 정도에 따라 위치가 달라진다.

사례 연구 현금보조의 효과

자영업으로 택배업에 종사하고 있는 동현(D. H. Lee) 씨는 연일 계속되는 휘발유 가격의 고공행진으로 어려움에 처해 있다. 이러한 택배업자들의 어려움을 간파한 정부당국은 휘발유 가격 상승으로 택배업자들의 휘발유 소비량 감소분을 보존해 주기 위해 일정한 금액을 보조해주기로 결정했다. 이러한 정부의 보조금 덕분에 동현 씨의 휘발유 소비량은 휘발유 가격이 상승하기 이전 수준만큼은 구입할 수 있게 되었다. 그렇다면 이러한 정부의 보조금 정책은 동현 씨의 효용을 증가시킬 수 있는가? 아니면 현상 유지에 그치는가?

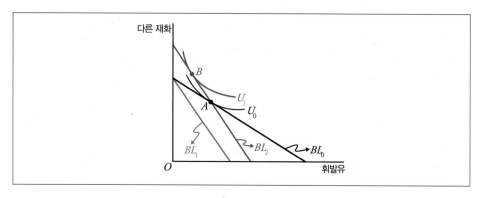

• 그림에서 동현 씨의 기존의 예산선은 BL_0이고, 현재 소비자 균형은 A점에서 이루어지고 있다. 이때 동현 씨가 누릴 수 있는 효용수준은 U_0이다. 이제 휘발유 가격의 상승은 동현 씨의 예산선을 BL_1으로 안쪽으로 이동시켜, 기존의 소비점인 A점은 더 이상 선택할 수 없게 된다.

• 그런데 정부가 동현 씨의 휘발유 소비량이 최소한 이전과 동일해질 수 있는 금액을 보조하기로 하면, 동현 씨의 예산선 BL_1은 기존의 소비점이었던 A점을 지나 평행이동하여 BL_2가 된다. 이에 따라 동현 씨는 정부의 보조금 지급 후의 새로운 예산선 상의 B점을 선택할 수 있게 됨으로써 최초 효용 수준인 U_0에 비해 높은 수준인 U_1의 효용을 달성할 수 있게 된다.

2) 현물보조(in-kind transfer)

(1) 일반적인 의미는 정부가 저소득계층을 위하여 쌀과 같은 현물의 지급을 통하여 생활수준의 향상을 추구하는 것을 말한다.

(2) 현물보조가 이루어지면 그 수량의 금액만큼 예산선이 우측으로 수평이동 ⇒ 소비가능영역이 확대

현물보조

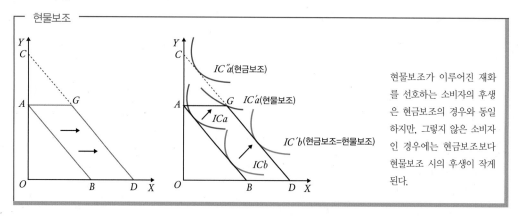

현물보조가 이루어진 재화를 선호하는 소비자의 후생은 현금보조의 경우와 동일하지만, 그렇지 않은 소비자인 경우에는 현금보조보다 현물보조 시의 후생이 작게 된다.

3) 현금보조와 현물보조의 효과

(1) 현물보조는 현금보조에 비해 예산선 영역이 $\triangle ACG$만큼 축소

(2) 두 보조의 효과 차이는 두 재화의 선호 정도로 나타나는 무차별곡선의 위치와 형태에 따라 달라진다.

(3) 소비자 후생 측면에서는 현금보조가 현물보조보다 상대적으로 우월하다.

(4) 정책 당국이 그럼에도 불구하고 현물보조를 사용한다면 이것은 정책 당국이 의도적으로 Y재 소비를 억제하고 X재 소비를 장려하고자 하는 정책적 목적이 있다는 것을 엿볼 수 있다. 만약 Y재가 담배이고 X재가 쌀이라면 그 의도가 명확해질 것이다.

확인 TEST

매년 40만 원을 정부로부터 지원받는 한 저소득층 가구에서 매년 100kg의 쌀을 소비하고 있었다. 그런데 정부가 현금 대신 매년 200kg의 쌀을 지원하기로 했다. 쌀의 시장가격은 kg당 2,000원이어서 지원되는 쌀의 가치는 40만 원이다. 쌀의 재판매가 금지되어 있다고 할 때, 다음 설명 중 옳지 않은 것은? (단, 이 가구의 무차별곡선은 원점에 대해 볼록하다)

① 이 가구는 새로 도입된 현물급여보다 기존의 현금급여를 선호할 것이다.
② 현물급여를 받은 후 이 가구의 예산집합 면적은 현금급여의 경우와 차이가 없다.
③ 이 가구는 새로운 제도 하에서 쌀 소비량을 늘릴 가능성이 크다.
④ 만약 쌀을 kg당 1,500원에 팔 수 있는 재판매 시장이 존재하면, 이 가구는 그 시장을 활용할 수도 있다.

해설 ▶ • 현금보조에서 특정재화(쌀)에 대한 현물보조로 변할 때 예산선의 변화는 다음 그림과 같이 나타난다.

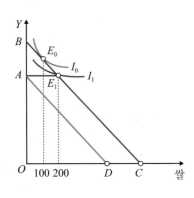

• 그림에 나타난 것처럼 현금보조 대신에 쌀에 대한 현물보조가 이루어지면 '예산선 AD'는 '예산선 BC'로 이동하는 대신 '예산선 AE_1C'로 이동하게 된다. 이에 따라 예산집합의 면적은 삼각형 OBC에서 사다리꼴 OAE_1C로 변하게 되어, 결과적으로 삼각형 ABE_1만큼 작아진다. 예산집합 면적이 감소한다는 것은 이 가구의 소비선택 범위가 감소하게 된다는 것을 의미한다.

• 한편 기존의 시장에서의 쌀 가치에 해당하는 40만 원을 현금으로 보조받았음에도 불구하고, 이 가구의 소비량이 20만 원어치만큼의 100kg만 소비했으므로, 보조금의 절반으로 다른 재화소비에 지출하는 것을 선택했다는 것을 알 수 있다.

• 그런데 쌀의 재판매가 금지되어 있으므로 이 가구는 보조받은 모든 쌀을 그대로 소비할 수밖에 없고, 이에 따라 쌀 소비량은 100kg에서 200kg으로 증가하게 된다(③). 따라서 이러한 결과는 이 가구가 선호하는 것이 현물보조보다는 현금보조라는 것을 알 수 있다(①).

• 다만 쌀을 재판매할 수 있는 시장이 존재한다면 보조받은 쌀 중의 일부를 판매하여, 다른 재화 소비를 증가시킬 수도 있다(④).

정답 ▶ ②

③ 현금보조와 가격보조

1) 가격보조(price subsidy)

(1) 특정 재화를 구입할 때 그 재화의 가격을 할인해 주는 보조를 말한다.

(2) 가격 보조는 재화의 가격이 하락한 효과와 같으므로 예산선은 바깥쪽으로 회전이동한다.

(3) 일반적으로 현금보조 때의 효용(U_2)이 가격보조 때의 효용(U_1)보다 크다.

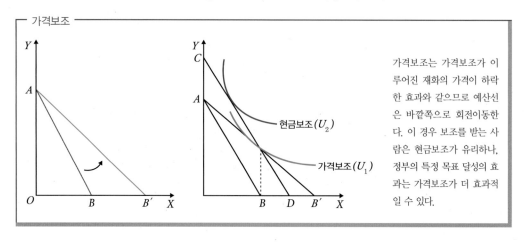

가격보조는 가격보조가 이루어진 재화의 가격이 하락한 효과와 같으므로 예산선은 바깥쪽으로 회전이동한다. 이 경우 보조를 받는 사람은 현금보조가 유리하나, 정부의 특정 목표 달성의 효과는 가격보조가 더 효과적일 수 있다.

가격보조와 동일한 예산을 현금으로 보조하는 경우

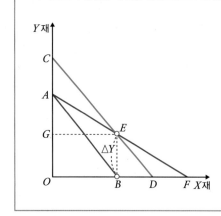

가격선이 AB일 때 X재에 가격보조를 하면 X재의 가격이 하락하므로 가격선이 AF로 회전이동을 하게 된다. 소비자가 가격보조 이전에 X재를 E점에서 OB만큼 소비한다면 Y재 소비량을 AO만큼 줄여야 하지만, 가격보조 이후에는 X재 가격이 낮아져서 Y재 소비량을 AG만큼만 줄이면 된다. 따라서 $GO(=EB)$는 가격보조액과 같다.

이제 가격보조와 동일한 예산을 현금으로 보조한다고 하자. 현금보조 이전에 X재를 OB만큼 소비한다면 현금보조 이후에는 Y재를 $EB(\Delta Y)$만큼 더 소비할 수 있으므로 가격선은 AB에서 E점을 통과하는 CD로 이동하게 된다.

사례 연구   **가격보조의 효과**

◈ 병태의 한 달 용돈은 500,000원이다. 병태는 용돈으로 '몸짱 피트니스 센터'에서 1회당 20,000원인 PT 프로그램을 수강하고 있다. 그런데 '몸짱 피트니스 센터'에서는 PT 수강 횟수가 10회를 초과하는 경우에는 수강료를 50% 할인하는 특별 이벤트를 진행하고 있다.

1. 병태의 예산선을 그리면?

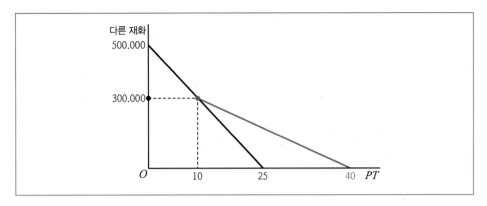

그림에서 보는 바와 같이 병태의 예산선은 PT 수강 횟수가 10회를 초과하는 순간부터 꺾이는 모습을 보인다.

2. 병태가 PT에 별 관심이 없어 PT 수강을 5회만 하고 있는 경우 '몸짱 피트니스 센터'의 특별 이벤트는 병태의 효용을 높일 수 있는가?

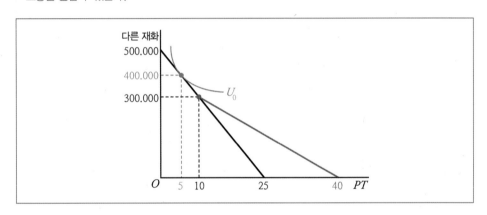

그림에서 보는 바와 같이 병태의 PT 수강 횟수가 5회에 그치기 때문에 '몸짱 피트니스 센터'의 특별 이벤트가 적용되지 않는 예산선의 한 점에서 접한다. 이것은 병태의 효용을 높일 수 없다는 것을 의미한다.

3. 병태가 PT에 관심이 많아 PT 수강을 18회를 하고 있는 경우 '몸짱 피트니스 센터'의 특별 이벤트는 병태의 효용을 높일 수 있는가?

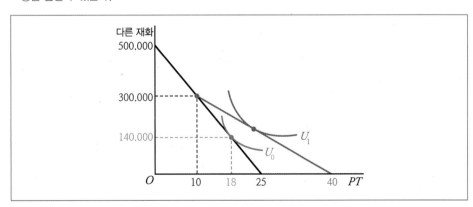

그림에서 보는 바와 같이 병태의 PT 수강 횟수가 18회이기 때문에 병태의 새로운 무차별곡선은 '몸짱 피트니스 센터'의 특별 이벤트가 적용되는 예산선의 한 점으로 이동할 수 있다. 이것은 병태의 효용을 높일 수 있다는 것을 의미한다.

2) 현금보조와 가격보조의 효과

(1) 두 보조의 효과 차이는 두 재화의 선호 정도로 나타나는 무차별곡선의 위치와 형태에 따라 다르게 나타나게 된다.

(2) 보조를 받는 사람은 현금보조가 유리하나, 정부의 특정 목표 달성의 효과는 가격보조가 더 효과적일 수 있다.

확인 TEST

A시의 70세 이상 노인들에 대한 다음 설명 중 옳은 것은?

〈 보 기 〉

A시의 시민은 대중교통(X재)과 그 밖의 재화(Y재)를 소비하여 효용을 얻는다. 현재 A시의 70세 이상 노인은 X재를 반값에 이용하고 있다. 이제 A시에서 70세 이상 노인에게 X재 요금을 할인해 주지 않는 대신, 이전에 할인받던 만큼을 현금으로 지원해 주기로 했다(이하 현금지원정책).

① 현금지원정책 시 예산선의 기울기가 대중교통요금 할인 시 예산선의 기울기와 같다.
② X재 소비가 현금지원정책 실시 전에 비해 증가한다.
③ Y재 소비가 현금지원정책 실시 전에 비해 감소한다.
④ 소득으로 구매할 수 있는 X재의 최대량이 현금지원정책 실시 이전보다 증가한다.
⑤ 효용이 현금지원정책 실시 전에 비해 감소하지 않는다.

해설 ▶ 주어진 문제는 X재에 대한 가격보조에서 현금보조로 바꾼 경우에 대해 묻고 있다. 처음의 소비점을 E점이라고 가정할 때, 이러한 변화를 그림으로 나타내면 다음과 같다. 그림에서 기존의 예산선은 직선 AB, X재에 대해 가격보조를 했을 때의 예산선은 직선 AF, 현금보조로 바꾼 경우의 예산선은 직선 CD가 된다. 따라서 현금지원정책 시 예산선의 기울기가 대중교통요금 할인 시 예산선의 기울기보다 가파르다(①). 이제 새로운 예산선인 직선 CD 하에서 소비는 E점의 좌상방에서 이루어진다. 이에 따라 현금지원정책 실시 전에 비해 X재 소비는 감소하고, Y재 소비는 증가하게 된다(②, ③, ④). 새로운 소비점에서의 효용은 이전과 동일하거나 이전에 비해 효용이 증가하게 된다(⑤).

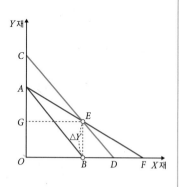

정답 ▶ ⑤

❹ 세 가지 보조의 상호비교

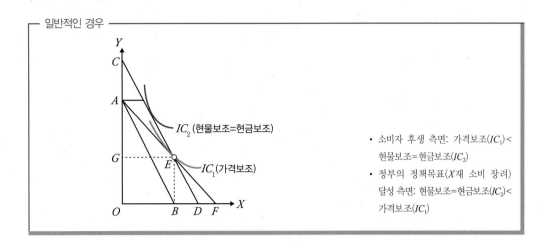

─ 일반적인 경우 ─

- 소비자 후생 측면: 가격보조(IC_1) < 현물보조=현금보조(IC_2)
- 정부의 정책목표(X재 소비 장려) 달성 측면: 현물보조=현금보조(IC_2) < 가격보조(IC_1)

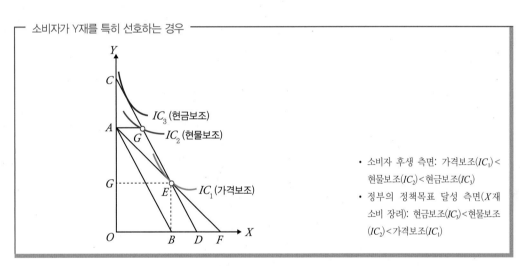

─ 소비자가 Y재를 특히 선호하는 경우 ─

- 소비자 후생 측면: 가격보조(IC_1) < 현물보조(IC_2) < 현금보조(IC_3)
- 정부의 정책목표 달성 측면(X재 소비 장려): 현금보조(IC_3) < 현물보조(IC_2) < 가격보조(IC_1)

─ 주의 ─

가격보조 후 동일한 크기의 현금보조를 한 경우에 ED구간에서 소비가 이루어지지 않고 CE구간에서 소비가 이루어지는 이유는 다음과 같다. 가격보조가 있을 때 ED구간도 선택할 수 있었음에도 불구하고 E점을 선택한 것은 ED구간의 어떤 점보다도 E점을 선호한다는 것이다. 그런데 그 후 현금보조가 이루어지고 이때 ED구간 중 한 점을 선택하는 것은 현시선호이론에서의 약공리를 위반하게 되는 선택이므로 허용되지 않는 것이다.

제4장
생산이론

생산의 기초 개념

① 생산

1) 생산의 의의

(1) **의미**: 인간의 다양한 욕구를 만족시키기 위해 시간, 공간, 형태 등의 변화를 통하여 재화나 용역이 갖는 새로운 가치를 창출해 내는 사회적 효용의 증대 행위 ⇒ 투입물을 산출물로 변형시키는 과정을 말한다.

(2) **생산의 예**

① 자연에 노동력을 투입하여 물자를 획득하는 행위

② 재화의 저장을 통하여 시간적 이동에 의한 효용을 증대하는 행위

③ 공간적 이동에 의해 사회적 효용을 증대시키는 행위

④ 원재료를 변형 또는 가공하여 인간의 효용을 증대시키는 행위

⑤ 개인과 개인 사이의 교환을 통해 효용을 증대시키는 행위

⑥ 강의, 변론, 진료 등의 용역을 창출해 내는 행위

2) 생산의 종류

(1) **재생산의 분류(K. Marx) 방법을 기준**: 매년 동일 규모로 행해지는 생산인 단순 재생산과 신투자에 따라 매년 규모가 확대되어 가는 확대 재생산, 그리고 재투자가 제대로 이루어지지 않음으로써 매년 규모가 축소되는 축소 재생산 등이 있다.

(2) **생산재 사용을 기준**

① 소비재를 직접 생산하는 경우와 생산재를 먼저 생산하고 그것을 통해 소비재를 생산하는 우회 생산 등이 있다.

② 특히 우회생산은 자본집약도의 제고와 분업을 통하여 생산성의 향상을 가져올 수 있다.

② 생산요소

1) 생산요소의 의미: 생산에 투입되는 모든 투입물(inputs)을 의미한다.

2) 생산요소의 종류

(1) 토지, 하천, 바다, 대기, 기온, 수력, 풍력, 지하자원, 동식물 등의 자연자원을 말하며 노동과 더불어 본원적 생산요소를 구성 ⇒ 이에 대한 대가가 지대이다.

(2) **노동:** 재화나 용역을 생산할 목적으로 행해지는 인간의 정신적·육체적 활동을 총칭 ⇒ 이에 대한 대가가 임금이다.

(3) **자본:** 기계, 원료 등과 같이 인간에 의해서 창출된 생산요소를 총칭 ⇒ 이에 대한 대가가 임대료이다.

자본의 의의

전통적인 생산이론에서 자본은 실물자본인 생산재를 가리키고, 화폐자본을 가리키지 않는다. 그러나 분배이론인 생산요소이론에서 생산요소별로 각각 다룰 때 자본은 대개 화폐자본인 돈을 의미한다.
- 실물자본(생산재)·············· 자본임대료: 생산이론
- 화폐자본(돈) ················ 이자: 분배이론(생산요소이론)

---

(4) **경영:** 기업가에 의한 생산요소를 결합하는 창의적 노력을 의미하며, 기업의 소유(자본가)와 경영(경영자)이 분리되고 경영의 독자적인 활동이 중요시되면서 부각되었다. ⇒ 이에 대한 대가가 이윤이다.

③ 생산 기간

1) 정의: 일반적인 역사적 기간이 아닌 기업가가 생각하는 계획 기간(A. Marshall)

2) 분류

(1) 단기(Short-Run Period)
① **최단기:** 모든 생산요소가 불변이어서 생산량은 불변이고 재고량만 변화한다.
② **단기:** 고정요소가 존재하여 생산규모(자본)가 불변인 기간을 의미 ⇒ 생산량의 변화는 가변요소(노동)의 변화를 통해서만 이루어진다.

(2) 장기(Long Run Period)
① **장기:** 모든 생산요소가 가변요소이기 때문에 생산량의 변화가 생산 규모의 변동을 통해서 이루어지는 기간을 말한다. 이는 곧 새로이 공장을 짓는 것은 물론이고 기존의 공장을 폐쇄하는 것도 포함 ⇒ 단, 기술은 불변이다.

② **최장기**: 생산 규모(자본)는 물론이고 생산기술이나 경영 능력까지도 변화할 수 있는 기간
⇒ 기술혁신은 이 기간에서 의미있게 이루어지게 된다.

단기와 장기에서의 '최적'의 의미

집에서 밥을 할 때 솥이 하나뿐이라면 관심은 밥을 몇 인분을 할지를 선택하는 것이다. 그런데 크고 작은 솥이 여러 개가 있다면 몇 인분의 밥이냐에 따라 가장 적당한 크기의 솥을 선택하게 될 것이다. 즉 단기생산의 경우에는 가장 적당한 생산량을 선택하고, 장기생산의 경우에는 가장 적당한 생산 규모(공장 크기)를 선택하는 것이다. 이처럼 단기와 장기에 있어서 '적'의 의미는 비용을 극소화하기에 가장 적당하다는 의미와 같은 것이다.

 단기와 장기

"영국의 경제학자 맬서스(Thomas R. Malthus)는 그의 저서 『인구론(人口論)』(1798)에서 식량은 산술급수적으로 늘어나는 데 반하여, 인구는 기하급수적으로 늘어나기 때문에, 이에 따라 인류는 필연적으로 심각한 식량 문제에 직면한다고 주장했다. 이러한 맬서스의 주장 속에 담겨진 오류는 무엇인가?"

생산함수와 관련하여 경제학은 기간을 단기와 장기로 구분한다. 그런데 이러한 생산 기간은 마샬이(A. Marshall) 지적한 것처럼 일반적인 역사적 기간이 아닌 기업가가 생각하는 기간을 의미한다. 즉 단지 역사적 기간인 1년을 두고 단기다, 장기다라고 할 수 없다는 의미이다.

단기(short-run period)는 주어진 기간 동안 그 크기를 쉽게 조정할 수 없는 고정 생산요소가 존재하여 생산 규모(자본)가 불변인 기간을 의미하며, 이때 생산량의 변화는 오직 가변요소(노동)의 변화를 통해서만 이루어진다. 예를 들어 일정한 면적의 논에서 벼농사를 지으려면 경운기, 트랙터 등의 여러 가지 기계장비가 필요하다. 그러나 이러한 기계장비가 투입되더라도 농부가 땀 흘려 일하지 않으면 농사를 짓지 못한다. 따라서 이러한 경우 쌀 생산량을 늘리기 위해서는 기계를 더 많이 투입하는 것보다는 노동량을 늘리는 것이 필요하다. 즉 단기에는 자본 투입량이 일정한 상태에서 노동 투입량이 늘어남에 따라 생산량이 증가하게 되는 것이다. 다만 일정한 수준을 지나게 되면 노동 투입량에 따른 생산량의 증가 정도가 둔화되는데 이를 수확체감의 법칙(law of diminishing returns)이라고 한다.

장기(long run period)는 자본을 포함한 모든 생산요소가 가변요소이기 때문에 생산량의 변화가 생산 규모의 변동을 통해서 이루어지는 기간을 말한다. 이것은 새로이 공장을 짓는 것은 물론이고 기존의 공장을 폐쇄하는 것도 포함한다. 한편 생산 규모(자본)는 물론이고 생산기술이나 경영 능력까지도 변화할 수 있는 기간을 최장기라 하여 넓은 의미의 장기에 포함시킨다.

맬서스의 주장의 가장 큰 문제는 '인구론' 발표 이후에 나타난 농업과 공업의 혁명적인 기술 진보를 예측하지 못했다는 것이다. 즉 기술 혁신의 변화를 전제하는 장기적인 안목이 부족했다는 것이다. 기술 혁신은 동일한 노동 투입량으로도 이전보다 훨씬 높은 생산량의 증가를 가져와 단기적인 수확체감의 법칙을 압도한다. 그런데 맬서스는 이를 간과하고 수확체감의 법칙을 전제로 하는 단기적인 분석만을 했기 때문에 아직까지는 그 예측이 빗나갈 수밖에 없게 된 것이다.

Theme 16 생산함수의 기초

❶ 생산함수의 의의

1) 생산함수의 의미: 주어진 생산기술로서 생산요소들을 가장 효율적으로 사용할 때의 생산요소 투입량과 생산량 간의 기술적 관계를 수학적 함수형태로 표시한 것을 말한다.

2) 생산함수의 형태: 각 생산요소를 X_1, X_2, X_3, $\cdots$, X_n이라고 하고 생산량을 Q라고 하면 생산함수의 일반적 형태는 다음과 같다.

$$Q = f(X_1, X_2, X_2, \cdots, X_n)$$

— A. Marshall의 장·단기 생산함수 —

단기	단기생산함수	고정요소, 가변요소 존재	$Q = f(L, \overline{K}, \cdots)$
장기	장기생산함수	모두 가변요소	$Q = f(L, K, \cdots)$

❷ 생산성(생산력)

1) 생산성(productivity)의 의미: 생산과정에 있어서 생산요소가 산출량에 기여한 정도

2) 생산성의 종류

(1) **총생산성(Total Product, TP)**: 전체 생산요소의 생산량의 합계 ⇒ 한계생산성의 누적적 합

(2) **한계 생산성(Marginal Product, MP)**

① 생산요소 한 단위를 추가적으로 투입함으로써 얻어지는 생산량의 증가분을 말한다.

$$\frac{\Delta Q}{\Delta L} = MP_L, \quad \frac{\Delta Q}{\Delta K} = MP_K$$

② 단기 생산함수의 한 점에서의 접선의 기울기로 측정된다.

(3) 평균 생산성(Average Product, AP)

① 생산요소 한 단위당의 생산량을 말한다.

$$\frac{Q}{L} = AP_L, \quad \frac{Q}{K} = AP_K$$

② 원점에서부터 단기 생산함수의 한 점까지의 직선의 기울기로 측정된다.

Q&A

A 기업의 생산함수가 $Q = 5L^{\frac{1}{2}}K^{\frac{1}{2}}$이고, 자본이 36단위로 주어져 있다. 만약 노동이 4단위라고 할 때 TP_L, MP_L, AP_L은 각각 얼마인가?

Solution

1) $TP_L = 5 \cdot 4^{\frac{1}{2}} \cdot 36^{\frac{1}{2}} = 5 \cdot 2 \cdot 6 = 60$

2) $MP_L = \frac{\Delta Q}{\Delta L} = \frac{1}{2} \cdot 5 \cdot L^{-\frac{1}{2}} \cdot K^{\frac{1}{2}} = \frac{5}{2} \cdot \frac{K^{\frac{1}{2}}}{L^{\frac{1}{2}}}$

$= \frac{5}{2} \cdot \sqrt{\frac{K}{L}} = \frac{5}{2} \cdot \sqrt{\frac{36}{4}} = \frac{5}{2}\sqrt{9}$

$= \frac{5}{2} \cdot 3 = \frac{15}{2}$

3) $AP_L = \frac{Q}{L} = \frac{5L^{\frac{1}{2}}K^{\frac{1}{2}}}{L} = 5 \cdot \frac{K^{\frac{1}{2}}}{L^{\frac{1}{2}}} = 5 \cdot \sqrt{\frac{K}{L}}$

$= 5 \cdot \sqrt{\frac{36}{4}} = 5 \cdot \sqrt{9} = 5 \cdot 3 = 15$

확인 TEST

자국과 외국은 두 국가 모두 한 가지 재화만을 생산하며, 노동 투입량과 노동의 한계생산량의 관계는 다음 표와 같다. 자국과 외국의 현재 노동 부존량은 각각 11과 3이고 모두 생산에 투입된다. 국가 간 노동이동이 자유로워지면 세계 총생산량의 변화는?

노동 투입량(명)	1	2	3	4	5	6	7	8	9	10	11
노동의 한계생산량(개)	20	19	18	17	16	15	14	13	12	11	10

① 4개 증가   ② 8개 증가
③ 12개 증가   ④ 16개 증가

해설 ▶ 외국의 노동 부존량이 3 ⇒ 4 ⇒ 5 ⇒ 6 ⇒ 7로 4명이 증가함에 따라 총생산량은 (17 + 16 + 15 + 14 = 62)만큼 증가한다. 반면에 자국의 노동 부존량이 11 ⇒ 10 ⇒ 9 ⇒ 8 ⇒ 7로 4명 감소함에 따라 총생산량은 (10 + 11 + 12 + 13 = 46)만큼 감소한다. 따라서 자국의 노동이 외국으로 4명만큼 이동하여 자국과 외국에서 모두 7명씩 투입되면 세계 총생산량은 16만큼 증가하게 된다.

정답 ▶ ④

Theme 17 단기생산함수

1 단기생산함수의 의의

1) **단기생산함수의 의미**: 고정 생산요소(자본)가 존재하는 단기에서, 생산량과 가변생산요소(노동) 간의 기술적 관계를 나타내는 생산함수를 말한다.

> ─ 단기에 있어서의 생산량 증대방법 ─────────────────
>
> 석탄을 캐려면 곡괭이, 삽, 다이너마이트, 화차 등의 여러 가지 기계장비가 있어야 한다. 그러나 기계장비가 투입되더라도 광부가 땀 흘려 일하지 않으면 석탄을 캐내지 못한다. 따라서 이때에는 석탄을 많이 캐내기 위해서 기계를 더 많이 투입하는 것보다는 고용량을 늘리는 것이 필요하다. 즉 자본투입이 일정한 상태에서 노동투입량이 늘어남에 따라 생산량이 증가하게 되는 것이다.

2) **고정생산요소와 가변생산요소**

(1) **고정생산요소(fixed factor of production)**: 생산량의 변화와 상관없이 투입량이 고정된 생산요소로 일반적으로 단기에서 자본설비는 고정생산요소가 된다.

(2) **가변생산요소(variable factor of production)**: 생산량의 변화에 따라 함께 투입량이 변하는 생산요소로 원료나 노동과 같은 것이 이에 해당한다.

> ─ 고정요소와 가변요소 ─────────────────────────
>
> 생산요소는 실로 다양하게 분류할 수 있다. 그런데 많은 문헌에서 노동과 자본의 두 가지 생산요소만을 다루는 것은 ⅰ) 그림으로 설명이 가능하며, ⅱ) 장기와 단기를 구분하기 위한 가장 간단한 도구이기 때문이다. 즉 노동이라는 생산요소는 말 그대로 노동을 표현하기도 하지만 더욱 중요한 것은 가변요소를 표현하는 수단이라고 이해하는 것이 더 타당하다. 마찬가지로 자본은 고정요소를 총체적으로 표현하는 대리변수라고 간주할 수 있다. 여기서 가변요소는 비교적 단기간에 투입요소의 양을 조절할 수 있는 생산요소를 일컫는다. 가변요소와 고정요소라는 정의 자체가 장기와 단기를 구별하기 위한 필요성에서 나왔다는 점에 유의해야 할 것이다.

② 생산의 3단계

1) 생산의 3단계의 의의

(1) 단기에서 생산의 3단계는 다음 그래프와 같이 구분된다.

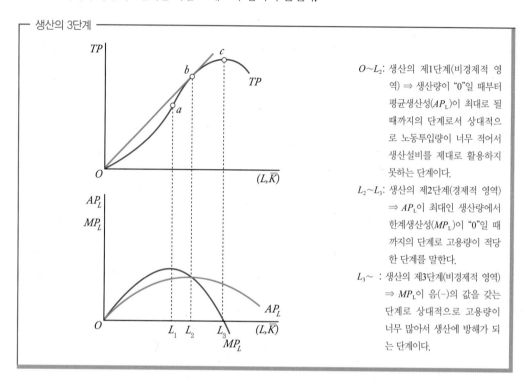

생산의 3단계

$O \sim L_2$: 생산의 제1단계(비경제적 영역) ⇒ 생산량이 "0"일 때부터 평균생산성(AP_L)이 최대로 될 때까지의 단계로서 상대적으로 노동투입량이 너무 적어서 생산설비를 제대로 활용하지 못하는 단계이다.

$L_2 \sim L_3$: 생산의 제2단계(경제적 영역) ⇒ AP_L이 최대인 생산량에서 한계생산성(MP_L)이 "0"일 때까지의 단계로 고용량이 적당한 단계를 말한다.

$L_3 \sim$: 생산의 제3단계(비경제적 영역) ⇒ MP_L이 음(−)의 값을 갖는 단계로 상대적으로 고용량이 너무 많아서 생산에 방해가 되는 단계이다.

(2) 특히 단기의 생산이론에서 기업의 균형이 존재하여 공급곡선이 도출되는 영역은 이른바 "수확 체감의 법칙(law of diminishing returns)"이 작용하는 제2단계이며 이를 경제적 영역이라고도 한다.

2) 각 단계별 내용

(1) **생산의 1단계**

① 생산량이 "0"일 때부터 평균생산성(AP_L)이 최대로 될 때까지의 단계로서 상대적으로 노동 투입량이 너무 적어서 생산설비를 제대로 활용하지 못하는 단계이다.

② a점에서 추가적으로 1단위의 노동을 투입하면 이때 총생산함수의 접선의 기울기가 가장 크게 되고 이에 따라 노동의 한계생산성(MP_L)은 최대가 된다.

③ b점은 원점으로부터 그은 직선이 총생산함수와 접하는 점으로서 평균생산성(AP_L)이 가장 크며, 또한 한계생산성과 평균생산성이 일치하게 된다.

(2) **생산의 2단계**

① AP_L이 최대인 생산량에서 한계생산성(MP_L)이 "0"일 때까지의 단계로 고용량이 적당한 단계를 말한다.

② 노동을 계속해서 추가적으로 투입하면 총생산량(TP)은 증가하지만 노동의 한계생산성(MP_L)이 하락함에 따라 그 증가율은 체감하게 된다.

③ c점에서 노동의 한계생산성(MP_L)은 "0"이 되고 총생산량(TP)은 최대가 된다.

(3) 생산의 3단계

① MP_L이 음(-)의 값을 갖는 단계로 상대적으로 고용량이 너무 많아서 생산에 방해가 되는 단계이다.

② 노동을 추가적으로 투입하면 총생산량은 오히려 감소하게 된다.

(4) 결론

① 만약 MP_L이 AP_L보다 크면 AP_L은 증가하게 된다($MP_L > AP_L \Rightarrow AP_L\uparrow$).

② 만약 MP_L이 AP_L보다 작으면 AP_L은 감소하게 된다($MP_L < AP_L \Rightarrow AP_L\downarrow$).

③ 만약 MP_L이 AP_L과 같으면 AP_L는 증가도 감소도 하지 않는 정지 상태에 있게 된다.
이때 AP_L은 최대가 된다($MP_L = AP_L \Rightarrow AP_L$은 최대).

3) 평균생산성과 한계생산성과의 관계

(1) AP_L곡선이 상승할 때는 MP_L곡선은 AP_L곡선 위에 있고, AP_L곡선이 하강할 때는 MP_L곡선은 AP_L곡선 아래에 위치 ⇒ AP_L곡선의 극대점에서 MP_L곡선과 AP_L곡선은 교차한다.

> 평균과 한계와의 관계
>
> 한계가 평균보다 크면 평균이 증가하고 한계가 평균보다 작으면 평균이 작아지는 것은 항상 성립하는 명제이다. 예컨대 학급의 평균키가 170㎝인데 이보다 큰 171㎝의 새로운 학생이 전학을 오면 평균은 170㎝보다 커지고 반대로 170㎝보다 작은 학생이 전학을 오면 평균은 170㎝보다 작게 되는 것이다.

(2) TP곡선이 상승할 때는 MP_L은 양(+)의 값으로 체증하다가 체감하고, TP곡선이 하락할 때는 MP_L은 음(-)의 값을 갖는다.
⇒ TP의 극대점에서 MP_L은 "0"이다.

4) 수확 체감의 법칙(law of diminishing returns)

(1) **의미**: 주어진 자본량(K) 수준에서 노동(L)을 계속 증가시킬 때 처음에는 노동의 한계생산물이 증가할 수도 있지만 결국 어느 수준을 넘으면 노동의 한계생산물(MP_L)이 감소한다는 것을 말한다.

(2) **특징**: 수확 체감의 법칙은 몇 개의 생산요소 가운데 나머지는 일정하게 고정하고, 특정 생산요소 특히 노동만의 투입을 증가시킬 수 있는 단기에서 나타나는 현상이다.

> 가변비례의 법칙(law of variable proportion)
>
> 일반적으로 수확 체감의 법칙 또는 한계생산물 체감의 법칙이라고 하지만 엄밀하게 말하면 '궁극적'이란 수식이 필요하다. 왜냐하면 생산의 제1단계에서는 수확 체증의 법칙이 작용되고 있기도 하기 때문이다.
> 가변비례의 법칙이란 처음에는 수확 체증의 법칙이 성립하고 나중에는 수확 체감의 법칙이 성립하는 등 생산요소의 비율이 변함에 따라 한계생산물이 변한다는 것을 말한다.

(3) 수리적 설명(기술수준과 자본투입량 불변 가정)

자본(K) 투입량	노동(L) 투입량	산출량(Q)	노동 증가분(ΔL)	산출량 증가분 (ΔQ)=MP_L	1인당 산출량($\frac{Q}{L}$: AP_L)
1	0	0	–	–	–
1	1	10	1	10	10
1	2	40	1	30	20
1	3	80	1	40	26.7
1	4	115	1	35	28.75
1	5	145	1	30	29
1	6	170	1	25	28.3
1	7	190	1	20	27.1
1	8	205	1	15	25.6

① 이론적 근거 : 고정생산요소(자본)와 가변생산요소(노동)의 최적 결합비율이 존재한다.

② 생산 초기에 발생하는 노동 투입의 증가는 최적 결합비율에 도달하기 위한 것이지만, 노동 투입이 일정 수준을 지나서 그 이상 계속 증가하게 되면 오히려 이전에 도달했던 최적 결합비율로부터 점점 멀어지는 결과가 나타나게 되는 것이다.

③ 극단적인 경우 어느 순간부터는 노동이 너무 많이 투입되어 생산 활동에 서로 방해가 되면서 생산량 자체가 이전보다 감소할 수도 있게 된다.

기출확인

〈그림〉은 다른 생산 요소의 투입을 고정시키고 노동의 투입을 증가시켜 갈 때의 총생산량의 변화를 나타낸 것이다. A점에서 총생산량 곡선의 접선이 원점 O를 통과할 때, A점에 대한 설명으로 옳은 것은?

[1996]

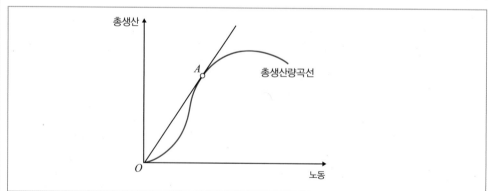

① 총생산량이 최대이다.
② 한계 생산이 최대이다.
③ 한계 생산이 최저이다.
④ 평균 생산이 최대이다.

> **분석하기**
> 원점에서 총생산량 곡선 상의 한 점까지 그은 직선의 기울기는 노동의 평균생산($AP_L = \dfrac{Q}{L}$)이다. 이러한 노동의 평균생산은 원점에서 그은 직선이 총생산량 곡선과 접하는 경우 가장 큰 값을 갖게 된다. 따라서 그림의 점 A에서 노동의 평균생산은 최대가 된다. 참고로 총생산량이 극대가 되는 것은 총생산량 곡선 상의 접선 기울기인 한계생산($MP_L = \dfrac{dQ}{dL}$)이 '0'이 되는 수준이다.

정답 ④

개념 플러스⁺ AP_L 및 MP_L과 MP_K

시장이 완전경쟁 상태에 있으면 오일러의 정리(Euler's theorem) 다음의 등식들이 성립한다.
1) 총생산량(TP)=노동에 의한 생산량(Q_L) + 자본에 의한 생산량(Q_K)
2) 노동에 의한 생산량(Q_L) = $MP_L \times L$
3) 자본에 의한 생산량(Q_K) = $MP_K \times K$
위의 등식들에 의해 다음 등식이 도출된다.

$$TP = MP_L \times L + MP_K \times K$$

위 식의 양변을 L로 나누면 다음 등식을 얻을 수 있다.

$$\frac{TP}{L} = MP_L + MP_K \times \frac{K}{L}$$

위 식에서 $\dfrac{TP}{L}$ 는 AP_L과 같으므로 MP_L을 좌변으로 이항하여 정리하면 다음 등식이 성립한다.

$$AP_L - MP_L = MP_K \times \frac{K}{L}$$

이때 요소투입량인 L과 K의 값은 항상 (+)이므로 $\dfrac{K}{L}$ 이 값도 항상 (+)의 값을 갖는다.

결국 AP_L 및 MP_L 과 MP_K 와의 관계는 다음과 같이 성립한다.

> 1. $AP_L = MP_L$ 이면 $MP_K = 0$
> 2. $AP_L < MP_L$ 이면 $MP_K < 0$
> 3. $AP_L > MP_L$ 이면 $MP_K > 0$

Theme 18 장기생산함수

❶ 장기생산함수의 의의

1) 의미: 모든 생산요소의 투입량이 변화할 수 있는 생산 기간에서의 생산함수를 말한다.

$$Q = f(L, K)$$

여기서 Q는 생산량, L은 노동 투입량, K는 자본 투입량

2) 등량곡선(isoquant curve)

(1) 의미: 동일한 양의 생산물을 생산할 수 있는, 노동과 자본의 두 생산요소의 무수한 결합의 궤적 (등생산량 곡선) ⇒ 소비자 선택이론에서의 무차별곡선에 대응하는 개념이다.

생산요소 배합	A	B	C	D
노동(L)	1	2	3	6
자본(K)	6	3	2	1

(2) 등량곡선의 특징

① 원점에서 멀면 멀수록 등량곡선이 표시하는 생산량은 많게 된다. 여기서의 수량은 기수적 수량이다.

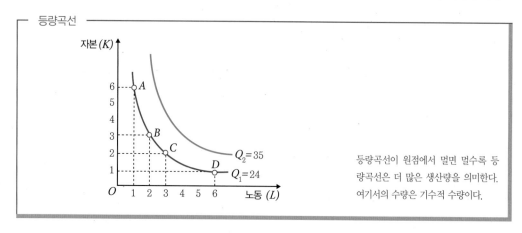

등량곡선

등량곡선이 원점에서 멀면 멀수록 등량곡선은 더 많은 생산량을 의미한다. 여기서의 수량은 기수적 수량이다.

② 등량곡선은 서로 교차할 수 없다.

③ 등량곡선은 우하향 ⇒ 두 재화의 연속적 대체가 가능하다는 것을 의미 ⇒ 이러한 의미에서 '신고전학파 생산함수'라고도 한다.

④ 등량곡선은 원점에 대하여 볼록한 형태 ⇒ 왜냐하면 기술적 한계대체율이 체감하기 때문이다.

(3) 기술적 한계대체율(Marginal Rate of Technical Substitution, MRTS)

① 의미: 동일한 생산수준을 유지하면서 노동을 추가로 한 단위 더 투입할 때 포기해야 되는 자본량을 말한다.

$$MRTS_{LK} = -\frac{\Delta K}{\Delta L} = \frac{MP_L}{MP_K}$$

② 기술적 한계대체율은 등량곡선의 접선의 기울기를 의미한다.

③ 기술적 한계대체율은 어느 한 생산요소를 다른 생산요소로 대체하는 것이 점점 더 어려워지기 때문에 체감하게 된다. ⇒ 등량곡선이 원점에 대해서 볼록한 형태를 갖는 이유가 이 때문이다.

Q&A

A기업의 생산함수가 $Q = 10L^{0.5}K^{0.5}$으로 주어져 있다고 하자. $L = 3$, $K = 15$일 때의 기술적 한계대체율($MRTS_{LK}$)은 얼마인가?

Solution

주어진 생산함수를 L과 K로 각각 미분하면 MP_L과 MP_K를 구할 수 있다.

1) $MP_L = 5L^{-0.5}K^{0.5}$
2) $MP_K = 5L^{0.5}K^{-0.5}$

$MRTS_{LK} = -\frac{\Delta K}{\Delta L} = \frac{MP_L}{MP_K}$ 이므로 $MRTS_{LK} = \frac{5L^{-0.5}K^{0.5}}{5L^{0.5}K^{-0.5}} = \frac{K}{L} = 5$가 된다.

확인 TEST

한계기술대체율($MRTS_{LK}$)이 체감한다는 것은?

① 기술이 노동과 자본을 대체하는 것이 점점 어려워진다는 것을 의미한다.
② 기술이 노동과 자본을 대체하는 것이 점점 쉬워진다는 것을 의미한다.
③ 임금이 자본 임대료보다 높음을 의미한다.
④ 자본 임대료가 임금보다 높음을 의미한다.

해설 • 한계기술대체율 체감의 법칙은 생산과정에서 생산요소 사이에 대체성이 불완전하여, 갈수록 대체가 어려워진다는 것을 의미한다.
• 예컨대 한계기술대체율$\left(MRTS_{LK} = -\frac{\Delta K}{\Delta L}\right)$이 '3 → 2 → 1'로 체감하게 되면, 그 역수인 '$-\frac{\Delta K}{\Delta L}$'은 '$\frac{1}{3} \rightarrow \frac{1}{2} \rightarrow 1$'로 체증한다는 것을 의미한다. 이것은 곧 동일한 자본량을 대체하기 위해 필요한 노동량이 더 많다는 것을 의미한다. 이러한 현상이 나타나는 이유는 노동 투입량이 증가하면 할수록 생산요소로서 노동이 갖는 기술적 중요도가 점점 약화되기 때문이다.

정답 ▶ ①

사례 연구   한계생산과 기술적 한계대체율

◈ 생산함수가 다음과 같이 주어져 있다.

$$Q = L^2 K^2$$

한계생산(MP)이 체증하는 것과 기술적 한계대체율($MRTS_{LK}$)이 체감하는 것은 양립할 수 있는가?

⇒ 한계생산(MP)은 다른 생산요소 투입량이 고정된 상태에서 한 생산요소만의 투입을 증가시키는 경우 정의되는 개념이다. 이제 주어진 생산함수를 전제로 각 생산요소의 한계생산(MP)을 구하여 체증 여부를 검토해보면 다음과 같다.

- $MP_L = \dfrac{dQ}{dL} = 2LK^2 \Rightarrow$ 자본(K) 투입량을 고정시킨 상태에서 노동(L) 투입을 증가시키면 노동의 한계생산(MP_L)은 계속 체증한다.
- $MP_K = \dfrac{dQ}{dK} = 2L^2K \Rightarrow$ 노동(L) 투입량을 고정시킨 상태에서 자본(K) 투입을 증가시키면 자본의 한계생산(MP_K)은 계속 체증한다.

- 한편 기술적 한계대체율($MRTS_{LK}$)은 다음과 같이 도출된다.

$$MRTS_{LK} = \frac{MP_L}{MP_K} = \frac{2LK^2}{2L^2K} = \frac{K}{L}$$

- 그런데 기술적 한계대체율($MRTS_{LK}$)은 등량곡선을 따라 노동(L) 투입은 증가하고, 자본(K) 투입은 감소할 때 정의되는 개념이다. 따라서 기술적 한계대체율($MRTS_{LK}$)은 지속적을 체감하는 모습을 보인다.
- 결국 한계생산(MP)의 체증과 기술적 한계대체율($MRTS_{LK}$)의 체감은 특정한 생산함수를 전제로 서로 양립할 수 있음을 보여 준다.

❷ 특수한 형태의 등량곡선

1) 레온티에프 생산함수(Leontief production function)

(1) **의미**: 어떤 생산량을 생산하는 데 생산요소 간에 대체가 전혀 이루어지지 않고 생산요소의 결합 비율이 항상 고정되어 있는 생산함수 ⇒ 고정투입비율(fixed input ratio) 생산함수

(2) 생산함수 형태

$$Q = \min\left[\frac{L}{\alpha}, \frac{K}{\beta}\right]$$ 여기서 α와 β는 상수이다.

(3) 그래프

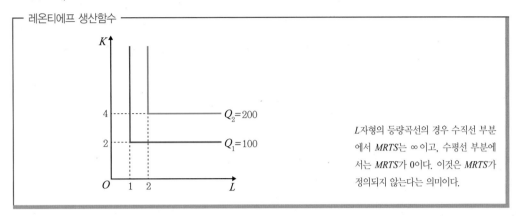

┌─ 레온티에프 생산함수 ───

L자형의 등량곡선의 경우 수직선 부분에서 $MRTS$는 ∞이고, 수평선 부분에서는 $MRTS$가 0이다. 이것은 $MRTS$가 정의되지 않는다는 의미이다.

L자형 등량곡선의 경우 수직선 부분에서 $MRTS$는 ∞이고, 수평선 부분에서는 $MRTS$가 0이다.
엄밀히 말하면 노동(L)과 자본(K)의 대체가 불가능하므로 $MRTS$는 정의되지 않는다.

2) 요소 간 완전대체의 생산함수

(1) 의미: 어떤 생산량을 생산하는 데 생산요소 간에 대체가 완전한 생산함수이다.

(2) 생산함수 형태

$$Q = \alpha L + \beta K$$

여기서 α와 β는 상수이다.

(3) 그래프

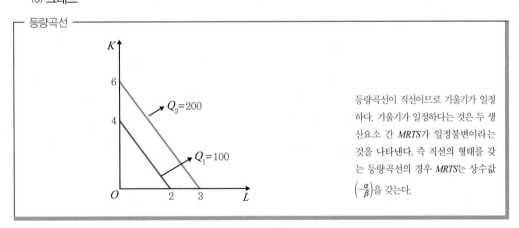

┌─ 등량곡선 ───

등량곡선이 직선이므로 기울기가 일정하다. 기울기가 일정하다는 것은 두 생산요소 간 $MRTS$가 일정불변이라는 것을 나타낸다. 즉 직선의 형태를 갖는 등량곡선의 경우 $MRTS$는 상수값 $\left(-\frac{\alpha}{\beta}\right)$을 갖는다.

Theme
19 등비용선

❶ 등비용선(iso-cost line)의 의의

1) 개념

(1) 노동과 자본만이 생산요소라고 하면 장기에서는 자본도 노동처럼 생산량에 따라 투입량을 조정할 수 있다.

(2) 이러한 장기에서 일정한 총비용(TC)을 가지고 주어진 자본(K)의 가격(r)과 노동(L)의 가격(w) 아래에서 구입할 수 있는 자본과 노동의 무수한 배합점들을 연결한 직선을 등비용선이라고 한다.

2) 기본방정식

$$TC_0 = wL + rK$$

3) 도해적 설명

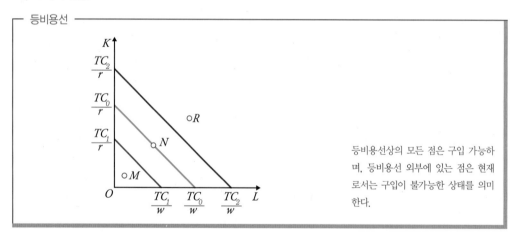

등비용선

등비용선상의 모든 점은 구입 가능하며, 등비용선 외부에 있는 점은 현재로서는 구입이 불가능한 상태를 의미한다.

① R: TC_2의 비용을 초과하여 실현 불가능하다.

② M: 총비용이 TC_1보다 작은 점을 의미한다.

③ N: TC_0를 모두 지출하는 생산요소의 배합을 의미한다.

② 등비용선의 이동

총비용이 변화하고 두 요소의 가격은 일정한 경우	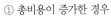 ① 총비용이 증가한 경우 ② 총비용이 감소한 경우 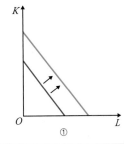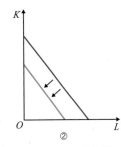
총비용은 일정하고 두 요소의 가격이 변화하는 경우	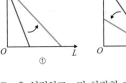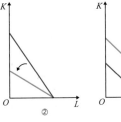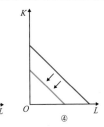 ① r은 일정하고 w만 하락한 경우 ② w는 일정하고 r만 상승하는 경우 ③ r, w가 하락했으나 상대가격은 불변인 경우 ④ r, w가 상승했으나 상대가격은 불변인 경우
총비용과 두 요소의 가격이 같은 방향으로 동일한 비율만큼 변화하는 경우	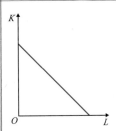

생산자 균형

① 생산자 균형의 의의

1) **의미**: 노동과 자본의 투입량이 모두 변하는 장기에서, 생산요소의 가격(임금과 이자)이 고정되었을 때
주어진 총비용으로 최대한의 생산량을 얻을 수 있는 상태를 말한다.

2) **도해적 설명**

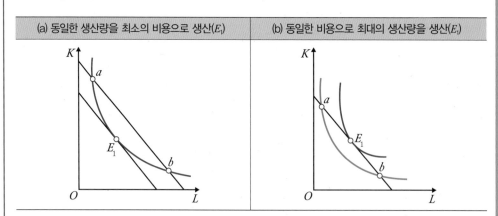

┌─ 생산자 균형의 달성 ─

| (a) 동일한 생산량을 최소의 비용으로 생산(E_1) | (b) 동일한 비용으로 최대의 생산량을 생산(E_1) |

(a) 동일한 생산량을 얻을 수 있다면 이를 위해서는 최소의 비용을 통해서 달성하는 것이 합리적이다.
(b) 동일한 비용을 지출한다면 이를 통해 최대한 생산량을 얻는 것이 합리적이다.

a	E_1	b
$\dfrac{MP_L}{MP_K} > \dfrac{w}{r}$	$\dfrac{MP_L}{MP_K} = \dfrac{w}{r}$	$\dfrac{MP_L}{MP_K} < \dfrac{w}{r}$
$\dfrac{MP_L}{w} > \dfrac{MP_K}{r}$ 이므로 비용 1단위당 노동의 기여도가 상대적으로 더 크다 ⇨ 노동 추가 고용	균형 (노동과 자본의 상대적 기여도 동일)	$\dfrac{MP_L}{w} < \dfrac{MP_K}{r}$ 이므로 비용 1단위당 자본의 기여도가 상대적으로 더 크다 ⇨ 자본 추가 고용

(1) 등량곡선과 등비용선이 접하는 수준에서 균형을 이룬다.

(2) 등량곡선의 기울기인 기술적 한계대체율($MRTS_{LK}$)과 등비용선의 기울기인 요소 간 상대가격(w/r)
이 일치하는 수준에서 균형을 이룬다.

$$MRTS_{LK} = \frac{w}{r} = \frac{MP_L}{MP_K}$$

Q&A

이윤극대화를 추구하는 어느 기업은 두 생산요소 K와 L을 고용하여 생산활동을 하고 있다. K와 L의 단위가격은 각각 5만 원과 6만 원이며, 현재 생산요소 L의 한계생산성을 생산요소 K의 한계생산성으로 나눈 비율은 1이라고 한다. 이 기업은 어떻게 행동해야 하는가?

Solution

생산자 균형은 $\left(MRTS_{LK} = \frac{\omega}{\gamma}\right)$이다. 한계기술대체율$\left(MRTS_{LK} = \frac{MP_L}{MP_K} = 1\right)$이 생산요소의 상대가격$\left(\frac{P_L}{P_K} = \frac{6}{5} = 1.2\right)$보다 작기 때문에 자본의 투입을 증가시키고 노동의 투입을 감소시키는 경우 생산이 증가할 수 있다.

2 기술적 효율과 경제적 효율

1) 기술적 효율(technical efficiency)

(1) 투입된 일정한 양의 생산요소들로부터 주어진 기술을 사용하여 최대의 생산량을 산출하는 것을 말한다.

(2) 등량곡선 위의 모든 점들은 기술적 효율이 있는 생산방법들이다. 즉 주어진 기술수준에서 기술적 효율을 만족하는 생산방법은 무수히 많이 존재한다.

(3) 기술적 효율은 기술적 측면만 고려하므로 비용과 가격은 전혀 고려하지 않는다.

2) 경제적 효율(economic efficiency): 기술적 효율이 있으면서도 비용을 최소로 하는 것을 말한다.

3) 양자의 관계

(1) 기술적 효율은 경제적 효율의 필요조건이고, 경제적 효율은 기술적 효율의 충분조건이다.

(2) 어떤 등량곡선상의 모든 점은 기술적 효율이 있으나, 경제적 효율이 있는 점은 등비용선과 접하는 생산자 균형점뿐이다.

여러 가지의 생산함수

① 콥-더글라스 생산함수(Cobb-Douglas production function)

1) 기본식

$$Q = AL^{\alpha}K^{\beta} \ (\alpha + \beta = 1)$$

여기서, A, α 및 β는 생산기술에 의하여 결정되는 상수이며, A는 기술의 효율성, Q는 생산량, K는 자본 투입량, L은 노동 투입량이다.

2) 특성

(1) 가장 대표적인 1차 동차 생산함수이다.

┌─ 증명 ─

$C-D$ 생산함수 $Q = AL^{\alpha}K^{\beta} \ (\alpha + \beta = 1)$에 L과 K 대신에 tL과 tK를 대입했을 때 Q 대신에 t^1Q가 생산되는가를 보이면 된다.

$A(tL)^{\alpha}(tK)^{\beta} = t^{\alpha}t^{\beta}AL^{\alpha}K^{\beta} = t^{\alpha+\beta}AL^{\alpha}K^{\beta}$ 가 성립한다.

이 때 $a + \beta = 1$이므로 $t^{\alpha+\beta}AL^{\alpha}K^{\beta} = tAL^{\alpha}K^{\beta} = t^1Q$

┌─ 1차 동차 생산함수와 한계생산물 ─

1. 생산요소가 하나인 경우

   $Q = 5L$에서 $\dfrac{dQ}{dL} = 5$, 따라서 한계생산물은 일정하다.

2. 생산요소가 둘인 경우

   1) 요소 간 대체성이 완전한 경우

   $Q = 5L + 2K$에서 $\dfrac{dQ}{dL} = 5$, $\dfrac{dQ}{dK} = 2$, 따라서 한계생산물은 일정하다.

   2) 요소 간 대체성이 전혀 없는 경우

   $Q = \min[\dfrac{L}{5}, \dfrac{K}{2}]$에서 $\dfrac{dQ}{dL} = 0$, $\dfrac{dQ}{dK} = 0$, 따라서 한계생산물은 0이다.

Q&A

노동을 L단위, 자본을 K단위만큼 투입하여 자동차 부품을 생산하는 어떤 기업의 생산함수는 $Q = aL^b K^c$와 같으며, 다음의 두 조건 (A)와 (B)를 만족한다. 다음의 조건들과 합치되는 상수 (a, b, c)의 값은?

(A) 이 생산함수는 1차 동차 함수이다.
(B) $(L = 1, K = 1)$에서 노동의 한계생산성은 1/6, 자본의 한계생산성은 1/3이다.

Solution

1차 동차 함수이므로 $b + c = 1$ ······①
$MP_L = abL^{b-1}K^C$, $MP_K = acL^b K^{c-1}$
$L = 1$, $K = 1$이므로 $MP_L = ab$······②, $MP_K = ac$······③
①, ②, ③을 연립해서 풀면 $a = \dfrac{1}{2}$, $b = \dfrac{1}{3}$, $c = \dfrac{2}{3}$

(2) 단기적으로는 수확체감의 법칙이 나타난다.

증명

자본이 일정하고, 노동량을 t배 증가시킬 때 생산량은 t배보다 적게 증가함을 보이면 된다.
L 대신에 tL를 대입하면 $A(tL)^{\alpha}K^{\beta} = t^{\alpha}AL^{\alpha}K^{\beta} = t^{\alpha}Q$가 성립한다.
그런데 $\alpha+\beta=1$에서 $\alpha < 1$ 이므로 $t^{\alpha}Q < tQ$가 된다.

(3) 장기적으로 규모에 따른 수익이 불변한다.

증명

$$Q = AL^{\alpha}K^{1-\alpha}\text{에서 } A(kL)^{\alpha}(kK)^{1-\alpha} = AkL^{\alpha}K^{1-\alpha} = kQ$$

Q&A

다음의 생산함수 중 규모에 따른 수익이 불변인 것은?

ㄱ $Y = K + 4N$ ㄴ $Y = K^{0.5}N^{0.5}$ ㄷ $Y = K^2N^3$
($Y =$ 생산량, $K =$ 자본 투입량, $N =$ 노동 투입량)

Solution

규모에 따른 수익 불변은 1차 동차 생산함수의 경우이다. 1차 동차 생산함수는 생산요소를 k배 증가시키는 경우 산출량도 k배 증가한다. ㄷ은 5차 동차 생산함수이며 규모에 따른 수익이 체증하는 경우이다.
ㄱ $kK + 4kN = k(k+4N) = kY$
ㄴ $(kK)^{0.5}(kN)^{0.5} = k^{0.5} \cdot k^{0.5}K^{0.5}N^{0.5} = k \cdot Y$
ㄷ $(kK)^2 \cdot (kN)^3 = k^2 \cdot k^3 \cdot K^2 \cdot N^3 = k^5 Y$

(4) 시장형태가 완전경쟁시장인 경우 오일러의 정리(Euler's Theorem)가 성립한다.

① 오일러의 정리(Euler's Theorem)

$$Q = MP_L \cdot L + MP_K \cdot K = \frac{dQ}{dL} \cdot L + \frac{dQ}{dK} \cdot K$$

② 오일러의 정리의 내용: 오일러의 정리는 각 생산요소에게 각 생산요소의 한계생산성에 따라 지불하면 총 요소소득은 총생산량과 일치함을 말한다. 이에 따라 기업의 초과이윤은 0이다. 즉 기업은 정상이윤만 지급받는다.

(5) $MRTS_{LK}$는 자본(K) - 노동(L) 비율로 나타낼 수 있다.

$$MRTS_{LK} = \frac{MP_L}{MP_K} = \frac{\alpha AL^{\alpha-1}K^{\beta}}{\beta AL^{\alpha}K^{\beta-1}} = \frac{\alpha K}{\beta L}$$

따라서 자본(K)과 노동(L)이 동일하게 t배 증가해도 $MRTS_{LK}$는 일정하다.

3) 생산의 요소탄력성

(1) 의미

① 생산요소 투입량의 변화에 따라 산출량이 변화하는 정도를 측정하는 개념이다.

② 위 식에서 α는 생산의 노동탄력성을 의미하고, β는 생산의 자본탄력성을 의미한다.

- 생산의 노동탄력성 $= \dfrac{dQ/Q}{dL/L} = \alpha$
- 생산의 자본탄력성 $= \dfrac{dQ/Q}{dK/K} = \beta$

③ 예컨대 L만을 k배로 증가시키면 생산량은 αk배로 증가하고, K를 k배로 증가시키면 생산량은 βk배로 증가하게 되는 것이다.

┌─ 소득 분배율 ─

- 두 생산요소의 한계생산력에 따라 임금과 이자율이 결정되면 α는 노동의 분배율을, $\beta(=1-a)$는 자본의 분배율을 나타낸다.

  - $w = MP_L = \dfrac{dQ}{dL} = A\alpha L^{\alpha-1}K^{\beta} \Rightarrow \dfrac{wL}{Q} = \alpha AL^{\alpha}K^{\beta}/Q = \alpha Q/Q = \alpha$
  - $r = MP_K = \dfrac{dQ}{dK} = A\beta L^{\alpha}K^{\beta-1} \Rightarrow \dfrac{rK}{Q} = \beta AL^{\alpha}K^{\beta}/Q = \beta Q/Q = \beta$

- 노동소득분배율 : α
- 자본소득분배율 : β

(2) 내용 설명

① 예컨대 $Q = AL^{0.6}K^{0.7}$일 때, L만을 50% 증가시키면 Q는 30%(=50% × 0.6) 증가하고, K만을 50% 증가시키면 Q는 35%(=50% × 0.7) 증가한다.

② 만일 L과 K를 모두 k배로 증가시키면 $(\alpha + \beta) \cdot k$배만큼 Q가 증가한다.

---

k차 동차 생산함수

생산함수 $Q = F(L,\ K)$에서 노동과 자본을 각각 임의의 양수인 t배로 증가시킬 때, $t^k Q = F(tL,\ tK)$가 되면 이 생산함수를 k차 동차 생산함수라고 한다.

---

(3) 규모의 경제(economies of scale)와의 관계

① 규모의 경제(= 규모에 따른 수익증가): $\alpha + \beta > 1$인 경우 ⇒ 두 생산요소를 모두 k배로 증가시키면 $k^{(\alpha + \beta)}$배로 생산량이 증가하는데, $\alpha + \beta > 1$이므로 생산량은 k배 이상으로 증가하게 된다.

② 규모에 따른 수익 불변: $\alpha + \beta = 1$인 경우 ⇒ 두 생산요소의 투입이 k배로 증가하면 생산량도 k배로 증가한다.

③ 규모의 불경제(= 규모에 따른 수익체감): $\alpha + \beta < 1$인 경우 ⇒ 두 생산요소의 투입량을 k배로 증가시키면 생산량은 k배 미만으로 밖에는 증가하지 않는다.

확인 TEST

A기업의 생산함수가 다음과 같다. 이에 관한 다음 설명 중 가장 타당한 것은?

- $Q = 10K^{0.6}L^{0.4}$
- 여기서, Q는 생산량, L은 노동량, K는 자본량이다.

① 단기에 규모에 대한 수익 불변의 특성을 갖는다.
② 노동투입량과 자본 투입량이 모두 2배로 증가하면 기술적 한계대체율($MRTS_{LK}$)도 2배가 된다.
③ 각 생산요소의 평균생산력을 기준으로 분배할 때 자본소득 분배율은 0.6이다.
④ 자본투입량과 노동투입량이 모두 2배가 되더라도 노동의 한계생산물은 불변이다.

해설 ▶ 노동의 한계생산물은 다음과 같이 도출된다.

$$MP_L = \frac{dQ}{dL} = 0.4 \times 10K^{0.6}L^{-0.6} = 4\left(\frac{K}{L}\right)^{0.6}$$

이때 자본과 노동투입량이 2배가 될 때 노동의 한계생산물은 다음과 같다.

$$MP_L = 4\left(\frac{2K}{2L}\right)^{0.6} = 4\left(\frac{K}{L}\right)^{0.6}$$

따라서 자본투입량과 노동투입량이 모두 2배가 되더라도 노동의 한계생산물은 불변이다.

① 주어진 생산함수는 1차 동차인 콥-더글라스 생산함수이다. 따라서 단기에는 수확체감의 법칙, 장기에는 규모에 대한 보수 불변의 특성을 갖는다.
② 기술적 한계대체율($MRTS_{LK}$)은 다음과 같이 도출된다.

- $MRTS_{LK} = \dfrac{MP_L}{MP_K} = \dfrac{0.4 \times 10K^{0.6}L^{-0.6}}{0.6 \times 10K^{-0.4}L^{0.4}} = \dfrac{2}{3} \times \dfrac{K}{L}$

이때 노동과 자본의 투입량이 2배 증가할 때 기술적 한계대체율은 다음과 같다.

- $MRTS_{LK} = \dfrac{2}{3} \times \dfrac{2K}{2L} = \dfrac{2}{3} \times \dfrac{K}{L}$

따라서 노동과 자본의 투입량이 모두 2배가 되더라도 기술적 한계대체율은 불변이다.
③ 주어진 생산함수가 1차 동차 생산함수이므로 각 생산요소의 한계생산력을 기준으로 분배하면 오일러의 정리가 성립하고, 이때의 자본소득 분배율과 노동소득 분배율은 각각 생산함수 상의 자본과 노동의 지수 값인 0.6(=60%)과 0.4(=40%)이다.

 정답 ④

② 선형 생산함수

1) 의미: 생산요소 간에 완전한 대체관계가 있어 요소 간 대체탄력성이 '∞'인 생산함수

2) 기본방정식

$Q = aL + bK$ (단, 여기서 a와 b는 상수)

3) 특징

(1) 생산요소 간의 대체가 완전하다.
(2) 산출량은 두 생산요소 투입량에 따라 결정된다.
(3) 등량곡선은 우하향하는 직선이다.

③ 고정요소투입비율 생산함수

1) 의미: 생산요소 간에 완전한 보완관계가 있어 요소 간 투입비율이 일정한 생산함수, 즉 요소 간의 대체탄력성이 "0"인 생산함수

2) 기본방정식

$Q = min\left[\dfrac{L}{a}, \dfrac{K}{b}\right]$
(단, 여기서 a는 노동계수, b는 자본계수를 의미한다.)

(1) $a=2$이고, $b=3$이라고 가정하자.

(2) 노동을 10($L=10$)만큼 투입하고, 자본을 12($K=12$)만큼 투입하면 생산량은

$$Q = \min[\frac{10}{2}, \frac{12}{3}] = 4만큼\ 생산된다. \ \{\because \frac{10}{2} = 5 > \frac{12}{3} = 4\}$$

3) 특징

(1) 생산요소 간의 대체가 불가능하다.

(2) 산출량은 두 생산요소 중 적은 투입량에 따라 결정된다.

(3) 자본–노동 투입비율이 일정하다.

(4) 등량곡선은 L자형이다.

확인 TEST

총 노동량과 총 자본량이 각각 12단위인 경제를 가정하자. 완전 보완관계인 노동 1단위와 자본 2단위를 투입하여 X재 한 개를 생산하며, 완전 대체관계인 노동 1단위 혹은 자본 1단위를 투입하여 Y재 한 개를 생산한다. 이 경우 X재 생산량이 6일 때, 생산의 파레토 최적 달성을 위한 Y재 생산량은?

① 8　　　　　② 6　　　　　③ 4　　　　　④ 3

해설
- X재는 완전 보완관계인 노동 1단위와 자본 2단위를 투입해서 생산되므로 X재 생산함수는 다음과 같은 'Leontief 생산함수' 형식으로 나타낼 수 있다.

$$Q_X = \min[\frac{L}{1}, \frac{K}{2}]$$

- 노동과 자본이 완전보완 관계에 있어 항상 '1:2'의 비율로 결합되어 생산과정에 투입되는 경우 X재를 최적으로 생산하기 위한 조건은 다음과 같다.

$$Q_X = \frac{L}{1} = \frac{K}{2}$$

- 문제에서 주어진 X재 생산량이 6이므로 X재 최적 생산을 위해 필요한 노동과 자본 투입량은 다음과 같이 도출된다.

$$6 = \frac{L}{1} = \frac{K}{2} \Rightarrow L = 6, K = 12$$

- 경제 전체의 생산요소가 '$L=12$' 단위와 '$K=12$' 단위였으므로, 이제 Y재 생산에 투입할 수 있는 생산요소는 남아 있는 '$L=6$' 단위뿐이다.
- Y재는 완전대체관계인 노동 1단위 혹은 자본 1단위를 투입해서 생산되므로 Y재 생산함수는 다음과 같이 '선형 생산함수' 형태로 나타낼 수 있다.

$$Q_Y = L + K$$

- 이제 남은 생산요소인 '$L=6$' 단위와 '$K=0$' 단위를 앞의 생산함수에 대입하면 Y재 생산량은 '$Q_Y = 6 + 0 = 6$'이 된다.

정답 ②

Theme 22 규모에 대한 보수와 기술 진보

① 규모에 대한 보수

1) 의미: 장기에 있어 모든 생산요소의 투입량이 같은 비율로 변화할 때의 산출량 변화의 정도

2) 유형: 생산함수가 $Q = A \times L^{\alpha} \times K^{\beta}$인 경우에 규모에 대한 보수의 세 가지 유형

(1) 규모에 대한 보수 불변(Constant Returns to Scale, CRS)

① 생산함수에서 $\alpha + \beta = 1$인 경우: 모든 생산요소의 투입량을 같은 비율로 증가시켰을 때 산출량도 같은 비율로 증가하는 것을 말한다.

② 도해적 설명

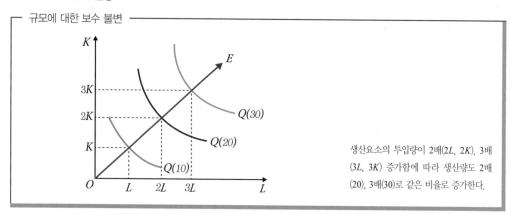

규모에 대한 보수 불변

생산요소의 투입량이 2배($2L$, $2K$), 3배($3L$, $3K$) 증가함에 따라 생산량도 2배(20), 3배(30)로 같은 비율로 증가한다.

(2) 규모에 대한 보수 체증(Increasing Returns to Scale, IRS)

① 생산함수에서 $\alpha + \beta > 1$인 경우: 모든 생산요소의 투입량을 같은 비율로 증가시켰을 때 산출량이 그 비율 이상으로 증가하는 것을 말한다.

② 그래프

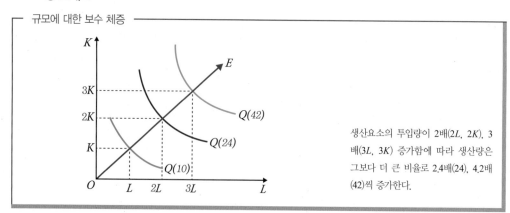

규모에 대한 보수 체증

생산요소의 투입량이 2배($2L$, $2K$), 3배($3L$, $3K$) 증가함에 따라 생산량은 그보다 더 큰 비율로 2.4배(24), 4.2배(42)씩 증가한다.

규모에 대한 보수 체증(규모의 경제)의 원인

1. 분업에 따른 전문화: 생산규모가 커지면 각각의 노동자가 특수 분야의 작업에만 전적으로 종사할 수 있게 되어 작업의 반복에 의해 숙련도를 높이고 이것이 작업의 효율성을 증대시킨다.
2. 경영상의 효율성: 탁월한 경영자는 몇 명의 노동자보다 수백 명의 직원들을 더 효율적으로 활용, 관리할 수 있다.
3. 금전상의 이득: 생산규모가 커져서 생산요소를 대량으로 구입하는 경우에는 대개 대량구매할인(volume discount)을 받을 수 있다. 따라서 생산규모가 커짐에 따라 생산기술이나 경영과는 무관한 금전상의 이득을 볼 수 있다.

---

(3) **규모에 대한 보수 체감(Decreasing Returns to Scale, DRS)**

① 생산함수에서 $\alpha + \beta < 1$인 경우: 모든 생산요소의 투입량을 같은 비율로 증가시켰을 때 그 산출량이 그 비율 이하로 증가하는 것을 말한다.

② 그래프

규모에 대한 보수 체감

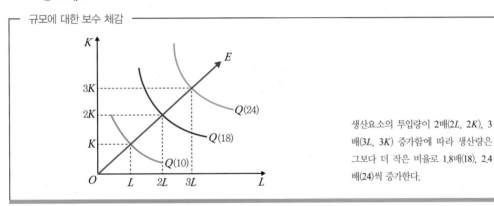

생산요소의 투입량이 2배($2L$, $2K$), 3배($3L$, $3K$) 증가함에 따라 생산량은 그보다 더 작은 비율로 1.8배(18), 2.4배(24)씩 증가한다.

---

3) **수확체감의 법칙과 규모에 대한 보수의 비교**

(1) **수확체감의 법칙**: 자본을 고정시킨 상태에서 노동량을 변화시킬 때, 생산량과 투입된 노동량과의 관계에 대한 법칙을 의미하는 단기적 현상

(2) **규모에 대한 보수**: 노동과 자본 모두를 변화시킬 때, 생산량과 투입된 노동량과의 관계에 대한 법칙을 의미하는 장기적 현상

수확체감의 법칙과 규모에 대한 보수

단기 생산함수	하나의 가변요소의 한계생산물	① 수확체감의 법칙 ② 수확체증의 법칙
장기 생산함수	모든 생산요소(규모)가 동일한 비율로 증가한 경우의 생산량 변동	③ 규모에 대한 보수 감소 ④ 규모에 대한 보수 불변 ⑤ 규모에 대한 보수 증가

※ ①과 ③, ④, ⑤가 양립할 수 있고, ②와 ⑤가 양립할 수 있다.

다음 표는 노동과 자본의 다양한 결합으로 얻을 수 있는 생산물의 양을 나타낸다(예를 들면 노동 1단위와 자본 1단위를 결합하여 생산물 100단위를 얻을 수 있다). 표에 나타난 생산함수에 대한 설명으로 가장 옳지 않은 것은?

자본량＼노동량	1	2	3
1	100	140	150
2	130	200	240
3	150	230	300

① 규모에 대한 수익불변(constant returns to scale)이 성립한다.
② 규모의 경제(economies of scale)가 성립한다.
③ 자본의 한계생산은 체감한다.
④ 노동의 한계생산은 체감한다.

해설

- 주어진 표에 따르면 하나의 생산요소 투입을 고정시킨 상태에서 나머지 생산요소 투입량을 증가시키면, 이에 따른 생산량의 증가분(＝한계생산)이 체감하고 있다(③, ④).
- 자본량과 노동량을 동일하게 '1 ⇒ 2 ⇒ 3'으로 증가시키면 생산량도 '100 ⇒ 200 ⇒ 300'으로 동일한 비율로 증가하고 있다. 이에 따라 '규모에 대한 수익 불변'이 성립한다(①).
- 생산량 증가에 따라 평균비용이 지속적으로 하락하는 '규모의 경제'는 자본량과 노동량의 투입비율보다 생산량의 증가비율이 더 크게 나타나는 '규모에 대한 수익 증가'인 경우에 나타나는 현상이다(②).

정답 ②

② 기술 진보(Technical progress)

1) **의미**: 동일한 산출량을 전보다 더 적은 생산요소를 사용하여 생산하게 하는 기술적 효율의 향상을 말한다.

(1) 단기생산함수가 상방이동하는 경우

(2) 생산가능곡선이 바깥으로 이동하는 경우

(3) 등량곡선이 안쪽으로 이동하는 경우

2) 유형: J. R. Hicks의 분류

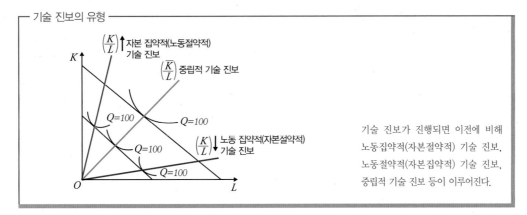

기술 진보가 진행되면 이전에 비해 노동집약적(자본절약적) 기술 진보, 노동절약적(자본집약적) 기술 진보, 중립적 기술 진보 등이 이루어진다.

(1) 중립적 기술 진보

① 노동과 자본의 투입비율이 동일하게 감소하는 기술 진보

② $\dfrac{MP_L}{P_L} = \dfrac{MP_K}{P_K}$ 가 성립하여 요소집약도 $\left(\dfrac{K}{L}\right)$는 불변

(2) 자본집약적 기술진보(노동절약적 기술 진보)

① 노동의 투입비율이 자본의 투입비율보다 더 크게 감소하는 기술 진보

② $\dfrac{MP_L}{P_L} < \dfrac{MP_K}{P_K}$ 가 되어 요소집약도 $\left(\dfrac{K}{L}\right)$는 증가

(3) 노동 집약적 기술진보(자본절약적 기술 진보)

① 자본의 투입비율이 노동의 투입비율보다 더 크게 감소하는 기술 진보

② $\dfrac{MP_L}{P_L} > \dfrac{MP_K}{P_K}$ 가 되어 요소집약도 $\left(\dfrac{K}{L}\right)$는 감소

제5장
생산비용이론

Theme 23 생산비용의 기초 이론

① 생산비의 의의

1) 개념: 일정 기간 동안 재화의 생산에 필요한 비용

2) 생산요소와의 관계: 생산에 투입된 생산요소들을 구입하기 위한 화폐비용 또는 화폐가치를 말한다.

② 생산비의 종류

1) 명시적 비용(explicit cost, 회계적 비용: accounting cost): 기업이 생산을 위하여 타인에게 실제로 지불한 비용 ⇒ 임금, 이자, 원자재 비용, 지대 등이 여기에 해당한다.

2) 암묵적 비용(implicit cost, 잠재적 비용, 귀속비용): 기업가 자신의 생산요소에 대한 기회비용 ⇒ 귀속임금, 귀속지대, 귀속이자 등이 여기에 해당한다.

정상이윤(nomal profit)이란?

정상이윤이란 기업가로 하여금 동일한 상품을 계속 생산하게 하는 유인으로서 충분할 정도의 이윤을 말한다. 기업가는 정상이윤이 기대되지 않으면 그 상품을 생산하지 않는다. 따라서 소비자가 그 상품을 계속 소비하려면 정상이윤만큼의 대가는 치러야 한다. 이러한 정상이윤은 극히 예외적인 경우를 제외하고는 암묵적 비용에 속한다. 한편 정상이윤을 "현재의 선택이 아닌 다른 선택을 하는 경우 얻을 수 있는 이윤의 크기"로 이해하는 것이 가장 일반적이다. 다만 이것을 비용으로 간주하는 것은 현재의 선택을 위해 포기한 대가인 기회비용이기 때문이다.

귀속비용이란?

예컨대 어떤 사람이 자신의 토지에 공장을 짓고 원료를 구매하여 상품을 생산하는 데 10억 원이 소요되었다면 명시적 비용은 10억이지만, 경제적 비용은 이보다 더 크게 계산된다. 왜냐하면 자기 토지 공장을 짓는 데 사용하려면 이를 다른 사람에게 임대해서 받을 수 있는 임대료 수입을 포기해야 하기 때문이다. 즉 잠재적 비용인 귀속임대료가 추가적으로 소요되는 것이다. 따라서 생산에 있어 생산자가 부담하는 경제적 비용은 명시적 비용에다가 잠재적 비용을 합해야 하는 것이다.

---

3) 경제적 비용(economic cost): 명시적 비용에 암묵적 비용을 포함한 것 ⇒ 생산비 이론에서 비용이란 경제적 비용을 의미한다.

┌─ 경제적 이윤 ───┐

  경제적 이윤 = 총수입−경제적 비용
           = 총수입−명시적 비용(회계적 비용)−암묵적 비용(+정상이윤)
           = 회계적 이윤−암묵적 비용(+정상이윤)

└──┘

 기회비용과 명시적 비용과의 관계는? ──────────────────────────

  명시적(회계적) 비용을 기회비용(경제적 비용)에 포함시키지 않는 경제 교과서들도 있다. 여기서 중요한 것은 기회비용에 무엇이 포함되는가가 아니다. 핵심은 경제주체들이 합리적 의사결정을 할 때 기준이 되는 비용은 명시적 비용이 아니라 기회비용이라는 점이다.

[기출확인]

지난해 ○○커피숍의 손익계산서가 다음과 같다고 가정한다. 이에 대해 옳게 추론한 것을 〈보기〉에서 모두 고르면?
[2009]

┌──┐
│ • 총수입: 10억 원   │
│ • 총비용: 귀속임금 1억 원   임금 3억 원   건물임대료 1억 원   │
│   귀속 건물임대료 5천만 원   이자 1억 원   재료비 1억 원   │
│   귀속 이자 5천만 원   홍보비 1억 5천만 원   정상이윤 5천만 원   │
└──┘

──────────────────〈 보 기 〉──────────────────

ⓐ 지난해 ○○커피숍이 거둔 경제적 이윤은 5천만 원이다.
ⓑ 지난해 ○○커피숍이 지출한 회계적 비용은 7억 5천만 원이다.
ⓒ 지난해 ○○커피숍의 경영에 따른 총기회비용의 크기는 10억 원이다.
ⓓ 연 10%의 이자율을 가정했을 경우, 지난해 ○○커피숍 사장이 차입한 자금의 규모는 10억원이다.
ⓔ 각 건물에는 단독 소유주만 존재한다고 가정했을 경우, 지난해 ○○커피숍 사장이 운영한 커피숍의 수는 한 개다.

① ㉠, ㉢   ② ㉡, ㉤   ③ ㉠, ㉡, ㉣   ④ ㉡, ㉢, ㉣   ⑤ ㉢, ㉣, ㉤

[분석하기]
주어진 조건에 따른 각각의 비용과 이윤을 구하면 다음과 같다.

┌──┐
│ • 회계적 비용=임금+건물임대료+이자+재료비+홍보비=7억 5천만 원   │
│ • 회계적 이윤=총수입−회계적 비용=2억 5천만 원   │
│ • 경제적 비용(총기회비용)=회계적 비용+암묵적 비용(+정상이윤)=10억 원   │
│ • 경제적 이윤=총수입−경제적 비용=0원   │
└──┘

• 한편 이자가 1억 원이므로 연 10%의 이자율이라면 차입한 자금의 규모는 10억 원이 되며, 타인의 건물을 빌린 대가인 건물임대료와 자신 소유의 건물을 사용한 대가인 귀속 건물임대료가 동시에 존재하므로 커피숍의 수는 최소한 두 개 이상이 됨을 주의한다.

[정답] ④

확인 TEST

전직 프로골퍼인 어떤 농부가 있다. 이 농부는 골프 레슨으로 시간당 3만 원을 벌 수 있다. 어느 날 이 농부가 15만 원어치 씨앗을 사서 10시간 파종하였는데 그 결과 30만 원의 수확을 올렸다면, 이 농부의 회계학적 이윤(또는 손실)과 경제적 이윤(또는 손실)은 각각 얼마인가?

① 회계학적 이윤 30만 원, 경제적 이윤 30만 원
② 회계학적 이윤 15만 원, 경제적 손실 15만 원
③ 회계학적 손실 15만 원, 경제적 손실 15만 원
④ 회계학적 손실 15만 원, 경제적 이윤 15만 원

 문제에서 주어진 조건에 따른 농부의 10시간 파종에 따른 기회비용(골프레슨을 했을 경우 벌 수 있었던 귀속임금=암묵적 비용)은 30만 원이고, 명시적 비용(씨앗 구입비용)은 15만 원 그리고 총수입(수확금액)은 30만 원이다.

이에 따라 이윤은 다음과 같이 도출된다.
- 회계적 이윤 = 총수입 − 명시적 비용 = 30 − 15 = 15(만 원)
- 경제적 이윤 = 총수입 − 명시적 비용 − 암묵적 비용 = 회계적 이윤 − 암묵적 비용 = 15 − 30 = −15(만 원)

정답 ②

기업은 이윤을 어떻게 이해하는가?

"우리는 시장에서 물건을 살 때 물건을 파는 사람들이 하는 '아휴! 이건 손해를 보면서 파는 거예요'라는 말을 종종 듣는다. 그런데 과연 그럴까? 세상 어떤 상인도 의도적으로 손해를 보려고 하지는 않을 것이다. 그러한 상인들의 말 속에는 어떤 수수께끼가 숨어 있을까?"

기업의 이윤은 일정 기간 동안 생산을 통해 얻은 총수입(가격판매량)에서 총생산비용을 뺀 것으로 측정된다. 그런데 여기서 총생산비용을 어떻게 이해하느냐에 따라 이윤의 의미가 달라진다. 일반적으로 생산비 이론에서 비용이란 명시적 비용과 암묵적 비용이 합쳐진 이른바 '경제적 비용'을 의미한다. 이에 따라 어떤 사람이 자신의 토지에 공장을 짓고 원료를 구매하여 상품을 생산하는 데 10억 원이 소요되었다면 명시적 비용은 10억이지만, 경제적 비용은 이보다 더 크게 계산된다. 왜냐하면 자기 토지를 공장을 짓는 데 사용하려면 이를 다른 사람에게 임대해서 받을 수 있는 임대료 수입을 포기해야 하기 때문이다. 즉 잠재적 비용인 귀속임대료가 추가적으로 소요되는 것이다. 따라서 생산에 있어 생산자가 부담하는 경제적 비용은 명시적 비용에다가 암묵적 비용을 포함시켜야 하는 것이다. 총수입이 이러한 경제적 비용을 넘는 부분을 '초과이윤'이라 부르며, 기업의 궁극적 목적은 초과이윤을 크게 하여 이윤 극대화를 달성하는 것이다.

그런데 기업은 이러한 암묵적 비용 속에 이른바 '정상이윤'을 포함시킨다. 정상이윤이란 기업가로 하여금 동일한 상품을 계속 생산하게 하는 유인으로서 충분할 정도의 이윤을 말한다. 기업가는 정상이윤이 기대되지 않으면 그 상품을 생산하려 들지 않는다. 따라서 소비자가 그 상품을 계속 소비하려면 정상이윤만큼의 대가는 치러야 한다. 따라서 이러한 정상이윤이 암묵적 비용에 이미 반영되어 있다면 총수입과 경제적 비용의 크기가 같아 기업이 비록 초과이윤을 얻지는 못하지만 반드시 생산을 가능하게 하는 정상이윤은 얻을 수 있는 것이다. 따라서 손해를 의도하지 않는 상인이 손해를 보면서 판다는 것은 정상이윤은 얻을 수 있지만 더 맘에 드는 초과이윤을 얻지 못한다는 불평 정도로 이해하고 지나가자!

Theme
24 단기비용함수

① 단기비용함수의 의의

1) 개념: 생산요소 중 일부(주로 자본)의 투입량은 고정이고, 일부 생산요소(주로 노동)의 투입량만이 생산량과 함께 변하는 단기에서 가장 효율적인 방법으로 생산할 때의 생산량(Q)과 비용(C) 간의 관계를 나타낸 함수를 말한다.

2) 기본함수

> $C = C(Q)$
>
> 여기서 C는 비용, Q는 생산량을 의미한다.
> $C = a + bQ + cQ^2 + dQ^3$, 여기서 a는 상수이다

② 유형

1) 총비용곡선(Total Cost, TC)

(1) **개념:** 고정생산요소의 구입에 따른 총고정비용(TFC)과 가변생산요소에 대한 비용인 총가변비용(TVC)을 합한 것을 말한다.

$$TC = TFC + TVC$$

(2) **총고정비용과 총가변비용**

① **총고정비용(Total Fixed Cost, TFC):** 생산수준과 관계없이 발생하는 비용을 말한다.
② **총가변비용(Total Variable Cost, TVC):** 생산수준에 따라 변화하는 비용을 말한다.

(3) **그래프**

총비용

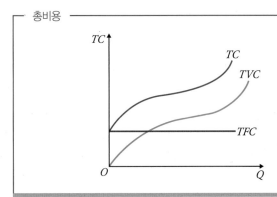

총비용은 고정생산요소의 구입에 따른 총고정비용과 가변생산요소에 대한 비용인 총가변비용을 합한 것으로 총가변비용을 총고정비용만큼 상방으로 평행이동하면 된다.

2) 평균고정비용(Average Fixed Cost, AFC)

(1) 개념

① 생산량 한 단위당의 고정비용을 말하며, 이는 생산량이 증가할수록 지속적으로 감소한다.

② AFC는 TFC곡선 한 점에서 원점으로부터의 직선의 기울기를 의미한다.

$$AFC = \frac{TFC}{Q}$$

(2) 그래프

평균고정비용

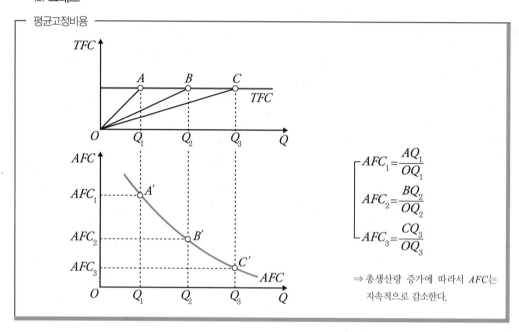

$$AFC_1 = \frac{AQ_1}{OQ_1}$$

$$AFC_2 = \frac{BQ_2}{OQ_2}$$

$$AFC_3 = \frac{CQ_3}{OQ_3}$$

⇒ 총생산량 증가에 따라서 AFC는 지속적으로 감소한다.

(3) **특징**: AFC는 직각쌍곡선의 형태를 띠며 어떠한 경우에도 양(+)의 값을 갖게 되어 극소점이 존재하지 않게 된다.

3) 평균가변비용(Average Variable Cost, AVC)

(1) 개념

① 생산량 한·단위당의 가변비용을 말하며, 이는 산출량이 증가함에 따라 감소하다가 다시 증가한다.

② AVC는 TVC곡선 한 점에서 원점으로부터의 직선의 기울기를 의미한다.

$$AVC = \frac{TVC}{Q}$$

(2) 그래프

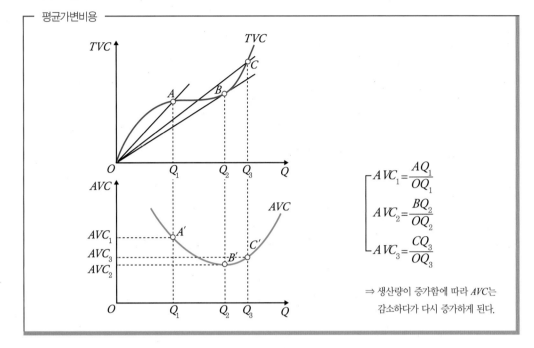

평균가변비용

$$AVC_1 = \frac{AQ_1}{OQ_1}$$

$$AVC_2 = \frac{BQ_2}{OQ_2}$$

$$AVC_3 = \frac{CQ_3}{OQ_3}$$

⇒ 생산량이 증가함에 따라 AVC는 감소하다가 다시 증가하게 된다.

(3) 특징

① U자형의 형태를 띠고 AVC의 극소점에서의 MC와 일치한다.

② 평균생산성(AP)과 역의 관계이다.

③ AVC의 극소점 ⇒ AP가 극대이며 또한 조업중단점이다.

┌─ AVC와 AP ──────────────────────────────

$$AVC = \frac{TVC}{Q} = \frac{w \cdot L}{Q} = \frac{w}{Q/L} = \frac{w}{AP_L}$$

④ 원점으로부터의 직선이 TVC 곡선에 접할 때 AVC는 극솟값이 된다.

$Q\&A$

어떤 기업의 총비용(TC)함수가 $TC = Q^3 - 4Q^2 + 6Q + 10$으로 표시된다고 하자. 이때 AVC가 극소일 때의 생산량은? (단, Q는 생산량)

Solution

$AVC = \dfrac{TVC}{Q} = Q^2 - 4Q + 6$

이때 AVC가 극소가 될 때는 $\dfrac{dAVC}{dQ} = 2Q - 4 = 0$일 때이다.

∴ $Q = 2$이다.

4) 평균비용(Average Cost, AC)

(1) 개념

① 생산량 한 단위당의 비용으로서 평균고정비용과 평균가변비용의 합으로 이루어진다.

② 생산량이 증가함에 따라 감소하다가 다시 증가한다.

③ AC는 원점에서 TC곡선의 한 점까지의 직선의 기울기를 의미한다.

$$AC = \frac{TC}{Q} = \frac{TFC + TVC}{Q} = AFC + AVC$$

(2) 그래프

평균비용

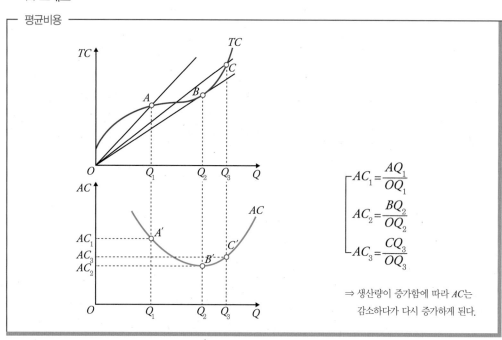

$$AC_1 = \frac{AQ_1}{OQ_1}$$

$$AC_2 = \frac{BQ_2}{OQ_2}$$

$$AC_3 = \frac{CQ_3}{OQ_3}$$

⇒ 생산량이 증가함에 따라 AC는 감소하다가 다시 증가하게 된다.

(3) 특징

① 원점으로부터의 직선의 기울기가 TC곡선과 접할 때 극솟값을 갖으며 U자형의 형태 ⇒ AC의 극소점에서 MC와 만나게 된다.

② 생산량이 증가할수록 AC와 AVC의 간격이 좁아지는데 이는 AFC가 생산량 증가에 따라 지속적으로 감소하기 때문이다.

③ AC의 극소점이 AVC의 극소점보다 우측에 있는데 이는 고정비용이 존재하기 때문이다.

평균비용(AC)곡선이 U자형을 갖는 이유

　　A. Marshall은 생산량이 증가할 때 능률이 올라가 평균비용이 떨어지는 영역을 내부경제(internal economies)가 작용한 것이라고 했다. 이에 따라 평균비용곡선이 U자형을 갖는 이유로서 다음의 네 가지를 들 수 있다.

1. 노동의 분업: 생산이 초기 단계에서는 추가적으로 노동자를 고용하게 되면 A. Smith가 말한 노동의 분업이 작용하여 평균비용이 하락한다.
2. 기술적 효과: 예컨대 자동차의 생산 공정을 대규모로 한다는 것은 기술적 측면에서 막대한 비용이 필요한데, 생산량이 증가하면 단위당 비용은 보다 하락하게 될 것이다.
3. 마케팅 효과: 마케팅에 필요한 비용은 생산량과 비례적으로 움직이지 않기 때문이다.
4. 관리능력 효과: 관리능력이 우수한 경영자의 경우 생산량을 적게 하든 많이 하든 동일한 임금을 받고 똑같이 관리를 할 수 있기 때문이다.

5) 한계비용(Marginal Cost, MC)

(1) 개념

① 생산량 한 단위를 추가적으로 생산함에 따른 총비용(or 총가변비용)의 증가분을 말한다.

② TC곡선(or TVC곡선)상 한 점에서의 접선의 기울기를 의미한다.

$$MC = \frac{dTC}{dQ} = \frac{d(TFC+TVC)}{dQ} = \frac{dTVC}{dQ}\left(\because \frac{dTFC}{dQ}=0\right)$$

(2) 그래프

한계비용

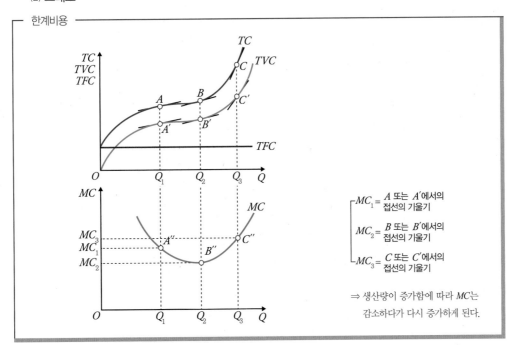

$MC_1 = A$ 또는 A'에서의 접선의 기울기

$MC_2 = B$ 또는 B'에서의 접선의 기울기

$MC_3 = C$ 또는 C'에서의 접선의 기울기

⇒ 생산량이 증가함에 따라 MC는 감소하다가 다시 증가하게 된다.

(3) 특징

① MC는 생산량이 증가함에 따라 하락하다가 상승하는 U자형의 형태 ⇒ TC의 변곡점에서 극솟값이 된다.

② MC는 AVC와 AC의 극소점을 통과하여 우상향이다.

수리적으로 본 AC와 MC의 관계

$TC = AC \cdot Q$이므로 이것을 Q로 미분하면 $\dfrac{dTC}{dQ} = MC = \dfrac{dAC}{dQ} \cdot Q + AC$가 된다.

이에 따라 $MC - AC = \dfrac{dAC}{dQ} \times Q$가 성립한다.

AC가 증가, 감소, 최저라는 것은 $\dfrac{dAC}{dQ}$가 각각 $+$, $-$, 0이라는 것이고 Q는 항상 양($+$)의 값을 갖게 되므로 위의

식에서 MC와 AC의 관계는 쉽게 도출될 수 있다.

---

③ MP와는 역의 관계이며, MC가 극소일 때 MP는 극댓값을 갖는다.

MC와 MP의 관계

$$MC = \frac{dTC}{dQ} = \frac{d(TFC+TVC)}{dQ} = \frac{dTVC}{dQ} \left(\because \frac{dTFC}{dQ} = 0 \right) = \frac{d(w \cdot L)}{dQ}$$

$$= \frac{w \cdot dL}{dQ} = \frac{w}{dQ/dL} = \frac{w}{MP_L}$$

AVC와 AP

$$AVC = \frac{TVC}{Q} = \frac{w \cdot L}{Q} = \frac{w}{Q/L} = \frac{w}{AP_L}$$

비용과 생산과의 관계

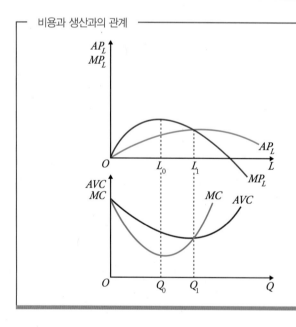

비용과 생산은 서로 대칭적인 관계를 갖는다. 예건대 AVC와 AP_L은 역의 관계를 가지며 AVC의 극솟값에서 AP_L는 극대가 된다. 또한 MC는 MP_L과는 역의 관계이며, MC가 극소일 때 MP_L는 극댓값을 갖는다. 한편, 그림에서 Q_0와 L_0의 의미는 생산량이 Q_0일 때 투입되는 노동량이 L_0라는 의미이다. 반대로 노동량을 L_0만큼 투입하면 Q_0만큼을 생산한다는 의미이기도 하다.

Q&A

A 기업의 단기비용함수가 $TC = 100 + 3Q^2$이라고 하자. 이 기업의 생산량이 10단위일 때 AFC, AVC, AC, MC를 각각 구하시오.

Solution

1) $AFC = \dfrac{TFC}{Q} = \dfrac{100}{Q} = \dfrac{100}{10} = 10$

2) $AVC = \dfrac{TVC}{Q} = \dfrac{3Q^2}{Q} = \dfrac{300}{10} = 30$

3) $AC = \dfrac{TC}{Q} = \dfrac{TFC}{Q} + \dfrac{TVC}{Q} = AFC + AVC = 10 + 30 = 40$

4) $MC = \dfrac{dTC}{dQ} = 6Q = 60$

— 총생산비용(TC)의 생산량 탄력성 —

총생산비용의 생산량 탄력성은 생산이 1%만큼 변할 때 총생산비용이 몇 %만큼 변하는가를 보여주는 수치이며, 다음과 같은 수식으로 나타낼 수 있다.

$$E_Q^{TC} = \dfrac{dTC}{TC} \Big/ \dfrac{dQ}{Q} \Rightarrow E_Q^{TC} = \dfrac{dTC}{dQ} \times \dfrac{Q}{TC} \Rightarrow E_Q^{TC} = MC \times \dfrac{1}{AC} \Rightarrow E_Q^{TC} = \dfrac{MC}{AC}$$

- 앞의 식에서 보는 것처럼 총생산비용(TC)의 생산량 탄력성은 한계비용(MC)과 평균비용(AC)으로 구성되어 있다.
- 그런데 생산량이 증가할수록 총생산비용 역시 지속적으로 증가한다. 이것은 한계비용은 항상 양(+)의 값을 갖는다는 것을 의미한다.
- 또한 총생산비용과 생산량(Q)은 항상 양(+)이므로 평균비용 역시 항상 양(+)의 값을 갖게 된다.
- 결국 총생산비용의 생산량 탄력성은 항상 양(+)이 되어야 한다.

확인 TEST

어떤 기업의 고정비용은 50이고, 평균가변비용은 100이다. 〈보기〉에서 이 기업의 단기생산비용에 대한 설명으로 옳은 것을 모두 고른 것은?

─〈 보 기 〉─

㉠ 총가변비용곡선은 원점을 통과하는 직선이다.
㉡ 평균고정비용곡선은 기울기가 음(−)이다.
㉢ 한계비용곡선은 기울기가 양(+)이다.
㉣ 총비용곡선은 기울기가 양(+)이다.

① ㉠, ㉢
② ㉠, ㉣
③ ㉡, ㉢
④ ㉠, ㉡, ㉢
⑤ ㉠, ㉡, ㉣

해설 ▶ 주어진 조건에 따라 총비용함수를 구하면 다음과 같다.

$$총비용(TC) = 50 + 100Q$$

이에 따라 총비용곡선은 절편을 갖으며 우상향하게 되어 그 기울기는 양(+)이 된다. 한편 총가변비용은 총가변비용$(TVC) = 100Q$이므로 원점을 지나는 직선의 모습을 보인다. 또한 평균고정비용$(AFC) = \dfrac{50}{Q}$가 되어 원점에 볼록한 직각쌍곡선의 모습을 보이게 되며 기울기는 음(−)이 된다. 그리고 한계비용(MC)은 $MC = \dfrac{dTC}{dQ} = 100$이 되어 수평의 모습을 보여 그 기울기는 항상 0이 된다.

정답 ▶ ⑤

Theme 25 장기비용함수

❶ 장기비용함수의 의의

1) 개념: 모든 생산요소의 투입량을 변화시킬 수 있는, 곧 생산 시설의 규모까지도 변화시킬 수 있는 장기에서 가장 효율적인 방법으로 생산하는 경우의 생산량과 생산비용 사이의 관계를 말한다.

2) 장기비용곡선의 도출

   (1) **장기총비용곡선(LTC)**

      ① 단기총비용곡선(STC)들의 포락선(envelops curve)이다.

      ② 장기에는 고정생산요소가 없으므로 고정비용이 없다. 따라서 LTC는 원점에서 출발하여 우상향하는 곡선으로 나타난다.

   (2) **장기평균비용곡선(LAC)**

      ① 단기평균비용곡선(SAC)들의 포락선이다.

      ② 단기평균비용곡선의 최저점과는 장기평균비용곡선 최저점인 오직 하나의 점에서만 접하고, 장기평균비용 최저점의 왼쪽에서는 단기평균비용 왼쪽에서 접하며, 장기평균비용 최저점의 오른쪽에서는 단기평균비용 오른쪽에서 접하게 된다.

> **AC곡선이 'U'자형인 이유**
>
> SAC가 'U'자형으로 나타나는 이유는 가변비례의 법칙이 성립하기 때문이고, LAC가 'U'자형으로 나타나는 이유는 규모에 대한 보수가 체증, 불변, 체감하기 때문이다.

   (3) **장기한계비용곡선(LMC):** 각 생산량에서 장기평균비용곡선(LAC)과 접하는 단기평균비용곡선(SAC)에 해당하는 한계비용을 연결한 선으로 SMC곡선의 포락선이 아님을 주의해야 한다.

② 그래프

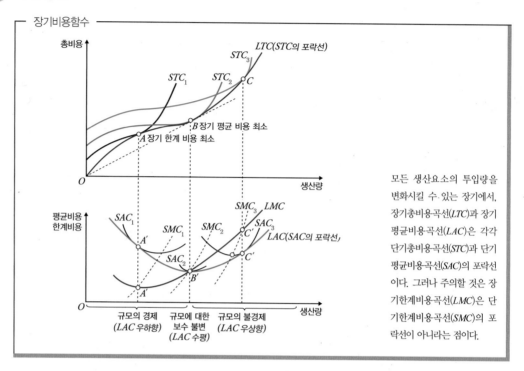

장기비용함수

모든 생산요소의 투입량을 변화시킬 수 있는 장기에서, 장기총비용곡선(LTC)과 장기평균비용곡선(LAC)은 각각 단기총비용곡선(STC)과 단기평균비용곡선(SAC)의 포락선이다. 그러나 주의할 것은 장기한계비용곡선(LMC)은 단기한계비용곡선(SMC)의 포락선이 아니라는 점이다.

SAC와 LAC가 접하는 경우

장기평균비용이 하락하는 경우에는 SAC의 최저점보다 왼쪽에서 LAC와 접한다. 즉 어떤 생산설비를 100% 완전가동하지 않는다. 반대로 장기평균비용이 상승하는 경우에는 SAC의 최저점보다 오른쪽에서 LAC와 접한다. 즉 어떤 생산설비를 100% 이상 가동한다.

확인 TEST

단기와 장기의 비용곡선 간 관계를 설명한 것이다. 다음 설명 중 옳지 않은 것은?

① 단기총비용곡선은 장기총비용곡선과 한 점에서만 접한다.
② 단기평균비용곡선의 최저점은 장기평균비용곡선의 최저점과 항상 일치하지는 않는다.
③ 단기와 장기의 총비용곡선이 서로 접하는 산출량 크기에서 단기와 장기의 한계비용곡선도 서로 접한다.
④ 단기와 장기의 총비용곡선이 서로 접하면 단기와 장기의 평균비용곡선도 서로 접한다.
⑤ 단기평균비용곡선은 장기평균비용곡선과 한 점에서만 접한다.

해설 ▶ 장기한계비용곡선은 단기한계비용곡선의 포락선이 아니다. 따라서 두 곡선은 접하지 않고 한 점에서 교차할 뿐이다(③). 장기총비용곡선은 단기총비용곡선 중 가장 낮은 한 점만을 포함한 선이며, 장기평균비용곡선은 단기평균비용곡선 중 가장 낮은 한 점만을 포함한 포락선이다(①, ⑤). 장기평균비용곡선의 최저점에서만 단기총비용곡선의 최저점과 만난다(②). 평균비용곡선은 원점에서 총비용의 한 점까지 그어진 직선의 기울기이므로, 동일한 접점까지 직선의 기울기 역시 같게 된다. 여기서 평균비용이 접한다는 것은 평균비용의 크기, 즉 그 기울기가 같다는 의미이다(④).

정답 ▶ ③

❸ 최적시설규모(최적규모)와 최소효율규모

1) 최적시설규모(optimal scale of plant: 최적규모)

(1) 장기평균비용곡선의 최저점과 접하는 단기평균비용곡선을 가지는 시설규모를 의미한다.

(2) U자형의 장기평균비용곡선인 경우에는 오직 하나의 규모만이 존재하지만, L자와 유사한 장기평균비용곡선이나 수평의 장기평균비용곡선의 경우 최적시설규모가 다수 존재할 수 있다.

포락선과 최적시설규모

포락선에 관한 논의에서 가장 주목할 것은 장기 총(평균)비용곡선이 단기 총(평균)비용곡선보다 높을 수 없다는 사실이다. LAC곡선이 어떤 이유에서든 기울기를 갖는다면 각 자본량(K) 수준에서 유일하게 결정되는 SAC곡선과 LAC곡선의 접점(그 이외의 점에서는 모두 SAC가 LAC보다 큼)은 LAC의 기울기와 같으므로 기울기가 0인 SAC곡선의 최저점을 지날 수 없다. 오직 LAC의 최저점에서 기울기가 0이므로 LAC곡선이 SAC곡선의 최저점을 지나게 되는 것이다. 이 점에서는 SAC곡선의 최저점을 지나면서 장기비용 극소화를 달성시키고 있으므로 문헌에서는 이를 최적시설규모로 명명하고 있다.

---

2) 최소효율규모(minimum efficient scale)

(1) 규모의 경제가 막 끝나는 생산규모로서 최소의 평균비용으로 생산하는 최소의 시설규모를 말한다.

(2) 최적시설규모가 다수 존재할 때는 그 중 최소의 시설규모만이 최소효율규모이다.

경험적인 LAC 곡선

수많은 실증조사를 통한 연구결과는 LAC 곡선이 U자형이 아니라 L자형으로 나타나는 것을 보여준다. 이에 따라 최적시설규모는 여러 경우가 존재할 수 있다. 그래프에서 SAC_1, SAC_2, SAC_3 모두가 최적시설규모이다. 그리고 규모의 경제가 막 끝나는 생산량 Q_1을 최소의 평균비용으로 생산하는 시설규모가 최소효율규모가 된다.

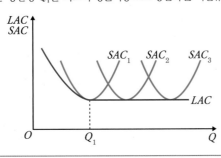

---

❹ 규모의 경제와 범위의 경제

1) 규모의 경제와 규모의 불경제

(1) 규모의 경제(economy of scale)

① 의미: 기업의 생산설비 규모가 일정수준에 도달할 때까지는 생산규모가 커질수록 장기평균비용이 지속적으로 하락하는 현상을 말한다.

② 발생원인: 분업에 따른 생산성의 향상, 기술적인 요인, 대량거래에 따른 금전적인 이득 등

 학습효과(learning by doing)와 규모의 경제의 차이는? —

학습효과란 생산에 참여한 시간이 길어짐에 따라 노동자와 경영자의 축적된 경험으로 생산의 효율성이 높아지는 현상을 말한다. 이에 따라 규모의 경제와 관계없이 일정수준의 생산량에서 생산비용 절감이 가능해진다.

반면에 규모의 경제는 학습효과가 없어도 생산규모의 확대로 생산량이 증가함에 따라 생산비용 절감이 이루어지는 경우를 말한다.

결론적으로 학습효과는 생산비용 곡선 자체를 아래쪽으로 이동시키는 요인이고, 규모의 경제는 생산비용 곡선을 따라 이동시키는 요인인 것이다.

(2) 규모의 불경제(diseconomy of scale)

① 의미: 기업의 생산설비 규모가 일정수준에 도달한 이후 생산규모가 커질수록 장기평균비용이 지속적으로 상승하는 현상을 말한다.

② 발생원인: 생산조직의 비대화로 인한 관료적 역기능 발생, 경영상의 비효율성 발생 등

확인 TEST

A기업의 장기 총비용곡선은 $TC(Q)=40Q-10Q^2+Q^3$이다. 규모의 경제와 규모의 비경제가 구분되는 생산규모는?

① $Q=5$ ② $Q=\dfrac{20}{3}$ ③ $Q=10$ ④ $Q=\dfrac{40}{3}$

 ▸ • 규모의 경제와 규모의 비경제는 장기평균비용 최저점에서 구분된다.
  • 주어진 장기총비용곡선을 통해 장기평균비용(LAC)은 '$LAC(Q)=40-10Q+Q^2$'이 된다.
  • 장기평균비용의 최저점은 장기평균비용을 Q로 미분한 값이 0이 될 때이다. 이때의 생산규모는 다음과 같이 구할 수 있다.

$$LAC(Q)=40-10Q+Q^2 \Rightarrow \frac{dLAC}{dQ}=-10+2Q=0 \Rightarrow Q=5$$

정답 ▸ ①

'규모의 경제'와 '규모에 대한 보수 체증'의 차이는?

'규모의 경제'는 생산규모를 확대시킬 때 장기평균비용이 지속적으로 하락하는 현상을 지칭한다.

반면에 '규모에 대한 보수 체증'은 노동과 자본과 같은 모든 생산요소를 동일한 비율로 증가시킬 때 나타나는 현상을 말한다.

일반적으로 생산규모를 2배로 늘릴 때 필요한 노동은 2배보다 적어도 된다. 이 경우라면 '규모의 경제' 개념은 적용할 수 있어도 '규모에 대한 보수 체증' 개념은 적용할 수 없게 된다. 이에 따라 '규모에 대한 경제'는 '규모에 대한 보수 체증'에 비해 더 넓은 개념으로 사용된다. 결국 '규모에 대한 보수 체증'이 이루어지면 '규모의 경제'도 성립할 수 있지만, 그 역은 성립하지 않는 것이나.

2) 범위의 경제(economy of scope)

(1) **의미**: 한 기업이 여러 상품(X재, Y재)을 동시에 생산하는 경우, 이들 상품을 별도로 생산하는 경우보다 생산비용이 작은 현상을 말한다.

$$C(X+Y) < C(X) + C(Y)$$

(2) **발생원인**

① 결합생산이 가능한 상품의 존재 ⇒ 구두와 핸드백, 냉장고와 에어컨 등

② 생산요소를 공동으로 이용할 수 있는 상품의 존재 ⇒ 소형차와 중형차 등

③ 기업 운영상의 효율성 존재 ⇒ 하나의 경영진으로 모든 상품에 대한 컨트롤이 가능

사례 연구 **단기 비용 함수**

◆ 다음 표는 여객과 화물운송 서비스를 제공하고 있는 A기업과 B기업의 단위당 여객운송 서비스와 화물운송 서비스 제공에 따른 비용을 보여 준다.

A기업		여객 운송(명)	
		0	400
화물운송(톤)	0	0	400
	100	500	800

B기업		여객 운송(명)	
		0	50
화물운송(톤)	0	0	45
	15	60	120

두 기업 중 범위의 경제가 존재하는 기업은?

⇒ 범위의 경제란 X재와 Y재를 생산할 때, 다음 조건을 충족할 때 성립한다.

$$TC(X+Y) < TC(X) + TC(Y)$$

- 여객운송을 'X', 화물운송을 'Y'라고 하면, 주어진 A기업과 B기업의 자료를 통해 다음 결과가 도출된다.

- A기업: $TC(X+Y) = 800$, $TC(X) + TC(Y) = 400 + 500 = 900$ ⇒ $TC(X+Y) < TC(X) + TC(Y)$
- B기업: $TC(X+Y) = 120$, $TC(X) + TC(Y) = 45 + 60 = 105$ ⇒ $TC(X+Y) > TC(X) + TC(Y)$

- A기업에서는 범위의 경제가 존재하지만, B기업에서는 범위의 경제가 존재하지 않는다.

Ⅰ. 경제학 일반론

Ⅱ. 미시경제학

Ⅲ. 거시경제학

Ⅳ. 국제경제학

생산 규모의 확대는 항상 좋은 것일까?(규모의 경제와 범위의 경제)

"요즈음 TV 프로그램에서 자주 볼 수 있는 것 중에 하나가 '유명 맛집'을 소개하는 프로그램이다. 맛깔나는 음식의 모습과 내용을 전하는 성우의 과장된 목소리를 듣고 있자면 정말로 한번은 가보고 싶은 욕구가 생긴다. 실제로 허름한 몇 칸밖에 안 되는 작은 공간 한 곳에서 수 십년 간을 오직 하나의 음식만 가지고도 지금의 명성을 얻은 식당의 수가 상당하다. 그리고 그러한 명성에 편승해서 그 주위에는 시간이 지남에 따라 유사한 식당들이 들어서기 시작해서 일대가 전문 식당가로 변모하는 모습을 쉽게 볼 수 있다. 냉면으로 유명한 오장동, 족발로 유명한 장충동 등….

그런데 개중에는 과거의 명성을 발판으로 기존의 좁은 집을 헐어내고 같은 곳에 큰 건물을 지어 대형 식당으로 변모해 영업을 하는 식당들을 쉽게 볼 수 있다. 그런데 왠지 식당 분위기는 과거에 비해 '바글바글'하지 않고, 실제 이익도 예전보다 못하다는 식당 사장의 푸념을 들을 수 있다. 왜 그럴까? 간혹 이런 말을 손님들로부터 들을 수 있다. "식당이 커지더니 옛 맛이 나지 않네!" 그래서 손님의 수가 적어져서 수익성이 나빠진 것일까? 물론 그것도 하나의 이유가 될 수 있다. 그렇다면 다른 이유는 없는 것일까?"

일반적으로 적정한 수준까지 생산 규모를 확대하면 평균생산비가 지속적으로 하락하는 이른바 '규모의 경제(economy of scale)'가 나타나서 보다 효율적인 생산이 가능하다. 그 이유는 첫째로 분업에 따른 전문화를 들 수 있다. 생산 규모가 커지면 노동자들은 자신에게 맡겨진 업무에만 집중할 수 있고, 또한 동일한 업무를 반복적으로 수행함으로써 숙련도를 높일 수 있어 생산의 효율성을 높일 수 있게 된다. 둘째로 경영상의 효율성을 들 수 있다. 역량 있는 경영자에게 소수의 노동자보다 다수의 노동자를 보다 효율적으로 관리할 수 있도록 한다. 그리고 마지막으로 금전상의 이득 발생이다. 생산규모가 커지면 이를 위해 필요한 원자재를 대량으로 구입할 수 있고, 이때 대량구매할인(volume discount)을 받을 수 있어 다른 조건과 무관하게 생산비용을 절약할 수 있는 금전상의 이득이 발생하게 되는 것이다.

그러나 이러한 긍정적인 효과는 생산이 적정한 수준에서 이루어질 때만 나타날 수 있다. 만약 생산규모가 적정 수준을 넘게 되면 마지막의 금전상의 이득은 계속 나타나겠지만, 앞의 두 가지 장점이 오히려 단점으로 작용하게 된다. 예를 들어 전문화된 생산 과정에서 하나의 작업라인이 멈추게 되면 모든 생산 과정이 멈추게 된다. 식당에 이를 적용한다면 육수를 내는 작업자의 실수나 결근은 음식 전체의 맛을 떨어뜨리게 하여 식당을 찾는 손님의 수를 줄이게 되는 것이다. 또한 종업원의 수가 과도하게 많아지게 되면 경영자가 모든 종업원을 일일이 관리·지휘할 수 없게 되어 불필요한 인건비 지출만을 가져오게 된다. 식당에서 아무 일이 없이 서 있기만 하는 종업원의 모습을 떠 올리면 쉽게 이해할 수 있다. 이러한 요인으로 발생하는 부정적인 효과가 금전상의 이득을 압도하게 되면 생산 규모의 확대는 오히려 수익성을 떨어뜨리는 결과를 가져오게 되는 것이다. 이를 '규모의 불경제'라고 부른다. 결국 건물을 새로 짓고 식당 규모를 늘렸음에도 불구하고 수익성이 떨어지는 이유는 식당 규모가 적정 수준을 넘어 수입보다 비용이 더 많아졌기 때문이라고도 설명할 수 있다. 따라서 과거의 명성만을 내세워 식당 규모를 확대하려고만 하는 것은 오히려 비합리적인 선택이 될 수 있는 것이다.

위에서 설명된 '규모의 경제'와 유사하지만 다른 개념으로는 '범위의 경제(economy of scope)'가 있다. 범위의 경제는 한 기업이 '여러 종류'의 상품을 동시에 생산할 때 효율적인 생산이 이루어질 수 있다는 의미이다. 이것은 한 기업

이 '한 종류'의 상품을 대량으로 생산할 때 효율적인 생산이 이루어질 수 있다는 규모의 경제와 구분되는 개념이다. 이를 수식으로 나타내면 다음과 같다.

만약 두 가지 종류의 상품(X, Y)을 각각 Q_X, Q_Y만큼 생산할 때, 두 상품을 동시에 생산할 때의 총생산비는 $C(Q_X, Q_Y)$이고, 두 상품을 각각 따로따로 생산할 때의 총생산비는 $C(Q_X, 0) + C(0, Q_Y)$이다.

이때 생산비 조건이 $C(Q_X, Q_Y) < C(Q_X, 0) + C(0, Q_Y)$으로 나타나면 이를 범위의 경제가 존재한다고 한다. 이러한 현상은 동일한 재료를 사용하여 서로 다른 상품을 만들어내는 기업에서 주로 발견할 수 있다. 원재료가 같아 결합생산이 가능한 상품이 존재하는 구두 회사가 구두만이 아니라 가방이나 허리벨트를 함께 생산하고, 노동과 같은 생산요소를 공동으로 이용할 수 있는 상품이 존재하는 자동차 회사가 소형차와 중·대형차를 함께 생산하는 것에서 발견할 수 있다. 물론 한 경영인이 모든 상품에 대한 관리·통제가 가능한 고기집에서 다양한 부위의 고기를 판매하는 것도 그 예에 해당될 수 있다.

제6장
수요·공급이론

수요

① 수요(demand)의 의의

1) 개념

(1) **수요량**(quantity demanded)

① 수요곡선상의 한 점으로 소비자가 주어진 조건들 하에서 일정 기간에 구입하고자 하는 최대수량(maximum quantity demanded) ⇒ 사전적(ex ante)인 유량(flow) 개념

② 여기서 "사전적"이란 실제로 발생했다는 것이 아니라 앞으로 그러한 여건이 주어지면 구매하겠다는 계획을 의미한다.

③ 수요량은 막연히 의도된 수량이 아니라 구매력(purchasing power)을 가지고 구입하고자 하는 수량을 의미한다. 여기서 구매력이란 상품을 구입할 수 있는 능력, 즉 상품의 대가를 지불할 수 있는 능력을 말한다.

> **수요가격**(demand price)
>
> 수요곡선상의 한 점을 다른 각도에서 이해하면 주어진 수량을 구입하고자 할 때 지불하고자 하는 최대금액이라고도 할 수 있다. 또한 이는 화폐로 표시한 한계효용이기도 하다. 이를 수요가격 또는 지불용의가격(willingness to pay)이라고 한다. 이는 소비자 잉여라는 개념을 이해하는 데 도움을 준다.

(2) **수요**: 일정 기간에 성립할 수 있는 여러 가지 가격수준에 대응하는 수요량의 계열, 즉 가격과 수요량 간의 전반적인 대응관계를 말한다.

(3) **수요의 결정요인**: 어떤 상품의 수요에 영향을 미치는 중요한 것으로는 그 상품의 가격, 다른 관련 상품들의 가격, 소비자들의 소득수준과 소득분배, 소비자들의 기호와 선호, 인구 등을 들 수 있다.

> **수요자의 전제 조건**
>
> 1. 수요자는 상품소비에 대한 욕구가 있어야 한다.
> 2. 수요자는 구매력(소득)이 있어야 한다.

2) 수요함수, 수요표 및 수요곡선

(1) **수요함수**(demand function): 어떤 상품의 수요량(Q_X)과 그 수요의 결정요인들 간의 인과관계를 수학적으로 표시한 것이다.

$$Q_X = f\,(P_X,\ P_Y,\ I,\ T,\ N,\ \cdots,\ etc)$$

단, 여기서 P_X는 X재의 가격, P_Y는 관련재인 Y재의 가격, I는 소비자의 소득, T는 소비자의 기호, N은 인구를 말한다.

(2) **수요표(demand table)**: 어떤 상품의 가격 이외의 다른 모든 요인들이 불변일 때, 그 상품의 각 가격에서의 그 상품에 대한 수요량을 그 상품의 각 가격에 대응시킨 표이다.

(3) **수요곡선(demand curve)**: 가격(P)을 세로축으로 그 상품의 수량(Q)을 가로축으로 하는 좌표상에 그 상품의 가격 이외의 다른 요인들을 모두 불변으로 가정하고, 가격과 수요량 간의 관계의 조합(combination)들을 나타내는 곡선이다.

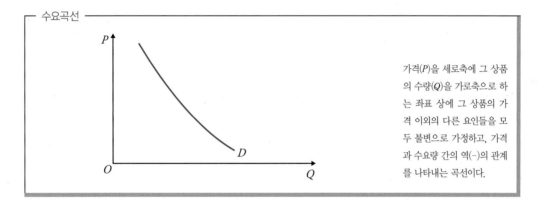

─ 수요곡선 ─

가격(P)을 세로축에 그 상품의 수량(Q)을 가로축으로 하는 좌표 상에 그 상품의 가격 이외의 다른 요인들을 모두 불변으로 가정하고, 가격과 수요량 간의 역(−)의 관계를 나타내는 곡선이다.

 수요곡선과 한계편익 곡선의 관계는?

일정량의 상품을 소비하는 사람들은 자신이 기꺼이 지불할 수 있는 단위 당 최대금액을 정한다. 이것이 수요가격이고 이 크기는 일정량 수준에서 수요곡선의 높이로 측정된다. 그런데 소비자가 기꺼이 가격을 지불하려는 이유는 상품 소비로부터 그 가격 크기만큼의 편익을 추가할 수 있기 때문이다. 결국 일정량 수준에서 수요곡선의 높이는 수요가격을 나타내기도 하고, 동시에 그때 얻을 수 있는 한계편익을 의미하기도 한다. 이에 따라 수요곡선을 한계편익곡선으로 이해해도 무방한 것이다.

3) 수요법칙(law of demand)

─ 수요법칙의 의미 ─

경제학에서 법칙이라는 표현이 가끔 등장한다. 이때 법칙이라는 것은 물리학 법칙과 같이 '반드시 성립한다'는 절대적 의미가 아니다. 예컨대 기펜재와 같은 상황이 나타날 경우 수요의 법칙은 더 이상 성립하지 않는다. 그럼에도 불구하고 '법칙'이라는 표현을 쓰는 이유는 우리가 일반적으로 고려하는 대상에 한정하겠다는 의미이다. 즉 기펜재와 같이 예외적인 경우는 고려 대상에서 제외한다는 의미로 받아들이면 된다.

(1) 가격이 상승(하락)하면 수요량이 감소(증가)하는 관계를 말한다.

(2) 가격과 수요량 사이의 역의 관계를 말하며 이를 그래프로 그리면 우하향의 모습을 갖게 된다.

┌─ 수요법칙이 성립하는 직관적인(intuitive) 이유 ─────────────────────────┐

1. 대체효과: 어느 한 상품의 가격이 하락하면 다른 상품에 비하여 상대적으로 가격이 싸기 때문에 그 상품에 대한 수요량이 증가한다.
2. 소득효과: 어느 한 상품의 가격이 하락하면 동일한 지출액으로 전보다 더 많은 수량을 구입할 수 있기 때문에 일반적으로 수요량이 증가한다.

└──┘

② 개별수요와 시장수요

1) **개별수요(individual demand):** 개별적인 소비자 한 사람 한 사람의 수요

2) **시장수요(market demand)**

(1) 개별 소비자들의 수요가 상호 독립적인 경우 ⇒ 시장수요는 개별수요의 수평적 합계(horizontal summation)에 의해서 도출한다.

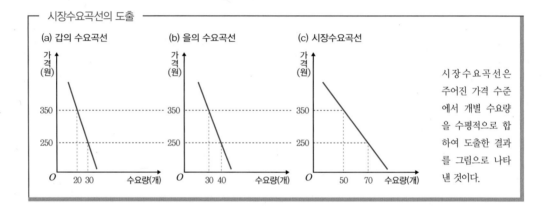

┌─ 시장수요곡선의 도출 ───┐

(a) 갑의 수요곡선   (b) 을의 수요곡선   (c) 시장수요곡선

시장 수요곡선은 주어진 가격 수준에서 개별 수요량을 수평적으로 합하여 도출한 결과를 그림으로 나타낸 것이다.

└──┘

Q&A

어떤 재화에 대한 시장수요함수가 $P = 80 - 12Q$ 로 주어진다. 그리고 이 시장의 수요자는 모두 동일한 개별수요함수를 갖는다. 이 경우 시장 내 수요자의 수가 2배로 된다면 새로운 시장수요함수는?

Solution

사적재의 경우 각 소비자는 시장에서 결정된 동일한 가격에 직면하게 된다. 따라서 개별수요곡선의 수평합을 통해 시장수요곡선을 도출할 수 있다. 주의할 것은 수요함수가 $P = 80 - 12Q$ 로 주어져 있으므로 이를 $Q = \dfrac{80}{12} - \dfrac{P}{12}$ 로 정리해야만 수평으로 합할 수 있다. 수요자가 2배이므로 우변에 2를 곱하면 $Q = \dfrac{80}{6} - \dfrac{P}{6}$ 이 된다. 이를 정리하면 $P = 80 - 6Q$ 를 얻을 수 있다.

사례 연구 개별수요함수와 시장수요함수

◈ 청량음료 시장에서 춘우와 경원은 유일한 소비자이다. 다음은 춘우와 경원의 청량음료에 대한 개별 수요곡선이다.

- $P=10-Q_{춘우}$, $P=20-Q_{경원}$

청량음료 시장수요곡선을 도출하면?

분석하기

- 일반적으로 개별수요곡선의 가격절편이 같은 경우에는 개별 수요곡선을 수평으로 합하여 시장수요곡선을 도출한다.
- 문제에서 주어진 춘우와 경원의 개별수요함수의 가격절편은 서로 다른 값을 갖는다. 이러한 경우의 시장수요곡선은 다음과 같은 방법으로 도출한다. 우선 춘우와 경원의 역수요함수를 다음과 같이 정리해 본다.

- $Q_{춘우}=10-P$, $Q_{경원}=20-P$

이에 따르면 춘우는 '$0<P<10$'인 경우에만 청량음료를 구입하고자 하고($Q_{춘우}>0$), 경원은 '$0<P<20$'인 경우에만 청량음료를 구입하고자 한다($Q_{경원}>0$). 따라서 만약 '$10 \leq P<20$'인 경우에는 경원이 시장의 유일한 소비자가 되어, 경원의 수요곡선이 곧 시장수요곡선이 된다.

- 이제 가격 구간별로 시장수요곡선을 도출하면 다음과 같다.

- $0<P<10$: $Q_{시장}=Q_{춘우}+Q_{경원}=30-2P \Rightarrow P=15-\dfrac{1}{2}Q_{시장}$

- $10 \leq P<20$: $Q_{시장}=Q_{경원}=20-P \Rightarrow P=20-Q_{시장}$

- 앞의 내용을 그림으로 정리하면 다음과 같다.

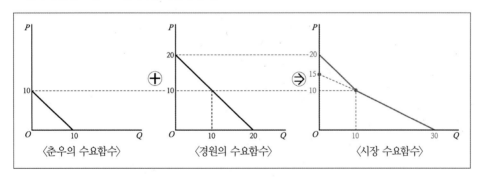

⑵ 개별 소비자들의 수요가 상호 의존적인 경우 ⇒ 시장수요는 개별수요를 수평적으로 합해서 도출하면 안 된다.

개념 플러스⁺ **소비의 외부성**

1. 의미

사람들이 느끼는 효용이나 만족이 자기가 소비하는 재화나 서비스뿐만 아니라 자기 주위의 다른 사람들이 소비하는 재화나 서비스에도 영향을 받는다는 것을 말한다.

2. 유형

1) 편승효과(동행효과, bandwagon effect)

다른 수요자가 더 많이 수요하리라고 예측하여 개별 수요자가 수요를 증가시키는 현상을 말하며, 편승효과가 있을 때의 시장수요가 없을 때의 시장수요보다 가격탄력도가 더 크다.

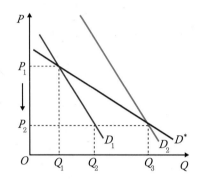

2) 백로효과(역행효과, snob effect)

편승효과와 반대로 다른 수요자가 수요하기 때문에 개별 수요자가 수요를 오히려 감소시키는 현상을 말하며, 백로효과가 있을 때의 시장수요가 없을 때의 시장수요보다 가격탄력도가 더 작다.

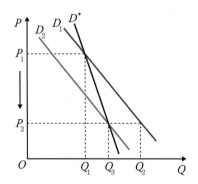

3) 베블렌 효과(Veblen effect)

T. Veblen이 "유한계급론"에서 과시성 소비로 언급한 것으로 고가이기 때문에 소비하려는 과시성 소비 현상을 말하며 Veblen 효과가 있을 때는 가격이 높은 재화일수록, 개별수요와 시장수요가 크다.

4) 의존효과(dependence effect)

J. K. Galbraith는 경제주체의 상호의존관계는 비단 소비자 사이뿐만 아니라 소비자나 생산자 사이에서도 존재한다고 보고 있다. 예컨대 소비자의 신제품에 대한 욕망을 판매자가 정책적으로 광고 등을 통한 매스컴의 수단으로 환기시키는 것이 소비 행동에 크게 영향을 미친다고 보고 이러한 현상을 의존효과라고 하였다.

┌─ 위대한 경제학자 : Thorstein Bunde Veblen ─

1. 배경

T. B. Veblen은 진보적인 성향을 가진 경제학자이다. 그러나 Veblen은 좌우를 가리지 않고 자주 인용하는 경제학자이기도 하다. 특히 사치품이나 과시적 소비를 말할 때는 빠지지 않는 인물이다. 그는 A. Smith나 J. M Keynes처럼 독창적인 세계관을 가진 학자였다.

Veblen은 학문의 첫 출발을 경제학자보다는 철학자로 출발했다. Veblen은 예일대학교 철학과를 27세에 졸업한다. 그는 불온한 사상 때문에 취직이 안 되자 아버지의 농장에서 일을 거들게 된다. 34세가 되던 해 그에게 기회가 찾아온다. 그는 코넬대학 연구과정에 등록하여 철학박사에게 경제학자로 변신하여 초기 제도학파의 대표적인 경제학자로 거듭나게 된다.

그는 42세에 자본주의의 추한 속성을 간파한 〈유한 계급론(有閑階級論)〉을 출간한다. 그는 이 책에서 유한계급은 착취의 본능이 성행할 때 발생하는 현상이라고 정의한다. "상층계급의 두드러진 소비는 사회적 지위를 과시하기 위해 자각 없이 이뤄진다"며 자본주의 타락상을 줄기차게 공격했다.

그는 말년에는 제자들이 모은 돈으로 생활비를 충당했을 만큼 궁핍했다. 자본주의 착취를 비판했던 Veblen은 자본주의의 본고장인 미국에서 고독한 말년을 보내다 72세에 눈을 감았다.

2. Veblen 효과

'Veblen 효과'란 재화의 가격이 상승했음에도 불구하고 오히려 수요량이 증가하는 현상으로 허영심에 의해 수요가 발생하는 효과이다. Veblen이 자신의 저서 ≪유한계급론(The Theory of Leisure Class)≫에서 황금만능주의 사회에서 재산의 많고 적음이 성공을 가늠하는 척도가 되는 현실을 비판하면서 부유한 사람들이 자신의 성공을 과시하기 위해 사치를 일삼고 가난한 사람들 또한 그들대로 이를 모방하려는 현상을 설명하기 위해 사용한 용어이다.

Veblen의 이러한 주장을 이해하기 위해서는 그 주장의 배경과 근거를 좀 더 상세하게 살펴볼 필요가 있다. 사람들은 타인의 사회적 지위를 그가 소유한 재산을 기준으로 판단한다. 이 때 사람들이 소유하고 있는 재산과 명성은 어떠한 과정을 통하여 이루어졌느냐가 중요하다. Veblen이 살았던 당시에는 땀과 노동으로 재산을 축적한 사람은 선망의 대상이 아니었다. 오히려 한 방울의 땀조차 흘리지 않고 자신의 노력 없이 수동적으로 재산을 얻은 사람이 선망과 존경의 대상이었다. 유한계급은 향락적 생활을 영위하고 일반 사람들에게 그들의 우월한 사회적 신분을 상기시킬 수 있는 과시용 행사(무도회, 음악회 등)를 즐겼다.

유한계급에 도달할 수는 없으나 어느 정도 부를 축적한 상인이나 자본가 계층은 상위 사회 엘리트 계급의 행태를 최대한 모방하기 시작했다. 이들은 시간이 나면 사치품(또는 이를 모방한 유사품)의 구매, 타인의 접근이 어려운 별장 장만, 유한계급층의 과시적 소비행태 답습 등을 통하여 상류층의 존재를 나타내는 상징적 행위에 맛을 들이기 시작했다. 쓸모없고 비싼 상품을 소유하면 할수록, 아무런 의미 없는 오락행위에 익숙해질수록 더욱 더 고귀한 사람이 되는 것이다. Veblen이 보기에 '사람들의 경제생활의 주된 목적이 이웃 사람들과 비슷하게 사는(keeping up with the Jones) 것을 넘어서 록펠러(John Davison Rockefeller)와 같은 대부호나 주루족의 추장과 같이 살기 위해 노력하는 것'으로 보였다.

타인의 소비와 나의 소비의 관계는?

"최근 온라인 업계가 명품 판매에 열을 올리고 있다. 6월 명품 아울렛인 신세계 첼시가 들어선 뒤 앞을 다투어 명품 수입에 열을 올리고 있다. 신세계 몰도 지난달 24일 프라다, 구찌, 발렌시아가 등 17개 브랜드 명품관을 열었다. '명품 소비량의 증가율이 두 자리!!' 어떤 일간 신문에 난 기사 내용이다. 이러한 명품 열풍 현상 속에 담겨진 경제학의 수수께끼는 무엇일까?"

인간은 흔히 '사회적 동물'으로 불린다. 즉 끊임없이 한 사회의 구성원으로서 다른 구성원들과의 상호작용을 통해 삶을 영위해 나간다. 속담에도 '친구따라 강남간다'라는 말이 있는 것처럼, 이러한 삶의 방식은 소비 행위에도 영향을 주게 된다. 즉 개인의 소비는 타인의 소비 패턴에 의해 영향을 받게 되는 것이다. 이것을 설명해 주는 경제학적 개념이 라이벤쉬타인(H. Leibenstein)교수가 제시한 편승효과로도 불리는 밴드웨건 효과(bandwagon effect)이다. 밴드웨건 효과는 미국의 서부 개척 시대 때, 캘리포니아에서 금광이 발견되었다는 소식을 밴드웨건에 악대를 세우고 음악을 연주하며 알리자, 이것을 들은 많은 사람들이 여기에 이끌려 '서부로 서부로' 몰려간 것에서 착안해 만든 개념이다.

이러한 편승효과가 나타나면 특정 상품을 소비하는 사람이 많아질수록 그 상품에 대한 수요가 더욱 늘어나게 된다. 유행에 민감한 소비자들에게 주로 나타날 수 있는 소비행태이다. 이러한 편승효과는 이른바 '짝퉁'을 등장시키는 요인으로도 작용한다. 소위 명품은 가격이 매우 높아 소비자가 웬만해서는 쉽게 구입할 수 없다. 그런데 편승효과가 나타나면 소비자는 그러한 명품을 구입하고자 하는 욕구가 커지게 된다. 이러한 소비자의 심리를 이용하여 가격은 훨씬 싸지만 명품과 거의 구별되지 않는 '짝퉁'을 만들어 파는 사람들이 생겨나게 된다. 이렇게 되면 소비자는 '꿩 대신 닭'이라는 심정으로 짝퉁을 구입하게 되는 것이다. 이것으로 짝퉁시장이 쉽게 사라지지 않는 현실을 어느 정도 설명할 수 있게 된다.

그러면 개성이 아주 강한 사람들의 소비행태에서는 어떤 특징을 찾아낼 수 있을까? 개성이 강한 사람에게 '난 달라'족이라는 별명을 붙이면 어떨까? '난 달라'족은 다른 사람들과 뚜렷이 구별되는 배타적인 상품을 차별적으로 소비하는 것을 추구한다. 즉 다른 사람들의 소비를 따라가는 편승효과와 반대되는 소비를 한다는 것이다. 이를 라이벤쉬타인(H. Leibenstein) 교수는 스놉 효과(snob effect)라고 부른다. snob을 그대로 직역하면 '속물'이라는 뜻이지만, 개성을 강조한다고 해서 속물이라고 부를 수는 없으므

로 흔히 이를 '백로 효과'라고 부른다. 까마귀만 모여 사는 곳에 백로 한 마리가 나타나면 그 색깔은 더욱 하얗게 보여 무리 중에서 아주 돋보이게 될 것이다. 끊임없이 새로운 명품을 찾는 노력을 하는 것은 이런 백로가 되고자 하는 시도인 것이다. '거위의 꿈'이 아닌 '백로의 꿈'을 꾸는 소비자가 되고 싶은 것이다.

이러한 개성의 강조라는 목적에서 더 나아가 오직 자신들의 우월한 사회적 신분을 다른 사람들에게 상기시키기 위한 과시소비 행태도 주위에서 흔히 볼 수 있는 모습이다. 만약 이른바 '졸부'들의 소비를 보며 '개 발에 금 편자'라는 속담이 떠오른다면 그때는 모르긴 몰라도 그러한 과시소비 행태를 볼 때일 것이다. 이러한 소비를 하는 사람에게는 웬만한 가격의 상품은 눈에 들어오지도 않을 것이다. 오히려 가격표에 '0'을 하나 더 붙여 팔아야만 그들의 허영심을 자극하여 많이 팔 수 있을 것이다. 베블렌(T. Veblen)이 그의 저서인 『유한계급(leisure class)론』에서 처음으로 언급했다고 해서 이를 베블렌 효과(Veblen effect)라고 부른다. 이것은 얼핏 스놉 효과와 비슷하지만 스놉 효과는 타인의 소비량에 영향을 받는 데 비해, 베블렌 효과는 상품의 가격에 의해 영향을 받는다는 측면에서 양자가 구분된다.

③ 수요량의 변화와 수요의 변화

1) 수요량의 변화(change along the demand curve)

(1) 어떤 상품에 대한 수요의 결정요인 중에서 그 상품의 가격 이외의 다른 모든 요인은 불변이고 그 상품의 가격만이 변할 때 나타나는 것을 말한다.

(2) 수요량의 변화는 어느 한 수요곡선상에서의 점과 점 사이의 이동으로 나타난다.

(3) 그래프에서 점 $A \Rightarrow B \Rightarrow C \Rightarrow \cdots$ 등으로 이동하는 것이 이에 해당한다.

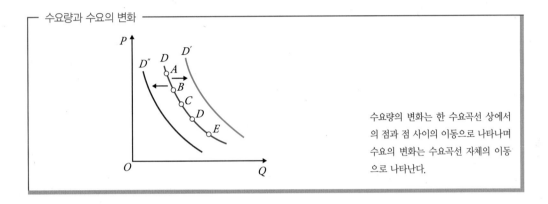

— 수요량과 수요의 변화 —

수요량의 변화는 한 수요곡선 상에서의 점과 점 사이의 이동으로 나타나며 수요의 변화는 수요곡선 자체의 이동으로 나타난다.

2) 수요의 변화(shift of the demand curve)

(1) 어떤 상품의 수요 결정 요인 중에서 그 상품가격 이외의 다른 요인들 가운데 하나 이상의 요인이 변하면 모든 가격수준에서 그 상품의 수요량이 변하게 되는 것을 말한다.

(2) 수요의 변화는 수요곡선 자체가 이동하는 것으로서 그래프에서 D에서 D'로의 변화를 수요의 증가, D에서 D''로의 변화를 수요의 감소라고 한다.

(3) 수요 변화의 요인

① **소비자의 소득**: 재화가 정상재(normal goods)인 경우에는 소득이 증가(감소)하면 수요는 증가(감소)하게 되고, 열등재(inferior goods)인 경우에는 소득이 증가(감소)하면 오히려 수요는 감소(증가)한다. ⇒ 소득이 증가하는 것이 반드시 수요를 증가시키는 것이 아니라는 점에 주의

- 정상재의 경우: 소득 ↑(↓) → 수요 ↑(↓)
- 열등재의 경우: 소득 ↑(↓) → 수요 ↓(↑)

② **관련 상품의 가격**: 별개로 소비하는 경우에도 효용의 차이가 크지 않은 대체재(substitute goods)와 함께 소비하는 경우에 효용이 더 커지는 보완재(complementary goods) 상호 간에도 가격변화는 수요에 영향을 미친다. 그러나 두 재화가 독립재(independent goods)인 경우에는 한 상품의 가격변화는 독립재 수요에 영향을 미치지 않는다.

- 대체재의 경우: X재의 가격 ↑(↓) → X재 수요량 ↓(↑) → 대체재인 Y재의 수요 ↑(↓)
- 보완재의 경우: X재의 가격 ↑(↓) → X재 수요량 ↓(↑) → 보완재인 Z재의 수요 ↓(↑)
- 독립재의 경우: X재의 가격 ↑(↓) → 독립재인 W재의 수요 불변

보완재(complementary goods)란 어떤 재화를 말하는가?

힉스(J. R. Hicks)의 『Value and Capital(1939)』에 의하면 'X재를 일정량으로 고정시켜 놓고 Y재를 체증결합하여 가면서 X, Y를 소비하여 볼 때 Y재의 한계효용이 단독으로 소비할 때보다도 체증하는 한도까지의 X재에 대한 Y재'를 말한다. 그렇기 때문에 어느 카페에 가든지 커피는 반 잔 겨우 넘게 따라주고 설탕은 그릇째로 맡기는 것이다. 다른 말로 표현하면 'X, Y를 결합소비해서 얻는 이른바 종합효용의 크기가 X, Y를 따로따로 소비하면서 느끼는 이른바 그 개별 효용의 합계보다도 큰 재화'를 의미한다.

---

③ **소비자의 선호:** 일반적으로 소비자의 선호가 커지면 수요는 증가하고, 작아지면 감소한다.

④ **소비자의 예상:** 장래의 가격 상승이 예상되면 금기의 수요는 증가하게 되고, 가격 하락이 예상되면 금기 수요는 감소한다.

가수요

실수요에 대응되는 개념으로서 물가가 계속 오르거나 물자가 부족해질 것으로 예측되는 경우 지금 당장 필요가 없으면서도 일어나는 예상수요를 말한다.

---

⑤ **인구:** 인구가 증가하면 수요는 증가하고 인구가 감소하면 수요도 감소한다.

3) 수식을 통한 수요량과 수요의 변화에 대한 접근

- Q_X^D는 X재 수요량, Ta는 기호(선호), I는 소득, P_Y는 Y재 가격, P_X^E는 X재 예상가격, P_X는 X가격
- 수요함수 : $Q_X^D = f(Ta, I, P_Y, P_X^E, P_X, \cdots\cdots)$
- 수요함수 : $Q_X^D = (Ta \pm I \pm P_Y + P_X^E, \cdots\cdots) - P_X$
- X재가 정상재(열등재)인 경우 수요량(Q_X^D)은 소득(I)의 증가(감소)함수
- X재와 Y재가 대체재(보완재)인 경우 수요량(Q_X^D)은 Y재 가격(P_Y)의 증가(감소)함수

⑴ X재가 정상재, X재와 Y재가 대체재인 경우 : $Ta = 100, I = 100, P_Y = 100, P_X^E = 100$일 때를 전제로 하는 수요함수

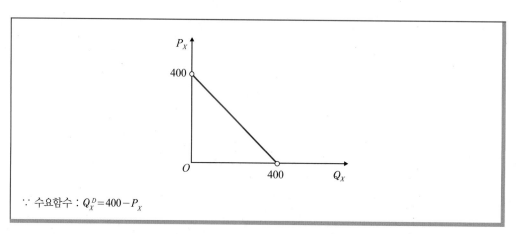

∴ 수요함수 : $Q_X^D = 400 - P_X$

① X재 가격(P_X)이 100에서 200으로 상승한 경우 수요량(Q_X^D) : $Q_X^D=300 \Rightarrow Q_X^D=200$으로 변화 (수요곡선 상 이동)

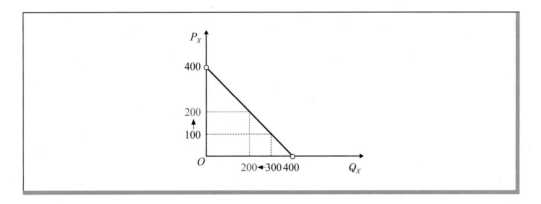

② X재 가격(P_X)이 100으로 불변인 경우 기호(Ta)가 100만큼 증가 또는 소득(I)이 100만큼 증가 또는 Y재 가격(P_Y)이 100만큼 상승 또는 X재 예상가격(P_X^E)이 100만큼 상승할 때 X재 수요량 (Q_X^D) : $Q_X^D=400-P_X \Rightarrow Q_X^D=500-P_X$으로 변화(수요곡선 자체 이동)

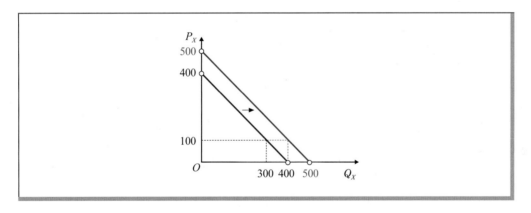

⑵ X재가 열등재, X재와 Y재가 보완재인 경우 : $Ta=500, I=100, P_Y=100, P_X^E=100$일 때를 전제로 하는 수요함수

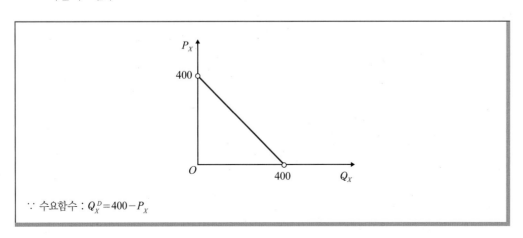

∴ 수요함수 : $Q_X^D=400-P_X$

① X재 가격(P_X)이 100에서 200으로 상승한 경우 수요량(Q_X^D) : $Q_X^D=300 \Rightarrow Q_X^D=200$으로 변화
(수요곡선 상 이동)

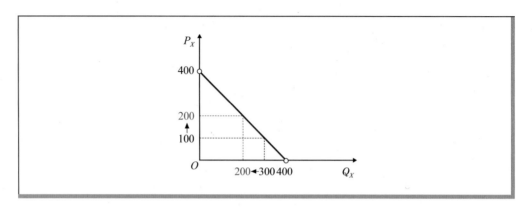

② X재 가격(P_X)이 100으로 불변인 경우 소득(I)이 100만큼 증가 또는 Y재 가격(P_Y)이 100만큼 상승할 때 X재 수요량(Q_X^D) : $Q_X^D=400-P_X \Rightarrow Q_X^D=300-P_X$으로 변화(수요곡선 자체 이동)

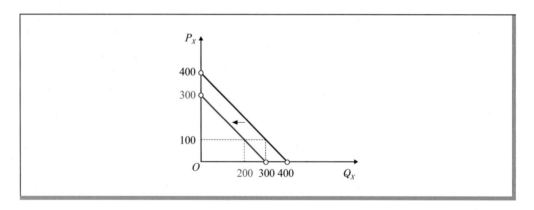

Q&A 곡선 상 이동과 곡선 자체 이동으로 구분해야하는 이유는?

수요이론은 2차원 평면을 이용하여 주로 설명되어진다. 이때 가장 중요한 변수인 가격변수를 설명변수로 전제하여 세로축에 위치시킨다. 이로 인해 가격 변화에 따른 수량 변화는 2차원 평면의 동일한 곡선 상에서도 설명이 가능하지만, 동시에 가격 이외의 다른 변수들과 수량 변화는 2차원 평면을 전제하는 한 동일한 곡선 상에서는 설명이 불가능하다. 이에 따라 가격 이외의 다른 변수들과 수량 변화는 곡선 자체의 이동으로 설명할 수밖에 없게 된다.
공급이론에서도 동일한 이유가 적용된다.

커피 전문점에서는 설탕을 왜 제한 없이 주는 것일까?

"투썸플레이스 또는 스타벅스와 같은 커피 전문점에 가보면 우리가 의식하지는 못하지만 이상한 점을 발견할 수 있다. 커피는 잔에 담아 제한된 양만 주면서 설탕은 아깝지 않은지 손님이 마음대로 갖다 먹을 수 있도록 매장 한 쪽에 비치해 놓는다는 점이다. 왜 그럴까? 전문점 사장님의 인심이 후해서일까?"

소비자가 상품을 소비할 때 두 재화 이상을 함께 소비하는 경우가 종종 있다. 이런 모습은 따로따로 소비할 수 없는 경우는 물론 따로따로 소비하는 것보다는 함께 소비하는 경우 큰 만족을 얻을 수 있을 때 쉽게 나타난다. 이때 우리는 재화들 사이에 '보완재' 관계가 성립한다고 한다. 스마트폰을 처음 사서 잘못 만지면 액정 화면에 선명하게 찍혀 기분을 상하게 하는 지문을 방지하는 필름을 붙이면, 이젠 안심하고 화면을 만질 수 있다. 술을 아주 좋아하는 사람도 술만 마시지는 않고 '참이슬'을 마실 때는 삼겹살을 곁들이고, 시원한 'Hite' 생맥주를 마실 때는 22치킨을 곁들이고, '우국생' 막걸리를 마실 때는 동래파전을 곁들인다. 휘발유 없는 자동차가 갈 수 없고, 소프트웨어의 지원이 없는 컴퓨터는 고철에 불과하다. 당연히 '커피'하면 자연스럽게 설탕이 딸려온다.

힉스(J. R. Hicks)는 그의 저서 『Value and Capital(1939)』에서 보완재를 다음과 같이 설명한다. "보완재란 X재를 일정량으로 고정시켜 놓고 Y재를 점점 그 양을 늘리면서 결합하여 X, Y를 함께 소비할 때, Y재의 한계효용이 Y재를 단독으로 소비할 때보다 체증하는 한도까지의 X재에 대한 Y재를 말한다." 이러한 정의에 따르면 커피와 설탕의 보완관계는 무한하게 존재하는 것이 아니다. 만약 일정한 양의 원두커피에 설탕을 지나치게 많이 넣으면 그건 커피가 아니라 설탕물이 될 것이다. 스타벅스에 커피를 마시러 가지 설탕물을 마시러 가는 것은 아니지 않은가! 커피 전문점에서 설탕을 마음대로 손님에게 맡기는 것은 이러한 내용을 미리 알고 하는 자신감의 표현인 것이다. 갑자기 '소맥'을 즐기는 주당(酒黨)들이 떠오른다. 그들은 혹시 소주와 맥주를 보완재로 생각하는 것이 아닌지 …

공급

① 공급(supply)의 의의

1) 개념

(1) 공급량(quantity supplied)

① 생산자가 주어진 조건들 하에서 일정 기간에 판매하고자 하는 최대수량(maximum quantity supplied) ⇒ 사전적(ex ante)인 유량(flow) 개념

② 여기서 "사전적"이란 실제로 발생했다는 것이 아니라 앞으로 그러한 여건이 주어지면 판매하겠다는 계획을 의미한다.

┌─ 공급가격(supply price) ─────────────────────────────────
│ 공급곡선상의 한 점을 다른 각도에서 이해하면, 주어진 수량을 판매하고자 할 때 받고자 하는 최소한의 금액이
│ 라고도 할 수 있다. 이를 공급가격이라고 한다. 이는 생산자 잉여라는 개념을 이해하는 데 도움을 준다.
└──

(2) 공급: 일정 기간에 성립할 수 있는 여러 가지 가격수준에 대응하는 공급량의 계열, 즉 가격과 공급량 간의 전반적인 대응관계를 말한다.

(3) 공급의 결정요인: 어떤 상품의 공급에 영향을 주는 중요한 요인들로는 그 상품의 가격, 다른 관련 상품들의 가격, 생산요소들의 가격, 기술수준, 기업의 목표 등을 들 수 있다.

2) 공급함수, 공급표 및 공급곡선

(1) 공급함수(supply function): 어떤 상품에 영향을 주는 여러 가지 요인들과 그 상품의 공급량 간의 인과관계를 수학적으로 표현한 것

$$Q_X = f(P_X, P_Y, P_F, T, G, \dots, etc)$$

단, 여기서 P_X는 X재의 가격, P_Y는 관련재인 Y재의 가격, P_F는 생산요소의 가격,
T는 기술수준, G는 기업의 목표를 말한다.

(2) 공급표(supply table): 어떤 상품의 가격 이외의 다른 모든 요인들이 불변일 때, 그 상품의 각 가격에서의 그 상품에 대한 공급량을 그 상품의 각 가격에 대응시킨 표

(3) 공급곡선(supply curve): 가격(P)을 세로축으로, 그 상품의 수량(Q)을 가로축으로 하는 좌표상에 그 상품의 가격 이외의 다른 결정요인들을 모두 불변으로 가정하고 가격과 공급량 간의 관계를 나타낸 곡선

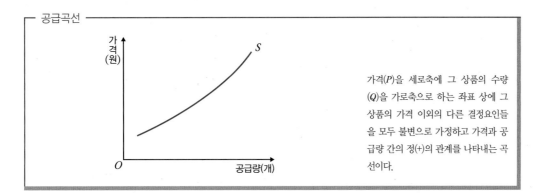

공급곡선

가격(P)을 세로축에 그 상품의 수량 (Q)을 가로축으로 하는 좌표 상에 그 상품의 가격 이외의 다른 결정요인들을 모두 불변으로 가정하고 가격과 공급량 간의 정(+)의 관계를 나타내는 곡선이다.

 공급곡선과 한계비용 곡선의 관계는?

　　일정량의 상품을 판매하는 사람들은 자신이 반드시 받고자 하는 단위 당 최소금액을 정한다. 이것이 공급가격이고 이 크기는 일정량 수준에서 공급곡선의 높이로 측정된다. 그런데 공급자가 반드시 최소한의 금액을 받고자 하는 이유는 상품을 추가적으로 생산함에 따라 추가적인 비용을 부담해야 하기 때문이다. 그런데 경제적 영역에서 한계비용은 생산량이 증가함에 따라 체증하는 특징을 갖는다. 결국 일정량 수준에서 공급곡선의 높이는 공급가격을 나타내기도 하고, 동시에 그때 부담해야 할 한계비용을 의미하기도 한다. 이에 따라 공급곡선을 한계비용곡선으로 이해해도 무방한 것이다.

3) 공급의 법칙(law of supply)

(1) 한 상품의 가격이 상승(하락)하면 공급량이 증가(감소)하는 관계를 말한다.

(2) 가격과 공급량 사이의 양의 관계를 '공급의 법칙'이라고 하고 이를 그래프로 나타내면 우상향의 모습을 갖게 된다.

❷ 개별공급과 시장공급

1) 개별공급(individual supply): 개별적인 생산자 한 사람 한 사람의 공급

2) 시장공급(market supply): 다수의 생산자가 존재하는 경우의 시장공급곡선은 개별공급곡선을 수평적으로 합해서 도출한다.

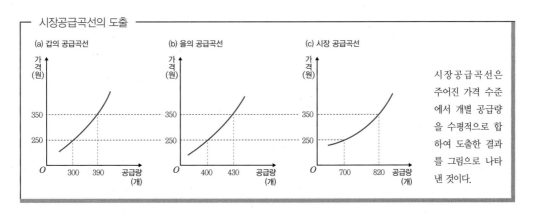

시장공급곡선의 도출

시장공급곡선은 주어진 가격 수준에서 개별 공급량을 수평적으로 합하여 도출한 결과를 그림으로 나타낸 것이다.

③ 공급량과 공급의 변화

1) 공급량의 변화(change along the supply curve)

(1) 어떤 상품에 대한 공급의 결정요인들 중에서 그 상품의 가격 이외의 다른 모든 요인은 불변이고 그 상품의 가격만이 변할 때 나타나는 것을 말한다.

(2) 공급량의 변화는 어느 한 공급곡선 상에서의 점과 점 사이의 이동으로 나타난다.

(3) 그래프에서 점 $A \Rightarrow B \Rightarrow C \Rightarrow \cdots$ 등으로 이동하는 것이 이에 해당한다.

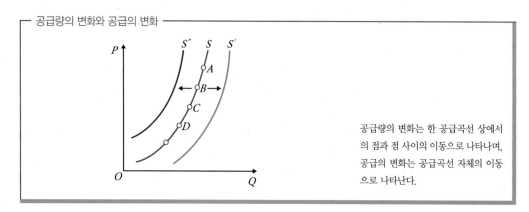

공급량의 변화와 공급의 변화

공급량의 변화는 한 공급곡선 상에서의 점과 점 사이의 이동으로 나타나며, 공급의 변화는 공급곡선 자체의 이동으로 나타난다.

2) 공급의 변화(shift of the supply curve)

(1) 어떤 상품의 공급 결정 요인 중에서 그 상품의 가격 이외의 다른 요인들 중에서 하나 이상의 요인이 변하면 모든 가격수준에서 그 상품의 공급량이 변하게 되는 것을 말한다.

(2) 공급의 변화는 공급곡선 자체가 이동하는 것으로서 위 그래프 S에서 S'로의 변화를 공급의 증가, S에서 S''로의 변화를 공급의 감소라고 한다.

(3) 공급 변화의 요인

① **관련 상품의 가격**: 생산 측면에서 대체재와 보완재 관계에 있는 재화 상호간에도 가격변화는 공급의 변화에 영향을 미친다.

> • 대체재의 경우: X재의 가격 ↑(↓) → X재의 공급량 ↑(↓) → 대체재인 Y재의 공급 ↓(↑)
> • 보완재의 경우: X재의 가격 ↑(↓) → X재의 공급량 ↑(↓) → 보완재인 Z재의 공급 ↑(↓)
> • 독립재의 경우: X재의 가격 ↑(↓) → 독립재인 W재의 공급 불변

② **생산요소가격**: 생산요소가격이 상승하면 생산비가 상승하여 공급이 감소하고, 생산요소가격이 하락하면 생산비가 하락하여 공급이 증가한다.

③ **생산기술**: 생산기술이 향상되면 공급이 증가하고, 퇴보되면 공급이 감소한다.

④ **공급자의 예상**: 장래의 가격이 상승할 것이라 예상하면 금기의 공급을 감소시키고, 하락할 것이라 예상하면 금기의 공급을 증가시킨다.

⑤ **공급자의 수**: 공급자의 수가 증가하면 공급은 증가하고, 공급자의 수 감소하면 공급은 감소한다.

Theme 28 시장의 균형과 가격

1 시장균형과 가격의 의의

1) 시장의 균형

(1) **시장균형**: 수요와 공급이 일치할 때 이루어진다.

(2) **시장균형가격(market equilibrium price)**

  ① 시장 수요량과 시장 공급량이 일치하는 가격수준을 의미한다.

  ② 가격이 신축적이고 시장에 관한 정보가 완전하게 수요자와 공급자에게 알려지는 경쟁시장에서의 가격은, 수요와 공급을 일치시키는 균형가격으로 결정된다. ⇒ 경쟁시장에서 시장가격은 균형가격과 일치하며 거래량과 수요량과 공급량도 모두 일치한다.

─ 시장의 균형 ─

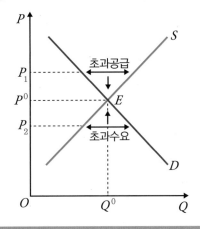

시장의 불균형은 가격의 신축적 조정에 의해 해소된다. 초과공급은 가격의 하락으로, 초과수요는 가격의 상승을 통해 다시 균형 상태를 회복한다.

─ '시장 균형'의 다양한 의미 ─

1. 가급적 싸게 사려는 수요의 힘과 가급적 비싸게 팔려는 공급의 힘과 같이 서로 상반된 힘이 비겨 있는 상태
2. 시장에서 변화의 유인이 없는 상태
3. 수요자와 공급자 모두 만족하는 거래가 이루어질 수 있는 상태
4. 주어진 조건 하에서 수요량과 공급량이 일치하는 상태
5. 초과수요나 초과공급이 없는 상태

확인 TEST

사적재인 X재에 대한 개인의 수요함수가 $Q_D = 12 - 2P$로 동일한 수요자가 100명이 있다. 그리고 X재의 공급자는 10명이 있는데 이들 각 공급자의 공급함수는 $Q_S = 20P$이다. X재 시장에서의 균형가격과 균형거래량은 각각 얼마인가?

① $P = 3$, $Q = 600$
② $P = 3$, $Q = 700$
③ $P = 4$, $Q = 600$
④ $P = 4$, $Q = 700$

해설 ▶ 사적재의 시장수요함수와 공급함수는 개별수요함수와 개별공급함수를 각각 수평적으로 합해서 도출한다. 이에 따라 시장수요함수는 $Q_D = 1,200 - 200P$, 시장공급함수는 $Q_S = 200P$가 된다. 두 식을 연립해서 풀면 $P=3$, $Q=600$을 구할 수 있다.

정답 ▶ ①

 | 시장에서는 항상 균형이 존재하는가?

"옛날 옛적에 우리 조상님들은 수도요금을 부담하지 않아도 맑고 깨끗한 물을 마음대로 소비할 수 있었다. 지금은? '제주 삼다수', '풀무원 샘물', '진로 석수' 등 한 번씩은 마셔 보았던 생수 이름이다. '현대판 봉이 김선달'이라 할 수 있겠다. 또한 현대 자동차에서는 '제네시스'라는 멋진 자동차는 만들면서 '황금으로 만든 자동차'는 만들지 않고, 금강제화에서는 '리갈'이라는 멋진 구두는 만들면서 '유리구두'는 만들지 않고, 하나투어에서 '5박 6일 동안의 환상적인 몰디브 여행' 상품은 판매하면서도 '상상을 현실로! 달나라 여행' 상품은 판매하지 않는다. 왜 그럴까?"

서로 모순된 생각을 갖고 있는 수요자(구매자)와 판매자(공급자) 사이에 특정한 상품의 거래가 이루어지는 추상적인 장소가 시장이다. 얼핏 모순된 생각을 가졌는데 어떻게 거래가 가능할까 하는 의문이 들 것이다. 여기서 '모순'의 의미는 수요·공급 법칙에 따라 같은 상품을 보고도 수요자는 가급적 싸게 사려고 하고, 공급자는 가급적 비싸게 팔려고 한다는 의미이며, 이 같은 생각이 담겨 있는 것이 일반적으로 우하향하는 수요곡선과 우상향하는 공급곡선이다. 대개 방향이 서로 반대이기 때문에 두 곡선은 한 점에서 만나게 되며, 그곳에서 시장균형이 달성된다.

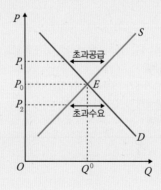

그림의 E점은 수요자의 의사이기도 하고 공급자의 의사이기도 하기 때문에 양자 모두를 만족시킬 수 있다. 즉 수요자는 원하는 가격에 원하는 수량을 살 수 있고, 공급자 역시 원하는 가격에 원하는 수량을 팔 수 있어 더 이상 해결해야 할 문제가 존재하지 않는다. 결국 시장 전체에서 상품의 과·부족이 존재하지 않는 효율적인 자원 배분이 달성되는 것이다.

그런데 이러한 시장 균형 달성에 필요한 수요·공급 법칙을 만족함에도 불구하고 균형에 도달하지 못하는 경우가 존재한다. 다음 그림이 여기에 해당한다.

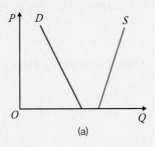
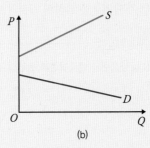

그림 (a)에서는 균형점이 가격이 음(-)의 값일 때 존재하게 된다. 그런데 가격이 음(-)의 값이 될 수 있는가? 가격이 음(-)이라는 것은 공급자가 상품도 주면서 돈도 지불한다는 것인데, 정상인이 사는 세상에서는 있을 수 없는 일이다. 가격은 결코 음(-)이 될 수 없다. 따라서 이 경우 가격은 '0'이 된다. 이러한 경우는 언제든지 수요량 이상을 공급할 수 있을 때 나타나며, 이런 특징을 갖는 상품을 '자유재'라 부른다. 자유재는 수요자의 입장에서 아무런 대가를 지불하지 않아도 얼마든지 원하는 수량만큼 소비할 수 있는 재화이다. 과거 우리 조상님들이 그 맑고 깨끗한 물을 마음대로 소비할 수 있었던 시대를 설명할 수 있는 개념인 것이다.

그런데 요즘은 물조차도 돈을 지불해야 먹을 수 있는 이른바 '경제재'로 그 성격이 바뀌었다. 그 이유는 과거와는 달리 산업화에 따른 환경오염으로 깨끗한 물에 대한 공급이 감소하여, 즉 공급곡선이 왼쪽으로 이동하여 이제는 가격이 양(+)이 되는 수준에서 균형이 달성되기 때문이다. 우리가 주위에서 현대판 '봉이 김선달'을 쉽게 볼 수 있는 이유이다.

그림 (b)에서는 균형점이 수량이 음(-)의 값일 때 존재하게 된다. 그런데 수량이 음(-)의 값이 될 수 있는가? 창고에 재고량이 얼마나 남아 있는가를 조사했을 때, 텅텅 비었다고는 할 수 있어도 "'-100개'가 남아 있다"라고는 하지 않는다. 따라서 이 경우 수량은 '0'이 된다. 즉 이러한 상품이 거래되는 시장이 존재하지 않는다는 것이다.

그 이유는 다음과 같다.

수요곡선의 높이는 주어진 수량을 구입하고자 할 때 지불하고자 하는 최대금액인 수요가격(demand price) 또는 지불용의가격(willingness to pay)이고, 공급곡선의 높이는 주어진 수량을 판매하고자 할 때 받고자 하는 최소한의 금액인 공급가격(supply price)이다. 그런데 이 경우는 공급곡선이 수요곡선보다 항상 위에 존재한다. 이는 공급자가 최소한 받고자 하는 금액이 수요자가 지불하고자 하는 최대한의 금액보다 항상 높다는 것이다. 공급자는 최소 10만 원을 받고자 하는데, 수요자는 5만 원만 지불하겠다고 하면 거래가 될 리 만무하다. 결국 이러한 상품이 거래되는 시장은 아직은 존재하지 않는다. '달나라 여행', '유리구두', '황금자동차' 시장 등이 여기에 해당하는 것이다.

다만 '아직'이라는 표현에 유의하자. 그 이유는 만약 지금부터 125년 후에 지금은 상상할 수 없는 우주 항공 기술이 개발되어 획기적인 생산비 절감이 이루어져서 공급곡선이 오른쪽으로 이동하면, 수량이 양(+)이 되는 수준에서 균형이 달성될 수도 있기 때문이다. 우리의 '손자의 손자 시대'에는 신혼여행을 달의 '고요의 바다'로 가는 시대가 올 수도 있는 것이다.

2) 가격의 기능

(1) **경제활동 지표(indicator) 기능**: 가격은 생산활동과 소비활동의 지표 ⇒ 생산 및 소비 활동을 하는 데 신호 기능을 하거나 유인을 마련한다.

(2) **상품 배분(allocation) 기능**: 가격은 생산된 상품을 자율적으로 배급하는 기능을 담당 ⇒ 인위적인 간섭이 없어도 생산된 상품을 소비자에게 배분 가능해진다.

(3) 앞의 두 가지 기능을 합하여 가격의 매개변수적 기능(parametric function of price)이라고 한다.

희소가격과 과잉가격

1. 희소가격: 골동품이나 예술작품과 관련된 것으로 가격은 수요곡선의 높이에서 결정된다.

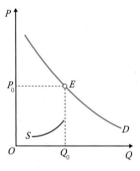

2. 과잉가격: 생선이나 야채와 같이 장기간 저장에 문제가 있어 제한시간 내에 전부 판매해야 하는 재화와 관련된 것으로 공급과잉이 존재할 때 가격은 수요곡선의 높이에서 결정된다.

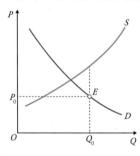

---

② 시장균형의 변동

1) 수요의 변화와 균형의 변동

┌─ 수요의 변화와 균형의 변동 ─────────────────

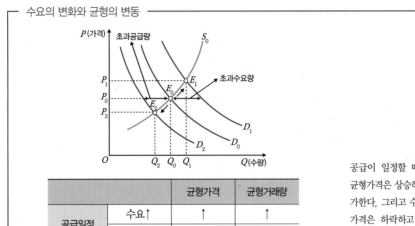

		균형가격	균형거래량
공급일정	수요↑	↑	↑
	수요↓	↓	↓

공급이 일정할 때, 수요가 증가하면 균형가격은 상승하고 균형거래량은 증가한다. 그리고 수요가 감소하면 균형가격은 하락하고 균형거래량은 감소한다.

(1) 공급이 일정할 때 수요가 증가하면 균형가격은 상승하고 균형거래량은 증가

(2) 공급이 일정할 때 수요가 감소하면 균형가격은 하락하고 균형거래량은 감소

2) 공급의 변화와 균형의 변동

┌─ 공급의 변화와 균형의 변동 ─────────────────

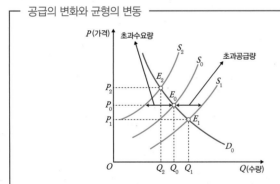

		균형가격	균형거래량
수요일정	공급↑	↓	↑
	공급↓	↑	↓

수요가 일정할 때, 공급이 증가하면 균형가격은 하락하고 균형거래량은 증가한다. 그리고 공급이 감소하면 균형가격은 상승하고 균형거래량은 감소한다.

(1) 수요가 일정할 때 공급이 증가하면 균형가격은 하락하고 균형거래량은 증가

(2) 수요가 일정할 때 공급이 감소하면 균형가격은 상승하고 균형거래량은 감소

3) 수요와 공급이 동시에 변화하는 경우

(1) 수요와 공급이 동시에 변화하는 경우, 균형가격과 균형거래량이 어떻게 변할 것인지는 그 변화 방향이 분명한 변수도 있고 그렇지 못한 변수도 있다.

(2) 정리

수요	공급		
	증가	불변	감소
증가	$P(?), Q(\uparrow)$	$P(\uparrow), Q(\uparrow)$	$P(\uparrow), Q(?)$
불변	$P(\downarrow), Q(\uparrow)$	$P(불변), Q(불변)$	$P(\uparrow), Q(\downarrow)$
감소	$P(\downarrow), Q(?)$	$P(\downarrow), Q(\downarrow)$	$P(?), Q(\downarrow)$

기출확인

다음 글을 읽고 아래 물음에 답하시오.   [2004]

> 경쟁시장에서 가격은 수요와 공급에 의해서 결정된다. 이렇게 결정된 경쟁시장 가격은 자원배분의 효율성을 달성하기 위한 신호기 역할을 한다. 따라서 ㉠ 수요공급의 법칙이나 가격결정 원리에 대한 올바른 이해는 시장경제 원리의 이해를 위해서 필수적이다. 수요곡선이나 공급곡선은 이면에 소비자들의 효용 극대화와 기업의 이윤 극대화 원리를 담고 있다.

㉠과 관련하여 모순처럼 보이는 두 진술, ⓐ '가격이 상승할 때 수요량은 감소한다'와 ⓑ '수요가 감소할 때 가격이 하락한다'가 모순이 아닌 이유를 쓰시오.

분석하기
- ⓐ '가격이 상승할 때 수요량은 감소한다'는 가격과 수요량이 역(-)의 관계를 갖는 '수요의 법칙'에 관한 진술로 다른 모든 조건이 일정할 때 해당 재화의 가격만이 변화할 때 수요곡선을 따라 이동하는 '수요량의 변화(감소)'에 해당한다.
- ⓑ '수요가 감소할 때 가격이 하락한다'는 공급이 일정할 때 수요곡선 자체가 이동하는 '수요의 변화(감소)'의 결과에 관한 진술이다. 따라서 양자 사이에는 모순관계가 존재하지 않는다.

❸ 시장균형의 안정성(stability)

1) 의의

(1) 어떤 교란 요인으로 인해 균형에서 이탈되었을 때, 다시 원래의 균형으로 돌아오려는 경향을 말한다.

(2) 원래의 균형으로 돌아오려는 경향이 있을 때 그 균형은 안정적(ⓐ)이며, 돌아오려는 경향이 없고 오히려 계속 멀어지려 한다면 불안정적(ⓑ)인 것이다.

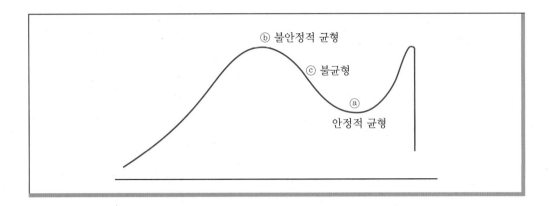

─ 시장균형의 안정성 ─

　　지금 잔잔한 연못에 '돌'을 던졌다고 하자. 돌이 떨어진 곳을 중심으로 '파문'이 생겨 점점 번져가지만 드디어 원래의 잔잔한 모습(시장균형)으로 되돌아가는 것과 같이, 시장경제학은 자유경쟁(완전경쟁)만 보장된다면 시장균형이 존재(원래 잔잔한 모습)하고 또한 시장균형의 안정성(되돌아가는 것)을 보장하게 된다고 믿고 있다.

2) 정적 안정성(static stability)

(1) Walras적 안정성

①경제가 불균형의 상태에 있을 때 "가격"이 변화하여 초과 공급이나 초과수요를 해소시켜 나가는 과정을 의미한다. ⇒ Walras적 가격조정 과정

②균형가격(p^*)보다 높은 가격에서 초과 공급(ES)이 존재하고, 균형가격(p^*)보다 낮은 가격에서 초과 수요(ED)가 존재할 때, 안정적 균형을 이룰 수 있다.

③ Walras적 안정조건의 기하학적 표현

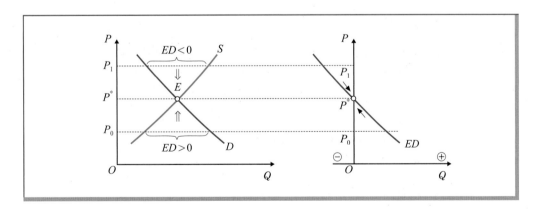

(2) Marshall적 안정성

① 초과수요가격:수요자가 지불하고자 하는 최고 가격을 수요가격(demand price)이라 하고, 공급자가 받고자 하는 최저가격을 공급가격(supply price)이라 할 때, 수요 가격과 공급 가격의 차(excess demand price)를 말한다.

② 시장에 불균형이 존재할 때 "공급량"의 조정에 따라 불균형을 해소시켜가는 과정 (Marshallian adjustment process)을 의미한다. ⇒ Marshall적 수량조정 과정

③ Marshall적 안정성:마샬은 일정량이 생산되어 시장에 공급되어 있다는 전제 하에서 논의를 시작한다. 이에 따라 정(正)의 초과수요가격에서 공급량이 증가하고, 부(負)의 초과수요가격에서 공급량이 감소하게 될 때, 안정적 균형을 이룰 수 있다.

④ Marshall적 안정조건의 기하학적 표현

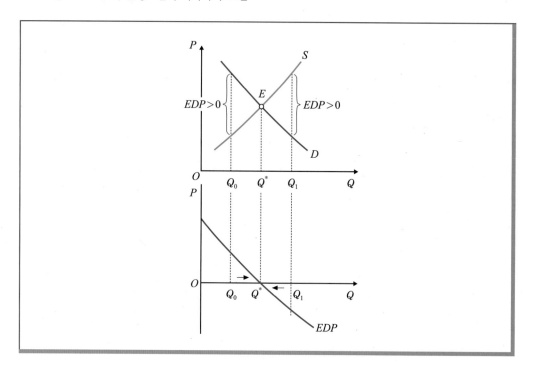

(3) 양자의 비교

① Walras적 조정 과정:초과 수요에 대한 가격의 반응에 비하여 가격에 대한 공급량의 반응이 느린 경우에 이루어짐 ⇒ 주로 수량조정보다는 가격조정이 빠른 농산물 시장에서 나타난다.

② Marshall적 조정 과정:수요량, 공급량 등 수량의 가격에 대한 조정속도는 매우 빠른데 비해, 가격의 수량에 대한 조정 속도는 그렇지 못한 경우에 이루어짐 ⇒ 주로 가격 조정보다는 수량 조정이 빠른 공산품 시장에서 나타난다.

┌─ 조정과정과 거시경제학파 ─

1. Walras적 조정과정 : 가격의 신축성에 따라 모든 시장이 신속하게 균형상태가 된다는 고전학파 이론과 연결될 수 있다.
2. Marshall적 조정 과정 : 유효수요 원리를 전제로 하여 가격 경직성에 따라 수량조정으로 불균형을 해소하고자 하는 케인스 이론과 연결될 수 있다.

MEMO

제7장
수요·공급이론의 응용

수요의 가격탄력성

① 수요의 가격탄력성(price elasticity of demand)의 의의

1) 개념: 한 재화의 가격 변화에 따른 수요량 변화의 정도를 나타내는 척도이다.

2) 측정방법

(1) 수요량의 변화비율을 가격의 변화비율로 나눈 값의 절대치로 측정된다.

(2) 가격과 수요량은 역의 관계에 있으므로 절대치를 취하지 않으면 음(−)의 값이 된다.

가격탄력성(E)의 크기	용어	예
$E = 0$	완전 비탄력적	극히 일부의 의약품, 수요곡선이 수직선의 형태
$0 < E < 1$	비탄력적	상대적 필수재
$E = 1$	단위 탄력적	수요곡선이 직각쌍곡선의 형태
$E > 1$	탄력적	상대적 사치재
$E = \infty$	완전 탄력적	수요곡선이 수평선의 형태

3) 가격탄력성의 결정요인

(1) 대체재의 존재 여부

① 대체재의 수가 많을수록 수요의 가격탄력성은 커지고, 적을수록 탄력성은 작아진다.

② 독점기업일수록 그 기업의 상품에 대한 수요의 가격탄력성이 작고, 경쟁기업일수록 그 기업의 상품에 대한 수요의 가격탄력성이 큰 이유도 바로 이러한 이유 때문이다.

Q&A 재화의 범위와 대체재의 관계는?

재화의 범위를 좁게 정의할수록 대체재를 찾는 것이 쉬워진다. 예컨대 과일의 대체재를 찾는 것은 쉽지 않다. 그러나 과일의 범위를 좁혀 사과의 대체재를 찾는 것은 상대적으로 용이하다. 배, 포도, 복숭아 등등 다양한 과일들을 선택할 수 있기 때문이다.

(2) **재화의 가격수준**

① 재화의 가격이 고가일수록 탄력적이고 저가일수록 비탄력적이다.

② 같은 이유로 재화에 대한 지출이 소득에서 차지하는 비율이 클수록 탄력적이고, 작을수록 비탄력적이다.

(3) **재화의 성질**: 재화가 사치품일수록 상대적으로 탄력적이고, 필수품일수록 상대적으로 비탄력적이다.

(4) **기간**: 가격 변화에 적응하기 위한 기간이 장기일수록 탄력적이고 단기일수록 비탄력적이다.

— 단기탄력성과 장기탄력성 —

가격이 변하면 수요량도 변할 것은 분명한데 수요량 변화의 관찰기간을 어떻게 정하느냐에 따라 수요량 변화의 정도에는 많은 차이가 있을 수 있다. 예컨대 석유 값이 상승하면 석유에 대한 수요량은 감소할 것인데 그 효과는 단기와 장기에 따라 차이가 나타난다.

석유 값이 인상되면 당장은 석유를 사용하는 시설이나 장비들을 그대로 둔 채 석유 사용을 줄여 나갈 수밖에 없을 것이다. 그러나 시간이 흐르면 석유를 많이 사용하는 시설이나 장비를 석유 이외의 에너지원을 사용하는 시설이나 장비로 교체해 나가면서 석유 사용을 줄여 나갈 것이다. 그러므로 석유 가격 상승이 석유 수요량에 미치는 영향은 단기에서보다 장기에 있어서 더 클 것이다. 즉, 가격탄력성은 단기에서보다 장기에 있어서 더 클 것이다. 이것을 르 샤틀리어 원리(Le Chatelier principle)라고 한다.

---

② 수요의 가격탄력성의 유형

1) 호탄력성(arc elasticity)

(1) **의미**: 수요곡선상의 일정구간(AB)에서의 수요의 가격탄력성을 말한다.

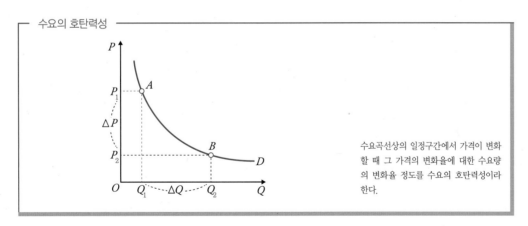

— 수요의 호탄력성 —

수요곡선상의 일정구간에서 가격이 변화할 때 그 가격의 변화율에 대한 수요량의 변화율 정도를 수요의 호탄력성이라 한다.

$$공식: E_P = \left| \frac{수요량의\ 변화율}{가격의\ 변화율} \right| = \left| \frac{\frac{\Delta Q}{Q}}{\frac{\Delta P}{P}} \right| = \left| \frac{\Delta Q}{\Delta P} \cdot \frac{P}{Q} \right|$$

(2) 수정

① 호탄력성을 계산함에 있어서 변화 전의 가격과 수량을 기준으로 하느냐, 아니면 변화 후의 가격과 수량을 기준으로 하느냐에 따라 탄력성의 값이 달라진다.

② 이것을 피하기 위하여 다음과 같은 변화 전의 가격 및 수량과 변화 후의 가격 및 수량의 평균값을 기준으로 하여 탄력성을 구하는 것이 합리적이다.

$$\text{수정된 식: } E_P = \left| \frac{\dfrac{\Delta Q}{(Q_1 + Q_2)/2}}{\dfrac{\Delta P}{(P_1 + P_2)/2}} \right| = \left| \frac{\dfrac{\Delta Q}{(Q_1 + Q_2)}}{\dfrac{\Delta P}{(P_1 + P_2)}} \right|$$

확인 TEST

아래 표의 x, y, z, w는 각각 재화 X, Y, Z, W의 수요곡선상의 점이다. 자료에 따르면 각 점에서 가격이 10원 상승할 때, 각 재화의 수요량은 모두 10단위 감소했다고 한다. 각 점에서의 가격탄력성을 E_x, E_y, E_z, E_w 라고 할 때 대소 관계를 바르게 나타낸 것은?

	x	y	z	w
가격(원)	1,000	1,000	500	500
수량(개)	500	1,000	500	1,000

① $E_x > E_y = E_z > E_w$　　　② $E_y > E_x = E_w > E_z$　　　③ $E_x > E_y > E_z > E_w$

④ $E_w > E_y > E_z > E_x$　　　⑤ $E_w > E_y = E_z > E_x$

해설 ▶ 주어진 문제는 가격의 변화에 따른 호탄력성을 구하는 문제이다. 호탄력성을 구하는 식은 다음과 같다.

$$E_P = -\frac{\text{수요량의 변화율}}{\text{가격의 변화율}} = -\frac{\dfrac{\Delta Q}{Q}}{\dfrac{\Delta P}{P}}$$

$$E_x = -\frac{\dfrac{-10}{500}}{\dfrac{10}{1,000}} = 2, \quad E_y = -\frac{\dfrac{-10}{1,000}}{\dfrac{10}{1,000}} = 1, \quad E_z = -\frac{\dfrac{-10}{500}}{\dfrac{10}{500}} = 1, \quad E_w = -\frac{\dfrac{-10}{1,000}}{\dfrac{10}{500}} = \frac{1}{2}$$

정답 ▶ ①

사례 연구   **폐색가격**

◈ 맥먹로(麥德勞) 햄버서는 현재 가격이 4,000원이고 판매량은 30개이다. 그런데 가격을 5,000원으로 올릴 경우, 수요의 가격탄력성은 '$E_P = 0.8$'이라고 한다. 이를 전제로 한 햄버거의 수요함수에서 폐색가격은? 단, 수요함수는 직선으로 알려져 있다.

⇒ 폐색가격이란 '$Q = 0$'일 때의 가격이다. 결국 가격 절편에서의 가격을 의미한다.

• 수요의 가격탄력성 공식을 이용하여 햄버거 가격이 5,000원인 경우 판매량을 구하면 다음과 같다. 단 여기서 수요의 가격탄력성은 호탄력성이다.

$$E_P = \frac{\Delta Q}{\Delta P} \times \frac{Q}{P} = \frac{\Delta Q}{1,000} \times \frac{4,000}{30} = 0.8 \Rightarrow \Delta Q = 0.8 \frac{30}{4} = 6$$

따라서 '$\frac{\Delta Q}{\Delta P} = \frac{6}{1,000} = \frac{3}{500}$'임을 알 수 있다. 그런데 '$\frac{\Delta Q}{\Delta P}$'은 수요함수 기울기의 역수이다. 이를 전제로 햄버거 수요함수는 다음과 같이 나타낼 수 있다.

$$P = A - \frac{500}{3} \times Q_D$$

• 한편 가격이 4,000원일 때 판매량이 30개이므로 다음 식이 성립한다.

$$4,000 = A - \frac{500}{3} \times 30 \Rightarrow A = 9,000$$

이에 따라 수요함수는 다음과 같다.

• $P = 9,000 - \frac{500}{3} \times Q_D$

• $Q_D = 54 - \frac{3}{500} \times P$

결국 '$Q_D = 0$'인 수준의 폐색가격은 '$P = 9,000$(원)'이 된다.

2) 점탄력성(point elasticity)

(1) 의미

① 수요곡선상의 한 점에서의 수요의 가격탄력성을 말한다.

② 이는 호탄력성의 극한값이며 호탄력성과 달리 분명하게 주어진다.

수요함수를 $Q = f(P)$라고 할 때 공식: $E_P = -\frac{dQ}{dP} \cdot \frac{P}{Q}$

어느 경제의 수요와 공급 함수가 다음과 같다고 가정한다. 이에 대한 분석으로 옳은 것을 [보기]에서 모두 고르면?

[2010]

- 이 경제에서는 수요자가 2명, 공급자가 2명이 존재한다. 단, 수요자와 공급자는 가격 순응자(price taker)로 행동한다.
- 개별 수요함수는 $P=100-2Q$로 동일하고, 개별 공급함수는 $P=20+2Q$로 동일하다(여기서 P는 가격, Q는 수량을 의미한다).

〈 보 기 〉

ㄱ. 시장의 균형가격과 균형거래량은 각각 60, 20이다.
ㄴ. 시장의 균형가격과 균형거래량은 각각 60, 40이다.
ㄷ. 시장의 균형가격과 균형거래량은 각각 120, 20이다.
ㄹ. 시장균형점에서의 수요의 가격탄력성이 탄력적이다.
ㅁ. 시장균형점에서의 수요의 가격탄력성이 비탄력적이다.

① ㄱ, ㄹ
② ㄱ, ㅁ
③ ㄴ, ㄹ
④ ㄴ, ㅁ
⑤ ㄷ, ㄹ

분석하기

동일한 수요곡선과 공급곡선을 갖는 2명의 시장 수요곡선과 공급곡선은 개별 수요함수와 개별 공급함수를 각각 수평으로 합하여 도출된다. 이에 따라 시장 수요곡선과 공급곡선은 다음과 같이 도출된다.

- 개별 수요함수: $P=100-2Q \Rightarrow Q=50-\dfrac{1}{2}P \Rightarrow Q_1^D=50-\dfrac{1}{2}P, \ Q_2^D=50-\dfrac{1}{2}P$
- 시장 수요함수: $Q_M^D=Q_1^D+Q_2^D \Rightarrow Q_M^D=100-P$
- 개별 공급함수: $P=20+2Q \Rightarrow Q=-10+\dfrac{1}{2}P \Rightarrow Q_3^S=-10+\dfrac{1}{2}P, \ Q_4^S=-10+\dfrac{1}{2}P$
- 시장 공급함수: $Q_M^S=Q_3^S+Q_4^S \Rightarrow Q_M^S=-20+P$
- 시장 균형가격과 거래량: $Q_M^D=Q_M^S \Rightarrow 100-P=-20+P \Rightarrow 2P=120 \Rightarrow P=60, \ Q_M=40$
- Q_1^D는 수요자 1의 수요량, Q_2^D는 수요자 2의 수요량, Q_M^D는 시장 수요량, Q_3^S는 공급자 3의 공급량, Q_4^S는 공급자 4의 공급량, Q_M^S는 시장 공급량이다.

- 시장균형점에서의 수요의 가격탄력성(E_P^D)은 다음과 같이 도출된다.

- $E_P^D=\dfrac{dQ_M^D}{dP}\times\dfrac{P}{Q}=-(-1)\times\dfrac{60}{40}=\dfrac{3}{2}>1$

수요의 가격탄력성이 1보다 큰 값이므로 시장균형점에서 수요의 가격탄력성은 탄력적이다.

정답 ③

수요함수 $P=10-Q$에서 $Q=4$, $Q=5$, $Q=6$일때 $e=$?

$Q = 10 - P$이므로 $Q - 4$일 때 $c = \left| \dfrac{dQ}{dP} \cdot \dfrac{P}{Q} \right| - \left| -1 \cdot \dfrac{6}{4} \right| - 1.5$

$Q = 5$일 때 $e = \left| \dfrac{dQ}{dP} \cdot \dfrac{P}{Q} \right| = \left| -1 \cdot \dfrac{5}{5} \right| = 1$

$Q = 6$일 때 $e = \left| \dfrac{dQ}{dP} \cdot \dfrac{P}{Q} \right| = \left| -1 \cdot \dfrac{4}{6} \right| = \dfrac{2}{3}$

$Q = AP^{-\alpha}$인 경우 점탄력성 구하는 방법

1. $\dfrac{dQ}{dP}$를 구한다. 핵심은 $\dfrac{dQ}{dP}$를 미분법으로 구하는 데 있다.

   $\dfrac{dQ}{dP} = -\alpha AP^{-\alpha-1}$

2. $\dfrac{P}{Q}$를 곱한다.

3. $E_P = -\dfrac{dQ}{dP} \cdot \dfrac{P}{Q} = -\left(-\alpha AP^{-\alpha-1} \dfrac{P}{Q}\right) = -\left(-\alpha \dfrac{AP^{-\alpha}}{Q}\right) = -\left(-\alpha \dfrac{Q}{Q}\right) = \alpha$

---

(2) 기하학점 검증

수요의 점탄력성

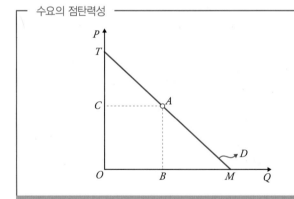

수요곡선상의 한 점에서의 탄력성을 의미하며 이것은 호탄력성의 극한값의 의미를 갖는다.

① A점에서의 기울기: $\dfrac{dP}{dQ} = \dfrac{AB}{BM}$

② A점의 Q: OB

③ A점의 P: $OC = AB$

④ A점의 탄력성: $E_P = \dfrac{dQ}{dP} \times \dfrac{P}{Q} = \dfrac{BM}{AB} \times \dfrac{AB}{OB} = \dfrac{BM}{OB} = \dfrac{AM}{TA} = \dfrac{CO}{TC}$

(3) 점탄력성의 크기

① 수요곡선상의 위치에 따라 그래프에 나타난 것처럼 다르게 측정된다.

- 수요'곡선'의 의의 ────────────

    수요곡선이 직선이면 원칙적으로 수요'직선'이라고 불러야 할 것이다. 그러나 경제학에서는 모든 직선을 곡선과 별도로 구분하지 않고 곡선이라 부른다. 왜냐하면 직선은 결국 곡선의 특수한 형태의 하나이기 때문이다.

- 수요의 점탄력성의 크기 ────────────

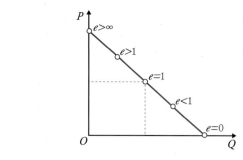

수요곡선이 선형일 경우, 모든 점에서 탄력성 계수 $\left(\dfrac{dQ}{dP}\right)$가 같지만 점탄력성은 $\dfrac{P}{Q}$의 값에 따라 다르게 측정된다. 따라서 수요곡선상의 위치에 따라 모든 점에서의 점탄력성은 다르게 측정된다.

② 그 이유는 수요곡선이 선형일 경우 어느 점에서나 탄력성 계수 $\left(\dfrac{dQ}{dP}\right)$는 동일하지만 $\dfrac{P}{Q}$의 값은 그 위치에 따라 다르기 때문이다.

③ 결국 동일한 수요곡선상에서의 점탄력성의 값은 $\dfrac{P}{Q}$의 값에 따라 결정되는 것이다.

개념 플러스⁺ 점탄력성의 응용

1. 어떤 상품에 대한 두 사람(A, B)의 수요함수가 각각 다음과 같다고 하자.

    $P_A = 100 - Q_A$, $P_B = 100 - 2Q_B$
    이때 $P = 60$이라면, 수요의 가격탄력도는 각각 얼마인가?

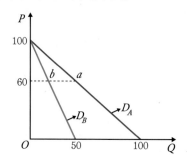

    서로 다른 점이지만 a, b점에서 수요의 가격탄력도는 모두 60/40=1.5이다. 즉 수요곡선이 세로축과 동일한 점에서 출발하는 경우에는 수요곡선의 기울기에 관계없이 동일한 가격에서 수요의 가격탄력도는 모두 같다.

2. 어떤 상품에 대한 두 사람(A, B)의 수요함수가 각각 다음과 같다고 하자.

    $P_A = 80 - Q_A$, $P_B = 100 - 2Q_B$
    이때 $P = 60$이라면 수요의 가격탄력도는 각각 얼마인가?

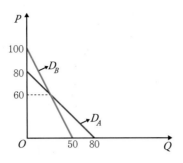

같은 a점이지만 수요곡선에 따라 탄력도는 다르게 측정된다. E_A=20/60=3이 되고, E_B=20/30=1.5가 된다. 즉 세로축의 절편점이 서로 다른 경우에는 수요곡선이 완만할수록 수요의 가격탄력도가 크고, 수요곡선이 가파를수록 수요의 가격탄력도가 작다.

(4) **여러 가지의 점 탄력성**: 다음 세 경우는 모든 점 (Q)에서 탄력성이 일정

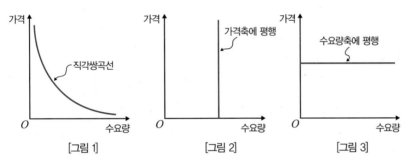

[그림 1]   [그림 2]   [그림 3]

① [그림 1]처럼 수요곡선이 $Q = A/P$인 직각쌍곡선의 형태이면 수요의 점탄력성은 항상 "1"

$Q = A/P$에서 점탄력성은?

$Q = A/P$가 $Q = AP^{-1}$이므로

$$E_P = -\frac{dQ}{dP} \times \frac{P}{Q} = -(-AP^{-2}) \cdot \frac{P}{Q} = \frac{AP^{-1}}{Q} = \frac{Q}{Q} = 1$$

② [그림 2]처럼 수요곡선이 수직선이면 수요의 점탄력성은 항상 "0"

③ [그림 3]처럼 수요곡선이 수평선이면 수요의 점탄력성은 항상 "∞"

부르는 게 값!

"한 유명 경매장에서 전 세계에 단 두 장밖에 없는 우표가 경매되었다. 당연히 그 희귀성과 희소성으로 인해 매우 높은 가격에 한 유태인 A에게 낙찰되었다. 그런데 낙찰된 우표가 A에게 전달되자마자 놀라운 일이 발생했다. A는 우표를 건네받자마자 많은 사람들이 보는 앞에서 찢어버리고 만 것이다. 지혜로운 것으로 따지면 세상에서 손꼽히는 유태인인 그는 왜 그런 바보 같은 짓을 했을까? 그는 정말 바보였던 것일까?" 다른 조건이 일정하다면 시장에서 가격은 상품의 수요와 공급에 의해서 결정된다. 만약 공급곡선이 우상향일 때, 수요가 증가하면 가격은 상승하게 된다. 다만 가격 상승에 따라 공급량도 증가하게 되어 가격 상승의 크기는 상대적으로 작게 나타나게 된다. 그런데 만약 공급곡선이 수직, 즉 공급이 가격에 대하여 완전비탄력적이라면 어떻게 될까? 이러한 경우에는 아무리 수요가 증가한다고 하더라도 공급량은 현재의 존재량 수준에서 일정하기 때문에 수요가 증가할 때마다 증가한 수요곡선의 높이만큼씩 가격은 크게 증가하게 된다.

앞의 이야기에서 유태인 A는 아마도 이러한 가격 결정 원리를 알고 있었나보다. 만약 A가 이제는 한 장밖에 남지 않은 우표의 소유자라면 상황은? 비싼 값을 지불하고 구입한 우표를 스스로 찢어버림으로써 이제 A는 이전에는 두 장 중의 한 장을 소유한 사람이었지만, 이제는 명실상부하게 세상에 한 장밖에 없는 우표를 소유한 사람이 되는 것이다.

이를 그림으로 표시하면 왼쪽 그래프 형태가 되는 것이다. 이제 한 장 남은 우표는 수요가 증가할 때마다 그야말로 '부르는 게 값'이 된다. 언젠가는 찢은 우표 구입 비용보다 훨씬 높은 이익을 얻고서 남은 우표를 팔 수 있을 것이다. 이것을 통해 일반적으로 고려청자나 조선백자와 같은 골동품의 가격이 왜 그리도 비싼지를 설명할 수 있다.

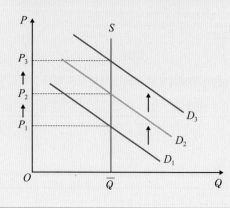

③ 수요의 가격탄력성의 경제적 의의

1) 의미

(1) 수요의 가격탄력성의 크기에 따라 어떤 상품의 가격변동이 거래액에 미치는 효과가 다르다.

(2) 이때 그 거래액은 기업의 입장에서는 그 상품의 총판매수입이 되며, 가계의 입장에서 보면 그 상품에 대한 총지출액이 된다.

2) 가격탄력성과 총지출액

(1) 상품의 가격변동이 기업의 매출액에 미치는 영향

탄력성	가격 하락의 경우	가격 상승의 경우
탄력적($e > 1$)	지출액의 증가	지출액의 감소
단위탄력적($e = 1$)	지출액의 불변 (최고수준)	지출액의 불변 (최고수준)
비탄력적($e < 1$)	지출액의 감소	지출액의 증가

(2) **도해적 설명**: 수요곡선이 직선인 경우에는 탄력성을 도형을 이용하여 구할 수 있으며, 탄력성과 지출액 관계도 간단히 파악할 수 있다.

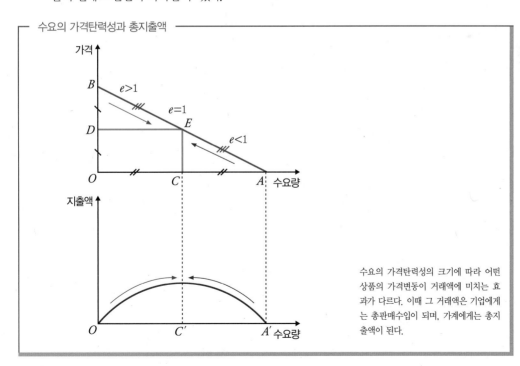

수요의 가격탄력성과 총지출액

수요의 가격탄력성의 크기에 따라 어떤 상품의 가격변동이 거래액에 미치는 효과가 다르다. 이때 그 거래액은 기업에게는 총판매수입이 되며, 가계에게는 총지출액이 된다.

Q&A

김 부장은 출퇴근 시 자가용을 이용한다. 그의 휘발유 소비금액은 월 평균 30만 원이다. 중동 정세의 불안으로 휘발유 가격이 리터당 1,300원에서 1,400원으로 인상되었는데 그의 휘발유 소비금액은 계속 월 평균 30만 원이라고 한다. 김 부장의 휘발유 수요의 가격탄력성은 얼마인가?

 Solution

김 부장의 경우 휘발유 가격의 변화에도 불구하고 총소비액은 동일하다. 이는 가격 변화에 따른 지출액의 변화를 구입량의 변화로 상쇄함을 의미하며 가격의 변화율과 산출량의 변화율이 동일한 단위탄력적임을 의미한다. 즉, 수요의 가격탄력성이 E_P=1일 때 수량의 변화율은 가격의 변화율과 동일하며 가격 변화와 관계없이 재화에 대한 총지출액은 일정하게 된다.

 확인 TEST

어느 재화의 가격이 1천 원에서 1% 상승하면 판매수입은 0.2% 증가하지만, 5천 원에서 가격이 1% 상승하면 판매수입은 0.1% 감소한다. 이 재화에 대한 설명으로 옳은 것은? (단, 수요곡선은 수요의 법칙이 적용된다)

① 가격이 1천 원에서 1% 상승 시, 가격에 대한 수요의 탄력성은 탄력적이다.
② 가격이 5천 원에서 1% 상승 시, 가격에 대한 수요의 탄력성은 비탄력적이다.
③ 가격이 1천 원에서 1% 상승 시, 수요량은 0.2% 감소한다.
④ 가격이 5천 원에서 1% 상승 시, 수요량은 1.1% 감소한다.

해설 ▸
- 어느 재화의 가격이 1천 원에서 1% 상승할 때 판매수입이 0.2% 증가한다는 것은 이 가격에서의 수요의 가격탄력성이 비탄력적이라는 의미이다(①).
- 5천 원에서 가격이 1% 상승할 때 판매수입이 0.1% 감소한다는 것은 이 가격에서의 수요의 가격 탄력성이 탄력적이라는 의미이다(②).
- 판매수입(TR)과 가격 그리고 수요량의 변화율과의 관계를 다음 근사식으로 나타낼 수 있다.

$$TR = P \times Q \Rightarrow \frac{\Delta TR}{TR} \fallingdotseq \frac{\Delta P}{P} + \frac{\Delta Q}{Q}$$
$$\Rightarrow 판매수입변화율(\%) = 가격변화율(\%) + 수요량변화율(\%)$$

- 앞의 식은 각 변수의 변화율이 매우 작은 경우일수록 타당한 결과에 도달할 수 있음을 유의한다.
- 앞의 식을 전제로 각각의 주어진 가격에서 1% 상승하는 경우 수요량의 변화율은 다음과 같이 도출된다.

> - 1천 원: 판매수입변화율(%)=가격변화율(%)+수요량변화율(%) ⇒ 0.2%=1%−0.8%(③)
> - 5천 원: 판매수입변화율(%)=가격변화율(%)+수요량변화율(%) ⇒ −0.1%=1%−1.1%(④)

- 가격이 1천 원에서 1% 상승 시, 수요량은 0.8% 감소한다(③).
- 가격이 5천 원에서 1% 상승 시, 수요량은 1.1% 감소한다(④).

 정답 ▸ ④

기출확인

다음 글에시 기업들이 밑줄 친 것처럼 행동히는 이유는 무엇인가? 공산품에 대한 인식의 차이, 수요의 가격
탄력도(성)와 판매수입 간의 관계를 고려하여 130자 이내로 쓰시오. [2004]

> 인플레이션이 우려될 때, 정부당국은 독·과점적 시장 구조를 갖는 기업들에게 서민 생활과 밀접한 공
> 산품의 가격 인하를 권고하는 경우가 종종 있다. 이때, 정부 당국은 공산품의 가격 인하가 인플레이션
> 억제는 물론 기업들의 판매 수입 증가에도 긍정적인 효과를 미칠 수 있다는 논리를 제시한다. 그러나
> 대다수 기업들은 정부 당국의 그런 논리에 이의(異議)를 제기하며, 공산품의 가격 인하에 부정적인 입
> 장을 표명한다.

분석하기

일반적으로 공산품은 생활필수품이라는 성격이 강한 상품이기 때문에 수요의 가격탄력성이 비탄력
적으로 나타난다. 이에 따라 공산품 가격의 인하는 오히려 기업의 판매수입을 감소시킨다. 이러한
이유로 대부분의 기업은 공산품 가격 인하에 부정적인 태도를 취하게 된다.

가격 변화에 대한 소비자의 반응은?

"민족의 명절인 추석이나 설이 되면 유명 백화점들은 경쟁적으로 '바겐세일'을 한다. 그런데 이렇게 평소보다 더 싸게 판매하는 이유는 무엇일까? 혹시 백화점 광고에서 빠지지 않는 '그동안의 고객 성원에 대해서 감사드립니다!'라는 문구처럼 소비자에 대한 '통큰' 서비스일까? 아니면 뭔가 믿는 구석이 있는 것일까?"

한 재화의 가격 변화율에 대한 수요량 변화율을 수요의 가격탄력성(price elasticity of demand)이라고 하는데, 그 값이 1보다 클 때는 '탄력적', 1일 때는 '단위탄력적', 1보다 작을 때는 '비탄력적', 0일 때는 '완전비탄력적'이라고 한다.

$$수요의 가격탄력성(E_P) = \frac{수요량\ 변화율}{가격\ 변화율}$$

이러한 가격탄력성은 유원지에서 볼 수 있는 망치 놀이기구의 원리로 설명할 수 있다. 놀이기구를 망치로 내려치면 그 힘에 의해 아래에 놓여 있던 공이 위로 튀어올랐다가 내려온다. 그런데 망치로 내려치는 힘이 동일하더라도 놀이기구에 장착된 스프링의 탄성 정도에 따라 공이 올라간 높이가 다를 수 있고, 동일한 스프링이라고 하더라도 내려치는 힘에 따라 공이 올라간 높이가 다를 수 있다. 만약 내려치는 힘을 가격의 변화에 비유하고, 스프링의 탄성 정도를 상품의 종류, 그리고 공이 올라가는 높이를 수요량의 변화 정도로 비유하면 수요의 가격탄력성이 설명될 수 있는 것이다. 만약 내려치는 힘과 관계없이 공이 항상 일정한 높이까지만 올라갔다가 내려온다면 이는 '완전비탄력적'인 현상인 것이다. 예컨대 주유소에서 '가득이요!'를 외치는 소비자는 가격의 변화율과 관계없이 항상 일정한 수량을 주유하고자 하므로 수요량 변화율이 '0'이기 때문에 '완전비탄력적'이고, '5만 원 어치요!'를 외치는 소비자는 가격 변화율만큼 주유량이 변하므로 '단위탄력적'이 된다.

이러한 수요의 가격탄력성은 대체재의 수가 많을수록 커지는데, 그 이유는 대체재가 많으면 상품의 가격이 상승할 때 소비자들이 다른 대체재 중 어느 하나로 그 구매를 쉽게 옮겨 갈 수 있기 때문이다. 독점기업일수록 그 기업의 상품에 대한 수요의 가격탄력성이 작고, 경쟁기업일수록 그 기업의 상품에 대한 수요의 가격탄력성이 큰 이유도 바로 이러한 이유 때문이다. 이것은 독점기업이 생산하는 상품이 상대적으로 고가인 이유를 어느 정도 설명해 준다. 또한 재화에 대한 지출이 소득에서 차지하는 비율이 클수록 탄력적이고, 작을수록 비탄력적이며, 재화가 사치품일수록 탄력적이고, 필수품일수록 비탄력적이다.

또한 가격이 변하면 수요량도 변할 것은 분명한데, 수요량 변화의 관찰 기간을 어떻게 정하느냐에 따라 수요량 변화의 정도에는 많은 차이가 있을 수 있다. 예컨대 석유 값이 상승하면 석유에 대한 수요량은 감소할 것인데 그 효과는 단기와 장기에 따라 차이가 나타난다.

석유 값이 인상되면 당장은 석유를 사용하는 시설이나 장비들을 그대로 둔 채 석유 사용을 줄여 나갈 수밖에 없을 것이다. 그러나 시간이 흐르면 석유를 많이 사용하는 시설이나 장비를 석유 이외의 에너지원을 사용하는 시설이나 장비로 교체해 나가면서 석유 사용을 줄여 나갈 것이다. 그러므로 석유가격 상승이 석유 수요량에 미치는 영향은 단기에서보다 장기에 있어서 더 클 것이다. 즉, 가격탄력성은 단기에서보다 장기에서 더 클 것이다. 이것을 '르 샤틀리에 원리(Le Chatelier principle)'라고 한다.

탄력성	가격 하락의 경우	가격 상승의 경우
탄력적 ($e > 1$)	총수입 증가	총수입 감소
단위탄력적 ($e = 1$)	총수입 불변	총수입 불변
비탄력적 ($e < 1$)	총수입 감소	총수입 증가

여기서 '탄력적'인 경우를 주목해 보자. 가격이 하락했음에도 불구하고 총수입이 증가하고 있다. 이는 가격이 하락했음에도 불구하고 그 하락률보다 판매 증가율이 더 크기 때문이다. 일반적으로 명절 때는 그야말로 '때가 때이니 만큼' 가격을 조금만 내려도 백화점은 북새통이 되기 마련이다. 백화점은 그것을 간파하고 있는 것이다. 그런데 모든 상품에 대해 이처럼 가격 할인 행사를 할까? 천만의 말씀! 과일이나 조기 같은 제수용품이나 선물세트는 오히려 평소 가격보다 높게 판매하는 것이 일반적이다. 왜? 가격이 비싸도 '때가 때이니 만큼' 살 수밖에 없기 때문에, 즉 '비탄력적'이기 때문이다. 표에서 볼 수 있는 것처럼 이러한 경우는 가격을 올리는 것이 대박의 지름길인 것이다. 이렇게 보면 명절 때 백화점 광고에서 흔히 보이는 예쁜 CF 모델의 '그동안 고객 성원에 감사드리며, 고향에 안녕히 다녀오세요!'라는 인사 문구의 진정성이 조금은 떨어질 듯하다.

자! 그럼 생활 속에서 쉽게 찾아볼 수 있는 이러한 수요의 가격탄력성이 반영된 의사결정을 몇 가지 살펴보자.

Q : 우리나라 대학들이 등록금을 내리지 않고 오히려 자꾸 올리기만 하는 이유는?
A : 등록금을 내리지 않아도 대학은 가야 하는 우리의 현실 때문이다.

Q : 동숭동 대학로 극장에서 연극 관람료를 내리지 않는 이유는?
A : 연극을 즐기는 사람들은 주로 '마니아'들이기 때문에 관람료에는 신경을 쓰지 않는다.

Q : 성수기에 콘도미니엄의 사용료가 비수기보다 높은 이유는?
A : 휴가를 보내기 위해서는 이용할 수밖에 없기 때문이다.

Q : 졸업식장 앞에서 팔리는 꽃값이 비정상적으로 비싼 이유는?
A : 이제 곧 졸업식이 시작되어 값이 싼 꽃을 사기위해 양재 도매시장까지 갔다 올 시간적 여유가 없기 때문이다.

결국 가격 변화에 대해서 별로 민감하게 반응하지 않는, 즉 비탄력적인 소비자 머리에는 예쁜 '바가지'를 씌워주고 아주 예민하게 반응하는, 즉 탄력적인 소비자에게는 '통 큰 세일'을 하는 것이 수입을 극대화하는 지름길인 것이다.

수요의 소득탄력성과 교차탄력성

1 수요의 소득탄력성(income elasticity of demand)

1) 의의

(1) 소득의 변화에 대한 수요 변화의 정도를 측정하는 척도이다.

(2) 수요량의 변화율을 소득의 변화율로 나눈 값으로 측정한다.

$$\text{수요의 소득탄력성 } (E_I) = \frac{dQ}{dI} \times \frac{I}{Q} \text{ (단, } I\text{: 소득)}$$

2) 소득탄력성에 따른 재화의 분류

정상재	$E_I > 0$	소득이 증가하면 재화의 수요가 증가함	$0 < E_I < 1$ 필수재
			$E_I > 1$ 사치재
열등재	$E_I < 0$	소득이 증가하면 재화의 수요가 감소함	
중립재	$E_I = 0$	소득이 증가하여도 수요가 불변함	

확인 TEST

어떤 사람이 소득 수준에 상관없이 소득의 절반을 식료품 구입에 사용한다. 〈보기〉 중 옳은 것을 모두 고르면?

〈 보 기 〉

ㄱ. 식료품의 소득 탄력성의 절댓값은 1보다 작다.
ㄴ. 식료품의 소득 탄력성의 절댓값은 1이다.
ㄷ. 식료품의 가격 탄력성의 절댓값은 1보다 크다.
ㄹ. 식료품의 가격 탄력성의 절댓값은 1이다.

① ㄱ, ㄷ   ② ㄱ, ㄹ   ③ ㄴ, ㄷ   ④ ㄴ, ㄹ

해설 • 소득 수준에 상관없이 소득의 절반을 지출하는 경우를 식으로 나타내면 다음과 같다.

$$P \times Q = \frac{1}{2} \times I \Rightarrow Q = \frac{1}{2} \times I \times P^{-1} \text{(여기서 } P\text{는 가격, } Q\text{는 수량, } I\text{는 소득이다.)}$$

• 수요함수가 유리함수 형태로 주어지는 경우 특정 변수(소득, 가격 등)의 지수가 곧 그 변수의 탄력성이다.
• 식료품에 대한 소득탄력성과 가격탄력성의 절대치는 모두 '1'이 된다.

정답 ④

정상재와 열등재란?

"한때 가난에 찌들었던 때 '검정 고무신'을 신던 사람은 '흰 고무신'을 신고 싶다는 소박한 꿈을 꾸었다. 그러다가 막상 생활의 여유가 생겨 흰 고무신을 신게 되면 '운동화'를 신고 싶다는 꿈으로 바뀌곤 했다. 그리고 보면 똑같은 상품이라고 해도 소득이 변화할 때마다 소비자가 바라보는 시각이 달라지나 보다. 이것은 무슨 의미일까?"

1인당 국민소득이 80달러를 겨우 넘을 정도로 경제적으로 빈곤했던 1960년대 초 우리나라에서는 '보릿고개'로 대표되는 가난한 시절이 있었다. 이러한 보릿고개처럼 가난의 상징으로 자주 얘기되는 것이 어떤 방송국의 애니메이션 제목으로 쓰인 '검정 고무신'이다. 그 당시에 표면 코팅 기술이 없어서인지 맨발로 한 번 신고 집에 돌아와 신발을 벗으면 마치 검은 양말을 신은 것처럼 까만 기름때가 발에 선명하게 남아 있곤 했다. 그때마다 '흰 고무신 좀 신어봤으면!' 하는 바람이 무럭무럭 일어났다. 그런데 막상 '흰 고무신'을 신다 보면 자주 찢어지다 보니 튼튼한 운동화를 신고 싶어 하게 되었다. 이러한 생각의 변화는 살림살이가 나아지는 순서에 따라 생긴 현상이었다.

이러한 변화는 식생활에서도 볼 수 있다. 소득 수준이 매우 낮은 가정에서는 이른바 '꽁보리밥'이 주식이 되어 '고깃국에 쌀밥'을 먹어보는 것이 소원이었던 시절이 있었다. 그런데 소득수준이 250배나 높아진 요즈음에는 이른바 '웰빙' 열풍을 타고 쌀 소비량이 오히려 과거보다 감소하고 보리밥을 찾는 사람들이 더욱 늘어나는 기현상이 벌어지고 있다. 무슨 일일까?

소득이 증가함에 따라 수요가 증가하는 재화를 정상재라고 하며, 오히려 소득 증가가 수요의 감소를 가져오는 재화를 열등재라고 한다. 이러한 정보를 알려주는 개념이 수요의 소득탄력성(income elasticity of demand)이다. 이러한 소득 탄력성은 다음과 같이 측정된다.

$$\text{수요의 소득탄력성}(E_I) = \frac{\text{수요량 변화율}}{\text{소득 변화율}}$$

여기서 측정된 값으로 재화는 다음과 같이 분류된다.

정상재	$E_I > 0$	소득이 증가하면 재화의 수요가 증가함
열등재	$E_I < 0$	소득이 증가하면 재화의 수요가 감소함
중립재	$E_I = 0$	소득이 증가하여도 수요가 불변함

위 표에서 탄력성의 값이 양(+), 음(−)이라는 것은 분모와 분자에 있는 변수의 변화 방향이 같은가(+), 다른가(−)를 나타낸다. 이에 따르면 일단 검정 고무신과 보리밥은 열등재, 흰 고무신과 쌀밥은 정상재로 분류될 수 있다. 그런데 소득 증가로 생활 수준이 나아짐에 따라 이제는 오히려 흰 고무신과 쌀밥이 열등재의 모습을 보이고, 운동화와 보리밥이 정상재의 모습을 보이고 있다. 이는 열등재와 정상재의 구분에는 절대적인 기준이 없다는 것을 의미한다. 즉 같은 상품임에도 불구하고 상황에 따라 열등재가 될 수도 있고 정상재가 될 수도 있다는 것이다.

그런데 반드시 이러한 논리로만 설명할 수 없는 경우도 있다. 예를 들어 1960년대 초만 하더라도 '무자식이 상팔자'라는 속담에도 불구하고 가구당 자녀 수가 4·5명이 일반적이었는데, 최근에는 가구당 평균 자녀 수가 2명도 채 안 되는 현상이다. 즉 자녀에 대한 수요는 소득 증가에 따라 오히려 감소하고 있는 것이다. 그렇다면 자녀는 열등재인가? 정답은 '아니다'이다. 어떤 부모가 자녀를 열등재로 생각하겠는가?

경제 이론에서 어떤 개념을 설명할 때는 다른 모든 조건이 일정한 상태에서 어떤 한 변수가 변화한 결과만을 가지고 설명한다. 따라서 열등재 여부에 대한 설명 역시 다른 모든 조건이 일정한 상태에서 오직 '소득'의 변화만을 가지고 이루어지는 것이다. 그런데 실제 1960년대 이후에는 이러한 소득만이 아니라 여러 가지 사회적인 요인의 급격한 변화가 나타났다. 그중에 가장 대표적인 변화의 하나는 여성의 높은 경제활동 참여도이다. 이에 따라 경제 활동에 참여하고 있는 여성은 자녀 보육과 직장 생활 병행의 어려움으로 인해 점차 출산을 기피하게 되었다. 그 결과 자녀 수가 감소한 것이다. 따라서 이러한 요인을 도외시한 상태에서 단순하게 소득 수준의 증가로 자녀 수가 감소했다는 이유로 자녀를 열등재로 이해해서는 안 되는 것이다. 무엇보다 자녀는 '상품'이 아니다.

기출확인

다음을 읽고, 〈작성방법〉에 따라 서술하시오.

[2024]

경제학에서 상품 가격 변화와 수요량 변화 사이에서 나타나는 역(−)의 관계를 ⊙ 수요의 법칙이라고 하는데, 이 법칙은 상품의 가격 변화가 소비자들에게 어떠한 영향을 주는지를 분석하는 과정을 통해 설명할 수 있다.

예를 들어 X재와 Y재만을 소비하는 사람이 있다고 하자. 다른 조건이 일정한 상황에서 X재의 가격이 하락하면, 상대적으로 가격이 낮아진 X재의 소비를 늘리고 Y재의 소비를 줄여 기존의 효용을 유지하고자 할 것인데 이를 대체효과라고 한다. 한편 X재의 가격이 변화하면 이전과 동일한 소득으로 구입할 수 있는 X재와 Y재의 수량이 달라지는데, 이는 실질소득의 변동으로 인한 효과이다. 이러한 실질소득 변화가 상품 수요에 미치는 영향을 소득효과라고 한다.

대체효과는 어느 한 재화의 가격과 수요량이 항상 반대로 움직이도록 작용하지만, 소득효과는 수요의 소득탄력성에 따라 방향과 크기가 달라진다. 필수재나 사치재와 같이 소득탄력성이 양(+)의 값을 가지는 재화를 (ⓒ)(이)라고 하는데, 이 경우 가격이 낮아질 때 수요량이 증가하고 가격이 높아질 때 수요량이 감소하는 수요의 법칙을 설명할 수 있다. 한편, 음(−)의 소득탄력성 값을 가지는 재화를 (ⓒ)(이)라고 하는데, 이 중 ⓔ 가격이 하락하는데도 수요량이 줄어드는 특성을 가진 재화를 기펜재라고 한다.

─〈작 성 방 법〉─

- 괄호 안의 ⓒ, ⓒ에 해당하는 용어를 순서대로 쓸 것.
- 밑줄 친 ⊙을 '대체효과'와 '소득효과'를 포함하여 서술할 것.
- 밑줄 친 ⓔ이 나타난 이유를 '대체효과'와 '소득효과'를 포함하여 서술할 것.

분석하기

- ⓒ : 정상재, ⓒ : 열등재
- ⊙ : 대체효과는 한 재화의 가격과 수요량이 항상 반대로 작용한다. 이때 대체효과와 소득효과 모두 가격과 수요량이 반대로 작용하는 경우(정상재)는 물론이고 대체효과가 가격과 수요량이 같은 방향으로 작용하는 소득효과보다 큰 경우(기펜재가 아닌 열등재)와 같이 가격과 수요량이 역(−)의 관계가 성립하는 현상을 수요의 법칙이라고 한다.
- ⓔ : 가격이 하락할 때 수요량이 증가하는 대체효과에 비해 가격이 하락할 때 수요량이 오히려 감소하는 소득효과가 더 크기 때문이다.

② 수요의 교차탄력성(cross elasticity of demand)

1) 의의

(1) 한 상품의 수요가 다른 관련 상품의 가격변화에 반응하는 정도를 측정하는 척도이다.

(2) 이는 해당상품의 수요량 변화율을 그것에 영향을 미친 다른 상품의 가격 변화율로 나눈 값으로 측정한다.

$$\text{수요의 교차탄력성 } (E_{XY}) = \frac{X\text{재 수요의 변화율}}{Y\text{재 가격의 변화율}} = \frac{\Delta Q_X}{\Delta P_Y} \times \frac{P_Y}{Q_X}$$

2) 교차탄력성에 따른 재화의 분류

대체재	$E_{XY} > 0$	Y재 가격이 상승하면 X재 수요가 증가: 콜라와 사이다
보완재	$E_{XY} < 0$	Y재 가격이 상승하면 X재 수요가 감소: 맥주와 안주
독립재	$E_{XY} = 0$	Y재 가격이 상승하여도 X재 수요가 불변: 소주와 컴퓨터

일반적으로 교차탄력성의 성질의 부호가 양(+)이면 두 재화는 대체재, 성질의 부호가 음(−)이면 두 재화는 보완재이다. 그런데 이러한 판단은 한 재화의 가격 변화가 매우 큰 경우에는 무너지게 된다. 만약 콜라의 가격이 50%만큼 하락하게 되면, 소비자의 실질소득의 증가가 사이다의 소비 증가도 가져올 수 있는 것이다. 그 결과 교차탄력성의 성질의 부호는 음(−)이 될 수 있다. 이에 따라 두 재화는 보완재가 되어, 두 재화를 대체재로 분류해 왔던 전통적인 관점은 무너지게 되는 것이다.

기출확인

어떤 소비자의 상품 X에 대한 수요함수가 다음과 같이 표시된다고 가정하자. 이와 관련된 다음 물음에 답하시오.

[1999]

- $Q_X = f(P_X, P_Y, I) = 100 - \frac{1}{2}P_X + \frac{1}{3}P_Y + \frac{1}{4}I$
- 단, Q_X는 상품 X에 대한 수요량, P_X는 상품 X의 가격, P_Y는 상품 Y의 가격, I는 소비자의 소득이다.

$P_X = 100$, $P_Y = 60$, $I = 200$일 때, X재의 소득탄력성 및 교차탄력성을 구하시오.

분석하기
- 주어진 조건들을 수요함수에 대입하면 $Q_X = 120$이 도출된다.
- 소득탄력성(E_I)

$$E_I = \frac{dQ_X}{dI} \times \frac{I}{Q_X} = \frac{1}{4} \times \frac{200}{120} = \frac{5}{12}$$

- 교차탄력성(E_{XY})

$$E_{XY} = \frac{dQ_X}{dP_Y} \times \frac{P_Y}{Q_X} = \frac{1}{3} \times \frac{60}{120} = \frac{1}{6}$$

주요 공공교통수단인 시내버스와 지하철의 요금은 지방정부의 통제를 받는다. 지하철 회사가 지하철 수요의 탄력성을 조사해 본 결과, 지하철 수요의 가격탄력성은 1.2, 지하철 수요의 소득탄력성은 0.2, 지하철 수요의 시내버스 요금에 대한 교차탄력성은 0.4인 것으로 나타났다. 앞으로 지하철 이용자의 소득이 10% 상승할 것으로 예상하여, 지하철 회사는 지방정부에 지하철 요금을 5% 인상해 줄 것을 건의하였다. 그런데, 이 건의에는 시내버스의 요금 인상도 포함되어 있었다. 즉 지하철 수요가 요금 인상 전과 동일한 수준으로 유지되도록 시내버스 요금의 인상을 함께 건의한 것이다. 이때 지하철 요금인상과 함께 건의한 시내버스 요금의 인상 폭은 얼마인가?

① 3%   ② 5%   ③ 8%   ④ 10%   ⑤ 15%

해설 ▶ 지하철 수요의 소득탄력성이 0.2이므로 지하철 이용자의 소득이 10% 상승함에 따라 지하철의 수요는 2%만큼 증가하게 된다. 또한 지하철 수요의 가격탄력성이 1.2이므로 지하철 요금이 5% 상승하면 지하철 수요는 6%만큼 감소한다. 그 결과 지하철 전체 수요는 4%만큼 감소하게 된다. 결국 지하철 수요가 요금 인상 전과 동일한 수준으로 유지되기 위해서는, 지하철 수요를 4%만큼 증가시킬 수 있는 지하철과 대체 관계에 있는 시내버스 요금 인상이 필요하다. 따라서 이를 위해서는 지하철 수요의 시내버스 요금에 대한 교차탄력성이 0.4이므로 시내버스 요금은 10% 인상이 필요하다.

정답 ▶ ④

Theme 31 공급의 가격탄력성

① 공급의 가격탄력성(price elasticity of supply)의 의의

1) 개념

(1) 한 상품의 가격이 변화하면 그 상품의 공급량이 변화하는데, 그 변화의 정도를 측정하는 척도이다.

(2) 공급량의 변화율을 가격의 변화율로 나눈 값으로 측정한다.

(3) 공급의 경우에는 수요의 경우와 달리 가격탄력성 이외의 탄력성은 경제학에서 사용되지 않는다.

가격탄력성(E)의 크기	용어	예
$E = 0$	완전비탄력적	골동품과 단기에 토지, 공급곡선이 수직선의 형태
$0 < E < 1$	비탄력적	농산물, 공급곡선이 수량축을 통과하는 직선
$E = 1$	단위탄력적	공급곡선이 기울기와 관계없이 원점을 통과하는 직선
$E > 1$	탄력적	공산품, 공급곡선이 가격축을 통과하는 직선
$E = \infty$	완전탄력적	공급곡선이 수평선의 형태

2) 가격탄력성의 결정요인

(1) 유휴자본 및 노동이 존재하여 임금 및 지대, 자본가격의 큰 상승이 없이 추가적 생산이 가능한 경우일수록 공급의 가격탄력성은 커지게 된다.

(2) 산업에의 진입과 탈퇴가 자유로운 경우, 즉 고정자본의 규모가 작거나 진입의 장애가 없는 경우일수록 공급의 탄력성이 커지게 된다.

② 공급의 가격탄력성의 유형

1) 호탄력성(arc elasticity)

(1) **의미:** 공급곡선상의 일정구간(AB)에서의 공급의 가격탄력성을 말한다.

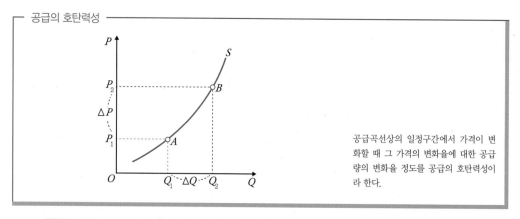

공급의 호탄력성

공급곡선상의 일정구간에서 가격이 변화할 때 그 가격의 변화율에 대한 공급량의 변화율 정도를 공급의 호탄력성이라 한다.

$$\text{공식: } E_s = \frac{\text{공급량의 변화율}}{\text{가격의 변화율}} = \frac{\dfrac{\Delta Q}{Q}}{\dfrac{\Delta P}{P}} = \frac{\Delta Q}{\Delta P} \times \frac{P}{Q}$$

(2) **수정**

① 호탄력성을 계산함에 있어서 변화 전의 가격과 수량을 기준으로 하느냐, 아니면 변화 후의 가격과 수량을 기준으로 하느냐에 따라 탄력성의 값이 달라진다.

② 이것을 피하기 위하여 다음과 같은 변화 전의 가격 및 수량과 변화 후의 가격 및 수량의 평균값을 기준으로 하여 탄력성을 구하는 것이 합리적이다.

$$\text{수정된 식: } E_s = \frac{\dfrac{\Delta Q}{(Q_1 + Q_2)/2}}{\dfrac{\Delta P}{(P_1 + P_2)/2}} = \frac{\dfrac{\Delta Q}{(Q_1 + Q_2)}}{\dfrac{\Delta P}{(P_1 + P_2)}}$$

2) 점탄력성(point elasticity)

(1) **의미**

① 공급곡선상의 한 점에서의 공급의 가격탄력성을 말한다.

② 이는 호탄력성의 극한값이며 호탄력성과 달리 분명하게 주어진다.

$$\text{수요함수를 } Q = f(P)\text{라고 할 때 공식: } E_s = \frac{dQ}{dP} \times \frac{P}{Q}$$

(2) 기하학적 검증

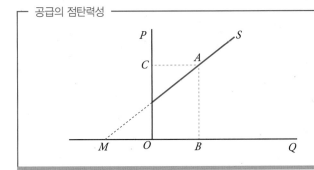

─ 공급의 점탄력성 ─

공급곡선상의 한 점에서의 탄력성을 의미하며 이것은 호탄력성의 극한값의 의미를 갖는다.

① A점의 기울기: $\dfrac{dP}{dQ} = \dfrac{AB}{MB}$

② A점의 Q: OB

③ A점의 P: $OC = AB$

④ A점의 탄력성: $ES = \dfrac{dQ}{dP} \times \dfrac{P}{Q} = \dfrac{MB}{AB} \times \dfrac{AB}{OB} = \dfrac{MB}{OB}$

(3) 직선인 공급곡선의 탄력성

공급탄력성	공급곡선의 형태	그림	탄력성의 계산
$\varepsilon = 1$	원점을 지난다	[그림 1]	$\varepsilon = \dfrac{OA}{OB} \times \dfrac{OB}{OA} = 1$
$\varepsilon > 1$	가격축과 만난다	[그림 2]	$\varepsilon = \dfrac{AC}{OB} \times \dfrac{OB}{OA} > 1$
$\varepsilon < 1$	수량축과 만난다	[그림 3]	$\varepsilon = \dfrac{AC}{OB} \times \dfrac{OB}{OA} = \dfrac{AC}{OA} < 1$
$\varepsilon = 0$	수직이다	[그림 4]	
$\varepsilon = \infty$	수평이다	[그림 5]	

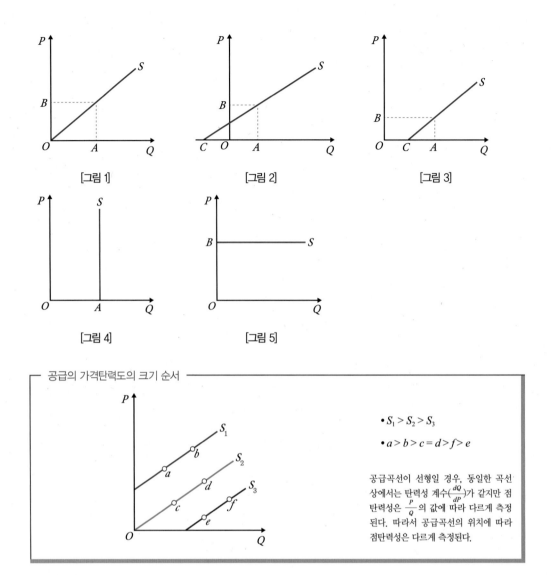

[그림 1] [그림 2] [그림 3]

[그림 4] [그림 5]

공급의 가격탄력도의 크기 순서

- $S_1 > S_2 > S_3$
- $a > b > c = d > f > e$

공급곡선이 선형일 경우, 동일한 곡선 상에서는 탄력성 계수($\frac{dQ}{dP}$)가 같지만 점탄력성은 $\frac{P}{Q}$의 값에 따라 다르게 측정된다. 따라서 공급곡선의 위치에 따라 점탄력성은 다르게 측정된다.

Theme

32 소비자 잉여와 생산자 잉여

① 소비자 잉여(consumer surplus)의 의의

1) 개념

(1) 소비자 잉여란 소비자가 그 재화가 없이 지내느니 차라리 기꺼이 지불할 용의가 있는 가격이 실제로 그가 지불한 가격을 초과하는 부분을 말한다.

(2) 상품 각 단위에 대한 수요가격과 시장가격과의 차액을 전 거래량에 걸쳐 합계한 것을 말한다.

2) 도해적 설명: 소비자 잉여$(P_0 P_E E)$ = 수요가격의 총계$(OP_0 EQ_E)$ − 실제 지불 금액$(OP_E EQ_E)$

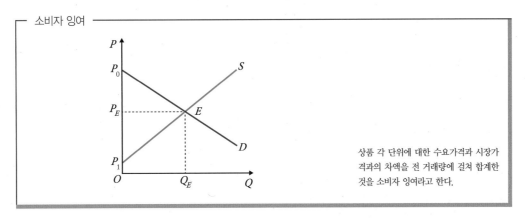

소비자 잉여

상품 각 단위에 대한 수요가격과 시장가격과의 차액을 전 거래량에 걸쳐 합계한 것을 소비자 잉여라고 한다.

Q&A 수요의 가격탄력성과 소비자 잉여의 관계는?

　수요의 가격탄력성이 클수록(균형점을 중심으로 완만하게 회전이동 할수록) 소비자 잉여는 작아지며, 수요의 가격탄력성 완전탄력적인 경우(수요곡선이 수평인 경우) 소비자 잉여는 0이 된다. 반면에 수요의 가격탄력성이 작을수록(균형점을 중심으로 가파르게 회전이동 할수록) 소비자 잉여는 커지며, 수요의 가격탄력성이 완전비탄력적인 경우(수요곡선이 수직인 경우) 소비자 잉여는 무한대가 된다. 단 공급곡선이 불변인 경우에는 수요의 가격탄력성이 어떠한 경우이든(기울기가 어떠한 경우이든) 생산자 잉여는 불변이다.

② 생산자 잉여(producer surplus)의 의의

1) 개념: 상품 각 단위에 대한 시장가격과 공급가격과의 차액을 전 거래량에 걸쳐 합계한 것을 말한다.

2) 도해적 설명: 생산자 잉여$(P_1 P_E E)$ = 실제 수입$(OP_E EQ_E)$ − 공급가격의 총액$(OP_1 EQ_E)$

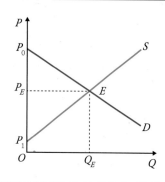

생산자 잉여

상품 각 단위에 대한 시장가격과 공급가격과의 차액을 전 거래량에 걸쳐 합계한 것을 생산자 잉여라고 한다.

 공급의 가격탄력성과 생산자 잉여의 관계는?

공급의 가격탄력성이 클수록(균형점을 중심으로 완만하게 회전이동 할수록) 생산자 잉여는 작아지며, 공급의 가격탄력성이 완전탄력적인 경우(공급곡선이 수평인 경우) 생산자 잉여는 0이 된다. 반면에 공급의 가격탄력성이 작을수록(균형점을 중심으로 가파르게 회전이동 할수록) 생산자 잉여는 커지며, 공급의 가격탄력성이 완전비탄력적인 경우(공급곡선이 수직인 경우) 생산자 잉여는 무한대가 된다. 단 수요곡선이 불변인 경우에는 공급의 가격탄력성이 어떠한 경우이든(기울기가 어떠한 경우이든) 소비자 잉여는 불변이다.

 생산자 잉여와 이윤의 차이는?

개별공급곡선 하단의 면적인 OP_1EQ_E는 개별 기업의 한계비용을 모두 더한 것이다. 이 면적의 의미는 한계비용곡선이 단기곡선인지 아니면 장기곡선인지에 따라 달라진다. 단기에서 총비용은 총가변비용과 총고정비용으로 구성되는데, 한계비용은 총비용의 증가분인 동시에 총가변비용의 증가분이 된다. 총고정비용은 한계비용에 영향을 미치지 않기 때문에 한계비용을 모두 더하면 총가변비용이 된다. 따라서 단기에서 생산자 잉여는 총수입에서 총가변비용을 제외한 크기가 되며, 다시 총고정비용을 제외하면 이윤과 같게 된다. 장기에서는 고정비용이 없기 때문에 한계비용을 모두 더하면 총비용이 된다. 따라서 장기에서는 생산자 잉여가 곧 총이윤의 크기가 된다.

- 총이윤 = 총수입 − 총비용(= 총고정비용 + 총가변비용)
- 생산자 잉여 = 총수입 − 총가변비용 = 총이윤 + 총고정비용

$\Big]$⇒ 총이윤 ≤ 생산자 잉여

3) 사회적 총 잉여: 소비자 잉여 + 생산자 잉여

= (전체 소비자가 평가하는 총가치 − 전체 소비자의 실제 지불액)

　 + (전체 생산자의 실제 수입액 − 상품생산의 기회비용)

= 전체 소비자가 평가하는 총가치 − 상품생산의 기회비용

= 수요가격의 합 − 공급가격의 합 = P_0P_1E

 자원의 최적 배분이란?

시장이 균형을 이루는 수준에서 사회적 총잉여는 극대화된다. 시장이 균형을 이룰 때 시장가격(P)은 공급가격의 크기와 같은 한계비용(MC)과 일치한다. 결국 '$P=MC$'가 자원이 가장 효율적으로 배분되는 조건인 것이다. 만약 시장 균형 생산량 수준에서 과소생산 또는 과잉 생산이 이루어지면 사회적 총잉여가 감소하게 되어 자원이 비효율적으로 배분된다.

과소 생산이 이루어지는 경우(⇒ 최고가격, 조세 부과, 독점 시장, 외부불경제 등이 존재하는 경우)

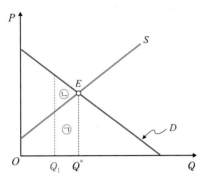

생산량이 최적수준인 Q^*에서 Q_1으로 감소하게 되면 공급자의 생산비용(=공급곡선의 높이인 한계비용의 누적적 합)은 ㉠만큼 감소하지만, 동시에 수요자의 총편익(=수요곡선의 높이인 한계편익의 누적적 합)이 '㉠+㉡'만큼 감소하게 되어 결국 사회적 총잉여는 ㉡만큼 감소하게 된다.

과잉 생산이 이루어지는 경우(⇒ 최저가격, 보조금 지급, 외부경제 등이 존재하는 경우)

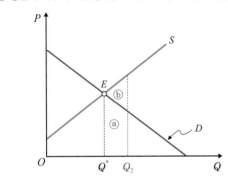

생산량이 최적수준인 Q^*에서 Q_2로 증가하게 되면 수요자의 총편익(=수요곡선의 높이인 한계편익의 누적적 합)은 ⓐ만큼 증가하지만, 동시에 공급자의 생산비용(=공급곡선의 높이인 한계비용의 누적적 합)이 'ⓐ+ⓑ'만큼 증가하게 되어 결국 사회적 총잉여는 ⓑ만큼 감소하게 된다.

기출확인

다음 X재 시장에서 시장 전체의 소비자 잉여는 얼마인지 쓰시오.   [2014]

- 시장 수요: 소비자 1인의 수요는 $q^d = 8 - P$이다. 시장에는 수요가 동일한 300명의 소비자가 존재한다. 시장 수요는 각 개별 소비자 수요의 합이다.
- 시장 공급: 생산자 1인의 공급은 $q^s = P$이다. 시장에는 공급이 동일한 100명의 생산자가 존재한다. 시장 공급은 각 개별 생산자 공급의 합이다.

(여기서, q^d는 소비자 1인의 수요, q^s는 생산자 1인의 공급, P는 시장 가격을 나타내며 수량의 단위는 개, 가격의 단위는 달러이다.)

분석하기

- 개별 수요함수가 동일하므로 시장 전체의 수요함수는 개별수요함수를 소비자의 수만큼 수평으로 합하여 도출할 수 있다. 따라서 다음과 같이 도출된다.

$$q^d = 8 - P(개별 수요함수) \Rightarrow Q^D = 2,400 - 300P(시장 전체 수요함수)$$

- 개별 공급함수가 동일하므로 시장 전체의 공급함수는 개별공급함수를 생산자의 수만큼 수평으로 합하여 도출할 수 있다. 따라서 다음과 같이 도출된다.

$$q^s = P\text{(개별 공급함수)} \Rightarrow Q^S = 100P\text{(시장 전체 공급함수)}$$

- 앞에서 도출된 경제 전체의 수요함수와 공급함수를 연립해서 풀면 시장 균형가격은 '$P=6$(달러)', 시장 균형거래량은 '$Q=600$'이 된다.
- 앞의 결과를 그림으로 나타내면 색칠한 부분인 시장 전체의 소비자 잉여를 구할 수 있다.

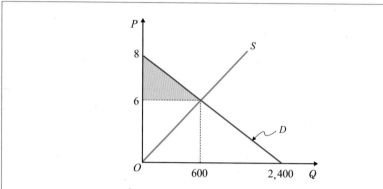

- 소비자 잉여: $2 \times 600 \times \dfrac{1}{2} = 600$(달러)

사례 연구 가격 하락과 소비자 잉여

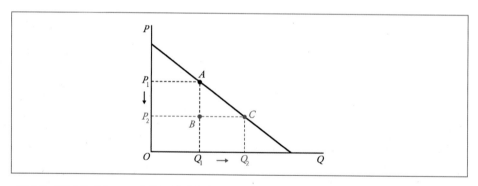

그림에서 가격이 P_1에서 P_2로 하락할 때, 다음과 같은 두 가지 측면에서 소비자 잉여의 변화가 나타난다.

첫째, 이전에 비해 낮은 가격을 지불할 수 있게 됨으로써 증가하는 소비자 잉여이다. 그림에서 Q_1까지의 소비량은 이전에는 P_1의 가격을 지불하고 소비했던 수량이다. 그러나 지금은 이보다 낮은 P_2의 가격만으로도 소비가 가능해졌다. 이에 따라 가격 하락 전에 비해 사각형 P_1ABP_2만큼의 소비자 잉여가 증가하게 되었다.

둘째, 가격이 P_1에서 P_2로 하락함으로써 이전에 비해 소비량이 Q_1에서 Q_2로 증가하였고, 이에 따라 삼각형 ABC만큼의 소비자 잉여가 추가적으로 증가하게 되었다.

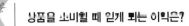

상품을 소비할 때 얻게 되는 이익은?

"다인과 다슬이는 졸업식 때 신을 구두를 사기 위해 함께 은광제화점에 갔다. 그런데 두 사람 모두 마음에 드는 구두가 한 켤레가 10만 원이었다. 다인은 그 구두가 너무 마음에 들어 한 켤레를 구입했고, 다슬이는 마음에는 들지만 너무 비싸다고 생각해서 사지 않았다. 다음날 우연히 은광제화점을 지나가던 다슬이는 어제 그 구두가 할인을 해서 한 켤레에 8만 원에 판매되고 있자 기쁜 마음으로 두 켤레나 구입하였다. 두 사람 중에서 누가 더 많은 이익을 얻었을까?"

소비자가 일정한 수량을 구입할 때 기꺼이 지불하고자 하는 최대금액(수요가격)이 실제로 시장에서 지불한 금액보다 클 때 그 초과분을 소비자 잉여(consumer surplus)라고 한다. 즉 상품 각 단위에 대한 수요가격과 시장가격과의 차액을 전 거래량에 걸쳐 합계한 것을 말한다. 이를 그림으로 설명하면 다음과 같다.

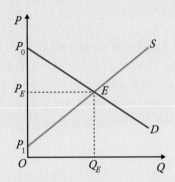

소비자 잉여($P_0 P_E E$) = 수요가격의 총계($OP_0 EQ_E$) − 실제 지불 금액($OP_E EQ_E$)

다시 앞의 문제로 되돌아가보자. 얼핏 보면 구두 구입으로 더 많은 이익을 본 사람은 구두를 더 싸게 산 다슬이일 것 같다. 그러나 주어진 자료만 가지고서는 이를 알 수 없다. 왜냐하면 다인이 구두를 구입할 때 구두가 너무 마음에 들어서 기꺼이 15만 원까지 지불할 생각을 했었다면 그때 다인의 소비자 잉여는 5만 원이다. 그런데 다슬이가 한 켤레에 10만 원이었을 때 구입하지 않았다는 것은 수요가격이 10만 원보다 낮다는 것이다. 결국 8만 원에 두 켤레를 구입하였을 때 얻을 수 있는 소비자 잉여는 한 켤레당 2만 원을 넘지 못하게 된다. 따라서 두 켤레를 구입했을 때 다슬이가 얻을 수 있는 잉여의 총합은 아무리 많아도 4만 원을 넘지 못하므로 다인의 잉여보다 작게 된다. 따라서 다인의 수요가격에 대한 정보가 없다면 누구의 잉여가 더 큰지 알 수 없게 되는 것이다.

확인 TEST

철수의 연간 영화관람에 대한 수요함수는 $Q = 30 - \dfrac{P}{400}$ 이고 비회원의 1회 관람가격은 8,000원이지만 연회비를 내는 회원의 1회 관람가격은 4,000원으로 할인된다. 철수가 회원이 되려고 할 때 지불할 용의가 있는 최대 연회비는? (단, Q는 연간 영화관람 횟수, P는 1회 관람가격이다)

① 70,000원
② 60,000원
③ 50,000원
④ 40,000원

해설 ▶ 문제에서 주어진 내용을 그림으로 그리면 다음과 같다.

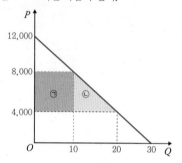

위 그림에서는 회원이 되는 경우 철수가 새롭게 얻을 수 있는 소비자 잉여(㉠+㉡)의 크기가 나타나 있다. 비회원의 1회 관람가격이 8,000원일 때 연간 이용횟수는 10회이지만, 회원의 1회 관람가격이 4,000원일 때 연간 이용횟수는 20회로 증가한다. 이에 따라 동일한 이용횟수에서 관람가격 하락으로 인해 얻을 수 있는 새로운 소비자 잉여는 ㉠이고, 하락한 관람가격 아래에서 증가한 이용횟수로 인해 얻을 수 있는 새로운 소비자 잉여는 ㉡이다. 결국 철수가 회원이 되었을 때 새롭게 얻을 수 있는 소비자 잉여(㉠+㉡)만큼 최대 연회비를 지불할 용의를 갖게 된다. 이를 계산하면 $\dfrac{10 + 20}{2} \times 4,000 = 60,000$(원)이 된다.

정답 ▶ ②

Theme 33 조세와 보조금의 경제적 효과

① 조세 부과의 효과

1) 종량세 부과의 효과

(1) 생산자(공급자)에 대한 조세(물품세, 종량세) 부과 효과

— 공급자에 대한 종량세(specific duty) 부과에 따른 공급함수의 변화 —

1. 종량세는 수량이나 중량을 기준으로 부과 ⇒ 공급함수가 $P = a + bQ$라고 할 때 종량세가 공급자에게 T 만큼 부과되면 공급함수는 다음과 같이 변화하게 된다.

$$\text{(과세 이전) } P = a + bQ \Rightarrow \text{(과세 이후) } (P - T) = a + bQ \Rightarrow P = (a+T) + bQ$$

2. 이에 따라 공급곡선은 상방으로 평행이동을 하게 된다.

— 생산자에게 종량세 부과 —

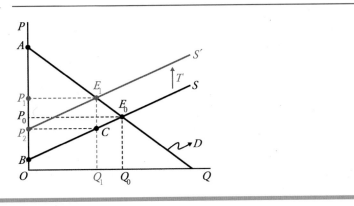

① 그래프에서 단위당 P_1P_2의 물품세가 생산자에게 부과되면 공급곡선은 S에서 S'으로 단위당 부과된 조세(T)만큼 수직으로 상방 이동하여 균형점은 E_0에서 E_1으로 이동하게 된다. 이에 따라 가격은 P_0에서 P_1으로 상승하고 거래량은 Q_0에서 Q_1으로 감소하게 된다.

② 우선 소비자의 입장에서 보면 시장균형 가격이 이전에 비해 P_0P_1만큼 가격이 상승하게 되어, 지불해야 할 단위당 가격이 과세 전의 P_0에서 과세 후에는 P_1으로 상승하게 된다. 이에 따라 소비자 잉여는 $\triangle P_0E_0A$에서 $\triangle P_1E_1A$가 되어 사다리꼴 $P_1E_1E_0P_0$만큼 감소하게 된다.

③ 한편 생산자의 입장에서 보면 과세 후의 시장가격 P_1에서 조세인 $P_1P_2(=T=E_1C)$만큼을 제외한 P_2만큼만 최종적으로 받을 수 있게 되어 과세 전에 비해 P_0P_2만큼 단위당 수입이 감소하고, 생산자 잉여는 $\triangle P_0E_0B$에서 $\triangle P_1E_1P_2$로 변화하게 된다. 그런데 P_1E_1과 P_2C의 길이가 같고, P_1P_2와 P_2B의 길이가 같으므로 $\triangle P_1E_1P_2$와 $\triangle P_2CB$의 면적 또한 같다. 결국 생산자 잉여는 $\triangle P_0E_0B$에서 $\triangle P_2CB$로 감소한 것과 동일해지므로 결국 생산자 잉여는 사다리꼴 $P_0E_0CP_2$만큼 감소하게 된다.

④ 이에 따라 부과된 조세 크기인 P_1P_2 중에서 단위당 P_0P_1만큼은 소비자에게, P_0P_2만큼은 생산자에게 최종적인 조세의 귀착이 이루어진다.

⑤ 또한 정부의 재정수입도 $\square P_1E_1CP_2$만큼 발생하지만 그 크기는 소비자 잉여와 생산자 잉여의 감소분의 합인 $\bigcirc P_1E_1E_0CP_2$에 비해 $\triangle E_1E_0C$만큼 작다. 이 크기가 바로 조세 부과에 따라 발생하게 된 경제적 순손실(deadweigt loss)이 된다.

구분	과세 前	과세 後
소비자 잉여	$\triangle P_0E_0A$	$\triangle P_1E_1A$
생산자 잉여	$\triangle P_0E_0B$	$\triangle P_1E_1P_2 = \triangle P_2CB$
정부 재정 수입	0	$\square P_1E_1CP_2$
경제적 순손실	0	$\triangle E_1E_0C$

기출확인

어느 상품의 수요와 공급은 다음 표와 같다고 가정한다. 정부가 상품 1단위당 30원의 종량세를 생산자에게 부과할 경우, 이에 대한 설명으로 옳은 것을 〈보기〉에서 고른 것은? [2011]

가격(원)	10	20	30	40	50	60	70
수요량	130	110	90	70	50	30	10
공급량	40	50	60	70	80	90	100

〈 보 기 〉

㉠ 과세 후에 정부의 조세수입은 1,500원이다.
㉡ 과세 후에 소비자가 상품을 구매하는 가격은 50원이다.
㉢ 과세 후에 후생 순손실(deadweight loss)은 600원이 된다.
㉣ 과세 후에 종량세의 생산자 부담은 상품 한 단위당 10원이 된다.

① ㉠, ㉡　　　　② ㉠, ㉢　　　　③ ㉡, ㉢　　　　④ ㉡, ㉣　　　　⑤ ㉢, ㉣

분석하기

표를 전제로 정부가 상품 1단위당 30원의 종량세를 생산자에게 부과하는 경우 나타나는 변화를 그림으로 나타내면 다음과 같다.

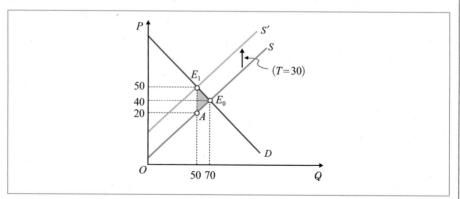

ㄱ 과세 후 거래량은 50단위가 된다. 따라서 조세 부과 후 정부의 조세수입은 1,500원($=30$원$\times 50$)이 된다.

ㄴ 과세 후에 소비자가 상품을 구매하는 가격은 새로운 시장가격인 50원이다.

ㄷ 과세 후에 후생 순손실(deadweight loss)은 색칠한 삼각형 E_0E_1A가 된다. 이에 따라 그 크기는 300원$\left(=30$원$\times 20 \times \dfrac{1}{2}\right)$이 된다.

ㄹ 과세 후에 시장가격은 50원이다. 생산자는 여기에서 30원의 조세를 납부해야 한다. 따라서 생산자의 상품 1단위당 실수령액은 조세 부과 전의 40원에 비해 20원이 하락한 20원이 된다. 즉 과세 후에 종량세의 생산자 부담은 상품 한 단위당 20원이 된다.

정답 ①

(2) 소비자(수요자)에 대한 조세(물품세, 종량세) 부과 효과

— 소비자에 대한 종량세(specific duty) 부과에 따른 수요함수의 변화 —

1. 종량세는 수량이나 중량을 기준으로 부과 ⇒ 수요함수가 $P = a - bQ$라고 할 때 종량세가 소비자에게 T만큼 부과되면 수요함수는 다음과 같이 변화하게 된다.

> (과세 이전) $P = a - bQ$ ⇒ (과세 이후) $(P + T) = a - bQ$ ⇒ $P = (a - T) - bQ$

2. 이에 따라 수요곡선은 하방으로 평행이동을 하게 된다.

— 소비자에게 종량세 부과 —

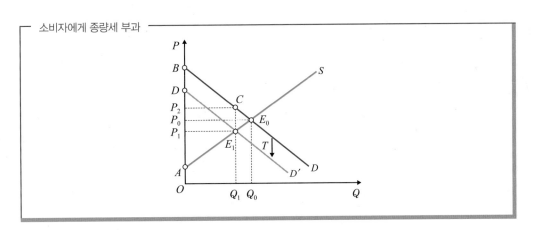

① 그래프에서 단위당 P_1P_2의 물품세가 소비자에게 부과되면 수요곡선은 D에서 D'으로 단위당 부과된 조세(T)만큼 수직으로 하방 이동하여 균형점은 E_0에서 E_1으로 이동하게 된다. 이에 따라 가격은 P_0에서 P_1으로 하락하고 거래량은 Q_0에서 Q_1으로 감소하게 된다.

② 우선 생산자의 입장에서 시장균형 가격이 이전에 비해 P_0P_1만큼 하락하게 되어, 받을 수 있는 단위당 가격이 과세 전의 P_0에서 과세 후에는 P_1으로 하락하게 된다. 이에 따라 생산자 잉여는 $\triangle P_0E_0A$에서 $\triangle P_1E_1A$가 되어 사다리꼴 $P_1E_1E_0P_0$만큼 감소하게 된다.

③ 한편 소비자의 입장에서 보면 과세 후의 시장가격 P_1에서 조세인 $P_1P_2(=T=E_1C)$만큼을 추가한 P_2만큼을 지불하게 되어 과세 전에 비해 P_0P_2만큼 단위당 지불부담이 증가하고, 소비자 잉

여는 $\triangle P_0 E_0 B$에서 $\triangle P_1 E_1 D$로 변화하게 된다. 그런데 $P_1 E_1$과 $P_2 C$의 길이가 같고, $P_1 D$와 $P_2 B$의 길이가 같으므로 $\triangle P_1 E_1 D$와 $\triangle P_2 CB$의 면적 또한 같다. 결국 소비자 잉여는 $\triangle P_0 E_0 B$에서 $\triangle P_2 CB$로 감소한 것과 동일해지므로 결국 소비자 잉여는 사다리꼴 $P_0 E_0 C P_2$만큼 감소하게 된다.

④ 이에 따라 부과된 조세 크기인 $P_1 P_2$ 중에서 단위당 $P_0 P_1$만큼은 생산자에게, $P_0 P_2$만큼은 소비자에게 최종적인 조세의 귀착이 이루어진다.

⑤ 또한 정부의 재정수입도 $\square P_1 E_1 C P_2$만큼 발생하지만 그 크기는 소비자 잉여와 생산자 잉여의 감소분의 합인 $\bigcirc P_1 E_1 E_0 C P_2$에 비해 $\triangle E_1 E_0 C$만큼 작다. 이 크기가 바로 조세 부과에 따라 발생하게 된 경제적 순손실(deadweigt loss)이 된다.

구분	과세 前	과세 後
소비자 잉여	$\triangle P_0 E_0 B$	$\triangle P_1 E_1 D = \triangle P_2 CB$
생산자 잉여	$\triangle P_0 E_0 A$	$\triangle P_1 E_1 A$
정부 재정 수입	0	$\square P_1 E_1 C P_2$
경제적 순손실	0	$\triangle E_1 E_0 C$

(3) 조세부과와 자원배분

결국 동일한 크기의 물품세는 생산자에게 부과되든 소비자에게 부과되든 사회적 잉여에 미치는 정도는 동일하다. 다만 조세 부과 후의 시장균형 가격은 전자의 경우에는 상승하고, 후자의 경우에는 하락하게 되는 차이만 발생한다.

기출확인

다음 그래프는 치약의 수요곡선과 공급곡선을 나타낸다. 정부는 세수 확보를 위하여 치약 1개당 300원의 세금을 부과하려고 한다. 〈작성 방법〉에 따라 서술하시오.

[2018]

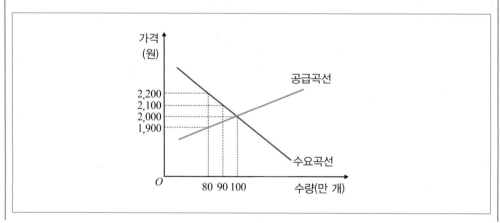

―〈작성 방법〉―

- 세금을 판매자에게 부과할 때에 구매자가 내는 치약 가격과 구매자에게 부과할 때에 판매자가 받는 치약 가격을 각각 제시할 것.
- 세금을 판매자에게 부과할 때에, 치약 1개당 부과되는 세금 중 판매자 부담 금액과 구매자 부담 금액을 각각 제시할 것.
- 세금을 구매자에게 부과할 때와 판매자에게 부과할 때에, 치약 1개당 부과되는 세금 중 판매자 부담 금액에 차이가 있는지의 여부를 서술할 것.

분석하기

- 다음은 치약 1개당 300원의 세금을 판매자에게 부과하는 경우(그림 A)와 구매자에게 부과하는 경우(그림 B)를 각각 나타내는 그림이다.

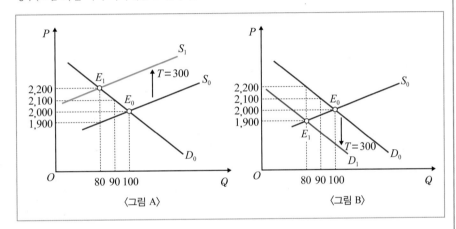

세금을 판매자에게 부과하는 경우(그림 A) 구매자가 내는 치약 가격(=시장균형가격)은 2,200원이 되고, 세금을 구매자에게 부과하는 경우(그림 B) 판매자가 받는 치약 가격(=시장균형가격)은 1,900원이 된다.

- 세금을 판매자에게 부과하는 경우(그림 A) 판매자는 구매자에게 받은 2,200원 중에서 300원을 세금을 납부하고 최종적으로 1,900원을 수령하게 된다. 이 금액은 세금 부과 전 판매자가 수령할 수 있었던 금액(세금 부과 전 시장균형가격)인 2,000원에 비해 100원이 감소한 금액이다. 이때 감소한 수령액 100원이 판매자가 부담하게 되는 세금의 크기가 된다. 한편 세금을 판매자에게 부과하는 경우(그림 A) 구매자는 판매자에게 2,200원을 지불해야 한다. 이 금액은 세금 부과전 구매자의 지불금액(세금 부과 전 시장균형가격)인 2,000원에 비해 200원이 증가한 금액이다. 이때 증가한 지불액이 구매자가 부담하게 되는 세금의 크기가 된다.
- 세금을 구매자에게 부과하는 경우(그림 B) 판매자가 받게 되는 수령금액(세금 부과 후 시장균형가격)은 1,900원이 된다. 이 금액은 세금 부과 전 판매자가 수령할 수 있었던 금액(세금 부과 전 시장균형가격)인 2,000원에 비해 100원이 감소한 금액이다. 이때 감소한 수령액 100원이 판매자가 부담하게 되는 세금의 크기가 된다. 결국 세금을 구매자에게 부과하든 판매자에게 부과하든 치약 1개당 부과되는 세금 중에서 판매자가 부담하는 금액은 차이가 없게 된다.

사례 연구 조세부과에 따른 경제적 순손실의 측정

◈ 수요함수와 공급함수가 다음과 같이 주어져 있다고 가정하자.

- $Q_D = a - bP$
- $Q_S = c + dP$

이제 정부가 T원만큼의 물품세를 부과하면 경제적 순손실(DL)이 발생하고, 그 크기는 다음과 같이 도출된다.

$$DL_T = \frac{1}{2}\left(\frac{b \times d \times T^2}{b+d}\right)$$

만약 정부가 2배의 물품세를 부과하면 경제적 순손실의 크기는 다음과 같다.

$$DL_{2T} = \frac{1}{2}\left[\frac{b \times d \times (2T)^2}{b+d}\right] = 4 \times \frac{1}{2}\left(\frac{b \times d \times T^2}{b+d}\right) = 4DL_T$$

결국 2배만큼의 조세 증가는 4배만큼의 경제적 순손실의 증가를 초래하게 된다.

확인 TEST

수요와 공급곡선이 다음과 같이 주어져 있다.

- $Q_D = 400 - 2P$
- $Q_S = 100 + 3P$

단위당 T만큼의 조세를 소비자에게 부과하는 경우, 사회적 후생손실이 135라면 단위당 조세의 크기는 얼마인가?

① 6 　　② 9 　　③ 10 　　④ 15 　　⑤ 30

해설
- 수요함수가 '$Q_D = a - bP$', 공급함수가 '$Q_S = c + dP$' 형태일 때, 생산자 또는 소비자에게 조세를 T만큼 부과한 경우 사회적(경제적) 순손실(Deadweight loss)은 다음 공식을 이용해서 구할 수 있다.

$$DL = \frac{1}{2}\left(\frac{b \times d \times T^2}{b+d}\right)$$

- 문제에서 주어진 수요함수와 공급함수에서 '$b=2$', '$d=3$', 사회적 후생손실(DL)이 135이므로 앞의 공식에 대입하여 정리하면 다음과 같은 결과를 얻게 된다.

$$135 = \frac{1}{2}\left(\frac{2 \times 3 \times T^2}{2+3}\right) \Rightarrow T^2 = 225 \Rightarrow T = 15$$

- 앞에서 주어진 공식은 조세가 아닌 보조금을 지급하는 경우에도 동일하게 활용할 수 있다. 공식에서 조세 대신 보조금을 대입하면 보조금을 지급하는 경우에 발생하는 사회적 순손실을 구할 수 있다.

정답 ④

2) 탄력성과 조세의 귀착(종량세 부과를 전제)

(1) 수요의 가격탄력성과 조세의 귀착

① 수요가 비탄력적인 경우 ⇒ 생산자보다 소비자가 더 많이 부담

② 수요가 탄력적인 경우 ⇒ 소비자보다 생산자가 더 많이 부담

③ 수요가 완선탄력적인 경우 ⇒ 생산자가 전부 부담(전가 불능)

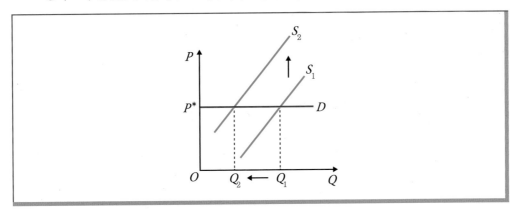

④ 수요가 완전비탄력적인 경우 ⇒ 소비자가 전부 부담(완전 전가)

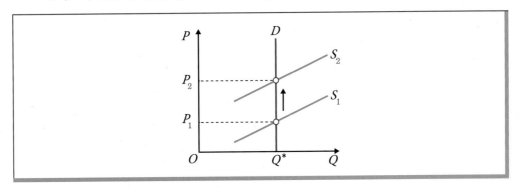

(2) 공급의 탄력성과 조세 부담의 귀착

① 공급이 탄력적인 경우 ⇒ 소비자가 많이 부담

② 공급이 비탄력적인 경우 ⇒ 생산자가 많이 부담

③ 공급이 완전탄력적인 경우 ⇒ 소비자가 모두 부담(완전 전가)

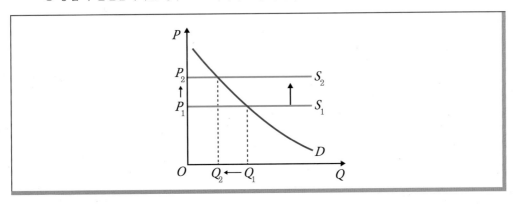

④ 공급이 완전비탄력적인 경우 ⇒ 생산자가 모두 부담(전가 불능)

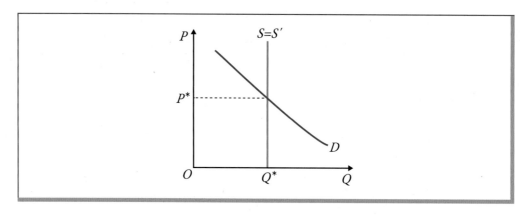

---- 조세 부담의 상대적 크기 ----

(공급자 부담/수요자 부담) = (수요의 가격 탄력도/공급의 가격 탄력도)

사례 연구 조세부과와 조세부담의 크기

현재 경쟁시장에서 100원에 거래되고 있는 X재에 대해 정부가 공급자에게 X재 1단위당 30원의 조세를 부과하였다. 이에 따라 X재 시장가격은 110원으로 상승하였다. 수요의 가격탄력성이 '1'이라고 할 때, 공급의 가격탄력성을 구하면? 단, 수요곡선과 공급곡선은 모두 직선이다.

분석하기

정부가 공급자에게 1단위당 30원만큼의 조세를 부과함에 따라 시장가격이 100원에서 110원으로 상승하였다는 것은 수요자의 조세부담 크기가 10원이라는 의미이고, 이것은 곧 공급자의 조세부담의 크기는 20원이라는 의미이기도 하다.

조세부과에 따른 수요자와 공급자의 조세부담은 다음 식과 같다.

$$\frac{\text{수요자 부담의 크기}}{\text{공급자 부담의 크기}} = \frac{\text{공급의 가격 탄력성}}{\text{수요의 가격 탄력성}} \Rightarrow \frac{10}{20} = \frac{\text{공급의 가격 탄력성}}{1}$$

$$\Rightarrow \text{공급의 가격 탄력성} = 0.5$$

확인 TEST

현재 경쟁시장에서 X재의 가격은 100원에 거래되고 있다. 정부는 공급자에게 X재 1단위당 30원의 조세를 부과하고자 한다. 조세부과 후의 시장가격은? 단, 수요곡선은 우하향하고 공급곡선은 우상향하는 직선이다. 또한 수요의 가격탄력성은 0.5, 공급의 가격탄력성은 1로 알려져 있다.

① 5원만큼 상승한다.   ② 10원만큼 상승한다.
③ 20원만큼 상승한다.   ④ 30원만큼 상승한다.

해설 조세부과에 따른 수요자와 공급자의 조세부담은 다음 식과 같다.

$$\frac{수요자\ 부담의\ 크기}{공급자\ 부담의\ 크기} = \frac{공급의\ 가격\ 탄력성}{수요의\ 가격\ 탄력성} \Rightarrow \frac{수요자\ 부담의\ 크기}{공급자\ 부담의\ 크기} = \frac{1}{0.5} = 2$$

이 결과는 조세부과에 따른 부담의 크기는 수요자가 공급자에 비해 2배가 된다는 의미이다. 예컨대 공급자 부담의 크기를 a라고 한다면 수요자 부담의 크기는 $2a$만큼이라는 의미이다. 따라서 다음 식이 성립한다.

$$'부과된\ 조세 = 수요자가\ 부담하는\ 조세 + 공급자가\ 부담하는\ 조세' \Rightarrow 30 = 2a + a \Rightarrow a = 10$$

결국 수요자는 20원, 공급자는 10원만큼의 조세를 부담하게 된다. 여기서 수요자는 상품을 구입할 때 시장가격을 지불하게 되므로, 수요자가 부담하는 조세가 20원이라는 것은 결국 시장가격이 100원에서 120원으로 상승한다는 의미이기도 하다.

정답 ③

조세 부과에 따른 부담과 자중손실(deadweight loss)

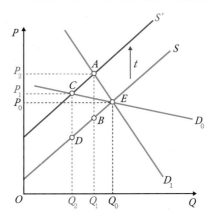

동일한 크기의 세금(t)이 부과되어도 탄력성이 큰 경우(D_0)의 소비자 부담 부분은 $P_0 P_1$이고, 탄력성이 작은 경우(D_1)의 소비자 부담 부분은 $P_0 P_2$가 되어, 탄력성이 클수록 소비자가 부담하는 세금의 부담은 작아지게 된다. 또한 수요의 가격탄력성이 작은 경우에는 ΔABE만큼 자중적 손실이 발생하고, 가격탄력성이 큰 경우에는 ΔCDE만큼 자중적 손실이 발생하게 된다. 양자의 크기를 비교해보면 $\triangle$의 밑변의 길이는 세금의 크기와 같으므로 양자 모두는 같다($AB = CD$). 그러나 그 높이는 탄력성이 큰 경우($Q_2 Q_0$)가 탄력성이 작은 경우($Q_1 Q_0$)보다 크다. 따라서 수요가 가격에 대해 탄력적일수록 세금 부과에 따른 자중적 손실은 더 커지게 된다.

② 보조금 지급의 효과

1) 생산자(공급자)에 대한 (생산)보조금 지급 효과

┌─ 공급자에 대한 보조금 지급에 따른 공급함수의 변화 ─

1. 보조금 지급 ⇒ 공급함수가 $P=a+bQ$라고 할 때 보조금이 공급자에게 W만큼 지급되면 공급함수는 다음과 같이 변화하게 된다.

> (보조금 지급 이전) $P=a+bQ$ ⇒ (보조금 지급 이후) $(P+W)=a+bQ$ ⇒ $P=(a-W)+bQ$

2. 이에 따라 공급곡선은 하방으로 평행이동을 하게 된다.

└─────

┌─ 생산자에게 보조금 지급 ─

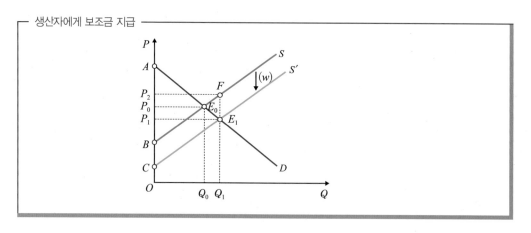

(1) 그래프에서 단위당 P_1P_2의 보조금이 생산자에게 지급되면 공급곡선은 S에서 S'으로 단위당 지급된 보조금(W)만큼 수직으로 하방 이동하여 균형점은 E_0에서 E_1으로 이동하게 된다. 이에 따라 가격은 P_0에서 P_1으로 하락하고 거래량은 Q_0에서 Q_1으로 증가하게 된다.

(2) 우선 소비자의 입장에서 보면 시장균형 가격이 이전에 비해 P_0P_1만큼 가격이 하락하게 되어, 지불해야 할 단위당 가격이 보조금 지급 전의 P_0에서 보조금 지급 후에는 P_1으로 하락하게 된다. 이에 따라 소비자 잉여는 $\triangle P_0E_0A$에서 $\triangle P_1E_1A$가 되어 사다리꼴 $P_1E_1E_0P_0$만큼 증가하게 된다.

(3) 한편 생산자의 입장에서 보면 보조금 지급 후의 생산자 잉여는 $\triangle P_0E_0B$에서 $\triangle P_1E_1C$로 변화하게 된다. 그런데 P_1E_1과 P_2F의 길이가 같고, P_1C와 P_2B의 길이가 같으므로 $\triangle P_1E_1C$와 $\triangle P_2FB$의 면적 또한 같다. 결국 생산자 잉여는 $\triangle P_0E_0B$에서 $\triangle P_2FB$로 증가한 것과 동일해지므로 결국 생산자 잉여는 사다리꼴 $P_2P_0E_0F$만큼 증가하게 된다.

(4) 이에 따라 지급된 보조금 크기인 P_1P_2 중에서 단위당 P_0P_1만큼은 소비자에게, P_0P_2만큼은 생산자에게 혜택이 돌아가게 된다.

(5) 다만 정부에게는 보조금 지급으로 인해 소비자 잉여와 생산자 잉여의 증가분의 합인 ⌂ $P_1E_1E_0FP_2$에 비해 $\triangle E_1E_0F$만큼 더 많은 □$P_1E_1FP_2$만큼의 재정손실이 발생하게 된다. 이때 $\triangle E_1E_0F$만큼 크기가 바로 보조금 지급에 따라 발생하게 된 경제적 순손실(deadweigt loss)이 된다.

구분	보조금 지급 前	보조금 지급 後
소비자 잉여	$\triangle P_0 E_0 A$	$\triangle P_1 E_1 A$
생산자 잉여	$\triangle P_0 E_0 B$	$\triangle P_1 E_1 C = \triangle P_2 FB$
정부 재정 손실	0	$\square P_1 E_1 FP_2$
경제적 순손실	0	$\triangle E_0 FE_1$

2) 소비자(수요자)에 대한 (소비)보조금 지급 효과

┌─ 소비자에 대한 보조금 지급에 따른 수요함수의 변화 ─

1. 보조금 지급 ⇒ 수요함수가 $P = a - bQ$라고 할 때 보조금이 소비자에게 W만큼 지급되면 수요함수는 다음과 같이 변화하게 된다.

> (보조금 지급 이전) $P = a - bQ$ ⇒ (보조금 지급 이후) $(P - W) = a - bQ$ ⇒ $P = (a + W) + bQ$

2. 이에 따라 수요곡선은 상방으로 평행이동을 하게 된다.

┌─ 소비자에게 보조금 지급 ─

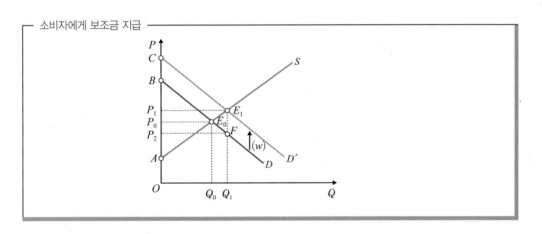

(1) 그래프에서 단위당 $P_1 P_2$의 보조금(W)이 소비자에게 지급되면 수요곡선은 D에서 D'으로 단위당 지급된 보조금(W)만큼 수직으로 상방 이동하여 균형점은 E_0에서 E_1으로 이동하게 된다. 이에 따라 가격은 P_0에서 P_1으로 상승하고 거래량은 Q_0에서 Q_1으로 증가하게 된다.

(2) 우선 생산자의 입장에서 보면 시장균형 가격이 이전에 비해 $P_0 P_1$만큼 가격이 상승하게 되어, 받을 수 있는 단위당 가격이 보조금 지급 전의 P_0에서 보조금 지급 후에는 P_1으로 상승하게 된다. 이에 따라 생산자 잉여는 $\triangle P_0 E_0 A$에서 $\triangle P_1 E_1 A$가 되어 사다리꼴 $P_1 E_1 E_0 P_0$만큼 증가하게 된다.

(3) 한편 소비자의 입장에서 보면 보조금 지급 후의 소비자 잉여는 $\triangle P_0 E_0 B$에서 $\triangle P_1 E_1 C$로 변화하게 된다. 그런데 $P_1 E_1$과 $P_2 F$의 길이가 같고, $P_1 C$와 $P_2 B$의 길이가 같으므로 $\triangle P_1 E_1 C$와 $\triangle P_2 FB$의 면적 또한 같다. 결국 소비자 잉여는 $\triangle P_0 E_0 B$에서 $\triangle P_2 FB$로 증가한 것과 동일해지므로 소비자 잉여는 사다리꼴 $P_0 E_0 FP_2$만큼 증가하게 된다.

(4) 이에 따라 지급된 보조금 크기인 P_1P_2 중에서 단위당 P_0P_2만큼은 소비자에게, P_0P_1만큼은 생산자에게 혜택이 돌아가게 된다.

(5) 다만 정부에게는 보조금 지급으로 인해 소비자 잉여와 생산자 잉여의 증가분의 합인 ◇$P_1E_1E_0FP_2$에 비해 $\triangle E_1E_0F$만큼 더 많은 □$P_1E_1FP_2$만큼의 재정손실이 발생하게 된다. 이때 $\triangle E_1E_0F$만큼 크기가 바로 보조금 지급에 따라 발생하게 된 경제적 순손실(deadweigt loss)이 된다.

구분	보조금 지급 前	보조금 지급 後
소비자 잉여	$\triangle P_0E_0B$	$\triangle P_1E_1C = \triangle P_2FB$
생산자 잉여	$\triangle P_0E_0A$	$\triangle P_1E_1A$
정부 재정 손실	0	□$P_1E_1FP_2$
경제적 순손실	0	$\triangle E_1E_0F$

3) 보조금 지급과 자원배분

결국 동일한 크기의 보조금은 생산자에게 지급되든 소비자에게 지급되든 사회적 잉여에 미치는 정도는 동일하다. 다만 보조금 지급 후의 시장균형 가격은 전자의 경우에는 하락하고, 후자의 경우에는 상승하게 되는 차이만 발생한다.

사례 연구 **보조금 지급에 따른 경제적 순손실의 측정**

◈ 수요함수와 공급함수가 다음과 같이 주어져 있다고 가정하자.

- $Q_D = a - bP$
- $Q_S = c + dP$

이제 정부가 W원만큼의 보조금을 지급하면 경제적 순손실(DL)이 발생하고, 그 크기는 다음과 같이 도출된다.

$$DL_T = \frac{1}{2}\left(\frac{b \times d \times W^2}{b+d}\right)$$

만약 정부가 2배의 보조금을 지급하면 경제적 순손실의 크기는 다음과 같다.

$$DL_{2T} = \frac{1}{2}\left[\frac{b \times d \times (2W)^2}{b+d}\right] = 4 \times \frac{1}{2}\left(\frac{b \times d \times W^2}{b+d}\right) = 4DL_W$$

결국 2배만큼의 보조금 지급은 4배만큼의 경제적 순손실의 증가를 초래하게 된다.

확인 TEST

시장 수요함수가 $Q_D = 50 - 0.5P$이고, 시장 공급함수는 $Q_S = 2P$인 재화시장이 있다. 정부가 소비촉진을 위해 소비자에게 단위당 10의 구매보조금을 지급하기로 했다. 이 보조금 정책으로 인해 예상되는 시장의 자중손실 (deadweight loss)은 얼마인가?

① 0
② 4
③ 20
④ 220
⑤ 440

해설 ▶ 주어진 수요함수와 공급함수를 연립해서 풀면 $Q = 40$, $P = 20$을 구할 수 있다. 그런데 소비자에게 구매보조금을 지급하면 수요함수가 지급된 보조금만큼 상방으로 평행이동하게 되므로 시장 수요함수는 $Q_D = 50 - 0.5P(P - 10) = 55 - 0.5P$ 가 된다. 이 수요함수와 기존의 공급함수를 연립해서 풀면 $Q = 44$, $P = 22$를 구할 수 있다. 이를 그림으로 나타내면 다음과 같다.

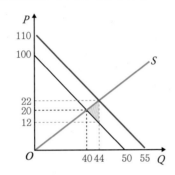

위 그림의 빗금 친 부분의 넓이 $\left(= 10 \times 4 \times \dfrac{1}{2} = 20\right)$가 자중손실의 크기이다.

정답 ▶ ③

Theme
34 가격통제와 수량통제

① 최고가격제

1) 최고가격제(maximum price)의 의의: 전시나 천재지변과 같이 생필품 등이 절대적으로 부족한 경우, 정부가 물가를 안정시키고 소비자를 보호할 목적으로 가격에 상한을 설정하여 그 이상의 가격으로 거래하는 것을 금지하는 제도를 말한다.

2) 도해적 설명

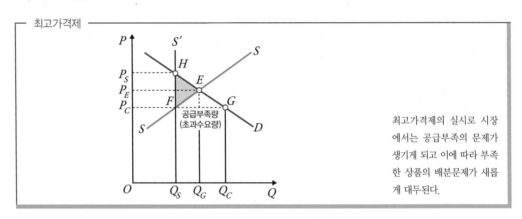

최고가격제

최고가격제의 실시로 시장에서는 공급부족의 문제가 생기게 되고 이에 따라 부족한 상품의 배분문제가 새롭게 대두된다.

(1) 최고가격을 시장균형가격(P_E)보다 낮은 P_C에 설정하게 되면 FG만큼의 공급 부족, 즉 초과수요가 발생하게 된다. 이 경우 $\triangle HEF$만큼의 사회적 후생손실(deadweight loss)이 발생한다.

(2) 초과수요의 존재는 암시장(black market)의 발생을 가져오고 새로운 공급곡선은 SFH로 이동하게 되어 암시장에서는 P_S까지 가격이 상승하게 된다. 따라서 최고가격제도를 통하여 소비자 보호라는 본래의 목적을 달성하기 위해서는 우선 암시장 발생을 철저히 차단해야 하는 것이다.

(3) 부족한 물자의 배분방식

① **선착순 방식(first come-first served):** 추석이나 설날에 귀향하기 위해 필요한 기차표를 사기 위해 밤을 새면서 기다리는 것이 전형적인 예이다. 그러나 이 경우에는 암시장 발생은 물론이고 기회비용의 문제가 발생한다. 왜냐하면 선착순을 하기 위해서는 다른 일을 포기해야 하기 때문이다.

② **배급 제도(coupon system):** 모든 사람에게 동일한 수량을 할당하는 방식으로 소비자 기호의 반영이 잘 되지 않는 문제를 발생시킨다.

③ **추첨(lotteries) 방식**이나 **뇌물(bribery)**을 통해서도 부족한 물자를 인위적으로 배분할 수 있다.

Q&A 선착순과 추첨 그리고 암시장에 의한 자원 배분과 후생손실의 크기는?

1. 선착순에 의한 자원배분 : 밤까지 샐 만큼 오랜 시간동안 줄을 서기 위해 감수해야 하는 고통과 시간비용이 후생손실에 추가적으로 더해진다.

2. 추첨에 의한 자원배분 : 더 높은 가격을 지불할 용의가 있는 사람은 낙첨이 되고, 더 낮은 가격을 지불할 용의가 있는 사람이 당첨이 되는 경우 사회 전체의 소비자잉여는 감소하게 되므로 추첨으로 인해 감소한 소비자잉여만큼의 후생손실이 추가적으로 더해진다.

3. 암시장 형성 : 암시장에서 이루어지는 거래가 범죄이긴 하지만 경제학적으로 본다면 더 이상의 후생손실은 발생하지 않는다. 왜냐하면 암시장에서 거래가 이루어지는 경우는 수요자가 누려야 할 잉여가 공급자에게 이전될 뿐 사회 전체의 잉여에는 변화가 없기 때문이다. 암시장을 통한 거래가 사회후생 측면에서 본다면 선착순이나 추첨에 의한 자원배분에 비해 우월하다는 것을 엿볼 수 있는 대목이다. 암시장에서의 거래도 결국 가장 높은 가격을 지불하고자 하는 소비자를 찾아내는 기능을 하게 되므로 가격기구의 작동원리와 유사한 것이다.

(4) 결국 소비자 보호를 위해 최고가격제를 실시하지만 그것이 반드시 전체 소비자의 후생을 증진시킨다고는 단정할 수 없다.

사례 연구 최고가격 정책과 잉여

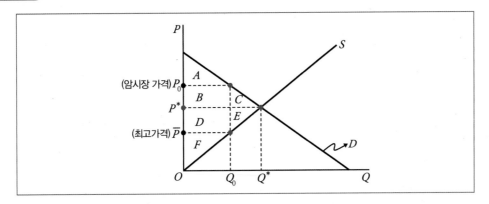

1. 가격규제 전 소비자(수요자)잉여: $A+B+C$
2. 가격규제 전 생산자(공급자)잉여: $D+E+F$
3. 가격규제 전 사회적 총잉여: $A+B+C+D+E+F$
4. 최고가격 실시 후 소비자(수요자) 잉여의 최대치(⟺ 암시장 완전 차단): $A+B+D$
5. 최고가격 실시 후 소비자(수요자) 잉여의 최소치(⟺ 암시장 존재): A
6. 최고가격 실시 후 생산자(공급자) 잉여의 최대치(⟺ 암시장 존재): $B+D+F$
7. 최고가격 실시 후 생산자(공급자) 잉여의 최소치(⟺ 암시장 완전 차단): F
8. 최고가격 실시 후 경제적 순손실(⟺ 암시장 존재와 무관): $C+E$

다음 글에서 괄호 안의 ㉠에 들어갈 숫자와 ㉡에 들어갈 단어를 순서대로 쓰시오. [2018]

A재에 대한 시장 수요곡선은 $Q_d = 100 - P$이고, 공급곡선은 $Q_s = -20 + P$이다. 시장 균형가격과 균형거래량에서의 소비자 잉여와 생산자 잉여의 합인 총잉여는 (㉠)이다. 정부가 A재에 대한 상한가격을 50으로 결정하여 가격상한제를 실시할 경우, 가격규제 하에서의 총잉여는 가격규제가 없을 때와 비교하여 (㉡)한다. (단, Q와 P는 각각 수량과 가격을 나타낸다.)

분석하기
주어진 조건들을 그림으로 나타내면 다음과 같다.

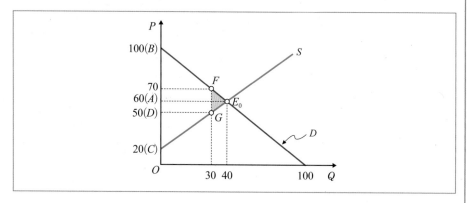

- 그림에서 가격상한제 실시 전 시장 균형 수준에서 소비자 잉여(삼각형 AE_0B)와 생산자 잉여(삼각형 AE_0C)의 크기와 사회적 총잉여(삼각형 BE_0C)의 크기는 각각 다음과 같다.

소비자 잉여	$40 \times 40 \times \dfrac{1}{2} = 800$	⇒ 사회적 총잉여=소비자 잉여+생산자 잉여=1,600(㉠)
생산자 잉여	$40 \times 40 \times \dfrac{1}{2} = 800$	

- 그림에서 정부가 상한가격을 50으로 결정하여 가격상한제를 실시할 경우, 소비자 잉여(사다리꼴 $DGFB$)와 생산자 잉여(삼각형 DGC)의 크기와 사회적 총잉여(사각형 $BFGC$)의 크기는 각각 다음과 같다.

소비자 잉여	$(50 + 20) \times \dfrac{1}{2} \times 30 = 1,050$	⇒ 사회적 총잉여=소비자 잉여+생산자 잉여=1,500
생산자 잉여	$30 \times 30 \times \dfrac{1}{2} = 450$	

- 따라서 가격규제하에서의 총잉여는 가격규제가 없을 때와 비교하여 100만큼 감소(㉡)한다. 그 크기는 $\triangle FE_0G$의 넓이($= 10 \times 20 \times \dfrac{1}{2}$)와 같다. 이것이 가격상한제로 인해 발생하는 경제적 순손실(deadweight loss)이다.

3) 주택임대료 상한제의 효과

(1) 주택임대료 상한제의 단기적 효과

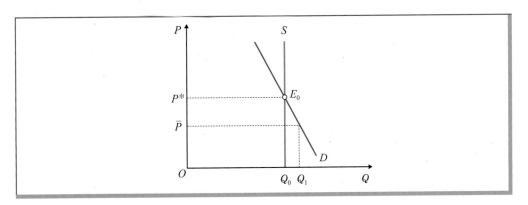

① 단기에 임대주택의 공급은 현재의 공급량(Q_0) 수준에서 완전비탄력적이므로 공급곡선은 수직의 모습을 한다.

② 단기에 임대주택의 수요는 임대료 변화에 대해 상대적으로 비탄력적(∵ 임대료가 크게 변하지 않는한 임대주택에 대한 수요의사를 철회하기가 쉽지 않음)이므로 수요곡선은 가파른 모습을 보인다.

③ 정책당국이 균형임대료(P^*)보다 낮은 수준으로 임대료 상한($\bar{P}$)을 설정하게 되면 단기에는 $Q_0 Q_1$만큼의 초과수요가 발생한다.

(2) 주택임대료 상한제의 장기적 효과

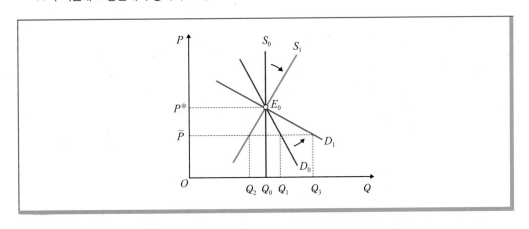

① 임대료를 $\bar{P}$ 수준으로 계속 규제하는 경우 임대주택 공급자는 수익성 하락을 이유로 이전에 비해 임대주택 공급을 줄이고자 하므로 임대주택 공급곡선은 균형점을 중심으로 단기에 비해 상대적으로 탄력적(보다 완만한 기울기)인 모습을 보이게 된다.

② 임대료를 $\bar{P}$ 수준으로 계속 규제하는 경우 임대주택 수요자는 이전에 비해 낮은 임대료로 거주가가능하게 되므로 시간이 지남에 따라 점점 더 탄력적(보다 많은 사람이 임대주택을 얻고자 함)으로 반응하게 된다. 경제력을 갖추지 못한 젊은 세대들이 이제는 낮은 임대료로 거주가 가능하므로 부모로부터 독립하려는 욕구가 강해지는 것이 그 한 예이다. 이에 따라 임대주택 수요곡선은 균형점을 중심으로 단기에 비해 상대적으로 탄력적(보다 완만한 기울기)인 모습을 보이게 된다.

③ 정책당국이 균형임대료(P^*)보다 낮은 수준으로 임대료 상한($\bar{P}$)을 설정하게 되면 장기에는 Q_2Q_3만큼의 초과수요가 발생한다. 이때 초과수요의 크기는 단기(Q_0Q_1)에 비해 더 커짐을 확인할 수 있다. 이것은 시장 균형임대료에 반한 임대료 상한제는 시간이 지남에 따라 임대주택 구입에 대한 어려움을 가중시킬 수 있다는 것을 시사해 준다.

가격 상한제와 암시장

"4세기 초, 로마 제국은 전쟁 준비와 토목 공사를 수행하기 위해서 많은 주화를 발행하였다. 그로 인해 물가가 매우 빠른 속도로 치솟았다. 그런데 디오클레티아누스 황제는 물가 상승의 원인이 상인들의 탐욕 때문이라고 판단하였다. 물가 문제가 걷잡을 수 없는 심각한 상황으로 치닫게 되자 디오클레티아누스 황제는 모든 상품의 가격을 동결하고, 이를 어기는 자에 대해서는 사형선고를 내리라는 칙령을 내렸다. 과연 이러한 칙령의 효과는 어디까지일까?"

전시(戰時)나 천재지변과 같이 생필품 등이 절대적으로 부족한 경우, 정부는 물가를 안정시키고 소비자를 보호할 목적으로 가격에 상한을 설정하여 그 이상의 가격으로 거래하는 것을 금지하는 제도를 실시하게 된다. 이를 가격 상한제 또는 최고가격제(maximum price)라고 한다. 이를 그림으로 설명하면 다음과 같다.

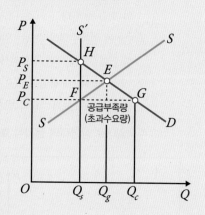

최고가격을 시장균형가격(P_E)보다 낮은 P_C에 설정하게 되면 시장에서의 수요량이 Q_C인 데 반해 공급량은 Q_S에 불과하여 FG만큼의 공급부족(초과수요)이 발생하게 된다. 그런데 Q_S를 구입하기 위해 기꺼이 P_S만큼을 지불하고자 하는 소비자들이 존재하여 가격통제 이전보다 적은 양이 높은 가격으로 거래되는 암시장(black market)이 발생할 수 있다. 따라서 최고가격제도를 통하여 소비자 보호라는 본래의 목적을 달성하기 위해서는 암시장 발생을 차단하는 일이 최우선으로 전제가 되어야 하므로 디오클레티아누스 황제는 이를 위해 사형선고라는 수단을 사용한 것이다.

이러한 암시장이 우리나라에서 가장 오랜 기간 존속한 것이 미국 달러화의 이른바 '암달러 시장'이다. 1980년대 말까지의 '명동 달러시장'과 '남대문 달러시장'은 대표적인 암달러 시장이었다. 명동이나 남대문 시장을 걷다 보면 어떤 아주머니가 다가와 은근한 어투로 '요 있어요?', '이불 있어요?'라고 묻곤 했다. 무슨 말인고 하니 당시 우리가 가장 필요했던 미국 달러화와 일본 엔화의 크기를 비교해보면 달러가 작고 엔화가 커서, 이를 비유한 은어가 '요'와 '이불'이었던 것이다. 당시에 이러한 암달러 시장이 생겨났던 주된 이유는 고정환율제도 아래에서 대부분의 개발도상국가에서 볼 수 있었던 만성적인 무역수지 적자로 인해 부족해진 외화를 정부가 철저하게 통제했기 때문이었다.

한편으로는 암시장이 오히려 시장을 효율적으로 기능할 수 있도록 한다는 주장도 있다. 예컨대 이른바 지하철 '2호선 더비'라고 불리는 두산 베어스와 LG 트윈스의 프로야구 코리안 시리즈 최종 7차전의 표를 사기 위해 잠실 야구장 앞에서 밤을 새야 하는데, 암표의 프리미엄이 10만 원이라면 같은 시간 동안 더 많은 돈을 벌 수 있는 사람에게는 암표 구입이 더 합리적이고 효율적일 수 있다는 것이다. 왜냐하면 시간도 귀중한 희소 자원이고, 암표상도 높은 수입을 얻을 수 있기 때문이다. 그러나 이러한 암표의 거래는 정상적으로 표를 구입하여 입장하려는 사람들의 관람 기회를 박탈하고, 암표상들의 수입에는 조세 부과가 이루어지지 않는다는 측면을 간과한 일방적인 주장인 것이다.

② 최저가격제

1) 최저가격제(minimum price)의 의의

(1) 어떤 상품이나 생산요소에 대한 공급자 간의 과도한 경쟁을 막기 위해서 그 가격의 하한선을 정하여 그 이하의 가격으로는 거래를 금지하는 것을 말한다.

(2) 최저임금제와 농산물 가격지지 제도가 여기에 속하는 대표적인 예이다.

2) 최저임금제의 경우: 도해적 설명

(1) 최저임금을 균형임금(P_E) 수준보다 높은 수준에 설정하면 노동시장에서는 FG만큼의 초과공급이 발생하고 이는 곧 비자발적 실업의 발생을 의미한다.

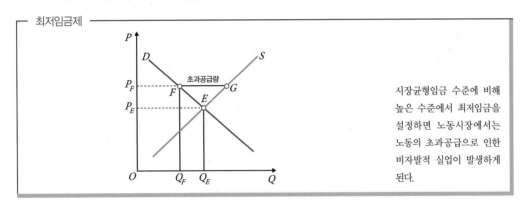

최저임금제

시장균형임금 수준에 비해 높은 수준에서 최저임금을 설정하면 노동시장에서는 노동의 초과공급으로 인한 비자발적 실업이 발생하게 된다.

(2) 이에 따라 전체 노동 소득은 최저임금제 실시 이전의 OP_EEQ_E(a)에서 최저임금제 실시 이후의 OP_FFQ_F(b)로 변하게 되는데, 이때 a, b 중 어느 것이 더 큰지 단정할 수 없다.

(3) 노동 수요가 탄력적인(비탄력적인) 경우, 전체 노동 소득은 감소(증가)하게 되는데 어떤 경우에도 기존 노동자의 임금소득은 상승하게 된다. 그러나 신규 노동자의 취업 기회는 상대적으로 어려워진다.

(4) 결국 최저임금제가 노동자 전체에게 이익을 준다고는 할 수 없는 것이다.

3) 농산물 가격지지 제도의 경우: 도해적 설명

(1) 최저가격(P_F)을 균형가격(P_E) 수준보다 높은 수준에 설정하면 농산물시장에서는 FG만큼의 초과공급이 발생하고 이는 곧 잉여 농산물의 발생을 의미한다.

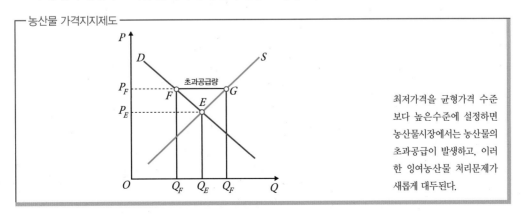

농산물 가격지지제도

최저가격을 균형가격 수준보다 높은수준에 설정하면 농산물시장에서는 농산물의 초과공급이 발생하고, 이러한 잉여농산물 처리문제가 새롭게 대두된다.

(2) 이에 따라 전체 농가소득은 최저가격제 실시 이전의 $OP_E EQ_E$(a)에서 최저가격제 실시 이후의 $OP_F FQ_F$(b)로 변하게 되는데, 이때 a, b 중 어느 것이 더 큰지 단정할 수 없다.

(3) $P_E P_F$ 구간에서 수요곡선이 탄력적(비탄력적)일수록 농가총수입은 감소(증가)하게 된다.

(4) 잉여농산물(FG)의 해소방안: FG를 농산물 비축기금으로 정부가 매입하여 빈곤층에게 FG만큼의 식량권을 무상 배부하거나 농가로 하여금 재배면적을 축소하게끔 권장하고, 덜 생산되는 농산물의 가치만큼 보상해 줌으로써 공급 감소를 통해 불균형을 해소시킬 수 있다.

사례 연구　최저가격 정책과 잉여

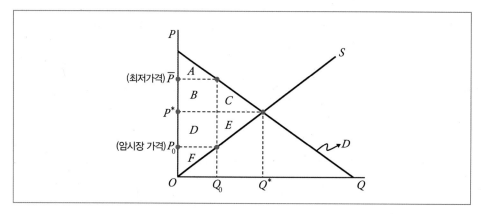

1. 가격규제 전 소비자(수요자)잉여: $A+B+C$
2. 가격규제 전 생산자(공급자)잉여: $D+E+F$
3. 가격규제 전 사회적 총잉여: $A+B+C+D+E+F$
4. 최저가격 실시 후 소비자(수요자) 잉여의 최대치(⇔ 암시장 존재): $A+B+D$
5. 최저가격 실시 후 소비자(수요자) 잉여의 최소치(⇔ 암시장 완전 차단): A
6. 최저가격 실시 후 생산자(공급자) 잉여의 최대치(⇔ 암시장 완전 차단): $B+D+F$
7. 최저가격 실시 후 생산자(공급자) 잉여의 최소치(⇔ 암시장 존재): F
8. 최저가격 실시 후 경제적 순손실(⇔암시장 존재와 무관): $C+E$

확인 TEST

노동시장의 수요와 공급에 대한 조사 결과가 다음 표와 같다고 하자.

시간당 임금(원)	6	7	8
수요량(개)	40	30	20
공급량(개)	20	30	40

시간당 최저임금을 8원으로 할 경우 발생하는 비자발적 실업의 규모는 ㉠이고, 이때 실업을 완전히 없애기 위한 보조금으로 소요되는 필요 예산이 ㉡이다. ㉠과 ㉡을 순서대로 바르게 나열한 것은?

① 10, 20　　　② 10, 40　　　③ 20, 40　　　④ 20, 80

• 주어진 표와 조건에 필요한 내용을 그림으로 나타내면 다음과 같다.

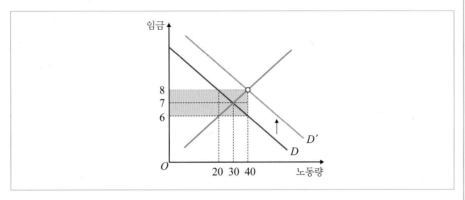

- 시간당 최저임금을 8원으로 설정하는 경우, 노동시장에서는 20만큼의 초과공급(=비자적 실업)이 발생하게 된다(㉠).
- 노동수요자(=기업)에게 노동 1단위당 보조금을 지급하면 노동수요곡선은 상방으로 보조금의 크기만큼 상방으로 평행이동하게 된다. 따라서 비자발적 실업을 완전히 없애기 위해서는 위 그림과 같은 노동 1단위당 '2'만큼의 보조금 지급이 필요하다.
- 이에 따라 실업을 완전히 없애기 위해 필요한 보조금의 크기는 색칠한 크기에 해당하는 '80'이 된다(㉡).

 ④

Q&A 가격통제는 지속적으로 유지 가능한가?

결론적으로 말하면 최고가격제에 비해 최저가격제의 지속적 유지 가능성이 높다.

최고가격제는 주로 물가안정이라는 거시경제 목표와 관련되어 실시되고 이러한 정책의 효과는 불특정 다수 모두에게 나타난다. 만약 정책당국이 물가안정이라는 거시경제 목표 달성과 함께 이러한 최고가격제를 철폐하려고 한다면 그동안 수혜를 입었던 계층은 이를 막기 위한 조직화된 행동을 하고 싶어 할 것이다. 그러나 수혜 계층이 불특정 다수이다 보니 그들을 조직화한다는 것이 매우 어렵다. 이에 따라 최고가격제 철폐를 효과적으로 막을 수 없게 된다.

반면에 최저가격제는 최고가격제와 달리 특정된 계층이 혜택을 얻게 된다. 예컨대 쌀과 같은 농산품에 대한 최저가격제는 농민 계층, 최저임금제는 비숙련노동자 계층에게 효과적인 혜택을 주게 된다. 만약 정책당국이 이러한 최저가격제를 철폐하려고 한다면 기존의 수혜 계층들은 이를 막기 위해 조직화된 행동을 하고 싶어 할 것이다. 그런데 최고가격제와 달리 수혜 계층을 쉽게 특정할 수 있다 보니 그들을 조직화하는 것은 상대적으로 용이하다. 이렇게 조직화된 (압력)단체들이 정치과정에 영향력을 행사함으로써 최저가격제 철폐를 효과적으로 막을 수 있게 된다.

③ 수량 통제

1) 의의

(1) 일반적으로 수량통제는 시장 균형거래량에 비해 낮은 수준에서 이루어진다.

(2) 현재 균형수량 수준의 개인택시 수가 과도하다고 판단한 개인택시 조합이 정부에게 개인택시 면허를 균형수량보다 적게 유지할 것을 요구하고 정부가 이를 받아들이는 경우에 나타나는 것이 대표적 예이다.

2) 수량 통제의 효과

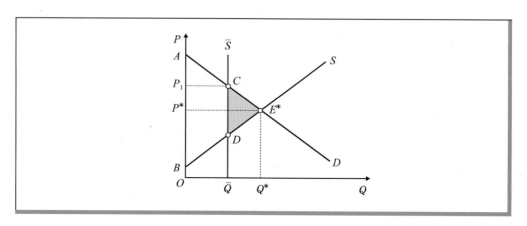

(1) 시장에서 요구하는 균형수량은 Q^*이고 이에 따라 시장가격은 P^*에서 결정된다.

(2) 정부가 수량을 균형수량 수준보다 적은 $\overline{Q}$ 수준에서 제한을 하게 되면 현실적인 공급곡선은 $\overline{Q}$ 수준에서 수직의 모습($\overline{S}$)을 보이게 된다. 이에 따라 시장가격은 P_1에서 결정된다.

(3) 수량통제 전후의 잉여를 다음과 같이 정리할 수 있다.

	소비자 잉여	생산자 잉여	사회적 총잉여	경제적 순손실
수량규제 전	$\triangle AE^*P^*$	$\triangle P^*E^*B$	$\triangle AE^*B$	0
수량규제 후	$\triangle ACP_1$	사다리꼴 P_1CDB	사다리꼴 $ACDB$	$\triangle CE^*D$

결국 균형수량(Q^*)에 비해 적은 수준에서 수량통제($\overline{Q}$)를 실시하게 되면 규제 전에 비해 시장가격은 상승($P^* \rightarrow P_1$)하고 경제적 순손실($\triangle CE^*D$)이 발생하여 자원이 비효율적으로 배분됨을 알 수 있다.

MEMO

제8장
시장이론

Theme 35 완전경쟁시장의 의의

① 완전경쟁시장(perfectly competitive market)의 의미

(1) 다수의 거래자

① '다수'라는 것은 시장에서 이미 결정된 가격을 누구도 자기 마음대로 변화시킬 수 없을 정도로 많다는 의미이다.

② 개별거래자가 시장에서 차지하는 비중은 '0'과 다름없는 정도로 미약하므로 개별거래자가 아무리 생산·소비량을 변화시키더라도 시장가격에는 아무런 영향을 미치지 못한다.

(2) 동질적 상품(homogeneous product)

① 동일한 품질은 물론이고 판매조건도 동질이라는 의미이다. ⇒ 모든 기업들의 생산물은 완전대체재 ⇒ 개별기업이 직면하는 수요곡선의 가격탄력성은 무한대

② 수요자가 어느 한 특정 공급자에 대해 지리적, 인적 선호조차도 갖고 있지 않다. 즉 단골손님이 없다.

(3) 가격 수용자(price-taker): 각 개별기업은 자신의 생산량을 조절하여 시장가격에 영향을 주지 못하고 주어진 시장가격을 받아들이며(가격수용자: price taker) 단지 시장가격에 맞추어 자기의 생산량을 조절할 뿐이다(수량조정자: quantity adjusters). ⇒ 일물일가의 법칙이 성립

(4) 완전경쟁(perfect competition)

① 시장점유율(market share)이 매우 작은 개별기업이 주어진 시장가격 수준 하에서 자신이 원하는 산출량을 얼마든지 판매할 수 있다고 생각한다.

② 각 개별기업은 원자적으로 행동하며, 개별 기업 간의 경쟁관계(rivalry)는 존재하지 않는다.

┌─ 경쟁(競爭)의 의미 ─

1. 기업 간의 말 그대로 적자생존(適者生存)을 의미하는 경쟁을 말한다. 이러한 다이나믹(dynamic)한 경쟁과정에서 승리한 기업은 새로운 기술을 도입하는데 성공해서 시장 점유율을 확대시켜 나갈 수 있지만, 패한 기업은 시장에서 도태될 수밖에 없다. 슘페터(J. A. Schumpeter)는 이러한 경쟁을 기업의 창조적 파괴과정(creative destruction)이라고 말한다. (완전)경쟁시장의 장기균형상태에서는 기업은 더 이상의 초과이윤을 얻을 수 없다. 이러한 장기균형 상태를 기술혁신(technical innovation)으로 파괴해야 또 다른 초과이윤을 얻을 수 있다는 것이 슘페터의 견해이다.

2. 완전경쟁(完全競爭)의 경쟁이다. 이러한 경쟁은 기업이 완전히 미래를 예견(perfect foresight)할 수 있는 능력을 전제하고, 불확실성(uncertainty)이 존재하지 않는다는 전제가 따른다. 경쟁이 이루어지는 시장에서 개별기업은 지극히 원자적 존재에 불과하여, 시장 경쟁의 결과물인 시장가격에 대해 단독으로 영향력을 행사할 수 없게 된다. 개별기업은 시장에서 결정된 가격을 그대로 받아들이는 존재인 가격수용자(price taker)일 뿐이다.

(5) 진퇴의 자유(free mobility)

① 상품이나 생산요소가 자유로이 이동할 수 있다.

② 기업의 시장에 대한 자유로운 진입(entry)과 퇴거(exit)가 허용된다는 의미이며, 또한 생산요소 역시 가장 높은 대가를 지불하는 기업이나 산업으로 이동할 수 있다는 것을 의미한다.

(6) 완전한 시장정보(perfect information)

① 시장 참여자 모두는 시장에 대하여 완전한 시장정보를 갖는다. 만약 초과수요나 초과공급이 발생하면 모든 경제주체는 이에 대하여 매우 빠르고도 정확하게 반응한다.

② "미래에 관한 불확실성이 없다"는 가정 하에 새로운 정보 취득에 별도의 비용이 들지 않는다는 것을 의미한다.

┌─ 시장의 의미 ─

시장이란 사는 사람들과 파는 사람들이 서로 의사를 교환하여 어떻게 상품이 교환되어야 하는가를 결정하는 조직을 말한다. 따라서 시장이 꼭 사고 파는 사람들이 모이는 장소만을 의미하는 것은 아니다.

└─

2) 기본 개념

(1) 가정

① 기업은 상품을 공급·판매한 수입이 유일한 수입원이다.

② 기업은 한 종류의 상품만 생산한다.

③ 재고가 없다. 즉 기업의 매 기당 생산량=공급량=판매량의 관계가 성립한다.

(2) 수입의 유형

① 총수입(Total Revenue, TR)

$$TR = P \times Q$$

완전경쟁기업은 가격수용자이므로 가격(P)이 상수이다. 이에 따라 판매량이 증가하면 할수록 총수입도 비례적으로 증가하게 되어 총수입곡선은 원점에서 시작하는 직선의 형태를 갖게 된다.

② 평균수입(Average Revenue, AR)

$$AR = \frac{TR}{Q} = \frac{P \times Q}{Q} = P \Rightarrow \text{생산물 1단위당 수입}$$

평균수입은 원점에서 총수입 곡선의 한점으로 그은 직선의 기울기로서 상품 한 단위당 판매수입으로 총수입을 판매량으로 나누어 구할 수 있다. 이에 따라 평균수입은 항상 가격과 같게 되므로 완전경쟁기업의 평균수입곡선은 시장가격 수준에서 수평선의 형태를 갖게 된다.

완전경쟁시장은 존재하는가?

"일반적으로 완전경쟁시장은 자원의 최적 배분이 이루어지는 가장 효율적인 시장으로 소개된다. 또한 대부분의 경제학 교과서는 물론 실제 강의 현장에서도 이러한 완전경쟁시장에 대한 강의를 하면서 그 예로 쌀과 같은 농산물 시장을 제시한다. 그렇다면 농산물 시장은 완전경쟁시장이 갖추어야 할 모든 조건을 충족하고 있는가?"

완전경쟁시장이 성립하기 위해서는 다음과 같은 조건을 충족해야 한다.

첫째, 시장 참여자 모두는 시장에 대하여 완전한 시장정보(perfect information)를 갖는다. 즉 정보취득비용이 '0'이다. 만약 시장에서 변화가 발생하면 모든 경제주체는 이에 대하여 매우 빠르고도 정확하게 반응한다.

둘째, 시장에서 이미 결정된 가격을 누구도 자기 마음대로 변화시킬 수 없을 정도로 많은 다수의 거래자가 경쟁한다. 이에 따라 개별 거래자가 시장에서 차지하는 비중은 '0'과 다름 없는 정도로 미약하므로 개별 거래자의 생산 및 소비의 변화는 시장가격에 아무런 영향을 미치지 못한다. 개별 거래자들은 오히려 주어

진 시장가격을 그대로 받아들이며(가격수용자: price taker) 단지 시장가격에 맞추어 자기의 생산량을 조절(수량조정자: quantity adjusters)할 뿐이다. 그 결과 완전경쟁시장에서는 일물일가(一物一價)의 법칙이 성립한다.

셋째, 품질은 물론이고 판매 조건도 동질적인 상품(homogeneous product)이 거래된다. 이에 따라 수요자가 어느 한 특정 공급자에 대해 어떤 지리적, 인적 선호조차도 갖고 있지 않다. 즉 단골손님이 존재하지 않는다.

마지막으로 상품이나 생산요소가 자유로이 이동할 수 있어 거래자들은 진퇴의 자유(free mobility)가 허용된다.

그렇다면 전술한 농산물 시장은 위의 모든 조건을 충족하고 있는가? 두 번째와 마지막 조건은 농산물 시장에서도 쉽게 충족된다. 아무리 농사를 많이 짓는다고 하더라도 전체 농산물 시장에 비하면 그야말로 '조족지혈(鳥足之血)에 불과하여 시장가격에 영향을 주지는 못한다. 또한 우리나라는 헌법상 '거주이전의 자유'와 '직업선택의 자유' 등을 보장하고 있으므로 자유롭게 농사를 지을 수도 있고, 포기할 수도 있다.

그런데 세 번째 조건이 문제이다. 질문을 한 번 해보자. '우리나라에서 가장 맛있는 쌀은?'

아마도 대부분 '경기미!', '이천 쌀!', '여주 쌀!'이라고 외칠 것이다. 여담이지만 세종대왕을 모신 영릉이 이천에 있다 보니 이천 쌀의 로고는 '임금님표', 여주 쌀의 로고는 '대왕님표'가 된 것인가 보다. 여하간 우리는 오랫동안 앞에 열거한 쌀을 '기름이 자르르 흐르는' 맛있는 쌀의 대명사로 삼아 왔다. 그렇다면 '동질적 상품'이라는 조건은 여간해서 충족하기 어려운 조건이 아닌가 한다.

무엇보다 아무리 정보화 사회가 되었다고 하더라도 정보취득비용이 '0'이라는 것은 매우 비현실적인 가정이다. 현실적으로 단기에는 직·간접적인 비용을 부담해야 변화된 정보를 인식할 수 있고, 이때가 돼서야 비로소 변화에 대한 반응이 이루어진다.

결국 현실에서 완전경쟁시장이 완벽하게 성립하기는 매우 어려운 것이다.

이러한 문제점을 인식한 경제학자 클라크(J. B. Clark)는 완전경쟁이라는 개념 대신 '유효경쟁(effective competition)'이라는 개념을 제시한다. 그가 제시한 유효경쟁이란 설령 완전경쟁시장의 조건을 갖추고 있지 않더라도 장기적으로 기업 간에 실질적인 경쟁이 일어나 자원배분의 효율성을 달성할 수 있는 대기업 간 경쟁을 말한다. 현실 경제, 특히 제조업 시장에서는 완전경쟁보다는 대기업간의 가격 및 품질에서의 유효경쟁이 더 일반적으로 관찰된다.

한편 경제학자 쉐퍼드(W. G. Shepherd)는 유효경쟁의 조건으로 다음의 네 가지를 제시한다. 첫째, 상위 4대 기업 집중률이 40% 이하이어야 하며, 둘째, 각 기업의 유동적인 시장점유율이 존재하여야 하며, 셋째, 낮은 이윤율과 진입장벽이 있어야 하며, 마지막으로 기업 사이에 담합이 존재하지 않아야 한다.

③ 한계수입(Marginal Revenue, MR)

$$MR = \frac{\Delta TR}{\Delta Q} = \frac{P \times \Delta Q}{\Delta Q} = P$$

한계수입은 상품 1단위를 추가적으로 판매할 때 총수입의 증가분으로서 총수입곡선의 한 점에서의 접선의 기울기로서 측정할 수 있다. 그런데 완전경쟁기업의 총수입곡선이 직선이므로 모든 점에서의 한계수입은 총수입곡선의 기울기와 일치하는 일정한 값을 갖게 된다. 따라서 완전경쟁기업의 한계수입곡선은 시장가격 수준에서 수평선의 형태를 갖게 된다.

— 완전경쟁기업의 총수입(TR)과 한계수입(MR) —

Q	0	1	2	3	4	5	6	7	8
$P=AR$	2.5	2.5	2.5	2.5	2.5	2.5	2.5	2.5	2.5
$TR=P \times Q$	0	2.5	5.0	7.5	10.0	12.5	15.0	17.5	20.0
MR	–	2.5	2.5	2.5	2.5	2.5	2.5	2.5	2.5

— 완전경쟁기업과 독점기업의 한계수입(MR) —

시장 가격(P)이 일정한 상수($\bar{P}$)로 주어지는 가격수용자인 완전경쟁기업에게 한계수입(MR)은 다음과 같이 도출된다.

$$MR = \frac{\Delta TR}{\Delta Q} = \frac{\Delta (\bar{P} \times Q)}{\Delta Q} = \bar{P} \times \frac{\Delta Q}{\Delta Q} = \bar{P}$$

따라서 한계수입은 항상 시장가격과 일치한다.

그러나 독점기업이 직면하는 시장 가격(P)은 수량(Q)에 따라 달라지는 변수이다. 그 이유는 독점기업이 직면하는 수요곡선이 우하향하는 시장수요곡선 자체이기 때문이다. 이에 따라 독점기업의 한계수입(MR)은 다음과 같이 도출된다.

$$MR = \frac{\Delta TR}{\Delta Q} = \frac{\Delta (P \times Q)}{\Delta Q} = P + Q \times \frac{\Delta P}{\Delta Q}$$

여기서 $\frac{\Delta P}{\Delta Q}$는 수요곡선의 기울기이다. 그런데 독점기업이 직면하는 수요곡선은 시장수요곡선이고, 우하향하는 기울기를 갖는다. 즉 '$\frac{\Delta P}{\Delta Q} < 0$'이다. 이에 따라 '$Q > 0$'이므로 '$Q \times \frac{\Delta P}{\Delta Q} < 0$' 역시 성립한다. 결국 한계수입($MR$)은 시장가격($P$)에 비해 $Q \times \frac{\Delta P}{\Delta Q}$만큼 낮게 된다.

---

(3) 개별 경쟁기업(competitive firm)의 AR과 MR 그리고 수요곡선

① 개별 경쟁기업의 AR곡선: 수요자의 입장에서 볼 때, 가격($=AR$) 수준에서 기업의 생산물을 몇 단위 구매할 것인가를 나타냄 ⇒ 이는 곧 개별 기업이 직면하는 수요곡선을 의미

② 개별 경쟁기업의 수요곡선: 개별 기업은 가격 수용자로서 주어진 시장가격에 따라 자기 제품을 얼마든지 팔 수 있으므로 개별 기업이 직면하는 수요곡선은 가격변화에 따라 완전탄력적인 수평선의 수요곡선

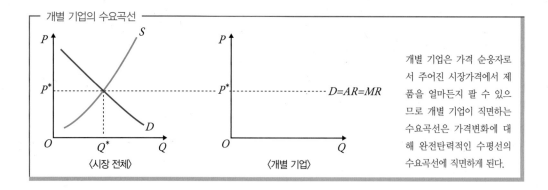

개별 기업은 가격 순응자로서 주어진 시장가격에서 제품을 얼마든지 팔 수 있으므로 개별 기업이 직면하는 수요곡선은 가격변화에 대해 완전탄력적인 수평선의 수요곡선에 직면하게 된다.

❷ 경쟁기업의 이윤극대화 생산량 결정

1) 얼마만큼 생산할 것인가?: 기업의 목적은 이윤을 극대화하는 것이므로 어떻게 생산할 것이냐 하는 것도 중요하지만 얼마만큼 생산할 것이냐 하는 또 하나의 의사결정을 요한다.

2) 이윤극대화 생산량 결정 방법

(1) **총수입(TR)과 총비용(TC)의 접근 방법**: "이윤(π)=$TR-TC$"를 전제로 하여 TR과 TC의 차이가 극대가 되는 생산량을 찾는다.

(2) **한계수입(MR)과 한계비용(MC)의 접근 방법**

① "$MR=MC$"는 완전경쟁기업이든 불완전경쟁기업이든 모든 기업에 적용되는 일반적인 조건이다. 이에 따라 이 조건을 만족시키는 생산량을 선택하게 된다.

② 만약 "$MR > MC$"라면 생산량이 증가함에 따라 이윤도 증가하겠지만, "MR<MC"라면 생산량의 증가는 오히려 손실의 증가를 초래하게 된다.

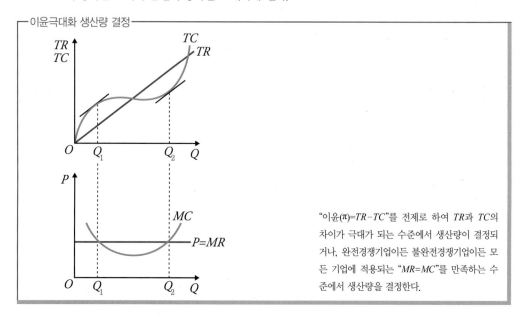

"이윤(π)=$TR-TC$"를 전제로 하여 TR과 TC의 차이가 극대가 되는 수준에서 생산량이 결정되거나, 완전경쟁기업이든 불완전경쟁기업이든 모든 기업에 적용되는 "$MR=MC$"를 만족하는 수준에서 생산량을 결정한다.

Q&A

완전경쟁시장에서 어떤 기업이 직면하는 가격이 10이다.

이 기업의 비용곡선이 $TC = \dfrac{1}{3}q^3 - \dfrac{5}{2}q^2 + 16q + 10$일 때(다만, q는 생산량이다) 이 기업의 이윤극대화 생산량은?

Solution

$MC = \dfrac{dTC}{dq} = q^2 - 5q + 16$이고, 완전경쟁시장의 균형조건은 $MC=P$이다.

따라서 $q^2 - 5q + 16 = 10$에서 $(q-2)(q-3)=0$이 성립하는 q값은 다음과 같다.

$q = 2,\ q = 3$

다만, 이윤극대화의 1차 조건에 이어 2차 조건을 적용하면 이윤극대화 산출량은 3임을 알 수 있다.

완전경쟁기업의 균형

① 완전경쟁기업의 단기균형

1) 경쟁기업의 수요곡선과 한계수입곡선

(1) 경쟁기업은 주어진 시장가격에서 얼마든지 판매할 수 있으므로 경쟁기업의 수요곡선은 주어진 시장가격에서 수평선 ⇒ 경쟁기업의 수요의 가격탄력도는 무한대

(2) 가격은 곧 평균수입인데 경쟁기업의 경우 가격은 시장가격 수준에서 불변이므로 평균수입은 한계수입과 일치

(3) 결국 경쟁기업의 경우, 수요곡선과 평균수입곡선 및 한계수입곡선은 모두 동일

$$P = AR = MR$$

2) 경쟁기업의 한계비용곡선과 단기균형

(1) **경쟁기업의 한계비용곡선**: 생산시설이 고정되어 있는 단기에서 경쟁기업의 한계비용곡선은 생산 초기에는 오른쪽 아래로 내려가다가 어느 수준의 생산량을 지나면 오른쪽 위로 올라가는 "U"자 모양

(2) **경쟁기업의 단기균형**

① 단기에 초과이윤을 얻는 경우(P>AC)

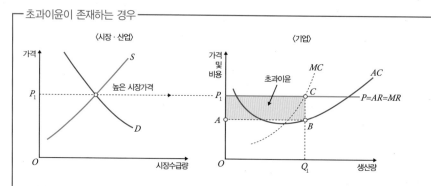

┌─ 초과이윤이 존재하는 경우 ─

주어진 시장가격 P_1수준에서 총수입($P \times Q$)이 OP_1CQ_1, 총비용($Q \times AC$)이 $OABQ_1$이 되어 Q_1을 생산하면 $ABCP_1$만큼 초과이윤을 얻을 수 있다.

② 단기에 정상이윤만 얻는 경우(P=AC)

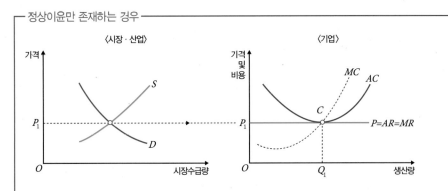

주어진 시장가격 P_1수준에서 총수입($P \times Q$)과 총비용($Q \times AC$)이 OP_1CQ_1으로 동일하여 Q_1을 생산하면 초과이윤은 얻을 수 없고 다만 정상이윤만이 존재하게 된다.

③ 단기에 손실을 보는 경우(P<AC)

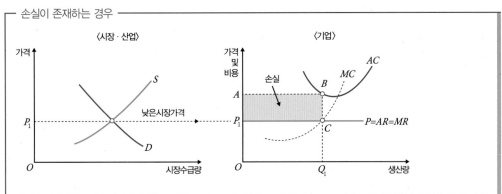

주어진 시장가격 P_1수준에서 총수입($P \times Q$)이 OP_1CQ_1, 총비용($Q \times AC$)이 $OABQ_1$이 되어 Q_1을 생산하면 오히려 $ABCP_1$만큼 손실을 보게 된다.

④ 단기균형 조건: 경쟁기업의 단기균형 조건은 "MR=MC"이다. 단, 균형점에서 한계비용곡선이 한계수입곡선을 아래에서 위로 뚫고 지나가며 만나는 조건(MR 곡선의 기울기 < MC 곡선의 기울기)을 충족해야 한다.

② 완전경쟁기업의 단기공급곡선

1) 손익분기점(break-even point)

(1) AC곡선의 최저점

(2) 이 점 이하로 가격이 떨어지면 총수입$(P \times Q)$이 총비용$(AC \times Q)$보다 작아져서 이윤이 아닌 손실이 발생한다. ⇒ $P < AC$인 경우 손실 발생

2) 조업(생산)중단점(shut-down point)

(1) AVC 곡선의 최저점

(2) 이 점 이하의 가격에서는 총수입$(P \times Q)$이 총가변비용$(AVC \times Q)$조차 충당할 수 없어 조업(생산)할 수 없다. ⇒ $P < AVC$인 경우 생산을 할수록 손실 누적

(3) 손익분기점과 조업중단점 사이에는 손실을 보게 되지만, 총가변비용은 물론 총고정비용$(AFC \times Q)$의 일부도 충당할 수 있으므로 생산이 가능 ⇒ $AVC < P < AC$인 경우 생산을 통해 손실을 극소화한다.

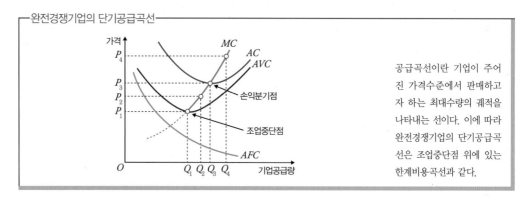

완전경쟁기업의 단기공급곡선

공급곡선이란 기업이 주어진 가격수준에서 판매하고자 하는 최대수량의 궤적을 나타내는 선이다. 이에 따라 완전경쟁기업의 단기공급곡선은 조업중단점 위에 있는 한계비용곡선과 같다.

* 기업의 시장가격에 따른 의사결정

시장가격$(P=MR)$	의사결정
$P=P_4$	Q_4를 생산할 때 $P > AC$이므로 초과이윤 획득
$P=P_3$	Q_3를 생산할 때 $P = AC$이므로 초과이윤은 사라지지만 정상이윤은 획득
$P=P_2$	Q_2를 생산할 때 $P < AC$이므로 손실이 발생하지만 $P > AVC$이므로 수입의 일부로 고정비용의 일부를 충당할 수 있어 생산하는 것이 유리
$P=P_1$	Q_1을 생산할 때 $P = AVC$이므로 생산하든 생산하지 않든 손실은 모두 동일
$P < P_1$	$P < AVC$이므로 가변비용조차 회수할 수 없으므로 생산 불가능

확인 TEST

영희는 매월 아이스크림을 50개 팔고 있다. 영희의 월간 총비용은 50,000원이고, 이 중 고정비용은 10,000원이다. 영희는 단기적으로 이 가게를 운영하지만 징기적으로는 폐업할 계획이다. 아이스크림 1개당 가격의 범위는? (단, 아이스크림 시장은 완전경쟁적이라고 가정한다.)

① 600원 이상 700원 미만
② 800원 이상 1,000원 미만
③ 1,100원 이상 1,200원 미만
④ 1,300원 이상 1,400원 미만

해설 영희가 장기적으로 가게를 폐업할 계획이라는 것은 현재 아이스크림 가격이 평균비용보다 낮아 손실을 보고 있다는 의미이다. 그러나 이러한 경우에도 단기에서만큼은 아이스크림 가격이 평균가변비용보다 높다면 조업을 계속하는 것이 유리하다. 현재 영희의 월간 총비용이 50,000원이고, 이 중 고정비용이 10,000원이므로 총가변비용은 40,000원이 된다. 따라서 50개를 판매할 때의 평균비용은 1,000원, 평균가변비용은 800원이 된다. 따라서 현재 아이스크림의 가격은 800원 이상이고 1,000원보다 작다.

정답 ②

기출확인

경수는 신문 기사 (가)를 읽고 (나)와 같은 이론적 결과를 추론하였다. ㉠, ㉡에 들어갈 적합한 용어를 쓰고, ㉢에 적절한 내용을 쓰시오.

[2008]

(가) A제철은 준공 후 계속 놀리고 있는 강판 생산시설을 조만간 가동하기로 했다. 회사 측 관계자는, "이 시설을 놀리면 한 달에 10억 원의 손실이 발생하지만, 가동하면 손실을 3억 원으로 줄일 수 있다."라고 설명했다. A제철이 생산하는 강판은 국내외적으로 경쟁시장을 형성하고 있다.

(나) 현재 강판의 시장가격은 A제철의 강판 생산수준에서의 (㉠) 비용보다는 높지만, (㉡) 비용보다는 낮은 수준에 있는 것으로 추정할 수 있다. 또한, 단기적으로 A제철의 공급곡선은 (㉢)(으)로 나타난다.

분석하기
- 완전경쟁기업은 현재 '시장가격(P) < 평균비용(AC)'이 되어 손실이 발생한다고 하더라도 단기에서만큼은 '시장가격(P) > 평균가변비용(AVC)'이 성립하는 한 생산을 계속함으로써 손실을 극소화하려고 한다.
- 완전경쟁기업의 단기공급곡선은 평균가변비용(AVC) 곡선의 극소점을 지나 우상향하는 한계비용(MC) 곡선이다.
- ㉠: 평균가변비용, ㉡: 평균비용, ㉢: 한계비용곡선

3) 단기공급곡선

(1) 공급곡선이란 기업이 주어진 가격수준에서 판매하고자 하는 최대수량의 궤적을 나타내는 선이다. 이에 따라 경쟁기업의 단기공급곡선은 조업중단점 위에 있는 한계비용곡선과 같다.

(2) AVC곡선 위의 MC곡선 부분이다.

기업은 손해를 보면 반드시 문을 닫아야 하는가?

"저녁 때 집으로 돌아가던 중 가끔 동네의 자그마한 식당을 들여다보면 손님들은 없고 주방 아주머니와 홀 서빙 아주머니가 사이좋게 누워 TV 드라마를 시청하는 모습이 보이곤 한다. 이때 '어차피 경기도 안 좋아 손님도 없는데 그냥 문 닫고 쉬지 왜 힘들게 가게 문을 열고 있을까?' 하는 생각이 문득문득 들곤 한다. 이런 생각은 옳은 것일까?"

기업의 목표는 무엇보다 이윤 추구이다. 이러한 이윤은 총수입에서 총비용을 뺀 값으로 계산된다. 그런데 이윤은 항상 발생하는 것이 아니기 때문에 상당 기간 손해가 발생할 수도 있다. 그렇다면 이 경우에는 영업을 중단해야 하는가?

이에 대한 답을 구하기 위해서는 생산 기간과 매몰비용 및 고정비용에 대한 이해가 필요하다. 앞에서 등장한 식당을 예로 들어 식당 영업을 위해 건물을 임대했다면 그 임대 기간은 단기라 볼 수 있다. 또한 매몰비용은 곧 고정비용을 의미한다. 영업과 관계없이 임대 기간 동안에는 임대료를 지불해야 하고, 또한 이미 지불된 임대료는 회수가 불가능한 비용이므로 고정비용이자 매몰비용이다. 그런데 식당에서 손해가 난다는 것은 영업을 통해 얻은 수입보다 영업을 위해 지불한 비용이 더 크다는 것이다.

여기서 식당의 총비용은 영업과 관계없이 발생하는 고정비용과 영업에 따라 추가적으로 발생하는 가변비용, 두 가지로 구성된다. 이에 따라 식당 문을 닫고 쉰다고 하더라도 임대료와 같은 고정비용은 지불해야 하며 그것이 고스란히 손해로 연결된다. 여기에다 영업활동을 함에 따라 음식을 만들기 위한 식재료비와 같은 추가적인 비용(가변비용)이 발생하게 된다. 그런데 만약 음식을 만들어 그 음식을 만들기 위해 추가적으로 발생한 비용보다 비싸게 팔 수 있다면(비록 그것이 임대료를 포함한 고정비용까지 지불할 수는 없어 손해는 발생하겠지만) 영업을 계속하는 것이 손해를 줄이는 지름길이 되는 것이다. 어차피 이윤을 볼 수 없다면 손해라도 극소화하기 위해 노력을 해야 하는 것이다. 식당 아주머니들이 이러한 경제 원리를 이미 알고 있는 것은 아닌지… 물론 계속해서 손해가 발생하면 임대 기간이 끝날 때 식당 운영은 접겠지만!

❸ 완전경쟁기업의 장기균형

 마셜(A. Marshall)의 대표적 기업(representative firm)이란?

마셜은 대표적 기업을 '숲 속의 젊은 나무들(young trees of the forest)'이 자라는 예로 비유했다. 이에 따르면 숲은 한 개의 산업에 해당하고, 산업을 구성하는 개별 기업은 탄생하고 성장하며 궁극적으로는 쇠퇴하게 되는 흥망성쇠의 존재이지만, 어느 시점에는 산업 전체 모습을 설명해주는 기업이 존재한다고 보았다.

이에 따라 마셜에게 대표적 기업은 "상당히 긴 경력을 가지고 있으며, 많은 성공을 거둔 정상적인 능력에 의해 관리되며, 그 산업의 총생산량에서 차지하는 내부경제와 외부경제를 정상적으로 누리고 있는 기업"이다. 마셜은 이러한 대표적 기업의 공급곡선을 어느 한 산업 전체의 대표적인 것으로 보았다.

1) 단기에 한 대표적 기업이 초과이윤을 얻고 있는 경우

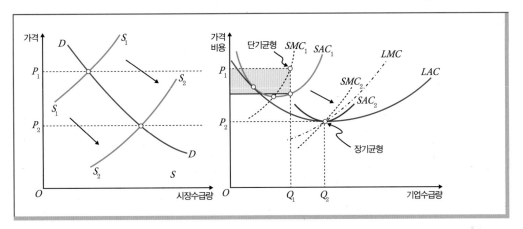

(1) 최초 기업의 단기평균비용이 SAC_1으로 표시되는 자본설비를 보유하고 있으면, 시장가격 P_1에서 Q_1을 공급하여 빗금 친 부분만큼의 초과이윤을 얻을 수 있다. 이에 따라 기존 기업은 설비를 확대하고 신규 기업의 진입이 이루어지게 되면, 시장의 공급곡선은 S_1에서 S_2까지 오른쪽으로 이동하게 되고 시장균형가격이 P_2로 하락하게 된다.

(2) 만일 시장의 공급곡선이 S_2보다 더 오른쪽으로 이동하게 되면 시장균형가격은 P_2보다 낮은 수준에서 결정되어 기업은 손실을 보게 되고, 이에 따라 기존 기업은 설비를 축소하거나 퇴거하게 되어 시장공급곡선은 다시 왼쪽으로 이동하게 된다. 그 결과 시장균형가격은 다시 상승하게 된다.

(3) 결국 이러한 과정이 반복되어 장기에는 기업에게 초과이윤이나 손실이 모두 발생하지 않는 LAC 최저점 수준인 가격 P_2수준에서 균형을 이루게 된다.

2) 장기균형

(1) 경쟁기업은 장기에서 모두 평균비용을 최소로 하는 생산시설을 택하게 되므로 장기균형은 장기평균비용곡선의 최저점에 이루어진다.

(2) 이 장기균형에서는 시장가격이 장기평균비용과 같으므로 기업은 평균비용에 대한 초과분인 초과이윤도 없고 손실도 없게 된다. 다만 정상이윤만 얻게 된다.

(3) **장기균형조건**: 경쟁기업의 장기균형에서는 경쟁기업의 장기평균비용(LAC), 장기한계비용(LMC), 단기평균비용(SAC), 단기한계비용(SMC) 및 가격 모두가 일치하게 된다.

$$SAC = LAC = P = AR = MR = SMC = LMC$$

(4) **장기균형의 경제적 의미**

① 모든 기업은 한계기업이다(평균비용이 조금만 올라도 손실이 발생한다).

② 초과이윤이 발생하지 않는다($SAC=LAC=P$).

③ 규모의 경제가 발생하지 않는다(LAC의 극소점에서 장기균형을 이룬다).

④ 대표적 기업이 최적시설규모를 가지고 최소비용으로 생산한다($SAC=LAC$).

⑤ 대표적 기업의 이윤극대화 조건이 단기와 장기에 모두 충족된다($P=SMC=LMC=MR$).

 '$P=MC$'가 효율적인 자원배분의 조건인 이유는?

$$P(=해당상품의 가치) \text{ vs } MC(=생산을 위해 포기한 다른 상품의 가치)$$

1. $P>MC$: 시장에서 평가한 해당상품의 가치가 그 상품을 생산하기 위해 포기한 다른 상품의 가치보다 더 크다. 이것은 해당상품이 충분히 생산되지 못했다는 것을 의미하고, 이를 해결하기 위해서는 해당상품 생산을 증가시켜야 한다. 이 과정에서 MC는 증가하며 '$P=MC$'가 달성된다.
2. $P<MC$: 시장에서 평가한 해당상품의 가치가 그 상품을 생산하기 위해 포기한 다른 상품의 가치보다 더 작다. 이것은 해당상품이 지나치게 많이 생산되었다는 것을 의미하고, 이를 해결하기 위해서는 해당상품 생산을 감소시켜야 한다. 이 과정에서 MC는 감소하며 '$P=MC$'가 달성된다.
3. $P=MC$: 시장에서 평가한 해당상품의 가치와 그 상품을 생산하기 위해 포기한 다른 상품의 가치와 같다. 이것은 해당상품이 적정하게 생산되었다는 것이고, 이는 곧 한정된 자원이 효율적으로 배분되었다는 것을 의미한다.

기출확인

한 완전경쟁시장에서 생산 활동을 하고 있는 모든 기업의 장기 평균비용곡선은 동일한 U자 형태를 띠고 있고, 그 최저점의 값은 20이다. 현재 이 시장에서 균형가격은 22이며, 생산기술, 생산요소의 가격과 수요곡선은 분석기간 동안에 변화가 없다. 이 시장의 장기 균형 상태에서, 대표적 기업의 한계비용의 크기가 얼마일지에 대해 쓰고, 참여기업의 수는 가격이 22일 때의 상황과 비교하여 '동일'할지 '감소'할지 아니면 '증가'할지를 쓰시오.

[2017]

분석하기

• 장기균형 상태에서 대표적 기업의 한계비용: 20

완전경쟁시장에서는 균형 상태에서 '$P=MC$'가 성립되어 자원의 효율적 배분이 이루어진다. 또한 완전경쟁시장의 장기균형은 U자 형태인 장기평균비용(LAC) 곡선의 최저점 수준에서 '$P=LAC$'가 성립하며 이루어진다. 따라서 장기균형점에서는 '$P=MA=LAC$'가 성립하게 된다. 주어진 조건에서 장기평균비용 곡선의 최저점이 '20'이라고 하였으므로 대표적 기업의 한계비용 역시 20이 된다.

• 참여 기업의 수: 증가

현재의 시장가격(=22)이 장기균형이 성립하는 수준의 가격(=20)에 비해 높은 수준이다. 따라서 장기균형 가격까지 하락하기 위해서는 시장에서 공급이 증가해야 한다. 이것은 새로운 기업의 진입이 이루어진다는 것을 보여 준다. 따라서 시장에 참여하는 기업의 수는 증가하게 된다.

Theme 37 독점시장의 의의

① 독점시장(monopoly market)의 의미

1) 특징

(1) **단일기업**

① 독점시장은 한 재화나 서비스의 공급이 단일 기업에 의하여 이루어지는 시장조직 형태이다.

② 독점기업이 직면하는 수요곡선은 바로 그 시장(산업)의 수요곡선과 일치한다. 따라서 독점기업이 직면하는 개별 수요곡선은 우하향한다.

③ 독점기업의 공급량은 곧 독점시장(산업)의 총공급량이다.

─ 독점의 의의 ────────────

독점(monopoly)이라는 어원은 원래 그리스어의 monos polein으로부터 왔는데, monos란 하나(single)를 의미하며 polein은 파는 것(to sell)을 의미하기 때문에 독점이란 시장에서 판매하는 기업이 하나인 경우를 의미한다. 특히 단일기업이 생산하며 가까운 대체재가 없고, 타 기업이 독점이윤을 차지하기 위해 진입하는 데 큰 장애가 있는 산업이 순수 독점(pure monopoly)이다.

(2) **가격결정자**(price setter)

① 독점기업은 강한 시장지배력(market power)을 가진 가격결정자이다. 이에 따라 가격차별(price discrimination)이 가능해진다.

② 독점기업은 공급량을 조절함으로써 생산물의 가격을 조정한다.

(3) **진입장벽**(barriers to entry)**의 존재**: 독점시장은 아주 밀접한 대체재를 생산하는 경쟁상대기업(river fis)으로부터 도전받지 않는 시장 ⇒ 높은 진입장벽(barriers to entry)이 존재한다.

─ 진입장벽의 형성 요인(S. J. Bain) ────────────

1. 잠재적 진입기업에 대한 기존기업의 제품차별화에 의한 우위성
2. 잠재적 진입기업에 대한 기존기업의 생산 비용에서의 절대적 우위성
3. 잠재적 진입기업에 대한 기존기업의 규모의 경제로 인한 우위성

(4) **상대적 분류**: 상품시장의 범위를 어떻게 잡느냐에 따라 독점 또는 과점으로 분류 ⇒ 상품의 의미를 좁게 정의할수록 독점의 성립이 가능하다.

2) 독점의 생성원인(=진입장벽)

(1) **규모의 경제가 존재**

① 규모의 경제가 존재하는 산업에서는 제도적, 인위적 조작이 없더라도 시장가격기구에 의해서 상대적으로 생산비가 높은 중소기업이 생산비가 낮은 대기업에 대항하지 못하므로 독점시장이 자연적으로 형성된다.

② 이와 같은 규모의 경제에 의한 독점을 자연독점(natural monopoly)이라고 한다. 전력, 상수도 등이 그 예이다.

③ 특히 전력과 같은 공익사업은 국가가 독점 경영하는 경우이기도 한데 이러한 경우를 국가독점 (state monopoly)이라고 한다.

⑵ 상품 원재료에 대한 독점적 소유로 인한 상품시장의 독점형성도 가능하다.

⑶ 법률이나 정책을 통한 인위적, 제도적인 진입장벽이 존재하는 경우에도 독점이 형성 특허권이나 저작권과 같이 법률에 의한 독점의 보호도 있으며 정부는 정책적으로 특정 기업을 독점기업으로 지원하기도 한다.

⑷ 한 기업이 경쟁상대기업을 모두 매수·합병(M&A, merger & acquisition)하거나, 획기적인 기술 혁신(innovation)으로 시장을 석권하거나, 불공정거래행위(예 약탈적 가격설정, 부당염매행위)로 경쟁상대기업들을 모두 시장에서 몰아낼 수 있는 경우에도 독점의 성립이 가능하다.

┌─ 약탈적 가격 설정(predatory pricing) ──────────────────

시장지배력이 강한 기업의 경우 독점력을 강화하기 위한 수단으로 종종 약탈적 가격정책을 사용하는 경우가 있다. 약탈적 가격이란 손실을 발생시킬 정도의 지나치게 낮은 가격으로 가격전쟁을 통해 경쟁기업, 혹은 잠재적 경쟁기업을 시장에서 몰아내거나 사전적으로 진입을 차단하기 위해 사용한다.

3) 독점도(Degree of monopoly)

⑴ A. Lerner의 독점도

$$dom = \frac{P-MC}{P} = \frac{P-MR}{P} \quad (\because \text{균형점에서는 } MR=MC)$$

① 완전경쟁인 경우 균형점에서 $P=MR=MC$이므로 Lerner의 독점도는 0이고, 불완전경쟁인 경우 균형점에서 $P>MR=MC$가 성립하므로 독점도는 0과 1 사이의 값을 갖게 된다.

② 만약 비용이 전혀 들지 않는 독점기업의 경우($MR=MC=0$)의 독점도는 1이 된다.

⑵ Hicks의 독점도

$$dom = \frac{1}{e} \quad (\text{단, } e\text{는 수요의 가격탄력도이다.})$$

① 완전경쟁인 경우 $e=\infty$이므로 Hicks의 독점도는 0이고, 불완전경쟁인 경우에는 $e\neq\infty$이므로 0 보다 크게 된다.

② 수요의 가격탄력도가 작을수록(=수요곡선이 가파를수록) Hicks의 독점도는 크게 된다.

┌─ Lerner의 독점도를 이용한 Hicks의 독점도 도출 ──────────────

Lerner의 독점도에 $MR=P\left(1-\frac{1}{e}\right)$이라는 Amoroso-Robinson 공식을 대입하면

$dom = \dfrac{P-P\left(1-\frac{1}{e}\right)}{P}$ 을 구할 수 있다. 분모, 분자의 공통인수인 P를 약분하면 $dom = \dfrac{1}{e}$을 구할 수 있다.

확인 TEST

독점시장에 관한 사항 중 옳지 않은 것은?

① 가격탄력성이 클수록 독점도는 커진다.
② 시장 진입이 제한된 시장일수록 독점력이 높아지는 경향이 있다.
③ 독점시장 균형에서 가격과 한계수입의 차가 클수록 독점도는 커진다.
④ 완전경쟁시장에서는 가격과 한계비용이 같으므로 독점도는 영(0)이다.
⑤ 독점도를 나타내는 지표로는 Lerner독점도 지수, Hicks독점도 지수 등이 있다.

해설 ▶ Lerner 독점도 지수는 $\frac{P-MR}{P} = \frac{P-MC}{P}$에 의해 측정되고, Hicks 독점도 지수는 $\frac{1}{E_P}$(여기서 E_P는 수요의 가격탄력도)에 의해 측정된다. Hicks의 독점도에 따르면 독점도는 수요의 가격탄력도와 역(−)의 관계에 있으므로 가격탄력성이 클수록 독점도는 작아진다. 이에 따라 시장 진입이 제한된 시장일수록 수요의 가격탄력성은 작아지고, 가격(P)과 한계수입(MR)의 차가 커지므로 독점도는 커지게 된다. 그리고 Lerner의 독점도에 따르면 가격(P)과 한계수입(MR)의 차가 클수록 독점도는 커진다. 한편 완전경쟁시장에서는 $P=MC$가 성립하므로 Lerner의 독점도에 따르면 그 크기는 0이 된다.

정답 ▶ ①

② 독점기업의 수요곡선과 한계수입곡선

1) 독점기업의 수요곡선

(1) 독점시장에는 기업이 하나밖에 없으므로, 독점기업이 직면하는 수요곡선은 바로 그 시장(산업)의 수요곡선과 일치한다.

(2) 기업의 평균수입(AR)은 판매가격이므로 기업의 평균수입곡선은 시장의 형태와 상관없이 항상 기업의 수요곡선 ⇒ 독점기업의 평균수입곡선은 독점시장이 직면하는 수요곡선이며 이는 수요곡선과 같이 우하향한다.

─ 독점기업에 공급곡선이 존재하지 않는 이유 ─

독점기업은 가격수용자가 아니므로 시장가격을 주어진 것으로 간주하지 않고 시장수요곡선을 주어진 것으로 간주하기 때문에 단기나 장기에 있어서 극대이윤을 보장하는 균형가격과 산출량을 동시에 결정한다. 따라서 시장가격의 변화에 따른 균형산출량의 관계를 나타내는 공급곡선의 개념을 적용시킬 수 없으므로 독점기업의 경우 공급곡선이 존재하지 않는다고 간주할 수 있다. 이는 독점뿐만 아니라 앞으로 논의하게 될 대부분의 불완전경쟁기업에서도 마찬가지이다.

2) 독점기업의 한계수입곡선

(1) 독점기업의 한계수입곡선은 다음 그래프의 MR곡선과 같이 평균수입곡선보다 아래에 위치하며 평균수입곡선을 수평으로 절반으로 줄인 것이다.

(2) 독점기업에서는 추가공급에 따르는 가격차가 항상 존재하므로 모든 생산량에서 독점기업의 한계수입(MR)은 평균수입(AR)보다 작고 생산물의 가격은 평균수입과 같다($P=AR>MR$).

─ 도해적 증명 ─

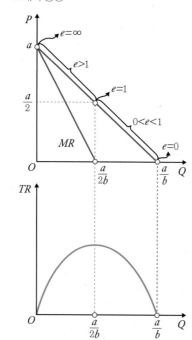

$P = a - bQ(a > 0, b > 0)$라고 하자.

$TR = P \times Q = (a - bQ) \times Q = aQ - bQ^2$이 성립한다.

이에 따라 $MR = \dfrac{dTR}{dQ} = a - 2bQ$이므로

$MR = 0$을 만족시키는 $Q = \dfrac{a}{2b}$일 때 총수입은 극대가 된다.

확인 TEST

어떤 독점기업은 1,000개의 재화를 개당 5만 원에 판매하고 있다. 이 기업이 추가로 더 많은 재화를 시장에서 판매하게 된다면 이때의 한계수입(marginal revenue)은 5만 원보다 작다. 그 이유로 가장 옳은 것은?

① 추가로 판매하게 되면 한계비용이 증가하기 때문이다.
② 추가로 판매하기 위해서는 가격을 내려야 하기 때문이다.
③ 추가로 판매하게 되면 평균비용이 증가하기 때문이다.
④ 추가로 판매하게 되면 한계비용이 감소하기 때문이다.

해설 ▶ • 독점기업이 직면하는 수요곡선은 곧 시장수요곡선이다. 즉 독점기업은 우하향하는 수요곡선에 직면한다.
   • 이것은 독점기업이 추가적으로 판매하기 위해서는 이전에 비해 가격을 낮춰야 한다는 것을 의미한다. 이때 낮춰진 가격은 이전수량을 구입하고자 했던 모든 수요자에게 적용된다.
   • 이에 따라 한계수입곡선은 반드시 수요곡선 아래에 위치하게 된다. 이것은 한계수입은 항상 시장가격보다 작다는 것을 의미하는 것이다.

정답 ▶ ②

(3) MR과 $AR(=P)$ 간에는 다음의 관계(Amoroso-Robinson 공식)가 성립한다.

$$MR = P\left(1 - \frac{1}{e}\right) \quad 단, \ e는 \ 수요의 \ 가격탄력도이다.$$

위 식은 e가 양수이므로 $MR<P$이며 e가 클수록 P와 MR 간의 괴리가 작아진다. 즉 수요의 가격탄력성이 클수록 독점기업은 한계수입을 조금만 내리고도 판매량을 많이 늘릴 수 있으므로 독점기업에게 유리하다.

독점기업의 수요와 총수입

한 단위를 추가적으로 판매하기 위해서는 가격을 인하해야 하는데, 이때 음(−)의 가격효과와 양(+)의 수량효과가 발생한다.

- 음(−)의 가격효과: 한 단위를 추가적으로 판매하기 위해서 모든 상품에 대한 가격을 인하할 때 발생하는 총수입 감소효과
- 양(+)의 수량효과: 가격 인하로 한 단위가 추가적으로 판매되어 발생하는 총수입 증가효과

- $E_P>1$인 경우: $P\downarrow \Rightarrow TR\uparrow$ ($\because$ 가격효과<수량효과)
- $0<E_P<1$인 경우: $P\downarrow \Rightarrow TR\downarrow$ ($\because$ 가격효과>수량효과)

 확인 TEST

독점기업인 자동차 회사 A가 자동차 가격을 1% 올렸더니 수요량이 4% 감소하였다. 자동차의 가격이 2,000만 원이라면 자동차 회사 A의 한계수입은?

① 1,000만 원   ② 1,500만 원   ③ 2,000만 원   ④ 2,500만 원

해설 ┃ Amorozo – Robinson 공식에 따르면 다음과 같은 관계가 성립한다.

$$MR=P\left(1-\frac{1}{E_P}\right)$$

단, 여기서 MR은 한계수입, P는 가격, EP는 수요의 가격탄력성이다.
한편 문제에서 자동차 가격을 1% 올렸더니 수요량이 4% 감소했다는 것은 수요의 가격탄력성이 4라는 의미이다.
따라서 $MR=2,000\left(1-\frac{1}{4}\right)=2,000\times\frac{3}{4}=1,500$(만 원)

정답 ┃ ②

독점기업의 균형

① 독점기업의 균형의 특징

1) 독점시장에서도 기업의 균형은 한계수입곡선과 한계비용곡선에 의하여 결정된다.
2) 한계비용곡선은 경쟁기업이든 독점기업이든 모두 동일하고 기업의 성질에 따라 다른 것은 한계수입곡선이다.
3) 경쟁기업의 한계수입곡선은 시장가격을 나타내는 수평선인 데 반하여 독점기업의 한계수입곡선은 우하향한다.

② 독점시장(기업)의 단기균형

┌─ 쿠르노 점 ─

　완전경쟁시장에서는 수요곡선과 공급곡선의 교차점을 균형점이라고 한다. 그러나 독점시장에서는 공급곡선이 존재하지 않으므로 그 교차점을 구할 수 없다. 이에 따라 독점시장에 있어서 단기균형점은 독점기업이 이윤극대화 수량과 독점가격을 결정하는 수요곡선상의 한 점을 말한다. 이 점을 처음 이를 발견한 사람의 이름을 따서 쿠르노(A. Cournot) 점이라 한다.

1) 단기에 정상이윤 이외의 독점이윤을 얻는 경우($P > AC$)

┌─ 독점이윤을 얻는 경우 ─

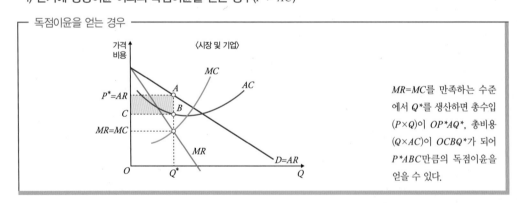

MR=MC를 만족하는 수준에서 Q^*를 생산하면 총수입($P \times Q$)이 OP^*AQ^*, 총비용($Q \times AC$)이 $OCBQ^*$가 되어 P^*ABC만큼의 독점이윤을 얻을 수 있다.

(1) 한계수입(MR)이 한계비용(MC)과 같으며, 한계비용곡선이 한계수입곡선을 밑에서 위로 지나는 생산량에서 이윤이 극대화된다. 그래프에서 생산량 Q^*가 이윤극대화의 생산량이며 이때 가격은 P^*가 된다.

(2) 이러한 이윤극대화를 가져오는 균형점은 '$MR \geq 0$'인 부분, 즉 '수요의 가격탄력도 ≥ 1'인 부분에 위치하게 된다. 이와 같은 독점기업의 균형점을 구르노(Cournot)점이라고 한다.

(3) 그래프에서 보는 바와 같이 균형점에서의 가격은 독점기업의 한계비용보다 크다. 즉 $P > MC$이다. 이것이 독점가격의 특징이다.

(4) 또한 독점가격은 그래프에서와 같이 평균비용보다 크다. 즉 $P > AC$이다. 이러한 독점가격의 평균비용의 초과분을 독점이윤이라고 한다.

2) 단기에 정상이윤만 얻는 경우($P=AC$)

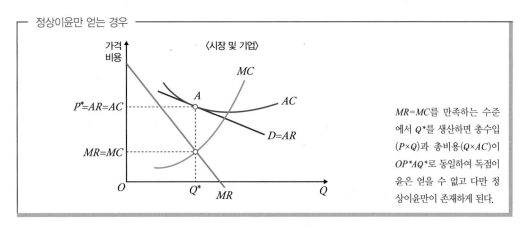

정상이윤만 얻는 경우

〈시장 및 기업〉

$MR=MC$를 만족하는 수준에서 Q^*를 생산하면 총수입($P \times Q$)과 총비용($Q \times AC$)이 OP^*AQ^*로 동일하여 독점이윤은 얻을 수 없고 다만 정상이윤만이 존재하게 된다.

이 경우의 균형점에서는 $P=AC$가 성립하여 초과이윤은 존재하지 않고 다만 정상이윤만 얻게 된다. 이는 후술하게 될 독점적 경쟁시장의 장기 균형과 동일한 형태를 띠게 된다.

3) 단기에 손실을 보는 경우($P<AC$)

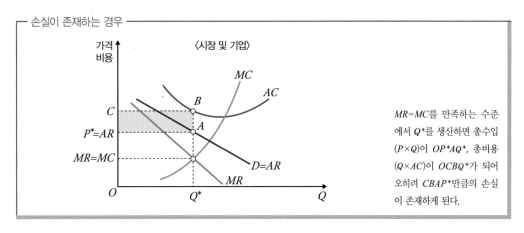

손실이 존재하는 경우

〈시장 및 기업〉

$MR=MC$를 만족하는 수준에서 Q^*를 생산하면 총수입($P \times Q$)이 OP^*AQ^*, 총비용($Q \times AC$)이 $OCBQ^*$가 되어 오히려 $CBAP^*$만큼의 손실이 존재하게 된다.

이 경우의 균형점에서는 $P<AC$가 성립하여 정상이윤조차도 얻지 못하게 된다. 즉 단기에 독점기업도 손실을 볼 수 있는 것이다.

┌─ 독점기업의 생산구간에서의 수요의 가격탄력성 ─

시장구조와 관계없이 이윤극대화(손실극소화) 조건은 '한계수입(MR)=한계비용(MC)'이다. 그런데 여기서 MC는 생산량이 증가함에 따라 항상 양(+)의 값을 갖는다. 따라서 MR 역시 항상 양(+)의 값을 갖게 된다. 한편 Amorozo-Robinson 공식은 다음과 같다.

$$MR = P\left(1 - \frac{1}{E_P}\right),$$ 여기서 P는 시장가격, E_P는 수요의 가격탄력성이다.

앞의 공식에서 '$P>0$'이므로, '$MR>0$'이 되기 위해서는 괄호 안의 값 역시 항상 양(+)의 값이 되어야 한다. 이를 위해서는 '$E_P>1$'이 되어야 한다. 결국 독점기업의 생산구간에서의 수요의 가격탄력성은 항상 '탄력적'임을 알 수 있다. 한편 '$MR=0$'이 되는 '$E_P=1$'일 때, 총수입(TR)은 극대가 된다.

기출확인

다음은 어느 회사가 생산하는 DVD 상품의 시장 특성이다. 이 시장에 대한 분석으로 적절하지 않은 것은?

[2012]

- 시장에 다른 경쟁 기업은 없다.
- 수요함수는 $P=200-0.1Q$이다(P: 가격, Q: 거래량).
- 생산비용 전부가 초기 생산 단계에 한 번만 투입된다.
- 생산량이 1천 장일 때 평균생산비용은 80원이다.

① 1천 장을 판매할 때 최대 이윤을 얻을 수 있다.
② 이윤극대화 상태에서 기업의 총이윤은 2만 원이다.
③ 순 사회편익이 가장 극대화되는 생산량은 1천 장이다.
④ DVD 1장 가격이 150원일 때 500장의 수요가 예상된다.
⑤ 평균생산비용은 생산량 확대에 따라 지속적으로 감소한다.

분석하기

① 이윤극대화 조건은 '$MR=MC$'이다. 주어진 수요함수를 통하여 한계수입(MR)함수는 '$MR=200-0.2Q$'이고, 생산비용 전부가 초기 생산 단계에 한 번만 투입되므로 고정비용만 존재하고 가변비용은 존재하지 않는다. 따라서 추가적인 생산에 따른 한계비용(MC)은 '0'임을 알 수 있다. 따라서 이윤극대화 생산량은 '$200-0.2Q=0$'을 만족하는 1천 장임을 알 수 있다.

② 이윤극대화 생산량인 '$Q=1,000$'을 수요함수에 대입하면, 시장균형 가격인 '$P=100$'을 구할 수 있다. 이에 따라 이윤극대화 생산량 수준에서 총이윤을 구하면 다음과 같다.

- 총이윤(π)=총수입(TR: $P\times Q$) - 총비용(TC: $AC \times Q$)
  $\Rightarrow \pi=100 \times 1,000 - 80 \times 1,000 = 100,000 - 80,000 = 20,000$(원)

이윤극대화 상태에서 기업의 총이윤은 2만 원이다.

③ 순 사회편익이 가장 극대화되는 수준은 '$P=MC$'를 충족할 때이다. 따라서 '$200-0.1Q=0$'을 만족하는 '$Q=2,000$'이 순 사회편익이 극대화될 때의 생산량이다.

④ DVD 1장 가격인 150원을 수요함수에 대입하면 '$Q=500$'이 도출된다.

⑤ 가변비용이 존재하지 않으므로 평균생산비용은 곧 평균고정비용과 같다. 그런데 평균고정비용은 생산량이 증가함에 따라서 지속적으로 감소한다. 따라서 생산량 확대에 따라 평균생산비용은 역시 지속적으로 감소하게 된다.

정답 ▶ ③

③ 독점시장(기업)의 장기균형

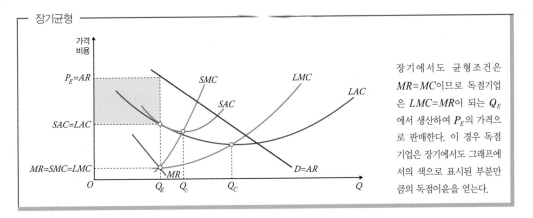

장기에서도 균형조건은 $MR=MC$이므로 독점기업은 $LMC=MR$이 되는 Q_E에서 생산하여 P_E의 가격으로 판매한다. 이 경우 독점기업은 장기에서도 그래프에서의 색으로 표시된 부분만큼의 독점이윤을 얻는다.

1) 도해적 설명

(1) 독점기업의 경우에도 장기평균비용곡선(LAC)은 그래프의 LAC곡선과 같이 단기평균비용곡선들의 밑으로부터의 포락선이다.

(2) 장기한계비용곡선(LMC)은 그래프의 LMC곡선과 같이 각 생산량에서 LAC에 접하는 단기평균비용곡선의 단기 한계비용을 연결한 궤적이다.

(3) 독점기업의 수요곡선은 장기에서도 그래프의 D 곡선과 같이 우하향하며 그래프의 MR곡선과 같이 장기의 한계수입곡선은 수요곡선(=평균수입곡선)의 밑에 수요곡선보다 더 큰 기울기를 갖고 위치한다.

(4) 장기에서도 균형조건은 $MR=MC$이므로 독점기업은 $LMC=MR$이 되는 Q_E에서 생산하여 P_E의 가격으로 판매한다. 이때 평균비용은 가격 P_E보다 낮은 수준이므로 독점기업은 장기에서도 그래프에서의 색칠한 부분만큼의 독점이윤을 얻는다.

(5) 생산량 Q_E는 장기평균비용이 최저가 되는 생산량 Q_C(완전경쟁시장인 경우의 생산량 수준)보다 적으므로 독점기업은 장기에서도 과잉생산설비를 갖게 된다. 주의할 것은 이때의 과잉설비의 크기는 $Q_E Q_C$가 아니라 $Q_E Q_0$이 된다.

(6) 그림에서 이 독점기업이 장기에 최종 선택한 생산규모에서의 평균비용곡선이 SAC인데 이 경우 가장 낮은 평균생산비로 생산하는 경우의 생산량은 Q_0이다. 그런데 현실의 생산량은 Q_E가 된다. 이에 따라 $Q_E Q_0$만큼을 더 생산할 때 더욱 효율적인 생산(가장 낮은 평균생산비로 생산)이 가능함에도 불구하고(더 많이 생산할 수 있는 생산설비를 갖추고 있음에도 불구하고) Q_E만큼만 생산하게 되어 더 생산할 수 있는 생산설비를 놀리게 되는 결과(과잉생산설비, 유휴생산설비)가 존재하게 되는 것이다.

2) 장기균형의 특징

$$P=AR \geqq SAC=LAC \rangle MR=SMC=LMC$$

(1) 이윤극대화 조건은 $MR=MC$이며 장기에서도 $P>AC$이 되어 독점이윤을 얻게 된다.

(2) 일반적으로 LAC곡선의 최저점, 즉 최적시설규모(Q_C)에서 생산하지 않음으로써 과잉설비(유휴설비: Q_EQ_0)가 존재하게 된다.

④ 독점시장 형성에 대한 평가

1) 일반적 효과

(1) 시장 규모의 협소화는 독점이 필연적이고 이에 따라 경제 개발 초기 단계에서는 오히려 독점의 생성이 새로운 산업 분야의 개발을 용이하게 해 줄 수 있다.

(2) 대규모의 독점기업은 자체 내의 연구 개발에 따른 기술 혁신을 통해 산업 전체의 발전에 기여할 수 있다.

(3) 소규모의 다수 기업의 존재보다 하나의 독점기업이 존재함으로써 사회적 비용을 절감시키고 낮은 가격의 재화 공급을 가능하게 한다.

2) 한계

(1) $P>MC$: 완전경쟁시장에 비해 가격은 높고 산출량은 적어 사회적 후생이 완전경쟁시장보다 작게 되어 사회적 순손실(Dead Weight Loss)이 발생 ⇒ 생산의 최적규모에서 생산하지 않으므로 사회적 비용과 사적 비용이 일치하지 않음으로써 파레토 비효율적으로 자원을 배분한다.

 'P>MC'가 비효율적인 자원배분의 조건인 이유는?

P(=해당상품의 가치) vs MC(=생산을 위해 포기한 다른 상품의 가치)

독점시장의 균형수준에서는 '$P>MC$'이 성립한다. 이에 따라 시장에서 평가한 해당상품의 가치가 그 상품을 생산하기 위해 포기한 다른 상품의 가치보다 더 크다. 이것은 해당상품이 충분히 생산되지 못했다는 것을 의미한다. 결국 효율적인 자원배분 상태에 비해 과소생산의 문제가 발생하게 된다.

─ 독점으로 인한 자중손실(deadweight loss) ──────────

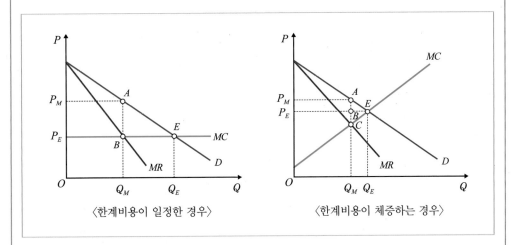

〈한계비용이 일정한 경우〉　　　　〈한계비용이 체증하는 경우〉

1) 한계비용이 일정한 경우

(1) 완전경쟁시장이라면 P_E 가격수준에서 Q_E만큼 생산이 이루어진다.

(2) 독점시장이라면 P_M 가격수준에서 Q_M만큼 생산이 이루어진다.

(3) 결국 완전경쟁시장에서 독점시장으로 전환되면 소비자잉여는 사다리꼴 P_MAEP_E만큼 감소하게 된다. 이때 감소한 소비자잉여 중 사각형 P_MABP_E는 생산자잉여로 전용된다. 이에 따라 소비자와 생산자 사이에 형평성 악화 문제가 발생한다. 또한 감소한 소비자잉여 중 삼각형 AEB만큼의 자중손실이 발생하여 효율성이 악화된다.

2) 한계비용이 체증하는 경우

(1) 완전경쟁시장이라면 P_E 가격수준에서 Q_E만큼 생산이 이루어진다.

(2) 독점시장이라면 P_M 가격수준에서 Q_M만큼 생산이 이루어진다.

(3) 결국 완전경쟁시장에서 독점시장으로 전환되면 소비자잉여는 사다리꼴 P_MAEP_E만큼 감소하고, 생산자잉여는 완전경쟁시장인 경우 존재하는 삼각형 BEC만큼 감소하게 된다. 이때 감소한 소비자잉여 중 사각형 P_MABP_E는 생산자잉여로 전용된다. 이에 따라 소비자와 생산자 사이에 형평성 악화 문제가 발생한다. 또한 감소한 소비자잉여 중 삼각형 AEB와 감소한 생산자잉여인 삼각형 BEC의 합인 삼각형 AEC(Harberger's triangle)만큼의 자중손실이 발생하여 효율성이 악화된다.

(2) 경쟁 상대가 없으므로 기술 개발이나 연구 개발 등을 소홀히 하는 이른바 X–비효율이 존재할 수 있고, 사후 서비스 등의 소홀로 소비자의 권리를 침해할 수 있다.

─ X–비효율(X–inefficiency) ──────────

　　Leibenstein이 명명한 것으로 임금인상, 특별수당, 승진 등의 유인이 너무 작거나 경쟁 압력이 적어서 노동자나 경영자들이 최대한의 노력을 하지 않기 때문에 최소비용(또는 X-효율)이 실현되지 않는 것으로서, 그 크기는 기업의 실제 평균생산비와 기술적으로 실현가능한 최소의 평균생산비의 차이로 측정한다.

Theme 39 가격차별

❶ 가격차별(price discrimination)의 의의

1) 개념

(1) 시장지배력이 강한, 특히 독점기업이 수요의 가격탄력성이 다른 시장에서 동일한 상품을 상이한 가격으로 판매하는 것 ⇒ 완전경쟁시장의 일물일가(一物一價)의 법칙에 대응하는 개념이다.

(2) 가격차별을 하는 과정에서 소비자 잉여의 일부 또는 전부가 독점기업으로 전용되어 독점기업의 이윤이 증대한다.

2) 장·단점

장점	생산량 증대로 고용과 국민소득 향상, 소득 재분배, 시장 확대
단점	• 소비자 차별 대우 ⇒ 소비자의 불쾌감 초래 • 소비자 잉여 축소 ⇒ 독점기업 수익으로 전환 • 해외시장에 덤핑하는 경우 ⇒ 국내수요자 소득으로 해외수요자에 자선결과

가격차별은 나쁜 것인가?

수수께끼 하나가 있다. 모범택시와 일반택시의 차이는 무엇인가? 정답은 '외면'이다. 승객은 모범택시를 외면하고 일반택시는 승객을 외면하는 차이라는 우스갯소리가 있다.

프랑스 파리에 첫발을 내디디면 택시 때문에 두 번 놀란다고 한다. 한 번은 거창한 벤츠 택시가 공항에 즐비하다는 것이고, 또 한 번은 택시요금 체계가 참으로 희한하다는 점이다. 시간에 따른 요금차별은 물론이고 일정 구간을 넘나들 때마다 택시 요금판 밑의 요율표가 A, B, C로 달라진다. 가방의 개수에 따라 추가요금이 요구되기도 한다.

상상해보자. 어느 추운 겨울날, 잠실에서 두 아이를 데리고 게다가 여행용 가방 두개를 들고 공항으로 가는 택시를 타려고 한다고 생각해보자. 아마도 상당한 시간 동안 우리는 그냥 지나치는 택시 꽁무니를 지켜봐야 할 것이다. 파리의 택시요금 체계와 다르다는 그 하나만의 이유 때문에 ……

---

② 가격차별의 종류(A. Pigou)

1) 1차 가격차별(first-degree price discrimination: 완전 가격차별): 소비자 효용 기준

(1) 의미: 독점기업이 판매하는 모든 상품의 가격을 수요곡선에 맞추어 모두 상이하게 책정

⇒ 각 재화에 대해서 소비자가 지불하고자 하는 최대 가격(효용)만큼을 판매가격으로 결정하는 것을 말한다. 소비자가 지불할 용의가 있는 최대금액을 유보가격이라고도 한다.

(2) **예** 예술품 등을 경매 방식으로 판매하는 경우가 이에 해당한다.

(3) 도해적 설명

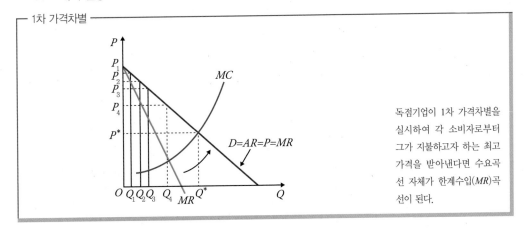

독점기업이 1차 가격차별을 실시하여 각 소비자로부터 그가 지불하고자 하는 최고 가격을 받아낸다면 수요곡선 자체가 한계수입(MR)곡선이 된다.

① 독점기업이 1차 가격차별을 실시하여 각 소비자로부터 그가 지불하고자 하는 최고가격을 받아낸다면 수요곡선 자체가 한계수입(MR)곡선이 된다.

② 한계수입(MR)곡선과 독점기업이 직면하게 되는 수요곡선이 일치하게 되면 산출량이 증가(Q_4 ⇒ Q^*)하여 완전경쟁시장과 같게 되므로 자원배분이 효율적으로 이루어지게 된다.

③ 소비자 잉여가 전부 생산자 잉여로 전가되어 사라지게 된다. 이에 따라 자원배분은 효율적으로 이루어지지만 소득분배가 매우 불평등하게 이루어지게 된다.

2) 2차 가격차별(second-degree price discrimination): 판매량 기준

(1) 의미: 소비자를 수요량이 서로 다른 2개 이상의 집단으로 분리하여 집단별로 각각 상이한 가격을 설정하여 판매하는 경우를 말한다.

(2) **예** 가정용 전기요금과 산업용 전기요금, 대형 할인점에서 다량으로 구입하는 경우에 저렴한 가격으로 판매하는 경우가 이에 해당한다.

(3) **도해적 설명:** 소비자 잉여의 일부가 생산자 잉여로 전용된다.

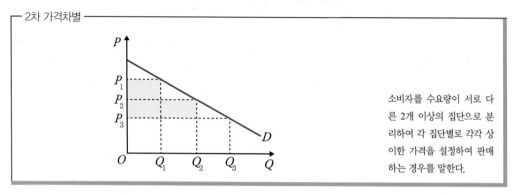

소비자를 수요량이 서로 다른 2개 이상의 집단으로 분리하여 각 집단별로 각각 상이한 가격을 설정하여 판매하는 경우를 말한다.

3) **3차 가격차별(third-degree price discrimination): 수요의 가격탄력도 기준**

(1) **의의:** 전체 시장을 수요의 가격탄력성이 상이한 시장으로 분리하여 상이한 가격을 설정하여 판매하는 경우 ⇒ 일반적으로 가격차별이라 하면 3차 가격차별을 의미한다.

(2) **가격차별의 성립조건**

① 시장이 두 개 이상으로 분리될 수 있고, 각 시장에서의 수요의 가격탄력성이 각기 달라야 한다.

─ 시장 분할 방법 ─

기업들이 시장을 분할하기 위해 수요자를 어떻게 구분할까?

첫 번째 방법은 소비자들의 특성을 관찰하여 분류하는 것이다. 예컨대 학생이라는 특성에 주목한다거나, 나이에 따라 수요자를 구분한다.

두 번째 방법은 소비자들이 자신의 특성을 드러내도록 유인책을 써서 분류하는 것이다. 예컨대 낮은 가격에 물건을 사기 위해 얼마나 노력하는가 여부로 결정한다는 것이다. 대표적인 예가 할인쿠폰의 사용이다. 할인쿠폰을 오려서 이용할 정도로 가격에 민감한 소비자에게는 싸게 판다는 것이다.

또 다른 예는 항공사들이 부대조건 없는 비행기 표는 비싸게 팔고 미리 날짜를 확실하게 고정시키는 경우에는 비행기 표를 싸게 파는 관행을 들 수 있다. 시간이 없는 바쁜 사업가라면 부대조건 없는 비행기 표를 선호할 것이고, 시간 여유가 있는 사람, 즉 레저용으로 비행기를 이용한다면 고정된 날짜가 표시된 비행기 표를 싸게 사는 것을 더 좋아할 것이다.

② 가격차별에 따른 이익이 시장분리로 인한 비용보다 커야 한다.

③ 각 시장 간 상품의 이동(arbitrage)이 불가능해야 한다.

④ 일반적으로 수요의 가격탄력성이 작은 곳에서는 높은 가격으로, 큰 곳에서는 낮은 가격으로 판매해야 한다.

⑤ 판매자가 시장지배력을 가지고 있어야 한다.

(3) **예** 내수시장과 수출시장에서의 가격차별, 극장에서의 조조할인제도, 자정 이후에 할증되는 택시요금 등이 이에 속한다.

(4) 도해적 설명

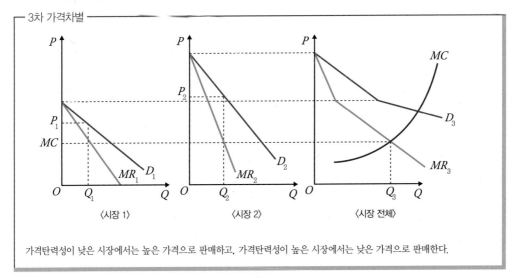

┌─ 3차 가격차별 ───

〈시장 1〉　　　　　　〈시장 2〉　　　　　　〈시장 전체〉

가격탄력성이 낮은 시장에서는 높은 가격으로 판매하고, 가격탄력성이 높은 시장에서는 낮은 가격으로 판매한다.

① 어떠한 독점기업이 시장 1과 시장 2에 동일한 상품을 공급하는데 이 두 시장은 서로 완전히 분리되어 있고 시장 1과 시장 2의 수요곡선(=평균수입곡선)과 한계수입곡선이 그래프의 D_1, MR_1 및 D_2, MR_2의 곡선들과 같이 주어져 있다.

② 이 경우 독점기업이 전체 시장에서 직면하게 되는 수요곡선은 D_1곡선과 D_2곡선을 수평으로 합한 D_3곡선이 되며, 전체 시장의 한계수입곡선은 MR_1곡선과 MR_2곡선을 수평으로 합한 MR_3 곡선이 된다.

③ 만약 이 독점기업의 한계비용곡선이 그래프의 MC곡선과 같다면 이 독점기업은 MC곡선과 MR_3곡선이 교차하는 생산량인 Q_3만큼 생산하여 시장 1에서는 가격을 P_1으로 Q_1만큼 팔고, 시장 2에서는 가격을 P_2로 Q_2만큼 판매함으로써 이윤을 극대화할 수 있다.

④ 결국 가격탄력성이 낮은 시장에서는 높은 가격으로 판매하고, 가격탄력성이 높은 시장에서는 낮은 가격으로 판매하는 전략을 선택하게 된다.

(5) 이윤극대화 조건

┌───
•　$MR_1 = MR_2 = MC$

•　$MR_1 = P_1\left(1 - \dfrac{1}{E_1}\right)$,　$MR_2 = P_2\left(1 - \dfrac{1}{E_2}\right)$

•　$P_1\left(1 - \dfrac{1}{E_1}\right) = P_2\left(1 - \dfrac{1}{E_2}\right)$
└───

이에 따라 '$E_1 > E_2$'인 경우에는 '$P_1 < P_2$'가 성립하게 된다. 즉 수요의 가격탄력성(E)이 낮은 시장에서 가격이 더 높게 결정된다.

다음 (가)의 ①~④를 모두 만족시킬 수 있는 시장의 형태를 경제학의 용어로 정확하게 쓰고, (나)와 같은 사례가 성립하기 위한 조건을 4가지 쓰시오.

[2001]

(가)
① 공급곡선이 존재하지 않는다.
② 약탈적 가격설정, 과잉설비보유 등이 존재한다.
③ 가격 변화에 의한 수요량 변화의 민감도에 달려 있다.
④ 이윤극대화 공급량은 한계수입(MR)과 한계비용(MC)이 일치하는 곳에서 결정된다.

(나)
우리나라가 자동차 회사에서 자동차를 해외시장에 수출할 때, 국내 판매가격보다 낮은 가격을 매기고 있다. 이것은 국내 자동차 수요자에게 경제적 부담을 주면서 해외 수요자에게 혜택을 주는 격이 된다.

분석하기

- (가): 독점시장 ⇒ 독점시장(기업)에서는 완전경쟁기업과 달리 공급곡선이 존재하지 않으며, 약탈적 가격설정을 통해 독점시장이 형성되기도 한다. 독점시장(기업)에서는 '$MR=MC$'를 충족하는 균형수준에서 '$P>MC$'가 성립하여 자원이 비효율적으로 배분되어 과잉설비가 나타나게 된다. 한편 시장가격의 변화에 따른 기업의 총수입은 수요의 가격탄력성 크기에 따라 '증가', '감소', '불변'일 수 있다.
- (나): 3급 가격차별 성립 조건
  ① 시장 전체가 수요의 가격탄력성이 서로 다른 시장으로 분할되어 있을 것.
  ② 시장 분할을 위해 발생하는 비용이 가격차별에 따른 이익보다 작을 것.
  ③ 수요의 가격탄력성이 큰 시장에서는 낮은 가격으로 판매하고 수요의 가격탄력성이 작은 시장에서는 높은 가격으로 판매할 것.
  ④ 두 시장 사이에서는 수요자 간 차익거래(arbitrage)가 이루어지지 않을 것

이부 가격(two-part tariff) 설정

1. 개념: 이부 가격이란 소비자가 재화를 구입할 권리에 대하여 1차로 가격(first tariff)을 부과(소비자 잉여 크기와 동일)하고, 재화 구입 시에 구입량에 따라 다시 가격(second tariff)을 부과(한계비용 크기와 동일)하는 가격 체제를 의미한다.
2. 사례
  ① 회원권을 판매하고 시설 이용 시에 이용료를 부과하는 경우: 골프장, 콘도, 헬스클럽 등
  ② 입장료를 징수하고 시설 이용 시에 이용료를 부과하는 경우: 놀이공원
  ③ 기본요금을 징수하고 사용량에 비례하여 요금을 부과하는 경우: 전화, 전기, 수도 등
3. 평가: 이부 가격제를 실시하면 단일 가격을 설정할 때보다 독점 기업의 이윤이 증가하는 것이 일반적이다.

동일한 상품을 상이한 가격으로 판매하는 이유는?

"우리는 지금 광고의 홍수 시대에 살고 있다. 아침에 조간신문을 보면 신문 사이에 엄청난 광고지가 끼여 있다. 그 중에는 광고지에 인쇄된 쿠폰을 오려 오면 할인 혜택을 준다는 패스트푸드 업체의 광고지를 쉽게 볼 수 있다. 이것은 같은 상품임에도 불구하고 상이한 가격으로 판매한다는 것인데 왜일까?"

시장지배력이 강한 기업이 수입을 극대화하기 위해 동일한 상품을 상이한 가격으로 판매하는 것을 가격차별 (price discrimination)이라고 한다. 예컨대 현대가 소나타 승용차를 미국 시장에 수출할 때 국내의 판매가격보다 싸게 가격을 설정하는 경우가 이에 해당한다. 또한 극장에서 조조할인제도를 시행하는 것과 자정 이후 할증되는 택시요금도 마찬가지이다. 이러한 가격차별을 하는 과정에서 소비자 잉여의 일부 또는 전부가 기업으로 전용되어 기업의 이윤이 커진다. 이러한 가격차별의 가장 일반적인 모습은 전체 시장을 수요의 가격탄력성이 상이한 시장으로 분리하여 상이한 가격을 설정하여 판매하는 경우이다.

자! 이제 가격차별이 성립하기 위한 조건들을 알아보자.

첫째, 수요의 가격탄력성이 서로 다른 두 개 이상의 시장으로 분리할 수 있어야 하며, 각 시장에서의 수요의 가격탄력성이 각기 달라야 한다. 이때 가격차별에 따른 이익이 시장분리로 인한 비용보다 커야 한다.

둘째, 수요의 가격탄력성이 작은 곳에서는 높은 가격으로, 큰 곳에서는 낮은 가격으로 판매해야 하며, 이 경우 각 시장 간 상품의 이동(arbitrage)이 불가능해야 한다.

이러한 조건이 충족되는 해외 자동차 시장과 국내 자동차 시장에서 국내보다 소비자의 선택 폭이 넓어 가격 변화에 대해 상대적으로 탄력적으로 반응하는 해외 시장에서 싸게 판매하는 이유를 이제는 이해할 수 있을 것이다.

결국 가격차별의 이면에는 가격탄력성이라는 개념이 숨어 있는 것이다. 이제 앞에서 제기된 문제에 대한 답을 찾아보자. 소비자는 쿠폰을 통해 그 재화에 대한 자신의 가격탄력성을 드러낸다. 가위로 쿠폰을 오리면 되는 아주 작은 노력(비용)만 들이면 할인혜택을 받을 수 있음에도 불구하고 이를 이용하지 않고 그냥 제값을 다 주고 구매하려는 사람은 가격탄력성이 작은 사람이다. 이러한 유형의 '비탄력적인' 소비자는 재화의 가격이 상승해도 재화의 수요량을 가격 변화율보다 적게 줄이므로 판매자의 수입은 증가하게 된다. 반면에 쿠폰을 이용하여 할인혜택을 받고자 하는 소비자는 조금이라도 상품을 싸게 구매하고 싶은 '절실한', 즉 가격탄력성이 큰 사람이다. 이러한 유형의 '탄력적인' 소비자는 재화의 가격이 조금만 낮아져도 그 재화의 수요량을 가격 인하율보다 훨씬 크게 증가시키므로 판매자의 수입은 역시 증가하게 된다. 할인 쿠폰의 비밀은 바로 여기에 숨어 있다.

그러면 기업들이 시상을 분할하기 위해 수요자를 어떻게 구분할까?

첫째 방법은 소비자들로부터 관찰된 특성에 따라 분류하는 것이다. 예컨대 학생 또는 나이라는 특성을 통해 구분하여 학생에게는 싸게, 성인에게는 비싸게 판매하는 것이다.

둘째 방법은 소비자들 스스로 자신의 특성을 드러내도록 유인책을 사용하여 분류하는 것이다. 예컨대 낮은 가격에 물건을 사기 위해 얼마나 노력하는가 여부를 기준으로, 할인쿠폰을 오려서 상품을 구입할 정도로 가격에 민감한 소비자에게는 싸게 판다는 것이다.

다만 가격차별과 유사해 보이지만 가격차별이 아닌 경우를 주의해야 한다.

첫째, 비행기를 이용할 때 좌석별로 이용 요금이 다른 것은 가격차별이라 할 수 없다. 비행기 좌석은 first class, business class, economy class로 구분되는데, first class와 business class의 요금은 economy class의 요금에 비해 각각 4배, 1.5배 정도가 된다고 한다. 그러나 같은 비행기를 이용한다고 해서 이것을 동질의 상품을 상이한 가격으로 판매하는 가격차별이라고 이해해서는 안 된다. 왜냐하면 이러한 3가지 좌석은 좌석의 넓이, 제공되는 기내식 등이 서로 다르기 때문에 상이한 상품으로 이해해야 한다.

둘째, 같은 S-Oil 주유소임에도 도심의 휘발유 가격이 변두리의 휘발유 가격보다 비싼 것도 가격차별에 해당되지 않는다. 이것은 변두리보다 훨씬 비싼 도심의 땅값이 휘발유 가격에 반영된 결과이기 때문이다.

확인 TEST

A국가의 한 마을에서 B기업이 독점적으로 운영하고 있는 골프장에 대하여 주민 10명으로 구성된 마을의 월별 수요함수는 $P = 21 - Q$이다. B기업의 입장에서 골프 라운드 1회당 발생하는 비용이 1달러라고 할 때, B기업은 이부가격제 전략 하에서 개별 이용객들에게 연회비와 골프 라운드 1회당 이용료를 책정하려고 한다. B기업 입장에서 이윤을 극대화시키는 1인당 연회비는? (단, 마을 주민 10명의 골프에 대한 선호도는 동일하고, P와 Q는 각각 골프장 1회 이용료 및 월별 골프 횟수를 나타낸다. 골프장 설립 비용은 국비 지원을 받아 B기업 입장에서의 골프장 설립에 대한 고정비용은 없다고 가정한다.)

① 120달러   ② 240달러
③ 360달러   ④ 400달러

해설 ▸
• 마을 주민 1인당 연회비는 우선 마을 주민 전체의 '연' 회비를 구한 다음, 이것을 주민의 수로 나누면 구할 수 있다.
• 문제에서 주어진 '월별' 수요함수와 비용 조건을 그림으로 나타내면 다음과 같다.

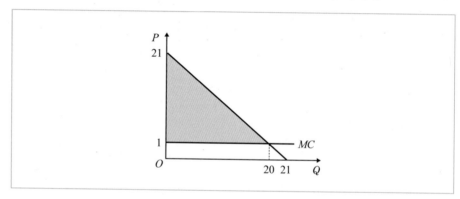

• 이부가격제에서는 소비자 잉여만큼을 '월' 회비로, 한계비용만큼을 이용료(가격)로 설정한다. 이에 따라 '$P = MC$' 수준에서 균형이 이루어진다.
• 마을 주민 10명 전체의 '월' 회비는 색칠한 부분인 소비자 잉여의 크기와 같다.

> • 주민 전체 '월' 회비: $20 \times 20 \times \dfrac{1}{2} = 200$(달러)

• 마을 주민 전체의 '연' 회비와 1인당 '연' 회비는 다음과 같이 도출된다.

> • 마을 주민 전체의 '연' 회비: '월' 회비 $\times 12 = 200 \times 12 = 2,400$(달러)
>
> • 마을 주민 1인당 '연' 회비: $\dfrac{\text{마을 주민 전체의 '연' 회비}}{\text{주민 수}} = \dfrac{2,400}{10} = 240$(달러)

정답 ▸ ②

끼워 팔기(tie-in sale)

1. 의의

(1) **의미** : 소비자가 한 상품을 구매하는 조건으로 다른 상품도 구매할 수 있도록 하는 판매 전략을 말한다. 일반적으로 '상대적으로 잘 안 팔리는 상품'을 구매하는 조건으로 '상대적으로 잘 팔리는 상품'을 구매할 수 있도록 하는 형태로 이루어진다.

(2) **장점**

① 서로 관련 있는 상품의 동시 판매가 가능해져 거래비용을 줄일 수 있다.

② 가격통제가 이루어지고 있는 특정 상품을 우회해서 판매할 수 있다.

③ 비공식적인 할인판매가 가능하다.

2. 사례

(1) 컴퓨터를 판매할 때 주변기기들을 할인 판매하는 부대조건을 제시하는 경우

(2) 액자를 구입하면 사진까지 인화해주는 경우

(3) 부설 식당을 이용해야 웨딩홀을 이용할 수 있게 해주는 경우

(4) 면도기와 면도날을 함께 판매하는 경우

결합판매(bundling : 묶어 팔기)

1. 의의

(1) **의미** : 두 가지 이상의 상품을 하나의 상품묶음으로 하여 판매하는 것을 의미한다.

(2) **장점** : 서로 다른 수요를 갖고 있는 소비자들을 대상으로 효과적인 가격차별을 하지 못하는 경우 유력한 판매 전략이다.

2. 사례

(1) **가정** : 두 소비자의 최대지불용의금액이 아래 표와 같을 때 두 소비자 1, 2에게 디지털 카메라와 스마트 폰을 판매하는 독점기업을 고려해 보자. 개별 소비자는 디지털 카메라와 스마트 폰을 각각 최대한 1대 구매한다. 단, 소비자별로 가격 차별을 할 수 없으며 두 상품의 생산비용은 0이라고 가정한다.

구분	디지털 카메라	스마트 폰
소비자 1	125	90
소비자 2	50	110

(2) **판매방식과 기업의 이윤**

구분	상품 가격	기업 이윤
개별판매	디지털 카메라 : 125, 스마트폰: 90	305(소비자 1은 두 상품 모두를 구입하고, 소비자 2는 스마트 폰만 구입한다)
결합판매	디지털 카메라+스마트폰: 160	320(두 소비자 모두가 두 상품을 모두 구입한다)

① 개별판매를 하는 경우 디지털 카메라 가격이 125인 이유는 다음과 같다. 만약 개별판매를 하는 경우 디지털 카메라의 가격을 50으로 정하면 소비자 1과 2는 모두 구입하고자 하므로 기업의 이윤은 100이 된다. 그런데 디지털 카메라의 가격을 125로 정하면 소비자 1은 구입하지만 소비자 2는 구입하지 않는다. 그럼에도 불구하고 기업의 이윤은 125가 되어 디지털 카메라의 가격을 50으로 정하는 것보다 125로 정하는 것이 기업에게 유리한 것이다.

② 결합판매를 하는 경우 상품가격이 160인 이유는 다음과 같다. 소비자 1과 소비자 2가 두 상품을 구입하기 위해 지불할 용의가 있는 최대금액은 각각 215(소비자 1)와 160(소비자 2)이다. 이에 따라 결합판매를 하는 경우 상품가격을 160으로 설정하게 되면 두 소비자 모두에게 판매가 가능해진다.

다음은 독점기업이 이윤 극대화를 하는 상황에 대한 자료이다. 〈작성방법〉에 따라 서술하시오.

[2021]

동네 유일의 놀이동산은 1인용 롤러코스터와 1인용 바이킹을 운행하고 있다. 이 놀이동산에는 갑, 을, 병 3명의 고객이 있는데, 이들 각각은 놀이동산에 가면 각 놀이 기구를 2회 이상 탑승하지 않는다. 놀이동산의 주인은 이들이 각 놀이 기구를 1회 탑승하는 데 지불할 용의가 있는 최대 금액이 다음 표와 같음을 알아냈다.

구분	롤러코스터	바이킹
갑	3,000원	7,000원
을	5,000원	5,000원
병	7,000원	3,000원

각 놀이 기구를 1회 운행하는 데 드는 비용이 각각 4,000원일 때, 놀이동산의 주인은 이윤을 극대화하기 위해 다음 3가지 요금 책정 안을 고려하고 있다.
• A안: 각 놀이 기구 탑승권의 요금을 개별로 책정
• B안: 두 놀이 기구를 1회씩 탑승하는 탑승권을 묶어서 요금을 책정
• C안: A안과 B안을 병행
(단, 갑~병이 각각 두 놀이 기구를 1회씩 탑승하는 데 지불할 용의가 있는 최대 금액은 각 놀이 기구를 1회 탑승하는 데 지불할 용의가 있는 최대 금액의 합과 같고, 놀이동산의 주인은 각 고객을 대상으로 다른 요금을 책정할 수 없으며, 요금은 편의상 100원 단위로 책정한다고 가정한다)

〈작성 방법〉

• A안을 채택할 때, 놀이동산의 주인이 책정하는 요금은 각각 얼마일지 쓸 것.
• B안을 채택할 때, A안과 비교해서 놀이동산의 주인이 각 고객의 1회 방문으로 얻게 되는 이윤의 차이가 얼마일지 쓸 것.
• C안을 채택할 때, 놀이동산의 주인이 책정하는 요금과 각 고객의 1회 방문으로 얻게 되는 이윤은 각각 얼마일지 쓸 것

분석하기

• A안: 롤러코스터 7,000원, 바이킹 7,000원
    ⇒ 갑은 바이킹 탑승, 을은 둘 다 탑승 포기, 병은 롤러코스터 탑승
    ⇒ 이윤=(7,000원−4,000원)+(7,000원−4,000원)=3,000원+3,000원=6,000원
• B안: 롤러코스터+바이킹=10,000원으로 책정
    ⇒ 갑, 을, 병 모두 둘 다 탑승
    ⇒ 이윤=10,000원×3−8,000원×3=30,000원−24,000원=6,000원
    ⇒ A안과 B안 모두 이윤은 6,000원이므로 양 자의 이윤 차이는 발생하지 않는다.
• C안: A안의 입장에서 <u>모두에게 6,900원</u>으로 요금 책정, B안의 입장에서 <u>모두에게 10,000원</u>으로 요금을 책정
    ⇒ 갑은 바이킹 탑승, 을은 둘 다 탑승, 병은 롤러코스터 탑승
    ⇒ 이윤=(6,900원−4,000원)×2+(10,000원−8,000원)=5,800원+2,000원=7,800원

확인 TEST

의류 판매업자인 A씨는 아래와 같은 최대지불용의금액을 갖고 있는 두 명의 고객에게 수영복, 수영모자, 샌들을 판매한다. 판매 전략으로 묶어 팔기(Bundling)를 하는 경우, 수영복과 묶어 팔 때가 따로 팔 때보다 이득이 더 생기는 품목과 해당 상품을 수영복과 묶어 팔 때 얻을 수 있는 최대 수입은?

구분	최대지불용의금액		
	수영복	수영모자	샌들
고객(ㄱ)	400	250	150
고객(ㄴ)	600	300	100

① 수영모자, 1,300   ② 수영모자, 1,400   ③ 샌들, 1,000
④ 샌들, 1,100   ⑤ 샌들, 1,200

해설 ▶ • 상품별로 동일한 가격으로 개별판매를 할 때 각각의 상품 조합에 따른 A씨의 판매수입은 다음과 같다.

수영복 판매가격	수영모자 판매가격	샌들 판매가격	수영복+수영모자 A씨 판매수입	수영복+샌들 A씨 판매수입
400	250	100	$650 \times 2 = 1,300$	$500 \times 2 = 1,000$

• 동일한 가격으로 수영복과 다른 상품 간의 묶음 상품을 판매할 때 A씨의 판매수입은 다음과 같다.

수영복+수영모자 판매가격	수영복+샌들 판매가격	수영복+수영모자 A씨 판매수입	수영복+샌들 A씨 판매수입
650	550	$650 \times 2 = 1,300$	$550 \times 2 = 1,100$

• 표에 따르면 '수영복과 수영모자'는 개별판매를 하든, 묶어 팔기를 하든 A씨의 판매수입은 1,300으로 동일하다.
• 반면에 '수영복과 샌들'은 개별판매를 하는 것에 비해 묶어 팔기를 하는 경우에 100만큼의 판매수입이 증가한 1,100만큼의 판매수입을 얻을 수 있다.

정답 ▶ ④

Theme 40 독점기업에 대한 규제

① 가격을 통한 독점규제

최고가격을 P^*수준에 설정하면 한계수입곡선이 P^*abMR이 되어 P^*의 가격수준에서 Q^*을 생산하게 된다. 이에 따라 자원배분의 효율성 증가(생산 증가)와 소득재분배 효과가 나타난다.

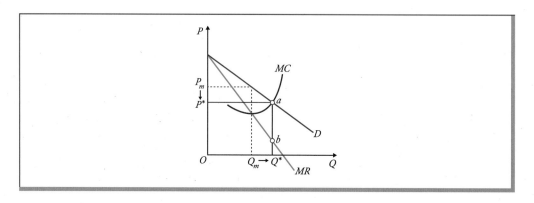

② 조세부과를 통한 독점에 대한 규제

1) 독점기업에게 총액세(lump sum tax: T_0)를 부과하는 경우(총액세는 매출액과 이윤의 크기와 무관하게 부과되는 세금)

(1) $\pi = TR(Q) - TC(Q) - T_0$일 때

이윤극대화를 위해서는 $\dfrac{d\pi}{dQ} = MR - MC - 0 = 0 \Rightarrow MR = MC$ 조건을 충족해야 한다.

(2) 결국 기존의 이윤극대화 조건과 동일하므로 가격과 생산량에는 아무런 변화가 없다.

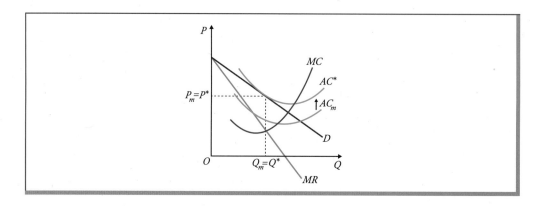

2) 독점기업에게 일정비율(t%)의 이윤세를 부과하는 경우

(1) $\pi = TR(Q) - TC(Q)$일 때

새로운 이윤(π')은 $\pi' = TR(Q) - TC(Q) - t[TR(Q) - TC(Q)]$가 된다.

(2) 이윤극대화를 위해서는

$\dfrac{d\pi}{dQ} = MR - MC - t(MR - MC) = (1 - t)(MR - MC) = 0$ 조건을 충족해야 하는데

$t \neq 1$이므로 $MR = MC$ 조건을 충족해야 한다.

(3) 결국 기존의 이윤극대화 조건과 동일하므로 가격과 생산량에는 아무런 변화가 없다.

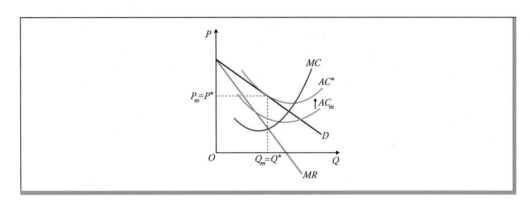

3) 독점기업에게 판매세(sales tax: 종량세)를 부과하는 경우

(1) $\pi = TR(Q) - TC(Q) - \alpha Q$일 때

이윤극대화를 위해서는

$\dfrac{d\pi}{dQ} = MR - MC - \alpha = 0 \Rightarrow MR = MC + \alpha$ 조건을 충족해야 한다.

(2) 이를 위해 기존의 MC곡선은 상방으로 이동하게 된다.

결국 가격은 상승하고 생산량은 감소하게 된다.

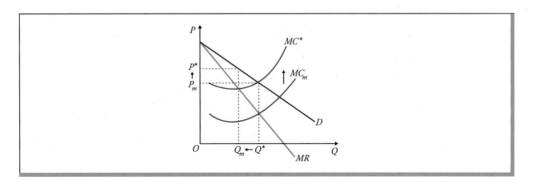

4) 독점기업에게 매출액에 대해 일정 비율(t %)의 조세를 부과하는 경우

(1) $\pi = TR(Q) - TC(Q) - tTR(Q)$일 때

이윤극대화를 위해서는

$$\frac{d\pi}{dQ} = MR - MC - tMR = 0 \Rightarrow (1-t)MR = MC \text{조건을 충족해야 한다.}$$

(2) 이를 위해 기존의 MR곡선은 아래쪽으로 이동하게 된다. 결국 가격은 상승하고 생산량은 감소하게 된다.

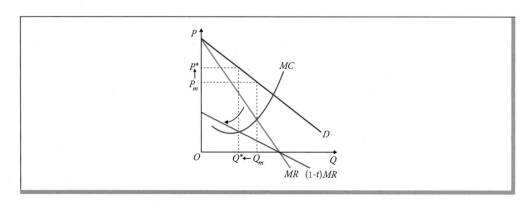

기출확인

교사와 학생의 대화에서 괄호 안의 ㉠, ㉡에 들어갈 내용을 순서대로 서술하시오.

[2016]

교사: 정액세나 종량세 같은 세금이 기업에 부과되면 가격과 생산량에 영향을 미칩니다.

학생: 선생님, 종량세가 무엇인가요?

교사: 종량세는 판매하는 상품의 한 단위당 일정액을 부과하는 세금이지요.

학생: 정액세나 종량세가 부과되면 비용은 어떻게 되나요?

교사: 구체적으로 어떤 비용을 말하는 거지요?

학생: 먼저 정액세가 부과되면 생산에서 한계비용(MC)과 평균비용(AC)이 각각 어떻게 되나요?

교사: (　　　　　　　　　　㉠　　　　　　　　　　).

학생: 그럼 종량세가 부과되면 생산에서 한계비용(MC)과 평균비용(AC)이 각각 어떻게 되나요?

교사: (　　　　　　　　　　㉡　　　　　　　　　　).

학생: 선생님, 감사합니다.

분석하기
- ㉠ : 한계비용(MC)은 불변이고, 평균비용은 증가한다.
  ∵ 정액세는 고정비용에 해당하므로 한계비용에는 영향을 미치지 못하지만, 평균비용에는 영향을 준다. 이에 따라 MC곡선은 불변이고, AC곡선은 상방으로 이동하게 된다.
- ㉡ : 한계비용(MC)과 평균비용(AC) 모두 증가한다.
  ∵ 종량세는 생산량 한 단위당 부과되는 조세로 가변비용에 해당한다. 따라서 종량세 부과로 한계비용과 평균비용은 모두 증가하게 되며, MC곡선과 AC곡선 모두 상방으로 이동하게 된다.

③ 자연독점규제의 딜레마

1) 의의

(1) 독점은 $P > MC$라는 폐단이 있는데 $P = MC$가 되게끔 독점가격에 대해 정부가 규제하면 해당 독점기업이 손실을 보게 된다는 문제점이 생기는 현상을 말한다.

(2) 이러한 딜레마 문제는 자연독점, 즉 규모의 경제 때문에 생긴 독점의 경우에 발생한다.

2) 규모의 경제와 가격 규제

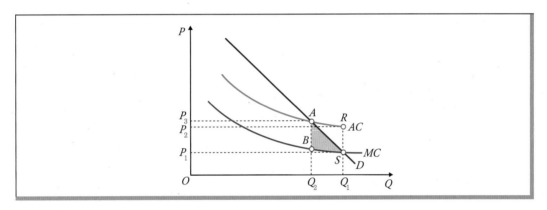

(1) 규모의 경제가 존재하면 그림에서처럼 평균비용(AC)곡선이 우하향하고, 한계비용(MC)곡선이 그 아래쪽에 위치한다.

(2) **한계비용-가격 설정**: $P = MC$가 되게 하기 위해 가격을 P_1으로 규제하게 되면 생산량은 Q_1이 되고 이에 따라 $P = MC < AC$가 되어 자연독점기업은 $P_1 SRP_2$만큼 손실을 보게 된다. 이에 따라 생산이 계속 이루어지게끔 하기 위해서는 그 손실을 보전해주는 보조금 지급 등의 정책수단을 고려해야 한다. 물론 $P = MC$가 되어 자원배분의 효율성은 달성될 수 있다.

(3) **평균비용-가격 설정**: 수요곡선과 AC곡선의 교차점(A) 수준에서 가격(P_3)을 설정하면 생산량은 Q_2가 된다. 이에 따라 $P = AC$가 되어 자연독점기업은 손실이 발생하지 않게 되어 별도의 보조금 지급 등의 정책수단을 고려할 필요가 없어진다. 그러나 $P > MC$가 되어 자원배분이 비효율적으로 이루어지게 된다. ⇒ 빗금친 ABS만큼의 자중손실(deadweights loss)이 발생한다.

기출확인

다음을 읽고, 〈작성방법〉에 따라 서술하시오.

[2024]

갑국의 통신 서비스 시장은 규모의 경제가 존재하는 산업의 특성으로 인해 A기업이 상당한 시장 지배력을 가진 전형적인 자연독점 상태에 있다. A기업이 직면하는 수요곡선과 비용에 대한 정보는 다음과 같다.

- 시장 수요곡선 : $Q = -P + 100$
- 한계수입(MR) : $-2Q + 100$
- 한계비용(MC) : 30
- 평균비용곡선(AC)은 MC곡선 위에서 우하향하는 곡선이다. (단, Q는 수량, P는 가격을 나타내며, 정부는 A기업의 생산비용에 대한 정확한 정보를 가지고 있다고 가정한다.)

정부는 A기업이 시장에서 과도한 독점력을 행사하고 있다고 판단하고, 통신 서비스 가격을 기업의 한계비용과 같아지도록 가격을 규제하고자 하였다. 이에 대해 전문가들은 ㉠ 가격을 한계비용에 맞추는 정책이 시행되면 기업의 운영이 불가능하여 지속가능한 규제가 아니라는 의견을 제시하며, ㉡ 기업의 평균비용곡선과 수요곡선이 교차하는 지점에서의 가격($P = 50$)으로 가격 상한을 설정하는 정책을 시행할 것을 권고하였다.

─── 〈 작 성 방 법 〉───

- 규제 시행 전 A기업이 이윤을 극대화하는 가격을 쓸 것.
- 밑줄 친 ㉠의 이유를 '이윤'이라는 용어를 포함하여 서술할 것.
- 완전경쟁일 때와 비교했을 때, 밑줄 친 ㉡의 경우 A기업이 얻는 이윤과 사회적 후생 손실을 순서대로 쓸 것.

분석하기

주어진 조건들을 전제로 그림으로 나타내면 다음과 같다.

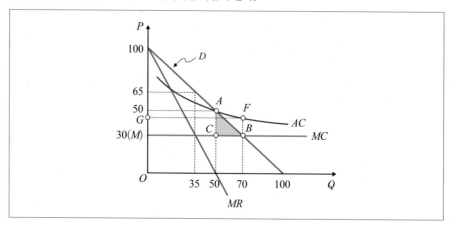

- 이윤극대화 : $MR = MC \Rightarrow -2Q + 100 = 30 \Rightarrow 2Q = 70 \Rightarrow Q = 35 \Rightarrow P = 65$
- ㉠ : 가격(P)을 한계비용($MC = 30$)에 맞추는 정책을 실시하게 되면 생산량(Q)은 70이 된다. 이에 따라 평균비용(점 F까지 높이)이 한계비용(점 B까지 높이 $= 30$)보다 ($F - B$)만큼 높기 때문에 '$P < AC$'가 성립하게 되어 A기업은 이윤을 얻지 못하고 오히려 사각형 $MBFG$만큼의 손실을 보기 때문이다.
- ㉡ : 완전경쟁에서는 '$P = MC$'가 성립하여 자원이 효율적으로 배분되고 시장 생산량(Q)은 70이 된다. 그런데 $P = 50$ 수준에서 가격 상한을 실시하게 되면 시장 생산량(Q)은 50이 되어 과소생산 문제가 발생하게 된다. 이에 따라 '$P = AC = 50$'이 되어 이윤은 '0'이 되며, 빗금 친 $\triangle ABC$ 부분인 '$200 (= 20 \times 20 \times \frac{1}{2})$'만큼의 사회적 후생손실이 발생하게 된다.

규모의 경제와 독점

"전기, 가스, 유선전화 등 공공서비스의 경우 특정 기업에 의해 독점적인 공급이 이루어지고 있다. 이와 같이 독점 공급이 허용되는 이유는 무엇보다 그 상품의 '공공성'이라는 특성에 있다. 전기와 같은 공익사업은 국가가 독점 경영할 수 있는 대표적인 경우이기도 한데 이러한 경우를 특히 국가독점(state monopoly)이라고 한다. 그런데 그 이유 말고도 다른 경제적 이유는 없을까?"

생산규모가 확대됨에 따라 평균생산비용(AC)이 지속적으로 하락하는 현상을 '규모의 경제'라고 한다. 이러한 규모의 경제가 두드러지게 나타나는 산업이 전기, 가스, 유선전화 사업이다.

이들 산업은 공통적으로 시장 진입 초기에는 서비스를 생산하기 위해 필요한 설비를 구축하는 데 높은 고정비용이 소요되지만, 일단 설비를 구축하고 나서는 서비스를 공급함에 따라 낮은 한계비용이 발생한다. 이것이 규모의 경제가 발생하는 이유이다. 이렇게 규모의 경제가 존재하는 산업에서는 제도적·인위

적 조작이 없더라도, 시장가격기구에 의해서 가격이 P=AC 조건에서 결정된다면 상대적으로 평균비용이 높은 중소기업이 평균비용이 낮은 대규모 생산 기업에 대항하지 못하므로 자연스럽게 독점시장이 형성되는 것이다. 이와 같은 규모의 경제에 의한 독점을 자연독점(natural monopoly)이라고 한다.

확인 TEST

자연독점에 대한 설명으로 가장 옳지 않은 것은?

① 규모의 경제가 있을 때 발생할 수 있다.
② 평균비용이 한계비용보다 크다.
③ 생산량 증가에 따라 한계비용이 반드시 하락한다.
④ 가격을 한계비용과 같게 설정하면 손실이 발생할 수 있다.

해설 ▶ • 자연독점은 생산량 증가(생산규모 확대)에 따라 평균비용이 지속적으로 하락하는 규모의 경제가 존재하는 산업에 발생한다(①).
 • 일반적으로 'U자형'의 한계비용은 생산량 증가(생산규모 확대)에 따라 하락하다가 상승하면서 'U자형'의 평균비용의 최저점을 지나는 모습을 보인다. 이에 따라 규모의 경제가 발생하는 구간에서 평균비용은 반드시 한계비용보다 큰 값을 갖게 된다(②).
 • 규모의 경제가 존재하는 구간에서 한계비용은 하락하다가 상승하면서 평균비용의 최저점을 지나게 된다. 따라서 생산량 증가에 따라 상승하는 구간도 존재하게 된다(③).
 • 규모의 경제가 존재하는 구간에서 가격을 한계비용과 같게 설정하게 되면, 평균비용과 다음과 같은 관계가 성립한다.

$$P=MC<AC$$
여기서 P는 가격, MC는 한계비용, AC는 평균비용이다.

이에 따라 '$P<AC$'가 성립하게 되어 자연독점기업은 손실을 보게 된다(④).

정답 ▶ ③

독점적 경쟁시장의 의의

❶ 독점적 경쟁(monopolistic competition)의 의미

1) 의미: 완전경쟁과 독점 사이의 시장 형태로서 재화의 공급자는 다수이나 제품의 다양성에 의해 어느 정도 독점력이 존재하는 시장 형태를 말한다.

2) 특징

(1) 재화의 공급자는 규모가 비슷한 다수의 기업이 존재하나 상품의 성격이 다소 다르기 때문에 상품 차별화(product differentiation)가 존재하여 어느 정도의 독점력이 존재한다.

(2) 기업의 진입과 퇴거는 자유롭게 허용된다.

(3) 기업 간의 경쟁은 상품의 가격보다는 주로 품질, 광고, 판매 조건 등의 비가격 경쟁(non-price competition)으로 이루어진다.

(4) 독점적 경쟁기업의 수요곡선(=평균수입곡선)과 한계수입곡선은 독점기업의 경우와 같이 모두 우하향이다.

❷ 독점적 경쟁시장에 대한 평가

1) 긍정적 측면: 다양한 소비자들의 기호가 상품차별화를 통해 어느 정도 충족된다.

호텔링의 역설(Hotelling's paradox)

경쟁이 치열할수록 상품 차별의 정도가 오히려 작아진다는 내용이다. 즉 각 기업은 소비자의 취향의 정중앙에 위치한 특성을 갖는 제품을 경쟁자와 유사하게 생산하는 것이 최적이라는 것이다. 이러한 결과는 차별화된 취향을 갖는 소비자들의 입장에서는 불만이 될 수밖에 없다. 호텔링(H. Hotelling)은 이와 같이 경쟁이 다양한 품질의 제품을 생산하도록 하여 사회 전체의 후생을 극대화시키는 것이 아니라 유사한 품질의 제품을 생산하도록 하는 현상을 최초로 분석하였으며 이에 따라 경쟁이 후생극대화를 도출하지 못하는 역설을 '호텔링의 역설(Hotelling's paradox)'로 부르고 있다.

---

2) 부정적 측면

(1) 독점에서와 같이 과잉설비가 존재하며 완전경쟁에 비해 생산량은 적고 시장가격은 높은 수준에서 균형이 이루어진다.

(2) 균형수준에서 $P > MC$가 되어 자원배분이 비효율적으로 이루어진다.

(3) 기술혁신에 대한 재원으로서 초과이윤이 단기에 그침으로써 기술혁신에 관한 유인 면에 한계가 있다.

(4) 비가격경쟁으로 판매비용부담이 크고, 부담의 상당 부분이 소비자에게 전가될 수 있다.

③ 독점적 경쟁기업의 단기균형

1) 도해적 설명(단기에 정상이윤 이외의 초과이윤을 얻는 경우)

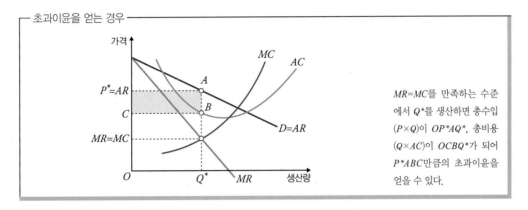

┌─ 초과이윤을 얻는 경우 ─

$MR=MC$를 만족하는 수준에서 Q^*를 생산하면 총수입$(P \times Q)$이 OP^*AQ^*, 총비용$(Q \times AC)$이 $OCBQ^*$가 되어 P^*ABC만큼의 초과이윤을 얻을 수 있다.

(1) 독점적 경쟁기업의 이윤을 극대화시키는 생산량은 MR곡선과 MC곡선이 일치할 때의 생산량, 그래프에서 Q^*와 P^*가 된다.

(2) 이 경우에 독점적 경쟁기업은 가격이 평균비용을 초과하는 색칠한 부분만큼의 초과이윤을 얻게 된다.

┌─ 주의 ─
　독점적 경쟁기업도 독점기업과 같이 이윤이 극대화되도록 공급을 조절하여 시장가격을 변화시키므로 독점적 경쟁기업도 가격설정자이며 독점적 경쟁기업의 단기공급곡선은 존재하지 않는다. 엄밀히 말하면 독점적 경쟁기업의 단기공급곡선은 균형생산량 수준에서 수직선이라고 할 수 있다.

(3) 균형점은 $MR > 0$인 부분, 즉 수요의 가격탄력도 > 1인 부분에 위치하게 된다.

2) 단기균형 조건

(1) 한계비용과 한계수입이 일치해야 한다.

(2) 한계비용곡선이 한계수입곡선을 밑에서 위로 뚫고 지나가야 한다.

❹ 독점적 경쟁기업의 장기균형

1) 도해적 설명

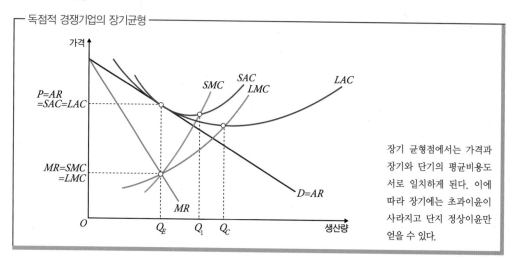

독점적 경쟁기업의 장기균형

장기 균형점에서는 가격과 장기와 단기의 평균비용도 서로 일치하게 된다. 이에 따라 장기에는 초과이윤이 사라지고 단지 정상이윤만 얻을 수 있다.

(1) 독점적 경쟁시장에서는 독점시장과 달리 기업의 진입과 퇴거가 자유롭게 이루어진다.

(2) 개별 기업이 초과이윤을 얻는 경우라면 장기에는 새로운 기업의 진입이 이루어지게 되고, 이에 따라 개별 기업이 직면하는 수요곡선은 점차 왼쪽으로 이동하게 되어 장기평균비용곡선과 접하게 된다.

> 초과이윤존재(단기) ⇒ 신규기업의 진입 ⇒ 기존기업의 수요곡선 좌측이동 ⇒ 정상이윤(장기)

(3) 개별 기업이 손실을 보고 있는 경우라면 장기에는 기존 기업의 퇴거가 이루어지게 되고, 이에 따라 개별 기업이 직면하는 수요곡선은 점차 오른쪽으로 이동하게 되어 장기평균비용곡선과 접하게 된다.

> 손실발생(단기) ⇒ 기존기업의 퇴거 ⇒ 기존기업의 수요곡선 우측이동 ⇒ 정상이윤(장기)

(4) 결국 장기균형점에서는 장기와 단기의 한계비용과 한계수입이 일치할 뿐만 아니라 가격과 장기와 단기의 평균수입도 서로 일치하게 된다.

(5) 이에 따라 장기에는 초과이윤이 사라지고 단지 정상이윤만 얻을 수 있다.

2) 장기균형 조건(Kahn의 정리)

$$P=AR=SAC=LAC>MR=SMC=LMC$$

(1) 기업의 공통의 이윤극대화 조건으로 $MR=MC$가 성립한다.

(2) $P=AC$가 되어 장기에는 단지 정상이윤만 얻게 된다.

(3) $P>MC$가 되어 생산이 비효율적으로 이루어진다.

3) 장기균형점의 특징

(1) 최적시설규모인 LAC의 최저점 수준인 Q_C 이하의 시설규모에 해당하는 SAC의 최저점 수준인 Q_1 설비를 갖추게 된다.

(2) 그래프에서 장기균형생산량 Q_E는 평균생산비용이 최저인 Q_1보다 적다. 이는 독점적 경쟁시장에서도 독점기업처럼 과잉생산설비($Q_E Q_1$)가 존재함을 나타낸다.

(3) 그림에서 이 독점기업이 장기에 최종 선택한 생산규모에서의 평균비용곡선이 SAC인데 이 경우 가장 낮은 평균생산비로 생산하는 경우의 생산량은 Q_1이다. 그런데 현실의 생산량은 Q_E가 된다. 이에 따라 $Q_E Q_1$만큼을 더 생산할 때 더욱 효율적인 생산(가장 낮은 평균생산비로 생산)이 가능함에도 불구하고(더 많이 생산할 수 있는 생산설비를 갖추고 있음에도 불구하고) Q_E만큼 생산하게 되어 더 생산할 수 있는 생산설비를 놀리게 되는 결과(과잉생산설비, 유휴생산설비)가 존재하는 것이다.

독점적 경쟁시장과 다른 시장의 비교

1. 완전경쟁시장과 비교

1) 공통점
  (1) $P=AC$가 성립하여 초과이윤이 존재하지 않는다.
  (2) $MR=MC$에서 이윤극대화를 위한 생산량이 결정된다.
  (3) 비용 조건은 동일하다.
2) 차이점(독점적 경쟁만의 특징)
  (1) 개별 기업이 직면하는 수요곡선이 우하향하여 $P>MR=MC$가 성립한다.
  (2) 최적규모 이하에서 생산이 이루어지게 되어 생산시설의 낭비가 발생한다.
  (3) 완전경쟁시장보다 가격은 높고 산출량이 적은 시장의 실패가 나타난다.
  (4) 상품차별화를 통해 소비자의 다양한 기호를 충족시켜 준다.

2. 독점시장과 비교

1) 공통점: $P>MC$, $MR=MC$가 성립한다.
2) 차이점(독점적 경쟁만의 특징): $P=AC$가 되어 초과이윤이 존재하지 않는다.

호텔링의 역설(Hotelling's paradox)

"우리는 종종 같은 업종에 종사하는 상점이 한 곳에 몰려 있는 경우를 보게 된다. 용산전자상가, 테크노마트 등은 그 대표적인 예이다. 그곳의 각 상점들 간에는 경쟁이 매우 치열함에도 불구하고 오히려 상품차별화의 정도가 별로 크지 않다. 왜 그럴까?"

과점 또는 독점적 경쟁시장에 참여하는 개별 기업은 가격경쟁뿐만 아니라 상품의 디자인, A/S 등 각종 판매조건의 제시 등의 상품차별화를 통해 시장을 확대하고자 노력한다. 예컨대 주유소나 편의점 등은 이른바 '목' 좋은 곳에 위치하는 것이 중요하다고 하는데, 이는 소비자와의 거리를 좁혀 소비자의 이동 비용을 절약시켜 주기 위함인 것이다. 이러한 노력의 결과 동종의 업종에 종사하는 상점들이 용산이나 구의동에 몰려 있는 것을 설명해준다.

이와 같은 현상을 2차원 평면에서 설명해 보자. 이제 편의상 소비자 15명이 아래의 그림처럼 왼쪽에서 오른쪽으로 동일한 간격의 한 점마다 한 사람씩 분포되어 있다고 가정하자. 소비자들은 같은 조건이면 가까운 곳에 위치한 상점을 찾는다고 한다. 만약 상점이 2개(A와 B)일 때 각각의 상점들은 어디에 위치하는 것이 최선일까?

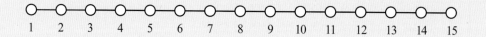

우선 A는 4번 점에 B는 12번 점에 위치한다고 가정하자. 8번 점 이전의 소비자 7명은 A를, 8번 점 이후의 소비자 7명은 B에서 상품을 구매하려 할 것이다. 그런데 만약 B가 12번 점에 위치하고 있다는 것을 A가 알고 있다면, A는 11번 점에 위치하려 할 것이다. 마찬가지로 A가 4번 점에 위치하고 있다는 것을 B가 알고 있다면, B는 5번 점에 위치하려 할 것이다.

계속해서 만약 B가 5번 점에 위치하려 한다는 것을 A가 알고 있다면, A는 6번 점에 위치하려 할 것이고, 마찬가지로 A가 11번 점에 위치하려 한다는 것을 B가 알고 있다면, B는 10번 점에 위치하려 할 것이다.

한번 더 B가 10번 점에 위치하려 한다는 것을 A가 알고 있다면, A는 9번 점에 위치하려 할 것이고, 마찬가지로 A가 6번 점에 위치하려 한다는 것을 B가 알고 있다면, B는 7번 점에 위치하려 할 것이다.

최종적으로 만약 B가 7번 점에 위치하려 한다는 것을 A가 알고 있다면, A는 8번 점에 위치하려 할 것이고, 마찬가지로 A가 9번 점에 위치하려 한다는 것을 B가 알고 있다면, B는 8번 점에 위치하려 할 것이다.

결국 8번 점에 몰려 있는 것이 A와 B 모두에게 최적 입지 조건이 되는 것이다.

다만 소비자의 입장에서는 A와 B가 최초 4번 점과 12번 점에 위치하는 것보다 8번 점에 위치하는 것이 전체적으로 더 많은 이동비용이 발생하게 된다. 왜냐하면 전자인 경우에는 A와 B로부터 가장 먼 소비자(8번 점 소비자)가 4만큼만 떨어져 있으나, 후자인 경우에는 가장 먼 소비자(1번 점 소비자와 15번 점 소비자)는 7만큼이나 떨어져 있게 되기 때문이다.

이러한 결과는 다양한 기호를 갖는 소비자의 취향과는 관계없이, 오히려 소비자들 취향의 중간 정도의 유사한 상품을 생산하여 판매하는 것이 최적이라는 것을 시사해 준다. 이것은 과점이나 독점적 경쟁 시장이 상품 차별화를 통해 소비자들의 다양한 기호를 충족시킨다는 일반적인 특성과 반대되는 결과인 것이다. 이를 호텔링의 역설(Hotelling's paradox)이라고 한다.

Theme 42 과점시장의 의의

① 과점(oligopoly)의 의미

1) **의미**: 동질 혹은 이질적인 상품의 공급이 소수의 몇몇 기업(a few sellers)에 의해 이루어지는 상태, 특히 공급자가 둘인 과점을 복점(duopoly)이라 한다.

―― 순수과점과 차별과점 ――――――――――――――――――――――――――――――――――――

1. 순수과점: 과점기업들이 생산하는 상품이 동질적인 경우 ⇒ 휘발유, 설탕 등
2. 차별과점: 과점기업들이 생산하는 상품이 이질적인 경우 ⇒ 자동차, 전자제품 등

2) **특징**

(1) **상호의존성(interdependence)**: 기업 간의 상호의존관계가 강하여 한 기업의 가격이나 생산량 변경은 다른 기업에 큰 영향을 미친다. 이에 따라 과점기업들은 의사결정을 할 때 상대기업의 반응을 고려해야 하는 전략적 상황에 놓이게 된다. ⇒ 게임이론

(2) **가격의 경직성**: 가격이 경직적이고, 특히 광고와 같은 비가격 경쟁이 심하게 이루어진다.

(3) **비경쟁행위**: 과점기업들은 경우에 따라서는 담합 등을 통해 경쟁을 제한하는 의사결정을 하기도 한다.

(4) **진입장벽의 존재**: 진입장벽이 높기 때문에 기업의 수를 소수로 유지할 수 있다.

―― 전략적 진입장벽 ――――――――――――――――――――――――――――――――――――――

1. 새로운 기업이 산업에 진입하면 기존기업보다 불리한 비용구조로 생산을 시작하기 마련인데, 이때 기존기업들이 가격을 충분히 낮추면 새로운 기업은 이 가격수준에서 손실을 보게 된다.
2. 적극적이고 공격적인 광고활동으로 기존 기업들의 브랜드 파워를 제고한다.
3. 기존 기업들이 수많은 차별화된 상품을 만들어 소비자의 다양한 기호를 충분히 충족시킨다.

(5) **담합(collusion)**: 한 기업의 행동은 다른 기업의 반응 여부에 따라 다르게 나타나 담합과 이탈이 빈번하게 이루어진다.

② 과점에 대한 평가

1) 긍정적 측면

(1) **상품차별화**: 독점적 경쟁과 유사한 이질적 상품의 과점인 경우에 소비자들의 다양한 기호 충족이 가능하다.

(2) **기술혁신**: 비가격 경쟁으로 인한 장기적 초과이윤으로 기술 개발을 위한 재원 마련이 용이하다.

(3) **대항세력 형성**: 대기업의 대중 조작에 대항하여 소비자 단체·노조 등이 대등한 세력으로 등장(K. Galbraith)한다.

┌─ 대항력의 의미 ─

　순수경쟁 또는 완전경쟁이 사라짐에 따라 새로이 등장한 개별 기업들의 시장지배력에 대해서 어떤 제약이 가해지지 않으면, 경제성장의 과실이 완전히 대기업 경영자나 소유주에게 돌아가고 말 것이나 경쟁의 역할을 대신하게 될 새로운 제약이 소비자 단체 또는 노동자 단체로부터 생겨나서 과점적 시장지배자들을 견제하게 된다.

　Galbraith는 이러한 제약을 대항력이라고 불렀다. 경제력의 집중화(독과점화) 경향과 발맞추어 강력한 판매자 집단이 나타났고, 또 구매자 집단도 나타났다. 이러한 집단들이 대항력을 형성하여 기존 시장지배력을 견제하게 된 것이다.

2) 부정적 측면

(1) **자원 배분의 비효율성**: 생산량이 평균비용곡선의 최하점 좌측에서 결정되어 가격이 한계비용보다 높게 형성($P > MC$)된다.

(2) **자원의 낭비**: 광고와 같은 지나친 비가격 경쟁으로 인해 발생한다.

확인 TEST

과점시장에 관한 설명 중 옳은 것은?

① 과점시장에는 무수히 많은 기업들이 자신의 이윤극대화를 위해 경쟁하고 있으며 이들 각각은 가격수용자이다.
② 신규기업의 진입은 진입장벽이 전혀 없기 때문에 매우 용이하다.
③ 과점시장에 속한 기업들은 동질의 상품만 생산한다.
④ 과점시장에서 기업들의 담합은 그들이 생산하는 상품들의 가격을 하락시키므로 정부는 이를 유도해야 한다.
⑤ 과점시장에서 각 기업이 책정하는 가격은 서로 다를 수 있다.

해설 ▶ ① 무수히 많은 기업들이 자신의 이윤극대화를 위해 경쟁하고 있으며 이들 각각이 가격수용자인 시장은 완전경쟁시장이다. 과점시장은 소수 기업의 이윤극대화를 위해 경쟁하는 시장이며, 어느 정도의 시장지배력을 기초로 가격이 결정되는 시장이다.
　② 신규 기업의 진입은 기존 기업의 높은 진입장벽으로 인해 상당히 어렵다.
　③ 과점시장에 속한 기업들은 동질 상품(설탕, 휘발유 등)은 물론 이질 상품(자동차, 이동통신 등)도 생산하여 경쟁한다.
　④ 과점시장에서 이루어지는 기업 간의 담합은 주로 가격을 상승시키기 위한 목적으로 이루어진다.

정답 ▶ ⑤

Theme
43

다양한 과점이론

❶ 복점 모형 일반론

┌ 공통 전제 조건을 가정 ─────────────────────

- 시장수요함수: $P = a - bQ_M = a - b(Q_A + Q_B)$, 여기서 $a > 0$, $b > 0$, P는 시장가격, Q_M은 시장 전체 생산량, Q_A은 기업 A의 생산량, Q_B는 기업 B의 생산량
- 각 기업의 생산비: $MC_A = MC_B = 0$, $TC_A = TC_B = 0$

1) 쿠르노 모형(Cournot Model)

(1) 가정

① 각 기업은 자신이 예측한 경쟁기업의 생산량을 외생변수로 간주하고, 이를 전제로 자신의 이윤극대화를 위한 생산량을 결정한다는 예측적 변화(conjectural variation)를 가진다.

② 부연하면 모든 조건이 동일한 두 기업(기업 A와 기업 B)이 존재하며 이들은 상대방 기업이 현재의 산출량을 변화시키지 않고 그대로 유지할 것이라는 추측 하에 이윤극대화의 가격과 산출량을 결정한다고 전제한다는 것이다.

③ 이때 두 기업의 산출량의 추측된 변화는 "0" ⇒ 두 기업 모두 추종자(follower)이다.

(2) 각 기업의 이윤함수 도출

- $\pi_A = TR_A - TC_A = P \times Q_A - O = [a - b(Q_A + Q_B)] \times Q_A = aQ_A - bQ_A^2 - bQ_A Q_B$
- $\pi_B = TR_B - TC_B = P \times Q_B - O = [a - b(Q_A + Q_B)] \times Q_B = aQ_B - bQ_A Q_B - bQ_B^2$

(3) 반응곡선 도출

- $\dfrac{d\pi_A}{dQ_A} = a - 2bQ_A - bQ_B = 0 \Rightarrow Q_A = \dfrac{a - bQ_B}{2b}$ ...... ⓐ
- $\dfrac{d\pi_B}{dQ_B} = a - bQ_A - 2bQ_B = 0 \Rightarrow Q_B = \dfrac{a - bQ_A}{2b}$ ...... ⓑ

(4) 균형점 도출

앞의 ⓐ식과 ⓑ식을 연립해서 풀면 다음 결과를 도출할 수 있다.

- $Q_A = \dfrac{a}{3b}$ 　　　　　　　　- $Q_B = \dfrac{a}{3b}$

- $Q_M = Q_A + Q_B = \dfrac{2a}{3b}$ 　　- $P = \dfrac{a}{3}$

이러한 결과를 그림으로 나타내면 다음과 같다.

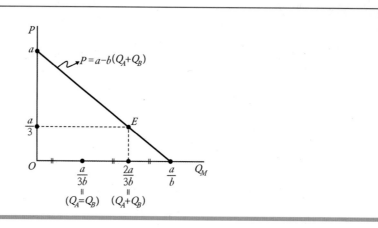

쿠르노 균형

- 그래프: $P = a - b(Q_A + Q_B)$

(5) 다른 시장 균형과의 비교

만약 각 기업의 '생산비 조건이 모두 동일하다고 가정'하면 다음과 같은 식이 성립한다.

> - 시장 전체 생산량 $= \dfrac{n}{n+1} \times$ 완전경쟁시장 생산량
>
>   여기서 n은 시장에 참여하는 기업의 수

이에 따라 기업의 수가 많아질수록 완전경쟁 모형과 가까워지고, 기업의 수가 단 하나가 되면 독점모형과 일치하게 된다.

확인 TEST

꾸르노(Cournot) 복점기업 1과 2의 수요함수가 $P = 10 - (Q_1 + Q_2)$이고 생산비용은 0일 때, 다음 설명 중 옳지 않은 것은? (단, P는 시장가격, Q_1는 기업 1의 산출량, Q_2는 기업 2의 산출량이다.)

① 기업 1의 한계수입곡선은 $MR_1 = 10 - 2Q_1 - Q_2$이다.

② 기업 1의 반응함수는 $Q_1 = 5 - \dfrac{1}{2}Q_2$이다.

③ 기업 1의 꾸르노 균형산출량은 $Q_1 = \dfrac{10}{3}$이다.

④ 산업 전체의 산출량은 $Q = \dfrac{20}{3}$이다.

⑤ 꾸르노 균형산출량에서 균형가격은 $P = \dfrac{20}{3}$이다.

해설 ▸ - 주어진 조건에 따른 한계수입(MR)과 한계비용(MC)은 다음과 같다.

> - 기업 1: $MR_1 = 10 - 2Q_1 - Q_2$, $MC_1 = 0$
> - 기업 2: $MR_2 = 10 - Q_1 - 2Q_2$, $MC_2 = 0$

- $MR = MC$가 이윤극대화 조건이므로 두 기업의 반응곡선(함수)은 다음과 같이 도출된다.

> - 기업 1: $MR_1 = MC_1 \Rightarrow 10 - 2Q_1 - Q_2 = 0$ …… ⓐ
> - 기업 2: $MR_2 = MC_2 \Rightarrow 10 - Q_1 - 2Q_2 = 0$ …… ⓑ

- ⓐ식과 ⓑ식을 연립해서 풀면 '$Q_1 = Q_2 = \dfrac{10}{3}$'이 되고, 총생산량($Q_1 + Q_2$)은 '$\dfrac{20}{3}$'이 된다. 또한 이 결과를 시장수요함수에 대입하면 '$P = \dfrac{10}{3}$'을 구할 수 있다.

- 기업의 비용조건이 동일하다면, 꾸르노 균형에서의 총생산량은 다음과 같이 도출할 수도 있다.

- 주어진 시장수요함수는 다음과 같이 나타낼 수 있다.

$$P = 10 - Q (\because Q = Q_A + Q_B)$$

- 완전경쟁시장에서는 $P = MC$가 충족되므로 $10 - Q = 0$에서 $Q = 10$을 구할 수 있다.

- 복점시장에서 꾸르노-내쉬 균형이 달성되는 경우, 각 기업은 완전경쟁시장의 균형생산량 수준 ($=10$)의 1/3씩 생산하므로 각각 '$\dfrac{10}{3}$'만큼 생산하여 총생산량은 '$\dfrac{20}{3}$'만큼 생산된다.

 ⑤

---

2) 굴절수요곡선이론(theory of kinked demand curve)

(1) **의의**: 과점시장의 대표적인 특징인 비용조건의 변화에도 불구하고 기존 가격이 고수되는 과점가격의 경직성을 설명해준다(P. M. Sweezy).

(2) **가정**: 비대칭적 예상모형

① 한 기업이 가격을 인상하면 다른 기업은 가격을 인상하지 않는다고 예상한다.

② 한 기업이 가격을 인하하면 다른 기업은 따라서 가격을 인하한다고 예상한다.

(3) **도해적 설명**

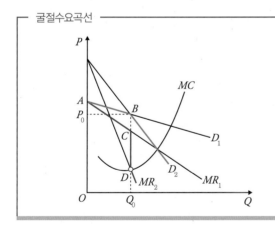

굴절수요곡선

과점기업의 수요곡선은 P_0 이상에서는 D_1곡선, P_0 이하에서는 D_2곡선인 굴절된 수요곡선이 되고, 한계수입곡선도 $ACDMR_2$와 같은 굴절된 선이 된다.

① 현재의 시장가격이 P_0라고 하자.

② 만약 이 과점기업이 가격을 P_0 이상으로 올린다면 다른 기업들은 대부분 가격을 따라 올리지 않을 것이므로 가격이 P_0 이상인 경우의 수요곡선은 수요의 가격탄력성이 큰 그래프의 D_1곡선이 된다.

> 가격 인상 ⇒ 경쟁기업은 기존 가격 고수 ⇒ 판매량 급감 ⇒ 탄력적인 수요곡선(D_1) 직면

③ 반대로 이 기업이 가격을 P_0 이하로 인하한다면 다른 기업도 가격경쟁에서 지지 않으려고 대부분 가격을 따라서 내릴 것이므로 가격이 P_0 이하인 경우의 수요곡선은 수요의 가격탄력성이 작은 그래프의 D_2곡선이 된다.

> 가격 인하 ⇒ 경쟁기업도 가격 인하 ⇒ 판매량 거의 불변 ⇒ 비탄력적인 수요곡선(D_2) 직면

④ 따라서 과점기업의 수요곡선은 P_0 이상에서는 D_1곡선, P_0 이하에서는 D_2곡선인 굴절된 수요곡선이 되고, 한계수입곡선도 $ACDMR_2$와 같은 굴절된 선이 된다.

⑤ 결국 과점기업의 한계비용곡선이 변동하더라도 MC곡선이 C와 D 사이에서 한계수입곡선과 만나는 한, 이 과점기업의 가격은 P_0에서, 생산량은 Q_0에서 경직적으로 고정되게 된다.

(4) 평가

① 생산비의 변화가 어느 정도 내에서는 과점기업의 가격 결정에 반영되지 않고, 대신 광고와 같은 비가격경쟁을 주로 하는 이유를 설명할 수 있다.

② 굴절되는 점(B점)이 결정되는 과정을 설명할 수 없다.

③ 현실적으로 과점기업이 가격을 인상하면 다른 과점기업들도 가격을 인상하는 경우를 쉽게 관찰할 수 있다.

George. J. Stigler의 비판

> 스티글러에 의하면 과점시장에서 가격의 변화가 심하지 않고 생산비 변화에 민감하지 않은 것은 굴절된 수요 때문이 아니라 과점 기업의 목표가 이윤극대화 이외의 다른 데 있기 때문이라고 설명하고 있다. 예를 들면 시장의 질서유지 또는 상대방과의 과열된 경쟁을 피하려는 것 등의 다른 목적이 있기 때문이라는 것이다.

② 담합과 카르텔

1) 담합

(1) **의미**: 여러 과점기업들이 가격, 생산량 및 판매활동 등에 관하여 명시적으로 또는 묵시적으로 서로 합의하여 행동하는 것

(2) **목적**

① 생산량을 적정량으로 각 참가기업에 배분하고 공동가격을 설정함으로써 참가기업 전체의 총이윤을 증대시킬 수 있다.

② 참가기업 간의 과당경쟁으로 인한 상호 피해를 회피할 수 있다.

③ 새로운 기업의 진입에 공동으로 대처하여 시장의 안정화를 유지할 수 있다.

2) 카르텔(cartel)

(1) **의미**: 동종의 제품을 생산하는 과점기업들이 법률적·경제적 독립성을 유지하면서 특정 상품의 시장지배를 위하여 결성한 기업 연합체 ⇒ 담합의 대표적인 형태

(2) **유형**

① 가격 책정만을 담합하는 가격카르텔

② 생산량 할당까지 이루어지는 완전담합의 카르텔

(3) **도해적 설명(완전담합의 경우)**

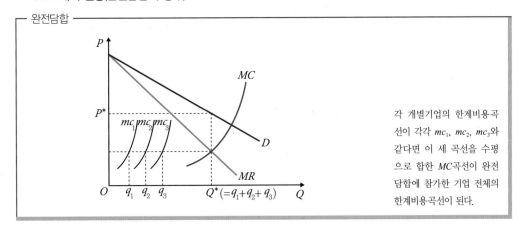

각 개별기업의 한계비용곡선이 각각 mc_1, mc_2, mc_3와 같다면 이 세 곡선을 수평으로 합한 MC곡선이 완전담합에 참가한 기업 전체의 한계비용곡선이 된다.

① 위의 그래프에서 D곡선은 이 시장의 수요곡선을 나타내고 있고 이 수요곡선으로부터 담합기업 전체의 한계수입(MR)곡선을 도출할 수 있다.

② 각 개별 기업의 한계비용곡선이 각각 mc_1, mc_2, mc_3와 같다면 이 세 곡선을 수평으로 합한 MC곡선이 참가기업 전체의 한계비용곡선이 된다.

③ MR곡선과 MC곡선이 만나는 생산량 Q^*만큼 생산하여 P^*의 가격으로 모든 담합기업이 판매하면 전체 이윤이 극대로 된다. 이때 각 개별 기업에는 모두 한계비용이 전체의 한계비용과 같게 되는 생산량 q_1, q_2, q_3를 각각 생산하도록 하면 된다($q_1+q_2+q_3=Q^*$).

④ 결국 이 카르텔에서는 다수의 공장을 갖고 있는 독점기업이 생산량과 가격을 책정하는 것과 같다.

두 기업 A와 B만이 존재하는 X재 시장에서 기업 A의 비용함수는 $TC_A(Q_A)=20Q_A$이며, 기업 B의 비용함수는 $TC_B(Q_B)=20Q_B$이다. 또한, X재 시장의 시장수요함수는 $P(Q)=80-Q$이다. 두 기업이 카르텔(cartel)을 형성하여 시장수요량을 반씩 나누어 갖기로 했다. 카르텔이 성공적으로 운영되었을 때 기업 A의 최적 생산량과 이윤은 각각 얼마인가? (단, TC_A는 기업 A의 총비용, TC_B는 기업 B의 총비용, Q_A는 기업 A의 X재 생산량, Q_B는 기업 B의 생산량, P는 X재 가격, $Q=Q_A+Q_B$임)

① (15, 450)

② (30, 900)

③ (15, 900)

④ (30, 450)

⑤ (30, 50)

해설 ▶ 카르텔에 의한 균형 조건은 $MC_A=MC_B=MR$이다. 따라서 $20=80-2Q$에서 이윤극대화를 위한 최적생산량은 $Q=30$, $P=50$이 된다. 두 기업이 시장수요량을 반씩 나누기로 했으므로 기업 A의 최적 생산량은 $Q_A=15$가 되고, 이때의 이윤은 $TR(15\times50)-TC(15\times20)=450$이 된다.

정답 ▶ ①

카르텔의 한계

카르텔 참가 기업들은 협정을 위반함으로써 혼자의 이윤을 올릴 수 있으므로 카르텔은 항상 붕괴될 위험을 내포하고 있다. 왜냐하면 다른 모든 카르텔 기업들이 협정가격으로 판매할 때에 어느 한 기업이 협정을 위반하여 협정가격보다 조금만 싸게 팔아도 판매량을 크게 늘려서 이윤을 증가시킬 수 있기 때문이다. 따라서 협정을 위반했을 경우 강력한 제제수단이 실효성이 있을 때 비로소 카르텔의 목적을 달성할 수 있게 된다.

Theme 44 게임이론

❶ 게임이론(game theory)의 의의

1) 의미

(1) **게임의 의미**: 두 명 이상의 사람들이 각각 자신의 이익을 추구하고 있으나, 어느 누구도 그 결과를 마음대로 결정할 수 없는 상황을 말한다.

(2) **게임이론의 목적**: 게임이론은 2개 이상의 과점 기업들이 상호의존 관계 속에서 자신의 이익을 위해 서로 경쟁하는 전략적 상황을 분석한다.

2) 구성요소

(1) **경기자(player)**: 게임에 참가하는 경제주체 ⇒ 가계(개인), 기업 등이 이에 해당한다.

(2) **전략(strategy)**: 경기자들이 자신의 효용(이윤)극대화를 위하여 선택할 수 있는 대안을 말한다.

(3) **보수(payoff)**: 게임의 결과로 각 경기자가 얻게 되는 효용이나 이윤을 말한다.

(4) **행동**: 경기자가 여러 가지 가능한 전략 중에서 특정한 전략을 선택하는 것이다.

    ① **협조행위**: 경기자들이 공동으로 추구할 전략과 관련하여 서로의 행동을 규제하는 계약에 대해 협상하는 행위이다.

    ② **비협조행위**: 각 경기자가 자신의 이익만을 추구하는 일반적인 경우의 행위이다.

❷ 게임의 균형

1) 개념

(1) 외부적인 충격이 가해지지 않는 한 모든 경기자들의 전략이 계속 유지되는 상태를 의미한다.

(2) 모든 경기자들이 각각 선택한 전략에 따라 어떤 결과가 나왔을 때 현재의 결과에 만족하여 더 이상 자신의 전략을 바꿀 유인(incentive)이 없는 상태를 의미한다.

2) 우월전략균형

(1) **의미**: 상대방이 어떤 전략을 선택하는지에 관계없이 항상 자신의 보수가 가장 커지는 전략(지배전략)을 선택하였을 때 도달하게 되는 균형

(2) 분석

기업 A \ 기업 B	B_1	B_2
A_1	(20, 20)*	(40, 10)
A_2	(10, 40)	(30, 30)

(기업 A 이윤, 기업 B 이윤)

① 기업 A는 기업 B가 어떠한 선택을 한다고 하더라도 A_1전략을 선택하는 것이 가장 유리하므로 A_1이 우월전략이 된다.

② 기업 B는 기업 A가 어떠한 선택을 한다고 하더라도 B_1전략을 선택하는 것이 가장 유리하므로 B_1이 우월전략이 된다.

③ 결국 우월전략균형은 (20, 20)에서 이루어진다.

(3) 평가

① 두 기업 모두 우월전략을 갖고 있다면 상대기업의 전략을 고려할 필요가 없으므로 과점기업이 의사결정 시 직면하게 되는 전략적인 상황을 전혀 반영하지 못한다.

② 우월전략균형이 반드시 파레토 최적을 보장하는 것은 아니다. 위의 예에서 두 기업이 각각 A_2 와 B_2를 선택하게 되면 더 높은 보수를 얻을 수 있기 때문이다. ⇒ 담합의 가능성 대두

③ 우월전략균형이 반드시 존재하는 것은 아니다.

3) 내쉬(J. Nash) 균형

(1) 의미

① 상대방의 전략을 주어진 것으로 보고 각 경기자가 자신에게 가장 유리한 전략을 선택하였을 때 도달하는 균형을 말하는데 이때에는 동시에 여러 개의 균형이 존재할 수 있다.

② 게임이론에서 가장 일반적으로 사용하는 균형 개념

(2) 분석

기업 A \ 기업 B	B_1	B_2
A_1	(20, 15)*	(10, 10)
A_2	(10, 10)	(15, 20)*

(기업 A 이윤, 기업 B 이윤)

① **기업 A의 전략**: 기업 B가 전략 B_1을 선택한 것을 주어진 사실로 보면 기업 A가 A_1을 선택하면 이윤이 20이고, A_2를 선택하면 이윤이 10이 되므로 전략 A_1을 선택하는 것이 최선의 전략이다. 만약 기업 B가 전략 B_2를 선택한 것을 주어진 사실로 보면 기업 A가 A_1을 선택하면 이윤이 10 이고, A_2를 선택하면 이윤이 15가 되므로 전략 A_2을 선택하는 것이 최선의 전략이다.

② **기업 B의 전략**: 기업 A가 전략 A_1을 선택한 것을 주어진 사실로 보면 기업 B가 B_1을 선택하면 이윤이 15이고, B_2를 선택하면 이윤이 10이 되므로 전략 B_1을 선택하는 것이 최선의 전략이다. 만약 기업 A가 전략 A_2를 선택한 것을 주어진 사실로 보면 기업 B가 B_1을 선택하면 이윤이 10이고, B_2를 선택하면 이윤이 20이 되므로 전략 B_2를 선택하는 것이 최선의 전략이다.

③ **내쉬균형**: $(A_1,\ B_1)$, $(A_2,\ B_2)$의 두 개가 존재한다. 그런데 위의 경우에는 우월전략균형은 존재하지 않는다.

(3) 평가

① 우월전략균형은 내쉬균형의 특수한 형태로서 내쉬균형에 포함된다. 그러나 그 역은 성립하지 않는다.

② 내쉬균형 역시 항상 파레토 최적을 보장하는 것은 아니다.

③ 복점에서의 쿠르노 균형은 내쉬균형이다. 이에 따라 쿠르노 복점이론에서의 균형을 쿠르노-내쉬 균형이라고도 한다.

기출확인

표는 A국과 B국의 교역관계에서 관세에 따른 보수행렬을 나타낸 것이다. 이에 대한 설명으로 옳은 것을 <보기>에서 모두 고르면? (단, 각 보수 쌍에서 왼쪽은 A국의 이득이고, 오른쪽은 B국의 이득이다) [2010]

(단위: 억 달러)

		B국의 선택	
		높은 관세	낮은 관세
A국의 선택	높은 관세	(40, 50)	(70, 40)
	낮은 관세	(20, 110)	(60, 90)

──〈 보 기 〉──

ㄱ. A국과 B국의 우월전략은 모두 높은 관세를 부과하는 것이다.
ㄴ. 내쉬(Nash) 균형은 A국과 B국 모두 낮은 관세를 부과하는 것이다.
ㄷ. A국과 B국이 자유무역협정(FTA)을 체결하여 관세를 인하할 경우, 양국 모두에게 이득이 된다.
ㄹ. A국과 B국이 높은 관세를 부과하는 상황에서 상대방 국가가 관세정책을 변경하면 양국 모두 이득이 커진다.

① ㄱ, ㄷ
② ㄱ, ㄹ
③ ㄴ, ㄷ
④ ㄱ, ㄴ, ㄹ
⑤ ㄴ, ㄷ, ㄹ

　　B국이 '높은 관세' 전략을 선택하는 경우 A국은 '높은 관세' 전략을 선택할 때 얻는 이득이 더 크고 (40>20), B국이 '낮은 관세' 전략을 선택하는 경우에도 A국은 '높은 관세' 전략을 선택할 때 얻는 이득이 더 크다(70>60). 따라서 A국의 우월전략은 '높은 관세' 전략이다. 한편 A국이 '높은 관세' 전략을 선택하는 경우 B국은 '높은 관세' 전략을 선택할 때 얻는 이득이 더 크고(50>40), A국이 '낮은 관세' 전략을 선택하는 경우에도 B국은 '높은 관세' 전략을 선택할 때 얻는 이득이 더 크다(110>90). 따라서 B국의 우월전략은 역시 '높은 관세' 전략이다(ㄱ).

- 예컨대 양 국 모두 '낮은 관세' 전략을 선택하고 있는 상태에서 A국이 독자적으로 '높은 관세' 전략으로 선택전략을 바꾸면 A국은 이전에 비해 더 큰 이득(60 ⇒ 70)을 얻을 수 있다. 이에 따라 양 국 모두가 '낮은 관세' 전략을 선택하는 상태는 더 이상 유지될 수 없게 되어 내쉬균형을 달성할 수 없게 된다(ㄴ).

- 양 국 모두가 '높은 관세'에서 '낮은 관세'로 전략을 수정하면 A국은 20만큼(40 ⇒ 60) 이득이 증가하게 되고, B국은 40만큼(50 ⇒ 90) 이득이 증가하게 된다(ㄷ).

- 예컨대 A국과 B국이 '높은 관세'를 부과하는 상황에서 B국이 '낮은 관세' 전략으로 수정하면 A국은 이득이 30만큼(40 ⇒70) 증가하지만, B국은 오히려 이득이 10만큼(50 ⇒ 40) 감소하게 된다(ㄹ).

정답 ①

7명의 사냥꾼이 동시에 사냥에 나섰다. 각 사냥꾼은 사슴을 쫓을 수도 있고, 토끼를 쫓을 수도 있다. 사슴을 쫓을 경우에는 7명의 사냥꾼 중 3명 이상이 동시에 사슴을 쫓을 때에만 사슴 사냥에 성공하여 1마리의 사슴을 포획하게 되고, 사냥꾼들은 사슴을 동일하게 나누어 갖는다. 만약 3명 미만이 동시에 사슴을 쫓으면 사슴을 쫓던 사냥꾼은 아무것도 얻지 못하게 된다. 반면 토끼를 쫓을 때에는 혼자서 쫓더라도 언제나 성공하며 각자 1마리의 토끼를 포획하게 된다. 모든 사냥꾼들은 사슴 1/4마리를 토끼 1마리보다 선호하고, 사슴이 1/4마리보다 적으면 토끼 1마리를 선호한다. 이 게임에서 내쉬균형을 〈보기〉에서 모두 고르면? (단, 사냥터에서 사냥할 수 있는 사슴과 토끼는 각각 1마리, 7마리임)

〈 보 기 〉

ㄱ. 모든 사냥꾼이 토끼를 쫓는다.
ㄴ. 모든 사냥꾼이 사슴을 쫓는다.
ㄷ. 3명의 사냥꾼은 사슴을, 4명의 사냥꾼은 토끼를 쫓는다.
ㄹ. 4명의 사냥꾼은 사슴을, 3명의 사냥꾼은 토끼를 쫓는다.

① ㄱ
② ㄱ, ㄷ
③ ㄱ, ㄹ
④ ㄴ, ㄹ
⑤ ㄱ, ㄷ, ㄹ

해설 ▶ 상대방의 전략이 주어져 있을 때, 독자적으로 전략을 수정하는 경우에 현재보다 이익이 작아진다면 현 상태는 내쉬균형 상태이고, 현재보다 이익이 커진다면 현 상태는 내쉬균형 상태가 아니다. 내쉬균형 상태에서는 상대방이 전략을 바꾸지 않는 한 나의 전략 역시 바꾸지 않는다.

ㄱ. 모든 사냥꾼이 토끼를 쫓을 때 혼자서 이탈해서 사슴을 쫓을 경우에는 사슴을 잡을 수 없다. 따라서 그나마 토끼 1마리조차도 얻을 수 없다. 따라서 전략을 바꿀 필요가 없으므로 현 상태는 내쉬균형이다.

ㄴ. 모든 사냥꾼이 사슴을 쫓는다면 사슴을 1/7만큼 얻을 수 있다. 그런데 혼자서 이탈해서 토끼를 쫓을 경우에는 토끼 1마리를 잡을 수 있다. 그런데 사슴 1/7마리보다 토끼 1마리를 선호하므로 토끼를 쫓는 것이 더 유리하다. 따라서 현 상태는 내쉬균형이 아니다.

ㄷ. 3명의 사냥꾼은 사슴을, 4명의 사냥꾼은 토끼를 쫓는다면 사슴 1/3마리와 토끼 1마리를 각각 얻을 수 있다. 그런데 토끼를 쫓다가 사슴을 쫓게 되면 토끼 1마리 대신 사슴 1/4마리를 얻을 수 있다. 그런데 토끼 1마리보다는 사슴 1/4마리를 선호하므로 사슴을 쫓는 것이 유리하다. 따라서 현 상태는 내쉬균형이 아니다.

ㄹ. 4명의 사냥꾼은 사슴을, 3명의 사냥꾼은 토끼를 쫓는다면 사슴 1/4마리와 토끼 1/3마리를 각각 얻을 수 있다. 그런데 사슴을 쫓다가 토끼를 쫓는다면 사슴 1/4마리 대신 토끼 1마리를 얻을 수 있다. 그런데 토끼 1마리보다 사슴 1/4마리를 선호하므로 계속 사슴을 쫓는 것이 유리하다. 또한 토끼를 쫓다가 사슴을 쫓는다면 토끼 1마리 대신 사슴 1/5마리를 얻을 수 있다. 그런데 사슴 1/5마리보다 토끼 1마리를 선호하므로 계속 토끼를 쫓는 것이 유리하다. 따라서 현재의 전략을 바꿀 필요가 없으므로 현 상태는 내쉬균형이다.

정답 ▶ ③

4) 최소극대화 전략(maximin strategy)

(1) 의의

① 의미: 각 전략을 선택할 때 얻게 되는 각각의 최소 보수 중에서 가장 큰 보수를 얻을 수 있는 전략을 말한다.

② 목적: 게임의 상대방이 비합리적인 선택을 하는 경우에 발생할 수 있는 의도하지 않은 위험으로부터 벗어나기 위함이다.

③ 최소극대화전략 균형(maximin strategy equilibrium): 게임의 모든 경기자가 최소극대화전략을 선택하는 경우 도달하게 되는 균형이다.

(2) 사례

기업 B / 기업 A	B_1	B_2
A_1	(3, 6)	(5, 8)
A_2	(2, 4)	(6, 10)

① 위의 보수표에서는 내쉬균형은 (A_2, B_2)이다. 이러한 내쉬균형은 기업 모두가 합리적으로 행동할 것을 가정한 것이다.

② 그러나 만일 기업 B가 비합리적인 기업이어서 B_1 전략을 선택한다면, 합리적으로 행동하여 A_2 전략을 선택한 기업 A의 보수는 6에서 2로 감소하여 4만큼의 손해를 보게 된다. 반대로 기업

A가 비합리적인 기업이어서 A_1 전략을 선택한다면 합리적으로 행동하여 B_2 전략을 선택한 기업 B의 보수는 10에서 8로 2만큼 손해를 보게 된다.

③ 이에 따라 두 기업 A와 B는 이러한 의도하지 않은 손실을 회피하기 위하여, 예상되는 최소의 보수를 비교하여 그 중에서 보수가 가장 큰 전략을 선택하는 최소극대화 전략을 사용할 것이다.

④ 기업 A가 A_1 전략을 선택하는 경우 최소 보수는 3, A_2 전략을 선택하는 경우 최소 보수는 2이므로 기업 A가 최소극대화 전략을 사용한다면 A_1 전략을 선택할 것이다. 반면에 기업 B가 B_1 전략을 선택하는 경우 최소 보수는 4, B_2 전략을 선택하는 경우 최소 보수는 8이므로 기업 B가 최소극대화 전략을 사용한다면 B_2 전략을 선택할 것이다.

⑤ 결국 균형은 (A_1, B_2)이고 각각의 보수는 (5, 8)이 되는 균형이 성립하게 된다.

❸ 게임이론의 응용-용의자의 딜레마(prisoner's dilemma)

1) 사례: 두 명의 공범이 용의자로 구속되어 심문을 당하는 경우 자백과 부인에 따른 각각의 형량 행렬표가 다음과 같다.

용의자 B 용의자 A	자백	부인
자백	(10, 10)	(1, 15)
부인	(15, 1)	(3, 3)

(A 형량, B 형량)

2) 가정

(1) 두 용의자 사이의 의사소통(협조)은 불가능하다.

(2) 단 한 번의 시행만 이루어진다.

3) 결과

(1) 용의자의 딜레마는 '정보의 불완전성' 때문이 아니고 '개인의 이기심'에 의해 발생하는 현상이다. 즉 개인의 합리성과 집단적 합리성 사이의 차이에서 딜레마의 문제가 발생한다.

(2) 만약 두 사람 사이에 의사소통이 가능해지면 각각 부인전략을 택해 형량을 (3, 3)으로 줄일 수 있으나, 의사소통이 불가능하면 각각의 용의자는 우월전략을 선택함으로써 각각 자백전략을 택하게 된다.

4) 의의

(1) 카르텔의 불안정성을 설명할 수 있다.

(2) 과점기업들의 가격 인하경쟁, 국가 간 관세장벽을 높이는 경쟁, 국가 간 군비 확장경쟁 등을 설명할 수 있다.

기출확인

다음은 두 기업이 경쟁하는 시장 상황에 관한 것이다. 〈작성 방법〉에 따라 서술하시오.

[2019]

두 기업 갑과 을이 동시에 '협력' 또는 '배신' 중 하나의 전략을 선택하여 경쟁한다. 만약 두 기업 모두 '협력'하면 각 기업은 4억 원의 이윤을 얻고, 두 기업 모두 '배신'하면 각 기업은 1억 원의 이윤을 얻는다. 만약 한 기업은 '협력'하지만 다음 기업이 '배신'하는 경우 협력한 기업은 0원의 이윤을, 배신한 기업은 5억 원의 이윤을 얻는다. 이 상황을 다음과 같이 나타낼 수 있다.

		을	
		협력	배신
갑	협력	(4, 4)	(0, 5)
	배신	(5, 0)	(1, 1)

- 이 상황에서 우월전략균형(dominant strategy equilibrium)을 찾아 쓰고, 그것이 내쉬균형(Nash equilibrium)인 이유를 서술할 것.
- 이 상황이 가리키는 게임의 명칭을 쓸 것.

분석하기

- 갑의 우월전략: 배신전략
  - ∵ 을이 '협력'하는 경우 협력(=이윤 4)보다 배신(=이윤 5)이 유리한 전략이고, 을이 '배신'하는 경우 협력(=이윤 0)보다 배신(=이윤 1)이 유리한 전략이다. 따라서 갑은 을이 어떠한 전략을 선택해도 '배신'하는 것이 유리하므로, 갑의 우월전략은 '배신'전략이다.
- 을의 우월전략: 배신전략
  - ∵ 갑이 '협력'하는 경우 협력(=이윤 4)보다 배신(=이윤 5)이 유리한 전략이고, 갑이 '배신'하는 경우 협력(=이윤 0)보다 배신(=이윤 1)이 유리한 전략이다. 따라서 을은 갑이 어떠한 전략을 선택해도 '배신'하는 것이 유리하므로, 을의 우월전략은 '배신'전략이다.
- 우월전략균형: '(갑의 전략, 을의 전략)=(배신, 배신)'에서 이루어지고 이때 두 기업의 이윤은 '(갑의 이윤, 을의 이윤)=(1,1)'이 된다.
- 이유: 내쉬 균형(Nash equilibrium)은 두 기업 모두가 상대방이 현재의 전략을 고수하는 한, 일방적으로 자신의 전략을 바꾼다 하더라도 기존의 보수보다 더 나아지지 않을 때, 계속해서 자신도 기존의 전략을 유지하는 경우 성립한다. 우월전략균형에서 을이 '배신'전략을 고수하는 한 갑에게는 배신(=이윤 1)보다 협력(=이윤 0)이 더 나은 전략일 수 없으므로 갑은 기존의 '배신'전략을 고수하게 된다. 반대로 갑이 '배신'전략을 고수하는 한 을에게는 배신(=이윤 1)보다 협력(=이윤 0)이 더 나은 전략일 수 없으므로 을은 기존의 '배신'전략을 고수하게 된다. 따라서 '(갑의 전략, 을의 전략)=(배신, 배신)'은 우월전략균형이면서 내쉬균형이 된다.
- '범죄인의 딜레마(Prisner's Dilemma)' 게임

④ 전개형 게임

1) 의의

(1) **게임나무(game tree)** : 마치 나무가 가지를 쳐나가는 것처럼 진행되는 전개형 게임 방식을 보여준다.

(2) **결정마디(decision node)** : 게임에 참여하는 경기자가 선택할 차례임으로 나타낸다.

(3) **진행 방식** : 앞의 결정마디에서 해당 경기자가 먼저 의사결정을 한 후, 게임나무의 가지(branch)를 따라 다음 결정마디에 해당하는 경기자가 의사결정을 하는 방식으로 진행된다.

(4) **사례** : 이마트가 독점하고 있는 할인매장 시장에 삼마트가 진입 또는 포기하는 경우

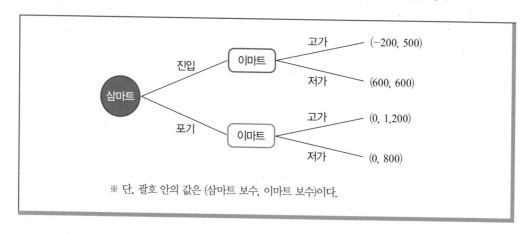

※ 단, 괄호 안의 값은 (삼마트 보수, 이마트 보수)이다.

2) 우월전략 균형

(1) 삼마트가 '진입'을 선택하는 경우 이마트는 '저가(보수 600)'를 선택하는 것이 유리하고, 삼마트가 '포기'를 선택하는 경우 이마트는 '고가(보수 1,200)'를 선택하는 것이 유리하다.

(2) 따라서 삼마트의 선택 전략이 무엇이냐에 따라 이마트의 '최선의 대응'이 달라지므로 이마트의 우월전략은 존재하지 않게 되고, 당연히 우월전략 균형도 존재하지 않는다.

3) 내쉬조건(Nash condition)과 내쉬균형(Nash equilibrium)

(1) **내쉬조건** : 모든 경기자가 주어진 상대방의 선택 전략을 전제로 할 때 자신이 선택하고 있는 전략을 변화시킬 유인이 없어야 한다.

(2) **내쉬균형**

① 이마트는 삼마트가 '진입'을 선택하고 있는 상태에서 자신의 전략을 '고가(보수 500)'가 아닌 '저가(보수 600)'를 선택할 것이다. 반면에 삼마트는 이마트가 '저가'를 선택한다면 '진입(보수 600)'에서 '포기(보수 0)'로 바꿀 유인이 없다. 이에 따라 (삼마트 진입, 이마트 저가) 조합은 내쉬균형에 해당하게 된다.

② 이마트는 삼마트가 '포기'를 선택하고 있는 상태에서 자신의 전략을 '저가(보수 800)'가 아닌 '고가(보수 1,200)'를 선택할 것이다. 반면에 삼마트는 이마트가 '고가'를 선택한다면 '포기(보수 0)'에서 '진입(보수 −200)'으로 바꿀 유인이 없다. 이에 따라 (삼마트 포기, 이마트 고가) 조합은 내쉬균형에 해당하게 된다.

4) 신뢰성 조건(credibility condition)과 완전균형(perfect equilibrium)

(1) **신뢰성 조건** : 자신의 결정마디에서 이전에 공표한 약속과 동일한 선택을 하는 것이 유리한 조건을 말한다.

(2) **완전균형**

① 만약 삼마트가 시장에 진입하게 되면 이마트가 '고가' 전략으로 대응하겠다는 위협 전략을 공표하는 경우를 가정한다. 그렇다면 삼마트가 실제로 진입하는 경우 이마트는 사전에 공표한데로 정말 '고가' 전략으로 대응할 것인가?

② 만약 삼마트가 실제로 진입하는 경우 이마트가 사전에 공표한데로 '고가(보수 500)' 전략을 선택하는 것은 '저가(보수 600)' 전략을 선택하는 경우에 비해 보수가 감소하게 된다. 삼마트는 이마트의 의사결정이 합리성에 기초하여 이루어질 것이라고 예상한다. 이마트 역시 상대방이 손해를 보게 하기 위해 자신도 손실을 감수하지는 않을 것이다. 따라서 설령 삼마트가 진입한다고 하더라도 이마트는 기존의 위협 전략(고가 전략)을 행동으로 옮기지 않을 것이다. 이와 같이 실행되지 못하는 이마트의 위협을 '신뢰성 없는 위협(incredible threat)'이라고 한다.

③ 반면에 이마트의 '저가' 전략은 신뢰성 조건을 충족한다. 삼마트가 진입하는 경우 이마트는 최적 대응전략인 '저가' 전략을 선택하기 때문이다. 이와 같이 '내쉬조건'과 '신뢰성 조건' 모두를 충족하는 경우를 '완전균형'이라고 한다.

⑤ 경매이론

1) 가정

(1) 경매에 참가한 상품의 판매자는 한 명인 반면에 구매자는 여러 명인 경우를 가정해 보자. 이 경우 판매자는 경매를 통하여 여러 명의 구매자 중에서 가장 높은 가격을 지불하겠다는 경매 참가자에게 판매할 것이다. 반대로 경매에 참가한 상품의 구매자는 한 명이고 판매자는 여러 명인 경우를 가정해 보자. 이 경우 구매자는 경매를 통하여 여러 명의 판매자 중에서 가장 낮은 가격으로 판매하겠다는 경매 참가자로부터 상품을 구매할 것이다.

(2) 앞으로의 설명은 상품 판매자는 한 명인 반면에 구매자는 여러 명인 경우의 가정을 전제로 이루어진다.

2) 경매와 가치평가

(1) 개인가치 경매(private value auction)

① 경매 상품에 대한 평가가치가 오직 구매희망자들의 선호도에 의해 따라 결정되는 경우 이를 개인가치(private value)라고 한다. 구매희망자들의 선호도에 따라 다르게 평가되는 상품 가치를 전제로 이루어지는 경매를 개인가치 경매라고 한다.

② 골동품이나 미술품 등과 같은 상품의 경매에서 나타나는 특징이다. 골동품이나 미술품 등과 같은 상품에 대한 개인의 선호도가 완벽하게 같아지는 것은 거의 불가능에 가깝다. 이에 따라 이들 상품에 대해서는 객관적인 가치가 존재할 수 없게 된다.

③ 경매의 표준적인 형태는 이와 같은 개인가치 경매로 이해할 수 있다.

(2) 공통가치 경매(common value auction)

① 광물 채굴권, 국책사업권 등과 같이 경매 상품의 객관적인 실제가치가 존재하고, 구매 희망자들의 이에 대한 가치평가는 경매상품의 실제가치에 대한 추정치인 경우를 공통 가치(common value)라고 한다.

② 경매에 참여하여 낙찰을 받았음에도 불구하고, 경매에 참여하지 않은 것보다도 불리한 상황에 직면하는 이른바 '승자의 저주(winner's curse)'가 관찰되는 것과 밀접한 관련이 있다.

3) 경매의 표준적 형태

(1) 공개 구두 경매(open outcry auction): 경매를 통해 상품을 판매하고자 하는 사람(경매자)에게 모든 구매희망자들이 동일한 장소에서 공개적으로 가격을 부르면서 진행되는 경매를 말한다. 여기에는 '공개 오름 경매'와 '공개 내림 경매'가 있다.

① 공개 오름 경매(open ascending auction)

㉠ 경매자가 정해진 가장 낮은 가격에서부터 시작하여 가격을 점차 올리면서 경매를 진행하다가 마지막으로 가격을 높여 부른 구매자에게 판매하는 방식을 말한다. 영국식 경매(English auction)라고도 부른다.

㉡ 상품 구매희망자는 경매품의 가격이 자신이 평가한 가치에 도달할 때까지는 경매에 계속 참여하지만, 경매품의 가격이 자신이 평가한 가치 수준을 넘는 순간에 도달하게 되면 바로 경매에 참여하는 것을 포기하는 것이 최선의 전략이다.

㉢ 골동품, 미술품 등의 경매에 많이 사용되는 경매방식이다.

〈 사 례 〉

3천만 원부터 공개 오름 방식으로 이루어지는 고려청자 경매에 5천만 원까지 지불할 용의가 있는 태원, 1억 원까지 지불할 용의가 있는 의선, 2억 원까지 지불할 용의가 있는 재용 등 3인이 참여했다고 가정하자. 3천만 원부터 시작된 경매 금액이 5천만 원보다 1원이라도 높아지는 순간 태원은 경매 참여를 포기할 것이다. 이후 계속된 경매 금액이 1억 원보다 1원이라도 높아지는 순간 의선 역시 경매 참여를 포기할 것이다. 결국 1억 원보다 높은 금액이라도 2억 원보다 낮다면 이를 지불할 용의가 있는 재용만이 고려청자를 낙찰 받게 될 것이다.

---

② **공개 내림 경매(open descending auction)**

- ㉠ 경매자가 정해진 가장 높은 가격에서부터 시작히어 가격을 짐차 내리면서 경매를 진행하다 가 도중에 가장 먼저 구매의사를 표시(보통은 손을 드는 방식으로 표시)한 구매자에게 판매 하는 방식을 말한다. 네덜란드식 경매(Dutch auction)라고도 부른다. 짧은 시간 내에 경매를 마무리할 수 있다는 특징을 갖는 경매 방식이다.
- ㉡ 가격이 낮아지는 상태에서 다른 구매희망자들이 아직 구매의사를 표명하지 않고 있는 상태 에서 당사자는 자신이 제시할 수 있는 가격을 결정해야 한다. 이때 상품에 대한 평가금액에 비해 미미하게 낮은 금액으로 결정하면 낙찰 받을 가능성은 높아지나 이로 인한 이익은 작 아지게 되고, 반대로 상품에 대한 평가 금액에 비해 현저하게 낮은 금액으로 결정하면 이로 인한 이익은 커지지만 낙찰 받을 가능성은 희박해진다.
- ㉢ 신선도 유지가 생명인 꽃, 수산물 등의 경매에 많이 사용되는 경매방식이다.

〈 사 례 〉

3억 원부터 공개 내림 방식으로 이루어지는 고려청자 경매에 5천만 원까지 지불할 용의가 있는 태원, 1억 원까지 지불할 용의가 있는 의선, 2억 원까지 지불할 용의가 있는 재용, 3인이 참여했다고 가정하 자. 경매 금액이 2억 원까지 낮아진 경우 재용만이 구매 의사를 표시하고 이를 통해 고려청자를 낙찰 받게 될 것이다. 왜냐하면 태원과 의선은 2억 원이라는 금액이 자신들이 지불할 용의가 있는 최대금액 에 비해 높기 때문에 구매 의사를 표시할 수 없기 때문이다.

(2) **밀봉(봉인, 비공개) 입찰 경매(sealed-bid auction)**: 상품 구매희망자들은 자신의 응찰가격이 기입 된 종이를 봉투에 넣어 밀봉한 후 제출한다. 이후에 이 봉투들을 동시에 개봉하여 가장 높은 금 액을 써 낸 구매자에게 판매하는 방식을 말한다.

① **최고가 밀봉(비공개) 경매(First price sealed bid auction)−최고가격 입찰제**

- ㉠ 각자가 다른 사람 모르게 입찰가격을 써내고, 이 중 가장 높은 가격을 써내는 사람에게 낙 찰되는 방식을 말한다. 이때 낙찰자는 자신이 써 낸 금액을 지불해야 한다.
- ㉡ 경매 결과가 경매인이 가장 높은 가격을 부르기 시작하여 살 사람이 나서지 않으면 가격을 차츰 내려가는 방식으로 진행되는 네덜란드식 경매(Dutch auction)와 유사하다.
- ㉢ 일반적으로 대규모 건설공사 수주, 정부자산 매각 등의 입찰에 사용되는 경매방식이다.

〈 사 례 〉

고려청자 구입을 위해 1억 원까지 지불할 용의가 있는 명재와 5천만 원까지 지불할 용의가 있는 현무 가 최고가 밀봉 경매에 참여했다고 가정하자. 이 경우 명재가 1억 원을 써 내고 현무가 5천만 원을 써 내면 최고가격을 써 낸 명재가 낙찰을 받게 되고, 이때 명재가 지불해야 하는 금액은 자신이 제시한 1 억 원이 된다.

② **차가 밀봉(비공개) 경매(Second price sealed bid auction)−제2가격 입찰제**

- ㉠ 가장 높은 금액을 써내 낙찰자가 된 사람이 그 다음으로 높이 써 낸 금액(경매에서 탈락한 구매자가 써 낸 금액 중에서 가장 높은 금액)을 지불하면 되는 방식이다.

ⓛ 경매 결과가 이전 금액보다 더 높여 제시하는 구매자가 없으면 이전 금액을 제시한 구매자가 낙찰을 받게 되는 영국식 경매(English auction)와 유사하다. 노벨 경제학상을 수상한 비크리(William Vickrey)가 이론적으로 영국식 경매와 동일한 성질을 갖고 있다는 분석 결과를 제시한 이유로 비크리 경매(Vickrey auction)라고도 한다.

⟨ 사 례 ⟩

고려청자 구입을 위해 1억 원까지 지불할 용의가 있는 명재와 5천만 원까지 지불할 용의가 있는 현무가 차가 밀봉 경매에 참여했다고 가정하자. 이 경우 명재가 1억 원을 써 내고 현무가 5천만 원을 써 내면 최고가격을 써 낸 명재가 낙찰을 받게 되고, 이때 명재가 지불해야 하는 금액은 명재가 제시한 금액 다음으로 높은 금액인 현무가 써 낸 금액(차가, 제2가격)인 5천만 원이 된다.

이제 고려청자 구입을 위해 1억 원까지 지불할 용의가 있는 명재와 5천만 원까지 지불할 용의가 있는 현무가 참여한 영국식 경매를 가정하자. 이 경우 5천만 원까지 제시했던 현무는 명재가 5천만 원에서 단 1원이라도 높은 금액을 제시하게 되면 경매 참여를 포기할 것이다. 이에 따라 명재는 5천만 1원을 제시하고 고려청자를 낙찰 받게 된다. 이때 명재가 지불해야 하는 5천만 1원은 5천만 원과 다를 바가 없다.

이에 따라 최고가격(5천만 1원)을 지불하고 낙찰 받는 영국식 경매와 차가(제2가격: 5천만 원)를 지불하고 낙찰 받는 차가 밀봉 경매는 동일하다고 평가해도 무방한 것이다.

ⓒ 우월전략: 비공개 차가 경매(Second price sealed bid auction)에서는 자신이 써낸 금액은 낙찰을 받느냐 아니면 받지 못하느냐와 관계가 있을 뿐 자신이 지불해야 하는 금액과는 관련이 없다. 만약 오직 낙찰만을 받기 위해 상품에 대한 자신의 평가금액보다 높은 금액을 써 내게 되면 낙찰은 받을 수 있지만 이로 인해 오히려 손해를 볼 수도 있다. 따라서 자신의 평가액을 진실하게 제시하는 것이 우월전략이 된다.

ㅡ 승자의 저주(winner's curse) ㅡ

고려청자 구입을 위해 1억 원까지 지불할 용의가 있는 명재와 5천만 원까지 지불할 용의가 있는 현무가 차가 밀봉 경매에 참여했다고 가정하자. 만약 명재는 자신이 지불할 용의가 있는 최대금액인 1억 원을 써 내고, 현무는 오직 낙찰을 받기 위해 자신이 지불할 용의가 있는 최대금액인 5천만 원보다 훨씬 높은 금액인 1억 1원을 써 낸다면 당연히 최고금액을 써 낸 현무가 낙찰을 받게 된다.

그런데 이때 현무가 지불해야 할 금액은 차가(제2가격=명재가 써 낸 금액)인 1억 원이다. 이에 따라 현무는 자신의 지불할 용의가 있었던 최대금액인 5천만 원에 비해 5천만 원이나 더 지불한 셈이므로 결국 낙찰은 받았지만 오히려 5천만 원만큼의 손해(마이너스 잉여)를 보게 된다. 이를 승자의 저주(winner's curse)라고 한다.

따라서 현무의 우월전략은 자신이 지불할 용의가 있는 최대금액인 5천만 원을 써 내는 것이다. 물론 이 경우 현무는 1억 원을 써 낸 명재에게 낙찰 기회를 빼앗기기는 하겠지만 전술한 손해만큼은 회피할 수 있기 때문이다.

확인 TEST

다음 중 경매(auction)에 관한 설명으로 가장 옳은 것은?

① 경매는 상대방의 입찰금액을 모르는 상황에서 자신의 입찰금액을 정해야 하므로 게임이론으로 연구하기 적합하지 않다.
② 예술품 경매로 유명한 소더비와 크리스티에서는 입찰제(sealed bid) 방식의 경매를 실시한다.
③ 제2가격입찰제(second - price auction)는 두 번째로 높은 가격을 제시한 사람에게도 기회를 주는 경매 방식이다.
④ 승자의 불행(winner's curse)은 경매의 승자가 실제 가치보다 더 높은 금액을 지불하는 경향을 뜻한다.

해설 ▶ '승자의 불행(winner's curse: 승자의 저주)'은 경매 참여자가 경매 상품의 가치를 지나치게 높게 평가하여 경매 상품의 진정한 가치보다 훨씬 더 높은 금액으로 응찰하여 낙찰 받게 되어 결과적으로 손실을 보는 경우를 말한다. 이러한 승자의 불행은 각자가 다른 사람 모르게 입찰가격을 써내고, 이 중 가장 높은 가격을 써내는 사람에게 낙찰되는 방식인 비공개 최고가 경매(First price sealed bid auction)에서 나타나게 된다.
  ① 경매는 상대방의 입찰금액을 모르는 전략적 상황에서 자신의 입찰금액을 정해야 하므로 오히려 전략적 상황에서 최적 선택을 하고자 하는 게임이론으로 연구하기 적합한 대상이 된다.
  ② 예술품 경매로 유명한 소더비와 크리스티에서는 경매 참여자들이 점점 더 높은 가격을 부르게 하여 최고 금액을 제시한 참여자에게 낙찰하는 영국식 공개 경매(English auction) 방식을 채택하고 있다.
  ③ 제2가격입찰제(second - price auction)는 가장 높은 금액을 써내 낙찰자가 된 사람이 그 다음으로 높이 써 낸 금액을 지불하면 되는 방식을 말하며, 비공개 차가 경매(Second price sealed bid auction)라고도 불린다.

정답 ▶ ④

제9장
생산요소시장과 분배이론

Theme 45 생산요소시장 이론

┌─ 생산요소시장 분석의 특징 ────────────────────────────

1. 생산물시장과 생산요소시장에서는 수요자와 공급자의 역할이 뒤바뀐다.

구분	생산물시장	생산요소시장
수요자	가계(효용극대화를 위한 생산물 수요)	기업(이윤극대화를 위한 노동 수요)
공급자	기업(이윤극대화를 위한 생산물 공급)	가계(효용극대화를 위한 노동 공급)

2. 생산요소에 대한 수요의 크기는 그 요소가 만들어내는 생산물에 대한 수요의 크기에 의존한다. 즉 생산요소에 대한 수요는 파생수요(derived demand)인 것이다.

└───

❶ 기업의 행동원리

기업이 어떤 생산요소를 얼마나 고용할 것인가는 그 생산요소를 추가적으로 고용했을 때에 추가되는 수입(한계수입생산: MRP)과 추가되는 비용(한계요소비용: MFC)을 고려하여 결정한다.

1) 생산요소의 한계수입생산물과 한계요소비용

(1) 생산요소의 한계수입생산물(marginal revenue product of factor, MRP_f)

① 생산요소를 한 단위 더 투입할 때 기업이 얻는 총수입의 증가분 ⇒ 생산요소의 한계생산물에 생산물의 한계수입을 곱한 값으로 나타낸다.

$$MRP_L = \frac{\Delta TR}{\Delta L} = \frac{\Delta TR}{\Delta Q} \times \frac{\Delta Q}{\Delta L} = MR \times MP_L$$

결국 MRP_L는 노동을 1단위 더 추가적으로 투입할 때 생산량은 얼마나 더 증가하고, 이러한 추가적인 생산의 증가로 총수입은 얼마나 더 증가하는가를 보여준다.

② 한계생산물과 관련된 개념

한계생산물가치(value of marginal product)	VMP	$P \times MP$
한계수입생산물(marginal revenue product)	MRP	$MR \times MP$

③ 생산물시장의 형태와 MRP_f

생산물 시장이 완전경쟁시장인 경우	생산물 시장이 불완전경쟁(공급독점)인 경우
$MR = AR = P$	$MR < AR = P$
$MRP(MR \times MP) = VMP(P \times MP)$	$MRP(MR \times MP) < VMP(P \times MP)$

(2) 생산요소의 한계요소비용(MFC)과 평균요소비용(AFC)

① 한계요소비용(marginal factor cost, MFC): 생산요소를 한 단위 더 투입할 때 기업이 부담하는 총비용의 증가분 ⇒ 생산요소의 한계생산물에 한계비용을 곱한 값으로 나타낸다.

$$MFC = \frac{dTC}{dL} = \frac{dQ}{dL} \times \frac{dTC}{dQ} = MP \times MC$$

② 평균요소비용(average factor cost, AFC): 생산요소 1단위당 평균비용 ⇒ 노동자 1인당 평균임금을 말한다. ⇒ 요소공급곡선

$$AFC = \frac{TFC}{L} = \frac{L \times W}{L} = W$$

③ MFC와 AFC의 관계

$$MFC = \frac{dTC}{dL} = \frac{d(wL)}{dL} = w + L \times \frac{dw}{dL} = AFC + L \times \frac{dw}{dL}$$

이때, $L \times \dfrac{dw}{dL}$ 의 값은 완전경쟁 요소시장에서는 0, 불완전경쟁 요소시장에서는 (+)값을 갖는다.

즉 요소시장이 완전경쟁시장이면 $MFC = AFC$가 성립하고, 불완전경쟁시장이면 $MFC > AFC$가 성립한다.

④ 생산요소시장의 형태에 따른 *AFC*와 *MFC*

완전경쟁 생산요소시장	불완전경쟁(수요독점 등) 생산요소시장
MFC=*AFC*	*MFC*>*AFC*

확인 TEST

어떤 생산요소를 구입하는데, 10단위를 구입할 때는 단위당 100원을 지불해야 하고, 11단위를 구입할 때는 단위당 110원을 지불해야 한다. 이때 그 생산요소의 11단위째의 한계요소비용(원)은?

① 10
② 110
③ 210
④ 1,210
⑤ 2,210

해설 ▶ 한계요소비용-(*MFC*)이란 생산요소를 한 단위 추가적으로 구입할 때 총요소비용(*TFC*)의 증가분을 의미한다. 10단위를 구입할 때의 총요소비용은 1,000원(10×100)이고, 11단위를 구입할 때의 총요소비용은 1,210원(11×110)이다.

> TFC_{10}=10×100=1,000
> TFC_{11}=11×110=1,210

따라서 10단위에서 11단위로 생산요소를 1단위를 추가적으로 구입할 때의 총요소비용의 증가분, 즉 한계요소비용은 210원이 된다.

> MFC_{11}=TFC_{11}-TFC_{10}=210

정답 ▶ ③

2) 개별 기업의 노동수요곡선

(1) 재화시장이 완전경쟁시장인 경우

① 개별 기업의 D_L은 VMP_L에 의해서 결정된다.

$$VMP_L = P \times MP_L, \ MRP_L = MR \times MP_L \text{에서}$$
$$P = AR = MR \text{이므로} \ VMP_L = MRP_L = D_L \text{이 성립}$$

② 수확체감의 법칙에 의해 MP_L은 처음에는 증가하다가 궁극적으로 감소하게 되어 우하향
$\Rightarrow VMP_L$과 MRP_L이 우하향한다.

③ 경쟁기업의 노동수요곡선은 우하향하는 노동의 한계생산물가치 곡선이다.

④ 도출

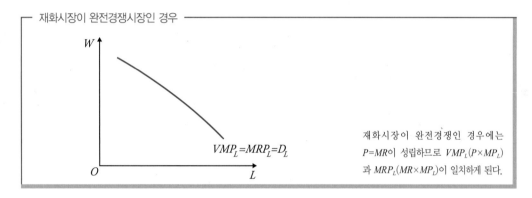

재화시장이 완전경쟁시장인 경우

재화시장이 완전경쟁인 경우에는 $P = MR$이 성립하므로 $VMP_L(P \times MP_L)$과 $MRP_L(MR \times MP_L)$이 일치하게 된다.

(2) 재화시장이 불완전경쟁시장인 경우

① 개별 기업의 D_L은 MRP_L에 의해 결정된다.

$$MP_L \times MR = MRP_L = D_L \text{에서} \ P > MR \text{이므로} \ VMP_L > MRP_L = D_L \text{가 성립}$$

② 수확체감의 법칙에 의해 MP_L은 처음에는 증가하다가 궁극적으로 감소하게 되어 우하향
$\Rightarrow VMP_L$과 MRP_L이 우하향한다. 다만, $P > MR$이므로 $VMP_L > MRP_L$이 성립한다.

③ 도출

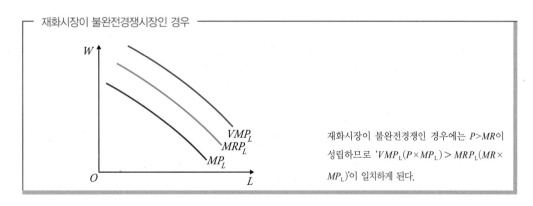

재화시장이 불완전경쟁시장인 경우

재화시장이 불완전경쟁인 경우에는 $P > MR$이 성립하므로 '$VMP_L(P \times MP_L) > MRP_L(MR \times MP_L)$'이 일치하게 된다.

④ 수리적 예

L	Q	P	MP	$TR(=P \times Q)$	$MR\left(=\dfrac{\Delta TR}{\Delta Q}\right)$	$MRP_L(=MR \times MP)$	$VMP_L(=P \times MP)$
1	12	13	12	156	13	156	156
2	22	12	10	264	10.8	108	120
3	30	11	8	330	8.25	66	88
4	37	10	7	370	5.71	40	70
5	43	9	6	387	2.83	17	54
6	48	8	5	384	-0.6	-3	40

> **요소 수요의 가격탄력성**
>
> 1. 의미: 요소가격이 변할 때 요소 수요량이 얼마나 민감하게 변하는 정도를 의미한다.
> 2. 결정 요인
>   (1) 해당 요소를 대체할 수 있는 생산요소의 수가 많을수록, 대체 정도가 높을수록 그 요소에 대한 가격탄력성은 커진다.
>   (2) 해당 요소를 사용하여 생산한 상품의 수요가 탄력적일수록 그 요소에 대한 가격탄력성도 커진다. 예컨대 건축자재 가격의 하락으로 인해 주택 가격이 하락하여 주택에 대한 수요량이 크게 증가하면, 이에 따른 주택 건설을 위한 건축자재에 대한 수요도 탄력적으로 증가하게 되는 것이다.
>   (3) 해당 요소를 대체하는 다른 생산요소들의 공급탄력성이 높으면 그 요소에 대한 가격탄력성도 커진다. 예컨대 A라는 생산요소 가격이 하락하면 A와 대체관계에 있는 다른 생산요소 B를 A로 대체하려고 할 것이다. 그런데 B의 공급이 탄력적이면 B에 대한 수요가 감소해도 가격의 하락 정도는 작을 것이다. 이에 따라 B를 A로 대체하려는 정도는 더욱 높아져서 A의 가격탄력성은 더욱 커지게 되는 것이다.
>   (4) 총생산비 중에서 해당요소에 지출된 비중이 높을수록 그 요소에 대한 가격탄력성은 커진다. 총생산비 중에서 차지하는 비중이 높기 때문에 그 요소의 가격이 상승하면 그 요소 투입을 줄이기 위해 더욱 노력하기 때문이다.
>   (5) 가격 변화에 대응할 수 있는 시간이 길수록 탄력성은 커진다. 예컨대 노동가격이 상승해도 단기에 바로 노동 투입량을 줄이고 자본 사용량을 늘리는 것은 쉽지 않다. 그러나 시간의 흐름에 따라 장기에는 점차적으로 가격이 상승한 노동을 자본으로 대체하는 것이 용이해지는 것이다. 따라서 요소수요는 장기로 갈수록 더 탄력적이 된다.

3) 개별 기업이 직면하는 노동공급곡선

(1) 요소시장이 완전경쟁인 경우

① 개별기업은 가격 순응자 ⇒ 개별 기업이 직면하는 S_L은 요소시장에서 결정된 임금에서 수평의 모습을 가진다.

② 그래프

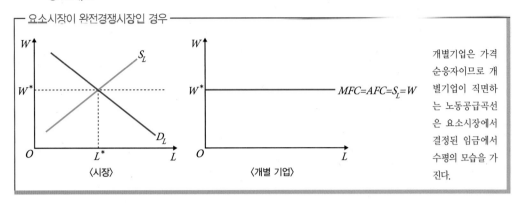

― 요소시장이 완전경쟁시장인 경우 ―

〈시장〉　　　　　〈개별 기업〉

개별기업은 가격 순응자이므로 개별기업이 직면하는 노동공급곡선은 요소시장에서 결정된 임금에서 수평의 모습을 가진다.

위 그래프의 모습은 완전경쟁생산물 시장에서 생산물의 시장가격 수준에서 그린 수평선이 개별기업이 직면하는 생산물 수요곡선이자 평균수입곡선이며 한계수입곡선이었던 것과 대칭을 이룬다.

― 완전경쟁 요소시장에서 기업이 직면하는 요소공급곡선이 수평인 이유 ―

생산요소시장이 완전경쟁시장이면 개별기업의 요소수요량은 시장 전체의 요소수요량에 비해 비교할 수 없을 만큼 작다. 따라서 요소를 구입할 때 주어진 요소의 시장가격보다 높게 지불할 필요가 없다. 또한 시장가격보다 낮게 지불하면 요소를 전혀 구입할 수 없다. 따라서 한 기업이 직면하는 요소의 공급곡선은 주어진 요소가격수준에서 수평선이 된다.

(2) 요소시장이 불완전경쟁일 때(수요 독점)

① 시장 S_L이 곧 개별 기업의 S_L이 된다.

② 그래프

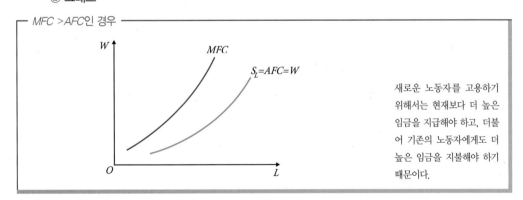

― $MFC > AFC$인 경우 ―

새로운 노동자를 고용하기 위해서는 현재보다 더 높은 임금을 지급해야 하고, 더불어 기존의 노동자에게도 더 높은 임금을 지불해야 하기 때문이다.

― $MFC > AFC$인 이유 ―

새로운 노동자를 고용하기 위해서는 현재보다 더 높은 임금을 지급해야 하고, 더불어 기존의 노동자에게도 더 높은 임금을 지불해야 하기 때문이다.

③ 수리적 예

w	L	TFC	AFC	MFC
10	1	10	10	10
20	2	40	20	30
30	3	90	30	50
40	4	160	40	70
50	5	250	50	90

요소시장이 수요 독점일 때 기업이 직면하는 노동공급곡선

특정한 노동력을 갖고 있는 노동자의 수는 무수히 많지만 이를 수요하는 기업이 하나밖에 존재하지 않는다면 요소시장은 수요 독점시장이다. 요소시장이 수요 독점시장이 되면 수요 독점기업은 우상향하는 요소공급곡선에 직면한다. 수요 독점기업은 요소가격을 결정할 수 있지만, 현재 수준에 비해 더 많은 요소를 공급받기 위해서는 현재보다 더 높은 임금을 지불해야 하기 때문이다. 이것은 생산물시장에서 가격결정자인 독점기업이 현재 수준에 비해 더 많은 상품을 판매하기 위해서는 상품가격을 현재보다 더 낮추어야 하는 것과 같은 논리이다.

W	L(공급량)	ΔL	$TFC_L (= W \times L)$	ΔTFC_L	$MFC_L \left(= \left(\dfrac{\Delta TFC_L}{\Delta L} \right) \right)$	$AFC_L \left(= \dfrac{TFC_L}{L} = S_L \right)$
100	1	1	100	100	100	100
200	2	1	400	300	300	200
300	3	1	900	500	500	300
400	4	1	1,600	700	700	400
500	5	1	2,500	900	900	500

② 고용량 결정(개별 기업의 고용량 결정)

구분		산출물시장	
		완전경쟁	불완전경쟁(공급 독점)
요소시장	완전경쟁	A	B
	불완전경쟁(수요 독점)	C	D

고용량은 $MRP = MFC$수준에서 결정되며, 이때의 임금수준은 AFC의 높이에 의해 결정된다.

1) A의 경우

(1) 그래프

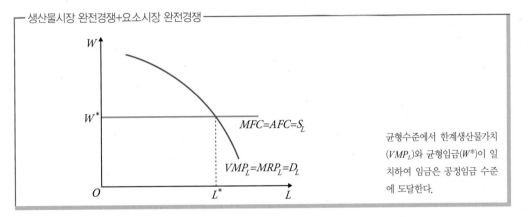

생산물시장 완전경쟁+요소시장 완전경쟁

균형수준에서 한계생산물가치(VMP_L)와 균형임금(W^*)이 일치하여 임금은 공정임금 수준에 도달한다.

① 요소에 대한 수요가 증가하면 시장수요곡선이 오른쪽으로 이동하여 요소의 균형가격은 불변이고, 균형고용량이 증가하고 요소가 받는 총소득도 증가한다.

② 반면에 요소에 대한 공급이 증가한다고 하더라도 요소공급곡선이 수평이므로, 요소의 균형가격과 균형고용량 모두 불변이 된다.

(2) 결론: $W = AFC = MFC = MRP_L = VMP_L$

이윤극대화 고용량의 결정(생산물시장과 요소시장이 모두 완전경쟁시장인 경우)

L	Q	$MP_L\left(=\dfrac{\Delta Q}{\Delta L}\right)$	P	$MRP_L=VMP_L=P \times MP_L$	vs	$MFC_L=W$
0	0	-	10	-		40
1	12	12	10	120	>	40
2	22	10	10	100	>	40
3	30	8	10	80	>	40
4	36	6	10	60	>	40
5	40	4	10	40	=	40
6	42	2	10	20	<	40

VMP_L=120이면 L=1만큼 고용, VMP_L=100이면 L=2만큼 고용, VMP_L=80이면 L=3만큼 고용, VMP_L=60이면 L=4만큼 고용, VMP_L=40이면 L=1만큼 고용한다. 그러나 VMP_L=20이면 VMP_L보다 MFC_L이 더 많게 되어(VMP_L<MFC_L) 더 이상 노동을 고용하지 않는다. 즉 VMP_L 곡선이 곧 노동수요곡선이 된다. 수확체감의 법칙에 따라 MP_L이 우하향하고, 이에 따라 VMP_L $(=P \times MP_L)$ 곡선 역시 우하향한다. 결국 VMP_L 곡선이 노동수요곡선이기 때문에 노동수요곡선도 우하향하게 된다. 한편 완전경쟁적인 요소시장에서는 기업은 주어진 임금 수준에서 원하는 만큼 생산요소를 공급받을 수 있기 때문에 시장 임금수준에서 수평인 공급곡선에 직면하게 된다.

기출확인

노동 투입량과 총생산량과의 관계가 〈표〉와 같을 때, 최적 노동투입 수준은?   [1992]

노동투입량	5	6	7	8	9	10
총생산량	700	830	950	1,060	1,160	1,250

단, 노동 1단위 가격은 10,000원이고, 재화 1단위 가격은 100원이다.

① 6단위
② 7단위
③ 8단위
④ 9단위

분석하기

시장에 관한 전제 조건이 주어져 있지 않으므로 생산물 시장과 노동시장은 모두 완전경쟁시장이라고 가정한다. 이 경우 최적 노동투입 수준은 다음 조건을 충족해야 한다.

- $MRP_L(=VMP_L) = MFC(=w) \Rightarrow MRP_L(=P \times MP_L) = w \Rightarrow 100 \times MP_L = 10,000 \Rightarrow MP_L = 100$
- MRP_L는 노동의 한계수입생산, VMP_L은 노동의 한계생산물가치, MFC는 한계요소비용, w은 임금(=노동의 가격), MP_L은 노동의 한계생산이다.

- 주어진 표에서 노동투입량이 8단위에서 9단위로 1단위가 추가적으로 투입될 때, 총생산량은 1,060에서 1,160으로 100만큼 증가하고 있다. 이것은 노동을 9단위 투입할 때 노동의 한계생산(MP_L)이 100이 된다는 것을 보여준다.

정답 ④

2) B의 경우

(1) 그래프

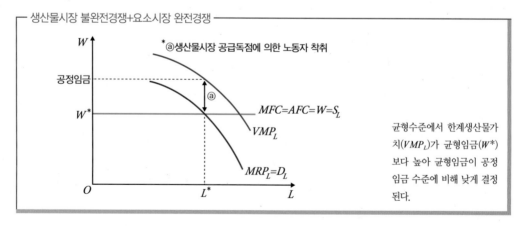

① 생산물시장이 불완전경쟁시장이면 경쟁시장에 비해 생산물 공급량이 적고 따라서 생산요소 수요량이 적다.

② 요소 수요량이 적기 때문에 요소의 한계생산물 가치보다 낮은 보수를 요소에게 주는데 그 차액이 공급 독점적 착취인 것이다.

(2) **결론**. $VMP_L > MRP_L = D_L = AFC - MFC - W - S_L$

> 이윤극대화 고용량의 결정(생산물시장에서는 공급 독점이고, 요소시장은 완전경쟁시장인 경우)

L	Q	MP_L	P	TR	$MR(=\dfrac{\Delta TR}{\Delta Q})$	$MRP_L(=MR \times MP_L)$	$VMP_L(=P \times MP_L)$	$MFC_L = W$
1	12	12	10	120	10	120	120	42.4
2	22	10	9	198	7.8	78	90	42.4
3	30	8	8	240	5.3	42.4	64	42.4
4	36	6	7	252	2	12	42	42.4
5	40	4	6	240	−3	−12	24	42.4
6	42	2	5	210	−15	−30	10	42.4

　기업은 이윤극대화의 목적을 달성하기 위해서 노동의 한계요소비용($MFC_L = W$)과 한계수입생산물(MRP_L)이 같아지는 수준에서 고용량을 결정한다. 이에 따라 만약 임금(W)이 42.4라면 고용량은 $MRP_L = 42.4$가 되는 $L = 3$이 될 것이다. 따라서 고용량이 3단위 이내에서는 $MRP_L > MFC_L$가 성립하여 그 범위 내에서는 고용량을 증가시킬수록 기업의 이윤은 증가하게 된다. 그러나 고용량 3단위를 넘게 되면 $MRP_L < MFC_L$가 성립하여 고용량을 줄이는 것이 기업에 유리해진다. 만약 임금이 78로 상승하면 $MRP_L = 78$ 수준에서 고용량은 $L = 2$가 되고, 임금이 12로 하락하면 $MRP_L = 12$ 수준에서 고용량은 $L = 4$가 된다. 그러므로 MRP_L 곡선상의 모든 점들에서는 주어진 임금 하에서의 노동 고용량(수요량)이 결정되므로 결국 노동수요곡선은 MRP_L곡선과 완전히 일치하고 우하향하는 모습을 보이게 된다. 그런데 생산물 시장이 공급 독점이므로 $MR < P$가 성립하게 된다. 따라서 $MRP_L(=MR \times MP_L)$이고 $VMP_L(=P \times MP_L)$이므로 $MRP_L < VMP_L$이 성립하므로, MRP_L 곡선은 VMP_L 곡선보다 항상 아래쪽에 위치하게 된다. 물론 수확체감의 법칙에 의해 MP_L이 체감하므로 $VMP_L(=P \times MP_L)$과 $MRP_L(= MR \times MP_L)$은 모두 우하향한다.

3) C의 경우

(1) 그래프

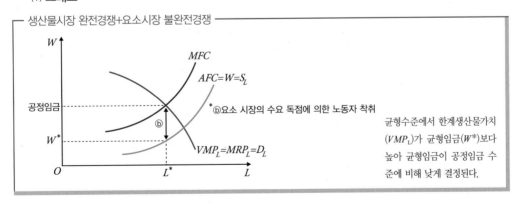

생산물시장 완전경쟁+요소시장 불완전경쟁

*ⓑ요소 시장의 수요 독점에 의한 노동자 착취

균형수준에서 한계생산물가치(VMP_L)가 균형임금(W^*)보다 높아 균형임금이 공정임금 수준에 비해 낮게 결정된다.

① 요소를 독점적으로 수요하는 기업이 생산물 시장에서 가격수용자로 행동한다면 $MRP = MFC$인 L^*까지 요소를 고용한다.

② 요소가격은 $AFC(S_L)$에 의해 W^*로 결정된다.

(2) **결론:** $VMP_L = MRP_L = MFC = D_L > AFC = S_L$

기출확인

다음의 가상 시나리오에서 최저임금제 도입 이전과 이후에 유통업체 B사가 A국에서 고용한 노동량과 지불한 임금총액은 각각 얼마인지를 구하고, 이 분석의 결론을 간략히 쓰시오. [2015]

유럽연합 내의 작은 농업국인 A국에 대형 다국적기업 유통업체 B사가 A국 국민만을 고용하는 조건으로 대형 마켓을 입점시켰다고 하자. B사는 경쟁이 치열한 유럽연합 내의 유통시장에서 유리한 입지를 점하기 위하여 유럽연합의 많은 나라들과 국경을 맞대고 있는 A국을 선택하였는데, A국에는 다른 기업은 전혀 없으며, 외부로부터의 추가적인 노동인구 유입도 없다고 가정한다. 그래프의 곡선 (가), (나), (다)는 각각 B사의 한계요소비용곡선, A국의 노동공급곡선, 노동의 한계생산물가치곡선(B사의 노동수요곡선)이다. (가)와 (나)의 식에서도 유출할 수 있듯이 A국의 노동공급곡선은 B사의 입장에서는 평균요소비용곡선과 같다. 요소시장이 완전경쟁적이라면 고용량과 임금은 노동수요곡선과 노동공급곡선이 만나는 L_0, w_0에서 결정되겠지만, B사와 같이 요소시장에서 수요독점적인 기업은 한계생산물가치와 한계요소비용이 같아지는 수준인 L_1, w_1에서 고용량과 임금을 정한다.

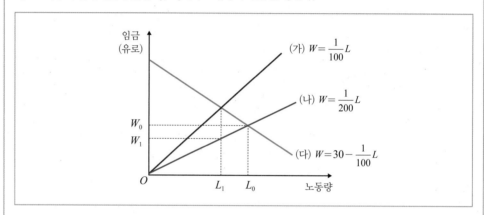

1년 후 다른 모든 조건은 변화가 없는 상황에서 A국 정부는 인근 유럽연합 국가들이 최저임금 수준과 유사한 10유로로 최저임금제를 도입하였다.

분석하기

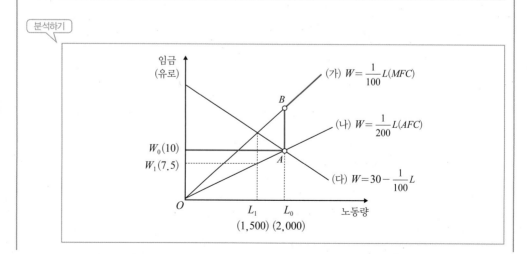

- 주어진 그림에서 한계요소비용(MFC) 곡선은 (가), 평균요소비용(AFC) 곡선이자 노동공급(S) 곡선은 (나), 노동수요($D=MRP$) 곡선은 (다)이다.
- 최저임금제 도입 이전의 균형 노동고용량은 '$MRP=MFC$' 조건을 만족시키는 수준에서 '$L_1=1,500$'이 되며, 이때 시장 균형임금은 '$W_1=7.5$(유로)'가 된다. 이에 따라 지불하게 되는 임금총액은 '$11,250(=7.5 \times 1,500)$유로'가 된다.
- A국 정부가 '$W_0=10$(유로)' 수준에서 최저임금을 실시하게 되면 새로운 MFC는 'W_0AB(가)'를 연결하는 곡선이 된다. 따라서 새로운 균형은 A점에 이루어지고 균형 노동고용량은 '$L_0=2,000$'이 된다. 이에 따라 지불하게 되는 임금총액은 '$20,000(=10 \times 2,000)$유로'가 된다.
- 최저임금이 10유로 수준으로 정해지면 일단 고용량과 관계없이 항상 1인당 10유로를 지급해야 하므로 한계요소비용(MFC)와 평균요소비용(AFC) 모두 10유로 수준으로 같아진다. 이에 따라 일정 수준의 고용량($L=2,000$)까지 MFC곡선과 AFC곡선은 겹치면서 수평의 모습을 보인다. 그러나 이후에는 최저임금 수준인 10유로가 AFC보다 낮기 때문에 최저임금만 가지고서는 고용할 수 없게 된다. AFC의 높이가 지급해야 할 임금 수준이기 때문이다. 이에 따라 이후의 노동시장은 원래의 MFC와 AFC를 전제로 고용량이 결정된다.
- A국 정부가 최저임금제를 도입했음에도 불구하고 노동고용은 이전에 비해 오히려 500단위만큼 증가하였다. 이것은 적정 수준의 최저임금제 도입은 노동고용량의 감소를 초래하지 않음을 보여준다.

4) D의 경우

(1) 그래프

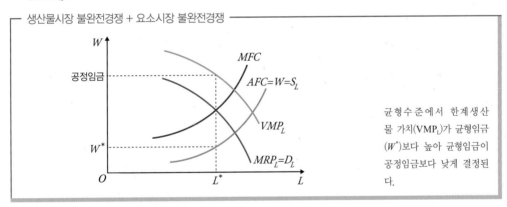

생산물시장 불완전경쟁 + 요소시장 불완전경쟁

균형수준에서 한계생산물 가치(VMP_L)가 균형임금(W^*)보다 높아 균형임금이 공정임금보다 낮게 결정된다.

① 이윤극대화 조건인 $MRP=MFC$ 조건에 따라 L^*까지 요소를 고용한다.

② 요소가격은 $AFC(S_L)$에 의해 W^*로 결정된다.

(2) **결론**: $VMP_L > MFC = MRP_L = D_L > AFC = W = S_L$

개념 플러스⁺ 쌍방 독점(bilateral monopoly)

1. 의의

1) 개념: 시장의 수요자와 공급자가 각각 독점자인 경우를 의미한다.

(1) 하나의 상품에 대하여 수요 주체도 하나이고, 공급 주체도 하나인 시장 조직을 말한다.

(2) 공급자는 수요자의 수요곡선을 알고 있으며, 수요자는 공급자의 공급곡선을 알고 있다.

2) 예

(1) 금광석을 캘 수 있는 광산기업이 하나이고, 이를 제련하는 기업도 각각 하나만 존재하는 경우

(2) 프로야구 선수노조를 통해서만 선수가 공급되고, 한국 야구위원회(KBO)를 통해서만 선수를 스카우트할 수 있는 경우

2. 도해적 분석

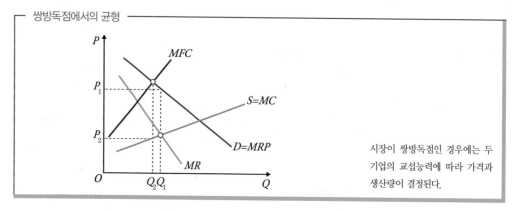

쌍방독점에서의 균형

시장이 쌍방독점인 경우에는 두 기업의 교섭능력에 따라 가격과 생산량이 결정된다.

1) 상품(요소)을 독점적으로 공급하는 기업의 입장(광산, 선수노조)

(1) 주어진 수요곡선에 직면하는 독점기업은 이윤극대화를 위해 $MR=MC$ 수준에서 가격과 수량(공급량)을 결정하려고 한다. 왜냐하면 생산요소를 독점적으로 공급하는 기업의 입장에서 보면 다른 수요자에게는 생산요소이지만 자신에게는 생산물이 되기 때문이다.

(2) 이에 따라 가격은 P_1, 수량(공급량)은 Q_1 수준에서 (공급독점자로서) 이윤을 극대화하려고 한다.

2) 상품(요소)을 독점적으로 수요하는 기업의 입장(제련소, KBO)

(1) 주어진 공급곡선에 직면하는 독점기업은 $MRP=MFC$ 수준에서 가격과 수량(수요량)을 결정하려고 한다.

(2) 이에 따라 가격은 P_2, 수량(수요량)은 Q_2 수준에서 (수요독점자로서) 이윤을 극대화하려고 한다.

(3) 이때 기업이 직면하는 공급곡선(S)이 한계비용(MC) 곡선이 되는 이유는 다음과 같다. 만약 수요독점 기업이 시장을 완벽하게 지배하고 있다면 상대기업(공급기업)은 주어진 가격을 전제로 이윤극대화를 결정할 수밖에 없다. 이것은 마치 공급기업이 완전경쟁시장에 참여하는 개별기업의 이윤극대화를 위한 행동과 동일한 경우이다. 즉 주어진 가격이 한계비용과 같아지는 수준($P=MC$)에서 상품(요소)을 공급할 수 밖에 없는 경우와 동일한 결론이다.

3. 결론

1) 만약 두 기업이 자신들에게 유리한 결과를 도출하고자 하면 가격은 P_1과 P_2사이에서, 수량은 Q_1과 Q_2 사이에서 결정된다.

2) 결국 두 기업 중에서 어느 기업이 교섭능력이 뛰어난가에 따라 결과가 다르게 결정될 것이다.

Theme 46 지대론과 인적 분배론

1 지대론

1) 지대(rent)의 의의

(1) 의미

① 지대는 생산물 중에서 본원적으로 불멸의 토지의 힘을 사용하는 것에 대하여 지불되는 부분을 말한다(D. Ricardo).

② 토지를 사고팔 때의 가격은 지가(land price)로서 이것은 땅값을 말한다.

(2) 지대 결정 이론

① 수요·공급설: 토지용역에 대한 수요와 공급에 의해서 지대가 결정된다.

② 절대지대설(K. Marx): 토지에 대한 사유제 및 소유권 때문에 토지의 생산력과는 무관하게 발생한다.

③ 차액지대설(D. Ricardo): 우등지와 열등지 사이에 수확의 차가 있기 때문에 발생한다.

토지와 자본

리카도가 활동하던 18세기의 초기 자본주의 경제는 농업이 주요 산업이었다. 이러한 시대적 상황과 맞물려 당시의 토지는 오늘날의 자본과 같은 역할을 했고 토지를 가지고 있던 지주들이 곧 자본가와 다름이 없었다. 이에 따라 지대가 자본축적의 원동력이 되었다.

---

2) 차액지대설(theory of differential rent)

(1) 의미

① 토지는 지리적 위치나 지형 등이 서로 다르므로 제각기 특수성을 가지고 있다.

② 지대는 이러한 토지의 특수성에서 발생한다는 것이다.

(2) 지대 발생 조건

① 토지의 크기는 제한되어 있다.

② 토지의 위치가 서로 달라 그 비옥도가 균일하지 않다.

③ 인구가 증가하면 생산이 증가하므로 품질이 낮은 토지가 경작되든가 혹은 종래 사용되고 있는 토지가 보다 집약적으로 경작되어야 한다.

(3) 지대의 발생

① 인구가 비교적 적고 부양하는 데 품질이 우수한 1등지만 경작해서 충분하다고 하면 지대는 존재하지 않는다.

② 인구가 증가하여 열등지(2등지)도 경작해야 한다면 1등지에는 지대가 발생한다.

③ 더욱 인구가 증가하여 3등지(한계지)도 경작해야 한다면 2등지에도 지대가 발생하게 되며, 1등지의 지대는 이전보다 더욱 높아지게 된다.

─ 한계지(marginal land) ─────────────

경작을 한다고 하더라도 경작을 통한 수입의 크기가 경작을 위한 생산비와 같아서 이익이 발생할 수 없는 토지를 의미한다.

④ 한계지는 가장 열등한 땅이므로 3등지에 있어서는 지대가 발생하지 않는다.

⑤ 한계지의 생산비가 곡물가격이 되고, 한계지에는 지대가 발생하지 않는다. 따라서 곡물가격에는 지대가 포함되지 않고 지대의 변동은 곡가에 영향을 미치지 않는다.

─ 차액지대설과 절대지대설 ─────────────

구분	발생 원인	특징
차액지대설 (D. Ricardo)	① 토지 공급의 제약 ② 토지의 위치와 비옥도의 차이 ③ 수확체감의 법칙 ④ 자본집약도의 차이(생산성의 차이)	① 어떤 토지의 지대는 그 토지의 생산성과 한계지의 생산성과의 차이가 일치한다(위치와 비옥도). ② 한계지에는 지대가 발생하지 않는다.
절대지대설 (K. Marx)	① 자본주의에서 인정된 토지의 사유화 ② 수요가 공급을 초과하는 희소성 지대	① 농산물수입－생산비(=경작자 몫) = 농업잉여 (지주 몫) = 지대 ② 한계지에도 지대가 발생한다.

3) 경제 지대의 의의

(1) 의미

① **이전수입**: 한 생산요소를 다른 재화의 생산에 전용되지 않고 현재의 용도에 그대로 사용하도록 하기 위해 지급해야 할 최소한의 지급액(=전용수입, transfer earnings, 요소의 기회비용)

─ 이전수입 ─────────────

예컨대 주유소에서 아르바이트를 하는 웅이가 시간당 8,000원을 받는다고 하자. 만약 가까운 편의점에서 시간당 9,000원을 준다면 웅이는 주유소에서 편의점으로 이전(transfer)할 것이므로, 주유소에서 웅이의 이전을 원하지 않는다면 주유소에서도 9,000원을 주어야 한다. 이것이 곧 이전수입(전용수입)이다.

② **경제지대**(rent): 이전수입을 초과하여 실제로 생산요소에게 지급되는 차액

> 한 요소의 경제지대(rent)=그 요소가 받는 총 보수－이전수입

프로 운동선수나 인기 연예인들의 노동 서비스의 가격은 수요가 증가하면 공급이 이에 따라 증가하지 않기 때문에 역시 경제지대로서의 특징을 갖는다.

경제지대와 전용수입

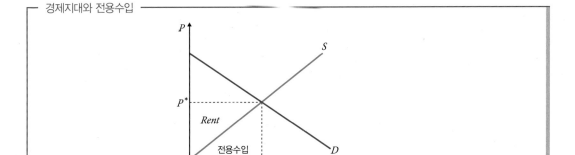

③ 특수한 경우

특수한 경우

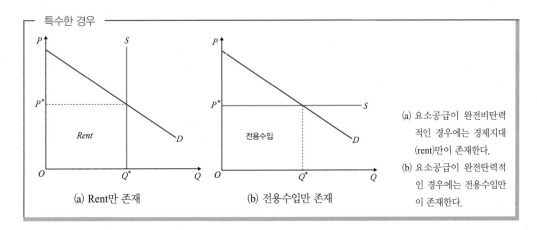

    (a) Rent만 존재   (b) 전용수입만 존재

(a) 요소공급이 완전비탄력적인 경우에는 경제지대 (rent)만이 존재한다.
(b) 요소공급이 완전탄력적인 경우에는 전용수입만이 존재한다.

H. George의 단일세 운동

   rent만 존재하는 경우 정부가 단위 토지당 조세를 지주에게 부과한다고 하더라도 모든 조세는 지주의 부담이 되고 토지 수급량은 변하지 않게 되어 자원배분의 왜곡이 발생하지 않는다. 이러한 특징에 착안하여 H. George는 토지에만 과세하여 지주들의 불로소득을 정부의 재원으로 삼자는 이른바 '토지 단일세 운동'을 주장하였다.

기출확인

어떤 생산요소에 대한 보수가 전부 렌트(rent)인 경우를 옳게 나타내고 있는 것은? [1994]

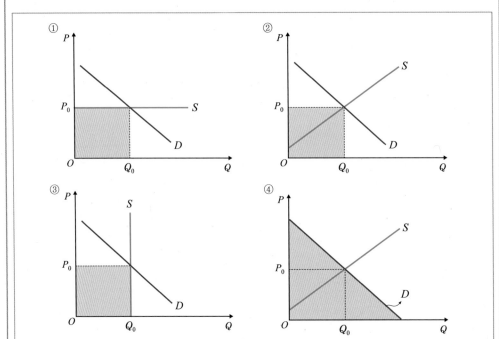

분석하기

생산요소에 대한 공급곡선(S)이 수직인 경우에 균형 상태에서 결정되는 요소수입은 모두 렌트(rent)가 된다.

① 생산요소에 대한 공급곡선이 수평인 경우에 균형 상태에서 결정되는 요소수입은 모두 이전수입(전용수입)이 된다.

② 빗금 친 부분 중 공급곡선을 경계로 위 부분이 렌트(rent)에 해당하고 아래 부분이 이전수입(전용수입)이 된다.

정답 ③

(2) 정부 규제와 지대(렌트: rent) 추구행위

정부규제와 rent

	정부 규제 前	Q_1 수준에서 수량 규제를 하는 경우
가격	P_0	P_1
수량	Q_0	Q_1
소비자 잉여	$\triangle P_0 E A$	$\triangle A C P_1$
소비자 잉여 변화분	–	사다리꼴 $P_1 C E P_0$ 감소
생산자 잉여	$\triangle P_0 E B$	사다리꼴 $P_1 C D B$
생산자 잉여 변화분	–	(사각형 $P_1 C F P_0 - \triangle F E D$) 변화
사회적 총잉여	$\triangle A E B$	사다리꼴 $A C D B$
사회적 순잉여 변화분	–	$\triangle C E D$ 감소

만약 정부의 수량 규제로 생산자 잉여 변화분인 (사각형 $P_1 C F P_0 - \triangle F E D$)의 크기가 양(+)의 값을 갖는다면 생산자는 정부의 수량 규제에 적극적으로 지지를 보낼 것이다(지대추구행위).

4) 준 지대(quasi-rent)

(1) 의의: 단기에 자본설비와 같은 고정생산요소가 일정하게 고정되어 있기 때문에 생기는 해당 고정생산요소의 수입(요소소득, 임대료 등)을 말한다(A. Marshall).

> 준지대=총수입−총가변비용=총고정비용+초과이윤(또는 손실)

(2) 도해적 설명

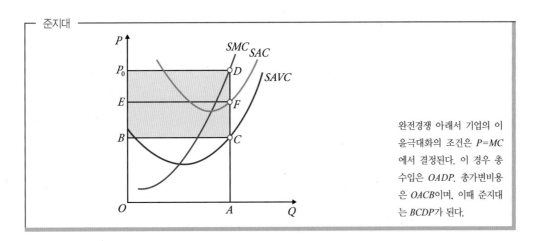

준지대

완전경쟁 아래서 기업의 이윤극대화의 조건은 $P=MC$에서 결정된다. 이 경우 총수입은 $OADP$, 총가변비용은 $OACB$이며, 이때 준지대는 $BCDP$가 된다.

① 어떤 한 기업이 가격 P_0에서 OA를 생산한다고 하자.

② 완전경쟁 아래서 기업의 이윤극대화의 조건은 $P=MC$에서 결정된다. 이 경우 총수입은 $OADP_0$, 총가변비용은 $OACB$이며, 이때 준지대는 $BCDP_0$가 된다. 이때 총수입이 총가변비용보다 작다면 기업은 생산을 중단하므로 준지대는 (−)의 값을 가질 수 없다.

③ 한편 기업의 단기평균가변비용($SAVC$)과 단기평균비용(SAC)의 차이가 단기고정비용이므로 총고정비용은 $BCFE$가 된다. 따라서 $EFDP_0$는 순이윤 또는 초과이윤이 된다.

Quiz

완전경쟁시장에서 재화가격이 300원이고, 어떤 완전경쟁기업이 현재 20단위만큼의 재화를 생산하고 있는데, 이 때의 평균가변비용이 250원이라고 한다. 이 기업의 총고정비용이 2,000원이라면 준지대와 손실 또는 초과이윤의 크기는?

⇒ 준지대=총수입($P \times Q$)−총가변비용($AVC \times Q$)=총고정비용($AFC \times Q$)+초과이윤(또는 손실)이다. 총수입은 6,000원(=300×20)이고, 총가변비용은 5,000원(250×20)이므로 준지대는 1,000원이 된다. 이때 총고정비용이 2,000원이므로 준지대−총고정비용=초과이윤(또는 손실)에서 1,000원−2,000원=−1,000원이 되어 이 기업은 1,000원의 손실을 보고 있다.

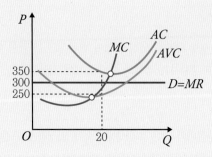

(3) 준지대의 크기와 독점지대

① 조업중단점 이상에서만 생산하므로 준지대의 크기는 "0" 이상이 된다.

② 장기에는 고정생산요소가 존재하지 않으므로 "준지대=0"이 된다.

③ 독점지대: 장기적으로도 소멸되지 않는 지대를 말한다.

구분	경제지대	준지대
시간	단기와 장기에 모두 적용	단기에만 적용
개념	생산요소 공급자에 대한 생산자(공급자)잉여	생산물의 단기생산에서 고정생산요소에 대한 대가
측정	생산요소의 총보수−전용수입	총수익−총가변비용 (=총고정비용+초과이윤)
토지에 대한 원래의 지대와의 관계	토지는 공급곡선이 수직인 경우로서 전용수입=0이고 모두 경제지대	토지도 단기에 고정생산요소이므로 관련됨
크기를 결정하는 요인	생산요소의 공급탄력도가 클수록 경제지대는 작아짐	생산물의 시장가격이 높을수록, 가변비용이 적을수록 준지대가 커짐

지대추구행위(rent-seeking activity)

1. 경제지대는 생산요소의 공급의 비탄력성 때문에 생기는데, 공급자가 인위적으로 생산요소의 시장에 영향을 미쳐서 경제지대를 더 획득하려는 행위를 말한다.
2. 생산요소뿐 아니라 생산물의 경우에도 그 공급자가 인위적으로 시장에 영향을 미쳐서 경제지대를 획득하려는 행위도 넓은 의미로서의 지대추구행위로서 볼 수 있다.
3. 사례
   (1) 후진국에서의 정경유착에 따른 부정부패
   (2) 수입할당제하에서의 수입면허 획득, 또는 진입제한 하에서의 독과점 생산권한 획득 등을 목표로 하는 로비활동 등

② 10분위 분배율(deciles distribution ratio)

1) 의의: 가계의 소득계층을 10등분하여 상위 20%의 소득과 하위 40%의 소득 을 비교하여 불평등을 측정하는 방법

$$10분위 \, 분배율(d) = \frac{최하위 \, 40\% \, 소득계층의 \, 소득(점유율)}{최상위 \, 20\% \, 소득계층의 \, 소득(점유율)}$$

2) 평가

(1) 10분위 분배율의 수치는 $0 \leq d \leq 2$의 값을 가지며, 그 값이 클(작을)수록, 소득분배는 균등(불균등) 하다고 한다.

(2) 측정이 간단하여 세계적으로 가장 널리 사용되는 측정방법이다.

(3) 소득 재분배정책의 주요 대상인 최하위 40% 소득계층의 소득분배상태를 상위소득계층과 대비시켜 나타내고 있다.

(4) 사회 구성원 전체의 소득 분배 상태를 나타내지는 못한다.

5분위 분배율

1. 측정: $d = \dfrac{최상위 \, 20\% \, 소득계층의 \, 소득(점유율)}{최하위 \, 20\% \, 소득계층의 \, 소득(점유율)}$

2. 평가: 5분위 분배율의 수치는 $1 \leq d \leq \infty$의 값을 가지며, 그 값이 작을(클)수록, 소득 분배는 균등(불균등) 하다고 한다.

기출확인

다음 글을 읽고 〈작성 방법〉에 따라 서술하시오. [2023]

㉠ 10분위분배율은 상이한 소득계층 간에 총소득이 어떻게 분배되어 있는가를 진단할 수 있는 대표적인 지표 중 하나이다. 한 나라의 전체 가계를 소득수준에 따라 최하위 가계에서 최상위 가계까지 배열하였다고 하자. 이렇게 정렬한 가계들을 10등분하고 등분된 계층별 소득분포자료로부터 분배의 불평등도를 측정한다. 10분위분배율은 이러한 계층별 소득분포자료에서 (㉡)을/를 (㉢)(으)로 나눈 값을 말한다. 10분위분배율은 특정 소득계층의 소득분배 상태에 중점을 두기 때문에, 전 소득계층의 소득분배 상태를 진단할 때에는 로렌츠 곡선과 ㉣ 지니계수를 사용한다. 로렌츠 곡선은 계층별 소득분포자료에서 가계의 누적비율과 소득의 누적점유율 사이의 대응관계를 〈그림〉으로 나타낸 것이며, 지니계수는 로렌츠 곡선에서의 소득분배 상태를 숫자로 표시한 것이다.

〈작 성 방 법〉

- 괄호 안의 ㉡, ㉢에 해당하는 내용을 순서대로 쓸 것.
- 밑줄 친 ㉠이 작아진다면 소득분배 상태가 어떻게 변하는지를 서술할 것.
- 밑줄 친 ㉣이 작아진다면 소득분배 상태가 어떻게 변하는지를 서술할 것.

- 괄호 안의 ⓛ, ⓒ에 해당하는 내용을 순서대로 쓸 것.
  ⇒ ⓛ : 하위 계층 40% 소득의 누적적 합, ⓒ : 상위 계층 20% 소득의 누적적 합
- 밑줄 친 ㉠이 작아진다면 소득분배 상태가 어떻게 변하는지를 서술할 것.
  ⇒ 소득분배의 불평등도 정도가 이전에 비해 더욱 악화된다.
- 밑줄 친 ㉣이 작아진다면 소득분배 상태가 어떻게 변하는지를 서술할 것.
  ⇒ 소득분배의 불평등도 정도가 이전에 비해 개선된다.

③ 로렌츠 곡선(Lorenz curve)

1) 의의: 계층별 소득분포자료에서 인구의 누적비율과 소득의 누적점유율 사이의 대응관계를 그래프로 표시하여 불평등을 측정하는 방법

┌ 로렌츠 곡선 ─────────────────────

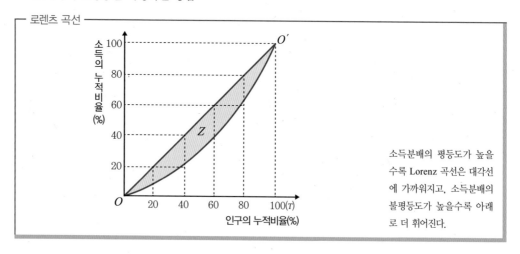

소득분배의 평등도가 높을수록 Lorenz 곡선은 대각선에 가까워지고, 소득분배의 불평등도가 높을수록 아래로 더 휘어진다.

2) 측정

(1) OO'와 같은 대각선: 소득의 완전 균등 분배

(2) OTO'와 같은 직각선: 소득의 완전 불균등 분배

(3) 현실적인 경우: 대각선과 직각선 사이의 곡선

(4) 소득분배의 불평등도가 높을수록 Lorenz 곡선은 아래로 더 휘어지게 그려진다.

3) 평가

(1) 소득 분배 상태를 그림으로 나타내므로 단순명료하다.

(2) 만약 두 곡선들이 교차한다면 어느 쪽이 대각선에 더 가까운가의 비교는 의미가 없다.

(3) 로렌츠 곡선이 대각선에 가까워질수록 소득분배가 평등해지나 그 정도는 알 수 없다.

기출확인

다음 자료에 대한 설명으로 옳지 않은 것은? [2013]

어떤 나라의 소득분배 상황을 나타내는 로렌츠 곡선을 작성하려 한다. B, C, D, E 점은 각각 로렌츠 곡선이 지나갈 수 있는 점들을 표시하고 있으며, ACF와 ADF는 각각 가능한 로렌츠 곡선을 나타낸다.

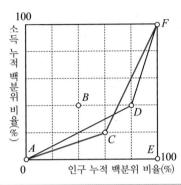

① 로렌츠 곡선이 B점을 지난다면 D점은 지날 수 없다.
② 로렌츠 곡선이 B점을 지난다면 지니계수는 0이다.
③ 로렌츠 곡선이 E점을 지난다면 10분위분배율은 0이다.
④ ACF의 지니계수와 ADF의 지니계수는 같다.
⑤ ACF의 10분위분배율은 ADF의 10분위분배율보다 크다.

분석하기

① 로렌츠 곡선이 B점을 지나면서도 D점을 지난다는 것은 인구누적 40%에서부터 80%에 해당하는 사람들의 소득점유율이 '0%'라는 의미이다. 그런데 이들은 이전 인구누적비율에 해당하는 사람들보다 소득이 높은 사람들이다. 따라서 이것은 불가능하다.

② 로렌츠 곡선이 B점을 지난다면 로렌츠 곡선은 대각선이라는 의미이다. 로렌츠 곡선이 대각선일때, 지니계수는 0이다.

③ 로렌츠 곡선이 E점을 지난다면 로렌츠 곡선은 완전불평등선이라는 의미이다. 완전불평등이라는 것은 모든 소득을 한 사람이 전부 차지하고 있다는 의미이다. 따라서 10분위분배율은 0이다.

④ 대각선과 ACF로 이루어지는 삼각형의 넓이와 대각선과 ADF로 이루어지는 삼각형의 넓이는 동일하다. 따라서 ACF의 지니계수와 ADF의 지니계수는 같다.

⑤ ACF의 10분위분배율과 ADF의 10분위분배율은 각각 다음과 같다.

- ACF : $\dfrac{\text{하위 40\% 소득점유율}}{\text{상위 20\% 소득점유율}} = \dfrac{40/3}{40} = \dfrac{1}{3}$

- ADF : $\dfrac{\text{하위 40\% 소득점유율}}{\text{상위 20\% 소득점유율}} = \dfrac{20}{60} = \dfrac{1}{3}$

따라서 ACF의 10분위분배율과 ADF의 10분위분배율은 동일하다.

정답 ⑤

④ 지니 집중 계수(Gini coefficient)

1) 의의: Lorenz 곡선의 단점을 보완하기 위해서 Lorenz 곡선이 나타내는 바를 계량화하여 불평등을 측정하는 방법(앞에서 설명한 로렌츠 곡선을 전제로)

$$\text{지니계수}(G) = \frac{Z\text{의 면적}}{\Delta OTO'\text{의 면적}}$$

2) 평가

    ⑴ 지니계수의 수치는 $0 \leqq G \leqq 1$의 값을 가지며, 그 값이 작을(클)수록, 소득분배는 균등(불균등)하다고 평가한다.

    ⑵ 소득분배가 완전균등하면 $G=0$이고, 소득분배가 완전 불균등하면 $G=1$이 된다.

    ⑶ 특정소득계층의 소득분포상태는 표시하지 못한다.

    ⑷ 지니계수가 같다고 해서 두 나라의 평등도가 같다고 할 수는 없다.

확인 TEST

A국에서 국민 20%가 전체 소득의 절반을, 그 이외 국민 80%가 나머지 절반을 균등하게 나누어 가지고 있다. A국의 지니계수는?

    ① 0.2

    ② 0.3

    ③ 0.4

    ④ 0.5

해설 ▸ 주어진 조건을 충족하는 로렌츠 곡선을 그림으로 나타내면 다음과 같다.

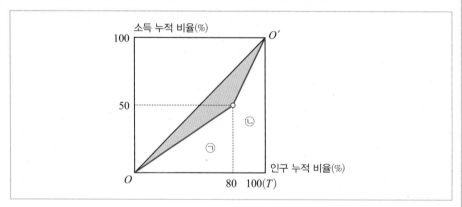

    • 지니계수는 삼각형 OTO'의 넓이 중에서 (㉠+㉡) 부분을 제외한 빗금 친 부분이 차지하는 비중을 의미한다.

- 삼각형 OTO'의 넓이: $100 \times 100 \times \dfrac{1}{2} = 5,000$

- ㉠의 넓이: $80 \times 50 \times \dfrac{1}{2} = 2,000$

- ㉡의 넓이: $\dfrac{(50+100)}{2} \times 20 = 1,500$

- 빗금 친 넓이: $5,000 - 2,000 - 1,500 = 1,500$

- 지니계수: $\dfrac{\text{빗금 친 넓이}}{\text{삼각형 } OTO' \text{ 넓이}} = \dfrac{1,500}{5,000} = 0.3$

정답 ▶ ②

— 앳킨슨(Atkinson) 지수 —

$$\text{앳킨슨 지수(A)} = 1 - \frac{\text{균등분배대등소득}}{\text{사회평균소득}}, \quad 0 \leq A \leq 1$$

여기서 균등분배대등소득이란 현재의 소득분배 상태와 동일한 사회후생을 얻을 수 있는 완전히 평등한 소득분배 상태에서의 평균소득을 의미하며, 이때 A의 값이 작을수록 소득분배가 평등하다.

확인 TEST

최근 소득 불평등에 대한 사회적 관심이 커지고 있다. 소득불평등 측정과 관련한 다음의 설명 중 가장 옳은 것은?

① 10분위 분배율의 값이 커질수록 소득 분배가 불평등하다는 것을 의미한다.
② 지니 계수의 값이 클수록 소득 분배는 평등하다는 것을 의미한다.
③ 완전 균등한 소득 분배의 경우 앳킨슨 지수 값은 0이다.
④ 로렌츠 곡선이 대각선에 가까워질수록 소득 분배는 불평등하다.

해설 ▶ • 소득 불평등 측정과 관련된 지표를 정리하면 다음과 같다.

지표	평가
10분위 분배율	작을수록(클수록) 불평등(평등)하다. 0 ≤ 10분위 분배율 ≤ 2
5분위 분배율	클수록(작을수록) 불평등(평등)하다. 1 ≤ 5분위 분배율 ≤ ∞
로렌츠 곡선	대각선에서 멀어질수록(가까울수록) 불평등(평등)하다.
지니 계수	클수록(작을수록) 불평등(평등)하다. 0 ≤ 지니 계수 ≤ 1
엣킨슨 지수	클수록(작을수록) 불평등(평등)하다. 0 ≤ 엣킨스 지수 ≤ 1

정답 ▶ ③

⑤ 쿠즈네츠의 U자 가설

1) 의의

(1) 경제의 발전단계에 따라 소득의 평등관계를 그래프로 표시한 것으로 쿠즈네츠(S. Kuznets)가 실증분석한 결과를 말한다.

(2) 쿠즈네츠 가설을 확실하게 뒷받침해 주는 나라는 미국, 영국, 독일, 일본 등 일부 선진국이다. 나머지 선진국 및 개발도상국에서는 쿠즈네츠 가설을 입증할 만한 확실한 증거가 잘 발견되지 않는다. 따라서 쿠즈네츠 가설은 법칙이 아니고 가설에 머물러 있다.

2) 그래프

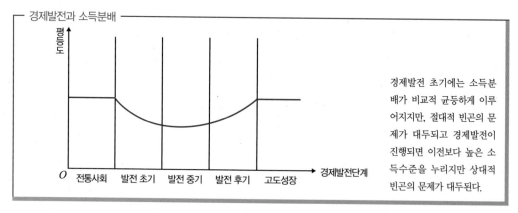

경제발전 초기에는 소득분배가 비교적 균등하게 이루어지지만, 절대적 빈곤의 문제가 대두되고 경제발전이 진행되면 이전보다 높은 소득수준을 누리지만 상대적 빈곤의 문제가 대두된다.

(1) 전통사회에서는 소득분배가 비교적 균등하게 이루어지지만 소득 수준이 낮다는 문제, 즉 모두가 가난하다는 절대적 빈곤의 문제가 등장한다.

(2) 경제발전이 진행되면 이전보다 높은 소득수준을 누리지만, 소득분배 불균등이 악화되어 저소득층이 고소득층에 대하여 느끼는 빈곤감은 소득수준이 낮을 때보다도 커지게 되어, 상대적 빈곤의 문제가 대두된다.

제10장
일반균형 분석과 시장의 실패

시장균형 분석

① 부분균형 분석과 일반균형 분석

1) 부분균형 분석(partial equilibrium analysis)

(1) 의미

① "다른 모든 것은 일정하다"는 가정하에, 다른 경제 부분들은 무시하고 특정 부문만을 따로 떼어내어 분석하는 방법이다.

② 여기서 "다른 모든 것은 일정하다"는 것은 우리가 관심을 가지는 시장에 다른 시장으로부터 영향이 '들어오는 것(feed-in)'만을 고려하고, 그 시장에서 다른 시장으로 '되돌아나가는 것(feed-back)'은 분석하지 않는다는 것이다.

(2) 장점과 단점

① 장점: 어떤 개별 부문의 특징적인 현상이 필요한 이상으로 복잡하지 않게 분석할 수 있다.

② 단점: 다른 부문과의 상호 연관관계를 고려하지 않기 때문에 그릇된 결론에 도달할 가능성이 존재한다.

> **A. Marshall의 대표적 기업(代表的 企業)**
>
> 대표적 기업이란 끊임없이 흥망성쇠를 되풀이하는 기업 중에서 정상적인 능력을 가지고 경영되는 기업을 말한다. 그리고 이 기업의 생산비가 해당 산업의 정상 생산비를 나타낸다고 보았다. 또 어느 특정 산업이 발달하게 되는 까닭을 대표적 기업의 규모 확대와 기업이 이득을 볼 수 있는 외부경제를 가지고 설명하고, 그 결과 이 산업의 정상 생산비를 나타내는 곡선(장기공급곡선)은 위에서 밑으로 내려간다고 보았다.

2) 일반균형 분석(general equilibrium analysis)

(1) **의미**: 개별 시장의 가격 및 수급량 결정을 따로 떼어내어 보지 않고 타부문과의 상호 의존관계를 감안하여 모든 시장과 연관시켜 보는 방법 ⇒ 일반균형 분석에서는 독립재가 존재하지 않고 모두 관련재이다.

(2) **일반균형의 의미**: 모든 시장이 동시에 균형을 이루고 있는 상태를 말한다.

(3) **기능**: 부분균형 분석에서는 불가능했던 사회적인 복지와 효율성 분석이 가능하다.

(4) **일반균형의 상태**: 4가지 조건이 충족되는 상태

① 모든 소비자가 자기의 예산 제약 하에 효용이 극대화하는 상품묶음을 소비한다.

② 모든 소비자가 자신이 원하는 만큼의 생산요소를 공급한다.

③ 모든 기업이 주어진 비용 하에 이윤을 극대화한다.

④ 주어진 가격체계에서 모든 생산물시장과 요소시장이 균형을 이룬다.

개념 플러스+ Walras의 법칙

1. **학자**: 일반균형이론을 처음으로 체계화한 L. Walras
2. **의미**: n개의 시장으로 이루어진 경제에서 $n-1$개의 시장이 균형을 이루면 나머지 하나의 시장도 당연히 균형을 이룬다는 것을 말한다.
3. **증명**
   (1) 모든 거래에서 각 경제주체는 화폐를 포함한 모든 상품에 대해서 자신이 수요하고자 하는 상품과 동일한 가치를 가지는 상품을 공급하려 한다고 할 수 있다.
   (2) 개별 시장에서 수요와 공급이 일치하지 않는다 하더라도, 경제 전체의 관점에서 총수요와 총공급은 항등적으로 일치한다. 즉, 경제 전체의 총초과수요는 항상 "0"이다.

$$(D_1 - S_1) + (D_2 - S_2) + \cdots + (D_{n-1} - S_{n-1}) + (D_n - S_n) = 0$$

   (3) 만약, 첫 번째 시장에서부터 $n-1$번째 시장까지가 모두 각각 균형을 이루고 있으면, 위 식에서 $(D_n - S_n)$도 "0"이 되므로 n번째 시장도 균형을 이루게 되는 것이다.
4. **Say의 법칙과의 비교**
   (1) **Walras의 법칙**: Walras의 법칙은 물물교환경제뿐 아니라 화폐경제에서도 성립하는데 이때는 화폐도 하나의 상품으로 간주하면 된다. 따라서 경제 전체적으로 화폐시장의 초과공급이 있으면, 생산물 시장에서는 초과수요가 있을 수 있다.
   (2) **Say의 법칙**: Say의 법칙은 화폐의 존재를 무시하므로 생산물 시장의 초과공급 자체가 있을 수 없다는 것을 의미한다.

---

② Pareto 최적과 자원의 최적 배분

1) Pareto 최적 기준

(1) **실현가능성(feasibility)**: 어떤 자원이나 생산물의 배분 상태(나누어져 있는 상태)가 경제 내의 부존량을 초과하지 않을 때 이 배분 상태는 '실현 가능하다'고 하고, 초과할 때는 '실현 불가능하다'고 한다. 다시 말하면 주어진 자원 부존량을 초과하지 않은 상태에서 자원배분이 이루어지는 것을 말한다.

(2) **Pareto 우위(superior)**: 어떤 두 배분 상태를 비교할 때 한 배분 상태(A)가 다른 배분 상태(B)보다 모든 구성원의 효용이 클 때 A는 B에 대해 Pareto 우위에 있다고 한다. 당연히 B는 A에 대해 Pareto 열위에 있다고 한다.

(3) **Pareto 최적(효율성: optimality)**: 사회의 경제적 후생이 극대가 되는 상태로 '사회에 있어서 한 개인의 경제 상태를 악화시키지 않고서는 다른 개인의 경제 상태를 개선시킬 수 없는 상태'이다.

Pareto 개선(Pareto improving)

    어느 자원배분 상태(A)에서 다른 자원배분 상태(B)로의 이행이 모든 사람들의 처우를 개선한다든가 또는 적어도 다른 어느 사람의 처우를 불리하게 하지 않고 일부의 사람들의 처우를 개선시킬 수 있는 경우를 말한다. 이런 개선의 여지가 없는 상태를 Pareto 최적 상태라 한다.

    또한 이 경우에 A는 B에 대하여 Pareto 열위(inferior), B는 A에 대하여 Pareto 우위(superior)에 있다고 한다.

---

2) Pareto 최적의 성립조건

(1) 소비 또는 교환의 Pareto 최적(=생산물의 최적배분)이 달성된다.

(2) 생산의 Pareto 최적(=생산요소의 최적배분)이 달성된다.

(3) 소비와 생산의 Pareto 최적(=생산물 구성의 최적)이 달성된다.

3) Pareto 최적의 한계

(1) **Pareto** 최적은 주어진 소득분배의 상황 아래서 자원배분의 문제만을 평가하기 때문에, 예를 들면 희소한 자원이 모두 어느 특정의 개인에게 배분되고, 기타 개인들에게 전혀 배분되지 않아도 **Pareto** 최적의 자원배분이 가능하다는 것이다.

(2) 따라서 **Pareto** 최적의 개념은 자원배분의 효율성만 따지는 것이며, 이른바 소득분배의 공평성 문제는 윤리적 가치판단에 속하는 것으로서 과학적 분석의 대상이 되지 못한다고 보고 있다.

Theme 48 완전경쟁과 Pareto 최적성

① 생산의 Pareto 최적(=생산의 극대화)

1) 정의: 두 생산요소를 이용하여 두 재화를 생산하는 경우 한 재화의 생산량을 감소시키지 않고서는 다른 재화의 생산량을 증대시킬 수 없는 생산요소의 배분 상태를 말한다.

2) Pareto(파레토) 최적점

(1) X재와 Y재의 상품을 노동(L)와 자본(K)으로 생산한다고 가정한다.

(2) E점에서 생산하고 있다면 E점에서 b점으로 이동함에 따라 X재의 생산량은 불변이지만 Y재의 생산의 생산량은 증대 ⇒ 따라서 E점은 Pareto 최적점이 아니다.

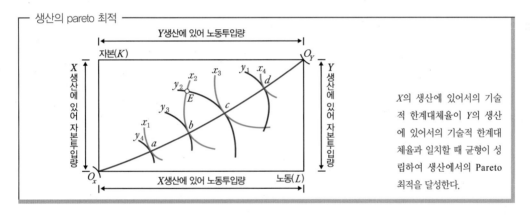

생산의 pareto 최적

X의 생산에 있어서의 기술적 한계대체율이 Y의 생산에 있어서의 기술적 한계대체율과 일치할 때 균형이 성립하여 생산에서의 Pareto 최적을 달성한다.

(3) $O_X O_Y$선상에 b점이나 c점에 달하게 되면 거기서부터 어느 방향으로 움직여도 이제는 이느 재화의 생산량을 감소시키지 않고서 다른 상품의 생산량을 증가시키는 것은 불가능

⇒ 따라서 $O_X O_Y$선상의 모든 점들은 Pareto 최적의 상태를 의미한다.

(4) $O_X O_Y$선상의 모든 점들은 Pareto 최적의 상태를 표시하는데, 예컨대 a, b, c, d점에서는 X, Y 두 재화의 등량곡선이 접하게 되므로 기술적 한계대체율이 일치 ⇒ 이에 따라 X재 생산에 있어서 기술적 한계대체율이 Y재 생산에 있어서의 그것과 일치할 때 균형이 성립한다.

$$(MRTS_{LK})_X = (MRTS_{LK})_Y$$

(5) 생산에 있어 Pareto 최적이 성립하는 $(MRTS_{LK})_X = (MRTS_{LK})_Y$가 되는 점들을 연결한 선이 생산계약곡선(production contract curve) ⇒ 이를 산출물 공간으로 옮기면 생산가능곡선을 도출할 수 있게 된다.

317

❷ 생산가능곡선

1) 생산가능곡선의 의의

(1) (a)와 같이 X와 Y의 등생산량곡선을 에지워드 보울리(Edgeworth-Bowley)로 나타내면 가장 효율적인(Pareto efficient) L과 K의 배합은 양 등생산량곡선이 접하는 $XabY$(계약곡선) 위의 점들이 된다.

(2) $L-K$평면의 계약곡선을 $X-Y$(산출물) 평면으로 옮겨 놓은 것이 생산가능곡선(b)

┌─ 생산가능곡선의 도출 ─

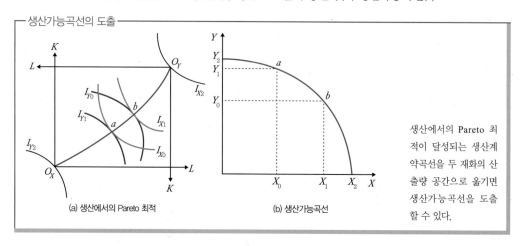

(a) 생산에서의 Pareto 최적

(b) 생산가능곡선

생산에서의 Pareto 최적이 달성되는 생산계약곡선을 두 재화의 산출량 공간으로 옮기면 생산가능곡선을 도출할 수 있다.

확인 TEST

아래 왼쪽 그림은 X재와 Y재의 생산에 대한 에지워드 상자를 나타내고 있다. 그리고 오른쪽 그림은 에지워드 상자 내의 $A-E$점을 재화 평면상의 $F-J$점으로 1:1 대응시킨 것이다. 다음 중 바르게 옮긴 것은?

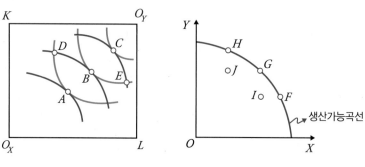

① $A \Rightarrow F$ ② $B \Rightarrow G$ ③ $C \Rightarrow H$ ④ $D \Rightarrow I$ ⑤ $E \Rightarrow J$

해설 ▸ A, B, C점은 모두 생산계약곡선상에 있는 파레토 효율을 달성하고 있는 점으로 오른쪽의 생산계약곡선상의 한 점과 다음과 같이 대응된다.

$$A \Rightarrow H, \ B \Rightarrow G, \ C \Rightarrow F$$

이처럼 $A \Rightarrow B \Rightarrow C$ 점으로 옮겨 갈수록 X재의 생산량은 증가하고, Y재의 생산량은 감소하게 된다. 한편 D와 E점은 생산계약곡선 밖의 점으로 파레토 비효율 상태에 놓여 있는 점이며, 오른쪽 생산계약곡선 안쪽의 한 점과 다음과 같이 대응된다.

$$D \Rightarrow J, \ E \Rightarrow I$$

왼쪽 그림의 D점은 E점에 비해 X재 생산량이 적은 능량곡선상에 위치하고 있으므로 J점과 내응되는 것이다.

정답 ⑦

2) 생산가능곡선의 의의

(1) **개념**: 국민 경제가 주어진 생산요소를 최대한 효율적으로 사용하여 생산해 낼 수 있는 X, Y 두 재화의 조합들의 궤적을 말한다.

(2) **도해적 설명**

생산가능곡선

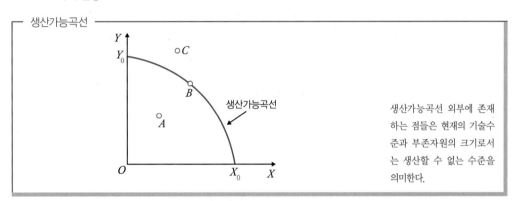

생산가능곡선 외부에 존재하는 점들은 현재의 기술수준과 부존자원의 크기로서는 생산할 수 없는 수준을 의미한다.

A점은 비효율적인 생산에 의한 재화 생산점(또는 모든 생산요소를 사용하지 않고 생산하는 점)이고, C는 주어진 생산요소만을 사용해서는 도달할 수 없는 생산점 ⇒ B점과 같이 $X_0 Y_0$선상의 점들만이 효율적인 생산에 의한 재화의 조합이다.

(3) **생산가능곡선의 특징**

① **원점에 대해 오목**: 일정한 X재의 생산을 증가시키기 위해서는 이보다 많은 Y재의 생산을 희생시켜야 한다는 것을 의미한다. ⇒ 한계변환율(MRT) 체증 또는 기회비용 체증(increasing opportunity cost)

생산가능곡선의 모양

생산가능곡선은 원점에 대해 항상 오목한가? 반드시 그렇지는 않다. 예를 들어 두 기업이 각각 한 종류의 재화를 생산한다고 하자. 만약에 이들 기업의 장기평균비용곡선이 수평하다면, 즉 규모에 대한 수익 불변이라면 한계비용 또한 생산량에 관계없이 일정할 것이다. 이때 이들 기업으로 이루어진 경제의 생산가능곡선은 한계변환율이 모든 점에서 일정하기 때문에 직선으로 주어진다. 그러나 생산가능곡선이 원점에 대해 오목하다고 가정하는 것이 일반적인데 이는 X재 생산이 증가함에 따라 추가적인 생산에 대한 Y재의 생산 포기분이 증가한다는 경험적 사실을 반영한 것이다. 이는 자원의 이질성에서 성립하는 것이다.

② 생산가능곡선상의 점은 생산물의 구성 상태를 의미한다.
③ 생산가능곡선 내의 영역은 생산가능영역이다.

3) 한계변환율(marginal rate of transfoation, MRT)

(1) 생산가능곡선의 기울기

(2) 자원사용량에 변화가 없다는 가정 하에 생산물 상호 간의 대체율, 즉 X재 한 단위를 더 생산하기 위하여 포기해야 하는 Y재의 수량으로 기회비용을 표시한다.

$$\text{한계변환율}=(MRT)=-\frac{\Delta Y}{\Delta X}=\frac{MC_X}{MC_Y}=\frac{P_X}{P_Y}=\text{상대가격 } (Y\text{재로 표시한 } X\text{재의 기회비용})$$

$$\frac{\Delta Y}{\Delta X}=\frac{\Delta Y}{\Delta X}\times\frac{\Delta TC}{\Delta TC}=\frac{\Delta TC}{\Delta X}\Big/\frac{\Delta TC}{\Delta Y}=\frac{MC_X}{MC_Y}=\frac{P_X}{P_Y}\quad (\because P=MC)$$

(3) 한계변환율 체증: X재의 생산비율을 크게 할수록 $(Y_2 \Rightarrow a \Rightarrow b \Rightarrow X_2)$, Y재가 희생되는 수량 $[(Y_2-Y_1) \Rightarrow (Y_1-Y_0) \Rightarrow (Y_0-0)]$이 커진다는 것을 의미 ⇒ 생산물 대체에 기술적인 제약이 따르고 생산물 대체가 불완전하기 때문에 발생한다.

4) 기술적 효율과 경제적 효율

(1) 기술적 효율

① 주어진 생산요소로부터 이 생산요소의 여러 가지 배합을 통하여 최대한의 산출량을 얻는 방법을 말한다.

② 생산함수상의 모든 점들은 기술적 효율이 있는 점들이다.

(2) 경제적 효율

① 최소비용에 의한 일정량의 생산 또는 일정 생산비에 의한 최대의 생산량을 얻는 방법을 말한다.

② 생산자 균형점($MRT=-\frac{\Delta Y}{\Delta X}$=상대가격)만이 경제적 효율이 있는 점이다.

(3) 양자의 관계: 경제적 효율이 있는 점은 모두 기술적 효율이 있는 점이다. 그러나 그 역은 성립하지 않는다.

5) 생산가능곡선의 이동

(1) 한 경제의 생산능력의 변화를 뜻하며, 특히 밖으로의 이동은 경제성장을 의미한다.

(2) 원인

① 생산요소의 변동: 인구, 자본, 천연자원의 증가

② 생산요소의 질적 변동: 생산성 향상, 기술 수준의 향상

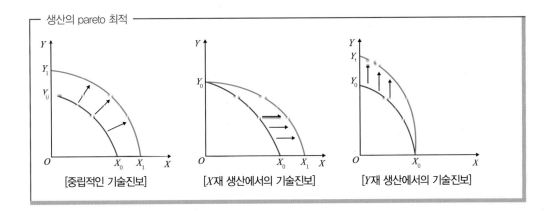

생산의 pareto 최적

[중립적인 기술진보] [X재 생산에서의 기술진보] [Y재 생산에서의 기술진보]

주의

　　단순한 완전고용의 달성이나 자본재의 완전가동은 생산가능곡선 내부에서 생산가능곡선상으로만 이동할 뿐 생산가능곡선 자체의 이동을 가져오지는 않는다.

확인 TEST

다음 표는 각각 A국과 B국의 생산가능곡선상 점들의 조합을 나타낸 것이다. 이에 대한 설명으로 옳은 것은? (단, 재화는 X재와 Y재만 존재한다.)

X재	0개	1개	2개
Y재	14개	8개	0개

〈A국 생산가능곡선상의 조합〉

X재	0개	1개	2개
Y재	26개	16개	0개

〈B국 생산가능곡선상의 조합〉

① X재를 1개 생산함에 따라 발생하는 기회비용은 A국이 B국보다 작다.
② A국이 X재를 생산하지 않는다면 A국은 Y재를 최대 10개까지 생산할 수 있다.
③ A와 B국이 동일한 자원을 보유하고 있는 경우라면 A국의 생산기술이 B국보다 우수하다.
④ B국이 X재를 1개씩 추가적으로 생산함에 따라 발생하는 기회비용은 점차 감소한다.

해설　A국에서 X재 1개 ⇒ 2개를 생산함에 따라 발생하는 기회비용$\left(=-\dfrac{\Delta Y}{\Delta X}\right)$은 6개 ⇒ 8개이고, B국에서 X재 1개 ⇒ 2개를 생산함에 따라 발생하는 기회비용$\left(=-\dfrac{\Delta Y}{\Delta X}\right)$은 10개 ⇒ 16개가 되어, A국이 B국보다 작게 된다.

　　② A국이 X재를 생산하지 않는다면 A국은 Y재를 최대 14개까지 생산할 수 있다.
　　③ A국과 B국의 두 재화 최대생산 가능량을 비교해보면 X재인 경우에는 동일하지만, Y재인 경우에는 B국의 최대생산 가능량이 더 많다. 따라서 만약 A와 B국이 동일한 자원을 보유하고 있는 경우라면 B국의 Y재 생산기술이 A국보다 우수하다고 판단할 수 있다.
　　④ B국에서 X재 1개 ⇒ 2개를 생산함에 따라 발생하는 기회비용$\left(=-\dfrac{\Delta Y}{\Delta X}\right)$은 10개 ⇒ 16개가 되어, B국이 X재를 1개씩 추가적으로 생산함에 따라 발생하는 기회비용은 점차 증가하게 된다.

정답　①

③ 소비(또는 교환)의 Pareto 최적(=효용의 극대화)

1) 정의: 두 사람이 두 재화를 소비하는 경우 어느 개인의 효용을 감소시키지 않고서는 다른 개인의 효용을 증대시킬 수 없는 상태를 말한다.

2) Pareto 최적점

⑴ 개인은 A와 B, 재화는 X와 Y만 존재한다고 가정

⑵ 두 사람의 소비가 E점에 있다면 E점에서 g점으로 이동함에 따라 A의 효용은 불변이지만 B의 효용은 증대 ⇒ 따라서 E점은 Pareto 최적점이 아니다.

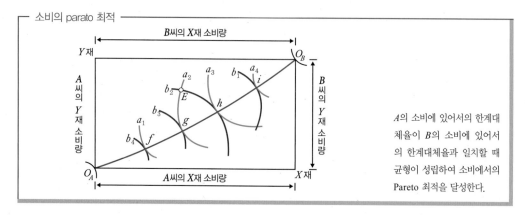

소비의 parato 최적

A의 소비에 있어서의 한계대체율이 B의 소비에 있어서의 한계대체율과 일치할 때 균형이 성립하여 소비에서의 Pareto 최적을 달성한다.

⑶ $O_A O_B$선상에 g점이나 h점에 달하게 되면, 거기서부터 어느 방향으로 움직여도 어느 개인의 경제적 후생을 손상시키지 않고서 다른 개인의 후생을 높이는 것이 불가능 ⇒ 따라서 $O_A O_B$선상의 모든 점들은 Pareto 최적의 상태를 의미한다.

⑷ $O_A O_B$선상의 모든 점들은 Pareto 최적의 상태를 표시하는데, 예컨대 f, g, h, i점에서는 A, B 두 사람의 무차별곡선이 접하게 되므로 한계대체율이 일치 ⇒ 이에 따라 A의 소비에 있어서의 한계대체율이 B의 소비에 있어서의 그것과 일치할 때 균형이 성립한다.

$$(MRS_{XY})_A = (MRS_{XY})_B$$

Pareto 최적의 이해

예컨대 $MRS_A = 1 < 2 = MRS_B$라고 하자. A의 한계대체율이 1이라는 것은 X재 1단위를 Y재 1단위와 교환해도 무차별하다는 것이고, 이는 곧 X재 1단위를 Y재 1단위와 교환할 용의가 있다는 것이다. 반면 B는 X재 1단위와 Y재 2단위를 교환해도 무차별하여, 그렇게 교환할 용의가 있을 정도로 A보다 X재를 더 높이 평가하는 것이다. 그렇다면 A는 X재를 더 중요하게 생각하는 B에게 X재를 1단위를 주는 대신, 그 대가로 B는 A에게 Y재를 1.5단위 주는 교환이 이루어지면, 두 사람의 만족수준은 어떻게 될까? A는 X재 1단위 Y재 1단위를 교환하는 경우 무차별한데, X재 1단위 대신 Y재 1.5단위를 얻었으니 더 높은 만족을 얻는다. B는 B대로 X재 1단위에 대하여 Y재 2단위를 줄 용의가 있는데 1.5단위만 주어도 되므로 만족수준이 높아지게 된다. 따라서 교환 후에 두 사람의 만족수준이 모두 증가하므로 교환은 파레토 우월한 배분을 달성한다. 이러한 논리는 한계대체율이 차이가 나는 한 계속될 것이고, 한계대체율이 같아져야 비로소 파레토 우월한 교환을 찾을 수 없는 파레토 최적 상태가 되는 것이다.

(5) 소비에 있어 Pareto 최적이 성립하는 $(MRS_{XY})_A = (MRS_{XY})_B$가 되는 점들을 연결한 선이 소비계약곡선 (consumption contract curve)이고, 이러한 소비계약곡선을 두 재화의 효용공간으로 옮긴 것이 효용가능곡선이다.

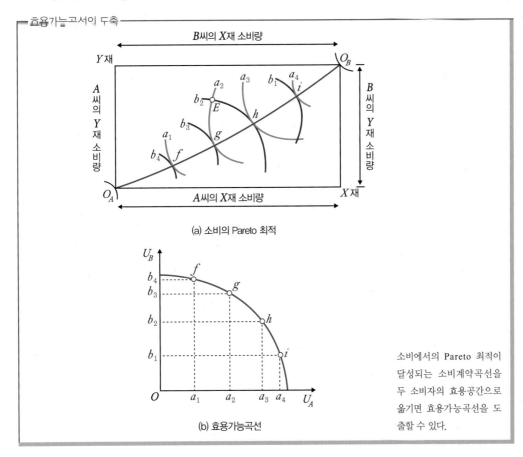

(a) 소비의 Pareto 최적

(b) 효용가능곡선

소비에서의 Pareto 최적이 달성되는 소비계약곡선을 두 소비자의 효용공간으로 옮기면 효용가능곡선을 도출할 수 있다.

④ 완전경쟁시장과 Pareto 최적

1) 의의

(1) 소비이론에서 본 바와 같이 각 소비자는 $MRS_{XY} = \dfrac{P_X}{P_Y}$가 성립하는 점에서 소비를 결정하고 완전경쟁시장에서는 모든 소비자에 대해 제품가격이 P_X, P_Y로 동일하므로 다음 식이 성립한다.

$$MRS_{XY}^A = \frac{P_X}{P_Y} = MRS_{XY}^B$$

(2) 생산이론에서 본 바와 같이 각 생산자는 $MRTS_{LK} = \dfrac{w}{r}$가 성립하는 점에서 생산을 결정하고, 완전경쟁시장에서는 모든 생산자에 대해 요소가격이 w, r로 동일하므로 다음 식이 성립한다.

$$MRTS_{LK}^X = \frac{w}{r} = MRTS_{LK}^Y$$

(3) 생산가능곡선에서 MRT_{XY}는 Y재로 나타낸 X재의 기회비용이므로 $MRT_{XY} = \dfrac{MC_X}{MC_Y}$이다.

이때 MC_X/MC_Y는 X재 한 단위의 생산을 포기함으로써 추가적으로 생산할 수 있는 Y재의 수량을 나타낸다. 한편 완전경쟁시장에서는 $P_X = MC_X$, $P_Y = MC_Y$이므로 (1)에 의하여 다음 식이 성립한다.

$$MRT_{XY} = MRS_{XY}^A = MRS_{XY}^B$$

 'MRT_{XY}'와 'MRS_{XY}'가 일치하지 않는 경우는?

1. 가정

$$MRT_{XY} = 1, \quad MRS_{XY} = 2$$

2. 생산량 조정 과정

1) '$MRT_{XY} = 1$'은 X재 1단위를 추가적으로 생산하기 위해서 감소시켜야 할 Y재 수량이 1단위라는 의미이다.
2) '$MRS_{XY} = 2$'는 소비자가 X재 1단위를 추가적으로 소비하기 위해서라면 기꺼이 Y재 2단위를 포기할 수 있다는 의미이다.
3) 소비자는 X재 1단위를 추가적으로 소비하기 위해서라면 기꺼이 Y재 2단위까지도 포기할 수 있는데, 생산 현장에서는 X재 1단위를 추가적으로 생산하기 위해서라면 Y재는 1단위만 포기해도 된다. 이에 따라 X재 생산을 늘리고 Y재 생산을 줄이게 되면 소비자 후생은 증가하게 되어 이전에 비해 자원은 더욱 효율적으로 배분된다.

3 결론

- $MRT_{XY} < MRS_{XY} \Rightarrow X$재 생산 증가, Y재 생산 감소 $\Rightarrow$ 소비자 후생 증가
- $MRT_{XY} > MRS_{XY} \Rightarrow X$재 생산 감소, Y재 생산 증가 $\Rightarrow$ 소비자 후생 증가

기출확인

시장경제체제에서는 가격기구에 의해 자원배분의 최적화가 달성된다. 완전경쟁시장에서 소비자원과 생산자원의 최적 배분이 동시에 이루어지는 일반균형의 조건에 대하여 '한계'와 '상대가격' 개념을 이용하여 300자 이내로 그림 없이 설명하시오.

[1997]

분석하기

2 소비자, 2 재화, 2 생산요소인 경제를 가정하자. 만약 소비자원의 최적 배분이 달성되기 위해서는 두 소비자의 두 재화에 대한 무차별곡선의 (접선)기울기인 한계대체율(MRS_{XY})이 일치해야 하며, 생산자원의 최적 배분이 달성되기 위해서는 두 상품에 대한 등량곡선의 (접선)기울기인 기술적 한계대체율($MRTS_{LK}$)이 일치해야 한다. 생산자원의 최적 배분이 이루어지는 배합점들을 산출물 공간으로 옮겨 나타내면 생산가능곡선을 도출할 수 있다. 이러한 생산가능곡선의 (접선)기울기가 한계변환율(MRT_{XY})이다. 이때 한계변환율(MRT_{XY})은 두 재화의 상대가격과 같다. 이에 따라 소비자원과 생산자원의 최적 배분이 동시에 달성되기 위해서는 두 재화의 한계대체율과 두 재화의 한계변환율(MRT_{XY})이 일치해야 한다.

Theme 49 사회 후생함수와 사회 무차별곡선

① 의의

1) 사회후생함수(social welfare function)

(1) 사회 구성원들의 후생(효용)과 사회 전체의 후생(효용) 수준과의 관계식을 의미한다.

(2) 일반적인 사회 후생함수는 다음과 같이 나타낼 수 있다.

$$SW = W(U_1, U_2, \cdots\cdots)$$
여기서 U_1는 구성원 i의 효용이다.

2) 사회 무차별곡선(social indifference curve)

(1) 사회 후생함수로부터 도출된 동일한 수준의 사회 후생을 주는 사회 구성원 효용의 다양한 배합점들의 궤적을 의미한다.

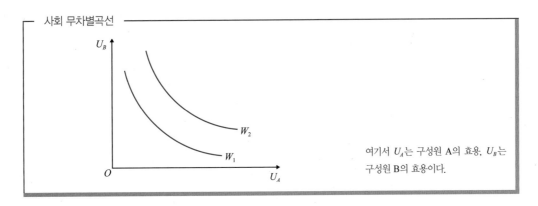

사회 무차별곡선

여기서 U_A는 구성원 A의 효용, U_B는 구성원 B의 효용이다.

(2) 각 구성원의 효용 U_A, U_B는 기수적 개념이 아니고 서수적 개념이다.

다양한 사회무차별곡선

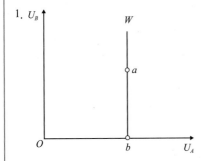

1.

그림에서 a와 b의 사회적 후생수준은 같다. 사회무차별곡선이 수직선이면 이것은 B의 효용수준에 상관없이 그 사회의 효용수준은 오직 A의 효용수준에 의해서만 결정되는 것을 뜻한다. 따라서 B는 '노예'와 같은 사회적 대우를 받고 있다고 볼 수 있다.

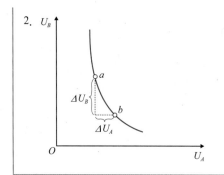

그림에서 a와 b의 사회적 후생수준은 같다. 만약 사회무차별곡선이 가파르게 우하향하면 이것은 B의 효용이 크게 감소하더라도 A의 효용이 조금만 늘어나도 그 사회의 후생수준은 변화가 없다는 것을 뜻한다. 이러한 경우의 B는 소수민족, 차별당하는 외국인 노동자 등으로 해석할 수 있다.

❷ 사회 후생함수에서 전제하는 기준

┌─ 후생경제학(welfare economics)의 의의 ─

한 나라의 현재의 총후생 크기가 W라고 할 때, 보유하고 있는 부존자원량과 기술수준에서 총후생의 크기를 W에서 W^*로 증가시킬 수 있다고 가정하자. 이 경우 후생 경제학의 과제는 (a) 현 상태에서 W^*가 W보다 크다는 것을 증명하고, (b) W를 W^*로 증가시킬 수 있는 대안을 제시하는 것이다.

1) 경제성장의 기준(A. Smith)

국부의 증가를 후생 증가의 기준으로 이해했다. 즉, 경제성장은 고용과 재화 생산을 증가시킴으로써 사회후생을 증가시킨다는 것이다. 필연적으로 이러한 관점은 효율성의 중요성을 강조할 수밖에 없다. 결국 현재의 소득분배를 '윤리적인' 또는 '공정한' 것으로 인정하게 된다. 그러나 효율성은 사회후생을 극대화하기 위한 필요조건은 될 수 있을지언정 충분조건은 아니라는 것을 간과하고 있다.

2) 벤담(J. Bentham)류의 공리주의적(utilitarian) 기준

벤담은 '최대다수의 최대행복(the greatest good for the greatest number)'이 얻어질 때 사회후생은 향상된다'고 주장하였다. 이 주장은 총후생은 그 사회의 효용을 합산한 것과 같다는 가정을 내포한다. 그런데 이러한 관점은 (a) 개인 간의 가치가 비교되고 있고, (b) '최대다수'와 '최대행복'이 동시에 존재하지 않을 때에는 적용할 수 없다는 문제점을 내포하고 있다.

(1) 사례-1

벤담에 따르면 $\Delta W = \Delta U_A + \Delta U_B + \Delta U_C > 0$이면 $\Delta W > 0$이 성립한다. 여기서 W는 사회후생, U_A는 개인 A의 후생, U_B는 개인 B의 후생, U_C는 개인 C의 후생이다. 그런데 이러한 해석은 A와 B의 효용은 증가하고, C의 효용은 감소하였지만 $\Delta U_A + \Delta U_B > |\Delta U_C|$를 만족하는 경우에도 단지 $\Delta W > 0$이 성립한다는 이유로 사회후생이 증가한다고 결론을 내린다는 의미이다. 이러한 결론은 A와 B가 C보다도 더 큰 '가치'를 가지고 있다고 하는 것과 다름없다. 즉 벤담의 기준은 사회구성원이 받아야 하는 가치의 개인 간 비교가 내포되어 있는 문제점을 보이게 된다. 무엇보다 벤담은 스스로가 서로의 행복을 통합하는 것을 마치 20개의 사과와 20개의 배를 더해서 40개의 동질의 그 무엇으로 간주하는 것으로 비

유하였나. 그런데 이러한 사고는 "한 개인의 행복(효용)은 결코 다른 사람의 행복(효용)이 될 수 없다"라는 복식적인 측면을 무시하는 것이다. 이러한 문제점을 극복할 수 없다는 자신의 무능힘을 탓하며 좌절감에 빠진 벤담은 그의 연구업적 중 일부반을 술산하는 데 그치고 만다.

(2) 사례-2

벤담의 기준은 '최대다수'와 '최대행복'이 동시에 존재하지 않는 상태를 비교하는 데는 적용될 수 없다는 것이다. $U_A=100$, $U_B=90$, $U_C=90$으로 $W_1=U_A+U_B+U_C=280$인 경우와 $U_A=200$, $U_B=80$, $U_C=20$으로 $W_2=U_A+U_B+U_C=300$인 경우를 비교해 보자. W_1은 비록 총후생이 300보다는 작지만 '최대다수' 조건을, W_2는 총후생이 280보다 크기 때문에 '최대행복' 조건을 각각 만족시킬 뿐, '최대다수의 최대행복' 조건을 모두 만족시키지는 못한다. 즉 벤담의 조건으로는 W_1과 W_2의 후생비교가 불가능하게 된다.

(3) 한계

벤담의 기준은 모든 구성원의 선호의 '원점(출발점)' 혹은 '0 수준(zero level)'의 선호가 동일하다는 가정에서 출발한다는 것이다. 여기서 선호의 '원점(출발점)' 혹은 '0 수준(zero level)'의 선호는 다음과 같이 설명할 수 있다. 예컨대 개인은 고통을 느끼거나 기분이 나쁜 경우엔 부(負)의 효용을, 쾌락이나 만족감을 느낄 경우엔 정(正)의 효용을 갖게 된다. 그러한 부(負)와 정(正)의 효용 사이의 어디엔가 선호의 '원점(출발점)' 혹은 '0 수준(zero level)'의 선호에 해당하는 상태가 있을 것이다. 그런데 개인의 선호를 반영하는 효용은 주관적(subjective)인 것이기 때문에 선호의 '원점(출발점)' 혹은 '0 수준(zero level)'의 선호 또한 서로 다른 것이다. 따라서 선호의 '원점(출발점)' 혹은 '0 수준(zero level)'의 선호가 동일하다는 것을 일반적으로 인정하기는 어려운 것이다.

3) 보상의 원칙(compensation principle)에 따른 기준

┌─ 보상의 원칙의 의의 ─

1. 하나의 자원 배분상태가 다른 배분상태로 변화하는 경우, 이득을 얻게 되는 사람이 있는가 하면 손해를 보게 되는 사람이 있을 수 있다.
2. 사회 전체의 관점에서 이러한 변화가 개선을 의미하는지 또는 악화를 의미하는지를 평가하기 위해서는 개인 간의 효용을 비교하는 것이 반드시 필요해진다. 이러한 문제 의식에서 출발한 것이 바로 '보상의 원칙'이다.

(1) 파레토(Pareto) 기준

① **내용**: A와 B라는 두 사람으로 이루어진 경제에서 새로운 상태로 인해 A와 B 둘 중에서 어떤 사람의 효용도 이전에 비해 더 낮아지지 않으며, 동시에 최소한 한 사람의 효용 수준은 이전에 비해 더 높아져야 한다는 기준이다. 이러한 기준을 만족시키는 경우의 변화를 비로소 개선으로 평가한다.

┌─ 파레토 기준 ─

ⓐ 새로운 변화로 인해 어떤 사회구성원의 효용도 이전보다 낮아져서는 안 된다.
ⓑ 최소한 한 사람의 효용은 이전보다 높아져야 한다.

② 그림으로 설명

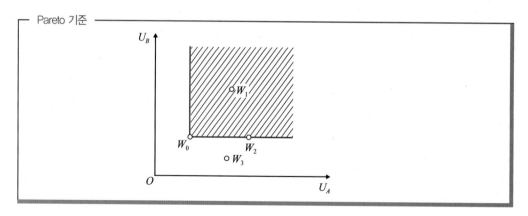

Pareto 기준

최초의 W_0에서 빗금 친 영역에 속해 있는 W_1이나 W_2로의 변화는 개선으로 평가되지만, W_3로의 변화는 개선인지 아닌지 알 수 없다고 평가한다.

┌─ 파레토 기준에 따른 평가 ─────────────────────────────────┐
1. $W_0 \rightarrow W_1$, W_2 : ⓐ와 ⓑ를 모두 충족하고 있으므로 개선되었다고 평가 받는다.
2. $W_0 \rightarrow W_3$: ⓐ를 충족하지 못했으므로 개선되었다고 평가할 수 없게 된다.
└───┘

③ 한계: 한 사람의 효용은 매우 낮은 수준에서 변화 없고, 다른 효용은 매우 높은 수준에서 더욱 높아진다면, 파레토 기준에 따르면 개선된 것이지만 과연 그러한 평가가 옳은 것인지에 대한 의문이 제기된다. 즉 설령 파레토 개선이 이루어진다고 하더라도 그 결과가 상대적 불평등 정도를 더욱 심화시킨다면 '개선'이라고 판단하기에 무리가 따른다.

무엇보다도 현실적으로 파레토 기준을 적용하여 '개선'이라고 판단할 수 있는 유형의 변화를 찾는 것은 쉽지 않다. 현실에서는 영합(零合)게임(zero-sum game)이 일반적이기 때문이다.

(2) 칼도 기준(Kaldor-Hicks 기준)

① 내용: 어떤 변화로 인해 이득을 보게 되는 사람에 의해 평가된 '이득의 가치(α)'가 손해를 보게 되는 사람에 의해 평가된 '손해의 가치(β)'를 비교하여 '$\alpha > \beta$'가 성립하는 경우를 개선되었다고 평가한다. 그 이유는 이득을 보게 된 사람이 손해를 보게 된 사람에게 그 손해에 해당하는 보상을 해주고도 남는 것이 있다면 사회 전체의 관점에서도 개선되었다고 평가할 수 있기 때문이다.

┌─ 칼도 기준 ──┐
ⓐ 파레토 후생 개선이 이루어져야 한다.
ⓑ 암묵적인 소득재분배가 공평해야 한다(보상액=손실액).
└───┘

② 그림으로 설명

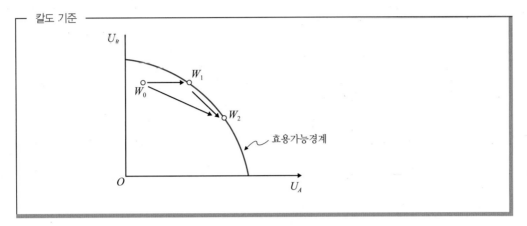

- 칼도 기준 -

W_0에서 W_2로의 변화가 있는 경우 Kaldor 기준에 의하면 개선이라고 평가된다.

- 근거 -

i) W_1과 W_2 모두는 주어진 모든 자원이 가장 효율적으로 배분되고 있는 상태이다. 따라서 W_1에서 W_2로 변화하는 경우 B가 보게 되는 손해와 A가 얻는 이익의 가치는 동일하다고 할 수 있다.

ii) W_0에서 W_2로 변화하는 경우 A가 얻게 되는 이익의 가치는 W_1에서 W_2로 변화하는 경우 A가 얻게 되는 이익의 가치보다 더 큰 값이다.

iii) 변화로 인해 이익을 얻게 되는 A가 손해를 보게 되는 B에게 손해와 동일한 크기를 보상해 주어도 A에게는 잉여가 존재하게 된다.

③ 한계: 동일한 효용가능경계 상의 변화에 대한 개선 여부 판단을 할 수 없다. 또한 어떠한 변화가 발생한 후 효용가능경계가 변화할 가능성에 대한 판단 기준이 없다.

(3) 스키도브스키 기준

① 내용: Kaldor 기준은 자원 배분과정에서 효용가능경계(UPF)가 이전처럼 그대로 유지된다는 것을 가정한다. 따라서 배분 과정에서 UPF 역시 변화한다면 Kaldor 기준을 그대로 적용하는 데에는 무리가 따르게 된다.

② 그림에 의한 비판

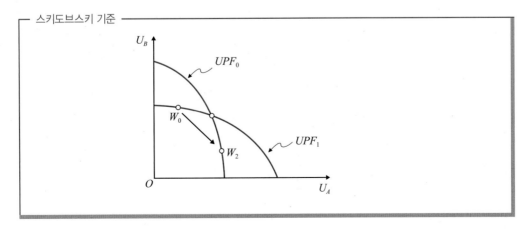

- 스키도브스키 기준 -

UPF_0가 변화하지 않을 때, Kaldor 기준에 따르는 경우 W_0에서 W_2로의 변화는 분명히 '개선'이다. 그러나 만약 배분과정에서 효용가능경계 자체가 UPF_0에서 UPF_1으로 변화한다고 가정해 보자. 변화된 UPF_1를 기준으로 한다면 W_0에서 W_2로의 변화는 자원 배분이 비효율적으로 이루어지는 상태로 변화된다. 따라서 이를 개선이라고 평가하는 데 무리가 있게 된다.

③ 대안: 어떤 방향으로의 변화에 대해 Kaldor 기준을 적용하여 그것이 개선이 되어야 한다. 동시에 그것과 반대 방향으로의 변화는 Kaldor 기준에 의해 개선이 아니어야 한다.

앞의 그림에서 UPF_1를 전제로 하는 경우 W_2에서 W_0로의 변화는 Kaldor 기준에 의해 개선이기 때문에 W_0에서 W_2로의 변화는 개선이 될 수 없게 된다.

4) 평등주의적 기준

평등주의에서는 높은 후생수준을 누리는 사람의 후생에는 낮은 가중치를, 낮은 후생수준을 누리는 사람의 후생에는 높은 가중치를 적용해서 사회후생의 크기를 계산해야 한다고 주장한다.

> $W = \alpha \times U_A + (1 - \alpha) \times U_B$(단, A는 고소득자, B는 저소득자, $\alpha < 0.5$)
> 단, 여기서 W는 사회후생, U_A는 고소득자인 개인 A의 후생, U_B는 저소득자인 개인 B의 후생이다.

즉, 고소득자의 한계효용은 저소득자의 한계효용보다 낮다고 판단하고 고소득자에게 낮은 가중치, 저소득자에게 높은 가중치를 부여하는 것이다.

이것은 곧 고소득자로부터 저소득자로의 소득 재분배의 필요성의 근거가 되는 가치판단이다.

5) 롤스(J. Rawls)의 기준

(1) 롤스는 개인의 순수한 도덕적 가치관을 보다 중시하는 규범적 규율을 반영하는 다음과 같은 사회후생함수를 제시한다.

> $W = min[U_A, \ U_B]$
> (단, 여기서 W는 사회후생, U_A는 가난한 개인 A의 후생, U_B는 부자인 개인 B의 후생이다.)

이러한 사회 후생함수는 가장 빈곤한 개인의 효용을 극대화하는 최극빈자우대(最極貧者優待 maximin) 사회 후생함수를 의미한다.

(2) 이에 따라 사회 전체적으로 아주 작은 후생의 증가라고 하더라도 최극빈자를 위해서라면 그 다음 빈자(貧者)의 후생은 물론이고 나머지 모든 계층의 어떠한 후생의 희생이나 불공평한 분배도 감수해야 하는 극단적인 경우까지도 용인하게 된다는 문제점을 보인다.

(3) 또한 과연 불확실성 하에서 합리적 사회 구성원들이 기대효용의 극대화가 아닌 최극빈자우대(最極貧者優待, maximin)라는 원리를 선택할 것인지에 대한 의문에 적절한 답을 주지 못해 논리의 빈약을 노출하게 된다.

사회 무차별곡선의 유형

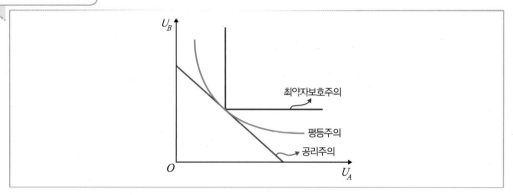

II. 미시경제학

확인 TEST

부자인 A와 가난한 사람인 B만으로 구성된 초미니 국가가 있다고 하자. 사회적 후생함수를 SW라고 하고 개인의 후생수준을 각각 U_A와 U_B라고 할 때 다음 중 가장 옳지 않은 것은?

① 벤담류의 공리주의적 기준에 의하면 $SW=U_A+U_B$로 표시할 수 있다.
② 공리주의적 후생수준은 U_B가 감소되어도 사회적인 후생의 합인 SW가 증가되면 사회적 후생은 개선된 것으로 본다.
③ 평등주의적 기준에 따르면, 소득재분배를 통하여 사회후생을 증가시킬 수 있다고 본다.
④ 롤즈(Rawls)적인 기준에 따르면, U_B수준의 개선 없이도 사회적 후생의 증진이 가능하다.
⑤ 롤즈의 기준에 따르면, $SW=\min(U_A,\ U_B)$로 표시되며, 이 경우 사회 무차별곡선은 L자형이 될 것이다.

해설 ▶ 벤담류의 공리주의는 기수적 사회 후생함수를 가정하며 이는 $SW=U_A+U_B$형태로 나타낼 수 있다. 이에 따르면 U_A와 U_B의 상대적 크기와 관계없이 사회 후생의 총량인 SW의 크기만 증가하면 사회적 후생은 개선된 것으로 간주한다(①, ②). 그러나 롤즈의 최소극대화원리에 따르면 사회 후생함수는 $SW=\min(U_A,\ U_B)$의 형태이다. 이러한 형태의 후생함수는 작은 값에 의해 전체의 크기가 결정되게 되며 이를 그림으로 나타내면 L자형으로 나타난다. 따라서 가난한 사람인 B의 후생수준인 U_B의 증가 없이는 사회 후생의 총량인 SW를 증가시킬 수 없다. 따라서 소득재분배를 통한 소득불평등 문제를 해결하지 않으면 사회 후생수준은 증가시킬 수 없다(④, ⑤).

정답 ▶ ④

③ 차선의 이론(theory of the second best)

1) 학자: K. Lancaster, R. Lipsey

2) 의미

(1) 효율적인 자원배분을 위해서 n개의 조건을 동시에 충족해야 하는데, 어떤 이유 때문에 그러한 n개의 조건 중에서 하나가 충족될 수 없는 상황이 있을 수 있다. 이러한 경우 충족할 수 없는 한 조건을 제외한 나머지 $(n-1)$개 조건만 모두 만족되는 결과가 반드시 '차선의 결과'가 되는 것은 아

니다. 즉 자원배분의 효율성을 달성하기 위해 필요한 조건이 모두 충족되지 못하는 경우, 나머지 충족되는 조건의 수가 늘어난다고 해서 사회 후생이 반드시 더 커진다고 할 수는 없다는 것이다.

(2) 어떠한 경제적 조치를 취하는 경우, 현재 존재하는 비합리적인 모든 조건을 한꺼번에 모두 제거하지 않는 한, 일부 조건만을 제거한 경제적 조치가 오히려 이전보다 상황을 더 악화시킬 수 있다는 것을 시사해 준다.

3) 도해적 설명

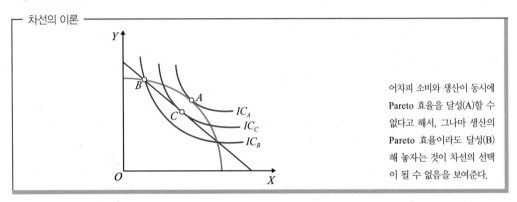

차선의 이론

어차피 소비와 생산이 동시에 Pareto 효율을 달성(A)할 수 없다고 해서, 그나마 생산의 Pareto 효율이라도 달성(B)해 놓자는 것이 차선의 선택이 될 수 없음을 보여준다.

(1) 위 그래프의 A, B, C 중에서 생산가능곡선과 사회적 무차별 곡선(IC_A)이 접하는 A가 Pareto 최적이고 B와 C는 Pareto 최적이 아니다.

(2) B의 경우는 C의 경우보다 더 많은 조건을 충족하고 있지만, B는 C보다 더 낫다고 할 수 없다. 이것은 B와 C점을 지나는 무차별곡선의 위치를 비교해보면 알 수 있다.

4) 시사점

경제에 존재하는 비합리성의 부분적 제거를 통한 점진적인 접근법에 의한 경제정책이 예기치 않은 난관에 부딪칠 수 있다. 즉, 어떠한 경제적 조치를 취하는 경우, 현재 존재하는 비합리적인 모든 조건을 한꺼번에 모두 제거하지 않는 한, 일부 조건만을 제거한 경제적 조치가 오히려 이전보다 상황을 더 악화시킬 수 있다는 것을 시사해 준다.

Theme

50</div> 외부효과

시장의 실패(market failure)

시장의 실패란 경제활동을 시장에 맡길 경우에 효율적인 자원배분이나 공평한 소득분배를 실현하지 못하는 상황을 말한다. 이것을 초래하는 원인으로는 1) 시장이 독점, 과점, 독점적 경쟁 등으로 완전경쟁이 아닌 상태인 '시장의 불완전성'이고, 2) 외부효과, 공공재, 불확실성과 비대칭적 정보 등으로 인해 사람들이 필요로 하는 상품을 거래할 수 있는 시장이 제대로 갖추어져 있지 않은 상태인 '시장의 불완비성(market incompleteness)'을 들 수 있다.

---

❶ 외부효과(external effect)의 의의

1) 의미: 한 경제주체의 행동이 다른 경제주체(bystander)에게 의도하지 않은 혜택이나 손해를 주었음에도 불구하고 이에 대한 대가를 받지도 지불하지도 않는 상태를 말한다.

(1) **외부경제(external economy):** 타인에게 의도하지 않는 혜택을 주면서 이에 대한 보상을 받지 못하는 경우이다.

(2) **외부 비경제(external diseconomy):** 타인에게 의도하지 않는 손해를 입히고도 이에 대한 대가를 지불하지 않는 경우이다.

한계비용과 한계편익

1. 한계비용
   1) 사적 한계비용(private marginal cost, PMC): 기업이 인식하는 생산활동의 한계비용으로 재화의 생산 과정에서 발생하는 외부 한계비용을 고려하지 않은 비용을 말한다.
   2) 외부 한계비용(external marginal cost, EMC): 생산의 외부성으로 발생되는 한계비용으로 외부비경제가 발생하면 (+)이고, 외부경제가 발생하면 (−)이다.
   3) 사회적 한계비용(social marginal cost, SMC): 사회 전체의 관점에서 본 한계비용으로 재화의 생산과 정에서 발생하는 외부 한계비용을 고려한 비용을 말한다.

   > 사회적 한계비용(SMC)=사적 한계비용(PMC)+외부 한계비용(EMC)

2. 한계편익
   1) 사적 한계편익(private marginal benefit, PMB): 재화의 소비과정에서 발생하는 외부 한계편익을 고려하지 않은 편익을 말한다.
   2) 외부 한계편익(external marginal benefit, EMB): 소비의 외부성으로 발생되는 한계편익으로 외부 비경제가 발생하면 (−)이고, 외부경제가 발생하면 (+)이다.
   3) 사회적 한계편익(social marginal benefit, SMB): 재화의 소비과정에서 발생하는 외부 한계편익을 고려한 편익을 말한다.

   > 사회적 한계편익(SMB)=사적 한계편익(PMB)+외부 한계편익(EMB)

---

2) 외부효과의 유형

(1) 생산에서의 외부효과

① 생산의 외부경제: 생산과정에서 발생하는 외부성으로 인해 사회적 한계비용(SMC)은 사적 한계비용(PMC)에서 외부에 이득을 준 것만큼 작아진다. 이 경우에는 사회의 적정 수준에 비해 가격은 높고 과소생산의 문제가 생긴다(**예** 과수원 vs 양봉업자).

② 생산의 외부 비경제: 생산과정에서 발생하는 외부성으로 인해 사회적 한계비용(SMC)은 사적 한계비용(PMC)에서 외부에 해를 끼친만큼 커진다. 이 경우에는 사회의 적정 수준에 비해 가격은 낮고 과잉생산 문제가 생긴다(**예** 연탄공장 vs 인근 세탁소).

(2) 소비에서의 외부효과

① 소비의 외부경제: 소비과정에서 발생하는 외부성으로 인해 사회적 한계편익(SMB)은 사적 한계편익(PMB)에서 외부에 이득을 준 만큼 커진다. 이 경우에는 사회의 적정 수준에 비해 가격은 낮고 과소소비 문제가 생긴다(**예** 도심 사유지에 공원조성).

② 소비의 외부 비경제: 소비과정에서 발생하는 외부성으로 인해 사회적 한계편익(SMB)은 사적 한계편익(PMB)에서 외부에 해를 끼친 만큼 작아진다. 이 경우에는 사회의 적정 수준에 비해 가격은 높고 과잉소비 문제가 생긴다(**예** 한밤중의 악기 연주로 인한 소음).

3) 외부효과의 도해적 설명

생산의 외부경제(external economy)	소비의 외부경제(external economy)
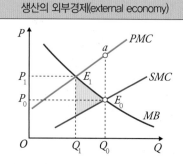	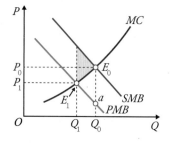
현실적인 균형점은 E_1이지만, 최적 균형점은 E_0이다. 이에 따라 과소생산(Q_0Q_1)이 이루어져 빗금 친 부분만큼의 사회적 순손실이 발생한다. 이것을 해결하기 위해서는 최적 생산량 수준인 Q_0에서 aE_0만큼의 보조금을 지급하면 된다. 그러면 색칠한 부분만큼의 사회 후생이 증가한다.	현실적인 균형점은 E_1이지만, 최적 균형점은 E_0이다. 이에 따라 과소소비(Q_0Q_1)가 이루어져 빗금 친 부분만큼의 사회적 순손실이 발생한다. 이것을 해결하기 위해서는 최적 소비량 수준인 Q_0에서 aE_0만큼의 보조금을 소비자에게 지불하면 된다. 그러면 색칠한 부분만큼의 사회 후생이 증가한다.
생산의 외부 불경제(external diseconomy)	소비의 외부 불경제(external diseconomy)

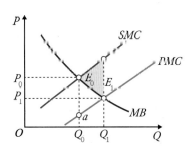

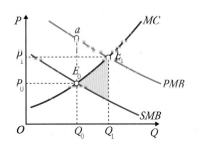

현실적인 균형점은 E_1이지만, 사회적으로 바람직한 균형점은 E_0이다. 이에 따라 과잉생산(Q_0Q_1)이 이루어져 색칠한 부분만큼의 사회적 순손실이 발생한다. 이것을 해결하기 위해서는 최적 생산량 수준인 Q_0에서 aE_0만큼의 조세를 부과하면 된다. 그러면 색칠한 부분만큼의 사회 후생이 증가한다.

현실적인 균형점은 E_1이지만, 사회적으로 바람직한 균형점은 E_0이다. 이에 따라 과잉소비(Q_0Q_1)가 이루어져 색칠한 부분만큼의 사회적 순손실이 발생한다. 이것을 해결하기 위해서는 최적 소비량 수준 Q_0에서 aE_0만큼의 조세를 부과하면 된다. 그러면 색칠한 부분만큼의 사회후생이 증가한다.

 수요곡선과 한계편익 곡선의 관계는?

일정량의 상품을 소비하는 사람들은 자신이 기꺼이 지불할 수 있는 단위 당 최대금액을 정한다. 이것이 수요가격이고 이 크기는 일정량 수준에서 수요곡선의 높이로 측정된다. 그런데 소비자가 기꺼이 가격을 지불하려는 이유는 상품 소비로부터 그 가격 크기만큼의 편익을 추가할 수 있기 때문이다. 결국 일정량 수준에서 수요곡선의 높이는 수요가격을 나타내기도 하고, 동시에 그때 얻을 수 있는 한계편익을 의미하기도 한다. 이에 따라 수요곡선을 한계편익곡선으로 이해해도 무방한 것이다.

외부효과의 정리

상황			해결방안
생산	외부 경제	$PMC > SMC \Rightarrow$ 과소생산	보조금 지급
	외부 비경제	$PMC < SMC \Rightarrow$ 과잉생산	조세 부과
소비	외부 경제	$PMB < SMB \Rightarrow$ 과소소비	보조금 지급
	외부 비경제	$PMB > SMB \Rightarrow$ 과잉소비	조세 부과

확인 TEST

현재 완전경쟁시장에서 사적 이윤극대화를 추구하고 있는 어떤 기업이 생산하는 재화의 가격은 3500이며, 사적 한계비용은 $MC = 50 + 10Q$이다. 한편, 이 재화의 생산과정에서 환경오염이 발생하는데 이로 인해 사회가 입는 피해는 생산량 1단위당 100이라고 한다. 앞으로 이 기업이 사회적 최적 생산량을 생산하기로 한다면 생산량의 변동은? (단, Q는 생산량이다.)

① 10단위 감소시킨다.
② 10단위 증가시킨다.
③ 20단위 감소시킨다.
④ 20단위 증가시킨다.

• 완전경쟁기업의 사적 이윤극대화 조건에 따른 생산량은 다음과 같다.

> • $P = PMC$
> • $350 = 50 + 10Q \Rightarrow 10Q = 300 \Rightarrow Q = 30$

• 완전경쟁기업이 사회적 최적 생산량을 생산한다는 것은 외부한계비용(EMC)이 반영된 사회적 한계비용(SMC)을 전제로 생산 활동을 한다는 의미이다. 이에 따른 생산량은 다음과 같다.

> • $P = SMC(= PMC + EMC)$
> • $350 = 50 + 10Q + 100 \Rightarrow 10Q = 200 \Rightarrow Q = 20$

• 이에 따라 사적 이윤극대화를 추구하는 완전경쟁기업이 사회적 최적 생산량을 생산하게 되면 생산량은 10단위만큼 감소하게 된다.

①

❷ 환경 오염 규제 정책

1) 정부의 직접 규제

(1) **금지**: 깨끗한 환경수준을 유지하기 위하여 환경오염을 일으키는 원인행위를 완전히 금지시켜 오염이 처음부터 일어나지 않도록 하는 방안을 말한다.

① **배출금지(discharge prohibition)**: 소량이라도 인체에 치명적인 영향을 미치는 독극물에 대하여 그 폐기행위를 완전히 금지시키는 것을 말한다.

② **용도지정(zoning)**: 일정구역의 토지를 특정목적 이외의 다른 목적으로 사용하는 것을 금지하는 것을 말한다. 국토이용관리법

(2) **환경기준(environmental quality standard)**: 환경자원이 인간의 쾌적한 생활을 위하여 갖추어야 할 최소한의 질적 수준을 말한다.

① **처방적 규제(prescriptive regulation)**: 오염행위자에게 특정한 공해방지장치를 설치하거나 특정한 생산요소만을 사용하도록 규제하는 것이다.

② **오염물질 배출허용기준(effluent standard)**: 오염행위자에게 오염물질의 배출량이 일정수준 이하가 되도록 규제하고 이를 지키지 않을 경우에는 벌과금을 내게 하는 것으로서 처방적 규제보다 더 적극적 규제방법이다.

(3) **피구세(Pigouvian tax)**: 외부비경제인 경우 생산이나 소비에 조세를 부과하면 바람직한 자원배분을 가져올 수 있다. 이러한 아이디어를 처음 제공한 사람이 영국의 피구(A. C. Pigou)이기 때문에 '피구세'라고도 한다.

확인 TEST

양식장 A의 한계비용은 $10x+70$만 원이고, 고정비용은 15만 원이다. 양식장 운영 시 발생하는 수질오염으로 인해 인근 주민이 입는 한계피해액은 $5x$만 원이다. 양식상 운영의 한계편익은 x에 관계없이 100만 원으로 일정하다. 정부가 x 1단위당 일정액의 세금을 부과하여 사회적 최적 생산량을 유도할 때 단위당 세금은? (단, x는 양식량이며 소비 측면의 외부효과는 발생하지 않는다.)

① 5만 원
② 10만 원
③ 20만 원
④ 30만 원

해설 · 양식장 A의 한계비용은 사적 한계비용(PMC)이고, 사회적 한계비용(SMC)은 PMC에 한계피해액(EMC)을 더한 값이 된다. 이를 전제로 주어진 내용을 그림으로 나타내면 다음과 같다.

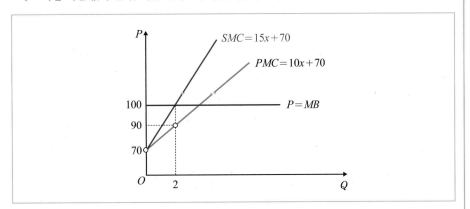

· 사회적 최적 생산량은 '$P=SMC$'가 충족되는 수준에서 결정된다. 이에 따라 사회적 최적 생산량은 $Q=2$가 되며, 이때 사회적 한계비용(SMC)은 100, 사적 한계비용(PMC)은 90이 된다. 따라서 정부가 x 1단위당 일정액의 세금을 부과하여 사회적 최적 생산량을 유도할 때 단위당 세금은 SMC와 PMC의 차이인 10(만 원)이 된다.
· 사회적 최적 생산량을 결정할 때 필요한 비용은 한계비용이다. 따라서 문제에서 주어진 고정비용 15만 원은 이 문제를 해결하는데 필요 없는 항목임을 유의한다.

정답 ②

2) 시장 유인을 통한 간접 규제

(1) **재산권의 부여(Coase의 정리)**: 환경사용재산권 부여를 통해 오염행위에 대한 책임소재를 분명히 함으로써 당사자 간의 자발적 문제해결을 유도한다(협상: bargain).

코즈(R. Coase)의 정리와 관련된 효율적인 자원배분이 이루어지는 사례연구

◈ 오염자 A는 공해를 발생시켜 피해자 B의 생산에 영향을 주고 있고, 이를 고려한 오염자의 A의 사회적 한계비용-(SMC_A)과 사적 한계비용(PMC_A)이 각각 다음과 같다고 하자. 단, 오염자 A가 생산하는 제품의 시장 가격은 100원으로 일정하다고 한다. 상호 협상을 통하여 사회적 최적생산량을 달성할 수 있는 협상 금액 범위를 구하면?

- $SMC_A = 100Q$
- $PMC_A = 50Q$

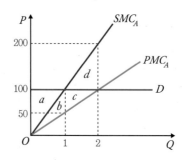

1. 재산권이 A에게 있는 경우
1) 사회적 최적 생산량이 1인 반면에 오염자 A가 재산권을 행사하는 경우의 시장 생산량은 2가 되어 피해자 B는 사회적 최적 생산량 수준에 비해 $c+d(=75)$만큼 피해를 입게 된다.
2) 오염자 A가 사회적 최적 생산량을 생산하게 되면 재산권을 행사하여 생산하는 수준에 비해 $c(=25)$만큼의 이익이 감소하게 된다.
3) 이에 따라 피해자 B는 오염자 A에게 최소한 c만큼의 보상금을 지급해야 한다. 또한 오염자 A가 재산권을 행사할 때 입게 되는 피해인 $c+d$보다는 적은 보상금을 지급하고자 할 것이다.
4) 결과적으로 협상금액 범위(X)는 $c(=25) \langle X \langle c+d(=75)$가 성립하게 된다.

2. 재산권이 B에게 있는 경우
1) 재산권이 B에게 있으므로 오염자 A는 B에게 피해를 줄 수 없으므로 생산을 할 수 없다. 그런데 오염자 A가 사회적 최적 생산량인 1을 생산할 수 있다면, 오염자 A는 $a+b(=75)$만큼 이익을 얻을 수 있다.
2) 오염자 A가 사회적 최적 생산량을 생산하게 되면 재산권을 갖고 있는 B에게는 $b(=25)$만큼의 피해가 발생한다.
3) 이에 따라 오염자 A는 피해자 B에게 최소한 $b(=25)$의 보상금을 지급해야 한다. 또한 사회적 최적 생산량인 1만큼을 생산할 때 얻을 수 있는 이익인 $a+b(=75)$보다는 적은 보상금을 지급하고자 할 것이다.
4) 결과적으로 협상금액 범위(X)는 $b(=25) \langle X \langle a+b(=75)$가 성립하게 된다.

3. 결론
1) 재산권이 오염자 A에게 있든, 피해자 B에게 있든 사회적 최적 수준의 생산이 가능해지며, 이때의 협상금액 범위도 동일해진다.
2) 양 당사자의 협상 능력에 따라 이익의 크기는 서로 달라질 수 있다.

기출확인

다음 글을 읽고 〈작성 방법〉에 따라 서술하시오.   [2023]

> □□지역의 환경오염과 관련된 사회적 총비용은, 오염배출로 인해 지역 주민이 부담해야 하는 피해비용과 오염배출량을 줄이기 위해 기업이 부담해야 하는 저감비용으로 구성된다고 가정하자.
> □□지역에서 환경오염을 유발하는 ○○기업의 오염배출량(E)에 의해 지역 주민이 부담해야 하는 한계피해비용(Marginal Damage Cost, MDC) 함수는 $MDC = 3E$로 주어져 있다. 오염배출량이 적을 때는 MDC가 작지만 오염배출량이 증가할수록 피해를 입는 주민 수가 늘어나는 등의 이유로 MDC는 커지게 된다. ○○기업이 오염배출량을 줄이려면 저감비용을 부담해야 하며, 한계저감비용(Marginal Abatement Cost, MAC) 함수는 $MAC = 300 - 3E$로 주어져 있다. 오염배출량 수준이 높고 저감을 시작하는 단계에서 ○○기업은 손쉽고 저렴한 저감방법을 사용하므로 MAC가 작다. 하지만 오염배출량을 줄이고 저감량을 늘릴수록 새로운 저감설비를 설치하는 등의 이유로 MAC는 커지게 된다.
> 현재 ㉠ ○○기업은 아무런 제한 없이 오염물질을 저감하지 않은 채 배출하면서 생산활동을 하고 있다. 이에 대해 정부는 ㉡ 사회적 총비용을 최소화하는 수준으로 오염배출량을 제한하는 정책을 시행할 예정이다.

─〈 작 성 방 법 〉─

- 밑줄 친 ㉠의 경우 ○○기업의 오염배출량이 얼마인지 쓸 것.
- 밑줄 친 ㉠의 경우 □□지역의 피해비용이 얼마인지 쓸 것.
- 밑줄 친 ㉡을 시행할 때 오염배출량이 얼마인지를 쓰고, 밑줄 친 ㉠의 상황과 비교하여 사회적 총비용의 크기에 어떤 변화가 있는지 서술할 것.

분석하기

- 문제에서 주어진 내용을 〈그림〉으로 나타내면 다음과 같다.

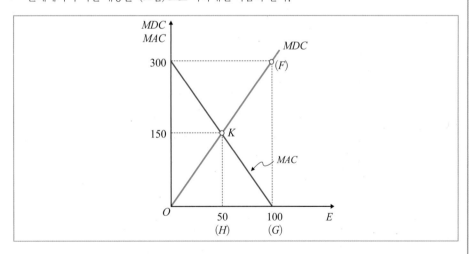

- 밑줄 친 ㉠의 경우 ○○기업의 오염배출량이 얼마인지 쓸 것.
  ⇒ $E = 100$
- 밑줄 친 ㉠의 경우 □□지역의 피해비용이 얼마인지 쓸 것(삼각형 OFG).
  ⇒ 사회적 총(피해)비용(TDC) $= 100 \times 300 \times \dfrac{1}{2} = 15,000$
- 밑줄 친 ㉡을 시행할 때 오염배출량이 얼마인지를 쓰고, 밑줄 친 ㉠의 상황과 비교하여 사회적 총비용의 크기에 어떤 변화가 있는지 서술할 것.
  ⇒ ㉡을 시행하는 경우의 $E = 50$, 사회적 총비용(STC) = 사회적 총피해비용(삼각형 OKH) + 사회적 총저감비용(삼각형 HKG) $= 100 \times 150 \times \dfrac{1}{2} = 7,500$이 되어, ㉠ 상황과 비교할 때 사회적 총비용은 7,500만큼 감소한다.

(2) **합병(merger)**: 외부성을 유발하는 기업과 외부성으로 인하여 피해(이득)를 보는 기업이 합병함으로써 외부성을 내부화하는 방법이다(화학 공장이 주변 호수의 재산권 또는 관리권을 소유하는 경우). ⇒ 외부효과의 내부화(internalization of externalities)

(3) **오염배출권 제도**: 정부가 최적 오염배출량을 설정하고 각 기업이 오염을 배출할 때는 오염 배출권을 구입하거나 또는 무료로 배분된 오염배출권을 시장에서 자유롭게 거래하는 방법이다(쓰레기 종량제).

확인 TEST

어느 섬나라에는 기업 A, B, C만 존재한다. 아래의 표는 기업 A, B, C의 오염배출량과 오염저감비용을 나타낸 것이다. 정부가 각 기업에 오염배출권 30장씩을 무료로 배부하고, 오염배출권을 가진 한도 내에서만 오염을 배출할 수 있도록 하였다. 〈보기〉에서 옳은 것을 모두 고르면? (단, 오염배출권 1장당 오염을 1톤씩 배출한다)

기업	오염배출량(톤)	오염저감비용(만원/톤)
A	70	20
B	60	25
C	50	10

ㄱ 오염배출권의 자유로운 거래가 허용된다면 오염배출권의 가격은 톤당 20만 원으로 결정될 것이다.
ㄴ 오염배출권 제도가 실시되었을 때 균형상태에서 기업 A는 30톤의 오염을 배출할 것이다.
ㄷ 오염배출권 제도하에서의 사회적인 총비용은 각 기업의 오염배출량을 30톤으로 직접 규제할 때보다 450만 원 절감될 것이다.
ㄹ 오염배출권 제도하에서 오염을 줄이는 데 드는 사회적인 총비용은 1,200만 원이다.
ㅁ 기업 B는 오염배출권제도보다 각 기업이 오염배출량을 30톤으로 줄이도록 하는 직접 규제를 더 선호할 것이다.

① ㄱ, ㄴ
② ㄱ, ㄴ, ㄷ
③ ㄱ, ㄴ, ㅁ
④ ㄴ, ㄷ
⑤ ㄷ, ㄹ, ㅁ

해설 • 현재 각 기업은 오염배출량에 비해 오염배출권이 A기업은 40장, B기업은 30장, C기업은 20장씩 부족하다. 각 기업은 오염배출권 가격이 오염저감비용보다 낮으면 매입하려 하고 높으면 매각하려 할 것이다.

• 오염배출권 가격이 10만 원보다 높고 20만 원보다 낮다면 A기업과 B기업은 부족한 오염배출권을 매입하려 할 것이므로 시장의 수요는 70장(40장＋30장)이고, C기업은 매각하려 할 것이므로 시장의 공급은 30장이 되어 시장에서는 초과 수요가 발생하게 된다.

• 오염배출권 가격이 20만 원보다 높고 25만 원보다 낮다면 B기업은 부족한 오염배출권을 매입하려 할 것이므로 시장의 수요는 30장이고, A기업과 C기업은 오염배출권을 매각하려 할 것이므로 시장의 공급은 60장(30장＋30장)이 되어 시장에서는 초과공급이 발생하게 된다.

• 오염배출권 가격이 20만 원이 되면 A기업은 매입과 매각의 유인이 존재하지 않는다. 반면에 B기업은 부족한 오염배출권을 매입하려 할 것이므로 시장의 수요는 30장이고, C기업은 오염배출권을 매각하려 할 것이므로 시장의 공급도 30장이 된다. 이에 따라 오염배출권 시장은 균형에 도달하게 된다.

- 한편 오염배출에 대해 직접 규제를 한다는 것은 각 기업의 오염물질 배출량의 허용량을 정하고 이를 초과하는 배출량은 정화시설의 설치 등을 의무화하여 스스로 오염정화비용을 부담시키는 방법이다. 이에 따른 각 기업의 오염저감비용은 다음과 같다.

> - A기업의 오염저감비용＝4,020만 원＝800만 원
> - B기업의 오염저감비용＝3,025만 원＝750만 원
> - C기업의 오염저감비용＝2,010만 원＝200만 원
> - 정부의 직접규제로 인한 총오염저감비용: 800＋750＋200＝1,750(만 원)

- 반면에 오염배출권 제도를 시행하면 A기업은 40톤을, C기업은 50톤을 스스로 정화해서 배출해야 하므로 이때의 총오염저감비용은 다음과 같다. 단 B기업은 매입한 오염배출권으로 모든 오염배출량을 충족하므로 오염저감비용을 지불할 필요가 없다.

> - A기업의 오염저감비용＝4020만 원＝800만 원
> - B기업의 오염저감비용＝0원
> - C기업의 오염저감비용＝5010만 원＝500만 원
> - 정부의 직접규제로 인한 총오염저감비용: 800＋500＝1,300(만 원)

- 결국 오염배출권제도 하에서의 총오염저감비용은 각 기업의 오염배출량을 30톤으로 직접 규제할 때보다 450만 원만큼 절감될 것이다. 단, 여기서 B기업의 오염배출권 구입비용인 600만 원은 C기업의 오염배출권 판매수입인 600만 원과 서로 상쇄되므로 사회적인 총비용 계산에서는 제외하였다.
- 한편 B기업은 오염배출권 제도 아래에서는 부족한 30톤에 해당하는 오염배출권을 20만 원에 구입하게 되어 총 600만 원의 비용이 발생하고, 직접규제제도 아래에서는 부족한 30톤을 25만 원의 오염저감비용을 지출하여 정화해야 하므로 총 750만 원의 비용이 발생하게 된다. 따라서 B기업은 직접규제보다 오염배출권 제도를 선호하게 될 것이다.

정답 ② ②

3) 오염배출부과금과 오염방지보조금

(1) 오염배출자에게 오염물질의 배출량에 따라 비용을 부담하게 하거나 보조금을 지급하여 오염배출자에게 합리적 행동을 유도한다.

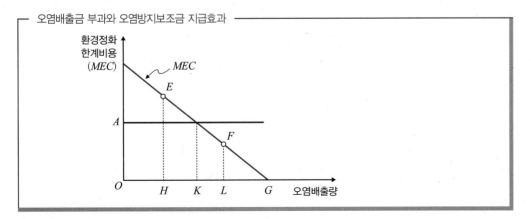

오염배출금 부과와 오염방지보조금 지급효과

환경정화 한계비용(*MEC*)이 우하향하는 이유는?

오염배출량이 0에서 *G*로 증가한다는 것은 환경정화를 위해 노력하지 않는다는 의미이다. 이에 따라 오염배출량이 증가할수록 비용부담의 정도는 감소하게 된다는 것을 보여 준다. 반대로 오염배출량이 *G*에서 0으로 감소한다는 것은 환경정화를 위해 오염물질 제거(=정화)를 위해 노력한다는 의미이다. 이에 따라 오염물질 제거량(=정화량)이 많을수록, 곧 오염물질 배출량이 적을수록 비용부담 정도는 커지게 된다는 것을 보여 준다.

(2) 오염배출부과금 효과

① 정부규제가 없다면 기업은 최대오염배출량인 *OG*만큼의 오염물질을 배출한다.

② 만약 오염배출에 대해 단위당 *OA*만큼의 오염배출부과금을 부과하면 오염배출자는 자신에게 유리한 것을 선택하게 된다.

③ 예컨대 현재 배출량이 *OK*보다 많은 *OL* 수준에서는 단위당 오염배출부과금인 *OA*가 오염처리비용인 *FL*보다 더 크기 때문에 오염배출부과금을 부담하는 것보다 스스로 오염처리를 하는 것이 유리하다.

④ 반면에 *OK*보다 적은 *OH* 수준에서는 단위당 오염배출부과금인 *OA*가 오염처리비용인 *EH*보다 더 작기 때문에 스스로 오염처리를 하는 것보다 오염배출부담금인 *OA*를 부담하는 것이 유리하다.

⑤ 기업은 *OK*까지는 오염배출부과금을 부담하면서 오염물질을 배출하게 되고, 그 이상은 스스로 비용을 부담하면서 오염물질을 정화하게 된다. 결국 기업 입장에서 본 적정오염물질 배출량은 *OK*가 된다.

(3) 오염방지보조금 효과

① 정부보조가 없다면 기업은 최대오염배출량인 *OG*만큼의 오염물질을 배출한다.

② 기업이 스스로 오염을 처리할 경우 오염물질 단위당 *OA*만큼 보조금을 지급한다면 오염배출자는 자신에게 유리한 것을 선택하게 된다.

③ 예컨대 현재 배출량이 *OK*보다 많은 *OL* 수준에서는 단위당 오염방지보조금인 *OA*가 오염처리비용인 *FL*보다 더 크기 때문에 기업은 스스로 오염물질을 정화하는 것이 유리하다.

④ 반면에 *OK*보다 적은 *OH* 수준에서는 단위당 오염방지보조금인 *OA*가 오염처리비용인 *EH*보다 더 작기 때문에 스스로 오염물질을 정화하는 것이 불리해진다.

⑤ 기업은 *OK*까지는 오염물질을 배출하게 되고, 그 이상은 스스로 비용을 부담하면서 오염물질을 정화하고 그 대가로 정부의 보조금을 수령하게 된다. 결국 기업 입장에서 본 적정오염물질 배출량은 *OK*가 된다.

기출확인

다음 자료에 대한 분석과 추론으로 타당한 것을 〈보기〉에서 모두 고르면? [2013]

- △△시에는 이윤의 극대화를 추구하는 두 기업 A와 B가 있다. 두 기업은 각각 1톤의 제품을 생산할 때마다 1톤씩의 오염물질을 방출하고 있으나, 그에 따르는 오염의 사회적 비용은 부담하지 않고 있다.
- MP_A와 MP_B 두 직선은 기업 A, B가 각각 생산을 1톤씩 늘려갈 때마다 얻는 한계이익(=한계수입－한계비용)을 보여주고 있다. 따라서 두 기업은 한계이익이 0이 되는 점에서 생산하고 있다.
- △△시 정부는 오염 규제 정책을 도입하기로 결정하였다. 그리고 각 기업에게 동일한 오염세를 부과하는 오염세 정책 및 동일한 양의 오염배출을 허용하고 배출권의 거래를 인정하는 오염배출권 거래 정책을 비교하고 있다.

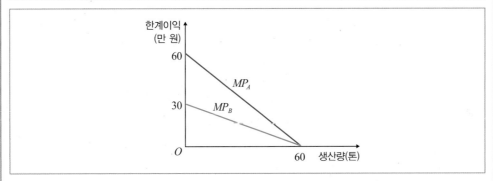

---- 〈 보 기 〉 ----

㉠ 오염세를 1톤당 20만 원으로 부과한다면, 두 기업의 총 오염배출량은 70톤이 된다.
㉡ 오염세 정책 하에서의 기업 A의 생산량이 기업 B의 생산량보다 더 크다.
㉢ 각 기업에게 오염 배출량을 20톤씩 허용한다면, 오염 1톤당 배출권의 거래가격은 15만 원부터 형성될 수 있다.
㉣ 오염 배출권의 거래가 이루어진다면 기업 A는 언제나 배출권의 매입자 위치에 서게 될 것이다.

① ㉠, ㉡
② ㉠, ㉢
③ ㉡, ㉢
④ ㉡, ㉣
⑤ ㉢, ㉣

분석하기

- 주어진 그림에 따른 두 기업의 한계이익(MP) 함수를 구하면 다음과 같다.

  - 기업 A의 한계이익 함수: $MP_A = 60 - Q$
  - 기업 B의 한계이익 함수: $MP_B = 30 - \frac{1}{2}Q$

- 오염세를 1톤당 20만 원으로 부과하는 경우와 오염 배출량을 20톤씩 허용하는 경우를 그림으로 나타내면 다음과 같다.

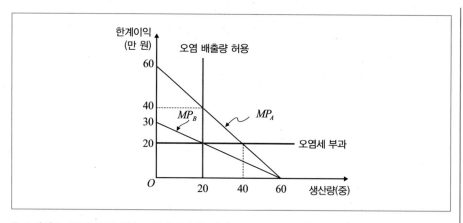

㉠ 오염세를 1톤당 20만 원으로 부과한다면, 기업 A는 40톤을 생산하고 기업 B는 20톤을 생산하여 두 기업의 총생산량은 60톤이 된다. 그런데 두 기업은 각각 1톤의 제품을 생산할 때마다 1톤씩의 오염물질을 방출하고 있으므로 결국 두 기업의 총 오염배출량은 60톤이 된다.

㉡ 오염세 정책 하에서의 기업 A의 생산량은 40톤, 기업 B의 생산량은 20톤이므로 기업 A의 생산량이 기업 B의 생산량보다 더 크다.

㉢ 각 기업에게 오염 배출량을 20톤씩 허용한다면, 오염 1톤당 배출권의 거래가격은 기업 B의 생산량이 20톤인 경우의 한계이익 수준인 20만 원부터 형성된다.

㉣ 동일한 생산량 수준에서 기업 A의 한계이익의 크기가 기업 B의 한계이익의 크기보다 항상 높으므로, 오염 배출권의 거래가 이루어지는 경우 기업 A는 언제나 배출권의 매입자 위치에 서게 될 것이다.

정답 ④

Theme 51 공공재

① 공공재(public goods)의 의미

(1) P. Samuelson: 공공재=집합적 소비재

"어떤 재화를 한 개인이 소비할 때 그것이 다른 개인의 소비를 감소시키지 않는 경우의 재화를 공공재라 한다."

(2) R. Musgrave: 공공재=사회재

"동량의 재화가 모든 개인에게 소비되어지는 재화가 공공재이다."

(3) R. Mackean: "공공재란 어떤 재화의 소비자의 수가 추가적으로 증가했을 때에도 추가적인 비용이 소요되지 않는 재화이다."

② (순수)공공재(public goods)의 성격

(1) 소비에 있어서의 [비경합(경쟁)성](non-rivalry in consumption)

① 소비에 참여하는 사람의 수가 아무리 많아도, 한 사람이 소비할 수 있는 양에는 전혀 변함이 없는 재화와 서비스의 특징을 말한다.

② 집합적(공동)소비가 가능하여 소비자가 증가해도 이를 위한 생산비가 추가로 들지 않기 때문에 "$MC=0$"이 된다.

Q&A 공공재의 '$MC=0$'의 의미는?

공공재도 추가적으로 생산하기 위해서는 양(+)의 한계비용(MC)이 발생한다. 다만 기존에 소비하고 있는 소비자 이외에 다른 사람들을 추가적으로 소비할 수 있도록 하게 하기 위해서라면 굳이 공공재를 추가적으로 생산할 필요는 없다. 공공재는 비경합성의 특성을 갖고 있기 때문이다. 따라서 공공재의 '$MC=0$'이라는 것은 공공재를 추가적으로 생산할 때를 전제로 하는 것이 아니라, 소비자가 추가적으로 증가할 때 이를 위한 별도의 생산이 필요 없다는 의미임을 주의한다.

(2) 소비에 있어서의 [비배제성](non-excludability in consumption)

① 어떤 대가를 치루지 않고 재화와 서비스를 소비하려고 하는 사람의 경우에도 소비에서 배제할 수 없는 재화나 서비스의 특성을 말한다.

② 이에 따라 [무임승차자의 문제](free rider's problem)가 발생한다.

재화의 구분(R. A. Musgrave)

구분	배제성	비배제성
경합성	사적재(사용재, 사유재) 예 꽉 막힌 유료도로, 자동차, 맥주 등	준공공재 예 꽉 막힌 무료도로, 공유자원, 119 등
비경합성	준공공재 예 한산한 유료도로, 케이블 TV 등	순수공공재 예 한산한 무료도로, 국방, 일기예보, 치안 등

순수공공재와 준공공재

신생아가 태어나면 경찰은 이 아이의 생명을 보호해 주어야 한다. 그러나 신생아가 태어날 때마다 경찰의 예산이 늘어나지는 않는다. 이런 의미에서 국방·치안 등 순수공공재에는 한계비용이 발생하지 않는다. 반면에 신도시가 건설되고 새로운 주민들이 입주하면 통행을 위한 도로가 공급되어야 하는데 이를 위해서는 추가적인 비용이 발생하게 되는 것이다. 이러한 준공공재에서 발생하는 한계비용을 혼잡비용이라고도 한다.

공공재의 특성과 무임승차

1. 비재제성: 배제를 하기 위해서는 엄청난 비용이 소요된다.
2. 비경합성: 공공재 생산량=개인의 공공재 소비량(사적재의 총생산량=사적재의 총소비량)
3. 공공재의 효율적 배분은 모든 소비자들이 공공재 공급에 따른 조세부담을 의식하고서도 효용극대화 행위에 의한 진실된 공공재 수요를 시현(示顯)할 경우에만 현실적으로 달성될 수 있다. 그러나 비경합성, 비배제성의 특성을 지닌 공공재에 대한 진실된 선호를 자발적으로 나타낼 수 있는 인센티브가 충분히 존재하지 않는 것이 현실이다. 예컨대 공공재에 대해서 각자가 기꺼이 지불하려고 하는 금액, 다시 말해서 자신이 선호를 시현한 정도에 따라 조세가 부과된다는 사실을 알고 있는 한 소비자들은 의도적으로 자신의 선호 정도를 과소 시현하거나 심지어는 숨겨려는 시도를 할 것이다. 반대로 조세부담이 자신의 진실된 선호 표현과 관계없이 결정된다면 많은 소비자들은 오히려 자신의 선호 정도를 과대 시현함으로서 공공재 공급의 증가를 도모할 것이다. 이에 따라 공공재에 대한 개인의 선호 정도를 왜곡해서 공공재 소비로부터 얻게 되는 혜택에 대응하는 적정한 조세(가격)의 부담을 회피하려는 문제를 무임승차문제(無賃乘車問題)라고 한다.

③ 클럽의 이론(theory of club)

1) 클럽재의 의의

(1) 혼잡가능 공공재(congestible public goods): 기본적으로는 여러 소비자들이 동시에 사용할 수는 있으나, 지나치게 많은 소비자들이 몰려 동시에 소비하고자 할 경우에는 혼잡이 빚어져 불완전한 비경합성을 특징으로 하는 재화를 의미한다.

(2) 부캐넌(J. Buchanan)은 경합성이 있기는 하지만 불완전하여 소비자들의 수가 증가함에 따라 혼잡이 발생하는 재화를 클럽재(club goods)라 불렀다.

(3) 대표적인 클럽재에는 헬스클럽, 극장, 공원, 도로 등이 속한다.

2) 클럽재의 최적규모와 최적사용자 수의 결정

(1) 클럽재의 적정규모는 사용자들의 수가 변함에 따라 바뀌게 되므로 사용자들의 수에 대응하는 클

길이 지켜규모 게시이 필요하다.

(2) 그림에 의한 설명

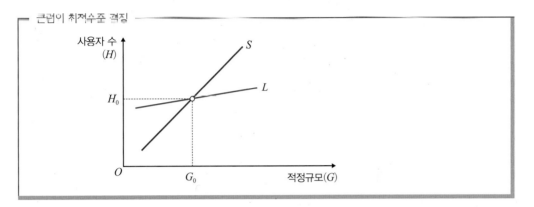

큰럼이 최적수준 결정

① 곡선 S는 사용자들의 수에 따른 클럽의 적정규모를 나타낸다.

② 곡선 L은 클럽의 규모가 바뀜에 따른 적정 사용자의 수를 나타낸다.

③ 두 곡선 S와 L이 만나는 점에서 클럽의 최적 규모와 최적 사용자 수가 결정된다.

3) 클럽 규모가 주어지는 경우의 적정 사용자 수 결정

(1) 가정

① 사용자 수가 H이고 주어진 규모의 클럽에 대한 생산 비용이 C일 때, 비용은 모든 사용자들이 균등하게 C/H만큼씩 가입비 형식으로 분담한다.

② 사용자들의 수가 적은 초기 단계에서는 사용자들의 수가 증가함에 따라 클럽에 가입함으로써 사용자들이 얻는 효용도 증가하게 된다.

③ 일정한 단계를 넘어가게 되면 사용에 따른 혼잡이 유발되어 사용자 수의 증가는 효용의 감소를 가져온다.

(2) 그림에 의한 설명

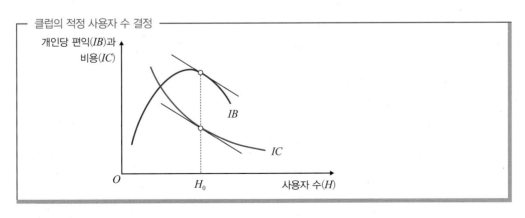

클럽의 적정 사용자 수 결정

① 그림에서 IB는 개인의 편익곡선이고, IC는 개인당 비용곡선이다.

② 적정 사용자 수는 IB곡선과 IC곡선의 수직거리가 최대인 수준인 H_0에서 결정된다.

주인이 없다고 공짜는 아니다!

"1950년부터 2010년까지 60년 동안 전 세계의 해양 생물종 중의 29%가 멸종되었다고 한다. 이러한 지금의 추세대로라면 2048년 정도가 되면 생선을 포함한 바닷속 먹거리들이 우리의 밥상에서 거의 사라질 수 있다는 것이다. 이러한 충격적인 결과를 야기한 원인은 무엇인가?"

재화의 특징 중에서 비용을 부담하지 않고 소비하는 것을 막을 수 없는 성질을 비배제성이라고 하고, 남이 먼저 소비한다고 하더라도 나의 소비 기회가 줄어들지 않는 성질을 비경합성이라고 한다. 이 중에서 하나의 특징만을 가지고 있는 재화를 준공공재라고 한다. '공유자원'이란 비배제성과 남이 먼저 소비하면 나의 소비기회가 줄어드는 경합성을 특징으로 하는 준공공재이다.

일반적으로 시장에서 거래되는 모든 재화는 소유권이 정해져 있어 그 재화를 소비하기 위해서는 반드시 그에 상응하는 대가를 지불해야 한다. 그런데 만약 소유권이 정해져 있지 않은 재화라면 어떤 일이 벌어질까? 가장 간단한 답은 '먼저 잡는 사람이 임자!'이다. 이러한 재화의 특징 때문에 자신의 필요한 적정량과 관계없이 먼저 잡기 위한 경쟁을 하다 보면 필연적으로 남획의 문제가 생길 수밖에 없는 것이다. 결국 앞에서 지적한 우리 밥상 위에 생선이 사라지는 문제가 발생하는 것이다.

자! 이제 이러한 문제를 해결하기 위한 방법에 대하여 고민해보자!

울진이나 영덕 앞 바다에서 잡히는 대게를 오랫동안 맛보기 위한 방법을 한번 생각해보자.

우선 소유권을 인정해 주는 방법이다. 대게가 잡히는 어장의 어민들에게 어족 관리권과 독점적 어업권을 인정해주면 자연스럽게 대게의 남획을 방지할 수 있는 것이다.

또한 산란기 때는 출어를 금지하는 출어 제한 제도를 도입할 수 있다. 또한 일정한 크기 이상의 대게만 잡을 수 있게 하여 어린 대게를 남획하는 것을 막을 수 있다. 현재 대게잡이 어선에는 대게의 게딱지 크기를 잴 수 있는 나무로 만든 도구를 비치해 잡아올린 대게의 게딱지가 나무 틀보다 작으면 가차 없이 놓아주게 되어 있다. 그리고 근본적으로 어선당 잡을 수 있는 대게의 양을 제한하여 대게 개체수를 늘리는 노력을 할 수 있다.

문제는 이러한 방법을 쉽게 적용할 수 없는 공해상에서 이루어지는 어업활동이다. 이 경우에는 국제적 협약 등을 통해 해양자원 보호구역 지정이라든가 어업 휴식년제 도입 등을 통해 동일한 목적을 달성할 수 있을 것이다.

④ 사회수요곡선의 도출(공공재의 최적공급): 린달(E. R. Lindahl) 모형

1) 사적재(사유재, 사용재: private goods)

(1) 상이한 양의 재화를 동일한 가격에 구매한다.

(2) 개별 수요곡선을 수평으로 합하여 사회수요곡선을 도출한다.

2) 공공재

(1) 동일한 양을 공동 소비하므로 주어진 수량에 대해 개인들이 기꺼이 지불할 수 있는 금액이 곧 개인들의 수요가격이다.

(2) 개별 소비자의 수요를 수식적으로 합해서 사회수요곡선을 도출한다.

(3) 소비자들은 동일한 양의 재화를 상이한 가격(조세)으로 소비한다.

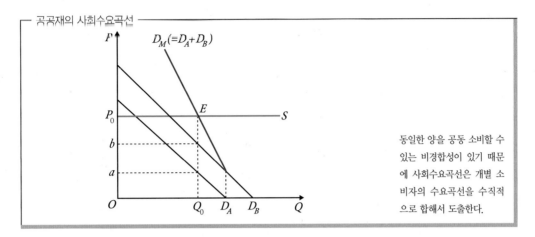

─ 공공재의 사회수요곡선 ─

동일한 양을 공동 소비할 수 있는 비경합성이 있기 때문에 사회수요곡선은 개별 소비자의 수요곡선을 수직적으로 합해서 도출한다.

(4) 개별 수요곡선은 개인이 공공재에 대한 그들의 선호를 자발적으로 표시한다는 가정하에 그려진 것이며, 균형은 공급(S)과 사회적 수요(D_{A+B})가 일치하는 E에서 이루어지고 A와 B는 각각 Q_0의 공공재를 Oa, Ob의 세금을 내고 소비하게 된다.

Q&A 수요곡선과 한계편익 곡선의 관계는?

일정량의 상품을 소비하는 사람들은 자신이 기꺼이 지불할 수 있는 단위 당 최대금액을 정한다. 이것이 수요가격이고 이 크기는 일정량 수준에서 수요곡선의 높이로 측정된다. 그런데 소비자가 기꺼이 가격을 지불하려는 이유는 상품 소비로부터 그 가격 크기만큼의 편익을 추가할 수 있기 때문이다. 결국 일정량 수준에서 수요곡선의 높이는 수요가격을 나타내기도 하고, 동시에 그때 얻을 수 있는 한계편익을 의미하기도 한다. 이에 따라 수요곡선을 한계편익곡선으로 이해해도 무방한 것이다.

 확인 TEST

K국의 국민은 A와 B 두 사람뿐이며, 특정 공공재에 대한 이들 각각의 수요함수는 $P=10-Q$이다. 해당 공공재의 한계비용은 공급규모와 상관없이 10원으로 일정하다. 해당 공공재의 적정 생산수준은? (단, P는 해당 공공재의 가격, Q는 해당 공공재에 대한 수량이다)

① 2단위
② 5단위
③ 10단위
④ 15단위

해설 ┛ 공공재의 시장수요곡선은 개별 수요곡선을 수직으로 합하여 도출된다. 따라서 , $P_A=10-Q$, $P_B=10-Q$에서 $P=P_A+P_B=20-2Q$가 도출된다. 공공재의 공급은 $P=MC$수준에서 결정되므로 $10=20-2Q$이다. 따라서 $Q=5$가 된다.

정답 ┛ ②

다음은 공공재인 소방(消防) 서비스의 생산·공급에 관한 내용이다. 주민으로 甲과 乙의 두 사람이 존재하고 이들 둘은 소방 서비스로부터 혜택을 누린다고 가정한다. 甲과 乙의 두 사람의 소방 서비스에 대한 수요곡선은 각각 D_1과 D_2로 나타난다. 사회 전체의 통합된 수요곡선은 그림에서 D_S로 나타난다. 아래 그림에서 효율성에 입각한 최적(optimum) 공공재의 생산량은 얼마이며, 그와 같이 결정되는 이유는 어떤 경제적 논리에 근거한 것인지 쓰시오.

[2005]

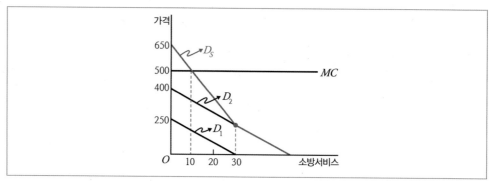

• 생산량:
• 경제적 논리:

• 생산량: 10단위
• 경제적 논리: 공공재는 한 사람이 먼저 소비한다고 하더라도 다른 사람의 공공재에 대한 소비기회가 감소하지 않는 비경합성(또는 비경쟁성)이라는 특성을 갖는다. 이에 따라 공공재에 대한 사회 전체의 수요함수는 공공재에 대한 개별 수요함수를 수직으로 합하여 도출한다. 이때 수요함수는 공공재에 대한 한계편익함수와 같다. 이렇게 도출된 사회 전체의 수요함수를 전제로 '$P=MC$'를 만족하는 수준에서 공공재의 최적 생산량이 결정된다. ⇒ 린달(E. R. Lindahl) 모형

$$(수직적)\sum MB=MC \Rightarrow MB_{갑}+MB_{을}=MC$$

Q&A 최적 공공재 생산을 위한 부담액 결정은?

다음과 같은 사례를 살펴보자.

어느 마을의 주민들은 보다 쾌적한 공원 환경을 조성하기 위해 나무를 심고자 한다. 마을 주민 각자는 자신의 집에 나무를 가져갈 수는 없지만 공원을 지날 때마다 쾌적함을 느낄 것이다. 마을 주민 개인의 공원 나무에 대한 수요함수는 $P=10-Q$라고 하자. P는 나무 한 그루의 가격이고, Q는 나무의 수량이다. 나무 한 그루를 공원에 심는 비용은 200원이며, 마을 주민은 200명이다.

이 경우 심어야 할 공공재인 나무의 최적 수량을 구하면 다음과 같다.

• 시장 수요 함수 : $P=2,000-200Q$ (∵ 마을 주민이 200명이고 개별수요함수를 수직으로 합해서 도출)
• 나무의 최적 수량 도출 : $P=MC \rightarrow 2,000-200Q=200 \rightarrow Q=9$
• 나무를 9그루 심기 위해 필요한 총비용 : 1,800원(∵ 한 그루를 심는 비용이 200원)
• 개인이 나무(공공재) 소비를 위해 지불하고자 하는 단위당 금액 : $P=10-Q=10-9=1$
• 개인이 나무(공공재) 소비를 위해 지불하고자 하는 총금액 : 9원(∵ $P=1$, $Q=9$)
• 마을 전체에서 공공재 소비를 위해 지불하고자 하는 총금액 : 1,800원(∵ 9×200)

심고 통행세의 지불의 최대 수량은 9그루이고, 마을 저체가 지불하고자 하는 총금액은 1,800원이므로 최적 수량인 9그루를 심는 것이 가능해진다. 주의할 것은 이러한 결과는 마을 주민 모두가 자신의 진실한 수요 계획을 나타내는 경우이다. 만약 이부가 공공재의 특성으로 인해 가능한 무임승차를 시도하게 되면 9 그루보다 적은 과소생산의 문제가 발생하게 된다.

┌─ 사적재와 공공재의 비교 ─────────────────────────────────

구분	사적재(사용재)	공공재
시장수요 곡선	모든 사람이 동일한 가격의 사적재를 소비 ⇒ 개별 수요곡선의 수평적 합으로 도출	모든 사람이 동일한 수량의 공공재를 소비 ⇒ 개별 수요곡선의 수직적 합으로 도출
균형조건	$MB^A = MB^B = MC$ • 동일한 가격으로 상이한 수량을 소비 • 선호가 크면 더 많은 양을 소비	$MB^A + MB^B = MC$ $(\Sigma MB = MC)$ • 상이한 가격으로 동일한 수량을 소비 • 선호가 크면 더 많은 비용을 부담
가격	P_M이 사적재의 단위가격	OP_M이 아닌 A에게는 OP_A B에게는 OP_B의 높이가 단위가격
재화의 최적 배분	$MB^A = MB^B = \cdots = MC$ 또는 $MRS^A = MRS^B = \cdots = MRT$	$MB^A + MB^B + \cdots = MC$ 또는 $MRS^A + MRS^B + \cdots = MRT$

┌─ 조세징수를 통한 공공재 공급의 이유 ─────────────────────

1. 사적재의 경우 가격은 생산자의 수입이 되므로 이를 통해 생산자는 생산에 필요한 재원을 조달할 수 있으나 이론적으로 가격이 0인 공공재의 경우에는 다른 재원 조달 방법이 필요하다.
2. 사적재의 경우 가격기구에 의해 최적생산에 필요한 정보가 제공되나 공공재의 경우 가격이 그 역할을 하지 못하므로 다른 방법, 예컨대 투표를 한다든지 하는 방법을 통해 소비자의 선호가 표현될 수 있는 제도적 장치가 필요하게 된다. 문제는 이러한 장치가 가격기구와 같이 원활하게 정보를 매개하기 어렵다는 것이다.
3. 사적재의 경우 소비자가 자신의 지불 의사액을 낮게 표현하는 경우 그 상품을 구입할 수 없을 수도 있기 때문에 그러한 행위를 할 유인이 없으나 비배제성의 특징을 지닌 공공재의 경우 소비자는 언제든지 자신의 지불의사액을 낮게 표현하려 하는 유인을 갖게 된다.
4. 위와 같은 이유 때문에 자발적인 헌금방식의 재원조달이 현실적으로 어려우므로 공공재의 재원조달은 강제성을 띤 조세를 통한 방법이 가장 일반적으로 이용되고 있다.

⑤ 공공재와 무임승차

1) 의의

(1) 린달 모형은 각 개인이 공공재에 대한 진정한 선호를 표출하고 있다는 다소 비현실적인 가정을 전제한다. 그러나 만약 대부분의 사람들이 무임승차를 시도하면 사람들이 자발적인 합의에 의해 결정한 공공재 수준은 린달 모형에서 도출된 구해진 적정수준에 미치지 못하게 된다.

(2) 무임승차 문제의 배경은 결국 자신들에게 더욱 유리한 결과를 가져 오도록 하기 위한 일종의 게임 상황이라고 볼 수 있다. 사람들이 자신은 공공재를 별로 원하지 않는다고 말하는 것은 비용부담을 회피하기 위한 전략적 행동이라고 말할 수 있기 때문이다.

2) 사례 연구

(1) 가정

① 소비자 A와 B로만 이루어진 경제에서 두 사람은 공공재 X를 자신의 진실한 수요의사를 기초로 하여 직접 가격을 지불해서 소비할 수도 있고 또는 상대방이 구입한 공공재 X를 공공재의 특성에 따른 무임승차로 소비할 수도 있다.

② 소비자 A와 B의 공공재 수요함수와 한계비용(MC)은 다음과 같다.

> - A의 수요함수 : $P_A = 10 - Q$, B의 수요함수 : $P_B = 10 - Q$
> - 한계비용 : $MC = 4$

(2) 개별수요함수와 시장수요함수 도출

① 개별수요함수

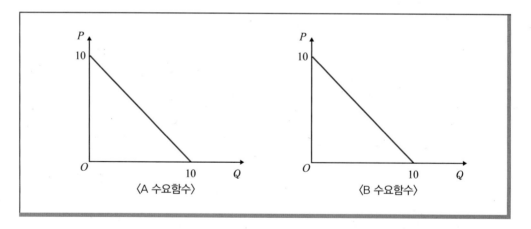

② 시장수요함수 : 개별수요함수를 수직으로 합하여 도출

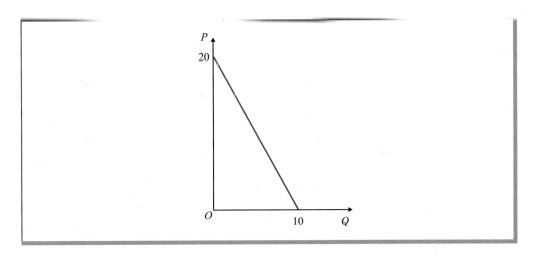

(3) 소비자 A와 B의 전략과 잉여

① 소비자 A는 가격을 지불하고 소비, 소비자 B는 무임승차하는 경우

  @ 소비자 A와 B의 공공재 소비량

- $P_A = MC \rightarrow 4 = 10 - Q_A \rightarrow Q_A = 6$
- $Q_B = 6$(비경합성으로 A와 동일한 수량 소비 가능)

  ⓑ 소비자 A의 B의 소비자 잉여

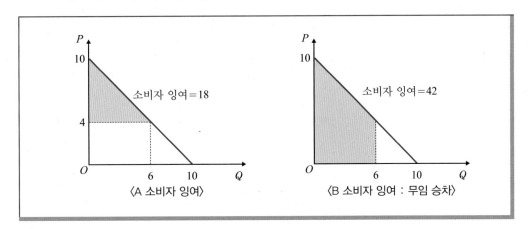

② 소비자 A는 무임승차, 소비자 B는 가격을 지불하고 소비하는 경우

  @ 소비자 A와 B의 공공재 소비량

- $P_B = MC \rightarrow 4 = 10 - Q_B \rightarrow Q_B = 6$
- $Q_A = 6$(비경합성으로 B와 동일한 수량 소비 가능)

  ⓑ 소비자 A의 B의 소비자 잉여

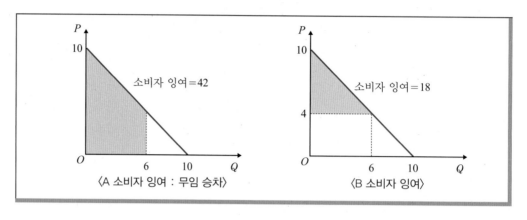

③ 소비자 A와 B가 모두 가격을 지불하고 소비하는 경우

ⓐ 시장 전체의 최적 공공재 생산량 도출

- $P_M = P_A + P_B = (10-Q) + (10-Q) = 20 - 2Q$
- $P_M = MC \rightarrow 4 = 20 - 2Q \rightarrow Q = 8 \rightarrow Q_A = Q_B = 8$(비경합성으로 동일한 수량 소비 가능)

ⓑ 시장 전체의 사회적 총잉여와 A와 B의 소비자 잉여

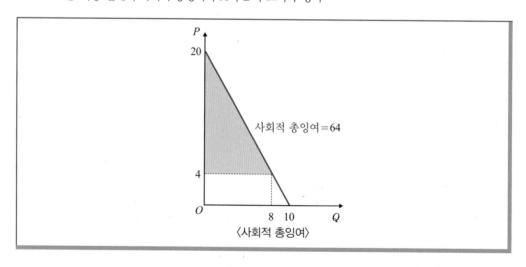

사회적 총잉여가 64이고 소비자 A와 B가 절반씩 누릴 수 있다고 할 때, 각각의 소비자잉여는 32가 된다.

④ 소비자 A와 B가 모두 무임승차하는 경우

공공재 X는 공급될 수 없으므로 A와 B의 소비자 잉여는 모두 0이 된다.

⑷ 보수행렬 도출: 괄호안의 값은(A의 잉여, B의 잉여)

A　　　　　　　　　　　B	가격 지불	무임승차
가격 지불	(32, 32)	(18, 42)
무임승차	(42, 18)	(0, 0)

① (A 가격시불, B 무임승차), (A 무임승차, B 가격시불)하는 경우가 내쉬균형에 해당한다. 이러한 내쉬균형 하에 사회적 총잉여는 60이 된다. 이때 공공재 생산량은 '$Q=6$'이다.

② 사회적 총잉여가 최대가 되는 것은 소비자 A와 B가 모두 가격 시불을 선택하는 경우이다. 이를 위해서는 '$Q=8$'만큼의 공공재가 생산되어야 한다. 그런데 이러한 경우는 내쉬균형에 해당하지 않는다.

③ 결국 내쉬균형 수준에서의 공공재 실제 생산량($Q=6$)은 최적 생산량($Q=8$)에 비해 과소생산 될 수 있음을 보여준다.

조세와 사용자 가격(user price)

구분	조세	사용자 가격
의미	중앙 정부나 지방정부가 제공하는 공공재에 대하여 그것을 이용하는 국민이나 주민들이 지불하는 대가를 말한다.	공기업 또는 정부가 공급하는 준공공재를 소비·이용하는 소비자에게 요구하는 가격이다.
적용대상	순수공공재(완전한 비배제성 원리)	준공공재(부분적인 비배제성 원리)
징수	강제성	소비자 선택
효율성	덜 효율적	보다 효율적
공평성	보다 공평	덜 공평
적용 사유	① 공공재 공급의 한계비용이 매우 낮거나, 0 일 경우 ② 사용자 가격의 행정비가 과다한 경우 ③ 사용자 가격을 부과하는 경우, 사회적 최적 공급수준을 미달하는 경우	① 소비의 분할성 ② 소비의 측정가능성 ③ 조세를 사용할 경우 낭비가 예상되는 경우 (수도, 전기 등) ④ 시설이용에 있어서 혼잡과 과밀현상이 예상 되는 경우(공원, 도로 등)

❼ 티부(C. Tiebout) 모형

1) 의의

(1) 어떤 조직에 불만이 있을 때 그 조직을 이탈함으로써 자신의 불만을 표시하는 것을 '발에 의한 투표 (voting with the feet)'라고 한다.

(2) 티부는 여러 개의 자치단체가 존재하고 사람들이 발에 의한 투표를 하게 되면 최소한 지방공공재 의 성격을 갖는 재화와 관련해서는 분권화된 배분체계가 효율적일 수 있다는 것을 보였다.

2) 기본 가정

(1) **다수의 마을 존재**: 상이한 재정프로그램을 제공하는 다수의 자치단체가 존재하여 사람들이 이 중 가장 마음에 드는 거주지를 선택할 수 있다.

(2) **완전 정보**: 사람들이 각 자치단체의 재정프로그램에 대한 완전한 정보를 가지고 있다. 각 자치단체들이 상이한 재정프로그램을 제시하여 경쟁하는 체계가 이루어지기 위해서 필요한 가정이다.

(3) **완전한 이동성**: 사람들이 자치단체 간을 이동할 때의 비용이 무시할 수 있을 만큼 작아야 한다. 만약에 이동에 따른 비용이 과도하거나 직장이 자유로운 이동을 방해하게 된다면 '발의 의한 투표'는 진실한 선호를 반영하지 못하기 때문이다.

(4) **규모에 대한 수익 불변인 생산 기술**: 자치단체의 규모에 따른 공공재 공급에 필요한 비용 상의 이점은 존재하지 않는다. 만약 규모의 경제가 존재하게 되면 자치단체 간 경쟁체제는 불가능해지고, 소수의 큰 규모의 자치단체만이 존재하게 될 것이다.

(5) **외부성의 부존재**: 각 자치단체가 수행하는 재정프로그램의 혜택은 그 지역 주민들만이 누릴 수 있다.

3) 내용

(1) 지방자치제가 실시되는 경우 각 자치단체가 상이한 재정프로그램 구조를 갖게 되고, 이에 대하여 지역주민들은 자신의 선호에 가장 부합하는 재정프로그램을 갖춘 자치단체로 이주하게 된다.

(2) 비경합성이 완전하지 못한 지방공공재의 경우에 발에 의한 투표가 사적재 시장에서 소비자들이 가장 선호하는 상품을 구입하기 위해 탐색을 하는 것과 동일한 결과를 가져 온다.

(3) 각 마을에서는 비슷한 기호와 소득을 갖고 있는 사람들이 모여 사는 양상을 보인다. 이것은 사람들의 재정프로그램에 대한 선호가 각자의 소득수준과 체계적인 관계를 가진다고 가정하기 때문이다.

Theme

52 정보의 비대칭성

❶ 기초 개념

1) 정보의 의의: 사람들이 갖기를 원하는 경제적 자원 ⇒ 정보는 경제재이다.

2) 정보의 비대칭성(asymmetric information)

(1) **의미:** 불완전한 정보 하에서 경제적인 이해관계가 있는 거래당사자들 중 어느 한 쪽이 더 많은 더 정확한 정보를 갖고 있어 당사자들 사이에 정보가 불평등하게 존재하는 상태를 말한다.

> ── 스티글리츠(J. Stieglitz)의 마비된 손(palsied hand) ─────────────
>
> 정보의 비대칭성이 존재한다면 비록 경쟁시장이라 하더라도 수요와 공급이 일치하는 시장균형이 성립하지 않을 수도 있으며, 시장균형이 성립하더라도 거래가 위축되어 시상이 세 기능을 발휘허지 못하게 된다. 비대칭적 정보가 시장의 실패를 초래할 수 있는 것이다. 이를 스티글리츠는 '마비된 손'이라고 불렀다.

(2) **유형**

① **감추어진 특성(hidden characteristics):** 계약이 이루어지기 전에 거래당사자 중에서 일방이 상대방의 특성에 대해서 잘 모르고 있는 상황 ⇒ 정보를 적게 가진 쪽에서 상대방과 불리한 거래를 할 수 있는 역선택의 문제가 발생한다.

② **감추어진 행동(hidden action):** 계약이 이루어진 후에 거래당사자 중 어느 일방의 행동을 상대방이 관찰할 수 없거나 통제가 불가능한 상황 ⇒ 일방 당사자가 최선을 다하지 않는 도덕적 해이 문제가 발생한다.

❷ 역선택(adverse selection)

1) 의의: 정보의 비대칭성 하에서 정보를 갖지 못한 입장에서 보면 가장 바람직하지 않은 상대방(정보를 가진 자)과 거래할 가능성이 높아지는 현상을 말한다.

2) 유형

(1) **중고자동차 시장:** 불량품(lemon)만 거래되고, 우량품(peach)은 제 값을 받기가 어렵게 된다. 즉 불량중고차가 우량중고차를 구축하는 일종의 Gresham의 법칙이 성립한다.

역선택과 중고차 시장의 관계는?

1. 다음 표는 중고차 시장에서 판매되는 자동차의 품질과 이에 대한 판매자와 구매자의 평가 가치를 보여준다. 단, 정보를 갖고 있지 못하는 판매자와 구매자는 중고차가 평균가치로 거래되기를 희망하는 위험 중립적이라고 가정한다

구분	판매자의 평가	구매자의 평가
좋은 차(H)	1,200만 원	1,600만 원
나쁜 차(L)	800만 원	1,000만 원

2. 중고차 시장에서 가격 결정
   1) 판매자와 구매자는 모두 중고차의 품질에 대하여 완전한 정보를 갖는 경우
      ① 좋은 차에 대해 판매자는 최소 1,200만 원을 받고자 하는 반면 구매자는 최대 1,600만 원을 지불하고자 하므로 좋은 차는 '1,200만 원 ~1,600만 원' 사이에 거래된다.
      ② 나쁜 차에 대해 판매자는 최소 800만 원을 받고자 하는 반면 구매자는 최대 1,000만 원을 지불하고자 하므로 나쁜 차는 '800만 원 ~1,000만 원' 사이에 거래된다.
      ③ 다만 중고차의 구체적 거래가격은 판매자와 구매자의 협상 능력에 따라 달라진다.
   2) 판매자와 구매자가 모두 중고차 품질에 대하여 정보를 갖고 있지 못하고, 다만 좋은 차는 1/4, 나쁜 차는 3/4의 비율로 중고차 시장에서 유통된다는 사실만 알고 있는 경우
      ① 판매자는 다음과 같이 판매 희망가격을 제시한다.

$$1,200 \times \frac{1}{4} + 800 \times \frac{3}{4} = 300 + 600 = 1,000(\text{만 원})$$

      ② 구매자는 다음과 같이 구매 희망가격을 제시한다.

$$1,600 \times \frac{1}{4} + 1,000 \times \frac{3}{4} = 400 + 750 = 1,150(\text{만 원})$$

      ③ 중고차는 품질과 관계없이 '1,000만 원~1,150만 원' 사이에 거래되며, 구체적 가격은 판매자와 구매자의 협상 능력에 따라 달라진다.
   3) 판매자는 중고차 품질에 대하여 완전한 정보를 가지고 있지만 구매자는 좋은 차가 1/4, 나쁜 차가 3/4의 비율로 중고차 시장에서 유통된다는 사실만 알고 있는 경우
      ① 구매자는 다음과 같이 구매 희망가격을 제시한다.

$$1,600 \times \frac{1}{4} + 1,000 \times \frac{3}{4} = 400 + 750 = 1,150(\text{만 원})$$

      ② 자신의 중고차에 대한 품질에 대해 완벽한 정보를 가지고 있는 판매자는 구매자가 제시한 1,150만 원의 가격이 좋은 차일 경우 자신이 받고 싶어 하는 1,200만 원에 비해 낮기 때문에 시장에 나온 좋은 차를 거두어 들이고, 자신이 받고 싶어 하는 가격이 구매자가 제시한 가격보다 더 낮은 나쁜 차만을 판매하려고 한다.
      ③ 결국 중고차 시장에서는 나쁜 차만 거래되고, 구매자는 나쁜 차를 구매하게 되는 역선택 상황에 놓이게 된다.

(2) **보험 시장**: 고위험집단은 보험에 가입하고 저위험 집단은 보험에 가입하지 않는 현상이 발생한다.

Q&A 역선택과 부험시장과의 관계는?

1. 보험회사가 사고 발생 확률을 가중평균하여 도출한 평균적 사고발생확률을 전제로 보험료를 결정하면 저위험 집단은 보험시장에서 이탈하고 고위험 집단만이 보험시장에 남게 되는 역선택 상황에 직면하게 된다.

2. 다음 표는 10,000명으로 이루어진 집단에서 고위험(H) 집단이 6,000명, 저위험(L) 집단이 4,000인 경우 사고확률과 사고가 발생하는 경우 보험회사가 지불하게 되는 보험금을 나타낸다.

구분	집단 구성원 수	사고 발생 확률	보험금
고위험(H) 집단	6,000명	40%	1억 원
저위험(L) 집단	4,000명	10%	1억 원

1) 보험료 결정
   ① 보험회사가 보험가입자의 위험관련 정보를 정확하게 알고 있다면, 고위험 집단 가입자에게는 4,000만 원 그리고 저위험 가입자에게는 1,000만 원의 보험료를 요구할 것이다.
   ② 보험회사가 보험가입자의 위험관련 정보를 모른다면 보험가입자가 누구이든지 간에 관계없이 평균적 사고발생확률을 전제로 2,800만 원의 보험료를 요구할 것이다.

   • 평균적 사고발생 확률 = 사고발생 확률 × 집단 구성원 비율 = $0.4 \times 0.6 + 0.1 \times 0.4 = 0.24 + 0.04 = 0.28$

2) 결과
   ① 보험회사가 불완전한 정보를 가지고 있는 경우 요구하는 보험료가 2,800만 원이므로 저위험 집단 구성원은 보험시장에서 이탈하게 되고 고위험 집단 구성원만 보험시장에 남게 된다.
   ② 보험회사는 역선택에 직면하게 된다.

(3) **금융 시장**: 신용불량자가 대출을 신청하는 경우에 발생한다.

3) 해결방안: 신호체계

(1) **신호발송(signaling)**: 정보를 가진 측에서 자신의 특성을 제공한다.
   ① **중고차 시장의 경우**: 품질보증서 첨부, 판매 후 무상수리 서비스 제공
   ② **취업 시장의 경우**: 자격증 제시
   ③ **한우 시장의 경우**: 원산지 표시

(2) **선별(screening)**: 정보를 갖지 못한 측에서 특성을 알아내려고 행동한다.
   ① **보험 시장의 경우**: 건강진단서 요구, 탄력적인 보험료율 제도
   ② **대부 시장의 경우**: 신용 정도에 따른 신용할당

(3) **강제집행**: 정부의 규제에 의해 모든 당사자들을 강제적으로 거래하도록 한다.
   ⇒ 의료보험에서나 자동차 보험에서의 책임보험을 의무적으로 가입 강제

(4) **평판(reputation)과 표준화(standardization)**: 정보를 가진 쪽에서 스스로 정직하게 정보를 전달한다는 평판을 만들기 위해 노력하거나 표준화된 상품(**예** 프랜차이즈화 된 햄버거 등)을 판매함으로서 역선택을 해소하고자 한다.

(5) **효율성 임금(efficiency wage)**: 시장임금보다 높은 수준의 임금을 지급하여 우수한 노동자를 확보한다.

(6) **신용할당(credit rationing)**: 은행이 대출이자율을 인상하지 않고 주어진 자금을 신용도가 높은 기업들에게 배분한다.

 역선택과 신용할당과의 관계는?

1. 대부시장에서 차입자는 대부자금으로 하는 투자계획과 이로 인해 얻을 수 있는 수익 등에 관한 많은 정보를 갖는다. 반면에 대부자(은행)는 차입자가 대부자금을 어느 용도로 사용하는가에 대한 정보를 갖지 못한다. 이로 인해 대부자(은행)와 차입자 사이에 정보의 비대칭성이 존재하게 된다.

2. 이러한 상황 속에서 차입자는 높은 수익만을 얻기 위해 위험성 역시 높은 대안에 투자를 할 수 있다. 만약 이러한 차입자의 선택이 실패하게 되면 대부자(은행)는 대부자금을 회수할 수 없게 되는 역선택 상황에 놓이게 될 수 있다.

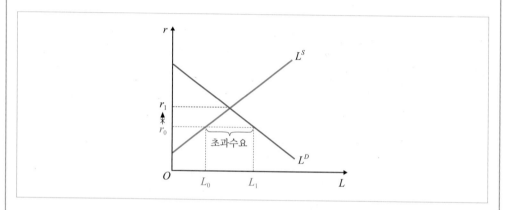

3. 이러한 문제점을 선제적으로 방지하기 위해 대부자(은행)는 무조건 높은 대부이자율을 선호하지 않고, 적정하다고 생각하는 이자율(r_0) 수준에서 발생하는 초과수요($L_0 \sim L_1$) 해소를 이자율 인상($r_0 \rightarrow r_1$)이 아닌 적정하다고 생각하는 이자율(r_0) 수준에서 신용할당을 통해 해결한다. 신용할당은 차입자의 신용도에 따라 순차적으로 이루어지며, 이러한 신용할당으로 차입하지 못하는 차입희망자는 결국 더 높은 금리를 요구하는 비제도권 대부시장에서 차입을 해야 하는 상황에 놓이게 된다.

확인 TEST

품질이 좋은 중고차(H)와 품질이 나쁜 중고차(L)가 거래되는 시장이 있다. 품질이 좋은 차가 전체 시장에서 차지하는 비중은 50%이며, 이것에 관해서는 시장에 참여하는 모든 거래자가 알고 있다. 거래되는 자동차의 품질에 따라 구매자가 지불하고자 하는 최대금액(willingness to pay)과 판매자가 받고자 하는 최소금액(willingness to accept)이 다음 표와 같다.

	구매자의 최대지불용의 금액	판매자의 최소수용용의 금액
품질이 좋은 차	α	1,500
품질이 나쁜 차	1,200	β

자동차 판매자는 자신의 팔고자 하는 자동차의 품질을 정확하게 알고 있다. 구매자가 자신이 구입하고자 하는 자동차의 품질에 대한 완전한 정보의 유무와 관계없이 모든 자동차가 시장에서 거래될 수 있는 α값과 β값으로 가능한 금액의 범위는? (단, 구매자는 위험중립자이다)

	α	β
①	1,700	1,100
②	1,800	1,200
③	1,800	1,300
④	1,900	1,300

해설 ▶ • 구매자가 자신이 구입하고자 하는 자동차의 품질에 대한 정보를 전혀 갖고 있지 못한 경우 구매자의 최대지불용의 금액(A)은 다음과 같다.

> • $A = 0.5 \times \alpha + 0.5 \times 1,200 = 0.5\alpha + 600$

그런데 모든 자동차가 시장에서 거래되기 위해서는 구매자의 최대지불용의 금액이 판매자의 최소수용용의 금액 중 큰 금액 이상이어야 한다. 이에 따라 구매자의 α 값은 다음과 같이 도출된다. 이 금액 수준에서 모든 자동차는 동일한 금액으로 거래된다.

> • $0.5\alpha + 600 \geq 1,500 \Rightarrow 0.5\alpha \geq 900 \Rightarrow \alpha \geq 1,800$

• 구매자가 자신이 구입하고자 하는 자동차의 품질에 대한 완전한 정보를 갖고 있다면 두 유형의 자동차는 서로 다른 가격에서 거래된다. 이러한 거래가 이루어지기 위해 필요한 조건은 다음과 같다.

> • 품질이 좋은 차가 거래되기 위한 조건: $\alpha \geq 1,500$
> • 품질이 나쁜 차가 거래되기 위한 조건: $1,200 \geq \beta$

• 결국 어떠한 조건에서도 모든 중고차가 거래되기 위해서는 다음 조건을 충족해야 한다.

> • $\alpha \geq 1,800$인 동시에 $\alpha \geq 1,500 \Rightarrow \alpha \geq 1,800$
> • $1,200 \geq \beta$

정답 ▶ ②

③ 도덕적 해이

1) **의의**: 정보의 비대칭성 하에서 정보를 가진 쪽이 정보를 갖지 못한 쪽의 불이익을 이용하여 바람직하지 않은 행동으로 나타나게 되는 현상을 말한다.

2) **유형**

(1) **보험시장**: 보험에 가입한 후 사고 발생 방지를 위해 최선을 다하지 않는다. 그 결과 사고발생 확률이 높아진다.

(2) **상품시장**: 소비가 거듭되면서도 상품의 감추어진 특성에 대해서 소비자가 여전히 잘 모르는 것을 이용하여 공급자가 비용을 절감하기 위해서 상품의 품질을 낮춘다.

⑶ **노동시장**: 대규모 기업조직에서 노동자 개개인의 작업을 일일이 직접 관찰, 통제하는 것은 불가능하므로 노동자들은 근무를 태만히 할 가능성이 높다.

⑷ **금융시장**: 자금을 대출한 후에 보다 위험이 높은 대안에 투자를 할 가능성이 나타난다.

⑸ **본인(principal)-대리인(agent)**: 대리인(변호사, 대표이사, 프로 운동선수 등)이 본인(의뢰인, 주주, 구단 등)의 이익을 위해 최선을 다하지 않는다.

대표적 사례

1. 의뢰인과 변호사: 변호사가 수임사건에 대하여 성실 변론을 하지 않는 현상
2. 주주와 전문경영인: 주주의 목표인 이윤극대화를 위해 노력하지 않는 현상
3. 구단과 선수: 다년 계약 후에 훈련에 최선을 다하지 않는 현상

---

3) 해결방안

⑴ **유인설계(incentive design)**: 본인-대리인의 경우 보너스 지급, 스톡옵션 등의 적절한 유인설계를 통해 본인에게 이익이 되면 대리인에게도 이익이 된다는 것을 보여준다.

⑵ **기초공제(deduction) 제도**: 보험의 경우 손실액 중 처음 얼마 정도는 가입자가 부담하고 그 이상 추가분만 보험회사가 보상한다.

⑶ **공동보험(coinsurance) 제도**: 손실의 일부분만 보험회사가 보상해주고 나머지는 보험가입자가 부담하게 한다. 결국 도덕적 해이가 발생하리라 예상하면 보험회사는 완전보험을 제공하지 않는다.

⑷ **효율적 임금(efficient wage)**: 도덕적 해이를 막고 동기부여를 위해 평균적인 수준보다 높은 임금을 지급한다.

역선택과 도덕적 해이 비교

구분	역선택		도덕적 해이
발생원인	정보의 비대칭성		정보의 비대칭성
사전적 특성, 사후적 행동	사전에 상대방의 특성을 인지할 수 없기 때문 (감추어진 특성)		사후의 상대방의 행동을 관찰할 수 없기 때문(감추어진 행동)
대응주체	정보를 갖지 못한 거래자	정보를 가진 거래자	정보를 갖지 못한 거래자
대응수단	선별장치	신호발송	유인설계
사례	생명보험시장, 중고자동차시장, 은행의 신용할당		본인-대리인 문제

기출확인

다음 (가), (나)는 특정의 경제적 현상을 보여주는 사례이다, 이를 해소할 수 있는 방안을 옳게 나열한 것을 〈보기〉에서 고른 것은?   [2011]

> (가) 중고차 판매상은 고객보다 차의 성능에 대해 잘 안다.
> (나) 근로자는 고용주보다 자기가 일을 얼마나 열심히 하는지 잘 안다.

─〈 보 기 〉─

> ㉠ 은행 대출 시 은행은 우량고객들을 선별하여 신용할당을 한다.
> ㉡ 기업이 임원의 보수를 기본급에다 실적에 따른 성과급을 동시에 지급한다.
> ㉢ 주식시장에 상장된 기업에게 기업의 정보를 충분히 공시하도록 의무를 부과한다.
> ㉣ 화재가 발생할 경우 화재보험회사는 손실의 일부를 보험 가입자에게 부담하게 한다.

	(가)	(나)
①	㉠, ㉡	㉢, ㉣
②	㉠, ㉢	㉡, ㉣
③	㉡, ㉢	㉠, ㉣
④	㉡, ㉣	㉠, ㉢

분석하기

• (가)는 정보의 비대칭성으로 인해 발생하는 상품의 '숨겨진 특성'과 관련된 '역선택'에 관한 진술이다. 이러한 역선택을 해소하기 위해서 금융시장에서는 신용할당(㉠), 주식시장에서는 공시의무(㉢) 제도를 도입한다. 여기서 신용할당이란 금융시장에서 자금에 대한 초과수요가 존재하는 경우, 이를 이자율의 상승을 통해 해결하지 않고 차입자의 신용조건을 고려하여 부족한 자금을 할당하는 것을 말한다.

• (나)는 정보의 비대칭성으로 인해 발생하는 당사자의 '숨겨진 행동'과 관련된 '도덕적 해이'에 관한 진술이다. 이러한 도덕적 해이를 해결하기 위해서 기업의 임원에게 성과급 지급과 같은 유인설계(㉡), 보험시장에서는 공동보험(㉣) 제도를 도입한다.

정답 ②

'아고 보면 쉬운 경제학 | 'lemon' 시장에서 일어나는 일

"현대인의 서구화된 식생활, 만성적인 스트레스, 암 발견 의료기술의 발달 등으로 과거에 비해 암 발병률이 엄청나게 높아지고 있고, 이에 따라 암보험에 대한 수요도 높아지고 있다. 수요가 높아지면 수익성이 높아지는 것이 일반적인 모습인데, 웬일인지 보험회사들은 오히려 암보험 판매를 축소하거나 심지어 중단하고자 한다. 무슨 곡절이기에…"

전통적인 시장이론에서는 시장에 참여하는 판매자와 구매자 사이에 상품에 대한 정보가 완전히 동등하다고 가정한다. 그런데 현실은 그렇지 않다. 어느 시장이든지 간에 판매자와 구매자 사이에는 정보의 양적·질적인 차이가 존재하기마련이다. 즉 어느 한쪽이 '더 많은 더 정확한' 정보를 갖고 거래에 나선다. 이를 '정보의 비대칭성'이라 부른다.

이러한 정보의 비대칭성으로 인해 상대적으로 '더 적은 더 부정확한' 정보를 갖고 있는 거래자는 자칫 우량품(peach)이 아닌 불량품(lemon)을 선택할 위험에 놓이게 된다. 이를 '역선택(adverse selection)'이라고 한다. 이러한 역선택 상황은 중고품 시장, 대부 시장, 한우 시장, 노동 시장 등에서 광범위하게 발생하며 보험시장도 그 대표적인 예이다.

자! 이제 앞에서 등장한 암보험 시장에 대해서 알아보자.

보험회사는 보험에 가입하고자 하는 고객에 대한 정보를 정확하게 모르는 상태에서 암보험 가입 여부를 결정한다. 이때 과거보다 훨씬 높은 암 발병률로 인해 야기될 수 있는 손해를 방지하기 위해 보험료 인상을 결정하게 되면, 자신이 암에 걸릴 확률이 높다고 판단하는 고객은 보험료가 비싼에도 불구하고 보험시장에 계속 남으려고 하는 반면에 자신이 암에 걸릴 확률이 낮다고 판단하는 사람은 보험시장을 떠나게 될 것이다. 보험 가입자만큼 자신의 건강상태, 가족의 병력, 건강관리 등에 관한 정보를 잘 아는 사람은 없기

때문이다. 이에 따라 보험시장에는 상대적으로 암 발병 확률이 높은 고객들만 남는 '역선택적 상황'이 발생하게 되어 'lemon 시장'이 성립하게 되는 것이다. 물론 여기서 lemon은 향이 진한 노란색 과일 lemon을 의미하는 것이 아니라, 불량품을 비유한 것이다.

결국 빈번한 암 발병으로 인해 보험회사는 보험료를 인상했음에도 불구하고 오히려 수익성이 악화되고 급기야는 손해액이 급증하는 상황에 직면할 수 있게 되는 것이다. 이러한 이유로 보험회사에는 암보험 상품의 판매에 대해서 소극적일 수밖에 없게 되는 것이다. 그 결과 정보의 비대칭성으로 인해 암보험 시장 성립이 어렵게 된다. 이는 선의의 보험 가입자의 선택의 자유를 박탈하게 하는 결과를 가져오게 되므로 시장 성립을 위한 대안을 모색해야 하는 것이다.

그렇다면 어떤 조건이 성립될 때 보험회사는 비로소 암보험 상품을 판매할 것인가? 무엇보다 보험회사와 보험가입자 사이에 존재하는 서로 다른 정보를 어떤 방식으로든 공유하도록 하는 것이 중요하다. 이를 위해서는 보험가입자에 의해 정보가 독점되는 것을 막거나 보험가입자가 드러내기 싫어하는 정보를 외부로 드러나게 하여 보험회사도 이를 인식할 수 있도록 하는 방안이 필요하다. 여기에는 보험회사가 보험가입자를 선택할 수 있도록 돕는 '선별(screening)' 기능과 '신호주기(signaling)' 기능이 있다. 이러한 기능을 동시에 수행할 수 있는 것이 보험가입자 스스로 본인의 현재 건강상태가 양호함을 나타내는 건강진단서 제출이다. 보험회사는 진단서를 통해 보험가입 희망자가 '레몬'인가를 파악(선별)할 수 있게 해주고, 보험가입 희망자 스스로 자신의 '숨겨진 특성'을 외부로 드러내(신호주기) 보험계약이 성립될 수 있도록 기능하는 것이다.

제 3 편

거시경제학

제11장 국민소득이론

제12장 소비이론과 투자이론

제13장 국민소득결정론

제14장 화폐금융이론

제15장 조세와 재정

제16장 거시경제의 균형

제17장 물가와 실업

제18장 경기변동과 경제성장론

제11장
국민소득이론

국민소득의 기초 개념

❶ 국민소득의 순환

1) 부(富)와 국민소득

(1) 개인에 있어서의 부와 소득

① 부: 일정 시점에 축적되어 있는 재산의 크기 ⇒ 저량 개념

② 소득: 일정 기간 동안에 벌어들이는 화폐액의 크기 ⇒ 유량 개념

(2) 국가에 있어서의 부와 국민소득

① 국부: 한 나라 전체의 부의 크기 ⇒ 자연이 준 토지와 사람이 만든 자본재로 구성되는 저량 개념

② 국민소득: 국부와 노동이 결합하여 이루어진 생산액의 크기 ⇒ 유량 개념

┌ 국부와 국민소득 ─

국부	국민소득
일정 시점에 한 경제가 보유하고 있는 자원 (물리적인 자산+순해외자산)의 총량	일정 기간에 자국 내에서 생산된 최종생산물의 시장가치
저량(stock) 개념	유량(flow) 개념
국민소득 창출의 근원	소비와 저축, 투자와 기반

⇒ 국부가 아무리 크더라도 그 자체로서 국민소득이 높은 것은 아니다. 국민소득이 늘어나려면 국부에 노동이 투입됨으로써 생산이 이루어져야 한다. 따라서 국부(저량)는 생산의 필요조건, 노동(유량)은 생산의 충분조건이다.

2) 국민소득 순환의 의미

(1) 한 나라의 국민경제가 생산(공급) → 소득 → 수요 → 생산(공급)의 순서로 계속적인 순환이 이루어지는 것을 말한다.

(2) 이러한 순환적인 흐름의 크기가 매회 커질 때 "경제는 성장한다"고 말하고, 일정할 때는 "경제가 균형상태에 있다"고 한다.

(3) 만약 경제주체들이 생산활동에만 직접·간접으로 참여해서만 소득을 얻는다고 가정하면 '총생산물 가치 = 총소득'의 관계가 성립한다.

❓ 거시경제모형의 4부문

1) 가계(household)

(1) 가계는 노동, 자본, 토지 등의 생산요소를 소유하고, 이 생산요소들을 기업에 공급하고 그 대가로 임금, 이자, 배당, 지대 등의 요소소득을 얻는다.

(2) 가계는 조세를 납부한 후의 가처분 소득 중 얼마만큼 소비를 위해 지출할 것인지를 결정한다. 이 때 가처분 소득 중에서 소비하고 남은 부분이 저축이다.

(3) 저축은 가계가 보유하고 있는 재산(wealth)을 증가시키는데, 가계는 자신의 재산을 어떤 형태로 보유할 것인지를 결정한다. 이를 자산선택이라 한다.

2) 기업(firm)

(1) 기업은 생산기술을 가지고 가계로부터 공급받은 생산요소를 서로 결합시켜서 생산물을 공급한다.

(2) 기업이 고용한 생산요소의 서비스에 의해 추가적으로 더해진 가치를 부가가치(value added)라고 하는데 거시경제모형에서 기업의 생산물이라 함은 이러한 부가가치를 말한다.

(3) 기업은 생산활동을 통해 벌어들인 부가가치 수입으로부터 조세를 납부하고 기업이 고용한 생산요소에 대한 대가로서 임금, 지대, 이자, 배당 등을 지불한다. 그런데 기업은 수입을 모두 생산요소에 나눠주지 않고 일부를 기업에 남겨 두기도 하는데, 이를 사내유보이윤(법인유보, 기업저축)이라 한다.

(4) 기업은 미래의 생산활동을 위해서 공장을 신축하고 기계 설비를 증설하는 등의 투자활동을 한다.

투자의 종류

거시경제학에서 투자란 실물투자로서 설비투자, 건설투자, 재고투자의 세 가지를 의미한다. 여기서 설비투자란 기계나 장비를 구입하는 것을 의미하며 건설투자는 공장이나 건물을 신축하는 것을 말하는데 주택의 신축도 건설투자에 포함된다. 그리고 재고투자란 재고의 증가를 의미한다. 주의할 것은 단순히 재고를 가지고 있는 것만으로 재고투자가 되지 않고 재고를 증가시키는 것만이 재고투자가 된다.

---

3) 정부(government)

(1) 정부는 조세를 거두어서 이를 정부로서의 역할을 수행하기 위한 지출에 충당 ⇒ 정부지출은 정부구매(government purchase)와 이전지출(transfer payments)로 구성된다.

(2) 정부구매란 정부가 재화나 용역을 구입하는 것을 말하며, 이전지출이란 영세민 보조금이나 기업보조금과 같이 정부가 대가를 받지 않고 일방적으로 지불하는 것을 말한다. 여기서 이전지출은 재화나 서비스를 직접 구매하는 것은 아니지만 가처분 소득을 증가시켜 재화나 서비스 수요에 간접적으로 영향을 미친다.

4) 해외(foreign sector)

(1) 해외부문은 해외의 가계, 기업, 정부로 구성되어 있으므로 위에서 열거된 가계, 기업, 정부의 역할을 모두 수행한다.

(2) 다만 거시경제모형에서는 해외부문의 역할을 국내시장에서 재화와 용역을 사가는 것(수출)과 국내시장에 재화와 용역을 판매하는 것(수입)으로 단순화시킨다.

❸ 국민소득 순환과정

1) 단순한 국민소득 순환과정: 2부문 모형(two sector model)

(1) 가정

① 가계와 기업부문만 존재하고, 정부와 해외부문은 존재하지 않는다.

② 가계는 소득 전부를 지출 ⇒ 즉 저축=0이다.

③ 기업의 자본량은 일정 ⇒ 즉 감가상각=0이다.

(2) 내용

① 기업의 생산물 판매수입의 전액이 요소소득으로 가계에 지불되고 가계는 소비지출을 위하여 다시 전액을 기업의 생산물의 구입에 사용함으로써 기업의 생산과 가계의 소비지출이 동일한 크기로 계속 반복되는 국민소득의 순환이 이루어진다.

② 단순한 국민소득 순환모형에서는 생산되고 소비되는 생산물의 양이 매 기간에서 계속 일정하게 되는데 그 이유는 주입과 누출도 없고 감가상각도 없기 때문이다.

(3) 도해적 설명

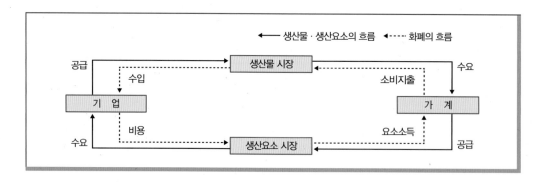

2) 확대된 국민소득의 순환과정: 국민소득 순환모형으로부터의 주입과 누출

(1) 의미: 단순한 국민소득 순환과정에 주입과 누출을 함께 고려한 것을 말한다.

(2) 주입(injection)

① 소득 순환과정의 밖에서 안으로 구매력이 유입되어 국민소득을 증가시키는 것을 말한다. 즉, 생산물에 대한 수요를 증가시키고 이에 따라 생산 증가를 가져와 국민소득의 순환을 활발하게 만드는 요인이 국민소득 순환으로의 주입인 것이다.

② 기업의 투자(I), 정부지출(G) 및 해외로의 상품 수출(X) 등이 이에 해당한다.

 소비가 주입 요인에 해당하지 않는 이유는?

국민소득 순환과정은 기업이 생산물시장으로부터 얻은 판매수입으로 생산요소를 구입하고, 가계가 생산요소시장으로부터 얻은 요소소득으로 생산물을 구입(=소비지출)함으로써 이루어진다. 이에 따라 소비는 기존의 국민소득 순환 흐름을 유지시켜 주는 기본 요인일 뿐, 국민소득 순환 과정의 외부로부터 구매력이 새롭게 유입되는 요인이 아니다. 따라서 소비는 주입 요인에 해당하지 않게 된다.

(3) 누출(leakage)

① 소득 순환과정의 안에서 밖으로 구매력이 새어나가 국민소득을 감소시키는 것을 말한다. 즉 국민소득의 순환으로부터 빠져나가는 흐름을 국민소득 순환으로부터의 누출이라 하는데, 이러한 누출에 따라 국민경제의 활동수준은 위축된다.

② 가계의 저축(S), 기업저축(사내유보), 정부의 조세(T), 해외로부터의 상품 수입(M) 등이 이에 해당한다.

(4) 주입 및 누출과 국민소득

① 주입 > 누출 ⇒ 국민경제 전체의 수요 증가 ⇒ 총생산 증가 ⇒ 국민소득 증가

② 주입 < 누출 ⇒ 국민경제 전체의 수요 감소 ⇒ 총생산 감소 ⇒ 국민소득 감소

③ 주입 = 누출 ⇒ 국민경제 전체의 수요 불변 ⇒ 총생산 불변 ⇒ 국민소득 균형(일정)

(5) 2부문 모형에서의 국민소득 균형: 2부문 모형에서의 누출은 가계저축과 기업저축(사내유보)에 의해 이루어지고 주입은 투자에 의해 이루어지므로 2부문 모형의 균형은 경제전체의 저축과 투자가 일치될 때 성립하게 된다.

> 가계저축 + 기업저축(사내유보) = 투자

3) 폐쇄경제모형

(1) 가계와 기업만으로 구성된 모형에 정부부문을 도입한 3부문 모형을 말한다. ⇒ 국민경제모형

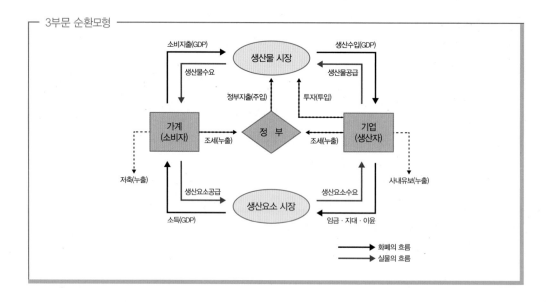

(2) 정부의 조세징수는 국민소득 순환으로부터의 누출의 원인이 되고, 재정지출은 정부구매나 이전지출 모두 순환으로의 주입이 된다.

(3) 조세는 정부의 수입이고 정부구매와 이전지출을 합한 재정지출은 정부의 지출이므로 그 차액은 정부수입 중 지출되지 않고 남은 부분이기 때문에 정부저축이라 부를 수 있다.

(4) 폐쇄경제모형의 균형 역시 누출과 주입이 일치할 때 성립한다.

> 가계저축 + 기업저축(사내유보) + 조세 = 투자 + 정부구매 + 이전지출
> 가계저축 + 기업저축(사내유보) + 정부저축(조세−정부구매−이전지출) = 투자

4) 개방경제모형

(1) 폐쇄경제모형에 해외부문을 더하여 4부문으로 구성된 모형을 말한다.

(2) 개방경제모형에서 해외부문의 역할은 수출과 수입으로 대표되는데 전자는 국민소득 순환과정으로의 주입이 되고, 후자는 국민소득 순환과정으로부터의 누출이 된다. 이에 따라 균형조건은 다음과 같이 된다.

> 가계저축 + 기업저축(사내유보) + 조세 + 수입 = 투자 + 정부구매 + 이전지출 + 수출

(3) 우리나라의 수입은 해외부문의 입장에서 보면 우리나라에 상품을 팔아서 벌어들인 소득이고, 우리나라의 수출은 해외부문이 국내생산물에 지출한 것이므로 우리나라의 수입에서 수출을 뺀 값은 해외부문의 저축이라고 할 수 있다. 이에 따라 균형조건은 다음과 같다.

> 가계저축+기업저축(사내유보)+정부저축(조세−정부구매−이전지출)+해외저축(수입−수출)=투자

6) 국민소득 3면 등가의 법칙

(1) 국민 소득의 세 측면

— 경제활동 수준의 측정 —

경제활동이란 바로 생산물과 생산요소의 순환이므로 주어진 기간 동안 생산물과 생산요소의 흐름이 얼마나 많이 발생했는지를 측정함으로써 경제의 활동수준을 가늠해 볼 수 있다. 이는 마치 물을 얼마나 많이 사용했는지를 알아보기 위해 수도관에 계량기를 달아놓고 일정 기간 동안 흘러간 물의 양을 측정하는 것과 같다. 이러한 생산물의 흐름을 측정하기 위한 계량기는 여러 곳(생산, 분배, 지출)에 설치될 수 있다.

① **생산국민소득(얼마만큼 생산되는가?):** 재화와 용역을 생산물시장에서 판매한 최종생산물의 시장가치의 합 ⇒ 일반적으로 국내총생산은 이러한 생산국민소득을 말하는 것이다.

생산국민소득=총생산물=총산출액−중간재 투입액=총부가가치

최종생산물의 합인가 부가가치의 합인가?

국내총생산을 측정할 때 두 가지 방법 모두 가능하다. 다만 어떤 상품이 최종생산물인지 중간 투입물인지 확인하는 것이 현실적으로 쉽지 않다. 이에 따라 국내총생산을 측정할 때는 최종생산물의 합을 적용하는 대신 부가가치의 합을 적용하여 계산하는 것이 일반적이다.

한편 부가가치는 산출액에서 중간 투입액을 차감한 값으로 정의되는 것이 일반적이지만 경우에 따라서는 고정 자본소모(=감가상각)까지도 차감하는 순부가가치 개념으로 접근할 수도 있다.

② **분배국민소득(누가 얼마만큼 가져가는가?):** 생산과정에 제공된 생산요소(노동, 토지, 자본)에 대한 대가로 얻은 가계의 요소 소득의 합계

분배국민소득=총요소소득=임금+이자+지대+임대료+이윤

여기서 임금 이외의 다른 소득도 결국 가계로 흘러들어가는 소득이라는 것에 주의해야 한다. 기업을 운영하는 주체도 결국은 다른 측면에서는 가계 경제주체이기 때문이다. 따라서 소득은 어떠한 형태로든 가계 경제주체들에게 모두 돌아가게 된다.

③ **지출국민소득(얼마나 구입하는가?):** 생산물을 구매·소비한 대가로 지출된 소득의 합계 ⇒ 생산물을 공급한 기업의 수입으로 연결된다.

지출국민소득=소비지출+투자지출+정부지출+순수출(수출−수입)

(2) 국민소득 3면 등가의 법칙의 내용

① 생산된 생산물은 생산, 분배 및 지출의 국민소득 순환과정을 따라 순환하므로 국민소득의 크기는 생산, 분배 및 지출의 세 국면 어디에서 측정하여도 동일하다는 것을 말한다.

국내총생산(생산국민소득)=국내총소득(분배국민소득)=국내총지출(지출국민소득)

② 위의 세 가지의 국민소득은 모두 실제로 발생한 국민소득을 측정한 사후적(ex post)인 개념으로서의 국민소득이다. 특히 지출국민소득 중 투자지출에는 기업의 의도되지 않은 재고의 증감이 포함됨을 기억해야 한다. 따라서 국민소득 3면 등가의 법칙은 항상 성립하는 항등식이다.

정부 최종소비지출

- 정부 최종소비지출=정부 총산출(=부가가치+중간소비)−상품/비상품 판매수입+사회보장 현물 수혜
- 부가가치: 피용자보수 + 고정자본소모 + 기타 생산세
- 중간소비: 정부의 경상적 운영비

 3면 등가의 법칙이 성립하는 이유는?

100원어치만큼 생산되었지만 90원어치만 소비되는 경우를 가정하자. 이 경우 소비되지 않은 10원어치는 기업의 재고로 남게 된다. 그런데 이러한 재고는 기업의 회계원칙에 따라 자신의 상품에 대한 지출로 이해되어 재고투자 지출로 간주된다. 결국 총지출은 소비지출(90원)과 투자지출(10원)의 합인 100원어치가 되어 결국 '생산액=지출액'이 성립하게 된다.

기업이 100원어치만큼 생산하여 판매하면 그 수입은 생산에 참여한 생산요소에 대한 대가로 지불된다. 즉 임금(노동소득), 이자(자본소득), 지대(토지소득)로 지불되고, 남은 부분은 기업의 이윤이 된다. 그런데 이윤은 결국 기업가 자신의 소득이므로 결국 기업의 판매수입은 누군가에게로 소득(100원어치)의 형태로 분배되는 것이다. 이를 통해 '생산액=분배(소득)액'도 성립하게 된다.

결국 사후적으로는 항상 '생산액=지출액=분배(소득)액'이라는 3면 등가의 법칙이 성립하게 되는 것이다.

 확인 TEST

A는 자신의 비서 B와 결혼하였다. B는 결혼 후에도 무보수로 A의 비서업무를 계속 수행하였다. 만약 결혼 전 B의 연봉이 3,000만 원이었고 다른 조건이 불변이라면, 이 결혼에 의해 *GDP*는 어떻게 변하는가?

① *GDP*는 변하지 않는다.
② *GDP*는 3,000만 원 증가한다.
③ *GDP*는 3,000만 원 감소한다.
④ *GDP*는 증가하나, 증가액은 3,000만 원보다 크다.
⑤ *GDP*는 감소하나, 감소액은 3,000만 원보다 작다.

[해설] ▶ B가 결혼 후에도 비서업무를 계속했으므로 생산국민소득(*GDP*)에는 변화가 없다. 한편 B가 무보수로 비서업무를 계속했으므로 B의 임금은 감소했으나, 이로 인해 A의 기업 입장에서는 임금을 지불할 필요가 없어 이윤이 같은 크기만큼 증가하게 된다. 결국 분배국민소득의 크기도 변화가 없게 된다. 이에 따라 국민소득 3면 등가의 법칙은 계속 성립하게 된다.

[정답] ▶ ①

❹ 국민소득계정과 항등식

1) 생산국민소득과 지출국민소득

$$
\text{국내총생산에 대한 지출} = (C - C_m) + (I - I_m) + (G - G_m) + X
$$
$$
= C + I + G + X - (C_m + I_m + G_m)
$$
$$
\text{so, } Y \equiv C + I + G + X - M
$$

(1) 국민경제에는 가계, 기업, 정부 그리고 해외의 네 부문만이 존재하므로 국내총생산에 대한 지출은 이들 경제주체들의 지출을 더한 것 ⇒ 국민소득 3면 등가의 원칙에 따르면 이러한 국내총생산에 대한 지출은 국내총생산과 같아져야 한다.

(2) 만일 생산량이 수요량을 초과하면 그 초과분은 팔리지 않고 기업의 창고에 쌓이게 되는데, 이를 계획되지 않은 재고의 증가라 한다.

(3) 국민소득계정에서의 투자는 미리 계획된 재고투자뿐만 아니라 생산과 계획된 지출과의 차이로 인해 발생하는 계획되지 않은 재고의 증가(unplanned inventory investment)까지 포함하여 정의되므로 생산과 지출은 사후적으로 반드시 일치하게 된다. 국민소득 계정상의 투자는 사후적 투자이다.

2) 가처분소득(disposable income)

(1) 가계가 마음대로 처분할 수 있는 소득(YD)

(2) 국민총생산으로부터 조세(T)를 빼고 이전지출(TR)을 더함으로써 계산될 수 있다.

$$
YD \equiv Y - T + TR
$$

(3) 가처분소득은 소비(C)와 저축(S)의 두 가지 형태로만 처분된다.

$$
YD \equiv C + S
$$

3) 국민소득 계정상의 항등관계

$X-M$		$T-TR$	$T-TR$
G			
I	Y		S
C		YD	C

4) 저축과 투자

⑴ 앞의 세 항등식을 결합하면 다음과 같은 항등식을 구할 수 있다.

$$S+(T-G-TR)+(M-X) \equiv I$$

⑵ $T-G-TR$은 정부의 조세수입에서 재정지출을 뺀 것인데 이를 정부저축이라 부를 수 있다. 왜냐하면 정부의 입장에서 보면 조세수입은 소득이고 정부구매와 이전지출을 합한 재정지출은 소비라고 볼 수 있기 때문이다.

⑶ $M-X$는 해외저축이라 부를 수 있다. 왜냐하면 한 나라의 수입은 해외부문의 입장에서 보면 이 나라에 물건을 팔아서 벌어들인 소득이고, 수출은 해외부문이 이 나라의 제품을 사기 위해서 지불한 지출이라고 볼 수 있기 때문이다.

⑷ 위의 항등식은 국내투자의 재원은 가계, 기업, 정부 등에 국민저축이나 해외부문에 의한 해외저축으로부터 충당되어야 함을 의미한다.

⑸ 위 항등식에서 민간저축(S)과 투자(I)가 같다면 $T-G-TR<0$일 때 $M-X>0$이 성립할 수 있다. 이러한 경우 생산물시장이 균형을 이룸에도 불구하고 재정적자와 경상수지 적자가 동시에 발생할 수 있다. 이를 쌍둥이 적자(twin deficit)라고 한다.

정부지출 증가와 쌍둥이 적자 발생 경로

기출확인

다음은 개방 국민경제의 사후적 균형에 관한 설명이다. 이에 대한 분석과 추론으로 옳은 것을 〈보기〉에서 모두 고르면?

[2013]

> 경제는 사후적으로 보면 언제나 균형을 이룬다. 개방 국민경제에서의 주입은 투자지출, 정부지출 및 수출이며 누출은 민간저축, 조세 및 수입이다. 민간저축과 투자지출의 차이는 민간 잉여, 조세와 정부지출의 차이는 정부 잉여, 수출과 수입의 차이는 순수출로 정의된다. 2국으로 구성되는 국제경제를 상정하자. 그리고 한 나라의 수입의 크기는 그 나라 국민소득의 크기와 비례적인 관계가 있다고 한다.

─────〈 보 기 〉─────

㉠ 국내의 투자지출이 클수록 순수출의 크기는 작다.
㉡ 민간 잉여의 크기가 일정하다면, 정부 잉여가 작을수록 순수출의 크기는 크다.
㉢ 민간 잉여와 정부 잉여의 합이 양(+)이라면 순수출의 크기는 반드시 양(+)이다.
㉣ 상대국 정부가 정부지출을 확대하면 자국의 순수출은 줄어든다.

① ㉠, ㉡
② ㉠, ㉢
③ ㉡, ㉢
④ ㉡, ㉣
⑤ ㉢, ㉣

분석하기

- 국민경제 균형식은 다음과 같다.
  - 민간잉여(민간저축－투자지출)＋정부잉여(조세－정부지출＝정부저축)＝순수출(수출－수입)
    또는
  - 민간저축＋정부잉여(정부저축)＝투자지출＋순수출
- ㉠ 국내의 투자지출이 이루지면 국민소득이 증가한다. 한 나라의 수입의 크기가 그 나라 국민소득의 크기와 정(+)의 관계에 있으므로 수입 증가로 순수출의 크기는 작아지게 된다.
- ㉡ 민간 잉여의 크기가 일정하다면, 정부 잉여가 작을수록 순수출의 크기도 작아야만 균형식이 계속 유지될 수 있다.
- ㉢ 민간 잉여와 정부 잉여의 합이 양(+)이라면 순수출의 크기는 반드시 양(+)이어야만 균형식이 계속 유지될 수 있다.
- ㉣ 상대국 정부가 정부지출을 확대하면 상대국의 국민소득이 증가하게 된다. 한 나라의 수입의 크기가 그 나라 국민소득의 크기와 정(+)의 관계에 있으므로 상대국의 수입이 증가하게 되고, 이것은 곧 자국의 순수출이 증가한다는 것을 의미한다.

정답 ②

Theme 54 국내총생산

❶ 국내총생산(Gross Domestic Product, GDP)의 의의

1) 국내총생산의 의미: 일정 기간 동안에 자국 내에서 생산된 모든 최종생산물의 시장가치

(1) 일정 기간을 통해 측정되는 유량개념으로 통상 1, 3, 6, 12개월 단위로 측정한다.

(2) 한 나라의 국경 안에서 생산되면, 그 나라 국민과 국내거주 외국인의 생산요소에 의하여 생산된 생산물의 가치는 모두 *GDP*에 포함된다. 따라서 내국인이 외국에서 생산한 것은 국민총생산(*GNP*)에는 포함되지만 *GDP*에는 포함되지 않는다.

> **국민총생산(Gross National Product: *GNP*)**
>
> 일정 기간 동안에 자국민에 의해서 생산된 모든 최종생산물의 시장가치를 말한다.
> 국민총생산＝국내총생산＋해외로부터 취득한 요소소득－해외에 지불한 소득＝국내총생산＋대외순수취 요소소득

> **국민총생산(Gross National Product)**
>
> 1. 일정 기간 동안에 자국민에 의해서 생산된 최종생산물의 시장가치이다. 따라서 *GNP*에는 생산활동이 이루어진 장소가 국내인가 해외인가와 관계없이 자국민이나 자국민 소유의 생산요소에 의해 생산된 것이면 모두 포함된다.
>
> $$GNP = GDP + \text{해외에서 수취한 요소소득} - \text{해외에서 지불된 요소소득}$$
> $$= GDP + \text{해외 순수취 요소소득}$$
>
> 2. 폐쇄경제에서는 *GNP*와 *GDP*가 동일하다. 그러나 개방경제에서는 자국민의 해외 투자가 상대적으로 더 많은 국가의 경우에는 *GNP*가 *GDP*보다 크지만, 반대로 외국인의 국내 투자가 상대적으로 더 많은 국가의 경우에는 *GNP*가 *GDP*보다 더 작게 된다.

(3) 최종생산물의 가치만을 의미하므로 다른 생산물을 생산하는 데에 사용된 원재료 같은 중간생산물의 시장가치는 제외된다. 중간생산물은 생산과정에서 사용되는 것으로 이미 최종생산물의 가치 속에 포함되어 있기 때문에 중간생산물을 포함시키면 중복 계산되는 문제가 발생한다. 여기서 최종생산물이란 그 자체로 소비와 투자 등 최종 용도에 사용되는 생산물을 의미한다. 한편 최종 생산물로 한 번 거래되었던 '중고품' 역시 *GDP*에 포함되지 않는다. 이에 따라 신축되어 분양된 아파트는 *GDP*에 포함되지만, 이후 소유권이 이전되면서 거래되는 주택 매매대금은 *GDP*에 포함되지 않는다. ⇒ *GDP*는 중복계산을 제거한 순계개념이다.

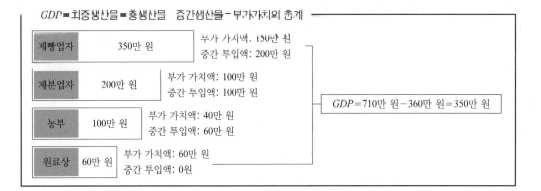

GDP = 최종생산물 = 총생산물 – 중간생산물 = 부가가치의 총계

제빵업자	350만 원	부가 가치액: 150만 원 중간 투입액: 200만 원
제분업자	200만 원	부가 가치액: 100만 원 중간 투입액: 100만 원
농부	100만 원	부가 가치액: 40만 원 중간 투입액: 60만 원
원료상	60만 원	부가 가치액: 60만 원 중간 투입액: 0원

GDP = 710만 원 – 360만 원 = 350만 원

Q&A 고정자본소모(=감가상각)를 고려한 순부가가치를 고려할 때 GDP의 크기는?

일정기간 동안 농부가 생산한 밀이 빵으로 만들어지는 과정이 다음과 같다고 가정하자.

농부 A는 자신의 농기구를 이용하여 5,000만 원 어치의 밀을 생산하여 제분업자 B에게 전량을 판매하였다. B는 자신의 제분기계를 이용하여 구매한 밀을 가공한 1억 2,000만 원 어치의 밀가루를 제빵업자인 C에게 판매하였다. C는 자신의 제빵기계를 이용하여 구매한 밀가루를 가공한 2억 5,000만원 어치의 빵을 소비자에게 판매하였다.

그런데 이러한 과정에서 A에게는 1,000만 원, B에게는 2,000만 원, C에게는 5,000만 원에 해당하는 기계에 대한 마모가 이루어졌다.

앞의 내용을 표로 정리하면 다음과 같다.

구분	농부(밀)		제분업자(밀가루)		제빵업자(빵)	합계(만 원)
생산액	5,000만 원		1억 2,000만 원		2억 5,000원	4억 2,000만 원
중간 투입액	0	⇒	5,000만 원	⇒	1억 2천만 원	1억 7,000만 원
부가가치	5,000만 원		7,000만 원		1억 3,000만 원	2억 5,000만 원
고정자본소모	1,000만 원		2,000만 원		5,000만 원	8,000만 원
순부가가치	4,000만 원		5,000만 원		8,000만 원	1억 7,000만 원

위 표를 전제로 GDP는 다음과 같이 계산될 수 있다.

- GDP = 최종생산물(빵)의 가치 = 2억 5,000만 원
- GDP = 총생산액 – 중간 투입액 합 = 4억 2,000만 원 – 1억 7,000만 원 = 2억 5,000만 원
- GDP = 순부가가치 합 + 고정자본소모 합 = 1억 7,000만 원 + 8,000만 원 = 2억 5,000만 원
    부가가치 합

Q&A 팔리지 않고 남은 재고는 어떻게 이해되는가?

재고는 팔리지 않았지만 최종생산물로 간주된다. 기업이 재고를 증가시킬 경우에 이는 기업가에 대한 지출로 취급되고, 마치 최종 판매된 것처럼 GDP에 포함시킨다. 그리고 기존의 재고를 다시 판매하는 경우에 이는 GDP에 포함되지 않는다. 이미 재고로서 GDP에 포함되었기 때문이다.

⑷ 시장에서 거래되는(평가되는) 생산물의 가치만을 포함

주부의 가사노동의 가치

가령 어떤 주부가 점심으로 500원짜리 라면을 끓여 먹었다면 GDP에는 500원만 추가되지만, 만약 이 주부가 동네 상가의 분식집에서 2,000원에 한 그릇을 사먹었다면 2,000원이 GDP에 포함된다. 이 주부가 집에서 라면을 먹을 경우에 직접 라면을 끓이고 설거지하는 노력은 GDP에 포함되지 않는 반면, 분식집 주인의 같은 서비스는 GDP에 포함되는 것이다. 따라서 가정주부의 가사노동의 가치는 포함되지 않는다.

주의

1. 모든 주택이 제공하는 주거서비스를 국내 총생산에 포함시키기 위해서는 자가 소유주택이 제공하는 서비스의 가치를 귀속임대료로 추산해서 포함시켜야 한다. 그러나 기존주택거래는 이전거래로 제외된다.
2. 공무원이나 군인은 행정과 국방 등 다양한 서비스를 제공하지만 이 서비스는 시장에서 거래가 되지 않지만, 그 서비스를 제공하기 위해 투입된 공무원의 급여와 책상과 컴퓨터를 비롯한 자본재의 임대료와 같은 요소비용으로 추산해서 포함시켜야 한다.
3. 농가에서 자신이 소비하기 위해 직업적으로 생산하는 자기소비용 농산물은 시장에서 거래되지는 않지만 국내총생산에 포함되어야 한다.
4. 상속, 증여, 퇴직금, 연금, 국채이자 등은 이전거래로 보아 제외된다.
5. 주가나 부동산 가격상승에 의한 자본이득도 제외된다.

자가소유주택의 귀속임대료

1. 타인소유주택의 임대료는 GDP에 가산한다.
2. 자가소유주택에서 자신이 직접 거주하는 경우에는 자신에게 임대료를 지불하지는 않는다. 그러나 자가 소유주택을 자신이 직접 사용하려면 이를 타인에게 임대할 때 받을 수 있는 임대료를 포기해야 하므로 경제적으로는 임대료를 부담하는 것과 같다.
3. 귀속임대료를 GDP에 가산하지 않으면 자가주택 거주율이 높아질수록 국민복지는 높아지지만 주택임대료가 감소하여 GDP가 감소하는 모순된 상황이 발생하게 된다. 따라서 귀속임대료를 GDP에 가산하는 것이 타당하다.

⑸ 생산된 생산물의 가치를 시장가격으로 환산한 크기로 계산 ⇒ 시장가격으로 표시하였기 때문에 일반적인 물가나 각 상품 간의 상대가격들이 변화하면 생산량의 변화 없이도 GDP가 변할 수 있다.

시장가격으로 환산하는 이유

시장가치란 시장에서 거래되고 평가되는 생산물의 화폐액을 말한다. GDP를 시장가치, 즉 화폐액으로 나타내는 것은 경제주체가 생산한 생산물의 종류와 단위가 다르기 때문이다. 경제활동의 결과를 모두 화폐가치로 표현할 수는 없겠으나, 화폐단위를 대체할 마땅한 수단이 없기 때문이다. 한편 우리는 가끔 지하경제라는 말을 쓰기도 하는데, 예를 들어 마약과 같은 상품은 생산 통계에 잡히지도 않고 공개적인 시장에서 거래되지도 않기 때문에 GDP에는 누락될 수밖에 없다.

GDP에의 포함 여부

구분		포함되는 항목	포함되지 않는 항목
'부가가치'		귀속계산(자기소유건물 → 자가주택, 기업건물의 임대료)	-
'생산물'		신규주택매입	공채이자, 기존생산물의 매매차익(중고품 거래), 소유권이전, 상속, 복권, 자산의 매매차익(주식거래), 자산재평가 이득, 지하경제의 불법소득(도박, 밀수, 음성적 수입)
'시장가치'	자가소비	농가의 자가소비 농산물, 국방·치안 서비스	주부의 가사노동, 가계의 여가로서의 농산물 재배(주말농장)
	현물	피고용자가 받는 현물소득 (식사제공, 사택제공 등)	물물교환

Q&A 소비자 물가지수에 포함되는 주택관련 자료는?

주거비는 주택임대료(전·월세)이 기산이 소유한 주택에 대한 자기 주거비(귀속임대료)로 나누어지고, 두 가지 모두가 GDP 산정 대상에 포함된다. 그러나 현재 소비자 물가지수에는 전자인 주택임대료만 반영되고 후자인 귀속임대료 및 주택가격 변동은 포함되지 않는다.

기출확인

다음 글을 읽고 밑줄 친 ㉠ ~ ㉤ 중에서 우리나라의 GDP에 포함되는 항목을 모두 골라 기호로 쓰시오.

[2003]

중소기업을 운영하는 홍길동 씨는 외국인 노동자를 고용하고 있다. 올해 초에 ㉠ 집값이 크게 오르고, ㉡ 보유주식가격도 올랐다. 외국인 노동자의 생산성이 올라서 ㉢ 임금도 올려주었다. 그러나 최근에는 불경기 때문에 생산한 물건이 잘 팔리지 않아 ㉣ 재고가 증가하고 있다. 해외에서 취업하고 있는 홍길동씨의 아들은 매우 ㉤ 높은 연봉을 받고 있다.

분석하기

㉠: 집값 상승은 생산 활동과 무관한 자본이득에 해당하기 때문에 GDP 집계 대상에서 제외된다.

㉡: 주가 상승은 생산 활동과 무관한 자본이득에 해당하기 때문에 GDP 집계 대상에서 제외된다.

㉢: 외국인이지만 국내에서 생산 활동을 하기 때문에 우리나라의 GDP 집계 대상에 포함된다. 이 경우 외국인 노동자의 임금 상승은 분배 GDP를 증가시킨다.

㉣: 재고의 증가는 재고투자로 간주되면서 지출 GDP를 증가시킨다.

㉤: 홍길동 씨 아들의 연봉은 해외에서 이루어진 생산활동에 대한 대가이므로 우리나라 GDP 집계 대상에서 제외된다. 단, 우리나라 국민에 의한 생산활동에 대한 대가이므로 우리나라의 GNP 집계 대상에는 포함된다.

정답 ㉢, ㉣

┌─ 다양한 소득 지표 ─────────────────────────────

1. 국민총생산(GNP, gross national product)

> $GNP = GDP +$ 해외에서 수취한 요소소득 $-$ 해외로 지불한 요소소득
> $= GDP +$ 해외 순수취 요소소득

2. 국내순생산(NDP, net domestic product)

> $NDP = GDP -$ 감가상각비(고정자본소모)

3. 국민순생산(NNP, net national product)

> $NNP = GNP -$ 감가상각비(고정자본소모)

4. 국민소득(NI, national income)

> $NI = NNP -$ 간접세 $+$ 보조금

5. 개인소득(PI, personal income))

> $PI = NI -$ 법인세 $-$ 사내유보 이윤 $-$ 사회보장부담금 $+$ 이전소득

6. 가처분소득(DI, disposable income)

> $DI = NI -$ 소득세

└──

2) GDP의 유형

(1) 명목 GDP (nominal GDP)와 실질 GDP (real GDP)

① **명목 GDP(경상가격 GDP)**: 당해 연도의 시장가격(P_t)을 이용하여 측정한 국내총생산 ⇒ 산업구조 등을 분석할 때 중요

> 명목 $GDP = \sum P_t \times Q_t$

그런데 위와 같이 국내총생산을 구할 경우에는 각 생산물의 생산량에는 전혀 변화가 없더라도 시장가격의 상승에 따라 국내총생산이 증가할 수 있다는 문제가 발생한다.

② **실질 GDP(불변가격 GDP)**: 특정한 기준년도의 시장가격(P_0)을 이용하여 측정한 국내총생산 ⇒ 경제성장 등을 분석할 때 중요

> 실질 $GDP = \sum P_0 \times Q_t$

물가변화가 국내총생산에 미치는 영향을 배제하기 위해서는 위와 같이 시장가격을 미리 정한 기준년도의 가격으로 고정시키고 국내총생산을 계산하는 것이 바람직한 것이다.

주의

국내총생산을 계산하는 데 있어 당해 연도의 시장가격을 가지고 하면 각 생산물의 생산량에는 전혀 변화가 없더라도 시장가격의 상승에 따라 국내총생산이 증가할 수 있다는 문제가 발생한다. 따라서 물가변화가 국내총생산에 미치는 영향을 배제하기 위해서는 시장가격을 미리 정한 기준년도의 가격으로 고정시키고 국내총생산을 계산하는 것이 바람직하다.

③ GDP deflator: GDP 통계로부터 파쇄방식으로 사후적으로 산출되는 일종의 물가지수이다.

$$GDP \text{ deflator(환가지수)}=\frac{명목\ GDP}{실질\ GDP}\times100$$

기준년도는 명목 GDP와 실질 GDP가 같기 때문에 이때의 GDP deflator 값은 100이다.

확인 TEST

A국은 사과와 딸기 두 재화만을 생산하며, 각 재화의 생산량과 가격은 다음 표와 같다. A국이 2021년 가격을 기준으로 실질 GDP를 계산한다고 할 때, 다음 중 옳지 않은 것은?

연도	사과		딸기	
	생산량	가격	생산량	가격
2021	10	1	5	2
2022	8	2	6	1

① 2021년의 명목 GDP는 20이다.
② 2021년의 실질 GDP는 20이다.
③ 2022년의 명목 GDP는 22이다.
④ 2022년의 실질 GDP 성장률은 전년 대비 0%이다.
⑤ 2022년의 GDP 디플레이터 상승률은 전년 대비 5%이다.

해설 ▶ 연도별 명목 GDP와 실질 GDP를 구하면 다음과 같다.

- 2021년 명목 $GDP=\sum P_{2021}\times Q_{2021}=1\times10+2\times5=20$
- 2021년 실질 $GDP=\sum P_{2021}\times Q_{2021}=1\times10+2\times5=20$
- 2022년 명목 $GDP=\sum P_{2022}\times Q_{2022}=2\times8+1\times6=22$
- 2022년 실질 $GDP=\sum P_{2021}\times Q_{2022}=1\times8+2\times6=20$

- 2022년의 실질 GDP는 2021년의 실질 GDP의 크기와 동일하다. 따라서 실질 GDP 성장률은 0%이다.
- 2022년의 GDP 디플레이터는 다음과 같이 도출된다.

- 2022년 GDP 디플레이터 $=\dfrac{2022년\ 명목\ GDP}{2022년\ 실질\ GDP}\times100=\dfrac{22}{20}\times100=1.1\times100=110$

- 기준연도의 GDP 디플레이터는 항상 100이다. 따라서 2022년의 GDP 디플레이터가 110이라는 것은 기준연도에 비해 10%만큼 상승했다는 것을 의미한다.

정답 ▶ ⑤

(2) 실제 GDP (actual GDP)와 잠재 GDP (potential GDP)

실제 GDP	잠재 GDP
한 나라의 경제가 실제로 생산한 모든 최종 생산물의 시장가치	한 나라에 존재하는 모든 생산자원을 정상적으로 고용하였을 경우에 생산할 수 있는 모든 최종 생산물의 시장 가치 ⇒ 정책당국이 추구하는 정책목표가 되는 완전고용 GDP

• 잠재 GDP − 실제 GDP = GDP gap ⇒ 이것이 양(+)의 값을 가질 때 불완전 고용의 상태
1. GDP gap > 0: 경기 침체(한 경제가 최대한 생산할 수 있는 수준 미만에서 조업하고 있으므로, 실업을 낮추고 생산을 증가시킬 여지가 존재) ⇒ 총수요 확대 필요
2. GDP gap < 0: 경기 과열(경제가 정상적으로 생산 가능한 수준을 넘어 생산하려고 하면 원자재 가격 및 임금, 임대료 등이 상승하여 인플레이션이 가속화) ⇒ 총수요 축소 필요
※ '실제 GDP − 잠재 GDP = GDP gap'으로 측정하는 경우도 있다. 이 경우에는 GDP gap이 양(+)의 값을 가지게 되면 완전고용이 달성된 경기호황을 의미한다.

─ 주의 ─

잠재 GDP가 한 경제가 생산할 수 있는 한계점이라고 오해해서는 안 된다. 완전고용이라고 하여 실업률이 0%인 것을 의미하지는 않는다. 아무리 취업기회가 높은 사회라 하더라도 직장을 나와 새로운 일자리를 찾는 사람이 언제나 존재하게 되고 이들의 존재 때문에 실업률은 항상 0% 이상이 될 수밖에 없다. 국가에 따라 다르기는 하지만 일반적으로 2% 내지 4% 정도의 실업률은 완전고용 상태로 보아도 무방하며, 이 상태에서 경제가 최대한 산출해낼 수 있는 GDP를 잠재 GDP라고 부르는 것이다.

잠재 GDP(potential GDP)의 다양한 정의

잠재 GDP란 실제 GDP(actual GDP)에 대응되는 개념으로 노동과 자본 등의 생산요소를 완전고용하여 달성할 수 있는 GDP, 또는 자연실업률에서의 GDP, 또는 추가적인 인플레이션 압력을 유발하지 않고 달성할 수 있는 GDP라고 정의된다.

─ GDP 통계의 의의 및 평가 ─

미국 상무부 장관인 Wiliam M. Daley는 1999.12.7 미국 연방준비위원회(FRB)의 의장인 Alan Greenspan 및 대통령 경제자문위원회 의장인 Martin Baily와 함께 GDP 통계편제를 상무부의 20세기 최대의 업적으로 평가하였다.

GDP 통계는 1930년대 초 Dr. Simon Kuznets(GDP 통계 개발에 대한 공로로 노벨 경제학상 수상)에 의해 도입된 이래 정보와 기업들의 경제정책 수립의 기준이 되어 왔다. GDP 통계가 제공하는 경제상황에 대한 큰 그림이 없었다면 정책입안자들이 경제현상을 이해하는 데 필요한 정보가 없었을 것이며 적절한 정책을 취할 수도 없었을 것이다.

대공황(Great Depression) 당시 Franklin Roosevelt와 그의 참모들은 철도 운송량이 줄어들고 철강 생산량이 크게 감소하여 수백만의 사람들이 직업을 잃었다는 사실은 알았으나 경제상황에 대한 큰 그림(GDP 통계)이 없어 전체 경제에 대한 정보부족으로 무엇을 해야 할지 몰라 당황하였다. 의사가 모든 진단결과를 분석한 후에 실시하는 것처럼 경제정책입안자들도 GDP 계정에서 중요한 정책결정을 위한 도구(tools)를 얻게 된다.

미국 경제의 흐름을 보면 GDP 통계가 완전하게 개발되어 널리 이용된 이후 경제의 호황과 불황의 폭이 훨씬 작아졌음을 알 수 있다. 미국 GDP의 가장 큰 추락은 1932년의 13% 감소인데 지난 50년 중 가장 큰 폭의 하락은 '81~82년의 1.9% 감소였다. 즉, GDP 통계가 개발되어 경제정책에 이용된 이래 과거와 같은 큰 폭의 경기순환(business cycle)은 사라졌으며 예금대량인출(bank run), 금융공황, 깊고 장기적인 경기침체, 장기실업 등도 발생하지 않았다. 이와 같이 상무부는 GDP 통계라는 매우 유용한 경제지표를 장기간 제공함으로써 미국경제의 건실화에 매우 긍정적인 효과를 나타냈다.

❷ GDP 개념의 유용성과 한계

1) 유용성

(1) 한 나라 경제활동의 수준 및 경제적 성과를 나타내는 지표로 사용된다.

(2) 국가들 사이의 경제력과 생활수준을 비교하는 지표로 이용된다.

(3) 개방화 시대에 *GNP*보다 적합한 지표이다.

경제성장률 중심지표의 변경(GNP → GDP)

당초에는 거시경제분석의 초점이 소득 측면에 있었기 때문에 *GNP*를 경제성장의 중심지표로 삼았으나, 1970
년대 이후 세계적으로 경제의 국제화가 급격히 진전되면서 노동이나 자본의 국가 간 이동이 확대됨에 따라 소득
지표에 가까운 *GNP* 기준 성장률이 국내경기 및 고용사정 등을 제대로 반영하지 못하게 되면서 각국은 경제성장
의 중심지표를 *GDP*로 바꾸는 것을 검토하게 되었다.

주요 OECD국가들은 이미 '90년대 초반에 *GDP*를 경제성장의 중심지표로 삼았으며 우리나라도 이와 같은 국
제 추세에 맞추어 '95년부터 경제성장의 중심지표를 *GNP*에서 *GDP*로 변경하여 발표하게 되었다.

한편, UN, IMF 등 국제기구가 제정하여 각국이 따르도록 한 국민소득통계의 국제적 편제기준인 국민계정체
계(1993, SNA)에서는 물론 국내의 생산활동지표로 실질 *GDP*를 이용하도록 하고 있으며, 나아가 소득지표로도
실질 *GNP* 대신에 실질 *GNI*(Real Gross Natinal Income)를 편제하도록 권고하고 있다. 이에 따라 한국은행도
지난 1999년부터 소득지표로 *GNP* 대신에 *GNI*를 편제·발표하고 있다.

---

2) 한계

(1) 대부분 표본통계로부터 항목별로 추측하여 계산하는 추계방법을 채택하므로 그 정확도가 실제와
괴리를 보일 수 있다.

(2) 가정주부의 가사노동은 추계에서 제외하지만 파출부의 동일한 서비스는 추계에 포함하는 등 추계
방법의 일관성이 결여되어 있다.

(3) '여가'와 '상품의 질'의 변화를 제대로 반영치 못한다. 예를 들면 과거에 비해 컴퓨터의 품질은 엄청
향상되었지만, 오히려 가격은 큰 폭으로 하락하고 있다.

(4) 공해, 자연파괴, 교통체증, 범죄 증가 등과 같은 '외부 비경제 효과'를 고려하지 않는다.

(5) 정상적인 거래가 이루어지는 시장만을 고려하므로 사채, 부동산 투기, 밀수, 탈세 등과 같은 지하
경제 규모를 반영하지 못한다.

(6) 생산활동과 관계없는 이전거래(상속, 증여 등)와 자본이득(주식이나 부동산 가격의 변동)은 제외
된다.

국민소득통계 - 불법이거나 숨겨진 생산활동 포함

밀수, 도박, 매춘 등과 같은 불법적인 경제활동이나 세금탈루를 위해 축소 보고되는 개인서비스 판매, 사금융
시장에서의 자금조달 행위, 뇌물수수 등은 국민소득통계에서 어떻게 처리되고 있는 것일까?

새로운 부가가치를 창출하는 생산활동과 관련되지 않고 이미 발생한 소득이 이전되는 현상인 횡령, 절도, 뇌
물수수 등은 생산활동으로 간주되지 않아 국민소득통계에 포함하지 않는다.

한편, 우리나라는 대부분의 국가와 마찬가지로 불법이거나 숨겨진 생산 활동은 기초자료의 부족 등으로 실제 포착이 어려워 현행 국민소득통계에 대부분 포함하지 못하고 있다. 그러나 앞으로는 경제행위의 투명성이 높아지면서 세금탈루를 위해 숨겨진 생산활동도 많이 줄어들 것이므로 그만큼 국민소득통계의 현실 반영도도 높아질 것으로 전망된다.

❸ 새로운 지표

1) 경제후생지표(Measure of Economic Welfare, MEW)

(1) 의미: Tobin과 Nordhaus는 위와 같은 GDP의 문제점을 보완하기 위하여 새로운 경제지표로서 MEW를 제시했고 이를 Samuelson은 순경제후생(Net Economic Welfare, NEW)이라고 한다.

$$MEW=GDP+가정주부의\ 서비스\ 가치+여가의\ 가치-공해비용$$

(2) 장·단점

① 장점: GDP보다 경제복지를 나타내는 데는 더 나은 지표이다.

② 단점: 객관적으로 수량화하기가 어렵다.

Green GDP 추계

Green GDP는 1992년 소위 '지구정상회담(Earth Summit)'이라고도 불리우는 '환경 및 개발에 관한 UN회의'에서 처음 제기되었으며, UN이 추계방법을 작성했다. 이는 국내순생산($NDP=GDP-$자본스톡의 감가상각)에서 환경파괴에 따른 경제적 손실액을 차감해 산출한 것인데, 환경파괴에 따른 경제적 손실액은 실제로 지출된 것이 아니라 환경파괴를 예방하기 위해 필요한 비용으로 추정하여 추계한다.

---

2) 국민총소득(Gross National Income, GNI)

(1) 등장 배경

① 기준년도의 가격으로 평가한 실질 GDP는 물량변화를 반영하는 생산지표와 소득지표가 혼합되어 있고, 또 교역조건의 변화로 발생하는 실질소득의 변화를 반영하지 못하는 측면이 있었다.

② 개방화가 진전된 경제에서는 실질 GDP와 생산활동으로 획득한 소득의 실질적인 구매력 사이에 적지 않은 차이가 발생한다. 예를 들어 같은 양의 반도체와 자동차를 생산해서 수출하더라도 국제유가가 상승하면 더 적은 양의 원유를 수입할 수밖에 없다. 또한 더 많은 반도체와 자동차를 생산해 수출하더라도 예전과 같은 양의 원유밖에는 수입할 수 없다.

③ 실질 GDP는 기준년도의 가격으로 측정되고 교역조건 역시 변하지 않는다는 전제 하에서 계산되므로 교역조건 변화에 따른 실질무역손익을 반영하지 못한다.

④ 국민계정체계의 개정: UN, IMF 등이 주축이 되어 국민계정체계를 개정하면서 새로운 소득지표인 실질 GNI(Real Gross National Income)를 개발하게 되었으며, 우리나라도 1998년부터

소득지표로 실질 *GNP* 대신 실질 *GNI*를 사용하고 있다. 물론 생산지표로는 실질 *GDP*가 사용된다.

(2) *GNI*의 의미

① 개념: *GNI*는 실물 경제 체감 경기를 일러주는 지표로 한 나라 국민이 일정 기간 생산활동에 참여하여 벌어들인 소득의 합계로 정의되며 소득의 실질 구매력을 나타낸다.

② 측정

> - 실질 *GNI*
>   = 실질 *GDP* + 교역조건변화에 따른 실질무역손익 + 실질 국외 순수취 요소소득
>   = 실질 국내 총소득(*GDI*) + 실질 국외 순수취 요소소득
>   = 실질 *GNP* + 교역조건 변화에 따른 실질무역손익
>   = 실질 *GNP* + 교역조건 변화를 반영한 실질무역손익 − 교역조건 불변인 경우 실질무역손익
>   = 실질 *GNP* + $\dfrac{\text{명목무역손익}}{\text{환가지수}}$ − 교역조건 불변인 경우 실질무역손익
> $\left(※\ \text{환가지수} = \dfrac{\text{수출가격지수} + \text{수입가격지수}}{2}\right)$
> - 명목 *GNI* = 명목 *GNP*

실질 *GNI*는 교역조건변화에 따른 실질무역손익을 반영할 뿐만 아니라, 기본적으로 국경이 아닌 국민을 기준으로 작성되는 것이므로, 해외로부터 벌어들인 국외수취 요소소득에서 해외로 지급한 국외지급 요소소득을 차감한 실질 국외 순수취 요소소득도 반영한다. 이에 따라 국민소득의 실질 구매력은 개별 상품가격 변화와 수출·수입 상품 간 상대 가격 변화인 교역조건에 영향을 받는다. 즉, 교역조건이 나빠지면 실질소득은 감소할 것이다.

교역조건 변화에 따른 실질 무역 손익

2019년(기준년도)에는 자동차 10대(대당 1만 달러)를 수출한 대금 10만 달러로 기계 1대(대당 10만 달러)를 수입할 수 있었으나 2020년(비교년도)들어 자동차 수출 가격 하락(대당 1만 달러→5천 달러)으로 20대를 수출하여 기계 1대를 수입할 수 있었다고 가정할 경우 2020년 실질 *GDP*는 20만 달러(20대×1만 달러)로 2019년(10만 달러)에 비해 100% 증가하지만 2020년의 자동차 20대의 구매력은 기계 1대로 2019년과 동일하게 된다. 따라서 2020년에는 교역조건 악화에 따른 실질 무역 손실(10만 달러)이 발생하여 실질 *GNI*는 실질 *GDP*(20만 달러)에서 교역조건 악화로 발생한 실질 무역 손실을 차감한 10만 달러로서 2019년과 동일하게 된다.

---

(3) 실질 *GDP*와 실질 *GNI*의 괴리

① 생산지표인 실질 *GDP*와 국민의 실질적인 구매력을 나타내도록 설계된 소득지표인 실질 *GNI* 사이에는 적지 않은 차이가 발생한다.

② 왜냐하면 실질 *GDP*는 교역조건이 변하지 않는다는 전제 하에서 계산되는 것이므로, 교역조건 변화에 따른 실질무역손익을 반영하지 못하기 때문이다.

③ 실제로 반도체나 자동차 등을 수출하고 원유를 수입하는 우리나라는 국제유가 상승과 반도체 가격 하락으로 인하여, 실질 *GNI*로 측정한 경제성장률이 실질 *GDP* 성장률에 비해 낮게 나오는 현상을 자주 경험한다.

압솝션(absorption: A)

압솝션이란 일정 기간 동안에 국민이 사용한 재화와 서비스의 총량을 의미하며 총자원 사용량이라고도 한다. 압솝션은 다음과 같이 나타낸다.

$$A = GNI + 수입 - 수출$$

계절변동과 계절조정

실질 GDP와 다른 소득 추정치들은 경제상황을 반영하고 있기 때문에 경제학자들은 이들의 분기별 변동을 관심 있게 분석하고 있다. 이러한 분석을 하다 보면 모든 소득 측정치들의 계절주기가 규칙으로 이루어지는 흥미로운 사실을 발견할 수 있다. 한 경제의 생산량이 해당 연도에 증가한다고 하더라도 4/4분기에 최고점에 달하고 이듬해 1/4분기에는 감소하는 현상 등이다. 이러한 현상의 원인 중의 하나가 생산능력의 변화이다. 예컨대 주택 건설은 다른 계절보다 추운 동절기 동안에 시행하기가 상대적으로 어렵다. 또한 일반인들은 나름대로의 계절적인 기호를 갖고 있는데, 이 기간 동안 휴가 및 크리스마스를 위한 쇼핑으로 인한 소비의 증가가 있을 수 있다.

경제학자들은 실질 GDP 및 다른 경제 변수들의 변화를 분석할 경우 예측 가능한 계절적 변화에만 기인하는 변동요인을 제거하려고 한다. 이를 계절조정이라 한다. 이처럼 실질 GDP나 다른 통계자료의 변화를 관찰할 경우 계절 변동을 제거하고 변화를 분석하는 것이 바람직하다.

기출확인

(가)를 참고하여, (나)에 제시된 A국의 2006년 실질 GNI 계산에 필요한 세 항목인 '교역조건의 변화를 반영한 명목무역손익', '환가지수', '교역조건이 불변일 때의 실질무역손익'의 값을 계산과정과 함께 쓰시오.

[2008]

(가) 명목국민총소득(명목GNI)은 명목국민총생산(명목GNP)과 동일하다. 하지만 실질 GNI와 실질 GNP는 동일하지 않으며, 양자 간에는 다음과 같은 관계가 성립한다.

실질GNI = 실질GNP + 교역조건의 변화에 따른 실질무역손익

       = 실질GNP + 교역조건의 변화를 반영한 실질무역손익

         − 교역조건이 불변일 때의 실질무역손익

$$= 실질GNP + \frac{교역조건의 \ 변화를 \ 반영한 \ 명목무역손익}{환가지수}$$

         − 교역조건이 불변일 때의 실질무역손익

※ 환가지수는 수출가격지수와 수입가격지수의 평균을 사용한다.

(나) A국의 2005년 경상수지는 수출액과 수입액이 각각 100억 달러로 균형을 이루고 있다. 그런데 2006년에는 기준연도인 2005년에 비해 수출입 상품의 가격만 변했을 뿐, 수출입 상품의 품목, 물량, 여타 수출입 여건 등에 아무런 변화가 없었다. 2006년에 수출품의 가격은 일률적으로 10% 하락한 반면, 수입품의 가격은 일률적으로 10% 상승했다.

- 교역조건의 변화를 반영한 명목무역손익:
- 환가지수:
- 교역조건이 불변일 때의 실질무역손익:

- 교역조건의 변화를 반영한 명목무역손익

A국의 2005년 경상수지가 균형이었으므로 다음 식이 성립한다. 단 이해를 쉽게 하기 위하여 단 일 상품 X재(수출재)와 Y재(수입재)만이 거래된다고 가정한다.

$$P_X^{2005} \times Q_X^{2005} = P_Y^{2005} \times Q_Y^{2005} = 100억\ 달러$$

- 그런데 2006년에는 다른 모든 조건에는 변화가 없고, 수출품의 가격은 일률적으로 10% 하락한 반면, 수입품의 가격은 일률적으로 10% 상승했으므로 A국의 2006년 명목무역손익은 다음과 같 다. 여기서 명목무역손익은 2006년도 가격으로 계산된 수출액과 수입액과의 차이이다.

- 2006년 명목무역손익 = 명목수출액 − 명목수입액

$$= P_X^{2006} \times Q_X^{2006} - P_Y^{2006} \times Q_Y^{2006}$$
$$= (0.9 \times P_X^{2005}) \times Q_X^{2005} - (1.1 \times P_Y^{2005}) \times Q_Y^{2005}$$
$$= 90억\ 달러 - 110억\ 달러 = -20억\ 달러$$

- 환가지수: 수출가격지수와 수입가격지수의 평균치이다. 이때 수출가격지수와 수입가격지수과 환 가지수는 다음과 같이 측정된다.

- 수출가격지수: $\dfrac{비교시\ 수출가격}{기준시\ 수출가격} = \dfrac{0.9 \times P_X}{P_X} = 0.9$

- 수입가격지수: $\dfrac{비교시\ 수출가격}{기준시\ 수출가격} = \dfrac{1.1 \times P_Y}{P_Y} = 1.1$

- 환가지수: $\dfrac{수출가격지수 + 수입가격지수}{2} = \dfrac{0.9 + 1.1}{2} = 1$

- 교역조건이 불변일 때의 실질무역손익

교역조건이 불변이라는 것은 2005년 가격으로 계산된다는 것을 의미한다. 따라서 실질무역손익 은 가격이 불변인 것을 전제로 다음과 같이 계산된다. 여기서 실질무역손익은 2005년도 가격으로 계산된 수출액과 수입액의 차이이다.

- 2006년 실질무역손익 = 실질수출액 − 실질수입액

$$= P_X^{2005} \times Q_X^{2005} - P_Y^{2005} \times Q_Y^{2005}$$
$$= 100억\ 달러 - 100억\ 달러 = 0\ (\because Q_X^{2005} = Q_X^{2006},\ Q_Y^{2005} = Q_Y^{2006})$$

- 참고로 주어진 자료에 따른 2006년의 실질 GNI는 다음과 같다.

- 2006년 실질GNI = 실질GNP + $\dfrac{교역조건의\ 변화를\ 반영한\ 명목무역손익}{환가지수}$

$$- 교역조건이\ 불변일\ 때의\ 실질무역손익$$
$$= 100억\ 달러 - 20억\ 달러 - 0 = 80억\ 달러$$

- 이에 따라 2006년의 실질 GNI(=80억 달러)는 2005년의 실질 GNI(100억 달러)에 비해 20억 달러 가 감소하게 된다. 이것은 교역조건 악화로 인해 2006년 A국의 구매력이 2005년에 비해 약화되 었다는 것을 의미하는 것이다.

국민총소득(GNI)

"TV 뉴스를 시청하다 보면 앵커가 전해주는 내용을 들으며 고개를 갸웃거릴 수밖에 없는 경우가 가끔 있다. 그 중에 하나가 GDP에 관한 내용이다. 분명 통계당국의 발표에 따르면 전년 대비 '실질' GDP가 증가했음에도 불구하고 생활 속에서 느끼는 것은 그렇지 않은 경우가 있다. 오히려 체감하는 경기가 나빠지는 경우도 있다. 왜 그럴까?"

1980년대 이전에는 대부분의 나라에서 거시 경제지표로서 GNP(국민총생산)를 주로 사용하였다. 그런데 시간이 지나면서 세계화·개방화가 진전됨에 따라 국가 간 자본과 노동 이동 및 기술 이전 등이 활발해지면서 생산요소 소득의 규모가 커지게 되었다. 이에 따라 GNP와 GDP(국내총생산) 크기 사이에 괴리가 커지게 되었다. 이 문제를 해결하기 위해서 생산의 중심지표가 GNP에서 실질 GDP로 바뀌게 되었고, 소득지표로는 실질 GNP가 계속 사용되었다.

그런데 실질 GNP는 기준년도의 가격으로 측정하는 지표이다. 이에 따라 국가 간 교역조건의 변화로 발생하는 실질소득의 변화를 제대로 반영하지 못하는 측면이 있다. 이러한 단점을 보완하기 위해 UN과 IMF 등이 중심이 되어 새로운 소득지표를 개발하였는데 이것이 바로 실질 GNI(real Gross National Income)이다. 우리나라도 1998년부터 소득지표로 실질 GNP 대신에 실질 GNI를 사용하고 있다. 물론 생산지표로는 여전히 실질 GDP를 사용하고 있다.

수출입상품 간의 교환비율을 의미하는 교역조건(수출가격지수/ 수입가격지수)이 변화하면 생산 및 소비에 영향을 미치게 되고 이는 결국 국민소득수준, 즉 후생수준의 변화를 가져온다. 일반적으로 기준년도와 비교하여 교역조건이 불리해지면 일정량의 상품을 수출하여 수입할 수 있는 상품의 양이 감소하게 되므로 국민이 소비하거나 투자할 수 있는 재원이 줄어들어 경제적 후생, 즉 실질소득이 감소하게 된다.

따라서 '교역조건 변화에 따른 실질 무역 손익'은 국가 간의 거래에서 교역조건이 변화함에 따라 발생하는 실질소득의 국외유출 또는 국내유입을 의미하며 지표경기(실질 GDP 성장률)와 체감경기(실질 GNI 성장률)간의 주된 괴리 요인으로 작용한다. 현행 실질 GDP는 교역조건이 변하지 않는 경우로서 교역조건이 바뀌면 실질 무역 이익(교역조건 개선) 또는 무역 손실(교역조건 악화)이 발생하여 실질 GDP와 국민들이 피부로 느끼는 실질 소득수준과는 차이가 발생하게 된다.

한편 '교역조건의 변화에 따른 실질 무역 손익'은 교역조건의 변화를 반영한 총 실질 무역 손익[$(X-M)/P$]에서 일정 시점(기준년도)으로부터 교역조건이 변하지 않았다고 가정하였을 경우의 실질 무역 손익($x-m$)을 차감하여 산출하게 된다.

$$T = \frac{X-M}{P} - (x-m)$$

T: 교역조건 변화에 따른 실질 무역 손익
$X-M$: 명목 무역수지 (비교년도 가격 재화 및 서비스의 수출입 차)
P: 환가지수 [수출입 가격지수의 평균 $=(P_x+P_m)/2$]
$x-m$: 교역조건 불변 실질 무역 손익 [기준년도 가격 재화 및 서비스의 수출입 차 $=(X/P_x)-(M/P_m)$]

이제부터는 실질 GNI가 필요한 이유를 살펴보자. 현재 K국은 다음 표의 조건 아래에서 자동차만을 수출하고 원유만을 수입하여 소비하고 있다고 가정하자.

구분	2015년 가격			2016년 가격		
	가격(1대당, 배럴당)	생산	소비	가격(1대당, 배럴당)	생산	소비
자동차	10,000달러	1		10,000달러	2	-
원유	25달러	-	400	50달러	-	400

   표에 따르면 2016년의 실질 GDP는 2015년에 비해 10,000달러가 증가하게 된다. 그런데 위 표를 보면 400이었던 2015년의 교역조건(수입량/수출량)이 2016년에는 200으로 50% 악화되었다. 만약 원유가격이 오르지 않아 교역조건이 변하지 않았다면 똑같은 원유 400배럴을 계속해서 10,000달러에 수입할 수 있었는데, 결과적으로 10,000달러를 더 지불한 경우이므로 결국 교역조건의 변화(악화)로 10,000달러의 실질 무역 손실이 발생한 것이다. 결국 실질 GDP의 증가분과 실질 무역 손실이 서로 상쇄되면서 실질 GNI에는 변화가 없게 되는 것이다. 즉 생산활동은 확대되었지만 그로부터 획득한 소득의 실질적인 구매력에는 변함이 없게 되는 것이다.

   이와 같이 교역조건이 불리해지면 동일한 양을 수입하기 위해서 더 많은 양의 상품을 수출하여야 하므로 그만큼 국내에서 소비 또는 투자할 수 있는 자원이 감소하는 효과가 발생하는 것이다. 그런데 실질 GDP는 교역조건이 변하기 전의 기준년도 가격으로 측정되기 때문에 교역조건의 변화에 따른 실질 무역 손익을 반영하지 못한다. 이러한 점을 보완하기 위해 등장한 개념이 실질 GNI인 것이다.

제12장
소비이론과 투자이론

소비이론

 소비(consumption)와 소비지출(consumption expenditure)은 어떻게 다른가?

> 소비는 구입한 상품을 용도대로 사용하는 행위이고, 소비지출은 상품을 구입하는 행위 자체를 의미한다.
> 대부분의 단용재는 구입하여 바로 사용하므로 소비와 소비지출을 구별할 필요가 없다.
> 그러나 내구재는 오랫동안 사용하게 되므로 소비와 소비지출을 구별할 실익이 생긴다. 노트북을 100만 원을 지불하고 구매(소비지출)해서 몇 해 동안 사용(소비)하는 경우가 이에 해당한다.
> 거시 경제에서 총수요 개념을 이해할 때는 소비보다 소비지출이 더욱 적절한 개념이다. 다만 소비지출도 보통은 소비라고 많이 표현됨을 유의한다.

❶ 케인스(J. M. Keynes)의 절대 소득 가설

1) 의의

(1) **의미**: 소비는 현재소득의 절대적인 크기에 의해 결정된다.

(2) **가정**

① **소비의 가역성**: 소비는 단기에 과거의 소득과 관계없이 현재 실질소득의 절대적인 크기에 의해서 결정된다. 이에 따라 소득이 변하면 소비는 즉각적으로 소득수준에 맞게 조정된다.

② **소비의 독립성**: 타인의 소득에 의해서는 영향을 받지 않는다.

③ 이자율, 미래에 대한 전망, 경제정책, 기호 등의 요인들도 소비에 영향을 주기는 하지만 이들 요인들은 단기에서는 안정적이다.

2) 내용

(1) **소비함수**

① 가처분소득과 소비와의 관계를 수학적으로 표시한 것을 말한다.

$$C = a + bY$$
C : 소비, a : 독립소비(기초소비, 절대소비), $a>0$, b :한계소비성향, Y : 가처분소득

앞으로 전개되는 소비이론에서 소득은 모두 가처분소득이다.

② 소득과 무관하게 결정되는 독립소비의 존재는 소득이 증가함에 따라 한계소비성향은 일정하지만 평균소비성향이 지속적으로 감소하는 효과를 가져온다.

(2) **평균 소비 성향과 한계 소비 성향**

① **평균 소비 성향**(APC): 소비를 국민소득으로 나눈 값 ⇒ 원점에서 소비함수까지 연결한 직선의 기울기

$$평균 소비 성향(\text{Average Propensity to Consume, } APC) = C/Y,\ 0 < APC$$

② **한계 소비 성향**(MPC): 소비의 증가분을 가처분소득의 증가분으로 나눈 값 ⇒ 소비함수의 기울기

$$한계 소비 성향(\text{Marginal Propensity to Consume, } MPC) = \Delta C / \Delta Y,\ 0 < MPC < 1$$

여기서 한계 소비 성향(MPC)이 1보다 작다는 것은 소비 변화폭이 소득 변화폭보다 작다는 것을 의미하며, 이는 소득의 변화에 대응하여 소비를 안정화하려는 소비자들의 행태를 반영하는 것으로 볼 수 있다.

$$소비의\ 소득탄력도 = \frac{\dfrac{\Delta C}{C}}{\dfrac{\Delta Y}{Y}} = \frac{\Delta C}{\Delta Y} \times \frac{1}{\dfrac{C}{Y}} = \frac{MPC}{APC}$$

(3) **도해적 설명**

① 소비함수가 45°선과 만나는 E점(분기점, break-even point)에 대응하는 Y_1에서 소득과 소비는 일치한다. 이보다 낮은 소득수준에서는 소득 < 소비의 관계가 성립하고, 높은 수준에서는 소득 > 소비의 관계가 성립한다.

┌─ 소비함수 ─────────────────────────────────

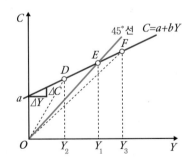

소비함수는 한계소비성향이 0보다는 1보다 작기 때문에 항상 45°선보다 완만한 우상향하는 형태를 갖는다.

└──

┌─ 45°선의 의미 ─────────────────────────────
1. 45°선은 가로축과 세로축의 크기가 같은 수준을 의미한다. 즉 점에서는 '소득(Y_1)=소비(EY_1)'가 성립한다. 따라서 위 그래프의 45°선 위에서는 소득과 소비가 항상 같다.
2. 만일 소득이 Y_3가 되면 소득이 소비보다 크므로 소득의 일부는 저축이 된다. 그러므로 소득의 처분 측면에서 보게 되면 45°선의 높이는 소비(C)+저축(S)으로 나타낼 수 있다.
└──

② 소비곡선은 그 기울기가 곧 한계소비성향$\left(\dfrac{\Delta C}{\Delta Y}\right)$이므로 $(0<b<1)$ 45°선(기울기=1)보다 작은 기울기를 갖게 된다.

③ 평균소비성향 APC는 Y_2일 때의 $APC=OD$의 기울기, Y_1일 때의 $APC=OE$의 기울기, Y_3일 때의 $APC=OF$의 기울기이므로 OD의 기울기$>OE$의 기울기$>OF$의 기울기가 성립 $\Rightarrow$ 소득이 증가함에 따라 APC는 감소$(Y\uparrow \Rightarrow APC\downarrow)$.

④ 소득이 증가함에 따라 APC는 감소하게 되지만 항상 MPC보다는 큰 값을 갖는다$(MPC<APC)$.

확인 TEST

전통적인 케인스 소비함수의 특징이 아닌 것은?

① 한계소비성향이 0과 1 사이에 존재한다.
② 평균소비성향은 소득이 증가함에 따라 감소한다.
③ 현재의 소비는 현재의 소득에 의존한다.
④ 이자율은 소비를 결정할 때 중요한 역할을 한다.

해설 케인스의 소비이론인 절대소득 가설에 따르면 현재의 소비는 현재 소득의 절대적인 크기에 의존하며 이자율과는 무관하다. 참고로 고전학파는 소비를 이자율의 감소함수로 본다.

정답 ④

⑤ 추가적인 소득 1단위의 증가에 따라 증가하는 소비의 크기$\left(MPC=\dfrac{\Delta C}{\Delta Y}\right)$인 한계소비성향$(MPC)$은 1보다 작게 되는데, 이는 소득이 증가함에 따라 증가된 소득 중 일부만이 소비되기 때문이다. $\Rightarrow$ 이러한 한계소비성향은 비교적 일정한 값을 가진다.

$$\Delta Y=\Delta C+\Delta S\text{에서 양변을 }\Delta Y\text{로 나누면 }1=\frac{\Delta C}{\Delta Y}+\frac{\Delta S}{\Delta Y}\text{이므로}$$
$$MPC+MPS=1\text{이 성립한다.}$$

┌ 케인즈의 한계소비성향 ─

"우리가 믿고 따르는 기본적인 심리적 원칙은 … 사람들은 일반적으로 그리고 평균적으로 소득이 증가함에 따라 소비를 증가시키지만 소득이 증가한 만큼 증가시키지는 않는다."

⑥ 소득이 증가함에 따라 소득 중에서 소비가 차지하는 비율$\left(APC=\dfrac{C}{Y}\right)$인 평균소비성향$(APC)$은 감소하게 되고 한계소비성향이 평균소비성향보다 작게 됨 $\Rightarrow$ 이는 자본주의의 장기침체론자의 주요 논거가 된다.

$$Y=C+S\text{에서 양변을 }Y\text{로 나누면 }1=\frac{C}{Y}+\frac{S}{Y}\text{이므로}$$
$$APC+APS=1\text{이 성립한다.}$$

소비함수와 소비성향

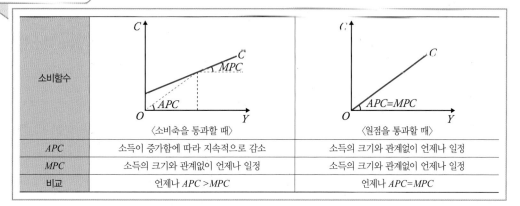

소비함수	〈소비축을 통과할 때〉	〈원점을 통과할 때〉
APC	소득이 증가함에 따라 지속적으로 감소	소득의 크기와 관계없이 언제나 일정
MPC	소득의 크기와 관계없이 언제나 일정	소득의 크기와 관계없이 언제나 일정
비교	언제나 $APC > MPC$	언제나 $APC = MPC$

─ 저축 ─

1. **의미**: 소득 중에서 소비되지 않은 것으로서 사전적 개념으로 유량(flow)이다.

2. **저축함수**: 국민소득(Y)과 저축과의 관계를 수학적으로 표시한 것을 저축함수라 한다.

$$S = -a + (1-b)Y, \ a: \text{기초소비}, \ b: \text{한계소비성향}, \ Y: \text{소득}$$

1) 저축은 소득의 증가함수이다.
2) 소득이 0이면 저축은 부($負$)의 값을 갖는다.
3) 저축이 증가하면 APS는 점점 커진다.

3. **평균 저축 성향과 한계 저축 성향**
   1) 평균 저축 성향(APS): 저축을 국민소득으로 나눈 값을 말한다. 이는 원점에서 저축함수까지 연결한 직선의 기울기와 그 값이 같다.

$$\text{평균 저축 성향}(APS) = S/Y$$

   2) 한계 저축 성향(MPS): 저축의 증가분을 국민소득의 증가분으로 나눈 값을 말한다. 이는 저축함수의 기울기와 그 값이 같다.

$$\text{한계 저축 성향}(MPS) = \Delta S/\Delta Y, \ 0 < MPS < 1$$

3) 평가

(1) 소비가 현재의 가처분 소득에 의존하므로 조세정책과 같은 재량적인 재정정책은 경기안정화에 효과적이라는 것을 시사한다.

$$\text{세율}\downarrow(\uparrow) \Rightarrow \text{가처분 소득}\uparrow(\downarrow) \Rightarrow \text{소비}\uparrow(\downarrow) \Rightarrow \text{총수요}\uparrow(\downarrow) \Rightarrow \text{총생산량}\uparrow(\downarrow)$$

(2) 소비와 소득과의 관계에 있어서 단기적인 관계는 설명할 수 있지만 장기적인 관계를 설명하기에는 적합하지 않다.

─ 고전파의 소비에 대한 견해 ─

고전학파에 따르면 국민소득은 완전고용 신출량 수준에서 일정한 크기를 가지며, 소비는 이자율의 감소함수이다. 따라서 저축은 이자율의 증가함수가 된다.

이자율과 소비와의 관계는?

일반적으로 이자율 변화가 소비에 미치는 대체효과와 소득효과는 상충되는 결과(대부자 전제)를 보인다. 이와 같은 상충효과 때문에 케인스는 이자율의 변동이 소비에 의미있는 영향을 주지 못하고 가처분 소득만이 소비 변화의 주요 요인이라고 보았다. 반면에 고전학파는 소득 수준이 이미 완전고용소득 수준에 도달해 있으므로 이자율만이 소비 변화의 주요 요인이라고 보았다.

Hansen의 장기침체론

자본주의 경제가 발전하면 생산에 비해 소비의 증가 속도가 늦다. 또한 선진국의 경우 투자수익성의 하락으로 투자가 부족해진다. 그리하여 자본주의 경제가 발전할수록 유효수요의 부족으로 장기경기침체 상태에 빠지게 된다. 이에 따라 총수요를 증가시키는 재정정책을 사용하지 않으면 무한대로 지속되는 장기간의 불경기, 이른바 '지속적 불경기'를 경험하게 된다는 주장이다. 그런데 제2차 대전 이후 소득이 전쟁 전보다 높아졌음에도 불구하고 실제로는 저축률의 증가로 이어지지 않았다. 이는 소득이 증가함에 따라 평균소비성향이 감소한다는 케인스의 추론과 상반되는 결과이다.

4) Kuznets의 실증 분석(미국: 1869~1929)

장기소비함수의 실증

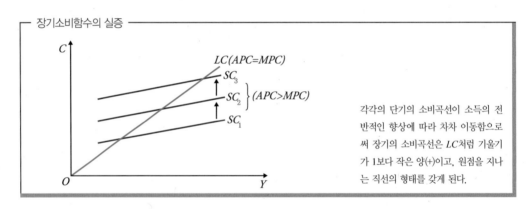

각각의 단기의 소비곡선이 소득의 전반적인 향상에 따라 차차 이동함으로써 장기의 소비곡선은 LC처럼 기울기가 1보다 작은 양(+)이고, 원점을 지나는 직선의 형태를 갖게 된다.

(1) 시계열(time series) 분석

① 한 국가 전체의 소비와 소득에 대해 여러 기간에 걸쳐 수집한 자료를 이용한다.

단기 시계열 분석	장기 시계열 분석
한계소비성향(MPC)은 일정하고, 평균소비성향(APC)은 소득의 증가에 따라 감소한다. ⇒ 케인즈의 소비이론과 동일한 결과이다.	장기 소비곡선이 원점을 지나는 직선이므로 한계소비성향(MPC)과 평균소비성향(APC)은 서로 같고 일정하다. ⇒ 케인즈 소비이론으로서는 설명할 수 없는 결과이다.

② **결론:** 단기의 소비곡선은 SC_1, SC_2, SC_3처럼 각각 기울기가 1보다 작은 양(+)이고, 절편이 0보다 큰 반면에 각각의 단기의 소비곡선이 소득의 전반적인 향상에 따라 차차 이동함으로써 장기의 소비곡선은 LC처럼 기울기가 1보다 작은 양(+)이고, 원점을 지나는 직선의 형태를 갖게 된다.

(2) 횡단면(cross section) 분석

① 동일 기간 동안 많은 가계들의 소비와 소득을 수집한 자료를 이용한다.

② 소득이 높은 가계일수록 소비와 저축이 모두 높아짐을 발견하였는데, 이는 한계소비성향(MPC)이 0보다는 크지만 1보다는 작다는 것을 의미한다.

③ 소득수준이 높은 가계일수록 평균소비성향이 낮다는 사실도 발견하였다.

(3) 평가

① 위와 같은 장기 시계열 분석의 결과는 소득이 증가함에 따라 소득에 대한 소비의 비율은 눈에 띄게 안정적이라는 사실을 보여줌으로써 Keynes의 소득이 증가함에 따라 평균소비성향이 감소할 것이라는 추론과 어긋나는 것이다.

② 이러한 현상은 장기적으로 Keynes가 전제했던 현재소득 이외의 요인들이 소비에 영향을 미쳐 단기 소비함수를 상방이동시켰다는 것을 의미한다.

③ 이후의 소비이론들은 현재소득 이외에 영향을 주는 요인들을 규명함으로써 이러한 결과들을 해명하기 위한 것이다.

소비 함수 논쟁

제2차 세계대전 중에는 전쟁으로 인한 대량수요가 있었다. 그러나 세계대전의 종말이 다가오면서 전후에도 미국경제가 호황을 누릴 것인가 아니면 제1차 세계대전이 끝난 후처럼 불황에 빠질 것인가하는 문제에 대해서 경기예측논쟁이 일어났다.

소비의 변화추세에 따라서 총수요변화가 결정되고 이것이 경기적 상황을 좌우하므로 소비예측에 대한 관심이 높아졌다. 케인즈 학파에 속하는 한센(A. Hansen)은 전쟁이 끝나면 경기가 악화되고 대량실업이 발생할 것으로 예측했지만 실제로는 불황이 닥쳐오지 않았다. 한센의 예측이 실패한 원인은 케인스적 단기소비함수를 기준으로 예측을 해서 소비를 과소평가했기 때문이다. 그 후로 케인즈의 절대소득가설에 기초한 단기소비함수에 대한 비판이 제기되었다.

1940년대 이후 쿠즈네츠를 비롯한 여러 학자들의 실증분석에서 드러난 바에 의하면 단기소비성향과 달리 장기소비성향은 소득과 더불어 일정한 비율로 늘어나는 추세를 보였다. 따라서 이후에 등장한 소비함수 논쟁에서는 소비의 단기 및 장기분석이 핵심을 이룬다.

---

❷ 듀젠베리(J. Duesenberry)의 상대 소득 가설

1) 기본 가정

(1) 소비의 상호의존성(외부성)

① 사람들은 자신이 속해 있는 사회의 다른 사람들과 자신을 비교하면서 생활한다.

② 개인의 소비수준은 주위 사람들의 소비수준으로부터 영향을 받는다. ⇒ 전시효과(demonstration effect)

(2) 소비의 비가역성

① 개인의 소비는 비가역적(irreversible)이어서 한 번 증가한 소득수준은 후에 소득이 감소하게 되더라도 단기에는 잘 감소되지 않는 것을 말한다.

② 현재의 소비는 현재의 소득에만 의존하는 것이 아니라, 과거의 소득 및 소비수준에 영향을 받고 특히 과거의 최고 소득수준에서의 최고 소비수준에 영향을 받는다. ⇒ 톱니효과(ratchet effect)

소비의 비가역성

과거의 연속적인 소득의 흐름에 따라 결정된 연속적 소비습관들이 현재의 소비에 영향을 미친다. 따라서 이 이론에 따르면 소비의 결정요인은 다음과 같이 나타난다.

$$C_t = C(Y_t, C_{t-1})$$

---

2) 도해적 설명

전시효과와 톱니효과

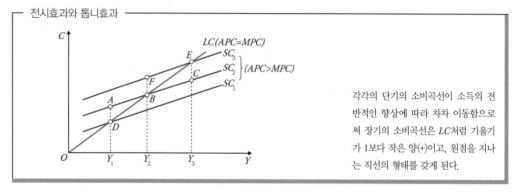

각각의 단기의 소비곡선이 소득의 전반적인 향상에 따라 차차 이동함으로써 장기의 소비곡선은 LC처럼 기울기가 1보다 작은 양(+)이고, 원점을 지나는 직선의 형태를 갖게 된다.

(1) 전시효과

① 자신이 속한 계층의 평균소득이 Y_1, Y_2 또는 Y_3이면 단기소비함수는 각각 SC_1 또는 SC_2 또는 SC_3가 된다.

② 자신의 소비수준을 현재소득의 일정비율로 유지하려 하지만(즉 LC 위의 점 Y_1 아래서 점 D, Y_2 아래서 점 B, Y_3 아래서 점 E), 자신이 속한 계층(이웃)의 평균소득이 예컨대 Y_2라면 소비의 상호의존성에 따라서 자신의 현재소득이 단기적으로 Y_1이거나 Y_3이라고 하더라도 SC_2 위의 점 A 또는 점 C에서 각각 소비하게 된다.

(2) 톱니 효과

① 처음에 자신의 소득수준이 Y_3이고, 이에 따라 소비수준이 점 E였다고 하자. 만약 소득수준이 Y_2로 감소하면 소비행동의 비가역성에 따라서 소비수준이 단기적으로는 SC_3를 따라서 점 E에서 점 F로 이동하고, 장기적으로 비로소 점 B로 조정된다.

② 똑같은 비가역성의 논리로 처음에 자신의 소득수준이 Y_2이고, 이에 따라 소비수준이 점 B이었다고 하자. 만약 소득수준이 Y_1으로 감소하면 과거의 소비습관에 젖어 단기적으로는 SC_2를 따라 점 A로 이동하고, 장기적으로 비로소 점 D로 조정되어 그 경로가 ($E \Rightarrow F \Rightarrow B \Rightarrow A \Rightarrow D$) 톱니 형태를 보이게 된다.

3) 상대소득가설의 한계

(1) 상대소득가설은 체면이나 습관을 중시하는 소비자를 가정한다. 이것은 합리적 소비자를 가정하는 전통적 소비이론에서 벗어나는 것이다.

(2) 전시효과에서 소비자는 자신이 속한 집단의 평균소비수준에 의해 소비수준을 결정한다고 주장한다. 그러나 이러한 평균소비수준을 실증적으로 분석하는 것은 쉽지 않다.

(3) 과거 지향적인 소비를 하는 소비자를 가정한다. 그러니 합리적 소비자라면 과거는 물론이고 현재나 미래까지지도 고려하는 최적의 소비결정은 해야 한다.

❸ 피셔(I. Fisher)의 2기간 간 소비와 저축의 선택

1) 의의

(1) **미시경제학에서의 소비이론**: 미시경제학에서는 서로 다른 재화 간의 선택의 문제를 취급하고 있다. 예를 들면 소비자가 주어진 소비 지출액을 가지고 최대의 만족을 얻기 위해서 X재와 Y재를 각각 얼마만큼 소비하면 될 것인가를 분석한다.

(2) **거시경제학에서의 소비이론**: 거시 경제학에서의 소비이론은 재화 간의 선택의 문제가 아니라 주어진 소득 중에서 얼마만큼을 소비할 것인가에 대한 분석이다. 결국 거시경제학에서의 소비이론은 곧 소비와 저축 간의 선택이론이다. 여기서 저축은 미래의 소비를 위한 것이므로 소비이론은 결국 현재소비와 미래소비 간의 선택의 문제를 취급한다.

Q&A 가계는 왜 저축하는가?

일반적으로 가계는 가처분 소득의 상당 부분을 소비하고 나머지를 비로소 저축한다. 이러한 가계저축은 미래의 재화 구입, 자녀 양육, 노후 생활, 불의의 사고와 질병 등에 대비하기 위해 이루어진다. 따라서 이러한 가계저축은 미래소비를 위한 것이라고 정의할 수 있다. 결국 피셔의 2기간 소비-저축 선택의 문제는 서로 다른 기간 간 소비(현재소비와 미래소비)의 크기를 어떻게 조정하는가의 문제이다.

2) 두 기간에 걸친 예산제약

(1) **기간 간 예산제약(inter-temporal budget constraint)**

① 사람들이 무한정 소비를 할 수 없는 이유는 각자의 소비가 소득에 의해 제한받는, 이른바 예산제약에 직면하기 때문이다.

② 소비자들은 현재 얼마만큼 소비하고 미래를 위해 얼마만큼 저축할지를 결정하려 할 때 기간 간 예산제약에 직면하게 되며 이는 현재와 미래의 소비를 위해 이용할 수 있는 총자원을 의미한다.

(2) 두 기간 간 예산제약조건의 검토 (단, 여기서 C_1: 현재소비, C_2: 미래소비, Y_1: 현재소득, Y_2: 미래소득, r: 이자율을 의미한다.)

① 제1기를 현재, 제2기를 미래라고 할 때, 소비자는 현재에는 소득 Y_1을 벌고 C_1을 소비하며 미래에는 소득 Y_2를 벌고 C_2를 소비한다. 이때 소비자는 대차거래(borrowing and lending)를 통하여 차용하거나 저축할 수 있으므로 한 기간에 있어서의 소비는 그 기간 동안의 소득보다 크거나 작을 수 있다. 여기서 대차거래는 소비자가 현재소비와 미래소비와의 교환을 통해 소비로부터 효용을 극대화시키는 것을 가능하게 해 준다.

② 제1기의 저축(S_1)은 소득에서 소비를 뺀 것으로 다음과 같이 나타낼 수 있다.

$$S_1 = Y_1 - C_1$$

또한 제2기의 소비는 저축에 대한 이자가 포함된 기존의 저축에 제2기의 소득을 합한 것과 같으며 다음과 같이 나타낼 수 있다.

$$C_2 = (1+r)S_1 + Y_2$$

③ 위의 첫 번째 식을 두 번째 식의 S에 대입시키면 다음과 같은 결과를 얻을 수 있다.

$$C_2 = (1+r)(Y_1 - C_1) + Y_2$$

위의 식을 소비와 소득관련항으로 묶어 양변을 $(1+r)$로 나누면 다음 식을 얻을 수 있다.

$$C_1 + \frac{C_2}{1+r} = Y_1 + \frac{Y_2}{1+r}$$

위의 예산제약은 소비의 현재가치가 소득의 현재가치와 동일해져야 함을 의미한다.

Q&A

피셔(Irving Fisher)의 두 기간 소비모형에서 1기의 소득 Y_1이 20,0000이고 2기의 소득 Y_2가 15,0000이고, 이자율(r)이 0.250이면 최대로 가능한 2기의 소비는 얼마인가?

Solution

2기간 모형에서 예산제약식은 $Y_1 + \frac{Y_2}{1+r} = C_1 + \frac{C_2}{1+r}$ 이다.

현재소득이 20,000이고 미래예상소득이 15,000이며 이자율이 0.25일 때

미래가처분소득은 $Y_2^D = Y_1(1+r) + Y_2 = 20,000 \times 1.25 + 15,000 = 40,000$ 이다.

④ 이러한 예산 제약식을 그림으로 나타내면 다음과 같은 예산선을 그릴 수 있다.

아래 그림에서 Y점은 소비자의 소득점으로 1기와 2기에서 벌어들이는 소득의 양을 나타낸다. 각 기간의 소득을 각 기간에 모두 소비하는 것은 항상 가능하므로 Y점은 반드시 예산선상의 한 점이 된다. 따라서 예산선은 소득점인 Y를 통과하면서 기울기가 $-(1+r)$인 직선이 된다. 그런데 대차거래는 소비자가 Y점뿐만 아니라 예산선상의 모든 점을 소비하는 것을 가능하게 한다.

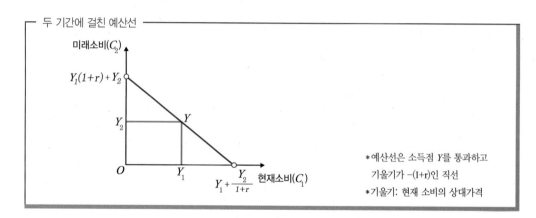

두 기간에 걸친 예산선

*예산선은 소득점 Y를 통과하고 기울기가 $-(1+r)$인 직선
*기울기: 현재 소비의 상대가격

⑤ **예산선 기울기의 의미:** 예산선 기울기의 절대치인 이자율 $(1+r)$은 현재소비와 미래소비 간의 교환비율, 즉 현재소비의 상대가격으로서, 현재소비를 1단위 감소시키면 미래소비가 $(1+r)$단위 늘어난다. 또한 현재소비를 1단위 증가시키면 미래소비가 $(1+r)$단위 줄어든다. 즉, 현재소비 1단위는 미래소비 $(1+r)$단위와 교환된다. 이자율이 상승하면 더 많은 양의 미래소비를 희생해야 하므로 이자율의 상승은 현재소비가 미래소비에 비해 상대적으로 비싸짐을 의미한다.

3) 소비-저축의 선택에서의 소득효과

(1) 최적 소비선택

① 소비자는 무차별곡선과 예산제약식이 접하는 점에서 최적의 소비조합을 선택한다. 소비자는 주어진 소득과 선호에 따라 대부자 또는 차입자가 될 수 있다.

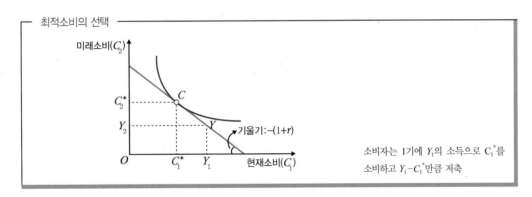

최적소비의 선택

소비자는 1기에 Y_1의 소득으로 C_1^*를 소비하고 $Y_1 - C_1^*$만큼 저축

② **소비결정요인의 변화:** 현재소득, 미래소득, 이자율의 변화는 최적소비 조합을 변화시키며, 일반적인 재화의 소비에서와 마찬가지로 소득효과와 대체효과가 발생한다.

(2) 소득효과

① **현재소득의 변화**$(Y \Rightarrow Y')$: 예산선이 우측으로 평행이동한다. 현재소비와 미래소비는 모두 정상재(normal goods)이므로 현재소비와 미래소비가 모두 증가한다.

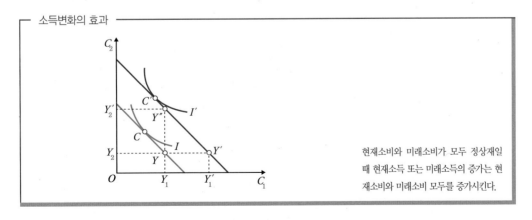

소득변화의 효과

현재소비와 미래소비가 모두 정상재일 때 현재소득 또는 미래소득의 증가는 현재소비와 미래소비 모두를 증가시킨다.

② **미래소득의 변화**$(Y \Rightarrow Y'')$: 예산선이 상방으로 평행이동한다. 이 경우에도 현재소비와 미래소비가 모두 증가한다. 유의할 점은 현재소득에는 변화가 없음에도 불구하고 미래소득이 변하면,

현재의 소비도 변한다는 것이다. 이는 현재의 소비가 현재의 소득에 의해 결정된다는 케인즈의 절대소득이론과 상치되는 결과이다.

4) 이자율 효과

(1) 이자율 상승의 효과(대부자의 경우)

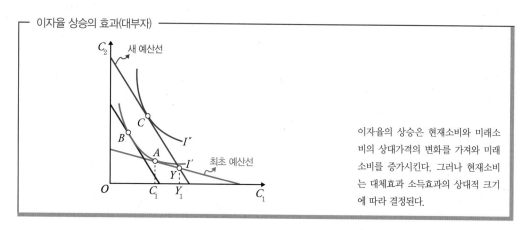

이자율 상승의 효과(대부자)

이자율의 상승은 현재소비와 미래소비의 상대가격의 변화를 가져와 미래소비를 증가시킨다. 그러나 현재소비는 대체효과와 소득효과의 상대적 크기에 따라 결정된다.

① 다른 조건이 일정한 상태에서 이자율만 상승한다면 예산선은 동일한 소득점을 중심으로 기울기가 가파르게 회전이동을 하게 된다. 이자율이 상승하게 되면 미래소득의 현재가치는 감소하고 현재소득의 미래가치는 증가하며, 소득점 Y는 여전히 실현가능한 점이기 때문에 소득점 Y를 축으로 예산선이 회전이동하게 되는 것이다. 이에 따라 소비자의 선택점은 새 예산선과 무차별곡선(I'')이 접하게 되는 C점이 된다.

② B점은 새 예산선과 동일한 기울기를 가지면서 최초 무차별곡선(I')과 접하는 점이다.

③ 최초의 소비점 A점에서 B점으로의 이동은 예산선 기울기의 변화에 따라 발생한 것으로 볼 수 있으므로 대체효과와 같고, B점에서 C점으로의 이동은 예산선이 기울기의 변화없이 평행이동한 결과이므로 소득효과와 같다. 그리고 A점에서 C점으로의 이동은 이자율 변화에 따라 발생한 결과이므로 이자율 효과와 같다. 따라서 이자율 효과는 대체효과와 소득효과로 구성되어 있고 그 구체적 내용은 다음 표와 같다.

구분	현재소비(C_1)	미래소비(C_2)
대체효과($A \Rightarrow B$)	↓	↑
소득효과($B \Rightarrow C$)	↑	↑
이자율 효과($A \Rightarrow C$)	?	↑

④ 이자율의 상승은 현재소비의 상대가격 상승을 의미하므로 현재소비의 감소와 미래소비의 증가가 나타나게 된다. 또한 이자율의 상승으로 대부자는 미래에 더 많은 이자수입이 생기므로 실질소득의 증가를 가져와 현재소비와 미래소비가 모두 증가하게 된다.

(2) 이자율 상승의 효과(차입자의 경우)

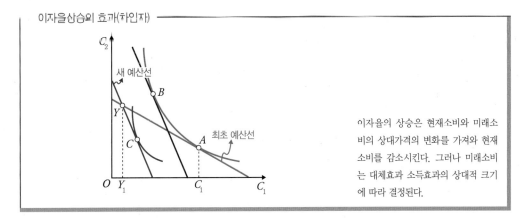

이자율상승의 효과(차입자)

이자율의 상승은 현재소비와 미래소비의 상대가격의 변화를 가져와 현재소비를 감소시킨다. 그러나 미래소비는 대체효과와 소득효과의 상대적 크기에 따라 결정된다.

① 최초의 소비점 A점에서 B점으로의 이동은 예산선 기울기의 변화에 따라 발생한 것으로 볼 수 있으므로 대체효과와 같고, B점에서 C점으로의 이동은 예산선이 기울기의 변화없이 평행이동한 결과이므로 소득효과와 같다. 그리고 A점에서 C점으로의 이동은 이자율 변화에 따라 발생한 결과이므로 이자율 효과와 같다. 그 구체적 내용은 다음 표와 같다.

구분	현재소비(C_1)	미래소비(C_2)
대체효과($A \Rightarrow B$)	↓	↑
소득효과($B \Rightarrow C$)	↓	↓
이자율 효과($A \Rightarrow C$)	↓	?

② 이자율의 상승은 차입자에게도 현재소비의 상대가격의 상승을 의미하므로 현재소비의 감소와 미래소비의 증가가 나타나게 된다. 그러나 이자율의 상승은 미래의 더 많은 이자지급의 필요를 의미하므로 오히려 실질소득의 감소를 가져온다. 따라서 대부자의 경우와 정반대의 소득효과를 가져온다.

5) 이자율의 상승이 현재의 저축에 미치는 효과

(1) **이자율 상승이 개인의 저축에 미치는 효과:** 현재소비에 미치는 효과와 반대방향이다.

(2) **이자율 상승이 경제 전체의 저축에 미치는 효과:** 경제 전체적으로 대부자의 수와 차입자의 수가 동일하다면 상반되는 소득효과는 서로 상쇄되며, 대체효과만 남게 된다.

구분	대부자	차입자	경제 전체
대체효과	+	+	+
소득효과	−	+	0
이자율 효과	?	+	+

┌─ 고전파의 소비에 대한 견해 ─────────────────────────

　　고전학파에 따르면 국민소득은 완전고용 산출량 수준에서 일정한 크기를 가지며, 소비는 이자율의 감소함수이다. 따라서 저축은 이자율의 증가함수가 된다.

└───────────────────────────────────────

다음 글을 읽고 〈작성방법〉에 따라 서술하시오.
                                                                        [2019]

┌───

　다음 그림은 어느 소비자의 현재소비와 미래소비를 무차별곡선과 예산선을 이용하여 나타낸 것이다. 이자율이 상승할 경우 최적점이 A점에서 C점으로 이동한다. 이 소비자의 현재소득은 C_0이고, 이 소득을 소비와 저축으로 나눈다. 미래에는 현재 저축한 돈과 이자로 산다. (단, 현재소비와 미래소비는 모두 정상재이며, 선분 $C_0''C_1''$은 선분 $C_0'C_1'$과 평행이다.)

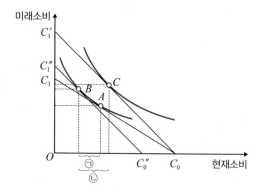

〈작성방법〉

• 이자율 상승에 따라 A점에서 B점으로의 이동인 ㉠과 B점에서 C점으로의 이동인 ㉡에 해당하는 경제학 개념을 순서대로 제시할 것.
• 이자율이 상승할 경우 현재 저축이 감소할 수 있는 이유를 ㉠과 ㉡을 활용하여 서술할 것.

└───

분석하기

• ㉠: 대체효과

　이자율이 상승하면 예산선의 기울기가 이전에 비해 가팔라진다(선분 $C_0C_1'=C_0''C_1''$). 이에 따라 현재소비의 상대가격이 상승하게 되어 현재소비는 감소(저축의 증가)하고 미래소비는 증가하는 대체효과가 발생하게 된다. 이러한 대체효과는 기존의 무차별곡선 상에서 A에서 B로의 이동으로 나타난다.

• ㉡: 소득효과

　이 소비자에게는 현재소득만이 있고, 미래에는 현재 저축한 돈과 이자로 생활을 하는 대부자에 해당한다. 이에 따라 이자율의 상승은 실질소득의 증가를 가져와(선분 $C_0''C_1'' → C_0C_1'$) 정상재인 현재소비도 증가(저축의 감소)하고 미래소비도 증가하게 되어 소비자 균형점은 B에서 C로 우상향하게 된다.

• 이자율의 상승은 대체효과에 따라 현재소비를 감소(저축의 증가)시키고, 소득효과에 따라 현재소비를 증가(저축의 감소)시킨다. 만약 이자율 상승에 따른 대체효과보다 소득효과가 크다면 현재소비는 증가하고, 저축은 감소할 수 있게 된다.

개념 플러스⁺ 유동성 제약(liquidity constraint)이 존재하는 경우의 소비

1. 의의: 2기간 간 소비선택 모형은 미래의 소득을 담보로 하여 현재 시점에서 차입을 하는 것이 가능함을 전제로 하고 있다. 그러나 실제로는 차입에 있어서의 제약으로 말미암아 현재소비가 제약을 받는 경우가 발생한다.

2. 유동성 제약 하에서의 소비선택

1) 유동성 제약을 받는 소비자의 소비가능영역은 그림의 음영으로 표시된 부분과 같다. 만일 소비자가 그림과 같은 무차별곡선을 갖고 있다면, 이 소비자는 현재 C_1^*를 소비하기를 원하나, 실제로는 유동성 제약으로 인해 현재소득과 같은 Y_1만을 소비하게 된다.

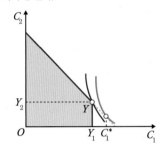

2) 만일 소비자의 현재소득만이 Y_1'으로 늘어난다면 소비가능영역은 그림과 같이 확대되고 이 소비자는 C점 대신 C'점에서 소비를 하게 된다. 즉 현재의 소득 증가분을 모두 현재소비 증가에 사용하는 것이다. 따라서 유동성 제약에 처한 소비자의 소비는 현재소득에 민감하게 반응(excess sensitivity)하게 된다. ⇒ 현재소비의 현재소득에 대한 과잉민감성

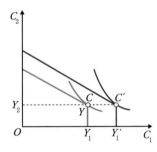

3) 만일 소비자의 현재소득은 변하지 않고 미래소득만 Y_2'로 증가하는 경우에는 소비자가 선택하는 소비점은 C''점이 되므로 현재소비는 여전히 Y_1과 같다. 즉 현재소비는 미래소득의 변화에 전혀 영향을 받지 않는다. 그러므로 향후 예상된 소득의 변화에도 불구하고 유동성 제약이 존재할 때 소비는 전혀 반응을 보이지 않게 되며 그 결과 소비는 소득변화에 매우 둔감한(too smooth) 반응을 보일 수 있는 것이다. ⇒ 현재소비의 미래소득에 대한 과잉 둔감성

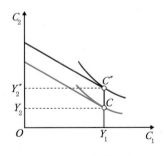

❹ 프리드만(M. Friedman)의 항상 소득 가설

1) 의의

(1) 항상소득과 임시소득

① 항상소득(permanent income): 정상적인 소득의 흐름으로서 확실하게 예측 가능한 장기적 평균 (기대)소득을 말한다. 이에는 임금, 지대, 고정이자수입 등이 속한다.

> **항상소득 측정**
>
> 일반적으로 시계열 자료에 나타난 과거의 실제소득을 가중 평균하여 측정하게 된다. ⇒ '적응적 기대'
> 즉 $Y_P = aY_t + bY_{t-1} + cY_{t-2}$ $a+b+c=1,\ a>b>c>0$

② 임시소득(temporary income): 비정상적인 정(+) 또는 부(−)의 소득으로서 전혀 예측할 수 없는, 주로 저축을 하게 되는 일시적 소득으로 장기적으로 그 평균은 0의 값을 갖는다. 이에는 복권 당첨수입, 자본손실, 자본이득 등이 속한다.

(2) 소비함수

① 현재의 실제소득(actual income)은 항상소득(permanent income)과 임시소득(temporary income)의 합으로 이루어진다.

> 실제소득(Y_a)=항상소득 (Y_p)+임시소득(Y_T)

② 소비는 현재 소득의 절대크기가 아닌 장기적인 평균소득인 항상소득에 의존한다.

> $C = mY_P\ (0<m<1)$

2) 소비함수의 특징

> $C = mY_P$ 이고, $Y_P = Y - Y_T$이므로 $C = m(Y - Y_T)$가 성립한다.
> 양변을 Y로 나누면
> $\dfrac{C}{Y} = APC = m\left(1 - \dfrac{Y_T}{Y}\right)$의 식을 도출할 수 있다.

(1) 단기 소비함수

① **호황**: 임시소득(Y_T)>0이고, $\frac{Y_T}{Y}$이 커짐에 따라 APC가 하락한다.

② **불황**: 임시소득(Y_T)<0 이고, $\frac{Y_T}{Y}$가 작아짐에 따라 APC가 상승한다.

(2) 장기 소비함수

① 장기에는 임시소득(Y_T)의 평균치가 0이 되므로 $APC=m$(일정)이 성립한다.

② 이에 따라 $C=mY_P$, $0<m<1$이므로 원점을 지나는, 1보다 작은 기울기의 직선의 형태가 된다 ($APC=MPC$).

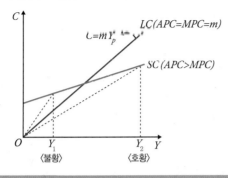

항상소득가설과 소비함수

단기에는 경기변화에 따른 임시소득의 변화에 따라 평균소비성향이 변하지만, 장기에는 임시소득의 평균치가 0이 되므로 평균소비성향이 일정하게 된다.

3) 평가

(1) Keynes의 단기 재정정책은 임시소득만 변동시키고, 항상소득을 별로 변동시키지 못하므로 실제로는 총수요에 영향을 주지 못함 ⇒ 재량적 재정정책을 반대한다.

(2) 항상소득과 임시소득의 구분이 명확하지 않다.

항상소득가설과 조세감면의 효과

구분	소득에 영향	소비 증가	저축 증가	총수요 증가	정책 효과
일시적인 조세감면	임시소득 증가	小	大	小	무력
영구적인 조세감면	항상소득 증가	大	小	大	유력

확인 TEST

프리드먼(M. Friedman)의 항상소득이론에 대한 설명으로 가장 옳지 않은 것은?
① 소비는 미래소득의 영향을 받는다.
② 소비자들은 소비를 일정한 수준에서 유지하고자 한다.
③ 일시적 소득세 감면이 지속적인 감면보다 소비지출 증대효과가 작다.
④ 불황기의 평균소비성향은 호황기에 비해 감소한다.

해설 ▪ 항상소득가설에 따르면 소비는 미래의 평균적인 소득의 흐름인 항상소득에 의해서만 영향을 받고 경기에 따라 민감하게 변하게 되는 임시소득에 의해서는 거의 영향을 받지 않는다. 임시소득의 대부분은 저축된다.

▪ 불황기에는 항상소득(Y_P)은 안정적이지만 임시소득(Y_T)은 감소하게 된다. 이에 따라 평균소비성향(APC)은 이전에 비해 증가하게 된다.

$$APC = \frac{C}{Y_P + Y_T} \xrightarrow{\text{불황}} \frac{C}{Y_P + Y_T \downarrow} \Rightarrow APC \uparrow$$

정답 ▶ ④

❺ 생애주기가설(평생소득가설: life-cycle hypo-thesis)

1) 의의

(1) 기본 가정

① 소비자는 평생을 염두에 두고 자기 소득의 사이클을 고려하여 현재소비를 결정 ⇒ 어떤 소비자
의 어떤 기간에서의 소비(C)는 그 사람의 전 생애에 걸친 예상소득에 의해 좌우

② 소득은 노동소득과 자산소득으로 구성된다.

③ 어떤 개인의 소득은 유년기 때는 낮고 중년기 때에 높아졌다가 노년기 때에 다시 낮아지는 사
이클을 갖는 데 비해 소비는 비교적 일생을 걸쳐 일정한 비율로 완만하게 증가 ⇒ 전형적인 개
인의 소득은 전 생애에 걸쳐 고르지 않고 불안정하다.

④ 소득의 흐름은 이처럼 고르지 않은 데 비해 사람들은 전 생애에 걸쳐 안정적인 소비를 하고자
한다. 소득의 흐름이 고르지 않음에도 불구하고 저축과 차입을 통하여 전 생애에 걸쳐 소비의
흐름을 고르게 할 수 있다.

(2) 대표적 학자: 모딜리아니(F. Modigliani), 브룸버그(R. E.Brumberg), 안도(A. K. Ando) ⇒ MBA
가설

2) 횡단면 분석

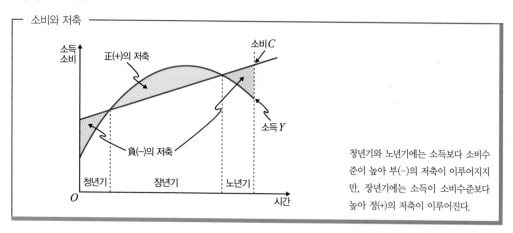

청년기와 노년기에는 소득보다 소비수
준이 높아 부(−)의 저축이 이루어지지
만, 장년기에는 소득이 소비수준보다
높아 정(+)의 저축이 이루어진다.

(1) 여러 사람들의 소득-소비-저축에 관한 횡단면 분석을 하면 고소득층의 APC가 낮고 저소득층의
APC가 높게 나타난다.

(2) 고소득층은 주로 장년층이고 저소득층은 주로 청년층과 노년층이기 때문이다.

─ 생애 평균소득과 소비 ─

1. 개인 K의 청년기와 상년기, 그리고 노년기가 각각 20년씩이라고 가정하고, 청년기에 매년 2,000만 원, 장년기에 매년 6,000만 원을 벌고 노년기 때 은퇴하여 매년 1,000만 원의 국민연금을 수령한다는 것을 상정해 보자.

2. 논의를 단순화하기 위해 이자율이 0%라고 하면 전 생애에 걸친 소득은 다음과 같다.

> (20×2,000만 원) + (20×6,000만 원) + (20×1,000만 원) = 18억 원

만약 평생에 걸쳐 똑같은 소비 수준을 유지하고자 한다면 K는 매년 3,000만 원(18억 원/60년)을 소비하게 될 것이다. 따라서 청년기에는 매년 1,000만 원의 채무를 지지만, 장년기에는 매년 채무상환을 포함하여 3,000만 원을 저축할 수 있게 되고, 노년기에는 그동안 저축으로 축적한 자산에서 매년 2,000만 원씩 인출해 소비하게 된다.

3) 평가

(1) 단기소득 대신 장기소득을 고려한다는 점에서 항상소득가설과 유사하며 생애 평균소득은 항상소득에 대응하므로 양자 모두 다기간 소비자선택이론에 바탕을 둔다.

(2) 생애주기가설에 따르면 소비가 당기소득에 의존하는 것이 아니기 때문에 단기적인 재정정책, 특히 세율이 변하는 소비와 총수요에 별다른 영향을 미치지 못한다. 따라서 Keynes의 단기 재정정책은 평생소득에 별로 영향을 주지 못한다.

확인 TEST

소비이론에 대한 설명으로 옳지 않은 것은?

① 케인스의 소비함수에 따르면 평균소비성향은 한계소비성향보다 크다.
② 쿠즈네츠는 장기에서는 평균소비성향이 대략 일정하다는 것을 관찰하였다.
③ 항상소득가설에 따르면 항상소득의 한계소비성향은 임시소득의 한계소비성향보다 낮다.
④ 생애주기가설에 따르면 총인구에서 노인층의 비중이 상승하면 국민저축률은 낮아진다.

해설 ▶ 항상소득가설에 따르면 소비는 항상소득에 의해서만 영향을 받고 임시소득의 대부분은 저축된다. 따라서 항상소득의 한계소비성향은 높지만 임시소득의 한계소비성향은 거의 '0'에 가깝게 된다.

① 케인스의 소비함수에 따르면 소득이 증가할 때 평균소비성향은 지속적으로 하락하지만 한계소비성향보다는 항상 높다.

② 쿠즈네츠는 실증적 분석을 통해 장기에서는 평균소비성향이 대략 일정하다는 것을 관찰하였다. 이에 따라 장기소비함수는 원점을 지나는 직선의 모습을 보인다.

④ 생애주기가설에 따르면 노인층은 소득에 비해 소비가 더 크게 나타난다. 따라서 총인구에서 노인층의 비중이 상승하면 국민저축률은 낮아진다.

정답 ▶ ③

투자이론

❶ 투자의 의의

1) 투자의 의미

(1) 투자(investment)란 일정 기간 동안 자본재(capital)의 총량을 유지하거나 증가시키기 위해 자본재를 구입하는 기업가의 경제활동을 의미한다.

(2) 최종생산물이지만 자본재가 소비재와 다른 점은 구입 시점이 아닌 미래에 서비스를 제공한다는 것이다. 기업은 미래의 생산을 증가시키기 위해 공장을 신축하거나 생산설비를 구입하며, 가계는 미래의 주거서비스를 위해 거주용 주택을 신축한다.

(3) 일반적으로 투자가 총수요에서 차지하는 비중은 약 20~30% 정도에 불과하지만 그 변동성이 크기 때문에 단기적으로는 경기를 변동시키는 가장 중요한 요인으로 작용한다.

2) 투자의 효과(투자의 이중성: dual character of investment)

(1) 투자의 증가 ⇒ 총수요의 증가 ⇒ 국민소득 증대효과

(2) 투자의 증가 ⇒ 자본량의 증가 ⇒ 생산능력 증대효과

3) 투자의 형태

(1) 유발투자(induced investment)와 독립투자(autonomous investment)

① 유발투자는 소비 또는 소득의 증대에 의해서 이루어지는 투자이고 독립투자는 소비 또는 소득과 관계없이 독립적으로 수행되는 투자이다. 유발투자를 가속도투자라고도 한다.

② 유발투자가 있는 경우의 독립지출(독립투자나 정부지출) 승수는 크게 되어 동일한 독립지출 변동에도 소득의 증감량이 크게 된다(승수효과와 가속도원리의 결합).

(2) 대체투자와 순투자 및 재고투자

① 대부분의 자본은 생산에 이용됨에 따라 마모가 되는데 이를 자본의 감가상각(capital depreciation)이라 하는데 총투자 중에서 이러한 감가상각분을 보충하는 부분을 대체투자라고 하고, 이를 넘어서서 새로운 자본형성에 기여하는 투자를 순투자라고 한다.

대체투자

대체투자는 감가상각(capital depreciation) 또는 고정자본소모라고 불리는 것으로서 생산과정에서 마모되는 자본재를 보전하는 데 충당하는 투자이다. 거시경제학에서 대체투자는 대개 기존 자본량에 비례한다고 가정한다. 총자본스톡이 K라면 대체투자=δK (단, $0 \leq \delta \leq 1$)로 처리하는 것이다. 이때 δ를 감가상각률(rate of depreciation)이라 한다.

---

② 재고의 변화분을 재고투자라고 한다.

재고투자 도출

- 해당기간 총판매액 = 기초재고 + 해당기간 생산액 − 기말재고
- 해당기간 생산액 − 해당기간 총판매액 + (기말재고 − 기초재고)
  　　　　　　 = 해당기간 총판매액 + 재고 변화분(= 재고투자)
---

(3) 설비투자, 건설투자, 재고투자

① **설비투자**(equipment investment): 기계, 자동차, 컴퓨터 등과 같은 자본재를 확충하기 위한 기업의 지출을 말한다.⇒ 단, 가계가 구입한 자동차는 내구재에 대한 소비지출

② **건설투자**: 공장, 상업용 건물, 주택 등의 신축과 보수를 위한 기업의 지출을 말한다. 여기서 사람들이 거주하기 위해 구입하거나 집주인이 임대하기 위해 신축된 주택을 구입하는 것을 특히 주택투자라 한다.

③ **재고투자**: 재고의 증가를 의미하는데, 여기서의 재고는 기업이 보유하고 있는 원자재, 생산 중에 있는 상품(goods in the production process), 완성품 등의 저장량을 말한다.

투자 구성(형태별 분류)

총투자	고정투자	기업 고정투자	비주거용 건설물 투자	공장, 사무실 건물, 플랜트 등 구입
			설비(내구재)투자	내구재(선박, 자동차), 기계설비 등 구입
		주거용 고정투자(주택투자)		신규 주택 구입
	재고투자(=기말재고−기초재고)			판매되지 않은 상품, 원자재 구입

※ 가계의 주택 구입

가계가 구입한 신규 주택은 민간 소비로 보지 않고, 신규 주택을 자본재로 간주하여 고정투자에 포함시킨다. 주의할 것은 기존의 구주택이나 토지를 구매하는 것은 해당기간 동안 생산된 최종생산물이 아니기 때문에 고정투자는 물론 민간 소비에도 포함시키지 않는다는 것이다.

확인 TEST

다음 중 GDP계정에서 총투자에 포함되지 않는 것은?

① 기업의 새로운 공장건물의 건설
② 기업의 새로운 기계의 구입
③ 가계의 새로운 주택의 구입
④ 재고의 증가
⑤ 가계의 주식의 매입

해설 ▶ 거시경제학에서 투자란 자본총량을 유지하거나 증가시키기 위해 이루어지는 경제활동을 의미한다. 여기에는 신규공장건설, 신규자본재 구입, 신규주택건설 등이 포함된다. 한편 재고의 증가는 재고투자로 간주되어 GDP 집계에 포함된다. 그러나 이미 주식시장에서 유통되고 있는 주식을 구입하는 것은 단순한 재산권의 이전 행위에 불과하므로 경제 전체의 자본총량의 변화와는 관련이 없다.

정답 ▶ ⑤

4) 투자와 자본과 저축

(1) 투자와 자본

① 투자는 축적되어 자본을 형성한다.

② 투자는 유량(flow)이고 자본은 저량(stock)이다.

③ 투자의 크기는 일시점에서 측정될 수 없고 1년간 또는 반년간이란 일정 기간에 얼마라는 식으로 측정된다. 그러나 자본은 저량이기 때문에 일정 시점에서 측정할 수 있다.

투자와 자본스톡

- 금기의 순투자 = 금기 말의 자본스톡 − 전기 말의 자본스톡
- 금기의 총투자 = 금기의 순투자 + 금기의 감가상각액
- 금기 말의 자본스톡 = 전기 말의 자본스톡 + 금기의 순투자
  = 전기 말의 자본스톡 + 금기의 총투자 − 금기의 감가상각액
- 금기의 재고투자 = 금기 말의 재고투자 − 전기 말의 재고투자

자본의 심화와 확장

1. 자본의 심화(deepening of capital): 재화 생산에서 자본−노동 투입비율이 높아지는 현상을 말한다.
2. 자본의 확장(widening of capital): 재화 생산에서 자본−노동 투입비율은 일정한 채 자본과 노동을 같은 비율로 증가시켜서 생산증가를 추구하는 경우를 말한다.

---

(2) 투자와 저축

① 고전학파의 경우 저축은 투자하기 위해서 하는 것이고, 반대로 투자는 저축에 의해서 가능하므로 모든 국민소득수준에서 저축(S)=투자(I)라고 하였다.

② Keynes는 저축과 투자는 서로 다른 주체의 서로 다른 동기에 의하여 행해지므로 양자가 같아야 할 이유가 없고 균형국민소득수준에서만 저축(S)=투자(I)라고 하였다.

조세정책과 투자

정부가 일시적인 투자세액에 대한 공제를 한다면 기업의 입장에서는 그 기간 내에 투자를 해야만 세액공제 혜택을 받게 되므로 투자를 즉각적으로 하지만, 영구적인 투자세액에 대한 공제를 한다면 언제 투자를 하든 관계없이 세액공제 혜택을 받을 수 있으므로 투자를 서두를 필요가 없게 된다. 그러므로 투자 증대를 통해 경기부양을 하기 위해서는 일시적인 투자세액에 대한 공제를 하는 것이 바람직하다.

---

❷ 현재 가치법 ⇒ I. Fisher

1) 의미

(1) 고전학파의 기대수익의 현재가치에 의한 투자결정이론이다.

(2) 투자에 따른 기대수익의 현재가치가 투자비용보다 클 때 투자가 이루어진다는 이론이다.

2) 투자의 현재가치(Present Value, PV)

(1) 의미: 투자에 따른 기대수익을 시장이자율(r)로 할인한 값의 합계를 의미한다.

$$PV = \frac{R_1}{(1+r)} + \frac{R_2}{(1+r)^2} + \cdots + \frac{R_n}{(1+r)^n}$$

$R_i(i=1, 2, \cdots, n)$(기대수익의 시리즈, r: 이자율)

(2) 투자의 순현재가치: 현재가치에서 투자비용을 빼서 계산한다. ⇒ $NPV = PV - C$

Q&A

A기업이 새로운 기계를 구매할 경우 1년 후에 120원, 2년 후에 144원의 수입이 예상된다고 한다. 이 기계의 현재 구매가격이 180원이고, 이자율이 20%라고 가정할 때 이 기계를 구매하는 경우의 순현재가치(NPV)는 얼마인가?

Solution

$$PV = \frac{120}{(1+0.2)} + \frac{144}{(1+0.2)^2} = 200$$

$NPV = PV - C = 200 - 180 = (+)20$이 된다.
따라서 이 기계를 구매하는 것이 합리적 의사결정이 된다.

(3) 투자의 결정: 투자의 순현재가치(NPV)의 크기에 따라 결정된다.

$NPV(=PV-C) > 0$	$NPV(=PV-C) < 0$
투자 결정	투자 포기

(4) 투자함수

① $I = I(r)$로서 투자(I)는 이자율(r)의 감소함수이다.

② 투자결정 여부는 이자율이라는 객관적인 요소에 의해 결정된다. ⇒ 케인즈와 차이

③ 일반적으로 투자는 상대적으로 이자율에 대해 탄력적이다. ⇒ IS곡선이 상대적으로 완만한 기울기를 갖게 된다.

기출확인

다음 글에서 괄호 안의 ㉠에 들어갈 숫자와 ㉡에 들어갈 단어를 순서대로 쓰시오.   [2019]

> 갑 기업은 현재 140억 원을 투자하면 2년 동안 1차 연도 말에 605억, 2차 연도 말에 −484억 원의 수익이
> 기대되는 투자안을 가지고 있다. 갑 기업은 이 투자안의 채택여부를 현재가치법에 의해 결정하고자 한
> 다. 이자율이 연 10%이고, 2차 연도까지 이자율이 변동이 없을 경우 이 투자안의 예상수익에 대한 현재
> 가치는 (㉠)이다. 따라서 갑 기업은 투자안을 (㉡)한다.

- ㉠:
- ㉡:

분석하기

- ㉠: 150억 원

투자안의 예상수익에 대한 현재가치는 다음과 같이 도출된다.

$$\cdot \text{ 현재가치} = \frac{R_1}{(1+r)} + \frac{R_2}{(1+r)^2} = \frac{605}{(1+0.1)} + \frac{-484}{(1+0.1)^2} = \frac{605}{1.1} + \frac{-484}{1.21} = 550 - 400 = 150(\text{억 원})$$

(여기서 R_1은 1차 연도 예상수익, R_2는 2차 연도 예상수익, r은 이자율이다.)

- ㉡: 채택

투자안의 예상수익에 대한 현재가치가 150억 원이고 현재의 투자비용이 140억 원이므로 순현재가
치는 10억 원인 양(+)의 값을 갖는다. 현재가치법에 따르면 순현재가치가 양(+)의 값일 때 기업
은 투자하게 된다.

원숭이는 과연 어리석었을까?

『열자(列子)』 황제편(黃帝篇)에 보면 송(宋)나라의 저공(狙公)이라는 사람이 있었다. 저 (狙)란 원숭이를 뜻한다.

그 이름이 말해 주듯이 저공은 많은 원숭이를 기르고 있었는데 그는 가족의 양식까지 원숭이에게 먹일 정도로 원숭이를 좋아했다. 그래서 원숭이들은 저공을 따랐고 마음까 지 알았다고 한다. 그런데 워낙 많은 원숭이를 기르다 보니 먹이를 대는 일이 날로 어려 워졌다. 그래서 원숭이에게 나누어 줄 먹이를 줄이기로 했다. 그러나 먹이를 줄이면 원숭 이들이 자기를 싫어할 것 같아 그는 우선 원숭이들에게 이렇게 말했다. "너희들에게 나 눠주는 도토리를 앞으로는 '아침에는 3개, 저녁에는 4개씩 줄 생각인데 어떠냐?" 그러자 원숭이들은 하나같이 화를 냈다. '아침에는 도토리 3개로는 배가 고프다'는 불만임을 안 저공은 '됐다' 싶어 이번에는 이렇게 말했다. "그럼, 아침에 4개, 저녁에 3개씩 주마." 그러 자 원숭이들은 모두 기뻐했다고 한다.

이러한 조삼모사(朝三暮四)의 이야기는 똑같은 것을 잘못 이해하여 화내기도 하고 즐거워 하기도 하는 원숭이의 무지를 비웃는 이야기로 전해지고 있다. 그런데 과연 그것이 정말 옳은 것일까?」

미래에 발생하는 기대수익이나 자산의 가치(미래가치)를 현재 시점의 가치로 환산하는 것을 '할인'한다고 하고, 이 를 통해 얻어진 가치를 '현재가치'라고 한다. 이때 '할인율'로 사용되는 것이 이자율이며, 그 방법은 다음과 같다.

$$PV\text{(Present Value)} = \frac{R_1}{(1+r)} + \frac{R_2}{(1+r)^2} + \cdots + \frac{R_n}{(1+r)^n}$$

$$R_i(i=1, 2, \cdots, n) \text{ (기대수익의 시리즈, } r\text{: 이자율)}$$

자! 이제 원숭이들이 도토리를 예금할 수 있는 '일촌 몽키 은행'이 있다고 가정하자. 은행에서는 아침에 1개의 도 토리를 예금하면 저녁 때에는 이자로 도토리를 1개 더 준다고 한다. 즉 아침에 도토리를 1개 예금하면 저녁에는 도 토리가 2개가 되는 것이다.

$$PV\text{(Present Value)} = \frac{R_1}{(1+r)} = \frac{2}{1+1} = 1$$

이렇게 된다면 아침 3개와 저녁 4개를 받는 방식과 아침 4개와 저녁 3개를 받는 방식에는 커다란 차이가 생기게 된다. 만약 아침에 받은 도토리를 모두 예금을 하면, 저녁 때가 되었을 때의 도토리의 숫자는 차이가 나게 된다. 전 자의 방식에는 10개의 도토리가 생기지만, 후자의 방식에 따르면 11개의 도토리가 생겨 도토리를 아침에 상대적으로 많이 받을수록 원숭이들은 이익을 얻는 것이다. 이처럼 재화의 가치를 계산할 때는 이자가 반영된 시간의 흐름을 고 려해야 하고, 같은 값이면 미래가치보다 현재가치가 선호된 것을 '시간 선호의 가정'이라 한다.

이것을 본다면 원숭이들은 어리석은 것이 아니라 오히려 누구 못지않게 현재가치와 미래가치라는 경제학적 개념 을 꿰뚫고 있는 것은 아닐까?

참고로 이자율과 현재가치의 간단한 관계를 보면 다음과 같다.

시간의 흐름	미래가치	현재가치(이자율: 10%)	현재가치(이자율: 20%)
1년 후	10,000원	$10,000/(1+0.1)^1 = 909$	$10,000/(1+0.2)^1 = 833$
2년 후	10,000원	$10,000/(1+0.1)^2 = 826$	$10,000/(1+0.2)^2 = 694$
3년 후	10,000원	$10,000/(1+0.1)^3 = 751$	$10,000/(1+0.2)^3 = 579$

❸ 내부 수익률법 ⇒ J. M. Keynes

1) **의미**: 투자는 케인즈가 정의한 자본의 한계효율, 즉 내부수익률에 의해 이루어진다는 투자결정이론

2) **내부수익률(internal rate of return)**

(1) **의미**: 투자로 인하여 발생할 것으로 기업가에 의해 예상되는 미래의 총기대수익의 현재가치를 현재의 투자액과 일치시키는 할인율을 말한다.

$$C = \frac{R_1}{(1+m)} + \frac{R_2}{(1+m)^2} + \cdots + \frac{R_n}{(1+m)^n}$$

* $R_i(i=1, 2, \cdots, n)$: 기대수익의 시리즈
* C: 투자재의 현재 구입비용, 즉 투자액
* m: 할인율→내부 수익률(투자의 한계효율)

┌─ **동물적 본능(animal spirit)** ───────────────

케인즈는 시장정보가 불완전하더라도 기업가들이 동물적 본능에 의해서 어느 정도의 투자전망(기대수익전망)을 할 수 있다고 가정했다. 이는 마치 동물들이 야생에서 먹이를 찾아내는 능력이 있는 것과 같다.

Q&A

현재의 투자액이 200만 원이고 투자를 하였을 때 1년 후에 110만 원, 2년 후에 121만 원의 예상수입이 기대된다면 이때의 투자의 한계효율은 얼마인가?

Solution

$200 = \dfrac{110}{(1+m)} + \dfrac{121}{(1+m)^2}$에서 $m=0.1$이 된다.

(2) **투자의 결정**: 투자의 한계효율, 즉 내부수익률(m)이 이자율(r)의 크기에 따라 결정

$m>r \Rightarrow NPV > 0$	$m<r \Rightarrow NPV < 0$
투자 결정	투자 포기

┌─ **한계효율·이자율과 투자의 순현재가치** ───────────────

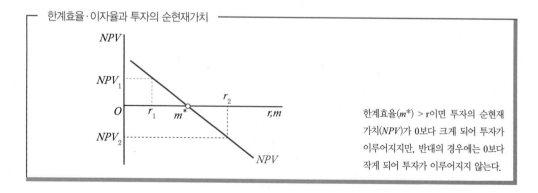

한계효율(m^*) > r이면 투자의 순현재가치(NPV)가 0보다 크게 되어 투자가 이루어지지만, 반대의 경우에는 0보다 작게 되어 투자가 이루어지지 않는다.

(3) 투자함수

① $I=I(m, r)$이 되어 투자(I)는 투자의 한계효율(m)에 증가함수이고, 이자율(r)이 감소함수이다. 이때 기업가의 추산식인 판단에 의해 평가되는 투자의 한계효율(m)이 중요한 역할을 한다.
⇒ 고전파와 차이

② 일반적으로 투자는 상대적으로 이자율에 대해 비탄력적이다. ⇒ IS곡선이 상대적으로 가파른 기울기를 갖게 된다.

현재가치법과 한계효율법의 비교

구분	현재가치법	한계효율법
투자결정기준	PV와 C의 비교	m과 r의 비교
투자결정요인	투자는 이자율과 역관계	투자는 이자율과 역관계, 한계효율과 정관계
공통점	기대수익과 투자비용을 비교하여 투자를 결정 ⇒ 투자는 이자율과 역관계	
차이점	투자는 이자율에 대해 탄력적	투자는 이자율에 비탄력적(한계효율 때문)

❹ 가속도 원리

1) 가속도 원리의 의의

(1) **개념**: 소득의 변화가 소비의 변화를 통하여 순투자(일종의 유발투자)에 미치는 증폭적인 영향을 말한다.

(2) **가정**

① 유휴생산시설이 없다고 가정한다.

② 생산요소 간에 대체가 불가능한 경우를 가정한다. ⇒ 등량곡선이 L자형(Leontief 생산함수)

(3) **내용**

① 소득이 증가하여 소비가 증가하면 생산물에 대한 수요가 증가하고, 만일 수요가 증가할 때 유휴생산시설이 없다면 기업은 증가한 수요를 충족시키기 위하여 순투자를 하여야 한다.

② 이에 따라 종래의 대체투자만 이루어지다가 순투자가 발생함으로써 총투자는 급격히 증가된다.

③ 소비의 증가가 정지되면 순투자는 소멸되고 대체투자만 이루어지므로 총투자는 급격하게 감소된다.

가속도 원리의 예-매기당 1만큼의 대체투자가 필요하다고 가정

기간	생산량 (≒소비량)	생산량 변화율(%)	적정 자본량	자본-산출 비율$\left(\dfrac{K}{Y}\right)$	대체투자	순투자	총투자	투자변화율(%)
1기	5		10	2	1	0	1	
2기	5	0%	10	2	1	0	1	0%
3기	6	20%	12	2	1	2	3	200%
4기	6	0%	12	2	1	0	1	−67%
5기	6	0%	12	2	1	0	1	0%
6기	8	16.7%	16	2	1	4	5	400%
7기	8	0%	16	2	1	0	1	−80%

2) 가속도원리와 승수효과의 비교

독립투자와 승수효과	승수효과 투자 ——————→ 소득
유발투자와 가속도원리	가속도원리 투자 ←—————— 소득 및 소비

가속도 원리와 승수효과는 위와 같이 정반대 방향의 상호인과관계에 있기 때문에 이 두 효과는 서로 꼬리를 물고 반복되어 불안정한 경기변동의 주원인이 된다는 것이 사무엘슨(P. Samuelson)의 경기변동이론이다.

3) 가속도 원리의 한계

(1) 가속도 원리는 유휴생산시설이 전연 없다고 가정하였으나 일반적으로 현실에서는 항상 다소의 유휴생산시설이 존재하여 불황 시에 증가된 소비수요를 새로운 순투자가 없이도 가동률만의 증가로 어느 정도 충당할 수 있다(⇒ 비대칭성의 문제).

(2) 투자가 실제로 발생하려면 투자의 위험과 자금조달 문제로 인해 상당한 시일이 걸리므로 실제로 가속도 원리에 따른 효과가 발생하려면 시차가 생긴다(⇒ 조정속도의 문제).

(3) 투자에 영향을 미치는 이자율, 예상수익률(자본재가격, 현재가치, 내부수익률) 등을 고려하지 않았다.

비가역적 투자(irreversible investment)

전통적인 투자이론들은 투자의 가역성(reversibility)을 전제하고 있다. 즉, 일단 투자가 이루어진 후에 제품수요가 예상에 미치지 못할 경우에는 자본량을 줄이고 원래의 투자금액을 회수할 수 있음을 가정한다. 그러나 현실적으로 대부분의 자본재는 고유의 용도를 가지고 있기 때문에 투자는 어느 정도 비가역성을 가질 수밖에 없다.

이에 따라 비가역적 투자의 경우에는 투자의 시점이 중요한 선택변수가 된다. 왜냐하면 당장 수익성이 있어 보여서 투자를 했다가 나중에 자본량을 줄일 필요가 생길 경우에는 손해를 보기 때문이다. 따라서 기업은 지금 투자를 할 것인지 또는 투자를 미루고 대신 수익성에 영향을 미칠 새로운 정보를 기다릴 것인지를 결정할 필요가 있다.

┌─ 이자율과 투자 ─

1. 이자율과 투자와의 일반적 관계

일반적으로 기업은 투자를 위한 자금을 조달하기 위하여 일정한 이자를 지급하는 소선으로 금융기관으로부터 차입을 하게 된다. 설령 자기 자본으로 투자를 한다고 하더라도, 투자를 하지 않는 대신 투자 자금에 해당하는 금액을 타인에게 대부해주는 경우 받을 수 있는 이자만큼의 비용이 발생하게 된다. 결국 이자는 투자를 위한 기회비용인 것이다. 따라서 이자율이 높아지면 투자를 위한 기회비용 역시 증가하게 되어 투자기회가 축소되는 것이다. 반대로 이자율이 낮아지면 투자를 위한 기회비용 역시 감소하게 되어 투자기회는 확대되는 것이다. 결국 이자율과 투자와의 일반적인 관계는 역(−)의 관계인 것이다.

2. 이자율 하락이 투자를 증가시키지 못하는 이유

1) Keynes의 'animal spirit': 케인스에 따르면 기업의 투자는 이자율의 증감 때문에 이루어지는 것이 아니고, 기업가의 직관에 의해 평가되는 내부수익률에 대한 기대, 이른바 'animal spirit'에 의해 결정된다. 따라서 아무리 이자율이 낮다고 하더라도 'animal spirit'가 작동하지 않는 한 투자는 증가하지 않게 된다.

2) Dixit의 투자옵션 모형: 투자의 비가역성으로 인해 경제의 불확실성 확대로 이자율이 하락해도 투자는 증가하지 않는다. 여기서 투자의 비가역성이란 일단 사용된 투자비용은 회수하기 어렵다는 속성을 의미한다. 이것은 투자에 사용되는 자본재가 그 고유한 특성과 기능을 가지고 있기 때문에 투자비용이 매몰비용의 성격을 갖는 것에 기인한다. 건물 건축에 사용된 시멘트를 이전의 모습으로 되돌릴 수 없는 것이 이에 해당한다. 이러한 투자의 비가역성으로 인해 기업가는 투자를 할 때 다음과 같은 옵션을 가지게 된다. 하나는 '투자를 하는 것'이고, 다른 하나는 '투자를 미루고 기회를 엿보는 것'이다. 즉 투자를 미룸으로써 얻을 수 있는 이익도 투자의 기회비용에 포함되는 것이다. 이에 따라 설령 이자율이 하락한다고 하더라도 경제의 불확실성의 확대로 투자를 미루는 것의 가치가 커지면, 투자의 기회비용이 증가하게 되어 투자는 감소하게 되는 것이다.

3) 신용제약의 존재: 이자율이 낮다고 하더라도 대부시장에서 신용부족으로 인해 대부자에 의한 신용할당이 이루어지면 투자에 필요한 자금을 조달할 수 없을 수 있다.

제13장
국민소득결정론

Theme 57 고전학파의 국민소득 결정이론

❶ 고전학파의 의의

1) 고전학파의 의미: A. Smith 이후 Keynes 이전의 주류 경제학자들을 광의로 통칭하는 개념이다. 이러한 고전학파는 통화주의학파와 새고전학파로 계승·발전하였다.

2) 특징

(1) 정부의 개입이 오히려 경제주체들의 창의성을 저해하여 경제의 효율성을 떨어뜨린다고 인식하여 정부의 경제에 대한 규제와 개입을 반대한다.

(2) 가격기구의 「보이지 않는 손(invisible hand)」의 기능을 중시하고, 이러한 자율적인 조정능력에 의해 개인의 이익이 증진되고 이는 국가의 이익과도 조화된다고 신뢰한다.

(3) 「최소한의 정부가 최선의 정부(The least government is the best government)」라고 주장한다.

❷ 고전학파 모형에서의 균형국민소득 결정

1) 고전학파 모형의 기본 가정

(1) 모든 경제주체들은 항상 합리적으로 행동한다. 여기서 "합리적으로 행동한다"라는 것은 모든 경제주체들은 자신들이 직면하는 제약 하에서 자신들의 목표를 극대화 또는 극소화할 수 있는 대안을 선택한다는 것이다. 모든 학파가 기본적으로 수용하는 가정이기도 하다.

(2) 경제주체들은 경제 환경을 완전하게 알고 있다. 즉, 고전파의 세계는 확실성(certainty)의 세계이다. 따라서 기대물가수준과 실제물가수준은 언제나 동일하며 완전예견(perfect foresight)이 이루어진다. 새고전학파는 이 가정을 완화하며 합리적 기대를 도입하여 불확실성의 세계에서도 고전학파와 궤를 같이하는 결과를 도출한다.

(3) 물가, 명목임금, 명목이자율 등과 같은 모든 생산물가격과 요소가격은 완전 신축적이다. 이에 따라 모든 시장의 불균형은 청산되어 항상 균형상태에 놓이게 된다. 이것은 정부의 인위적인 개입 없이도 시장기구가 효율적으로 작동된다고 믿는 고전학파의 시각을 보여준다. 다만 이 가정은 케인지언에 의해서는 받아들여지지 않는다.

(4) 경제주체들은 화폐환상(money illusion)에 빠지지 않는다. 화폐환상에 빠지지 않는다는 것은 모든 경제행위가 실질변수, 즉 상대가격에 바탕을 두고 이루어진다는 것을 의미한다. 이에 따라 노동에 대한 수요와 공급은 모두 실질임금에 의해 결정된다

(5) 세이의 법칙(Say's law): "공급은 스스로 수요를 창소한다(Supply creates its own demand)"는 것으로 생산물시장은 항상 균형이 달성되며 초과수요와 초과공급이 없다는 것이다.

총수요와 총공급

국민소득계정상의 세 가지 측면의 *GDP*는 항등관계에 있지만, 이론적으로 접근하기 위해서는 수요 측면의 *GDP*와 공급 측면의 *GDP*로 분리할 필요가 있다. 우선 개념적으로 *GDP*의 생산 측면은 총공급, *GDP*의 지출 측면은 총수요에 해당한다. 중요한 것은 이러한 총수요와 총공급을 균형시켜주는 힘이 존재하는가 그리고 그러한 힘이 존재한다면 그것은 과연 무엇인가 하는 문제이다. 고전학파는 경제에서 초과수요나 초과공급과 같은 불균형이 발생하면 신축적인 가격의 움직임에 의해 해소된다는 논리를 제시한다.

발라(L. Walras: 왈라스)의 법칙

1. 화폐경제에서는 모든 거래가 화폐를 매개로 해서 이루어진다. 고전학파 경제학자들은 개인들이 거래에 필요한 이상의 화폐를 보유하지 않는다고 보고 있다. 화폐를 보유하면 이자소득을 상실하므로 개인들은 필요 이상의 화폐를 사장(hoarding)시키지 않을 것이므로 화폐형태로 저축된 소득은 기업의 투자재원으로 공급된다.
2. 그러나 현실적으로 화폐는 거래목적 이외의 동기에 의해서도 보유되고 있으므로 저축이 반드시 투자와 일치된다는 보장이 없다. 이 경우 상품시장과 화폐시장은 각각 불균형이 되겠지만, 예컨대 상품시장의 초과공급은 화폐시장의 초과수요와 일치하게 된다. 즉 화폐경제에서는 상품시장이 불균형이 되어 세이의 법칙이 성립되지 않을 수 있으나 상품시장과 화폐시장을 합한 경제 전체는 항상 균형이 되는 것이다. 이것이 왈라스 법칙이다.
3. 그러나 왈라스 법칙에 의해서 경제가 전체적으로 균형이 된다는 것을 경제문제가 없다는 것과는 다르다. 경제 전체는 균형이 되어 있으나 화폐시장이 초과공급(수요) 상태에 있어 상품시장에 초과수요(공급)가 발생한다면 물가수준은 상승(하락)하고 인플레이션(실업)과 같은 문제가 발생하는 것이다.

세(J. B. Say: 세이)의 법칙

1. 물물교환 경제(barter economy)를 전제로 하여 공급은 그 자신의 수요를 스스로 창출한다는 개념으로, 시장 전체에서 재화에 대한 공급은 재화 수요와 항상 일치하며, 일반적인 과잉생산(general overproduction)은 존재할 수 없다. 즉 생산이 이루어지면 생산물의 가치만큼 소득이 창출되고, 이 소득이 수요로 나타나게 되어 일반적인 과잉생산은 나타나지 않는다는 것이다.
2. 경제주체들은 자신의 상품 판매대금으로 반드시 다른 상품을 구입하는 데 사용한다고 전제한다. 이에 따라 일부 상품에 대해 초과공급이 발생하게 되면, 반드시 다른 상품에 대해서는 초과 수요가 발생하게 된다는 것이다.
3. '발라(L. Walras: 왈라스)의 법칙'에서는 경제 전체적으로 재화의 초과공급이 존재하게 되면, 이것은 곧 화폐에 대한 초과수요를 수반하게 된다. 그러나 물물교환 경제를 전제로 하는 '세(J. O. Say: 세이)의 법칙'에서는 경제 전체적으로 재화의 초과공급 자체가 발생할 수 없게 된다.

(6) 노동에 대한 수요와 공급은 모두 실질임금$\left(\dfrac{W}{P}\right)$의 함수이다.

(7) 노동시장은 완전경쟁시장이며 항상 균형을 이루게 되어 완전고용이 달성된다. 이에 따라 현재의 균형임금 수준에서는 일할 능력과 일할 의사를 가지고 있는 노동자들은 모두 고용된다

┌─ 고전적 이분법(classical dichotomy) ─────────────────────────────┐

1) 물가수준에 관한 이론이 상대가격에 관한 이론과 완전히 두 가지로 구분(dichotomized)될 수 있다는 견해이다.

2) 상대가격과 재화의 실질수량(real quantities)은 '세(J. B. Say: 세이)의 법칙'에 의해 작동되는 재화시장에서 결정되고, 물가수준과 통화량은 '화폐수량설'에 의해 작동되는 화폐시장에서 결정된다.

└──┘

2) 균형국민소득의 도출

(1) 노동시장

① 노동시장에서 노동에 대한 수요와 공급이 일치하는 수준에서 균형고용량이 결정된다.

② 균형고용량은 명목임금(W)의 신축적 조정으로 인해 완전고용 수준에서 결정된다.

┌─ 노동시장의 균형 ──────────────────────────────┐

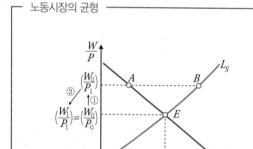

물가수준이 P_0, 명목임금은 W_0일 때 노동시장에서 처음에 E점에서 균형을 이루었다고 하자. 그런데 물가가 P_0에서 P_1으로 하락하면 실질임금이 $\frac{W_0}{P_1}$으로 상승(①)하여 노동시장에서는 AB만큼의 노동의 초과공급, 즉 비자발적 실업이 발생하게 된다. 이때 이를 해소하기 위해서 명목임금이 W_0에서 W_1으로 신축적으로 조정되어 최초의 실질임금 수준($\frac{W_0}{P_1}$)으로 회복($\frac{W_1}{P_1}$)되어(②) 노동시장은 다시 균형 상태를 회복하게 된다. 따라서 이 수준은 노동시장에서의 완전고용 수준을 의미한다.

└──┘

┌──┐

균형임금 수준에서 일할 의사가 있는 사람들이 모두 고용되었다는 뜻에서 완전고용량이다. 이와 같이 노동을 포함한 모든 생산요소가 완전 고용되어 산출되는 GDP를 완전고용 GDP 또는 잠재 GDP라고 한다. 물론 완전고용 상태에서도 해당 균형임금으로 일할 의사가 없는 사람은 여전히 실업 상태를 유지하므로 실업률이 0%인 것은 아니다.

└──┘

┌─ 해외인력 수입 허용의 효과 ──────────────────────────┐

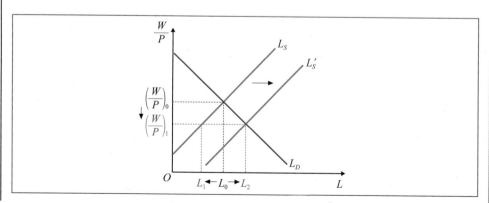

└──┘

1. 노동공급 곡선이 오른쪽으로 이동(∵노동공급 증가)하여 총고용량 L_0 증가($L_0 \to L_2$)하지만 국내 노동가에 대한 고용량은 감소($L_0 \to L_1$)되고 실질임금($\frac{W}{P}$) 또한 하락한다. 이에 따라 국내 노동자들의 총실질임금이 감소(일자리 상실+실질임금 하락)하게 되어 노동소득분배율이 이전에 비해 낮아지게 된다. 국내 노동자들은 이전에 비해 불리한 입장에 서게 된다.

실질임금 변화	총 고용량 변화	국내노동자 고용 변화	해외 노동자 고용 변화
$\left(\frac{W}{P}\right)_0 \to \left(\frac{W}{P}\right)_1$으로 하락	$L_0 \to L_2$로 증가	$L_0 \to L_1$으로 감소	$0 \to L_1L_2$만큼 증가

2. 기업들은 해외인력 수입 허용으로 낮은 실질임금 인력을 활용할 수 있게 되어 이전에 비해 유리한 입장에 서게 된다.

(2) 총공급

① 노동시장에서 결정된 균형고용량이 총생산함수에 투입되어 단기총생산(Y) 수준에서 총공급이 결정 ⇒ 완전고용국민소득(Y_F)

② 여기서 결정된 생산(공급)량은 Say의 법칙에 의해 모두 수요된다. 결국 고용량과 산출량 수준은 생산물에 대한 수요 측면과 무관하게 결정된다.

— 국민소득결정 —

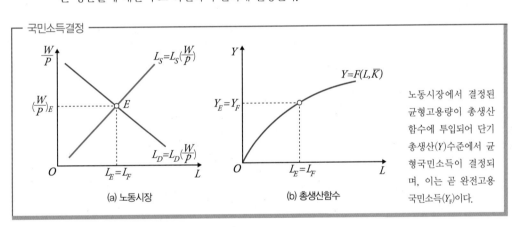

(a) 노동시장   (b) 총생산함수

노동시장에서 결정된 균형고용량이 총생산함수에 투입되어 단기총생산(Y)수준에서 균형국민소득이 결정되며, 이는 곧 완전고용국민소득(Y_F)이다.

— 장기의 균형국민소득의 변화 —

1. 자본량↑, 기술진보 ⇒ 생산함수 상방이동 ⇒ 국민소득↑
2. 인구↑ ⇒ 노동공급↑ ⇒ 균형 노동고용량↑ ⇒ 국민소득↑

Q&A 총생산과 총공급 그리고 총소득의 관계는? —

기업 전체가 '생산하고자'하는 산출량이 총공급이고, 기업 전체가 '실제로 생산한' 산출량이 총생산이다. 따라서 엄밀히 말하면 총생산과 총공급은 다른 개념이라고 할 수 있다. 그러나 거시경제 모형의 메커니즘에서 바라본다면 양자는 같다고 해도 무방하다. 기업들은 최적 고용량 수준에서 생산하고자 하고, 결국 생산하고자 하는 산출량과 동일한 크기의 산출량이 실제로 생산되기 때문이다.

한편 생산 활동이 이루어지면 산출물의 가치만큼 소득 분배가 이루어지므로 총생산과 총소득 역시 같아진다.

결국 거시경제 모형에서는 '총생산=총공급=총소득'이 성립하게 된다. 다만 앞의 식에서 보여주는 것은 개념이 같은 것이 아니라 크기가 같다는 것을 주의한다.

(3) 총수요(폐쇄경제 전제)

① 소비수요(C)가 가처분 소득($Y-T$)과 이자율(r)의 영향을 받고 투자수요(I)가 이자율의 영향을 받는다는 점을 고려하면 총수요는 다음과 같이 나타낼 수 있다.

$$Y^d = C(\overset{\oplus}{Y-T}, \overset{\ominus}{r}) + I(\overset{\ominus}{r}) + G$$

② 소비수요는 가처분 소득($Y-T$)에 의해 영향을 받는데, 고전학파 견해에 의하면 여기서의 소득 Y가 공급 측면에서 결정되는 완전고용 국민소득(Y_F)이다.

③ 정부지출(G)과 조세(T)는 정책적으로 결정되는 외생변수이다.

④ 결국 가처분 소득이 완전고용 국민소득으로, 정부지출과 조세는 외생변수로 일정하게 주어진다면 경제 전체의 총수요는 이자율의 감소함수가 된다.

❸ 거시경제의 균형과 변화

1) 거시경제의 균형

(1) 거시경제의 균형은 총공급과 총수요가 일치하는 것이므로 다음 식이 성립한다.

$$Y^S = Y^d$$

그런데 고전학파 모형에서 좌변의 총공급(Y^S)은 노동시장과 생산함수에 의해 완전고용 국민소득 수준(Y_F)으로 주어지므로 결국 다음 식이 성립한다.

$$Y_F = Y^d$$

(2) 국민소득 균형식에서 완전고용 국민소득 수준에서 저축(S)은 다음과 같다.

$$S = (Y_F - T + TR - C) + (T - TR - G) \Rightarrow S = Y_F - C - G$$

또한 투자(I)는 다음과 같이 정의된다.

$$Y^d = C + I + G \Rightarrow I = Y^d - C - G$$

위 두 식을 통해 완전고용 국민소득 수준에서 저축(S)과 투자(I)가 일치하면 $Y_F = Y^d$가 성립한다는 것을 알 수 있다.

2) 대부자금시장(loanable fund market)-고전학파 생산물 시장

(1) 의의

① 소득을 전제로 여유 자금으로 저축하려는(빌려주려는) 경제주체들과 투자에 필요한 자금을 조달하려는 경제주체들 사이에 대부(공급) 및 차입(수요)이 이루어지는 시장을 말한다.

② 대부자금(L)의 공급 원천은 국민저축이고, 수요 원천은 투자지출이다.

③ 대부자금 상품의 가격은 실질이자율이다.

(2) 대부자금의 공급

① 민간저축($S^P = Y - T - C$) : 총소득(Y)과 조세(T)는 외생적으로 주어진 것으로 본다. 이에 따라 민간저축의 크기는 오직 민간소비(C) 크기에 따라 결정된다. 이때 민간소비(저축)는 이자율의 감소(증가)함수이다. 이에 따라 민간저축 곡선(S^P)은 우상향하게 된다. 또한 가처분 소득이 증가($Y_0 \rightarrow Y_1$)하게 되면 민간저축 곡선은 오른쪽으로 이동($S_0^P \rightarrow S_1^P$)한다.

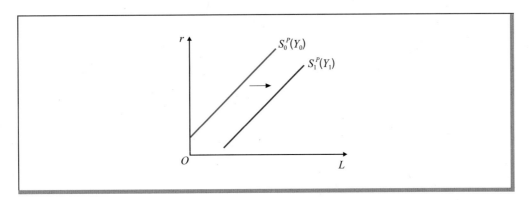

② 정부저축($S^G = T - G$) : 조세(T)와 정부지출(G)은 정부가 이자율과 무관하게 정책적 판단으로 외생적으로 결정한다. 이에 따라 정부저축 곡선(S^G)은 주어진 정부저축 크기 수준에서 수직의 모습을 보인다. 또한 정부지출(G) 증가, 조세(T) 감소가 나타나면 정부저축(S^G) 곡선은 왼쪽으로 이동($S_0^G \rightarrow S_1^G$)한다.

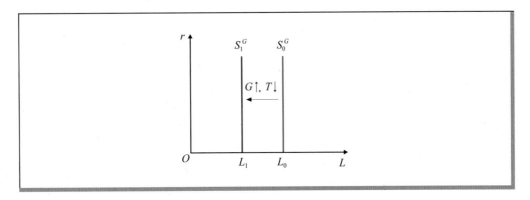

③ 결국 대부자금 공급(L^S)은 민간저축과 정부저축의 합으로 이루어지며, 대부자금 공급곡선(L^S)은 민간저축 곡선(S^P)과 정부저축 곡선(S^G)을 수평으로 합하여 도출된다. 이렇게 도출된 대부자금 공급곡선(L^S)은 우상향하며 가처분소득이 증가(감소), 정부지출이 감소(증가), 조세가 증가(감소)하는 경우 오른쪽(왼쪽)으로 이동($L_0^S \rightarrow L_1^S$)하게 된다.

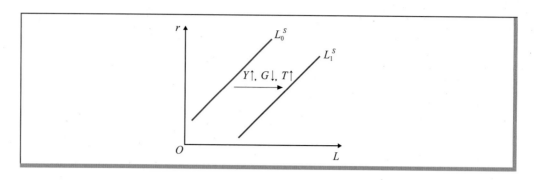

(3) 대부자금의 수요

① 투자의 주체인 기업은 투자에 필요한 재원을 조달하기 위해 대부자금 시장에서 수요자의 역할을 수행한다.

② 만약 이자율이 하락하는 경우, 기업은 차입 비용이나 내부금융(기업 자신의 사내유보 자금을 투자자금으로 활용)에 따른 기회비용이 하락하여 상대적으로 수익성이 높은 투자 대안의 수가 늘어나 투자지출액이 증가하게 된다. 이에 따라 대부자금의 수요곡선(L^D)은 우하향하게 된다.

③ 주어진 이자율 수준에서 기업의 투자의욕을 높이는(낮추는) 요인이 발생하게 되면 투자 지출에 필요한 자금의 증가(감소)로 대부자금 수요곡선(L^D)은 오른쪽(왼쪽)으로 이동하게 된다. 예컨대 투자에 대한 조세감면 조치가 이루어지거나 기업이 향후 경기에 대해 긍정적 기대를 하게 되는 경우 대부자금 수요곡선(L^D)은 오른쪽으로 이동($L_0^D \rightarrow L_1^D$)하게 된다.

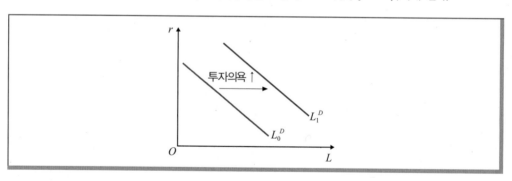

(4) 대부자금 시장의 균형

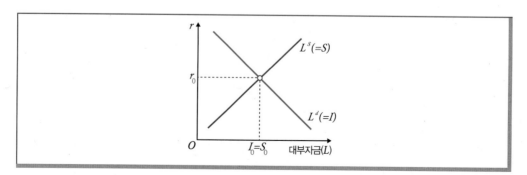

① 대부자금 시장의 균형은 대부자금의 공급곡선과 수요곡선이 교차하는 수준에서 달성된다.

② 이자율이 신축적으로 조정된다고 가정하는 경우, 대부시장은 항상 균형을 달성하여 유지된다.

주의

예컨대 정부의 투자에 대한 조세감면 정책 실시로 대부자금에 대한 수요가 증가하는 경우를 상정하자. 이 결과 대부자금 시장에서는 이자율이 상승하고 투자액이 증가하게 된다. 이 경우 많은 사람들이 문득 "투자는 이자율과 역(−)의 관계에 있지 않은가?" 하는 의문이 고개를 들게 된다. 그러나 이것은 이자율이 상승하여 투자가 증가하는 경우가 아니다. 이러한 경로를 살펴보면 다음과 같다.

> 조세감면 정책 실시 ⇒ 투자 (외생적) 증가 ⇒ 자금 수요 증가 ⇒ 이자율 상승, 투자액 증가

---

(5) 이자율과 생산물시장 균형

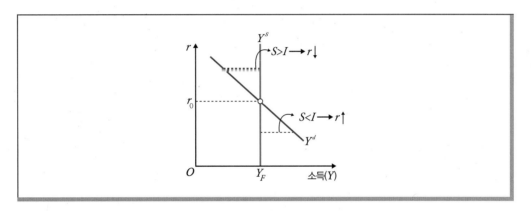

고전학파에서 총공급은 노동시장의 균형에 의해 이자율과 무관하게 완전고용 국민소득 수준에서 고정되며, 반면 소비와 투자가 이자율의 감소함수이므로 총수요도 이자율의 감소함수이다. 만약 $Y_F > Y^d$이면 $S > I$가 되어 이자율이 하락하게 되고 이에 따라 총수요 Y^d가 증가하여 다시 균형에 도달하게 되는 것이다. 즉 이자율이 신축적으로 조정되는 한 경제는 항상 균형상태를 유지할 수 있는 것이다.

2) 재정정책과 균형의 변화

(1) 국민소득 균형식으로부터 도출되는 저축의 균형식 $S = Y - C - G$로부터 정부지출이 조세의 증가 없이 이루어지는 경우에는 결국 국민저축이 감소하게 된다. 이에 따라 조세의 변화없이 정부지출이 증가하면 아래의 그림처럼 저축곡선은 그 증가의 크기만큼 왼쪽으로 이동하게 된다.

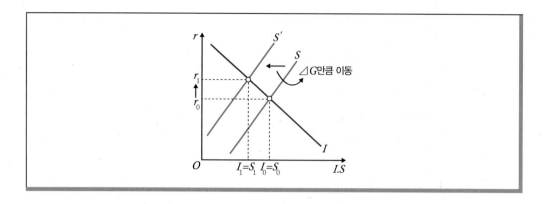

이에 따라 정부지출의 증가는 이자율을 상승($r_0 \rightarrow r_1$)시키고 투자를 감소($I_0 \rightarrow I_1$)시키는데, 이러한 효과를 구축효과(crowding out effect)라고 한다. 이때 투자의 감소 크기는 정부지출의 증가 크기보다 작은데, 이는 이자율의 상승으로 소비가 함께 감소하기 때문이다. 여기서 투자의 감소 크기와 소비의 감소 크기의 합은 정부지출 증가의 크기와 일치하게 된다.

(2) 정부가 정부지출을 위한 재원을 조세의 변화없이 차입으로 조달한다는 것은 결국 정부저축의 감소를 의미하며 이것은 곧 저축의 감소를 가져온다. 저축의 감소는 정부지출의 증가 크기만큼 대부자금의 공급곡선을 왼쪽으로 이동시켜 기존의 이자율 수준에서 자금의 초과수요가 발생한다. 이에 따라 자금의 초과수요가 해소될 때까지 이자율이 상승하게 되는 것이다.

3) 저축(소비) 변화와 균형의 변화

(1) 외생적인 요인으로 저축이 증가하면 이자율이 하락하여 투자가 증가하게 된다. 여기서 저축이 외생적으로 증가한다는 것은 소득과 이자율이 불변임에도 불구하고 저축이 증가하고 소비가 감소한다는 의미이다.

(2) 저축 증가의 효과를 구체적으로 살펴보면 다음과 같다.

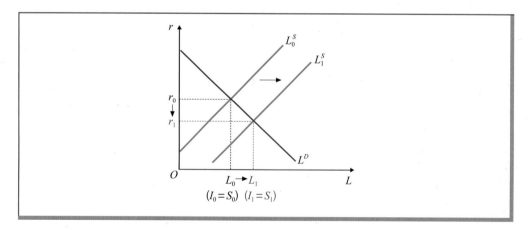

① 저축 증가(=소비 감소)로 대부자금 시장에서는 대부자금 공급곡선(L^S=저축곡선)이 오른쪽으로 이동($L_0^S \rightarrow L_1^S$)하게 된다. 이에 따라 이자율이 하락($r_0 \rightarrow r_1$)하게 된다.

② 이자율의 하락으로 투자가 증가($I_0 \rightarrow I_1$)하여 생산능력 확대가 이루어지고 이는 곧 장기적으로 경제성장의 원동력이 된다. 이것은 결국 저축 증가로 나타난 소비감소는 투자증가로 상쇄된다는 것을 의미한다.

③ 저축이 증가해도 단기에 총공급은 완전고용 수준에서 불변이고, 총수요 측면에서 소비감소와 투자증가라는 구성 요소들의 변화만이 나타나게 되는 것이다. 결론적으로 고전학파 모형에서는 이른바 '절약의 역설(paradox of thrift)'은 나타나지 않고 '절약의 미덕(virtue of thrift)'만이 나타나게 된다.

장기의 균형국민소득의 변화

1. 자본량↑, 기술진보 ⇒ 생산함수 상방이동 ⇒ 균형국민소득↑
2. 인구↑ ⇒ 노동공급↑ ⇒ 균형 노동고용량 ⇒ 균형국민소득↑

---

❹ 고전학파 모형의 평가

(1) 국민소득은 공급 측 요인에 의해서만 영향을 받으므로 국민소득을 증대시키기 위해서는 공급 능력(노동량, 자본량, 생산기술 수준 등)의 확충이 이루어져야 한다.

(2) 공급 능력 확충을 위해서는 자본 설비 증대와 같은 투자가 이루어져야 하므로 이를 위한 재원을 저축을 통해 조달할 필요 ⇒ "저축은 미덕"

(3) Say의 법칙을 가정하고 있으므로 수요 부족이 발생하지 않는다. 이에 따라 총수요에 비해 총공급이 부족한 경기 호황기를 설명하기 적절한 이론이다.

(4) 일반적으로 시간이 흐를수록 수요 측면보다는 공급 측면이 더 중요해지고(∵ 궁극적으로 정책당국의 목표는 경제성장), 가격변수들도 더 신축적이 된다. 이에 따라 공급 측면을 보다 중시하고 가격변수의 완전신축성을 가정하는 고전학파 이론은 장기에 보다 더 설득력을 갖는다.

(5) 고전학파는 항상 완전 고용이 이루어지는 것으로 가정하고 있으나 이는 비현실적이다.

(6) 고전학파에 따르면 생산물 시장에서 공급될 산출량의 크기는 수요 측면과 관계없이 노동시장과 총생산함수로 이루어진 공급 측면만으로 결정된다. 이에 따라 생산물 시장의 역할은 공급된 상품을 가계, 기업, 정부, 해외로 분배하여 수요하게끔 하는 수동적 역할을 하는데 그친다. 이때 이러한 역할을 수행하는데 방향을 제시해주는 것이 이자율이다.

기출확인

다음 ㉠과 같은 주장을 가리키는 경제학 용어를 쓰시오. [2006]

민간 부문만 있으며 투자의 크기가 외생적으로 주어지는 단순한 폐쇄경제를 생각하자. 가계 저축이 이자율의 영향을 받는가 그렇지 않은가는 국민경제의 균형의 성격을 이해하는 데 매우 중요하다. 만약 저축이 이자율의 함수일 경우, 경제 내에서 이자율이 조절되며 저축과 투자 양자의 크기가 같아지게 된다. 그에 따라 ㉠ 총생산과 총수요는 언제나 일치하고 국민경제는 언제나 균형 상태에 있다.

분석하기

고전학파는 대부시장에서 결정되는 이자율이 신축적이라고 가정한다. 이러한 신축적인 이자율을 통해 총공급(=총생산)과 총수요는 항상 일치하게 되어 시장은 언제나 균형 상태를 유지하게 된다. 이를 '세의 법칙(Say's Law)'이라고 한다.

Theme 58 케인스의 국민소득 결정이론

① 케인스(J. M. Keynes)의 단순모형

1) 케인스 이론의 등장 배경

(1) 고전학파 이론에 대한 회의

① 단기에서 국민소득과 고용은 생산물에 대한 총수요의 크기에 의해 결정된다고 주장함으로써 고전학파의 대전제인 Say의 법칙을 부정한다. ⇒ "수요가 공급을 창출한다." 이때 총수요를 증가시킬 수 있는 직접적인 수단은 정부지출을 증가시키는 것이고, 간접적인 수단은 조세 감면 또는 통화량 증가이다. 이러한 수단이 가져오는 효과 정도는 서로 다르게 나타나게 된다.

> **Say의 법칙에 대한 비판**
>
> 1. 저축과 투자는 가계와 기업처럼 경제적 이해를 서로 달리하는 집단의 상이한 요인들에 의하여 결정되므로 이 자율만의 신축적 변화에 의하여 두 변수가 일치되기는 어렵다.
> 2. 화폐의 기능을 교환수단에 국한하지 않고 가치저장기능도 인정하면 저축과 투자만의 분석만으로는 상품시장의 균형을 설명할 수 없고, 기타 자산에 대한 선택도 동시에 분석되어야 하므로 저축과 투자는 꼭 일치할 수는 없다.
> 3. 가격과 이자율이 신축적이라고 하더라도 균형상태로의 회복이 느릴 경우 상당한 기간 동안 상품시장은 불균형상태에 있게 되므로 현실경제를 반영하는 데 한계가 있다.

> **'풍요 속의 빈곤'과 Say의 법칙**
>
> '풍요 속의 빈곤'이란 시장에 상품 공급량은 넘치는데 구매력이 부족한 경제주체들에 의해 넘치는 상품을 더 이상 사지 못하는 상황을 말한다. 이러한 상황을 해소하기 위해서는 상품 총공급을 더 늘리는 것이 아니라 구매력이 뒷받침되는 총수요를 증가시켜야 한다. 따라서 '공급은 스스로 수요를 창출한다'는 Say의 법칙은 성립할 수 없다는 것이 케인스의 견해이다.

② 고전학파 이론의 대전제인 가격과 임금의 신축성이 아닌 '가격과 임금의 경직성'에 기초한다. 이에 따라 생산물의 초과공급과 노동의 초과공급이 쉽게 해소되지 못하여 경기침체와 고실업이 장기간 지속된다. 즉 자연적으로 치유되기에는 너무 오랜 시간이 걸리므로 정부는 정부지출의 증가나 조세감면 등의 수단을 통해 총수요를 확대시켜 주어야 한다.

③ 가격이 경직적이라 함은 그 가격수준에서 유효수요만 있으면 공급자가 얼마든지 공급하려는 의사가 있음을 의미한다. 이는 충분한 잉여생산능력(excess capacity)이 있다는 것을 전제한다. ⇒ 공급곡선이 경직적 가격수준에서 무한히 탄력적이라는 것이다.

(2) 대공황에 대안 제시

① 생산능력에 비해서 총수요가 부족한 상태가 대공황의 경험을 통해 인식한 경제의 일반적인 상태이므로 경제의 잉여생산 능력으로 총수요가 증가할 경우 언제든지 생산량이 늘어날 수 있다

는 것이다. 이와 같은 잉여생산 능력의 존재는 가격의 경직성과 서로 밀접하게 연관되어 있다. 잉여생산 능력이 있으면 수요가 변화하더라도 가격이 별로 변하지 않기 때문이다.

유효수요(effective demand)

고전학파의 총수요(AD)는 거래량(T)을 기준으로 하는데 여기에는 중간거래량과 최종거래량이 모두 포함된다. 반면에 케인스의 총수요(AD)는 소득(Y)을 기준으로 최종거래량만 포함된다. 케인스는 이것을 고전학파의 총수요(AD)와 구별하기 위해 '유효수요'라 하였다. 경제가 잠재 GDP 수준에 미치지 못하는 상태라면 수요가 증가하면 곧 생산의 증가로 직결되므로 말 그대로 '유효한' 수요인 것이다. 유효수요는 구매력이 뒷받침된 수요로서 생산과 고용을 창출하는 효력이 있는 수요, 즉 최종거래단계에서의 수요를 뜻한다.

---

② 가격기구의 '보이지 않는 손'의 역할에 한계가 있음을 인식하고 정부의 경제에 대한 개입의 필요성을 역설하며 '큰 정부론'을 주장한다. 이러한 케인스의 사상은 케인스학파와 새케인스학파로 계승·발전하였다.

2) 단순 모형에서의 가정

(1) 국민경제는 가계와 기업부문만 존재하고, 정부와 해외부문은 존재하지 않는 민간봉쇄경제이다.

(2) 가계는 소득 전부를 지출 ⇒ 저축=0이다.

(3) 기업의 자본량은 일정 ⇒ 감가상각=0이다.

(4) 물가수준은 불변 ⇒ 수요가 증가하면 생산이 즉각적으로 증가하므로 물가는 변하지 않는 것이다. 또한 주어진 물가수준에서 기업은 총수요 크기에 맞게 얼마든지 생산량을 조절할 수 있다는 의미이기도 하다.

물가불변의 가정

대공황 당시에는 생산능력은 충분하므로 공급은 물가의 변동 없이 수요의 변동에 즉각적으로 반응한다. 이는 생산물에 대한 수요와 공급이 불일치하는 불균형은 가격조정이 아니라 수량조정에 의해 해소됨을 의미한다. 즉 케인스 모형에서는 가격변수인 물가는 고정되어 있고 수량변수인 국민소득이 신축적으로 변하게 되는 것이다. 또한 모든 변수들은 불변가격으로 표시된 실질변수들이다.

---

(5) 소비는 소득만의 증가함수 ⇒ 절대소득가설

(6) 투자수요는 독립투자수요만 존재 ⇒ 이는 광범위한 유휴생산설비가 존재하여 유발투자가 의미가 없었던 대공황 당시의 특수한 상황과 관련된다. 여기서 독립투자는 투자를 하기 위해 지불해야 하는 실질비용과 무관하게 이루어지는 투자를 의미한다.

(7) 단순화를 위하여 화폐금융부문은 존재하지 않는다고 가정하고 생산물시장과 노동시장만을 전제 ⇒ 이에 따라 이자율을 고려하지 않는다. 케인스 단순모형에서는 가처분소득에 의해서만 영향을 받는 소비함수와 기업가의 '야성적 충동(animal spirit)'에 의해서 결정되는 독립투자가 이자율에 의해서는 영향을 받지 않는다고 생각했기 때문이다. 이것은 곧 경기안정화 정책으로서의 통화정책이 무력하다는 것을 시사해준다.

❷ 총지출(aggregate expenditure)

- 지출의 의의 ─

　케인스는 거시경제를 분석함에 있어 고전학파처럼 생산함수와 노동시장이 본서에서 출발하지 않는다. 대신 지출의 중요성을 강조하는데, 특징적인 것은 경제의 지출 측면을 계획된 지출(planned expenditure)과 실제 지출(actual expenditure)로 구분하는 것이다. 여기서 실제 지출은 경제주체들이 일정 기간 동안 실제로 지출한 총액이기 때문에 국내총생산($GDP=Y$)과 같은 개념이다. 이 두 가지는 서로 다른 값을 가질 수 있다. 예를 들어 한 해가 시작되기 전에 경제주체들은 그 해의 지출 계획을 세우지만 그 해가 지나가면 실제의 지출 수준은 계획과 서로 다를 수 있다. 케인스에 따르면 계획된 지출이 소득에 미치지 못하면($Y>PE$) 소득이 점차 감소하게 되고, 계획된 지출이 소득을 상회하면($Y<PE$) 소득이 점차 증가하게 된다. 만일 계획된 지출과 소득이 일치하면($Y=PE$) 소득이 변동하지 않고 균형이 달성된다.

1) 소비(consumption)

(1) 의미

　① 생산된 생산물을 현재 기간의 필요를 위하여 처분하는 것을 말한다.

　② 실제의 소비지출이 아닌 사전적인 개념 ⇒ 유량(flow) 개념

　③ 소비에 가장 큰 영향을 미치는 것은 가처분소득인데 단순모형에서는 정부가 존재하지 않는다고 가정하므로 국민소득이 곧 가처분 소득이 된다.

(2) 소비함수

　① 가처분소득과 소비와의 관계를 수학적으로 표시한 것을 소비함수라 한다.

$$C=a+bY$$
C: 소비, a: 독립소비(기초소비, 절대소비), $a>0$, b: 한계소비성향, Y: 가처분소득

　② 여기서 가처분소득과 무관한 독립소비(autonomous consumption)의 존재는 소득이 증가함에 따라 한계소비성향은 일정하지만 평균소비성향은 감소하는 효과를 가져온다.

- 소비함수 ─

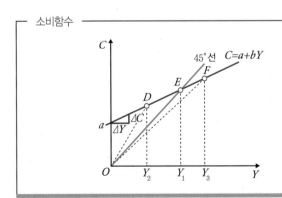

소비함수는 한계소비성향이 0보다는 1보다 작기 때문에 항상 45°선보다 완만한 우상향하는 형태를 갖는다.

433

2) 투자 수요

(1) 개념

① 투자수요(I^D): 계획된 재고투자만을 포함하는 사전적 투자(ex ante investment)

② 투자지출(I): 사후적으로 실현된 투자

<blockquote>

사례

1. 기초에 A기업의 재고 보유량이 200개이다.
2. 이 기업의 목표는 1,000개를 생산하며, 목표판매량은 900개이다.
3. 기말재고는 300개로 100개의 재고증가를 의도(사전적 투자는 100개)하고 있다.

기말재고량이 400개일 때	기말재고량이 250개일 때
• 기초재고: 200개	• 기초재고: 200개
• 기말재고: 400개	• 기말재고: 250개
• 의도된 재고(사전적 투자): 100개	• 의도된 재고(사전적 투자): 100개
• 의도되지 않은 재고증가: +100개	• 의도되지 않은 재고증가: −50개
• 사후적(실현된) 투자: 200개	• 사후적(실현된) 투자: 50개

</blockquote>

(2) 투자 수요: 사전적 투자, 계획된 투자

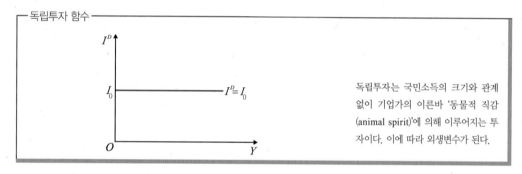

독립투자 함수

독립투자는 국민소득의 크기와 관계없이 기업가의 이른바 '동물적 직감(animal spirit)'에 의해 이루어지는 투자이다. 이에 따라 외생변수가 된다.

① 유발투자 수요(induced-investment demand): 소득 또는 소비의 증가에 따라 증가하는 투자수요이다.

② 독립투자 수요(autonomous investment demand): 소득과 관계없이 형성되는 투자수요 ⇒ 생산능력을 향상시키기 위해 장기적으로 계획된 투자수요, 새로운 상품개발을 위한 투자수요, 새로운 생산기술 도입을 위한 투자수요, 사회간접자본의 증가를 위한 공공투자수요 등을 말한다.

③ Keynes는 단순 모형에서는 대규모의 유휴생산설비가 존재한다는 가정 하에 기업의 투자결정이 기업가의 직감(animal spirit)에 의존한다고 보고, 투자에 대한 수요는 외생적으로 결정되는 독립 투자 수요만 있다고 전제 ⇒ I^D($I^D=I_0$, I_0는 상수) 곡선은 수평의 모습을 가진다.

┌─ 투자에 대한 케인스의 견해 ──────────────────────────────

　게인스는 투자에 관해서 이자율의 역할을 강조한 고전학파 경제학자들과 견해를 달리한다. 투자의 기회비용으로서 이자율이 중요하기는 하지만, 투자로 인한 수익은 미래에 발생하는 것이므로 기업가는 투자를 결정할 때 무엇보다 미래에 대한 선망에 의존한다. 미래에 대한 선망을 바탕으로 투사할 충동을 느끼게 되는가가 중요하다. 그에 비해 이자율의 미세한 변동은 투자에 별다른 영향을 주지 못한다. 이와 같이 투자는 기업가의 투자심리에 의존하므로 기본적으로 매우 불안정한 경제변수이다. 모형의 관점에서 보면 투자 수준은 모형 내에서 결정되는 것이 아니라, 모형 밖에서 주어지는 외생변수이다.

──

❸ 균형 국민 소득 결정

1) 소득-지출 분석(income-expenditure analysis)

┌─ 소득-지출 분석 ────────────────────────────────────

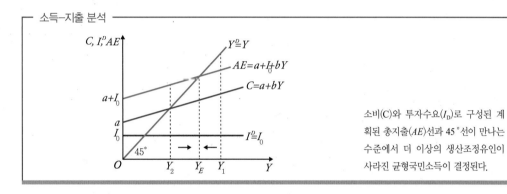

소비(C)와 투자수요(I_D)로 구성된 계획된 총지출(AE)선과 $45°$선이 만나는 수준에서 더 이상의 생산조정유인이 사라진 균형국민소득이 결정된다.

──

┌─ 45°선의 의미 ──────────────────────────────────────

　$45°$선은 계획된 총지출과 소득이 일치하는 조건($AE=Y$)을 만족하는 직선이다. 어느 소득 수준에 해당되는 계획된 지출은 그 소득 수준보다 클 수도 있고, 작을 수도 있다. 따라서 계획된 총지출 직선이 $45°$선과 교차(Keynesian Cross)하는 수준에서 균형국민소득이 결정된다.

──

(1) 계획된 총지출선($AE=Y^D$)은 소비(C)와 투자수요(I^D)로 구성되므로 소비함수(C)를 위로 I_0만큼 평행이동한 직선이 된다.

(2) 국민소득 Y_2 수준에서는 $AE>Y$가 성립하여 기업들은 자신이 생산한 것보다 더 많은 양이 판매된 것이고 이에 따라 재고(inventory)가 감소하게 되고 적정재고를 유지하기 위하여 기업들은 생산을 증가시키게 되어 국민 소득은 Y_E 방향으로 증가하게 된다.

(3) 국민소득 Y_1 수준에서는 $AE<Y$가 성립하여 기업들은 자신이 생산한 것을 다 팔지 못한 것이고, 이에 따라 재고(inventory)가 증가하게 되고 적정재고를 유지하기 위하여 기업들은 생산을 감소시키고 이에 따라 국민소득은 Y_E 방향으로 감소하게 된다.

(4) 국민소득 Y_E 수준에서는 $AE=Y$가 성립하여 재고의 증감이 없어 생산조정 유인이 사라지고 이에 따라 국민소득은 균형을 이루게 된다.

$$AE(=C+I^D)=Y$$

(5) 결국 Keynes 단순모형에서는 $C+I^D$(총지출=유효수요)의 크기가 균형국민소득을 결정하게 된다 (유효수요의 원리).

대공황과 산출량

대공황과 같은 상황에서는 경제 전체의 생산능력에 비해 생산물에 대한 총수요가 부족하다. 이에 따라 기업은 자신의 생산능력을 완전 가동하면서 생산하지 못하고 총수요에 해당하는 만큼만 생산하게 된다. 결국 경제 전체의 산출량(균형국민소득)의 크기는 총수요 크기에 의해 결정된다.

Q&A $Y(=GDP)$와 AE는 같은 것인가?

생산물 시장에서 '$Y=AE$'가 성립하면 균형국민소득을 달성할 수 있다. 그러나 이 경우라고 하더라도 'Y'와 'AE' 의 의미가 같다는 것은 아니다. 양자의 크기만 같을 뿐이다. 그 이유는 'Y'와 'AE'의 구성요소가 다르기 때문이다.

- $Y = C + I$
- $AE = C + I^D$

위 식에서 'I'는 의도되지 않은 재고변화인 재고투자가 포함된 '실현된 투자'를 의미하고, 'I^D'는 '계획된 투자'를 의미한다. 만약 의도되지 않은 재고변화인 재고투자가 '0'이면 'Y'와 'AE'의 크기는 일치하여 '$Y=AE$'가 성립한다. 그러나 의도되지 않은 재고변화인 재고투자가 '0'이 아니라면 '$Y>AE$'(재고투자>0인 경우) 또는 '$Y<AE$'(재고투자<0인 경우)가 된다.

- $Y > AE$ ⇒ 재고(투자) 증가 ⇒ 적정 재고를 유지하기 위해 생산 감소 ⇒ Y가 감소하면서 균형에 도달
- $Y = AE$ ⇒ 재고(투자) 0 ⇒ 적정 재고이므로 생산 불변 ⇒ (다음 기) Y 불변
- $Y < AE$ ⇒ 재고(투자) 감소 ⇒ 적정 재고를 유지하기 위해 생산 증가 ⇒ Y가 증가하면서 균형에 도달

확인 TEST

케인스의 단순폐쇄경제모형에서 가처분소득의 함수인 민간소비는 가처분소득이 0일 때 160, 한계소비성향이 0.6, 독립투자가 400, 정부지출이 200, 조세는 정액세만 존재하고 정부재정은 균형상태라고 가정할 때 균형국민소득은?

① 1,600
② 1,700
③ 1,800
④ 1,900
⑤ 2,000

해설 ▶ 민간소비가 가처분소득이 0일 때 160, 한계소비성향이 0.6이므로 다음과 같은 소비함수를 도출할 수 있다.

$C=160+0.6Y^D$

또한 정부재정이 균형상태이므로 $G=T$가 만족되므로 $T=200$이 된다.

이에 따라 소비함수는 $C=160+0.6Y^D=160+0.6(Y-200)$이 된다.

국민소득 균형식 $Y=C+I+G$에 주어진 조건을 대입하면

$Y=160+0.6(Y-200)+400+200$

$0.4Y=640$

$Y=1,600$이 된다.

정답 ▶ ①

기출확인

한 나라의 거시경제와 관련된 다음의 내용을 읽고 물음에 답하시오.   [2009]

(가)

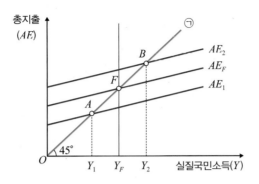

(기본 가정) 폐쇄경제를 가정하고, 물가는 일정한 수준에서 고정된다. 소비지출은 처분가능소득(disposable income)의 함수이며, 투자지출, 정부지출 및 조세수입은 외생적으로 결정된다.

(나) 우리의 이론은 대략 다음과 같이 말할 수 있다. 고용이 증가하면 총실질소득이 증가한다. 공동체의 심리는, ⓛ 총실질소득이 증가하면 총소비도 증가하시지만 소득만큼 증가하지는 않는 방식으로 작용한다. (중략) 이 분석으로 〈풍요 속의 빈곤〉이라는 역설을 설명할 수 있다. 왜냐하면 유효 수요가 부족하다는 사실만으로도 완전 고용의 수준에 도달하기 전에 고용의 증가가 멈출 수 있고, 또 실제로 그런 경우가 흔하기 때문이다. 노동의 한계생산의 가치가 여전히 고용의 한계 비효율을 초과함에도 불구하고, ⓒ 유효 수요의 부족이 생산 과정을 저해하는 것이다.
                                              – 존 메이너드 케인스, 『고용, 이자 및 화폐의 일반 이론』–

그래프에서 ⓐ의 45°선의 의미를 설명하고, ⓛ의 의미를 (가)의 총지출(AE) 곡선의 기울기와 관련지어 설명하시오. 그리고 ⓒ 상황은 (가)의 A, F, B 가운데 어느 점에 해당할 가능성이 큰지를 쓰고, 그 이유를 설명하시오.

분석하기

- ⓐ의 45°선의 의미: (계획된) 총지출과 실질국민소득이 일치하는 조건($AE=Y$)을 만족하는 직선이다.

- ⓛ의 의미: 소비의 증가분(ΔC)이 소득의 증가분(ΔY)보다 작기 때문에 한계소비성향$\left(\dfrac{\Delta C}{\Delta Y}\right)$이 1보다 작게 된다. 이로 인해 총지출($AE$)곡선은 기울기가 1인 45°선에 비해 완만한 기울기를 갖게 된다.

- ⓒ의 상황: A점에 해당한다. 완전고용국민소득(Y_F)을 달성하기 위해 필요한 유효수요(총지출)의 크기는 AE_F이다. 그런데 현재의 유효수요(총지출)은 AE_1에 불과하여 완전고용국민소득을 달성하기 위해 필요한 유효수요(총지출) 수준에 미달한다. 이러한 유효수요(총지출) 부족으로 생산활동이 위축 된다.

┌ 케인스 모형의 특징 ──────────

케인스 모형의 주요한 특징 중의 하나가 수량조정이다. 고전학파나 신고전학파의 거시이론에서는 불균형이 발생하면 물가만 변하고 실질국민소득은 완전고용수준에서 조금도 변하지 않지만, 케인스 단순모형과 IS-LM모형에서는 실질국민소득이 변하여 균형이 달성되는데 실질국민소득이란 가격변수가 아니라 수량변수이기 때문에 이를 수량조정이라 한다. 이는 가격이 경직적이라는 가정이 전제되어 있기 때문이다.

2) 저축=투자 수요 모형

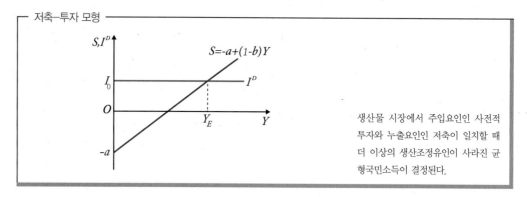

저축–투자 모형

생산물 시장에서 주입요인인 사전적 투자와 누출요인인 저축이 일치할 때 더 이상의 생산조정유인이 사라진 균형국민소득이 결정된다.

(1) $Y=C+S$, $Y^D=C+I^D$에서 균형조건 $Y=Y^D$에 따라 생산물시장의 균형은 누출(저축)과 주입(사전적 투자)이 같아질 때 성립한다.

$$S=I^D$$

위 균형식은 저축(=생산물 중에서 소비되지 않은 부분)된 생산물을 기업이 구입(=투자)하게 되면 결국 생산물은 모두 판매되어 생산물 시장은 균형에 도달한다는 의미를 담고 있다.

(2) $S=I^D$에서 균형국민소득(Y_E)이 결정

$S < I^D$	$S = I^D$	$S > I^D$
공급 부족(초과수요)	공급=수요	공급 과잉(수요 부족)
재고감소 ⇒ 생산(소득) 증가	재고 불변 ⇒ 균형	재고 증가 ⇒ 생산(소득) 감소

저축과 투자의 균형

고전학파의 경우 저축은 투자하기 위해서 하는 것이고, 반대로 투자는 저축에 의해서 가능하므로 모든 국민소득 수준에서 저축(S)=투자(I)라고 하였다.

그러나 Keynes는 저축과 투자는 서로 다른 주체의, 서로 다른 동기에 의하여 행해지므로 양자가 같아야 할 이유가 없고, 균형 국민소득 수준에서만 저축(S)=투자(I)라고 하였다.

┌───
절약의 역설

1. 개념. 소비수요를 줄이고 저축을 늘리면 오히려 총수요가 감소함으로써 국민소득이 감소하게 되는 현상을 말한다. 개개인의 저축이 모두 증가함에도 불구하고 경제 전체의 저축은 이전과 동일하거나 오히려 감소하는 현상으로 설명할 수도 있다. 특히 투자기회가 부족하여 저축이 바로 투자로 연결되지 않는 경우에 두드러지게 나타난다. 저축을 증가시킬 때 경제 전체적으로 저축이 증가하지 않거나(유발투자가 없는 경우), 저축이 오히려 감소되는 경우(유발투자가 있는 경우)를 의미하기도 한다.

2. 도해적 설명

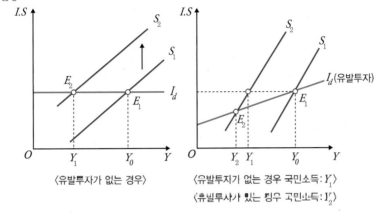

〈유발투자가 없는 경우〉

〈유발투자가 없는 경우 국민소득: Y_1〉
〈유발투자가 있는 경우 국민소득: Y_2〉

따라서 유발투자가 존재하면 절약의 역설이 더 강하게 작용한다.
───┘

Q&A 유발투자가 존재하는 경우 투자 함수는? ─────────────

1. 유발투자(induced investment)란 소비의 증가를 가져오는 국민소득의 증가에 의해 이루어지는 투자를 말한다.

┌───
- 국민소득 증가(⇒ 소비 증가) ⇒ 투자 증가
───┘

이러한 유발투자는 기존의 생산설비가 완전가동하고 있는 경우 발생하게 된다.

2. 독립투자 외에 유발투자까지 고려하는 투자함수는 다음과 같이 나타낼 수 있다.

┌───
- $I = I_0 + iY$
- I는 투자, I_0는 독립투자, iY는 유발투자, i는 유발투자 계수, Y는 소득을 의미한다.
───┘

이에 따라 투자는 소득의 증가함수가 되어 우상향하는 모습을 보인다.

저축과 소비에 관한 고전학파와 케인스의 비교 ───────────

구분	고전학파	케인스
저축과 소비	저축은 미덕	소비는 미덕
의의	호황기 이론으로 총공급이 균형국민소득 결정	공황기 이론으로 총수요가 균형국민소득 결정
근거	저축이 증가하여야 투자가 증가하고 이에 따른 생산을 위한 자본축적이 가능	소비가 증가하여야 유효수요가 증가하고 이에 따른 생산 증가가 가능

다음 ⊙과 ⓒ에 들어갈 말을 '증가, 감소, 불변' 중에서 골라 쓰시오. [2006]

> 민간 부문만 있으며 투자의 크기가 외생적으로 주어지는 단순한 폐쇄경제를 생각하자. 가계 저축이 이자율의 영향을 받는가 그렇지 않은가는 국민경제의 균형의 성격을 이해하는 데 매우 중요하다. 만약 저축이 이자율의 함수일 경우, 경제 내에서 이자율이 조절되며 저축과 투자 양자의 크기가 같아지게 된다. 그에 따라 총생산과 총수요는 언제나 일치하고 국민경제는 언제나 균형 상태에 있다.
>
> 그러나 저축이 이자율과 무관하고 단지 소득의 크기에 의해서만 영향을 받는다면, 저축과 투자의 크기는 각각 다른 힘에 의해 결정되고 따라서 경제의 총수요와 총공급의 일치는 보장되지 않는다. 이 경우에는 저축이 투자에 일치할 때까지 소득의 크기가 조정됨으로써 국민경제가 균형을 달성하게 된다. 이 경우, 저축이 투자에 미달하는 상태라면 국민소득의 크기는 (⊙)한다. 균형 상태에서 기업들이 생산을 늘리게 되면 균형 국민소득의 크기는 (ⓒ)한다.

분석하기

- 고전학파 이론에 따르면 저축은 이자율의 증가함수이고, 투자는 이자율의 감소함수이다. 이에 따라 대부시장에서 이러한 저축과 투자가 일치하는 수준에서 이자율이 결정된다. 그런데 대부시장에서 결정되는 이자율은 신축적이어서 항상 총생산(=총공급)과 총수요가 일치하게 되는 '세의 법칙(Say's Law)'이 성립하게 된다.
- 케인스 이론에 따르면 가계에 의해서 이루어지는 저축(=공급)은 소득 크기에 영향을 받으며, 기업에 의해서 이루어지는 투자(=수요)는 '기업가의 야성적 충동(animal spirit)'에 의해 이루어진다. 이에 따라 저축과 투자는 소득 크기에 의해 균형 여부가 결정된다. 이때 소득의 크기는 수요(=투자) 크기에 의해서만 변동된다. 만약 저축이 투자에 미달하게 되면 초과수요 상태가 되고 공급 부족으로 인해 국민소득의 크기는 증가(⊙)하게 된다. 반면에 이미 균형상태에 도달했음에도 불구하고 생산만 증가하게 되면 수요(=투자) 증가가 수반되지 않는 한 국민소득은 기존 수준에서 불변(ⓒ)이다.

❹ 인플레이션 갭과 디플레이션 갭

1) 의의

(1) 단순모형에서의 균형국민소득 수준에서 생산물시장은 균형을 이루지만 노동시장의 균형, 즉 완전고용을 가져온다는 보장은 없다. 왜냐하면 생산물의 가격이 경직적일 뿐만 아니라 노동의 가격인 명목임금 역시 경직적이기 때문이다.

(2) 노동시장의 균형, 즉 완전고용을 달성할 수 있는 국민소득 수준을 완전고용국민소득이라고 한다.

(3) 현실의 총수요 수준이 완전고용을 달성하기 위해 필요한 총수요 수준에 비해 작을 때 그 차이를 디플레이션 갭(deflation gap)이라 하고, 클 때의 차이를 인플레이션 갭(inflation gap)이라 한다.

(4) 물가나 명목임금이 경직적이라면 디플레이션 갭이나 인플레이션 갭은 상당기간 지속될 수밖에 없고, 특히 디플레이션 갭이 상당기간 지속될 경우 비자발적 실업이 장기적으로 발생하게 되므로 정부가 적극적으로 디플레이션 갭을 줄여야 한다.

2) 도해적 설명

─ 인플레이션 갭과 디플레이션 갭 ──────────

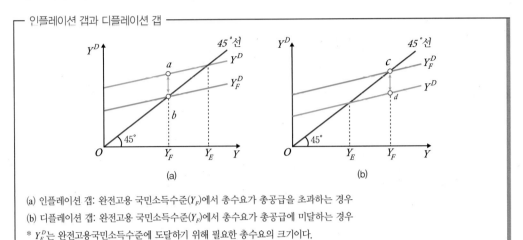

(a) 인플레이션 갭: 완전고용 국민소득수준(Y_F)에서 총수요가 총공급을 초과하는 경우
(b) 디플레이션 갭: 완전고용 국민소득수준(Y_F)에서 총수요가 총공급에 미달하는 경우
* Y_F^D는 완전고용국민소득수준에 도달하기 위해 필요한 총수요의 크기이다.

(1) **인플레이션 갭**: 완전고용 국민소득수준(Y_F)에서 총수요(Y_D)가 총공급을 초과하는 경우, 그 총수요의 초과분[그림 (a)의 ab] ⇒ 이러한 경우에 발생하는 인플레이션을 케인스는 진정인플레이션(true inflation)이라고 불렀다.

(2) **디플레이션 갭**: 완전고용 국민소득수준(Y_F)에서 총수요(Y_D)가 총공급에 미치지 못하는 경우, 그 총수요의 부족분 ⇒ 이러한 경우에는 균형국민 소득이 완전고용국민소득보다 낮은 수준($Y_E < Y_F$)에서 결정된다[그림 (b)의 cd].

(3) **Keynes의 견해**

① 선진 자본주의 경제에서는 일반적으로 완전고용을 유지할 수 있을 정도의 유효수요가 부족하여 디플레이션 갭(deflation gap)이 존재[그림 (b)]한다고 분석한다(풍요 속의 빈곤).

② 균형 국민소득(Y_E) < 완전고용 국민소득(Y_F)이 성립하여 불완전 국민소득(과소고용 국민소득) 상태가 존재한다.

③ ($Y_F - Y_E$)만큼의 GDP gap이 존재하여 대규모의 유휴설비, 대량의 비자발적 실업상태가 존재한다.

3) 대책

인플레이션 갭: ab	디플레이션 갭: cd
유효수요 감소정책 필요	유효수요 증가정책 필요

Theme 59 승수효과

❶ 승수효과의 의의

1) 개념

(1) 독립적인 총수요 지출이 변동하면 균형국민소득은 이보다 더 큰 비율로 변화하는 현상을 승수효과라 한다. 여기서 독립적 총수요 지출(독립지출)은 절대소비(=기초소비), 독립투자, 정부지출과 같이 소득이나 이자율에 영향을 받지 않는 지출항목을 의미한다.

(2) 균형국민소득의 변화(ΔY)를 총수요 지출의 변화(ΔE)로 나누어 준 값의 크기를 승수(multiplier)라 한다.

$$m = \frac{\Delta Y}{\Delta E} \ (m: \text{승수}, \ Y: \text{국민소득}, \ E: \text{독립적 지출})$$

2) 승수분석의 전제

(1) **함수의 안정성**: 소비함수 등이 안정적이어서 한계소비성향 등이 일정하게 유지되어야 한다.
  ⇒ 소비함수가 직선의 형태

(2) **동태적 과정 전제**: 소득순환의 동태적 과정이 순조롭게 진행되어야 한다.

(3) **공급 측면**: 잉여생산 능력이 존재하여 공급 측면에 애로가 없어야 한다. 즉, 자원의 불완전고용 상태를 전제한다.

(4) **재고투자수요의 가변성**: 의도한 재고투자수요가 실제 경제상황에 따라서 불안정적으로 변동할 수 있으나, 승수분석에는 의도한 재고투자수요와 실현된 재고투자가 차이가 있을 때 원래의 의도한 재고투자수요를 위해서 기업가가 즉각 반응한다고 가정한다.

(5) **부분균형분석**: 일반적으로 실물부분만 고려하고 화폐부문 등을 고려하지 않음으로써 이자율, 물가 등은 일정하다고 가정한다.

3) 승수효과의 기본 원리: 유효수요의 원리에 기초

무한급수 구하기

1. **의미**: 무한 수열{an}의 각 항을 합하며 연결한 식
  ⇨ $a_1 + a_2 + a_3 + \cdots + a_n + \cdots = \sum_{n=1}^{\infty} na$

2. **무한 등비 급수**: 첫째항이 $a(a \neq 0)$, 공비가 r인 경우 무한 등비수열{ar^{n-1}}의 합
  ⇨ $\sum_{n=0}^{\infty} ar^{n-1} = a + ar + ar^2 + \cdots + ar^{n-1} + \cdots$

3. **무한 등비 급수의 계산**: $a \neq 0$이고, $|r| < 1$일 때 $\frac{a}{1-r}$으로 계산

---

(1) 승수효과는 소비가 국민소득의 함수이기 때문에 독립적인 총수요 지출의 증가로 국민소득이 증가하고, 이에 따라 소비증가와 소득증가가 상호 누적적으로 반복되어 발생한다.

(2) 한계소비성향을 b라 하고 최초의 독립적인 총수요의 지출을 ΔE라고 하면 이때의 국민소득의 증가(ΔY)는 다음과 같다.

$$\Delta Y = \Delta E + b\Delta E + b^2\Delta E + b^3\Delta E + \cdots$$
$$= (1 + b + b^2 + b^3 + \cdots)\Delta E$$
$$= \frac{1}{1-b}\Delta E (\because 0 < b < 1)$$

(3) 결국 승수효과는 주로 한계소비성향(b)의 크기에 의해 좌우된다.

승수 구하기

여러 가지 형태의 승수를 구할 때에는 다음의 균형식, 즉 방정식을 풀어 해를 구하는 방식이 편리하다.

$Y = C + I + G = a + b(Y - T) + I + G = a + I + G + b(Y - T)$에서

위 식을 소득 Y에 대해 풀면 균형국민소득은 다음과 같이 구해진다.

$$Y = \frac{a}{1-b} + \frac{1}{1-b}I + \frac{1}{1-b}G - \frac{b}{1-b}T$$

즉, 내생변수인 소득 Y는 외생변수들의 값이 어떻게 주어지는가에 따라 달라진다.

또한 승수에 관해서는 $\frac{\Delta Y}{\Delta I} = \frac{\Delta Y}{\Delta G} = \frac{1}{1-b}$, $\frac{\Delta Y}{\Delta T} = \frac{-b}{1-b}$ 임을 쉽게 확인할 수 있다.

---

4) 승수효과의 한계

(1) 한계 소비 성향이 일정하지 않으면 승수의 크기는 위와 같이 간단하게 정의되지 못한다.

(2) 대규모의 유휴설비가 존재하는 등의 공급의 애로가 없는 한에서만 승수효과가 발생한다.

(3) 승수가 아무리 크다고 하더라도 국민소득이 완전국민소득보다 커질 수는 없다.

1회적 투자증가의 효과

1회적 투자란 투자가 증가한 후 이전 수준으로 다시 떨어지는 것을 뜻한다. 이때는 투자증가에 따른 (+)의 승수효과가 다시 떨어지는 투자에 따른 (−)의 승수효과에 의해서 상쇄되므로 국민소득증가분은 '0'이 된다. 즉 투자가 1회적으로 늘어나면 국민소득은 증가하지 않는다. 따라서 투자의 승수효과가 발생하려면 투자가 증가한 상태에서 유지되어야 한다.

정부지출을 눈덩이처럼 굴리면?

『대공황 당시의 극심한 경기 불황을 타개하기 위하여 대공황이 낳은 위대한 경제학자 케인즈(J. M. Keynes)는 정부에 의한 유효수요 증대 정책의 필요성을 역설했다. 그에 따르면 "지금 재무성이 낡은 항아리에 지폐를 가득 채워넣은 후 그것을 어느 폐광(廢鑛)에다 적당히 묻어 두고는 사기업가(私企業家)로 하여금 마음대로 그 돈을 파가도록 내버려 두면 모든 문제는 해결된다."고 한다. 과연 케인즈는 무슨 생각을 하고 있는 것인가?』

1929년부터 1933년 사이에 전통적인 '보이지 않는 손(invisible hand)'은 세계 경제를 뒤흔들어 놓았고, 자유시장의 중심축이었던 미국에서는 실업률이 25%에 육박하는 전대미문의 경기불황이 닥쳐왔다. 많은 투자가들이 자살이라는 방법을 통해 비극적으로 삶을 마감했으며, 더 많은 가장들은 길거리로 내몰렸다. 이러한 절망적인 상황 속에서 케인즈는 과거의 방관자적인 타성에서 벗어난 적극적인 정부의 역할을 주문한 것이다.

케인즈가 기대한 것은 이른바 '승수효과'이다. 승수효과란 투자 및 정부지출 등 소득수준의 영향을 받지 않는 독립적인 총수요 지출이 변동하면 균형국민소득이 독립지출보다 더 큰 비율로 변화하는 현상을 말한다. 즉, 국민소득을 변화시킬 수 있는 외생적인 요인이 발생하였을 때, 그 최초의 변화 분을 상회하는 수준으로 국민소득이 변화하는 효과를 의미한다.

아주 오래전에 보았던 '만화영화'의 한 장면이 떠오른다. 노란색의 '머리가 아주 컸던' 착한 캐릭터인 새 한 마리(이름이 트위티였던 것 같은데 가물가물하다…)가 악역 캐릭터인 고양이의 심술 때문에 눈바람이 거셌던 추운 겨울날 산꼭대기까지 쫓겨 갔다. 그 '새'는 자신의 처지가 너무 슬픈 나머지 눈물을 한 방울 흘렸는데 그것이 얼어 굴러 내려가면서 엄청난 눈덩이가 되었다. 결국 눈덩이가 심술쟁이 고양이의 집을 덮쳐 고양이가 혼나는 장면이다. 처음에는 그리도 작았던 눈물 한 방울이 커다란 집을 덮칠 정도로 커지는 장면이 왜 이리도 승수효과와 오버랩이 되는지…

승수효과는 소비가 국민소득의 함수이기 때문에 독립적인 총수요 지출의 증가로 국민소득이 증가하고, 이에 따라 소비증가와 소득증가가 상호 누적적으로 무한 반복되어 발생한다.

승수효과가 나타나는 과정을 살펴보자.

사례 1) 소득: Y, 소비: C라고 할 때, 정부지출: 100억 원, 한계소비성향(MPC): 0.8인 경우

$$\Delta G\ 100\uparrow \Rightarrow \Delta Y\ 100\uparrow \Rightarrow \Delta C\ 80\uparrow \Rightarrow \Delta Y\ 80\uparrow \Rightarrow \Delta C\ 64\uparrow \Rightarrow \Delta Y\ 64\uparrow \Rightarrow \ ....$$

무한등비수열의 합을 구하는 공식을 이용하여 소득의 합계는 다음과 같이 구해진다.

$$\text{소득의 합계: } 100+80+64+........=\frac{\text{초항}}{1-\text{공비}}=\frac{100}{1-0.8}=\frac{100}{0.2}=500$$

이에 따라 100억 원의 정부지출의 증가는 눈덩이처럼 불어나 500억 원의 국민소득 증가를 가져올 수 있게 된다.

사례 2) 소득: Y, 소비: C라고 할 때, 정부지출: 100억 원, 한계소비성향(MPC): 0.9인 경우

$$\Delta G\ 100\uparrow \Rightarrow \Delta Y\ 100\uparrow \Rightarrow \Delta C\ 90\uparrow \Rightarrow \Delta Y\ 90\uparrow \Rightarrow \Delta C\ 81\uparrow \Rightarrow \Delta Y\ 81\uparrow \Rightarrow ....$$

무한등비수열의 합을 구하는 공식을 이용하여 소득의 합계는 다음과 같이 구해진다.

$$\text{소득의 합계: } 100+90+81+\cdots\cdots = \frac{\text{초항}}{1-\text{공비}} = \frac{100}{1-0.9} = \frac{100}{0.1} = 1{,}000$$

이에 따라 100억 원의 정부지출 증가는 '더욱더' 눈덩이처럼 불어나 1,000억 원의 국민소득 증가를 가져오게 된다.

이러한 효과는 기업의 독립투자가 이루어지는 경우에도 동일하게 나타난다.

결국 케인즈의 승수이론에서는 한계소비성향의 크기가 클수록 국민소득 증가의 크기도 커지게 되므로 '저축은 악덕, 소비는 미덕'이 되는 것이다.

❷ 승수의 종류

1) 단순승수

구분	폐쇄경제		개방경제	
	정액세	비례세	정액세	비례세
투자승수	$\dfrac{1}{1-b}$	$\dfrac{1}{1-b(1-t)}$	$\dfrac{1}{1-b+m}$	$\dfrac{1}{1-b(1-t)+m}$
정부지출승수	$\dfrac{1}{1-b}$	$\dfrac{1}{1-b(1-t)}$	$\dfrac{1}{1-b+m}$	$\dfrac{1}{1-b(1-t)+m}$
수출승수	–	–	$\dfrac{1}{1-b+m}$	$\dfrac{1}{1-b(1-t)+m}$
조세승수	$\dfrac{-b}{1-b}$	$\dfrac{-b}{1-b(1-t)}$	$\dfrac{-b}{1-b+m}$	$\dfrac{-b}{1-b(1-t)+m}$
감세승수	$\dfrac{b}{1-b}$	$\dfrac{b}{1-b(1-t)}$	$\dfrac{b}{1-b+m}$	$\dfrac{b}{1-b(1-t)+m}$
이전지출승수	$\dfrac{b}{1-b}$	$\dfrac{b}{1-b(1-t)}$	$\dfrac{b}{1-b+m}$	$\dfrac{b}{1-b(1-t)+m}$
균형예산승수	1	$\dfrac{1-b}{1-b(1-t)} < 1$	$\dfrac{1-b}{1-b+m} < 1$	$\dfrac{1-b}{1-b(1-t)+m} < 1$

단. b : 한계소비성향, t : 비례세율, m : 한계수입성향

균형예산승수가 '1'인 이유는?

균형예산을 유지함에도 불구하고 소득이 증가하는 것은 정부지출의 증가는 그 증가의 크기만큼 그대로 국민소득을 증가시키는 반면, 조세의 증가는 가처분 소득의 감소와 그로 인한 소비의 감소를 통해서만 소득을 감소시키기 때문이다. 한계소비성향이 1보다 작으므로 일차적 소득의 감소분은 애초의 조세 증가분보다 작다. 이와 같은 차이가 승수효과의 과정에서 누적되므로 소득 증가효과가 소득 감소효과를 능가하게 되는 것이다.

Q&A 균형예산승수가 '1'이라는 의미는? ──────

예컨대 정부지출이 100만큼 증가하고 조세도 동일한 크기인 100만큼 징수할 때, 국민소득은 100만큼 증가한다는 의미이다. 즉 정부지출 크기(=조세 크기)만큼 국민소득이 증가한다는 의미이다.

┌─ 비례세의 효과 ─────────────────────────────

비례세 형태의 소득세의 도입은 승수를 감소시킴으로써 국민소득의 변동성을 줄이는 데 기여하므로 경기변동 시 총수요를 관리하기 위해 적극적으로 정책을 수행할 필요 없이 단순한 비례세의 조세제도의 도입만으로도 자동적으로 소득의 안정화를 꾀하는 것이 가능하다.

└──

2) 복합승수

구분	폐쇄경제		개방경제	
	정액세	비례세	정액세	비례세
투자승수	$\dfrac{1}{1-b-i}$	$\dfrac{1}{1-b(1-t)-i}$	$\dfrac{1}{1-b+m-i}$	$\dfrac{1}{1-b(1-t)+m-i}$
정부지출승수	$\dfrac{1}{1-b-i}$	$\dfrac{1}{1-b(1-t)-i}$	$\dfrac{1}{1-b+m-i}$	$\dfrac{1}{1-b(1-t)+m-i}$
조세승수	$\dfrac{-b}{1-b-i}$	$\dfrac{-b}{1-b(1-t)-i}$	$\dfrac{-b}{1-b+m-i}$	$\dfrac{-b}{1-b(1-t)+m-i}$

단, b: 한계소비성향, t: 비례세율, i: 유발투자계수, m: 한계수입성향

기출확인

다음은 폐쇄경제인 갑국에 대한 자료이다. 〈작성 방법〉에 따라 서술하시오. [2023]

- $Y=C+D+G$
- $C=\dfrac{3}{4}(Y-T)$
- $T=tY$
- $t=0.2,\ I=G=80$

(단, Y는 국민소득, C는 소비, I는 투자, G는 정부지출, T는 조세, t는 소득세율을 나타낸다.)

─────〈 작 성 방 법 〉─────

- 갑국의 균형국민소득이 얼마인지 쓸 것.
- 국민소득이 균형일 때 T가 얼마인지 쓰고, 이때 갑국 정부의 재정 상태가 어떠한지 서술할 것.
- 갑국 정부가 목표 국민소득 수준을 600으로 설정한다면, 현재 상태에서 G를 어떻게 변화시켜야 하는지 서술할 것.

분석하기

- 갑국의 균형국민소득이 얼마인지 쓸 것.
  ⇒ $Y=C+I+G=\dfrac{3}{4}(Y-0.2Y)+80+80$, $0.4Y=160$, $Y=400$
- 국민소득이 균형일 때 T가 얼마인지 쓰고, 이때 갑국 정부의 재정 상태가 어떠한지 서술할 것.
  ⇒ $T=tY=0.2\times400=80$, $T=G=80$이 되어 균형재정을 달성한다.
- 갑국 정부가 목표국민소득(Y_F) 수준을 600으로 설정한다면, 현재 상태에서 G를 어떻게 변화시켜야 하는지 서술할 것.
  ⇒ 필요한 국민소득 증가분(ΔY)이 $200(=\Delta Y=Y_F-Y=600-400)$, 정부지출 승수($m=\dfrac{1}{1-MPC(1-t)}$ $=\dfrac{1}{1-0.75(1-0.2)}=\dfrac{1}{1-0.6}=0.25$)가 2.5이므로 정부지출을 80만큼 증가시켜야 한다.

기출확인

다음은 케인스의 폐쇄 경제 모형이다. 다음 글을 읽고 물음에 답하시오.   [2004]

- $YD = C + ID + G$
- $C = 0.5(Y - T) + 2,000$
- $ID = 2,000$
- $G = 1,000, \ T = 1,000$
- $YD = Y$(균형조건)
- $YF = 10,000$
- 단, YD는 총수요, YF는 완전고용국민소득, C는 민간소비, ID는 투자수요, G는 정부소비지출, T는 정액세를 의미하며, 모든 변수는 사전적 의미에서의 실질변수임.

1. 이 경제 모형에서 균형국민소득을 구하시오.
2. 이 경제 모형에는 인플레이션 갭과 디플레이션 갭 중에 ① 어느 것이 존재하는지, ② 그 이유를 50자 이내로 쓰시오.
3. 이 경제 모형에서 재정정책을 사용한다면 정부지출을 변화시키는 정책과 조세를 변화시키는 정책 중에서, ①총수요에 미치는 효과가 더 큰 쪽은 어느 것인가? 정부지출과 조세의 크기가 100만큼 변한다는 전제조건 하에서 ②그 이유에 대한 근거를 120자 이내로 쓰시오.

분석하기

1. 주어진 조건에 따른 균형국민소득 도출과정은 다음과 같다.

- $YD = Y \Rightarrow C + ID + G = Y$
  $\Rightarrow 0.5(Y - 1,000) + 2,000 + 2,000 + 1,000 = Y \Rightarrow 0.5Y = 4,500 \Rightarrow \text{'}Y = 9,000\text{'}$

2. 현재 경제에서는 디플레이션 갭이 존재한다(①). 앞에서 도출된 균형국민소득($Y = 9,000$)이 문제에서 주어진 완전고용국민소득($YF = 10,000$)보다 작다는 것은 완전고용을 달성하기 위해 필요한 총수요에 비해 현실의 총수요가 부족하다는 것을 의미하기 때문이다(②).

3. 총수요에 미치는 효과는 조세를 변화시키는 정책보다 정부지출을 변화시키는 정책이 더 크다 (①). 그 이유는 다음과 같다. 균형국민소득을 현재 수준보다 증가시키기 위해서는 정부지출 증가 또는 조세 감면이 필요하다. 그런데 주어진 조건 하에서 정부지출 승수와 감세 승수, 그리고 이를 전제로 하여 100만큼의 정부지출 증가와 조세 감면을 시행하는 경우 국민소득의 증가분은 다음과 같이 도출된다(②).

- 정부지출 승수 $= \dfrac{1}{1 - MPC} = \dfrac{1}{1 - 0.5} = 2 \Rightarrow$ 총수요 증가분 $= 100$(정부지출 증가분)$\times 2 = 200$
- 감세 승수 $= \dfrac{MPC}{1 - MPC} = \dfrac{0.5}{1 - 0.5} = 1 \Rightarrow$ 총수요 증가분 $= 100$(조세감면분)$\times 1 = 100$
- MPC는 한계소비성향이다.

앞의 결과를 통해 총수요에 미치는 효과는 정부지출을 변화시키는 정책이 조세를 변화시키는 정책에 비해 더 크다는 확인할 수 있다. 단, "수요가 공급을 창출"하므로 여기서 도출된 총수요 증가분이 곧 국민소득 증가분이다.

제14장
화폐금융이론

화폐와 화폐제도

① 화폐의 본질

> 화폐 도입의 의의

화폐가 도입되지 않았던 거시경제모형에서 이자율, 임금과 같은 가격변수들은 별도로 지칭하지 않았어도 실질이자율과 실질임금을 의미하였다. 그러나 화폐가 도입되면 명목과 실질을 구분하는 것이 중요하고, 물가 수준(price level)에 대한 논의도 가능해진다.

1) 화폐의 정의

(1) 화폐란 상품을 매매하고 채권, 채무관계를 청산하는 일상거래에서 일반적으로 통용되는 지불 수단이다.

(2) '일반적인 교환의 매개수단'으로서 기능을 중시한 정의이다.

> 화폐의 존재이유

화폐가 존재하지 않는다면 모든 거래는 거래 양 당사자들이 직접 만나 원하는 물건을 직접 교환하는 물물교환제도(barter economy)를 통하여 이루어질 것이다. 이러한 물물교환을 통하여 거래가 성립하기 위해서는 거래 양 당사자 간에 욕망의 이중적 일치(double coincidence of wants)가 이루어져야 한다. 그러나 이러한 욕망의 이중적 일치가 이루어지기는 매우 어려우며 이를 위해서는 매우 많은 거래비용(transaction cost)을 부담해야 한다.

많은 거래비용이 발생하는 중요한 이유는 거래 양 당사자가 서로 상대방에 관한 자세한 정보를 정확하게 모르고 있기 때문이다. 즉 정보의 불확실성으로 인하여 많은 거래비용이 발생하므로 물물교환을 통한 거래에는 제약이 따르기 때문이다. 이러한 제약을 줄이려는 노력 과정에서 화폐라는 교환의 매개수단이 등장하게 된다. 즉 화폐를 사용하게 되면 정보의 불확실성도 줄어들고 이에 따라 거래비용도 절감될 수가 있다. 왜냐하면 원하는 상품을 보면 바로 화폐를 지불하고 구입하면 되기 때문이다. 또한 n개 상품이 거래되는 물물교환 경제에서 필요한 (상대)가격의 수인 $_nC_2 = \dfrac{n(n-1)}{2}$ 개를 n개로 줄여주어 거래비용을 줄여주어 교환을 보다 원활하게 해 준다. 이러한 이유로 경제주체들은 화폐를 매개로 하는 화폐교환경제(monetary exchange economy)를 통하여 거래를 하게 되는 것이다.

론(money)의 의미

1. **소득(income):** 동완이가 돈을 빌었다고 했을 때의 돈에는 소득의 의미가 담겨 있다. 이러한 소득은 일정기간 동안(during the period)을 전제로 해서 정의되는 유량(flow) 변수이다.
2. **재산(wealth):** 동완이는 돈이 많다고 할 때의 돈에는 재산의 의미가 담겨 있다. 이러한 재산은 일정시점(at a point in time)을 전제로 해서 정의되는 저량(stock) 변수이다.
3. **현금(cash):** 동완이가 돈을 빌려달라고 할 때의 돈에는 현금 또는 화폐(currency)의 의미가 담겨 있다. 현금 또는 화폐도 일정시점을 전제로 정의되는 저량(stock) 변수이다. 이것이 재화와 서비스가 거래될 때 이에 대한 대가로 지불되는 것이 일반적으로 허용되는 돈의 개념이다.
4. **구분의 의의:** 예컨대 화폐를 재산으로 간주하여 "재산으로서의 돈을 얼마나 많이 갖고 싶은가" 하는 의미로 화폐수요를 이해하면, 돈은 무조건 많이 보유할수록 좋은 것이 된다. 그러나 돈(현금)을 보유하는 것에 대해서는 이자가 발생하지 않기 때문에 돈을 많이 보유한다고 반드시 좋은 것은 아님을 알 수 있다. 따라서 화폐수요에서의 돈의 의미는 현금으로 이해하여야 하며, 화폐수요 역시 "현금인 돈을 얼마나 많이 갖고 싶은가" 하는 의미로 이해해야 하는 것이다.

2) 화폐의 기능

(1) 일반적인 교환의 매개수단: 가장 본원적인 화폐의 기능

교환의 매개(medium of exchange)

화폐는 교환과정에서 발생하는 불편과 거래비용을 절감하기 위해서 고안되었으므로 재화나 서비스의 교환을 원활하게 해준다. 일상적인 거래에서 현금이 주로 사용되지만, 오늘날에는 계좌이체, 당좌수표, 신용카드 등이 지불의 방법으로 흔히 사용된다. 따라서 입출금이 자유로운 예금통장에 들어 있는 잔고 역시 화폐로 간주된다. 우리는 흔히 어떤 자산에 대해 유동성이 높거나 낮다고 말하는데, 이때 유동성이란 현금(또는 화폐)으로 전환될 수 있는 용이성을 의미한다. 따라서 화폐는 그 자체로 유동성이 가장 높은 자산이다.

(2) 회계의 단위 혹은 가치의 척도: 재화나 부의 경제적 가치를 객관적으로 측정하는 단위로서의 기능

계산단위(unit of account)

우리는 모든 경제적 계산을 화폐단위로 한다. 재화와 서비스 거래 및 금융거래의 가치에서부터, 기업의 회계 정리, *GDP*의 계산 역시 화폐단위를 사용한다. 화폐와 같은 측정수단이 없다면 이와 같은 일은 사실상 불가능하다. 또한 시장에서 재화와 서비스가 함께 거래될 때 각 상품의 거래단위가 다르기 때문에 이러한 거래를 합산하기 위해서는 통일된 단위가 필요해진다. 예를 들어 맥주 1병과 오징어 1마리의 가치를 합산할 때 서로 거래단위가 다르기 때문에 이를 2병 또는 2마리처럼 합산할 수가 없다. 그러나 맥주 1병을 3,000원으로, 오징어 1마리를 5,000원으로 화폐단위로 표시하면 8,000원의 합계 금액으로 나타낼 수 있는 것이다.

(3) 지불수단: 모든 거래를 종결짓는 기능

지불수단(means of payment)

모든 거래는 화폐의 지불을 통해 최종적으로 종결된다. 물론 신용카드 등을 통한 거래도 가능하지만, 이러한 신용카드는 교환의 매개수단 역할은 하지만 최종적 지불수단 역할을 할 수는 없다. 결제일에 약속된 화폐를 지불해야 거래가 종결되기 때문이다. 반면에 화폐나 직불카드 등은 교환의 매개수단의 역할은 물론이고 지불수단의 역할도 동시에 수행할 수 있다. 이것은 교환의 매개수단 기능이 지불수단 기능을 포함한다는 의미이기도 하다.

(4) **가치 저장 수단(store of value):** Keynes가 중시한 기능 ⇒ 소비와 저축에 영향을 줌으로써 실물경제에도 영향을 끼치게 된다.

가치저장(store of value)

물물교환 경제에서는 재화와 서비스의 판매와 구매행위가 동시에 이루어지지만, 화폐경제에서는 판매시점과 구매시점이 종종 분리된다. 일반적으로 화폐경제에서의 판매행위는 화폐의 획득에 불과하다. 따라서 화폐는 구매시점까지 최소한 단기적으로라도 구매력을 의미하는 교환가치를 지니고 있어야 한다. 이와 같이 화폐를 화폐 보유시점에서부터 화폐 지출시점까지 구매력을 저장하는 기능, 이른바 '구매력의 일시적 은신처(temporary abode of purchasing power)'로 징의하는 것이 화폐의 가치저장 수단인 것이나.

현행 통화지표의 포괄범위(2006년 6월 공표 기준)

협의 통화(M_1)	현금통화 + 요구불 예금 + 수시입출금식 저축성예금 = 현금통화 + 예금통화
광의 통화(M_2)	협의 통화(M_1) + 기간물 예·적금 및 부금 + 시장형 금융상품 + 실적배당형 상품 + 금융채 + 거주자 외화예금 + 기타 단, 만기 2년 이상 장기 금융상품 제외
금융기관 유동성(Lf)	광의 통화(M_2) + 예금취급기관의 2년 이상 유동성 상품 + 증권금융예수금 등 + 생명보험회사 보험계약 준비금 등 = 총유동성
광의 유동성(L)	금융기관 유동성(Lf) + 정부 및 기업 등이 발행한 유동성 상품 등

Q&A 신용카드를 사용하면 통화량은 증가하는가?

1. 신용카드는 거래 금액의 지불을 약속된 카드 결제일까지 유예하는 수단으로 사용된다. 따라서 신용카드 사용금액은 통화지표의 집계 대상에서 제외된다. 그 이유는 신용카드를 이용하여 상품 거래가 이루어지면 약속된 카드 결제일에 카드사가 상품 판매자에게 대금을 지급하는데, 그 대금에 해당하는 현금은 이미 통화량에 포함되어 있었던 것이기 때문이다. 즉 현금 소유자가 달라질 뿐 통화량에는 변화가 없는 것이다.
2. 다만 신용카드 사용이 증가하면 현금 없이도 상품거래가 가능해지므로 평소의 화폐보유량을 줄일 것이다. 이에 따라 신용카드 사용의 증가는 화폐수요를 감소시킨다.
3. 결국 신용카드 사용금액은 통화 집계에는 영향을 주지 않지만 화폐수요에는 영향을 주게 된다. 직불카드 역시 지불유예 기능은 없지만 신용카드와 동일한 결제 메커니즘으로 접근 가능하다.

확인 TEST

철수는 장롱 안에서 현금 100만 원을 발견하고 이를 A은행의 보통예금 계좌에 입금하였다. 이로 인한 본원통화와 협의통화(M_1)의 즉각적인 변화는?

① 본원통화는 100만 원 증가하고, 협의통화는 100만 원 증가한다.
② 본원통화는 100만 원 감소하고, 협의통화는 100만 원 감소한다.
③ 본원통화는 변화가 없고, 협의통화는 100만 원 증가한다.
④ 본원통화와 협의통화 모두 변화가 없다.

- 현금과 보통예금 모두는 협의통화에 해당한다. 따라서 현금 100만 원이 보통예금 계좌에 입금이 되었다고 하더라도 협의통화의 크기는 변화가 없다.
- 현금이 보통예금 계좌에 입금이 된 것은 중앙은행으로부터의 새로운 통화 공급이 이루어진 것에 해당되지 않으므로 본원통화 역시 변화가 없다.

정답 ④

화폐로 사용되기 위해서는?

"가을 어느 날 덕수궁 돌담길을 걷다보면 발 밑에 밟히는 낙엽 소리를 들으며 마치 시인이 된 양 마음이 저려오곤 했다. 그러나 난데없이 '길 위에 나뒹구는 저 많은 낙엽이 모두 돈이었으면!' 하는 망상을 아주 짧은 순간 하기도 했다. 그런데 왜 저 낙엽들은 돈이 될 수 없는 것일까?"

우리의 생활 속에 사람들이 값지게 생각하는 재화들은 무수히 많다. '사랑이여 영원하라!'는 광고 카피로 유명한 다이아몬드, 최근 천정부지로 값이 오르고 있는 금, 가을이 왔으면 알려주는 단풍 낙엽, 심지어 자기만의 비밀을 간직하고 있는 일기장 등 이루 헤아릴 수 없을 만큼 많은 값진 재화들이 있다. 그런데 이러한 것들은 지금 '돈'으로 사용되지 않는다. 왜 그럴까? 지금부터 돈으로 사용되기 위해서 필요한 조건들을 살펴보기로 하자.

첫째, 언제든지 어떤 재화와도 교환될 수 있는 '시장 수용성'을 갖추어야 한다. 여기서 시장 수용성이란 한마디로 사람들이 그것을 모두 귀중하게 생각하면서 그것이라면 기꺼이 내가 갖고 있는 것을 내줄 수 있다는 것을 의미한다. 인류 역사에서 화폐가 처음 등장하였을 때는 화폐 자체가 갖고 있는 고유한 가치에 의해 시장 수용성이 인정되었다. 소금 같은 것이 대표적이다. 그러나 지금은 화폐의 고유 가치와 관계없이 법적 구속력에 의해 시장 수용성이 뒷받침된다.

현행 한국은행법 제48조(한국은행권의 통용)에 따르면 "한국은행이 발행한 한국은행권은 법화로서 모든 거래에 무제한 통용된다."고 하여 법규에 의해 한국은행권이라는 화폐의 시장 수용성을 인정하고 있다.

둘째, 화폐는 그 가치가 안정적이어야 한다. 이러한 화폐 가치의 안정성에 가장 영향을 주는 것이 물가이다. 이는 곧 화폐 발행 기관의 최우선의 과제가 물가 안정이 되어야 한다는 것을 시사해 준다. 한국은행법은 제1조(목적)에서 "이 법은 한국은행을 설립하고 효율적인 통화신용정책의 수립과 집행을 통하여 물가안정을 도모함으로써 국민경제의 건전한 발전에 이바지함을 목적으로 한다."고 규정함으로써 한국은행의 과제가 물가안정을 통한 한국은행권의 안정적인 가치 유지를 위해 노력한다는 것을 천명하고 있다.

이러한 두 가지 조건은 현행 한국은행권이 화폐로 사용되기 위해 갖추어야 할 조건에 대한 설명이다. 그렇다면 과거의 상품화폐(Commodity Money)는 어떤 조건을 충족했기에 화폐로서 사용되었으며, 또한 어떠한 이유로 지금은 더 이상 화폐로 사용되지 않을까?

첫째, 그것의 가치가 그것을 만든 재료의 부피나 무게와 비교했을 때 적당한 관계가 성립해야 한다. 부피가 너무 크거나 무게가 너무 무거우면 휴대가 불편하여 거래를 하기가 어렵기 때문이다. 또한 같은 재료로 만든 것이라고 하더라도 사용된 재료마다 가치가 다르면 단지 무게만 가지고 그 가치를 결정할 수는 없게 되어 화폐로 사용하기가 적절하지 못하게 된다. 등급에 따라 가치가 천차만별인 다이아몬드가 화폐로 사용되지 않는 것도 이러한 문제 때문이라고 할 수 있다.

둘째, 화폐를 만드는 데 사용된 재료가 다른 재료와 구별될 수 있는 '인식성'이 높아야 한다. 만약 그것이 구별되기 어렵다면 거래를 할 때마다 그것이 진짜인지 가짜인지를 조사해야 하고, 그러한 구별 능력을 갖추지 못한 사람은 거래를 할 수 없게 되기 때문이다. 아름답고 가치가 높고 모든 사람들이 갖기를 원함에도 불구하고 각종 보석들이 화폐로 사용될 수 없는 이유가 바로 낮은 인식성 때문인 것이다.

셋째, 오래 사용해도 쉽게 변질되지 않는 '내구성'을 지녀야 한다. 즉 부패가 되어서도, 부식이 되어서도 안 되는 것이다. 과거에 화폐의 역할을 했던 상품화폐가 더 이상 화폐로서 기능하지 못하게 된 결정적인 이유는 바로 이와 같은 내구성이 결여되었기 때문이다. 또한 일단 화폐로 사용하기로 했다면 그것이 같은 재료인 한 모두가 질적으로 균질해야 한다. 즉 동일한 무게는 동일한 가치를 지녀야 한다는 것이다.

마지막으로 화폐는 '가분성'을 갖추어야 한다. 즉 분리된 것이 다시 하나도 합쳐졌다면 분리되기 전과 동일한 가치를 지녀야 하는 것이다. 그런데 옷감 같은 것은 여러 조각으로 나눌 수는 있지만 이것을 다시 하나로 꿰맨다 하더라도 이제는 더 이상 이진과 같은 가치를 지닐 수 없으므로 화폐로서 적당하지 않다.

┌─ 화폐의 가치 ─────────────────────────────────

화폐가 일반적인 수용성을 갖고서 통용되는 이유는 무엇인가? 이 물음은 화폐의 가치와 관련된 것으로서 대략 다음과 같은 세 가지 이유를 생각해 볼 수 있다.

첫째, 화폐가 갖는 본원적 가치(intrinsic value) 때문이다. 이러한 이유로 인하여 통용되는 화폐를 우리는 상품화폐라 하며, 그 예로서 금화 혹은 은화를 들 수 있다. 또한 포로수용소에서 군인들이 사용했다는 담배화폐(cigarette money)도 이 예에 속한다.

둘째, 실물과의 태환(convertibility)이 보장되기 때문에 가치를 가진다. 태환지폐가 이에 속한다.

셋째, 신용(credit) 혹은 명령(fiat)에 의해서 통용이 이루어지기 때문에 가치를 갖는다. 현재의 불환지폐나 예금화폐를 들 수 있다. 정부가 법령에 의해서 통용을 인정하기 때문에 불환지폐가 사용되며 이러한 화폐를 명령화폐 혹은 법화(legal tender)라고 부르고 있다. 그런데 이러한 법화는 화폐의 실질가치(상품으로서의 가치)보다 액면가치(상품과의 교환비율)가 훨씬 크기 때문에 불환지폐의 발행을 통하여 정부는 그 차이만큼의 이득을 볼 수 있다. 액면가치와 실질가치의 차이를 주조차익(seigniorage)이라 하며 초 인플레이션은 이러한 주조차익을 목적으로 정부가 통화공급을 지나치게 확대하기 때문에 발생하게 된다.

└───

3) 화폐의 종류

(1) 법화(legal tender): 법에 의하여 강제 유통력을 가진 화폐 ⇒ 관리통화제도나 본위화폐제도에서 정부가 발행한 화폐는 모두 법화이다.

(2) 명목화폐와 실질화폐

① 명목화폐: 지폐나 동전과 같이 액면가치가 실제가치보다 훨씬 큰 화폐를 말한다.

② 실질화폐: 금화와 같이 액면가치와 실제가치가 같은 화폐를 말한다.

(3) 태환지폐와 불환지폐

① 태환지폐: 금본위제도 하에서 중앙은행으로부터 지폐의 액면가치와 동일한 금으로 교환할 수 있는 화폐 ⇒ 일종의 금보관증서를 의미한다.

② 불환지폐: 관리통화제도 하에서 중앙은행으로부터 지폐의 액면가치와 동일한 금으로 교환할 수 없는 화폐

화폐의 진화

"인간은 본능적으로 불편한 것을 편리한 것으로 바꾸려 하는 속성이 있다. 경제생활에 있어서도 마찬가지다. 인류의 경제생활은 자급자족에서부터 시작하여 물물교환 경제로 발전하였다. 그러나 물물교환 경제의 불편함을 경험한 인간은 화폐를 발명하기에 이르렀다. 그렇다면 화폐는 어떠한 진화과정을 거쳐 오늘날에 이르렀을까?"

한 번의 물물교환이 이루어지기 위해서는 물물교환 당사자 사이에 서로 상대방이 갖고 있는 상품을 얻고자 하는 이른바 '욕망의 이중적 일치(double coincidence of wants)'가 요구된다. 그런데 이러한 욕망의 이중적 일치를 만족시키기 위해서 치루어야 할 거래비용이 매우 크다. 여기서 거래비용이란 시장에서 '내가 갖고 싶은 것을 가지고 있는 사람은 어디에? 내가 갖고 있는 것을 가지고 싶어하는 사람은 어디에? 지금 나와 당장 거래하고 싶은 사람은 어디에?'와 같은 문제를 해결하고 거래가 이루어질 때까지 소요되는 시간과 노력을 총체적으로 표현한 것이다. 이러한 거래비용이 크다는 것은 곧 물물교환이 그만큼 불편하다는 것을 의미한다.

화폐는 바로 이러한 거래비용을 줄여 불편함을 해소하기 위해 등장한 인간의 위대한 발명품인 것이니. 이러한 중요한 역할을 하기 위해 최초로 등장한 화폐는 옷감, 소금, 곡물과 같은 상품화폐(commodity money)이다. 상품화폐는 그 자체로서 가치를 가지고 있기 때문에 그것의 가치에 대한 보증이 없이도 통용되는 데 어려움이 없고, 누구든지 상품화폐를 공급할 수 있다는 장점을 갖고 있다. 그러나 옷감은 소액으로 분할하는 것이 불가능했고, 소금이나 곡물은 물기에 약하기 때문에 장기간 보관하기 어려운 단점이 있다. 또한 화폐로 사용되는 동안 소비에 이용할 수 없어 그만큼 소비자의 효용을 감소시키는 문제점을 갖고 있다.

상품화폐가 갖고 있는 문제점을 보완하며 등장한 것이 귀금속과 같은 '금속화폐'이다. 이것은 적은 양으로 그 고유 가치를 유지하면서도 보관과 휴대가 간편하다는 장점을 갖는다. 그런데 금속화폐의 가치가 그 무게에 따라 결정되기 때문에 거래를 할 때마다 화폐의 무게를 측정해야 하는 불편함이 있다. 이러한 불편함을 해결하기 위해서는 사전에 무게를 규격화할 필요성이 대두되었다. 이리하여 등장한 것이 금화(金貨)·은화(銀貨)와 같은 주화(鑄貨)이다. 그런데 왜 동화(銅貨)가 아닌 금화·은화였을까? 금속화폐가 등장한 시대에는 화폐 주조기술이 발달하지 못하여 위조의 위험성이 상존해 있었다. 따라서 위조를 방지하기 위해서는 처음부터 금과 은 같은 값비싼 금속으로 주조할 필요가 있었던 것이다. 그런데 이러한 주화는 사용이 반복됨에 따라 마모되어 그 가치가 점점 떨어지는 문제점을 안고 있다. 또한 의도적으로 정해진 기준보다 순도를 떨어뜨려 이익을 얻고자 하는 이른바 주조차익(seigniorage)의 문제도 발생하였다. 여기서 '그레샴의 법칙(Gresham's Law)'이 등장한다. 은행가들이나 금세공업자들이 금과 은의 함유량이 높은 양화(良貨)는 자신들이 보유하여 유통시키지 않고, 이를 녹여 함유량이 낮은 악화(惡貨)를 주조하여 유통시키기 시작했던 것이다. 시간이 지남에 따라 시장에서는 악화만이 유통되고 양화가 사라지는 '악화가 양화를 구축하는' 현상이 나타나게 된 것이다. 이를 그레샴의 법칙이라 한다. 이것이 지폐를 등장시킨 원인으로 작용하게 되었다.

❷ 화폐공급제도

1) 금본위제도와 관리통화제도

(1) 금본위제도

① 의의: 국가가 화폐를 독점적으로 발행하되 화폐발행액의 전부나 일부에 대하여 지불준비금으로 금을 보유하는 화폐제도 ⇒ 특히 지불준비금으로 외환을 보유하는 제도를 금환본위제도라 한다.

② 장점: 통화 남발의 위험이 없기 때문에 인플레이션이 발생할 위험이 적어 화폐의 대외가치 안정화를 기할 수 있다.

③ 단점: 경기 변동에 대하여 통화량 변동을 통한 신축적 대응이 어렵다.

(2) 관리통화제도

① 의의: 통화량을 금보유량의 제약으로부터 벗어나서 통화당국이 자국의 경제사정에 적합하게 인위적으로 관리하는 제도를 말한다.

② 장점: 경기 변동에 대하여 통화량 변동을 통한 신축적 대응이 용이하다.

③ 단점: 통화 남발로 인해 인플레이션이 발생할 위험이 있다.

2) 은행권 발행제도에 관한 논쟁

(1) **고전적 통화주의**: 은행권의 발행을 발권은행의 재량에 맡겨두면, 은행권의 남발로 인해 물가가 상승하여 경제에 타격을 주게 되므로 은행권의 발행금액은 금, 지금 등 정화 준비액과 일치해야 한다고 주장한다.

(2) **은행주의**: 발권은행은 시장의 수요에 따라 은행권을 발행하여 과잉발행이 없으므로 은행권 발행을 정화 준비액의 범위로 규제할 필요가 없다.

Theme

61 **화폐수요이론**

┌─ 화폐수요의 의미 ─────────────────────────────

돈은 많을수록 좋다. 그래서 얼핏 화폐 수요가 무한대가 아닐까 하는 생각이 든다. 그러나 만약 개인이 자신의 재산을 모두 화폐로만 보유하고 있다면 수익은 전혀 발생하지 않는다. 오히려 인플레이션으로 인한 화폐가치의 하락, 분실, 도난 등의 위험에 그대로 노출되는 상황에 직면하게 된다. 이에 따라 사람들은 자신의 모든 재산을 화폐 형태로 보유하지는 않는다.

경제학에서 말하는 화폐수요란 "어느 한 시점에서 비은행 민간이 보유하고자 하는 화폐의 양"으로 정의된다.

└──

❶ 화폐수량설(quantity theory of money)

1) 피셔(I. Fisher)의 거래수량설

(1) 교환방정식(equation of exchange)

① 피셔(I. Fisher)는 한 기간에 거래된 총거래금액은 PT가 되고, 이것은 총화폐지출액 MV와 같게 되기 때문에 다음과 같은 교환방정식이 성립한다고 한다. 이때의 화폐의 기능은 교환의 매개수단이 강조된다. 그런데 재화와 서비스의 가격이 비싸지거나 더 많은 거래를 하려면 더 많은 화폐가 필요하거나, 같은 양의 화폐라도 더 빈번하게 사용해야 한다. 화폐와 거래 간의 관계를 수식으로 나타내면 다음과 같은 교환방정식이 성립된다.

$$MV \equiv PT$$
(단, M은 통화량, V는 화폐의 유통속도, P는 일반 물가수준, T는 거래량)

② 위 식은 그 정의상 언제나 성립하는 항등식이다. 교환방정식에서 사용되는 네 변수 중 어느 하나가 변하게 되면 항등식을 유지하기 위해 나머지 다른 변수들도 변화하게 된다. 예를 들어 좌변의 통화량이 증가하고, 유통속도가 불변이라면 우변의 물가수준이나 거래량이 증가하여야 하는 것이다.

┌─ 유통속도(velocity of money) ─────────────────

유통속도란 화폐가 일정 기간 동안 평균적으로 거래에 참여한 횟수, 즉 회전수를 의미한다. 예컨대 재화 1개당 3,000원씩 받고 100개가 판매된 경우를 보면, 총거래액은 모두 합하여 PT=3,000원 × 100개=300,000원이다. 만약 존재하는 화폐량이 1만 원권 4장, 5천 원권 10장, 1천 원권 10장으로 총 100,000원이면 유통속도는 다음과 같이 측정된다.

유통속도(V)=총거래액/통화량(PT/M)=300,000/100,000=3

└──

즉, 통화량이 10만 원일 때, 일정 기간 동안 30만 원 상당의 거래가 발생하면 화폐는 같은 기간 동안 3번 소유주가 바뀐 것이고 따라서 3번 유통된 셈이다. 만약 통화량은 여전히 10만 원인데 개당 3,000원에 200개가 판매되거나, 개당 6,000원에 100개가 판매된다면 유통속도는 두 배인 6으로 올라간다.

이러한 유통속도는 소득지불방법, 금융기관의 발달 정도, 사회일반의 화폐사용 관습 등에 주로 의존하게 된다. 고전학파 경제학자들은 이러한 유통속도가 단기에서는 일정한 값을 갖는다고 생각하였다.

유통속도와 화폐수요와의 관계

유통속도가 안정적이면 화폐수요함수도 안정적이다. 결국 화폐수요함수의 안정성 여부는 유통속도의 안정성 여부에 달려있다.

---

③ T는 중간생산량까지 고려한 거래량인데, 경제학적으로는 최종생산량의 크기가 더 중요한 의미를 가지므로, 실제로 거시 경제의 분석을 위해 교환방정식을 사용할 경우에는 T 대신 실질 총생산량 Y를 고려하면 다음과 같은 식으로 나타낼 수 있다.

$$MV = PY$$

여기서 유통속도 V는 거래가 아닌 소득에 대해서 정의되었으므로 거래유통속도가 아닌 소득유통속도(income velocity of money)의 개념으로 바뀐다. 이는 거래에 몇 번 사용되었는가가 아니라 소득에 대비하여 몇 번 사용되었는가를 의미한다.

(2) 통화량과 물가

① 피셔는 화폐의 유통속도(V)는 사회적 관습에 따라, 실질국민소득(Y)은 완전고용 수준에서 일정하게 주어진다고 가정한다.

② 통화량(M)이 증가하면 똑같은 비율로 물가수준(P)이 상승 ⇒ 거래수량설은 단기에서 통화량과 물가수준 사이에 비례적인 관계가 있음을 주장하는 물가결정이론이다.

 명목국민소득(PY)과 실질국민소득(Y)의 차이는?

명목국민소득(PY)은 물가(P)가 변동한 경우를 전제로 현재의 물가수준을 기준으로 도출한 국민소득을 말한다. 반면에 실질국민소득(Y)은 물가 변동과 관계없이 순수한 산출량(Y)을 중심으로 도출한 국민소득을 의미한다. 경우에 따라서 실질국민소득은 물가 변동을 반영한 국민소득이라고 표현한다. 이 경우 주의할 것은 물가가 상승하는 경우 상승한 물가를 전제로 국민소득을 도출한다는 의미가 아니라, 순수한 산출량(Y)만으로 접근해야 물가 상승으로 인한 착시를 제거할 수 있게 된다는 것이다. 이를 물가 변동이 반영된 국민소득이라고 표현한 것이다.

확인 TEST

다음은 전통적 화폐수량설에 관한 문제이다. A국은 우유와 빵만을 생산하며 그 생산량과 가격은 아래 표와 같다. 2020년도의 통화량이 20억 원이면 2021년도의 통화량은? (단, 화폐의 유통속도는 2020년도와 2021년도에 동일하다)

연도	우유		빵	
	가격(원/병)	생산량(백만 병)	가격(원/개)	생산량(백만 병)
2020년	250	40	200	10
2021년	300	40	400	15

① 20억 원
② 25억 원
③ 30억 원
④ 35억 원

해설 ▶ 2020년도 명목 GDP는 120억 원(250원 × 4,000만 병+200원 × 1,000만 병)이다. 전통적 화폐수량설의 교환방정식에 따르면 $MV \equiv PY$가 성립한다. 따라서 2020년도의 화폐유통속도는 $V = \dfrac{PY}{M} = \dfrac{120억\ 원}{20억\ 원} = 6$ 이 된다. 한편 2021년도 명목 GDP는 180억 원(300원 × 4,000만 병+400원 × 1,500만 병)이다. 그런데 2021년도의 화폐유통속도는 2020년도와 동일한 6이므로 교환방정식을 만족하는 2021년도의 통화량은 30억 원이 된다.

정답 ▶ ③

화폐와 인플레이션

고전학파의 화폐수량설은 물가결정이론으로서의 의미를 갖고 있다. $MV=PY$에서 소득과 소득 유통속도가 일정하면 물가(P)는 통화량에 의해 결정된다. 앞서 살펴본 바와 같이 고전학파의 국민소득결정이론에 의하면 실질 국민소득은 생산요소의 양과 생산함수에 의해 결정된다. 실질소득 Y가 고정되고 소득 유통속도가 변하지 않는 다면 물가는 통화량에 의해 결정된다. $MV=PY$라는 식은 매 기간마다 성립하므로 시간을 명시적으로 고려하고 시간을 t로 표기하면 $M_tV_t=P_tY_t$가 된다. 양변에 자연로그를 취하고 시간 t에 대해 미분하면 다음과 같다.

$$\Delta M/M + \Delta V/V = \Delta P/P + \Delta Y/Y$$

즉, 통화량 증가율에 소득 유통속도의 변화율($\Delta V/V$)을 더한 것은 물가상승률(인플레이션율)과 실질국민소득 증가율(경제성장률: $\Delta Y/Y$)과 같아진다. 소득 유통속도와 실질국민소득이 통화량과는 무관하게 일정하다면, $\Delta V/V = \Delta Y/Y = 0$ 이 되어 $\Delta M/M$(통화증가율)이 곧 $\Delta P/P$(인플레이션율)가 된다. 그런데 통화증가율은 중앙은 행이 결정하므로 결국 인플레이션의 궁극적 책임은 중앙은행에 있다는 결과가 나온다. 대부분의 국가에서 인플 레이션을 억제하기 위해 중앙은행이 통화를 제한적으로 공급하는 이유는 바로 여기에 있다.

(3) 화폐수요의 결정

① $MV=PY$로부터 $M_d=\dfrac{1}{V}PY$를 얻을 수 있으며, 화폐수요는 명목소득의 일정비율 $\left(\dfrac{1}{V}\right)$ 로 결정 ⇒ 이에 따라 통화 공급량을 일정하게 유지하면 금융시장의 안정을 유지할 수 있음을 시사해 준다.

Q&A 교환방정식 '$MV=PY$'에서 'M'은 화폐공급량인가 화폐수요량인가?

우선 교환방정식에서 'M'은 화폐공급량(통화량)이다. 다만 균형상태에서는 결국 화폐공급량과 화폐수요 량이 일치하므로 화폐수요함수에서는 이를 화폐수요량으로 이해해도 무방한 것이다.

② 거래수량설에서의 화폐의 기능은 오직 거래의 편의를 위한 교환의 매개수단으로서의 기능이다.

― 고전적 이분법 ―

고전학파의 화폐수량설에 흐르고 있는 철학은 실질국민소득(산출량)이나 고용량과 같은 실물변수는 근본적으로 경제에 주어진 자원(생산요소: 노동, 자본)의 양과 생산기술에 의해 결정되고 화폐는 단지 물가만을 결정할 뿐이라는 것이다. 경제는 시장기능 혹은 가격기능에 의해 완전고용을 달성하므로 화폐가 실질국민소득에 변화를 줄 여지가 없다.

우리는 미시경제이론에서 2개 혹은 N개의 재화를 가정할 때, 상대가격(relative price)만이 중요함을 알았다. 화폐는 거래를 위한 수단일 뿐, 재화 간의 교환비율, 즉 상대가격을 변화시키지는 못한다. 여기서 물가가 오른다는 것은 재화 간의 상대가격은 변하지 않은 채 모든 재화에 있어 명목가격만이 같은 비율로 오른다는 것을 의미한다. 이처럼 실물변수(real variables)와 명목변수(nominal variables)가 서로 독립적으로 결정되는 것을 고전적 이분법(classical dichotomy)이라 한다.

고전학파는 화폐는 단지 실물부문을 가리고 있는 베일(veil)에 불과하다고 믿었다. 통화량의 변화가 실물변수에 영향을 주지 못한다는 것을 화폐의 중립성(monetary neutrality)이라 한다. 그리고 통화량의 변화가 실질변수에는 영향을 주지 못하고 인플레이션율만 동일하게 높이는 현상을 화폐의 초중립성(superneutrality)이라 한다.

기출확인

> 다음을 읽고 물음에 답하시오. [2000]
>
> (가) 1929년부터 1930년대 초까지 세계를 휩쓸었던 세계 대공황은 자본주의 경제체제에 대한 반성을 가져다주는 계기가 되었다. 이에, 자본주의 국가들은 공황을 극복하기 위해 여러 가지 정책수단을 강구하였다. 그러나 독점 자본에 의해 생산물이 과잉 공급되고 소비자들은 낮은 소득으로 구매력이 뒷받침되지 않는 '풍요 속의 빈곤' 이라는 모순을 해결하기 위해 새로운 경제적 발상이 필요하게 되었다.
>
> (나) 장기분석은 현재 벌어지고 있는 상황을 이해하는 데 도움이 되지 않는다. 장기적으로는 우리 모두가 죽는다. 경제학자들의 역할이 고작 태풍이 닥치는 계절에 (① "태풍이 지나가고 한참 있으면 바다가 잠잠해질 것이다.")라고 말하는 정도에 그친다면 그 역할은 너무 쉽고 쓸모없는 것이다.

①과 같이 주장하는 사람들의 이론적 근거 중 하나는 '화폐수량설'이다. 그 내용을 '통화량', '인플레이션' 등 거시 경제 개념들을 사용하여 100자 이내 또는 답안지 3줄 이내로 설명하시오.

분석하기

화폐수량설에서는 화폐유통속도가 일정하고 실질산출량이 완전고용수준에서 일정하다고 가정한다. 이에 따라 교환방정식을 이용하여 통화량의 증가는 실질산출량을 증가시키지 못하고 통화량의 증가 비율과 동일한 크기만큼의 인플레이션을 발생시킬 뿐이라고 주장한다.

― 위대한 경제학자: Irving Fisher ―

① 배경

Irving Fisher는 미국의 경제학자로 계량 경제학회 초대 회장을 지냈고, 근대 경제 이론의 개척자이다. 1898년 예일 대학의 교수가 되었다. 화폐수량설과 물가지수론을 주장한 사람으로 유명하다. 세계에서 가장 운 나쁜 경제학자는 누구일까? 대부분의 경제학자들은 Irving Fisher를 꼽는 데 주저하지 않는다. 그는 1929년 미국의 대공황 직전, 미국 주가가 '영구적인 최고점에 안착했다'고 선언했던 경제학자다. 그 말을 하기 전까지만 해도 그는 행운아였다. 예일대 경제학과 교수이면서도 주식시장에서도 큰 돈을 번 부자였다. 그러나 이 단 한 번의 실언으로 그는 평생을 조롱과 멸시에 시달려야 했다. 대공황과 더불어 재산을 전부 날린 것은 물론이었다. 그 불운 이후 그의 행적을 아는 사람들은 경제학계의 소수뿐이다. 대공황 이후

Fisher는 자신이 오판을 불서하느라 대부분의 시간을 보냈다. 그렇게 해서 나온 그의 역작이 '대공황에 대한 부채-가격 폭락 이론(1933)'이다. 시중 유동성이 풍부해지고 금리가 낮아지면 돈을 빌리기가 쉬워진다. 당연히 각 경제 주체의 빚은 급격히 증가한다. 이때 주식이나 부동산 같은 자산 가격이 갑자기 떨어지게 되면 사태는 걷잡을 수 없이 악화된다. 역(逆)의 기산 효과(wealth effect)로 투자나 소비가 크게 줄어들기 때문이다. 그렇게 되면 빚 부담은 전례 없이 커지게 된다. 이것이 1930년대의 대공황을 몰고 온 원인이라는 것이 Fisher의 설명이다. 그는 이를 배의 전복에 비유한다. 배는 웬만한 파도에도 균형을 잘게 설계되어 있다. 그러나 일단 배가 비뚜로 드러눕게 되면 얘기는 달라진다. '타이타닉'이라는 영화에서 보듯, 배는 급속히 가라앉고 만다. 평상시 균형을 잡기 위한 장치가 오히려 침몰을 가속화시키는 것이다. 피셔는 경제라는 배의 전복을 부추기는 가장 강력한 요인으로 과다한 빚을 꼽았다.

② 화폐수량설

화폐수량설은 통화주의자들이 등장하기 훨씬 전부터 고전파 경제학의 중요한 화폐이론으로 자리를 굳히고 있었다. Fisher는 전통적 화폐수량설의 핵심이 바로 다음과 같은 간단한 교환방정식에 있음을 밝혀냈다.

$$M \times V \equiv P \times T$$

여기서 M은 통화량, V는 고정된 화폐 유통속도, P는 물가수준, 그리고 T는 실물단위로 표시한 상품의 총 거래량을 의미한다. 따라서 우변의 $P \cdot T$는 화폐단위로 표시한 총거래액이라는 의미를 갖는다. 화폐의 유통속도가 어떻게 정의되는지를 이해하면 이 교환방정식이 항상 성립하는 항등식의 성격을 갖는다는 점도 이해할 수 있다. 다음과 같은 구체적 예를 통해 이 말이 무엇을 의미하는지 알아보기로 하자. 예를 들어 한 해 동안 국민경제 전체에서 행해진 거래의 총액이 10조 원인데 통화량은 2조 원이라고 하자. 그렇다면 10조 원의 거래를 매개하기 위하여 화폐 한 단위가 한 해 동안 평균 5번의 거래에 사용되어야 한다는 말이 된다. 이와 같이 화폐 한 단위가 일정기간 동안 몇 번의 거래에 사용되었는지, 즉 화폐가 얼마나 자주 회전되었는지를 나타내는 수치를 화폐의 유통속도라고 정의한다. 이 정의에 따르면 아래의 식에서 보는 바와 같이 화폐의 유통속도는 총거래액을 통화량으로 나눈 값과 언제나 같다.

$$V = \frac{PT}{M}$$

2) A. Marshall의 현금잔고수량설

(1) 화폐수요의 결정

① 화폐의 수취시기와 지불시기의 불일치로 인한 시차발생으로 사람들은 편리한 거래를 위해 자신의 명목소득의 일정비율(k)을 화폐로 보유 ⇒ 현금잔고방정식(cash balance equation)이 성립한다.

$$M_d = kPY \ (k: \text{현금 보유 비율} \Rightarrow \text{marshallian } k)$$

— Marshall의 전제 —

마샬은 재화와 서비스에 대한 수요가 존재하는 것처럼 화폐에 대해서도 수요의 개념을 적용시킬 수 있다고 생각했다. 그에 따르면 화폐수요는 예상거래액에 의하여 영향을 받지만, 예상거래액은 결국 소득 수준에 비례하기 때문에 결국 화폐수요는 소득 수준에 의해 결정된다는 것이다.

만일 통화공급이 증가하면 실질잔고량을 일정하게 유지하기 위하여 화폐를 처분하기 시작하여 재화와 서비스에 대한 수요 증가에 따라 물가가 상승하게 된다.

- **'화폐를 처분한다'는 의미**

'화폐를 처분한다'는 것은 돈이 필요없다는 것이 아니다. 자신의 소득수준에서 화폐형태로 보유하고자 원하는 것보다 더 많은 양의 돈이 존재하기 때문에 이 지나친 화폐잔고(excess money balance)를 실물과 같은 다른 형태로 보유하기 위하여 화폐를 사용하는 것을 의미한다. 이러한 의미에서 화폐수량설은 총수요결정이론이기도 하다.

② 위 식의 k는 사회의 거래관습에 의해 결정 ⇒ 전쟁·천재지변 등이 없는 한 크게 변하지 않으므로 일정하다.

③ 현금잔고수량설에서의 화폐의 기능은 교환의 매개수단보다도 가치저장수단이 더욱 강조된다. 즉 자산으로서의 화폐에 대한 수요를 인정한 것이다.

(3) 교환방정식과의 관계

① Marshall의 식과 Fisher의 식을 비교해보면 $k=\frac{1}{V}$임을 알 수 있으며, k, V가 각각 일정하다고 가정한다는 면에서 두 식은 동일하다.

② V가 일정하다는 것은 V가 이자율에 대해 독립적이라는 의미 ⇒ 이것이 화폐의 유통속도가 이자율에 영향을 받는다는 Keynes의 화폐수요이론과의 차이이다.

③ 화폐수요의 이자율탄력도가 0이다. ⇒ LM곡선의 기울기가 수직이다.

- **고전적 화폐수량설 비판**

현실적으로 불완전고용이 있을 때는 통화량의 증가가 물가만이 아니라 실질 소득도 증가시킨다. 또한 화폐 유통속도는 일정한 것이 아니라, 지불 횟수가 증가할수록, 물가에 대한 예상이 상승할수록, 이자율이 높을수록, 화폐 중에서 유동성이 큰 것일수록 증가한다.

- **두 이론의 비교**

	거래수량설	현금잔고수량설
학자	Fisher	케임브리지학파(Marshall, Pigou)
기본식	$MV=PT$(교환방정식) 단, M: 통화량, V: 유통속도, P: 물가수준, T: 거래량	$M_d=kP\cdot Y$ 단, M_d: 화폐수요, k: 화폐보유비율(Marshall의 k)
내용	T는 소득수준에 비례하는데, 소득은 완전고용 수준에서 일정하므로 T 역시 일정하며, V는 거래제도 등 단기적으로 변동하지 않는 요인에 의해 결정되므로 일정하다. 따라서 물가는 통화량에 비례한다.	경제주체는 화폐를 보유함으로써 얻는 거래에 있어서의 편의성을 고려하여 그의 총자산 중에서 얼마를 화폐로 보유할 것인가를 결정한다. 그런데 총자산은 명목소득수준에 비례하므로 화폐수요는 명목소득수준에 비례한다.
특징	① 교환수단으로서의 화폐의 기능을 중시한다. ② 한 경제의 통화량과 거래규모 간의 거시적 관계를 분석한다. ③ 화폐의 지출되는 유량측면(flow)을 강조한다. ④ 화폐수요를 묵시적으로 표현한다. ⑤ 유통속도가 일정하기 때문에 화폐수요는 안정적이다.	① 가치저장 수단으로서의 기능을 중시한다. ② 한 경제주체의 미시적 선택에서 출발한다. ③ 화폐의 보유되는 저량측면(stock)을 강조한다. ④ 화폐수요를 명시적으로 표현한다. ⑤ 현금보유비율이 일정하기 때문에 화폐수요는 안정적이다.

3) 프리드먼(M. Friedman)의 신화폐수량설(M. Friedman) – 'The Quantity Theory of Money: A Restatement'

(1) 의의

① "사람들은 왜 화폐(M_1)를 보유하는가?"라는 물음에 대해 프리드먼은 일반적인 자산수요와 마찬가지로 화폐수요 역시 일반적인 미시적 수요이론의 관점에서 분석할 수 있다고 한다. 여기서 '화폐'는 '명목화폐가 아니라 실질화폐'의 성격을 갖는 통화지표 'M_1'인 일종의 상품 또는 자산이다. 이에 따라 "화폐수요의 크기를 결정하는 요인은 무엇인가?"를 화폐수요이론의 출발점으로 설정하였다.

② 화폐수요에 대한 분석은 소비자의 (항상)소득, 화폐라는 상품의 가격, 화폐와 대체관계에 있는 채권이나 주식의 가격, 실물자산의 가격 등을 통해 가능하다는 것이다. 여기서 화폐와 다른 자산 사이에 대체관계가 있다는 것은 중앙은행의 통화량에 대한 변화가 다른 자산에 대한 수요에 직접적인 영향을 미칠 수 있다는 점을 시사해주고 있다. 반면에 케인스(J. M. Keynes)는 화폐수요를 분석할 때 화폐 자체를 보유하고 하는 구체적인 동기에 초점을 맞추려고 하였다.

③ 화폐도 다른 자산과 마찬가지로 개인이 이를 보유할 때 이에 상응하는 효용(편익)을 준다. 이에 따라 화폐수요의 크기는 자신이 보유하고 있는 화폐가 가져다주는 한계효용(편익)이 다른 대체자산이 가져다주는 한계효용(편익)과 같아지는 수준에서 결정된다고 본다. 이를 통해 미시적 수요이론에서 목표로 하는 효용극대화가 달성될 수 있다.

(2) 화폐수요함수의 특징

① 화폐수요함수 기본설정

> ・ $\dfrac{M^D}{P} = L\left(Y_P,\ P_M,\ P_B,\ P_E,\ P\right)$
>
> 단, Y_P는 항상소득, P_M은 화폐(M_1)의 가격, P_B는 채권의 가격, P_E는 주식의 가격, P는 실물자산의 가격(물가)이다.

② 앞의 변수들을 금융자산과 실물자산의 수익률로 바꾸면 화폐수요함수는 다음과 같이 나타낼 수 있다.

> ・ $\dfrac{M^D}{P} = L\left(Y_P,\ r_m,\ r_b,\ r_e,\ \pi\right)$
>
> 단, Y_P는 항상소득, r_m은 화폐보유수익률, r_b는 채권수익률, r_e는 주식수익률, π는 실물자산 보유수익률, 곧 물가상승률이며, 이때 수익률을 엄밀하게 말하면 '기대(예상)' 수익률이다.

인적 자산 비율과 화폐수요

개인의 소득은 채권과 주식 등의 금융자산이나 실물자산과 같은 비 인적 자산에 의해서만 발생하지 않는다. 개인이 제공한 인적 자산인 노동을 통해서도 노동소득이 발생할 수 있는 것이다. 이에 따라 개인의 부는 비 인적 자산(채권, 주식, 실물자산 등)에 의해 축적되는 비 인적 부(non-human wealth)와 인적 자산(노동)에 의해 축적되는 인적 부(human wealth)로 구성된다. 그러나 프리드먼은 노동을 통해 얻게 되는 노동소득(인적 부)이 다른 자산과의 대체 가능성이 매우 떨어진다고 보았다. 즉 비 인적 자산(채권, 주식, 실물자산 등)은 쉽게 화폐로 전환될 수 있으나 인적 자산(노동)은 쉽게 화폐로 전환될 수 없다는 것이다. 이에 따라 개인의 부에서 인적 자산으로부터 비롯되는 인적 부가 차지하는 비율이 커질수록 적정화폐를 보유하기 위해 화폐수요는 증가한다고 인정하였다.

---

(3) 화폐수요함수의 분석

① 프리드먼에 의하면 항상소득(Y_p)은 비 인적 부와 인적 부가 포함된 일종의 부(wealth)의 해당하는 개념이다. 이러한 항상소득(Y_p)이 증가하면 화폐수요도 증가한다. 이것은 일반적인 자산에 대한 수요가 보유하고 있는 재산의 크기와 동일한 방향을 갖는다는 것과 동일하다는 특성을 갖는다. 여기서 화폐수요의 결정요인으로 경기변동에도 불구하고 안정적인 모습을 보이는 항상소득을 전제하고 있다는 것은 화폐수요가 경기변동에 비해 크게 변동하지는 않을 것이라는 것을 시사해주고 있다.

② 다른 대체자산의 수익률이 높아지면 화폐수요는 감소하게 된다. 이러한 조정이 있어야 화폐보유에 따른 한계효용이 다른 자산의 높아진 수익률과 같아지기 때문이다.

ⓐ 통화지표(M_1)에 포함되는 예금에 대해 제공되는 은행의 부가서비스(◐ 조세, 공공요금, 아파트 관리비 등에 대한 자동이체 서비스)가 많을수록, 그리고 예금에 대해 지급되는 이자가 많아질수록 화폐보유수익률(r_m)이 증가한다. 이에 따라 화폐수요는 증가하게 된다. 여기서 화폐보유수익률(r_m)은 대부분 이자로부터 영향을 받으므로 그 크기는 이자율로 이해해도 무방하다. 다만 화폐를 현금으로만 한정한다면 화폐보유수익률(r_m)은 '0'이 될 것이다.

ⓑ 화폐와 대체관계에 있는 채권의 수익률(r_b) 또는 주식의 수익률(r_e)이 상승하면 화폐보유수익률이 상대적으로 낮아지게 되므로 화폐수요는 감소하게 된다.

ⓒ 물가상승률(π)이 상승하게 되면 보유하고 있는 실물자산의 수익률도 상승하게 되어 화폐보유수익률이 상대적으로 낮아지게 되므로 화폐수요는 감소하게 된다.

(4) 화폐수요함수의 확장

① 화폐수요의 규모변수는 항상소득(Y_p)이 되고, 화폐보유에 따른 기회비용인 채권의 화폐에 대한 상대적 순수익률($r_b - r_m$)과 주식의 화폐에 대한 상대적 순수익률($r_e - r_m$) 그리고 실물자산의 화폐에 대한 상대적 순수익률($\pi - r_m$)로 이루어진 화폐수요함수로 귀결된다.

$$\frac{M^D}{P} = L\big(Y_P(+),\ r_b - r_m(-),\ r_e - r_m(-),\ \pi - r_m(-)\big)$$

단, 괄호 안의 부호인 (+)와 (−)는 각 변수가 화폐수요에 미치는 영향의 방향을 의미하는 성질의 부호이다.

② 프리드먼에 따르면 이자율이 상승하게 되면 화폐보유수익률(r_m)은 물론 다른 자산의 기대수익률(r_b, r_e, π)도 함께 상승하게 된다. 이에 따라 프리드먼은 채권의 화폐에 대한 상대적 순수익률($r_b - r_m$), 주식의 화폐에 대한 상대적 순수익률($r_e - r_m$), 실물자산의 화폐에 대한 상대적 순수익률($\pi - r_m$)이 거의 일정한 값을 유지한다고 본다.

③ 이를 전제로 프리드먼은 이자율 또는 다른 자산의 상대적 순수익률은 화폐수요에 영향을 주지 못하고, 화폐수요는 오직 항상소득(Y_p)에 의해서만 영향을 받는다고 주장한다. 또한 화폐수요는 일시적인 소득수준의 변화에는 영향을 받지 않으며 영구적인 소득수준의 변화라고 판단될 때에만 변화하게 된다고 본다. 결국 화폐수요에 영향을 주는 주된 요인인 항상소득(Y_p)이 안정적인 특성을 유지하는 한, 화폐수요함수 역시 안정적인 모습을 보이게 된다는 것이다.

(5) 화폐수요함수와 화폐유통속도

① 화폐수요함수가 항상소득(Y_P)에 대한 1차동차함수라면, 다음 식이 성립한다.

> • $t \times \dfrac{M^D}{P} = L(t \times Y_P,\ r_b - r_m,\ r_e - r_m,\ \pi - r_m)$
>
> (이러한 접근은 실질화폐수요($\dfrac{M^D}{P}$)와 항상소득(Y_P) 사이에는 '1:1' 관계가 존재한다는 프리드먼의 가정 때문에 가능하다. 이것은 화폐수요의 소득탄력성이 '1'이라는 의미이기도 하다)

이때 $t \times \dfrac{1}{Y_P}$ 라고 하고, 이를 앞의 식에 대입하여 정리하면 다음 식을 얻을 수 있다.

> • $\dfrac{1}{Y_P} \times \dfrac{M^D}{P} = L(\dfrac{1}{Y_P} \times Y_P,\ r_b - r_m,\ r_e - r_m,\ \pi - r_m) = L(1,\ r_b - r_m,\ r_e - r_m,\ \pi - r_m)$

② 앞의 식을 정리하면 다음과 같은 교환방정식($M \times V = P \times Y$)의 행태식을 얻을 수 있다. 앞의 식에 포함된 '1'은 상수이므로 이제는 함수에서 제외해도 무방하다.

> • $\dfrac{M^D}{P} = L(r_b - r_m,\ r_e - r_m,\ \pi - r_m) \times Y_P$
>
> • $M^D \times \dfrac{1}{L(r_b - r_m,\ r_e - r_m,\ \pi - r_m)} = P \times Y_P$

따라서 교환방정식($M \times V = P \times Y$)을 전제로 하면 화폐유통속도(V)는 다음과 같이 나타낼 수 있다.

> • $V = \dfrac{1}{L(r_b - r_m,\ r_e - r_m,\ \pi - r_m)}$

결국 화폐유통속도(V)와 각 자산의 화폐에 대한 상대적 순수익률인 $(r_b - r_m)$, $(r_e - r_m)$, $(\pi - r_m)$ 사이에는 정(+)의 관계가 성립한다.

③ 또한 다른 조건이 일정할 때 화폐유통속도와 화폐보유수익률(r_m: 주로 이자율) 사이에는 역(−)의 관계가 성립한다. 즉 화폐유통속도는 화폐보유수익률(r_m: 주로 이자율)의 감소함수인 것이다.

> • $r_m \uparrow\ \Rightarrow (r_b - r_m) \downarrow,\ (r_e - r_m) \downarrow,\ (\pi - r_m) \downarrow\ \Rightarrow$ 화폐수요($\dfrac{M^D}{P}$)$\uparrow\ \Rightarrow (V) \downarrow$

이러한 결과는 화폐유통속도가 이자율과 무관하게 일정하다는 전통적인 고전학파와는 다른 결론을 보여준다. 즉 화폐유통속도는 화폐보유수익률(r_m)의 일부분인 이자율에 영향을 받는다는 것이다.

④ 다만 화폐보유수익률(r_m: 주로 이자율)이 상승하게 되면 다른 자산의 기대수익률(r_b, r_e, π)도 함께 상승하게 되어, 채권의 화폐에 대한 상대적 순수익률($r_b - r_m$), 주식의 화폐에 대한 상대적 순수익률($r_e - r_m$), 실물자산의 화폐에 대한 상대적 순수익률($\pi - r_m$) 모두가 거의 일정한 수준으로 안정적이다. 결국 화폐유통속도는 안정적이라는 결론에 도달하게 된다.

⑥ 신화폐수량설의 함의

① 화폐유통속도(V)가 안정적인 것과 화폐수요는 항상소득(Y_p)에 의해서만 영향을 받는다는 것을 고려하여 교환방정식($M^D \times V = P \times Y$)을 전제한 화폐수요함수를 다음과 같이 간략하게 나타낼 수 있다.

> * $\dfrac{M^D}{P} = f(Y_p)$ … V가 안정적이므로 함수에서 제외한 결과 … $\Rightarrow M^D = P \times f(Y_p)$
> * $M^D \times V = P \times Y \Rightarrow V = \dfrac{P}{M^D} \times Y \Rightarrow V = \dfrac{Y}{\dfrac{M^D}{P}} = \dfrac{Y}{f(Y_p)}$

② 화폐유통속도(V)가 안정적($\tilde{V}$)이므로 통화정책당국(monetary authority)은 통화량을 적절하게 변동시키면 원하는 수준의 명목 GDP($P \times Y$)를 달성할 수 있다.

> * $M \uparrow \times \tilde{V} = (P \times Y) \uparrow$

이에 따라 통화량과 명목 GDP 사이에는 1:1 관계가 성립하는 것이다. 이것은 경기안정화 정책으로서의 통화정책이 강력하다는 것을 시사해준다. 반면에 이자율의 변동은 화폐유통속도(V)에 거의 영향을 주지 못한다. 따라서 이자율의 변동을 통해 원하는 수준의 명목 GDP($P \times Y$) 달성은 어렵게 된다.

③ 경기가 변동함에 따라 소득(Y)은 빠르게 변동하지만 항상소득(Y_p)은 느리게 변동한다. 이에 따라 경기가 확장(수축)함에 따라 화폐유통속도(V)도 증가(감소)하게 된다.

> * 경기확장 $\Rightarrow \dfrac{Y \uparrow\uparrow}{f(Y_p) \uparrow} = V \uparrow$
> * 경기수축 $\Rightarrow \dfrac{Y \downarrow\downarrow}{f(Y_p) \downarrow} = V \downarrow$

이것은 화폐유통속도(V)가 경기순행적임을 설명할 수 있는 근거가 된다.

④ 결국 프리드먼과 같은 통화주의자(Monetarist)들은 통화정책 당국이 통화정책을 수행할 때, 이자율보다는 통화량을 중시해야 한다는 주장을 하게 되는 것이다. 즉 "화폐는 매우 중요하다(Money do matter)"라는 통화주의의 주장을 정당화하는 근거가 바로 '화폐유통속도의 안정적'인 것이다. 이것은 화폐유통속도에 영향을 미치는 여러 요소들이 예측 가능할 정도로 천천히 변하게 되고, 이에 따라 매년 화폐유통속의 변화를 예측할 수 있다는 것을 의미한다.

기출확인

시카고학파설에서 화폐의 유동속도와 負(−)의 상관관계를 갖는 것은?   [1993]

① 채권의 예상 수익률
② 화폐의 예상 수익률
③ 주식의 예상 수익률
④ 예상 물가상승률

분석하기

화폐유통속도(V)와 각 자산의 화폐에 대한 상대적 순수익률인 $(r_b - r_m)$, $(r_e - r_m)$, $(\pi - r_m)$ 사이에는 다음과 같은 정(+)의 관계가 성립한다.

- $V = \dfrac{1}{L(r_b - r_m,\ r_e - r_m,\ \pi - r_m)}$
- r_m은 화폐보유수익률, r_b는 채권수익률, r_e는 주식수익률, π는 실물자산보유수익률, 곧 물가 상승률이며, 이때 각각의 수익률은 엄밀하게 말하면 '기대(예상)' 수익률이다.

- 다른 조건이 일정할 때 화폐유통속도(V)와 화폐보유수익률 사이에는 다음과 같은 負(−)의 관계가 성립한다.

- $r_m \uparrow \Rightarrow (r_b - r_m) \downarrow, (r_e - r_m) \downarrow, (\pi - r_m) \downarrow \Rightarrow$ 화폐수요$(\dfrac{M^D}{P}) \uparrow \Rightarrow (V) \downarrow$
- 단, 화폐수요는 현금통화만이 아니라 예금통화까지 포함된 것으로 이해한다.

정답 ②

기출확인

다음 글의 ⊙, ⓒ에 들어갈 숫자를 쓰시오.   [2007]

통화주의는 신화폐수량설을 따른다. 이에 따르면 통화량이 400조 원이며, 명목 GDP가 800조원인 경제에서 화폐의 유통속도는 (⊙)이(가) 된다. 또한 A국의 화폐유통속도가 안정적이라고 할 때, 실질소득 증가율이 5%인 상황에서 물가상승률을 2%로 유지하려면 통화량의 증가율은 (ⓒ)%로 유지하여야 한다.

분석하기

- 교환방정식을 전제로 화폐유통속도를 도출하면 다음과 같다.

- $M \times V = P \times Y \Rightarrow 400 \times V = 800 \Rightarrow V = 2$(⊙)
- M는 통화량, V는 화폐유통속도, $P \times Y$는 명목 GDP이다.

- EC방정식을 전제로 통화량 증가율을 도출하면 다음과 같다.

- $\dfrac{\Delta M}{M} + \dfrac{\Delta V}{V} = \dfrac{\Delta P}{P} + \dfrac{\Delta Y}{Y} \Rightarrow \dfrac{\Delta M}{M} + 0 = 2\% + 5\% \Rightarrow \dfrac{\Delta M}{M} = 7\%$(ⓒ)
- $\dfrac{\Delta M}{M}$은 통화량 증가율, $\dfrac{\Delta V}{V}$는 유통속도 증가율, $\dfrac{\Delta P}{P}$는 물가상승률, $\dfrac{\Delta Y}{Y}$는 실질소득 증가율이다.

❷ 채권의 의의

1) 채권의 의미와 종류

(1) 채권(bond)의 의미: 일정한 약속을 기록한 문서인 포괄적인 개념이다. 문서 속에는 ⓐ 의무 이행 당사자, ⓑ 의무 내용(액면가: face value or par value), ⓒ 의무 이행일(만기일: maturity date) 등이 반드시 기재되어야 한다. 다만, 의무 이행의 상대 당사자는 특정되지 않는다. 그 이유는 채권은 적법한 절차를 통해 소유자가 변할 수 있어 의무 이행의 상대 당사자를 특정할 수 없기 때문이다.

(2) 할인채(discount bond)
① 채권 발행시점부터 이행일까지는 아무런 의무 이행이 없다가 이행일이 도래하면 의무 내용이 '단' 한 번 이행되고, 이것으로 모든 권리 의무 관계가 종료되는 채권이다.
② "2017년 3월 27일(의무 이행일: 만기일)에 강수지(의무 이행 당사자)는 이 문서의 소지인에게 현금 1억 원(의무 내용: 액면가)을 지급한다."는 내용이 기재된다.

(3) 이표채(coupon bond)
① 채권 발행시점부터 이행일까지 의무 이행이 여러 차례에 걸쳐 이루어지고 만기일에 마지막 의무 이행으로 모든 권리 의무 관계가 종료되는 채권이다.
② "2017년 3월 27일(의무 이행일: 만기일)까지 강수지(의무 이행 당사자)는 이 문서의 소지인에게 매달 1일 현금 100만 원(고정이자 지급액, 쿠폰금액: coupon payment)을 지급하며, 2017년 3월 27일에는 추가적으로 현금 1억 원(의무 내용: 액면가)을 지급한다."는 내용이 기재된다.
③ 앞의 예에서 쿠폰금액(100만 원)과 액면가(1억 원)의 비율을 쿠폰비율$\left(\text{coupon rate: } \dfrac{100\text{만 원}}{1\text{억 원}} = 0.01\right)$이라고 한다.

(4) 영구채(콘솔: consol or consolidated bond or perpetuity): 별도의 만기일이 존재하지 않고 영원히 쿠폰금액만을 지급하는 채권이다. 영구채는 만기일이 없으므로 만기일에 지급되는 액면가도 존재하지 않는다.

2) 채권에 대한 현금지급의 흐름

(1) 할인채 현금지급의 흐름

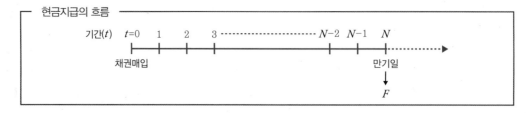

할인채에는 쿠폰지급이 없으므로 액면가(F)와 만기(N)만으로 현금지급의 흐름이 결정된다. 이에 따라 만기일이 도래하면 액면가(F)를 수령하게 되고 이것으로 모든 권리 의무 관계가 종료된다.

(2) 이표채 현금지급의 흐름

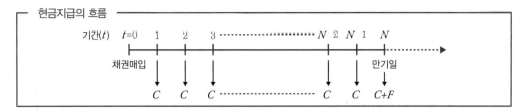

이표채는 만기일이 도래하기 전에도 매 기간마다 쿠폰금액(C)이 지급된다. 그리고 만기일이 도래하면 쿠폰금액(C) 지급과 함께 액면가(F)만큼의 추가적인 지급이 이루어진다.

(3) 영구채 현금지급의 흐름

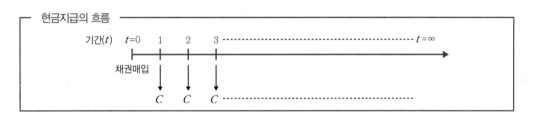

영구채는 만기일이 정해지지 않기 때문에 영구히 쿠폰금액(C)이 지급된다.

❸ 채권의 현재가치와 만기수익률

1) 할인과 현재가치

(1) 할인(discounting): 미래에 얻을 것으로 예정된 가치를 주어진 이자율을 활용하여 현재가치로 환산하는 작업을 말한다.

(2) 현재가치(present discounted value: PDV): 미래가치를 할인을 하여 계산한 가치의 크기를 말한다. 이것이 곧 정상적인 시장에서의 채권 가격이 된다.

$$PDV(i) = \frac{R_1}{(1+i)} + \frac{R_2}{(1+i)^2} + \cdots + \frac{R_n}{(1+i)^n}$$

미래에 얻을 것으로 예정된 가치를 R, 상환기간을 n기, 이자율을 i라고 할 때의 현재가치

(3) 현재가치의 구체적 예

① 만기 1년, 액면가 10,000원, 이자율 연 10%인 경우

$$PDV(i) = \frac{R_1}{(1+i)} = \frac{10,000원}{(1+0.1)} = \frac{10,000원}{1.1} ≒ 9,901원$$

② 만기 1년, 액면가 10,000원, 이자율 연 20%인 경우

$$PDV(i) = \frac{R_1}{(1+i)} = \frac{10,000원}{(1+0.2)} = \frac{10,000원}{1.2} \fallingdotseq 8,333원$$

2) 만기수익률(yield to maturity)의 의의

(1) 만기수익률의 의미

① 채권을 구입한 후 만기일에 실현될 수 있는 투자수익률을 의미한다. 즉 발행된 채권을 구입한 시점부터 만기일까지 계속 보유할 때의 수익률이다. 채권은 매매가 가능하므로 만기수익률은 채권 발행시점부터가 아닌 '채권 구입시점'에서부터 계산된다는 것을 유의해야 한다.

② 만기일이 도래할 때 얻을 수 있는 미래가치를 현재의 채권가격의 크기와 동일하게 해 주는 할인율이기도 하다.

(2) 만기수익률의 구체적 예

① 10,000원을 상환받는 1년 만기 할인채를 9,091원에 구입한 경우

$$9,091원(1+i) = 10,000원 \Rightarrow 1+i = \frac{10,000원}{9,091원} \Rightarrow \frac{10,000원}{9,091원} - 1 \Rightarrow i \fallingdotseq 0.1(만기수익률)$$

② 10,000원을 상환받는 1년 만기 할인채를 8,333원에 구입한 경우

$$8,333원(1+i) = 10,000원 \Rightarrow 1+i = \frac{10,000원}{8,333원} \Rightarrow i = \frac{10,000원}{8,333원} - 1 \Rightarrow i \fallingdotseq 0.2(만기수익률)$$

③ 결국 채권을 싸게 구입할수록 만기수익률은 더욱 상승하게 된다.

(3) 만기수익률(i)의 계산(액면가를 F, 쿠폰금액을 C, 채권가격을 P_B, 상환기간을 1기로 가정하는 경우)

① 할인채인 경우

$$i = \frac{F}{P_B} - 1$$

② 이표채인 경우

$$i = \frac{F+C}{P_B} - 1$$

③ 영구채인 경우

$$i = \frac{C}{P_B}$$

채권가격과 이자율과의 관계에 대한 직관적 이해

어떤 상품을 통해 많은 수익을 얻기 위해서는 싸게 사서 비싸게 팔면 된다. 즉 상품을 싸게 살수록 수익률이 높아지고 상품을 비싸게 살수록 수익률은 낮아지게 된다. 채권도 마찬가지이다. 채권도 싼 값에 사면 살수록 채권수익률은 높아진다. 여기서 채권가격과 채권수익률 사이에 역(−)의 관계가 성립함을 알 수 있다.

그런데 만약 '채권수익률>(은행)이자율' 관계가 성립하게 되면 사람들은 보다 높은 수익을 얻기 위해 예금을 인출하여 채권을 사려고 할 것이다. 이에 따라 채권시장에서는 채권수요가 증가하게 되어 채권가격은 상승하게 된다. 이것은 채권수익률의 하락을 가져온다. 이러한 흐름은 '채권수익률=(은행)이자율'이 성립할 때 비로소 멈추게 된다. 결과적으로 채권가격과 채권수익률 사이에 역(−)의 관계가 성립한다는 것은 채권가격과 (은행)이자율 사이에도 역시 역(−)의 관계가 성립하게 되는 것이다.

영구채(perpetual bond)의 현재시장가격

상환기간이 없고 매기에 일정한 이자를 영구히 지급하는 채권을 영구채라고 한다. 채권을 사고 나서 1년 후부터 시작하여 매년 10,000원의 이자를 영구히 채권소유자에게 지급하는 영구채의 현재시장가격은 얼마인가? 현재시장가격은 그 영구채가 낳는 총미래이자수익의 현재가치와 같다. 매년 이자율이 r로 변함이 없을 것이라고 예상한다면 1년 후에 받는 이자 10,000원의 현재가치는 $\frac{10,000}{1+r}$원이고, n년 후에 받는 이자 10,000원의 현재가치는 $\frac{10,000}{(1+r)^n}$원이다. 따라서 이 영구채의 시장가격은 초항이 $\frac{10,000}{1+r}$, 공비가 $\frac{1}{1+r}$인 무한등비수열의 합이다. 무한등비수열의 합계는 $\frac{\text{초항}}{1-\text{공비}}$이므로 이 영구채의 현재가치($PV$)는 다음과 같다.

$$PV = \frac{1}{1+r} + \frac{1}{(1+r)^2} + \cdots\cdots = \frac{\frac{1}{1+r}}{1-\frac{1}{1+r}} = \frac{1}{r}(\text{만 원})$$

즉 영구채의 시장가격은 이자수익을 시장이자율로 나눈 것이다. 따라서 시장이자율이 변동하면 영구채의 시장가격은 반대방향으로 움직인다. 그러나 이자율에 관계없이 영구채 소유자가 받는 이자수입은 같다. 따라서 영구채는 일종의 변동가격-확정이자부채권(variable price-fixed coupon bond)이다. 변동가격-확정이자부채권에서 매기에 받는 확정이자를 채권의 쿠폰수익(coupon yield)이라 부른다.

확인 TEST

시중금리가 연 5%에서 연 6%로 상승하는 경우, 매년 300만 원씩 영원히 지급받을 수 있는 영구채의 현재가치의 변화는?

① 30만 원 감소
② 60만 원 감소
③ 300만 원 감소
④ 1,000만 원 감소

해설 ▶ • 연 이자율이 r%이고 매년 A원의 이자로 받는 영구채의 현재가치인 시장가격(P_B)은 다음과 같이 측정된다.

> • 영구채 가격: $P_B = \dfrac{A}{r}$
>
> • 연 이자율이 5%일 때 영구채 시장가격: $P_B = \dfrac{300}{0.05} = 6,000$(만 원)
>
> • 연 이자율이 6%일 때 영구채 시장가격: $P_B = \dfrac{300}{0.06} = 5,000$(만 원)

• 연 이자율이 5%에서 6%로 오른다면 채권의 가격은 1,000만 원만큼 하락하게 된다.

정답 ▶ ④

❹ 케인스(J. M. Keynes)의 유동성 선호설(liquidity preference theory)

┌─ 유동성 ───

1. 유동성이라고 할 때 흔히 강조되는 한 가지 기준은 어떤 자산이 미리 결정된 어떤 명목금액으로 그 자산의 보유자가 원할 때 가치의 손실없이 현금과 교환될 수 있는 가능성을 말한다.
2. 유동성을 논할 때 자주 강조되는 또 하나의 기준은 어떤 자산의 시장이 어느 정도 완전한가 하는 것이다. 어떤 자산의 원매가격(願買價格, bid prices)과 원매가격(願賣價格, ask prices) 간의 차이가 시장의 완전성에 대한 한 지표가 될 수 있다.
3. 유동성이 어느 정도 있는 자산(화폐는 완전한 유동성을 가진 자산이므로 제외한다)을 준화폐(quasi-money), 혹은 근사화폐(near-money)라 한다.

└──

1) 유동성 선호의 동기

(1) **거래적 동기**(transactions motive)에 의한 화폐 수요: 화폐의 수취와 지불 간의 시차를 메우기 위한 화폐보유로서 소득의 일정 비율로 결정된다($M^t \Rightarrow kY$). 이때 거래적 동기에 의한 화폐수요(M^t)는 소득(Y)의 증가함수이다. $\Rightarrow M^t = f(\overset{\oplus}{Y})$

(2) **예비적 동기**(precautionary motive)에 의한 화폐 수요: 예상하지 못한 지출에 대비한 화폐보유로서 소득에 따라 결정되는데 M^t에 포함 $\Rightarrow$ 거래적 동기에 의한 화폐수요와 함께 활성잔고(active balance)라고 한다.

(3) **투기적 동기**(speculative motive)에 의한 화폐 수요: 케인즈의 유동성 선호설의 특징

┌─ 가정 ───

1. 자산 시장은 화폐시장과 채권시장으로만 구성되어 있다.
2. 경제주체들은 화폐와 채권을 동시에 보유하지 않고 이자율(수익률)에 따라 모두 화폐 또는 채권만 보유하는 위험중립자이다. 시장수요곡선은 각 개인의 수요곡선을 수평으로 합하여 다음과 같이 도출된다.

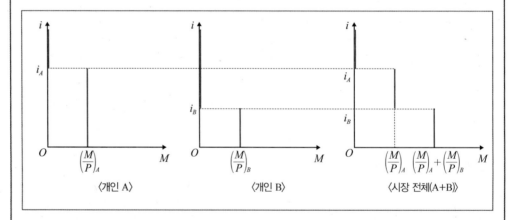

〈개인 A〉　　　　〈개인 B〉　　　　〈시장 전체(A+B)〉

개인의 수가 많아질수록 이를 전제로 도출된 시장수요곡선은 우하향하는 추세를 보이게 된다.
3. 경제주체들은 미래 이자율 변화를 확실하게 예상하지만, 예상하는 이자율 수준은 각각 다르다.

└──

① 앞으로 이자율이 상승하리라고 예상되는 경우 채권 대신 화폐를 보유하는 것을 말한다.

② 재권을 구입하기 이전에 일시적으로 보유하는 가치저장수단으로서의 화폐, 즉 채권과 대체관계에 있는 화폐보유이며 이는 이자율과 역의 관계를 갖게 된다($\Rightarrow M^s = f(\overset{\ominus}{i})$). 이와 같은 화폐수요를 유휴잔고(idle balance)라고 한다.

Q&A 이자율과 화폐수요 사이에 역(−)의 관계가 성립하는 이유는?

채권의 명목수익률은 명목이자율(i)이고, 화폐의 명목이자율(i)은 '0'이다. 만약 예상인플레이션율이 π^e인 경우, 채권의 실질수익률(r)은 '$i - \pi^e$'이고 화폐의 실질수익률은 '$i(=0) - \pi^e = -\pi^e$'가 된다. 이에 따라 채권수익률과 화폐수익률의 차이는 명목수익률로 계산하는 경우에도 '$i(= i - 0)$'이고, 실질수익률로 계산하는 경우에도 '$i[= (i - \pi^e) - (-\pi^e)]$'가 된다. 따라서 명목이자율($i$)이 상승(하락)하면 화폐보다는 채권을 보유할 때 더 유리(불리)하므로 채권수요는 증가(감소)하고 화폐수요는 감소(증가)하게 된다. 결국 명목이자율과 화폐수요 사이에는 역(−)의 관계가 성립하게 된다.

③ 여기서 화폐수요가 이자율의 감소함수인 것은 유통속도가 이자율의 증가함수라고 하는 것과 같다. 예를 들어 이자율이 상승하면 화폐수요가 감소하는데, 이는 이전보다 더 적은 화폐로도 같은 규모의 재화와 서비스 거래가 가능하다는 것이므로 유통속도가 증가함을 의미한다.

채권과 투기적 동기에 의한 화폐수요

1. 채권과 화폐

1) 가치저장수단으로서 금융자산은 크게 채권과 화폐의 두 종류가 있다. 고전학파는 화폐는 이자를 낳지 않으므로 가치저장수단이 아니라고 보았다. 반면에 화폐와 달리 채권은 교환의 매개수단으로 사용할 수는 없지만, 이자 수익을 얻을 수 있는 수익성 금융자산이다. 기본 거시경제 모형에서는 케인스의 견해에 따라 수익성 금융자산으로 채권을 대표시킨다. 이때 국공채와 회사채 수익률은 동일하기 때문에 채권수요자 입장에서는 양자는 완전대체자산이라고 가정한다.

2) 채권이 이자를 낳는 반면에, 화폐는 장차 더 싼 가격으로 채권을 사기 위해서 현재 보유하는 금융자산이라는 점에서 화폐도 가치저장수단이며, 채권과 화폐는 서로 대체관계를 갖는다.

3) 거시경제 분석의 목적상 금융자산이 화폐와 채권만으로 이루어질 때, 화폐시장이 균형이면 채권시장도 균형을 이루게 된다. 화폐(M)와 채권(B)으로 구성된 금융자산의 수요가 $M_d + B_d$이고, 공급이 $M_s + B_s$라면 균형조건은 $M_d + B_d = M_s + B_s$이고, 이에 따라 $M_d - M_s = B_s - B_d$가 성립하므로 화폐의 초과수요($M_d - M_s$)는 다른 한편으로 채권의 초과공급($B_s - B_d$)이 된다. 따라서 화폐시장의 균형($M_d = M_s$)은 채권시장도 균형($B_s = B_d$)을 이루고 있음을 의미한다.

2. 투기적 동기에 의한 화폐수요

1) 현재에 채권가격이 비싸져서 장차 그 가격이 떨어지리라고 예상하면 예상이 실현되어 실제 채권가격이 떨어질 때 채권을 사려 하므로, 현재에 채권에 대한 수요가 감소하고 화폐에 대한 수요가 증가하는 것을 말한다.

2) 거래적 동기에 의한 화폐수요와 달리 각 경제주체의 주관적 예상(기대)을 강조한다.

---

2) 화폐수요의 결정

(1) 화폐수요는 거래적 화폐수요(M^t)와 투기적 화폐수요(M^s)의 합으로 구성된다.

$$\left(\frac{M}{P}\right)^D = M^t + M^s = f(\overset{\oplus}{Y}) + f(\overset{\ominus}{i}) = k \cdot Y - h \cdot i \quad (k > 0, \ h > 0)$$

┌─ 케인스의 실질화폐수요함수 ─

케인스는 화폐수요함수를 설정할 때 명목변수와 실질변수의 차이에 주목했다. 케인스는 화폐를 단순한 명목 개념으로 생각하지 않고 재화에 대한 구매력으로 이해했다. 즉 케인스의 관점에서 보면 경제주체들은 일정한 수준으로 화폐구매력을 유지하려고 한다는 것이다. 이에 따라 케인스는 경제주체들이 보유하고자 하는 화폐를 실질화폐잔고(real money balance)로 보았고, 이것이 곧 케인스의 실질화폐수요$\left(\frac{M}{P}\right)^D$이다. 이때 실질화폐수요(실질화폐잔고에 대한 수요)는 소득(Y)에 의해 영향을 받는다. 또한 화폐보유의 기회비용은 명목이자율이다. 이에 따라 실질화폐수요는 실질이자율이 아닌 명목이자율(i)에 의해 영향을 받는다.

$$\left(\frac{M}{P}\right)^D = f(\overset{\oplus}{Y}, \overset{\ominus}{i})$$

여기서 M은 명목화폐잔고, P는 물가수준, $\left(\frac{M}{P}\right)^D$는 실질화폐수요, Y는 실질소득, i는 명목이자율이다.

따라서 케인스의 화폐이론에서 화폐수요는 실질화폐잔고에 대한 수요임을 유의해야 한다.

└─────────────

(2) **유동성 함정**(liquidity trap): 채권가격이 더 이상 오르지 않고 앞으로 하락하리라고 예상하는 경우, 즉 이자율이 최저수준이라고 예상되는 경우 사람들이 채권을 모두 팔고 화폐로 보유하게 되어 투기적 동기에 의한 화폐수요 $l(i)$가 i에 대해 무한탄력적으로 되는 부분을 의미한다.

Q&A 경제가 유동성 함정에 빠지는 이유는? ─────

투기적 동기의 화폐수요란 앞으로 이자율이 상승할 것이라고 예상되는 경우(=채권가격이 하락할 것이라고 예상되는 경우) 채권을 보다 값싸게 구입하기 위해 현재는 채권 대신 화폐를 보유하려고 하는 것을 말한다. 이에 따라 자산(화폐+채권)시장에서는 이자율이 하락하면(=채권가격이 상승하면) 채권 보유는 점점 감소하고 화폐보유는 점점 증가하게 된다. 따라서 (투기적 동기) 화폐수요곡선은 우하향하는 모습을 보인다.

그런데 이자율이 매우 낮은 경우에는 더 이상 이자율이 하락하지 않을 것이라는 생각이 들 수 있다. 이것은 곧 채권가격은 더 이상 상승하지 않을 것이라는 것과 동일한 의미이다. 이러한 경우라면 소량의 채권도 보유하고 있을 이유가 사라지게 된다. 결국 모든 사람들이 이자율이 더 이상 하락하지 않을 것이라고 예상하는 경우(=채권가격이 더 이상 상승하지 않을 것이라고 예상하는 경우)라면 모든 사람들은 채권이 아닌 화폐로만 보유하려고 할 것이다. 왜냐하면 앞으로 남은 일은 이자율이 상승(=채권가격이 하락)하는 경우이므로, 장래에 채권을 지금보다 더 싸게 사기 위해서는 화폐를 준비해야 하기 때문이다. 이러한 상황을 유동성 함정(liquidity trip)이라고 한다. 케인스는 이러한 상황을 "사람들은 자신 수중에 들어온 화폐를 벽장 속에 숨긴다."라고 표현했다. 일종의 화폐퇴장 현상이고 중앙은행이 아무리 화폐공급을 증가시킨다고 하더라도 유통되지 않게 된다.

┌─ 투기적 화폐수요와 유동성 함정 ──────

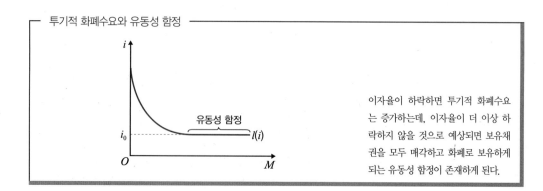

이자율이 하락하면 투기적 화폐수요는 증가하는데, 이자율이 더 이상 하락하지 않을 것으로 예상되면 보유채권을 모두 매각하고 화폐로 보유하게 되는 유동성 함정이 존재하게 된다.

유동성 함정

1. 이자율이 0%에 근접한 임계이자율 수준에서 존재한다.
2. 화폐수요의 기회비용이 0%에 접근한다.
3. 화폐수요가 무한히 증가할 수 있다.
4. 화폐수요의 이자율 탄력성이 무한대이다.
5. LM곡선이 수평이다.
6. 극심한 경기침체 상황에서 발생한다.
7. 경기안정화 정책으로서의 화폐정책은 무력하다.
8. 경기안정화 정책으로서의 재정정책은 유효하다.

— Keynes 화폐수요함수의 특징 —

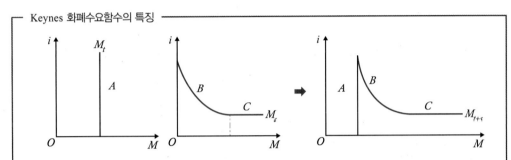

구분	화폐수요의 이자율 탄력도	화폐수요의 이자율에 대한 안정성	화폐수요 동기	화폐의 기능	화폐와 채권의 보유상태
A	완전비탄력적	안정적	거래적, 예비적 동기	교환수단	현금만 보유
B	탄력적	불안정적	투기적 동기	가치저장 수단	화폐와 채권 동시보유
C	완전탄력적	매우 불안정			채권을 매각하여 화폐만 보유

— 화폐수요의 탄력도 —

$$1.\ 소득탄력도 = \left(\frac{\Delta l}{l}\right)\Big/\left(\frac{\Delta Y}{Y}\right) \qquad 2.\ 이자율탄력도 = -\left(\frac{\Delta l}{l}\right)\Big/\left(\frac{\Delta i}{i}\right)$$

다음은 투기적 화폐수요와 이자율과의 관계를 나타낸 그림이다. r은 이자율이고, L은 투기적 화폐수요를 나타
낸다. 그림을 보고 물음에 답하시오.

[2005]

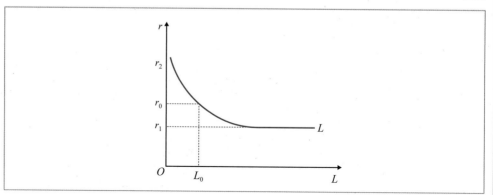

1. 이자율이 최저 수준인 r_1으로 떨어져서 투기적 화폐수요는 최대가 되고, 화폐수요곡선은 수평이 되어 무
   한 탄력성을 가지는 국면을 무엇이라고 하는지 쓰시오.
2. 화폐수요곡선이 수평이 되어 무한탄력성을 가지는 국면을 타개할 경제정책을 쓰시오.

분석하기

1. 유동성 함정
2. 경제가 유동성 함정 상태에 있다는 것은 경기침체 상황을 의미한다. 이에 따라 확장적 정책이 필
   요하다. 그런데 유동성 함정 상태에서는 확장적 금융정책은 완전히 무력하므로 현재 국면을 타개
   하기 위해서는 확장적 재정정책을 시행해야 한다.

3) 화폐수요곡선의 변화

(1) **소득의 증가(감소)**: 소득이 증가(감소)하면 거래적 화폐수요가 증가(감소)하게 되므로 화폐수요곡
선은 오른쪽(왼쪽)으로 이동하게 된다.

소득의 변화와 곡선 자체의 이동

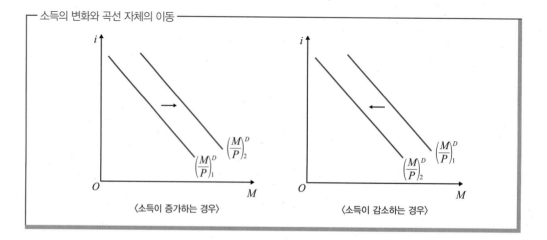

(2) **이자율의 변동**: 이자율이 변동하면 화폐수요곡선 자체의 이동이 발생하지 않고 곡선을 따라 곡선 상의 이동만 일어난다.

이자율의 변동과 곡선상의 변화

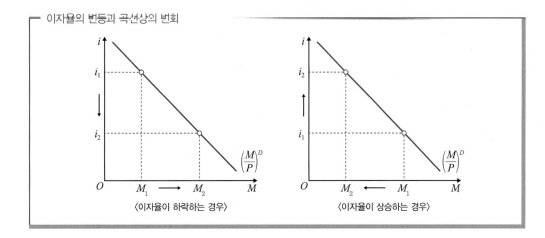

⟨이자율이 하락하는 경우⟩ 　　　　⟨이자율이 상승하는 경우⟩

4) 유동성 선호설의 특징

(1) 일반적으로 거래적 동기의 화폐수요는 소득에 영향을 받기 때문에 안정적이나, 이자율에 의해 좌우되는 경제주체의 심리에 영향을 받는 투기적 동기의 화폐수요는 불안정적이다.

(2) 전체의 화폐수요는 불안정한 투기적인 화폐수요에 주로 영향을 받기 때문에 이자율의 변화에 따라 화폐수요는 크게 변하게 된다. 즉 화폐수요의 이자율 탄력도가 매우 크다. ⇒ LM곡선의 기울기가 완만하게 된다.

(3) 화폐수요가 이자율에 영향을 크게 받는다는 것은 화폐의 유통속도가 고전학파가 예상한 것처럼 일정하지 않고 불안정적이라는 것을 의미한다.

 케인스의 화폐수요함수와 유통속도(V)와의 관계는?

케인스의 화폐수요함수로부터 유통속도를 도출하면 다음과 같다.

$$\left(\frac{M}{P}\right)^{D}=f(Y,\ i) \Rightarrow \frac{P}{M}=\frac{1}{f(Y,\ i)} \Rightarrow \frac{PY}{M}=\frac{Y}{f(Y,\ i)} \Rightarrow V=\frac{Y}{f(Y,\ i)}\ \left(\because V=\frac{PY}{M}\right)$$

이자율(i)이 상승하면 화폐수요인 $f(Y,\ i)$가 감소한다. 이에 따라 유통속도(V)는 증가한다.

$$i\uparrow \Rightarrow f(Y,\ i)\downarrow \Rightarrow \frac{Y}{f(Y,\ i)\downarrow} \Rightarrow V\uparrow$$

이러한 결과는 이자율의 변동이 커질수록 유통속도의 변동 정도 역시 커진다는 것을 시사해 준다.

기출확인

(가)-(다)에서 도출되거나 제시된 통화정책의 효과에 대한 주장을, 관련되는 개념과 이론을 활용하여 각각 설명하시오. 그리고 화폐 수요의 동기와 결정요인, 화폐 유통속도의 안정성을 기준으로 이들을 비교하시오.

[2011]

(가)

출처:미국 상무부, 연방준비제도

(나) 중앙은행이 가속기를 밟는 경우부터 생각해 보자. 공개시장조작을 통해 통화량을 늘리려는 중앙은행은 민간으로부터 채권을 매입할 것이고, 채권을 매각한 가계나 기업은 중앙은행으로부터 돈을 받을 것이다. 그러나 사람들은 언제나 그날그날의 생활에 필요한 일정 액수의 돈만을 주머니에 지니려 한다. 따라서 채권을 매각한 사람들은 새로 생긴 돈을 주머니에 보관하는 대신, 각종 소비재나 투자재 등의 구입에 지출할 것이다. 그 결과 국민소득은 증가한다. 반대로 중앙은행이 감속기를 밟는 경우를 생각해 보자. 중앙은행은 통화량을 줄이기 위해 개인들에게 채권을 매각한다. 채권을 매입한 사람들은 중앙은행에게 돈을 지불할 것이다. 이에 채권매입자들의 수중에는 돈이 줄었으나 그들은 예전과 같은 액수의 돈을 주머니에 지니려 한다. 채권을 매입한 사람들은 소비를 줄일 것이다. 그 결과 국민소득은 감소한다.

(다) 중앙은행이 통화량을 증가시킨다고 효과가 있을까? 사람들은 새로 생긴 돈을 소비하기보다는 이불 밑에 숨겨 버릴지도 모른다. 만약 그렇게 된다면 돈의 유통속도는 뚝 떨어질 것이다. 돈의 유통속도가 떨어지면 통화량이 아무리 증가해도 민간의 소비와 투자는 변하지 않을 수도 있을 것이다. 특히 불황이 닥칠 경우 이런 현상이 발생할 가능성이 높다. 어떤 사람들은 통화량을 증가시킴으로써 생산량과 소득을 증가시킬 수 있다고 추론하는 것 같지만 이것은 마치 헐거운 벨트를 차면 살이 찌게 되리라 믿는 것과 같다. 이런 점은 극심한 불경기에서 더욱 그러하다.

분석하기

(가)

그래프에서 명목GDP와 통화량이 비례관계에 있고, 화폐유통속도는 거의 일정한 모습을 보이고 있는 고전학파의 전통적 화폐수량설에 해당한다. 이들의 주장에 따르면 화폐중립성이 성립하여 통화정책은 실질산출량에 영향을 주지 못하고 물가만을 비례적으로 변화시킬 뿐이다. 고전학파에서 화폐는 오직 교환의 매개수단으로만 기능하므로 화폐수요의 크기는 명목국민소득 수준에 의해 결정된다. 또한 거래관습이나 지불관습에 의해 결정되는 화폐유통속도는 항상 일정한 모습을 보인다.

(나)

사람들의 화폐수요가 효용극대화를 달성하기 위해 필요한 일정액수 수준에 머문다는 통화주의의 신화폐수량설에 해당한다. 이에 따라 통화정책은 명목국민소득에 영향을 주어 소비를 변화시키고 이를 통해 총수요를 변화시킬 수 있어 경기안정화 정책으로서 매우 효과적이라고 본다. 신화폐수량설에서 화폐는 교환의 매개수단뿐만 아니라 효용극대화를 달성하기 위해 필요한 또 하나의 자산으로 기능하며, 그 크기는 다른 자산과 함께 효용극대화를 달성하는 수준에서 결정된다. 또한 화폐유통속도는 일정하지는 않지만 안정적인 모습을 보인다.

(다)

극심한 불경기에서 화폐가 퇴장하는 모습을 보이게 되어 통화정책의 무력성을 주장하는 케인스 (J. M. Keynes)의 유동성 선호설에 해당한다. 이에 따라 극심한 불경기에서 화폐시장은 유동성 함정 상태에 빠지게 되어 확장적 통화정책으로 인해 증가한 화폐는 모두 투기적 동기의 화폐수요로 흡수되어 민간의 소비와 투자 증가에 영향을 미칠 수 없게 되어 경기안정화 정책으로서의 통화정책은 완전히 무력해진다. 유동설 선호설에서 화폐는 교환의 매개수단뿐만 아니라 자산의 하나로 가치저장 수단의 성격도 갖게 되며, 그 크기는 소득과 이자율 수준에 의해 결정된다. 또한 화폐유통속도는 이자율에 매우 탄력적인 투기적 동기의 화폐수요로 인해 매우 불안정한 모습을 보인다.

Theme 62 화폐공급이론

┌─ 화폐의 공급 ───
│ 통화량을 측정하기 위해 설정된 통화지표들을 보면 크게 현금통화와 예금통화로 구성되는데, 이 중 현금통화는 독
│ 점적인 발권력을 가진 중앙은행에 의해 공급되지만 예금통화는 예금은행에 의해 공급된다.
└──

❶ 본원통화와 지급준비금

1) 본원통화

(1) 본원통화(monetary base)의 의의

① 본원통화는 은행의 실제보유준비금과 민간의 화폐보유고를 합한 것으로 중앙은행이 발권은행
으로서 독점적으로 현금을 발행하여 공급한다. 따라서 중앙은행은 본원통화의 크기를 조절할
수 있다.

② 중앙은행이 현금을 발행한다 함은 단순히 지폐를 인쇄하거나 주화를 주조하는 것을 말하는 것
이 아니다. 중앙은행이 유가증권의 구입이나 대출을 통해 현금을 시중에 공급할 때 비로소 현
금이 발행되는 것이다.

③ 본원통화의 증가는 통화량을 통화승수 배만큼 증가시킨다. ⇒ 고성능 화폐(high-powered
money)라 한다.

(2) 본원통화의 성격

① 본원통화는 중앙은행의 통화성 부채

② 민간이 보유하고 있는 현금(=현금통화), 예금은행이 보유하고 있는 현금(=시재금), 예금은행이
중앙은행에 예치한 지준예치금의 셋을 합한 금액이다.

본원통화		
현금통화(currency in circulation)	예금은행 지급준비금(reserve)	
현금통화	예금은행 시재금(vault cash)	중앙은행 지준예치금
화폐발행액 = 중앙은행 밖에 남아 있는 현금 총액		중앙은행 지준예치금

2) 지급준비금

(1) 법정지급준비금(legal reserves: 필요지급준비금)

① 중앙은행이 예금은행으로 하여금 총예금액의 일정비율을 예금 인출요구에 대비하여 준비금으
로 보유하도록 하는 것을 말한다.

┌─ 완전지불준비제도 ───
│ 완전지불준비제도의 역사는 영국의 Goldsmith 은행으로 거슬러 올라간다. 본래 영국의 금 세공업자는 수민들이 소
│ 유한 금이나 기타 값진 귀중품을 안전하게 보관해 주는 화물보관소나 창고의 기능을 담당하였다. 그들은 금이나 기타
│ 귀중품을 수납할 때 보관영수증을 발행해 주고 나중에 귀중품의 소유자가 영수증을 제시하면 소액의 일정한 **수수료**
│ 를 받고 귀중품을 돌려주곤 했다. 이때부터 비로소 단순한 귀중품 보관 내지 창고 기능에서 은행기능이 분리, 발전하
│ 게 되었다. 그리고 은행기능이 분화되면서 처음으로 나타난 형태는 이른바 100%(또는 완전) 지불준비제도였다.
└──

② 예금은행의 법정지급준비금은 예금은행의 금고에 현금(시재금) 형태로 보유되기도 하지만 대부
분 중앙은행에 예치된다.

$$\text{법정 지급준비율(legal reserve ratio)} = \frac{\text{법정지급준비금}}{\text{총예금액}}$$

(2) **초과지급준비금(excess reserves)**: 예금은행이 법정지급준비금만으로는 충당할 수 없는 예기치 않
은 거액의 예금인출요구 및 운영자금을 위해서 법정지급준비금을 초과하여 다소 여유있게 보유하
고 있는 시재금을 말한다.

$$\text{초과지급준비율(excess reserves ratio)} = \frac{\text{초과지급준비금}}{\text{총예금액}}$$

(3) **총지급준비금(total reserves)**: 법정지급준비금과 초과지급준비금(=은행이 대출할 수 있는 여유자
금)을 합한 것이다.

$$\text{(총)지급준비율(total reserves ratio)} = \frac{\text{(총)지급준비금}}{\text{총예금액}} \Rightarrow \text{법정지준율+초과지준율}$$

Q&A

시중은행의 현재 대차대조표에 예금이 1,000억 원, 기타부채 500억 원, 지급준비금 200억 원, 대출금 1,000억 원,
기타자산이 300억 원이다. 법정지급준비율을 5%로 한다면 초과지급준비금은 얼마인가?

Solution

예금액: 1,000억 원
법정지급준비금: 50억 원(1,000×0.05)
실제지급준비금: 200억 원
초과지급준비금: 150억 원

┌─ BIS 자기 자본 비율 ───
│ 국제결제은행(BIS)의 은행감독위원회가 은행의 건전성을 유지하기 위한 국제적인 기준으로 마련한 것으로서 자기자
│ 본의 비율이 8% 이상이 되도록 정하였다. 이는 금융구조조정에 있어서의 기준이 되고 있다.
│
│ $$\text{BIS 자기자본비율} = \frac{\text{자기자본}}{\text{위험가중치자산}} \times 100$$
│
│ 한편, 우리나라에서도 1997년 IMF 외환체제 당시 이 기준으로 금융구조조정을 단행하였으며 은행들은 자기자본의
│ 비율이 8% 이상을 유지하는 과정에서 기존의 대출이 회수되어 많은 기업들이 도산되고 이자율이 대폭 상승하였다.
└──

❷ 통화승수와 신용창조

1) 통화승수(monetary multiplier)

(1) 개념: 통화 M_1를 본원통화 H로 나눈 값을 말하며 본원통화를 기반으로 하여 통화가 공급되는 것을 보여준다.

통화승수의 도출 과정

1. 현금통화비율$\left(\dfrac{C}{M}=c\right)$이 주어진 경우

   본원통화(H)=현금통화(C)+지불준비금(R) ……①

   통화(M_1)=현금통화(C)+예금통화(D) ……②

   현금통화비율$(c)=\dfrac{C}{M_1}$ ……③

   실제지급준비율$(r)=\dfrac{R}{D}$ ……④

   ③, ④ → ①: $H=C+R=cM_1+rD$

   그런데 D는 ③ → ②로부터 $D=M_1-C=M_1-cM_1$이므로

   $H=cM_1+rD=cM_1+r(M_1-cM_1)=(c+r-cr)M_1$

   $\therefore M_1=\dfrac{1}{c+r-cr}H=mH$

2. 현금예금비율$\left(\dfrac{C}{D}=k\right)$이 주어진 경우

   $m=\dfrac{M}{H}=\dfrac{C+D}{C+R}$이므로 분모와 분자를 각각 D로 나누면 $m=\dfrac{\dfrac{C}{D}+1}{\dfrac{C}{D}+\dfrac{R}{D}}=\dfrac{k+1}{k+r}$이 도출된다.
---

(2) 통화승수의 특징

$$\text{통화승수}(m)=\frac{1}{c+r-cr}=\frac{1}{r+c(1-r)}=\frac{1}{c+r(1-c)},\ 0<c,\ r<1$$

① 통화승수는 1보다 크다. 즉 통화량은 본원통화보다 크다. 이는 예금은행의 신용창조 때문이다.

② 단, $c=0$인 특수한 경우를 고려하면 통화승수는 $\dfrac{1}{r}$이 되며 신용승수와 같다.

(3) 통화(M_1) 공급 함수

$$M_1=\frac{1}{c+r-cr}H,\ 0<c,\ r<1$$

① 통화공급은 본원통화(H)의 증가함수이다.

② 통화공급은 민간의 현금통화비율(c)의 감소함수이다.

현금통화비율에 영향을 주는 요인

1. 요구불 예금에 대한 이자율의 크기이다. 요구불 예금이 지급하는 이자율이 높을수록 사람들은 현금의 보유 비중을 줄일 것이다.

2. 은행부도의 위험성을 들 수 있다. 부도의 위험성이 클수록 현금보유비중은 높아지게 될 것이다.

3. 불법경제행위의 존재이다. 불법거래가 많을수록 현금에 대한 수요가 높을 것이다. 이처럼 불법거래가 이루어지는 지하경제(underground economy)의 규모가 커질수록 현금에 대한 수요가 커지고 따라서 통화승수는 작아지게 된다.
---

③ 통화공급은 예금은행의 지불준비율(r)의 감소함수이다.

④ 관습에 따라 그 크기가 안정적이라고 간주되는 현금통화비율과 초과지급준비율이 불변이라면, 앞의 통화 공급함수는 중앙은행이 (법정)지급준비율과 본원통화의 크기를 결정하여 통화공급의 크기를 적절하다고 생각하는 수준으로 통제할 수 있다는 것을 시사해 준다. 이에 따라 거시경제 모형에서는 중앙은행은 이자율과 무관하게 통화 공급의 크기를 원하는 임의의 수준에서 결정할 수 있다고 간주한다. 이것은 곧 통화공급 곡선이 수직선이라는 것을 의미한다.

2) 신용창조(예금통화의 창조)

(1) 의미: 예금은행과 민간에 의해 대출과 예금의 누적적 반복을 통해 예금은행조직 밖에서 예금은행조직으로 최초에 흘러들어온 예금인 본원적 예금(primary deposit)보다 더 많은 대출과 예금, 즉 파생통화를 창출하는 과정을 말한다.

(2) 가정

① 요구불예금만 있고 저축성예금은 없다.

② 현금유출이 없다(즉 $c=0$).

③ 은행의 자산운용은 대출의 형태만 있고, 채권 능의 부사는 없나.

④ 법정지불준비금만 보유하고, 초과지불준비금은 없다.

(3) 신용창조의 과정: 본원통화(H)가 100, 법정지불준비율(r)이 0.1이라 가정

은행	예금	대출	법정지불준비금
A	100(본원적 예금)	90	10
B	90(파생적 예금 1)	81	9
C	81(파생적 예금 2)	72.9	8.1
D	72.9(파생적 예금 3)	65.61	7.29
⋮	⋮	⋮	⋮
총 계	1,000	900(=파생적 예금)	100(= 본원적 예금)

① 총예금(D) 창조

$$\underset{\text{본원적 예금}}{H} + \underset{\substack{\text{대출에 의한}\\\text{파생적 예금 1)}}}{(1-r)H} + \underset{\substack{\text{대출에 의한}\\\text{파생적 예금 2)}}}{(1-r)^2H} + \underset{\substack{\text{대출에 의한}\\\text{파생적 예금 3)}}}{(1-r)^3H} + \cdots = \frac{1}{r}H$$

$$\Rightarrow\ 100 + 90 + 81 + 72.9 + \cdots = \frac{1}{0.1} \times 100 = 1,000$$

이때 $\frac{1}{r}$이 총신용승수(credit multiplier)가 된다.

② 순예금창조

$$\text{파생적 예금} = \text{총예금 창조} - \text{본원적 예금} = \frac{1}{r}H - H = \frac{1-r}{r}H$$

이때 $\frac{1-r}{r}$이 순신용승수가 된다.

다음 글을 읽고 물음에 답하시오.

[2001]

요구불 예금만 존재하고, 법정 지급 준비금만 보유하며, 대출의 형태로만 자금을 운영하고, 예금은행 밖으로 예금 누출이 없다는 가정 하에 예금은행의 신용창조가 아래 〈표〉와 같이 이루어졌다.

〈예금은행 조직의 신용창조〉

(단위: 원)

은행별	요구불 예금	법정지급 준비금	대출액
가	200,000원	40,000원	160,000원
나	160,000원	32,000원	128,000원
다	128,000원	25,600원	102,400원
⋮	⋮	⋮	⋮

주어진 〈표〉에서 ① 법정지급준비율과 ② 신용승수와 ③ 순예금창조액은 얼마인지 답만 쓰시오.

분석하기

① 법정지급준비율 $= \dfrac{\text{법정 지급준비금}}{\text{요구불 예금}} = \dfrac{40,000}{200,000} = \dfrac{1}{5} = 0.2 (=20\%)$

② 신용승수 $= \dfrac{1}{\text{지급준비율}} = \dfrac{1}{0.2} = 5$

③ 순예금창조액 = 순신용승수 × 본원적 예금 $= \dfrac{1 - \text{지급준비율}}{\text{지급준비율}} \times$ 본원적 예금

$= \dfrac{1 - 0.2}{0.2} \times 200,000 = 800,000(원)$

신용팽창(credit expansion)과 신용수축(credit contraction)

중앙은행이 본원통화를 증가시키면 예금이 창조되는 과정에서 대출이 창출되는데 이를 신용팽창이라 한다. 이러한 신용팽창은 곧 금융시장에서의 자금공급의 증가를 의미한다.

반면에 중앙은행이 본원통화를 감소시키면 은행들은 법정지급준비율을 만족시키기 위해 대출을 감소시키고 이에 따라 예금통화가 줄어들게 되는 신용수축이 발생한다. 중앙은행이 통화긴축을 하면 자금사정이 악화된다고 하는데 이는 통화긴축을 위한 통화환수가 은행들의 대출감소를 가져오기 때문이다.

본원통화와 통화의 구성

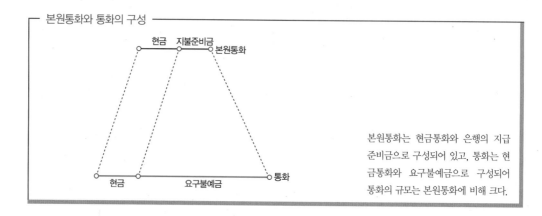

본원통화는 현금통화와 은행의 지급준비금으로 구성되어 있고, 통화는 현금통화와 요구불예금으로 구성되어 통화의 규모는 본원통화에 비해 크다.

┌─ 주의 ───

　"예금은행조직 전체의 대출총액은 최대 얼마인가?"라는 문제를 '순예금창조액'을 묻는 것으로 착각해서는 안된다. 여기서 주목할 용어는 오직 '예금은행조직'이며 이는 중앙은행이 제외되는 것을 뜻하는 것이다. 따라서 이 문제는 '순예금창조액'이 얼마인가를 묻고 있는 것이다.

└───

시중은행은 어떻게 새로운 통화를 만들어내는가?

　"일반적으로 시중에 통화를 공급하는 기능을 수행하는 기관은 중앙은행이다. 이것은 발권은행으로서 중앙은행의 당연한 기능이라고 할 수 있다. 이때 중앙은행의 창구를 통해 최초로 시중에 흘러나온 통화를 본원통화라고 한다. 그런데 중앙은행뿐만 아니라 일반 시중은행도 통화를 창출하여 시중에 공급을 한다. 이것은 어떤 과정을 통해서 이루어질까?"

　다음과 같은 예를 가정해보자. 민주는 시중은행인 H은행에 5%의 연이자율로 100만 원을 예금하였다. 이에 따라 H은행은 민주의 예금을 안전하게 보관하는 것은 물론이고 5%의 이자 지급 약속도 이행해야 한다. 만약 H은행이 이러한 기능만 수행한다면 H은행은 곧 도산하고 말 것이다. 따라서 H은행도 자선단체가 아닌 이윤을 추구하는 영리 금융기관으로서 민주가 예금한 100만 원을 기초로 재테크에 나서야 한다. 이를 위해 5%보다 높은 7%의 이자율로 동국에게 100만 원을 곧바로 대출해 주었다. 그런데 공교롭게도 민주가 급하게 돈이 필요해 조금 전 예금한 돈을 인출하기 위해 H은행에 다시 찾아왔다. 하지만 그 돈은 이미 동국에게 대출된 후였다. 즉 은행에 돈이 없게 된 것이다. 정말 이런 경우가 발생하면 얼마나 황당하고 심각한 상황이 발생할까?

이런 사실이 다른 은행의 예금주에게까지 알려지면 그들은 자신의 돈을 찾지 못할까봐 은행으로 달려가 자신의 예금을 인출하려 시도할 것이다. 우리는 이러한 상황을 'bank-run'사태라고 한다. 이 순간 금융시장은 마비가 될 것이고 이로 인한 경제 전체의 혼란은 생각하기도 힘든 엄청난 공황 상태에 빠질 것이다.

　앞의 가상의 예에서 본 것처럼 은행은 언제 예금주가 자신의 예금을 인출할지 모르기 때문에 평소에도 이에 대비한 돈을 충분히 보유해야 한다. 그렇다고 예금된 돈을 모두 보유할 필요는 없다. 왜냐하면 예금주들이 동일한 날 예금 전부를 인출할 가능성은 실제로는 매우 낮기 때문이다. 따라서 은행은 예금액의 일정부분만 보유하고 있으면 된다. 이를 지급준비금(reserves)이라고 하고 예금액에서 지급준비금이 차지하는 비율을 지급준비율이라고 한다. 그런데 만약 이러한 지급준비율을 은행 스스로 정할 수 있게 한다면 간혹 수익을 얻기 위한 대출을 많이 하기 위하여 지급준비율을 과도하게 낮은 수준으로 유지하려고 할 수도 있다. 이에 따라 자칫 예금인출에 응하지 못해 전술한 'bank-run'사태를 초래할 수 있게 된다. 이러한 문제를 방지하기 위해 지급준비율은 은행감독기관인 중앙은행에 정하고, 중앙은행에 의해 결정된 것을 법정지급준비율 또는 필요지급준비율(required reserves)이라고 한다. 은행은 이러한 법정지급준비율을 반드시 준수해야 한다. 물론 법정지급준비금을 제외하고는 나머지는 모두 대출을 통한 수익 창출을 위해 사용할 수 있다.

❸ 본원통화의 외생성과 내생성

1) 본원통화의 외생성

⑴ 의미: 중앙은행은 독점적이고도 배타적인 발권력을 기초로 본원통화량을 결정한다. 이처럼 거시경제모형의 외적 요인에 의해서 본원통화가 결정된다는 성질을 본원통화의 외생성이라고 한다. 이에 따라 통화공급 곡선은 수직선이 된다.

⑵ 근거: 중앙은행은 지급준비율의 조절, 공개시장조작, 재할인율의 조절 등을 통하여 본원통화량의 크기를 외생적으로 통제할 수 있다. 즉 중앙은행이 본원통화량의 크기를 의도적으로 조절할 수 있다는 것이 본원통화의 외생성의 기초가 된다.

2) 본원통화의 내생성

⑴ 의미: 중앙은행이 주요 거시경제 변수인 국민소득, 이자율, 국제수지 등과 관련을 맺는 과정 속에서 본원통화량의 크기가 결정된다는 것을 말한다. 이러한 본원통화의 내생성은 중앙은행의 독자적 통화정책에 한계로 작용한다는 것을 시사해준다.

⑵ 본원통화의 공급 메카니즘과 내생성

① 정부가 정부지출에 필요한 재원을 중앙은행으로부터 차입을 통해 조달하는 경우 본원통화는 증가한다.

② 중앙은행이 외환시장의 안정을 위해 외환시장에 개입하여 외환을 매입하게 되면, 그 매입대금만큼 본원통화가 증가한다. 특히 고정환율제도 하에서 환율의 상승압력 또는 하락압력 등을 해소하기 위해 중앙은행이 외환시장에 개입하는 경우, 본원통화의 내생적변화는 극명하게 나타나게 된다. 이것은 중앙은행이 본원통화를 완벽하게 통제할 수만은 없다는 근거로서 제시될 수 있다.

⑶ 이자율과 본원통화의 내생성

① 이자율의 상승은 다음과 같은 과정을 통해 본원통화에 영향을 미친다.

> • 이자율 상승 ⇒ 자본유입 ⇒ 환율하락(압력)
> ⇒ 안정적 환율 유지를 위해 중앙은행의 외환 매입 ⇒ 본원통화량 증가

결국 본원통화량은 이자율의 증가함수가 되어 우상향하는 모습을 보인다.

② 통화공급이 이자율의 증가함수이면, LM곡선의 기울기는 보다 완만해지고, 이로 인해 통화정책의 유용성은 보다 떨어지게 된다.

Theme
63 이자율 결정이론

❶ 이자율의 의의

1) 매매거래와 대차거래

(1) **매매거래**: 대가를 지불하고 재화 및 서비스의 이용이라는 혜택을 직접 얻는 거래이다. 이때 대가의 지급이 완전하게 이루어지면 거래는 그 자리에서 완결된다. ⇒ "더위에 지친 웅재는 편의점에서 생수 1병을 1,000원을 주고 구입하여 갈증을 해소하였다."

(2) **대차거래**: 혜택과 대가의 연결이 간접적이다. 대차거래는 나중에 약속이 충실히 이행되어야만 비로소 완결된다. 필연적으로 대차거래에는 '시간의 흐름'이 개입된다. ⇒ "급전이 필요했던 웅재는 현중에게 1,000만 원을 빌리고 한 달 후에 1,010만 원을 주기로 약속하였다."

2) 시간 선호의 가정과 이자율

(1) **시간 선호(time preference)**: 경제주체들이 현재소비를 미래소비보다 더 선호하는 것을 의미한다. 그 이유는 소비자가 확실한 현재의 소비를 불확실한 미래의 소비보다 더 선호한다고 보는 경제학의 가정(assumption) 때문이다. 이에 따라 거래가 공정하다는 평가를 받기 위해서는 현재 얻게 되는 혜택의 가치와 미래에 지불하기로 한 대가의 가치가 같아야 한다.

(2) **시간 선호율(the rate of time preference)**: 현재가치를 미래가치보다 더 좋아한다는 시간 선호의 가정을 받아들인다면 이제는 '얼마만큼 더 좋아하느냐'라는 문제가 대두된다. 여기서 좋아하는 정도를 측정하는 기준이 '시간 선호율' 개념이다. 이것은 미래의 가치가 현재의 가치와 동등한 가치를 가지기 위해 현재의 가치보다는 큰 값을 가져야 하는 비율을 의미한다.

(3) **이자율(the rate of interest)**: 현재와 미래 가치에 대한 개개인의 효용함수를 현실적으로 정확히 알 수 없기 때문에, 이를 현실적으로 해결하기 위해서 현재와 미래의 효용을 직접 비교하는 방법 대신에 현재의 재화 및 서비스와 미래의 재화 및 서비스의 가격을 직접 비교하는 과정에서 이자율 개념이 생겨나게 되었다.

① **원금(principal)**: 거래를 할 때 처음 받게 되는 혜택의 크기를 의미한다.

② **이자(interest)**: 거래 시작과 그 완결시기 사이에 시간이 개입되는 대차거래에서 미래가치와 현재가치가 동등한 가치를 가지도록 미래에 지불하게 되는 추가적인 부분을 의미한다.

③ **원리금**: 원금과 이자의 합을 의미한다.

④ **이자율**: 원금에서 이자가 차지하는 비율을 의미한다. ⇒ 이자율 $= \dfrac{\text{이자}}{\text{원금}}$

원금(X), 이자율(r), 원리금(Y)과의 상호 관계

- $Y=X+X\times r=X(1+r)$
- $X=\dfrac{Y}{1+r}$
- $r=\dfrac{Y}{X}-1$

이자율이 결정되는 원리는?

"우리는 흔히 돈을 빌리든 물건을 빌리든 그것에 대해 일정한 대가를 지불한다. 우리는 그것을 이자라고 한다. 그런데 이러한 이자는 어떤 이유에서 발생하는가? 단순한 고마움을 표시하기 위해서일까? 그리고 이자의 크기는 어떤 원리에 의해서 결정되는가?"

화폐가 되었든 실물이 되었든 경제 주체 상호 간에 대차거래(貸借去來)를 할 때는 거래가 발생한 때부터 거래가 마무리될 때까지의 서로 다른 시점 사이에 거래된 화폐 혹은 실물의 가치를 어떻게 평가해야 하는가의 문제가 발생한다. 이러한 문제 해결의 열쇠가 바로 '시간 선호(time preference)'의 가정이다. 여기서 시간 선호란 일반적으로 경제 주체들은 미래가치보다는 현재가치에 더 큰 가중치를 준다는 개념이다. 그리고 그 이유는 미래의 불확실성 때문이라고 설명한다. 즉 아직 결정되지 않은 불확실한 미래보다는 확실한 현재를 더욱 좋아한다는 것이다. 이런 경우를 가정해보자. 어느 날 나에게 100만 원이 있었는데 절친한 두 명의 친구인 진수와 성찬이가 100만 원을 빌려달라고 한다. 그런데 진수는 일주일 후에 돌려준다고 하고 성찬이는 1년 후에 돌려준다고 한다. 자 이제 나는 누구에게 빌려주게 될까? 두 친구 모두 절친이기 때문에 결국 고려하게 될 요소는 무사히 돌려받을 수 있는 조건에 관심을 가질 수밖에 없을 것이다. 그런데 일주일이라면 그 사이 지금과 큰 사회적 변동이 없을 것 같은데, 1년이라면 그 사이 지금으로서는 전혀 예측할 수 없는 사태가 발생하여 절친인 성찬이의 의사와 관계없이 어쩔 수 없이 상환할 수 없는 상황이 생길 수도 있을 것이다. 결국 불확실성이 상대적으로 덜한 일주일의 기간 동안 진수에게 빌려줄 것이다.

만약 이러한 시간 선호의 가정을 일반적으로 받아들인다면 이제는 과연 미래보다 현재를 '얼마나 더 좋아하는가'라는 문제가 등장한다. 현재를 좋아하는 정도가 큰 사람일수록 미래의 가치를 상대적으로 더 낮게 평가할 것이다. 문제는 그 좋아하는 정도를 어떻게 객관화할 것인가이다. 이를 해결하기 위해 흔히 사용하는 방법이 현재의 가격과 미래의 가격을 비교하여 간접적으로 그 선호 정도를 측정하는 것이다. 이자(interest) 또는 이자율(interest rate)은 바로 이러한 과정 속에서 탄생하게 된 것이다.

그런데 모든 시대에서 이러한 이자를 인정한 것은 아니다. 고대 그리스 철학자였던 아리스토텔레스(Aristoteles)는 '화폐는 새끼 낳지 않는다'고 하여 이자의 가능성을 부인하였다. 이러한 아리스토텔레스 철학에 영향을 받은 중세 기독교 철학에서도 '이자는 사탄의 자식'이라고 간주하였다. 여기에 영향을 받아 기독교 신앙을 믿었던 중세 시대의 대부분 유럽 사람들은 이른바 은행업(고리대금업)에 종사하지 않았다. 왜냐하면 은행업에 종사하면 사탄의 자식인 이자를 낳게 되기 때문에……

이에 따라 기독교로부터 자유로웠던, 정처 없이 유럽을 떠돌던 유태인들이 그 빈자리를 채우게 된 것이다. 이때 가장 유명한 고리대금업자가 바로 셰익스피어의 소설 '베니스의 상인'에 나오는 '샤일록'이라는 고리대금업자인 것이다.

다시 이자의 의의에 대해서 얘기해 보자.

시간이 고려되는 대차거래에서 미래가치와 현재가치를 동등하게 만들기 위해 상환 시점에서 추가적으로 대가로 지불되는 것을 이자라고 하고, 처음에 받은 부분을 원금

(principal)이라고 한다. 그리고 원금에 대해 이자의 크기 비율을 이자율이라고 정의할 수 있다. 우리가 흔히 원리금이라고 하는 것은 바로 이와 같은 원금과 이자가 합쳐진 개념이다. 이를 식으로 정리하면 다음과 같다.

$$이자율 = \frac{이자}{원금}$$

예를 들어 성찬이가 100만 원을 빌린 대가로 15만 원을 지불하겠다고 했다면, 이때의 원금은 100만 원, 이자율은 $\frac{15}{100}=0.15$가 되어 15%가 된다. 또한 원리금은 115만 원(100만 원+15만 원)이 된다. 이를 이용하여 원리금(Y), 원금(P), 이자율(i)의 공식을 다음과 같이 정리할 수 있다.

- $Y = P + P \times i = P(1+i)$
- $X = \dfrac{Y}{1+i}$
- $i = \dfrac{Y}{P} - 1$

3) 실질이자율과 명목이자율

(1) **실질이자율**(real interest rate): 원금과 이자를 재화의 크기와 같은 실질변수로 환산한 뒤 계산된 이자율이다.

(2) **명목이자율**(nominal interest rate): 원금과 이자를 화폐단위로 환산한 뒤 계산된 이자율이다.

실질이자율(r)과 명목이자율(i)의 관계

- 1,000원인 생수 10병을 빌리고 1년 후에 생수 11병으로 상환하기로 한 경우(단, 생수가격은 불변)

  ⇒ 실질이자율 $= \dfrac{1병}{10병} = 0.1(10\%)$

  ⇒ 명목이자율 $= \dfrac{1,000원}{10,000원} = 0.1(10\%)$

  ⇒ 물가가 거래기간 동안 불변인 경우에는 실질이자율과 명목이자율의 크기는 같다.

- 1,000원인 생수 10병을 빌리고 1년 후에 생수 11병으로 상환하기로 한 경우(단, 생수가격은 1,100원으로 상승)

  ⇒ 실질이자율 $= \dfrac{1병}{10병} = 0.1(10\%)$

  ⇒ 명목이자율 $= \dfrac{2,100원}{10,000원} = 0.21(21\%)$

  ⇒ 물가가 거래기간 동안 상승하면 실질이자율은 변화가 없으나, 동일한 실질이자를 지급하기 위해서는 더 많은 화폐가 필요하게 되므로 명목이자율은 상승하게 된다.

- 수식으로 정리

  실질이자율을 r, 명목이자율을 i, 물가상승률을 π, 원금의 실질크기를 X, 초기 물가수준을 P라고 하면

  ⇒ 실질변수로 환산한 원금은 X, 원리금은 $X(1+r)$이 된다.

  ⇒ 명목변수로 환산하면 원금은 $P \cdot X$, 그리고 물가상승률은 π이므로 상환 시 물가는 $P(1+\pi)$로 상승하게 되므로 명목변수로 환산한 상환 시 원리금은 $P(1+\pi) \cdot X(1+r)$이 된다.

⇒ 이에 따라 명목이자율(i)을 다음과 같이 나타낼 수 있다.

$$이자율 = \frac{원리금}{원금} - 1 \quad ☞ \quad i = \frac{P(1+\pi)\cdot X(1+r)}{P\cdot X} - 1$$

$$☞ \quad i = (1+\pi)(1+r) - 1 = 1 + r + \pi + \pi\cdot r - 1$$

$$☞ \quad i \fallingdotseq r + \pi \,(\because \pi\cdot r\text{은 무시해도 좋을 만큼 작은 수치})$$

❷ 고전학파 이자율 결정 이론

1) 투자와 저축

(1) **투자**: 기업의 이윤극대화를 위한 투자 규모는 실물자본 투자를 통해 얻을 수 있는 미래 기대수익의 현재가치와 밀접한 관련을 맺는다. 그런데 이자율의 하락은 미래 기대수익의 현재가치를 크게 하므로 이에 따라 투자는 증가하게 된다. 즉 투자는 이자율의 감소함수이다.

(2) **저축**: 가계는 예금을 하거나 채권을 구입함으로써 대부자금시장에서 자금을 공급(=저축)한다. 이러한 저축의 크기를 결정하는 요인은 가계의 효용극대화 문제 속에 놓여 있으며, 특히 미래에 대한 태도가 어떠한가에 달려 있다. 예를 들어 '미래까지 기다림에 대한 보상', 즉 이자율이 높을수록 저축은 증가하게 된다. 즉 저축은 이자율의 증가함수이다.

2) 이자율의 결정

(1) 한 경제의 이자율은 투자와 저축의 힘에 의해 결정된다. 이는 곧 대부자금시장에서 대부자금에 대한 수요와 공급에 의해 결정되는 실질이자율인 것이다. 이에 따라 화폐시장에서 통화량의 변화와 이자율 결정은 관련이 없게 된다.

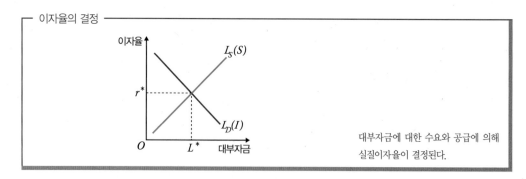

┌ 이자율의 결정 ─

대부자금에 대한 수요와 공급에 의해 실질이자율이 결정된다.

(2) 고전학파의 이자율 결정이론은 한 경제의 실질이자율이 장기적으로 어떤 추세를 가지고 움직일 것인가에 대한 기초적 분석의 틀을 제공한다.

❸ 케인스의 이자율 결정 이론

1) 이자율의 개념

(1) 케인스에 따르면 이자율은 '유동성을 포기한 것에 대한 대가'이다. 화폐를 보유하면 유동성을 얻을 수 있지만 이자 수입을 포기해야 하고, 화폐 대신 채권과 같은 수익자산을 보유하면 유동성을 잃지만 이자수입을 얻을 수 있다.

(2) 화폐를 보유하지 않고 채권을 구입하거나 화폐의 범주에 속하지 않는 예금 등에 예치하면 이자수입을 얻을 수 있으므로 화폐보유의 기회비용은 이자율인 것이다.

(3) 여기서 화폐 보유에 따른 기회비용은 실질이자율이 아니라 명목이자율이다. 왜냐하면 이자지급 자산을 보유하면 화폐를 보유하는 것에 비해 인플레이션 발생으로 생길 수 있는 구매력의 하락을 막을 수 있는 이익(π^e)과 이자지급 자산 보유를 통해 얻을 수 있는 실질이자율(r)의 합만큼의 수익을 올릴 수 있기 때문이다. 즉 화폐보유의 기회비용은 명목이자율(i)인 것이다.

2) 화폐의 수요·공급과 이자율 결정

(1) 화폐 수요

① 화폐 역시 하나의 상품이므로 화폐에 대한 수요는 일반적인 상품처럼 화폐를 보유하기 위해 지불해야 하는 가격, 즉 화폐 보유에 따른 기회비용과 소득에 의해 결정된다.

② 고전학파의 화폐수량설에서는 화폐를 실물거래를 위한 매개수단으로만 이해했기 때문에 화폐 보유에 따른 기회비용이 발생한다는 측면이 경시되었다. 그러나 완전한 형태의 화폐수요함수에는 그것을 결정하는 요인으로 소득 이외에 이자율이 포함되어야 하는 것이다.

③ 이자율이 상승하면 화폐보유에 따른 기회비용이 커지므로 화폐 수요는 감소하게 된다. 즉, 화폐 수요는 이자율의 감소함수인 것이다.

(2) 화폐 공급

① 화폐시장에서 화폐 공급은 중앙은행에 의해서 외생적으로 이루어진다. 이것은 중앙은행이 이자율 수준과 관계없이 화폐공급량을 일정수준으로 유지할 수 있다는 것을 의미한다.

② 이에 따라 화폐 공급은 이자율과 무관하게 결정되므로 화폐공급곡선은 수직선의 모습을 보이게 된다.

(3) 이자율의 결정

① 이자율은 화폐시장에서 화폐수요곡선과 화폐공급곡선이 만나는 곳에서 결정된다.

② 이에 따라 케인스는 이자율의 결정을 고전학파와 달리 순수한 화폐적 현상으로 이해한다.

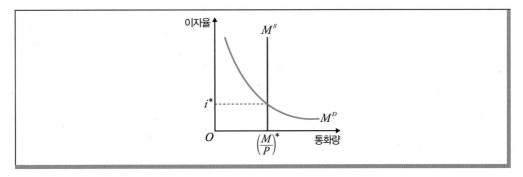

3) 화폐 수요·공급의 변화와 이자율

(1) 화폐 수요가 증가하는 경우

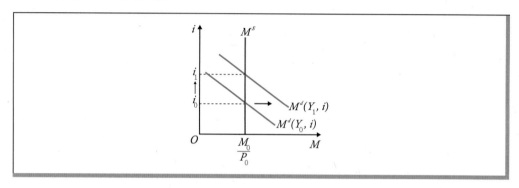

① 화폐 공급 수준이 일정할 때 화폐 수요의 증가는 화폐시장에서 화폐의 초과수요를 가져온다. 화폐의 초과수요는 경제주체들이 원하는 수준의 화폐를 보유하지 못한다는 것을 의미한다.

② 이에 따라 적정량의 화폐를 보유하기 위하여 보유 채권을 매각하려 하고, 이 과정에서 채권에 대한 공급 증가로 채권가격은 하락하고 이자율은 상승하게 된다.

(2) 화폐 공급이 증가하는 경우

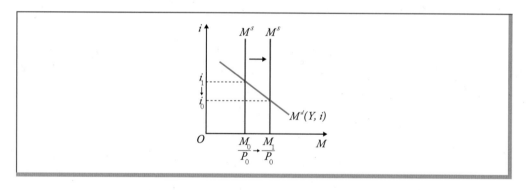

① 화폐 수요 수준이 일정할 때 화폐 공급의 증가는 화폐시장에서 화폐의 초과공급을 가져온다. 화폐의 초과공급은 경제주체들이 원하는 수준 이상의 화폐를 보유하고 있다는 것을 의미한다.

② 이에 따라 적정량의 화폐를 보유하기 위하여 적정보유량 이상의 화폐를 채권 구입을 통해 처분하려 하고, 이 과정에서 채권에 대한 수요 증가로 채권가격은 상승하고 이자율은 하락하게 된다.

 통화량 변화에 따른 실물부문의 변화는?

고전학파의 대부자금설에 따르면 이자율은 실물시장에서 투자와 저축이 일치하는 수준에서 결정되는 '실질'이 자율이다. 이에 따라 통화량의 변화는 실물부문과 아무런 영향을 미치지 못하는 이른바 '화폐중립성(=화폐 베일관)'이 성립한다.

반면에 케인스 이론에 따르면 통화량의 변화는 화폐시장에서 이자율의 변화를 가져오고 이것이 실물부문의 투자를 자극하게 된다. 이에 따라 이자율은 화폐부문과 실물부문을 연결해주는 중요한 고리 역할을 하게 되는 것이다.

결론적으로 고전학파에서는 '화폐는 중요하지 않다(Money do not matter)'는 입장에 서게 되고, 케인스 이론에서는 '화폐는 중요하다(Money matter)'는 입장을 견지하게 되는 것이다.

❹ 화폐공급에 따른 예상인플레이션 효과와 유동성 효과

1) 예상인플레이션 효과(anticipated inflation effect)-피셔 효과(Fisher effect)

(1) 고전학파에서는 화폐수량설에 따라 화폐가 물가와 인플레이션에만 영향을 미치므로 단지 명목이 자율 수준만을 변하게 할 뿐이다.

(2) 만약 화폐 공급이 증가하면 인플레이션에 대한 예상을 가져오는데, 이때 채권은 명목적으로 고정 된 소득을 지급하는 증권이므로 이러한 채권에 대한 수요는 감소하게 된다. 이에 따라 채권가격은 하락하고 명목이자율은 상승하게 된다. 이를 예상인플레이션 효과라고 한다.

(3) 예상인플레이션 효과는 피셔 관계식에 그대로 나타난다. 즉, '$i=r+\pi^e$'이므로 화폐 공급의 증가로 π^e가 상승하면 실질이자율(r)의 변화 없이 명목이자율(i)만 상승하게 되는 것이다.

Gibson's Paradox

Keynes의 유동성선호이론에 따르면 통화량의 공급과 균형이자율은 서로 반대방향으로 변동한다. 즉, 통화 량의 증가는 이자율(명목이자율)을 하락시키고 통화량의 감소는 이자율을 증가시키는 결과를 가져온다. 그러나 고전학파나 통화주의학파에서는 통화량의 증가는 물가수준(실제 및 예상물가수준)의 상승을 초래 하고, 이것은 다시 명목이자율을 상승시킨다고 보았는데, 이러한 현상을 발견한 William Gibson의 이름을 따라, Gibson's Paradox라고 부른다.

---

2) 유동성 효과(liquidity effect)

(1) 케인즈의 경우에는 화폐 공급의 증가가 화폐의 초과공급을 가져와 화폐의 대체자산인 채권의 수요 를 증가시켜 채권가격 상승과 명목이자율의 하락을 가져온다. 이와 같은 화폐 공급의 증가로 명목이 자율이 하락하는 현상을 유동성 효과라고 한다.

(2) 케인즈의 경우에는 단기적으로 물가가 고정되어 있다고 전제하므로 화폐 공급이 증가하여도 예상인 플레이션이 상승하지 않는다. 이에 따라 화폐 공급의 증가는 실질이자율(r)과 명목이자율(i)을 동시 에 하락시키게 된다.

3) 소득효과(income effect)

(1) 화폐 공급이 증가하면 이자율이 하락(유동성 효과)하고 이에 따라 총지출(소비, 투자) 증가가 총소득 을 증가시켜 화폐수요를 증가시키고, 이것이 다시 이자율을 상승시키는 효과를 말한다.

(2) 소득효과가 나타나는 경로를 정리하면 다음과 같다.

화폐공급 증가 → 이자율 하락(유동성 효과) → 소비, 투자 증가 → 총소득 증가
→ 거래적/예비적 동기 화폐수요 증가 → 이자율 상승(소득효과)

인플레이션이 존재하는 경우의 이자율 결정

1. 피셔 방정식

1) 인플레이션이 존재하는 경제에서 명목이자율(i)은 실질이자율(r)과 예상인플레이션(π^e)의 합인 피셔 방정식에 의해 결정된다.

$$i=r+\pi^e$$

2) 고전학파인 피셔(I. Fisher)는 명목이자율과 실질이자율 사이에 존재하는 상관관계에 대해 실증분석한 결과 단기적으로는 실질이자율이 일정하기 때문에, 예상인플레이션과 명목이자율 사이에는 1:1의 관계가 성립한다고 주장하였다.

3) 예컨대 예상인플레이션이 1%p 상승하면 명목이자율도 1%p만큼 상승한다는 것이다. 이를 완전한 피셔 효과(full Fisher effect)라고 한다.

2. 케인스학파

1) 케인스학파는 예상인플레이션이 1%p 상승할 때 명목이자율은 0.6~0.8%p 정도만 상승하는 데 그치는 불완전한 피셔 효과를 실증적으로 분석한 결과를 제시하였다.

2) 오쿤(Okun): 명목이자율이 예상인플레이션에 적응하는 데 상당한 시간이 소요되며, 또한 장기적으로도 명목이자율이 예상인플레이션에 완전히는 적응하지 못한다고 한다.

3) 섬머스(Summers): 위험도와 유동성이 유사한 대체 투자 상품을 쉽게 찾기 힘든 시장의 현실적인 불완전성 때문에 완전한 피셔 효과는 성립하지 못한다고 한다.

4) 먼델-토빈(Mundell-Tobin): 예상인플레이션이 상승하면 실질이자율이 하락하는 효과가 발생한다. 이에 따라 투자가 증가하여 명목이자율은 상승하게 된다. 그러나 명목이자율의 상승 정도는 실질이자율이 하락한 크기만큼 예상인플레이션보다 상대적으로 작게 상승하는 데 그친다. 이를 먼델-토빈 효과라고 한다.

3. 다비 효과(Darby effect)

1) 다비(Darby)는 예상인플레이션이 1%p 상승하면 명목이자율은 1%p 이상 상승한다고 한다. 채권자는 인플레이션 발생을 전후하여 세후 실질이자율을 확실하게 보장받고자 하기 때문에 예상인플레이션 상승폭보다 명목이자율의 상승폭이 상대적으로 커야 된다는 것이다. 따라서 만약 예상인플레이션이 10%p 상승할 것으로 예상되면 명목이자율은 10%p 이상 상승해야 세후 실질이자율도 이전과 동일한 수준을 확보할 수 있다는 것이다.

2) 예컨대 이자소득세율(t)이 20%이고, 명목이자율이 10%, 예상인플레이션이 5%라고 가정하자. 이러한 경우 세후 실질이자율(r)은 다음과 같다.

$$r=i(1-t)-\pi^e=10(1-0.2)-5=8-5=3(\%)$$

이때 예상인플레이션이 10%p만큼 상승하여 15%가 되고 명목이자율도 10%p만큼 상승하여 20%가 되었다면 세후 실질이자율은(r)은 다음과 같다.

$$r=i(1-t)-\pi^e=20(1-0.2)-15=16-15=1(\%)$$

이 결과는 이전의 세후 실질이자율(=3%)보다 현재의 세후 실질이자율(=1%)이 더 낮아졌음을 보여준다. 따라서 세후 실질이자율이 이전과 같은 3%가 되기 위해서는 명목이자율은 12.5%p만큼 상승한 22.5%가 되어야 한다는 것을 알 수 있다. 즉 예상인플레이션 상승폭(10%p)보다 명목이자율 상승폭(12.5%)이 더 커야 한다는 것을 알 수 있다.

유동성 프리미엄

수익성보다 안전성을 중시하는 자금 대부자는 단기 대부를 선호하고, 이자율 부담보다 자금의 안정적 확보를 중시하는 자금 차입자는 장기 대부를 선호하므로 장기 이자율에는 기간이 길수록 커지는 프리미엄이 가산된다. 이를 유동성 프리미엄이라고 한다.

❺ 이자율의 기간별 구조

1) 의의

(1) 다양한 이자율의 존재

① 현실에서는 채권이자율 이외에노 콜금리와 같은 초단기 금리와 같은 다양한 금리가 손재한다.

② 채권이자율도 단기 채권이자율과 장기 채권이자율이 존재한다.

(2) 이자율의 기간별 구조(terms structure of interest rate)

① 다양한 이자율의 존재는 투자자로 하여금 단기 이자율과 장기 이자율의 상대적인 크기를 고려하여 최선의 투자행위를 해야 하는 문제에 직면하게 한다.

② 채권의 특징 중 유동성, 위험, 정보비용, 세금조건 등의 다른 모든 성질은 일정하다고 가정하고, 오직 채권의 만기만 다른 경우를 전제하여 채권이자율과 만기 사이에 나타나는 관계를 이자율의 기간별 구조라고 한다.

2) 이자율의 기간별 구조에 대한 이론

(1) 기대이론(expectations theory)

① 단기채권과 장기채권 사이에 완전한 대체관계가 존재한다. → 투자자가 단기채권과 장기채권 사이에 동일한 선호를 갖는다.

② 장기이자율은 단기예상이자율들의 평균으로 결정된다. → 단기채권 이자율이 앞으로 상승할 것으로 예상되면 현재의 장기이자율은 현재의 단기이자율보다 높게 결정되고, 단기채권의 이자율이 앞으로 하락할 것으로 예상되면 현재의 장기이자율은 현재의 단기이자율보다 낮게 결정된다.

확인 TEST

2010년 9월 현재 미국의 3개월 만기 단기 국채금리는 5.11%이며 10년 만기 장기 국채금리는 4.76%라고 할 때, 향후 미국 경기에 대한 시사점으로 가장 적절한 것은?

① 미국 경기는 침체될 가능성이 높다.
② 미국 경기는 호전될 가능성이 높다.
③ 미국 경기는 호전되다가 다시 침체할 가능성이 높다.
④ 미국 경기는 침체되다가 다시 호전될 가능성이 높다.

해설 • 기대이론에서 장기금리는 단기금리들의 평균으로 결정된다. 따라서 문제에서처럼 장기금리가 단기금리보다 낮다는 것은 미래의 단기금리가 하락할 것이라고 예상한다는 것이다.
• 금리는 경기가 침체될수록 하락한다. 경기가 침체되면 수익률(=금리)이 높은 투자 상품을 찾기가 어려워진다는 것을 생각해보면 된다. 따라서 미국 경제는 침체될 가능성이 높다고 예상할 수 있는 것이다.

정답 ①

⑵ **시장 분리 이론**(market segmentation theory: 시장 분할 이론)

① 의미: 만기가 서로 다른 채권은 서로 대체성이 없다고 본다. 이에 따라 만기가 서로 다른 단기 채권시장과 장기 채권시장은 완전한 별개의 시장이기 때문에 단기금리는 단기 채권시장에서, 장기금리는 장기 채권시장에서 각각 결정된다는 이론이다.

② 일반적으로 위험기피적인 가계는 단기채권을 선호한다. 그런데 단기채권 시장에서는 가계에 의한 채권수요가 기업에 의한 채권공급보다 크기 때문에 초과수요가 발생한다. 이에 따라 단기채권 가격은 상승하고 단기이자율이 하락하게 된다.

③ 반면에 안정적인 자금조달을 원하는 기업은 장기채권을 선호한다. 그런데 장기채권 시장에서는 기업에 의한 채권공급이 가계에 의한 채권수요보다 크기 때문에 초과공급이 발생한다. 이에 따라 장기채권의 가격은 하락하고 장기이자율은 상승하게 된다.

④ 따라서 단기이자율에 대한 기대는 장기이자율에 대해 아무런 영향을 주지 못한다.

⑶ **유동성 프리미엄 이론**

① 기대이론과 달리 단기채권과 장기채권 사이의 대체관계를 인정하지 않는다. 이에 따라 다른 모든 조건이 일정하다면 투자자들은 일반적으로 유동성이 낮은 장기채권보다 유동성이 높은 단기채권을 선호한다. 따라서 이러한 투자자들에게 장기채권을 판매하기 위해서는 단기채권에 비해 '다만 얼마라도' 더 높은 수익을 보장해 주어야 한다. 이를 '유동성 프리미엄(liquidity premium)'이라고 한다. 이러한 유동성 프리미엄은 만기가 길수록 높아진다.

② 장기채권보다 단기채권을 선호하는 이유로서 미래의 불확실성으로 인해 직면할 수 있는 '위험'을 회피하기 위한 목적을 들 수 있다. 그런데 만기가 길어질수록 불확실성에 따른 위험도도 높아진다. 위험 프리미엄은 이러한 위험 감수에 대한 보상의 역할을 하기도 한다.

⑷ **특정시장 선호이론**(preferred habitat theory: 선호 서식지 이론)

① 의미: 특정시장 선호이론이란 채권 이자율은 투자자들이 선호하는 투자기간과 깊게 연관되어 있다는 이론이다. 즉 투자자들은 자신이 선호하는 투자기간과 가장 차이가 없는 만기를 가진 채권을 가장 안전한 자산으로 간주한다는 것이다. 이에 따라 위험이나 유동성 등과 같은 채권의 특성은 물론이고 투자자의 위험기피적 성향 등도 고려하지 않는다.

② 예컨대 가장 선호하는 투자기간을 3년이라고 생각하는 투자자는 3년 만기 채권을 가장 안전한 채권이라고 생각하므로 3년 만기보다 긴 5년 만기 채권, 10년 만기 채권에 대해서는 물론이고 3년 만기보다 짧은 1년 만기 채권에 대해서도 양(+)의 값인 기간 프리미엄을 요구한다. 반대로 만약 상속이나 증여의 목적으로 다른 채권보다 10년 만기 장기채권을 더 선호한다면 투자자는 장기이자율이 단기이자율보다 낮더라도 기꺼이 장기채권을 매입할 것이며, 이때의 기간 프리미엄은 음(−)의 값을 갖게 될 것이다.

③ 투자자는 자신이 '선호되는 특정시장(선호하는 만기)'에 대해서는 상대적으로 낮은 이자율을 용인하지만, '선호되지 않는 특정시장'에 대해서는 상대적으로 높은 이자율을 요구하게 된다.

Theme 64 금융과 금융정책

❶ 금융과 금융시장

> ┌─ 금융에 관하여 관심을 갖고 있는 문제 ─────────────────────
> 1. 통화란 무엇이며 그 가치는 어떻게 결정되는가?
> 2. 금융기관의 역할은 무엇인가?
> 3. 금융시장에서 거래되는 금융증권은 어떠한 것들이 있는가?
> 4. 이자율이란 무엇이며 어떻게 결정되고 변화하는가?
> 5. 통화정책이란 무엇이며 경제에 어떠한 영향을 미치는가?
> 6. 금융부문과 실물부문은 서로 어떻게 연결되어 있는가?

1) 금융의 의의

(1) **금융**: 자금의 융통, 즉 재화나 서비스의 매매를 수반하지 않고 화폐 그 자체의 수요·공급에 의해 발생하는 화폐만의 독립적 유통을 말한다. 즉, 자금의 잉여주체와 자금 부족주체 간의 중개행위로 정의된다.

(2) **금융시장**: 금융중개를 담당하는 기관을 금융중개기관이라 하고 금융행위가 이루어지는 시장을 금융시장이라고 한다.

2) 기업의 자금 조달 방법

(1) **내부금융**: 기업 스스로의 사내유보를 통한 자금 조달 방법이다.

(2) **외부금융**

① **직접금융**: 자금의 최종수요자와 공급자가 직접 자금거래를 하는 방식으로 자금 잉여주체인 가계의 입장에서 보면 채권이나 주식을 구입하는 것이고, 자금 부족주체인 기업의 입장에서 보면 증권시장에서 채권이나 주식 등을 발행하여 자금을 조달하는 것이다.

② **간접금융**: 자금의 중개기관(금융기관, 대개은행)을 사이에 두고 자금의 수요와 공급이 이루어지는 방식으로 자금 잉여주체인 가계의 입장에서 보면 예금을 하는 것이고, 자금부족주체인 기업의 입장에서 보면 대출을 받아 자금을 조달하는 것이다. 간접금융에서는 자금의 공급자와 금융기관 간에 한 번, 금융기관과 자금의 실제 사용자 간에 한 번, 모두 두 번의 대출과 차입 관계가 성립한다.

3) 증권과 금융의 증권화

(1) **증권의 분류**

① **본원적(직접적) 증권**: 주식, 회사채, 어음, 차용증서 등과 같이 자금의 실제 사용자가 발행하는 금융자산, 직접금융시장에서 거래되는 증권이다.

② **파생적(간접적) 증권**: 예금증서와 같이 금융 중개기관이 발행하는 증권이다.

(2) **금융의 증권화**: 간접금융시장의 상품들은 유동성이 낮은데, 이들 상품을 증권으로 전환함으로써 유동성을 높이는 것을 말한다.

4) 금융시장

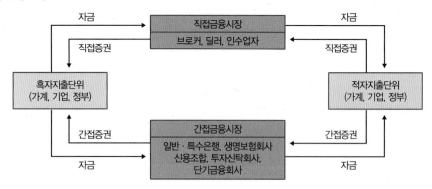

① **직접금융시장**: 직접금융이 이루어지는 시장 ⇒ 채권과 주식이 거래되는 증권시장과 콜시장 등이 이에 속한다.

② **간접금융시장**: 금융기관을 통하여 금융이 이루어지는 금융시장을 말하며 금융중개시장이라고도 한다.

┌ 금융기관의 기능 ─────────────

1. 중앙은행: 발권은행, 은행의 은행, 정부의 은행, 외환관리은행
2. 예금은행: 이윤 추구를 위해 금융·대출을 함으로써 예금통화를 창조
3. 비통화금융기관: 요구불 예금을 취급할 수 없으므로 신용창조는 못하고 대부기능만 담당

---

❷ 금융 정책과 중간목표

1) 금융정책의 의의

(1) **개념**: 금융정책당국이 통화량이나 이자율을 조절하여 국민경제의 안정적 성장을 실현하고자 하는 여러 가지 경제정책을 말한다.

┌ 한국은행 통화정책 결정기구 구성 ─────────────

명칭	구성 및 인원	임기	위원의 임명	민간단체 추천	국회 청문
한국은행 금융통화 위원회 (총 7인)	총재	4년	국무회의 심의와 국회 인사 청문을 거쳐 대통령이 임면	×	○
	부총재	3년	총재 추천으로 대통령이 임명	×	×
	임명위원 5인	4년	기획재정부장관, 한은총재, 금융위원장, 대한상의회장, 은행연합회회장의 추천을 받아 대통령이 임명	○	×

┌─ 한국은행 통화정책 결정기구 의사결정 방식 ─────────

구성	이결전족수		결정반시	casting vote
	출석위원수	찬성위원수		
7인(총재, 부총재, 금통위원 5인)	5인 이상	출석과반수	투표	人

└────────────────────────────────

(2) 금융정책의 파급 경로

금융정책 수단	금융정책의 중간목표	금융정책의 최종목표

(1) 일반정책수단
   ① 공개시장조작
   ② 지급준비율정책
   ③ 재할인율정책
(2) 선별적정책수단
   ① 대출한도제
   ② 이자율규제정책
   ③ 정책금융

→ 이자율(질적 지표)

   통화량(양적 지표)

→

물가안정
완전고용
국제수지균형
경제성장

↓

국민경제 안정적 성장

① **정책수단**(policy instrument): 금융정책 당국이 정책목표를 달성하기 위하여 직접 통제할 수 있는 정책도구를 말한다.

② **최종목표**(goal): 금융정책이 실현하고자 하는 국민경제상의 목표를 말한다.

③ **중간목표**(intermediate target): 정책수단과 최종목표 사이에 중간변수를 정해 두고 이를 관찰하여 정책수단을 조절함으로써 궁극적으로 최종목표를 달성하는 전략을 택하는데 이를 중간목표라고 한다. 이것의 필요성은 금융당국이 금융정책 수단을 조절하여 그 효과가 최종목표에 영향을 미치기까지 매우 긴 시간이 소요되기 때문이다.

2) 중간목표(중심통화지표)의 필요성

(1) 금융정책의 실시의 필요성과 이미 채택된 금융정책의 효과를 정확하게 알려면 금융정책의 최종목표인 *GDP*, 물가, 실업률과 같은 통계를 알아야 할 것이지만 이러한 통계자료가 작성되어 발표될 때까지에는 상당한 시일이 걸린다.

(2) 이에 따라 최종목표와 안정적인 함수관계에 있는 신속하게 입수할 수 있는 중간목표를 근거지표를 삼을 필요성이 대두된다.

┌─ 중간목표가 되기 위한 조건 ─────────────

1. **측정가능성**(measurability): 중간목표를 이용하는 이유는 통화정책이 그때그때마다 옳은 방향으로 가고 있는지를 신속하게 판단하기 위한 것이므로 중간목표로 사용되는 변수는 신속하고도 정확하게 측정될 수 있어야 한다.
2. **통제가능성**(controllability): 중앙목표가 원하는 범위를 벗어나 통화정책이 올바른 방향으로 가고 있지 않다는 사실을 발견했을 때 중앙은행에 의해서 효과적으로 통제될 수 있어야 한다.
3. **정책목표와의 안정적 관계**: 중간목표가 얼마만큼 증가하면 얼마 후에 다른 경제변수가 얼마나 변화할 것인지가 안정적으로 예측될 수 있어야 한다.

└────────────────────────────────

3) 중간 목표의 선택에 대한 논쟁

┌─ 중간 목표로써 이자율이냐? 통화량이냐? ─────────────────────────

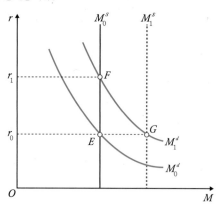

(1) 최초에 화폐시장의 균형점이 E점이고, 균형 이자율이 r_0로 주어져 있었으나 어떤 이유로 화폐 수요곡선이 우측으로 이동하였다고 가정하자.

(2) 외생적인 요인으로 화폐수요가 증가할 때 중앙은행이 통화량을 일정하게 유지하면 이자율은 r_1으로 상승할 수밖에 없다.

(3) 만약 중앙은행이 이자율을 일정하게 유지하고자 한다면 통화 공급량을 M_1^s으로 증가시켜야 한다.

(4) 이처럼 통화량을 일정하게 유지하고자 한다면 이자율의 변동을 허용할 수 밖에 없고, 이자율을 일정하게 유지하고자 한다면 통화량을 변화시켜야만 한다.

(5) 즉, 중앙은행이 통화량과 이자율을 모두 일정하게 유지하는 것이 불가능하므로 통화량과 이자율 중에서 한 가지를 중간 목표로 선택할 수밖에 없다.

└──

(1) **이자율 지표(질적 지표)**

    ① Keynes학파가 상대적으로 더 중요시한다.

    ② 통화량의 증감은 그 자체에 의미가 있는 것이 아니라 그것이 이자율의 변화를 통한 투자 수요의 변화를 가져오는 데에 의미가 있으므로 불안정한 이자율을 중간목표로 삼아야 한다고 주장한다.

    ③ 금융규제완화와 금융혁신이 진전됨에 따라 통화지표에는 포함되지 않았지만 화폐와 대체성이 높은 금융자산이 새로이 등장하였고, 이에 따라 전통적인 통화지표와 통화정책의 목표변수들 간에 존재하였던 안정적인 관계가 사라지게 되었다.

(2) **통화량 지표(양적 지표)**

    ① 통화주의학파가 상대적으로 더욱 중요시한다.

    ② 통화량은 명목총지출 규모에 직접적인 영향을 줄 수 있어 명목총생산이 신속하게 변화할 수 있다.

    ③ 이자율을 목표로 사용할 경우에는 통화정책이 경기변동을 오히려 더욱 심화시킬 우려가 있다. 예컨대 호황기에는 일반적으로 이자율이 상승하는데 중앙은행이 이자율을 안정시키기 위해 통화 공급을 늘린다면 총수요가 증가하여 경기가 더욱 과열될 수도 있는 것이다.

④ 또한 이자율지표는 경우에 따라 매우 불완전한 정보를 제공한다. 예컨대 통화량이 증가하면 물가가 상승하고 이에 따라 인플레이션을 예상하게 되어 명목이자율이 상승하고 금융당국은 이를 금융시장의 자금사정이 어렵다고 오판하여 통화량을 더욱 증가시키고 이는 다시 물가 상승을 지극히 여 명목이자율이 너욱 싱능아는 약순완만을 가져온다.

사례 연구 **중간목표**

◈ 신용카드 보급의 증가와 중간목표와 관계는?

분석하기

1. 신용카드 보급 증가의 영향: 신용카드 보급이 증가하면 화폐수요는 감소한다($M_S^0 \rightarrow M_S^1$). 이에 따라 LM곡선은 다음과 같이 오른쪽으로 이동하게 된다($LM_0 \rightarrow LM_1$).

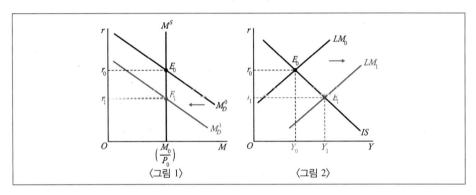

〈그림 1〉 〈그림 2〉

2. 중간목표로서 통화량과 이자율
   1) 중간목표가 통화량인 경우

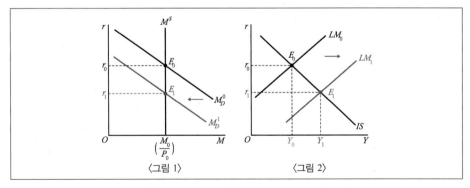

〈그림 1〉 〈그림 2〉

중앙은행이 통화량을 중간목표로 하면 〈그림 1〉에서 보는 바와 같이 화폐수요(M_D)는 감소($M_D^0 \rightarrow M_D^1$)하지만 화폐공급(M_S)은 현재 수준을 그대로 유지하게 된다. 이에 따라 통화량은 불변이지만, 이자율은 하락하게 된다. 그 결과 〈그림 2〉에서 보는 바와 같이 LM곡선은 오른쪽으로 이동하게 되어 국민소득을 증가($Y_0 \rightarrow Y_1$)시키게 되어 경제를 현 수준(E_0)으로 유지할 수 없게 된다.
   2) 중간목표가 이자율인 경우

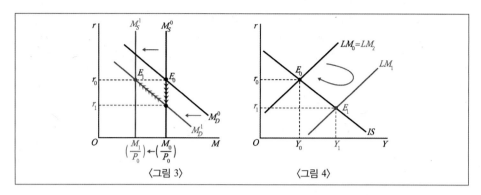

〈그림 3〉   〈그림 4〉

신용카드 보급이 증가하게 되면 화폐시장에서는 화폐수요가 감소($M_D^0 \rightarrow M_D^1$)하고, LM곡선은 오른쪽으로 이동($LM_0 \rightarrow LM_1$)하게 된다. 중앙은행이 이자율을 중간목표로 하면, 〈그림 3〉에서 보는 바와 같이 신용카드 보급 증가에 따른 화폐수요 감소에 대응하기 위하여 통화량을 감소($M_S^0 \rightarrow M_S^1$)시켜야 한다. 이에 따라 〈그림 4〉에서 보는 바와 같이 LM곡선은 다시 왼쪽으로 이동($LM_1 \rightarrow LM_2$)하게 되어 경제를 현 수준 (E_0)으로 유지할 수 있게 된다.

3) 평가: 신용카드 보급의 증가와 같은 충격이 화폐시장에서 비롯되는 경우, 경기안정화를 위한 중간목표로 는 통화량보다 이자율이 우월하다는 것을 알 수 있고, 이것은 Poole의 견해와 일치한다는 것을 확인할 수 있다.

Theme 65 · 금융정책 수단

❶ 일반적 정책 수단(전통적 정책 수단)

1) 의의

(1) 정책효과가 국민경제 전반에 미칠 수 있도록 고안된 정책 수단이다.

(2) 이자율, 통화량에 대한 간접적 규제를 하게 된다.

2) 공개 시장 조작(open market operation) 정책

(1) 의미

① 중앙은행이 단기금융시장이나 채권시장과 같은 공개시장에서 금융기관을 상대로 국공채 등 유가증권의 매매 등을 통해 이들 기관의 유동성 규모를 변화시킴으로써 본원통화량이나 초단기금리를 조절하는 정책수단이다.

② 여기서 중앙은행은 공개시장조작을 통하여 본원통화량(구체적으로는 지준공급량) 목표와 초단기금리 목표를 동시에 달성할 수 없고, 두 가지 목표 중 어느 하나의 목표만을 달성할 수 있을 뿐이다. 예컨대 중앙은행이 본원통화량(지준공급량) 목표를 설정하고 이를 유지하고자 할 때, 예상치 못한 예금의 변동 등으로 금융기관의 지준수요가 변동하게 되면 금리의 변동이 불가피하다. 반대로 중앙은행이 초단기금리를 일정하게 유지하기 위해서는 금융기관의 지준수요가 변할 경우 지준공급량을 조절해야 한다.

> 중앙은행 국·공채 매입(매각) ⇒ 국·공채에 대한 수요(공급) 증가
> ⇒ 국·공채 가격상승(하락) ⇒ 이자율 하락(상승)

③ 금융시장이 고도로 발달하여 다양한 금융자산이 존재하고 금리 자율화가 시행되는 금융 선진국에서 통화량 조절을 위해 활용하는 가장 대표적인 정책이다.

(2) 공개시장조작의 방식

① 환매조건부(RP) 매매는 중앙은행이 일정기간 후 다시 매입할 것을 조건으로 보유채권을 매각하거나 반대로 일정기간 후 다시 매각할 것을 조건으로 채권을 매입하는 거래이다. RP매매 방식은 거래가 종료되는 시점에 반대의 효과가 나타나므로 시중 유동성을 단기적으로 조절하고자 할 때 활용된다.

② RP매매는 중앙은행이 채권을 매입하거나 매각함으로써 소유권이 완전히 이전되는 거래방식으로 유동성을 기조적으로 조절하고자 할 때 활용된다.

⑶ 공개시장조작의 장점

① 중앙은행은 공개시장조작을 통해 자신의 주도하에 능동적으로 시중 유동성을 조절할 수 있다. 이에 비해 중앙은행 대출제도는 중앙은행이 금리나 대출규모를 변경하여 금융기관들로 하여금 중앙은행 대출창구를 이용하도록 권장하거나 아니면 이용하지 못하도록 유도할 수 있을 뿐이다.

② 공개시장조작을 통해 섬세한 유동성 조절이 가능하다. 필요한 조절 규모가 아무리 작더라도 그만큼만 채권매매를 하면 되기 때문이다. 또한 공개시장조작의 실시시기, 빈도, 조건 등을 필요에 따라 수시로 조절할 수 있어 대단히 신축적이다. 반면에 지급준비제도는 지급준비율을 소폭 변경하더라도 금융기관 유동성 사정에 강력한 영향을 미칠 뿐 아니라 지준율을 수시로 조정하기도 어렵다. 중앙은행 대출도 그 금리나 규모를 수시로 변경하기 어려운 것은 마찬가지다.

③ 공개시장조작은 신속하게 시행할 수 있다. 중앙은행 대출제도나 지급준비제도는 제도 변경 시 상당한 행정적 절차가 뒤따라야 하지만 공개시장조작은 중앙은행과 시장 참가자 간의 즉각적인 매매거래만으로 절차가 시작되고 종결된다.

확인 TEST

중앙은행이 국공채시장에서 국공채를 매입하는 공개시장 조작 정책을 수행하기로 결정하였다. 이 정책이 통화량, 국공채 가격 및 국공채 수익률에 미치는 영향으로 가장 옳은 것은?

① 통화량 증가, 국공채 가격 상승, 국공채 수익률 상승
② 통화량 증가, 국공채 가격 상승, 국공채 수익률 하락
③ 통화량 증가, 국공채 가격 하락, 국공채 수익률 상승
④ 통화량 감소, 국공채 가격 상승, 국공채 수익률 상승

해설 • 중앙은행이 국공채를 매입하면 매입대금만큼의 통화량이 증가한다.
• 채권시장에서는 중앙은행에 의한 국공채 매입으로 국공채에 대한 수요가 증가하여 국공채 가격은 상승하게 되고, 이에 따라 국공채 수익률은 하락하게 된다.
• 국공채 수익률이 하락하는 것은 가격이 상승하게 된 국공채를 구입하면, 비싸진 국공채 매입을 통해 얻게 되는 수익이 작아지기 때문이다.
• 재테크는 싸게 사서 비싸게 파는 것이 가장 중요하다.

정답 ②

---

3) 지급준비율 정책(reserve requirements ratio policy)

⑴ 예금 은행의 지급 준비금 비율의 조정을 통해 통화량, 이자율을 조절한다. 단, 본원통화의 양은 변하지 않는다.

> 중앙은행 법정 지준율 인상(인하) ⇒ 예금은행의 초과 지준금 감소(증가)
> ⇒ 예금은행 대출 감소(증가) ⇒ 통화량 감소(증가) ⇒ 이자율 상승(하락)

(2) 지급준비제도 역할 약화와 그 이유

① 금융기관에 가해졌던 각종 규제가 완화되거나 철폐되는 상황에서 강제적-무차별적으로 이루어지는 지급준비제도는 금융기관의 자율적 자금운용을 제약하는 규제의 하나로 인식되었다.

② 중앙은행이 지급준비율을 조금만 조정하더라도 전체 유동성 수준이나 금융기관 수지에 강력하고 지속적인 영향을 미치기 때문에 이를 빈번히 사용할 수 없어 지급준비제도를 일상적인 유동성조절 수단으로 활용하는 데 어려움이 있었다.

③ 형평성의 문제가 제기된다. 지급준비제도는 주로 은행 등 예금수취기관에 적용되는데 이들 기관은 무수익 자산인 지급준비금을 의무적으로 보유해야 하므로 간접적인 세금, 즉 지준세(reserve tax)를 부담하는 셈이 된다. 이것은 다른 금융기관과의 공정경쟁을 저해하는 요인이 된다.

확인 TEST

본원통화량이 불변인 경우, 통화량을 증가시키는 요인만을 모두 고르면? (단, 시중은행의 지급준비금은 요구불예금보다 작다.)

ㄱ. 시중은행의 요구불예금 대비 초과지급준비금이 낮아졌다.
ㄴ. 사람들이 지불수단으로 요구불예금보다 현금을 더 선호하게 되었다.
ㄷ. 시중은행이 준수해야 할 요구불예금 대비 법정지급준비금이 낮아졌다.

① ㄱ, ㄴ
② ㄱ, ㄷ
③ ㄴ, ㄷ
④ ㄱ, ㄴ, ㄷ

 • 본원통화량이 불변인 경우, 초과지급준비율이 낮을수록(ㄱ), 현금을 보다 덜 선호하여 민간의 현금보유비율이 낮을수록(ㄴ), 법정지급준비율이 낮을수록(ㄷ) 통화량은 이전에 비해 증가하게 된다.

정답 ▶ ②

---

4) 중앙은행 여수신 제도-재할인율 정책(rediscount rate policy)

(1) 의미

① 중앙은행이 금융기관을 대상으로 대출 및 예금을 통해 자금의 수급을 조절하는 정책을 말한다. 중앙은행 여수신제도가 형성되기 시작했을 때 중앙은행은 상업은행이 기업에 할인해 준 어음을 다시 할인 및 매입하는 형식으로 자금을 지원했기 때문에 중앙은행 대출제도를 통상 재할인제도라고 부르기도 한다.

② 중앙은행은 예금은행이 중앙은행에서 자금을 차입할 때 적용하는 이자율인 재할인율의 조정을 통해 통화량, 이자율을 조절한다. 이때 예금은행의 중앙은행에 대한 자금 의존도가 높을

수록 효과적인 정책수단이 될 수 있다. 여기에 적용되는 이자율인 재할인율은 일반적으로 시중 이자율 수준보다도 훨씬 낮게 책정되어 있기 때문에 그동안 재할인 대출은 통화증발의 주된 요인이 되어 왔다.

> 중앙은행 재할인율 인상(인하) ⇒ 예금은행의 중앙은행에 대한 차입금 감소(증가)
> ⇒ 통화량 감소(증가) ⇒ 이자율 상승(하락)

재할인과 통화량

기업은 상품구입대금으로 어음을 발행한다(진성어음). 어음에는 지급기간이 명시되어 있어서 그 시점까지는 현금으로 바꿀 수 없지만, 은행은 만기가 도래하지 않은 어음이라도 일정한 수수료를 공제하고 기업으로부터 어음을 매수해 줄 수 있다. 이것이 어음할인이다.

그런데 예금은행이 영업 도중에 지급준비금이 부족하면 민간기업에게서 할인하여 받아둔 어음을 중앙은행에 재할인받아 자금을 조달할 수 있다. 이러한 과정에서 본원통화가 공급된다. 중앙은행은 시중의 자금사정에 따라 재할인율을 조절할 수 있다. 즉 중앙은행이 재할인율을 인하(인상)하면 본원통화가 증가(감소)한다.

사례

예금은행이 1년 만기 1억 원짜리 상업어음을 중앙은행에서 재할인 받는 경우
1. 재할인율이 연 5%인 경우 : 예금은행은 중앙은행으로부터 1억 원에서 연 5% 이자에 해당하는 500만 원을 차감한 9,500만 원을 대출받을 수 있다.
2. 재할인율이 연 10%인 경우 : 예금은행은 중앙은행으로부터 1억 원에서 연 10% 이자에 해당하는 1,000만 원을 차감한 9,000만 원을 대출받을 수 있다.
3. 결국 "중앙은행이 재할인율 인상 → 예금은행의 대출액 감소 → 본원통화 공급 감소 → 통화량 감소"하게 된다.

(2) 중앙은행 여수신제도의 기능

① 금융기관에 대해 유동성을 공급하는 기능을 수행한다.

② 최종 대부자 기능 수행에 있어 중요한 역할을 한다. 만약 개별 금융기관이 일시적 자금부족에 직면하는 경우 중앙은행은 대출제도를 통해 이들 금융기관에 소요 자금을 신속하게 지원함으로써 금융 불안의 확산을 차단한다.

③ 일중당좌대출제도를 등을 통해 일시적인 결제부족자금을 일중 영업시간 중에 실시간으로 지원함으로써 지급결제의 원활화에도 기여한다.

공시효과(announcement effect)

중앙은행이 재할인율을 조절하면 이것이 언론을 통해 시장에 알려지기 때문에 공시효과를 얻을 수 있다. 예컨대 재할인율을 인상하면 시장에서는 이것을 중앙은행이 금융긴축을 실시하겠다는 정책적 의지로 받아 들인다. 이에 따라 가계는 소비를 줄이고, 기업은 투자를 줄이므로 긴축효과가 더욱 크게 나타날 수 있게 된다.

각 금융정책의 특성

정책수단	전달경로	신축성	효과
공개시장조작 정책	공채 ⇒ 이자율 ⇒ 통화량, 투자	탄력적	신축적 조정효과 (증권시장 발달이 전제)
지급준비율 정책	지준율 ⇒ 지준금, 통화승수 ⇒ 통화량	비탄력적(강제성)	강력(최후 수단)
재할인율 정책	재할인율 ⇒ 어음재할인, 대중앙은행 차입금 ⇒ 통화량	비탄력적	고시효과와 신용의 대출여력(availability)효과

기출확인

다음과 같은 세 가지 가정 하에 한국 경제가 안정적 성장을 도모하기 위해서는 재할인율의 인상과 인하 중 어느 것이 더 바람직한가? 현재의 경기(景氣)상태에 대한 진단, 통화량, 총수요와 연관지어 그 근거를 120자 이내로 쓰시오.

[2004]

> 가정 A: 한국은행에 대한 예금은행의 지급 의존도가 높다.
> 가정 B: 한국경제가 다음과 같은 경제 상황에 직면해 있다.
> ① 실업률이 10%대를 웃돌고 있다.
> ② 부도로 도산하는 기업들이 속출하고 있다.
> ③ 기업들의 체불임금 규모가 점점 늘어나고 있다.
> ④ 재고가 쌓이고, 기업들의 매출액 규모는 감소하고 있다.
> ⑤ 주식 가격은 하락하고, 기업들의 재무구조도 악화되고 있다.
> 가정 C: 정부 당국이 사용할 수 있는 정책 수단은 '재할인율 정책'뿐이다.

분석하기

- 경기안정화 정책: 재할인율 인하 정책
- 근거: 주어진 가정 *B*에서 높은 실업률, 기업들의 도산 속출 등은 현재 경기가 극심한 불황이라는 것을 보여준다. 따라서 경기안정화를 위한 확장적 금융정책이 필요하다. 이를 위해 재할인율을 인하하여 예금은행들의 대출이자율 인하를 유도하여 통화량을 증가시키고, 이를 통해 총수요를 증가시켜야 한다.

❷ 비전통적 정책수단

1) 의의: 비전통적(unconventional) 통화정책수단은 정책금리가 '제로' 또는 '실효하한(effective lower bound)'에 도달하였거나 파급경로가 현저히 훼손된 상황에서 금융안정 회복과 경기침체 방지를 위해 중앙은행이 단기시장금리를 실효하한 수준으로 유지하는 데 필요한 규모 이상으로 통화량을 공급하거나 위험도가 평상시보다 크게 높아진 자산을 매입하는 조치로 정의할 수 있다. 여기서 '실효하한' 금리수준이란 중앙은행의 통화정책 수행 목적에 부합함과 동시에 금융시장에서의 부작용을 통제할 수 있는 범위 내에서 최대한 낮출 수 있는 정책금리 수준을 의미한다.

2) 비전통적 정책수단의 종류

(1) **금융기관에 대한 유동성 공급**: 은행 등의 대출능력을 확충하고 대출태도를 완화시키기 위해 기존 유동성 공급제도 상의 만기 연장, 담보기준 완화, 대상기관 확대와 함께 신규 유동성 공급제도를 도입-활용하는 방안이다. 다만 이것은 다른 수단에 비해 정책 수행이 용이하고 중앙은행이 부담하는 신용위험이 상대적으로 작다는 장점은 있지만, 금융기관에 공급된 유동성이 가계와 기업에 대한 대출로 이어지지 않을 단점을 갖고 있다.

(2) **신용시장(credit market) 지원(신용완화)**: 신용위험증권의 거래여건을 개선하기 위해 중앙은행이 기업어음(CP), 회사채, 자산유동화증권(ABS) 등을 매입하는 방안이다. 다만 중앙은행이 부담해야 하는 신용위험이 상대적으로 크고 지원대상 신용위험증권의 가격이 왜곡될 수 있으며 형평성 문제가 제기될 수 있는 단점이 있다.

(3) **중앙은행의 국채매입(outright purchase)**: 정책금리가 실효하한에 도달한 이후에도 장기금리가 하락하지 않을 경우 이를 유도하기 위한 수단이다. 중앙은행의 국채매입은 국채금리 하락은 물론 상당기간 동안 완화적 통화정책 기조를 유지할 것으로 민간 경제주체에 신호를 주는 효과도 있기 때문에 금융기관 대출금리와 신용위험증권의 금리하락도 기대할 수 있다. 다만, 국채가격이 하락하는 경우에는 중앙은행이 평가손실이나 매각손실을 입을 수도 있고, 중앙은행이 보유국채를 처분할 때에는 매각 규모와 시장 상황에 따라 국채는 물론 신용위험증권의 금리구조까지 왜곡될 위험도 있다.

3) 비전통적 통화정책수단의 파급경로

(1) **신용경로**: 은행보유 자산(국채 또는 신용위험증권)을 매입하면 본원통화 공급이 늘어나 은행의 초과지준금이 증가하면서 대출이 확대되고 대출금리도 떨어질 수 있다. 다만 은행의 재무 건전성이 취약하거나 신용위험이 매우 높은 상황에서는 신용경로의 파급효과가 크지 않을 수 있다.

(2) **자산가격경로**: 중앙은행의 자산매입은 이를 매각한 금융기관의 현금보유액을 늘려 주식이나 채권을 매입할 수 있는 여력을 확충해준다. 만약 금융기관이 늘어난 보유현금을 이용하여 이들 자산에 대한 투자를 늘리게 되면 해당 자산의 가격이 상승(채권금리는 하락)하면서 이를 보유하고 있는 경제주체의 부(富)가 늘어나고 차입비용(채권발행 비용)은 떨어지게 된다.

(3) **기대경로**: 비전통적 통화정책 수단의 운용은 유동성 공급에 대한 중앙은행의 적극적 의지를 시장에 알리고 완화적 통화정책기조 지속에 대한 투자자들의 믿음 또는 기대를 강화시켜줌으로써 중장기 시장금리의 하락을 유도하는 효과를 발생시킨다.

4) **사례**: 양적 완화(Quantitative Easing) 정책

(1) **등장 배경**

금융위기를 경험한 각국의 정책당국들은 이를 타개하기 위하여 대규모 재정정책과 확장적 금융정책을 통하여 금리를 낮추어 왔다. 그러나 그 결과 정부의 과도한 재정적자를 가져 왔고, 금리 수준이 제로(0)금리 수준에 도달하여 더 이상의 금리 인하를 통한 대응이 어려워지게 되었다.

(2) **전통적 통화정책과 비교**

① **전통적 통화정책**: 기준금리와 같은 금리에 영향을 주어 경제에 전반적인 효과를 기대한다. 그런데 이러한 전통적 통화정책은 유동성 함정과 같은 상황에서는 그 무력함을 드러낸다. 다음 그림이 이를 보여주고 있다.

─ 유동성 함정과 전통적 통화정책의 효과 ─

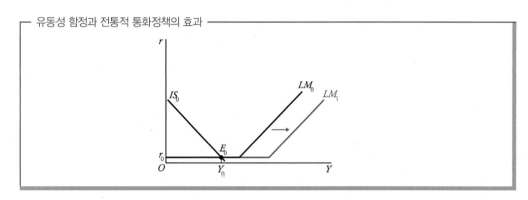

앞의 그림에서 보는 바와 같이 화폐시장이 유동성 함정에 빠져 있는 경우, LM곡선만의 이동($LM_0 \rightarrow LM_1$)을 통해 금리를 낮추고 이를 통해 경기침체에서 벗어나고자 하는 시도는 그 효과를 기대할 수 없게 된다.

② **양적 완화**: 중앙은행이 정부채권, 주택담보부채권(MBS) 등과 같은 민간의 특정 자산을 매입하여 특정부분에 유동성을 직접 공급하는 선별적인 정책이다. 이러한 유동성 공급은 LM곡선 자체의 이동만이 아니라, 경제주체들의 기대인플레이션의 자극을 통해 IS곡선 역시 이동시킬 수 있게 된다. 다음 그림이 이를 보여주고 있다.

─ 유동성 함정과 양적 완화정책의 효과 ─

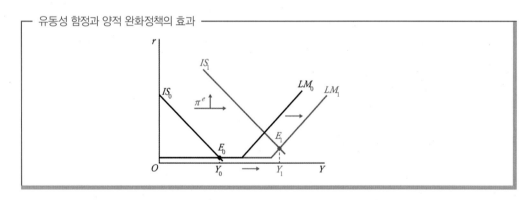

앞의 그림에서 보는 바와 같이 중앙은행의 양적 완화로 LM곡선이 오른쪽으로 이동($LM_0 \rightarrow LM_1$)하는 것은 물론이고, 기대인플레이션의 상승으로 소비 심리를 자극하여 IS곡선까지도 오른쪽으로 이동($IS_0 \rightarrow IS_1$)하여 경제는 유동성 함정에서 벗어날 수 있게 된다.

확인 TEST

기준금리가 제로금리 수준임에도 불구하고 경기가 회복되지 않는다면 중앙은행이 취할 수 있는 정책으로 옳은 것은?
① 기준금리를 마이너스로 조정한다.
② 장기금리를 높인다.
③ 보유한 국공채를 매각한다.
④ 시중에 유동성을 공급한다.

해설 • 기준금리가 제로금리 수준임에도 불구하고 경기가 회복되지 않는다는 것은 이자율이 경기안정화 수단으로서의 기능을 상실했다는 것을 의미한다.
• 이러한 경우 중앙은행이 국공채 매입을 통해 지속적인 유동성을 공급하여 경기 부양을 시도하는 것이 바로 '양적 완화' 정책이다.

정답 ④

❸ 통화정책의 전달경로(transmission mechanism)

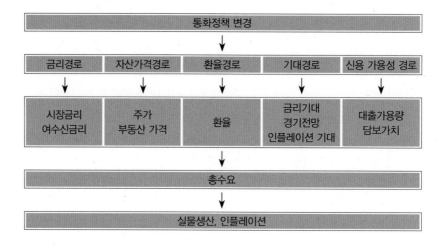

1) 금리경로

(1) **의미**: 케인지언들이 강조하는 견해로 통화정책으로 인해 장기이자율이 변화하여, 이로 인해 투자가 영향을 받아 실물경제에 파급된다는 것이다.

(2) **전제**: 화폐와 채권 간의 대체관계가 강해야 한다. 또한 투자가 이자율 변화에 대해 탄력적으로 반응해야 한다.

(3) **내용**

① 통화당국의 공개시장 매입조작으로 민간 보유의 화폐량이 증가하고, 매매대상인 채권의 가격이 상승하여 이로 인한 단기이자율의 하락이 장기이자율 하락에 영향을 미쳐 투자 증가를 통해 실물 경제에 파급된다.

② 이자율의 하락은 가계의 내구성 소비재에 대한 지출을 증가시켜 총수요 증가를 통해 실물 경제에 파급된다.

(4) **한계**

① 통화정책의 대상은 단기이자율이지만 투자에 관련된 이자율은 장기이자율이다. 따라서 단기채권과 장기채권 간의 대체관계가 약하다면, 통화정책의 효과는 알 수 없게 된다.

② 투자가 장기이자율 변화에 비탄력적으로 반응한다면 통화정책의 효과는 미약하게 된다.

2) 자산가격경로

(1) **의미**

① 통화량의 변동이 채권시장뿐만 아니라 주식시장에도 영향을 미쳐, 이를 통해 실물경제에 파급된다는 것이다. 보다 광범위한 자산 간의 대체를 전제하며, Hawtrey 효과라고도 한다. Tobin의 q이론도 이와 유사하다.

② 자산가격경로가 중시되기 시작한 것은 가계의 주식이나 부동산 보유가 늘어나고 기업의 주식발행을 통한 자금조달에 더 많은 관심을 기울임에 따라 소비 및 투자가 주가와 부동산 가격에 영향을 받게 되었기 때문이다.

(2) **전제**: 채권과 주식 사이에 광범위한 대체 관계가 존재하고, 주식시장에서 기업의 가치변동이 투자변동에 강력한 영향을 미친다.

(3) **내용**

① Tobin의 q이론: 통화당국의 공개시장 매입조작으로 채권가격이 상승하면 이것과 대체관계에 있는 주식의 가격이 상승하여 증자를 통한 자본 조달이 용이해져서 투자가 늘어나게 된다.

> • 통화주의자(monetarist): 중앙은행이 통화공급을 늘리면 경제주체들이 적정 수준 이상의 유동성을 보유하게 되고, 이를 줄이는 과정에서 주식에 대한 수요가 증가하여 주가가 상승한다고 한다.
> • 케인지안(Keynesian): 완화적 통화정책에 의해 금리가 하락하고 채권 수익률이 떨어지면(채권가격이 상승하면) 상대적으로 주식에 대한 수요가 늘어나 주가가 상승한다고 한다.

② **부(富)의 효과**: 금리 하락과 통화량 증가는 주식과 비슷하게 주택 등에 대한 수요를 늘려 부동산 가격의 상승을 가져올 수 있다. 가계 자산에서 큰 비중을 차지하는 부동산 가격이 상승하면 부동산을 보유한 개인은 이전보다 부유해진 것으로 생각하여 소비지출을 증가시킬 수 있고, 부동산 담보가치도 높아져 은행으로부터 대출을 받기 쉬워지고 이를 소비재원으로 활용할 수도 있다.

(4) **한계**: 주식가격이 변화한다고 해서 과연 투자활동이 이에 영향을 받느냐에 대한 의문이 제기된다. 기업가치의 단기적인 변화가 장기적인 예측을 필요로 하는 투자에 큰 영향을 줄 것인가에 대한 기대는 쉽지 않기 때문이다.

3) 환율경로

(1) 자유변동환율제도하에서 중앙은행의 정책금리 조정은 환율의 변화를 통해 국내 실물경제에 영향을 줄 수 있다.

(2) 중앙은행의 정책금리(i_p) 조정은 국내 시장금리의 변화를 초래하여 자국통화표시 금융자산과 외국통화표시 금융자산 간 기대수익률의 격차를 확대시키거나 축소시키게 된다. 이것은 다시 국내외 금융자산에 대한 상대적 수요의 변화를 유발하고, 외화의 수급 사정에 영향을 주어 결국 환율(E)도 변화하게 된다.

(3) 중앙은행의 통화정책으로 환율이 변화하게 되면, 이것은 다시 수출입 상품의 상대가격, 국내물가 그리고 국내 경제주체들의 재무구조 등에 영향을 미쳐 그 효과가 실물경제에까지 파급된다.

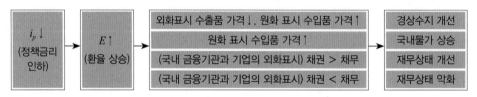

1단계: 금융-외환시장　　　　　　　　　　　　　　　2단계: 실물부문

4) 기대경로

(1) 중앙은행은 현재시점에서의 금리조정뿐만 아니라 경제주체들의 미래 통화정책에 대한 기대, 경기전망 및 인플레이션 기대를 변화시킴으로써 소비 및 투자 결정과 물가에 영향을 주는데 이를 기대경로라고 한다.

$$\text{저금리유지 신호} \Rightarrow i\downarrow \Rightarrow I\uparrow,\ C\uparrow \Rightarrow Y\uparrow,\ P\uparrow$$

(2) 장기시장금리는 향후 단기시장금리의 향방에 대한 시장의 기대에 의해 영향을 받으므로 중앙은행은 정책의도를 시장에 정확하게 전달함으로써 통화정책의 유효성을 제고할 수 있다.

사전 공시효과(announcement effect) 경로

1. 의미: 재할인율 정책이나 지급준비율 정책은 눈에 보이는(*visible*) 정책이므로 이러한 정책들은 그 발표만으로도 사람들은 통화당국의 정책의지와 방향을 예측할 수 있다는 것이다.
2. 내용: 합리적 기대와 관련되는 것으로 정책의 발표만으로도 직접 실물경제에 영향을 미치게 된다. 따라서 금융부문을 거치지 않고도 바로 실물경제에 파급되는 특징을 갖는다.

---

5) 신용 가용성(credit availability) 경로

(1) 의미

① 국공채의 이자율 변동이 금융기관의 대출이자율과 대출능력에 영향을 미쳐 대출공급이 변하

게 된다는 것이다.

② 금리경로, 자산가격경로 및 환율경로 등은 통화정책이 금융시장의 가격변수에 영향을 줌으로써 실물경제에 파급되는 과정인 네 반해, 신용경로는 통화정책이 양직변수, 다시 말해 은행대출에 영향을 미쳐 실물경제에 파급되는 과정을 말한다.

(2) 전제

① 은행 대출이 결정적으로 중요한 자금조달이어야 한다.

② 중앙은행이 정책을 통해 은행 대출에 직접적인 영향을 미칠 수 있어야 한다.

(3) 내용

① **동결효과(freezed in effect)**: 지급준비금 부족에 직면한 예금은행은 새롭게 지급준비금을 충당하기보다는 기존 대출금을 회수하거나 신규 대출을 억제하는 방향으로 대처한다. 이로 인해 기업은 자금 회전에 어려움을 겪게 되고, 이에 따라 투자에 소극적이 된다.

② **신용할당(credit rationing)**: 자금에 대한 초과 수요가 존재할 때, 이자율의 상승이 아닌 담보제공과 같은 비이자율 조건을 전제로 하여 대출을 결정하게 된다.

③ **유동성 입박 효과(liquidity pressure effect)**: 통화긴축으로 인한 이자율 상승이 이루어지는 경우 기업은 운영자산의 일부를 준비자산으로 전환시키게 되고, 이로 인해 불가피하게 투자 등의 감소를 가져와 총수요에 영향을 미치게 된다.

❹ 신용할당(credit rationing)

1) 의의

(1) 의미: 시장이자율이 균형이자율 수준보다 낮은 상태에서 존재하는 자금의 초과수요 상황하에서 이자율이 상승하지 않고, 현재의 이자율 수준에서 일부 차입자만이 필요한 만큼의 대출을 받게 되는 현상을 말한다.

(2) 내용: 대부자금시장에서 차입자와 대출자 간의 정보의 비대칭성으로 인하여 자금의 수요과 공급에 변화가 생길 경우, 이자율의 변동보다 수량조정을 통해 이를 해결하게 된다. 그 이유는 불완전한 정보를 소유한 경제주체와 다양한 정보비용의 존재가 이자율을 경직적으로 만들기 때문이다.

2) 발생원인: 정보의 비대칭성

(1) 근거

① 대출금의 상환은 차입자의 미래소득의 크기에 전적으로 의존하게 되며, 이러한 미래소득은 차입자의 투자성과에 따라 결정된다.

② 그런데 이러한 내용에 관하여 대부자보다는 차입자가 보다 많은 내부정보를 갖게 되는 정보의 비대칭성이 존재하게 된다.

③ 이에 따라 위험을 회피하고자 하는 대부자에 의한 신용할당이 이루어진다.

(2) 역선택(adverse selection)

① 은행이 대출이자율을 인상하는 경우, 상환불이행의 위험이 낮은 우량 차입자는 오히려 은행으로부터의 차입을 기피할 수 있다. 반면에 상환불이행의 위험이 높은 불량 차입자는 높은 대출이자율에도 불구하고 대출을 원하게 된다.

② 결국 대출이자율 인상은 대출에 수반되는 위험을 상대적으로 높임으로써 은행으로 하여금 역선택 상태에 놓이게 한다.

(3) 도덕적 해이(moral hazard): 은행이 대출이자율을 인상한 상태에서 이루어진 대출 상황에서 차입자는 높은 이자비용으로 인한 기대수익의 감소를 상쇄하기 위해서 위험도가 높은 선택을 하게 되는 도덕적 해이를 행할 수 있게 된다.

3) 신용할당의 종류

(1) **타율적 신용할당**: 금리의 최고수준이나 금리체계 등이 법이나 제도적으로 규제되어 발생하는 경우를 말한다.

(2) **자율적 신용할당**: 금리규제가 없다고 하더라도 은행의 대출금리 인상은 차입자의 상환 불능위험이나 더 위험한 사업에 투자할 유인을 높이기 때문에 은행 스스로가 이자율을 인상하지 않고 대출하는 경우를 말한다.

MEMO

제15장
조세와 재정

Theme 66 조세

❶ 조세의 의의

1) 의미

(1) **조세의 개념**: 중앙정부나 지방정부가 제공하는 공공서비스에 대하여 그것을 이용하는 국민이나 주민들이 지불하는 대가를 말한다.

(2) **조세의 특징**
① 수혜 정도와 무관한 강제 징수
② 특정 서비스와의 대응관계가 불명확한 조세 부과
③ 조세의 지출 용도가 불특정

(3) **조세 부과의 기준**
① 조세로부터의 수혜 정도를 객관적으로 측정하기가 불가능
② 납세자의 담세 능력에 따라 부과 ⇒ 공평과세

2) 조세 법률 주의

(1) **의미**: 조세의 종목과 세율을 국회에서 법률로 정한다는 원칙이다.

(2) **근거**: 조세는 헌법에서 보장하고 있는 기본권인 재산권에 대한 제한의 의미를 갖고 있으므로 기본권 제한을 위한 원칙을 준수해야 한다.

❷ 조세의 분류

1) 직접세와 간접세(조세 전가 여부에 따라)

	직접세	간접세
특징	조세의 전가가 되지 않아 납세자와 담세자가 동일한 인세이다.	조세의 전가가 이루어져 납세자와 담세자가 다른 물세이다.
종류	소득세, 법인세, 주거세, 상속세, 재산세	부가가치세, 주세, 영업세, 물품세, 개별소비세, 관세

소득분배	소득재분배에 기여하도록 누진적이다.	역진적인 성격에 의해 소득분배의 악화를 초래한다(특별소비세는 예외).
조세저항	조세저항이 많다.	조세저항이 적다.
국고 수입	국고수입조달 면에서 상대적으로 빈약하다.	국고수입조달 면에서 유리하다.
자원 배분	자원배분면에서 상품의 가격을 변화시키지 않으므로 생산을 왜곡시키지 않는다.	상품 간의 상대가격을 변화시켜서 자원배분 면에서 왜곡을 가져온다.
조세 행정	세무행정상 불편하다.	세무행정상 간편하다.

Q&A 간접세의 역진적 성격이란?

간접세에 역진적인 성격이 있다는 것은 저소득자에게 상대적으로 불리한 구조라는 것이다.

다음과 같은 사례를 통해 접근한다. 소득이 10만 원인 저소득자 A와 소득이 20만 원인 고소득자 B로 구성된 경제에서 가격이 10,000원이었던 상품에 대해 소비세율(=간접세율)을 10%에서 20%로 상향 조정하게 되면 다음 표와 결과를 얻을 수 있다.

세율 변화		세율=10%	세율=20%
세액 변화		1,000원	2,000원
소득 대비 부담 비중	A(저소득자)	$1\%(=\dfrac{1,000}{100,000})$	$2\%(=\dfrac{2,000}{100,000})$
	B(고소득자)	$0.5\%(=\dfrac{1,000}{200,000})$	$1\%(=\dfrac{2,000}{200,000})$

표에서 알 수 있듯이 간접세인 소비세를 10%p 인상하는 경우, 저소득자 A에게는 1%p만큼 조세부담이 커졌지만 고소득자 B에게는 0.5%p만큼 조세부담이 커지는데 그친다. 이에 따라 이러한 세율의 변화는 상대적으로 저소득자에게 불리하게 작용하게 됨을 알 수 있다.

2) 단일세(flat tax)

(1) 의의

① 의미: 단일세율 체계란 과세대상에 대해 '하나의' '낮은' 한계세율을 모든 소득에 대해 적용하는 조세체계를 말한다.

② 조세함수

> • $T = t(Y - A)$
> • 여기서 T는 조세, t는 한계세율, Y는 소득, A는 기초 공제를 의미한다.

③ 특징: 한계세율은 일정하지만(비례적이지만) 평균세율은 누진적이 된다.

(2) 논거

① **경제적 효율성**

ⓐ 낮은 세율은 경제적 효율성을 높이며, 경제 전체의 파이(*pie*) 크기를 확대시킨다.

ⓑ 일괄과세가 가능하여 기업의 투자에 대한 저해 요인인 이중과세의 문제점을 해소할 수 있다.

② 경제적 징세

ⓐ 세율구조가 간단하기 때문에 징세비용과 납세비용이 감소한다.

ⓑ 대인(對人)과세가 아닌 대소득(對所得)과세이므로 법인세 단계에서 일괄세율로 징수할 수 있으므로 행정비용을 낮출 수 있다.

③ 조세 회피 방지: 세액 공제, 소득 공제가 불필요하기 때문에 조세 회피를 위한 편법을 방지할 수 있다.

3) 세율구조

(1) 의미: 과표(=세액산정의 기초가 되는 과세객체의 가격 또는 수량)와 세율 간의 관계

(2) 구분

비례세율 (proportional tax rate)	과표의 크기에 상관없이 세율은 언제나 일정함	물품세, 부가가치세, 관세, 소비세
누진세율 (progressive tax rate)	과표가 커짐에 따라 세율이 증가함 ※ 초과누진세율: 과표가 커짐에 따라, 증가한 과표에 대해서만 높은 세율이 적용됨	개인소득세, 법인세, 재산세, 상속세

❸ 부(負)의 소득세제(negative income tax)

1) 근거: 소득 수준이 높아질수록 적용되는 세율도 높아지고, 반대로 소득 수준이 낮아질수록 적용되는 세율도 낮아지는 것이 누진세 제도이므로, 소득 수준이 일정 수준 이하인 경우에는 세율이 음(-)이 되어야 한다는 것에서 출발한다.

2) 내용: 극빈자에게는 정부가 세금을 거두는 것이 아니라 보조금을 지급해야 한다.

(1) 기본 구조

$$T = -\alpha + tY$$
T는 조세액, α는 보조금, t는 한계세율(비례세율), Y는 가처분소득

(2) 만약 소득이 '$Y=0$'인 경우 조세액은 '$T=-\alpha$'가 되어, 조세부과 대상자는 세금 납부 대신 보조금(α)을 수령하게 된다.

소득(Y)	조세(T)	평가
$Y=0$	$T=-\alpha$	조세부과 대상자는 세금 납부 대신 보조금(α)을 수령한다.
$Y=\dfrac{\alpha}{t}$	$T=0$	조세부과 대상자의 세금 납부액은 0이다(면세 대상).
$Y>\dfrac{\alpha}{t}$	$T=-\alpha+tY$	$\dfrac{\alpha}{t}$을 초과하는 소득에 대해 t의 한계세율이 적용되어 납세액이 결정된다.

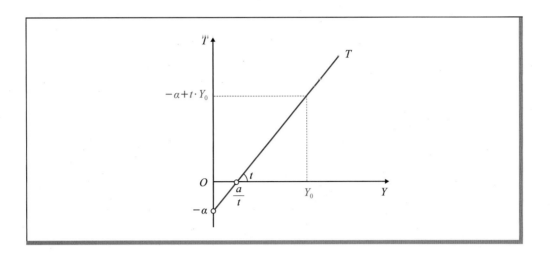

3) **학자:** 스티글러(J. Stigler)에 의해 제시되어 토빈(Tobin) 등에 의해 지지를 받았다.

4) 평가

(1) 장점

① 부의 소득세제는 수혜자격 심사 없이 일정수준 이하의 소득을 얻고 있는 자에게는 자동적으로 보조금을 지급하기 때문에 행정상의 편리함을 기대할 수 있다.

② 빈곤자라면 누구나 필요에 따라 일종의 권리에 의해 정부로부터 보조금을 받는 형식의 제도이므로 수혜자의 인격적 자존심을 지켜준다.

③ 현금을 직접 제공하여 수혜자의 자유로운 처분을 가능하게 해 줌으로써 현물보조와 같은 기존의 재분배 제도에 비해 수혜자에게 유리하다.

(2) 단점

① 재정 부담이 과도하게 발생한다.

② 수혜대상자 또는 기준보다 약간 더 높은 소득 수준의 사람에게까지 근로의욕 저해를 가져온다. 이에 따라 노동 공급에 부정적 효과를 초래한다.

③ 제도가 시행되는 기간 동안의 한시적 효과를 갖는다.

부(負)의 소득세제

그림을 보면 정부가 가난한 사람들에게 보장하는 최소한의 소득이 월 50만 원이라면 소득이 하나도 없는 사람에게는 월 50만 원의 보조금이 지급된다. 그리고 소득이 늘어남에 따라 보조금을 일정한 비율로 점차 줄여가게 된다. 즉 소득이 1만 원이 증가할 때마다 보조금을 4천 원씩 줄인다면 소득이 40만 원인 사람은 정부로부터 34만 원을 받게 된다. 따라서 처분가능소득은 월 74만 원이 된다.

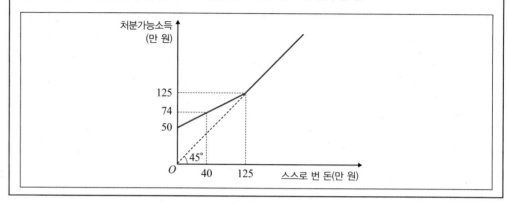

사례 연구 **조세구조와 소득**

◈ 다음은 A국의 소득세제에 대한 특징이다.

- 소득이 5,000만 원 미만이면 소득세를 납부하지 않음
- 소득이 5,000만 원 이상이면 5,000만 원을 초과하는 소득의 20%를 소득세로 납부함

소득과 소득대비 소득세 납부액 비중, 그리고 소득과 소득 대비 최종소득의 비중과의 추이를 그림으로 나타내면? 단, 최종소득은 소득에서 소득세를 뺀 값이다.

분석하기

- 주어진 조건을 충족하는 조세(T)와 소득(Y) 사이에는 다음과 같은 관계가 성립한다.

- $T=0$(소득이 5,000만 원 미만인 경우)
- $T=0.2 \times (Y-5,000)$(소득이 5,000만 원 이상인 경우)

이와 같은 소득(Y)과 소득세(T)의 관계를 그림으로 나타내면 다음과 같다.

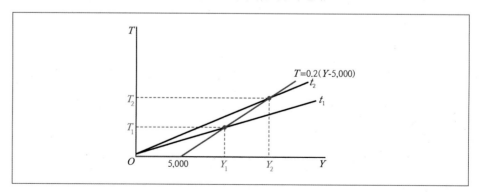

소득 대비 소득세 납부액 비중$\left(\dfrac{T}{Y}=t\right)$은 그림에서 원점에서 조세곡선 상의 한 점까지 그은 직선의 기울기이다. 그림에서 보는 바와 같이 소득이 증가할 때$(Y_1 \Rightarrow Y_2)$ '소득 대비 소득세 납부액 비중$\left(\dfrac{T}{Y}\right)$'을 의미하는 '$t$'의 기울기는 짐짐 가팔라진다$(t_1 \Rightarrow t_2)$. 이것은 소득이 5,000만 원 이상인 납세자의 소득 대비 소득세 납부액 비중은 소득이 증가할수록 커진다는 것을 의미한다.

• 주어신 소선을 충독하는 최종소득(Y^*)과 소득(Y) 사이에는 나음과 같은 관계가 성립한다.

• $Y^* = Y$(소득이 5,000만 원 미만인 경우)
• $Y^* = 5,000 + 0.8 \times (Y-5,000)$(소득이 5,000만 원 이상인 경우)

이와 같은 최종소득(Y^*)과 소득(Y)과의 관계를 그림으로 나타내면 다음과 같다.

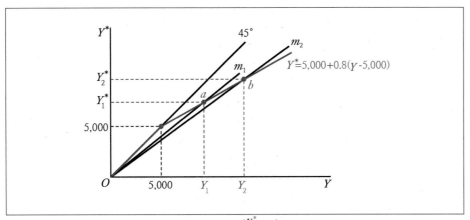

앞의 그림에 따르면 소득(Y) 대비 최종소득(Y^*)의 비중$\left(\dfrac{Y^*}{Y}=m\right)$은 소득이 증가함에 따라 점차 감소$(m_1 \Rightarrow m_2)$하고 있음을 알 수 있다.

Theme 67 재정정책

❶ 재정 정책의 의의

1) 개념: 정부 정책의 목표를 달성하기 위하여 재정수지를 이용하여 유효수요를 조정하는 여러 가지 재정적 수단의 체계를 말한다.

┌ 사경제와 공경제와의 비교 ─────────────

사경제	공경제
가계의 효용극대화와 기업의 이윤극대화가 목표	사회적 후생극대화가 목표
합의원칙에 입각한 등가교환의 경제	강제원칙에 입각한 부등가교환의 경제
量入制出의 원칙에 따라 수입경제가 지출경제를 지배	量出制入의 원칙에 따라 지출경제가 수입경제를 지배
잉여의 원칙에 따라 운영	수지균형의 원칙에 따라 운영

2) 재정정책을 위한 재원마련 방법

(1) **조세징수:** 민간부문의 가처분소득을 감소시켜 의도하는 수준의 총수요에 미치지 못할 수 있다.

(2) **중앙은행으로부터의 차입:** 통화량의 증가를 유발 ⇒ 금융정책과 재정정책의 혼합정책 성격을 갖게 되므로 엄밀한 의미에서 재정정책이라 할 수 없다.

(3) **국공채 발행:** 일반적으로 재정정책이라 할 때 해당되는 경우 ⇒ 재정적자가 발생할 경우 보전재원으로 사용하기 위해서 통화 공급을 증가시키는 대신 중앙정부나 지방정부가 국공채를 발행해서 보전한다.

❷ 재정정책의 종류

1) 재정의 자동 안정화 장치(automatic stabilizer)

(1) **개념:** 정부가 재량적으로 정책수단을 변경시키지 않아도 경기가 상승하면 그 과열을 자동적으로 막고, 경기가 하강하면 그것이 지나치게 하강하지 않도록 시차의 문제없이 자동적으로 작용하는 자동안정장치(automatic stabilizers, built-in stabilizers)가 있는데 주로 이것에 의하여 경제를 안정화시키고자 하는 정책을 말한다.

(2) **수단**

① **누진세:** 호황기에는 국민소득의 증가분 이상으로 조세수입이 증가하여 유효수요의 증가를 억

제하며 불황기에는 국민소득의 감소분 이상으로 조세수입이 감소하여 유효수요의 감소를 축소시킴으로써 경기 변동을 완화시킨다. 비례세 역시 자동안정화 기능을 수행할 수 있지만 누진세율이 높을수록 자동안정화 효과가 더 커진다.

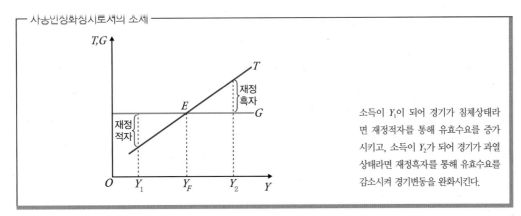

┌─ 자동안정화장치로서의 조세 ─

소득이 Y_1이 되어 경기가 침체상태라면 재정적자를 통해 유효수요를 증가시키고, 소득이 Y_2가 되어 경기가 과열상태라면 재정흑자를 통해 유효수요를 감소시켜 경기변동을 완화시킨다.

② **실업보험**: 호황기에는 실업이 감소하여 자연히 정부지출이 감소하며, 불황기에는 실업이 증가하여 정부지출이 증가하게 되어 경기 변동을 완화시킨다.

(3) 평가

① 자동안정화장치는 기본적으로 안정화정책으로 경제가 적정상태(완전고용상태)에서 이탈하는 것을 방지하는 데는 효과적이다.

② 일단 이탈한 후 다시 적정상태로 회복하는 것에 오히려 저해요인으로 작용할 수 있고, 경제의 급격한 변화를 막는 데 충분히 효과적인가에는 논란의 여지를 남는다.

┌─ 자동안정화 장치에 관한 견해 ─

1. 고전학파
 1) 자동안정화장치는 경제의 자율적인 조정기구의 일부이다.
 2) 자동안정화장치로 조절되지 않는 총수요는 이자율의 신축적인 조정으로 충분히 조정이 가능하다.
 3) 경제는 자율적인 조정능력을 가지고 있으므로 재량적 재정정책은 불필요하다.

2. 케인즈
 1) 자동안정화장치만으로는 단기적인 경기조절은 미약하다.
 2) 적극적이고 재량적인 재정정책을 사용해야 한다.

2) 재량적 재정정책(discretionary fiscal policy: 보정적 재정정책)

(1) 개념

① 정부가 상황에 따라 정책의 필요성을 느껴서 의도적으로 취하는 안정화 정책 ⇒ 보정적 안정화 정책이라고도 한다.

② 경기가 불황이면 정부지출의 증가나 조세감면 등의 팽창정책에 의하여 경기를 확장시키고, 경기가 호황이면 정부지출의 감축이나 세율인상에 의한 긴축정책을 펴나가는 것처럼, 경제상황의 변화에 따라 적극적으로 경제정책을 변경·실시한다.

정책 함정(policy trap)

경기가 불황일 때 정부가 예산을 균형시키기 위하여 노력하면 할수록 오히려 경기가 더욱더 불황에 빠지는 현상을 말한다.

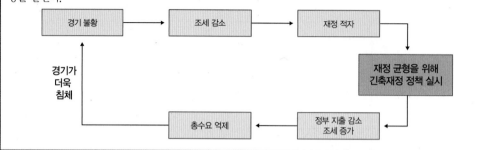

기능적 재정론

정부가 재정균형에 집착하면 이에 얽매여서 재정의 흑자나 적자를 발생시키는 안정화 정책을 채택할 수 없다. 이러한 이유 때문에 재정의 균형을 주장하는 전통적인 견해를 비판하고 안정화를 위해서는 재정의 흑자나 적자의 발생에 구애받지 말고 과감하게 재정안정화 정책을 채택해야 된다는 케인즈학파의 견해를 기능적 재정론이라고 한다.

(2) **한계**: 정책의 필요성을 인지할 때까지의 인식시차, 정책을 수립하고 집행하기까지의 정책(실행)시차, 집행된 정책이 여러 변수를 거쳐 효과를 나타나게 되기까지의 작용(외부)시차 등이 존재하여 정책이 시기를 놓칠 가능성이 발생한다.

기출확인

다음 글의 밑줄 친 ㉠ ~ ㉢ 현상에 대한 설명으로 옳은 것을 〈보기〉에서 고른 것은?　　　　　[2012]

케인지언(Keynesian)의 통화정책의 전달 경로에 의하면, 정부가 ㉠ 확대 통화정책을 실시해도 이자율이 더 이상 낮아지지 않게 되면 더 이상의 통화 팽창은 효력을 잃게 된다. 아울러 경제에 대한 전망이 나빠지면 ㉡ 투자지출은 이자율의 하락에도 거의 반응하지 않게 된다. ㉢ 경기 침체는 그 자체로 재정 수지의 악화를 가져온다. 그렇다고 건전 재정을 추구하게 되면 재정정책은 경기 순응적이 되어 경기 안정화 기능을 상실하게 된다.

〈 보 기 〉

ㄱ. ㉠은 자산으로서의 화폐에 대한 수요가 사라지기 때문이다.
ㄴ. ㉠은 화폐 수요의 이자율 탄력성이 매우 크기 때문이다.
ㄷ. ㉡은 투자지출이 이자율에 대해 탄력적이기 때문이다.
ㄹ. ㉢은 재정의 자동안정장치가 작동하기 때문이다.

① ㄱ, ㄴ　　　② ㄱ, ㄷ　　　③ ㄴ, ㄷ　　　④ ㄴ, ㄹ　　　⑤ ㄷ, ㄹ

> **문석하기**
>
> 확대 통화정책을 실시해도 이자율이 더 이상 낮아지지 않는다는 것은 화폐시장에서 화폐수요의 이자율 탄력성이 무한대인 유동성 함정이 존재한다는 의미이다. 한편 이자율과 채권가격 사이에는 역( )의 관계가 존재하므로, 따라서 이자율이 더 이상 낮아지지 않는다는 것은 채권가격도 더 이상 올라가지 않는다는 것을 의미한다. 이에 따라 자산으로서의 채권에 대한 수요는 사라지고 모든 자산을 화폐로만 보유하게 된다(㉠).
> - 투자지출이 이자율의 하락에도 거의 반응하지 않는다는 것은 투자지출의 이자율 탄력성이 완전비 탄력적에 가깝다는 의미이다(㉡).
> - 경기가 침체되면 경제주체들의 가처분소득이 감소하게 되고, 이로 인해 가처분 소득을 부과 대상으로 하는 정부의 조세수입이 감소하여 재정수지가 이전보다 오히려 더 악화될 수 있다. 경기가 침체되는 경우 이를 보다 완화하기 위해 세율이 하락(누진세 제도) 또는 조세수입이 감소(비례세 제도)하는 구조를 자동안정화장치라고 한다(㉢).

정답 ④

❸ 리카디안 등가정리(RET: Ricardian equivalence theorem)

1) 의의

(1) 정부 지출 재원의 조달 방식에 대한 2가지 견해

① **케인즈 학파의 견해**: 국·공채 발행을 통한 정부지출 재원 조달 방식은 소비감소 효과가 나타나지 않지만, 조세 증가를 통한 정부지출 재원 조달 방식은 소비감소 효과가 나타나므로 국·공채 발행을 통한 재원 조달 방식이 재정 정책에 더 효과적이라고 주장한다.

> - 정부지출을 위한 국공채 발행 ⇒ 가처분 소득 불변 ⇒ 소비 불변
>   - ⤷ 정부지출 증가 ⇒ 총수요 증가 ⇒ 소득 증가
> - 정부지출을 위한 조세 징수 ⇒ 가처분 소득 감소 ⇒ 소비 감소 ⇒ 총수요 감소 ⇒ 소득 감소
>   - ⤷ 정부지출 증가 ⇒ 총수요 증가 ⇒ 소득 증가
> - 조세 감면 + 국공채 발행 ⇒ 가처분 소득 증가 ⇒ 소비 증가 ⇒ 총수요 증가 ⇒ 소득 증가

② **새 고전학파(R. Barro)의 견해**: 국·공채는 정부의 부채이므로 이를 상환하기 위해서는 조세를 부과할 수밖에 없다. 이를 민간의 입장에서 보면 국·공채는 단지 조세를 연기한 것에 불과하므로 미래의 조세를 위하여 소비를 줄이고 저축을 증가시키면 국·공채 발행도 조세와 마찬가지로 소비 감소 효과를 유발한다. 즉, "재원 조달 방식의 변경은 아무런 효과도 발휘하지 못한다."

> - 정부지출을 위한 국공채 발행(=정부 부채 증가)
>   - ⇒ 상환을 위한 조세 징수 ⇒ 소비 감소 ⇒ 총수요 감소 ⇒ 소득 감소 ///
>   - ⇒ 정부지출 ⇒ 총수요 증가 ⇒ 소득 증가
> - 국공채 발행 + 조세 감면 ⇒ 미래 조세 증가 예상 ⇒ 생애 평균 가처분 소득 불변 ⇒ 소비 불변
>   - ⇒ 총수요 불변 ⇒ 소득 불변

┌─ 합리적이고 미래지향적인 소비자의 사고 ─────────────────────

"정부 재정지출을 위한 재원마련을 위해 채권을 발행할 경우 정부부채의 증가를 가져올 것이고, 증가된 정부 부채의 상환을 위해서는 결국 미래의 조세가 증가할 것이다. 그렇다면 미래의 가처분소득을 감소시키는 미래의 조세 부과에 대비하기 위해서는 저축을 늘려야 한다. 곧 현재소비를 감소시켜야 한다."

└───

(2) 가정

① 경제행위자는 후손들의 삶에 대한 관심을 통한 지속적인 세대 간 이전을 통하여 효용증대를 도모하고자 한다. 이것은 신체적으로 유한한 삶을 갖는 인간이지만 경제적으로는 무한한 삶(infinite horizon)을 계획한다는 것을 전제한다.

② 자본시장에 아무런 불완전성이 존재하지 않아야 한다. 이것은 자본의 차입, 대부에 아무런 장애요인이 없고 거래비용도 전혀 없다는 것을 의미한다.

③ 조세를 부과하여 재원을 동원할 경우에 그 조세는 아무런 왜곡도 초래하지 않는 정액세(lump sum tax)에 의해 충당된다.

④ 경제주체들의 합리적 기대에 따른 예견능력이 공채 이자에 대한 미래의 부담 분을 정확하게 예측하여 그에 따른 조세 부담을 완전하게 예측할 수 있어야 한다.

⑤ 인구증가율이 0%가 되어야 한다.

⑥ 균형재정이 이루어지고 있다.

(3) 경제적 함의

① 재정정책의 무력성

ⓐ 일단 어떤 지출수준이 주어져 있을 경우 그것이 조세로 조달되든 국채를 통해 조달되든 관계가 없다.

ⓑ 경제적으로 의미 있는 것은 오직 정부의 지출수준과 그 내용일 뿐이며, 그것을 조달하는 방법은 아무런 의미가 없다. 따라서 적자재정정책을 쓰더라도 총수요가 증대되는 효과는 기대할 수 없다.

② 국채부담의 미래세대 전가 여부

ⓐ 배로(R. Barro)는 사람들이 후손들의 경제적 복지에 관심을 갖고 있기 때문에 유산을 물려 주고 있으며 이 유산상속과 관련된 선택의 과정에서 리카도 등가 정리가 성립한다고 주장한다.

ⓑ 합리적인 사람들은 국채의 발행이 미래세대의 조세부담을 높여 소비수준을 낮추는 결과를 가져올 것을 예측하고 이를 상쇄하기 위해 더 많은 유산을 남겨주는 선택을 하게 된다.

ⓒ 리카도 등가 정리가 성립하는 상황에서는 국채의 발행이 자원배분 측면에서 아무런 변화도 가져오지 않으므로 장기적인 성장의 측면에서 발생하는 미래세대의 부담도 생기지 않는다고 할 수 있다.

③ 항상소득 가설과의 관계

ⓐ 리카도 등가 정리에 따르면 사람들이 국채를 부(富)로 인식하지 않으며, 조세감면으로 인한 일시적인 소득의 증가를 소비로 연결시키지 않는다.

ⓑ 이것은 결국 항상소득에 의해서만 소비를 한다는 것과 동일한 귀결이다.

> ┌─ 미래 세대의 조세부담과 애타심 그리고 상속 ─
>
> 소비자들이 계획시야가 짧은 것은 소비자들이 합리적이지 않기 때문일 수도 있지만 소비자의 수명이 정부의 수명보다 짧은 데에도 원인이 있다. 정부가 조세를 감면하면서 30년 만기 국채를 발행하여 재정적자를 보전할 경우 60세 이상의 소비자들이라면 현재의 소비결정에 있어서 30년 후의 조세부담 증가에 대한 기대가 큰 영향을 미치지 않을 수도 있다. 왜냐하면 30년 후의 조세증가는 대부분 미래 세대의 부담이 될 것이기 때문이다.
>
> 그러나 리카디안 등가정리를 주장하는 학자들은 소비자들이 자신의 소비뿐만 아니라 자식의 소비로부터 만족을 느낀다면 미래 세대의 조세부담 증가는 자신의 조세부담 증가나 마찬가지라고 생각할 것이라 주장한다. 소비자가 자신의 소비뿐만 아니라 자식의 소비로부터도 만족을 느끼는 것을 애타심(altruism)이라 하는데, 이 경우 소비자는 미래의 조세증가에 따른 자식의 소비감소에 대비하여 현재의 조세감면에 따른 가처분 소득의 증가분을 소비하지 않고 저축하였다가 자식에게 유산으로 물려준다는 것이다.

2) 내용

(1) 정부의 예산제약

① **1기간 예산제약:** $G_1 \leq T1$, 정부지출(G)은 조세수입(T) 범위 내에서 이루어져야 한다.

② **재정적자와 국채:** 정부가 조세수입 범위를 넘어 지출하기 위해서는 국채를 발행해야 하고 소비자나 기업이 채무에 대한 원리금을 상환해야 하듯이 정부도 언젠가는 부채를 상환해야 하며, 결국 정부도 예산제약의 범위 내에서만 지출해야 한다.

③ **정부의 2기간 예산제약:** 논의의 단순화를 위해 두 기간만 존재하는 정부의 예산제약에 대해서 알아보면 정부의 예산제약은 다음과 같다.

$$G_1 + \frac{G_2}{1+r} = T_1 + \frac{T_2}{1+r} \quad \text{(단, } r \text{은 이자율)}$$

(2) 다기간 예산제약에 직면한 정부의 확대 재정정책

① **재정지출 확대:** 현재의 조세규모(T_1)를 그대로 둔 채 현재의 재정지출(G_1)을 증가시키기 위해서는 결국 미래의 조세(T_2)를 증가시켜야 한다.

② **조세 감면:** 현재와 미래의 재정지출 규모를 그대로 둔 채 현재의 조세($T1$)를 감면하기 위해서는 결국 미래의 조세(T_2)를 증가시켜야 한다.

(3) 미래지향적 소비자와 리카디안 등가정리

① **소비자의 예산제약:** 조세를 부담하며 두 기간만 존재하는 소비자의 예산제약은 다음과 같다.

$$C_1 + \frac{C_2}{1+r} = Y_1 - T_1 + \frac{Y_2 - T_2}{1+r} = Y_1 + \frac{Y_2}{1+r} - \left(T_1 + \frac{T_2}{1+r}\right)$$

② **소비자 예산제약의 의미:** 현재와 미래소비의 현재가치 = 현재와 미래의 가처분소득의 현재가치 (= 한 가계의 평생소득)

③ **정부 예산제약 하의 소비자 예산제약**

$$C_1 + \frac{C_2}{1+r} = Y_1 + \frac{Y_2}{1+r} - \left(G_1 + \frac{G_2}{1+r}\right)$$

④ **미래지향적(forward looking) 소비자의 최적 선택:** 정부예산제약이 변하지 않는 한 소비자는 최적소비선택을 바꿀 이유가 없다. 왜냐하면 만약 정부가 현재의 조세(T_1)를 감소시킨다면 현재의 가처분 소득($Y_1 - T_1$)은 증가하겠지만 정부지출계획 G_1, G_2에 변함이 없는 한 미래의 조세(T_2)가 증가할 것이므로, 소비자에게 주어지는 평생소득에는 변함이 없기 때문이다. 따라서 최적소비계획을 바꿀 이유가 없다. 결국 조세감면정책은 총수요를 확대시키지 못한다.

리카디언 등가정리와 소비함수

리카디언 등가정리에서는 현재소비를 현재가처분 소득의 증가함수가 아니라 생애평균가처분 소득의 증가함수로 보는 생애수기 가설을 선제한다. 만약 현재소비 증가를 통해 경기침체를 타개하기 위해 조세를 감면하면 현재 가처분 소득이 증가한다. 그리고 이러한 조세감면으로 감소한 재정을 공채발행을 통해 충당하면 결국 미래 조세부담이 증가하게 되어 미래가처분 소득이 감소한다. 이러한 조세감면과 동시에 이루어지는 공채발행의 결과는 현재가처분 소득의 증가와 미래가처분 소득의 감소가 서로 상쇄되어 생애평균가처분 소득은 불변이 된다. 이에 따라 생애평균가처분 소득의 증가함수인 현재소비 역시 불변이다. 결국 현재소비 증가를 통해서 경기침체를 타개하기 위한 목적은 달성할 수 없게 된다.

이러한 리카디언 등가정리는 재정정책의 유효성을 판단할 때 정부지출의 크기가 문제이지 정부지출을 위해 필요한 재원을 조세로 충당하든 공채발행을 통해 충당하든 아무런 차이가 없다는 견해로 발전된다. 이러한 견해를 '공채 중립성 정리(debt neutrality theorem)'라고 한다.

---

⑤ **리카디언 등가정리 성립의 의미:** 가계는 정부가 발행하는 채권을 순자산(net wealth)으로 간주하지 않음을 의미하기도 한다. 왜냐하면 가계는 정부채권의 발행이 미래의 조세증가를 가져올 것을 알기 때문에 정부채권을 순자산으로 간주하지 않기 때문이다. 즉 정부채권이 가지고 있는 자산으로서의 가치가 미래 조세부담이라는 부채의 가치에 의해 상쇄되어 순자산으로서의 가치가 없다고 간주한다는 것이다.

감세정책의 효과

1. **절대소득가설:** 감세의 성격과 관계없이 가처분소득 증가로부터 소비가 증가하여 총수요와 국민소득이 증가한다.
2. **항상소득가설:** 일시적인 감세는 효과가 없고, 감세가 영구적인 경우에만 항상소득의 증가로부터 소비가 증가하여 총수요와 국민소득이 증가한다.
3. **리카도 등가정리:** 감세는 어떠한 경우에도 소비를 증가시키지 못하므로 총수요와 국민소득에 아무런 영향을 주지 못한다.

3) 리카디언 등가정리에 대한 반론

(1) 지나친 합리성을 전제

① 개인주의적 삶이 강조되는 현실에서 대부분의 사람들은 미래의 경제적 파급효과는 고려하지 않고 근시안적인 행동을 하는 것이 보다 일반적이다.

② 합리적 기대를 가정한다면 후손의 부담을 정확하게 예견한다고 볼 수도 있지만, 인간이 과연 현실적으로 그렇게 합리적인 정보로 정확한 예견을 할 수 있을까하는 문제가 있다.

(2) 자본시장의 불완전성으로 인한 유동성 제약 존재

① 누구나 차별 없이 차입하고, 대부나 차입에 제약이나 이지율 차이를 적용 받지 않는 상황은 미현실적이나.

② 자본시장이 불완전하면 국공재의 이자율과 개인이 사원을 차입 및 대부할 때 적용하는 이자율이 서로 달라진다.

③ 불완전한 자본시장에서는 유동성 제약을 받게 되어, 현재의 조세 감면은 바로 소비로 이어질 수 있어 총수요에 영향을 미칠 수 있게 된다.

(3) 조세로 인한 자원 배분 왜곡: *RET*가 정액세를 전제로 하지만, 현실의 대부분의 조세는 오히려 자원배분의 왜곡을 초래하고 있다.

정부 재정은 '엿장수 마음대로'?

"1970년대까지만 해도 재래시장에 가보면 엿을 파는 '엿장수'를 흔히 볼 수 있었다. 그런데 곡식을 파는 사람들은 꼭 무게를 재서 파는데 엿장수만큼은 넙적한 가위를 가지고서 툭툭 치며 대충 엿을 팔았다. 그러다보니 그 당시엔 제법 큰 금액이었던 똑같은 10원어치를 사도 그때마다 엿의 크기는 달라진다. 그래서 나온 말이 '엿장수 마음대로'... 그렇다면 정부도 재정지출 계획을 세울 때 '엿장수'처럼 마음대로 할 수 있을까?"

'행복 공화국'에서 내년도 정부지출에 1,000조 원이 필요하다고 가정해 보자. 그렇다면 현 정부는 이에 필요한 재원을 마련하기 위해 어떻게 해야 할 것인가? 우선 먼저 조세를 통해 조달할 수 있다. 그런데 그 크기는 800조 원으로 예상되었다. 남은 200조 원은 어떻게 처리할 것인가? 물론 중앙은행을 통해 200조 원을 차입할 수 있다. 그런데 이 방법은 본원통화 증가로 통화량의 증가를 초래해 물가상승을 야기할 수 있다. 정부가 물가안정을 우선적 과제로 삼고 있다면 쉽게 취할 수 없는 방법이다. 이러한 물가안정 목표를 위해 정부는 국채를 발행하여 국민들에게 사금을 융통할 수밖에 없다. 다만 이 방법에 의해서도 필요한 재원을 모두 확보하지 못한다면 나머지는 해외로 눈을 돌려 차관도입을 시도해야 하게 된다.

결국 정부의 재정지출은 다음과 같은 식에 의해 제약을 받을 수밖에 없는 것이다.

정부지출 = 조세 + 국채 발행 + 해외 차관

이처럼 정부의 재정활동은 물가안정이라는 중요한 거시경제 목표에 의해 제약을 받기 때문에 '엿장수 마음대로'의 재정집행은 불가능한 것이다.

⑷ 인구증가율의 비현실적 가정

① 인구증가율이 0%가 된다는 것은 매우 비현실적이다.

② 일반적으로 인구증가율은 양(+)의 값이다. 따라서 사회 구성원이 증가하게 되면 미래에 부담하게 되는 개인의 조세액은 감소할 수 있게 되고, 이에 따라 총수요의 변화가 나타나게 된다.

⑸ **비현실적인 균형재정 가정**: 대부분의 국가의 정부는 적자재정의 주체인 것이 보편적이다. 따라서 균형재정이 이루어지고 있다는 것은 현실성이 매우 떨어지는 가정이다.

⑹ 정부지출을 위해 발행된 공채의 상환기간이 30년~50년과 같은 장기라고 한다면, 이러한 공채가 상환되는 시점에서의 실질적 조세부담자는 현재세대가 아닌 미래세대가 가능성이 크다. 이에 따라 공채발행을 통한 정부지출이나 조세감면은 현재소비를 증가시킬 수 있다.

사례 연구 **국민연금의 소득 대체율**

◈ 국민연금제도 하에서 연간 기본연금액은 $\alpha(A+B)(1+0.05y)$로 결정된다. α는 가입한 시점에 따라 달라지며, A는 연금 수급 전 3년간 전체 가입자의 평균소득월액의 평균액이고, B는 가입자 개인의 가입기간 중 기준소득월액의 평균액이다. 그리고 y는 가입연수에서 20년을 뺀 값이다. 연금에 40년간 가입한 김 씨의 B값이 100만 원이라고 할 때, 김 씨가 수령하게 될 연금의 소득대체율은? (단, α는 1.8로 고정되어 있으며, A는 100만 원이라고 가정한다)

[분석하기]

• 소득대체율이란 나중에 받게 되는 연금액이 평균소득과 비교할 때, 얼마나 되는지를 알려주는 비율을 의미한다. 주어진 조건에 따른 '연' 기본연금액을 계산하면 다음과 같다.

> • 연간 기본연금액 $=\alpha(A+B)(1+0.05y)=1.8(100+100)(1+0.05\times20)=360\times2=720$(만 원)

따라서 '월' 기본연금액은 60만 원이 된다. 한편 월 평균소득이 100만 원이므로, 소득대체율은 60%가 된다.

• 참고로 2018년 현재 '국민연금 가입 기간별 소득대체율(40년 가입기준) 및 적용비례상수'를 표로 정리하면 다음과 같다.

가입기간	1988년~1988년	1999년~2007년	2008년~2027년	2028년
소득대체율	70%	60%	50% (매년 0.5%씩 감소) 2018년 45%	40%
비례상수	2.4	1.8	1.5 (매년 0.015씩 감소)	1.2

제16장
거시경제의 균형

Theme
68
생산물시장과 화폐시장의 동시균형

❶ 의의

1) 개념

(1) 생산물시장의 균형과 화폐시장의 균형을 동시에 분석

(2) $IS-LM$ 분석 또는 Hicks-Hansen 모형 또는 Keynes의 완결모형이라고도 한다.

2) 가정

(1) 물가는 고정되어 있는 외생변수이다.

(2) 공급능력이 충분함에도 불구하고 수요부족으로 인해 유휴생산 설비가 존재하는 경제를 전제한다. 즉 구매력이 수반되는 수요(=유효수요)만 있으면 언제든 공급이 가능하다는 케인스 거시경제 모형을 가정한다.

3) 내용

(1) 투자수요를 독립투자로 가정한 단순모형과는 달리 투자수요를 이자율의 감소함수($I=I_0-dr$, $d>0$)로 가정한다. 이때 이자율의 결정을 설명하기 위해서는 화폐시장을 추가적으로 고려해야 한다. 이에 따라 총수요는 소득뿐만 아니라 이자율 수준에도 의존하게 된다.

(2) 화폐시장은 이자율에 의한 투자수요의 변동을 통해 생산물시장에 영향을 주고, 생산물시장은 소득에 의한 화폐수요의 변동을 통해 화폐시장에 영향을 주어 상호 밀접한 관련성을 갖고 있음을 보여준다. 이것을 통해 고전학파의 2분법을 극복한다.

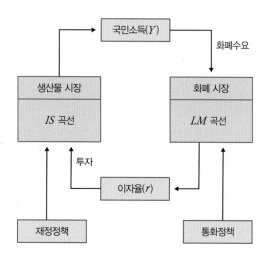

❷ IS곡선

1) IS곡선의 의의

(1) **의미**: 총수요와 총공급 혹은 투자(I)와 저축(S)이 일치하여 생산물시장이 균형을 이룰 때의 국민소득(Y)과 이자율(r)의 조합의 궤적을 말한다.

(2) **균형식**

$$C=a+b(Y-T),\ I=I_0+I(r),\ G=G_0+TR_0,\ T=T_0+tY,\ X=X_0,$$
$$M=M_0+mY \text{일 때 } Y_d=Y \text{ 혹은 } I(r)+G_0=S(Y)+T_0$$

┌ 수식에 의한 IS곡선의 유도 ─

1. 소비함수와 투자함수는 직선의 형태를 가정하며, 다음 세 개의 식으로부터 IS 곡선의 식을 도출할 수 있다.

   - 국민소득계정 식: $Y=C+I+G$
   - 소비함수: $C=a+b(Y-T)$
   - 투자함수: $I=c-dr$

   위의 식에서 b는 한계소비성향이며, d는 투자가 이자율에 얼마나 민감하게 반응하는가를 나타내주는 계수이다.

2. 소비함수와 투자함수를 국민소득계정 식에 대입하여 소득 Y에 대해 정리하면 다음과 같은 결과를 얻는다.

$$Y=\frac{a+c}{1-b}-\frac{d}{1-b}r+\frac{1}{1-b}G-\frac{b}{1-b}T$$

   이자율에 대한 기울기가 음수이므로 소득과 이자율이 역의 관계를 가진다는 것을 확인할 수 있다. 이자율 계수 $\frac{-d}{1-b}$는 IS곡선 기울기의 역수인데, d가 커지면 투자가 이자율에 민감한 경우이므로 IS곡선은 평평해진다. 반대로 d가 작아지면 투자가 이자율에 둔감한 경우이고 IS곡선은 가파르게 된다. 극단적으로 d가 0인 경우에 IS곡선은 수직이다. 이 경우는 케인즈 단순모형에 해당된다.

3. 한편 IS곡선의 기울기는 한계소비성향 b에도 의존하는데, b가 클수록 IS곡선은 평평해진다. 한계소비성향이 클수록 승수가 커서, 이자율 변화에 따른 소득의 변화가 커지기 때문이다. 또한 G와 T 앞의 계수 $\frac{1}{1-b}$와 $\frac{-b}{1-b}$는 각각 재정지출승수와 조세승수이다.

4. 위의 식은 소득에 대해 정리한 것이나, 이자율에 대해 정리하면 다음과 같은 식을 얻을 수 있으며, IS 곡선의 기울기뿐만 아니라 재정지출과 조세가 이자율에 어떤 영향을 주는지도 쉽게 분석할 수 있다.

$$r=\frac{a+c}{d}-\frac{1-b}{d}Y+\frac{1}{d}G-\frac{b}{d}T$$

원인	크기	기울기	탄력도
b(한계소비성향), d(투자의 이자율 탄력도)	클수록	완만	탄력적
s(한계저축성향) $=1-b$, t(세율), m(한계수입성향)	클수록	가파름	비탄력적

⑶ 균형식의 한계

① 위 균형조건식은 국민소득(Y)과 이자율(r)이라는 두 내생변수를 미지수로 가지고 있으므로 생산물시장의 균형조건만으로는 균형국민소득이 유일하게 결정되지 못한다.

② 단지 생산물시장을 균형시키는 국민소득과 이자율의 조합만을 구할 수 있을 뿐이다.

균형소득의 해(solution)

케인즈 단순 모형의 $Y = C(Y-T) + I + G$에서는 내생변수가 Y 하나뿐이므로 이 식 하나로 균형소득의 해가 구해진다. 왜냐하면 화폐시장을 분석하지 않았기 때문이다. 그러나 IS 방정식에는 내생변수가 Y와 r 둘이므로 두 변수 간의 관계만을 알 수 있을 뿐이다. 한편, 고전학파 모형의 $Y = C(Y-T) + I + G$에서는 총공급에 의해 Y가 고정되므로 이에 상응하는 균형이자율이 도출될 수 있다.

---

2) 도해적 설명

⑴ 그래프 도출

① 저축은 국민소득과 정(正)의 관계에 있고 투자는 이자율과 역(逆)의 관계에 있으므로 국민소득이 증가하여 저축이 증가할 때 생산물시장이 균형을 이루려면 투자도 증가하여야 하는데 이를 위해서는 이자율이 하락하여야 한다. 다음과 같은 접근도 가능하다. 현재의 균형상태(IS곡선 상의 한 점)에서 소득(=총공급 : Y)이 증가하는 경우 총수요도 함께 증가해야 생산물 시장이 계속 균형 상태를 유지할 수 있다. 이러한 총수요(주로 투자수요)가 증가하기 위해서는 이자율(r)이 하락하여야 한다.

② 즉 생산물시장의 균형조건을 충족시키기 위해서는 국민소득과 이자율이 반대로 움직여야 하므로 IS곡선은 우하향의 형태를 띠어야 한다.

IS곡선의 도출

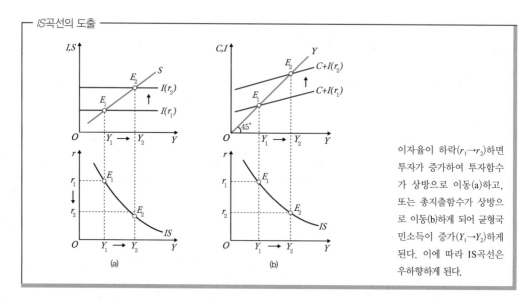

이자율이 하락($r_1 \rightarrow r_2$)하면 투자가 증가하여 투자함수가 상방으로 이동(a)하고, 또는 총지출함수가 상방으로 이동(b)하게 되어 균형국민소득이 증가($Y_1 \rightarrow Y_2$)하게 된다. 이에 따라 IS곡선은 우하향하게 된다.

⑵ 생산물시장의 불균형과 조정과정

① IS곡선 위쪽은 어떤 동일한 이자율 수준에서의 국민소득이 균형국민소득보다 크기 때문에 혹은 동일한 국민소득 수준에서의 이자율이 균형이자율보다 높기 때문에 저축이 투자보다 크게

되므로 생산물시장에서 초과공급이 있게 된다. 이와 반대로 아래쪽에서는 초과수요가 존재하게 된다.

② 생산물시장에서 초과공급이 발생하면, 즉 저축이 투자보다 크면 생산물에 대한 수요가 부족하므로 국민소득이 감소되고, 그 반대의 경우에는 국민소득이 증가하게 된다.

(3) *IS*곡선의 기울기

① *IS*곡선의 기울기는 국민소득이 변화할 때 생산물시장의 균형을 회복하기 위해서 어느 정도 이자율의 조정이 필요한지를 나타내는 것으로 중요한 경제학적 의미를 가지고 있다.

② *IS*곡선의 기울기는 승수의 크기 또는 소비나 투자의 이자율 탄력도에 따라 그 크기가 결정된다. 승수가 클수록 또는 이자율 탄력성이 클수록 초과공급을 제거하기 위하여 필요한 이자율의 조정 폭이 작아지기 때문에 *IS*곡선의 기울기는 완만하게 된다.

투자의 이자율 탄력도와 *IS*곡선 기울기

투자의 이자율 탄력도가 클수록 일정 수준의 이자율(r) 하락에 따른 투자가 더 크게 증가하여 총수요 역시 더 크게 증가하게 된다. 생산물 시장이 계속 균형조건(총수요=총공급)을 충족하기 위해서는 총공급(= 총소득 : Y) 역시 더 크게 증가해야 한다. 이에 따라 *IS*곡선 기울기는 더 완만해진다.

한계소비성향과 *IS*곡선 기울기

이자율(r) 하락에 따른 투자 증가로 총소득이 증가한다. 이때 한계소비성향이 클수록 총소득 증가에 따른 파생적 소비가 더 크게 증가하여 총소득 또한 더 크게 증가하게 된다. 이에 따라 *IS*곡선 기울기는 더 완만해진다.

정액세–비례세와 *IS*곡선 기울기

투자가 증가하면 소득이 늘어난다. 이때 정액세를 부과하면 납세액이 정해져 있으므로 소득이 늘어나도 조세부담은 늘어나지 않는다. 반면에 비례세를 부과하면 소득이 늘어날수록 납세액도 늘어난다. 이에 따라 비례세를 부과하면 정액세를 부과하는 경우보다 투자의 승수효과가 감소한다. 투자의 승수효과가 감소한다는 것은 균형국민소득이 소폭으로 늘어난다는 것을 의미한다. 따라서 비례세를 부과하면 정액세를 부과하는 것보다 *IS*곡선은 더 가팔라진다.

폐쇄경제–개방경제와 *IS*곡선 기울기

투자가 증가하면 소득이 늘어난다. 이때 개방경제하에서는 수입이 늘어난다. 수입은 생산물시장의 누출을 의미한다. 즉 국내소득이 외국상품을 소비하는 데 지출됨으로써 국내소비가 감소한다. 그 결과 투자의 승수효과가 감소한다. 투자의 승수효과가 감소한다는 것은 균형국민소득이 소폭으로 증가한다는 것을 의미한다. 따라서 개방경제하의 *IS*곡선은 폐쇄경제하의 *IS*곡선보다 더 가팔라진다.

---

③ 통화주의학파는 투자의 이자율탄력성이 크며, 따라서 *IS*곡선은 매우 완만한 기울기를 갖는다고 주장한다.

④ Keynes 학파는 투자의 이자율 탄력성이 작으며, 따라서 *IS*곡선은 매우 가파른 기울기를 갖는다고 주장한다. 만약 극단적으로 케인스의 단순모형에서처럼 소비와 투자가 이자율에 전혀 영향을 받지 않는다면 이때의 *IS*곡선은 수직이 된다.

┌─ 각 학파별 *IS*곡선 ─────────────────────────────────

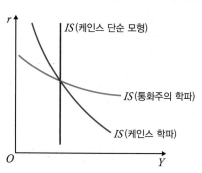

소비가 가처분소득뿐만 아니라 이자율의 영향을 받거나, 투자가 이자율뿐만 아니라 소득의 영향을 받는다고 가정하게 되면 *IS*곡선은 보다 완만한 기울기를 갖게 된다. 반면에 소비나 투자가 이자율에 비탄력적으로 반응한다면 *IS*곡선은 보다 가파른 기울기를 갖게 된다.

1930년대(케인즈 시대)에는 총수요(유효수요)가 부족하여 생산설비의 가동률이 크게 떨어졌다. 따라서 이자율이 하락해도 투자는 늘지 않았다. 이 경우 *IS*곡선은 매우 낮은 소득수준에서 수직선으로 나타난다.

1940/50년대(케인즈 학파 시대)에는 마샬플랜 등 대규모의 확대재정 정책이 실시되면서 경기가 회복되기 시작했다. 기업은 늘어난 수요를 충족시키기 위해서 기존설비의 가동률을 높일 뿐만 아니라 신규투자를 통한 설비확장을 하였다. 즉 이자율이 내릴수록 투자가 조금씩 늘어났다. 이 경우 *IS*곡선은 가파른 우하향 곡선으로 나타난다.

1960년대(통화주의 학파 시대)에는 투자가 매우 활발해졌다. 이때는 투자의 이자율탄력도가 높으므로 *IS*곡선은 완만한 우하향곡선으로 나타난다.

한편, 고전학파에 의하면 국민경제는 항상 완전고용국민소득 수준에서 균형을 이룬다. 따라서 *IS*곡선은 Y_F상의 한 점으로 나타난다.

└──

(4) *IS*곡선의 이동

원인	변화	*IS* 곡선 이동
독립투자, 정부지출, 수출	증가	오른쪽으로 이동
조세, 수입	증가	왼쪽으로 이동

❸ *LM*곡선

1) *LM*곡선의 의의

(1) 의미: 화폐시장이 균형을 이룰 때의 국민소득(Y)과 이자율(r)의 조합의 궤적을 말한다.

┌─ 화폐시장의 의의 ─────────────────────────────────

수익을 목적으로 보유되는 자산들을 대표하는 채권과 수익성은 없지만 지불수단으로서의 기능 때문에 보유되는 자산인 화폐의 두 종류로만 구분하기로 한다.

화폐와 채권 두 가지 형태의 자산을 보유하고 있는 각 경제주체가 기존의 보유자산을 자신의 선호에 따라 재구성하려 한다고 할 때, 왈라스 법칙에 따라 화폐시장과 채권시장의 초과수요의 합은 0이 되어야 하므로 화폐시장의 균형이 달성된다면 채권시장의 균형은 자동적으로 성립하게 된다.

└──

$$M_d + B_d = M_S + B_S$$

만일 화폐시장이 균형상태에 있다면 $M_d = M_S$이 성립할 것이고, 따라서 위 조건에 의해 채권시장의 균형조건인 $B_d - B_S$이 자동서으로 충족되게 된다.

(2) 균형식

┌─ 화폐시장의 균형식 ─

$$\frac{M^S}{P} = M_t + M_s$$

M^S: 화폐공급량, P: 물가, M_t: 거래적·예비적 동기에 의한 화폐수요, M_s: 투기적 동기에 의한 화폐수요

└───

┌─ 수식에 의한 LM곡선의 유도 ─

1. 직선의 화폐수요함수를 가정하면 LM곡선을 다음과 같이 표현할 수 있다.

$$\frac{M}{P} = kY - hr$$

여기서 k는 소득이 증가할 때 화폐수요가 얼마나 증가하는가(화폐수요의 소득 탄력도)를, h는 이자율이 상승할 때 화폐수요가 얼마나 감소하는가(화폐수요의 이자율 탄력도)를 나타내준다.

2. 위의 식을 r에 대해 정리하면 다음과 같다.

$$r = \frac{k}{h}Y - \frac{1}{h}\frac{M}{P}$$

소득에 대한 계수 $\dfrac{k}{h}$가 양수이므로 LM곡선의 기울기가 양수임을 알 수 있으며, 기울기에 대한 정보도 이 계수에 담겨 있다. k가 크거나 h가 작으면 기울기가 가파르고, k가 작거나 h가 크면 기울기는 평평해진다. 즉 화폐수요가 소득에 민감하고 이자율에 둔감할수록 기울기는 가파르고, 소득에 둔감하며 이자율에 민감할수록 기울기는 평평해진다.

원인	크기	기울기	탄력도
h(화폐수요의 이자율 탄력도), V(유통속도)	클수록	완만	탄력적
k(화폐수요의 소득탄력도)=$1/V$	클수록	가파름	비탄력적

└───

2) 도해적 설명

(1) 그래프 도출

① 다른 조건이 일정할 때 소득의 증가는 거래적 동기에 의한 화폐수요의 증가를 가져온다. 이때 화폐공급에 아무런 변화가 없다면 화폐시장에는 초과수요가 발생하게 되고, 이 초과수요를 제거함으로써 화폐시장의 균형을 회복하기 위해서는 화폐보유에 대한 기회비용인 이자율이 상승해야 하므로 이자율과 소득은 같은 방향으로 움직여야 한다.

② 즉 화폐시장의 균형이 유지되려면 국민소득과 이자율이 같은 방향으로 움직여야 하므로 LM곡선은 우상향의 형태를 띠어야 한다.

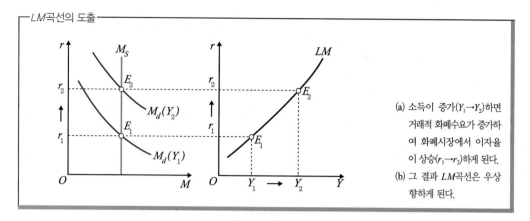

─LM곡선의 도출─

(a) 소득이 증가($Y_1 \rightarrow Y_2$)하면 거래적 화폐수요가 증가하여 화폐시장에서 이자율이 상승($r_1 \rightarrow r_2$)하게 된다.

(b) 그 결과 LM곡선은 우상향하게 된다.

(2) 화폐시장의 불균형과 조정과정

① LM곡선의 아래쪽에서는 동일한 국민소득수준에서의 이자율이 화폐시장균형에 필요한 균형이자율보다 낮으므로 화폐에 대한 초과수요가 발생하고, 이와 반대로 LM곡선의 위쪽에서는 화폐에 대한 초과공급이 발생하게 된다.

② 화폐에 대한 초과수요가 발생하면 화폐시장에서 이자율이 상승하게 되고 화폐에 대한 초과공급이 발생하면 이자율이 하락하게 된다.

(3) LM곡선의 기울기

① LM곡선의 기울기(k/h)는 화폐수요의 이자율 탄력도(h)와 소득탄력도(k)에 따라 그 크기가 결정된다.

② 통화주의학파는 화폐수요의 이자율 탄력도는 매우 작고 소득탄력도는 크기 때문에 LM곡선은 매우 가파른 기울기를 갖게 되는데, 화폐수요가 이자율과 무관하다는 극단적인 고전학파의 경우에는 LM곡선은 수직의 형태를 띠게 된다.

③ Keynes학파는 화폐수요의 이자율 탄력도가 매우 커서 LM곡선은 매우 완만한 기울기를 갖고, 유동성 함정이라는 극단적인 경우에는 LM곡선은 수평이 된다고 주장한다.

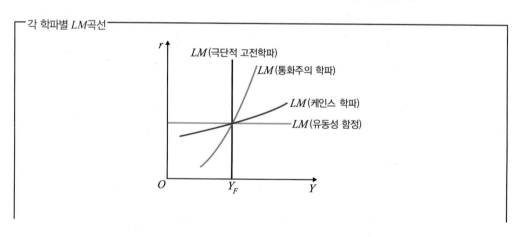

─각 학파별 LM곡선─

1930년대(케인즈 시대)에는 경제 대공황으로 소득이 매우 낮아서 거래적동기의 화폐수요가 매우 감소하였다. 따라서 투기적 동기의 화폐수요의 비중이 상대적으로 크기 때문에 이자율이 변할 때마다 화폐수요가 큰 폭으로 변화하였다. 즉 화폐수요의 이자율탄력도가 매우 높았다. 이러한 경우 LM곡선은 완만하게 우상향하며, 극단적인 경우에는 수평선으로 나타나게 된다. 고전학파시대에는 경제활동이 완전고용국민소득에 이르렀으므로 투기적 동기의 화폐수요가 모두 없어지고 거래적 동기의 화폐수요만 존재하였다. 이러한 경우 화폐수요의 이자율탄력도는 0이고 LM곡선은 가파르게 우상향한다.

유동성함정이 존재하면 동일한 이자율 수준에서 화폐시장을 균형시키는 국민소득이 둘 이상 존재하므로 LM곡선은 수평의 모습을 하게 된다. 또한 고전학파에서는 이자율이 아무리 변동해도 화폐수량설에서 화폐시장을 균형시키는 소득수준은 Y_F수준으로 일정하므로 LM곡선은 수직이 된다.

(4) LM곡선의 이동

① $r = \dfrac{k}{h}Y - \dfrac{1}{h}\dfrac{M_S}{P}$ 에서 명목통화량(M_S)이 증가하거나 물가(P)가 하락하는 경우에는 LM곡선이 오른쪽으로 이동한다. 만약 명목통화량(M_S)이 증가하고 물가(P)도 상승하는 경우라면 LM곡선의 이동 방향을 판단할 수 없다. 이 경우에는 명목통화량 증가 정도가 물가 상승 정도보다 클(작을)때 LM곡선은 오른쪽(왼쪽)으로 이동한다. 당연히 명목통화량 증가 정도와 물가 상승 정도가 동일할 경우라면 LM곡선은 이동하지 않는다.

② 외생적으로 화폐수요가 감소하면 LM곡선은 오른쪽으로 이동한다.

원인	LM곡선 이동
통화량공급의 증가, 물가의 하락, 화폐수요 감소	오른쪽으로 이동
통화량공급의 감소, 물가의 상승, 화폐수요 증가	왼쪽으로 이동

IS-LM 분석

❶ 생산물시장과 화폐시장의 동시균형

1) 동시균형의 성립

(1) 두 시장의 동시균형은 IS곡선과 LM곡선의 교차점에서 성립한다.

(2) 균형이 성립하면 균형점에서 균형이자율과 균형국민소득이 결정된다.

┌─ 생산물시장과 화폐시장의 동시균형 ─────────────────

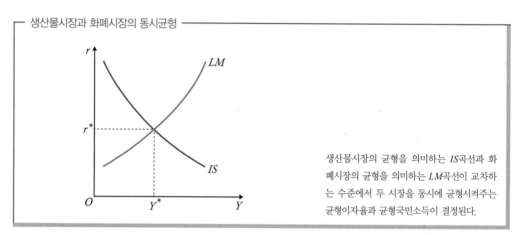

생산물시장의 균형을 의미하는 IS곡선과 화폐시장의 균형을 의미하는 LM곡선이 교차하는 수준에서 두 시장을 동시에 균형시켜주는 균형이자율과 균형국민소득이 결정된다.

┌─ 생산물시장과 화폐시장의 불균형 ─────────────────

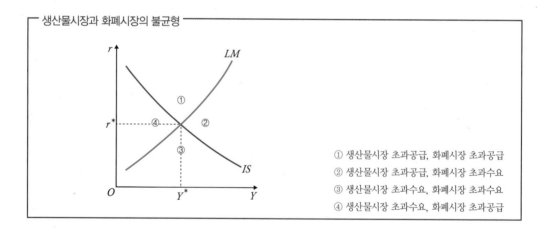

① 생산물시장 초과공급, 화폐시장 초과공급
② 생산물시장 초과공급, 화폐시장 초과수요
③ 생산물시장 초과수요, 화폐시장 초과수요
④ 생산물시장 초과수요, 화폐시장 초과공급

확인 TEST

폐쇄경제 하의 국민소득결정에 관한 $IS-LM$ 모형이 〈보기〉와 같다. 생산물시장과 화폐시장이 동시에 균형을 이룰 때, 균형이자율과 균형국민소득은?

─〈 보 기 〉─

- 소비함수: $C=200+0.8(Y-T)$
- 투자함수: $I=260-20R$
- 정부지출: $G=140$
- 조 세: $T=0.375Y$
- 물가수준: $P=100$
- 화폐공급: $M^S=20,000$
- 화폐수요: $\dfrac{M^D}{P}=100+0.2Y-20R$
- 단, Y는 국민소득, R은 이자율을 나타낸다.

	균형이자율	균형국민소득
①	4	900
②	5	900
③	4	1,000
④	5	1,000

해설
- 폐쇄경제 하의 생산물시장이 균형일 때 소득(Y)과 이자율(R)의 관계를 나타내는 IS 방정식은 다음과 같이 도출된다.

> - 생산물시장 균형식: $Y=C+I+G$
> - $Y=200+0.8(Y-T)+260-20R+140 \Rightarrow Y=200+0.8(Y-0.375Y)+260-20R+140$
> $\Rightarrow Y=600+0.5Y-20R \Rightarrow 0.5Y=600-20R$ ······ ⓐ

- 폐쇄경제 하의 화폐시장이 균형일 때 소득(Y)과 이자율(R)의 관계를 나타내는 LM 방정식은 다음과 같이 도출된다.

> - 화폐시장 균형식: $\dfrac{M^S}{P}=\dfrac{M^D}{P}$
> - $\dfrac{20,000}{100}=100+0.2Y-20R \Rightarrow 0.2Y=100+20R$ ······ ⓑ

- IS 방정식인 ⓐ식과 LM 방정식인 ⓑ식의 양 변을 서로 더하여 연립하여 풀면 다음과 같이 균형국민소득(Y)과 균형이자율(R)을 구할 수 있다.

> - ⓐ+ⓑ $\Rightarrow 0.7Y=700 \Rightarrow Y=1,000$
> - 앞의 결과를 ⓐ식에 대입하여 정리하면 '$500=600-20R \Rightarrow 20R=100 \Rightarrow R=5$'이 도출된다.

정답 ④

2) *IS*곡선의 이동과 균형점의 변화

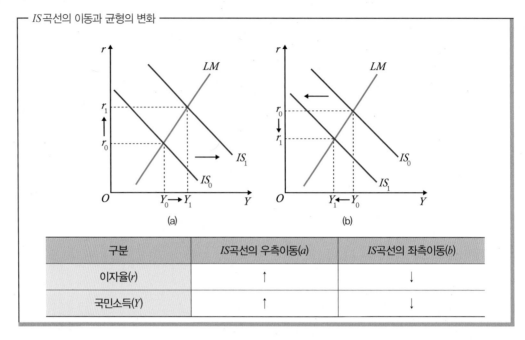

┌── *IS*곡선의 이동과 균형의 변화 ──────────

구분	*IS*곡선의 우측이동(*a*)	*IS*곡선의 좌측이동(*b*)
이자율(*r*)	↑	↓
국민소득(*Y*)	↑	↓

(1) *IS*곡선을 우측으로 이동시키는 요인의 변화가 생기면 국민소득(*y*)은 증가하고 이자율(*r*)은 상승한다.

(2) *IS*곡선을 좌측으로 이동시키는 변화가 발생하면 국민소득은 감소하고 이자율은 하락한다.

3) *LM*곡선의 이동과 균형점의 변화

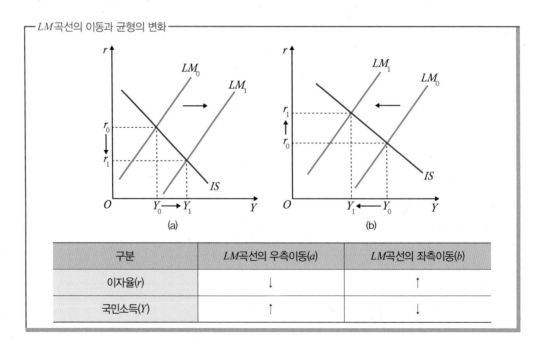

┌── *LM*곡선의 이동과 균형의 변화 ──────────

구분	*LM*곡선의 우측이동(*a*)	*LM*곡선의 좌측이동(*b*)
이자율(*r*)	↓	↑
국민소득(*Y*)	↑	↓

(1) LM곡선을 우측으로 이동시키는 변화가 생기면 국민소득은 증가하고 이자율은 하락한다. 곡선을 우측으로 이동시키는 변화가 생기면 국민소득은 증가하고 이자율은 하락한다.

(2) LM곡선을 좌측으로 이동시키는 변화가 생기면 국민소득은 감소하고 이자율은 상승한다.

안정화 정책	국민소득의 변화	이자율의 변화
확대 재정정책	증가	상승
확대 금융정책	증가	하락

4) 새로운 균형으로의 적응과정

(1) 화폐시장의 초과수요(초과공급)가 이자율을 즉각 상승(하락)시켜 화폐시장의 균형이 먼저 달성된다.

(2) 그 이후 화폐시장의 균형을 유지하면서 생산물 시장의 불균형이 서서히 해소된다.

┌─ 새로운 균형의 모색과정

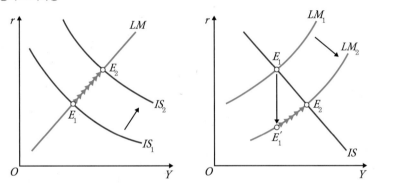

실제로 균형을 회복하는 과정에 얼마나 많은 시간이 소요될 것인지 사전적으로 알기는 어렵다. 다만, 생산물 시장과 화폐시장의 속성을 생각해 볼 때 화폐시장과 그 이면에 있는 채권시장의 조정속도가 훨씬 빠를 것이라고 짐작할 수 있다. 경제가 $IS - LM$ 균형에서 이탈할 경우 이자율이 빠르게 조정되고 소득은 상대적으로 서서히 조정되는 것으로 보는 것이 타당하다. 이에 따라 경제는 항상 LM곡선 위를 따라 움직인다고 볼 수 있다.

┌─ 재화시장과 화폐시장에서의 상호작용과 반작용이란?

재화시장의 초과공급, 화폐시장의 초과수요 ⇒ Y 감소, r 상승 ⇒ 화폐수요 감소, 투자지출 감소 ⇒ 화폐시장 초과수요 해소, Y 감소 ⇒ 화폐수요 감소 ⇒ 화폐시장 초과공급 ⇒ r 하락 ⇒ 투자지출 증가 ⇒ Y 증가 ⇒ 재화시장 초과공급 해소 ⇒ … ⇒ 균형점 도달

❷ 재정정책과 금융정책의 유효성 비교

1) 확대재정정책의 상대적 유효성

(1) 확대재정정책의 효과

① 확대재정정책은 총수요를 증대시키지만, 이자율을 상승시키기 때문에 부분적으로 총수요 증대가 억제된다.

② 따라서 그 효과의 크기는 IS곡선과 LM곡선의 기울기에 영향을 받는다.

(2) IS곡선의 기울기와 확대재정정책의 효과

① 확대재정정책의 효과가 상대적으로 큰 경우는 투자수요가 이자율에 민감하지 않아 확대재정정책으로 인한 이자율 상승이 투자수요를 억제하는 정도가 작은 경우인데, 이는 IS곡선이 가파른 경우에 해당한다.

② 확대재정정책의 효과가 상대적으로 작은 경우는 투자수요가 이자율에 민감하여 확대재정정책으로 인한 이자율 상승이 투자수요를 억제하는 정도가 큰 경우인데, 이는 IS곡선이 완만한 경우에 해당한다.

③ 결국 확대재정정책은 IS곡선의 기울기가 가파를수록 효과가 크게 나타난다.

┌─ IS곡선의 기울기가 다른 경우의 효과 ─

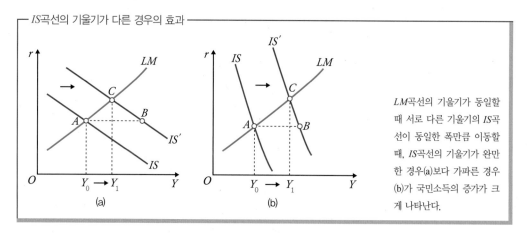

LM곡선의 기울기가 동일할 때 서로 다른 기울기의 IS곡선이 동일한 폭만큼 이동할 때, IS곡선의 기울기가 완만한 경우(a)보다 가파른 경우(b)가 국민소득의 증가가 크게 나타난다.

┌─ 구축효과와 구입효과 ─

1. **구축효과**(crowding-out effect): 정부가 공채를 발행하여 통화량의 증가 없이 정부지출을 증대시킬 때, 공채발행이 화폐시장에서의 이자율의 상승을 가져오고 이것이 민간투자를 감소시켜 국민소득을 감소시키는 효과를 말한다. 이는 재정정책의 효과를 작게 함으로써 통화주의학파가 재정정책의 무력성을 주장하는 데 주요 논거로 제시된다.

2. **구입효과**(crowding-in effect): 정부지출이 증가하여 국민소득이 증가하면 가속도의 원리에 따라 민간투자가 증가하는 효과를 말한다. 이러한 구입효과는 국민소득의 증가함수인 유발투자가 존재할 때 나타나게 된다. 이는 재정정책의 효과를 크게 함으로써 통화주의학파의 비판에 맞서 케인즈학파가 재정정책의 유효성을 주장하는 데 주요 논거로 제시된다.

(3) LM곡선의 기울기와 확대재정정책의 효과

① 확대재정정책의 효과가 상대적으로 큰 경우는 화폐수요의 이자율에 대한 민감도가 커서 확대 재정정책으로 인한 이자율 상승이 투자수요를 억제하는 정도가 작은 경우인데, 이는 LM곡선 이 완만한 경우에 해당한다.

② 확대재정정책의 효과가 상대적으로 작은 경우는 화폐수요의 이자율에 대한 민감도가 낮아서 확대재정정책으로 인한 이자율 상승이 투자수요를 억제하는 정도가 큰 경우인데, 이는 LM곡 선이 가파른 경우에 해당한다.

③ 결국 확대재정정책은 LM곡선의 기울기가 완만할수록 효과가 크게 나타난다.

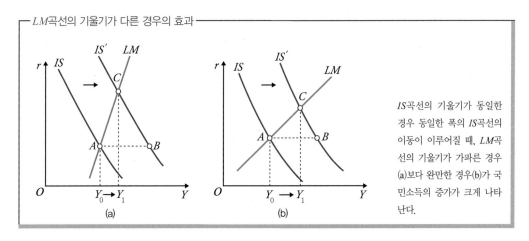

— LM곡선의 기울기가 다른 경우의 효과 —

IS곡선의 기울기가 동일한 경우 동일한 폭의 IS곡선의 이동이 이루어질 때, LM곡선의 기울기가 가파른 경우 (a)보다 완만한 경우(b)가 국민소득의 증가가 크게 나타난다.

2) 확대금융정책의 상대적 유효성

(1) 확대금융정책의 효과

① 확대금융정책은 이자율을 하락시켜 총수요를 증대시킨다.

② 따라서 그 효과의 크기는 IS곡선과 LM곡선의 기울기에 영향을 받는다.

(2) IS곡선의 기울기와 확대금융정책의 효과

① 확대금융정책의 효과가 상대적으로 큰 경우는 투자수요가 이자율에 민감하여 확대금융정책으로 인한 이자율 하락이 투자수요를 크게 하는 경우인데, 이는 IS곡선이 완만한 경우에 해당한다.

② 확대금융정책의 효과가 상대적으로 작은 경우는 투자수요가 이자율에 민감하지 않아 확대금융정책으로 인한 이자율 하락에도 불구하고 투자가 크게 늘어나지 않는 경우인데, 이는 IS곡선이 가파른 경우에 해당한다.

③ 결국 확대금융정책은 IS곡선의 기울기가 완만할수록 효과가 크게 나타난다.

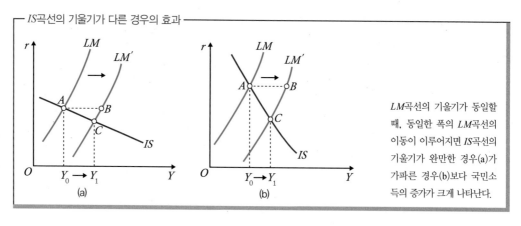

IS곡선의 기울기가 다른 경우의 효과

LM곡선의 기울기가 동일할 때, 동일한 폭의 LM곡선의 이동이 이루어지면 IS곡선의 기울기가 완만한 경우-(a)가 가파른 경우(b)보다 국민소득의 증가가 크게 나타난다.

(3) LM곡선의 기울기와 확대금융정책의 효과

① 확대금융정책의 효과가 상대적으로 큰 경우는 화폐수요의 이자율에 대한 민감도가 작아서 확대금융정책으로 인한 이자율 하락이 투자수요를 증대시키는 정도가 큰 경우인데, 이는 LM곡선이 가파른 경우에 해당한다.

② 확대금융정책의 효과가 상대적으로 작은 경우는 화폐수요의 이자율에 대한 민감도가 커서 확대금융정책으로 인한 이자율 하락이 투자수요를 증대시키는 정도가 작은 경우인데, 이는 LM곡선이 완만한 경우에 해당한다.

③ 결국 확대금융정책은 LM곡선의 기울기가 가파를수록 효과가 크게 나타난다.

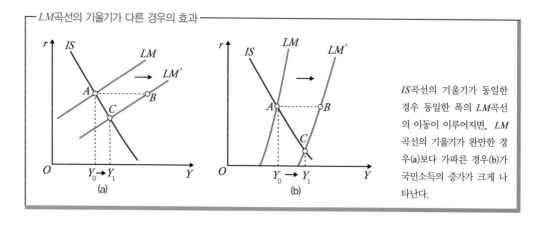

LM곡선의 기울기가 다른 경우의 효과

IS곡선의 기울기가 동일한 경우 동일한 폭의 LM곡선의 이동이 이루어지면, LM곡선의 기울기가 완만한 경우-(a)보다 가파른 경우(b)가 국민소득의 증가가 크게 나타난다.

통화정책의 전달경로(transmission mechanism)

〈통화공급의 증가 ⇒ 화폐시장 초과공급 ⇒ 이자율의 하락 ⇒ 투자의 증가 ⇒ 총수요의 증가 ⇒ 소득 증가〉

통화정책은 재정정책과는 달리 생산물시장에 직접적으로 개입하는 정책이 아니다. 따라서 통화정책이 총생산과 국민소득에 영향을 주기 위해서는 화폐공급 증가라는 화폐시장의 충격을 생산물시장에 전달하는 수단이 필요한데, 이를 통화정책의 전달경로라고 한다. 이러한 전달경로가 효과적으로 작동하기 위해서는 우선 통화공급 변화에 대응하여 이자율이 크게 변해야 하고, 이러한 이자율의 변화에 대응하여 투자수요가 크게 변해야 한다. 결국 화폐수요의 이자율 탄력도가 작아야 하므로 LM곡선의 기울기가 클수록, 투자수요의 이자율 탄력도가 커야 하므로 IS곡선의 기울기가 작을수록 통화정책의 효과는 커지는 것이다.

┌─ 학파별 금융정책과 재정정책의 효과 ─────────────────────────

구분	생산물시장(IS곡선)	화폐시장(LM곡선)	금융정책 효과	재정정책 효과
통화주의학파	투자의 이자율 탄력도가 크다 ⇒ IS곡선의 기울기가 완만하다.	화폐수요의 이자율탄력도가 작고, 소득탄력도가 크다 ⇒ LM곡선의 기울기가 가파르다.	크다	작다
케인즈학파	투자의 이자율 탄력도가 작다 ⇒ IS곡선의 기울기가 가파르다.	화폐수요의 이자율탄력도가 크고, 소득탄력도가 작다 ⇒ LM곡선의 기울기가 완만하다.	작다	크다

❸ 금융정책에 대한 논쟁

1) 고전학파와 금융정책

(1) **금융정책 무용론(총수요관리정책 무용론)**: 물가, 명목임금 및 이자율 등 제반가격이 완전히 신축적이고, 어떤 시장에서도 공급자와 수요자에게 화폐환상이 존재치 않는다(수직의 총공급곡선)는 가정 하에, 금융정책을 통한 총수요관리는 국민소득수준에 아무런 영향을 미치지 못한다.

(2) **화폐가 문제**: 고전적 화폐수량설에 의하여 화폐의 유통속도가 일정하다면(수직의 LM곡선), 그나마 총수요에 영향을 미칠 수 있는 것은 금융정책뿐이다.

2) 케인즈 학파와 금융정책

(1) **케인즈: 금융정책 유용론(총수요관리정책 유용론)**: 물가, 이자율, 그리고 임금을 포함한 가격변수의 경직성과 노동공급에 화폐환상이 존재한다는 가정 하에 비자발적 실업(불완전고용균형)이 일어날 수 있고, 화폐의 유통속도가 가변적이므로(우상향하는 LM곡선) 금융정책을 통한 총수요관리는 명목변수의 균형치뿐만 아니라, 국민소득과 고용량을 증가시키고 실질임금과 이자율을 낮춘다.

(2) **케인즈 학파**

　① 자본주의가 고도화함에 따라 저축함수와 투자함수가 이자율에 대하여 비탄력적이 되고, 소득에 대한 한계저축성향에 대해 한계투자성향이 지나치게 작다면 금융정책이 총수요를 어느 정도 증대시킨다 해도 완전고용국민소득수준에는 이르게 하지 못한다.⇒'장기침체론'

　② 아주 낮은 이자율 수준에서 투기적 화폐수요가 무한대로 되는 유동성 함정이 존재하거나(수평의 LM곡선), 투자가 이자율 및 국민소득에 비하여 완전히 비탄력적이라면(수직의 IS곡선), 금융정책은 총수요의 크기에 아무런 영향을 미치지 못한다.

(3) **새케인즈 학파**: 화폐수요와 화폐공급은 이자율에 탄력적이고(비교적 중간적인 LM곡선), 투자 또한 이자율에 탄력적이면(중간적인 IS곡선), 금융정책은 총수요를 조절하여 경기에 대응하는 데 유용하다.

3) 통화주의와 금융정책

⑴ **금융정책 유용론**: 화폐수요함수는 그 어떤 함수보다 안정적이라는 가정(수직에 가까운 *LM*곡선) 하에 통화량은 단기에 있어서 한 경제의 실물생산수준과 물가수준을, 장기에 있어서는 물가수준을 결정함으로써 명목국민소득의 가장 중요한 결정요인이다. 따라서 통화량의 적정한 통제는 단기적으로 고용과 물가의 상당한 정도의 안정을 보장할 것이다.

⑵ 통화량의 증가를 수반하지 않는 재정정책은 총수요에 거의 영향을 미치지 못하며(재정정책의 구축효과), 통화량의 변화는 케인즈 학파가 가정하는 것보다 더 넓은 범위의 실물자산에 영향을 미친다고 하여 통화량이야말로 총수요의 어떤 변화에 있어서도 그 지배적인 요인이 된다.

⑶ 금융정책의 효과는 시차가 길고 매우 가변적이며, 경제주체들의 장기적인 계획을 용이하게 하고, 경제에 대한 정부의 개입을 줄인다는 점에서 장기에 있어선 통화량의 연간증가율을 고정시키는 준칙을 정할 것을 권고한다.

 학파별 금융정책 전달경로의 차이점은?

1. 케인스 학파

- 통화량 증가 ⇒ 이자율 하락 ⇒ 투자 증가 ⇒ 총수요 증가 ⇒ 국민소득 증가

통화량의 변화는 이자율의 변화를 통해 실물부문에 영향을 미친다.

2. 통화주의 학파

- 통화량 증가 ⇒ 내구재에 대한 소비지출 ⇒ 총수요 증가 ⇒ 국민소득 증가

통화량의 변화는 이자율을 경유하지 않고 내구재 소비지출에 영향을 주어 직접 실물부분에 영향을 미친다.

기출확인

다음 대화를 읽고 〈작성방법〉에 따라 서술하시오. (단, 폐쇄경제라고 가정한다.)　　　　　[2019]

> 갑: 최근 경기침체가 더욱 악화되며 실업자가 급증하고 있는 상황입니다. ㉠ 국채발행을 통해 정부지출을 증가시켜 경기침체를 극복해야 합니다.
> 을: 저는 국채발행을 통한 정부지출 증가는 경기를 활성화시키기에 한계가 있다고 생각합니다. 왜냐하면 저는 화폐수요의 이자율탄력성은 (㉡), 투자수요의 이자율탄력성은 (㉢)(이)라고 생각하기 때문입니다. 오히려 화폐시장을 통해 총수요를 증가시키는 정책을 추진해야 합니다.

〈 작 성 방 법 〉

- 화폐수요의 이자율탄력성과 투자수요의 이자율탄력성의 크기에 대해 갑이 어떻게 생각하고 있는지 제시하고, 이를 근거로 밑줄 친 ㉠처럼 갑이 주장한 이유를 서술할 것.
- 괄호 안의 ㉡과 ㉢에 들어갈 단어를 순서대로 제시할 것

분석하기

- 갑이 주장하는 재정정책의 유효성은 *LM*곡선이 완만할수록, *IS*곡선이 가파를수록 커진다. 따라서 갑은 화폐수요의 이자율탄력성은 매우 탄력적이고, 투자수요의 이자율탄력성은 매우 비탄력적이라고 생각하고 있다(㉠).
- 을이 주장하는 금융정책의 유효성은 *LM*곡선이 가파를수록, *IS*곡선이 완만할수록 커진다. 따라서 을은 화폐수요의 이자율탄력성은 매우 비탄력적이고, 투자수요의 이자율탄력성은 매우 탄력적이라고 생각하고 있다.

  ㉡: 비탄력적, ㉢: 탄력적

금융정책 효과의 비대칭성

1. 의미: 통화팽창에 따른 생산 증대 및 인플레이션 효과와 통화긴축에 따른 생산 감소 및 디플레이션 효과의 상대적 크기가 다르게 된다는 것이다.
2. 요인
   1) 경제주체들의 기대나 전망이 경기변동에 따라 호황기의 긍정적인 성향보다 불황기의 부정적인 성향이 강하기 때문에 비대칭성이 나타난다는 것이다.
   2) 물가가 신축적이어서 총공급곡선이 매우 기파른 경우에 통화공급의 증감은 총수요곡선을 이동시키게 되며, 그 결과 생산과 물가에 미치는 효과는 통화공급을 줄여서 총수요곡선을 왼쪽으로 이동시킬 때가 상대적으로 크게 된다는 것이다.
   3) 호황기에는 소비나 투자에 따른 신용수요가 늘어나므로 호황기에 통화를 긴축할 경우 대출금리가 올라가고 신용제약이 발생함으로써 불황기의 신용제약이 일어나지 않는 경우보다 생산과 물가변동이 크게 나타난다는 것이다.

❹ *IS-LM* 모형의 의의와 한계

1) *IS-LM* 모형의 의의

(1) *IS-LM* 모형은 유효수요이론에 바탕을 둔 간단한 케인즈 모형을 보다 현실적으로 확장함으로써 '일반이론'에서 제시한 케인즈의 이론을 재해석하는 데 편리하고도 체계적인 방법을 제시하였다. J. R. Hicks는 상품시장과 화폐시장이 상호의존적으로 소득과 이자율을 결정하는 메커니즘을 제시하여 케인즈의 유효수요이론(*IS*곡선에 반영)과 유동성선호이론(*LM*곡선에 반영)을 결합시켰다.

(2) *IS-LM* 모형은 화폐시장을 도입하여 케인즈 경제학의 기본이 되는 승수이론과 유효수요이론을 보완·발전시켰다.

2) *IS-LM* 모형의 한계

(1) 수요 측면만 분석

① *IS – LM* 모형에 있어서 상품시장의 수요와 공급, 화폐시장의 수요와 공급이 모두 고려되지만, 노동시장을 분석하지 않는 *IS – LM* 모형은 어디까지나 수요 측면에서 거시경제의 균형을 분석하는 데 주된 관심을 두고 있다.

② 따라서 *IS* – *LM* 모형을 생산요소의 변화, 임금변동, 에너지 자원의 불확실성 등 공급 측면의 경제요인을 반영할 수 있도록 보완하여야 한다.

⑵ 경기변동에 대한 설명이 어려움

① *IS* – *LM* 모형은 공급 측면을 경시하고 있기 때문에 물가의 변동이 반영되지 않고 있다. 왜냐하면, 물가는 총수요와 총공급의 상호관련 하에서 변동되기 때문이다.

② 이에 따라 인플레이션이나 스태그플레이션과 같은 동태적 현상의 설명에는 무력하다.

⑶ 비교 정태적 분석

① *IS* – *LM* 모형은 상품시장과 화폐시장의 동시균형 상태를 분석하고 있지만, 주의할 것은 그 균형의 성격을 '안정적인 균형(stationary equilibrium)'이 아니라 경제상황에 따라 끊임없이 '변동하는 균형(shifting equilibrium)'으로 해석해야 한다.

② 따라서, *IS* – *LM* 모형의 균형점은 주어진 경제적 요인이 변화할 때마다 이동하는 '일시적인 균형(temporary equilibrium)'에 해당한다고 보아야 할 것이다.

⑷ 단기분석

① *IS*곡선은 상품시장의 균형 상태를 flow변수(일정 기간 동안의 저축과 투자변수)를 기초로 하여 나타내고 있는 데 비하여, *LM*곡선은 화폐시장의 균형 상태를 stock변수(일정 시점에서의 통화량변수)를 이용하여 나타내고 있다.

② 따라서 *IS*곡선과 *LM*곡선이 서로 상이한 성격의 균형 상태를 나타낸다는 점에서 *IS* – *LM* 모형의 균형은 장기균형을 나타내기에는 한계가 있으며, 일시적인 단기균형만을 설명하는 것으로 보아야 할 것이다.

③ 그러므로 장기균형 상태를 나타낼 수 있도록 하기 위해서는 시간이 경과하면서 변동하게 될 stock변수를 *IS* – *LM* 모형에 반영시켜야 한다.

Theme 70 완전고용 가능성과 구축효과

❶ 완전고용 가능성

1) 고전학파

(1) "공급은 그 스스로 수요를 창조한다"는 세이의 법칙(Say's law)을 가정한다.

(2) 수요부족으로 실업이 발생할 염려가 전혀 없으며, 모든 가격은 신축적이므로 균형에 자동적·즉각적으로 도달한다. ⇒ 완전고용균형

2) 케인스(J. M. Keynes)

(1) 완전고용-국민소득수준에서 계획된 저축이 계획된 투자보다 많게 되는 경우에는 유효수요의 부족으로 비자발적 실업이 발생 ⇒ 불완전고용균형이 일반적이라고 주장한다.

유동성 함정과 불완전고용 균형

고전학파 모형에서 생산물 시장에 초과공급이 존재하는 경우 이를 해소하기 위해서는 소비와 투자가 증가해야 한다. 이를 위해서는 실질이자율이 하락해야 한다. 만약 예상인플레이션율이 주어져 있는 경우라면 명목이자율이 하락해야만 실질이자율도 하락할 수 있다. 그런데 케인스에 따르면 화폐시장이 유동성 함정 상태에 놓이게 되면 명목이자율은 더 이상 하락할 수 없게 된다. 이것은 실질이자율 하락을 통한 소비와 투자 증가를 기대할 수 없다는 것이다. 이에 따라 완전고용 수준의 생산이 이루어지는 생산물 시장에서 발생한 초과공급을 해소할 수 없게 된다. 결국 실제 생산은 완전고용 수준에 미달하는 수준에서 이루어지고, 고용 역시 완전고용 수준에 미달하게 되어 비자발적 실업 발생은 필연이다. 이것은 항상 완전고용이 가능하다고 주장하는 고전학파 모형에 근본적인 결함이 존재한다는 것을 보여주는 것이라고 케인스는 주장한다.

---

(2) 고전학파가 이자율이 저축과 투자 모두에 영향을 미쳐 이들을 일치시킴으로써 완전고용소득수준을 유지할 수 있다고 보는 데 반하여 경제 내에 투자를 결정하는 주체(기업)와 저축을 결정하는 주체(가계)는 서로 다르므로 저축과 투자가 일치할 가능성은 적다고 주장한다.

3) 피구(A. C. Pigou) 효과

(1) **의미**: 소비가 소득뿐 아니라 실질자산의 영향도 받는다는 것을 말한다.

$$\text{소비함수: } C = C(r, Y, A/P), \quad \frac{dC}{d(A/P)} > 0$$
$$C : \text{소비}, \ r : \text{이자율}, \ A : \text{화폐-금융자산}, \ P : \text{물가수준}$$

(2) **내용**

① 피구 효과는 유동성 함정이 존재하는 경우에도 완전고용이 달성될 수 있다는 것을 보이기 위해 제시되었다. 피구는 생산물 시장의 초과공급을 이자율 하락을 통해 해소할 수 없어도 물가

하락을 통해서는 해결할 수 있다고 주장한다. 주의할 것은 피구효과에서 전제하는 자산은 실물자산이 아닌 화폐-금융자산임이라는 것이다.

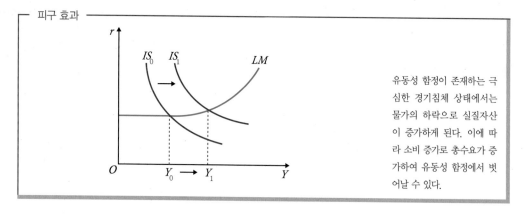

피구 효과

유동성 함정이 존재하는 극심한 경기침체 상태에서는 물가의 하락으로 실질자산이 증가하게 된다. 이에 따라 소비 증가로 총수요가 증가하여 유동성 함정에서 벗어날 수 있다.

② 경기침체기에 경제가 유동성 함정에 빠져도 물가수준의 하락으로 실질자산(A/P)이 증가하여 소비를 증가시켜 IS곡선을 우측으로 이동시킴으로써 위 그림에서와 같이 유동성 함정에서 벗어나게 된다.

(3) 한계

① 소비의 부(富)에 대한 탄력성이 작게 나타나 현실적인 피구효과는 미약하다. 피구효과가 효과적으로 작동하기 위해서는 물가수준이 대폭 하락하는 것이 필요하다. 그런데 이러한 대폭적인 물가의 하락은 경제의 불확실성을 가중시키고, 이에 따라 소비를 포함한 모든 경제활동을 오히려 극도로 위축시킬 수 있다.

② 물가수준이 하락할 때 계속적인 물가하락을 예상하고 있다면 소비는 오히려 감소할 수 있다.

③ 물가하락에 따라 증가하는 정부의 채무부담을 조세징수로 해결할 것이라고 예상한다면(리카도 등가 정리와 관련), 피구효과에 의한 소비증가를 기대할 수 없게 된다.

④ 물가하락으로 기업의 실질채무 부담이 증가하여 기업의 파산이 늘어난다. 이에 따라 은행대출과 예금이 감소한다면 통화 공급이 감소하므로 IS곡선과 LM곡선 모두 왼쪽으로 이동하므로 불황이 더욱 심화될 수 있다.

⑤ 근본적으로 물가가 하방경직적이면 피구효과가 발생하기 힘들다.

확인 TEST

다음 (　) 안의 내용을 옳게 연결한 것은?

소비함수에 자산효과가 도입되면 물가수준의 하락에 따라 실질자산이 (　㉠　)하고, 이는 소비의 (　㉡　)를 통해 (　㉢　)곡선을 (　㉣　)으로 이동시켜 국민소득 증가를 가져와 유동성 함정 문제를 해결할 수 있다. 이것을 (　㉤　)효과라고 한다.

	㉠	㉡	㉢	㉣	㉤
①	증가	증가	IS	우측	케인즈
②	증가	증가	IS	우측	피구
③	감소	감소	IS	좌측	마샬
④	증가	감소	LM	좌측	피구
⑤	감소	증가	LM	우측	마샬

해설 ▶ 물가수준이 하락하면 실질자산이 증가하고, 이에 따라 소비가 증가하여 IS곡선이 오른쪽으로 이동하여 국민소득이 증가하게 된다. 이를 통해 정부의 개입이 없어도 유동성 함정 문제를 해결할 수 있다. 이것을 피구효과라고 한다.

정답 ▶ ②

❷ 유동성 함정과 구축효과

1) 유동성 함정(liquidity trap)

(1) 의미

① 이자율이 극히 낮은 상태에서는 사람들이 더 이상 이자율이 하락하지 않을 것이라고 예상을 하게 되며, 화폐수요는 무한대가 되어 LM곡선은 수평인 경우를 말한다.

② 더 이상 화폐공급의 증가로 이자율을 하락시킬 수 없게 되는 상태이다.

(2) 의의

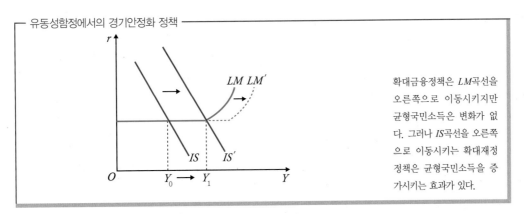
유동성함정에서의 경기안정화 정책

확대금융정책은 LM곡선을 오른쪽으로 이동시키지만 균형국민소득은 변화가 없다. 그러나 IS곡선을 오른쪽으로 이동시키는 확대재정정책은 균형국민소득을 증가시키는 효과가 있다.

① 유동성 함정은 통화정책이 LM을 LM'로 이동시키는 데 불과하므로 균형국민소득은 완전고용국민소득에 미치지 못한다.

② 정부지출을 증가시키는 재정정책은 IS를 IS'로 이동시켜, 완전고용국민소득수준에 효과적으로 도달할 수 있음을 보여준다.

③ Keynes 학파가 통화정책의 무력성을 주장하고 상대적으로 재정정책의 효과를 강조하는 주요 논거로 제시된다.

유동성 함정에서 발생할 수 있는 일반적인 상황으로 옳지 않은 것은?

① 재정지출 확대가 국민소득에 미치는 영향은 거의 없다.
② 통화량 공급을 늘려도 더 이상 이자율이 하락하지 않는다.
③ 재정지출 확대에 따른 구축효과가 발생하지 않는다.
④ 경제주체들은 채권가격 하락을 예상하여 채권에 대한 수요 대신 화폐에 대한 수요를 늘린다.

해설 ▶ 유동성 함정 하에서는 화폐수요의 이자율탄력성이 무한대가 되어 LM곡선이 수평이 된다. 이에 따라 확대재정정책에 따른 재정지출은 승수 배만큼의 국민소득을 증가시킬 수 있어 국민소득 증대에 가장 큰 효과가 나타난다.

정답 ▶ ①

사례 연구 유동성 함정 하에서의 경기안정화

◆ J국 경제는 심각한 경기침체가 10년 이상 지속되면서 디플레이션 현상이 나타나고 있다. 또한 통화정책의 중간목표라고 할 수 있는 기준금리는 0%대에 머물러 있다고 한다. $IS-LM$ 모형을 이용하여 이러한 경제 상태에서 벗어나기 위한 정책수단은?

1. 현재 J국 경제를 그래프로 나타내면 다음과 같다.

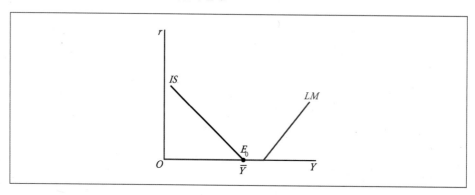

그림에 따르면 생산물 시장의 균형을 보여주는 IS곡선은 일반적인 모습이지만, 화폐시장의 균형을 보여주는 LM곡선은 일정한 국민소득 수준($\overline{Y}$)까지는 이자율이 0%인 가로축과 겹치는 유동성 함정 구간이 존재하다가 우상향하는 모습이다. 이에 따라 현재 J국 경제는 E_0점에서 균형을 이루고 있다. 이것은 경기부양을 위해 시중에 공급되는 모든 유동성은 소비나 투자로 이어지지 않고, 저축이 되고 있다는 것을 보여준다.

2. 경기침체에서 벗어나기 위해 고려되는 정책수단

1) 일반적인 통화정책: 경기가 침체에서 벗어나기 위해 일반적으로 취할 수 있는 통화정책으로는 통화량을 증가시키거나 기준금리를 낮추는 것이다. 그런데 이미 기준금리가 0%인 상태에서는 이를 낮추어서 경기를 부양하는 것은 더 이상 불가능하다. 따라서 가능한 일반적 통화정책은 통화량을 증가시키는 것이다. 이러한 통화량 증가는 LM곡선을 오른쪽으로 이동시킨다. 이에 따른 효과를 그림으로 나타내면 다음과 같다.

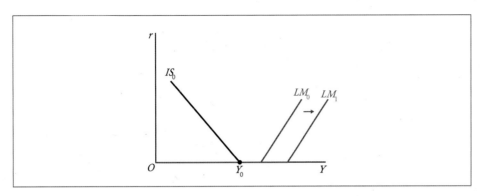

통화량 증가로 LM곡선은 오른쪽으로 이동한다($LM_0 \rightarrow LM_1$). 그러나 균형수준에서의 국민소득은 여전히 Y_0에 머물고 있다. 이것은 경제가 유동성 함정 상태에 있는 경우에는 일반적인 통화정책의 경기안정화 기능은 상실된다는 것을 보여준다.

2) 신용 경로: 통화정책에서의 신용경로(credit channel)란 중앙은행이 통화량의 변화로 인한 이자율의 변동과 관계없이 은행의 대출능력에 영향을 주어 실물경제에 영향을 미치는 경로를 분석하는 이론이다. 예컨대 중앙은행이 예금은행이 보유하고 있는 자산(국채 또는 신용위험증권)을 매입하면 본원통화 공급이 늘어나 은행의 초과지불준비금이 증가하면서 대출이 확대될 수 있다. 이를 통해 신용정도가 상대적으로 열악하여 이전에는 대출 받기가 어려웠던 가계나 기업에 대한 대출이 증가하여, 이를 통한 소비와 투자 증가를 기대할 수 있게 된다. 이를 통해 IS곡선을 오른쪽으로 이동시켜 유동성 함정하에서도 경기를 부양시킬 수 있는 것이다.

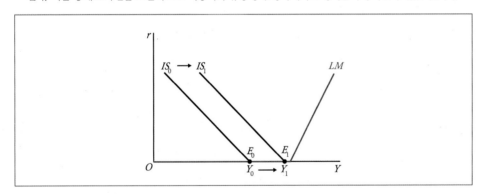

3) 재정정책: 정책당국의 확장적 재정정책은 IS곡선을 직접 오른쪽으로 이동시켜 유동성 함정 하에서도 국민소득을 증가시킬 수 있다. 이것을 그림으로 나타내면 다음과 같다.

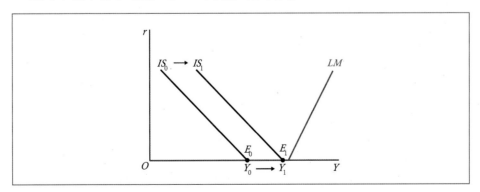

확장적 재정정책으로 IS곡선이 오른쪽으로 이동하여($IS_0 \rightarrow IS_1$), 구축효과가 발생하지 않으면서 국민소득이 Y_1으로 증가할 수 있게 된다.

4) 순수출 증가 정책: 순수출이 증가하면 그 효과는 앞의 3)에서 살펴본 재정정책과 동일한 효과를 기대할 수 있다. 이러한 순수출이 증가하기 위해서는 자국통화 가치를 절하하는 의도적인 고환율 정책을 활용할 수 있다.

5) 기대인플레이션 상승

(1) 경기안정화와 관계있는 소비나 투자와 관계있는 이자율은 명목이자율(i)이 아니라 기대실질이자율(r^e)이다. 피셔 방정식에 따르면 기대실질이자율은 다음과 같이 결정된다.

$$r^e = i - \pi^e, \text{ 여기서 } \pi^e \text{는 기대인플레이션율이다.}$$

(2) 현재 J국의 기준금리가 0%이어서 소비나 투자를 위한 기회비용이 매우 낮아 보이지만, 이러한 기준금리는 기대실질이자율이 아니라 명목이자율이다. 오히려 지속적인 경기침체가 기대인플레이션율을 음(−)의 값으로 만들면 기대실질이자율은 매우 높은 수준을 유지하게 된다. 이에 따라 소비나 투자 등이 원활하게 이루어지지 못하여 장기침체에서 벗어나기가 어려워지게 된다.

(3) 따라서 기대인플레이션율을 상승시키면 기대실질이자율을 낮추어 소비나 투자 등의 증가를 통해 IS곡선을 오른쪽으로 이동시킬 수 있고, 경기침체에서 벗어나는 것을 기대할 수 있게 된다.

2) 구축효과(crowding-out effect)

(1) 의미

① 정부지출의 증대가 화폐시장에서의 이자율 상승을 가져옴으로써 민간부문의 투자를 위축시키는 것을 의미한다.

② 통화주의자들의 재정정책에 대한 비판의 강력한 무기로서 작용한다.

(2) 경로

① 정부의 재정지출 증가로 국민소득이 증가하면, 거래적 동기에 의해 화폐수요가 증가하게 되는데 이때 사람들은 이를 채우기 위해 보유채권을 판매하게 되어 채권가격은 하락하고 이자율은 상승하여 이로 인해 민간의 투자수요가 감소하게 되는 것이다.

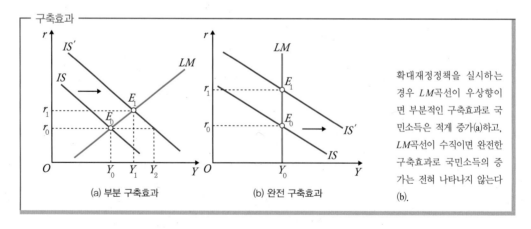

구축효과

(a) 부분 구축효과 (b) 완전 구축효과

확대재정정책을 실시하는 경우 LM곡선이 우상향이면 부분적인 구축효과로 국민소득은 적게 증가(a)하고, LM곡선이 수직이면 완전한 구축효과로 국민소득의 증가는 전혀 나타나지 않는다(b).

② (a)에서 이자율이 상승하지 않고 r_0에 고정되어 있다면, 재정지출의 증대($IS \rightarrow IS'$)에 따른 효과로 균형국민소득은 Y_2가 되어야 하지만, 화폐시장에서는 초과수요 상태가 되어 이자율이 상승하게 된다. 이에 따라 이자율의 상승으로 야기된 민간투자의 감소로 Y_1까지만 증가하게 되어

구축효과가 부분적으로 일어나게 된다.

③ (b)에서 LM이 수직인 것은 투기적 화폐수요를 고려하지 않는 경우(고전학파)로서 구축효과가 완전히 나타나게 되어 확대재정정책은 이자율 상승만을 가져올 뿐이다.

구축효과의 직관적 이해

재정지출의 증가에 필요한 재원은 ⓐ 조세증액, ⓑ 국채발행, ⓒ 중앙은행으로부터의 차입 등에 의해 조달된다. 그런데 일반적인 재정지출은 조세와 통화량이 일정한 상태에서 이루어지는 것을 의미하고 이는 곧 재정지출을 증가시키기 위해서 국채를 발행한다는 것을 의미하게 된다. 구체적으로 국채의 발행은 국채공급의 증가를 가져와 국채의 유통시장에서 국채가격을 하락시키고 이에 따라 국채이자율을 상승시킨다. 이때 이자율의 상승은 당연히 국채시장으로부터 일반 채권시장으로 확산될 것이다. 그러므로 국채의 발행은 국채시장뿐 아니라 전체 채권시장에서 이자율을 상승시키게 되고 이에 따라 기업의 자금 조달비용이 높아지는 결과를 초래하여 투자수요가 감소하게 되는 것이다.

사례 연구 **구축효과**

◈ Hicks - Hansen 모델에서 거시 경제모형이 다음과 같이 주어져 있다.

$C = 200 + 0.8(Y - T)$	$I = 1,600 - 100r$	$G = 1,000$	$T = 1,000$
$Md = 500 + 0.5Y - 250r$	$Ms = 2,500$		

만약 정부지출이 2,000만큼 증가한다고 가정하자. 이때 국민소득, 균형이자율, 민간소비, 민간투자의 변화의 크기는?

분석하기

IS곡선과 LM곡선은 다음과 같이 도출된다.

IS곡선: $Y = C + I + G$이므로 정부지출 증가 전의 IS곡선은

$\quad Y = 200 + 0.8(Y - 1,000) + 1,600 - 100r + 1,000$에서

$\quad Y = 10,000 - 500r$ ········①

LM곡선: $Md = Ms$이므로 정부지출 증가 전의 LM곡선은

$\quad 500 + 0.5Y - 250r = 2,500$에서

$\quad Y = 4,000 + 500r$ ········②

따라서 ①과 ②를 연립해서 풀면 $Y^* = 7,000$, $r^* = 6$이 된다.

이때 민간소비는 $C = 200 + 0.8(7,000 - 1,000) = 5,000$, 민간투자는 $I = 1,600 - 600 = 1,000$이 된다.

한편 정부지출이 2,000만큼 증가하면 IS곡선은 다음과 같이 도출된다.

IS곡선: $Y = 200 + 0.8(Y - 1,000) + 1,600 - 100r + 3,000$에서

$\quad Y = 20,000 - 500r$ ········③

그런데 LM곡선은 정부지출 변화와 관계없으므로 이전과 같은

$\quad Y = 4,000 + 500r$ ········④

따라서 ③과 ④를 연립해서 풀면 $Y^* = 12,000$, $r^* = 16$이 된다.

이때 민간소비는 $C = 200 + 0.8(12,000 - 1,000) = 9,000$, 민간투자는 $I = 1,600 - 1,600 = 0$이 된다.

이것을 표로 정리하면 다음과 같다.

	국민소득	균형이자율	민간소비	민간투자
정부지출 증가 전	7,000	6	5,000	1,000
정부지출 증가 후	12,000	16	9,000	0
변화의 크기	+5,000	+10	+4,000	-1,000

만약 정부지출 후에 이자율이 이전과 같이 $r=6$으로 불변이라면, 정부지출이 2,000만큼 증가한 후의 국민소득은 17,000이 될 것이다. 그런데 이자율의 증가의 결과 민간투자가 감소하여 국민소득 증가가 5,000만큼 감소하는 구축효과가 발생한 것이다. 이를 그림으로 나타내면 다음과 같다.

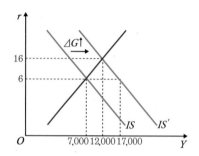

Theme 71 총수요(AD) – 총공급(AS) 모형

AD-AS 모형의 의의

거시경제이론의 가장 핵심이 되는 내용은 국민소득과 물가의 상관관계라고 볼 수 있다. 그런데 IS-LM 모형은 국민소득과 이자율의 상관관계를 중심으로 하므로 구축효과의 발생여부는 알 수 있지만 국민소득 변화에 따른 물가변화는 관찰할 수 없다. 이러한 단점을 보완하기 위하여 AD-AS모형을 사용한다. AD-AS모형은 물가와 국민소득의 상관관계를 명시적으로 표시하므로 이 두 가지의 변화와 상관관계를 명확하게 관찰할 수 있는 장점이 있다.

IS-LM 모형	AD-AS 모형
• 국민소득과 이자율을 대상으로 함	• 국민소득과 물가를 대상으로 함
• 승수효과와 구축효과를 비교함	• 소득과 물가변화를 비교함

---

❶ 총수요곡선(Aggregate Demand Curve: AD)

 케인스 단순모형의 총수요선과 총수요(AD) 곡선의 차이는?

원점을 지나는 45°선과 총수요선의 교차점으로 균형을 설명하는 케인스 단순모형에서 총수요선은 주어진 소득수준에 대응하는 총지출을 나타낸다.

반면에 총수요(AD) 곡선은 다른 모든 조건들이 일정하다는 가정 하에서 주어진 물가수준에 대응하는 총수요를 보여준다.

1) 의미: 다른 요인들이 일정할 때 각각의 물가수준에 대응하는 생산물에 대한 총수요를 보여주는 곡선을 말한다.

$$AD = C + I + G + (X - M)$$

국민소득(GDP) 항등식과 총수요(AD) 그리고 투자(I)

GDP를 나타내는 항등식에서 생산(Y)은 항상 총지출의 크기와 같아서 다음과 같이 표현된다.

• $Y \equiv C + I + G + NX$

앞의 항등식은 생산물이 판매되지 않은 경우 발생하는 재고의 변화를 기업의 재고투자로 간주하여 투자(I)에 포함시키기 때문에 성립한다.

그러나 총수요(AD)를 구성하는 식에서 투자(I)의 의미는 다르다

• $AD \equiv C + I + G + NX$

앞의 식에서 총수요(AD)는 '사전적' 의미를 갖는다. 이에 따라 투자(I) 역시 '사전적으로 의도된 투자'를 의미한다. 따라서 기업의 '의도되지 않은' 투자의 성격을 갖는 재고투자는 총수요(AD)에 포함될 수 없는 것이다. 결국 GDP와 총수요(AD) 사이에는 재고투자만큼의 차이가 발생하게 된다.

2) 도해적 설명

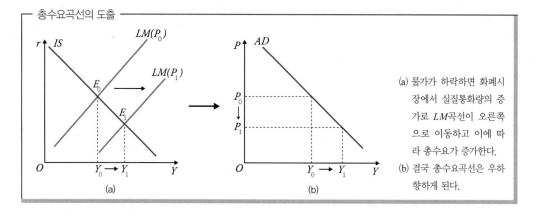

┌─ 총수요곡선의 도출 ─────────────────────────────────────

(a)

(b)

(a) 물가가 하락하면 화폐시장에서 실질통화량의 증가로 LM곡선이 오른쪽으로 이동하고 이에 따라 총수요가 증가한다.

(b) 결국 총수요곡선은 우하향하게 된다.

(1) (a)에서 최초에 E_0에서 생산물시장과 화폐시장이 동시에 균형을 이루고 있다.

(2) 물가수준이 P_0에서 P_1으로 하락하면 화폐시장에서 실질통화량이 증가하여 LM곡선만이 우측으로 이동하여 E_1에서 새로운 균형이 형성된다.

(3) 이때 국민소득(총수요)은 Y_0에서 Y_1으로 증가하는데 이러한 $(Y_0, P_0)(Y_1, P_1)$ 좌표를 물가−총수요 공간으로 옮기면 (b)에서와 같은 총수요곡선(AD)이 도출된다. 여기서 'Y'의 의미는 '각각의 물가수준에서 생산물의 총수요와 같게 될 총생산'으로 이해하면 된다. 다만 비록 '총생산'이라는 표현을 사용했지만 이것은 경제 내 전체 기업이 단순히 시장수요를 충족시키기 위해 생산하는 것을 의미할 뿐이다. 따라서 노동시장과 총생산함수의 결합분석을 통해 도출되는 총공급과는 다른 '총수요'에 해당되는 개념이다.

┌─ 총수요곡선이 우하향하는 이유 ─────────────────────────────────────

총수요곡선이 우하향하는 기울기를 가지는 이유는 개별 재화의 수요곡선이 우하향하는 기울기를 가지는 이유와 전혀 다르다. 개별 재화의 경우 가격의 상승은 곧 다른 재화에 대한 상대가격의 상승을 의미하며 따라서 대체효과를 통해 수요가 감소한다. 그러나 총수요곡선의 경우 물가상승은 반드시 상대가격의 변화를 의미하지는 않는다. 따라서 물가상승에 따라 총수요가 감소하는 것은 대체효과 때문이 아니다. 물가상승이 총수요를 감소시키는 이유는 실질통화량을 감소시켜 이자율을 상승시키고, 이에 따라 투자수요를 감소시키는 데 있다.

┌─────────────────────────────────────

• 이자율 효과: 물가수준 상승 ⇒ 실질통화량 감소 ⇒ 이자율 상승 ⇒ 민간투자 감소 ⇒ 총수요(량) 감소
• 부(富)의 효과(자산효과): 물가수준 상승 ⇒ 민간의 실질 부의 감소 ⇒ 민간소비 감소 ⇒ 총수요(량) 감소
• 순수출 효과: 물가수준 상승 ⇒ 교역조건 개선 ⇒ 수출 감소, 수입 증가 ⇒ 순수출 감소 ⇒ 총수요(량) 감소
• 환율 효과: 물가수준 상승 ⇒ 이자율 상승 ⇒ 자본유입 ⇒ 환율 하락 ⇒ 순수출 감소 ⇒ 총수요(량) 감소

┌─ 총수요의 결정 ─────────────────────────────────────

가격경직성으로 인해 물가가 미리 정해진 수준에 고정되어 있는 경우에는 총수요가 바로 생산량을 결정하므로 IS곡선과 LM곡선이 만나는 점에서 균형국민소득이 결정된다. 그러나 물가가 신축적인 경우에는 IS곡선과 LM곡선이 만나는 점은 단지 주어진 물가수준에서 총수요가 얼마인지를 가르쳐 줄 뿐이다.

3) Pigou 효과와 총수요(AD)곡선

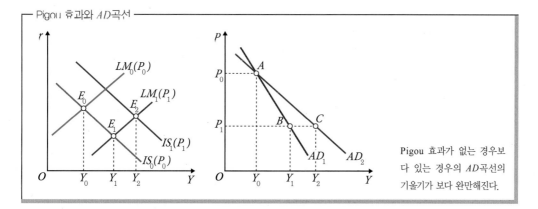

Pigou 효과와 AD곡선

Pigou 효과가 없는 경우보다 있는 경우의 AD곡선의 기울기가 보다 완만해진다.

⑴ Pigou 효과가 없는 경우

① 현재 물가수준이 P_0인 균형상태(E_0)에서 총수요(Y)는 Y_0이다. 이 점은 물가–총수요 공간의 A점에 대응된다.

② 물가가 P_0에서 P_1으로 하락하면 화폐시장에서 실질통화량$\left(\dfrac{M}{P}\right)$의 증가로 LM곡선이 LM_0에서 LM_1으로 이동하여, 새로운 균형상태인 E_1에서 총수요는 Y_1으로 증가하게 된다. 이 새로운 균형점은 물가–총수요 공간의 B점에 대응된다.

③ 이에 따라 물가–총수요 공간에서의 총수요(AD)곡선은 A점과 B점을 연결한 AD_1이 된다.

⑵ Pigou 효과가 존재하는 경우

① 현재 물가수준이 P_0인 균형상태(E_0)에서 총수요(Y)는 Y_0이다. 이 점은 물가–총수요 공간의 A점에 대응된다.

② 물가가 P_0에서 P_1으로 하락하면 화폐시장에서 실질통화량$\left(\dfrac{M}{P}\right)$의 증가로 LM곡선이 LM_0에서 LM_1으로 이동하고, 또한 물가하락에 따른 실질자산$\left(\dfrac{A}{P}\right)$의 증가로 소비가 증가하여 IS곡선도에서 IS_0으로 IS_1으로 이동하여 새로운 균형상태인 E_2에서 총수요는 Y_2로 증가하게 된다. 이 새로운 균형점은 물가–총수요 공간의 C점에 대응된다.

③ 이에 따라 물가–총수요 공간에서의 총수요(AD)곡선은 A점과 C점을 연결한 AD_2가 된다. 이 결과는 $Pigou$ 효과가 존재하면 존재하지 않는 경우에 비해 총수요(AD) 곡선의 기울기가 보다 완만해진다는 것을 보여준다.

총수요곡선의 기울기

투자의 이자율 탄력성이 클수록(IS곡선이 완만할수록), 화폐수요의 이자율탄력성이 작을수록(LM곡선이 가파를수록) AD곡선도 완만하다. 또한 피구효과가 존재할수록 AD곡선의 기울기는 작아진다.

---

4) 총수요곡선의 이동

⑴ **의미**: AD곡선을 도출할 때, 물가 이외에는 총수요에 영향을 미칠 만한 요인들은 모두 일정하다고

가정하지만 그 요인들이 변하게 되면 AD곡선 자체가 이동한다.

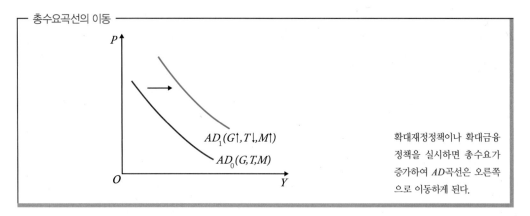

총수요곡선의 이동

$AD_1(G\uparrow,T\downarrow,M\uparrow)$

$AD_0(G,T,M)$

확대재정정책이나 확대금융
정책을 실시하면 총수요가
증가하여 AD곡선은 오른쪽
으로 이동하게 된다.

(2) 내용

① 정부지출의 증가($G\uparrow$) 또는 조세감면($T\downarrow$)등의 확대재정정책은 (고전학파의 특수한 경우를 제외
하고는) 총수요의 증가($Y^D\uparrow$)를 가져와서 총수요곡선이 우측으로 이동($AD_0 \rightarrow AD_1$)한다.

② 통화량의 증가($M\uparrow$)를 통한 확대금융정책은 이자율의 하락을 가져오고 이에 따라 투자 증가에
따른 총수요의 증가를 가져와서 총수요곡선이 우측으로 이동($AD_0 \rightarrow AD_1$)한다.

③ 일반적으로, AD곡선은 물가 외에 Y에 영향을 주는 일체의 (혹은 독립적) 요인들인 G, T, M 등
이 변할 때 이동 ⇒ 예를 들어 IS곡선($C\uparrow$, $I\uparrow$, $G\uparrow$, $T\downarrow$, $X\uparrow$, $M\downarrow$)이나 LM곡선($M^s\uparrow$, $M^D\downarrow$)을
우측으로 이동시키는 요인들은 AD곡선도 우측으로 이동한다.

④ 기대인플레이션율이 높아지면 총수요곡선은 오른쪽으로 이동한다.

⑤ 민간의 부(富)가 증가하면 오른쪽으로 이동한다.

개념 플러스+ 고전학파의 총수요곡선

1. 앞에서는 총수요곡선을 IS - LM 모형을 통해 도출하였으나, 고전학파적 시각에서 총수요곡선에 접근하는
   데 IS - LM 모형은 적절하지 않다. 대신 화폐수량설을 이용하면 총수요곡선이 간단히 도출된다. 수량방정식
   $MV = PY$의 식에서 통화량 M과 유통속도 V가 고정되었을 때, 소득 Y와 물가 P가 역의 관계를 맺기 때문이다.

2. 수량방정식을 총수요곡선으로 간주할 수 있는 경제적 의미는 무엇인가? 수량방정식은 $Y = V\dfrac{M}{P}$로 고쳐 쓸
   수 있으므로 총수요가 화폐의 실질잔고 수준 $\dfrac{M}{P}$에 의존하게 되는 것이다. 화폐의 실질잔고는 화폐의 구매
   력을 나타내므로, 가령 물가 P가 상승하여 화폐의 구매력이 감소하면 총수요가 감소하고, 물가가 하락하여
   화폐의 구매력이 증가하면 총수요가 증가한다.

3. 다음은 수량방정식으로부터 도출된 총수요곡선이다.

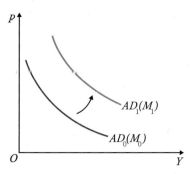

총수요곡선은 통화량이 증가하거나 유통속도가 증가할 때 바깥으로 이동한다. 화폐의 실질잔고가 증가하거나, 화폐가 더 빨리 유통된다는 것은 총수요가 증가한 것을 의미한다. 반대 경우에는 총수요곡선이 안쪽으로 이동한다. 만약 중앙은행이 통화공급을 줄이거나 금융감독 당국이 신용카드의 사용한도를 대폭 축소하는 조치를 취하여 유통속도가 감소한다면 총수요는 위축된다.

Q&A 정부지출(G)이 증가하는 경우 총수요곡선은 이동하는가?

고전학파의 견해에 따르면 정부지출(G)이 증가하는 경우, 동일한 크기만큼의 소비 감소가 나타나는 완벽한 구축효과가 발생하게 되어 총수요의 크기는 변하지 않는다. 이에 따라 케인스 이론과 달리 정부지출(G)의 증가는 총수요곡선을 이동시키지 못한다.

확인 TEST

화폐수량설에서 도출한 총수요곡선에 관한 설명으로 옳은 것을 모두 고르면?

ㄱ 총수요곡선은 물가와 총수요량의 관계를 나타내는 곡선이다.
ㄴ 정부지출이 증가하면 총수요곡선은 오른쪽으로 이동한다.
ㄷ 통화 공급이 증가하면 총수요량은 총수요곡선을 따라 증가한다.
ㄹ 통화 유통속도가 빨라지면 총수요곡선은 오른쪽으로 이동한다.

① ㄱ　　　② ㄱ, ㄹ　　　③ ㄱ, ㄴ, ㄹ　　　④ ㄱ, ㄷ, ㄹ　　　⑤ ㄱ, ㄴ, ㄷ, ㄹ

해설 화폐수량설의 대표적인 I. Fisher의 거래수량설에서의 교환방정식 $MV = PY$에서 $Y = MV \times \dfrac{1}{P}$을 통해 총수요곡선을 도출할 수 있다. 이에 따라 통화공급(M)이나 통화유통속도(V)가 증가하면 총수요곡선 자체가 오른쪽으로 이동하게 된다. 한편 화폐수량설에서의 총수요곡선은 화폐공급과 관계있는 것으로 정부지출과 같은 재정정책과는 관련이 없다.

정답 ②

❷ 총공급곡선(Aggregate Supply Curve)

1) 총공급곡선의 의의

(1) **의미:** 다른 요인들이 일정할 때 각각의 물가수준에 대응하여 기업 전체가 생산하는 총생산물의 수준을 나타내는 곡선을 말한다.

(2) **도출**: 노동시장의 균형과 총생산함수에서 도출한다. 이에 따라 총공급은 한 경제가 보유하고 있는 노동량, 자본량과 같은 요소 부존량과 기술수준에 의해 영향을 받는다.

(3) **형태**: 임금의 신축성 여부, 생산 기간의 장·단기 여부에 의해 결정된다. 일반적으로 거시경제에서는 가격변수가 신축적이면서 경제주체들이 완벽하게 물가 예상을 가능하게 해주는 기간을 장기라고 하고, 일부 가격변수는 경직적이면서 경제주체들이 미처 물가 예상을 완벽하게 하지 못하는 기간을 단기라고 전제한다.

2) 학파별 총공급곡선

(1) 고전학파의 단기 총공급곡선

① 최초의 물가는 P_0, 균형실질임금은 $\frac{W_0}{P_0}$, 균형고용량은 $L_E = L_F$, 균형국민소득은 Y_F라 하자.

② 이때 물가가 상승($P_0 \rightarrow P_1 \uparrow$)하면 실질임금이 $\frac{W_0}{P_0}$에서 $\frac{W_0}{P_1}$로 하락하게 된다. 이에 따라 노동시장에서 노동에 대한 초과수요(ab)가 발생하고 이 불균형을 해소하기 위해 실질임금이 $\frac{W_0}{P_0}$(원래) 수준으로 되돌아갈 때까지 명목임금의 신축성으로 인해 즉각적으로 명목임금이 상승하게 된다.

③ 이에 따라 노동시장 균형이 $L_E = L_F$ 수준으로 다시 회복되고 Y_F를 생산할 수 있게 된다. 그런데 이러한 조정과정이 신속하게 이루어진다.

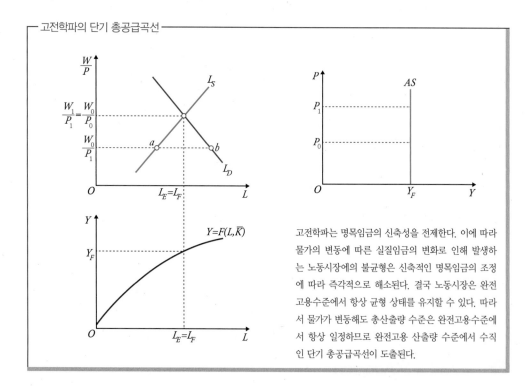

┌─ 고전학파의 단기 총공급곡선 ─

고전학파는 명목임금의 신축성을 전제한다. 이에 따라 물가의 변동에 따른 실질임금의 변화로 인해 발생하는 노동시장에의 불균형은 신축적인 명목임금의 조정에 따라 즉각적으로 해소된다. 결국 노동시장은 완전고용수준에서 항상 균형 상태를 유지할 수 있다. 따라서 물가가 변동해도 총산출량 수준은 완전고용수준에서 항상 일정하므로 완전고용 산출량 수준에서 수직인 단기 총공급곡선이 도출된다.

④ 고전학파의 총공급 수준은 물가수준이 변해도 계속해서 Y_F 수준을 유지한다. 따라서 AS곡선은 Y_F 수준에서 수직선의 형태를 띤다. 이는 경제의 총생산물이 노동과 자본의 양, 생산기술 등에 의해 결정되고 물가와는 관계가 없음을 의미한다.

단기란?

거시경제학에서 단기란 가격이 경직적인 기간을 의미하는 것으로, 실제로 어느 정도의 시간을 뜻하는가에 대해서는 정설이 없다. 경제학자들은 대략 수개월에서 1년 정도의 기간을 단기로 본다. 그러나 실업자들에게는 그 수개월에서 1년 정도의 기간도 매우 고통스러운 시간이며, 판매부진을 겪는 기업에게는 재고 고율을 떨어지게 만들기에 충분한 시간이다. 케인스가 말한 대로 "장기에는 우리는 모두 죽고 없을 것이다." 장기는 물론 그 수개월에서 1년 정도 이상의 기간이다.

수직의 단기 총공급곡선의 한계

1. 총공급곡선이 수직이라면 실질국민소득은 통화량 변동에 관계없이 완전고용수준에서 결정된다. 그러나 실제로 통화량 증가율과 실질국민소득 증가율은 높은 정(+)의 상관관계를 가지고 있는데, 수직인 총공급곡선으로는 이와 같은 현상을 설명하기 어렵다.
2. 고전학파의 총공급곡선으로는 경기변동에 따라 실업률이 상당히 큰 폭으로 변동하는 현실을 설명하기 어렵다. 고전학파에 따르면 경제는 항상 완전고용 상태에 있으므로 실업률 변동은 자연실업률의 변화에 의해서만 가능하다. 그러나 자연실업률을 결정하는 요인들은 주로 제도적 요인이기 때문에 단기적으로는 크게 변동하지 않는다. 따라서 자연실업률이 경기변동에 따른 실업률의 변동을 설명할 수 있을 정도로 크게 변동한다고 보기는 어렵다.

---

⑤ 수직의 총공급(AS) 곡선과 우하향 형태의 총수요(AD) 곡선이 교차하는 점(E_0)에서 고전학파 거시경제 균형이 달성된다.

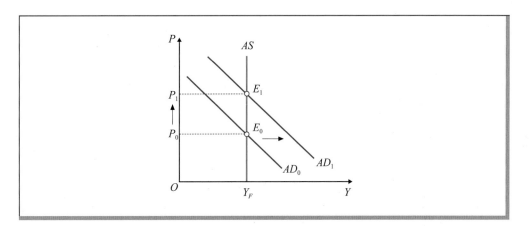

만약 통화량을 증가시키면 총수요곡선은 오른쪽으로 이동($AD_0 \rightarrow AD_1$)하고 새로운 균형점은 E_1이 된다. 이러한 결과는 총산출량(Y_F)에는 변화가 없고 물가만이 상승($P_0 \rightarrow P_1$)하는 것을 보여줌으로써 화폐의 중립성이 성립하고 있음을 확인할 수 있게 해 준다.

(2) Keynes의 단기 총공급 곡선: 고정 물가-고정 (명목)임금의 모형

시대적 배경

고정물가는 1930년대 경제 대공황의 상황을 반영한다. 유효수요부족(공급과잉)으로 1929~32년에 물가가 크게 하락한 이후 1939년까지 오르지도 내리지도 않는 상태가 유지되었다. 고정화폐임금은 노동조합이 일정수준의 화폐임금을 요구함으로써 임금이 하방경직적이었던 것을 반영한다.

---

① 고정물가 모형은 노동시장과 총생산함수에 대한 분석이 없이 1930년대의 대공황이라는 특수한 상황 아래에서 직관적으로 총공급곡선이 도출된다.

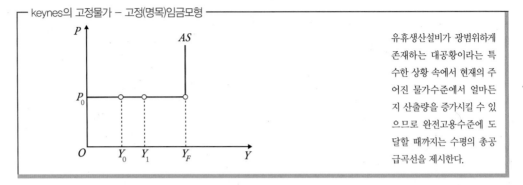

keynes의 고정물가 – 고정(명목)임금모형

유휴생산설비가 광범위하게 존재하는 대공황이라는 특수한 상황 속에서 현재의 주어진 물가수준에서 얼마든지 산출량을 증가시킬 수 있으므로 완전고용수준에 도달할 때까지는 수평의 총공급곡선을 제시한다.

② 주어진 현재의 물가수준에서 얼마든지 총공급이 증가할 수 있어서 Y_F수준 결정에 공급 측면이 전혀 제약요인이 되지 않는다는 단기 총공급곡선이다.

③ P_0에서 AS는 Y_F에 이르기까지 수평인 것은 Keynes가 대공황이라는 특수한 상황 속에서 과소고용(실업)이 일반적이라고 보기 때문이다.

고정물가 모형의 한계와 의의

케인스 모형은 물가를 일정하다고 가정하여 외생변수로 취급하였다. 그러나 물가는 다른 거시 경제 변수들의 변화에 따라 결정되는 내생변수이다. 따라서 케인스 모형을 완벽하게 보편적인 모형이라고 보기는 어렵다. 다만 단기에는 상당 기간 동안 물가수준이 고정되어 있는 것이 현실적으로 관찰된다. 따라서 케인스 모형을 단기 모형으로 이해하는 것은 의미가 있다.

일반적으로 거시경제학에서는 물가가 변할 수 없는 기간을 단기, 물가가 신축적으로 조정 가능한 기간을 장기라고 정의한다. 이에 따르면 케인스 모형을 단기모형, 고전학파 모형을 장기모형으로 이해하는 것은 의미있는 접근이다.

Q&A 총공급곡선이 수평인 이유는?

첫째로 유휴생산설비가 충분히 남아 있어 가격 상승의 압력이 없이 산출량을 증가시킬 수 있다. 둘째로 가격이 상대적으로 하방 경직적이어서 노동시장과 생산물 시장에서 초과공급에도 불구하고 가격은 하락하지 않는다. 이것은 계속되는 불황 시에 나타나는 현상을 단순한 형태로 설명한 것이다. 즉, 경제가 실제로 경험하는 GDP갭의 압력 하에서도 가격은 실제로 하락하지 않음을 보여준다.

화폐임금의 하방경직성의 원인

1. 제1차 세계대전이전부터 강력한 노동조합이 출현하고 있다.
2. 일반적으로 노사 간에 이루어진 임금협약은 일정한 계약기간 동안 지속된다.
3. 노동자들은 화폐(명목)임금의 하락을 타 산업부문에 비하여 보수가 떨어지는 것으로 인식하여 수용하지 않으려 한다.

④ Y_F에 이르면 AS곡선은 고전학파와 같이 수직선이 된다.

단기 총공급곡선의 기울기

케인즈 학파와 고전학파가 총공급곡선의 기울기에 대해 상반된 주장을 펴고 있는 것은 단기의 경우에 한정되어 있다. 가격이 변할 수 있는 시간이 충분히 주어진 장기에 있어서는 케인즈 학파도 고전학파가 주장하는 바와 같이 총공급곡선이 완전고용수준에서 수직이 될 수 있음을 부인하지 않는다.

---

⑤ 총공급(AS) 곡선과 총수요(AD) 곡선이 교차하는 점(E_0)에서 거시경제 균형이 달성된다.

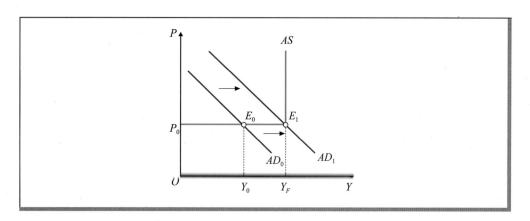

만약 정부가 확대 재정정책을 실시하면 총수요곡선은 오른쪽으로 이동($AD_0 \rightarrow AD_1$)하고 새로운 균형점은 E_1이 된다. 이러한 결과는 물가상승 없이도 완전고용산출량에 도달($Y_0 \rightarrow Y_F$) 할 수 있음을 보여 준다.

화폐환상(money illusion)

1) 의의

(1) 화폐환상은 화폐 구매력이 불변이라고 생각하는데서 비롯된다. 즉 물가가 현실적으로 변화하고 있는 상황에서 자신이 소유하는 현금과 같은 명목자산의 가치가 변하지 않는다고 생각하는 것으로 화폐착각이라고도 한다.

(2) 인플레이션 초기 단계에서 노동자는 자신의 실질임금소득이 상승하지 않았음에도 불구하고 노동공급을 더욱 증가시킨다는 것이다.

2) 물가예상과 화폐환상

(1) 극단적 고전학파(The Ultra Classical)

① 노동자는 기업과 동일하게 실질임금의 변화로 고려할 만한 충분한 정보를 가지고 있다. 이에 따라 다음 식이 성립한다.

- $\dfrac{dP^e}{dP} = 1$, 여기서 P는 실제물가, P^e는 예상물가이다.

---

② 노동 공급은 실질임금의 함수이고 화폐환상은 발생하지 않는다.

(2) 극단적 케인스 학파(The Ultra Keynesian)

① 노동자는 물가변동에 대한 아무런 정보를 갖지 못하므로 물가변동에 대한 예상은 불변이다. 이에 따라 다음 식이 성립한다.

- $\dfrac{dP^e}{dP}=0$, 여기서 P는 실제물가, P^e는 예상물가이다.

② 노동공급은 명목임금의 함수이고, 물가가 상승할 때 실질임금이 하락한다고 하더라도 명목임금이 상승하게 되면 노동공급을 증가시키는 완벽한 화폐환상이 나타나게 된다.

(3) 현실적인 경우

① 현실적으로 노동자는 어느 정도의 물가에 대한 정보를 갖고 있지만, 완전한 정보 역시 갖지 못한다. 이에 따라 다음 식이 성립한다.

- $0<\dfrac{dP^e}{dP}<1$, 여기서 P는 실제물가, P^e는 예상물가이다.

② 물가가 상승할 때 노동 공급은 어느 정도 증가하게 된다. 이때 화폐환상은 나타나기는 하지만 극단적인 케인스학파의 경우보다는 작게 나타난다.

 물가상승률과 예상물가상승률과의 관계는?

기준 시 물가수준(P_0)이 100인 경우,

다음 기에 실현된 실제물가(P_1)가 105으로 상승한 경우 (실제)물가상승률(π_1)은 다음과 같이 도출된다.

- $\pi_1=\dfrac{P_1-P_0}{P_0}=\dfrac{5}{100}=0.05(=5\%)$

이에 반해 다음 기에 물가가 103로 상승한 것으로 예상(P_1^e)한 경우 예상물가상승률(π_1^e)은 다음과 같다.

- $\pi_1^e=\dfrac{P_1^e-P_0}{P_0}=\dfrac{3}{100}=0.03(=3\%)$

이 경우에는 부분적인 화폐환상이 나타나게 된다.

만약 다음 기의 실제물가($P_1=105$)와 예상물가($P_1^e=105$)가 일치한다면 (실제)물가상승률(π)과 예상물가상승률(π^e)은 같아지게 된다.

- $\pi_1=\dfrac{P_1-P_0}{P_0}=\dfrac{P_1^e-P_0}{P_0}=\pi(\because P_1=P_1^e)$, $\pi_1=\pi_1^e=\dfrac{105-100}{100}=0.05(=5\%)$

이러한 결과가 항상 가능하다는 것이 완전예견을 전제하는 극단적 고전학파이다.

반면에 다음 기에는 실제물가($P_1=105$)가 상승했음에도 불구하고 물가가 상승하지 않았다고 예상($P_1^e=100$)하는 경우에는 '$\pi^e=\dfrac{P_1^e-P_0}{P_0}=\dfrac{100-100}{100}=\dfrac{0}{100}=0.00(=0\%)$'이 되어 완전한 화폐환상에 빠지게 된다. 극단적인 케이스 모형에 볼 수 있는 특징이다.

(3) 루카스(R. Lucas) 총생산(공급)함수

① 기본 방정식

$$Y=Y_n+\alpha(P-P^e),\ \alpha>0$$
$$\text{또는 } P=P^e+\beta(Y-Y_n),\ \beta>0$$

여기서 Y는 균형산출량, Y_n은 자연산출량, P는 물가수준, P^e는 과거에 예상한 현재의 물가수준으로 기대물가수준을 의미한다.

② 의미

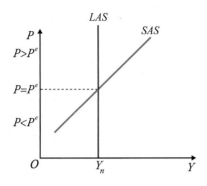

ⓐ 실제물가가 경제주체들의 예상물가와 다를 때 실제 산출량이 완전고용수준에 상응하는 산출량과 달라짐을 나타낸다.

ⓑ 실제물가가 예상물가보다 높을 경우, 즉 $P > P^e$일 때 국민소득은 완전고용수준을 초과하며, 반대로 실제물가가 예상물가보다 낮은 경우 국민소득은 완전고용수준보다 낮아진다.

ⓒ 물가가 산출량에 미치는 영향은 상수 α의 크기에 달려 있는데, α의 값이 클수록 총공급곡선의 기울기는 작아지며 물가가 산출량에 미치는 영향은 커진다.

ⓓ 만약 $\alpha = \infty$일 때에 총공급 곡선은 $P = P^e$의 함수형태를 가지는데, 이는 수평인 케인즈 학파의 총공급곡선과 다름이 없으며, $\alpha = 0$일 때에는 총공급곡선의 식은 $Y = Y_n$으로서 고전학파의 총공급곡선과 같다.

확인 TEST

루카스 공급곡선에 관한 설명으로 옳지 않은 것은?

① 기대물가가 상승하면 생산량은 증가한다.
② 기대물가가 고정되어 있는 경우 총공급곡선은 우상향한다.
③ 유가가 상승할 경우 생산량은 완전고용생산량 이하로 떨어진다.
④ 기대물가가 실제물가보다 높을 때의 생산량은 완전고용생산량보다 적다.
⑤ 기대물가와 실제물가가 같을 때의 실업률과 생산량을 각각 자연실업률과 완전고용생산량이라고 한다.

해설 ▶ 루카스의 공급함수는 다음과 같다.

$$Y = Y_n + \alpha(P - P^e)$$

여기서 Y는 실제 생산량, Y_n는 완전고용생산량, α는 양의 상수, P는 실제물가, P^e는 기대물가이다.

이에 따르면 기대물가와 실제물가가 일치($P = P^e$)하게 되는 장기에는, $Y = Y_n$도 성립하게 된다. 이때의 실업률은 자연실업률, 산출량은 완전고용생산량(=자연산출량)이라고 한다(⑤). 이때 장기총공급곡선은 완전고용생산량 수준에서 수직의 모습을 보인다. 만약 단기에 기대물가가 실제물가보다 높다면($P < P^e$), 실제 생산량은 완전고용생산량보다 작게 되어($Y < Y_n$), 단기 총공급곡선은 우상향하게 된다(②, ④). 또한 유가가 상승하게 되면 기업의 생산능력이 감소하여 실제 생산량은 완전고용생산량 이하로 떨어지게 된다(③). 한편 실제물가(P)와 완전고용생산량(Y_n)이 일정할 때, 기대물가가 상승하면 실제 생산량(Y)이 감소하게 된다. 이것은 총공급곡선이 왼쪽으로 이동한다는 것을 의미한다.

정답 ▶ ①

3) *AS* 곡선의 이동

⑴ 노동조합에 의한 임금 인상, 인플레이션으로 인한 기대물가 수준의 상승으로 노동공급곡선이 왼쪽으로 이동하게 되면 *AS*곡선은 왼쪽으로 이동한다.

⑵ 노동 생산성이 증가(감소)하는 경우에는 *AS*곡선은 오른쪽(왼쪽)으로 이동한다.

⑶ 기술진보가 있게 되면 *AS*곡선은 오른쪽으로 이동한다.

⑷ 자본스톡이 증가(감소)하면 *AS*곡선은 오른쪽(왼쪽)으로 이동한다.

⑸ 기대 인플레이션율이 낮아(높아)지면 *AS*곡선은 오른쪽(왼쪽)으로 이동한다.

⑹ 환경보호법이 완화(강화)되면 *AS*곡선은 오른쪽(왼쪽)으로 이동한다.

 *SAS*와 *LAS*의 이동 요인은?

기대물가 하락(상승), 원자재 가격 하락(상승), 임금수준 하락(상승)이 이루어지면 *SAS*는 오른쪽(왼쪽)으로 이동한다. 반면에 기술진보가 이루어지면 *SAS*와 *LAS*가 모두 오른쪽으로 이동한다.

❸ 거시경제 균형 결정

1) 총공급곡선과 장·단기균형

⑴ 단기-장기 총공급곡선

① 단기 총공급곡선: 단기적으로는 임금을 포함한 많은 재화 및 서비스의 가격이 경직적이기 때문에 수요와 공급의 변동을 신속하게 반영하지 못하는 것이 현실이어서 총공급곡선은 우상향하는 형태를 가지게 된다.

② 장기 총공급곡선: 장기적으로는 모든 가격이 신축적이어서 총공급곡선은 완전고용 국민소득 수준에서 수직의 형태를 가지게 된다.

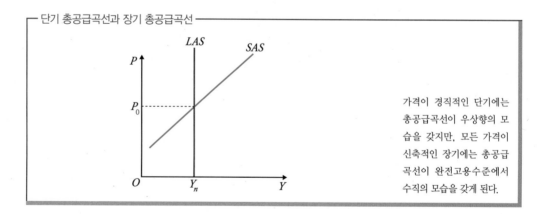

단기 총공급곡선과 장기 총공급곡선

가격이 경직적인 단기에는 총공급곡선이 우상향의 모습을 갖지만, 모든 가격이 신축적인 장기에는 총공급곡선이 완전고용수준에서 수직의 모습을 갖게 된다.

┌─ 수직의 총공급 곡선 ───

케인즈 학파와 고전학파가 총공급곡선의 기울기에 대해 상반된 주장을 펴고 있는 것은 단기의 경우에 한정되어 있다. 물가가 변할 수 있는 시간이 충분히 주어진 장기에 있어서는 케인즈 학파도 고전학파가 주장하는 바와 같이 총공급곡선이 완전고용수준에서 수직이 될 수 있음을 부인하지 않는다.

──

 장기 총공급(*LAS*) 곡선의 모습과 이동은? ──────────────────

장기적으로 한 나라의 생산능력은 물가수준과 무관하게 그 나라가 보유하고 있는 자연자원, 노동, 자본, 기술 등에 의해 결정된다. 이에 따라 장기 총공급(*LAS*) 곡선은 자연산출량 수준에서 수직의 모습을 보인다. 또한 그 나라가 보유하고 있는 자연자원, 노동. 자본, 기술 등의 변화가 발생하게 되면 장기 총공급 곡선 자체가 이동하게 된다.

───

확인 TEST

┌───
장기 총공급곡선에 관한 설명으로 옳지 않은 것은?

① 장기적으로 한 나라 경제의 재화와 서비스 공급량은 그 경제가 가지고 있는 노동과 자본, 그리고 생산기술에 의해 좌우된다.
② 장기 총공급곡선은 고전학파의 이분성을 뒷받침 해준다.
③ 확장적 통화정책으로 통화량이 증가하더라도 장기 총공급곡선은 이동하지 않는다.
④ 장기 총공급량은 명목임금이 경직적이고 자유롭게 변동하지 않기 때문에 물가수준이 얼마가 되든 변하지 않는다.
⑤ 장기 총공급곡선은 수직이다.

해설 ▶ 장기에는 모든 가격변수가 신축적이다(④). 한편 장기 총공급곡선은 물가수준과 관계없는 수직의 모습을 보인다(⑤). 이에 따라 총수요곡선을 이동시키는 확장적 통화정책은 장기에는 물가만 상승시킬 뿐, 산출량을 증가시킬 수 없게 되어, 화폐의 중립성을 전제로 하는 고전적 이분법을 성립시킨다(②, ③).

정답 ▶ ④
───

(2) 단기 균형과 장기 균형

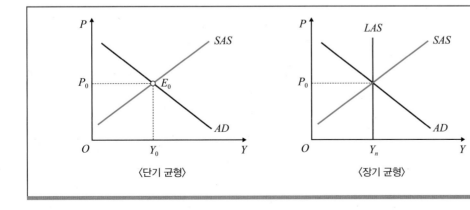

〈단기 균형〉　　　　　〈장기 균형〉

(3) 총수요-총공급 변화에 따른 국민소득 결정(IMF 관리체제 전제)

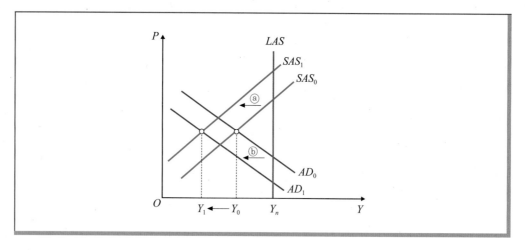

① 기업의 연이은 도산과 환율의 급등으로 수입원자재 가격이 상승하여 우리 경제의 공급능력은 급격하게 감소하였다(ⓐ).

② 정부의 긴축재정과 기업의 구조조정으로 인해 발생한 대량실업으로 민간 소비지출이 급격하게 위축되었고, IMF 권고에 따른 고금리 정책으로 기업의 투자 역시 감소하였다(ⓑ).

③ 이러한 결과로 실질 국민소득 감소($Y_0 \rightarrow Y_1$)로 인한 마이너스(−) 경제성장을 경험하게 되었다.

2) 임금 조정과 장기균형

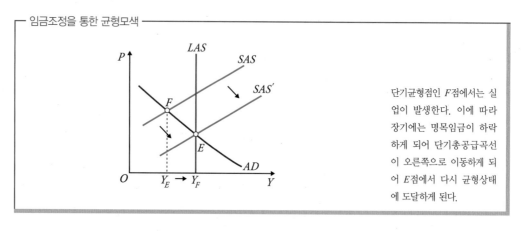

ㅡ 임금조정을 통한 균형모색 ㅡ

단기균형점인 F점에서는 실업이 발생한다. 이에 따라 장기에는 명목임금이 하락하게 되어 단기총공급곡선이 오른쪽으로 이동하게 되어 E점에서 다시 균형상태에 도달하게 된다.

(1) 단기에 있어서는 총수요곡선과 단기 총공급곡선이 만나는 F점에서 일시적으로 균형을 이루게 된다. F점에서는 화폐시장과 생산물시장은 균형 상태에 있지만 총생산량이 완전고용 국민소득수준보다 낮기 때문에 노동시장은 초과공급 상태에 있다. 그런데 단기에는 명목임금이 경직적이어서 경제는 당분간 F점에 머무르게 된다.

(2) 명목임금이 움직일 수 있는 충분한 시간이 경과한 장기에는 명목임금이 하락하기 시작하여 단기 총공급곡선이 우측으로 이동하게 된다. 단기 총공급곡선의 이동은 결국 장기균형점인 E점에서 세 곡선이 만나서 노동시장이 균형을 이룰 때까지 계속될 것이다.

확인 TEST

〈보기〉의 그래프는 어느 경제의 장단기 총공급곡선과 총수요곡선이다. 이 경제의 장기균형에 대한 설명으로 가장 옳은 것은?

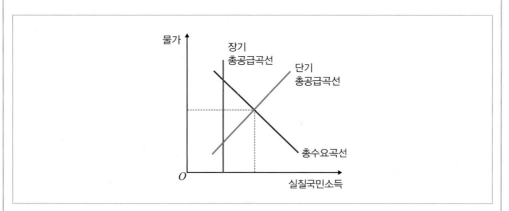

① 이 경제는 현재 장기균형상태에 있다.
② 장기 총공급곡선이 오른쪽으로 움직이며 장기균형을 달성하게 된다.
③ 임금이 상승함에 따라 단기 총공급곡선이 위쪽으로 움직이며 장기균형을 달성하게 된다.
④ 확장적 재정정책을 사용하지 않는다면 이 경제는 경기침체에 머무르게 된다.

해설 ▸ • 주어진 선택지 내용을 각각 살펴보면 다음과 같다.
  • 현재 이 경제는 장기에 달성되는 완전고용국민소득 수준을 상회하는 경기호황 국면에 있다 (①).
  • 현재 수준에서 긴축적 재정정책을 사용하지 않는다면 이러한 경기호황 국면은 지속되고, 경기과열 문제가 대두될 수 있다(④).
  • 경기호황 국면이 지속되면 노동시장에서 임금이 상승하게 되고, 이로 인해 단기 총공급곡선이 왼쪽으로 이동하여 장단기 동시균형 수준에 도달하게 된다(②, ③).

정답 ▸ ③

3) 장기 총공급(LAS) 곡선과 화폐중립성

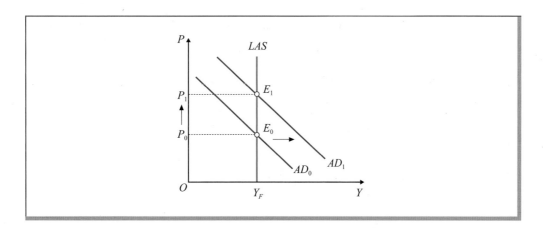

⑴ 장기 총공급(LAS) 곡선과 총수요(AD) 곡선을 통해 고전적 이분법(화폐중립성)을 설명할 수 있다. 통화량이 증가하면 총수요 곡선은 오른쪽으로 이동($AD_0 \rightarrow AD_1$)한다.

⑵ 그런데 장기 총공급 곡선이 자연산출량(Y_F) 수준에서 수직이므로 이러한 총수요 곡선의 이동은 자연산출량을 변화시키지는 못하고 물가만을 상승($P_0 \rightarrow P_1$)시키는데 그치게 된다.

⑶ 이를 통해 화폐는 실물부문에 영향을 주지 못한다는 고전학파의 화폐중립성을 확인할 수 있다.

❹ 공급충격(supply shock)과 균형조정

1) 공급충격의 의미

⑴ 유가인상, 수입원자재 가격상승, 임금상승, 파업, 가뭄 등과 같이 생산비를 증가시키는 경제적 충격은 모두 총공급곡선을 좌측으로 이동시키는데 이를 불리한 공급충격(negative supply shock)이라고 한다. 이러한 불리한 공급충격은 스태그플레이션(stagflation)을 야기시킨다.

⑵ 반대로 기술진보와 같이 생산비를 감소시키는 경제적 충격은 모두 총공급곡선을 우측으로 이동시키는데 이를 유리한 공급충격(positive supply shock)이라고 한다.

⑶ 불리한(부정적인) 공급 충격의 효과

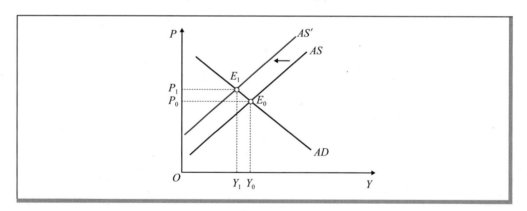

① 예상하지 못한 국제 원유가 상승은 AS곡선을 왼쪽으로 이동시킨다.

② 그 결과 거시균형은 E_0에서 E_1으로 이동하게 되어 총소득 감소($Y_0 \rightarrow Y_1$)와 물가 상승($P_0 \rightarrow P_1$)을 초래한다.

③ 이에 따라 총소득 감소로 인한 경기침체(stagnation)와 물가상승으로 인한 인플레이션(inflation)이 동시에 발생하는 스태그플레이션(stagflation)이 나타나게 된다.

2) 불리한 공급충격과 단기적 대응

(1) 물가안정을 중시한 경우

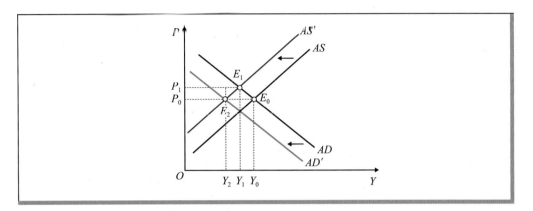

① 물가를 이전 수준(P_0)으로 유지하기 위해서는 총수요(AD)를 감소($AD_0 \rightarrow AD_1$)시키기 위한 긴축적 재정정책 또는 긴축적 금융정책을 시행해야 한다.

② 그 결과 거시균형은 E_1에서 E_2로 이동하게 되어 물가를 이전 수준(P_0)으로 유지할 수 있게 된다.

③ 그러나 산출량은 Y_1에서 Y_2로 감소하게 되어 이전에 비해 산출량은 더욱 감소하게 되는 문제가 나타나게 된다.

(2) 경기안정을 중시하는 경우

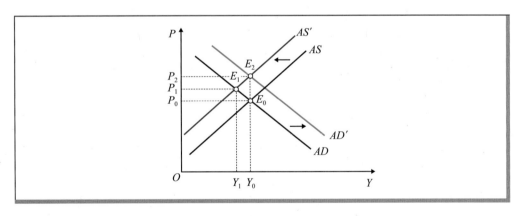

① 총소득을 이전 수준(Y_0)으로 유지하기 위해서는 총수요(AD)를 증가($AD_0 \rightarrow AD_1$)시키기 위한 확장적 재정정책 또는 확장적 금융정책을 시행해야 한다.

② 그 결과 거시균형은 E_1에서 E_2로 이동하게 되어 총소득을 이전 수준(Y_0)으로 유지할 수 있게 된다.

③ 그러나 물가수준은 P_1에서 P_2로 상승하게 되어 이전에 비해 물가는 더욱 상승하는 문제가 나타나게 된다.

(3) **총수요 관리정책의 한계**: 불리한(부정적인) 공급충격이 있을 때의 총수요 관리정책은 물가안정과 소득증대(고용증대)를 동시에 달성할 수는 없다는 것을 알 수 있다.

3) 불리한 공급충격과 비수용적 정책(nonaccommodative policy) – 중립정책

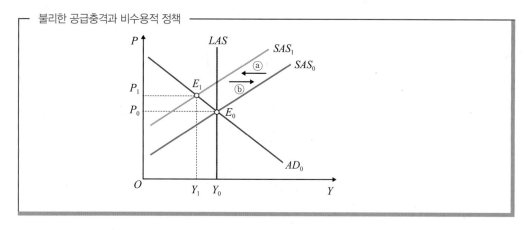

불리한 공급충격과 비수용적 정책

(1) 비수용적 정책은 경제조정이 빠른 속도로 이루어지는 상황에서 사용할 수 있는 정책인데, 통화 증가율을 *k*%로 일정하게 유지하면서 경제가 자율적으로 조정되기를 기다리는 정책이다. 중립 정책(neutral policy)이라고도 한다.

(2) 단기 총공급곡선이 SAS_0에서 SAS_1으로 이동(ⓐ)하게 되어 나타나는 스태그플레이션 상황 하에 서 실업률이 상승하게 되면 명목임금은 낮아진다. 이때 통화량 증가율을 *k*%로 일정하게 유지하 면 명목임금의 하락으로 인해 실질임금 역시 하향 조정이 이루어지게 된다.

(3) 실질임금의 하향 조정으로 인해 노동에 대한 수요가 증가하게 되고, 이에 따라 단기 총공급곡선 이 다시 SAS_0에서 SAS_1으로 이동(ⓑ)하게 되어 스태그플레이션 상황이 해결될 수 있게 된다.

(4) 비수용적 정책은 실업으로 인한 사회적 비용보다 인플레이션으로 인한 사회적 비용이 상대적으 로 더 크고, 경제의 조정기능이 강할 때 유력한 정책수단이 될 수 있다.

4) 불리한 공급충격과 수용적 정책(accommodative policy) – 수동적 조정정책

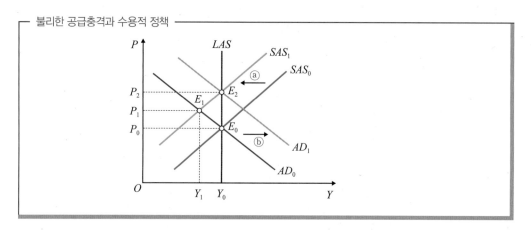

불리한 공급충격과 수용적 정책

(1) 단기 총공급곡선이 SAS_0에서 SAS_1으로 이동(ⓐ)하게 되어 나타나는 스태그플레이션 상황하에 서 확대재정정책을 사용하게 되면, 총수요곡선을 AD_0에서 AD_1까지 이동(ⓑ)시킬 수 있다.

(2) 정부의 총수요확대정책으로 경제는 E_2에 도달하게 되어 산출량을 스태그플레이션 발생 이전 수준으로 회복시킴으로써 실업 문제를 해소할 수 있게 된다.

(3) 수용적 정책은 실업으로 인한 사회적 비용이 인플레이션으로 인한 사회적 비용보다 상대적으로 너 크고, 경제의 조정기능이 약할 때 유력한 정책수단이 될 수 있다.

확인 TEST

경제가 장기 균형상태에 있다고 하자. 유가 충격으로 인해 석유가격이 크게 상승했다. 다음 설명 중 가장 옳지 않은 것은?

① 단기 총공급곡선의 이동으로 인해 단기에는 스태그플레이션이 발생한다.
② 단기 균형상태에서 정부지출을 증가시키면 실질 GDP가 증가하지만 물가수준의 상승을 피할 수 없다.
③ 단기 균형상태에서 통화량을 감소시키면 물가수준이 하락하고 실질 GDP는 감소한다.
④ 생산요소 가격이 신축성을 가질 정도의 시간이 주어지면 장기 공급곡선이 이동하여 새로운 장기균형이 형성된다.

해설
• 장기 공급곡선(LAS)은 기술진보나 부존자원이 변화하는 경우에 이동하게 된다. 따라서 단기 생산요소 가격이 변화된다고 해서 장기 공급곡선(LAS)이 이동하지는 않는다. 새로운 장기 균형은 생산요소 가격이 신축성을 가질 정도의 시간이 지나 단기 총공급곡선(SAS)이 이동하여 도달하게 된다.
• 경제가 장기 균형상태에 있는 경우를 전제로 한 'AD-AS' 모형을 이용하여, 선택지에 나타난 상황을 그림으로 나타내면 다음과 같다.

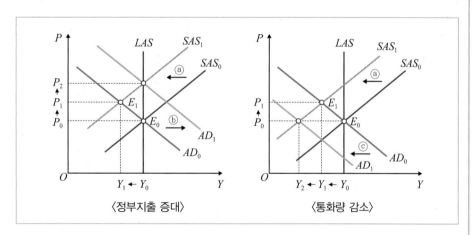

〈정부지출 증대〉　　　　　〈통화량 감소〉

① 유가 상승의 충격은 단기 총공급곡선을 왼쪽으로 이동시켜($SAS_0 \rightarrow SAS_1$: ⓐ), 이로 인한 균형수준(E_1)에서 물가는 상승($P_0 \rightarrow P_1$)하고 산출량이 감소($Y_0 \rightarrow Y_1$)하게 되는 스태그플레이션이 발생하게 된다.
② 정부지출의 증대는 총수요곡선을 오른쪽으로 이동시켜($AD_0 \rightarrow AD_1$: ⓑ), 실질 GDP를 원래 수준으로 다시 증가시킬 수 있지만($Y_1 \rightarrow Y_0$) 물가수준은 더욱 상승하게 된다($P_1 \rightarrow P_2$).
③ 통화량의 감소는 총수요곡선을 왼쪽으로 이동시켜($AD_0 \rightarrow AD_1$: ⓒ), 물가수준을 원래 수준으로 다시 하락시킬 수 있지만($P_1 \rightarrow P_0$) 실질 GDP는 더욱 감소하게 된다($Y_1 \rightarrow Y_2$).

정답 ④

❺ 수요충격(demand shock)과 균형조정

1) 수요충격의 의미

(1) 재정·통화정책과 정책적 요인, 수출여건상의 변화와 같은 해외요인, 투자자와 소비자의 기대심리 등에 의한 경제적 충격에 의해 총수요곡선이 이동하는 경우를 수요충격이라고 한다.

(2) 이때 총수요곡선을 오른쪽으로 이동시키는 경우를 유리한 수요충격(positive demand shock), 왼쪽으로 이동시키는 경우를 불리한 수요충격(negative demand shock)이라 한다.

2) 불리한 수요충격의 효과

(1) 수요충격의 요인으로는 우선 국민소득계정 상 지출 측면을 구성하는 소비(C), 투자(I), 정부지출(G), 조세(T), 순수출(NX) 항목을 직접적으로 변경시키는 모든 충격이 여기에 해당한다. 또한 통화당국에 의해 통화량이 변화하는 경우와 화폐 수요가 변하는 외생적 요인들도 이에 해당한다.

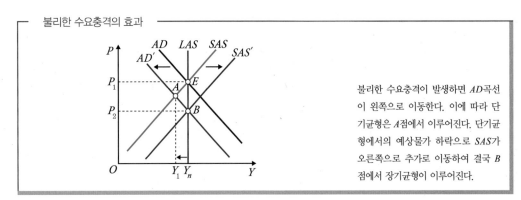

불리한 수요충격의 효과

불리한 수요충격이 발생하면 AD곡선이 왼쪽으로 이동한다. 이에 따라 단기균형은 A점에서 이루어진다. 단기균형에서의 예상물가 하락으로 SAS가 오른쪽으로 추가로 이동하여 결국 B점에서 장기균형이 이루어진다.

(2) 불리한 수요충격이 발생하면 AD곡선이 왼쪽으로 이동한다. 이에 따라 단기균형은 A점으로 이동한다.

(3) 단기 균형에서 총수요(Y_1)가 Y_n보다 작기 때문에 물가가 하락하고, 이에 따라 예상물가(P^e)도 하향조정되므로 SAS곡선이 SAS' 곡선으로 아래쪽으로 이동하기 시작하여 생산은 Y_n에 도달할 때까지 증가한다.

(4) 장기적으로 경제는 B점의 새로운 균형에 도달하게 된다.

| 사례 연구 | **불리한 충격과 장단기 균형** |

◈ 어떤 거시경제가 〈보기〉와 같은 조건을 만족하고, 최초에 장기 균형상태에 있다고 할 때, 불리한 수요충격과 불리한 공급충격의 단기균형과 장기균형의 결과는? (단, Y는 생산량, P는 물가수준이다.)

──────〈 보 기 〉──────

• 장기 총공급 곡선은 $Y=1,000$에서 수직인 직선이다.
• 단기 총공급 곡선은 $P=3$에서 수평인 직선이다.
• 총수요 곡선은 수직이거나 수평이 아닌 우하향 곡선이다.

| 분석하기 |

• 주어진 〈보기〉의 조건과 선택지와 관련한 내용을 그림으로 나타내면 다음과 같다.

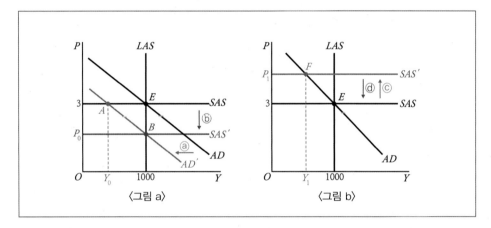

〈그림 a〉　　　〈그림 b〉

• 불리한 수요충격을 받을 경우에는 〈그림 a〉와 같이 AD곡선이 왼쪽으로 이동하여(ⓐ) 단기균형은 A점에서 이루어지며, 단기 산출량과 물가수준은 '$Y_0<1,000$, $P=3$'이 되고, 경기침체가 발생한다. 시간이 지남에 따라 장기에는 예상물가의 하락으로 SAS곡선이 아래쪽으로 이동하여(ⓑ) 장기 균형은 B점에서 이루어지며, 장기 산출량과 물가수준은 '$Y=1,000$, $P_0<3$'이 된다. 결국 불리한 수요충격으로 인한 장기 균형에서는 산출량은 불변이고, 물가수준은 하락하게 된다.

• 불리한 공급충격을 받을 경우에는 〈그림 b〉와 같이 SAS곡선이 상방으로 이동하여(ⓒ) 단기 균형은 F점에서 이루어지며, 단기 산출량과 물가수준은 '$Y_1<1,000$, $P_1>3$'이 되고, 경기침체가 발생한다. 시간이 지남에 따라 장기에는 예상물가의 하락으로 SAS곡선이 다시 아래쪽으로 이동하여(ⓓ) 장기 균형은 원래 수준인 E점을 회복하게 되어, 장기 산출량과 물가수준은 '$Y=1,000$, $P=3$'이 된다.

다음 자료의 (가)의 그림을 이용하여 단기 총공급 곡선의 기울기의 부호를 도출하고, 역시 (가)의 그림을 이용하여 명목임금 수준의 변동이 있을 때 그로 인해 단기 총공급 곡선이 이동하는 방향에 대해 설명하시오. 그리고 국민경제가 (나)에 제시된 조건을 가지고 있을 때, 수요 충격으로 국민경제의 균형이 E_1을 거쳐 E_L로 이동해 가는 조정 과정을 '총수요－총공급 그래프'와 'GDP 갭' 개념을 이용하여 분석하고, E_L의 상태와 E_0와 비교하여 평가하시오.

[2012]

(가) 그림은 대표적인 기업의 한계비용 곡선을 보여주고 있다. 단기에서 완전경쟁 시장안의 기업은 주어진 시장 가격 p와 한계비용이 같아지는 수준인 q^*만큼 제품을 생산해 이윤을 극대화 한다. 시장 가격이 변하게 되면 기업은 그에 맞추어 최적 생산량을 바꾼다. 또한 일정하게 주어져 있는 명목임금 수준이 바뀌게 되면 그에 따라 한계비용 곡선(MC)이 이동하게 되고 기업의 최적 생산량도 바뀌게 된다.

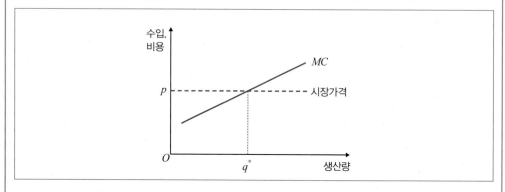

(나) 모든 생산물과 생산요소가 완전경쟁 시장에서 거래되는 어떤 폐쇄 국민경제가 있다. 이 경제에서 단기적으로 물가 P는 신축적이나 명목임금 수준 W는 경직적이다. 단기를 벗어나면 명목임금 수준의 조정이 가능하다. 즉, 단기란 명목임금 수준이 고정되어 있는 기간으로 정의된다. 현재 이 국민경제는 완전고용 국민소득 Y_F 수준에서 최초의 균형 E_0를 이루고 있다. 이제 미래 경제 상태에 대한 기업들의 전망이 악화되어 투자지출이 감소하는 수요 충격이 발생한다면, 이 충격으로 국민경제는 새로운 단기 균형 상태 E_1에 머무르지 못하고 시간이 지나면서 장기 균형점 E_L을 향해 움직여 나간다. 분석의 편의를 위하여, 이때 국민경제 내에서 생산기술의 진보나 기업들의 자본 스톡의 변화는 없다고 가정한다.

※ 완전고용 국민소득은 한 나라 경제의 산출량이 장기적으로 수렴하는 수준으로 실업률이 완전고용 실업률에 있을 때의 산출량 수준이다. 실제 국민소득과 완전고용 국민소득 수준과의 차이를 'GDP 갭'이라 한다. 실제 국민소득이 완전고용 국민소득 수준보다 클 때 그 차이를 '인플레이션 갭', 작을 때 그 차이를 '경기 침체 갭'이라 한다.

- 단기 총공급곡선의 기울기: 시장가격이 상승하게 되면 대표적 기업의 이윤극대화 수준에서의 생산량은 증가하게 된다. 따라서 시장가격과 대표적 기업의 생산량 사이에는 정(＋)의 관계가 성립하게 된다. 이것은 모든 상품가격을 가중평균하여 도출하는 물가수준과 단기 총공급곡선 사이에도 정(＋)의 관계가 성립할 수 있음을 시사해준다. ⇒ 이 문제의 출제 의도는 잘 알겠다. 그러나 미시에서 개별기업의 공급곡선을 수평으로 합하여 시장 전체의 공급곡선을 도출하는 것과 거시에서 단기 총공급곡선의 도출과정은 엄연히 서로 다르다. 단기 총공급곡선에서의 세로축 변수는 미시에서처럼 단순히 하나의 상품의 가격이 아니라 모든 상품을 가중평균해서 구한 물가 수준이다. 본 문제는 이를 혼동하며 출제한 듯하다.

- 명목임금과 단기 총공급곡선의 이동: 명목임금의 상승은 한계비용의 상승을 가져와 한계비용곡 선의 상방이동을 야기한다. 이에 따라 주어진 가격수준(출제자는 이를 물가수준으로 간주하고 있 는 것으로 보임)에서 새로운 균형생산량은 감소하게 된다. 반대로 명목임금의 하락은 한계비용의 하락을 가져와 한계비용곡선의 하방이동을 야기한다. 이에 따라 주어진 가격수준에서 새로운 균 형생산량은 증가하게 된다. 결국 명목임금의 상승은 단기 총공급곡선을 왼쪽으로 이동시키고, 명 목임금의 하락은 단기 총공급곡선을 오른쪽으로 이동시킨다.
- 수요충격과 국민 경제의 조정과정: 불리한 수요충격을 전제로 다음 그림이 성립한다.

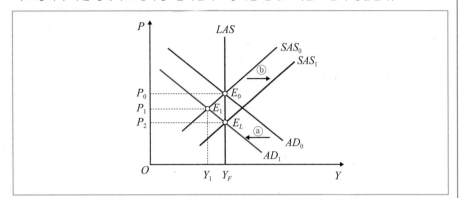

불리한 수요충격은 총수요곡선을 왼쪽으로 이동(ⓐ: $AD_0 \rightarrow AD_1$)시켜 명목임금이 고정되어 있는 단기에서의 국민 경제 균형은 E_0에서 E_1으로 이동하게 된다. 이에 따라 새로운 균형국민소득(Y_1) 은 완전고용국민소득(Y_F)보다 작게 되어 '$Y_1 Y_F$'만큼의 GDP갭(여기서는 경기침체 갭)이 발생하게 된다. 이러한 경기침체 갭으로 인하여 노동시장에서는 노동의 초과공급을 의미하는 비자발적 실 업이 발생하게 된다. 이후 단기에서 벗어나 명목임금 수준의 조정이 가능한 장기가 되면, 노동시 장에서는 노동의 초과공급을 해소하기 위해 명목임금이 하락한다. 이러한 명목임금 하락은 단기 총공급곡선을 오른쪽으로 이동(ⓑ: $SAS_0 \rightarrow SAS_1$)시켜 국민 경제 균형은 E_1에서 E_L로 이동하게 되 어 다시 완전고용국민소득 수준을 회복하게 된다. 최초의 국민 경제 균형이었던 E_0에서 불리한 수 요충격으로 인한 새로운 국민 경제 균형인 E_L을 비교하면, 결국 국민소득 수준은 완전고용국민소 득 수준과 동일($Y=Y_F$)하고 물가수준만 하락($P_0 \rightarrow P_2$)하게 된다.

❻ 기대 형성과 장기균형

1) 적응적 기대와 장기균형

(1) 통화주의자들은 재정정책은 구축효과로 인해 통화량의 증가를 수반하지 않는 한 무력하다고 생 각한다. 다만 통화정책이나 통화량의 변화를 수반하는 재정정책은 단기적으로는 효과를 가져올 수 있다. 그러나 이러한 경우에도 장기에는 효과가 사라진다.

(2) 통화량이 증가한 경우

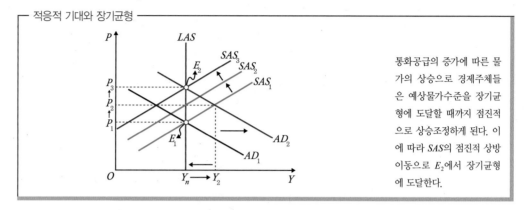

적응적 기대와 장기균형

통화공급의 증가에 따른 물가의 상승으로 경제주체들은 예상물가수준을 장기균형에 도달할 때까지 점진적으로 상승조정하게 된다. 이에 따라 SAS의 점진적 상방이동으로 E_2에서 장기균형에 도달한다.

① 통화공급의 증가는 총수요를 AD_1에서 AD_2로 증가시킨다. 이에 따라 단기적으로는 소득이 증가하고 물가는 P_1에서 P_2로 상승하게 된다.

② 물가의 상승에 따라 경제주체들은 예상물가 수준을 $P^e = P_2$로 상승 조정하며, 단기 총공급곡선은 SAS_1에서 SAS_2로 위로 이동하게 된다. 이에 따라 단기적으로 증가하였던 소득은 다시 감소하며, 실제의 물가는 더욱 상승한다.

③ 경제주체들은 다시 예상물가 수준을 상승 조정하며, 단기 총공급곡선은 다시 위로 이동하게 된다. 이러한 과정은 SAS가 LAS와 만나는 SAS_3로 상향 이동할 때까지 계속된다.

④ 결국 경제주체들은 물가 상승에 적응하게 되고 단기적으로 증가하였던 소득은 다시 장기균형소득인 Y_n으로 돌아간다.

2) 합리적 기대와 장기균형

(1) 합리적 기대론자들은 경제주체들이 자신에게 주어진 모든 정보를 효율적으로 이용하여 경제여건의 변화에 대응하므로 물가의 예상 등에 있어 체계적이고 지속적인 실수를 범하지 않는다고 가정한다. 물론 예측에 오류가 발생하기도 하지만, 경제주체들은 평균적으로 정확한 예상을 한다. 설령 이번 기의 예측에 오류를 범했다고 하더라도, 그 오류가 시정되지 않고 다음 기까지 지속되지 않는다고 한다.

(2) 예상된 통화공급의 증가가 이루어지는 경우

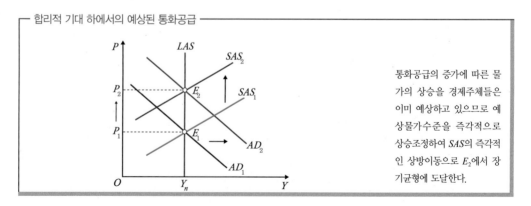

합리적 기대 하에서의 예상된 통화공급

통화공급의 증가에 따른 물가의 상승을 경제주체들은 이미 예상하고 있으므로 예상물가수준을 즉각적으로 상승조정하여 SAS의 즉각적인 상방이동으로 E_2에서 장기균형에 도달한다.

① 통화공급의 증가는 총수요를 AD_1에서 AD_2로 증가시킨다.

② 그런데 경제주체들은 통화공급의 증가로 물가가 P_1에서 P_2로 상승할 것이라는 것을 예상하고 있었기 때문에, 예상물가 수준(P^e)을 P_2로 즉각 조정하며, 단기 총공급곡선은 SAS_2로 즉각적으로 위로 이동한다.

③ 그 결과 단기적으로도 소득은 전혀 증가하지 않고 물가만 P_1에서 P_2로 상승한다. ⇒ 정책무력성의 정리 성립

(3) 예상하지 못한 통화공급의 증가가 이루어지는 경우

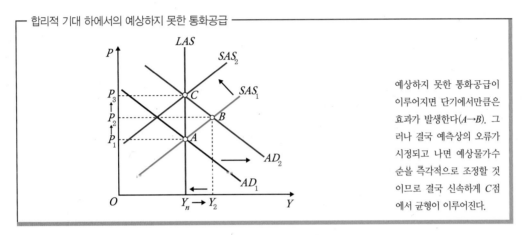

합리적 기대 하에서의 예상하지 못한 통화공급

예상하지 못한 통화공급이 이루어지면 단기에서만큼은 효과가 발생한다($A{\to}B$). 그러나 결국 예측상의 오류가 시정되고 나면 예상물가수준을 즉각적으로 조정할 것이므로 결국 신속하게 C점에서 균형이 이루어진다.

① 통화공급의 증가는 총수요를 AD_1에서 AD_2로 증가시킨다. 이에 따라 경제는 단기적으로 경제는 A점에서 B점으로 이동할 수 있다.

② 그러나 예측상의 오류가 시정되고 나면, 경제주체들은 예상물가 수준을 즉각적으로 상향 조정하게 되고 경제는 신속하게 C점으로 이동하게 된다.

③ 결국 장기적으로는 소득의 증가 효과가 사라지게 된다. 이 경우 경제가 A점에서 B점을 거쳐 C점으로 최종적으로 옮겨가는 과정은 통화론자들과 유사하지만 그 정도는 매우 신속하면서도 급진적으로 이루어진다.

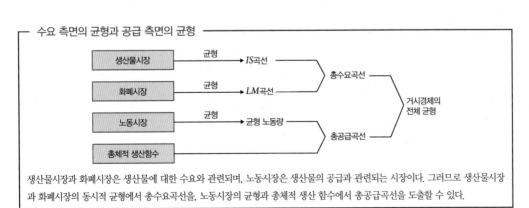

수요 측면의 균형과 공급 측면의 균형

생산물시장과 화폐시장은 생산물에 대한 수요와 관련되며, 노동시장은 생산물의 공급과 관련되는 시장이다. 그러므로 생산물시장과 화폐시장의 동시적 균형에서 총수요곡선을, 노동시장의 균형과 총체적 생산 함수에서 총공급곡선을 도출할 수 있다.

❼ 경기변동 분석을 위한 4단계 논법

1) 4단계 논법

(1) 1단계: 어떤 하나의 충격이 총수요 곡선과 총공급 곡선 중에서 어느 측면에 더 많은 영향을 미칠 것인가를 결정한다.

(2) 2단계: 1단계에서 결정된 해당 곡선이 어느 방향으로 이동할 것인가를 결정한다.

(3) 3단계: 총수요-총공급($AD-AS$) 모형을 통해 단기 산출량과 물가수준에 어떠한 변화가 나타나는 가를 결정한다.

(4) 4단계: 총수요-총공급($AD-AS$) 모형을 통해 하나의 충격으로 인한 새로운 단기 균형이 어떤 과정을 거쳐 장기 균형에 도달하는가를 분석한다.

2) 사례

(1) "미래에 대한 비관적 전망으로 기업의 투자가 감소하는 경우"

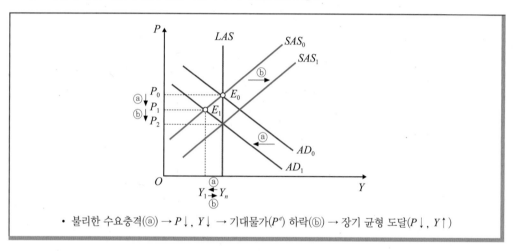

• 불리한 수요충격(ⓐ) → $P\downarrow$, $Y\downarrow$ → 기대물가(P^e) 하락(ⓑ) → 장기 균형 도달($P\downarrow$, $Y\uparrow$)

(2) "수입 원자재 가격이 상승하는 경우"

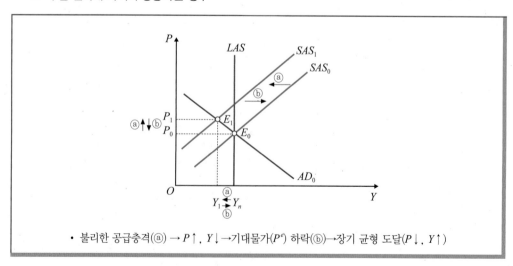

• 불리한 공급충격(ⓐ) → $P\uparrow$, $Y\downarrow$ → 기대물가(P^e) 하락(ⓑ) → 장기 균형 도달($P\downarrow$, $Y\uparrow$)

MEMO

제17장
물가와 실업

Theme 72 인플레이션 이론

① 물가지수

1) 물가지수(price index)의 의의

(1) 물가와 물가지수

① 물가(price level): 시장에서 거래되는 개별 상품의 가격을 경제생활에서 차지하는 중요도 등을 고려하여 가중 평균한 종합적인 가격수준을 말한다.

② 물가지수: 물가의 움직임을 한눈에 알아볼 수 있도록 기준시점을 100으로 하여 작성되는 지수로 다음과 같이 측정된다.

$$물가지수 = \frac{비교시(t)의 \ 물가수준}{기준시(0)의 \ 물가수준} \times 100$$

이에 따라 기준시점의 물가지수는 100이 되고 비교시점의 물가지수가 110이라면 기준시점에 비해 물가수준이 10% 상승했음을 의미하고, 비교시점의 물가지수가 90이라면 물가가 기준시점보다 10% 하락한 것을 의미한다.

(2) 물가지수와 화폐의 구매력은 서로 역의 관계를 갖는다.

$$화폐구매력(화폐가치) = \frac{1}{물가지수} \times 100$$

┌─ 물가가 25% 상승하면 화폐의 구매력은 어느 방향으로 몇 % 변할까? ─

기준시점에는 물가지수가 100이므로 물가가 25% 상승하면 비교시점의 물가지수는 125가 된다. 이에 따라 화폐 구매력은 다음과 같이 계산된다.

$$화폐의 \ 구매력 = \frac{1}{물가지수} \times 100 = \frac{1}{125} \times 100 = 0.8$$

이것은 비교시점의 화폐 구매력이 기준시점의 80% 수준이라는 것을 의미한다. 따라서 비교시점의 화폐 구매력은 기준시점에 비해 20% 작아지게 된다.

2) 물가지수 산정방법

	기준년도(0)	비교년도(t)
가격(p)	p_0	p_t
거래량(q)	q_0	q_t

(1) Laspeyres 물가지수

① 기준년도 거래량(q_0)을 가중치로 해서 구하는 물가지수이다.

$$P_L = \frac{\sum P_t q_0}{\sum P_0 q_0} \times 100$$

② 생산자물가지수(PPI), 소비자물가지수(CPI)가 이에 속한다.

확인 TEST

작년에 쌀 4가마니와 옷 2벌을 소비한 영희는 올해는 쌀 3가마니와 옷 6벌을 소비하였다. 작년에 쌀 1가마니의 가격은 10만 원, 옷 1벌의 가격은 5만 원이었는데 올해는 쌀 가격이 15만 원, 옷 가격이 10만 원으로 각각 상승하였다. 우리나라의 소비자물가지수 산정방식을 적용할 때, 작년을 기준으로 한 올해의 물가지수는?

① 120

② 160

③ 175

④ 210

해설
- 우리나라의 소비자물가지수는 기준연도 거래량을 가중치로 하는 Laspeyres 방식(P_L)으로 산정되며, 그 공식은 다음과 같다.

$$P_L = \frac{\sum (P_{비교년도} \times Q_{기준년도})}{\sum (P_{기준년도} \times Q_{기준년도})} \times 100$$

- 문제에서 기준연도는 작년이고, 비교연도는 올해이므로, 이를 전제로 앞의 공식을 이용하면 다음과 같이 올해의 물가지수가 도출된다.

$$P_L = \frac{\sum (P_{올해} \times Q_{작년})}{\sum (P_{작년} \times Q_{작년})} \times 100 = \frac{15만\ 원 \times 4 + 10만\ 원 \times 2}{10만\ 원 \times 4 + 5만\ 원 \times 2} \times 100 = \frac{80만\ 원}{50만\ 원} \times 100 = 1.6 \times 100 = 160$$

단, 분모와 분자의 앞 부분은 쌀, 뒤 부분은 옷에 관한 자료이다.

- 앞의 결과는 작년에 비해 올해는 물가가 60%만큼 상승했다는 것을 알려 준다.

정답 ②

┌─ Laspeyres 물가지수의 한계 ─────────────────────────────────────

　　Laspeyres 식에 따라 계산된 소비자 물가지수는 가계의 생계비 상승 정도를 과대평가할 우려가 있다. 왜냐하면 사람들은 어떤 품목의 가격이 다른 품목에 비해 상대적으로 상승할 경우 그 상품을 적게 소비하고 대신 상대적으로 가격이 하락한 대체재의 소비를 늘리기 때문이다. 이 경우 실제 생계비의 상승폭은 가격이 상승한 품목의 소비량이 변하지 않을 경우에 비해 작을 것이다. 그런데 Laspeyres 식을 사용하는 소비자 물가지수는 각 품목의 비중을 기준시점의 바스켓으로 고정시키기 때문에 이를 이용하여 계산된 물가상승률은 실제 생계비 증가율보다 높게 나타날 것이다.

└──

기출확인

표는 우리나라 소비자 물가지수에 관한 것이다. 이에 대한 분석 및 추론으로 옳은 것을 〈보기〉에서 모두 고르면?

[2012]

(기준 연도 2005년 물가지수 = 100)

품목	가중치	물가지수	
		2008년	2009년
식료품·비주료 음료	140.4	108.2	116.3
주류·담배	14.6	100.8	101.9
의복·신발	58.4	108.1	113.6
주거 및 수도·광열	170.4	109.7	110.9
·	·	·	·
합계	1000.0		
가중 평균 물가지수		109.7	112.8

− 통계청, 『물가연보』

────〈 보 기 〉────

ㄱ. 2009년의 소비자 물가는 2008년 대비 12.8% 상승했다.
ㄴ. 모든 품목의 기준연도 물가지수는 100으로 동일하다.
ㄷ. 각 연도의 소비자 물가지수를 산정할 때 그 연도의 품목별 가중치를 적용한다.
ㄹ. 물가 변화 시 소비자의 구매 적응 행동이 반영되지 않아 생계비 변화가 과대평가되는 경향이 있다.

① ㄱ, ㄴ　　　② ㄱ, ㄷ　　　③ ㄴ, ㄷ　　　④ ㄴ, ㄹ　　　⑤ ㄷ, ㄹ

분석하기

- 2009년의 물가지수인 112.8은 2008년이 아니라 기준연도인 2005년에 비해 12.8%만큼 상승했다는 것을 보여 준다(ㄱ).
- 기준연도의 물가지수는 항상 100이 된다(ㄴ).
- 소비자 물가지수는 라스파이레스 방식으로 측정한다. 이에 따라 그 연도(비교연도)가 아닌 고정된 기준연도의 품목별 가중치를 적용한다(ㄷ).
- 예컨대 물가가 상승할 때 소비자는 실제로는 그 상품의 소비량을 줄인다. 반면에 라스파이레스 방식으로 측정하는 소비자 물가지수는 여전히 기준연도의 소비량과 동일하다고 가정하므로 집계된 물가지수는 현실에 비해 과대평가되는 경향을 보이게 된다(ㄹ).

정답 ▶ ④

(2) 파쉐(Paasche) 물가지수

① 비교년도 거래량(q_t)을 가중치로 해서 구하는 물가지수이다.

$$P_P = \frac{\sum p_t q_t}{\sum p_0 q_t} \times 100$$

② GDP 디플레이터(GDP 환가지수)가 이에 해당한다.

$$GDP\text{디플레이터} = \frac{\text{명목}GDP}{\text{실질}GDP} \times 100 = \frac{\sum p_t q_t}{\sum p_0 q_t} \times 100$$

— GDP 디플레이터와 소비자 물가지수가 다른 이유 —

1) GDP 디플레이터는 국내에서 생산된 모든 재화와 서비스의 가격이 포함되는 반면, 소비자 물가지수에는 소비자가 구입하는 일정 품목들의 가격만 포함된다. 물론 일정 품목에는 수입품도 포함된다.
2) GDP 디플레이터는 변화하는 가중치를 사용하지만 소비자 물가지수는 일정 품목을 기준으로 작성되므로 고정된 가중치를 사용한다.

— GDP 디플레이터의 의의 —

　일반적으로 GDP를 추계하기 위해 소요되는 시간은 최소한 1년 정도가 걸린다. 이에 따라 GDP 디플레이터를 산출할 때는 현실 경제의 가격변화를 즉시 반영할 수 없고, 지나간 가격변화에 의존할 수밖에 없는 한계에 부딪친다. 노사 간 임금협상을 벌일 때 기준으로 삼는 물가지수가 GDP 디플레이터가 아닌 소비자 물가지수(CPI)인 이유가 여기에 있다.
　그러나 GDP 디플레이터에는 GDP를 추계할 때 대상이 되는 모든 상품의 가격변화가 망라되어 있으므로 가장 포괄적인 물가지수라는 의미를 갖는다.

확인 TEST

A국은 콩과 쌀을 국내에서 생산하고, 밀은 수입한다. GDP 디플레이터의 관점에서 A국의 물가수준 변화로 옳은 것은? (단, A국에는 콩, 쌀, 밀 세 가지 상품만 존재한다.)

상품	기준연도		비교연도	
	수량	가격	수량	가격
콩	2	10	3	15
쌀	3	20	4	20
밀	4	30	5	20

① 비교연도의 물가가 13.6% 상승하였다.
② 비교연도의 물가가 12.5% 상승하였다.
③ 비교연도의 물가가 13.6% 하락하였다.
④ 비교연도의 물가가 12.5% 하락하였다.
⑤ 물가수준에 변동이 없다.

박철순 선수와 이승엽 선수 중 누가 더 많은 연봉을 받았을까?

"현재 최고의 프로 스포츠로 인정받고 있는 프로야구 원년(1982년)최고의 스타는 22연승 불멸의 기록을 세우고 OB베어스(두산베어스의 전신)프로야구 원년 코리안 시리즈 우승의 일등 공신이었던 박철순 선수였다. 그때 박 선수는 계약금 2,400만 원, 연봉 1,200만 원을 받았다. 그 후 1995년 아시아 홈런 최고 기록 보유자인 국민타자 이승엽 선수는 계약금 1억 4,200만 원, 연봉 2,000만 원을 받았다. 누가 더 많은 연봉을 받은 것일까?"

1973년 S 기업의 대졸 초임은 3만 3,000원 정도였다고 한다. 그런데 2011년 같은 S 기업의 대졸 초임은 약 300만 원 수준이다. 이러한 임금을 단순 비교한다면 28년 사이에 거의 90배 이상 증가한 것이다. 그렇다면 생활수준도 그러한 것일까? 정답은 '아니다'이다. 왜 그럴까? 이제 그 이유를 살펴보자.

우리는 물가수준(price level)이 지속적으로 상승하는 현상을 인플레이션(inflation)이라고 한다. 그리고 이러한 인플레이션이 진행됨에 따라 화폐 구매력은 반대로 떨어지게 된다. 따라서 생활수준의 향상 정도는 같은 기간 동안의 인플레이션 상승률에 달려있다. 여기서 인플레이션율은 전년 대비 물가지수의 상승률을 의미하는데, 이때 가장 일반적으로 사용되는 물가지수는 소비자 물가지수(consumer price index)이다. 그런데 1973년에 비해 2011년의 소비자 물가지수는 상당히 높은 수준이므로 산술적으로 S기업의 임금은 90배 이상 증가했음에도 불구하고 구매력으로 환산한 생활수준은 그보다 낮을 것이 자명하다.

이제 박 선수와 이 선수의 연봉을 비교해 보자. 양 선수의 소득을 비교하기 위해서는 화폐로 표시되는 명목 연봉을 단순 비교해서는 안 된다. 두 기간 동안에 나타난 물가수준을 반영하여 실질 연봉을 비교해야 하는 것이다. 즉 1995년의 이 선수의 연봉을 1982년 수준으로 변환하여 비교하든지, 아니면 1982년의 박 선수의 연봉을 1995년 수준으로 바꿔서 비교해야 한다. 그 방법은 다음과 같이 두 가지가 있다.

- 박철순 선수의 연봉 vs 이승엽 선수의 연봉 $\times \left(\dfrac{1982년 \ 물가지수}{1995년 \ 물가지수} \right)$
- 이승엽 선수의 연봉 vs 박철순 선수의 연봉 $\times \left(\dfrac{1995년 \ 물가지수}{1982년 \ 물가지수} \right)$

그런데 1995년을 기준년도(물가지수=100)로 한 1982년의 물가지수는 52.5이다. 이를 기초로 앞의 두 가지 방법으로 실질 연봉을 비교해 보면 다음과 같다.

- 1,200만 원 vs 2,000만 원 $\times \left(\dfrac{52.5}{100} \right) = 2,000만 \ 원 \times 0.525 = 1,050만 \ 원$
- 2,000만 원 vs 1,200만 원 $\times \dfrac{100}{52.5} = 1,200만 \ 원 \times 1.91 = 2,285만 \ 원$

위 결과를 보면 박철순 선수가 이승엽 선수보다 연봉에 있어서는 실질적으로 더 높은 대우를 받았다는 것을 알 수 있다. 다만 이승엽 선수의 계약금을 1982년도로 환산해도 7,455만 원에 해당하므로 박철순 선수에 비해 훨씬 높은 대우를 받았다.

참고로 같은 1995년의 '무등산 폭격기' 선동렬 선수의 연봉은 1억 3,000만 원이었다. 같은 방법으로 박철순 선수와 선동렬 선수의 연봉을 비교해보라!

해설 • GDP 디플레이터를 집계할 때는 수입품의 가격 변화는 반영되지 않는다. 따라서 A국의 GDP 디플레이터를 집계할 때는 수입품인 밀의 가격 변화는 제외된다는 것에 유의해야 한다.

• A국의 GDP 디플레이터에는 콩과 쌀의 가격 변화만이 반영되며, 다음과 같이 도출된다.

$$\bullet\ GDP\ 디플레이터 = \frac{명목\ GDP}{실질\ GDP} \times 100 = \frac{\sum (P_{비교년도} \times Q_{비교년도})}{\sum (P_{기준년도} \times Q_{비교년도})} \times 100 = \frac{15 \times 3 + 20 \times 4}{10 \times 3 + 20 \times 4} \times 100$$

$$= \frac{125}{110} \times 100 ≒ 113.6$$

• 이 결과는 A국의 물가수준이 비교연도에 비해 13.6%만큼 상승했음을 보여준다.

정답 ① ①

확인 TEST

A라는 사람의 2011년 연봉은 6천만 원이었고, 2022년에는 8천만 원의 연봉을 받았다. 소비자물가지수는 2011년에는 1770이었고, 2022년에는 221.25였다고 하자. A의 2022년 연봉을 2011년 가치로 계산했을 때 다음 설명 중 옳은 것은?

① 연봉은 7천만 원이며, 2011년과 2022년 동안 A의 구매력은 증가했다.
② 연봉은 4천 5백만 원이며, 2011년과 2022년 동안 A의 구매력은 감소했다.
③ 연봉은 6천 4백만 원이며, 2011년과 2022년 동안 A의 구매력은 증가했다.
④ 연봉은 7천 5백만 원이며, 2011년과 2022년 동안 A의 구매력은 증가했다.
⑤ 연봉은 6천만 원이며, 2011년과 2022년 동안 A의 구매력에는 아무 변화가 없다.

해설 비교년도(2022년)의 명목소득을 기준년도(2011년)의 실질소득으로 환산하는 방법은 다음과 같다.

$$비교년도(2022년)연봉 \times \frac{기준년도(2011년)물가지수}{비교년도(2022년)물가지수}$$

이에 따라 2011년의 가치로 계산한 2022년의 연봉은 다음과 같이 계산된다.

$$\rightarrow 8천만\ 원 \times \frac{177}{221.25} = 6천\ 4백만\ 원이\ 된다.$$

한편 기준년도(2011년)의 명목임금은 실질임금과 같다. 따라서 2011년의 실질연봉은 6천만 원이 된다. 이에 따라 2011년과 2022년 동안 A의 구매력은 약 6.7% 정도 증가한 것이다. 참고로 기준년도(2011년)의 명목소득을 비교년도(2022년)의 실질소득으로 환산하는 방법은 다음과 같다.

$$기준년도(2011년)연봉 \times \frac{비교년도(2022년)물가지수}{기준년도(2011년)물가지수}$$

이에 따라 2022년의 가치로 계산한 2011년의 연봉은 다음과 같이 계산된다.

$$\rightarrow 6천만\ 원 \times \frac{221.25}{177} = 7천\ 5백만\ 원이\ 된다.$$

정답 ③

❷ 지수와 생활수준의 평가

1) 의의

(1) **생활수준 평가**: 과거에 비해서 현재의 생활수준이 개선되었는지 여부를 알려면 거래량과 가격의 변화를 측정해서 도출된 결과를 평가해야 한다.

(2) **측정방법**

① **수량지수로 측정**: 가격이 불변함을 가정하고 거래량이 늘어날수록 생활수준이 개선된다고 판단한다.

② **명목소득증가율과 물가상승률로 측정**: 가격변화를 고려하여 명목소득이 물가보다 크게 오르면 생활수준이 개선된다고 판단한다.

2) 수량지수에 의한 평가

(1) **의미**: 소비량 변화는 수량지수로 측정하는데 여기에는 Laspeyres 수량지수와 Paasche 수량지수가 있다. 전자는 기준년도의 가격(P_0), 후자는 비교년도의 가격(P_t)을 기준으로 한다.

$$\text{Laspeyres 수량지수} = \frac{\Sigma P_0 Q_t}{\Sigma P_0 Q_0} \qquad \text{Paasche 수량지수} = \frac{\Sigma P_t Q_t}{\Sigma P_t Q_0}$$

(2) **생활수준의 평가**

① 상품이 X, Y, Z뿐이라고 가정하고 2019년과 2020년의 가격과 수량에 대한 자료가 다음과 같다고 하자.

구분	2019년(기준년도: 0)		2020년(비교년도: t)	
	가격(P)	수량(Q)	가격(P)	수량(Q)
X재	50	200	100	200
Y재	150	200	120	250
Z재	100	250	200	200

② Laspeyres 수량지수 $= \dfrac{\Sigma P_{2019} Q_{2020}}{\Sigma P_{2019} Q_{2019}}$

$$= \frac{50 \times 200 + 150 \times 250 + 100 \times 200}{50 \times 200 + 150 \times 200 + 100 \times 250} = \frac{67,500}{65,000} = 1.04 > 1$$

③ Paasche 수량지수 $= \dfrac{\Sigma P_{2020} Q_{2020}}{\Sigma P_{2020} Q_{2019}}$

$$= \frac{100 \times 200 + 120 \times 250 + 200 \times 200}{100 \times 200 + 120 \times 200 + 200 \times 250} = \frac{90,000}{94,000} = 0.96 < 1$$

④ Laspeyres 수량지수에 의하면 생활수준 개선, Paasche 수량지수에 의하면 생활수준 악화로 측정된다. 이는 같은 경우라도 측정방법에 따라 서로 다른 평가가 나올 수 있음을 보여준다.

3) 가격지수에 의한 평가

⑴ 의미: 가격지수의 변화를 통한 생활수준의 개선 여부는 다음을 통해 알 수 있다.

> 명목소득 증가율(Y) > 물가상승률(P) ⇒ 생활수준 개선
> 명목소득 증가율(Y) < 물가상승률(P) ⇒ 생활수준 악화

소비자 물가지수는 기준시 거래량(Q_0)을 가중치로 해서 구하는 물가지수인 Laspeyres 물가지수에 의해 측정된다.

$$P_L = \frac{\Sigma P_t Q_0}{\Sigma P_0 Q_0} \times 100$$

⑵ 생활수준의 평가

① 상품이 X, Y, Z뿐이라고 가정하고 2019년과 2020년의 가격과 수량에 대한 자료가 다음과 같다고 하자.

구분	2019년(기준년도: 0)		2020년(비교년도: t)	
	가격(P)	수량(Q)	가격(P)	수량(Q)
X재	50	200	100	200
Y재	150	200	120	250
Z재	100	250	200	200

② 명목소득증가율(Y) $= \dfrac{\Sigma P_{2020} Q_{2020}}{\Sigma P_{2019} Q_{2019}}$

$= \dfrac{100 \times 200 + 120 \times 250 + 200 \times 200}{50 \times 200 + 150 \times 200 + 100 \times 250} = \dfrac{90,000}{65,000} = 1.38$

③ 물가상승률(P) $= \dfrac{\Sigma P_{2020} Q_{2019}}{\Sigma P_{2019} Q_{2019}}$

$= \dfrac{100 \times 200 + 120 \times 200 + 200 \times 250}{50 \times 200 + 150 \times 200 + 100 \times 250} = \dfrac{106,000}{65,000} = 1.63$

④ 측정결과를 비교해보면

명목소득증가율$\left(\dfrac{90,000}{65,000} = 1.38\right)$ < 물가상승률$\left(\dfrac{106,000}{65,000} = 1.63\right)$이 성립되므로 생활수준이 악화되었다고 평가할 수 있다.

❸ 인플레이션

1) 인플레이션의 의의

(1) 의미

① 물가수준이 전반적으로 상승하는 현상을 말한다.

$$\pi_t = \frac{P_t - P_{t-1}}{P_{t-1}} \times 100(\%)$$

여기서 π_t: 인플레이션율, P_t: t기의 물가지수, P_{t-1}: $(t-1)$기의 물가지수

② AD곡선과 AS곡선의 교차점이 종전보다 높아지는 것을 말한다.

(2) 소비자 물가지수와 생활 물가지수(체감 물가: 장바구니 물가)

① **소비자 물가지수**: 기업과 가계 사이에서 거래되는 재화와 서비스를 중요도에 따른 가중 평균을 통하여 산출하는 지수이다.

② **생활물가지수**: 일상생활에 필요 불가결한 재화와 서비스를 중심으로 산출하는 지수이다.

③ **양자의 괴리 이유**: 가격이 오른 상품과 하락한 상품이 있을 때, 소비자는 주로 가격이 오른 상품을 중심으로 물가 변동을 느끼는 경향이 있고, 소비의 고급화, 생활수준의 향상으로 인한 소비 지출 증가를 물가 상승과 혼동하는 경우도 있을 수 있다.

임금, 원유가 및 공공요금이 국내물가에 미치는 영향

임금, 원유가 및 공공요금 등의 인상은 상품의 원가상승을 통하여 국내물가에 영향을 미치게 되는데, 산업연관모형을 이용하여 파급효과의 크기를 측정해 볼 수 있다. 산업연관모형에 의해 측정된 결과는 기업의 생산성 향상을 통한 원가상승요인 흡수, 경쟁상황 및 정부의 가격 규제 등을 감안하지 않은 최대 변동압력이다.

※ 산업연관표에 의한 물가파급효과 계측결과

구분	소비자 물가	생산자 물가
임금 10% 상승	3.03% 상승	2.78% 상승
원유가 10% 상승	0.37% 상승	0.61% 상승
공공요금 10% 상승	1.94% 상승	1.82% 상승

다양한 인플레이션 유형

1. **수요이동 인플레이션(Schulz)**: 가격이 하방경직적이라고 가정할 경우 총수요의 크기 자체는 변화가 없으나 수요의 구성항목이 바뀜으로써 수요가 한 부문에 집중되어 나타나는 현상을 말한다.
2. **초(hyper) 인플레이션**: 물가상승이 급격히 나타나 화폐가 그 기능을 상실할 정도인 경우를 말한다. 제1차 세계대전 직후의 독일에서 나타난 것이 대표적인 예이다.
3. **진정 인플레이션(Keynes)**: 완전고용상태에서 수요의 증가로 발생하는 물가상승 현상을 말한다.
4. **억압형(잠재적) 인플레이션**: 물가상승 요인이 있으나 정부의 통제로 실제 물가상승이 나타나지 않는 경우를 말한다.

5. 근원인플레이션(underlying inflation, core inflation): 예상치 못한 일시적 외부충격(석유파동, 이상기후, 제도 변화 등)에 의한 물가 변동분을 제거하고 난 후의 물가상승률을 말한다. 우리나라의 경우에는 소비자 물가에서 곡물 이외의 농산물과 석유류의 가격 변동분을 제외하여 측정한다.

2) 인플레이션의 원인과 대책

유형	수요견인 인플레이션		비용인상 인플레이션	
이론	화폐수량설	Keynes 이론	임금인상설	이윤인상설
원인	I. Fisher의 교환방정식, 캠브리지학파의 현금잔고수량설, M. Friedman의 신화폐수량설에 의하면 통화량의 증가에 의해서 물가가 상승한다고 한다. $$\frac{\Delta M}{M} + \frac{\Delta V}{V} = \frac{\Delta P}{P} + \frac{\Delta Y}{Y}$$	Keynes의 유효수요론에 의해서 총수요($C+I+G+X$)가 총공급 ($C+S+T+M$)을 초과하면 인플레이션이 발생한다.	강력한 노동조합이 단체교섭으로 임금률을 인상하면 생산비의 상승으로 제품 가격이 상승하게 되어 인플레이션이 일어난다. 이 이론은 기업가 옹호론이다. 노동비용증가율 = 명목임금 상승률 - 노동생산성 증가율	독과점업체들이 이윤증대를 위하여 제품가격을 인상하기 때문에 인플레이션이 일어난다. 이 이론은 노동조합의 옹호론이다.
결과	인플레이션(물가상승, 소득증가) 		Stagflation(물가상승, 소득감소) 	
대책	통화량 감소의 긴축총수요 관리정책 ⇒k%준칙주의(통화주의) 합리적 기대론자들은 총수요관리정책의 무용론을, 그리고 공급측 경제학은 조세인하에 의한 생산성향상을 주장한다.	재정지출 감소의 긴축총수요관리정책	임금인상률은 생산성 상승률과 일치시키는 소득정책	독과점기업의 가격통제정책

사례 연구 통화량과 인플레이션

◈ "인플레이션은 언제, 어디서나 화폐적 현상이다."라는 프리드먼(M. Friedman)의 견해를 통해 고전학파가 주장하는 화폐의 중립성을 설명하면?

분석하기
- 고전학파의 이분법에 의하면 산출량과 같은 실질변수는 화폐와 무관하게 실물시장에서 결정되고, 물가와 같은 명목변수는 화폐시장에서 결정된다. 이에 따라 실물시장은 '세의 법칙(Say' Law: 세이의 법칙)', 화폐시장

은 '화폐수량설'이라는 서로 다른 원리에 의해 작동된다. 결국 화폐시장에서의 통화량 변화는 물가와 같은 명목변수에만 영향을 미칠 뿐, 산출량과 같은 실질변수에는 전혀 영향을 미치지 못한다는 화폐의 중립성이 성립하게 된다.

• 현재 장단기 동시균형이 달성되고 있다고 가정하자.

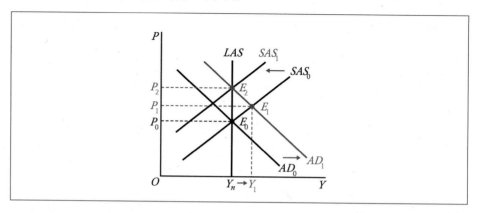

만약 통화량이 증가하면 이자율이 하락하고, 이에 따라 투자증가로 총수요가 증가하게 된다. 이러한 총수요 증가로 단기적으로 균형은 E_0에서 E_1으로 이동하여 산출량 증가($Y_n \rightarrow Y_1$)와 물가 상승($P_0 \rightarrow P_1$)을 가져온다. 그런데 Y_1이라는 산출량은 자연산출량(Y_n) 수준을 넘게 되어, 경제주체들의 예상물가(P^e)가 상승하여 단기총공급곡선(SAS)이 좌상방으로 이동하게 된다. 결국 장기에는 E_2에서 균형을 이루게 된다. 이것은 인플레이션의 원인이 통화량의 증가에 있음을 보여 준다. 결국 장기적으로 통화량의 증가는 산출량과 같은 실질변수에는 영향을 주지 못하고, 물가와 같은 명목변수에만 영향을 주고 있음을 확인할 수 있다(⇒ 화폐의 중립성).

3) 인플레이션의 영향

(1) 상대가격구조의 변동 여부

① 동일한 비율로 상승: 실물에 대한 화폐 및 금융자산의 가치가 하락한다.

② 상이한 비율로 상승: 실물에 대한 화폐 및 금융자산의 가치가 하락하고, 실물사이의 상대가치가 변동한다.

(2) 인플레이션에 대한 예상 여부

예상된 인플레이션(anticipated inflation)	예상치 못한 인플레이션
① 인플레이션이 예상되면 채권자로부터 채무자에게로 부와 소득이 재분배되지 않는다. 왜냐하면 이 경우에 채권자와 채무자는 그 몫만큼을 명목 이자율에 반영하여 실질이자율을 일정하게 유지하기 때문이다. • 피셔효과: 명목이자율＝실질이자율＋예상인플레이션율 ② 예상된 인플레이션이 진행되면 메뉴판을 바꾸는 데 따르는 '메뉴비용'과 화폐를 적게 보유하면서 은행을 자주 드나드는 데 따라 발생하는 '구두창비용' 그리고 계산단위비용 등이 들지만 이 비용들은 그리 크지 않을 수 있다.	① 예상치 못한 인플레이션이 발생하면 금융자산 (현금, 예금, 공채, 어음 등)의 실질가치가 하락하므로 금융자산을 가진 채권자는 손해를 보고, 개인이나 은행으로부터 돈을 빌린 채무자는 이득을 얻게 된다. ② 화폐자산 보유자는 불리하고, 실물자산 보유자는 유리하게 부가 재분배된다. ③ 수출가격경쟁력의 저하로 수출이 감소되고 수입이 증가하여 경상수지가 악화된다.

― 예상된 인플레이션의 비용 ―

1. 인플레이션이 예상될 경우 사람들은 가능한 한 현금을 보유하지 않고 예금 비중을 늘리려고 할 것이다. 이 경우 현금을 지출할 필요가 있을 때마다 더 자주 은행을 찾아야 하며, 끊임없이 현금과 예금의 포트폴리오 구성을 조절해야 한다. 은행을 자주 방문하거나 포트폴리오 구성을 바꾸는 것도 일종의 비용인데 이를 흔히 신발이 닳아서 발생하는 비용(shoe leather costs: 구두창 비용)이라 한다.

2. 앞으로의 인플레이션을 경제활동에 반영하는 과정에서도 비용이 발생할 수 있다. 예를 들어 인플레이션을 세율이나 임금인상에 반영하기 위한 행정적 – 사무적 절차 등이 모두 사회적 비용에 해당한다.

3. 기업과 상인들은 물가상승에 맞추어 가격표를 자주 바꾸어야 한다. 이와 같이 가격변화에 대한 정보수집과 가격표를 교체할 때에도 비용(menu costs: 메뉴비용)이 발생한다.

― 예상하지 못한 인플레이션의 비용 ―

1. 인플레이션은 채무의 실질가치를 떨어뜨리므로 채권자로부터 채무자로 부(富)의 이전이 일어난다. 이에 따라 '돈을 빌릴수록 채무자에게 유리해지므로 경제가 과도한 채무의존형으로 바뀌고 기업들은 외형확대 위주의 경영행태를 보이게 될 위험이 있다.

2. 인플레이션이 만연하고 변동성이 클수록 미래에 대한 불확실성이 커지면서 경제활동이 위축된다. 이러한 불확실성은 경제주체들의 의사결정이나 경제활동이 단기적 관점(short-termism)에서 이루어지도록 한다.

3. 인플레이션은 상품 간의 상대가격을 왜곡시켜 자원배분의 효율성을 저해한다. 모든 경제주체들이 인플레이션을 완벽히 예측할 경우 상대가격은 변하지 않는다. 그러나 예상하지 못한 인플레이션이 발생하면 경제주체들이 서로 다른 인플레이션 기대를 가지게 되므로 상대가격의 왜곡 가능성이 높아지게 된다.

확인 TEST

은행에 100만 원을 예금하고 1년 후 105만 원을 받으며, 같은 기간 중 소비자 물가지수가 100에서 102로 상승할 경우 명목이자율과 실질이자율은?

	명목이자율	실질이자율
①	2%	5%
②	3%	5%
③	5%	2%
④	5%	3%

해설 ► 은행에서 지급하는 이자율은 이자율을 화폐로 표시하는 명목이자율(i)이다. 그러므로 은행에 100만 원을 예금하고 1년 후 105만 원을 받았으므로 명목이자율은 5%이다. 소비자 물가지수가 100에서 102로 상승할 경우에는 기준년도에 비해 물가상승률(π^e)이 2%만큼 상승한 것이다. 따라서 실질이자율을 r이라고 한다면 $i=r+\pi$인 피셔효과에 따라 $r=i-\pi^e$에서 실질이자율은 3%가 된다.

정답 ► ④

― 강제저축(forced savings) ―

정부가 100억 원짜리 생산시설을 마련하려 할 때, 중앙은행으로부터 100억 원을 차입해서 자금을 마련할 수도 있다. 정부가 100억 원을 지출해서 물가가 예컨대 1% 상승했다고 하자. 그러면 소비자들은 1%만큼 구매력을 상실하게 된다. 이는 마치 100억 원짜리 투자 계획을 위한 자금을 소비자들로부터 1%씩 강제로 징수하여 마련한 것과 같다. 그래서 강제저축 또는 인플레이션에 의한 재원조달방식(inflationary financing)이라고 한다.

인플레이션은 이자율에 어떤 영향을 줄까?

다음과 같은 대화를 살펴보자.

병철: 기웅아! 급해서 그런데 250만 원만 빌려 줄래? 그러면 1년 후에 275만 원으로 갚을게!

기웅: 그러지 말고 지금 쌀 1가마에 25만 원이니까 쌀 10가마를 빌려줄 테니 1년 후에 쌀 11가마로 갚는 게 어때?

결국 두 사람은 기웅이의 제안대로 거래를 하기로 했다. 과연 1년 후에 누가 미소를 짓게 될까?

이자율에는 명목이자율(nominal interest rate)과 실질이자율(real interest rate)이 있다. 이 두 가지의 이자율을 구분해주는 역할을 하는 것이 인플레이션이다. 아침에 신문 사이에 끼어 들어오는 은행 광고지의 '전국 최고의 연 6% 이자율 보장'이라는 광고 문구의 6%가 바로 명목이자율이다. 이에 따라 1억 원을 예치하면 1년 후에는 1억 6백만 원의 원리금이 발생하며, 명목적으로 6%만큼의 화폐소득이 증가한다.

그러나 중요한 것은 증가한 화폐 양 자체가 아니라 그 화폐를 가지고 재화와 서비스를 구입할 수 있는 능력, 화폐의 구매력(purchasing power)이다. 만약 같은 기간 동안 인플레이션율이 8%라면 비록 명목이자율이 6%라고 하더라도 구매력은 오히려 2%만큼 감소하는 결과를 초래하게 되는 것이다. 이때의 감소한 2%의 이자율이 실질이자율이다. 결국 명목이자율은 주어진 기간 동안 화폐소득이 얼마만큼 증가하는가를 알려주는 반면에 실질이자율은 주어진 기간 동안 구매력이 얼마만큼 증가하는가를 보여주는 것이다.

그렇다면 명목이자율과 실질이자율은 구체적으로 어떤 관계를 맺고 있을까? 앞의 예를 통해 살펴보자.

병철이의 제안 속에는 명목이자율 개념이 나타나 있다. 그리고 그 이자율은 다음과 같이 계산된다.

$$명목이자율 = \frac{25만\ 원}{250만\ 원} = 0.1 = 10\%$$

기웅이의 제안 속에는 실질이자율 개념이 나타나 있다. 그리고 그 이자율은 다음과 같이 계산된다.

$$실질이자율 = \frac{1가마}{10가마} = 0.1 = 10\%$$

이 결과에 따르면 명목이자율과 실질이자율이 같게 도출된다. 그러나 이 결과는 쌀 가격이 변화가 없다는 전제하에서만 성립한다. 만약 1년 사이에 쌀 가격이 상승하면 그 의미는 달라지게 된다. 이제 1년 후에 쌀 1가마의 가격이 25만 원에서 27만 5천 원으로 10% 올랐다고 가정해보자. 물론 이 경우에도 기웅이의 제안대로 한다면 기웅이는 계속해서 10%의 이자를 얻을 수 있다. 그러나 병철이의 제안대로 한다면 실질이자는 더 이상 발생하지 않는다. 왜냐하면 1년 후에 돌려받은 275만 원을 가지고서는 쌀을 이전처럼 10가마밖에는 구입할 수 없기 때문이다. 이처럼 인플레이션이 진행되면 실질이자율은 명목이자율에서 인플레이션율을 뺀 나머지 값이 되는 것이다.

$$실질이자율 = 명목이자율 - 인플레이션율$$

이제 앞의 문제에 대한 답을 구해보자.

우선 1년 사이에 쌀 가격의 변화가 없었다면 두 사람 중 어떤 사람의 제안대로 거래를 한다고 하더라도 두 사람은 똑같은 입장일 것이다. 왜냐하면 명목이자율이나 실질이자율이나 똑같기 때문이다.

둘째, 1년 사이에 쌀 가격이 상승하면 병철이는 상대적으로 불리해질 것이다. 왜냐하면 병철이가 빌린 쌀을 갚기 위해 쌀 11가마를 사기 위해서는 275만 원보다 더 많은 금액이 필요해지기 때문이다. 만약 쌀 가격이 1가마에 26만 원으로 비싸졌다면 11가마의 쌀을 사기 위해서는 286만 원이 필요하게 된다. 반대로 당연히 기웅이는 병철이의 제안 대로 거래하지 않은 것에 대해 안도할 것이다. 병철이의 제안대로 거래를 해서 275만 원을 받아도 25만 원보다 비싸진 쌀을 11가마보다 적게 살 뻔 했으니까!

셋째, 1년 사이에 쌀 가격이 하락하면 병철이는 상대적으로 유리해질 것이다. 왜냐하면 병철이가 빌린 쌀을 갚기 위해 쌀 11가마를 사기 위해 필요한 금액은 275만 원보다 적어도 되기 때문이다. 만약 쌀 가격이 1가마에 24만 원으로 싸졌다면 11가마의 쌀을 사기 위해서는 266만 원이면 족하기 때문이다. 반대로 당연히 기웅이는 병철이의 제안대로 거래하지 않은 것에 대해 후회를 할 것이다. 병철이의 제안대로 거래를 해서 275만 원을 받았다면 쌀을 11가마보다 더 많이 살 수 있었을테니까!

인플레이션 조세(inflation tax)

물가와 명목소득이 동일한 비율로 상승하여 실질소득이 불변이라고 하더라도 누진세 제도 하에서는 명목소득에 조세를 부과하므로 국민들의 조세부담이 증가하게 된다. 이러한 조세를 인플레이션 조세라고 한다.

명목소득에 대해 누진세율이 적용되는 사례를 통해 구체적으로 살펴보자.

명목소득	물가수준	세전 실질소득 (= $\frac{\text{세전 명목소득}}{\text{물가수준}}$)	누진세율 (%)	명목 누진세액	세후 명목소득	세후 실질소득 (= $\frac{\text{세후 명목소득}}{\text{물가수준}}$)
10,000	100	100	10	1,000	9,000	90
15,000	150	100	20	3,000	12,000	80

앞의 사례는 물가와 명목소득이 동일하게 50% 상승하고 있음을 보여주고 있다. 이와 같이 명목소득이 증가하는 경기호황 속에서 누진세율로 인해 세후 명목소득 감소분(명목누진세액)이 1,000에서 3,000으로 크게 증가하고 있다. 또한 세후 실질소득도 90에서 80으로 감소하고 있음을 확인할 수 있다. 이를 통해 급격한 소비증가를 선제적으로 억제함으로써 경기가 과열되는 것을 막을 수 있게 된다.

이러한 인플레이션 조세는 경기가 너무 과열되는 것을 막아주는 자동안정화 장치로서의 역할을 한다.

다비효과(Darby effect)

인플레이션이 예상될 경우 피셔효과에 의해 채권자가 예상 인플레이션율만큼 명목이자율을 더 높게 설정하더라도 조세제도(예 누진세제도)로 인한 소득 재분배 효과를 고려하면 여전히 채권자가 불리해지는 결과가 발생할 가능성이 크다.

① 예상인플레이션율	② 명목이자율	③ 납세 전 실질이자율 (②-①)	④ 세율	⑤ 납세 후 명목이자율(②-④×②)	⑥ 납세 후 실질이자율(⑤-①)
0	4	4	30	2.8	2.8
10	14	4	30	9.8	−0.2

따라서 채권자가 이러한 사실을 인식하면 채권자는 실질이자율에 예상 인플레이션율을 더한 것보다 더 높은 수준에서 명목이자율을 설정하게 된다. 이를 다비효과라고 한다.

$$\text{명목이자율} = \text{실질이자율} + \text{예상 인플레이션율} + \alpha$$

Quiz

어떤 개인이 25%의 한계세율을 적용받고 있다. 현재 명목이자율(i)은 12%, 예상인플레이션율(π^e)은 8%라고 한다. 만약 피셔가설이 완벽하게 성립한다고 할 때, 예상인플레이션율(π^e)이 12%로 상승할 경우 납세 후 실질이자율(r)의 변화는?

⇒ 피셔가설($i=r+\pi^e$)이 완벽하게 성립한다면, 예상인플레이션이 12%로 4%p 상승할 때 명목이자율(i)도 4%p 상승하게 되어 16%가 된다. 이에 따라 나타난 변화를 표로 정리하면 다음과 같다.

명목이자율(i)	π^e	납세 전 r	한계세율(%)	납세 후 i	납세 후 r
12%	8%	4%	25%	12%-3%=9%	1%
16%	12%	4%	25%	16%-4%=12%	0%

결과적으로 납세 후 실질이자율(r)은 1% 포인트 하락하게 된다.

인플레이션에 관한 몇 가지 오류

우리는 흔히 인플레이션에 관한 그릇된 견해가 담긴 대화를 나누기도 한다. 예컨대 "소비자들의 무절제한 소비가 인플레이션을 가속화시킨다." "채소 값이 한 달 사이에 2배가 올랐다. 물가가 오르지 않을 수 없어!" "정책 당국의 고금리 정책으로 인플레이션이 발생한다."는 등의 주장이다. 과연 이러한 주장은 모두 옳은가?

정책 당국자들은 소비자들의 과도한 소비를 인플레이션의 원인으로 지목하고, 소비를 억제하고 저축을 증가시켜야 한다고 주장한다. 그러나 이것은 소비자들이 현금을 안방 이불 속에 숨겨 놓는 형태로 저축할 때나 기대할 수 있는 효과이다. 과연 그렇게 행동할 어리석을 소비자가 있으며, 그것을 강요할 수 있는가? 어렵다! 저축은 결국 금융시장을 통해 기업의 투자와 연결되면서 역시 궁극적으로는 총수요를 증가시켜 인플레이션의 또 다른 원인으로 작용하게 된다. 따라서 정책 담당자들은 겸허하게 인플레이션의 책임을 소비자에게 물을 것이 아니라 총수요와 총공급의 불일치, 정책의 실패 등에서도 찾아야 하는 것이다.

생활 속의 단편적인 모습만을 보고 전체를 평가하는 것이 우리가 일상에서 흔히 범하는 오류이다. 채소 값의 상승, 즉 상대가격의 변화와 전반적인 물가수준의 변화는 다른 것이다. 그러나 우리는 이것을 같은 개념으로 혼동한다. 특정 상품의 가격 상승이 반드시 인플레이션을 유발하는 것은 아니다. 인플레이션이란 개별 상품이 아니라 모든 상품가격들의 가중평균치인 물가수준이 상승하는 현상이기 때문이다.

금리(이자율)가 상승하면 기업의 금융조달비용이 증가하여 생산비가 상승하고 이에 따라 총공급의 감소로 인플레이션이 발생한다는 주장이 있다. 그러나 이것은 오히려 앞뒤가 바뀐 주장일 수 있다. 즉 인플레이션이 고금리의 원인이 될 수 있는 것이다. 금리가 상승하면 소비와 투자가 감소하여 총수요를 감소시켜 총수요를 억제하고 이에 따라 물가를 하락시키는 힘으로 작용하게 되는 것이다.

❹ 디플레이션(deflation)

1) 의의

(1) 개념: 물가수준이 지속적으로 하락하는 현상을 말한다.

(2) 원인: 수요 측 원인으로는 지속적인 긴축정책, 세계적 불황의 지속, 자산가격의 급락과 같은 것이 있고, 공급 측 원인으로는 생산성 향상으로 인한 상품가격 하락과 같은 것이 있다.

2) 디플레이션의 안정화 효과

(1) 의미: 디플레이션으로 하락한 물가수준이 경제 자체의 조정능력에 따라 디플레이션 발생 전 수준으로 되돌아 갈 수 있는 효과를 말한다.

(2) 내용

① 케인스 효과(Keynes effect): 물가수준 하락에 따른 실질통화량의 증가가 LM곡선을 오른쪽으로 이동시켜 이자율이 하락하고, 이에 따라 투자가 증기하는 효과이다. 투자 증가로 인한 총수요 증가가 물가를 상승시키는 힘으로 작용한다.

② 피구 효과(Pigou effect): 피구는 소비가 소득의 증가함수 또는 이자율의 감소함수만이 아니라 실질자산의 증가함수라고 본다.

$$C=f(Y,\ r,\ \frac{A}{P})$$

여기서 C는 소비, Y는 소득, r은 이자율, A는 화폐−금융자산, P는 물가수준이다.

이에 따라 물가하락은 실질자산을 증가시키고, 이것은 IS곡선과 AD곡선을 오른쪽으로 이동시키는 총수요 증가를 가져 온다. 그 결과 물가수준이 다시 상승하게 되는 효과가 발생한다.

③ 순수출 효과(net export effect): 물가수준의 하락은 실질환율($=\frac{e \times P_f}{P}$)을 상승시킨다. 이에 따라 순수출이 증가하고, 이것은 IS곡선과 AD곡선을 오른쪽으로 이동시키는 총수요 증가를 가져 온다. 그 결과 물가수준이 다시 상승하게 되는 효과가 발생한다.

3) 디플레이션의 불안정화 효과

(1) 의미: 디플레이션으로 하락한 물가수준이 더욱 더 빠른 속도로 하락하는 효과를 말한다.

(2) 내용

① 먼델−토빈 효과(Mundell-Tobin effect): 단기에 명목이자율이 하방경직적인 상황에서는 피셔효과가 100% 발휘되지 못한다. 이에 따라 지속적인 물가 하락이 예상되는 기대디플레이션으로 인해 실질이자율이 상승하게 된다. 이것은 투자를 감소시켜, AD곡선이 왼쪽으로 이동하여 생산량은 감소하고 물가수준은 더욱 하락하게 된다.

② 부채−디플레이션 효과(debt deflation effect): 예상치 못한 디플레이션이 채무자는 불리하게

채권자는 유리하게 부를 재분배하는 결과를 초래한다. 이에 따라 일반적으로 한계소비성향이 높은 채무자의 소비가 감소하여 총수요 감소를 가져 온다. 또한 채무자가 제공한 담보가치 하락으로 금융기관의 채권회수율이 낮아지고, 이에 따른 금융위기와 신용경색 등으로 자금조달이 어려운 기업의 투자 감소도 나타나게 된다. 결과적으로 총수요 감소에 따라 물가수준은 더욱 하락하게 된다.

③ **(실물)자산-디플레이션 효과(asset deflation effect)**: 디플레이션으로 인한 자산가치의 감소는 가계의 소비와 기업의 투자를 위축시키게 된다. 전자는 생애주기가설에 의하여, 후자는 토빈의 q 이론(*Tobin's q theory*)에 의하여 설명될 수 있다. 이러한 소비와 투자의 감소는 총수요를 감소시키고, 그 결과 물가수준은 더욱 하락하게 된다.

(3) 영향

① 디플레이션이 장기간 지속되면 명목금리가 제로(zero) 수준까지 낮아지고 이후에는 더 이상 떨어질 수 없기 때문에 실질금리가 높아지면서 경제활동이 위축된다.

명목금리($i=r+\pi$)	5	4	3	2	1	0	0	0	0
실질금리(r)	2	2	2	2	2	2	3	4	5
인플레이션율(π)	3	2	1	0	-1	-2	-3	-4	-5

디플레이션으로 명목금리가 제로 수준에 접근할 경우 사람들은 구태여 현금을 은행에 저축할 필요성을 못 느끼기 때문에 시중에는 자금이 잘 돌지 않게 된다. 또한 디플레이션이 지속되는 상황에서는 향후 물건 값이 계속 떨어질 것으로 예상되어 가계는 소비지출을 뒤로 미루고 이로 인해 디플레이션이 더욱 심해지는 악순환에 빠지게 된다.

② 임금의 하방경직성(downward rigidity of nominal wage)으로 인해 디플레이션은 실질임금의 상승을 초래하며 이는 고용 및 생산을 위축시키는 요인으로 작용한다.

③ 디플레이션은 명목금액으로 표시된 채무의 실질가치를 높인다. 이로 인해 기업의 재무상태가 악화되어 기업 활동이 위축되면 심할 경우 채무불이행 위험의 증가로 신용경색이 발생하고 금융기관의 건전성이 악화된다.

④ 디플레이션으로 명목금리가 제로수준으로 하락하게 되면 중앙은행의 금리인하가 사실상 불가능해져 전통적이 통화정책으로는 총수요를 진작하는 데 제약을 받게 된다. 이에 따라 그 대안으로 제시된 통화정책이 양적완화 정책이다.

Theme 73 실업이론

❶ 실업의 의의

1) **개념**: 일할 의사와 능력을 가진 사람이 일자리를 갖지 않은 상태를 말한다.

2) **측정**

(1) **노동가능인구(생산가능연령인구)**: 우리나라의 경우에는 32,000개(2010년 기준)의 표본가구들 대상으로 의무교육기간이 끝나 취업이 가능한 15세 이상의 인구를 의미한다. 단 현역군인, 공익근무요원, 상근예비역, 의무경찰 또는 전투경찰, 교도소 수감자, 소년원 및 치료감호소 수감자, 경비교도대, 외국인 등은 제외된다.

(2) **경제활동인구**

① 노동가능인구 가운데 일할 의사와 능력을 가진 사람들이다.

② 노동가능인구 중에서 일할 의사가 없는 학생이나 가정주부, 일할 능력이 없는 노인인구나 심신장애자, 군인, 구직포기자(실망노동자) 등을 뺀 민간인 경제활동인구이다.

> • 경제활동 참가율 $= \dfrac{\text{경제활동인구}}{\text{노동가능인구}} = \dfrac{\text{경제활동인구}}{\text{경제활동인구} + \text{비경제활동인구}}$

(3) **비경제활동인구**

① 노동가능인구 중에서 일할 의사와 능력을 가지지 못한 사람들이다.

② 노동가능인구에서 경제활동인구를 뺀 나머지 사람으로 측정한다.

(4) **취업자**

① 경제활동인구 중에서 매월 15일에 속한 1주일 동안에 수입을 목적으로 1시간 이상 일한 사람, 가구단위에서 경영하는 농장이나 사업체를 돕기 위해 주당 18시간 이상 일한 사람들이다.

② 직장이나 사업체를 가지고 있지만 질병·일기불순·휴가·노동쟁의 등 불가피한 사유로 조사기간 중 일하지 않은 사람들을 총칭한다.

$$\bullet\ \text{취업률}=\frac{\text{취업자}}{\text{경제활동인구}}=\frac{\text{취업자}}{\text{취업자}+\text{실업자}}$$

$$\bullet\ \text{고용률}=\frac{\text{취업자}}{\text{노동가능인구}}=\frac{\text{취업자}}{\text{경제활동인구}+\text{비경제활동인구}}$$

$$=\text{경제활동참가율}\times(1-\text{실업률})=\text{경제활동참가율}\times\text{취업률}$$

⑸ **실업자**: 경제활동인구에서 취업자를 뺀 인구이다.

$$\bullet\ \text{실업률}=\frac{\text{실업자}}{\text{경제활동인구}}=\frac{\text{실업자}}{\text{취업자}+\text{실업자}}$$

┌─ 실업 관련 용어정리 ─┐

15세 이상 인구 (노동가능인구, 생산가능인구)	매월 15일 현재 만 15세 이상인 자 – 단, 군인(직업군인, 상근예비역 포함), 사회복무요원, 의무경찰, 형이 확정된 교도소 수감자 등 제외
경제활동	상품이나 서비스를 생산하기 위해 수입이 있는 일을 하는 것을 의미 ⇒ 단, 수입이 있더라도 다음의 활동은 경제활동에서 제외 ① 법률에 위배되는 비생산적인 활동(예 도박, 매춘 등) ② 법률에 의한 강제노역 및 봉사활동 ③ 경마, 경륜, 증권, 선물 등 투자활동
경제활동인구	만 15세 이상 인구 중 취업자와 실업자를 의미

취업자	① 조사대상 주간 중 수입을 목적으로 1시간 이상 일한 자
	② 자기에게 직접적으로는 이득이나 수입이 오지 않더라도 자기가구에서 경영하는 농장
	  이나 사업체의 수입을 높이는 데 도운 가족종사자로서 주당 18시간이상 일한 자(무급
	  가족종사자)
	③ 직장 또는 사업체를 가지고 있으나 조사대상 주간 중 일시적인 질병, 일기불순, 휴가
	  또는 연가, 노동쟁의 등의 이유로 일하지 못한 일시휴직자

실업자	조사대상주간에 수입 있는 일을 하지 않았고, 지난 4주간 일자리를 찾아 적극적으로 구 직활동을 하였던 사람으로서 일자리가 주어지면 즉시 취업이 가능한 사람
비경제활동인구	조사대상 주간 중 취업자도 실업자도 아닌 만 15세 이상인 사람으로서 집안에서 가사와 육아를 전담하는 가정주부, 학교에 다니는 학생, 일을 할 수 없는 연로자와 심신장애자, 자발적으로 자선사업이나 종교단체에 관여하는 사람 등이 이에 포함
일시휴직	직업 또는 사업체를 가지고 있으나 조사대상 주간에 일시적인 질병, 일기불순, 휴가 또 는 연가, 노동쟁의 등의 이유로 전혀 일하지 못한 경우를 의미하며, 일시휴직 사유가 해 소되면 즉시 복귀 가능하여야 함
경제활동참가율	만 15세 이상 인구 중 경제활동인구(취업자+실업자)가 차지하는 비율
고용률	만 15세 이상 인구 중 취업자가 차지하는 비율
실업률	실업자가 경제활동인구(취업자+실업자)에서 차지하는 비율
구직단념자	비경제활동인구 중 취업의사와 일할 능력은 있으나 아래의 사유로 지난 4주간에 구직활 동을 하지 않은 자 중 지난 1년 내 구직경험이 있었던 자 ① 적당한 일거리가 없을 것 같아서(전공, 경력, 임금수준, 근로조건, 주변) ② 지난4주간 이전에 구직하여 보았지만 일거리를 찾을 수 없어서 ③ 자격이 부족하여(교육, 기술 경험 부족, 나이가 너무 어리거나 많다고 고용주가 생각 할 것 같아서)
가구	거주와 생계를 같이 하는 사람의 모임을 가구라 하며, 한 사람이라도 별도로 거주하고 독립적인 가계를 이루고 있는 경우에는 하나의 가구로 간주 ⇒ 학교, 공장, 병원 등의 기숙사와 특수사회시설과 같은 집단시설가구는 조사대상에서 제외

위장실업(Robinson, Nurkse, Lewis)

인구과잉의 경제에서 명목상으로는 취업한 것처럼 보여 실업이 아니지만 사실상 생산에 전혀 기여하지 못함으로써 한계생산력(MP_L)이 0에 가까운 취업상태를 의미한다. 주로 후진국의 농촌이나 서비스 부문에 많이 존재한다.

실망 노동자(discouraged workers)

직장을 구하기 위해 노력하였으나 마땅한 일자리를 얻지 못해 구직활동을 포기한 노동자를 의미한다. 실망 노동자는 비경제 활동 인구에 속하므로 실업률 통계에 포함되지 않는다. 따라서 실업자가 실망 노동자로 전환되면(즉, 구직 활동을 포기하면) 이들은 비경제 활동 인구에 포함되므로 공식적인 실업률은 하락한다.

〈경제활동 참가율 및 고용률 추이(전체 vs 고령자)〉

구분		2013(A)	2022(B)	B-A
경제활동참가율	전체(15세 이상)	61.7%	63.9%	2.2%p ↑
	고령자(55세 이상)	48.3%	53.1%	4.8%p ↑
고용률	전체(15세 이상)	59.8%	62.1%	2.3%p ↑
	고령자(55세 이상)	47.4%	51.7%	4.3%p ↑

〈통계청, 경제활동조사〉

사례 연구 **고용통계의 변화**

◈ 한국의 고용통계가 다음 표와 같이 주어졌다고 가정하자.

	2020년	2021년
생산가능인구	1,000만 명	1,200만 명
경제활동인구	800만 명	1,000만 명
취업자	600만 명	750만 명

2020년과 2021년의 노동시장 지표를 비교한다고 할 때, 경제활동참가율과 실업률 그리고 고용률의 변화 크기는?

분석하기

- 주어진 표를 이용하여 필요한 자료를 다음과 같이 얻을 수 있다.

구분	2020년	2021년
생산가능인구(A)	1,000만 명	1,200만 명
경제활동인구(B)	800만 명	1,000만 명
비경제활동인구($C=A-B$)	200만 명	200만 명
경제활동참가율($\frac{B}{A}$)	80%	83.3%
취업자(D)	600만 명	750만 명
실업자($E=B-D$)	200만 명	250만 명
실업률($\frac{E}{B}$)	25%	25%
고용률($\frac{D}{A}$)	60%	62.5%

603

사례 연구 우리나라 고용 시장의 특징

◈ 일반적으로 실업률이 낮으면 고용률은 높게, 실업률이 높으면 고용률이 낮게 측정된다. 그런데 우리나라의 실업률과 고용률은 모두 다른 *OECD* 국가들에 비해 상대적으로 낮게 측정된다. 그 이유는 무엇일까? 현실적인 실업 상황과 결부시켜 그 이유를 찾아보자.

분석하기

• 실업률과 고용률 및 경제활동참가율은 다음과 같이 측정된다.

> • 실업률 $= \dfrac{\text{실업자}}{\text{경제활동인구}}$
>
> • 고용률 $= \dfrac{\text{취업자}}{\text{생산가능인구}} =$ 경제활동참가율$(1 -$실업률$) =$ 경제활동참가율 $\times$ 취업률
>
> • 경제활동참가율 $= \dfrac{\text{경제활동인구}}{\text{생산가능인구}}$

• 실업률이 낮다고 하더라도 경제활동참가율이 상대적으로 더 낮다면 고용률은 낮아질 수 있다. 우리나라는 다른 *OECD* 국가들에 비해 경제활동참가율이 낮고, 이것이 우리나라에서 실업률과 고용률이 모두 낮게 나타나는 주요 요인이다.

• 경제활동참가율이 낮은 요인으로 다음과 같은 것을 제시할 수 있다.

  1) 노인과 여성의 낮은 경제활동 참가율: 출산과 양육으로 인한 여성들의 지속적 경제활동의 어려움, 재취업이 어려운 고용구조로 인한 노인들의 경제활동의 어려움 등으로 경제활동참가율이 낮다.

  2) 청년인구의 늦은 경제활동 진입: 학업과 군 복무 등으로 경제활동 시점이 늦어지고, 원하는 직장을 얻기 위한 취업기간의 장기화 등으로 경제활동참가율이 낮다.

  3) 실망노동자들의 증가: 실업의 장기화로 인해 경제활동인구에 해당하는 실업자들이 비경제활동인구에 해당하는 실망노동자로 전환되어 경제활동참가율이 낮아진다.

자연실업률(natural rate of unemployment)의 도출

1. **의의**: 경제가 평균적으로 달성할 수 있는 실업률 수준으로 실직자의 수와 취업자의 수가 같은 경우의 실업률을 의미한다.

2. **측정**

   경제활동인구를 L, 취업자 수를 E, 실업자 수를 U라고 하면 $L=E+U$이고, 실업률 $(u)=U/L$이 성립한다. 그리고 취업률(job finding rate)을 f, 이직률(job separation rate)을 s라고 하면 일정 기간 동안 직장을 잃게 된 사람의 수는 sE이고, 새롭게 취업한 사람의 수는 fU이다. 만약 이 두 수치가 같으면 $(sE=fU)$실업률은 변하지 않고 일정하게 유지된다.

   그런데 $L=E+U$에서 $E=L-U$이므로 위의 식은 $s(L-U)=fU$가 되고, 양변을 L로 나누면

   $s\left(1 - \dfrac{U}{L}\right) = f\dfrac{U}{L}$, 또는 $s(1-u)=fu$가 된다. 이를 정리하면 다음과 같은 자연실업률을 구할 수 있다.

   $$u = \frac{s}{s+f}$$

3. **자연실업률에 영향을 주는 요인**: 실업보험제도, 인구구성의 변화, 평균수명의 연장, 노동시장의 구조나 제도

기출확인

경제활동 인구 조사에 대한 표를 보고 아래 물음에 답하시오.   [2004]

〈경제 활동 인구 조사〉   (단위: 인구 1,000명, %)

연도	15세 이상 인구	취업자	실업자	경제 활동 참가율	
				전체 인구	여성
1980	25,000	13,000	800	55.2	42.8
1990	31,000	18,000	500	59.7	47.0
2000	36,000	22,000	900	63.6	48.3

1. 1980년의 실업률을 계산하시오. (반올림하여 소수점 첫째 자리까지 표시)
2. 1980년과 2000년 사이에 여성 경제활동 참가율이 크게 높아졌다. 이와 같이 가사를 돌보던 여성의 경제 활동 참가율이 높아질 GDP의 변화 모습을 설명하고(여성 실업률은 일정하다고 가정한다.), GDP를 증가 시키지만 사회후생 면에서 바람직하지 않은 경제활동의 보기를 1개만 제시하시오.

분석하기

1. 1980년의 실업률은 다음과 같이 도출된다.

$$\text{실업률} = \frac{\text{실업자}}{\text{취업자}+\text{실업자}} = \frac{800}{13,000+800} = \frac{800}{13,800} ≒ 5.8\%$$

2. 여성 실업률과 여성 경제활동 참가율은 다음과 같이 측정된다.

- $\text{여성 실업률} = \dfrac{\text{여성 실업자}}{\text{여성 경제활동 인구}}$
- $\text{여성 경제활동 참가율} = \dfrac{\text{여성 경제활동 인구}}{\text{여성 15세 이상 인구}}$
- 여성 경제활동 참가율↑ ⇒ 여성 경제활동인구 증가율 > 여성 15세 이상 인구 증가율

그런데 주어진 가정처럼 여성 경제활동 참가율이 높아지는 상태에서 여성실업률이 일정하다는 것은 여성 경제활동인구가 증가하면서 여성 실업자도 증가하지만 여성 취업자 역시 증가한다는 것을 의미 한다.

- 여성 실업자 증가율 = 여성 경제활동인구 증가율 ⇒ $\dfrac{\text{여성 실업자}↑}{\text{여성 경제활동 인구}↑}$ = 여성 실업률 일정
- 여성 경제활동인구 증가↑ ⇒ 여성 실업자 증가↑ + 여성 취업자 증가↑

이에 따라 GDP가 이전에 비해 증가한다고 추론할 수 있다.
한편 환경오염을 수반하는 생산 활동은 GDP는 증가시킬 수 있지만 오염으로 인한 삶의 질을 악화시 키게 된다.

실업률과 고용률의 경제적 의의는?

"2016년 1월 현재 우리나라는 이른바 '고용 위기 시대'라고 불릴 만큼 실업 문제 특히 '청년 실업' 문제가 심각한 수준이다. 이러한 실업 문제는 높은 등록금과 함께 젊은 세대에게 절망감을 가져다주는 주요 요인이다. 그럼에도 불구하고 통계청에서 발표하는 실업률의 크기를 보면 오히려 호전되는 기미를 보이고 있다. 그 이유는 무엇인가?" 새 정부가 출범할 때 꼭 강조하는 경제정책 중 하나가 새로운 일자리 창출이다. 그런데 이러한 정책목표가 달성되었는지 확인하는 방법 중에 하나가 실업률이다. 이러한 실업률은 다음과 같이 측정된다.

$$실업률 = \frac{실업자수}{경제활동인구} = \frac{실업자수}{취업자수 + 실업자수}$$

그런데 이렇게 측정된 실업률이 하락했음에도 불구하고 실제 취업에 성공한 사람의 수는 오히려 줄어들 수 있다. 왜냐하면 실업자가 좁은 취업문에 염증을 느낀 나머지 구직 자체를 포기하게 되면 그는 실업자에서 구직포기자(실망노동자)가 되어 비경제활동인구로 분류되기 때문이다. 즉 일자리가 없음에도 불구하고 실업자가 아닌 것으로 나타나는 것이다. 이에 따라 실제로 취업자 수는 변화가 없음에도 불구하고 실업률은 하락하게 되어 마치 고용상황이 개선된 것 같은 착시현상이 나타나게 되는 것이다.

간단한 예를 들어보자. 만약 비경제활동인구가 80명, 취업자 수가 90명, 실업자의 수가 10명이면 이때의 실업률은 $\frac{10}{100}$=10%가 된다. 그런데 실업자 중 한 사람이 구직을 포기하게 되면 실업자의 수는 9명이 되며 이때의 실업률은 $\frac{9}{99}$=9.1%가 되는 것이다. 이와 같이 실업률 계산에 사용되는 분모가 경제활동인구이기 때문에 비경제활동인구가 늘어나면 실업률은 변화가 없거나 오히려 하락할 수도 있는 것이다.

이러한 비경제활동 인구의 증가는 구직활동이 별 의미가 없을 때 주로 나타난다. 이러한 비경제활동인구의 증가 요인 중에 대표적인 것이 좁은 대기업 취업문을 피해 공무원 시험을 준비하는 사람의 증가이다. 특히 불황으로 인해 발생하는 비경제활동인구의 증가는 경기가 호전되면 다시 감소하게 되지만, 제도적인 요인으로 인해 발생하는 비경제활동인구의 증가는 좀처럼 해소되기 어려운 측면이 있다. 이렇게 되면 경제활동참가율이 낮아져서 경제성장의 저해요인으로 작용할 수 있게 되는 것이다.

$$경제활동참가율 = \frac{경제활동인구}{노동가능인구}$$

이에 따라 실업률이 고용 상황을 포함한 경제 현실을 정확하게 알려주는 데에는 한계가 있는 것이다. 이러한 문제를 해결하기 위하여 등장한 것이 고용률이다. 고용률은 다음과 같이 측정된다.

$$고용률 = \frac{취업자수}{노동가능인구} = \frac{취업자수}{경제활동인구 + 비경제활동인구}$$

앞의 예에서 실업자가 구직포기자가 되어 경제활동인구에서 비경제활동인구가 되었다고 하더라도 노동가능인구 수는 변화가 없게 되어 고용률은 $\frac{90}{80+100}$=50%로 일정한 값을 갖게 된다. 여기서 노동가능인구는 15세 이상의 생산가능인구를 말한다.

❷ 실업의 형태와 대책

형태		정의	대책
자발적 실업	마찰적 실업	직업을 바꾸는 과정에서 일시적으로 실업상태에 있는 것이다.	고용기회에 관한 정보의 흐름을 원활하게 해야 한다.
	탐색적 실업	자신이 원하는 보다 나은 일자리를 탐색하면서 당분간 실업상태에 있는 것이다.	직장탐색과정을 촉진시키는 정책을 세워야 한다.
비자발적 실업	경기적 실업	경기 침체에 수반하여 발생하는 케인즈적 실업으로서 경기가 회복되면 해소될 수 있다.	단기에 총수요를 증가시키는 정책을 시행해야 한다.
	구조적 실업	기술혁신으로 종래의 기술이 경쟁력을 상실하거나 어떤 산업이 사양화됨에 따라 그 산업부문에서 일자리를 잃게 되는 경우이다. 마찰적 실업에 비해 장기화된다는 특징이 있고, 전반적인 경기 호황 아래에서도 발생할 수 있다.	산업구조의 개편과 새로운 인력훈련을 시행해야 한다.

> **고전학파의 자발적(voluntary) 실업**
>
> **1. 탐색이론(job search theory)**
> 1) 노동자들은 자신이 상정하는 최선의 직장을 얻을 때까지 이른바 '직장 쇼핑(job shopping)'을 한다. 이를 위해서는 상당한 시간이 필요하고 이로 인해 탐색행위로 인한 '마찰적 실업' 기간이 늘어나게 된다. 그러나 이러한 기간은 노동자들이 원하는 직장을 얻기 위해 기꺼이 감수할 수 있는 기간인 것이다. 결국 직장탐색으로 인해 발생하는 실업은 자발적 실업이고, 더 나아가 인적 자본(human capital)에 대한 투자과정이라고 볼 수 있다는 것이다.
> 2) 노동자들은 순차적인 탐색과정에서 '요구 임금(asking wage)'을 내부적으로 결정한다. 여기서 추가적인 탐색을 위해 지불해야 하는 한계비용과 탐색을 통해 얻게 되는 한계편익이 일치하는 수준에서 결정되는 것이 바로 요구 임금이다.
>
> **2. 기간 간 대체가설(intertemporal substitution hypothesis)**
> 1) 가정: 임금은 경기순응적(procyclical)이며 노동공급은 실질임금에 비례한다는 가정에 기초한다.
> 2) 내용: 노동자들은 실질임금이 높으면 노동공급을 증가시키지만, 실질임금이 낮으면 노동공급을 감소시키려는 이른바 '기간 간 대체'를 한다. 이에 따라 실질임금이 경기순응적이라는 가정 아래에서, 만약 경기가 침체되면 실질임금이 하락하게 되고 이에 따라 노동자들은 노동공급을 '자발적으로' 감소시켜 실업이 증가하게 되는 것이다. 다만 노동자들의 노동공급의 임금탄력성은 매우 낮기 때문에 경기침체가 발생하는 '실업을 과연 자발적 실업으로 볼 수 있느냐'라는 비판이 따르게 된다.
>
> **3. 자연실업률(natural rate of unemployment)**
> 1) 의미: 자연실업률은 고전학파 전통을 계승한 통화주의자인 프리드먼(M. Friedman)에 의해 처음 제시된 개념이다. 이러한 자연실업률은 다음과 같이 매우 다양하게 정의된다.
>   (1) 노동시장이 완전고용을 달성할 때의 실업률이다.
>   (2) 장기적으로 인플레이션을 가속시키지도 않고 감소시키지도 않는 실업률이다.
>   (3) 경기변동 과정에서의 평균적 수준의 실업률이다.
>   (4) 실제 GDP와 잠재 GDP가 일치하는 수준에서의 실업률이다.
>   (5) 실제 인플레이션율과 기대 인플레이션율이 일치하는 수준에서의 실업률이다.
> 2) 발생원인: 경제가 완전고용을 달성한다고 하더라도 정보의 불완전성 등으로 인한 어느 정도의 마찰적 실업의 발생은 불가피하다. 이에 따라 완전고용임에도 불구하고 자연실업률은 0%보다 높은 수준을 보이게 된다. 실증적 추정에 따르면 미국의 자연실업률 수준은 5% 남짓이고, 한국의 자연실업률 수준은 3% 남짓으로 추정되고 있다.

구조적 실업의 특징

1. 자신이 가지고 있는 기능이 더 이상 필요가 없어졌으므로 취업하기 위해 새로운 기술을 습득하여야 한다. 이에 따라 구조적 실업자가 자신에게 적합한 새로운 일자리를 구하는 데에는 상당히 오랜 시간이 소요되어 상대적으로 실업이 장기화된다.
2. 경기가 좋더라도 사양산업은 존재하기 마련이고, 속도는 서로 다를지언정 산업구조의 개편이 항상 이루어지고 있기 때문에 완전고용 상태라 할지라도 구조적 실업은 어느 정도 존재할 수밖에 없다.

우리나라 실업률 통계의 특징

우리나라 실업률 통계의 특징 중의 하나는 구미선진국에 비하여 실업률이 상대적으로 낮게 나타나는 점이다. 1990년 이후 평균실업률을 비교해 보면 우리나라의 실업률이 구미선진국에 비해 낮은 수준을 보이고 있는데 이는 실업률 통계 작성기준에서는 큰 차이가 없으나 다음과 같이 취업구조나 고용관행이 다른 데 주로 기인하는 것으로 볼 수 있다.

첫째, 농림어업부문의 취업자 비중이 상대적으로 높다는 점이다. 우리나라의 경우 비농림어업부문에 비해 실업발생 가능성이 낮은 농림어업부문 취업자의 비중이 상대적으로 높아 전체 실업률을 낮추는 요인으로 작용하고 있다.

둘째, 자영업주 및 무급가족종사자가 상대적으로 많다는 점이다. 취업자 중 자영업주 및 무급가족종사자의 비중이 상대적으로 높아 고용의 질적인 면에서는 취약하나 실업률은 낮게 나타난다.

셋째, 실업보험제도 및 직업알선기관이 잘 발달되어 있지 않다는 점이다. 우리나라의 경우 실업보험 등 사회보장제도가 아직은 미비하고 직업알선기관도 제대로 발달되어 있지 않기 때문에 근로자는 임금, 근로조건 등이 열악하더라도 가급적 현재의 직장에 근무하려 하며 실업발생시에는 적극적으로 취업하거나 자영업을 영위하려는 경향이 강하여 실업률은 낮게 나타난다.

넷째, 여성의 경제활동참가율이 낮다는 점이다. 우리나라의 경우 고등교육을 받고도 가사노동에 전념하는 여성 비경제활동인구가 많은 편으로 이러한 여성들이 적극적으로 일자리를 찾아 나선다면 실업률이 더 높아질 것이다.

---

❸ 실업에 관한 제(諸)이론

1) 임금의 경직성과 실업

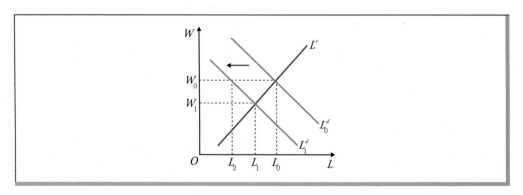

① 외생적인 이유로 노동에 대한 수요곡선이 왼쪽으로 이동한 경우, 이전의 임금수준 W_0에서 $L_0 \sim L_2$만큼 노동의 초과공급이 발생한다.

② 만약 임금이 신축적이라면 임금은 신속하게 W_1으로 하락하고, 고용수준은 L_1에서 새로운 균형이 달성된다. 이 과정에서 L_0L_1만큼의 고용이 감소하겠지만, 이것은 자발적 실업에 해당한다. 이전보다 낮아진 임금 수준을 받아들일 수 없는 사람들은 자발적으로 실업 상태를 선택하며, 낮아진 임금 수준에도 일하기를 원하는 사람들만이 일자리를 얻어 일을 하게 된다.

③ 그러나 임금이 경직적이라면 실업자 수는 L_0L_2로 증가하며, 이들은 현재의 임금 수준에서 일하려 하지만 일자리를 구할 수 없는 비자발적 실업 상태에 놓이게 된다.

2) 고전학파의 이론

(1) 고전학파는 노동시장에서의 명목임금이 완전 신축적이어서 자발적 실업만 존재하고 비자발적 실업이 없는 완전고용이 가능하다고 주장한다.

(2) 따라서 고전학파 입장에 따르면 현실에서 관찰되는 실업자는 주어진 균형임금 수준에서 일자리가 주어짐에도 불구하고 일할 의사가 없는 자발적 실업자(=idle men: 게으른 사람들)이다.

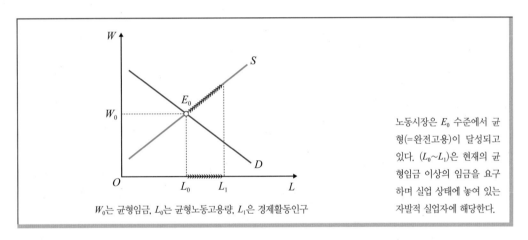

W_0는 균형임금, L_0는 균형노동고용량, L_1은 경제활동인구

노동시장은 E_0 수준에서 균형(=완전고용)이 달성되고 있다. $(L_0 \sim L_1)$은 현재의 균형임금 이상의 임금을 요구하며 실업 상태에 놓여 있는 자발적 실업자에 해당한다.

(3) 만약 비자발적 실업이 존재한다면 이는 노동조합이나 최저임금제도, 효율성 임금과 같은 제도적 요인 때문에 명목임금이 경직적이어서 나타나는 비정상적인 현상이다.

유보임금과 효율적 임금

유보임금이란 노동자가 그 수준에서 일하거나 일하지 않거나 무차별하게 느끼는 임금을 말한다. 일자리를 찾는 노동자는 유보임금보다 높은 임금을 제시하는 기업을 선택하고, 기업은 노동자와 일일이 협상하기보다는 정해진 임금 수준을 제시하고 근로자가 받아들이거나 포기하거나 하도록 한다. 그러나 많은 경우에 임금은 경영자와 노동조합 간의 단체교섭에 의해 결정된다. 이러한 단체교섭으로 결정된 임금은 노동자 개개인의 유보임금 수준보다 높을 수밖에 없다. 단체교섭에 의한 임금인상은 노동자의 요구에 의한 것이지만, 기업 스스로의 선택에 의해 유보임금보다 높은 임금을 지급할 수도 있다. 그것이 이른바 '효율적 임금'이다. 그런데 임금이 단체교섭이나 효율적 임금 기준에 따라 지급되면 노동시장에서 불균형이 발생하게 된다. 그러나 이 경우에도 임금은 쉽게 하락하지 않는다. 그 이유는 한편으로는 노동조합이 그것을 막고 있고, 다른 한편으로는 기업 스스로가 임금 하락이 자칫 효율성 하락으로 이어질 것을 염려하기 때문이다.

---

(4) 명목임금의 신축성을 저해하는 제도적 요인을 제거하는 것이 실업대책이다.

3) Keynes 이론

(1) 케인스는 노동공급에 있어서 명목임금의 하방경직성과 생산물에 대한 유효수요의 부족에 기인하는 노동에 대한 수요부족 때문에 비자발적 실업이 발생한다고 주장한다.

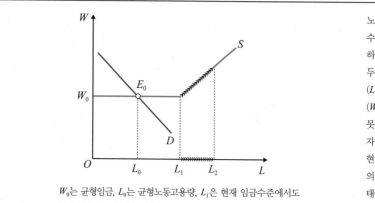

노동시장은 균형임금(W_0) 수준에서 일자리를 희망하는 노동자(L_1)들을 모두 고용하지 못하고 있다. ($L_0 \sim L_1$)은 현재의 균형임금 (W_0)에서도 일자리를 얻지 못하고 있는 비자발적 실업자에 해당한다. ($L_1 \sim L_2$)는 현재의 균형임금(W_0) 이상의 임금을 요구하며 실업 상태에 놓여 있는 자발적 실업자에 해당한다.

W_0는 균형임금, L_0는 균형노동고용량, L_1은 현재 임금수준에서도 일자리를 얻고자 하는 노동자, L_2는 경제활동인구

(2) 비자발적 실업을 해결하기 위해서는 정부의 확대재정정책을 통한 유효수요 증대가 필요하다고 주장한다.

❹ 명목임금과 실질임금의 경직성

1) 화폐환상(money illusion)과 상대임금가설

(1) 화폐환상과 명목임금의 경직성

① 케인스(J. M. Keynes)는 노동자들이 물가상승으로 인한 실질임금의 하락보다는 명목임금 자체의 하락에 대해서 강하게 저항하는 경향이 있다고 주장한다.

② 노동자들의 이러한 태도는 화폐환상의 존재로부터 기인하는데, 이것으로 인해 명목임금의 하방경직성이 나타나게 된다.

(2) 상대임금가설과 명목임금의 경직성

① 케인스는 노동자들이 직종 간 또는 기업 간의 임금 격차에 민감하여, 그러한 상대적 임금구조가 괴리에 대해 강하게 저항하는 경향이 있다고 주장한다.

② 자본주의 경제 내부에 직종 간 또는 기업 간 임금을 동일한 비율로 변동시킬 수 있는 메카니즘이 존재하지 않는 한 명목임금은 하방경직적일 수밖에 없다는 것이다.

2) 효율적 임금가설(efficient wage hypothesis)

(1) 의미: 임금이 높을수록 노동자의 생산성이 높아진다고 하는 문제의식에서 출발한다. 노동자의

효율성에 대해 임금이 영향을 미치기 때문에 노동이 초과공급이 되더라도 기업들은 임금을 내리지 않는다는 것이다.

(2) 임금상승이 근로효율을 높이는 이유

① **영양이론(nutrition theory)**: 보다 나은 보수를 받는 노동자는 영양분을 충분히 섭취할 수 있고 건강상태가 더 좋아진 노동자는 더 생산적이 될 수 있으므로 기업은 노동자의 건강이 유지되도록 균형임금 이상의 임금을 지불할 수 있다.

② **이직모형(job turnover model)**: 기업이 노동자에게 높은 보수를 지급할수록 기업에 계속 근무하고자 하는 동기가 커지므로 높은 임금은 이직률을 낮출 수 있다. 이에 따라 새로운 노동자를 고용하고 훈련시키는 시간을 축소시킬 수 있다.

③ **역선택모형(adverse selection model)**: 노동자의 평균자질은 기업이 지불하는 임금수준에 의존하므로 균형수준 이상의 임금을 지급함으로 해서 기업은 역선택의 가능성을 낮출 수 있어 생산성을 증대시킬 수 있다.

④ **근무태만모형(shirking model)**: 임금이 높을수목 해고를 당하면 종업원이 입는 손실도 커진다. 따라서 높은 임금이 지급되면 노동자들의 근무태만이라는 도덕적 해이를 방지하고 생산성을 증대시키도록 유도할 수 있다는 것이다.

> **사회적 규범모형(the sociological model)**
>
> 기업이 근로자에게 후하게 대우해주면 노동자도 자기가 맡은 일을 열심히 하는 것이 기업에게 공정하게 대하는 것이라고 생각하게 된다. 따라서 노동자의 사기와 직장에 대한 애착을 높이기 위해 높은 임금을 지급하게 된다.

3) 내부자 – 외부자 이론(insider-outsider theory)

(1) 의의

① **노동시장의 구성**: 노동시장은 이미 취업한 사람인 내부자(insider)와 실업상태에 있는 사람인 외부자(outsider)로 구성되어 있다.

② **임금결정**: 임금수준은 이미 고용된 상태에 있는 내부자가 외부자의 사정에 대한 고려가 없이 내부자 자신들만의 이익을 고려하여 사용자와 일방적으로 교섭하여 결정한다.

(2) 실질임금 경직성의 근거

① 기업은 신규 노동자의 채용 및 훈련 비용, 기존 노동자에 대한 해고 비용 등의 존재로 인해 외부자 고용에 제약을 받게 된다. 즉 기업은 노동이동으로 인해 발생하는 비용(turn-over cost) 때문에 내부자를 외부자로 쉽게 대체하지 못한다는 것이다.

② 노동시장에서 임금하락 압력을 발생시키는 실업이 존재하는 경우(외부자가 존재하는 경우) 에도 임금 수준은 내부자와 기업 간의 교섭에 의해 하락하지 않는 임금의 경직성이 나타나게 된다.

(3) 효과

① 내부자는 자신이 보유하고 있는 해당기업이 요구하는 특화된 기술이나 독점적 협상력을 보유하고 있는 노동조합을 통해 높은 실질임금을 지급받을 수 있다. 해당기업은 내부자에게 높은 실질임금을 지급해줌으로써 기업이 요구하는 특화된 기술을 지속적으로 활용할 수 있다.

② 내부자와 기업의 일치된 이해관계로 인해 시장 균형임금보다 높은 수준에서 실질임금이 결정되고 이로 인한 노동시장에서의 초과공급으로 인해 비자발적 실업이 발생하게 되는 것이다.

4) 자기이력현상(Hysteresis)

(1) 의미

① 실업률이 과거의 실업률에 의해 영향을 받는 것을 말한다.

② 노동시장에 대한 부정적 충격이 발생하는 경우, 신축적으로 조정되지 못하는 경직적 실질임금으로 인해 실제실업률이 지속적으로 상승하여 결국 자연실업률 자체가 상승하는 현상으로, 어떤 경제적 충격이 사라진 후에도 장기적이고도 지속적인 영향을 미치는 현상을 의미한다.

(2) 발생이유

① 실업이 지속됨에 따라 실업자들이 실업상태에 적응하였기 때문이다. 실업자들은 여러 가지 실업에 따르는 혜택을 받아내는 방법을 알아내게 되고, 일하지 않는 생활에 적응함으로써 취업을 위한 노력이 약화될 수 있다.

② 기업들은 노동자들의 실업기간을 노동자의 능력에 대한 신호로 받아들일 수 있다. 즉 실업의 이유가 장기간의 경기침체가 아니라 단기 노동자에게 문제가 있기 때문에 장기실업상태에 처했을 것이라 간주하고 고용을 꺼리게 된 것이다.

③ 내부자-외부자 이론에 따르면 이미 고용되어 있는 노동자들은 임금협상에 있어서 높은 협상력을 이용하여 임금을 높이는 데 주력할 것이고, 그 결과 기업들의 노동수요가 감소하여 실업이 증가하게 된다.

(3) 평가

① 시장에 실직자가 상당한 정도로 분포되어 있어도 쉽게 임금이 내려가지 않는다. 이에 따라 높은 실업률이 장기적이고도 지속적으로 유지된다.

② 자연실업률 수준에서 일정한 실업수준을 찾을 수 있다는 새고전학파의 견해를 정면으로 비판하고, 자연실업률 수준 자체가 변동할 수도 있다는 것을 시사하고 있다.

(4) 한계: 현실적인 고용의 변화를 설명하지 못하며, 기업과 노조가 이러한 상황을 유지하려고 하는 것을 외부자들이 방관하지만은 않는다.

확인 TEST

비자발적 실업과 임금경직성 이론에 대한 설명으로 옳지 않은 것은?

① 현실적으로 비자발적 실업이 존재한다고 함은 임금이 하락하지 못하는 요인이 존재함을 뜻한다.

② 내부자−외부자 이론의 주장이 맞는다면, 경제활동인구 중 노동조합원의 비율이 증가할 때 실업률이 하락할 것이다.

③ 효율임금이론은 기업의 이윤극대화 결과 실질임금이 경직적으로 유지되고 비자발적 실업이 발생한다고 본다.

④ 최저임금제도는 특히 가장 숙련도가 낮은 단순노동자들에 있어서 비자발적 실업의 존재를 설명할 수 있는 요인이다.

해설 ▸ • 비자발적 실업은 임금이 (하방)경직적일 때 발생한다.

• 효율성 임금과 최저임금은 시장 균형임금보다 높은 수준에서 결정되는데, 이때 결정된 임금이 하방경직이어서 노동시장에서는 노동의 비자발적 실업을 야기하게 된다.

• 내부자−외부자 이론에서는 내부자와 기업의 일치된 이해관계로 인해 시장 균형임금보다 높은 수준에서 실질임금이 결정되고 이로 인한 노동시장에서의 초과공급으로 인해 비자발적 실업이 발생한다고 주장한다. 따라서 경제활동인구 중 노동조합원의 비율이 증가할수록 실질임금이 상승하게 되어 비자발적 실업은 더욱 증가하게 된다.

정답 ▸ ②

임금인상이 먼저일까? 생산성 향상이 먼저일까?

"1914년 헨리 포드는 당시의 경기가 한창 좋지 않았음에도 불구하고 자신의 자동차 회사에 근무하는 노동자들의 임금을 일당 5$로 대폭 인상하였으며, 하루 작업 시간을 10시간에서 8시간으로 단축시켰다. 그런데 그 당시 다른 경쟁회사의 평균 임금은 2~3$ 수준이었다. 따라서 일당 5$의 임금은 시장 균형임금수준보다 훨씬 높은 것이었다. 헨리 포드는 왜 그랬을까?"

생산성이 높아지면 임금을 올린다는 것이 아니라 오히려 임금이 높을수록 노동자의 생산성이 높아진다고 하는 문제의식에서 출발한 임금이 이른바 '효율성 임금(efficiency wage)' 가설이다. 이처럼 임금상승이 생산성을 향상시킬 수 있다는 논거는 다음과 같다.

첫째, 영양이론(nutrition theory)이다. 여기에는 보다 높은 보수를 받는 노동자는 영양분을 충분히 섭취할 수 있고 건강상태가 더 좋아진 노동자는 더 생산적이 될 수 있으므로 기업은 노동자의 건강이 유지되도록 균형임금 이상의 임금을 지불할 수 있다는 주장이 담겨 있다. 둘째, 이직모형(job turnover model)이다. 기업이 노동자에게 높은 보수를 지급할수록 기업에 계속 근무하고자 하는 동기가 커지므로 높은 임금은 이직률을 낮출 수 있다. 이에 따라 새로운 노동자를 고용하고 훈련시키는 시간을 축소시킬 수 있는 순기능이 있다는 것이다. 셋째, 역선택모형(adverse selection model)이다. 노동자의 평균자질은 기업이 지불하는 임금수준에 의존하므로 균형수준 이상의 임금을 지급함으로 해서 기업은 역선택의 가능성을 낮출 수 있어 생산성을 증대시킬 수 있다는 것이다. 간단히 말해서 임금이 낮으면 그 수준 정도의 능력만 있는 노동자만 고용되므로 이를 피하기 위해서 높은 임금을 지불한다는 것이다. 마지막으로 근무태만모형(shirking model)이다. 임금이 높을수록 해고를 당하면 노동자가 입는 손실도 커진다. 따라서 높은 임금이 지급되면 노동자들의 근무태만이라는 도덕적 해이를 방지하고 생산성을 증대시키도록 유도할 수 있다는 것이다.

이러한 여러 가지 논거로 노동자의 효율성에 대해 임금이 영향을 미치기 때문에 노동이 초과공급이 되더라도 기업들은 임금을 내리지 않고 높은 임금을 유지한다는 것이 효율성 임금 가설이다.

헨리 포드 역시 당시 임금을 인상하면서 그 이유를 '자선이 아니라 작업의 효율을 높이기 위한 것'이라고 말하고 있다. 이러한 임금 인상으로 당시 많은 변화가 나타났다. 포드 자동차 회사 밖에는 일당 5$의 일자리를 얻기 위해서 많은 사람들이 긴 줄을 서서 기다리고 있었으며 공장 내부에서도 다음과 같은 변화가 나타났다.

- 계획적 결근이 75%나 감소하였으며 이에 따라 작업능력이 향상되었다.
- 근로자들의 태만이 줄어들고 근로의욕이 향상되었다.
- 그 당시 근로자들의 이직률이 매우 높았음에도 불구하고 노동자들의 퇴사가 크게 줄었다.

이러한 결과를 보면 헨리 포드는 효율적 임금 가설을 실제로 사용했다고 말할 수 있을 것이다. 물론 헨리 포드는 효율적 임금 가설의 존재를 알지는 못했다. 이 가설은 1980년대에 비로소 등장했기 때문이다. 헨리 포드의 통찰력에 경의를 표하게 되는 대목이다.

Theme
74 **스태그플레이션과 자연실업률 가설**

❶ 필립스곡선과 물가 기대

1) 최초의 필립스곡선(Phillips Curve)

(1) 의미

① 1958년 영국의 경제학자 필립스(A. W. H. Phillips)는 1861~1957년 사이의 임금상승률과 실업률에 관한 시계열 자료를 가지고 양자 사이의 상충관계(trade-off)가 장기적으로 존재한다는 것을 발견하였다.

② 사무엘슨(P. Samuelson)과 솔로우(R. Solow) 등의 미국의 케인지언들이 이를 물가상승률(π)과 실업률(u) 간의 상충관계로 변화시킨 이래 필립스곡선은 물가안정과 고용안정 간의 상충관계(trade-off)를 나타내는 곡선을 의미하는 것으로 사용되었다.

$$\pi = -\alpha(U - U_N),\ \alpha > 0$$
π: 인플레이션율, U: 실제실업률, U_N: 자연실업률, α: 반응계수

(2) 도해적 설명

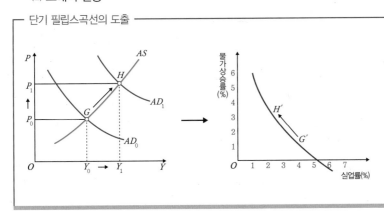

단기 필립스곡선의 도출

총수요가 증가하여 AD곡선이 오른쪽으로 이동하면 물가의 상승과 총산출량의 증가를 가져온다. 이때 총산출량이 증가한다는 것은 고용이 증가하여 실업률이 하락한다는 것과 동일한 의미이므로 물가상승률과 실업률의 역(−)의 관계인 단기필립스 곡선이 성립하게 된다.

① 실업률을 낮추기 위해 총수요증대정책을 쓰면 경제의 균형점이 G점에서 H점으로 이동하게 되어 물가는 상승하고 실업률은 하락하게 된다.

② 이는 우하향하는 필립스곡선과 우상향하는 AS곡선과는 표리의 관계가 있음을 보여준다.

2) 우하향의 필립스곡선의 의의

(1) 50년대와 60년대의 케인지언들은 우하향의 필립스곡선을 장기적으로 안정적인 것으로 보고, 재량적인 총수요 관리정책을 통한 정부 개입을 합리화하는 근거로서 제시되었다.

(2) 어떤 경제에서든지 현실적으로 물가상승률과 실업률 간에는 안정적인 함수관계가 존재하고 이를 나타내는 것이 필립스곡선이다. ⇒ 정부는 총수요 관리정책을 통한 미조정(fine-tuning)으로 필립스곡선상의 한 점을 선택할 수 있다는 것이다.

경제학에서 사용되는 기대의 종류: 사람들이 얼마나 빨리, 정확하게 물가의 변화를 기대하는가?

구분	주요 내용
완전 예견 (perfect foresight)	• 기대치와 실제치가 항상 일치하는 것으로 비현실적인 가정이다. • 고전학파가 주로 사용
고정적 기대(정태적 기대) (static expectation)	• 현재의 경제상태(⑩ 물가)가 미래에도 그대로 유지될 것으로 기대하는 것으로 완벽한 착각에 빠지는 것을 의미한다. • 케인즈가 주로 사용 → 화폐 환상 존재
적응적 기대 (adaptive expectation)	• 기대를 형성할 때 경제 주체들은 단기에는 과거의 정보를 이용하여 미래를 기대하게 된다. 이에 따라 단기에는 정확하게 예상하지 못하고 체계적 오류에 빠지게 된다. 그러나 장기에는 과거의 기대 가운데 잘못된 것이 있으면 그것을 반영하여 다음 기에 대한 정확한 기대를 형성한다. • 케인즈학파(주로 단기 설명)와 통화주의학파(단기, 장기 설명)가 주로 사용
합리적 기대 (rational expectation)	• 경제 주체들이 기대를 형성할 때 현재 이용 가능한 과거와 현재 및 미래의 모든 관련 정보를 활용하여 경제 변수를 예상한다. 이에 따라 예상된 정책에 의한 경제현상 변화는 단기에도 정확하게 기대하게 된다. 다만 예상치 못한 정책에 의한 경제상태는 단기적으로는 기대하지 못하고 오류에 빠지다가 장기에 정확하게 기대하게 된다. 다음에 그 정책을 다시 시행하면 단기에도 정확히 기대한다. 이에 따라 기대의 오류가 발생하기는 하지만 체계적 오류를 범하지는 않는다. • 새 고전파(Lucas)와 새 케인즈학파가 주로 사용

적응적 기대의 문제

합리적 기대에 의하면 경제주체들은 미래 경제변수들의 움직임을 포함하여 이용 가능한 모든 정보를 활용하여 효율적으로 인플레이션을 예상한다. 이처럼 합리적으로 기대가 형성되면 경제주체들은 내년에 정부가 통화량을 두 배로 늘린다고 공표하여 급속한 인플레이션이 예상되는데도 과거의 인플레이션율이 계속 0%이었다는 이유만으로 내년의 인플레이션율도 0%라고 예상하지는 않을 것이다.

체계적인 예측오차

주어진 정보를 충분히 이용하지 않음으로써 미래 인플레이션율을 실제 인플레이션율보다 계속 높게 예상하거나 혹은 계속 낮게 예상하는 것을 말한다. 따라서 주어진 정보를 충분히 활용하면 이러한 체계적인 예측오차는 발생하지 않는다. 즉, 합리적 기대상황에서도 예측오차는 발생하지만, 이러한 예측오차는 평균적으로 0이 된다.

기출확인

다음은 단기 필립스곡선에 대한 깅의 장면의 일부이다. 괄호 안의 ㉠, ㉡에 들어갈 내용을 순서대로 쓰고, 밑줄 친 ㉢을 기대(예상) 인플레이션율이 변하여 단기 필립스곡선의 움직임으로 설명하시오. [2018]

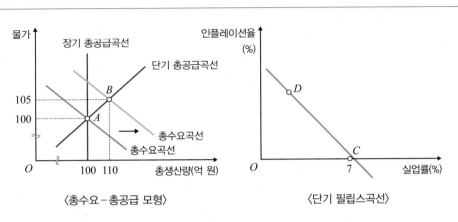

〈총수요 – 총공급 모형〉　　　　　〈단기 필립스곡선〉

교수: 〈총수요 – 총공급 모형〉에서의 A점은 t기의 장단기균형점, B점은 $t+1$기의 단기 균형점이며, A점과 B점은 각각 〈단기 필립스곡선〉의 C점과 D점에 대응합니다. 총생산 갭 1%p 상승할 때, 실업률이 0.5%p 하락한다고 하면, D점의 실업률은 얼마가 될까요? 그리고 t기 대비 $t+1$기의 물가상승률을 의미하는 D점의 인플레이션율은 얼마가 될까요?

학생: 총생산갭을 어떻게 계산하나요?

교수: 총생산갭은 총생산량에서 잠재생산량을 뺀 값을 잠재 생산량으로 나누어 주면 됩니다. 그리고 잠재생산량은 일정하다고 가정하고 계산하세요.

학생: 그렇다면, D점의 실업률은(㉠)%이고, D점의 인플레이션율은(㉡)%입니다.

교수: 정확히 맞추었습니다.

학생: 단기 필립스곡선이란 결국 인플레이션율과 실업률사이의 음(−)의 관계를 나타내는 곡선이군요. 그렇다면, 만약 정부가 인플레이션율을 낮추는 정책을 펼치면, 반드시 실업률이 증가하는 고통을 수반하겠군요.

교수: 기대의 형성방식이 합리적이고, 정부의 정책을 경제 주체가 신뢰하는 상황에서 정부가 인플레이션율을 낮추겠다는 정책을 발표할 경우, ㉢ 실업률 증가라는 고통을 수반하지 않고 인플레이션율을 낮출 수 있습니다.

분석하기

- ㉠: 2% ⇒ D점에 대응하는 B점에서는 기존의 A점에서의 총생산량인 100억 원의 10%에 해당하는 10억 원만큼의 총생산 갭 증가가 이루어졌다. 그런데 총생산 갭 1%p 상승할 때, 실업률이 0.5%p 하락한다고 했으므로 D점에서의 실업률은 A점에 대응하는 C점에 비해 5%만큼 하락한 2%가 된다.
- ㉡: 5% ⇒ D점에 대응하는 B점에서의 물가수준은 기존의 A점에서의 물가수준인 100에 비해 5%만큼에 해당하는 5가 증가한 105이다.
- ㉢: 단기 필립스 곡선이 불변이라면 인플레이션율의 하락은 반드시 실업률 증가를 수반하게 된다. 그러나 인플레이션율을 낮추겠다는 정부 정책에 대한 신뢰로 기대인플레이션율이 하락하게 되면 단기 필립스 곡선 자체가 하방으로 이동하게 된다. 이에 따라 인플레이션율이 하락해도 실업률은 이전 수준을 유지할 수 있게 된다.

❷ Friedman-Phelps 모형: 자연실업률 가설

1) 등장 배경

(1) 1960년대 후반부터 스태그플레이션이 현저하게 나타나게 되어 케인지언들이 제시했던 총수요 관리정책이 장기에서는 무력하여 필립스곡선이 장기적으로는 불안정한 것으로 나타나게 되었다.

(2) Friedman, Phelps, Fellman 등의 통화주의자들은 우하향의 필립스곡선은 일시적인 관계만을 나타내는 것뿐이며, 실업을 줄이기 위한 Keynes적인 총수요관리 정책은 장기에서 물가만 상승시킬 뿐이라는 자연실업률 가설을 주장하게 되었다.

┌─ 자연실업률(natural rate of unemployment) ─────────────────────

1. 의미: 자연실업률은 고전학파 전통을 계승한 통화주의자인 프리드먼(M. Friedman)에 의해 처음 제시된 개념이다. 이러한 자연실업률은 다음과 같이 매우 다양하게 정의된다.
   (1) 노동시장이 완전고용을 달성할 때의 실업률이다.
   (2) 장기적으로 인플레이션을 가속시키지도 않고 감속시키지도 않는 실업률이다.
   (3) 경기변동 과정에서의 평균적 수준의 실업률이다.
   (4) 실제 GDP와 잠재 GDP가 일치하는 수준에서의 실업률이다.
   (5) 실제 인플레이션율과 기대 인플레이션율이 일치하는 수준에서의 실업률이다.
2. 발생원인: 경제가 완전고용을 달성한다고 하더라도 정보의 불완전성 등으로 인한 어느 정도의 마찰적 실업의 발생은 불가피하다. 이에 따라 완전고용임에도 불구하고 자연실업률은 0%보다 높은 수준을 보이게 된다. 실증적 추정에 따르면 미국의 자연실업률 수준은 5% 남짓이고, 한국의 자연실업률 수준은 3% 남짓으로 추정되고 있다.

└──

2) 내용

(1) 완전예견과 고전학파 필립스 곡선

① 고전학파에 따르면 총공급곡선은 항상 완전고용수준에서 수직의 모습을 보인다. 이에 따라 총수요 곡선이 상하로 이동한다고 하더라도 물가 수준의 변화만 있을 뿐 산출량 수준은 변하지 않는다. 이것은 고전학파의 필립스 곡선 역시 완전고용 상태의 자연실업률 수준에서 수직이라는 것을 의미한다.

② 장기에 완전고용 산출량 수준 자체가 증가하게 되면 수직의 총공급 곡선은 오른쪽으로 이동한다. 반면에 수직의 필립스 곡선은 완전고용 산출량 수준 자체가 증가한다고 하더라도 자연실업률 자체가 변하지 않는 한 그 위치가 불변이라는 것을 유의해야 한다.

(2) 고정된 기대와 전통적인 단기 필립스곡선

① 현재의 실업률을 낮추기 위해 총수요를 증대시키면 고정된 기대에 의해 국민총생산이 증가하여 실업률은 감소하고 인플레이션이 일어나는 단기 필립스곡선이 성립한다.

② 필립스곡선이 우하향하는 과정

┌──┐
│ 물가 상승 ⇒ 실질임금 하락 ⇒ 노동에 대한 수요 증가 ⇒ 고용량 증가 ⇒ 실업률 하락 │
└──┘

(3) 적응적 기대와 장기 필립스곡선

① 통화주의자들은 총수요증대에 의한 실업률의 감소는 일시적일 뿐이며, 장기에서 사람들이 인플레이션을 인식하게 되면 적응적 기대에 의하여 그들의 행동을 예상되는 물가상승에 적응시켜가기 때문에 실업률은 다시 본래의 수준으로 증가하게 된다고 주장한다.

물가변화에 대한 적응과정

　　물가가 과거 수년간 연 5%씩 상승했다고 가정하자. 그러면 사람들은 금년에도 물가가 5% 상승할 것으로 기대할 것이다(기대물가: P^e=5%). 그런데 금년부터는 물가가 8% 상승한다면 사람들은 이 상황에 금방 적응하지 못한다. 따라서 금년에는 실제물가(P=8%) > 기대물가(P^e=5%)가 성립하고 내년에는 사람들의 기대물가가 5%와 8%의 중간쯤 될 것이다. 이후로 물가가 수년간 8%씩 오르면 기대물가는 장기적으로 8%가 된다($P=P^e$).

---

② 결국 인플레이션율과 실업률의 상충관계는 단기에 성립할 뿐 장기적으로는 자연실업률을 낮추지 못한 채 물가상승만 가져온다.

(4) 기대부가 필립스곡선(expectation augmented Phillips curve)

$$\pi=\pi^e-\alpha(U-U_N)+e(\alpha>0)$$

π: 인플레이션율, π^e: 예상인플레이션, $\pi-\pi^e$: 예상치 못한 인플레이션,
U: 실제실업률, U_N: 자연실업률, α: 반응계수, e: 공급충격

① π^e는 기대물가상승률이 높아짐에 따라 실제로 물가상승률이 높아짐을 보여준다. 이것이 필립스곡선 식에 들어 있는 이유는 물가상승에 대한 기대가 명목임금의 결정에 영향을 주기 때문이다.

② $-\alpha(U-U_N)$에 의해 총수요의 증가에 따른 경기호황으로 인해 실업률이 자연실업률보다 낮아지면 그 차이에 필립스곡선의 기울기를 곱한 값만큼 물가상승률이 높아진다. 이에 따라 수요 견인 인플레이션이 발생한다.

③ 공급충격을 의미하는 e은 양(+)의 값을 가질 때 가뭄이나 원유가격 상승과 같이 경제에 부정적인 영향을 주는 공급충격이 발생했음을 나타낸다. 이에 따라 비용인상 인플레이션이 발생한다.

④ 결국 예상물가상승률이 상승하거나 부(-)의 공급충격이 발생하면 필립스곡선은 상향 이동한다.

확인 TEST

　　갑국의 필립스곡선은 $\pi=\pi^e+4.0-0.8u$로 추정되었다. 이에 따른 설명으로 가장 옳지 않은 것은? (단, π는 실제인플레이션율, π^e는 기대인플레이션율, u는 실제실업률이다.)

① 단기 필립스곡선은 우하향하며 기대인플레이션율이 상승하면 위로 평행이동한다.
② 잠재 GDP에 해당하는 실업률은 5%이다.
③ 실제실업률이 자연실업률 수준보다 높으면 실제인플레이션율은 기대인플레이션율보다 높다.
④ 5%의 인플레이션율이 기대되는 상황에서 실제인플레이션율이 3%가 되기 위해서는 실제실업률은 7.5%가 되어야 한다.

해설

- 갑국의 필립스곡선을 기대가 부가된 필립스곡선 형태로 변형하면 다음과 같이 정리할 수 있다.

> - 기대가 부가된 필립스곡선: $\pi=\pi^e-\alpha(u-u_n)$ 또는 $\pi-\pi^e=-\alpha(u-u_n)$
>   (여기서 π는 실제인플레이션율, π^e는 기대인플레이션율, u는 실제실업률, u_n은 자연실업률, α는 양(+)의 상수이다.)
> - 갑국의 필립스곡선: $\pi=\pi^e+4.0-0.8u$ $\Rightarrow$ $\pi=\pi^e-0.8(u-5)$ 또는 $\pi-\pi^e=-0.8(u-5)$

- 단기 필립스곡선은 가로축이 실제실업률(u), 세로축이 실제인플레이션율(π)인 공간에 나타내어 진다. 이에 따라 기울기가 '$\alpha=-0.8$'이 되어 우하향하는 모습을 보인다. 또한 기대인플레이션율 (π^e)이 상승하면, 이것은 곧 단기 필립스곡선의 절편 값이 커진다는 의미이므로 단기 필립스곡선은 상방으로 평행이동하게 된다(①).
- 잠재 GDP에 해당하는 실업률이 자연실업률이다. 따라서 갑국의 자연실업률은 5%이다(②).
- 기대가 부가된 필립스곡선인 '$\pi-\pi^e=-\alpha(u-u_n)$'에서 실제실업률이 자연실업률 수준보다 높으면, 즉 ($u>u_n$)이면, 우변 값은 음(−)의 값이 된다. 따라서 좌변도 음(−)의 값이 되기 위해서는 '$\pi<\pi^e$'이 성립해야 하므로, 실제인플레이션율(π)은 기대인플레이션율(π^e)보다 낮아야 한다(③).
- 갑국의 필립스곡선인 '$\pi-\pi^e=-0.8(u-5)$'에서 기대인플레이션율(π^e)이 5%인 상황에서 실제인플레이션율(π)이 3%가 되기 위한 실제실업률(u)은 다음과 같이 도출된다(④).

> $\pi-\pi^e=-0.8(u-5)$ $\Rightarrow$ $3\%-5\%=-0.8(u-5\%)$ $\Rightarrow$ $-2\%=-0.8(u-5\%)$ $\Rightarrow$ $2.5\%=u-5\%$ $\Rightarrow$ $u=7.5$

정답 ③

(5) 도해적 설명

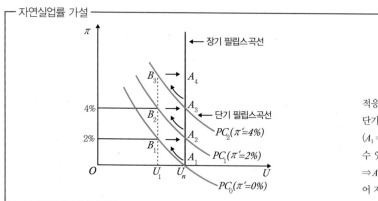

자연실업률 가설

적응적 기대하에서 총수요의 증대는 단기적으로는 실업률을 낮추는 효과 ($A_1 \Rightarrow B_1$, $A_2 \Rightarrow B_2$, $A_3 \Rightarrow B_3$)를 기대할 수 있지만 결국 장기적으로는 $A_1 \Rightarrow B_1$ $\Rightarrow A_2 \Rightarrow B_2 \Rightarrow A_3 \Rightarrow B_3$로 이동하게 되어 자연실업률 수준으로 되돌아 온다.

① 원래의 균형점 A_1에서 물가상승률은 0%이고 실업률은 U_n(예 6%)인데, 정부가 실업률을 U_1(예 4%)으로 줄이기 위해 총수요를 증가시키면 단기에는 B_1점으로 이동한다.

② B_1점에서 물가상승률이 2%가 되면 사람들은 2%의 인플레이션율을 기대하게 되고 노동자는 실질 임금의 하락을 방지하기 위하여 예상 인플레이션율 2%를 가산하여 명목 임금인상을 요구하게 된다. 이에 따라 기업의 고용수준은 원래 수준으로 감소하게 되어 실업률 수준은 A_2로 다시 회귀하게 된다.

③ 정부가 실업률을 계속 줄이기 위해 총수요를 부양하면, $A_1 \Rightarrow B_1 \Rightarrow A_2 \Rightarrow B_2 \Rightarrow A_3 \Rightarrow B_3$로 이동하게 되어 결국 Friedman-Phelps 등의 통화주의자들이 주장하는 장기 필립스곡선은 A_1, A_2, A_3, A_4를 잇는 수직선이 된다.

- 단기: 총수요 확대 ⇒ 인플레이션율 상승 ⇒ 실질임금 하락 ⇒ 노동수요 증가 ⇒ 고용량 증가 ⇒ 실업율 하락
- 장기: 예상 인플레이션율 상승 ⇒ 명목임금 인상 ⇒ 실질임금 상승(최초 실질임금 수준으로 회귀) ⇒ 노동수요 감소 ⇒ 고용량 감소(최초 고용량 수준으로 회귀) ⇒ 실업률 상승(최초 실업률 수준으로 회귀)

wage-price spiral

물가가 상승하면 물가상승에 대한 기대가 생기게 된다. 이러한 물가상승에 대한 기대는 명목임금을 상승시킨다. 한편 명목임금이 상승하면 제품생산비용이 상승하므로 기업은 제품의 가격을 상승시키고 이에 따라 물가가 상승하게 된다. 물가가 다시 상승하면 앞에서 서술된 과정이 다시 반복해서 나타나게 된다. 이처럼 물가와 명목임금이 누가 먼저라고 할 것 없이 꼬리에 꼬리를 물고 상승하는 현상(wage-price spiral)은 인플레이션 과정에서 흔히 관찰되는 현상이다.

기출확인

다음 자료에 대한 분석과 추론으로 옳지 않은 것은?   [2010]

한 경제의 필립스 곡선이 $\pi = 7 - 2u + \pi^e$와 같이 표현된다(여기서 π는 물가상승률, π^e는 기대 물가상승률, u는 실업률을 나타낸다. 모든 경제변수들의 단위는 %이다).

① 이 경제의 자연실업률은 3%보다 큰 수치이다.
② 실업률이 4%라면 물가상승률은 기대 물가상승률을 하회한다.
③ 물가상승률이 기대 물가상승률보다 높으면 실업률은 자연실업률보다 낮다.
④ 사람들이 합리적 기대를 하고 가격이 신축적이라면 통화정책의 효과는 무력해진다.
⑤ 기대 물가상승률이 고정되어 있다면 물가상승률이 1%p 낮아지면 실업률은 2%p 높아진다.

분석하기

기대부가 필립스곡선을 전제로 하여 주어진 필립스 곡선을 정리하면 다음과 같다.

- $\pi = \pi^e - \alpha(u - u_n)$
- $\pi = 7 - 2u + \pi^e \Rightarrow \pi = \pi^e - 2(u - 3.5)$
- π는 물가상승률, π^e는 기대 물가상승률, u는 실업률, u_n는 자연실업률이며, 모든 경제변수들의 단위는 %이다.

기대 물가상승률이 고정($\bar{\pi}^e$)되어 있는 상태에서 물가상승률이 1%p 낮아지는 경우 실업률의 변화 추이는 다음과 같이 도출된다.

- $1\%p \downarrow (=\pi) = -2 \times u \updownarrow (=u) \Rightarrow u = 0.5\%p \uparrow$ …… ⑤

① 이 경제의 자연실업률은 3.5%이므로 3%보다 큰 수치이다.

② 실업률이 4%인 경우 주어진 필립스 곡선을 다음과 같이 정리할 수 있다.

> • $\pi = 7 - 2u + \pi^e \Rightarrow \pi = 7 - 2 \times 4 + \pi^e \Rightarrow \pi - \pi^e = -1\% \Rightarrow \pi < \pi^e$

따라서 물가상승률은 기대 물가상승률보다 작다는 것을 확인할 수 있다.

③ 물가상승률(π)이 기대 물가상승률(π^e)보다 높은 경우 기대부가 필립스 곡선을 다음과 같이 정리할 수 있다.

> • $\pi = \pi^e - \alpha(u - u_n) \Rightarrow \pi - \pi^e = -\alpha(u - u_n) \Rightarrow \pi - \pi^e = -\alpha(u - u_n) > 0 \Rightarrow u < u_n$

따라서 실업률이 자연실업률보다 낮다는 것을 확인할 수 있다.

④ 사람들이 합리적 기대를 하고 가격이 신축적이라면 항상 '$\pi = \pi^e$'이 성립하게 된다. 이에 따라 '$u = u_n$' 또한 항상 성립하게 된다. 이것은 실업률(u)을 그 경제에서 주어지는 자연실업률(u_n)보다 낮추려고 하는 통화정책이 효과가 없다는 것을 보여 준다.

정답 ⑤

3) 적응적 기대가설의 한계

(1) 물가상승률을 예상함에 있어서 과거의 물가상승률에 관한 통계만 사용한다.

(2) 예상이 틀렸음에도 불구하고 동일한 방법으로 계속 물가상승률을 예상한다. 즉 틀릴 줄 알면서도 동일한 실수를 반복한다.

사례 연구 **적응적 기대와 체계적 오류**

◈ 인플레이션이 다음과 같이 진행되고 있다.

연도	2016	2017	2018	2019	2020	2021
인플레이션율(π)	0%	0%	2%	4%	6%	8%

t연도에서 '$t+1$'연도의 인플레이션에 관한 예상이 다음과 같은 적응적 기대(adaptive expectation)에 의하여 이루어진다고 가정하자.

$$\pi^e_{t+1} = 0.8 \times \pi_t + 0.2 \times \pi_{t-1}$$

1. 2018년에서부터 2022년까지의 예상 인플레인션율을 구하면?

> • $\pi^e_{2018} = 0.8 \times \pi_{2017} + 0.2 \times \pi_{2016} = 0.8 \times 0\% + 0.2 \times 0\% = 0\% + 0\% = 0\%$
> • $\pi^e_{2019} = 0.8 \times \pi_{2018} + 0.2 \times \pi_{2017} = 0.8 \times 2\% + 0.2 \times 0\% = 1.6\% + 0\% = 1.6\%$
> • $\pi^e_{2020} = 0.8 \times \pi_{2019} + 0.2 \times \pi_{2018} = 0.8 \times 4\% + 0.2 \times 2\% = 3.2\% + 0.4\% = 3.6\%$
> • $\pi^e_{2021} = 0.8 \times \pi_{2020} + 0.2 \times \pi_{2019} = 0.8 \times 6\% + 0.2 \times 4\% = 4.8\% + 0.8\% = 5.6\%$
> • $\pi^e_{2022} = 0.8 \times \pi_{2021} + 0.2 \times \pi_{2020} = 0.8 \times 8\% + 0.2 \times 6\% = 6.4\% + 1.2\% = 7.6\%$

2. 2018년에서부터 2021년까지 예상 인플레이션율이 실제 인플레이션율 사이에 체계적 오류(systematic error)가 존재함을 보이면?

- 체계적 오류$(=SE_t)=\pi_t^e-\pi_t$
- $SE_{2018}=\pi_{2018}^e-\pi_{2018}=0\%-2\%=-2\%$
- $SE_{2019}=\pi_{2019}^e-\pi_{2019}=1.6\%-4\%=-2.4\%$
- $SE_{2020}=\pi_{2020}^e-\pi_{2020}=3.6\%-6\%=-2.4\%$
- $SE_{2021}=\pi_{2021}^e-\pi_{2021}=5.6\%-8\%=-2.4\%$

이러한 모든 결과들을 종합하여 표로 정리하면 다음과 같다.

연도	2016	2017	2018	2019	2020	2021	2022
인플레이션율(π)	0%	0%	2%	4%	6%	8%	—
예상인플레이션율(π^e)	—	—	0%	1.6%	3.6%	5.6%	7.6%
체계적 오류(SE)	—	—	−2%	−2.4%	−2.4%	−2.4%	—

확인 TEST

어떤 경제를 다음과 같은 필립스(Phillips) 모형으로 표현할 수 있다고 할 때, 다음 설명 중 옳은 것은?

- $\pi_t=\pi_t^e-\alpha(u_t-\overline{u})$
- $\pi_t^e=0.7\pi_{t-1}+0.2\pi_{t-2}+0.1\pi_{t-3}$

(단, π_t는 t기의 인플레이션율, π_t^e는 t기의 기대인플레이션율, α는 양의 상수, u_t는 t기의 실업률, $\overline{u}$는 자연 실업률이다.)

① 기대 형성에 있어서 체계적 오류 가능성은 없다.
② 경제주체들은 기대를 형성하면서 모든 이용 가능한 정보를 활용한다.
③ 가격이 신축적일수록 α값이 커진다.
④ α값이 클수록 희생률(sacrifice ratio)이 커진다.
⑤ t기의 실업률이 높아질수록 t기의 기대 인플레이션율이 낮아진다.

해설
- 주어진 식에 따르면 t기의 기대 인플레이션율(π_t^e)은 t기 이전의 인플레이션율인 과거 정보가 가중 평균되어 예측되고 있다(②). 이것은 경제주체들이 적응적 기대를 하고 있다는 의미이고, 이에 따라 기대형성에 있어서 체계적인 예상오차가 발생한다(①).
- 가격이 신축적일수록 필립스곡선의 기울기는 가팔라진다. 이에 따라 필립스곡선의 기울기인 'α'값은 커지게 된다(③). 만약 이와 같이 커진 'α'값에 의해 필립스곡선의 기울기가 가팔라지면 인플레인션율이 하락할 때, 실업률의 상승이 작게 나타나게 되어 희생률(Sacrifice ratio)이 작아지게 된다(④).
- t기의 실업률이 높아질수록 낮아지는 것은 t기의 기대 인플레이션율이 아니라 't기의 인플레이션율'이다(⑤).

정답 ③

오쿤의 법칙(Okun's law)

1. 의미: 경제성장률과 실업률 간에는 일정한 관계가 존재함이 경험적으로 발견되는데 이를 오쿤(A. Okun)의 법칙이라고 한다. 경제에 실업이 존재한다는 것은 노동을 효율적으로 활용하지 못하고 있다는 것을 의미하므로 실제 GDP가 완전고용 GDP(자연산출량)에 미달한다는 것을 의미하는 것이며 이는 곧 산출량의 손실이 존재한다는 것을 의미하기도 한다.

2. 기본식

$$\frac{Y_P - Y}{Y_P} = \alpha(U - U_N) \text{ 또는 } \frac{Y - Y_P}{Y_P} = -\alpha(U - U_N)$$

단, Y_P는 잠재 GDP, Y는 실제 GDP, U_N은 자연실업률, U는 실업률, α는 상수이다.

- 실업률 변화율 $= \alpha$(실제 경제성장률 − 잠재 경제성장률)
  단, α는 오쿤의 계수(Okun's coefficient)로 음(−)의 상수이다.
- 오쿤의 계수는 실질 경제성장률의 변화에 따라 고용량 조정이 얼마나 민감하게 반응하는가를 나타내는 지표이다.

3. 기본식의 이해

(1) 실업에 의한 GDP 손실 측정

어떤 국가의 $Y_P = 10$조 원, $U_N = 3\%$, $\alpha = 2.5$이고, 현재 실업률(U)이 7%라고 가정하자.

$$\frac{Y_P - Y}{Y_P} = \alpha(U - U_N) \Rightarrow \frac{10\text{조} - Y}{10\text{조}} = 2.5(7\% - 3\%) \Rightarrow 10\text{조 원} - Y = 10\text{조 원} \times 10\% = 1\text{조 원} \Rightarrow Y = 9\text{조 원}$$

따라서 실업에 의한 GDP 손실(GDP 갭)은 'Y_P(잠재GDP) − Y(실제 GDP) = 1조 원'이 된다.

(2) 재정정책을 실시할 때 정부지출 증가량(디플레이션 갭) 추정

현재 실업률이 7%, 정부지출승수 5이고 실업에 의한 GDP손실이 1조 원이라고 하자.

한편 디플레이션 갭×정부지출승수=GDP 갭에서

디플레이션 갭 $= \dfrac{GDP \text{ 갭}}{\text{정부지출승수}} = \dfrac{1\text{조 원}}{5} = 2,000$억 원이므로 정부지출을 2,000억 원을 증가시키면 산출량이 1조 원 증가하여 실업률이 자연실업률인 3%로 하락하게 된다.

〈주요 국가별-시기별 오쿤의 계수〉

국가	1960~1980	1981~1990
미국	−0.40	−0.47
영국	−0.17	−0.49
독일	−0.27	−0.42
일본	−0.15	−0.23

확인 TEST

오쿤의 법칙(Okun's Law)에 따라 실업률이 $1\%p$ 증가하면 실질 GDP는 약 $2\%p$ 감소한다고 가정하자. 만약, 중앙은행이 화폐공급 증가율을 낮추어 인플레이션율은 10%에서 8%로 하락하였으나, 실업률은 4%에서 8%로 증가하였을 경우 희생비율(sacrifice ratio)은? (단, 희생비율 $= \dfrac{\text{실질 } GDP \text{ 감소율}}{\text{인플레이션 하락율}}$ 이다.)

① 약 2 　　　　　　　② 약 4
③ 약 6 　　　　　　　④ 약 8

• 인플레이션율은 10%에서 8%로의 2%p 하락은 실업률을 4%에서 8%로 4%p만큼 상승시킨다. 그런 데 이러한 실업률의 4%p만큼의 상승은 실질 GDP를 약 8%p만큼 감소시킨다.
• 앞의 내용을 기초로 하여 희생비율은 다음과 같이 측정된다.

$$희생비율 = \frac{실질\ GDP\ 감소율}{인플레이션\ 하락율} = \frac{약\ 8\%p}{2\%p} = 약\ 4$$

 ②

위대한 경제학자: Milton Friedman

① 배경

M. Friedman은 20세기를 이끈 10인의 경제학자중 한 명으로 고전적 화폐수량설을 복원하여 현대적 통화주의를 주창하였다. Friedman은 1950년대 초반부터 일관되게 당시의 주류이론을 형성하던 Keynes 경제학에 대해 비판하면서 경제이론을 새롭게 제시하였다. Friedman의 경제학에 대한 기여는 실증주의적 분석을 경제이론의 핵심으로 보는 그 자신의 방법론 연구에서 시작된다. 실제로 그는 박사학위 논문뿐만 아니라 자신의 주요 저작이라 할 수 있는 "소비 및 화폐이론"에 이르기까지 실증주의적 방법에 충실한 연구 활동을 하였다고 평가받는다. Friedman은 화폐수량설에 관한 연구를 통해 화폐이론에 관한 자신의 새로운 영역을 구축하였다. 특히 화폐수요에 대한 정의를 통해 화폐수요는 건강, 교육, 일생 동안 기대되는 소득 등의 장기적 요인에 의해 결정되므로 안정적이라고 주장하였다. 그리고 화폐수요가 안정적이면 화폐의 유통속도 역시 안정적이라고 지적한다. Friedman의 이런 주장은 장기적 요인을 고려하지 않는 Keynes 경제학과는 대조를 이룬다. Friedman은 '미국의 금융사, 1867~1960' 연구를 통하여 본격적으로 통화주의자라는 이름을 얻게 된다. 그는 1930년대 공황이 연방준비은행의 서투른 통화정책 때문에 발생하였다고 진단함으로써 전통적인 Keynes 분석과는 정면으로 배치되는 견해를 다시 한번 제시하였다. Friedman은 수세기를 거슬러 올라가는 화폐수량설의 논쟁을 역사에서 꺼내어 부활시켰다.

② 통화주의

Friedman에 의해 꽃을 피운 '통화주의(monetarism)'는 경제활동의 중요한 결정요인을 화폐 공급에서 찾는다. 즉 시장에 개입하지 말고 화폐공급량을 통해 경기를 조절하자는 주장이다.
현대경제학에서 Friedman의 통화주의와 대비되는 것이 이른바 케인즈 학파다. 이들은 1929년 대공황의 원인을 다르게 보고 있다. 케인즈 학파는 대공황의 원인을 수요부족에서 찾는다. 따라서 유효수요확대를 대안으로 찾았다. 이를 위해 정부가 적극적으로 조세정책이나 공공지출과 같은 재정정책을 통해 유효수요와 고용을 증대하자는 방안을 제시했다. 루즈벨트 대통령의 '뉴딜 정책'의 바탕이 바로 케인즈 정책이다. 이에 비해 Friedman은 경제활동이 위축되기 시작했음에도 불구하고 중앙은행이 통화공급을 줄임으로써 대공황이 야기됐다고 진단했다. 따라서 정부의 재정을 늘리기보다는 통화량 조절이 최선의 방안이라고 주장한다. 지난 1970년대 인플레이션이 발생했을 때는 긴축 통화정책을 주장했다. 감세와 규제완화, 정부지출 축소를 앞세운 이른바 '레이거노믹스'가 통화주의의 영향을 받았다. 통화주의자들은 그러나 정부와 중앙은행이 함부로 시장에 개입해서는 안 된다고 주장한다. 따라서 통화정책을 준칙에 입각해 시행해야 한다고 강조하고 있다. 준칙을 한 마디로 표현한 것이 'K% rule'이다. 'K% rule'은 경제성장률, 물가상승률을 감안해 일정한 기준에 의해 통화 공급량을 결정해야 한다는 이론이다. 중앙은행이 임의로 통화 공급량을 조절해서는 안 되며 시장 참가자들이 통화 공급량을 예상할 수 있도록 일정한 규칙에 따라 통화량을 조절해야 한다는 것이다.

❸ 합리적 기대가설(rational expectations hypothesis) -새고전파(new classicals)

1) 의의

(1) 1970년대 중반 이후 발생한 스태그플레이션(stagflation)은 기존의 케인스 학파와 통화주의 학파가 제시했던 정책을 무력하게 만들었다. 이를 계기로 무스(J. Muth)에 의해 제기된 합리적 기대 개념을 도입한 합리적 기대학파가 등장하여 기존의 케인스 학파와 통화주의 학파 모두를 비판하게 되었다.

(2) 대표적 학자로는 루카스(R. Lucas), 사전트(T. Sargent), 왈라스(N. Wallace), 배로(R. Barro) 등이 이에 속한다. 이들의 주장은 고전학파와 일맥상통하는 내용들이 많아서 새고전파(New Classical)라고도 불린다.

(3) 합리적 기대가설의 기본가정

① 경제주체들은 이기심을 바탕으로 하여 최적화를 추구한다. 이러한 최적화를 달성하기 위하여 경제주체들은 주어진 정보를 모두 이용할 것이 예상된다. 이에 따라 경제주체들이 형성하는 기대는 합리적이다.

'평균오차=0'의 의미

물가상승에 대한 예상과정에서 체계적 오차가 발생하지 않는다는 말은 완전무결한 예측을 한다는 말은 아니다. 실제로는 예측에 사용되는 정보들이 불확실할 수도 있고 전혀 예측할 수 없는 외생적 충격이 발생할 수 있다. 따라서 체계적 오류가 없다는 것은 평균적인 기댓값이 정확함을 뜻한다. 만약 사냥꾼이 참새를 두 번 쏴서 처음엔 우측으로 10㎝, 다음에 좌측으로 10㎝ 빗나갔다면, 이것을 합리적 기대론자가 볼 때 "참새를 맞췄다"고 할 것이다.

---

② 가격조정이 신속하게 이루어진다.

③ 임금과 물가가 완전신축적이므로 발라(L. Walras: 왈라스)적인 '연속적 시장청산(continuous market clearing)'이 달성된다.

④ 노동의 공급은 합리적 기대에 입각한 예상실질임금의 증가함수이다.

2) 적응적 기대가설과 합리적 기대가설

(1) 적응적 기대가설(adaptive expectation hypothesis: *AEH*)

① 케이건(P. Cagan)에 의해 처음 도입된 *AEH*는 경제주체들이 과거의 경험을 기초하여 미래를 예상하여 새로운 경험을 할 때마다 과거의 경험에 기초한 예상을 서서히 수정 및 적응해 나간다는 가설이다.

② *AEH*에 의하면 미래의 기대인플레이션율은 현재의 실제인플레이션율과 관계없이 과거의 인플레이션율의 가중평균한 값이다. 그러나 현실적으로 미래의 인플레이션율을 예상할 때는 과거의 인플레이션율뿐만 아니라 인플레이션에 영향을 미치는 현재의 정부정책, 임금상승

률, 경기상태, 이자율 등 매우 다양한 정보를 이용하는 것이 일반적이다.

③ AEH 하에서 경제주체들은 자신들의 기대형성이 빗나갔다는 것을 인식함에도 불구하고, 기존의 방식으로 계속해서 기대를 형성한다고 가정한다. 이에 따라 가 경제주체들은 체계적인 기대오류를 범하게 되는 문제점을 노출하게 된다. 이러한 문제를 해결하기 위해 등장한 것이 바로 '합리적 기대가설'이다.

(2) 합리적 기대가설(rational expectation hypothesis: REH)

① REH 하에서 경제주체들은 미래의 경제변수들을 예측할 때 과거의 정보는 물론이고, 그 변수와 관계를 맺고 있는 현재 및 미래의 정부정책과 정책변수 등 이용가능한 모든 정보를 효율적으로 활용하여 합리적으로 예측한다.

루카스 비평(Lucas critique)

합리적 기대를 거시경제분석에 도입한 새 고전학파는 정책시행에 따른 경제주체의 기대형성과 반응을 고려하지 않고 단지 기존의 통계자료에 근거하여 정책의 효과를 평가하는 전통적인 거시계량경제모형(macroeconometric model)에 문제가 있음을 지적한다. 특히 루카스는 새로운 정책이 시행되면 경제주체들의 기대와 반응이 바뀌고 이에 따라 경제변수들간의 관계, 즉 행태방정식에 있어서의 계수 값이 변할 것이기 때문에 이를 감안하지 않고 기존의 거시계량경제모형을 이용하여 정책효과를 분석할 경우 실제 정책효과를 제대로 파악할 수 없게 된다고 비판한다.

루카스 비평은 경제정책의 시행은 기계와 같은 수동적인 시스템을 최적으로 통제하는 것이 아니라 정책당국과 민간부문의 경제주체 사이에 벌어지는 전략적 게임으로 인식되어야 함을 확인시켜 준다. 이러한 전략적 게임이 얼마나 바람직한 거시 균형을 가져다 줄 것인가는 정부의 정책이 얼마나 신뢰성이 있는가의 문제와 직결된다.

---

② 1970년대 중반부터 대두된 스태그플레이션에 직면한 경제주체들은 이전에 비해 매우 빠르게 인플레이션에 대한 예상을 조정해 나가게 되었고, 이에 따라 REH의 타당성이 인정받기 시작했다.

3) 합리적 기대가설의 주요 특징

(1) 수직인 필립스 곡선

① 통화주의 학파는 필립스 곡선이 비록 장기에는 수직일지라도 단기에서만큼은 우하향하는 모습을 보이기 때문에 총수요관리정책의 단기적 효과만큼은 인정한다.

② 합리적 기대가설에서는 필립스 곡선이 장기는 물론이고 단기에도 수직의 모습을 보이기 때문에 총수요관리정책은 단기에서조차도 효과가 없다고 주장한다.

합리적 기대 하의 필립스 곡선의 모습

1. 경제주체들이 이용 가능한 모든 정보를 활용하여 합리적으로 인플레이션을 예측하면 체계적인 오차가 발생하지 않게 되어 예측오차($=\pi-\pi^e$)의 평균치는 0이 된다.
2. 이에 따라 기대부가 필립스 곡선은 다음과 같이 접근할 수 있다.

$$\pi=\pi^e-\alpha(u-u_n) \Rightarrow \pi-\pi^e=-\alpha(u-u_n) \Rightarrow 0=-\alpha(u-u_n) \Rightarrow u=u_n$$

앞의 식을 통해 (실제)실업률도 평균적으로 자연실업률과 일치한다는 것을 알 수 있다. 이러한 결과는 경제주체들이 합리적 기대를 전제로 의사결정을 하게 되면 필립스 곡선은 단기에서도 수직의 모습을 보인 다는 것을 보여준다.

(2) 화폐의 중립성

① 총공급곡선이 수직인 한, 또는 설령 우상향하더라도 단기에도 단기총공급곡선(SAS)이 신속하 게 이동하는 경우라면 화폐의 중립성은 성립하며, 더 나아가 고전적 이분법도 성립하게 된다.

② 또한 단기총공급곡선의 신속한 이동이 보장되는 한 화폐환상(money illusion)은 나타나지 않 게 된다.

4) 합리적 기대가설의 한계

(1) 정보수집비용을 고려하지 않는다. 정보수집비용이 과도하다면 모든 이용 가능한 정보를 수집하 여 합리적 기대를 한다는 것이 현실적으로 어려워진다.

(2) 정보의 양적 측면만을 고려하고 정보이용능력이라는 질적 측면은 고려하지 않는다. 예컨대 민 간부문과 정부부문이 동일한 양의 정보를 갖고 있다고 하더라도 정보이용능력 측면에서 정부부 문이 보다 우월하다면 정부의 총수요관리정책의 효과는 여전히 유효하다.

(3) 경제주체들은 현실적으로 합리적 기대보다는 주먹구구식(rule of thumb)으로 행동한다.

(4) 미국이나 기타 선진국들이 경험했던 대규모의 장기실업상태를 설명할 수 없다.

(5) 현실적으로 노동시장의 고용계약, 상품의 매매계약 때문에 임금과 일부 상품의 가격은 하방경 직성을 가질 뿐만 아니라 조정속도가 신속하지도 않다. 이에 따라 시장의 연속적 균형은 보장되 지 않는다.

사례 연구 **중앙은행의 통화정책과 정책에 대한 신뢰**

현재 물가가 급격히 상승하여 인플레이션율이 6%까지 도달하고 있다. 이에 대해 중앙은행이 급격한 인플레이 션율을 3% 수준에서 억제하기 위하여 긴축통화정책을 실시하기로 하였다. 그리고 다음날 이러한 중앙은행의 정책기조가 모든 언론에서 일제히 공표되었다.

1. 경제주체들이 중앙은행의 정책을 완전히 불신하는 경우의 효과

1) *AD-AS* 분석

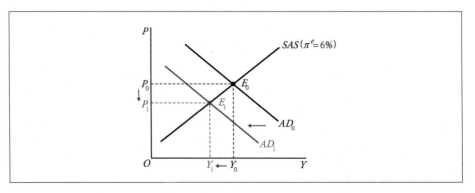

(1) 물가안정을 위한 중앙은행의 긴축통화정책으로 이자율이 상승하고, 이에 따라 소비와 투자가 감소하여 AD곡선은 왼쪽으로 이동($AD_0 \rightarrow AD_1$)한다.

(2) 한편 경제주체들이 중앙은행의 정책을 전혀 신뢰하지 않음으로써 기대인플레이션에는 변화가 없고, 이에 따라 AS곡선은 현재 위치에서 전혀 움직이지 않는다. 결국 중앙은행의 긴축통화정책으로 경제는 E_0에는 E_1으로 이동하게 되어, 물가하락과 국민소득 감소를 가져오게 된다.

(3) 이것은 경제주체들이 중앙은행의 정책을 불신하는 경우에는 긴축통화정책으로 물가안정이라는 목표를 달성하기 위해서는 국민소득의 감소라는 것을 감수해야 한다는 것을 보여 준다.

2) 필립스 곡선 분석

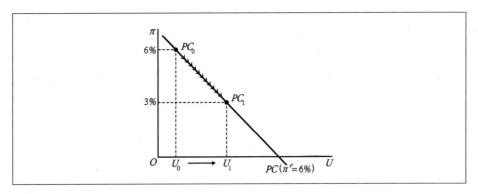

(1) 인플레이션율을 6%에서 3% 수준으로 낮추겠다는 중앙은행의 정책 발표를 경제주체들이 전혀 신뢰하지 않는다면 기대인플레이션율($\pi^e = 6\%$)에는 변화가 없게 되고, 필립스 곡선은 현재 위치에서 전혀 움직이지 않는다.

(2) 이에 따라 경제는 필립스 곡선을 따라 PC_0에서 PC_1으로 이동하게 된다. 이를 통해 인플레이션율의 하락은 실업률의 상승을 수반하게 된다는 것을 알 수 있다.

2. 경제주체들이 중앙은행의 정책을 완전히 신뢰하는 경우의 효과

1) $AD-AS$ 분석

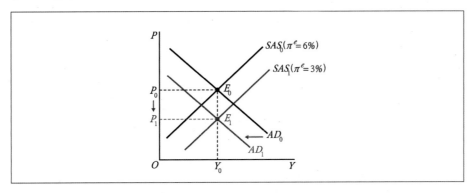

(1) 물가안정을 위한 중앙은행의 긴축통화정책으로 이자율이 상승하고, 이에 따라 소비와 투자가 감소하여 AD곡선은 왼쪽으로 이동($AD_0 \rightarrow AD_1$)한다.

(2) 한편 경제주체들이 중앙은행의 정책을 완전히 신뢰함으로써 기대인플레이션이 즉각 하락하게 되고, 이에 따라 AS곡선은 현재 위치에서 오른쪽으로 이동($AS_0 \rightarrow AS_1$)하게 된다. 결국 중앙은행의 긴축통화정책으로 경제는 E_0에는 E_1으로 이동하게 되어, 물가는 하락하고 국민소득은 불변이 된다.

(3) 이것은 경제주체들이 중앙은행의 정책을 신뢰하는 경우에는 국민소득 감소 없이도 긴축통화정책으로 물가안정이라는 목표를 달성할 수 있다는 것을 보여 준다.

2) 필립스 곡선 분석

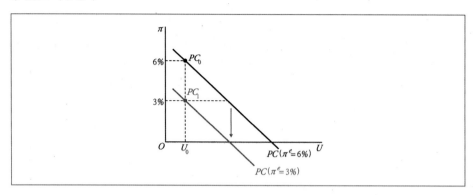

(1) 인플레이션율을 6%에서 3% 수준으로 낮추겠다는 중앙은행의 정책 발표를 경제주체들이 완전히 신뢰한다면 기대인플레이션율(π^e)은 즉시 조정(6% → 3%)되어 필립스 곡선 자체가 '$PC_0(\pi^e=6\%)$'에서 '$PC_1(\pi^e=3\%)$'로 아래쪽으로 이동하여, 경제는 PC_0에서 PC_1에서 균형을 이루게 된다. 이에 따라 인플레이션을 하락하고, 실업률은 불변이 된다.

(2) 이를 통해 경제주체들이 중앙은행의 정책을 완전히 신뢰하게 되면, 실업률 증가라는 희생이 없이도 인플레이션 억제라는 목표를 달성할 수 있다는 것을 알 수 있다. 즉 '희생률=0'이 된다.

5) 경기안정화정책의 효과에 관한 견해: 원래의 균형점이 A라고 할 때

─ 정책무력성의 명제 ─

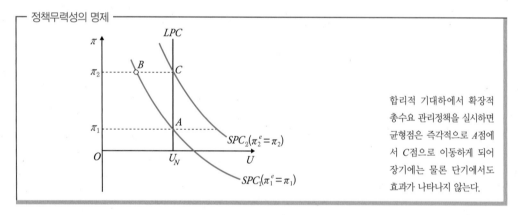

합리적 기대하에서 확장적 총수요 관리정책을 실시하면 균형점은 즉각적으로 A점에서 C점으로 이동하게 되어 장기에는 물론 단기에서도 효과가 나타나지 않는다.

(1) Keynes주의

① "장기적으로는 모르나 단기적으로는 유용하다."

② 필립스곡선은 이동하지 않음으로써 효과를 긍정(A→B)

(2) 통화주의

① "단기적으로는 모르나 장기적으로는 무용하다."

② 단기에서의 효과는 긍정(A→B)하지만, 장기에서는 부정(B→C)

(3) 합리적 기대론자

① "장기적으로는 물론 단기적으로도 무용하다."(⇒정책무력성의 명제).

② 장·단기 모두에서 효과를 부정(A→C)

한리적 기내와 정책무력선 명제와의 관계는?

정책무력성의 명제는 경기안정화 정책 중 실제실업률을 낮추려는 정책에 관한 깃이다. 경제주체들이 합리적 기대를 하는 경우 정책당국의 확장적인 총수요 관리정책은 물가만을 상승시킬 뿐이고 실제실업률을 이전보다 낮은 수준으로 감소시키지 못한다는 내용이다.

주의할 것은 이러한 정책무력성의 명제를 인플레이션 억제 정책까지 확대 – 적용해서는 안 된다는 것이다. 경제주체들이 합리적 기대를 하는 경우 정책당국의 긴축적인 총수요 관리정책은 실업률의 증가 없이도 인플레이션을 낮출 수 있게 된다. 이른바 '희생률=0'인 인플레이션 억제가 가능하다는 것이다.

따라서 합리적 기대 하에 총수요관리정책이 무력하다는 것은 모든 경우에 해당하는 것이 아니라 실제실업률을 이전보다 낮은 수준으로 낮추기 위한 확장적인 총수요 관리정책에만 적용되는 것에 유의해야 한다.

각 학파별 필립스곡선

구분	필립스곡선의 모습
고전학파	부재 혹은 수직
케인스학파	우하향
통화주의	일시적으로 우하향하나 장기적으로는 자연실업률에서 수직
합리적기대학파	단기적으로나 장기적으로나 자연실업률에서 수직

합리적 기대가설과 정책무력성의 정리

옛날 옛적에 한 야심적인 재무장관이 있었다. 그는 이자율을 내림으로써 투자의 승수효과를 얻을 수 있다고 믿고, 금융부문을 통하여 자금공급을 확대하기로 결정했다. 즉 통화공급을 늘리면 이자율이 하락한다는 전통적이고 초보적인 교과서의 이론을 토대로 하여 자신만만하게 통화공급을 늘리겠다는 계획을 발표한 것이다.

그 나라에는 한 돈 많은 부자가 살고 있었는데 그도 역시 경제학을 공부한 적이 있어 다음과 같은 형태의 유명한 교환방정식을 알고 있었다.

$$MV = PY$$

그는 어느날 재무장관의 확대금융정책 소식을 듣고 다음과 같은 생각을 하였다. "만약 통화의 유통속도(V)와 생산수준(Y)이 일정하다면 통화량이 매년 10%씩 증가할 때 인플레이션도 매년 10%가 될 것이다($\Delta M = \Delta P$). 그러므로 이후로는 남에게 돈을 빌려 줄 때(자금공급)는 5%의 실질수익률을 유지하기 위해 15%의 명목이자율을 요구해야 하겠다."라고 생각하였다. 그로부터 그 부자는 돈을 빌려줄 때마다 15%의 명목이자율을 요구하였고 돈을 빌리는 사람(자금수요자)도 이를 거부하지 않았다. 왜냐하면 그들은 명목가치가 아니라 실질가치에 의해서 거래하였기 때문이다.

만약 재무장관이 계획한 대로 통화량을 10% 늘렸고, 그 결과로 10%의 인플레이션이 일어났다고 하면 재무장관이 확대금융정책으로 얻은 것은 아무 것도 없을 것이다. 왜냐하면 채권자와 채무자가 모두 재무장관이 계획한 확대금융정책의 효과를 정확히 예상하여 이에 따라 행동했기 때문이다. 즉 명목이자율을 예상물가상승률만큼 올림으로써 실질이자율은 연 5% 수준에서 변함이 없었고 이에 따라 투자도 증대되지 않았으며 소득과 고용은 원래의 상태에서 증가되지 않았다.

교과서적인 이론의 환상에서 깨어난 재무장관은 결국 장관직을 사임하고 새로운 일자리를 찾아나섰다고 한다.

– 쇼(G. K. Shaw)

❹ 기대와 경기안정화 정책의 효과

1) 완전예견과 경기안정화 정책

(1) 완전예견(perfect foresight): 미래에 관한 완벽한 정보를 소유하고 있다고 가정한다.

(2) 완전예견 하의 정책 효과: 재정정책은 완전한 구축효과에 의해서, 금융정책은 화폐의 중립성으로 인해 모두 완전히 무력하다.

2) 정태적(고정적) 기대와 경기안정화 정책

(1) 정태적 기대(static foresight): 미래는 언제나 현재와 동일하다고 예상한다. 즉 경제주체들이 경제 상황의 변화를 상당 기간이 경과할 때까지 인식하지 못하거나, 설령 인식한다고 하더라도 즉시 이것을 기대에 반영하지 못한다는 것이다.

(2) 정태적 기대하의 정책 효과: 재정정책은 직접적이고도 확실한 효과가 있는 반면에 금융정책은 간접적이고도 불확실하므로 재량적인 재정정책을 통한 미조정(fine-tuning)을 주장한다.

3) 적응적 기대와 경기안정화 정책

(1) 적응적 기대(adaptive foresight): 현재의 기대를 수정할 때 과거의 예상오차에 대한 정보를 이용한다. 이에 따라 금기의 예상치는 전기의 실제치와 예상치의 가중평균이다.

(2) 적응적 기대 하의 정책 효과: 확대정책을 실시하면 총수요곡선이 이동하여 실제물가수준이 변하고 기대물가수준은 부분 수정되어 명목임금이 변하여 총공급곡선이 이동한다. 이에 따라 단기에는 실질효과가 있으나, 장기에는 실제물가와 기대물가가 일치하게 되어 실질효과는 사라지게 된다.

4) 합리적 기대와 경기안정화 정책

(1) 합리적 기대(rational expectation): 이용 가능한 모든 정보를 사용하여 도출한 최상의 예측치이다. 이러한 합리적 기대는 정확한 기대는 아니다. 이에 따라 예상오류는 존재하게 되지만, 그것의 평균이 0이 되어 반복적인 오류는 범하지 않는다.

(2) 합리적 기대 하의 정책 효과

① 새고전파(New Classics): 합리적 기대와 함께 가격의 신축성을 전제한다. 이에 따라 예상된 정책을 실시하면 실제물가의 변화에 따라 즉각 기대물가가 조정되어 실질효과가 없다(정책 무력성의 정리). 다만 예상되지 못한 정책은 단기적 효과는 있으나 정부의 신뢰와 평판이 악화되고, 정책에 대한 신뢰성을 떨어뜨리게 된다.

② 새케인스학파(New Keynesian): 합리적 기대를 취하면서도 시장청산가정은 부정한다. 이에 따르면 정보부족이나 조정비용 때문에 물가가 경직적이어서 완전히 예상된 정책이라고 하더라도 단기적인 실질효과는 나타나게 된다.

반인플레이션 정책

1. 급진주의(cold-turkey) 정책: 생산과 고용이 정상적으로 이루어지고 있는 상황에서 높은 물가상승이 지속되고 있을 때, 물가상승을 단시일내에 급격히 감가시키기 위하여 갑자기 총수요를 감소시키는 경제적 충격요법을 말한다.

2. 점진주의(gradualism) 정책: 급진적인 반인플레이션 정책은 경기후퇴를 초래하여 고용과 생산을 감소시키는 등 여러 분야에서 후유증을 발생시킬지도 모르기 때문에, 어느 정도 인플레이션을 허용하면서 상당한 기간 동안 점진적으로 총수요를 줄임으로써 인플레이션에 서서히 대처해야 한다는 정책을 말한다.

3. 양자의 비교: 실업률 증가의 폭이 작다고 해서 점진주의 전략이 급랭 전략에 비해 반드시 물가안정의 비용이 낮다고 할 수는 없다. 실업률이 얼마나 높아지는지도 중요하지만 높은 실업률이 얼마나 오래 지속되는지도 중요하기 때문이다.

 급진주의 정책으로 '희생률=0'은 가능한가?

1. 전제 조건
  ① 정책당국의 반(反) 인플레이션 정책이 사전에 공표되어야 한다.
  ② 경제주체들이 정책당국의 공표 내용을 신뢰하여야 한다.

2. 사례

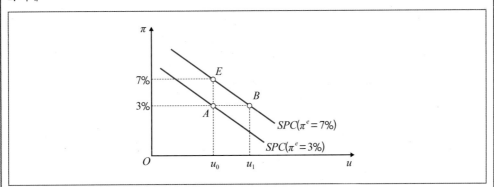

  ① 정책당국이 인플레이션율(π)을 현재의 7%에서 3%로 4%p만큼 낮추겠다고 사전에 공표한다.
  ② 경제주체들이 이러한 공표 내용을 신뢰한다면 기대인플레인션율(π^e)이 3%로 낮아지게 된다.
  ③ 기대인플레이션율(π^e)이 3%로 낮아지면 단기 필립스곡선(SPC)이 4%p만큼 아래쪽으로 이동한다. 이에 따라 경제는 E점에서 A점으로 이동하게 되어 실업률이 상승하지 않고 '희생률=0'인 목표(=인플레이션율 하락)를 달성할 수 있게 된다.
  ④ 만약 경제주체들이 정책당국의 공표 내용을 신뢰하지 않는다면 기대인플레이션율(π^e)은 불변(π^e=7%)이 되고, 이에 따라 단기 필립스곡선(SPC)은 이동하지 않는다. 결국 경제는 E점에서 B점으로 이동하게 되어 실업률이 증가($u_0 \rightarrow u_1$)하는 희생을 감수해야 한다.

3. 결론
  실업률이 상승하는 희생을 감수하지 않으면서도 인플레이션율(π)을 낮추기 위해서는 무엇보다 경제주체들에게 정책에 대한 신뢰를 얻는 것이 중요하다.

확인 TEST

다음 그림은 필립스곡선을 나타낸다. 현재 균형점이 *A*인 경우, (가)와 (나)로 인한 새로운 단기 균형점은?

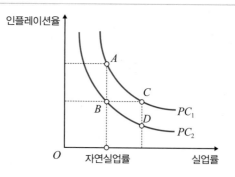

(가) 경제주체들의 기대형성이 적응적 기대를 따르고 예상하지 못한 화폐공급의 감소가 일어났다.
(나) 경제주체들의 기대형성이 합리적 기대를 따르고 화폐공급의 감소가 일어났다. (단, 경제주체들은 정부를 신뢰하며, 정부 정책을 미리 알 수 있다.)

<u>(가)</u>   <u>(나)</u>
① *B*   *C*
② *B*   *D*
③ *C*   *B*
④ *C*   *D*

해설 ▶
- 경제주체들이 적응적 기대를 하게 되면 정책당국의 경기안정화 정책은 단기에서만큼은 효과가 나타나게 된다. 이에 따라 예상하지 못하게 화폐공급이 감소하게 되면 물가는 하락하고 실업률은 상승하게 된다. 이것은 '필립스곡선을 따라' *A*에서 *C*로 이동한다는 것을 의미한다.
- 경제주체들이 합리적 기대를 하게 되면 경기안정화 정책은 단기에서조차 효과가 나타나지 않으며, 물가만 변화시키는 것에 그친다. 이에 따라 정부 정책을 미리 알 수 있어 예상된 화폐공급의 감소는 물가만을 하락시킬 뿐 실업률은 변화가 없게 된다. 이것은 '필립스곡선 자체가 이동하게' 된다는 것을 의미하고, 이에 따라 경제는 *A*에서 *B*로 이동하게 된다는 것을 의미한다.

정답 ▶ ③

---

❺ 경기안정화 정책을 둘러싼 논쟁

1) 비개입주의와 개입주의

(1) 비개입주의

① 의의: 고전학파, 통화주의자, 새고전파에 속하는 경제학자들은 시장의 자동조절 기능을 신뢰하며 정책 당국의 개입은 필요 없다고 주장한다. 만약 개입을 하게 되면 실질적인 효과를 얻기보다는 시장의 교란요인으로만 작용할 뿐이라고 한다.

② 비개입주의의 근거

  ⓐ 경제에 대한 충격은 기본적으로 일시적이며, 시간이 지나면 자동적으로 균형을 회복하기 때문이다.

  ⓑ 가격변수가 신축적이다. 이에 따라 경제는 장기적으로 균형 상태를 향해 가며, 결국 장기적인 관점에서 경제문제를 평가한다면 개입은 불필요해진다.

(2) 개입주의

① 의의: 신고전학파 종합, 불균형거시론자, 새케인지학파에 속하는 경제학자들은 가격 기능이 경직적이어서 시장의 자동조절 기능을 신뢰할 수 없다고 주장한다. 따라서 자유재량적인 적극 개입이 필요하다고 한다.

② 개입주의의 근거

  ⓐ 가격변수가 경직적이다.

  ⓑ 조정과정에서 발생하는 효과는 장기적인 효과도 중요하지만 단기적인 효과도 중요하다. 따라서 단기적으로 가격이 경직적인 한 정책당국의 개입은 필요할 수밖에 없다.

2) 안정화정책의 시차 문제

(1) 내부시차와 외부시차

① 내부시차: 경제에 충격이 왔을 때 정책담당자가 충격의 실체를 인지(인식시차)하고 그에 대응하는 정책을 내놓기까지의 시간(실행시차)을 뜻한다.

② 외부시차: 정책이 실시된 시점부터 실제 경제에 효과가 미칠 때까지의 시간을 뜻한다.

(2) 금융정책과 재정정책의 장단점

① 금융정책: 신속하게 결정되는 속성 때문에 내부시차는 짧지만 그 효과는 길고 가변적으로 나타나므로 외부시차는 긴 것으로 알려져 있다.

② 재정정책: 입법과정 등으로 인해 내부시차는 길지만 총수요에 즉각 반영되는 측면이 있어 외부시차는 짧은 것으로 알려져 있다.

금융정책과 재정정책의 시차 비교

구분	금융정책	재정정책
인식시차	서로 비슷한 시간 소요	서로 비슷한 시간 소요
실행시차	금융정책당국이 단독적으로 실시 ⇒ 시간이 짧다.	국회의 동의 등이 필요 ⇒ 시간이 길다.
외부시차	통화량·이자율 변동이 간접적으로 실물부문에 영향 ⇒ 시간이 길다.	조세·정부지출이 직접적으로 총수요 변동 유발 ⇒ 시간이 짧다.

다음은 ○○고등학교 경제연구 동아리의 지도 교사와 학생들 간의 대화이다. A, B에 들어갈 내용으로 옳은 것은?
[2010]

> 교사: △△나라의 경제는 성장률의 전망이 낮고 경기가 후퇴하는 국면을 맞이하고 있습니다. 이 나라의 경제는 고용시장이 침체되고, 국내 투자 및 소비가 위축되고 있는 상황입니다. 만약 폐쇄경제라는 가정하에 정부가 총수요관리정책을 편다면 어느 정책이 보다 더 효과적일까요?
> 학생 갑: 저는 통화량을 증가시키는 정책이 보다 더 효과적이라고 봅니다. 왜냐하면 ___A___ 입니다.
> 학생 을: 저는 국채 발행을 통해 정부 지출을 증가시키는 정책이 보다 더 효과적이라고 봅니다. 왜냐하면 ___B___ 입니다.

① A - 화폐시장에 유동성 함정이 존재하고 재정정책의 내부시차가 짧기 때문
② A - 확대통화정책은 이자율의 변화를 통해 실물시장에 간접적으로 영향을 미치는 반면, 재정정책은 내부시차가 길기 때문
③ B - 화폐시장에 유동성 함정이 존재하고 통화정책의 외부시차가 짧기 때문
④ B - 확대재정정책은 실물시장에 직접적으로 영향을 미치는 반면, 통화정책은 외부시차가 길기 때문
⑤ B - 국채 발행으로 재원을 조달하여 정부 지출을 증가시키면 구축효과가 발생하기 때문

분석하기
- 학생 갑: 확대통화정책 찬성 ⇒ 확대재정정책은 구축효과를 발생시키고 내부시차가 길다. 반면에 확대통화정책은 내부시차가 짧아 정책결정을 신속하게 할 수 있다.
- 학생 을: 확대재정정책 찬성 ⇒ 확대통화정책은 이자율 변화를 통해 실물시장에 간접적으로 영향을 미쳐 외부시차가 길고 또한 화폐시장에 유동성 함정이 존재하면 확대통화정책은 완전히 무력해진다. 반면에 확대재정정책은 실물시장에 직접적으로 영향을 미쳐 외부시차가 짧다.

정답 ④

3) 경기안정화를 위한 재량과 준칙 논쟁

(1) 재량(discretion)

① 의의: 정부가 적극적으로 개입하는 활동주의자(activist)의 정책이며, 정교한 조정을 중요시하는 상황원칙(feedback rule)이라고도 한다.

② 근거

ⓐ 가격변수의 조정이 경직적이다.

ⓑ "장기에는 우리 모두 죽는다"는 케인스의 경구와 같이 장기는 물론 단기적인 조정과정도 중요하다.

ⓒ 정부는 정책 개입이 실효를 거둘 수 있는 정보와 지식을 보유하고 있다.

(2) 준칙(rule)

① 의의: 정부가 수동적 방식으로 개입하는 비활동주의자 정책(non-activist, passivepolicy)이며, 고정된 준칙(fixed rule)이라고도 한다. 준칙은 정책에 대한 신뢰성(credibility)을 중요시한다.

② 근거

ⓐ 가격 조정은 신축적이며 경제는 안정적이다.

ⓑ 급격한 경제활동 변화의 가장 큰 요인은 정책의 실패이다. 이에 따라 경제에 대한 일시적 외적 충격에 대해 수용적 통화정책을 실시하면 인플레이션만 악화시킬 뿐이다.

ⓒ 정책시차가 길고 가변적이다.

ⓓ 정부가 개입을 결정하고 정책을 변화시키면 최적화를 목적으로 행동하는 경제주체들은 자신의 행동을 조정해 나간다. 따라서 사람들의 행동변화를 고려하지 않는 일방적인 재량정책은 원하는 효과를 얻을 수 없게 된다(⇒루카스 비판).

ⓔ 민간과의 게임과정에서 정부정책이 일관성을 상실해버리면 민간으로부터 불신을 받게되는 상황을 초래할 수 있게 된다(⇒최적정책의 동태적 비일관성)

기출확인

다음 글에서 ㉠이 어떤 정책인지 쓰시오.   [2007]

통화주의(Monetarism)는 '화폐가 가장 중요하다'고 주장한다. 이는 통화정책이 재정정책보다 거시경제에 미치는 영향이 훨씬 더 강력하다는 주장이다. 하지만 그렇다고 해서 통화주의가 재량적(discretionary) 통화정책을 권하지 않으며, 오히려 ㉠ 일정한 통화증가율을 정하여 민간에 공포한 후 그대로 시행하는 것이 좋다고 주장한다.

분석하기

케인지언들의 '미 조정(Fine tuning) 정책'은 대표적인 재량정책에 해당된다. 이러한 미 조정 정책은 정책목표를 달성하기 위하여 필요한 정책수단을 조금씩 변화시키기만 하면 원하는 수준의 정책목표에 도달할 수 있다는 믿음을 전제한다. 반면에 매기의 통화증가율을 k%로 일정하게 정하자는 이른바 'k% 룰'은 재량정책이 아니라 준칙에 따른 정책의 대표적 예에 해당한다.

재량 vs 준칙

　정부가 인플레이션율을 줄임과 동시에 민간의 기대 인플레이션도 똑같이 줄일 수 있다면, 안정화정책에 의한 인플레이션 억제는 실업의 증가나 산출의 감소 없이도 가능해진다. 그러나 실업률 증가를 수반하지 않은 인플레이션 억제정책이 쉽게 달성될 수 있는 것은 아니다. 그것은 정부가 기대 인플레이션을 통제할 수 있는가의 문제, 즉 정부정책의 신뢰성과 밀접하게 관련된다. 이를 위해서는 정부가 인플레이션을 줄인다는 발표와 함께 낮은 인플레이션율에 상응하는 긴축정책기조를 실제로 유지한다는 사실을 보여주어야 한다. 그리고 정부정책의 신뢰성을 제고하기 위해서는 민간이 예상하지 못한 정책을 자주 사용하지 말아야 한다. 그러나 현실에서 재량적으로 정책을 운용하는 정부가 예상치 못한 정책을 사용하지 않기란 쉽지 않다.

　준칙주의자들은 '인플레이션은 언제 어디서나 화폐적 현상'이라는 프리드먼의 주장을 받아들여 화폐공급량의 변동만이 인플레이션의 주된 요인이라고 생각한다. 따라서 화폐공급의 자의성만 배제하면 인플레이션 문제는 발생하지 않을 것이라고 생각한다.

┌─ 통화정책에 관한 테일러의 준칙(Taylor rule) ──────────────────

1. 의미: 물가안정이라는 장기목표와 경기안정이라는 단기목표를 동시에 달성하기 위해 미국의 연방준비 제도가 통화정책 수단인 연방기금금리(*federal funds rate*)를 어떻게 설정해야 하는가를 제안한 것이다.

2. 기본식

$$i = r + \pi + \frac{1}{2}(\pi - \pi^*) + \frac{1}{2}(g - g_N)$$

i: 연방기금금리, r: 단기실질이자율, π: 실제 인플레이션율, π^*: 목표 인플레이션율, g: 실질경제성장률, g_N: 잠재성장률

3. 해석

1) 위 식에 따르면 연방기금금리는 실제 인플레이션율과 목표 인플레이션율과의 차이, 실질성장률과 잠 재성장률과의 차이, 균형단기이자율(단기실질이자율+실제 인플레이션율)의 세가지 요인을 감안하 여 결정되어야 한다.

2) 예컨대 실제 인플레이션율이 목표 인플레이션보다 높거나 실질성장률이 잠재성장률보다 높다면 연방기 금금리는 균형단기이자율 수준보다 높게 설정되어야 하는데 이는 곧 긴축적인 통화정책을 의미한다.

└──────────────────────────────────────

확인 TEST

중앙은행은 다음과 같은 테일러 준칙(Taylor rule)에 따라서 명목이자율을 결정한다. 이에 대한 설명으로 옳은 것만을 〈보기〉에서 모두 고르면?

$$i_t = \pi_t + \rho + \alpha(\pi_t - \pi^*) + \beta(u_n - u_t)$$

(단, i_t는 t기의 명목이자율, π_t는 t기의 인플레이션율, ρ는 자연율 수준의 실질이자율, π^*는 목표 인플레 이션율, u_n은 자연실업률, u_t는 t기의 실업률이며, α와 β는 1보다 작은 양의 상수라고 가정하자)

───────〈 보 기 〉───────

ㄱ. t기의 인플레이션율이 1%p 증가하면, 중앙은행은 t기의 명목이자율을 $(1 + \alpha)$%p 올려야 한다.

ㄴ. t기의 실업률이 1%p 증가하면, 중앙은행은 t기의 명목이자율을 1%p 낮춰야 한다.

ㄷ. t기의 인플레이션율이 목표인플레이션율과 같고 t기의 실업률이 자연실업률과 같으면, t기의 실질 이자율은 ρ와 같다.

① ㄱ

② ㄴ

③ ㄱ, ㄷ

④ ㄴ, ㄷ

해설　• 주어진 테일러의 준칙은 다음과 같이 나타낼 수도 있다.

$$i_t = \pi_t + \alpha\pi_t - \alpha\pi^* + \rho + \beta(u_n - u_t) \implies i_t = \pi_t(1 + \alpha) - \alpha\pi^* + \rho + \beta(u_n - u_t)$$

• t기의 인플레이션율(π_t)이 1%p 증가하면, 중앙은행은 t기의 명목이자율(i_t)을 $(1 + \alpha)$%p만큼 올려 야 한다(ㄱ).

• t기의 실업률(u_t)이 1%p 증가하면, 중앙은행은 t기의 명목이자율(i_t)을 β%p만큼 낮춰야 한다(ㄴ).

• t기의 인플레이션율(π_t)이 목표인플레이션율(π^*)과 같고, t의 실업률(u_t)이 자연실업률(u_n)과 같으면, 테일러의 준칙은 다음과 같아진다.

$$i_t = \pi_t + \rho + \alpha(\pi_t - \pi^*) + \beta(u_n - u_t) \implies i_t = \pi_t + \rho \implies i_t - \pi_t = \rho$$

따라서 t기의 실질이자율($r_t = i_t - \pi_t$)은 'ρ'와 같아지게 된다(ㄷ).

정답 ③

(3) 동태적 불일치성(dynamic inconsistency)–시간 불일치성(time inconsistency)

① 의의: 경제상황에 따라서는 정부가 민간경제주체의 기대형성에 영향을 주기 위해서 사전에 정부의 정책의지를 천명하는 경우가 있다. 그런데 막상 발표된 정책이 시행될 것을 기대하고 민간경제주체들이 새로운 의사결정을 내린 후에는 정책담당자들의 입장에서 볼 때 가장 적합한 정책이 이미 발표한 정책과 다를 수가 있는데 이를 정책의 동태적 불일치성이라고 부른다.

동태적 불일치성의 예

정부가 투자를 촉진하기 위해서 자본소득에 대해 과세를 하지 않을 것이라고 사전에 천명하는 경우, 경제주체들이 이러한 정책을 믿고 투자를 하여 자본형성이 이루어지면 이제는 과세를 하더라도 이미 형성된 자본스톡에는 영향을 미치지 않는 반면에 재정수입이 발생하므로 이미 발표한 약속을 어기려는 동기가 발생한다.

최적 정책의 동태적 비일관성 속에 담긴 교훈

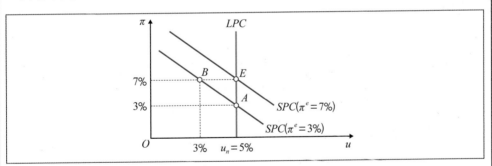

1. 최초 경제가 E 상태에 있을 때 정책당국이 인플레이션율(π)을 7%에서 3% 수준으로 4%p만큼 낮추겠다고 공표하는 경우, 합리적 기대를 하는 경제주체들이 이러한 정책당국의 공표를 신뢰한다면 예상인플레이션율(π^e)이 3% 수준으로 낮아져 단기 필립스곡선(SPC)은 아래쪽으로 이동하게 되고, 경제는 E점에서 A점으로 이동하게 된다.
2. 그런데 정책을 재량적으로 운영하는 정책당국이 A점에서 사전에 공표한 인플레이션 억제라는 목표를 달성했으므로 이제는 실업률을 3% 수준으로 낮추는 것을 최적 정책으로 간주하고 확장적 금융정책을 시행하는 최적 정책의 동태적 비일관성이 시현된다.
3. 그 결과 경제는 다시 B점으로 이동하게 되어 실제 인플레이션율(π)은 정책당국이 공표한 것과 달리 7% 수준을 그대로 유지하게 된다. 이에 따라 경제주체들이 다시 예상인플레이션율(π^e)을 7%로 조정하게 되고 단기 필립스곡선(SPC)은 위쪽으로 이동하게 되고, 7%의 인플레이션율(π) 수준에서 경제는 E점으로 회귀하게 된다.
4. 이후 이러한 상황이 반복되면 경제주체들은 정책당국의 공표를 신뢰하지 않게 되어, '희생률=0'인 인플레이션 억제 정책을 사용할 수 없게 된다. 따라서 이러한 결과를 초래할 수 있는 근본 원인인 재량정책 권한을 지양하고 준칙을 정하여 일관되게 정책을 시행하는 장치가 마련되어야 한다.

② 합리적 기대가설의 정책에 대한 시사점

ㄱ. 정책당국의 유인: 예상치 못한 재량정책만이 효과를 거둘 수 있으므로 정책당국은 민간을 속일 유인을 갖고 있다.

ㄴ. 민간의 대응: 정책당국이 인플레이션을 안정시키기 위한 정책을 선언하고 민간이 그 선언을 신뢰한다면 경제는 실제로 저인플레이션을 유지할 수 있을 것이다. 그러나 민간은 정책당국이 결국에는 민간과의 약속을 지키지 않을 것이라는 것을 잘 알고 있기 때문에 처음부터 정책당국의 선언을 믿지 않고 인플레이션에 대한 기대수준을 높게 된다.

ㄷ. 정부의 대책: 정부는 발표된 정책에 신뢰감을 심어주기 위해서는 정책 자체를 재량에 의해 변경할 수 없도록 애초부터 준칙으로 확정시켜 놓으면 될 것이다. 즉, 이미 약속한 정책을 뒤바꿀 수 있는 재량보다는 그 정책을 변경할 수 없게 함으로써 신뢰감을 심어주는 것이 보다 바람직한 균형을 가져오게 할 수 있다.

물가안정과 기대인플레이션

기대인플레이션은 향후 물가상승률에 대한 경제주체의 주관적 전망을 나타내는 개념으로, 통화정책에 대한 신뢰도가 높을수록 기대인플레이션이 물가안정목표에 수렴하는 경향이 있기 때문에 기대인플레이션은 통화정책의 신뢰성을 나타내는 지표가 된다.

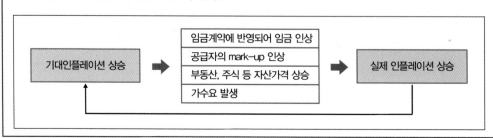

---

③ 동태적 불일치성과 인플레이션 편향

ㄱ. 정책당국의 저인플레이션 선언처럼 본래의 의도는 좋지만 상대방에게 신뢰를 주지 못하고 결국에는 지켜질 수 없는 성격의 정책에 대해 동태적으로 일관성이 없는 정책이라고 말한다.

ㄴ. 동태적으로 일관성이 없는 정책은 처음부터 그 효과를 거두지 못하게 된다.

ㄷ. 인플레이션 편향(inflation bias): 민간이 정책당국을 신뢰하지 않고 인플레이션 예상치를 높게 가져가면 경제는 자연스럽게 고인플레이션 경제로 갈 가능성이 크다.

④ 인플레이션 편향을 막기 위한 정책들

ㄱ. 보수적인 인사로 중앙은행 총재를 임명: 고실업과 불황을 감수하더라도 인플레이션 억제에 역점을 두는 정책을 실시하면 민간의 신뢰를 얻게 된다.

ㄴ. 중앙은행의 독립성 강화: 인플레이션 유발로 경기를 부양시키려는 정치적 압력을 받지 않도록 함으로써 중앙은행에 대한 민간의 신뢰를 높인다.

ㄷ. 물가안정목표제의 도입: 중앙은행의 목표를 인플레이션 안정에 국한시키도록 입법화함으로써 중앙은행의 인플레이션 안정에 대한 책무를 높인다.

기출확인

다음은 경제정책에 대한 경제학파들 간의 견해를 나타내는 글이다. 물음에 답하시오. [2003]

> 케인스학파 사람들은 물가가 하락하면서 실업이 발생하는 불경기가 왜 발생하는지 잘 알고 있으며, 이런 ㉠ 불경기를 끝내기 위해서 어떤 일을 해야 하는지도 잘 알고 있다. 그러나, 케인즈 학파와 생각을 달리하는 사람들은 적극적인 경제 정책에 반대하고 있다. 시장의 자율적 조정능력을 믿는 사람들의 입장에서 보면, 정부의 시장 개입은 불필요하며 오히려 더 큰 문제를 야기한다. 이들은 정부가 경제 정책에 필요한 정보를 갖고 있지도 않으며, 더구나 선한 정부(benevolent government)로 행동한다는 보장도 없다고 생각한다.

1. ㉠의 불경기를 끝내기 위해서 사용되는 경제정책을 두 가지만 쓰시오.
   ①
   ②

2. 위의 불경기를 끝내기 위한 두 가지 경제정책 중에서, 대공황과 같이 심각한 불경기에는 상대적으로 효과가 약한 정책을 쓰고, 그 이유를 제시하시오.
   ①
   ②

3. 위의 글에서 지적한 문제점 외에, 정부의 적극적인 경제정책 시행을 반대하는 근거에는 어떤 것이 있는지 쓰시오.

분석하기

1. 침체된 경기를 부양시키기 위해서는 재정지출을 확대하거나 통화량을 증가(또는 이자율 인하)를 내용으로 하는 정책이 필요하다.
   ① 확장적 재정정책
   ② 확장적 금융정책

2. 대공황과 같은 심각한 불경기 상태에서 화폐시장은 유동성 함정 상태가 존재하게 된다.
   ① 확장적 금융정책
   ② 유동성 함정 상태에서는 통화량 증가와 같은 확장적 금융정책은 이자율을 더 이상 하락시킬 수 없다. 이에 따라 이자율 하락을 통한 투자 증가와 같은 총수요 증대를 더 이상 기대할 수 없다.

3. 정책당국의 재량에 맡기는 경우 이른바 '최적정책의 동태적 비일관성' 문제가 나타나게 되고 이로 인한 정책에 대한 불신으로 더 이상의 정책적 효과를 기대할 수 없게 된다. 또한 경제주체들이 물가에 대한 합리적 기대를 하게 되면 적극적인 확장적 정책은 물가만을 올릴 뿐 국민소득에는 영향을 주지 못한다.

4) 공급 중시 경제학

(1) 등장 배경

① 1970년대에 들어서면서 세계 경제는 실업이 증가하고 동시에 물가가 상승하는 스태그플레이션(stagflation)과 생산성둔화 및 자원부족 등 새로운 양상을 띠게 되었음에도 기존의 경제학은 현실문제해결에 그 능력의 한계를 드러내는 듯이 보였다.

② 자본주의의 지속적인 성장을 위해서는 공급측면이 강화되어야 하며, 이를 위해 조세제도를 개편하고 지나친 정부개입을 억제할 것을 주장하였고 이러한 견해를 채택한 당시 미국의 레이건 행정부의 경제정책을 레이거노믹스(Reaganomics)라고 한다.

⑵ 공급 경제학의 특징

① 수요보다 공급의 측면을 강조한다.

② 공급능력에 영향을 미치는 중요한 변수인 법인세와 소득세와 같은 조세에 대한 감세 효과는 케인스 이론에서처럼 문제되는 유효수요 확대를 통해 나타나는 것이 아니라, 기업과 개인의 생산의욕을 고취시킴으로써 발현된다고 주장한다.

③ 저축과 투자는 '납세 후 수익률'에 주로 의존한다고 가정한다.

④ 케인즈 경제학은 감세가 가처분소득에 미치는 효과를 출발점으로 유효수요의 변화와 관련된 재정정책을 강조하는 반면에 공급 경제학은 조세체계의 변화로 인한 미시적 가격효과를 출발점으로 생산성 향상과 관련된 재정정책을 중시하고 있다는 점에서 구별된다.

⑶ 레퍼곡선(Laffer curve)

① 의미: 래퍼(Arthur B. Laffer)는 세율의 변화가 경제주체들의 유인에 주는 영향을 통해 조세수입에 미치는 효과를 래퍼곡선으로 설명한다. 여기서 래퍼는 세율과 조세수입과의 관계를 납세후의 임금, 이자율, 이윤이 높을수록, 즉 세율이 낮을수록 근로의욕 및 투자의욕, 저축의욕이 제고된다는 사실 등을 전제하여 설명한다.

② 도해적 설명

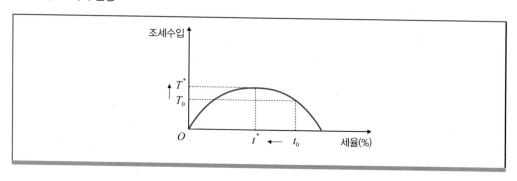

ⓐ 세율이 낮은 상태에서 세율을 증가시키면 조세수입도 증가하지만 t^*를 넘게 되면 경제주체들의 유인을 감소시켜 생산 활동을 위축시킬 뿐만 아니라 지하경제의 번성과 탈세로 인하여 조세수입은 오히려 감소하게 된다.

ⓑ 세율이 t^* 이상인 구간에서는 오히려 세율인하가 조세수입 증가에 도움이 된다.

⑷ 공급 경제학의 문제점

① 래퍼 곡선에서 현행 세율이 금지영역에 있는가 하는 여부를 확인할 수 없다.

② 세율인하가 생산성을 자극하는 것은 상당한 시간을 요하므로 세율을 인하하는 정책이 재정적자를 증가시킬 우려가 제기된다.

③ 조세감면이 생산의욕·저축의욕·투자의욕보다는 소비수요를 자극하여 인플레이션을 악화시킬 가능성을 내포한다.

사례 연구 **경기부양을 위한 조세감면**

1. 긍정적 견해

1) 케인스 학파: 조세감면은 경제주체들의 가처분소득을 증가시키고, 이를 통해 소비를 증가시킬 수 있다. 이러한 소비증가는 총수요를 증가시키고($AD_0 \rightarrow AD_1$), 그 결과 국민소득이 증가하게 된다($Y_0 \rightarrow Y_1$). 다음 그림은 이러한 조세감면의 효과를 보여 주고 있다.

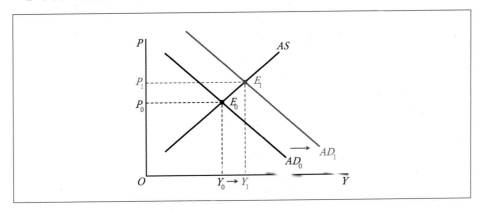

2) 공급 측 경제학: 조세감면은 가처분 소득의 증가로 소비를 증가시킬 뿐만 아니라 노동자들의 근로의욕까지도 자극하게 된다. 이에 따라 소비증가에 따라 총수요가 증가하고($AD_0 \rightarrow AD_1$), 근로의욕제고에 따른 총공급 역시 증가하게 된다($AS_0 \rightarrow AS_1$). 그 결과 국민소득이 보다 크게 증가할 수 있게 된다($Y_0 \rightarrow Y_2$). 다음 그림은 이러한 조세감면의 효과를 보여 주고 있다.

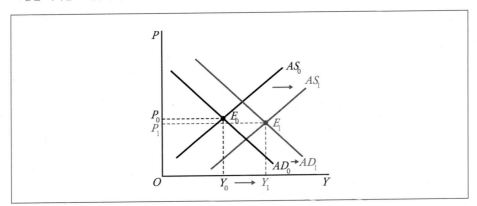

2. 부정적 견해

1) 불확실성: 조세감면이 가처분소득을 증가시킨다고 하더라도 경제주체들의 미래에 대한 불확실한 예측으로 인해 소비심리가 위축될 수 있다. 이에 따라 총수요 증가를 기대할 수 없게 된다.

2) 리카도 등가정리: 합리적 기대를 하는 경제주체들은 현재의 조세감면은 미래의 조세부담으로 이해한다. 이에 대응하기 위해 감세로 인해 증가한 소득을 소비하지 않고 저축함으로써 조세감면은 소비증가에 따른 총수요 증가를 기대할 수 없게 된다.

제18장
경기변동과 경제성장론

❶ 경기변동의 의의

1) 경기변동(business cycle)의 의미: 국민소득을 비롯한 경제활동의 상승과 하락의 주기적 반복현상
⇒ 경기순환이라고도 한다.

2) 경기변동의 특징

(1) 경기변동은 거시적·총체적 현상 ⇒ 경기변동은 특정 경제변수만 변동하는 것이 아니라 거의 모든 부문 및 변수가 함께 움직인다. 즉, 공행성(co-movement)을 갖는다.

(2) 경기변동은 주기적·순환적 현상 ⇒ 경기변동은 확장국면과 수축국면이 반복적으로 일어나지만 기간이 항상 일정하게 반복되는 것은 아니다. 즉, 한 순환기간이 1년 이상에서 10년 정도로 일정하지 않다.

(3) 경기변동은 지속적 현상 ⇒ 경기변동은 한 번 시작하면 상당 기간 계속되는 지속성을 갖는다.

(4) 경기변동은 비규칙적 현상 ⇒ 경기변동에 있어서 정점까지의 진폭과 저점까지의 진폭이 일정하지 않다.

(5) 경기변동은 비대칭적 현상 ⇒ 확장국면은 비교적 오래 지속되는 데 비하여 수축국면은 비교적 짧게 끝나는 양상을 보인다.

(6) 경기변동은 자본주의의 고유의 현상이다.

3) 경기변동을 바라보는 관점

(1) 고전학파

① "경기변동은 자연스러운 경제의 흐름"이다.

② 경기변동 중에는 inflation이나 실업이 나타날 수 있으나 자동안정화 장치와 기타 자율적인 시장조절기능을 통해 해결이 가능하다.

③ 정부의 인위적인 안정화 정책에 반대한다.

(2) 케인즈학파

① "경기변동은 시장실패의 증거"이다.

② 안정화정책은 민간 경제활동을 안정시키고 불완전한 시장 기구를 보완해 준다.

③ 정부의 적극적인 안성화 징책이 필요하다

(3) **합리적기대학파**: '합리적 기대'와 '시장청산'을 가정 ⇒ 정부의 인위적인 안정화 정책은 경제의 불확실성을 증가시켜 경제안정을 해칠 수 있다고 주장한다.

(4) **새케인즈학파**: 일부 시장에 불균형이 지속되는 가능성이 있는 한 정부의 안정화 정책은 유효하다고 주장한다.

경기변동에 관련된 핵심 쟁점

1. 무엇이 최초의 경기변동을 발생시키는가? 즉 경기변동을 촉발시키는 주된 원인은 무엇인가에 관한 것이다.
2. 경기변동의 파급경로, 즉 무엇이 호황 또는 불황을 상당기간 동안 지속시키고, 또 호황에서 후퇴로, 불황에서 회복으로 반전시키느냐에 관한 것이다.
3. 경기변동을 촉발시키는 외부충격의 실체는 무엇인가?
   1) 민간기업의 투자지출 변화에 의한 총수요 측면의 충격을 강조하는 견해 ⇒ 민간기업의 장래에 대한 기대변화 등으로 인해 투자지출이 변함으로써 경기변동이 촉발(케인즈)
   2) 통화량 변화와 같은 화폐적 충격을 강조하는 견해 ⇒통화당국의 자의적인 통화량 조정 때문에 경기변동이 촉발(프리드먼, 루카스) ⇒ 통화량 변동이 실질 *GDP* 변동에 선행하는 경향을 보임
   3) 기술이나 생산성 변화와 같은 공급측 요인을 경기변동이 가장 중요한 원인이라는 견해(슘페터, 실물적 경기변동이론)

---

4) 경기 변동의 국면(C. Mitchel의 이론)

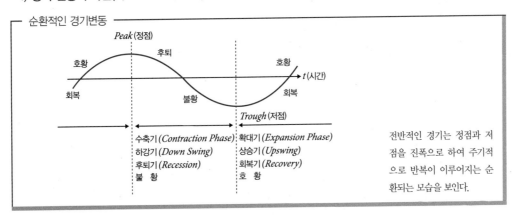

(1) **호황국면(prosperity)**

① 호황국면에는 i) 투자, 생산, 국민소득이 증대하고 ii) 초기에는 생산재산업, 후기에는 소비재산업이 중점적으로 성장하며 iii) 물가는 등귀하고 수출 감소, 수입증가로 국제수지는 역조현상이 일어난다.

② 호황국면이 급격히 나타나는 경우가 특수경기(boom), 호황국면이 상당한 기간 지속되는 현상이 고원경기(plateau)이다.

(2) **후퇴국면(recession)**

① 후퇴국면에서는 i) 생산과 소득의 감소 ii) 실업자의 증가 iii) 기업의 도산과 물가폭락현상이 발생한다.

② 호황의 종국에 이자율이 폭등하여 증권가격이 폭락하는 데서 비롯한다.

(3) 불황국면(depression)

① 불황국면에서는 i) 기업도산 ii) 실업자 증가 iii) 금리하락 iv) 자본재의 최저수준생산현상 등이 발생한다.

② 불황의 정도가 아주 심한 현상이 공황(crisis)이 발생한다.

(4) 회복국면(recovery)

① 회복국면에는 i) 생산·고용증대 ii) 신용확장 iii) 금리·이윤·물가가 점차 상승하는 현상이 일어난다.

② 하락한 금리는 증권가격을 상승시켜 기업의 자금차입과 신주발행을 용이하게 함으로써 기업활동이 회복된다.

개념 플러스⁺ **경기예측지수**

1. D.I.(diffusion index: 확산지수, 경기동향지수)

1) 경기와의 대응성이 강한 주요 시계열 통계자료 중 확장과정에 있는 계열의 비율을 말한다.

$$D.I. = \frac{\text{전기에 비해 확장중에 있는 지표수}}{\text{전경제지표수}} \times 100 \, (\%)$$

2) $D.I. > 50\%$이면 확장국면, $D.I. < 50\%$이면 수축국면으로 평가한다.

2. B.W.I.(Business Warning Index: 경기예고지수)

1) 과거의 경기동향과 실적을 토대로 계산한 주요 경제지표의 움직임을 통해 현재 경기상태를 신호등 색깔로 표시하는 것을 말한다.

2) 빨간색(평균점수 2점 이상)은 경기과열, 파란색(평균점수 1점 이하)은 경기침체를 의미한다.

3. B.S.I.(Business Surveying Index: 기업실사지수)

1) 한국은행 기업 경기조사 조사항목

수준 판단	변화 방향 판단	
	전년 동월 대비	전월 대비
• 업황 • 제품 재고 • 생산 설비 • 설비 투자 규모 　– 당초 계획 대비 　– 전년 동월 대비 • 인력 사정	• 매출 규모 　– 내수 판매 규모 　– 수출 규모 • 생산 규모 • 신규 수주 규모 • 가동률	• 제품 판매 가격 • 원재료 구입 가격 • 채산성 • 자금 사정

2) 경기예상에 대한 여론조사 결과를 지수화한 것을 말한다.

$$B.S.I. = \frac{\text{상승 (호전) 업체수} - \text{하락 (악화) 업체수}}{\text{전체응답업체수}} \times 100 + 100$$

3) $B.S.I.$가 100 이상이면 확장, 100 이하이면 수축국면으로 평가한다.

4. 소비자 동향지수(CSI: Consumer Survey Index)

1) 장래의 소비지출 계획이나 경기 전망에 대한 소비자들의 설문조사 결과를 지수로 환산해 나타낸 지표이다.
2) 소비자 동향지수는 다음과 같은 방법으로 측정한다.

$$C.S.I = \left(\frac{\text{매우 좋아짐} \times 1 + \text{약간 좋아짐} \times 0.5 - \text{매우 나빠짐} \times 1 - \text{약간 나빠짐} \times 0.5}{\text{전체 응답 가구수}} \right) \times 100 + 100$$

3) $C.S.I$는 100을 기준으로 그 수치가 100보다 크면 낙관적 전망, 100보다 작으면 비관적 전망이 우세하다는 것을 의미한다.

경기변동과 거시경제변수

1. 방향에 따라

1) 경기 순응적(procyclical) 변수: 경제변수가 경기변동의 중심지표인 실질 GDP와 같은 방향으로 변하는 변수 ⇒ 산업생산, 소비, 투자, 고용, 통화량, 주가, 명목 이자율, 수출 등
2) 경기 역행적(countercyclical) 변수: 경제변수가 경기변동의 중심지표인 실질 GDP와 반대 방향으로 변하는 변수 ⇒ 물가

2. 시간적 순서에 따라

1) 경기 선행적(leading) 변수: 실질 GDP보다 먼저 변하는 변수 ⇒ 통화량, 주가, 수출 등
2) 경기 동행적(concurrent) 변수: 실질 GDP와 동시에 변하는 변수 ⇒ 산업생산, 소비, 투자, 고용, 수입 등
3) 경기 후행적(lagging) 변수: 실질 GDP의 변화가 있고 나서 그 이후에 변하는 변수 ⇒ 명목 이자율 등

3. 경기 종합 지수(2017년 5월 현재)

1) 경기선행종합지수: 재고순환지표, 소비자 기대지수, 기계류 내수 출하지수, 구인구직 비율, 건설수주액, 수출입 물가비율, 코스피(증권거래소를 의미) 지수, 장단기 금리 차
2) 경기동행종합지수: 광공업생산지수, 소비판매액지수, 건설 기성액, 서비스업 생산지수, 수입액, 비농림어업 취업자 수, 내수 출하지수
3) 경기후행종합지수: 취업자 수, 소비자물가지수 변화율, 생산자제품 재고지수, 소비재 수입액, CP 유통수익률

경기변동의 12가지 '바로미터'

미국의 월스트리트 저널지는 일반인들이 복잡하고 전문적인 통계나 자료에 의존하지 않고도 경기변동 여부를 쉽게 파악할 수 있는 '체감 경기지표 12가지'를 다음과 같이 소개했다.

① 일요일자 신문의 부피: 경기가 호황으로 치달을 때는 기업들의 광고비 지출이 늘어난다. 그에 따라 주말판 신문의 두께가 두툼해 진다. 심지어 "신문광고의 40%는 경기에 따라 신축적으로 조절되는 기업들의 가변성 홍보예산에 의존하고 있다."라는 말이 있을 정도이다.

② 자동차 광고문구: 자동차 회사들은 호경기때는 '쾌적한 승차감' 등 호사스런 쪽에 광고문구의 초점을 맞춘다. 그러나 소비자들의 주머니사정이 여의치 않다 싶으면 할인판매와 낮은 금리의 할부금융 등을 강조한다.

③ 연준리(FRB) 의장의 위상: 경제가 절정의 호황을 구가하면 FRB의장은 만인의 우상이다. 그러나 경제가 나빠지면 그의 인기도 떨어진다.

④ 화물열차의 행렬: 차량숫자는 경기와 비례한다. 건널목을 지나가는 화물 열차의 차량수가 예전보다 줄어들었다면, 경기가 그만큼 둔화됐다는 뜻이다.

⑤ 주택시장: 경기가 한창일 때는 웬만한 주택이 매물로 나온 당일에 곧바로 팔려나간다. 그러나 경기가 나빠지면 여간해선 팔리지 않는다.

⑥ 달러화의 위력: 호경기 때는 달러화의 가치가 올라가지만 경기둔화가 본격화되면 엔, 유로화, 스위스 프랑의 인기가 오르면서 달러화의 가치가 떨어진다.

⑦ 장단기금리 역전: 경기 둔화기에는 장기자금에 대한 수요가 위축돼 장기금리가 단기금리를 밑도는 역전현상이 빚어진다.

⑧ 목수 등 잡역부에 대한 수요: 경기가 나빠지면 집이 헐거나 부실해져도 수리를 않고 지내는 사람들이 많아진다. 따라서 목수를 부르기가 쉬워진다.

⑨ 범죄율: 실업률 하락 등 왕성한 경기회복의 징후가 보이면 범죄발생률이 낮아지지만, 경기가 둔화되면 범죄율이 높아진다.

⑩ 신기술 제품 소비: 소비가 늘면 호경기, 줄면 불경기다. 신기술제품에 대한 수요는 경기에 매우 민감하기 때문이다.

⑪ 출산율: 호경기 때는 가계에 여유가 생긴 사람들이 더 많은 아이를 낳게 돼 출산율이 높아진다.

⑫ 주식투자: 경기호황은 증시활황과 밀접하게 연관돼있다. 그러나 경기가 나빠지면 주식투자도 시들해진다.

❷ 균형경기변동이론

균형경기변동이론: 새고전학파

1. 경제행위자들이 최적행위(소비자: 효용극대화, 생산자: 이윤극대화)를 하고 가격이 신축적으로 움직이는 가운데 경제의 균형이 변동한다. 즉 경제주체들의 최적선택의 결과로 나타나는 경기변동으로 이해한다. 따라서 경기변동이 발생한다고 하더라도 사회적인 후생감소가 초래되지는 않는다고 한다.

2. 경기변동이란 경제의 균형자체가 외부적인 수요충격이나 공급충격에 의하여 이동하면서 발생하는 현상으로 이해한다. 예를 들면 통화량 변동이 발생하면 총수요 곡선을 이동시킴으로써 당초의 경제균형이 또 다른 경제 균형으로 옮겨가면서 그 균형점을 이으면 소득과 물가의 진동싸이클이 발생하게 되고, 기술진보가 일어나면 총공급곡선이 이동하게 되고 그 결과 경제균형이 옮겨가면서 소득과 물가의 진동싸이클이 야기된다는 것이다.

1) 화폐적 균형경기변동이론(monetary equilibrium business cycle theory)

(1) 의의

① 루카스(R. Lucas)를 비롯한 새고전학파는 화폐적 충격이 경기변동의 주된 원인임을 주장하는 통화론자들의 영향을 받기는 했지만, 신축적인 가격과 임금에 의해 시장청산(market clearing)이 항상 이루어진다는 왈라스적 접근방법에 뮤스(J. Muth)가 제시한 합리적 기대와 정보의 불완전성을 도입하여 경기변동을 설명하고자 하였는데 이를 화폐적 균형경기변동론이라고 부른다.

② 경기변동을 완전고용 국민소득 수준 또는 자연실업률 수준으로부터의 이탈로 본다.

(2) 경기변동과정

① 예상치 못한 통화량의 증가는 불완전한 정보 하에서 노동공급자의 착각으로 총생산, 고용, 소비 및 투자의 증가와 함께 실질이자율의 하락을 가져온다. 즉, 통화량의 변화가 실질변수의 변화를 가져온다는 점에서 화폐가 비중립적이다.

② 특히 통화량의 증가가 단기적으로 실질이자율의 하락을 가져오는 것은 현실경제에서 관측되어 온 화폐금융정책의 유동성효과와 일치한다.

> 예상치 못한 통화량 증가 ⇒ 일반물가 상승 ⇒ 개별 경제주체의 물가인식 오류(자신의 생산물만 상승한 것으로 판단) 발생 ⇒ 생산자들이 재화의 상대가격 상승으로 인식하여 생산량 증대 ⇒ 경기호황 발생 ⇒ 생산자가 물가변화를 정확히 인식 ⇒ 물가예상 조정 ⇒ 생산량 감소

(3) **한계**: 경기변동의 지속성을 제대로 설명하지 못하여 실물적 경기변동이론이 대두되었다.

확인 TEST

다음 중 루카스(Lucas)의 경기변동이론을 가장 잘 설명한 것은?

① 명목임금의 경직성이 불황의 가장 큰 원인이다.
② 민간이 예상하지 못한 통화량 변화가 경기변동을 일으킨다.
③ 정부의 적극적인 경제안정정책이 경기변동을 최소화할 수 있다.
④ 오직 생산함수를 이동시키는 기술적 충격만이 경기변동을 일으킨다.
⑤ 합리적 기대 하에서 시장이 균형이면 경기변동이 항상 일어나지 않는다.

해설 ▶ 루카스의 경기변동론은 화폐적 경기변동론이다. 이에 따르면 예상하지 못한 통화량의 변화는 물가의 변화를 가져오는데, 경제주체들이 이를 인식하는 데 착오를 일으켜 자신이 생산하는 상품의 상대가격의 상승으로 오해한다. 이에 따라 생산을 증가시켜 경기변동을 유발한다. 이처럼 루카스의 화폐적 경기변동론은 기업의 불완전한 정보를 전제로 한다.

정답 ▶ ②

---

2) 실물적 경기변동이론(Real Business Cycle: RBC)

(1) **의의**

① 경기변동을 완전고용-국민소득 수준 또는 자연실업률 수준으로부터의 이탈로 보는 화폐적 균형 경기변동이론과 달리 실물적 경기변동은 경기변동을 완전고용상태의 연속으로 해석하는 특징이 있다. 즉 가격의 신축성으로 인해 경제의 산출량과 고용량은 언제나 완전고용수준을 유지한다는 것이다.

② 경기변동을 실제 실업률과 자연실업률 사이의 괴리가 아니라 생산성 변화, 기후변화, 새로운 발명 등의 실물적 경제충격으로 인해 자연실업률 자체가 변화하여 일어나는 경제현상으로 해석한다.

③ 결국 실물적 경기변동론은 경제가 항상 균형상태에 있게 되고, 화폐량의 변동이나 물가의 변동이 단기에 있어서도 고용과 산출에 영향을 미치지 않는다는 고전적 이분성이 성립한다고 본다. 즉, 가격이 단기에도 신축적이라는 것이다. 따라서 경기변동의 과정에서 나타나는 실질변수의 변동은 화폐적 충격이 아니라 실물적 충격의 결과라고 보고 있다. 이에 따르면 경제에 지속적인 실물적 충격이 발생할 때, 이에 대해 경제 주체들이 이윤극대화와 효용극대화를 위한 최적 대응을 한 결과로서 경기변동이 야기된다는 것이다.

(2) 경기변동과정

① 기술혁신과 같은 유리한 공급충격 ⇒ 생산함수 상방이동 ⇒ 노동의 한계생산물 증가 ⇒ 노동 수요 우측이동 ⇒ 실질임금상승, 고용량 증가 ⇒ 총생산량 증가 ⇒ 총소비, 총저축 증가 ⇒ 총 투자 증가 ⇒ 경기호황

② 자연재해와 같은 불리한 공급충격 ⇒ 생산함수 하방이동 ⇒ 노동의 한계생산물 감소 ⇒ 노동 수요 좌측이동 ⇒ 실질임금 하락, 고용량 감소 ⇒ 총생산량 감소 ⇒ 경기침체

균형경기변동론의 정리

1. 전제: 소비자들이 주어진 예산 제약하에서 효용을 극대화하는 최적소비량을 결정하고, 기업들은 이윤을 극대화하는 최적투자량과 최적고용량을 결정한다는 소위 최적행위를 전제한다.

2. 화폐적 경기변동이론(루카스)-물가예상 착오와 경기변동

예상치 못한 통화량의 증가는 불완전한 정보 하에서 노동공급자의 착각으로 총생산, 고용, 소비 및 투자의 증가와 함께 실질이자율의 하락을 가져온다. 즉, 통화량의 변화가 실질변수의 변화를 가져온다는 점에서 화폐가 비중립적이다. 특히 통화량의 증가가 단기적으로 실질이자율의 하락을 가져오는 것은 현실경제에서 관측되어 온 화폐금융정책의 유동성효과와 일치한다.

3. 실물적 균형경기변동론

실물적 균형경기변동론은 경제가 항상 균형상태에 있게 되고, 화폐량의 변동이나 물가의 변동이 단기에 있어서도 고용과 산출에 영향을 미치지 않는다는 고전적 이분성이 성립한다고 본다. 즉, 가격이 단기에도 신축적이라는 것이다. 따라서, 경기변동의 과정에서 나타나는 실질변수의 변동은 화폐적 충격이 아니라 실물적 충격의 결과라고 보고 있다. 이에 따르면 경제에 지속적인 실물적 충격이 발생할 때, 이에 대해 경제 주체들이 이윤극대화와 효용극대화를 위한 최적대응을 한 결과로서 경기변동이 야기된다는 것이다.

정치적 경기순환이론(political business cycle theory)

선거에 있어 당선이라는 정치적 목적을 달성하기 위하여 경제에서의 인플레이션과 실업 사이에 존재하는 상충관계를 이용하려는 정치적 행동에 의하여 생산과 실업률 그리고 인플레이션율의 순환변동이 발생한다고 보는 견해를 말한다.

예를 들어 집권당은 선거 직전에는 경기부양정책을 실시하여 실업률을 최대로 낮추려고 하고, 선거 직후에는 강력한 긴축정책을 실시하여 인플레이션을 낮추고자 시도한다.

Theme
76 경제성장이론

❶ 경제성장(economic growth)의 의의

1) 개념

(1) 시간의 흐름에 따라 경제 활동의 규모가 확대되는 것을 의미한다.

(2) 일반적으로 실질 GDP의 성장으로 측정하는데, 이를 생산가능곡선이 밖으로 이동하는 것으로 표시할 수도 있고 총수요곡선과 총공급곡선이 시간이 흘러감에 따라 오른쪽으로 이동하여 그 교차점이 오른쪽으로 이동하는 것으로 나타낼 수도 있다.

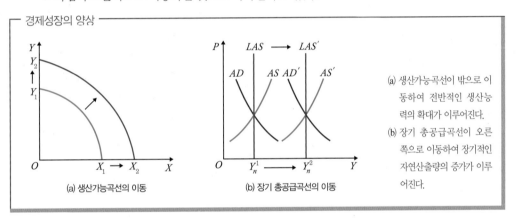

경제성장의 양상

(a) 생산가능곡선의 이동

(b) 장기 총공급곡선의 이동

ⓐ 생산가능곡선이 밖으로 이동하여 전반적인 생산능력의 확대가 이루어진다.

ⓑ 장기 총공급곡선이 오른쪽으로 이동하여 장기적인 자연산출량의 증가가 이루어진다.

(3) **경제성장률**: 기준년도에 비하여 실질국민소득(Y)이 얼마나 빠르게 변하는가로 측정한다.

경제성장률

$$경제성장률 = \frac{Y_t - Y_{t-1}}{Y_{t-1}}$$

1인당 소득 성장률의 의의

실질 GDP가 증가하더라도 인구가 똑같은 비율로 증가한다면 국민의 평균생활 수준은 상승하지 않을 것이다. 따라서 국민 개개인의 생활수준이 1년 사이에 평균적으로 얼마나 향상되었는가를 알아보기 위해서는 경제성장률 대신 인구의 증가까지를 고려한 다음과 같은 1인당 소득증가율을 이용해야 한다.

1인당 소득증가율=경제성장률-인구증가율

경제성장률이 높더라도 인구증가율이 그것을 앞지른다면 1인당 GDP가 감소하여 국민들의 생활수준이 낮아지게 된다.

A국은 X재와 Y재만을 생산하는 국가이다. 두 재화의 생산량과 가격이 다음 표와 같을 때, A국의 기준연도 대비 비교연도의 실질 GDP 성장률은?

(단위: 억 원)

	기준연도		비교연도	
	생산량(개)	가격(원)	생산량(개)	가격(원)
X재	100	10	100	11
Y재	200	20	210	20

① 10%   ② 7%   ③ 4%   ④ 1%

- 실질 GDP는 '$\sum P_{기준년도} \times Q_{비교년도}$'라는 공식으로 도출된다. 그런데 기준연도는 비교연도와 기준연도가 동일한 시점이므로 명목 GDP와 실질 GDP의 크기가 동일하다.
- 기준연도의 실질 GDP는 다음과 같이 도출된다.

$$\sum P_{기준연도} \times Q_{비교연도} = \sum P_{기준연도} \times Q_{기준연도} = 10 \times 100 + 20 \times 200 = 1,000 + 4,000 = 5,000$$

- 비교연도의 실질 GDP는 다음과 같이 도출된다.

$$\sum P_{기준연도} \times Q_{비교연도} = 10 \times 100 + 20 \times 210 = 1,000 + 4,200 = 5,200$$

- 기준연도 대비 비교연도의 실질 GDP 성장률은 다음과 같이 도출된다.

$$\frac{비교연도\ 실질\ GDP - 기준연도\ 실질\ GDP}{기준연도\ 실질\ GDP} = \frac{5,200 - 5,000}{5,000} = \frac{200}{5,000} = 0.04 = 4\%$$

정답 ③

2) 요인

(1) 단기적으로는 노동이나 자본설비와 같은 생산요소의 증가가 중요하다.

(2) 장기적인 성장을 분석할 때는 기술 진보가 더욱 중요한 기능을 하게 된다.

3) 경제성장의 특징(S. Kuznets): 과거 2세기간의 선진국의 경험

(1) 1인당 실질국민소득과 인구 증가율이 높다.

(2) 요소생산성, 특히 노동생산성(=노동의 평균생산물 또는 한계생산물)의 증가율이 높다. 기술진보가 1인당 실질 GDP 증가의 대부분을 설명한다.

(3) 경제구조의 전환율이 높다. 농업으로부터 비농업부문으로, 소규모 개인기업으로부터 대규모 회사기업으로, 농촌으로부터 도시로 경제의 구조적 변동이 크게 일어난다.

(4) 사회, 정치, 이념상의 전환이 높다.

(5) 시장과 원료의 확보를 위해 선진국의 대외 진출성향이 높다.

(6) 경제성장의 성과는 세계인구의 1/3에만 한정된다.

4) 경제성장의 정형화된 사실들(stylized facts of growth): N. Kaldor

(1) 자본−산출 비율$\left(\dfrac{K}{Y}\right)$이 장기에 걸쳐 대체로 일정하여 $\dfrac{\Delta K}{K} - \dfrac{\Delta Y}{Y}$ 가 성립한다. 여기서 자본−산출 비율(자본계수: capital coefficient)은 실질 *GDP* 1단위를 생산하는 데 평균적으로 필요한 자본량을 말한다.

(2) 자본의 증가율$\left(\dfrac{\Delta K}{K}\right)$이 대체로 일정하므로 경제성장률 $\left(\dfrac{\Delta Y}{Y}\right)$ 또한 대체로 일정하다.

(3) 인구 증가율에 비해 자본스톡의 증가율이 더욱 크게 나타나 노동자 1인당 자본량$\left(\dfrac{K}{L}\right)$이 지속적으로 증가하여 자본의 심화(deepening of capital)가 나타나게 되어 $\left(\dfrac{\Delta Y}{Y}\right) = \dfrac{\Delta K}{K} > \dfrac{\Delta L}{L}$이 성립한다.

(4) 노동생산성이 지속적으로 향상되었고, 실질임금도 상승 ⇒ 노동자들의 생활수준은 크게 개선되어 왔다.

(5) 계속 증가되어 온 총소득 중에서 노동이 차지하는 소득비율, 즉 노동의 분배율은 장기적으로 거의 일정하여 노동과 자본의 상대적 분배율(relative shares)은 대체로 일정하다.

(6) 실질이자율은 대체로 일정하고, 이윤율도 시장이자율보다 높은 수준에서 대체로 일정하게 나타나 Marx가 주장한 이윤율 저하현상은 나타나지 않았다.

(7) 국민소득에 대한 저축의 비율은 장기적으로 보아 대체로 일정하여 국민소득의 성장률도 저하하는 것 같지 않다.

❷ 경제 성장 전략

1) 균형 성장론과 불균형 성장론

(1) 균형 성장론(R. Nurkse)

① 수요 측면에서의 상호수요(reciprocal demand) 또는 보완적 수요(complementary demand)를 강조한다.

② 후진국개발의 가장 큰 애로는 「좁은 시장」이고, 또한 후진국은 수출시장 개척이 어려우므로 국내시장 개발에 주력해야 한다.

③ 상호수요 보완효과를 고려하여 모든 산업에 골고루 투자하여 성장을 도모한다.

(2) 불균형 성장론(A. O. Hirschman)

① 공급 측면에서의 상호공급 보완효과 강조한다.

② 후진국은 자본·기술이 취약하여 모든 산업의 동시적 성장이 어려우므로 「연관효과」가 큰 산업을 중심으로 집중 투자하여 그 선도 산업으로부터 전방·후방연관 효과를 얻어 역동적인 경제개발을 추진해야 한다.

┌─ 연관효과 ───

　연관효과는 전방연관효과(forward linkage effect)와 후방연관효과(backward linkage effect)로 나누어진다. 전방연관효과는 A산업에 대한 투자가 A산업 제품을 사가는 B산업의 성장과 투자를 유발하는 효과를 말한다. 후방연관효과는 A산업이 C산업의 생산물을 투입물로 수요함으로써 A산업에 대한 투자가 C산업의 성장과 투자를 유발하는 효과를 말한다.

└───

(3) 양자의 비교

	균형 성장론	불균형 성장론
경제학자	R. Nurkse	A. O. Hirschman
후진국의 애로	빈곤의 악순환	자본과 기술의 취약
후진국 발전전략	• 상호수요를 통한 국내시장의 확대 • 잠재실업의 제거, 조세 증가, 인플레이션을 통한 자본축적	• 주요 선도산업에 대한 집중투자 • 후방연관효과가 큰 공업의 육성
현실적용	• 내수에 의존하는 국가 • 자원이 풍부한 국가 • 시장기능이 원활한 국가	• 수출시장개척이 용이한 국가 • 자원이 빈약한 국가 • 시장기능이 왜곡된 국가

2) 공업화 전략(국제무역과 경제 개발)

(1) 내향적 개발전략

① 의미: 기존수입품을 국내에서 생산하여 수입을 억제하고 국내시장을 기반으로 성장하려는 전략 ⇒ 수입대체산업 육성전략이라고도 한다.

② 장점: 수입 대체산업 육성 시 최종가공단계부터 시작하면 후방연관효과에 의해 경제개발을 이룩할 수 있고 후진국의 외환부족문제를 해결할 수 있다.

③ 단점

　ⓐ 원재료, 자본재 수입 증가로 외환부족이 누적된다.

　ⓑ 보호무역으로 인해 국내기업의 효율성이 떨어진다.

　ⓒ 국내시장규모가 협소하여 규모의 경제가 나타나지 않을 수 있다.

(2) 외향적 개발전략

① 의미: 해외 수출시장을 중심으로 경제개발을 시도하는 전략 ⇒ 수출주도형전략

② 장점

　ⓐ 외국기업과의 경쟁을 통해 기술개발이 용이 ⇒ 학습효과를 얻을 수 있다.

　ⓑ 시장협소의 문제를 해결하여 규모의 경제의 이점을 살릴 수 있다.

③ 단점: 외국의 경기 변동에 민감해진다.

투 갭 이론(two gap theory)

1. 국내저축이 필요한 투자에 미치지 못하는 경우의 국내저축 부족액을 저축 갭이라고 하고, 외환수입이 필요한 외환지출에 미달하는 경우의 외환부족액을 외환 갭이라고 하는데 이를 투 갭이라고 한다.
2. 경제성장에 필요한 적정외자 도입량의 산출에 있어서 의미가 있는 갭은 국민경제가 완전고용수준인 경우에 발생하는 외환 갭과 국민경제가 불완전고용수준인 경우 발생하는 저축 갭이다.
3. CheneryStrout는 개발도상국이 경제성장의 한계로서 위의 저축제약과 외환계약 외에 기술제약을 들었다. 한편, 이들은 실증적 분석을 통해 외환 갭이 저축 갭보다 개발도상국의 경제성장을 제약하고 있다는 결론을 얻었다.

잠김효과(lock-in effect)

선·후진국 간 무역으로 후진국의 빈곤이 영속화될 수 있다. 선진국은 우수한 인적자본을 가지고 높은 품질의 재화들을 생산한다. 반면에 후진국은 빈약한 인적자본을 가지고 낮은 품질의 재화들을 생산한다. 이러한 초기조건에서 선·후진국 간 무역이 시작되면 후진국은 높은 품질의 재화를 국내에서 생산하려는 엄두를 내지 못하고 낮은 품질의 재화 생산에 계속 매달리기 쉽다. 이 경우에 후진국은 잠재력이 낮은 산업에 묶여 있어 선진국과의 소득격차가 점점 커지는 잠김효과가 일어날 수 있는 것이다.

확인 TEST

개발도상국의 경제발전 전략에서 수출주도(export-led)발전전략에 대한 설명으로 옳은 것을 모두 고른 것은?

ㄱ. 해외시장의 개발에 역점을 둔다.
ㄴ. 내수시장의 발전에 주안점을 둔다.
ㄷ. 경제자립도를 한층 더 떨어뜨리는 부작용을 초래할 수 있다.
ㄹ. 단기적인 수출성과에 치중함으로써 장기적 성장 가능성을 경시할 가능성이 있다.

① ㄱ
② ㄱ, ㄴ, ㄷ, ㄹ
③ ㄱ, ㄷ
④ ㄱ, ㄷ, ㄹ

해설 • 수출주도형 발전전략은 자원이 부족하고 내수시장이 협소한 국가들이 내수시장보다는 해외의 수출시장을 역점으로 두는 전략을 의미한다.
• 수출주도형 발전전략은 해외 경기에 많은 영향을 받게 되어 경제자립도가 위협을 받을 수도 있고, 단기적인 수출성과에 치중하여 장기적인 성장 동력을 상실할 수도 있게 된다.

정답 ④

❸ 솔로(R. Solow)의 경제성장이론

1) 의의

(1) Harrod-Domar의 경제성장이론은 고정투입계수를 가정하여 생산요소 간 대체성이 없다고 하여, 결국 불안정적 특징을 갖게 된다.

(2) 20세기 중반에 이르러 서구 경제는 완전고용에 이르렀고 이러한 상황에서 임금과 물가의 상승이 두드러졌으며 이에 따라 생산비용이 늘어났다. 기업은 비용을 절감하기 위해서 노동을 자본으로 대체시키는 이른바 노동절약적(자본집약적) 기술개발을 촉진시켰으며 그 결과 노동과 자본 사이에 어느 정도의 대체가 가능하게 되었다. *Solow*의 경제성장이론은 생산요소 간 대체성을 전제함으로써 안정적인 균형성장이 가능하다는 것을 논증하였다.

경제성장에 대한 사고법

1. 무엇이 경제성장을 결정하는가?
   ① 노동자 1인당 자본량(K/L) 수준이 증가(⇒ 자본축적)함에 따라 산출량은 증가한다. 그러나 그 증가규모는 점점 감소한다. ⇒ 경제가 일정단계에 도달하면 더 이상의 저축과 투자를 할 수 없게 되어 노동자 1인당 산출은 결국 멈추게 된다.
   ② 기술진보로 생산함수가 상방으로 이동하면 주어진 1인당 자본량 수준에서도 1인당 산출량은 증가한다. ⇒ 자본축적으로 성장을 지속할 수 없다면 지속적 성장은 지속적 기술진보에 의해서만 가능하다.
2. 자본축적의 역할은 무엇인가?

$$I_t = sY_t$$

즉 투자는 산출량에 비례한다. 산출량이 증가할수록 저축이 증가하고 이에 따라 투자 역시 증가하게 된다.

자본량 ⇒ 산출(소득) ⇒ 저축(투자) ⇒ 자본량의 변화 ⇒ 자본량 ⇒ …………

---

2) 가정

(1) 1생산물(1재) 경제, 즉 1부문 모형을 가정한다.

(2) 재화의 공급 및 생산함수

① 솔로우 모형에서 재화의 공급은 생산량이 자본량과 노동인구에 의존한다는 2생산요소(노동과 자본) 간 유연한 대체성이 인정되는 1차 동차의 생산함수(규모에 대한 보수 불변)에 기초한다.

$$Y = F(L, K)$$

따라서 다음과 같은 관계가 성립한다.

$$tY = F(tL, tK)$$

② 생산함수가 규모에 대한 수확불변인 경우 경제의 모든 수량들은 노동인구의 규모에 대한 상대적인 분석이 가능하다. 이를 알아보기 위해 $t = \dfrac{1}{L}$이라 하면 다음과 같은 결과를 얻을 수 있다.

$$\frac{Y}{L} = F\left(1, \frac{K}{L}\right)$$

단, Y: 산출량, K: 자본량, L: 노동량, $\frac{K}{L}$: 1인당 자본량

위 식에 따르면 노동자 1인당 생산량 $\frac{Y}{L}$은 노동자 1인당 자본량 $\frac{K}{L}$의 함수이다(숫자 "1"은 상수이며 무시할 수 있다).

③ 1인당의 규모로 나타내기 위해 소문자를 사용하면 1인당 생산량은 $y = \frac{Y}{L}$, 1인당 자본량은 $k = \frac{K}{L}$이 된다.

$$Y = f(k)$$

단, $f(k) = F(k, 1)$, y: 1인당 산출량, $\frac{K}{L} = k$: 1인당 자본량

이를 그래프로 나타내면 1인당 자본량이 증가함에 따라 생산함수가 점점 완만하게 증가하는 모습을 갖게 된다.

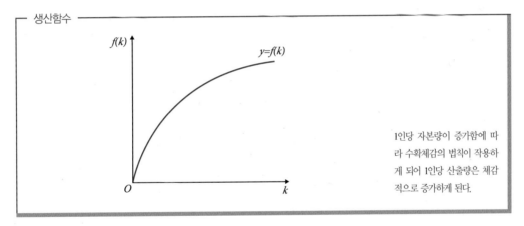

생산함수

1인당 자본량이 증가함에 따라 수확체감의 법칙이 작용하게 되어 1인당 산출량은 체감적으로 증가하게 된다.

(3) 인구 증가율은 외생적으로 주어지는 상수이다. 이때의 인구 증가율과 노동의 증가율은 같다. 이에 따라 다음 식이 성립한다.

$$\frac{\Delta L}{L} = n$$

(4) 감가상각은 존재하지 않기 때문에 투자는 바로 자본의 증가를 가져온다. 이에 따라 다음 식이 성립한다.

$$I = \Delta K, \text{ 이때 } I: \text{투자}, \Delta K: \text{자본증가분}$$

(5) 저축은 소득의 증가함수이다. 또한 소비함수는 절대소비(=기초소비)가 0인 선형함수라고 가정한다. 이에 따라 평균소비성향과 한계소비성향은 일치하고, 평균저축성향과 한계저축성향 역시 일치한다.

(6) 생산물시장의 균형은 $I = S$에서 이루어진다.

$$S=\Delta K,\ sY = \Delta K \quad \text{단, } S \text{ 저축, } s\text{: 저축률}$$

3) 내용: 기본방정식의 도출

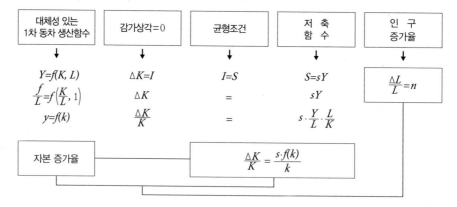

```
┌──────────┐  ┌──────────┐  ┌──────────┐  ┌──────────┐  ┌──────────┐
│ 대체성 있는 │  │ 감가상각=0 │  │  균형조건  │  │  저 축    │  │  인 구    │
│ 1차 동차 생산함수 │  │          │  │          │  │  함 수    │  │  증가율   │
└──────────┘  └──────────┘  └──────────┘  └──────────┘  └──────────┘
```

$Y=f(K, L)$ $\qquad$ $\Delta K=I$ $\qquad$ $I=S$ $\qquad$ $S=sY$ $\qquad$ $\dfrac{\Delta L}{L}=n$

$\dfrac{f}{L}=f\left(\dfrac{K}{L}, 1\right)$ $\qquad$ ΔK $\qquad$ $=$ $\qquad$ sY

$y=f(k)$ $\qquad$ $\dfrac{\Delta K}{K}$ $\qquad$ $=$ $\qquad$ $s\cdot\dfrac{Y}{L}\cdot\dfrac{L}{K}$

자본 증가율	$\dfrac{\Delta K}{K} = \dfrac{s\cdot f(k)}{k}$

1인당 실제 투자액(=저축액) 및 필요투자액과 균형조건

1. **1인당 실제 투자액:** 1인당 생산함수는 $y=f(k)$이고, 한계저축성향을 s이므로 $s\cdot f(k)$는 1인당 실제저축액이다. 그런데 가정에서 저축(S)과 투자(I)는 항상 일치하므로 $s\cdot f(k)$는 1인당 실제투자액이 되고 $0<s<1$이므로 $y=f(k)$의 아래쪽에 위치한다.

2. **1인당 필요투자액:** 1인당 필요투자액이란 1인당 자본량을 일정하게 유지하기 위해 필요한 투자액으로 1인당 자본량에 $\left(k=\dfrac{K}{L}\right)$ 인구증가율(n)을 곱하여 구한다. 즉 1인당 필요투자액= nk가 되는 것이다.

3. 균형조건

$$\text{1인당 실제 투자액 } [sf(k)] = \text{1인당 필요투자액}(nk)$$

위 식에서 자본성장률과 노동성장률이 일치하려면 다음 식이 성립해야 한다.

$$\frac{s\cdot f(k)}{k} = n \text{ 또는 } s\cdot f(k)=n\cdot k$$

이를 그림으로 나타내면 다음과 같다.

균형의 성립

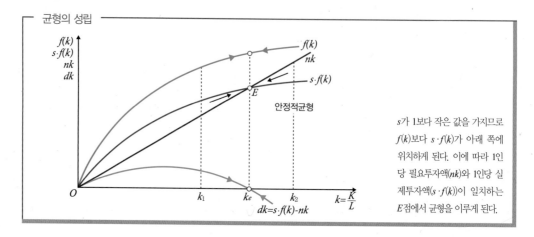

s가 1보다 작은 값을 가지므로 $f(k)$보다 $s\cdot f(k)$가 아래 쪽에 위치하게 된다. 이에 따라 1인당 필요투자액(nk)와 1인당 실제투자액($s\cdot f(k)$)이 일치하는 E점에서 균형을 이루게 된다.

감가상각과 기술진보가 존재하는 경우의 균형식

1. 감가상각이 존재하는 경우

감가상각이 존재하면 이는 1인당 자본량의 감소를 가져오므로 자본증가율을 낮추는 효과가 발생한다. 따라서 1인당 자본량을 일정하게 유지하게 해주기 위해서는 감가상각률(d)만큼 투자가 필요해진다. 이에 따라 균형식은 다음과 같게 된다.

$$sf(k) = (n+\delta)k$$

2. 기술진보가 존재하는 경우

기술진보가 존재하면 1인당 노동생산성의 증가를 가져오는데, 이는 인구가 증가한 것과 동일한 효과를 가져온다. 따라서 1인당 자본량을 일정하게 유지하게 해주기 위해서는 기술진보율(g)만큼 투자가 필요해진다. 이에 따라 균형식은 다음과 같게 된다.

$$sf(k) = (n+g)k$$

3. 감가상각과 기술진보가 동시에 존재하는 경우

$$sf(k) = (n+\delta+g)k$$

4) 균형성장

(1) 균형성장

① 위의 식이 성립하는 k_e 수준의 자본노동계수 아래서 경제성장률이 일정하게 유지된다. 이때의 일정한 경제성장률은 노동성장률 (n)이나 자본성장률 $\left(\dfrac{s \cdot f(k)}{k}\right)$과 똑같게 된다.

② 균형성장 하에서는 노동과 자본이 일정한 성장률로 성장하고, 경제(국민소득수준)도 또한 일정한 성장률로 성장하게 되는 것이다.

(2) 균형의 결정과정

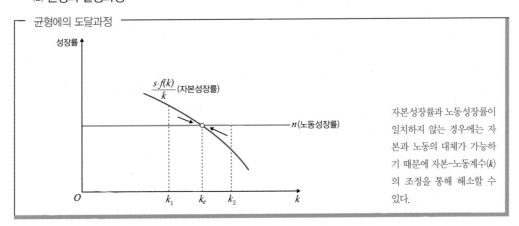

균형에의 도달과정

자본성장률과 노동성장률이 일치하지 않는 경우에는 자본과 노동의 대체가 가능하기 때문에 자본-노동계수(k)의 조정을 통해 해소할 수 있다.

① 자본노동계수가 k_1에 놓인 경우: 자본성장률 $\left(\dfrac{s \cdot f(k_1)}{k_1}\right)$이 노동성장률 n보다 크다. 이에 따라 자본노동계수 k가 상승하여 k_1보다 커지게 된다.

② 자본노동계수가 k_2에 놓인 경우: 자본성장률 $\left(\dfrac{s \cdot f(k_2)}{k_2}\right)$이 노동성장률 n보다 작다. 이에 따라 자본노동계수 k가 하락하여 k_2보다 작아지게 된다.

③ 위와 같은 조정과정을 거쳐 결국 균형수준 k_e에 도달하게 되는 것이다. 즉 일시적으로 k_e를 벗어난다 하더라도 다시 k_e로 수렴하여 안정적 성장을 하게 되는 것이다.

(3) 안정상태의 수리적 예

① 생산함수가 다음과 같다고 하자.

$$Y = L^{0.5}K^{0.5}$$

1인당 생산함수 $f(k)$를 도출하기 위하여 위 생산함수의 양 변을 L로 나누어 정리하면 다음과 같다.

$$\frac{Y}{L} = \frac{L^{0.5}K^{0.5}}{L} \text{ 에서 } \frac{Y}{L} = \left(\frac{Y}{L}\right)^{0.5} \text{로 정리된다.}$$

$y = \dfrac{Y}{L}$, $k = \dfrac{K}{L}$ 이므로 위 식은 다음과 같이 정리된다.

$$y = k^{0.5}, \text{ 즉 } y = \sqrt{k} \text{ 로 정리된다.}$$

결국 위 생산함수에 따르면 1인당 생산량은 1인당 자본량의 제곱근이 된다.

② 투자와 감가상각이 자본량에 미치는 영향을 다음과 같이 나타낼 수 있다.

$$\Delta k = sf(k) - \delta k$$

위 식은 k가 시간이 지남에 따라 어떻게 변화하는지를 알려준다. 그런데 안정상태는 정의에 따라 $\Delta k = 0$인 k의 값이므로 다음과 같다.

$$0 = sf(k)^* - \delta k \text{ 또는 } \frac{k^*}{f(k)^*} = \frac{s}{\delta}$$

③ 위 식을 이용하면 안정상태의 자본량을 구할 수 있다.

예컨대 저축률 s가 30%이고, 감가상각률 δ가 10% 그리고 $y = \sqrt{k}$ 라고 하면 다음의 식이 성립한다.

$$\frac{k^*}{f(k)^*} = \frac{k^*}{\sqrt{k}} = \frac{0.3}{0.1} \text{ 에서 양변을 제곱하면 } k^* = 9 \text{가 성립된다.}$$

기출확인

자료에 제시된 성장모형에 대한 설명으로 옳은 것을 〈보기〉에서 모두 고르면? [2011]

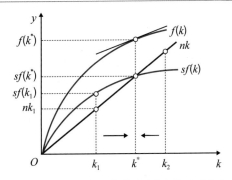

이 성장모형은 규모에 대한 보수가 불변인 1차 동차 총생산함수를 가정하기 때문에 1인당 생산량(y)은 자본-노동비율(k)만의 함수가 된다. 그리고 경제가 최초에 어디에서 출발하든 간에 결국에는 $sf(k)=nk$ 를 만족시키는 k^*로 수렴한다. 이렇게 노동 및 자본의 완전고용이 동시에 달성되는 상태를 균제상태 또는 는 정상상태(steady state)라고 부른다.

[여기서 s는 저축성향, n은 인구증가율, k는 자본-노동비율(또는 1인당 자본량), y는 1인당 생산량(또는 1인당 국민소득)을 나타낸다.]

──────〈 보 기 〉──────

ㄱ. k의 추가적인 증가에 따른 추가적인 y의 증가분은 체증한다.
ㄴ. 다른 조건이 일정할 때, 인구증가율이 높아지면 1인당 국민소득은 감소한다.
ㄷ. 다른 조건이 일정할 때, 시간이 지남에 따라 국가 간의 소득 격차가 점차 확대된다.
ㄹ. 다른 조건이 일정할 때. 저축률이 증가하면 완전고용을 달성하는 1인당 자본량이 증가하고 1인당 국민소득도 증가한다.

① ㄱ, ㄴ
② ㄱ, ㄷ
③ ㄴ, ㄷ
④ ㄴ, ㄹ
⑤ ㄷ, ㄹ

분석하기

- 솔로(R. Solow) 모형에서는 노동과 자본이 대체가능한 1차 동차 생산함수를 가정한다. 이에 따라 k의 추가적인 증가에 따른 추가적인 y의 증가분은 체감하게 된다(ㄱ).
- 다른 조건이 일정할 때, 인구증가율이 높아지면 필요투자선(nk)가 상방으로 이동하여 새로운 균제상태에서 1인당 국민소득은 감소한다(ㄴ).
- 솔로(R. Solow) 모형에서는 노동과 자본이 대체가능한 1차 동차 생산함수를 가정한다. 이에 따라 경제는 궁극적으로 정체되어 시간이 지남에 따라 국가 간 소득 격차가 점차 좁혀지는 수렴가설이 성립하게 된다(ㄷ).
- 다른 조건이 일정할 때. 저축률이 증가하면 실제투자선[$sf(k)$]이 상방으로 이동하여 새로운 균제상태에서 1인당 자본량과 1인당 국민소득은 모두 증가한다(ㄹ).

정답 ④

사례 연구 **지속적인 성장을 위한 조건**

1. 장기에 있어서 노동자 1인당 산출량이 일정한 양(+)의 값을 유지하기 위해 필요한 것은 무엇인가?

1) 당연히 노동자 1인당 자본량이 증가해야만 한다. 그리고 그 뿐만 아니라 자본의 수확체감으로 인해 노동자 1인당 자본량은 노동자 1인당 산출량보다 더 빠른 속도로 증가해야 한다. 이는 결국 매년 경제가 산출량 중에서 더 많은 부분을 저축해서 자본축적에 쏟아 부어야 한다는 것을 의미한다. 시간이 지나 일정 시점에 다다르면 저축되어야 할 산출량의 비중이 1보다 더 커져야 하는 상황이 생겨나게 된다. 당연히 이것은 불가능한 일이다.

2) 결국 이러한 이유 때문에 일정한 수준의 성장률을 영원히 지속한다는 것은 불가능해진다. 이에 따라 장기에 있어 노동자 1인당 자본량은 일정한 값을 가질 것이고, 노동자 1인당 산출량 역시 일정한 값을 가지게 된다.

2. 저축률이 증가하면 노동자 1인당 산출량의 성장률은 일정 기간 동안만 더 높아진다. 그러나 영원히 더 높아질 수는 없다. 그 이유는?

1) 저축률의 증가가 노동자 1인당 산출량의 장기 성장률에 영향을 미치지 못하기 때문이다. 장기 성장률은 0과 같은 상태를 지속할 것이다.

2) 저축률의 증가가 노동자 1인당 산출량의 장기적 수준의 증가로 이어질 수는 있다. 즉 저축률의 증가에 따라 노동자 1인당 산출량이 증가하면 경제는 양(+)의 성장률을 보이는 시기를 경험하게 될 것이다. 그러나 이러한 성장의 시기는 경제가 새로운 균제상태에 도달하게 되면 멈추게 된다. 즉 저축률이 증가하면 1인당 산출량이 증가하기는 하지만 일단 균제상태에 도달하면 1인당 산출량은 계속해서 균제상태 산출량이 유지되어, 1인당 산출량 증가율은 '0'이 된다.

확인 TEST

다음 중 솔로우(Solow) 성장 모형에 대한 설명으로 옳은 것은?

① 자본 투입이 증가함에 따라 경제는 지속적으로 성장할 수 있다.
② 저축률이 상승하면 정상상태(steady state)의 1인당 자본은 증가한다.
③ 자본투입이 증가하면 자본의 한계생산이 일정하게 유지된다.
④ 인구증가율이 상승하면 정상상태의 1인당 자본이 증가한다.

해설 • 저축률이 상승할 때, 정상상태의 변화를 그림으로 나타내면 다음과 같다.

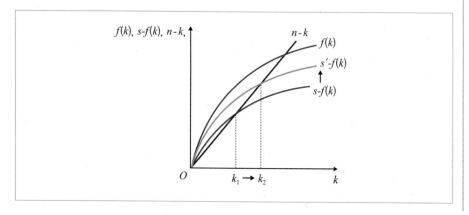

- 저축률 상승에 따라 새로운 정상상태에서의 1인당 자본량이 k_1에서 k_2로 증가한다는 것을 확인할 수 있다.
- 솔로우(Solow) 성장 모형에서는 '$Y=AL^\alpha K^\beta(\alpha+\beta=1)$' 형태의 1차 동차 생산함수를 전제한다. 이에 따라 수확체감의 법칙이 성립한다. 즉, 자본의 한계생산이 체감하게 된다. 이것은 자본 투입이 증가할 때, 언젠가는 산출량 증가가 정체된다는 의미이다. 따라서 자본 투입만을 기지고서는 지속적인 성장을 기대할 수 없다(①, ③).
- 인구증가율이 상승할 때, 정상상태의 변화를 그림으로 나타내면 다음과 같다.

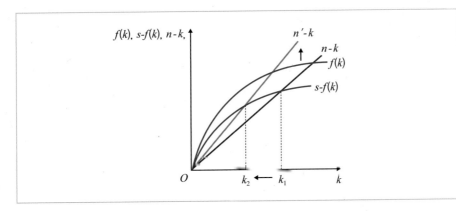

- 인구증가율 상승에 따라 새로운 정상상태에서의 1인당 자본량이 k_1에서 k_2로 감소한다는 것을 확인할 수 있다(④).

 ②

❹ Solow 모형의 현실 설명력

(1) 장기적으로 경제는 초기의 경제여건과 무관한 균제상태에 도달한다. ⇒ 수렴가설

(2) 균제상태에서 자본량은 소득과 같은 속도로 증가하고 1인당 자본량은 일정하다.

(3) 균제상태에서의 1인당 소득수준은 저축률과 인구증가율에 의존한다. 저축률이 높을수록 그리고 인구증가율이 낮을수록 1인당 소득은 높아진다.

(4) 기술진보가 있을 경우 균제상태에서 1인당 소득의 증가율은 기술 진보율과 동일하며 지축률이나 인구증가율과는 무관하다.

(5) 균제상태에서 자본의 한계생산물은 일정하다. 그러나 노동의 한계생산물은 Harrod 중립적 기술 진보율과 동일한 속도로 증가한다.

```
┌ 수렴가설 ──────────────────────────────
1. 의미: 후진국이 선진국보다 훨씬 더 빨리 성장하여 선진국으로 수렴한다는 것이다.
2. 논거
  1) 각국은 시간이 경과하면서 정상상태로 수렴하므로, 1인당 자본량이 적은 후진국의 자본생산성은 상대적
     으로 높기 때문에 선진국을 결국 따라잡게 된다는 것이다. ⇒ '따라잡기 효과'
```

2) 자본량이 적은 후진국에서의 자본의 수익률이 선진국보다 높기 때문에 자본시장이 개방되면서 자본은 선진국으로부터 수익률이 높은 후진국으로 이동하려는 유인이 있게 된다는 것이다.

3) 기술이나 지식의 차이가 선·후진국을 가늠하는 데 중요한 요소가 된다면, 선진기술이나 지식이 후진국으로 전파되면서 선·후진국 간의 기술이나 지식의 차이가 점점 좁혀지게 됨으로써 후진국의 선진국 접근이 가능하게 된다.

성장회계

- 경제가 몇 % 성장하였는데, 각 요소가 그 중 몇 %만큼을 기여했는가를 분석하는 것을 말한다. 이렇게 경제성장에 기여한 요소별 분석을 통해 성장의 요인을 알 수 있다.

- 성장회계 기본식

  1차동차 생산함수인 $Y = A \cdot L^{\alpha} \cdot K^{\beta}(\alpha + \beta = 1)$을 전제로 다음 식이 성립한다.

$$\frac{\Delta Y}{Y} = \frac{\Delta A}{A} + \alpha \cdot \frac{\Delta L}{L} + \beta \cdot \frac{\Delta K}{K}$$

(단, $\frac{\Delta Y}{Y}$:경제성장률, $\frac{\Delta A}{A}$:총요소생산성 증가율, α:노동분배율(=생산의 노동탄력성), $\frac{\Delta L}{L}$:노동증가율, β:자본분배율(=생산의 자본탄력성), $\frac{\Delta K}{K}$:자본증가율이다.)

위 식에서 $\frac{\Delta A}{A}$가 생산성 기여도, $\alpha \cdot \frac{\Delta L}{L}$가 노동 기여도, $\beta \cdot \frac{\Delta K}{K}$가 자본 기여도이다.

- 생산성 기여도인 $\frac{\Delta A}{A}$를 '총'요소생산성 증가율이라 하여 '총'이라는 글자를 사용하는 이유는, 계수 A가 노동과 자본의 생산성 모두에 영향을 주기 때문이다.

확인 TEST

다음은 A국, B국, C국을 대상으로 지난 10년 기간의 성장회계(growth accounting)를 실시한 결과이다. 이에 대한 설명으로 옳은 것은?

(단위: %)

	경제 성장률	자본 배분율	노동 배분율	자본 증가율	노동 증가율
A국	9	40	60	10	5
B국	7	50	50	4	4
C국	8	50	50	10	4

① 경제성장에 대한 자본의 기여도가 가장 큰 국가는 A국이다.
② A국의 경우 노동이나 자본보다 총요소생산성 증가가 경제성장에 가장 큰 기여를 했다.
③ 총요소생산성 증가의 경제성장에 대한 기여도가 가장 큰 국가는 B국이다.
④ C국의 총요소생산성의 경제성장에 대한 기여도는 2%이다.

해설 · 총생산함수가 $Y=A \times N^{\alpha} \times K^{\beta}(\alpha+\beta=1)$로 주어진 경우, 성장회계 기본식은 다음과 같다.

- $$\frac{\Delta Y}{Y} = \frac{\Delta A}{A} + \alpha \times \frac{\Delta N}{N} + \beta \times \frac{\Delta K}{K}$$
- 경제성장률=총요소생산성 증가율+노동소득분배율×노동증가율+자본소득분배율×자본증가율

· 이를 전제로 성장회계를 통한 각 국의 각 요소들의 경제성장에 대한 기여도를 표로 정리하면 다음과 같다.

	노동 기여도 $\left(\alpha \times \frac{\Delta N}{N}\right)$	자본 기여도 $\left(\beta \times \frac{\Delta K}{K}\right)$	총요소생산성 기여도 $\left(\frac{\Delta A}{A} = \frac{\Delta Y}{Y} - \alpha \times \frac{\Delta N}{N} - \beta \times \frac{\Delta K}{K}\right)$
A국	$0.6 \times 5 = 3(\%)$	$0.4 \times 10 = 4(\%)$	9%−3%−4%=2%
B국	$0.5 \times 4 = 2(\%)$	$0.5 \times 4 = 2(\%)$	7%−2%−2%=3%
C국	$0.5 \times 4 = 2(\%)$	$0.5 \times 10 = 5(\%)$	8%−2%−5%=1%

① 경제성장에 대한 자본의 기여도가 가장 큰 국가는 C국이다.
② A국의 경우 자본 증가가 경제성장에 가장 큰 기여를 했다.
④ C국의 총요소생산성의 경제성장에 대한 기여도는 1%이다.

정답 ③

제 4 편
국제경제학

제19장 국제무역론

제20장 국제수지론과 환율론

제21장 개방경제하의 거시경제 균형

제19장
국제무역론

Theme 77 절대우위론과 비교우위론

중상주의(mercantilism) 국제무역론

금과 은이 화폐로 통용되던 시기였던 16세기에서 18세기에 걸쳐 발달한 중상주의 이론은 국부와 국력의 원천을 자국의 금고에 쌓인 금과 은의 양이라고 생각하였다. 따라서 이러한 금과 은의 축적을 위한 경제 정책의 핵심 내용은 국내 산업의 보호와 해외시장의 개척이었다. 이를 위해 수출을 장려하고 수입을 억제하는 보호무역정책을 실시하였다. 여기서 세계 전체의 금과 은의 양은 한정되어 있으므로 중상주의의 입장에서 국제무역이란 결국 한정된 금과 은을 여러 국가 사이에 재분배하는 이른바 '제로-섬 게임(zero-sum game)'으로 인식하였다. 이들의 견해를 따르게 되면 국제무역은 국제무역에 참가하는 모든 나라에 이익을 줄 수 없고 부(富)의 창조적 원천이 되지 못한다.

---

❶ 스미스(A. Smith)의 절대우위론(절대생산비설)

1) 의의

(1) **절대우위(absolute advantage)의 개념**: 한 나라가 어떤 산업에서 다른 나라보다 생산조건이 유리할 때 그 산업에 절대우위가 있다고 하고, 불리할 때 절대열위(absolute disadvantage)에 있다고 한다.

(2) **무역의 성립**: 각국은 절대우위가 있는 산업에 특화(완전한 특화)하여 생산한 후 서로 생산물을 교환함으로써 교역당사국 모두가 사회적 이익을 증대시킬 수 있다. ⇒ 국제무역은 'positive-sum game'

(3) **기본 가정**

① 2국 2재화 1생산요소(노동)의 모형을 가정하고, 이때 각국의 노동의 질은 동일하다. ⇒ 노동생산성이 동일하다.

② 각국의 생산요소는 일정량으로 정해져 있으며, 이 생산요소는 항상 완전고용 상태를 갖는 동질적(homogeneous)인 생산요소이다.

③ 각국의 생산방식은 서로 다르다. ⇒ 상이한 생산함수

④ 노동의 이동은 국내에서 자유롭게 이루어진다. 그런데 생산요소는 더 높은 보수를 지급하는 산업으로 이동하게 된다. 이에 따라 노동의 이동이 국내에서는 자유롭기 때문에 노동의 산업 간 보수의 차이는 없다.

⑤ 생산요소 투입에 따른 수확 불변(기회비용 일정: 생산가능곡선이 직선) ⇒ 재화 1재화를 생산하는 데 필요한 노동의 투입량은 항상 일정하다.

2) 투입계수(input coefficient)

⑴ 노동 투입계수와 노동 생산성

① 노동 투입계수(L_Q)는 상품(Q) 1단위를 생산하기 위해 필요한 노동량(L)을 의미한다. 이에 따라 노동 투입계수(L_Q)이 노동 생산성($\frac{Q}{L}$)을 다음과 같이 나타낼 수 있다.

> • $L_Q = \dfrac{L}{Q}$ (L은 노동(시간) 투입량, Q는 생산량), $Q = \dfrac{L}{L_Q} \Rightarrow \dfrac{1}{L_Q} = \dfrac{Q}{L}$ (= 노동생산성)

② 이를 통해 노동 투입계수는 노동생산성과 역(−)의 관계에 있음을 알 수 있다.

⑵ 노동 투입계수와 절대우위

① A국의 X재 노동 투입계수를 '$L_X^A = \left(\dfrac{L}{X}\right)^A$', B국의 X재 노동 투입계수를 '$L_X^B = \left(\dfrac{L}{X}\right)^B$'라고 가정하자.

② 만약 '$L_X^A < L_X^B$'가 성립한다면, X재 한 단위를 생산하는데 필요한 노동투입량이 A국이 B국보다 적다는 것을 의미한다. 이러한 결과에 따라 A국이 X재 생산에 절대우위를 갖는다고 정의한다. 이것은 또한 B국이 X재 생산에 절대열위를 갖는다는 것을 의미한다.

3) 사례

상품 ＼ 국가	영국	포르투갈
옷감(1단위)	100인 노동	110인 노동
포도주(1단위)	120인 노동	80인 노동

※ 각 수치는 재화를 생산하기 위해 필요한 노동을 의미한다.

⑴ 영국의 옷감에 대한 절대생산비와 포르투갈의 포도주에 대한 절대생산비가 각각 상대국에 비해 작으므로 영국은 옷감, 포르투갈은 포도주에 특화가 이루어진다.

⑵ **옷감과 포도주의 교환비율이 1:1이라고 가정**

① **영국의 경우**: 무역이 없다면 영국은 포도주 1단위 생산에 120인 노동을 필요로 하나 무역을 함으로써 100인 노동으로 옷감 1단위를 생산하여 포도주 1단위와 교환할 수 있으므로, 여분의 20인 노동으로 옷감 20/100단위 더 생산함으로써 추가로 생산하여 소비가 가능한 0.2단위의 옷감이 무역의 이익이 된다.

② **포르투갈의 경우**: 같은 이유로 포르투갈은 포도주 생산에 특화함으로써 포도주 0.375단위 (30/80)를 더 생산·소비할 수 있으므로 0.375단위의 포도주가 무역의 이익이 된다.

⑶ **결론**: 생산요소 절약 면에서 영국은 20인의 노동력이 절약되고, 포르투갈은 30인의 노동력이 절약되어 이를 통해 생산물의 추가 생산·소비가 가능하므로 두 나라 모두에게 이익이 돌아가게 된다. 이것은 어느 한 재화의 생산을 줄이지 않고도 다른 재화의 생산이 더 늘어날 수 있기 때문이다.

교역조건(terms of trade)

교역조건이란 본국의 수출재 1단위와 교환되는 수입재의 양을 말한다.

자국의 수출품을 *X*재, 수입품을 *Y*재라 하면 교역조건은 $\dfrac{Y}{X} = \dfrac{P_X}{P_Y}$이다.

교역조건은 무역의 이익을 측정하는 데 이용되며, 폐쇄경제 하에서의 국내 상대 가격과 개방 후의 교역 조건의 차이가 크면 클수록 무역으로 인한 이득은 크다.

---

4) 도해적 설명(영국의 경우)

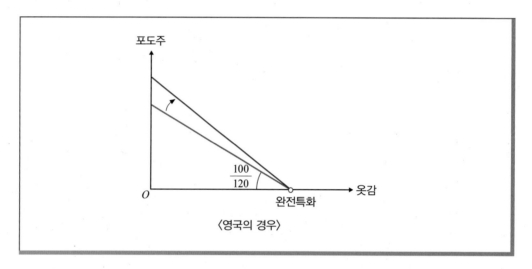

〈영국의 경우〉

(1) 자급자족 경제(autarky)에서는 생산가능영역(검정선 안쪽 영역)과 소비가능영역은 일치하에 된다. 그러나 양 국 사이에서 무역이 시작되면 '*TOT* = 1'에 따라 생산가능영역(검정선 안쪽 영역)과 소비가능영역(빨강선 안쪽 영역)은 분리된다.

(2) 무역 후 소비가능영역(빨강선 안쪽 영역)은 자급자족 경제에서의 소비가능영역(검정선 안쪽 영역) 보다 더 넓어져서 해당 국가의 국민은 이전에 비해 더 많은 소비가 가능해지게 된다. 이것이 무역을 통해 얻을 수 있는 이점이 된다.

국익을 위한 것은?

중상주의는 국가가 보유한 금과 같은 귀금속(화폐)을 부로 간주했다. 따라서 국부를 증가시키기 위해서 다른 나라와의 무역을 통해 외국의 귀금속을 획득했다. 또한 일단 확보된 귀금속은 외부로 유출되는 것을 최대한 억제했다. 따라서 중상주의는 중금주의(bullionism)라고 불리기도 한다. 귀금속을 축적하기 위한 수단은 수출을 증대하고 수입은 최대한 억제하는 무역정책이다.

비싼 상품은 수출하고 수입은 원자재로 한정했다. 원자재를 제외한 수입품에는 높은 관세를 부과하고, 외국에서 값싸게 구입할 수 있는 상품이라도 국내에서 비싸게 생산했다. 결국 중상주의 정책은 수출시장을 확보하기 위한 국가 사이의 치열한 경쟁(cut-throat competition)으로 때에 따라서 전쟁까지도 불사했다.

중상주의는 세계 전체로 보았을 때 금·은과 같은 귀금속이 한정되어 있다고 여겼다. 따라서 무역에서 한 나라가 이익을 얻으면 상대국은 그만큼 손해를 보게 된다. 결국 중상주의 사고의 본질은 제로섬(zero sum) 개념인 것이다. 마치 현금상자에 보관중인 현금의 양이 일정한 경우에 한 사람이 돈을 더 가지면 다른 사람은 덜 가져야 하는 경우와 같다. 따라서 중상주의를 '현금상자 사고(cash box thinking)'라고 설명하는 사람도 있다.

중상주의에 대한 신랄한 비판은 18세기 말 애덤 스미스에 의해서 제기되었다. 스미스는 세계 전체의 부가 일정하고, 부의 원천이 유통(무역)을 통하여 이루어진다고 간주한 중상주의의 기본적 시각에 대해 통렬한 비판을 가했다. 스미스(그의 사후에는 리카도)는 국부는 국가나 왕실 금고 속에 보관된 금·은과 같은 귀금속이 아니라 국민들에게 가용한 상품과 용역이라고 주장했다. 당시로서는 가히 혁명적인 시각이다. 이는 유통 부문에서 국부의 원천을 찾은 중상주의를 배격하고 제조업 생산 부문이 부의 원천임을 밝힌 것으로 당시 상업사회에서 산업사회로의 이행이 바람직함을 설파한 이론적 근거를 마련했다. 스미스는 더 나아가서 국제무역이 치열한 경쟁을 필요로 하는 제로섬 게임이 아니라 오히려 무역 당사자 양측 모두에게 혜택이 가는 포지티브섬(positive sum)이라고 주장했다. 이러한 주장의 이론적 근거는 절대우위(absolute advantage) 개념이었다.

❷ 리카도(D. Ricardo)의 비교우위론(비교생산비설)

1) 의의

(1) **비교우위(comparative advantage)의 개념**: 어떤 나라가 어떤 상품의 생산에 있어서 생산비가 상대적으로 싼 경우(⇒ 다른 나라보다 절대우위가 비교적 더 있거나 절대열위가 비교적 적게 있는 것)를 말한다.

(2) **무역의 성립**: 한 국가가 모두 절대우위에 있다 하더라도 각국이 비교우위에 있는 재화에 특화(완전 특화)하여 생산한 후 서로 생산물을 교환함으로써 교역당사국 모두가 사회적 이익을 증대시킬 수 있다.

(3) **기본 가정**

① 2국 2재화 1생산요소(노동)의 모형을 가정하고, 이때 각국의 노동의 질은 동일하다. ⇒ 동일한 노동생산성

② 각국의 생산요소는 일정량으로 정해져 있으며, 이 생산요소는 항상 완전고용 상태를 갖는 동질적(homogencous)인 생산요소이다.

③ 각국의 생산방식은 서로 다름 ⇒ 생산함수가 상이하다.

④ 노동의 이동은 국내에서는 자유로우나 국가 간에는 불가능하다. 이에 따라 같은 생산요소라고 하더라도 국가 간 생산요소에 대한 보수의 차이는 나타날 수 있다.

⑤ 생산요소 투입에 따른 수확 불변(기회비용 일정: 생산가능곡선이 직선) ⇒ 재화 1재화를 생산하는 데 필요한 노동의 투입량은 항상 일정

2) 노동 투입계수(input coefficient)와 비교우위

(1) 노동 투입계수와 노동 생산성

① 노동 투입계수(L_Q)는 상품(Q) 1단위를 생산하기 위해 필요한 노동량(L)을 의미한다. 이에 따라 노동 투입계수(L_Q)와 노동생산성($\frac{Q}{L}$)을 다음과 같이 나타낼 수 있다.

$$Q = \frac{L}{L_Q} \Rightarrow \frac{1}{L_Q} = \frac{Q}{L} (= \text{노동생산성}), \quad L_Q = \frac{L}{Q} (L\text{은 노동(시간) 투입량}, Q\text{는 생산량})$$

② 이를 통해 노동 투입계수는 노동생산성과 역(−)의 관계에 있음을 알 수 있다.

(2) 국내 상대가격 결정

① 양 국의 노동이 동질적이며 X재와 Y재 산업 간 자유롭게 이동하고, 노동시장이 완전경쟁이라 가정하면 양 국에서 두 재화의 가격은 단위당 노동투입량, 즉 노동 투입계수에 의하여 결정된다. 이에 따라 양 국의 노동 단위당 임금이 W일 때, A국과 B국의 생산물가격과 두 재화의 국내 상대가격은 다음과 같이 결정된다.

> • A국
>
> ⓐ X재 노동 투입계수: $L_X^A = \left(\frac{L}{X}\right)^A$, Y재 노동 투입계수 : $L_Y^A = \left(\frac{L}{Y}\right)^A$
>
> ⓑ 두 재화의 가격: $P_X^A = L_X^A \times W^A$, $P_Y^A = L_Y^A \times W^A$
>
> ⓒ X재의 상대가격: $\left(\frac{P_X}{P_Y}\right)^A = \frac{L_X^A \times W^A}{L_Y^A \times W^A} = \frac{L_X^A}{L_Y^A} = \left(\frac{L}{X}\right)^A / \left(\frac{L}{Y}\right)^A = \left(\frac{Y}{X}\right)^A$
>
> ⓓ X재 (노동)생산성: $\left(\frac{X}{L}\right)^A$, Y재 (노동)생산성: $\left(\frac{Y}{L}\right)^A$
>
> ⓔ X재의 상대적 생산성: $\left(\frac{X}{L}\right)^A / \left(\frac{Y}{L}\right)^A = \left(\frac{1}{L_X}\right)^A / \left(\frac{1}{L_Y}\right)^A = \left(\frac{L_Y}{L_X}\right)^A = \left(\frac{P_Y}{P_X}\right)^A = 1 / \left(\frac{P_X}{P_Y}\right)^A$
>
> ⇒ X재의 상대적 생산성은 결국 X재의 상대가격의 역수와 같다는 것을 알 수 있다. 이것은 한 재화의 상대가격이 작을수록 상대적 생산성은 크다는 것을 의미한다.

> • B국
>
> ⓐ X재 노동 투입계수: $L_X^B = \left(\dfrac{L}{X}\right)^B$, Y재 노동 투입계수 : $L_Y^B = \left(\dfrac{L}{Y}\right)^B$
>
> ⓑ 두 재화의 가격: $P_X^B = L_X^B \times W^B$, $P_Y^B = L_Y^B \times W^B$
>
> ⓒ X재의 상대가격: $\left(\dfrac{P_X}{P_Y}\right)^B = \dfrac{L_X^B \times W^B}{L_Y^B \times W^B} = \dfrac{L_X^B}{L_Y^B} = \left(\dfrac{L}{X}\right)^B / \left(\dfrac{L}{Y}\right)^B = \left(\dfrac{Y}{X}\right)^B$
>
> ⓓ X재 (노동)생산성: $\left(\dfrac{X}{L}\right)^B$, Y재 (노동)생산성: $\left(\dfrac{Y}{L}\right)^B$
>
> ⓔ X재의 상대적 생산성: $\left(\dfrac{X}{L}\right)^B / \left(\dfrac{Y}{L}\right)^B = \left(\dfrac{1}{L_X}\right)^B / \left(\dfrac{1}{L_Y}\right)^B = \left(\dfrac{L_Y}{L_X}\right)^B = \left(\dfrac{P_Y}{P_X}\right)^B = 1 / \left(\dfrac{P_X}{P_Y}\right)^B$
>
> ⇒ X재의 상대적 생산성은 결국 X재의 상대가격의 역수와 같다는 것을 알 수 있다. 이것은 한 재화의 상대가격이 작을수록 상대적 생산성은 크다는 것을 의미한다.

② 앞의 결과를 통해 각국의 국내 상대가격은 산업 간 상대적 노동생산성에 의해 결정됨을 알 수 있다. 또한 양 국의 국내 상대가격과 각국의 산업 간 상대적 노동생산성 사이에는 다음 관계가 성립됨을 알 수 있다.

> • $\left(\dfrac{P_X}{P_Y}\right)^A < \left(\dfrac{P_X}{P_Y}\right)^B \Rightarrow \left(\dfrac{L/X}{L/Y}\right)^A < \left(\dfrac{L/X}{L/Y}\right)^B \Rightarrow \left(\dfrac{X/L}{Y/L}\right)^A > \left(\dfrac{X/L}{Y/L}\right)^B$
>
> $\Rightarrow$ A국 X재 상대적 생산성 > B국 X재 상대적 생산성
>
> $\Rightarrow$ A국이 X재에 비교우위, B국이 Y재에 비교우위 성립

3) 사례

상품 \ 국가	미국	한국
자동차(X)	120인	80인
컴퓨터(Y)	100인	90인

※ 각 수치는 재화 1단위를 생산하기 위해 필요한 노동을 의미한다.

⑴ 각 국은 각 재화의 기회비용(상대가격)이 작은 비교우위 상품에 특화한다.

기회비용 \ 국가	미국	한국
자동차(X) 1단위의 기회비용	$\dfrac{120}{100}(=1.2)$단위의 컴퓨터	$\dfrac{80}{90}(=0.89)$단위의 컴퓨터
컴퓨터(Y) 1단위의 기회비용	$\dfrac{100}{120}(=0.83)$단위의 자동차	$\dfrac{90}{80}(=1.13)$단위의 자동차

따라서 기회비용이 상대적으로 작은, 한국은 자동차, 미국은 컴퓨터에 비교우위를 갖게 되며 이러한 상품으로 (완전)특화가 이루어진다.

노동투입계수를 이용한 비교우위 결정

- 미국(A국)

ⓐ X재 노동 투입계수: $L_X^A \left[= \left(\dfrac{L}{X} \right)^A \right] = 120$, Y재 노동 투입계수 : $L_Y^A \left[= \left(\dfrac{L}{Y} \right)^A \right] = 100$

ⓑ 두 재화의 가격: $P_X^A = L_X^A \times W^A$, $P_Y^A = L_Y^A \times W^A$

ⓒ X재의 상대가격: $\left(\dfrac{P_X}{P_Y} \right)^A = \dfrac{L_X^A \times W^A}{L_Y^A \times W^A} = \dfrac{L_X^A}{L_Y^A} = \dfrac{120}{100} = 1.2$

ⓓ X재 (노동)생산성: $\left(\dfrac{X}{L} \right)^A$, Y재 (노동)생산성: $\left(\dfrac{Y}{L} \right)^A$

ⓔ X재의 상대적 생산성: $\dfrac{(X/L)^A}{(Y/L)^A} = \left(\dfrac{1}{L^X} \right)^A / \left(\dfrac{1}{L^Y} \right)^A = \dfrac{1/120}{1/100} = \dfrac{100}{120} = 0.83 = 1 / \left(\dfrac{P_X}{P_Y} \right)^A$

⇒ X재의 상대적 생산성은 결국 X재의 상대가격의 역수와 같다는 것을 알 수 있다. 이것은 한 재화의 상대가격이 작을수록 상대적 생산성은 크다는 것을 의미한다.

- 미국(B국)

ⓐ X재 노동 투입계수: $L_X^B \left[= \left(\dfrac{L}{X} \right)^B \right] = 80$, Y재 노동 투입계수 : $L_Y^B \left[= \left(\dfrac{L}{Y} \right)^B \right] = 90$

ⓑ 두 재화의 가격: $P_X^B = L_X^B \times W^B$, $P_Y^B = L_Y^B \times W^B$

ⓒ X재의 상대가격: $\left(\dfrac{P_X}{P_Y} \right)^B = \dfrac{L_X^B \times W^B}{L_Y^B \times W^B} = \dfrac{L_X^B}{L_Y^B} = \dfrac{80}{90} = 0.89$

ⓓ X재 (노동)생산성: $\left(\dfrac{X}{L} \right)^B$, Y재 (노동)생산성: $\left(\dfrac{Y}{L} \right)^B$

ⓔ X재의 상대적 생산성: $\dfrac{(X/L)^B}{(Y/L)^B} = \left(\dfrac{1}{L^X} \right)^B / \left(\dfrac{1}{L^Y} \right)^B = \dfrac{1/80}{1/90} = \dfrac{90}{80} = 1.13 = 1 / \left(\dfrac{P_X}{P_Y} \right)^B$

⇒ X재의 상대적 생산성은 결국 X재의 상대가격의 역수와 같다는 것을 알 수 있다. 이것은 한 재화의 상대가격이 작을수록 상대적 생산성은 크다는 것을 의미한다.

⇒ 두 나라의 X재 상대가격을 비교해보면 '$\left(\dfrac{P_X}{P_Y} \right)^A > \left(\dfrac{P_X}{P_Y} \right)^B$'이 성립하여 X재에 대해서는 B국(한국)이 비교우위를 가지고 있음을 확인할 수 있다. 또한 두 나라의 X재 상대적 생산성을 비교해보면 '$\left[\left(\dfrac{(X/L)}{(Y/L)} \right)^A = 0.83 \right] < \left[\left(\dfrac{(X/L)}{(Y/L)} \right)^B = 1.13 \right]$'이 성립하여 역시 X재에 대해서는 B국(한국)이 비교우위를 가지고 있음을 확인할 수 있다.

(2) 컴퓨터와 자동차의 교역조건이 1 : 1이라고 가정

　① **한국의 경우**: 무역이 없다면 한국은 컴퓨터 1단위 생산에 90인 노동을 필요로 하나 무역을 함으로써 80인 노동으로 자동차 1단위를 생산하여 컴퓨터 1단위와 교환할 수 있으므로, 여분의 10인 노동으로 자동차를 10/80단위 더 생산함으로써 추가로 소비 가능한 0.125단위의 자동차가 무역의 이익이 된다.

　② **미국의 경우**: 같은 이유로 미국은 비교우위에 있는 컴퓨터를 특화하여 컴퓨터 0.2단위(20/100)를 더 생산·소비할 수 있으므로 0.2단위의 컴퓨터가 무역의 이익이 된다.

(3) 결론: 생산요소 절약 면에서 미국은 20인, 한국은 10인이 절약되어 이를 통해 생산물의 추가 생산·소비가 가능하므로 두 나라 모두에게 이익이 돌아가게 된다. 이것은 어느 한 재화의 생산을 줄이지 않고도 다른 재화의 생산이 더 늘어날 수 있었기 때문이다.

교역조건은 어떻게 결정되는지? ─────

교역조건은 한 국가의 수출재 가격과 수입재 가격의 비, 또는 수입재 수량과 수출재 수량의 비로 나타낼 수 있다. 한 재화의 가격은 교환되는 다른 재화의 수량으로도 나타낼 수 있다는 것을 기억한다.

$$교역조건(TOT) = \frac{수출재\ 가격(수입재\ 수량)}{수입재\ 가격(수출재\ 수량)}$$

이때 교역조건 수치는 단위기 없는 정수 값을 갖는다. 앞의 교역조건 식에서 분모와 분자에 있는 가격 또는 수량과 같은 단위가 서로 약분(상쇄)되기 때문이다.

만약 A국의 X재 1단위가 B국의 Y재 2단위와 교환된다고 가정하자. A국 입장에서의 교역조건(TOT^A)은 다음과 같이 나타낼 수 있다.

$$TOT^A = \frac{수입재\ 수량}{수출재\ 수량} = \frac{2}{1} = 2$$

이 결과는 A국이 X재 1단위를 수출할 때 그 대가로 2단위보다 더 많은 Y재를 얻을수록 교환을 통해 얻게 되는 이익이 더 커진다는 것을 의미한다. (이것은 또한 A국이 Y재 1단위를 얻기 위해 지급해야 하는 X재 수량이 0.5단위보다 작을수록 교환을 통해 얻게 되는 이익이 더 커진다는 의미이기도 하다.) 만약 A국에서 Y재 수량으로 나타낸 X의 국내 상대가격(= 기회비용)이 1.5라면 A국은 X재 1단위를 수출할 때 최소한 Y재 1.5단위보다 더 많이 받아야 교환을 통해 이익을 얻을 수 있게 된다. 이에 따라 교역조선이 2라면 A국은 B국과의 무역을 통해 국내에서의 교환보다 X재 1단위당 Y재 0.5단위씩의 이익을 더 얻을 수 있게 되는 것이다.

당연히 반대로 B국 입장에서의 교역조건(TOT^B)은 다음과 같이 나타낼 수 있다.

$$TOT^B = \frac{수입재\ 수량}{수출재\ 수량} = \frac{1}{2} = 0.5$$

이 결과는 B국이 Y재 1단위를 수출할 때 그 대가로 0.5단위보다 더 많은 X재를 얻을수록 교환을 통해 얻게 되는 이익이 더 커진다는 것을 의미한다. (이것은 또한 B국이 X재 1단위를 얻기 위해 지급해야 하는 Y재 수량이 2단위보다 작을수록 교환을 통해 얻게 되는 이익이 더 커진다는 의미이기도 하다.) 만약 B국에서 Y재 수량으로 나타낸 X재의 국내 상대가격(= 기회비용)이 3이라면 B국은 X재 1단위를 얻고자 할 때 Y재를 3단위보다 적게 지불해야 교환을 통해 이익을 얻을 수 있게 된다. 이에 따라 교역조건이 $\frac{1}{2}$이라면 B국은 A국과의 무역을 통해 국내에서의 교환보다 X재 1단위당 Y재 1단위씩의 이익을 더 얻을 수 있게 되는 것이다.

사례 연구 **교역조건 범위**

◈ A국, B국은 X재와 Y재만을 생산하고, 생산가능곡선은 각각 $X=2-0.2Y$, $X=2-0.05Y$이다. A국과 B국이 X재와 Y재의 거래에서 서로 합의할 수 있는 X재의 가격 범위는?

분석하기

• 주어진 문제는 양 국 모두에게 이익이 발생할 수 있는 교역조건 범위를 묻는 문제이다. 교역조건은 두 재화의 국제 상대가격으로 $\left(\frac{P_X}{P_Y}\right)_i$ 또는 $\left(\frac{Y}{X}\right)_i$로 나타낼 수 있다. 두 재화의 (절대)가격이 주어지면 전자의 방법으로, 두 재화의 수량이 주어지면 후자의 방법으로 나타낸다. 이것은 모두 X재 1단위당 교환되는 Y재의 수량으로 정의된 것이다.

• 사례에서는 생산가능곡선이 주어져 있으므로 각 국의 생산가능곡선의 (접선의) 기울기가 곧 Y재 수량으로 나타낸 X재의 상대가격이다. A국의 생산가능곡선을 Y로 정리하면 $Y=10-5X$이므로 상대가격은 $\left(\frac{Y}{X}\right)_A=5$,

B국의 생산가능곡선을 Y로 정리하면 $Y=40-20X$이므로 $\left(\dfrac{Y}{X}\right)_B=20$이 된다. 이에 따라 양 국 모두에게 이익을 주게 되는 X재의 가격범위, 즉 교역조건의 범위는 $5<\left(\dfrac{Y}{X}\right)_i<20$이다.

4) 도해적 설명

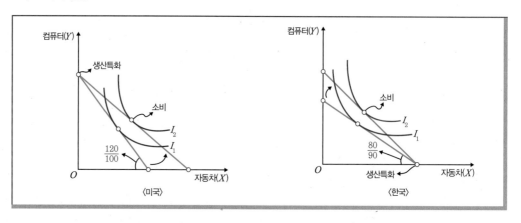

(1) **무역 이전 시(자급자족 시) 각국의 상대 가격: 생산가능곡선의 기울기**

　① 미국의 상대가격(자동차가격/컴퓨터가격)=120/100=1.2

　② 한국이 상대가격(자동차가격/컴퓨터가격)=80/90=0.89

─ 주의 ───────────────

　위 사례에서 자동차의 기회비용(상대가격)은 (자동차가격/컴퓨터가격) 또는 (컴퓨터수량/자동차수량)으로 나타낼 수 있다. 또한 생산가능곡선의 기울기와 같다.

　　이때의 생산가능영역과 소비가능영역은 일치한다.

(2) 무역에 따라 이 두 국내 상대가격 사이(80/90~120/100)에서 두 나라 사이의 교역조건이 결정된다.

(3) 무역 이후에 각국은 비교우위가 있는 생산물 생산에 완전 특화(complete specialization)한다. 이에 따라 생산가능영역에 비해 소비가능영역이 확대되어 무역을 통해 이익을 얻을 수 있게 된다.

─ 기회비용이 불변인 경우: 완전특화 ─────────────

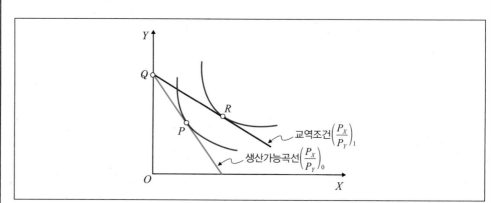

(1) 생산가능곡선
  ① 기회비용이 불변인 경우 생산가능곡선은 직선
  ② 완전경쟁시장을 가정하면 생산가능곡선의 기울기가 국내의 상대가격 $\left(\dfrac{P_X}{P_Y}\right)_0$

(2) 무역의 이익
  ① 먼저 무역을 하기 이전에 생산가능곡선과 사회후생함수가 P점에서 접했다면 P점에서 생산하고 소비할 것이다.
  ② 이제 교역조건이 $\left(\dfrac{P_X}{P_Y}\right)_1$로 주어지고, 이 가격선과 사회후생함수가 R점에서 접하면 이 나라는 Q점에서 생산하여 무역을 통해 R점에서 소비할 수 있게 되어 사회후생을 증가시키게 된다.

(3) 완전 특화: 국내상대가격 $\left(\dfrac{P_X}{P_Y}\right)_0$ > 국제상대가격 $\left(\dfrac{P_X}{P_Y}\right)_1$ 이면 이 나라는 Y재 가격이 상대적으로 싼 것이므로, Y재 생산에 비교우위를 갖게 되고 그래프와 같이 Q점으로 완전 특화하여 Y재만 생산한다.

5) 한계

(1) 노동가치설에 입각하여 생산요소가 노동 하나뿐이라고 가정함으로써 상품생산에 있어서 생산요소 간 대체관계가 감안되지 못했다.

(2) 노동의 한계생산성이 일정다고 전제하여 기회비용이 일정한 생산가능곡선과 비현실적인 완전특화가 이루어진다고 가정했다.

(3) 무역에 아무런 장애가 없음을 전제하고 있지만, 무역은 관세와 같은 많은 장벽을 뛰어넘어야 하는 것이 현실이다.

기출확인

다음은 갑국의 교역 전후 상황에 대한 자료이다. 〈작성 방법〉에 따라 서술하시오. [2021]

그림은 두 재화 X재, Y재에 대한 갑국의 생산 가능 곡선을 나타낸다. 현재 A에서 생산 및 소비를 하고 있는 갑국은 비교우위가 있는 재화에 특화하여 교역에 참여하기로 하였다. 해외시장에서 X재와 Y재는 1:2의 비율로 거래되고 있고, 갑국이 교역에 참여하더라도 해외 시장에서 거래 비율은 변하지 않는다(단, X재와 Y재는 완전 경쟁 시장에서 거래된다).

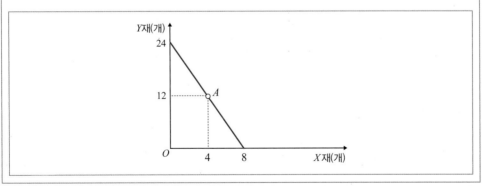

〈작성 방법〉

• 갑국의 X재와 Y재의 기회비용을 구하고, 어떤 재화에 비교우위가 있는지 서술할 것.
• 갑국이 교역에 참여하더라도 X재와 Y재 현재 소비량이 줄이들지 않기를 원한다면, 교역을 통해 갑국이 최대로 소비할 수 있는 X재와 Y재 각각의 수량을 쓸 것

분석하기

- X재의 기회비용: $\dfrac{Y}{X} = 3(= \dfrac{24}{8})$, Y재의 기회비용: $\dfrac{X}{Y} = \dfrac{1}{3}(= \dfrac{8}{24})$

- 국제상대가격(기회비용): $\dfrac{Y}{X} = 2$, 또는 $\dfrac{X}{Y} = \dfrac{1}{2}$

- 갑국의 비교우위 상품: Y재(∵ 비교우위는 국내 상대가격(기회비용)이 국제 상대가격(기회비용) 보다 작은 경우에 성립한다.)

- 갑국은 비교우위 상품인 Y재에 완전특화를 하여 Y재 24단위만을 생산하며 무역에 참여하게 된다. 이때 갑국이 Y재의 현재 소비량인 12단위를 유지하고자 한다면 교역조건(X재와 Y재는 1:2로 교환)에 따라 Y재 생산량 24단위 중에서 12단위를 수출하고 X재 6단위를 수입하여 소비할 수 있게 된다. 이에 따라 X재 6단위, Y재 12단위를 동시에 소비할 수 있게 되어 무역 이전과 비교할 때 두 재화 모두 소비량이 줄지 않게 된다. 반대로 갑국이 X재의 현재 소비량인 4단위를 유지하고자 한다면 교역조건(X재와 Y재는 1:2로 교환)에 따라 Y재 생산량 24단위 중에서 8단위를 수출하고 나머지 Y재 16단위를 소비할 수 있게 된다. 따라서 교역을 통해 갑국이 최대로 소비할 수 있는 X재와 Y재는 각각 X재 6단위, Y재 16단위가 된다.

기출확인

다음 자료에서 자유무역 후 을국이 소비하는 A재와 B재는 각각 몇 단위인지 순서대로 쓰시오. [2020]

갑국과 을국에서 A재, B재 각 1단위를 생산하는 데 필요한 노동 투입 시간은 아래 표와 같다. 양국은 노동시간만을 투입하여 생산하며 가용 노동시간은 1,000시간으로 동일하다. 무역은 양국 사이에서만 자유롭게 이루어지면 거래비용은 없다. 자유 무역 후 A재와 B재는 1대 1로 교환되고 갑국이 소비하는 A재와 B재의 양은 동일하다.

〈갑국과 을국의 노동 투입 시간〉

국가 \ 재화	A재	B재
갑국	100시간	50시간
을국	20시간	40시간

분석하기

- 주어진 조건에 따른 양국의 생산가능곡선을 그림으로 나타내면 다음과 같다.

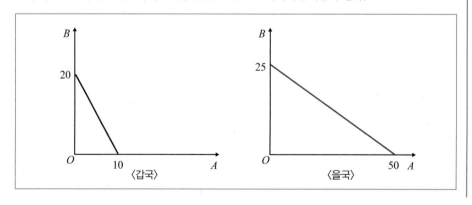

- 갑국의 A재 상대가격은 '$2\left(=\dfrac{20}{10}\right)$'이고, 을국의 A재 상대가격은 '$\dfrac{1}{2}\left(=\dfrac{25}{50}\right)$'이다. 비교우위는 상대가격이 작은 재화에 대해 성립하게 되므로 A재에 대해서는 을국이 비교우위를 갖게 되고, B재에 대해서는 갑국이 비교우위를 갖게 된다. 이에 따라 을국은 A재에 완전특화를 하여 50단위를 생산하고, 갑국은 B재에 완전특화를 하여 20단위를 생산하게 된다.
- 자유 무역 후 A재와 B재는 1대 1로 교환된다는 것은 교역조건$\left(=\dfrac{B재\ 수량}{A재\ 수량}\right)$이 '1'이라는 의미이고, 갑국이 소비하는 A재와 B재의 양은 동일하다는 것은 갑국은 생산한 B재 20단위 중 10단위를 을국이 생산한 A재 10단위와 교환하여 소비하게 된다는 의미이다. 이것은 곧 을국이 A재 50단위를 생산하여 10단위를 갑국의 B재 10단위와 교환하여 소비한다는 의미이기도 하다.
- 을국이 소비하는 A재와 B재: A재 40단위, B재 10단위

무엇을 수출하고 무엇을 수입하는가?

"서울 서초동에는 변론 능력이 매우 뛰어난 정용진 변호사가 있다. 그런데 그는 변론뿐만 아니라 타이핑 실력도 뛰어나 웬만한 비서보다도 타이핑 실력이 뛰어나다고 한다. 그렇다면 과연 정용진 변호사가 일하는 변호사 사무실에는 타이핑을 전담하는 비서가 필요할까?"

리카도(D. Ricardo)는 비교우위원리(the principles of comparative advantage)를 통하여 한 국가가 두 재화 모두에서 생산조건이 유리한 절대우위(the absolute advantage)를 갖고, 다른 국가가 두 재화 모두에서 생산조건이 불리한 절대열위를 갖는 경우에도 각국이 비교우위를 갖는 재화에 전문화(완전특화)하여 일정한 교역조건으로 생산·교환하면 양국 모두에게 이익을 가져다줄 수 있다고 설명한다. 여기서 비교우위란 '생산조건이 둘 다 유리해도 더 유리한 것, 둘 다 불리해도 덜 불리한 것'을 의미한다. 이러한 비교우위를 설명해주는 개념이 바로 기회비용이다.

이제 구체적인 사례를 통하여 비교우위 개념을 살펴보자. 다음은 갑국과 을국의 밀과 쌀의 생산가능곡선이다. 단, 투하되는 생산요소는 노동뿐이고, 부존 노동량이 동일하다고 가정하자.

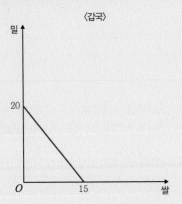

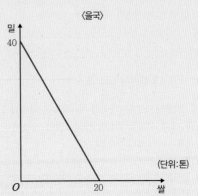

위 그림에 따르면 을국은 갑국에 비해 쌀과 밀 모두 더 많이 생산할 수 있으므로 두 재화 모두에서 절대우위를 가지고 있다. 이제 양국의 비교우위 상품을 정해보자. 위 그림을 기초로 각국의 쌀과 밀의 기회비용(상대가격)을 구하면 다음 표와 같이 나타낼 수 있다.

구분	쌀 1톤 생산의 기회비용(상대가격)	밀 1톤 생산의 기회비용(상대가격)
갑국	밀 $\frac{20}{15}\left(=\frac{4}{3}\right)$톤	쌀 $\frac{15}{20}\left(=\frac{3}{4}\right)$톤
을국	밀 $\frac{40}{20}$(=2)톤	쌀 $\frac{20}{40}\left(=\frac{1}{2}\right)$톤

어떤 경제적 선택을 할 때에는 기회비용이 작은 것이 경제적이다. 위 표에 따르면 쌀 1톤의 생산을 위한 희생(기회비용)이 작은 나라는 갑국이므로, 갑국은 쌀 생산에 비교우위가 있다. 한편 밀 1톤의 생산을 위한 희생(기회비용)이 작은 나라는 을국이므로, 을국은 밀 생산에 비교우위를 갖게 된다. 이에 따라 갑국은 쌀에 대해서, 을국은 밀에 대해서 완전특화를 통한 생산을 하게 된다. 여기서 완전특화란 비교우위 상품만을 생산한다는 의미이다.

그렇다면 이제는 교역조건(terms of trade)을 알아보자. 양국 모두에게 이익을 가져다주는 교역조건은 얼마인가? 예를 들어 갑국은 무역을 하기 전에 쌀 1톤을 생산하기 위해서는 밀을 $\frac{4}{3}$톤을 포기해야 한다. 이것은 갑국에서 쌀 1톤의 가치는 밀 $\frac{4}{3}$톤에 해당한다는 것이고, 그만큼의 밀과 교환될 수 있다는 의미이다. 따라서 무역을 통해서 국내에서의 거래보다 이익을 얻기 위해서는 최소한 쌀 1톤과 $\frac{4}{3}$톤보다 더 많은 밀과 교환되어야 한다. 또한 을국은 무역을 하기 전에 쌀 1톤을 생산하기 위해서는 밀을 2톤을 포기해야 한다. 이것은 을국에서 쌀 1톤의 가치는 밀 2톤에 해당한다는 것이고, 이는 곧 쌀 1톤을 얻기 위해서는 밀 2톤을 제공해야 한다는 것이다. 따라서 무역을 통해서 국내에서의 거래보다 이익을 얻기 위해서는 쌀 1톤을 얻기 위해서 2톤보다 적은 밀을 제공할 수 있어야 한다. 결국 양국 모두에게 무역을 통한 이익이 발생하기 위해서는 쌀 1톤이 밀 $\frac{4}{3}$톤보다 크고 2톤보다는 작게 교환되어야 하는 것이다 $\left(\frac{4}{3}톤 < \frac{밀}{쌀} < 2톤\right)$.

이제 앞에서 제기한 문제는 쉬운 문제가 되었을 것이다. 정용진 변호사는 변론과 타이핑 모두를 비서보다 잘하지만 그래도 상대적으로 더 잘하는 것은 변론이므로 변론만 해야 하는 것이 합리적이다. 왜냐하면 정 변호사가 타이핑을 한다는 것은 자신의 월등한 변론업무를 포기함을 의미하기 때문이다. 즉 기회비용이 매우 크기 때문인 것이다. 당연히 비서는 변론과 타이핑 모두 변호사보다 잘하지 못하지만 그래도 상대적으로 덜 못하는(즉, 상대적으로 더 잘하는) 타이핑만 해야 하는 것이다.

무역이 발생하지 않는 경우

일반적으로 한 나라가 두 재화에 대해서 모두 절대우위를 갖고 있다하여도 비교우위에 따른 특화를 통해 양국 간에 국제무역이 발생하는 것이 가능하다. 그러나 다음과 같은 생산비 조건의 경우에는 비교우위론에 따른 국제무역이 발생하지 않는다.

(각 수치는 재화 1단위를 생산하기 위해 필요한 노동투입량)

	휴대폰(X재)	MP3(Y재)
A국	1	2
B국	2	4

위와 같은 경우에는 A국이 X재, Y재 모두에 있어 절대우위를 갖고 있지만, 두 재화의 상대가격(P_X/P_Y)이 모두 0.5가 되어 어떤 재화에 대해서도 비교우위를 정할 수 없다. 이에 따라 양국 간에는 서로에게 이익을 가져다주는 무역이 발생하지 않는 것이다.

국제무역에 관한 그릇된 견해와 비교우위론
---

1. 국제 경쟁에서 이길 수 있는 국가만이 국제무역으로부터 이득을 얻을 수 있다는 오해가 있다. 이것은 수출경쟁은 절대우위 제품만 가능하다는 논리적 함정에 빠진 사례인데 비교우위론은 이 주장의 오류를 명확하게 지적하고 있다.

2. 생산성이나 임금만으로 경쟁력을 판단하는 오류를 범하는 경우가 있다. 그러나 선진국에서는 생산성이 높아 임금이 높은 것이므로, 비록 고임금이어도 생산단가가 낮기 때문에 저임금의 후진국과 경쟁할 수 있게 된다. 또한 후진국은 생산성은 낮지만 임금도 저렴해서 역시 생산단가가 낮기 때문에 생산성이 높은 선진국과 경쟁할 수 있다는 것을 비교우위론은 보여 주고 있다.

3. 교역조건이 1:1이면 단위당 노동을 상대적으로 많이 투입한 후진국 수출품 1 단위와 그보다 적게 노동을 투입한 선진국 생산품 1 단위를 맞교환하면 상대적으로 손실을 본다는 오해가 있다. 그런데 비교우위론에 의하면 무역이득을 가늠하는 기준은 수출품과 수입품의 노동투입량이 아니라, 수출품의 노동투입량과 수입품을 '국내'에서 생산하고자 할 때 투입하는 노동량을 비교해야 할 것임을 알려준다.

위대한 경제학자: David Ricardo
---

① 배경

A. Smith의 국부론이 발표된 이후 40여년 동안 영국은 두 개의 대립하는 집단으로 나뉘어졌다. 첫 번째 집단은 공장을 운영하는 신흥 자본가들이었고, 두 번째 집단은 부유하고, 강력한 대지주 계급이었다. 신흥 자본가들은 항상 곡물의 가격이 너무 비싸다고 주장했기 때문에 서로 마찰이 있었다. 실제로 당시 영국은 인구 증가로 소맥의 가격이 기존의 4배로 치솟았다고 한다.

곡물가격이 치솟자 상인들은 외국에서 밀과 옥수수를 구입하여 영국으로 들여왔는데, 의회를 지배하고 있던 대지주 계급은 곡물법을 입법화하였다.

한편 신흥자본가들이 곡물가격에 민감하게 반응하는 것은 그들이 노동자에게 지불해야할 금액은 대체로 식료품 가격에 의해 결정되었기 때문이었다. 곡물가격이 어떻게 되든 노동자로서는 곡물가격에 상관없이 양식을 구입할 만큼 임금을 지급받게 되는 것이다. 어쨌든 이후 곡물법이 폐지되고 값싼 곡물이 영국으로 들어오기까지는 30년이 소요되었다.

이러한 역사적 상황 속에서 D. Ricardo는 신흥 자본가의 편을 들어 곡물법 폐지를 주장하게 되었다.

② 비교 우위론

Ricardo는 어느 한나라의 상품 전체가 다른 나라보다 효율적으로 생산되고 있더라도 상대적으로 비교우위가 있으면 무역이 발생할 수 있다고 보았다. 이는 A. Smith의 절대우위론과 비교될 수 있는데 무역상대국의 생산능력이나 기술과 관계없이 자유무역은 두 나라 모두에게 이로운 것이다. 절대 우위는 국가 간 비교개념이지만 비교우위(포기되어야 하는 기회비용이 더 적은 분야)는 한 국가 내 산업끼리 비교한 개념이기 때문에 절대우위 산업이 하나도 없는 국가라 할지라도 비교우위 산업은 있기 마련이다. 각국은 비교우위 산업에 특화해야 한다는 것이 Ricardo의 주장이다.

③ 차액 지대론

Ricardo는 지대를 원초적으로 파괴될 수 없는 지력의 사용에 대해 지주에게 지불되는 토지 생산물의 일정 부분으로 정의했다. 그는 지대가 발생하는 이유를 경작되는 토지의 비옥도에서 찾았다. 즉, 비옥한 토지 (우등지)와 그렇지 못한 토지(열등지)에서의 생산성 차이에 의해 결정된다는 것이다.

인구가 증가함에 따라서 곡물에 대한 수요가 늘어나게 되고, 그러면 더 많은 경작지가 필요하게 된다. 이에 따라 점점 더 비옥하지 않은 토지에서 농사를 지을 수밖에 없게 되고, 토지가 비옥하지 않기 때문에 더 많은 노동력을 필요로 한다. 즉, 한 단위 곡물 생산에 투하된 노동력이 증가하게 됨에 따라 곡물가격이 상승하고 열등지와 우등지간의 생산물 차이가 지대로 된다는 것이다. 즉, 곡물 가격이 결정되면 그 차액이 지대로 된다는 것이다.

그의 생각에는 사회가 발전하고 인구가 증가함에 따라 곡물에 대한 수요가 증가하고, 곡물 가격이 오름에 따라 척박한 토지를 다시 개간하면 새로운 우등지가 나타나는 현상이 반복됨에 따라 토지가 가진 지력에 대한 보상인 지대는 생산에 기여하지도 않는 지주가 이윤의 일부를 착취(불로소득)해가고 있다고 부정적으로 파악한 것이다.

Theme 78 헥셔-올린의 정리와 현대무역이론

❶ 헥셔-올린의 정리(E. Heckscher-B. Ohlin theorem)

1) 의의

(1) 등장배경

① 리카도의 비교우위론에 의하면 각국은 상품생산에 투입된 노동력이 상대적으로 적은 상품에 비교우위를 가진다. 그런데 리카도는 각국의 노동투입량(생산비)에 차이가 있기 때문에 무역이 발생함을 설명하면서도 그 차이가 나는 이유는 설명하지 않았다. 또한 자본투입량의 차이가 생산비에 미치는 영향도 고려하지 않았다.

② 스웨덴의 경제학자 헥셔(E. Heckscher)와 올린(B. Ohlin)은 장기 생산함수를 토대로 새로운 무역이론을 제시하였다. 이들에 따르면 각국은 상대적으로 풍부한 생산요소를 집약적으로 투입해서 생산한 상품에 비교우위를 갖는다.

(2) 기본가정

① 2국 2재화 2생산요소 모형을 가정한다.

② 양국 간 생산요소의 이동은 불가능하다.

③ 양국의 생산기술은 같으며 생산함수는 동일한 1차 동차 생산함수이다. 즉 두 나라의 요소가격이 동일하다면 같은 비율로 생산요소를 투입하여 제품을 생산한다.

④ 규모에 대한 보수는 불변이다.

⑤ 양 국의 요소부존도에 차이가 존재한다. 이때 양 국의 요소 사이에는 질적인 차이가 존재하지 않는다.

⑥ 각 제품의 요소 집약도, 즉 요소투입비율은 서로 다르다. ⇒ 항상 한 제품은 상대적으로 노동을 더 많이 투입하는 노동집약적 상품이고 다른 상품은 상대적으로 자본을 더 많이 투입하는 자본집약적 상품이다.

┌ 요소집약도의 역전 ─────────────────────

요소 간의 대체가 용이하며 생산이 최적상태에 있을 때 이자율이 상승하면 자본집약적 상품생산이 노동집약적 상품생산으로 전환될 수도 있다.

└────────────────────────────────

⑦ 양국의 사회후생함수는 동일하여 양국의 소비자는 소비구조에 있어서 근본적인 차이를 보이지 않는다. ⇒ 두 나라의 소득이 비슷하고 상대가격이 비슷하다면, 비슷한 비율로 제품을 소비할 것임을 뜻한다.

⑧ 모든 시장은 완전경쟁시장이고 무역에 있어서 운송비는 발생하지 않는다.

2) 내용

(1) 부분특화

① 각국은 상대적으로 풍부한 생산요소를 집약적으로 투입해서 생산한 상품에 비교우위

② 노동이 상대적으로 풍부한 국가는 노동집약적인 재화를 특화(부분적인 특화) 생산해서 수출하고, 자본이 상대적으로 풍부한 국가는 자본집약적인 재화를 특화(부분적인 특화) 생산해서 수출

Q&A

X, Y 두 재화를 생산하는 데 필요한 생산요소 투입량과 A, B 두 국가의 생산요소 부존량이 다음 표와 같을 때 각 재화의 요소집약도, 각 국의 요소부존도, 각국의 비교우위 상품을 구하면?

	필요 투입량		요소 부존량	
	X재	Y재	A국	B국
노동(L)	1인	2인	200인	100인
자본(K)	2단위	3단위	400단위	300단위

Solution

- 요소 집약도: $\left(\dfrac{K}{L}\right)_X = \left(\dfrac{2}{1}\right)_X = 2 > \left(\dfrac{K}{L}\right)_Y = \left(\dfrac{3}{2}\right)_Y = 1.5 \Rightarrow X:$ 자본집약재, $Y:$ 노동집약재

- 요소 부존도: $\left(\dfrac{K}{L}\right)_A = \left(\dfrac{400}{200}\right)_A = 2 < \left(\dfrac{K}{L}\right)_B = \left(\dfrac{300}{100}\right)_B = 3 \Rightarrow A:$ 노동풍부국, $B:$ 자본풍부국

- 비교우위: X재 비교우위(B국), Y재 비교우위(A국)

③ 도해적 설명

┌─ 부분특화와 무역 ─────────────────────────────┐

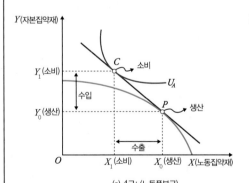

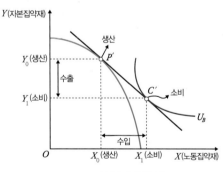

(a) A국: (노동풍부국)   (b) B국: (자본풍부국)

(a) 노동풍부국인 A국은 P점에서 생산하여 $X_0 X_1$만큼 수출하고, $Y_0 Y_1$만큼을 수입하여 C점에서 소비함으로써 U_A만큼의 사회적 후생을 얻게 된다.

(b) 자본풍부국인 B국은 P'점에서 생산하여 $X_0 X_1$만큼 수입하고, $Y_0 Y_1$만큼을 수출하여 C'점에서 소비함으로써 U_B만큼의 사회적 후생을 얻게 된다.

└──┘

(2) 요소가격 균등화 정리(factor-price equalization theorem)

① 생산요소가 국가 간에 이동하지 않아도 무역을 통하여 마치 자유롭게 이동하는 것처럼 각 요소의 상대가격은 물론 절대가격까지 국제적으로 균등화된다.

② 국가 간 요소부존도의 차이가 매우 커서 한 나라가 재화생산에 완전특화하거나, 국가 간 생산요소의 상대가격이 지나치게 차이가 나거나, 산업 간 요소대체성의 차이가 커서 요소집약도의 역전이 일어나는 경우에는 요소가격 균등화가 성립하지 않는다.

요소가격 균등화 정리의 불성립 요인

요소가격 균등화 정리는 생산요소의 상대가격(w/r)이 상승 또는 하락해도 두 산업의 요소집약도, 즉 X재는 노동집약적 제품, Y재는 자본집약적 상품이라는 처음의 출발 가정은 변함이 없다는 전제 하에서 성립한다. 그런데 생산요소의 상대가격이 일정수준에 이를 때까지는 그것이 지켜지다가 생산요소의 상대가격이 그 이상으로 상승하면 오히려 X재가 자본집약적, Y재가 노동집약적 상품으로 바뀌게 되는 요소집약도의 역전 상황이 발생하게 된다. 이러한 경우에는 요소가격 균등화 정리가 성립하지 않게 된다.

3) 무역(개방)의 이익

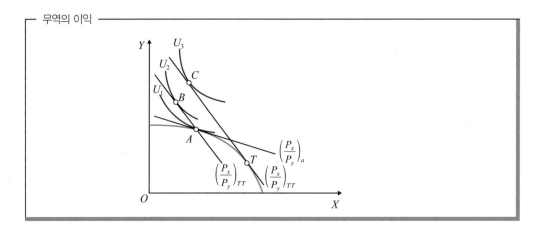

무역의 이익

(1) 무역 전·후의 생산과 소비

① 자급자족 경제에서는 A점에서 생산·소비가 이루어지고 이때의 효용수준은 U_1이다.

② 자유무역이 이루어지면 T점에서 생산이 이루어지게 되고 소비는 C점에서 이루어지며 이때의 효용수준은 U_3가 된다.

(2) 교환의 이익

① 교환의 이익이란 교역 당사국 간에 자급자족 아래에서의 생산유형의 변화 없이 상품의 상대가격의 차이에 따른 국가 간 자유로운 교환만을 허용함으로써 발생하는 이익을 말한다. 즉, 양국의 소비자들이 느끼는 상품의 상대적 가치(상대가격)들이 다르기 때문에 상품의 교환을 통해 서로 간에 이익을 가져올 수 있다.

② 자급자족 아래에서의 생산결정을 바꾸지 않고(즉, 생산점은 그대로 A점), 다만 국제상대가격

$\left(\dfrac{P_x}{P_y}\right)_{TT}$ 의 조건하에서 자유무역을 통한 교환을 통하여 소비배합을 바꾸어 더 높은 효용수준 (U_2)을 얻게 된다. 이것은 교역을 통해 상대가격이 변화하는 것으로부터 얻어지는 교환의 이익$(U_2 - U_1)$인 것이다.

(3) 특화의 이익

① 자유무역을 하게 되면 특화를 통하여 각 국은 더 이상 자급자족 아래에서의 생산유형과 같은 생산결정을 내리지 않는다. 각 국은 자국의 생산가능곡선 상에서 이동하면서 자국의 생산결정을 새롭게 하게 되는데, 그 결정은 자국의 비교우위가 있는 재화의 생산을 늘리고, 비교 열위가 있는 재화의 생산을 줄여가는 것이 될 것이다.

② 자유무역의 발생으로 생산점이 A점에서 T점으로 이동하게 된다. 그 결과 국제상대가격 $\left(\dfrac{P_x}{P_y}\right)_{TT}$ 가 가져오는 소비가능영역의 확대로 인하여 소비자들의 소비점은 자급자족일 때의 소비점 A점에서 자유무역하의 소비점 C로 이동하게 된다.

③ 새로운 소비점은 U_3의 효용수준을 갖게 되고 교환의 이익$(U_2 - U_1)$을 제외한 부분인 $(U_3 - U_2)$이 특화로부터 오는 이익이다.

┌─ 리카도-헥셔-올린의 비교 ─

구분	리카도(고전학파)	헥셔-올린(신고전학파)
생산요소	1 생산요소: 노동	2 생산요소: 자본과 노동
기술수준	상이한 기술수준	동일한 기술수준
요소부존도	요소부존도 개념이 없음	상이한 요소부존도
비교우위 발생요인	노동생산성의 차이	요소부존도의 차이
수출상품의 기준	비교우위 상품	상대적으로 풍부한 생산요소를 집약적으로 투입하는 상품

---

4) 레온티에프 역설(Leontief paradox)

(1) 내용

① 레온티에프는 투입산출표(input-output table)를 이용하여 미국의 수출재와 수입재 생산에 직접·간접으로 이용된 자본-노동비율을 측정

② 헥셔-올린의 정리와는 반대로 자본이 상대적으로 풍부한 미국이 자본집약적인 재화를 수입하고, 노동집약적인 재화를 수출하는 결과 ⇒ "레온티에프 역설"

(2) 헥셔-올린의 정리와 레온티에프 검증결과 간의 불일치를 설명하려는 시도

① **생산요소의 이질성(W. Leontief)**: 미국은 노동생산성이 다른 나라에 비해 훨씬 높으며 따라서 노동생산성의 차이를 감안하면 미국은 상대적으로 노동이 풍부한 나라이다.

② **미국의 천연자원부족(J. Vanek)**: 미국은 자원이 부족해서 자원집약적 재화를 수입하게 되는데 자원집약적인 재화는 자본집약적이어서 미국이 자본집약적인 재화를 수입하는 것처럼 보인다.

③ 인적 자본(P. Kenen): 수출재 산업과 수입경쟁재 산업에 투입된 자본액을 물적 자본뿐만 아니라 인적 자본(교육, 훈련 등)을 포함하여 구하면 수출산업에 투입된 자본액이 다소 커서 레온티에프역설을 부정한다.

④ 소비의 편향성: 한 나라의 선호가 자국에 풍부한 부존자원을 집약적으로 사용하는 재화에 지나치게 편향되어, 그 재화의 상대가격이 오히려 국제가격보다 높으면 수입하게 될 수도 있다는 것이다. 이러한 경우를 '수요의 반전(demand reversal)'이라고 한다.

❷ 현대 무역 이론

1) 산업 간 무역과 산업무역: 신 무역이론(P. Krugman, K. Lancaster)

(1) 의미

① 산업 간 무역(inter-industry trade)

    ⓐ 상이한 산업인 A국의 X재 산업과 B국의 Y재 산업 사이에 생기는 무역을 말하는데 이는 일반적인 비교우위이론에서 잘 설명되어진다.

    ⓑ 산업간 무역은 주로 선진국과 개도국 사이에서 일어난다.

② 산업 내 무역(intra-industry trade)

    ⓐ 각국의 생산자들은 자국 내의 '다수(majority)'의 기호에 맞춰 상품을 생산한다. 이에 따라 '소수(minority)'의 기호를 충족시키기 위해서는 수입을 하는 것이 보다 효율적이 되어 산업 내 무역이 발생하게 된다.

    ⓑ 동일한 산업인 A국의 X재 산업과 B국의 X재 산업사이에서 생기는 무역을 말하며, 오히려 현실에서는 이러한 산업내 무역이 산업간 무역보다 훨씬 그 규모가 크다.

    ⓒ 각 국의 기업들은 단위당 생산비용을 낮추어 규모의 경제를 실현하기 위하여 이질적인 상품에 대해서는 다른 국가로부터 수입하게 된다. 이에 따라 상품차별(product differentiation)과 규모의 경제(economy of scale)가 상호 밀접한 관계에 놓이게 된다.

구분	산업 간 무역	산업 내 무역
개념	서로 다른 산업 간에 생산되는 재화의 수출과 수입(수직적 특화)	동일한 산업내의 수출과 수입(수평적 특화)
발생원인	비교우위, 부존자원 차이	규모의 경제, 독점적 경쟁, 상품차별
발생국가	경제발전 정도가 상이한 국가	경제발전 정도가 비슷한 국가
예	우리가 중국에 휴대폰을 수출하고 마늘을 수입	우리가 미국에 소형차를 수출하고 대형차를 수입
특징	• 산업구조조정 비용으로 산업 간 소득 재분배가 발생하여 저항이 크게 대두 • 국가 간 분쟁소지 많음 • 상대가격이 변화하여 무역이익 발생	• 주로 제조업 분야에서 발생 • 국가 간 분쟁소지 작음 • 시장 확대로 재화가격이 하락하여 무역이익 발생

(2) 크루그만(P. Krugman)의 설명

① 위와 같은 현실을 비교우위가 아닌 규모의 경제로 설명한다. 비교우위이론이 수확체감의 법칙과 완전경쟁시장을 가정하는 데 비해 신무역이론은 규모의 경제와 불완전경쟁시장을 가정하고 있다.

② 특정 산업부문에서 국가마다 독점 등에 의해 불완전경쟁이 존재하기 때문에 자유무역정책이 반드시 최선의 정책이 되지는 않는다. 특히, 하이테크 산업 부문은 대규모의 *R&D*와 투자가 필요하기 때문에 과점이 존재하기 때문이다. 따라서 이들 산업부문에 있어서는 정부의 보조금 지급과 같은 지원책이 있어야만 외국 기업들과 경쟁할 수 있고, 이러한 산업에서 자유무역정책을 무역정책의 목표로 삼기는 어렵다는 것이 신무역이론의 핵심이다.

③ 신무역이론은 비교우위 개념에 의존하지 않기 때문에 어느 나라가 어느 품목에 특화할지 사전에 예측할 수 없다.

헥셔-올린의 정리와 산업 내 무역 비교

1. 헥셔-올린 모형이 노동, 자본, 천연자원, 기술 등의 요소부존이 서로 다른 국가 사이에서의 무역이 나타나는 것을 설명하는 반면에, 산업 내 무역은 서로 비슷한 경제 규모와 요소부존을 갖고있는 국가 사이일수록 무역의 규모가 크게 나타나고 있는 현실을 설명한다.
2. 헥셔-올린 모형에서는 한 국가에서 상대적으로 부족한 부존자원에 대한 수익이 감소한다고 설명하는 데 반하여, 산업 내 무역에서는 규모의 경제에 근거하여 모든 부존자원에 대해서 수익 증가가 가능하다고 설명한다.

확인 TEST

A국과 B국의 독점적 경쟁시장에서 생산되는 자동차를 고려하자. 두 국가 간 자동차 무역에 대한 다음 설명 중 옳은 것은?

> ㉠ 무역은 자동차 가격의 하락과 다양성의 감소를 초래한다.
> ㉡ 산업 내 무역(intra-industry trade)의 형태로 나타난다.
> ㉢ A국과 B국의 비교우위에 차이가 없어도 두 국가 간 무역이 일어난다.
> ㉣ 각국의 생산자잉여를 증가시키지만, 소비자잉여를 감소시킨다.

① ㉠, ㉡   ② ㉠, ㉢
③ ㉡, ㉢   ④ ㉡, ㉣

해설 • 주어진 문제는 동일한 자동차 산업에서의 산업 내 무역에 관한 문제이다.
- 비교우위를 기초로 무역의 발생을 설명하는 이종 산업 간 무역과 달리 동종 산업 내 무역은 독점적 경쟁시장의 특징인 상품차별화와 규모의 경제 등에 의해 무역이 발생한다는 것을 설명하며, 이를 통해 소비자들의 다양한 기호를 충족할 수 있게 됨을 보인다(㉠).
- 산업 내 무역은 시장의 확대로 인한 규모의 경제의 장점을 살림으로써 생산량 증대를 통한 생산자잉여의 증가는 물론이고, 가격의 하락과 다양한 소비를 가능하게 해줌으로써 소비자잉여 또한 증가시킨다(㉣).

정답 ③

2) 기술 격차(갭) 모형(technological gab model) - M. V. Posner

(1) 무역 발생 이유

① 기술적으로 가장 발달한 국가의 기업은 새로운 상품 및 생산 공정의 도입으로 인해 발생하는 기술 갭에 의해, 다른 외국 기업들이 그러한 기술을 습득(모방)하기 전까지는 수출을 주도적으로 할 수 있다는 것이다.

② 대체적으로 선진공업국이 한 분야에서 기술우위를 확보하면 다른 관련분야에서도 기술우위를 가지므로 기술격차가 지속되어 무역이익을 지속적으로 향유할 수 있다.

(2) 한계: 기술 갭의 규모와 그 발생 원인, 그리고 시간 경과에 따라 기술 갭이 소멸하게 되는 과정에 대한 답을 내놓지 못한다.

3) 중력모형(gravity model)

(1) 의미: 중력모형은 나라 간의 무역이 당사국들의 경제력과 거리에 크게 의존한다고 보는 모형이다. 경제력을 나타내는 변수로는 실질GDP, 인구, 1인당 소득 등이 사용된다.

(2) 내용: 양국의 경제력이 커질수록, 그리고 양국 간 거리가 가까울수록 양국 간 무역이 증가한다는 것이다.

(3) 평가: 중력모형은 이론적 깊이는 없지만 현실세계에서 쉽게 확인할 수 있는 사실을 포착하기 때문에 근래에 국제무역의 실증분석 모형으로 활용되고 있다.

Theme
79 교역조건

❶ 교역조건

1) 교역조건(Terms Of Trade)의 의의

(1) **의미**

① 본국의 수출재 1단위와 교환되는 수입재의 수량

② 본국의 수출품을 X재, 수입품을 Y재라 하면 교역조건은 다음과 같다.

$$교역조건(TOT) = \frac{Y}{X} = \frac{P_X}{P_Y}$$

(2) **교역조건과 무역의 이익**

① 교역조건은 무역의 이익을 측정하는 데 이용한다.

② 폐쇄경제 하에서의 국내 상대가격과 개방 후의 교역조건의 차이가 크면 클수록 무역으로 인한 이득은 커진다.

2) 교역조건의 변동

(1) 공산품의 기술진보에 의해 생산비(P_X)가 하락하면 그 상품의 개별 교역조건은 불리해진다. 그러나 국가의 무역을 통한 이익은 커질 수 있다.

(2) 덤핑, 환율인상 등이 이루어지면 국제수지 개선의 효과는 있으나 교역조건은 악화될 수 있다.

(3) 자국 내에서 수입대체산업이 육성되면 교역조건은 개선된다.

확인 TEST

교역조건(Terms of Trade)과 관련된 다음 설명 중 적절하지 못한 것은?

① 교역조건이 악화되면 반드시 국제수지가 악화된다.
② 자국의 화폐가 평가절하되면 교역조건은 악화된다.
③ 교역조건이란 한 단위의 수출상품과 수입상품이 교환되는 비율을 말한다.
④ 이론적으로 교역조건은 상품의 수출입뿐 아니라 서비스 거래까지 포함한다.
⑤ 한 국가의 수출상품 1단위와 교환될 수 있는 수입품의 양이 증가하면 교역조건은 개선된 것이다.

해설 ▶ 국제수지의 개선 및 악화 여부를 판단하기 위해서는 환율로 환산된 무역액의 규모에 대한 정보가 필요하다.

② 자국의 화폐가 평가절하되면 수출품의 국제가격이 하락하여 교역조건은 악화된다.

③, ⑤ 교역조건이란 한 단위의 수출상품과 수입상품이 교환되는 비율을 말하며 다음과 같이 나타낼 수 있다.

$$교역조건(TOT) = \frac{수출품\ 가격}{수입품\ 가격} = \frac{수입품\ 수량}{수출품\ 수량}$$

이에 따라 한 국가의 수출상품 1단위와 교환될 수 있는 수입품의 양이 증가하면 앞의 수치가 커지게 되어 교역조건은 개선된다.

정답 ①

❷ 교역조건과 경제성장

1) 대국과 소국의 비교

⑴ 대국과 소국의 의미

① 대국(big country): 대규모 수출 공급량과 수입 수요량 규모가 전체 국제시장 수요와 공급에서 차지하는 비중이 크기 때문에 국제시장가격, 즉 국제교역조건에 영향을 미칠 수 있는 나라를 의미한다.

② 소국(small country): 국제거래를 하여도 수출 공급량과 수입수요량 규모가 국제시장 전체 규모에 비해서는 미미하여 국제시장가격에 영향을 미칠 수 없는 나라를 의미한다. 이에 따라 소국은 국제거래를 함에 있어서 가격, 즉 국제교역조건이 주어진다.

⑵ 각 국에서의 경제성장과 교역조건의 관계

① 대국의 경우: 기술진보 혹은 저축증대와 자본형성이 수입대체산업에서 일어나는 경우, 이는 수입재화에 대한 수요 감소를 초래해서 교역조건은 개선 ⇒ 그러나 경제성장이 특정산업에의 국제 분업화에 의한 수출확대에서만 연유한다면, 이는 공급초과를 초래해서 교역조건을 악화시킨다.

② 소국의 경우: 세계시장에서의 비중이 작은 소국의 경우에는 교역조건에 영향을 미치지 않으면서 경제성장이 가능하다.

2) 립진스키 정리(Rybczynski theorem): 요소공급의 증가와 생산

⑴ 교역조건(재화의 상대가격)이 불변이라는 가정 하에 한 생산요소의 부존량이 증가하는 경우에 성립한다.

⑵ 이 경우에 그 요소를 집약적으로 사용하는 재화의 생산이 상대적으로뿐만 아니라 절대적으로도 늘고, 다른 요소를 집약적으로 이용하는 재화의 생산은 절대량에 있어서 감소한다. 다음 그림은 X재가 노동집약적 재화, Y재가 자본집약적 재화일 때 노동부존량이 증가하는 경우를 보여준다.

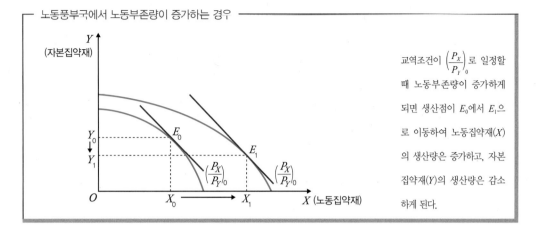

노동풍부국에서 노동부존량이 증가하는 경우

교역조건이 $\left(\dfrac{P_X}{P_Y}\right)_0$로 일정할 때 노동부존량이 증가하게 되면 생산점이 E_0에서 E_1으로 이동하여 노동집약재(X)의 생산량은 증가하고, 자본집약재(Y)의 생산량은 감소하게 된다.

3) 궁핍화 성장 이론(immiserizing growth: J. Bhagwati) - 대국의 경우

(1) 의미

① 경제성장은 생산가능영역을 확장시키고 재화의 이용가능성을 증가시키므로 사회후생수준을 높이는 것이 일반적이다.

② 그러나 경제성장에 따라 교역조건이 악화되고, 교역조건의 악화가 경제성장의 이익을 압도하여, 오히려 경제성장 이전보다 후생수준이 하락하는 궁핍화 성장이 발생할 수 있다.

(2) 전제조건

① 수출품에 대한 외국의 수입수요가 매우 비탄력적이어야 한다. 이는 수출산업에서 생산이 증가할 때 수출가격이 폭락할 가능성이 높아 교역조건이 크게 악화될 수 있기 때문이다.

② 수출산업이 국가경제에서 차지하는 비중이 커야 한다. 그래야만 교역조건의 악화 효과가 생산량 증대효과를 압도할 수 있기 때문이다.

③ 생산량 증가 규모가 지나치게 크지 않아야 한다. 만약 생산량 증가가 크면 생산량 증대효과가 교역조건 악화효과를 압도할 수 있기 때문이다.

④ 국가의 경제규모가 커야 한다. 그래야만 수출 공급이 증가할 때 국제교역조건이 크게 악화될 수 있기 때문이다. 따라서 소국에서는 수출산업에서 생산량 증대가 일어나도 교역조건의 악화가 발생하지 않기 때문에 궁핍화 성장은 성립하지 않는다.

(3) 경제성장의 교역조건에 대한 역효과

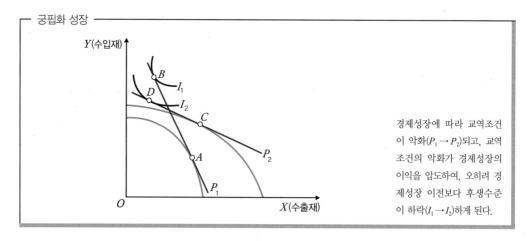

― 궁핍화 성장 ―

경제성장에 따라 교역조건이 악화($P_1 \rightarrow P_2$)되고, 교역조건의 악화가 경제성장의 이익을 압도하여, 오히려 경제성장 이전보다 후생수준이 하락($I_1 \rightarrow I_2$)하게 된다.

① 그래프에서 처음의 교역조건은 P_1직선의 기울기로써 나타나며, 생산점과 소비점은 각각 A, B이다.

② 수출재인 X재를 더 많이 생산하게 하는 경제성장은 생산가능곡선을 그래프와 같이 확장시킨다. 만약 X재가 자본 집약적으로 생산하는 재화라면 자본의 증가나 X재 생산에 있어 기술 진보가 이러한 경제성장을 가져온다.

③ 국제시장에서 X재의 초과공급으로 인하여 X재의 상대가격이 P_2직선의 기울기로 나타나는 정도까지 하락했다고 하면 새로운 생산점과 소비점은 각각 C, D가 될 것이다.

④ 결국 사회 무차별곡선이 I_2가 I_1보다 아래 있으므로 실질소득이 감소한 것으로 볼 수 있다. 경제성장이 오히려 경제수준의 궁핍을 초래한 것이다.

확인 TEST

궁핍화 성장(immiserizing growth)에 대한 설명으로 옳지 않은 것은?

① 경제성장 이전과 이후의 교역조건이 동일해야만 궁핍화 성장이 발생할 수 있다.
② 세계가격에 영향을 미치지 못하는 소국의 경우는 기술혁신이 일어나도 궁핍화 성장이 발생하지 않는다.
③ 커피 수출국의 수출 증가가 오히려 커피의 국제가격을 하락시켜 실질소득이 감소하는 것이 궁핍화 성장의 예라 할 수 있다.
④ 경제성장이 수출재 부문에서 일어나고 수출재에 대한 세계시장의 수요의 가격탄력성이 낮을수록 궁핍화 성장 가능성이 커진다.

해설 ▶ 궁핍화 성장은 경제성장의 결과 수출재의 국제 상대가격이 하락하여 경제성장 이전에 비해 교역조건이 악화되는 데서 비롯된다(①). 이러한 궁핍화 성장은 국제 상대가격에 영향을 줄 수 있는 대국에서 나타나고, 소국에서는 나타나지 않는다(②). 과거 커피 수출 대국인 브라질에서 커피 생산의 급격한 증가로 커피의 국제 상대가격이 하락하여 이와 같은 궁핍화 성장이 나타났다(③). 한편 궁핍화 성장은 수출재의 상대가격이 하락한 경우 수출재에 대한 세계시장의 수요의 가격탄력성이 비탄력적이어서 총수출액이 감소할 때 나타나게 된다(④).

정답 ▶ ①

Theme
80 무역정책론

❶ 자유무역주의

1) 의미: 비교우위에 따른 무역은 무역에 참여하는 국가에 이익이 되기 때문에 모든 무역 거래를 자유롭게 방임해야 한다는 주장이다.

2) 자유무역의 효과

(1) 수입이 이루어지는 경우

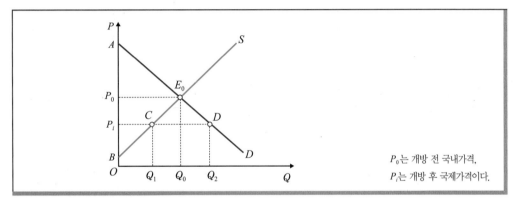

P_0는 개방 전 국내가격, P_i는 개방 후 국제가격이다.

	개방 전	개방 후	비교
소비자 잉여	$\triangle AE_0P_0$	$\triangle ADP_i$	사다리꼴 $P_0E_0DP_i$ 증가 ⇒ 소비자 후생 개선
생산자 잉여	$\triangle P_0E_0B$	$\triangle P_iCB$	사다리꼴 $P_0E_0CP_i$ 감소 ⇒ 생산자 후생 악화
사회적 총잉여	$\triangle AE_0P_0 + \triangle P_0E_0B(=\triangle AE_0B)$	$\triangle ADP_i + \triangle P_iCB$	$\triangle E_0CD$ 증가 ⇒ 사회적 순후생 개선
국제수지	0	Q_1Q_2 수입	국제수지 악화

(2) 수출이 이루어지는 경우

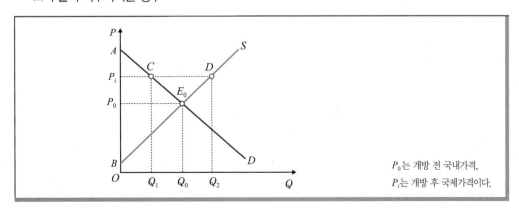

P_0는 개방 전 국내가격, P_i는 개방 후 국제가격이다.

	개방 전	개방 후	비교
소비자 잉여	$\triangle AE_0P_0$	$\triangle ACP_i$	사다리꼴 $P_iCE_0P_0$ 감소 $\Rightarrow$ 소비자 후생 악화
생산자 잉여	$\triangle P_0E_0B$	$\triangle P_iDB$	사다리꼴 $P_iDE_0P_0$ 증가 $\Rightarrow$ 생산자 후생 개선
사회적 총잉여	$\triangle AE_0P_0+\triangle P_0E_0B(=\triangle AE_0B)$	$\triangle ACP_i+\triangle P_iDB$	$\triangle E_0CD$ 증가 $\Rightarrow$ 사회적 순후생 증가
국제수지	0	Q_1Q_2 수출	국제수지 개선

사례 연구 **시장 개방을 통한 자유무역의 효과**

◈ 소국인 A국은 자동차 수입을 금하고 있다. 이 나라에서 자동차 한 대의 가격은 2억 원이고 판매량은 40만 대에 불과하다. 어느 날 새로 선출된 대통령이 자동차 시장을 전격 개방하기로 결정했다. 개방 이후 자동차 가격은 국제시세인 1억 원으로 하락하였고, 국내 시장에서의 자동차 판매량도 60만 대로 증가하였다. 이것으로 인한 각 잉여의 변화 추이는? (단, 수요곡선과 공급곡선은 직선이며, 공급곡선은 원점을 지난다.)

분석하기

• 주어진 조건들을 그림으로 나타내면 다음과 같다.

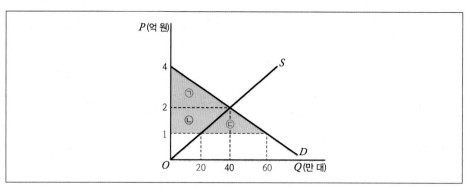

• 공급곡선이 원점을 통과하는 직선이므로 기울기는 '$\dfrac{2}{40}=\dfrac{1}{20}$'이 된다. 따라서 국제가격 1(억 원) 수준에서 국내 공급량은 20(만 대)가 된다. 또한 수요곡선의 기울기 역시 $\dfrac{1}{20}$이므로 수요곡선의 가격 절편의 값은 4가 된다.

• 이러한 개방의 결과 ⓒ만큼 국내 생산자 잉여가 감소한다. 또한 국내 소비자 잉여는 기존의 ⊙에서 'ⓒ+ⓒ'만큼 더 증가하게 된다. 결과적으로 국내 사회적 잉여는 'ⓒ'만큼 증가하게 된다.

• 이를 표로 정리하면 다음과 같다.

국내 생산자 잉여 감소분	ⓒ	$(40+20)\times\dfrac{1}{2}\times1=30$
국내 소비자 잉여 증가분	ⓒ+ⓒ	$(40+60)\times\dfrac{1}{2}\times1=50$
국내 사회적 잉여 증가분	ⓒ	$40\times1\times\dfrac{1}{2}=20$
기존 소비자 잉여	⊙	$40\times2\times\dfrac{1}{2}=40$

> 기출확인

다음 그래프는 국내의 X재 시장 상황을 나타낸다. 자유무역이 실시된다면 무역이 이루어지지 않은 경우에 비해 X재 국내 생산량이 얼마나 증가 또는 감소하는지 쓰시오. (단, 국내공급 및 국내 수요 곡선은 직선의 형태이며 X재는 국제 가격에서 얼마든지 수출하거나 수입할 수 있다.)

|2014|

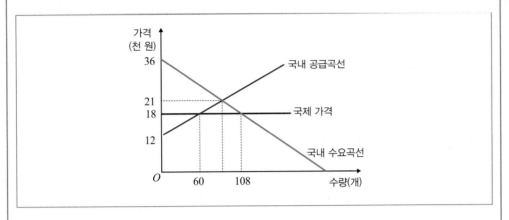

> 부석하기

- 그림에서 주어진 국내 수요곡선의 기울기는 '$\frac{18}{108} = \frac{1}{6}$', 공급곡선의 기울기는 '$\frac{6}{60} = \frac{1}{10}$'이다. 따라서 수요곡선은 '$P = 36 - \frac{1}{6}Q_D$', 공급곡선은 '$P = 12 + \frac{1}{10}Q_S$'가 된다. 두 식을 연립해서 풀면 무역이 이루어지지 않을 때의 국내 거래량(=생산량)은 '$Q = 90$'이 된다.

- 자유무역을 실시하는 경우 18인 국제가격 수준에서 국내 생산량은 '$Q = 60$'이 된다. 이에 따라 자유무역 이전에 비해 X재 국내 생산량은 '30'만큼 감소하게 된다.

- 한편, 무역으로 인한 생산자 잉여는 다음 그림의 색칠 한 부분만큼 감소하게 되며, 그 크기는 '$\frac{(90+60)}{2} \times 3 = 75 \times 3 = 225$'가 된다. 이것은 자유무역으로 수입이 이루어지면 국내생산자는 불리해진다는 것을 보여준다.

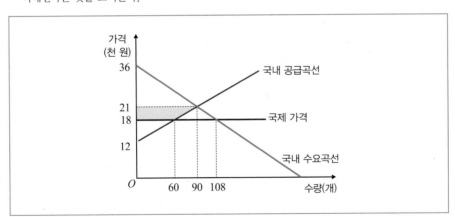

❷ 보호무역주의(유치산업보호론)

1) 의미: 국내 (유치)산업이 국제경쟁력을 가질 때까지 국가가 그 산업을 보호, 육성하면서 대외무역을 통제해야 한다는 주장이다.

2) 보호무역 정책의 수단

(1) **(수입)관세(tarrif) 부과**: 무역을 가격으로 규제

① **의의**: 수입품에 대해 조세를 부과하여 수입품의 가격을 상승시킴으로써 수입품의 경쟁력을 약화시킨다.

┌─ 종량세 부과의 효과 ─────────────────

상품의 종류에 따라 일정률의 관세가 부과되는 종가세와는 달리 종량세는 상품에 따라 일정액의 관세가 부과된다. 이에 따라 종량세의 경우에는 같은 품목에 저가품과 고가품이 동일한 관세를 부담하게 되어 있어 저가품이 실질적으로 더 높은 관세율을 부담하게 되어 상대적으로 불리하게 된다. 따라서 종량세는 (중국산 수입농산물과 같은) 저가품의 수입을 줄이는 효과를 가져온다.

└──────────────────────────────

② **장점**: 국내 (유치)산업 보호육성, 국민경제의 자주성과 국가안보 확립, 정부 세입 증대, 국제수지 개선 도모 등

③ **단점**: 수입품 가격 상승에 따른 물가 상승, 소비자 후생 감소 등

(2) **(수출)보조금 지급**: 무역을 가격으로 규제

① **의의**: 정부가 수출품에 생산 지원금을 지급함으로써 그만큼의 수출가격을 하락시켜 수출품의 경쟁력을 강화시킨다.

② **장점**: 수출품 가격 하락을 통해 국내 수출 산업을 보호·육성하고, 수출 증가를 통해 국제수지를 개선시킨다.

③ **단점**: 수입국 소비자에게 혜택 제공, 정부 지출 증가를 초래한다.

(3) **수입 할당제**: 무역을 수량으로 규제

① **의의**: 특정 상품의 수입량을 미리 일정 한도 내에서 제한하여 수입을 규제하고 그 범위 내에서 국내 생산업자를 보호할 수 있다.

② **장점**: 국내의 수입 대체 산업을 보호할 수 있다.

③ **단점**: 수입량 부족, 수입품 가격 상승으로 소비자 후생이 감소할 수 있다.

3) 관세 부과의 경제적 효과: 소국(small country)의 경우

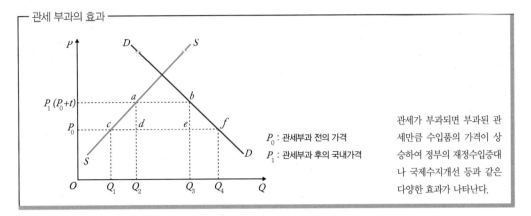

┌─ 관세 부과의 효과 ─────────────────────────────────────┐

P_0 : 관세부과 전의 가격
P_1 : 관세부과 후의 국내가격

관세가 부과되면 부과된 관세만큼 수입품의 가격이 상승하여 정부의 재정수입증대나 국제수지개선 등과 같은 다양한 효과가 나타난다.

└──┘

⑴ **재정 수입 효과**: 관세에 의하여 정부는 (□*abed*)만큼의 관세수입을 얻을 수 있다.

⑵ **소득효과**: 관세가 부과되어 수입이 억제되면 국내상품에 대한 소비가 증가되어 소득과 고용이 증대되는 효과가 발생한다.

⑶ **국내소비 억제효과**: 관세가 부과되어 수입품의 가격이 상승하므로 수입 상품에 대한 소비가 ($Q_3 Q_4$)만큼 감소된다.

⑷ **국내산업 보호효과(생산효과)**: 관세가 부과되면 수입량이 감소되어 국내산업은 보호를 받아 ($Q_1 Q_2$)만큼의 생산을 증가시킬 수 있다.

⑸ **요소가격 변동효과**: 관세의 부과로 보호받는 산업은 생산이 증대되고, 보호받지 못하는 산업은 생산이 감소되어 산업간 생산요소가격의 변동 발생 ⇒ 보호받는 산업에 집약적으로 사용하는 요소가격은 상승하고 보호받지 않는 산업에 집약적으로 사용하는 요소가격은 하락하는 현상이 발생하게 되는 것이다.

⑹ **국제수지 개선효과**: 관세 부과로 수입이 억제되고 수출이 변동하지 않으면 국제수지는 개선되는데, 이때 수입탄력성이 크면 클수록 국제수지 개선효과도 크게 나타난다.

⑺ **국제무역 감소효과**: 수입재에 대한 국내생산을 늘리고 소비를 줄이므로 국제무역을 ($Q_1 Q_4 \rightarrow Q_2 Q_3$)으로 감소시킨다.

⑻ **후생 감소효과**: 관세의 부과는 생산과 소비 양면에 경제적 왜곡(distortion)을 가져와서 후생이 감소된다.

[소비자 잉여의 감소(□$P_1 bf P_0$) − 생산자 잉여의 증가(□$P_1 ac P_0$) − 정부수입의 증가(□*abed*) = 순후생의 감소(▷*acd*+▷*bef*)]

사례 연구 **소국의 관세부과 효과**

소국인 *K*국에서 농산물의 국내 수요곡선은 $Q_D = 100 - P$, 공급곡선은 $Q_S = P$이고, 농산물의 국제가격은 20이다. 만약 *K*국 정부가 국내 생산자를 보호하기 위해 단위당 10의 관세를 부과한다면, 각 잉여와 정부 재정수입의 추이는?

분석하기

• 주어진 조건을 그림으로 나타내면 다음과 같다.

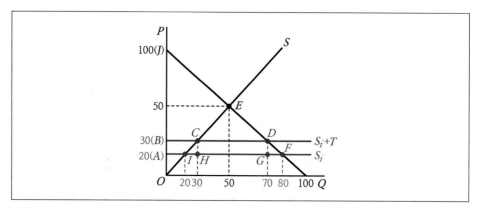

• 국제가격이 20인 경우 국제공급곡선은 S_i가 되어 이때 국내 생산자 잉여는 '삼각형 *OAI*'가 되고, 그 크기는 200이 된다.
• 그런데 수입농산물에 대하여 단위당 10만큼의 관세(*T*)를 부과하면, 국제공급곡선은 $S_i + T$가 된다. 이에 따라 국내 생산자 잉여는 '삼각형 *OBC*'가 되고, 그 크기는 450이 된다. 결국 정부의 수입품에 대한 관세 부과는 국내 생산자 잉여를 250만큼 증가시킨다.
• 한편 수입농산물에 대한 정부의 관세부과로 '삼각형 *CHI*+삼각형 *DFG*'만큼의 사회적 후생손실(Deadweight Loss)를 발생시킨다. 그 크기는 100이 된다.
• 앞의 결과들을 표로 정리하면 다음과 같다.

구분	소비자 잉여	생산자 잉여	정부 재정수입	사회적 총잉여
관세 부과 전	삼각형 *AJF*=3,200	삼각형 *OAI*=200	0	3,400
관세 부과 후	삼각형 *BJD*=2,450	삼각형 *OBC*=450	사각형 *CDGH*=400	3,300

---

4) 관세 부과의 효과: 대국(large country)의 경우

(1) 대국의 의의

① 소국의 수입관세 부과는 국제가격에 영향을 미치지 못하지만, 대국이 수입관세를 부과하면 국제가격이 변하게 된다.

② 대국은 국제시장에서 시장점유율이 매우 크므로 대국의 수입관세 부과로 국제시장에서 수요가 감소하면 국제가격은 하락하게 된다.

(2) 대국의 관세 부과 효과

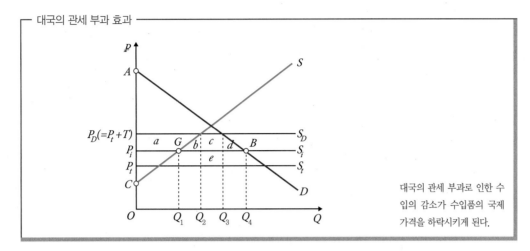

대국의 관세 부과 효과

대국의 관세 부과로 인한 수입의 감소가 수입품의 국제가격을 하락시키게 된다.

① 현재 국제가격 P_i수준에서 자유무역을 하게 되는 경우, 국내공급량은 OQ_1이고, 국내수요량은 OQ_4가 되어 수입량은 초과수요량인 Q_1Q_4가 된다. 이에 따라 소비자 잉여는 삼각형 ABP_i, 생산자 잉여는 삼각형 CGP_i가 된다.

② 대국의 수입관세 부과 결과 국제가격이 P_i에서 P_t로 하락한다고 가정하자. 이때 수입관세를 부과하면 수입품의 국내가격은 P_t에서 수입관세 T만큼 높아진 $P_D(=P_t+T)$가 된다. 그 결과 국내 공급량은 Q_1에서 Q_2로 증가하게 되고, 국내 수요량은 Q_4에서 Q_3로 감소하게 된다.

③ 자유무역을 하는 경우와 비교하면 소비자 잉여는 $(a+b+c+d)$만큼 감소하게 되고, 생산자 잉여는 a만큼 증가하며, 정부의 재정수입은 $(c+e)$만큼 증가하게 된다. 결과적으로 수입관세 부과로 인한 후생 변화는 $[a+(c+e)]-[a+b+c+d]=e-(b+d)$가 되어 $e-(b+d)$만큼 사회적 후생손실이 발생한다. 그리고 여기서 e는 대국의 수입관세 부과로 인해 발생한 교역조건 개선으로 인한 이익을 의미한다.

④ 수입관세 부과에 따른 후생수준 증대 여부는 대국의 수입관세 부과로 인한 국제가격의 하락, 즉 수입재 가격의 하락의 정도에 달려 있다. 그런데 소국은 관세 부과를 통해 국제가격을 하락시킬 수 없으므로 관세부과를 통해 e만큼의 이익을 얻을 수가 없다. 따라서 소국이 단독으로 관세를 부과하면 반드시 후생수준이 감소하게 되는 것이다.

확인 TEST

대국(Large country)이 수입재에 대하여 종량세 형태의 관세를 부과할 때 대국에 미치는 영향에 대한 다음 설명 중 옳지 않은 것은?

① 소비자 잉여는 감소한다.
② 관세 부과 후 소비자가 지불하는 가격은 관세 부과 이전 국제시장 가격에 관세를 더한 금액과 일치한다.
③ 생산자 잉여는 증가한다.
④ 대국의 사회후생은 증가할 수도 있고 감소할 수도 있다.
⑤ 소비자 잉여와 생산자 잉여의 합은 항상 감소한다.

해설 • 대국의 관세부과 효과를 그림을 통해 살펴보면 다음과 같다.

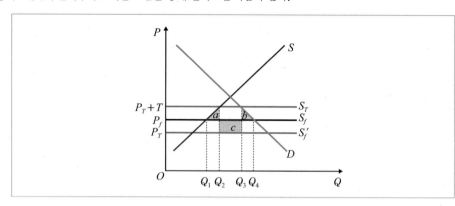

- 대국은 관세 부과를 통해 국제시장 가격(P_f)에 영향을 미칠 수 있다. 대국이 수입재에 관세(T)를 부과하면 수입이 감소하고, 이로 인해 국제시장에서 수요 감소로 인해 수입재의 국제시장 가격 자체가 'P_f에서 P_T'로 하락하게 된다. 이에 따라 관세 부과 후 대국의 소비자가 지불하는 가격 (P_T+T)은 관세 부과 이전 국제시장 가격(P_f)에 관세(T)를 더한 금액보다 낮아지게 된다(②).
- 대국이 관세를 부과하게 되면 경제적 순손실(Deadweight loss)의 발생으로 사회후생이 반드시 감소하는 소국과는 달리, 대국에서는 관세 부과에 따른 경제적 순손실($a+b$)보다 재정 수입의 증가분(c)의 크기가 더 커지면 사회후생 자체도 증가할 수 있게 된다(④).
- 물론 관세 부과의 결과 소비자 잉여는 감소하고 생산자잉여는 증가하지만 두 가지 잉여의 합은 소국과 마찬가지로 대국에서도 감소한다(①, ③, ⑤).

정답 ②

개념 플러스+ 수입할당제의 효과

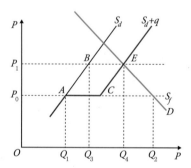

1. 초기에 국내의 수요곡선은 D이고 국내공급곡선은 S_d이며 자유무역 하에서의 세계의 공급곡선은 S_f이다. 따라서 OP_0의 국제가격이 형성되었다. 이 경우 국내생산은 OQ_1, 수입은 Q_1Q_2이다.
2. 만약 수입할당제가 실시되어 AC만큼 쿼터가 배정되면 국내공급을 포함한 새로운 공급곡선은 S_d+q로 이동하고 이때 E점에서 균형이 달성된다.
3. 이에 따라 국내 상품가격은 OP_1으로 상승하게 된다. 이때 국내생산은 OQ_1에서 OQ_3로 증가하고, 국내소비는 Q_2Q_4만큼 감소한다.
4. 사각형 $ABEC$에 해당하는 만큼 수입업자의 이익이 발생한다.
5. 한편, 수입할당제와 관세 부과의 효과를 비교하면 다음과 같다.

구분	관세 부과	수입할당제
수단	수입가격규제	수입물량규제
국내가격	상승	상승
수입량	감소	감소(할당량)
생산량	증가	증가
재정수입	증가	수입업사의 이익

기출확인

다음은 갑국의 무역 정책에 관한 자료이다. 〈작성방법〉에 따라 서술하시오   [2024]

그림은 외국으로부터 국제 가격($P_W = 20$)으로 X재를 수입하고 있는 갑국의 X재 시장 상황을 나타낸다.

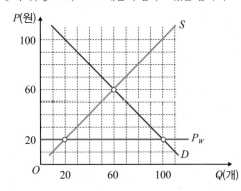

갑국은 자국의 X재 생산자들을 보호하기 위해 아래의 [정책 1], [정책 2] 중 한 가지를 시행하고자 한다. 단, 정부는 수입되는 X재를 판매할 수 있는 면허를 수입업자에게 무상으로 제공하였으며, 갑국은 소국이어서 X재의 국제 가격에 영향을 주지 않는다.

• [정책 1] X재 수입량을 60개로 제한하는 수입할당제를 실시한다.
• [정책 2] 수입되는 X재 한 단위 당 t원의 관세를 부과하여 [정책 1]과 수입량이 동일해지도록 한다.

───〈 작 성 방 법 〉───

• [정책 1]의 실시 후, 증가하는 국내 생산자 잉여와 감소하는 소비자 잉여를 순서대로 쓸 것.
• [정책 2]에서 수입되는 X재 한 단위당 부과해야 하는 관세의 금액을 쓸 것.
• [정책 1]과 [정책 2]의 차이점을 정부의 재정 수입에 관한 계산 결과를 포함하여 서술할 것.

분석하기
• 주어진 조건에 따라 수요곡선과 공급곡선을 도출하면 다음과 같다.

• 수요곡선: $P = -Q + 120$
• 공급곡선: $P = Q$

이를 전제로 국제 가격($P_W = 20$)으로 X재를 수입하는 국내 생산자 잉여와 소비자 잉여를 구하면 다음과 같다.

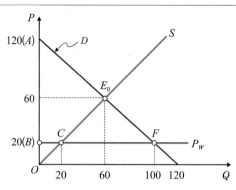

- 국내 생산자 잉여(삼각형 OBC): $20 \times 20 \times \dfrac{1}{2} = 200$

- 국내 소비자 잉여(삼각형 ABF): $100 \times 100 \times \dfrac{1}{2} = 5,000$

또한 [정책 1]과 같이 X재 수입량을 60개로 제한하는 수입할당제를 실시하는 경우 공급곡선과 국내 생산자 잉여와 소비자 잉여를 구하면 다음과 같다.

- 수요곡선: $P = -Q + 120$
- 공급곡선: $P = Q \Rightarrow P = (Q - 60) \Rightarrow P = Q - 60$

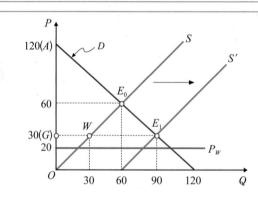

- 국내 생산자 잉여(삼각형 OWG): $30 \times 30 \times \dfrac{1}{2} = 450$

- 국내 소비자 잉여(삼각형 AE_1G): $90 \times 90 \times \dfrac{1}{2} = 4,050$

이에 따라 [정책 1]의 실시 후, 국내 생산자 잉여는 '$250 (= 450 - 200)$'만큼 증가하고, 소비자 잉여는 '$-950 (= 4,050 - 5,000)$'만큼 감소하게 된다.

- [정책 2]와 같이 수입되는 X재 한 단위당 t원의 관세를 부과하여 [정책 1]과 수입량($= 60$)이 동일해지도록 하기 위해서는 수입품의 국내 판매가격이 국제 가격($P_W = 20$)보다 10만큼 높은 30이 되어야 한다. 따라서 수입되는 X재 한 단위당 부과해야 하는 관세(= 동등관세)의 금액은 '10'이다.

- [정책 1]에서 정부의 재정수입은 '0'인 반면에 수입업자는 할당된 수입량 60단위를 단위당 '20'에 수입하여 '30'에 판매할 수 있게 되어 '$600 (= 60 \times 10)$'만큼의 할당지대를 얻을 수 있다. 반면에 [정책 2]에서 수입업자의 할당지대는 '0'인 반면에 정부의 재정수입은 '$600 (= 60 \times 10 =$ 수입량 $\times$ 단위당 관세)'이 된다. 결국 국내 생산자 잉여와 소비자 잉여의 변화에는 차이가 없고, 동일한 금액(600)만큼 [정책 1]에서는 수입업자의 할당지대만 발생하게 되고, [정책 2]에서는 정부의 재정수입만 발생하게 된다.

※ 참고로 [정책 1] 또는 [정책 2]를 시행하는 경우 자원 배분의 변화를 표로 정리하면 다음과 같다.

구분	소비자 잉여	생산자 잉여	정부 재정수입 (또는 수입업자 할당지대)	사회적 총잉여
정책 시행 전	5,000	200	0	5,200
정책 시행 후	4,050	450	600	5,100

결국 [정책 1] 또는 [정책 2]의 시행 결과, 사회적 총잉여가 100만큼 감소하게 되고, 이 크기가 [정책 1] 또는 [정책 2]의 시행으로 인해 발생하는 자중손실(deadweight loss)이다.

6) 수출세

(1) 의의

① 수출세는 재화 한 단위의 수출에 대하여 일정액이나 일정세율로 부과되는 세금을 의미한다.

② 수출세는 주로 1차 상품이 수출의 대부분을 차지하는 개발도상국의 경우 재정수입 증대와 국제시장에서의 가격 조절을 위해 사용한다.

─ 수출세(export taxes)를 부과하는 이유 ─

1. 국내 소비자 단체들이 수출 상품에 해당되는 재화의 국내가격이 오르는 것을 막으려는 정치적 압력을 행사하기 때문이다. 예를 들어, 미국 정부가 구 소련에 정치적 목적으로 곡물류를 수출하려 했을 때, 미국의 이러한 정책이 국내 곡물류의 가격을 인상시킬 것이라는 우려가 수출세와 그 외의 수출제한 조치들을 실시하도록 하는 압력으로 작용하였다.
2. 대국인 경우에 해당되는 것으로서 자국이 갖는 시장지배력(market power)을 이용하여, 세계시장에서의 공급을 감소시키고자 하는 경우이다. 세계시장에서 공급이 감소하면 해당 재화의 세계시장 가격이 오를 수 있다. 이러한 목적으로 수출세가 사용된 가장 대표적인 경우가 1970년대에 석유수출국기구(OPEC)의 석유 수출제한 조치이다.

(2) 수출세 부과의 효과 – 부분균형 분석

① $t\%$의 수출세를 부과하게 되면 다음과 같은 식이 성립한다.

$$P_d = \frac{P_i}{1+t}$$

여기서 t는 수출세율, P_d는 수출세 부과 후 수출재의 국내가격, P_i는 수출재의 국제가격이다.

② $t\%$의 수출세 부과에 따른 효과를 그림으로 분석하면 다음과 같다.

 수출세 부과의 효과

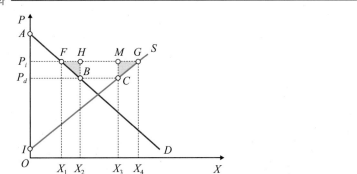

구분	수출세 부과 전	수출세 부과 후	변화
수출량	$X_4 - X_1$	$X_3 - X_2$	$-[(X_2 - X_1) + (X_4 - X_3)]$
소비자 잉여	삼각형 AFP_i	삼각형 ABP_d	$+$[사다리꼴 $P_i FBP_d$]
생산자 잉여	삼각형 $P_i GI$	삼각형 $P_d CI$	$-$[사다리꼴 $P_i GCP_d$]
재정수입	0	사각형 $HMCB$	$+$[사각형 $HMCB$]
사회적 후생	0	$-$[삼각형 FHB+삼각형 MGC]	$-$[삼각형 FHB+삼각형 MGC]

7) 수출 보조금 지급 효과

(1) 가격과 잉여의 변화

① 국내 판매가격은 지급된 보조금만큼 상승하고, 이보다 낮은 국제가격으로 수출한다.

② 국내 소비자잉여는 감소하고 생산자잉여는 증가한다.

③ 보조금 지급에 따른 정부의 재정손실이 발생한다.

④ 역수입 차단을 위해 수입품에 대하여 수출보조금과 동일한 크기의 수입 관세를 부과한다.

(2) 도해적 설명

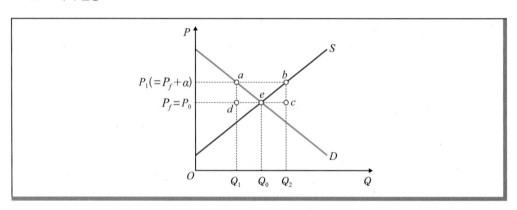

① 국내가격(P_0)과 국제가격(P_f)이 같다고 가정하자. 여기서 정부가 보조금을 α만큼 지급하게 되면, 국내가격은 국제가격에 보조금이 더 해진 '$P_f + \alpha$'가 된다. 이에 따라 국내소비는 Q_0에서 Q_1으로 감소하고, 해외에는 '$Q_1 \sim Q_2$'만큼을 P_f의 가격으로 수출하게 된다.

Q&A 수출보조금 제도를 시행할 때 역수입 방지 수단은?

수출보조금 지급 후 국내가격을 $P_1(P_f + \alpha)$ 수준으로 유지하기 위해서는 정부가 동종의 수입품에 대해 수출보조금의 크기와 동일한 'α'만큼의 수입관세를 동시에 부과해야 한다. 이러한 수입관세 부과가 없다면 수출업자가 국제가격(P_f)으로 역수입하여 이를 다시 수출보조금을 받고 수출하는 것이 가능해지기 때문이다. 일반적으로 수출보조금 제도를 시행하는 국가에서는 이러한 역수입을 방지하기 위해 수출보조금과 동일한 크기의 수입관세를 동시에 부과하고 있다.

② 생산자의 총수입은 '국내 판매수입(사각형 $P_1 a Q_1 0$)+해외판매수입(사각형 $Q_1 Q_2 cd$)+수출보조금 수입(사각형 $abcd$)'이 된다. 이에 따라 생산자잉여는 보조금 지급 전에 비해 '사다리꼴 $P_1 be P_f$'만큼 증가하게 된다.

③ 소비자잉여는 보조금 지급 전에 비해 '사다리꼴 P_1aeP_f'만큼 감소한다.

④ 보조금 지급에 필요한 재정손실이 '사각형 $abcd$'만큼 발생한다. 이 크기는 순생산자잉여증가분(=생산자잉여 승가분－소비자잉여 감소분)인 '삼각형 abe'에 비해 '삼각형($aed+bec$)'만큼 크나. 이것이 보조금 시급에 따른 경세석 순손실(deadweight loss)이다.

수출보조금을 지급하는 경우 주의할 점

수출재인 X재에 대해 a만큼의 보조금을 지급하는 경우, 동시에 같은 크기만큼의 X재 수입에 대해서도 관세를 부과해야 한다. 왜냐하면 수입에 대해 관세를 부과하지 않으면 낮은 국제가격으로 X재를 수입한 뒤 보조금을 얻기 위한 재수출이 이루어질 수 있기 때문이다.

각 정책수단의 효과 비교

구분	강	중	약
국내산업 보호효과	생산 보조금	관세, 수입 할당제	내국 소비세
국내소비 억제효과	내국 소비세	관세, 수입 할당제	생산 보조금
수입효과 (국제수지 개선효과)	수입 할당제	관세	생산 보조금, 내국 소비세
재정수입 증대효과	내국 소비세	관세	수입 할당제

기출확인

A국은 철강을 수출하는 작은 나라이다. 수출을 장려하는 것이 국익에 도움이 된다고 판단한 A국 정부는 해외로 수출되는 철강에 대해 톤(ton)당 일정액의 보조금을 지급하기로 하였다. 이러한 정책시행 이후 A국의 소비자 잉여와 총잉여에 각각 어떤 변화가 있을지 판단하시오. (단, A국의 수출량 증가는 철강의 국제가격에 아무런 영향을 미치지 못하며 수출 및 수입에 따른 제반비용은 없다고 가정한다.)　　　　　[2015]

분석하기

• A국 소비자 잉여 감소, 총잉여 감소
  ⇒ 소국인 A국이 국익에 도움이 되는 방향에서 수출 장려를 위한 수출보조금을 지급한다는 것은 현재의 국제가격 수준에서 철강을 수입할 수 없게 된다는 것을 전제한다.

---

❸ 수출 자율규제(VER: voluntary export regulation)

1) 의미

(1) VER은 특정 상품에 관한 수출국과 수입국과의 무역량을 일정기간 동안 일정한도까지만 거래할 것을 상호 합의하여 규정하고, 이를 초과하여 거래하는 수량에 대해서는 수출국이 자유재량으로 규제하는 제도를 말한다.

(2) 특정 수출상품의 수출량을 수입국의 암묵적인 요구에 의해서 자발적으로 일정한도에서 제한하는 것을 말한다. 만약 수출국이 이 방식을 수용하지 않으면 상대국으로부터 수입관세나 수입쿼

터 등의 제한을 받을 처지에 놓여있는 경우가 대부분이기 때문에 수출국의 입장에서 '자발적'이라는 개념은 상당히 '절박한' 개념이다.

2) 경제적 효과

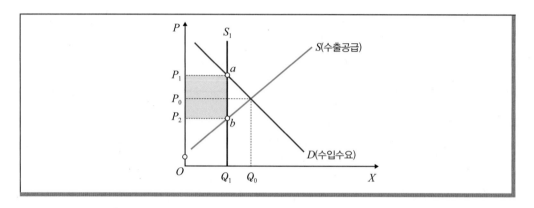

(1) 자유무역을 하는 경우 수출국은 OQ_0만큼을 $0P_0$의 가격으로 수출하는 데 반하여, VER인 경우에는 수출공급곡선이 S_1이 되어, OQ_1만큼을 $0P_1$의 가격으로 수출하게 된다. 그 결과 사각형 P_1abP_2만큼의 rent를 얻게 된다.

(2) 결과적으로 VER인 경우에는 수입국에서는 수입량이 감소($Q_0 \rightarrow Q_1$)하고, 수입국 국내 시장에서 가격이 상승($P_0 \rightarrow P_1$)하게 되어 국내 생산자로 하여금 생산을 증가시킬 수 있게 해준다. 다만 이 경우 rent는 수입국이 아닌 수출국의 공급자에게 귀속이 된다.

3) 효과

(1) WTO 금지 규정을 회피하고 수출국의 자율적인 의사결정이라는 점에서 합리적이고 장기적인 효과를 유지할 수 있다.

(2) 수출국에게 rent를 얻게 해줌으로써 보복조치나 무역마찰 위험을 상호 간에 줄일 수 있게 해 준다.

(3) 수출국이 가능하면 고품질의 고가 상품을 수출하게 되어 수입국내에서 특히 저소득층에 어려움을 가져다 준다. 이러한 수출국 생산자들이 가져오는 제품의 등급 향상은 수입국에서 저소득층이 구입하는 저가의 상품들을 축출하는 결과를 가져오게 된다.

4) 다른 제도와의 비교

(1) 수입관세는 관세수입이 관세 부과국 정부의 몫이고, 수입할당제에 따른 실질적인 가격차 이익 취득혜택은 수입면허권을 부여받은 자의 몫이고, 수출자율규제에 따른 실질적인 가격인상혜택은 수출국의 생산자의 몫이 된다.

(2) 수입국의 사회후생의 손실은 수입관세와 수입할당제의 경우에는 서로 같고, 수출자율규제의 경우에는 이들 경우보다 더 크다.

┌─ 수량할당과 수출자율규제의 비교 ─────────────

수량할당	수출자율규제
1. 교역조건이 수입국에게 유리하다. 2. 국제시장에서 원칙적으로 모든 수출국에게 적용된다.	1. 교역조건이 수출국에 유리하고, 수출규제량이 작을 경우에는 자국의 실질소득이 오히려 증가할 수 있다. 2. 공급 자체를 직접적으로 규제하고, 가장 대표적인 수출국에게만 적용되는 차별적 제도이다.

5) 한계

(1) 실질적으로 수입국 정부나 산업의 강력한 요구 등에 의해 이루어지므로 사실상 자율적이 아니다.

(2) 비교적 단기간에 특정 상품의 수출을 증가시킨 특정국가에 대해 요구하는 차별적 성격을 갖는다.

❹ 신보호무역주의

1) 의의

(1) **개념**: 1970년대 이래 증가하는 선진국 중심의 무역 제한조치

(2) **등장 배경**

① 1970년대 이후의 지속적인 세계 경제의 불황과 미국경제가 상대적 쇠퇴하고 리더십이 약화되었다.

② 일본과 아시아 신흥공업국(NICs: 한국, 홍콩, 싱가포르, 대만)에 의한 급격한 수출증대로 선진국들이 구조조정을 하게 되었는데, 이 조정부담을 완화하기 위한 수단으로 보호주의를 채택하게 되었다.

2) 특징

(1) 후진국의 보호무역주의가 아니라 선진국의 보호무역주의

(2) 보호의 대상이 유치산업이 아니라 선진국의 사양산업

(3) 보호무역의 수단이 주로 비관세장벽(Non-Tariff Barried: NTB)에 의존

(4) 보호의 범위가 특정 산업이 아닌 전 산업에 걸쳐 광범위하게 확대

(5) 보호무역의 조치가 차별적·선별적으로 적용

구분	보호무역주의(유치산업보호론)	신보호무역주의
실시국가	주로 후진국의 선진국에 대한 보호무역	주로 선진국의 후진국에 대한 보호무역
보호대상	유치산업 보호	사양산업 보호
실시목적	경제발전	고용증대, 무역수지개선
실시수단	관세장벽	특수한 관세(상계관세, 반덤핑관세)들에 의한 관세장벽과 비관세장벽

Theme
81 경제통합

❶ 경제통합의 의의

지리적으로 인접한 몇 개의 국가가 동맹을 결성하여 비가맹국에 대해서는 관세 또는 기타의 무역제한을 가하고, 가맹국 상호 간에는 무역의 자유화를 꾀하며, 나아가서는 재정·금융·화폐 등 경제 전반에 걸친 상호협력을 도모하고자 하는 지역적 경제협력조직을 말한다.

❷ 경제통합의 유형(B. Balassa의 분류)

1) **자유무역협정(Free Trade Agreement: FTA)**: 가맹국 간에는 자유무역을 지향하고 비가맹국에 대하여는 독자관세를 부과하는 형태

2) **관세동맹(custom union)**

(1) **의미**: 가맹국 사이에 관세를 완전히 철폐하고 비가맹국에 대하여는 공동 관세로 대처하는 형태

(2) **효과**

① **무역창출효과(trade creation effect)**

ⓐ 특정 상품의 생산비가 국가 간에 차이가 존재함에도 불구하고 무역이 발생하지 않는 경우, 그 상품을 생산하는 국가 사이에 관세동맹이 체결되면 무역이 발생하게 되는 효과를 의미한다.

ⓑ 역내 국가들 중에 가장 유리한 생산비 조건을 가지는 국가가 생산을 하여 다른 국가들과 자유로운 무역을 하게 된다. 따라서 생산은 생산비가 낮은 국가로 이동하게 되어 세계 전체로 볼 때 효율성은 향상되게 된다.

무역 창출 효과(한국에서 30% 관세 부과)

나라	자동차 가격	30% 관세 부과시의 가격	미국과 관세동맹
한국	110원	110원	110원
미국	100원	100원+30원(관세)=130원	100원
일본	90원	90원+27원(관세)=117원	117원
		↓	↓
		수입 ×	미국으로부터 수입

② **무역 전환 효과(trade diversion effect)**: 관세동맹이 체결되어 가맹국 상호 간에 관세가 철폐되고 비가맹국에게 관세가 부과되면, 가맹국 간의 수입가격은 비가맹국으로부터의 수입가격보다

낮아져 종래 비가맹국(효율적인 공급원)으로부터 수입하던 상품을 체결상대국(비효율적인 공급원)에서 수입하는 효과로 후생의 감소를 가져온다.

무역 전환 효과(한국에서 20% 관세 부과)

나라	자동차 가격	20% 관세 부과시의 가격	미국과 관세동맹
한국	110원	110원	110원
미국	100원	100원+20원(관세)=120원	100원
일본	90원	90원+18원(관세)=108원	108원
		↓	↓
		일본으로부터 수입	미국으로부터 수입

③ 따라서 위의 두 가지 효과에 의해 관세동맹의 후생효과는 증가할 수도 있고, 감소할 수도 있다.

사례 연구　**무역창출효과와 무역전환효과**

다음 표는 A, B, C 3개국의 재화별(신발, 의류, 컴퓨터) 단위 생산비용이다.

	국가 A	국가 B	국가 C
신발	13	11	10
의류	15	18	20
컴퓨터	17	15	16

국가 A가 모든 재화에 대해 20%의 관세를 부과하는 경우에 나타나는 무역패턴과 국가 A와 국가 B가 모든 관세를 철폐하는 자유무역협정(FTA)을 체결할 때(단, 국가 C에 대해서는 20%의 관세를 유지한다), 무역창출효과(trade creation effect)가 발생하는 재화를 구하면 ?

분석하기
- 국가 A가 모든 재화에 대해 20%의 관세를 부과하는 경우 각 재화별 단위 생산비용은 다음과 같이 변화된다.

	국가 A	국가 B	국가 C
신발	13	11 → 13.2	10 → 12
의류	15	18 → 21.6	20 → 24
컴퓨터	17	15 → 18	16 → 19.2

따라서 국가 A는 자국 재화보다 가격이 낮은 신발만을 국가 C로부터 수입한다.
이러한 관세부과로 의류와 컴퓨터의 수입은 이루어지지 않아 국가 A의 의류 산업과 컴퓨터 산업은 보호를 받게 된다.
- 한편 국가 A와 국가 B가 모든 관세를 철폐하는 자유무역협정(FTA)을 체결할 때(단, 국가 C에 대해서는 20%의 관세를 유지한다)의 조건에 맞게 표를 정리하면 다음과 같다.

	국가 A	국가 B	국가 C
신발	13	11	10 → 12
의류	15	18	20 → 24
컴퓨터	17	15	16 → 19.2

이 결과 국가 A는 그동안 수입되지 않았던 컴퓨터를 자국보다 가격이 낮아진 국가 B로부터 새롭게 수입하는 무역창출효과가 발생하게 된다.
- 주의할 것은 국가 B로부터 신발도 수입이 되는데, 이것은 무역창출효과가 아니라 신발 수입국이 기존의 국가 C에서 국가 B로 수입국만이 바뀌는 '무역전환효과'에 해당한다.

확인 TEST

아래 그림과 같이 A국이 B국과 C국으로부터의 수입에 대해 동일한 세율의 관세를 부과하고 있었는데, B국과 관세동맹을 맺어 B국으로부터의 수입에 대해서만 관세를 철폐하였다. 이때 A국의 사회후생의 순변화를 옳게 나타내고 있는 것은? (단, P_B=B국의 가격, P_C=C국의 가격, t=관세율)

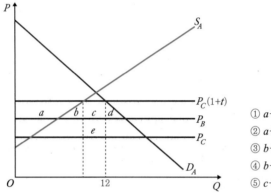

① $a+b+c+d$
② $a+b+c+d-e$
③ $b+c+d-e$
④ $b+d-e$
⑤ $c+e-b-d$

해설 ▶ 수입에 대해 B국과 C국에 동일한 세율의 관세를 부과하고 있는 상황에서는 B국보다 효율적으로(낮은 비용으로) 생산하고 있는 C국으로부터 $P_C(1+t)$의 가격 수준으로 수입이 이루어지고 있다. 그런데 A국이 B국과 관세동맹을 맺어 B국으로부터의 수입에 대해서만 관세를 철폐하게 되면 C국으로부터의 수입 가격 $P_C(1+t)$보다 B국의 가격(P_B)이 더 낮게 되어 수입 상대국은 C국에서 B국으로 바뀌게 된다. 이러한 과정 속에서 나타난 변화를 정리해 보면 다음과 같다.

- $P_C(1+t)$의 가격 수준에서 C국으로부터 수입하던 것이 P_B의 가격 수준으로 B국으로부터의 수입이 이루어지면 수입이 증가하여 소비자 잉여는 이전에 비해 $a+b+c+d$만큼 증가하고, 생산자 잉여는 a만큼 감소하게 된다.
- C국으로부터 수입을 하는 경우 얻을 수 있었던 정부의 관세수입 $c+e$만큼이 사라지게 된다.
- 결국 무역 상대국이 C국으로부터 B국으로 전환된 결과 $(a+b+c+d)-a-(c+e)=b+d-e$만큼의 사회 후생의 변화가 나타나게 된다.

정답 ▶ ④

관세동맹의 동태적 효과

H. G. Johnson과 M. Truman은 관세동맹의 정태적 효과보다는 동태적 효과를 강조하였다. 이들에 따르면 바람직한 동태적 효과로는 ① 시장의 확대에 따른 규모의 경제, ② 경쟁원리, ③ 외부경제의 발생, ④ 기술 향상의 가속화, ⑤ 불확실성의 감소 등이 있다.

3) 공동시장(common market): 관세의 완전철폐 및 공동관세 적용에서 한 걸음 더 나아가 생산요소의 자유로운 이동까지 허용하는 형태

4) 경제동맹(economic union): 가맹국 간의 관세의 철폐와 생산요소의 자유로운 이동은 물론 가맹국 간의 대내적인 재정금융정책에서도 상호협력이 이루어지는 형태

5) 완전경제통합: 초국가적 기구를 설립하여 그 기구로 하여금 회원국의 통일된 금융·재정 및 기타 사회정책들을 결정하게 하는 하나의 단일화된 경제로 통합되는 것

❸ 경제통합의 효과

1) 비가맹국의 경제자원이 무역이 전환되기 이전보다 덜 효율적으로 이용될 수 있기 때문에 비가맹국의 후생은 감소될 수 있다.

2) 무역을 창출시키는 경제통합은 오로지 무역창출만을 발생시켜 가맹국 및 비가맹국의 후생은 확실하게 증가하는 반면, 무역을 전환시키는 경제통합은 무역창출과 무역전환을 모두 발생시켜 가맹국의 후생을 증가시킬 수도 있고 감소할 수도 있다.

기출확인

다음은 유럽연합(EU)과 관련된 진술들이다. 내용을 읽고 물음에 답하시오. [2004]

> 무역장벽을 허물고 자유무역으로 가려는 움직임은 세계적으로 그리고 지역적으로 활발하게 일어나고 있다. 1947년에 출범한 GATT가 무역환경이나 교역상품의 변화를 반영하여 1995년에는 세계무역기구(WTO)로 탄생하였다. 그러나 자유무역지역, 관세동맹, 공동시장 등은 자유무역을 향한 지역적 움직임이다. 상품의 이동은 물론이고 노동과 자본과 같은 생산요소의 이동 자유화를 넘어서 단일통화제도까지 달성한 것이 유럽 연합이다.

밑줄 친 것으로 인하여 회원국들에게 생기는 경제적으로 유리한 점과 불리한 점을 각각 1개씩 쓰시오.
- 유리한 점:
- 불리한 점:

분석하기
- 단일통화제도까지 도입한 유럽연합(EU)은 발라싸(B. Balassa)가 분류한 경제통합 유형 중 경제동맹에 해당한다고 볼 수 있다.
- 유리한 점
  ⓐ 무역장벽 제거로 자유무역의 이점을 살릴 수 있다.
  ⓑ 무역창출효과를 통해 가맹국의 후생을 증가시킬 수 있다.
  ⓒ 단일통화제도는 고정환율제도와 동일한 효과를 얻을 수 있다. 이에 따라 재정정책을 보다 효과적으로 사용할 수 있다.
- 불리한 점
  ⓐ 유치산업 보호가 어려워진다.
  ⓑ 무역전환효과로 인해 가맹국의 후생이 감소할 수도 있다.
  ⓒ 단일통화제도는 고정환율제도와 동일한 효과를 얻을 수 있다. 이에 따라 독자적인 금융정책을 시행하기 어려워진다.

제20장
국제수지론과 환율론

국제수지론

❶ 국제수지

1) 국제수지(balance of payment)의 의의: 일정 기간 동안에 한 나라 거주자와 다른 나라 거주자 사이에 이루어진 모든 경제적 거래에서 수취외화로부터 지급외화를 뺀 것을 말한다.

2) 국제 수지의 구성

구분		내용
경상 수지	상품 수지	상품 거래에 대한 대가
	서비스 수지	선박이나 항공기의 운임수입, 관광을 위한 여행경비, 유학 관련 비용, 보험료, 특허권 사용에 대한 대가 등
	소득수지	노동자의 임금, 금융자산(금융자본)으로부터 발생하는 배당금 및 이자 수입 등
	경상이전수지	아무런 대가없이 제공되는 수혜자의 소득 및 소비에 직접적으로 영향을 주는 거래대금 → 송금, 기부금, 무상원조 등
자본 금융 계정	직접 투자 수지	기업의 경영권과 관련된 투자 대금
	증권 투자 수지	경영권 확보와 무관하게 금융자본(금융자산)을 통한 수익 목적으로 이루어지는 주식-채권 투자대금
	기타 투자 수지	금융기관을 통한 대출 및 차입, 현금 및 예금 거래 대금
	기타 자본 수지	해외이주비, 특허권 및 상표권 자체를 매매하기 위해 지급하는 대금 등

┌─ 경상수지의 의의 ─
  경상수지는 한 국가의 대외자산의 순변동을 의미한다. 예컨대 경상수지가 흑자(적자)이면 외환유입(유출)이 외환유출(유입)보다 더 크다는 것을 의미하고, 이러한 순유입액(순유출액)의 존재는 대외자산(부채) 증가를 가져온다.

┌─ 국제수지 계정 상의 자본의 의의 ─
  국민소득 계정에서 자본은 실물자본을 의미하고, 국제수지 계정에서의 자본은 거래가 허용된 금융자산을 의미한다.

┌─ 국제수지와 국제대차의 차이 ─────────────────────────────

국제 수지	국제 대차
• 일정 기간 동안 한 나라의 거주자와 비거주 거주자 사이에 이루어진 경제적 거래 • 한 나라의 대외 거래의 성과를 파악할 수 있게 한다. • 유량 개념	• 일정 시점에서 한 국가가 다른 국가에 대하여 가지고 있는 채권·채무의 잔고 • 특정 국가가 채권국인지 채무국인지를 나타내준다. • 저량 개념

───

> 여러 가지 국제거래와 해당 거래가 국제수지에 미치는 영향의 조합으로 옳은 것은?
>
> ① 국내기업이 중국에 있는 자회사로부터 배당금을 수령했다 → 자본수지 개선
> ② 외국에 자동차를 수출하고 대금을 달러화로 받았다 → 경상수지 악화
> ③ 국내기업이 해외 연수를 하며 여행경비를 지불했다 → 경상수지 악화
> ④ 해외 원조로 1,000만 달러를 지출했다 → 경상수지 개선
>
> 해설 ▶ 국내기업이 해외 연수를 하면 지불한 여행경비는 경상수지인 서비스 수지 적자 요인이다.
>   ① 소득수지(경상수지) 개선
>   ② 상품수지(경상수지) 개선
>   ④ 경상이전수지(경상수지) 악화
>
> 정답 ▶ ③

3) 국제수지 항등식과 외환 보유액

(1) 국제수지 항등식

① 국제수지표는 경상수지, 자본계정, 금융계정, 준비자산 증감, 오차 및 누락 등으로 구성된다. 만약 오차 및 누락이 없다고 가정한다면, 국제수지 항등식은 다음과 같다.

┌──┐
│ 경상수지＋자본계정＋금융계정(준비자산 제외)－준비자산 증가＋준비자산 감소≡0 │
└──┘

앞의 식에서 준비자산 증가인 경우에 앞의 부호가 (－)인 경우는 항등식을 만들기 위한 인위적인 방법이다. 예컨대 다른 모든 조건이 일정한 상태에서 경상수지가 흑자가 되면 준비자산은 증가하게 되는데, 모든 항목의 합이 '0'이 되기 위해서는 비록 준비자산은 증가했지만 부호를 (－)로 해야만 항등식이 성립할 수 있기 때문이다. 준비자산 감소인 경우에 앞의 부호가 (＋)인 경우는 그 반대로 이해하면 된다.

② 앞의 항등식을 기초로 국제수지는 다음 식으로 정리할 수 있다.

┌──┐
│ 국제수지≡경상수지＋자본계정＋금융계정(준비자산 제외)≡준비자산 증감 │
└──┘

이를 통해 국제수지가 흑자가 되면 준비자산은 증가하게 되고, 국제수지가 적자가 되면 준비
자산은 감소하게 됨을 확인할 수 있다. 여기서 준비자산은 중앙은행의 외환보유고로 이해하
면 된다.

(2) 외환보유액(foreign exchange holdings)

① 일국의 통화당국이 대외지급수단으로 보유하고 있는 외화자산으로서 일정시점에서 포착하
는 저량(stock) 개념이다.

② 외환보유액은 흔히 일국의 대외지불능력의 척도로 해석되는데 한 나라의 수출입이 안정적일
수록, 대외차입의 규모가 적을수록, 국제금융시장에서의 공신력이 높을수록, 외환보유의 적
정수준은 낮아도 된다.

> 기말 외환보유액=기초 외환보유액+기간 중 준비자산 증감+환율변동에 의한 자산증감

❷ 경상수지 흑자의 장·단점

1) 장점

(1) 수출을 통해 늘어나는 소득과 일자리가 수입을 통해 줄어드는 소득과 일자리보다 크게 되고 따
라서 전체적으로는 그만큼 국민소득이 늘어나고 고용이 확대된다.

(2) 수출을 통해 벌어들인 외화로써 외채를 상환할 수 있게 되어 외채규모를 줄일 수 있음으로써 국
가신용도를 높일 수 있게 된다.

(3) 흑자국은 무역 마찰을 피하기 위해서 해외에 직접투자를 늘려나갈 수 있다.

(4) 국내공급이 부족하여 물가상승 압력이 있을 경우에는 수입을 부담없이 늘려갈 수 있으므로 국
내물가를 보다 쉽게 안정시킬 수 있다.

(5) 국내경기가 침체하여 경기부양책을 실시하고자 할 때에도 소득이 증가함에 따라 유발되는 수입
증가를 염려하지 않아도 되므로 확대정책을 실시하기가 용이해진다.

2) 단점

(1) 흑자국은 실업이 감소하고 적자국은 실업이 증가하는 경향이 있다. 이에 따라 흑자국은 적자국
으로 실업을 수출한다는 비난을 받을 수 있다.

(2) 국내 통화량의 증가로 인해 물가상승의 압력을 받게 된다.

(3) 교역 상대국과의 무역마찰이 발생하게 된다.

확인 TEST

다음은 A국의 2019년 3월 경상수지와 4월에 발생한 모든 경상거래를 나타낸 것이다. 전월 대비 4월의 경상수지에 대한 설명으로 옳은 것은?

경상수지 (2019년 3월)	상품 수지	서비스 수지	본원소득 수지	이전소득 수지
100억 달러	60억 달러	20억 달러	50억 달러	−30억 달러

2019년 4월 경상거래

- 상품 수출 250억 달러, 상품 수입 50억 달러
- 해외 투자로부터 배당금 80억 달러 수취
- 지진이 발생한 개도국에 무상원조 90억 달러 지급
- 특허권 사용료 30억 달러 지급
- 국내 단기 체류 해외 노동자의 임금 20억 달러 지불
- 외국인 여객 수송료 10억 달러 수취

① 상품 수출액은 150억 달러 증가하였다.
② 경상수지 흑자 폭이 감소하였다.
③ 서비스수지는 흑자를 유지하였다.
④ 본원소득수지는 흑자 폭이 증가하였다.

해설 ▶ • 4월에 발생한 경상거래를 분류하면 다음과 같다.

2019년 4월 경상거래

- 상품 수출 250억 달러, 상품 수입 50억 달러 ⇒ 상품수지
- 특허권 사용료 30억 달러 지급 ⇒ 서비스수지
- 해외 투자로부터 배당금 80억 달러 수취 ⇒ 본원소득수지
- 국내 단기 체류 해외 노동자의 임금 20억 달러 지불 ⇒ 본원소득수지
- 지진이 발생한 개도국에 무상원조 90억 달러 지급 ⇒ 이전소득수지
- 외국인 여객 수송료 10억 달러 수취 ⇒ 서비스수지

• 이를 전제로 4월에 발생한 경상거래를 표로 정리하면 다음과 같다.

경상수지 (2019년 3월)	상품 수지	서비스 수지	본원소득 수지	이전소득 수지
150억 달러	200억 달러	−20억 달러	60억 달러	−90억 달러

① 3월 자료에서 상품수지는 60억 달러만큼 흑자라는 것을 알 수 있을 뿐, 상품수출액과 상품수입액의 구체적인 크기는 알 수 없다. 따라서 3월 대비 4월의 상품수출액의 증감 크기는 알 수 없다.
② 경상수지 흑자 폭이 3월 대비 100억 달러에서 150억 달러로 50억 달러만큼 증가하였다.
③ 서비스수지는 3월에는 흑자였으나 4월에는 적자로 전환되었다.
④ 본원소득수지는 흑자 폭이 3월 대비 50억 달러에서 60억 달러로 10억 달러만큼 증가하였다.

정답 ▶ ④

경상수지의 적자와 흑자의 의의는?

"경상수지 적자는 나쁜 것인가?"

일반적으로 경상수지 적자는 현재 경제상황의 비관적 요소나 장래에 대한 암울한 전망으로 인식된다. 경상수지 적자는 자국 기업들의 생산성이 낮으므로 외국기업에 비해서 경쟁력이 취약함을 나타내는 증거로 간주한다. 일부에서는 외국 정부의 인위적인 불공정 무역정책을 통하여 자국 시장을 잠식한 결과로 간주하기도 한다.

경제학자들은 경상수지 적자를 그 나라의 경제적 역량인 소득 이상으로 소비한 결과로 본다. 민간부문이 과도하게 해외 사치품을 수입하거나 정부부문이 조세수입을 초과해서 정부지출을 확대할 경우 경상수지는 악화된다. 경상수지 적자는 외국에서 차입한 외환이나 정부가 보유한 외환으로 보전해야 한다. 마치 개인의 지출이 수입을 초과하는 경우에 개인의 저축이나 차입에 의해서 해결하는 원리와 같다.

경상수지 적자가 지속적이고 우려할 수준에 이르면 해외로부터의 차입은 어려워지고, 기존의 채권자 가운데 일부는 투자금을 회수하기 시작한다. 이러한 상태에서는 기존 채무의 연장도 어려워지고 신규차입은 더욱더 불가능해진다. 해외차입이 어려워지면 결국은 정부가 보유한 비상금인 외환보유액을 사용해야 한다. 이때 정부가 보유한 외환보유액마저 고갈되면 기존에 차입한 외채에 대한 지급불능이나 국가부도의 사태에 이르게 된다. 국민경제는 도탄의 상황에 이르게 되는 것이다. '경상수지 적자가 나쁘다'는 일반적인 인식이 형성된 근거이다.

그러나 경상수지 적자에 대한 다른 시각도 존재한다. 경상수지 적자가 반드시 외환위기나 국가부채 지급정지를 초래하는 것은 아니라는 관점이다. 기업이나 정부가 생산의 효율성을 제고하기 위하여 물적 자본에 투자하는 경우에 경상수지는 악화되거나 적자로 반전할 수 있다. 정부가 도로 항만과 같은 사회간접자본에 투자하거나 자연자본에 대한 접근성을 높이는 저장소 건설에 투자하거나 기업이 신기술을 생산에 적용하기 위한 투자는 미래의 성장 동력이 된다. 이론적으로 보면 이러한 투자의 결과가 해외수출로 이어져 더 많은 상품과 서비스의 생산이 가능해진다. 결국 일시적인 경상수지 적자가 부족한 투자재원을 확충한 것이라면 확충된 투자의 결과로 얻어지는 수출의 확대로 경상수지 적자는 흑자로 반전될 수 있다.

결국 경상수지 적자는 적자를 초래한 내용이 중요하다. 미래의 성장이 가능한 투자의 결과로 발생한 경상수지 적자는 흑자로 반전이 가능하다. 그러나 성장 동력으로 작용할 수 없는 사치품의 수입이나 재정적자의 확대로 인한 경상수지 적자의 지속적인 누적은 경제위기로 귀착된다. 미국처럼 자국통화로 차입하는 경우에는 국가부도 사태는 면할 수 있지만 기축통화로의 달러화의 위치가 흔들릴 비싼 비용을 지불해야 할 가능성을 배제하기 어렵다.

"경상수지 흑자는 좋은 것인가?"

외환위기를 경험한 대부분의 신흥국가의 정책입안자에게는 경상수지 적자가 가장 경계해야 할 부분이다. 따라서 이들 국가의 정책입안자들은 경상수지의 흑자 시현에 정책적 우선순위를 두고 있다. 경상수지의 흑자로 축적한 외환보유액은 국가의 신용등급을 향상시키고 외국투기자금의 공격을 차단할 수 있는 유익한 버팀목이기도 하다. 그러나 경상수지 흑자와 해외자본의 유입은 인플레이션을 초래하거나 자국통화의 평가절상(환율의 하락)으로 귀결된다. 또한 축적된 해외자산은 자산 및 부동산 거품을 초래하기도 한다. 1982년 이후 일본의 거대한 경상수지 흑자는 일본경제에 거품을 생성했고, 나중에 아시아 전역 거품경제의 원인이 되었다.

❸ 지출변경정책과 지출전환정책

1) 의의

(1) 지출변경(조성)정책(expenditure changing policy)

① 국제수지가 적자인 경우 국민경제의 총지출 크기를 직접적으로 억제함으로써 수입을 감소시키고, 또한 수출상품에 대한 국내수요를 줄여 수출을 증대시킴으로써 국제수지 균형을 달성하려는 정책을 말한다.

② 재정·금융정책이 대표적인 정책수단이다. ⇒ 총수요 관리정책

(2) 지출전환정책(expenditure switching policy)

① 총지출(총수요) 규모의 변경 없이 국제시장에서 수출품의 상대가격을 인하하고 국내시장에서 수입품의 상대가격을 인상시킴으로써 국민경제의 수입을 위한 지출의 일부와 외국의 자국 및 제3국에 대한 지출의 일부를 국내생산물에 대한 지출로 전환시켜 국제수지 균형을 달성하고자 하는 정책이다. 즉, 총지출의 구성에 영향을 끼치는 것이다.

② 환율인상, 관세부과, 수입할당제, 수출보조금제도, 외환에 대한 통제 등의 정책수단이 있다. ⇒ 환율정책

❹ 개방경제하에서의 대내외 동시균형 달성

1) 개방경제 균형을 위한 정책수단

(1) **대내외 균형의 의의**: 대내균형이란 정책당국의 판단에 따라 허용할 수 있는 고용수준과 물가수준이 유지되는 상태로 일반적으로는 완전고용상태를 의미한다. 이에 반하여 대외균형이란 국제수지균형을 의미한다.

(2) 정책수단

① **재정정책**: 정부지출의 조절을 통해 총수요의 변화를 도모하는 정책을 말한다.

② **금융정책**: 이자율 조절을 통하여 자본유출과 자본유입을 기대하는 정책을 말한다.

(3) **정책목표와 정책수단**: 독립적인 정책목표를 달성하기 위해서는 적어도 정책목표와 동일한 수의 정책수단이 필요하다. ⇒ 틴버겐(J. Tinbergen)의 정리

2) 고정환율제도 하에서 대내외 동시균형 달성을 위한 정책 배합

(1) **유효시장 구분의 원칙**(principle of effective market classification) － R. Mundell

① **의미**: 대내균형과 대외균형을 동시에 달성하기 위한 가장 효과적인 정책수단의 배합(policy mix)에 관한 원칙을 말한다. 이때 각 정책수단은 상대적으로 가장 효과적인 영향을 미칠 수 있는 정책목표에 배정되어야 한다는 것을 내용으로 한다.

② 가정

ⓐ 자본이동이 완전히 자유롭다.

ⓑ 대내균형은 물가안정 하에서 완전고용, 대외균형은 국제수지(＝경상수지＋자본수지) 균형을 의미한다.

ⓒ 정책수단으로는 재정정책과 금융정책이 사용된다.

ⓓ 금융정책은 통화량 조절이 아닌 이자율 조절을 내용으로 한다.

③ 정책 배합

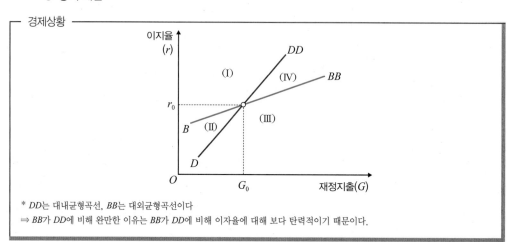

경제상황

* DD는 대내균형곡선, BB는 대외균형곡선이다
⇒ BB가 DD에 비해 완만한 이유는 BB가 DD에 비해 이자율에 대해 보다 탄력적이기 때문이다.

국면	상황	정책 배합
I	대내: 실업 대외: 국제수지 흑자	실업 ⇒ 확장적 재정정책 ⇒ 완전고용 ⇒ 대내균형 달성 국제수지 흑자 ⇒ 확장적 금융정책 ⇒ 국제수지 균형 ⇒ 대외균형 달성
II	대내: 실업 대외: 국제수지 적자	실업 ⇒ 확장적 재정정책 ⇒ 완전고용 ⇒ 대내균형 달성 국제수지 적자 ⇒ 긴축적 금융정책 ⇒ 국제수지 균형 ⇒ 대외균형 달성
III	대내: 인플레이션 대외: 국제수지 적자	인플레이션 ⇒ 긴축적 재정정책 ⇒ 물가안정 ⇒ 대내균형 달성 국제수지 적자 ⇒ 긴축적 금융정책 ⇒ 국제수지 균형 ⇒ 대외균형 달성
IV	대내: 인플레이션 대외: 국제수지 흑자	인플레이션 ⇒ 긴축적 재정정책 ⇒ 물가안정 ⇒ 대내균형 달성 국제수지 흑자 ⇒ 확장적 금융정책 ⇒ 국제수지 균형 ⇒ 대외균형 달성

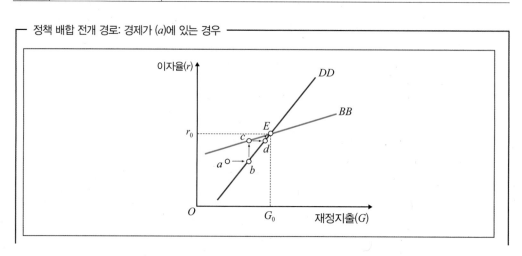

정책 배합 전개 경로: 경제가 (a)에 있는 경우

실업 ⇒ 확장적 재정정책 ⇒ 재정지출 확대($a{\rightarrow}b$) ⇒ 대내균형 달성, 국제수지 적자
→ 긴축적 금융정책 ⇒ 이자율 상승 → 자본유입($b{\rightarrow}c$) ⇒ 국제수시 균형, 실업 발생 ⇒ ……

앞에서 나타난 정책배합을 계속하게 되면 궁극적으로 E점에 도달(a ‣ b ‣ c ‣ …… → E)하여 대내균형과 대외균형을 동시에 달성하게 된다.

<u>기출확인</u>

다음 그래프의 A점은 국내균형(완전고용)과 대외균형(국제수지균형) 측면에서 어떤 경제 상태에 있는지 서술하고, 재정정책과 통화정책을 활용하여 A점이 균형점 E에 도달하는 과정을 설명하시오. (단, 고정환율제도를 가정한다.)

[2016]

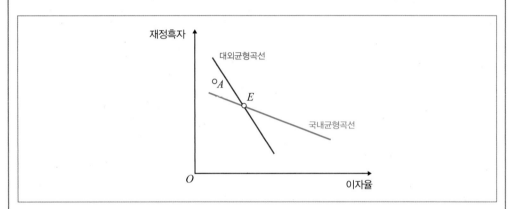

<u>분석하기</u>

• 국내: 경기침체, 대외: 국제수지 적자 ⇒ 현재 A점에서는 국내균형(완전고용)을 달성하기 위해 필요한 재정흑자 수준에 비해 높은 상태이다. 이것은 완전고용을 위해 필요한 재정적자(지출)가 부족하다는 것을 의미한다. 따라서 현재 국내 경제는 실업이 존재하는 경기침체 상태이다. 또한 A점은 대외균형(국제수지균형)을 달성하기 위해 필요한 이자율 수준에 비해서는 낮은 상태이다. 따라서 국제수지는 자본유출로 인해 적자 상태이다.

• 국내균형을 달성하기 위해 확장적 재정정책으로 재정지출을 늘리면 국내균형곡선을 향해 움직이게 되고, 대외균형을 달성하기 위해 긴축적 통화정책으로 이자율을 상승시키면 대외균형곡선을 향해 움직이게 된다. 이러한 과정이 반복되면서 경제는 A점에서 E점을 향해 움직이게 된다.

---

(2) 스완(Swan) 모형

① 의미: 지출전환정책과 지출변동정책을 통해 대내외 동시 균형 달성을 목표로 한다.

② 가정

ⓐ 자본이동이 불가능하다고 가정한다.

ⓑ 대내균형은 물가안정 하에서 완전고용, 대외균형은 경상수지 균형만을 의미한다.

ⓒ 정책수단으로 지출전환정책은 환율정책, 지출변동정책은 재정정책을 사용한다.

③ 정책 배합

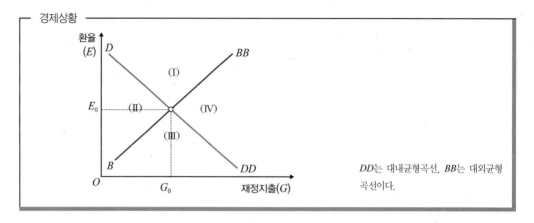

경제상황

DD는 대내균형곡선, BB는 대외균형 곡선이다.

국면	상황	정책 배합
I	대내: 인플레이션 대외: 경상수지 흑자	인플레이션 ⇒ 긴축적 재정정책 ⇒ 물가안정 ⇒ 대내균형 달성 경상수지 흑자 ⇒ 평가절상 ⇒ 경상수지 균형 ⇒ 대외균형 달성
II	대내: 실업 대외: 경상수지 흑자	실업 ⇒ 확장적 재정정책 ⇒ 완전고용 ⇒ 대내균형 달성 경상수지 흑자 ⇒ 평가절상 ⇒ 경상수지 균형 ⇒ 대외균형 달성
III	대내: 실업 대외: 경상수지 적자	실업 ⇒ 확장적 재정정책 ⇒ 완전고용 ⇒ 대내균형 달성 경상수지 적자 ⇒ 평가절하 ⇒ 경상수지 균형 ⇒ 대외균형 달성
IV	대내: 인플레이션 대외: 경상수지 적자	인플레이션 ⇒ 긴축적 재정정책 ⇒ 물가안정 ⇒ 대내균형 달성 경상수지 적자 ⇒ 평가절하 ⇒ 경상수지 균형 ⇒ 대외균형 달성

Theme 83 환율

❶ 환율의 의의

1) 외환의 의미

(1) 외국의 화폐(외화)와 외국에 대하여 외화를 청구할 수 있는 모든 유가증권

(2) 현금인 외화만이 아니라 외화표시 어음, 외화표시 지불지시서(전신환, 우편환 등) 등이 모두 포함
⇒ 거래 당사자와 은행의 3자 간의 채권채무 관계를 명확하게 한 외국환어음이 가장 많이 쓰이는
외환이다.

2) 명목환율(nominal exchange rate)

(1) 의미

① 자국화폐와 외국화폐의 교환 비율을 말한다. ⇒ 환시세

② 일반적으로 환율이라 함은 이러한 명목환율을 의미한다.

(2) 환율의 표시방법

① 자국화폐 표시시세(지불계정시세) ⇒ 예 1\$=1,000W

② 외국화폐 표시시세(수취계정시세) ⇒ 예 1W=1/1,000\$

(3) 앞의 표시방법(①)에서 환율(e) 변동의 의미

① (지불)환율인상: 외환가격의 상승, 자국화폐의 대외가치의 하락, 평가절하 등을 의미

② (지불)환율인하: 외환가격의 하락, 자국화폐의 대외가치의 상승, 평가절상 등을 의미

알고 있으면 쉬운 경제학 | 서로 다른 화폐를 사용하는 나라 사이에는 어떻게 거래할까?

"지구상에는 200개국이 훨씬 넘는 국가들이 존재한다. 그리고 그 나라들은 자신의 고유한 화폐를 사용하고 있다. 그렇다면 서로 다른 화폐를 사용하는 나라 사이에 무역을 하면서 필요한 대금결제를 하고자 할 때 고려해야 하는 요소는 무엇인가?"

외환시장은 주요국의 화폐가 상품으로서 거래되는 시장을 말하며, 여기서 각 화폐 간의 교환비율이 결정된다. 이 것이 곧 환율(Exchange rate: E)이다. 그런데 환율을 화폐 간의 교환비율로 이해하는 것보다는 화폐의 가격으로 이 해하는 것이 더 이해하기 쉽다. 예를 들어 사이다 시장에서는 사이다 가격이 결정되고 사이다가 비싸면 사이다를 사 려는 사람이 줄어들 것이다. 노동시장에서는 노동의 가격, 즉 임금이 결정되고 임금이 비싸면 노동을 고용하려는 사 람이 줄어들 것이다. 마찬가지로 \$가 거래되는 외환시장(\$ 시장)에서는 \$가격이 결정되고 \$가격이 비싸면 \$를 가지 고 해야 하는 일이 줄어드는 것이다.

이제 환율을 나타내는 방법을 알아보자. 환율은 기본적으로 두 종류의 화폐 간 상대가격이므로 이것을 나타내는 방법도 두 가지가 존재한다.

미국의 $와 영국의 £를 전제하면, 첫째,

$$E = \frac{\$2}{£1}$$

이렇게 표시된 환율(E)은 £1당 $2를 의미하므로 £의 가격을 나타내고 있다. 이렇게 표시된 환율을 '아메리칸 텀 (American term)'이라고 부른다. 그 이유는 이렇게 표시된 환율은 £의 가격이므로 영국 사람들보다는 미국 사람들에게 의미 있는 환율이기 때문이다. 미국 사람들에게는 £의 값이 의미가 있지, 자국화폐인 $의 가격은 아무런 의미가 없는 것이다.

둘째,

$$E = \frac{£0.5}{\$1}$$

이렇게 표시된 환율(E)은 $1당 £0.5를 의미하므로 $의 가격을 나타내고 있다. 이렇게 표시된 환율을 '유러피안 텀(European term)'이라고 부른다. 그 이유는 이렇게 표시된 환율은 $의 가격이므로 미국 사람들보다는 영국 사람들에게 의미 있는 환율이기 때문이다. 영국 사람들에게는 $의 값이 의미가 있지, 자국화폐인 £의 가격은 아무런 의미가 없는 것이다.

마찬가지로 우리도 두 가지 방법으로 환율을 나타낼 수 있다. 첫째, 외국화폐의 가격을 우리화폐의 크기로 환율을 나타내는 방법이다. 예컨대 1$=1,000₩으로 표시하는 것이다. 둘째, 우리화폐의 가격을 외국화폐의 크기로 환율을 나타내는 방법이다. 예컨대 1₩=1/1,000$로 표시하는 것이다. 그렇다면 이 두 가지 방법 중에서 '우리에게' 어떤 것이 의미 있는 표시방법일까? 일반적으로 '1₩이 몇 $일까?'가 궁금하기보다는 '1$가 몇 ₩일까?'가 더 궁금할 것이다. 우리나라 사람들에게는 $의 값이 의미가 있지, 우리 화폐인 ₩의 가격은 아무런 의미가 없는 것이다. 이것은 곧 일종의 '유러피안 텀(European term)'을 의미한다.

참고로 1978년 이후 전신을 통한 외환거래를 좀 더 원활히 하기 위하여 유럽식의 표시가 전 세계적으로 외환을 표시하는 일반적인 방법으로 통용되고 있다. 그러나 영국 파운드 스털링, 호주 달러, 뉴질랜드 달러, 아일랜드 펀트 (punt) 등에 대한 은행 사이의 거래에서는 미국식 표시가 통용되고 있다. 이는 영국의 화폐 단위가 과거에는 10진법에 의하지 않고 1파운드는 20실링, 1실링은 12펜스로 구성되어 있으므로 나누기와 곱하기가 어려운 데 기인한다. 1971년에 영국의 화폐 단위가 10진법으로 바뀌었음에도 불구하고 환율의 표시는 과거의 전통이 그대로 유지되었다. 이러한 관행은 런던이 과거 국제금융의 중심지였다는 점과 무관하지는 않을 것이다.

❷ 실질환율(real exchange rate: q)

1) 의미

(1) 명목환율(e)을 국내외 물가로 할인한 개념으로 이는 곧 내국재 단위로 표시한 외국재의 가격을 의미하며 다음과 같이 정의된다.

$$실질환율(q) = \frac{eP_f}{P} = \frac{명목환율 \times 해외물가}{국내물가}$$

결국 실질환율은 외국재 한 단위를 구매하기 위해서 내국재를 얼마나 지급해야 하는지를 나타내는 것이다.

(2) 이에 따라 절대구매력 평가설에서 실질환율은 항상 1이며, 상대구매력 평가설에서 실질환율은 상수(constant) q가 된다.

2) 실질환율의 변동

(1) 명목환율을 포함하여 다른 모든 조건이 일정한 경우에 외국물가(P_f)의 상승

① 외국물가의 상승은 수입품의 원화가격(eP_f)이 상대적으로 비싸진다는 것을 의미하며, 이는 곧 실질환율의 상승을 의미한다.

② 이에 따라 자국의 수출상품의 경쟁력을 강화와 국내 수입수요의 감소를 가져온다.

(2) 명목환율이 변동하는 경우

① 외국물가의 상승과 동시에 명목환율이 크게 하락한다면 실질환율은 변동하지 않을 수도 있고 오히려 하락할 수도 있다.

② 수출경쟁력을 평가할 때 국내외 물가상승률만을 비교하는 것은 부정확할 여지도 있으므로 국내외 물가상승률과 명목환율의 변동률을 동시에 고려하는 실질환율을 기준으로 판단해야 한다는 것이 실질환율이다.

(3) 국내물가가 상승하는 경우: 실질환율은 작아져서 자국의 수출경쟁력이 상대적으로 약화된다.

(4) 무역장벽이 완화되는 경우: 관세율 인하 등의 무역장벽이 완화되면, 관세를 인하한 만큼 국내물가가 하락한다. 이에 따라 실질환율이 커지고 국제경쟁력이 강화된다.

(5) 외국이 긴축통화정책을 실시하는 경우: 해외물가를 하락시킴에 따라 실질환율이 작아지고 우리나라의 국제경쟁력을 약화시킨다.

❸ 외환 arbitrage(삼각 arbitrage)

1) 의미: 은행들이 다른 시장 간의 외환 가격 차이를 통해 이익을 남기려는 행위를 의미한다.

2) 내용

(1) 100\$를 가지고 있을 때 세 개의 화폐 간 환율이 다음과 같이 일관성이 깨져 있다고 가정하자.

$$1\$=4DM$$
$$1\pounds=8DM$$
$$1\pounds=3\$$$

(2) 100\$를 가지고 400DM를 사고, 이 400DM를 가지고 50£을 사고, 다시 이 50£를 가지고 150\$를 사면 50%(50\$)의 이익을 얻을 수 있다.

(3) 많은 사람들의 이러한 행동은 각 화폐에 대한 수요의 증가로 인해 \$로 표시된 DM의 값과, DM로 표시된 £의 값, 그리고 £로 표시된 \$의 값을 올리게 되어 결과적으로 arbitrage를 통한 이익은 사라지고 각 화폐 환율 간의 일관성은 다시 회복된다. 즉, 1£의 가격은 2\$와 3\$의 사이에서 결정된다.

(4) 삼각(triangular) arbitrage

삼각 arbitrage를 통해 이익을 얻을 수 있는 방향을 찾는 가장 편리한 방법은 아래 그림과 같이 삼각형을 그려 놓고 각각의 꼭지점에서 세 화폐를 적는 것이다. 어느 한 점에서 시작하여 시계 방향이나 또는 시계 반대 방향으로 돌아서 이익이 나지 않으면, 반대 방향으로 돌면 반드시 이익이 난다.

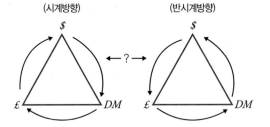

3) 교차환율(cross exchange rates)

(1) 위의 경우 삼각 arbitrage 때문에 각 화폐 간에는 다음과 같은 관계가 성립되는 것을 알 수 있다.

$$\frac{\$}{\pounds}=\frac{\$}{DM}\cdot\frac{DM}{\pounds}$$

(2) 외환의 가격은 외환시장에서 어떤 다른 화폐로 나타내어도 차이가 없어지고, 화폐 간에는 일관성이 유지된다. 이러한 여러 화폐 간의 환율을 교차환율이라고 부른다.

확인 TEST

원화, 달러화, 엔화의 현재 환율과 향후 환율이 다음과 같을 때, 옳지 않은 것은?

현재 환율	향후 환율
1달러당 원화 환율 1,100원	1달러당 원화 환율 1,080원
1달러당 엔화 환율 110엔	100엔당 원화 환율 900원

① 한국에 입국하는 일본인 관광객 수가 감소할 것으로 예상된다.
② 일본 자동차의 대미 수출이 감소할 것으로 예상된다.
③ 미국에 입국하는 일본인 관광객 수가 감소할 것으로 예상된다.
④ 달러 및 엔화에 대한 원화 가치가 상승할 것으로 예상된다.

해설 교차환율을 이용하여 현재의 100엔당 원화 환율과 향후 1달러당 엔화 환율을 다음과 같이 구할 수 있다.

- 현재의 1엔당 원화 환율$(\mathrm{W}/¥) = \dfrac{원}{달러} \times \dfrac{달러}{엔} = 1,100 \times \dfrac{1}{110} = 10$이므로 현재의 100엔당 원화 환율은 1,000원이 된다.

- 향후 1달러당 엔화 환율$(¥/\$) = \dfrac{원}{달러} \times \dfrac{엔}{원} = 1,080 \times \dfrac{1}{9} = 120$이 된다.

이에 따라 주어진 표를 다시 정리하여 비교하면 다음과 같다.

현재 환율	향후 환율
1달러당 원화 환율 1,100원	1달러당 원화 환율 1,080원
100엔당 원화 환율 1,000원	100엔당 원화 환율 900원
1달러당 엔화 환율 110엔	1달러당 엔화 환율 120엔

따라서 100엔당 원화 환율이 하락하여 한국에 입국하는 일본인의 부담이 커져서 일본인 관광객 수는 감소할 것이다(①). 1달러당 엔화 환율이 상승하여 일본의 가격경쟁력이 강화되어 일본 자동차의 대미 수출은 증가하고, 달러가치의 상승으로 미국에 입국하는 일본인 관광객 수가 감소할 것이다(②, ③). 1달러 및 100엔당 원화 환율이 하락하게 되어 달러 및 엔화에 대한 원화 가치가 상승할 것이다(④).

정답 ②

환율의 결정-Ⅰ(구매력 평가설과 환수급설)

❶ 환수급설

1) **의미**: 환율이 외환의 수요와 공급에 따라 결정

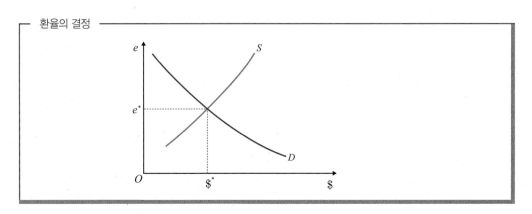

환율의 결정

2) 외환의 수요 · 공급과 환율

구분	증가요인	환율변동
외환의 수요	수입증가, 내국인의 해외여행 증가, 내국인의 해외투자 증가, 차관상환, 로열티 지급 등	상승
외환의 공급	수출증가, 외국인의 국내여행 증가, 외국인의 국내투자 증가, 차관도입, 로열티 수취 등	하락

3) 환율변동의 원인과 효과

	환율상승	환율하락
원인	외환의 수요>외환의 공급 ① 수출의 감소 ② 수입의 증가 ③ 이자율의 하락으로 인한 국내자본의 유출 ④ 인플레이션 ⑤ 외국환시세가 높아지는 경우	외환의 수요<외환의 공급 ① 수출의 증가 ② 수입의 감소 ③ 이자율의 상승으로 인한 외국 자본의 유입 ④ 국내물가가 안정되는 경우 ⑤ 외국환시세가 낮아지는 경우
효과	① 수출을 늘리고 수입은 줄인다. ② 수출기업의 수익성이 커진다. ③ 외채부담이 커진다. ④ 원유, 식량 등 원자재 비용이 늘어 비용이 증가한다. ⑤ 교역조건이 악화된다.	① 수출을 줄이고 수입을 늘린다. ② 수출기업의 수익성이 저해된다. ③ 외채 부담이 줄어든다. ④ 원유, 식량 등 원자재 비용이 줄어들어 비용감소 효과가 있다. ⑤ 교역조건이 개선된다.

❷ J-Curve 효과

1) 의미

(1) J-Curve 효과란 환율의 변동 이후 경상수지가 당초 예상과는 달리 반대방향으로 움직이다가 시간이 경과함에 따라 점차 기대대로 변동하는 현상을 말한다. 이는 단기에는 수요탄력도가 작고, 장기에는 수요탄력도가 크므로, Marshall-Lerner 조건이 단기에는 성립하지 않기 쉽고, 장기에 비로소 성립하기 때문에 발생하는 효과이다.

Marshall-Lerner 조건

외환 수요는 생산물의 수입수요에 기초하고, 외환공급(해외의 외환수요)은 생산물의 수출수요(해외의 수입수요)에 기초하기 때문에, 외환시장 균형의 안정성 조건을 다음과 같이 국내 및 해외의 수입수요 탄력도로써 나타낼 수 있다.

$$\eta(\text{자국의 수입수요 탄력도}) + \eta^*(\text{해외의 수입수요 탄력도}) > 1$$

이것은 외환시장의 안정성 조건이면서도, 평가절하 시(평가절상 시) 경상수지가 개선(악화)되기 위한 조건이기도 하다.

---

(2) 경상수지 변동의 패턴이 환율이 변화한 후 J자를 눕혀 놓은 것과 모양을 하기 때문에 $J-Curve$ 효과라 부르게 되었다.

2) 도해적 설명

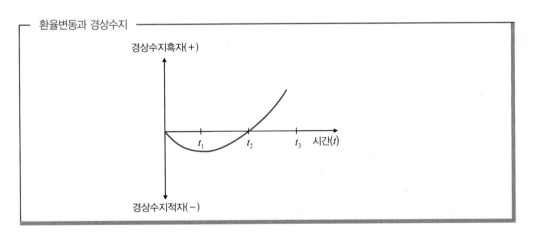

환율변동과 경상수지

(1) 경상수지 변동 패턴이 J자 모양으로 나타나는 기본적인 메커니즘은 환율변동에 따른 수출입가격 변동과 수출입물량변동 간에 존재하는 시차로 설명할 수 있다.

(2) 그래프에서 평가절하 직후(단기: $t_0 \rightarrow t_1$)에는 수출입가격 변동효과로 교역조건이 악화되어 무역수지 적자폭이 커지다가 시간이 경과(장기: t_2 이후)함에 따라 수출입물량 변동효과(수출량 증가와 수입량 감소)가 수출입가격 변동효과보다 크게 나타나서 (소득)교역조건이 점차 개선되는 국제수지 조정과정을 밟게 된다.

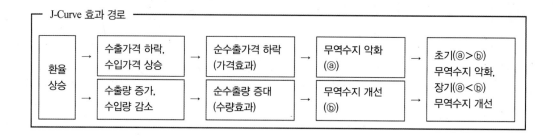

3) J-Curve 효과의 발생 원인

(1) 수출입 계약

① 환율이 변화하는 경우에 수출입 가격의 변화는 즉각적으로 나타나게 되지만, 통상적인 경우에는 상당한 기간 동안 기존의 수출입 계약에 의존하기 때문에 그 기간 동안만큼은 환율의 변동을 수출입 계약에 바로 반영할 수 없게 된다.

② 일정기간 동안의 수출입 물량은 환율 상승 이전에 이미 결정되어 있으므로 한 동안은 수량변동이 미미하게 나타난다. 이에 따라 환율상승으로 인한 수출액은 오히려 감소하게 되고 수입액은 증가하게 되어, 환율상승 초기 단계에서는 경상수지가 오히려 악화될 수 있다.

(2) 인식 및 적응에 필요한 시간

① 기존의 수출입 계약이 종료가 된 후에도 환율상승에 따른 상대가격의 변화에 따라 생산과 소비 행태의 조정에는 시간이 소요된다.

② 수출이 증가한다고 하더라도 생산설비를 새로이 확충하는 데에 어느 정도의 시간이 필요하고, 소비자들이 기존의 수입재에 이미 익숙해져 있는 경우에 수입재를 대신할 수 있는 재화를 선택하는 데에도 어느 정도의 시간이 필요하다는 것이다.

③ 수출의 원자재에 대한 수입의존도가 높은 경우에 나타난다. 이 경우 평가절하는 수입 원자재의 수입가격을 상승시킴으로써 최종재의 수출가격 하락을 어렵게 하게 한다. 이에 따라 단기적으로 수출 상품의 수출경쟁력을 약화시키고, 수입량을 감소시킬 수 없게 되어 경상수지 개선 효과를 더디게 한다.

(3) 교두보 효과(beachhead effect)

① 국가 간의 다국적 투자가 활성화되어 있는 경우 환율의 변화는 다국적 기업의 입지 선정에 영향을 미칠 수 있다. 이로 인해 환율변동으로 생산비용이 낮은 국가로 이동하려고 해도 이미 각종 설비나 판매망 등의 구축을 위해 투입된 비용(교두보 설치비용)이 매우 큰 경우에는 쉽사리 생산지 이전을 결정할 수 없게 된다.

② 교두보 설치비용의 특성 때문에 환율의 변동이 경상수지에 미치는 효과가 지연되는 효과를 '교두보 효과'라고 한다. 이러한 효과는 정부가 경상수지의 개선을 위해 평가절하 조치를 취했는데도 수출이 곧 증가하지 않고 또 수입이 곧 감소하지 않는 이유를 설명해 준다는 데 중요한 의의가 있다.

(4) 과소 환율 전가율(exchange rate pass-through)

① 환율 상승이 수입재 가격을 몇 %만큼 인상시키는가를 나타내는 지표를 환율의 수입재 가격에 대한 전가율이라고 한다.

② 대부분의 기업들이 일정한 이윤율을 유지하면서 판매를 하는데, 환율이 상승하는 경우에 수입업자들은 자신의 판매이윤을 다소 줄이면서 환율 상승분의 일부를 스스로 감수하려는 경향이 있다. 이에 따라 환율 전가율이 '1'에 미치지 못하는 경우가 대부분이다.

③ 결국 수입재의 가격이 환율변화 폭만큼 크게 상승하지 않게 되어 수입감소가 지연되는 것이다.

4) J-Curve 효과의 선순환과 악순환

(1) 선순환

① 경상수지가 흑자인 나라는 지나친 흑자로 인한 부작용(물가상승, 통상마찰 등)을 해소하기 위해 스스로 일정한 환율하락(평가절상)을 시도한다.

② 환율 하락을 시도했음에도 J-Curve 효과가 발생하게 되면 단기에 오히려 경상수지의 개선이 이루어지게 되고 그 흑자 폭은 오히려 확대된다. 이렇게 되면 다시 추가적인 환율하락을 시도하게 되고, 다시 경상수지 흑자가 확대되는 '선'순환을 겪게 된다.

③ 이러한 선순환은 환율의 조정매커니즘이 실패할 수 있음을 시사해준다.

(2) 악순환

① 경상수지가 적자인 나라는 자국의 수출경쟁력을 높이기 위해 환율상승(평가절하)을 시도한다.

② 환율 상승을 시도했음에도 J-Curve 효과가 발생하게 되면 단기에 오히려 경상수지의 악화가 이루어지게 되고 그 적자 폭은 오히려 확대된다. 이렇게 되면 다시 추가적인 환율상승을 시도하게 되고, 다시 경상수지 적자가 확대되는 '악'순환을 겪게 된다.

③ 이러한 악순환 역시 환율의 조정매커니즘이 실패할 수 있음을 시사해준다.

환율전가 효과(exchange rate pass-through) 가설

평가절하 시 평가절하율에 대한 수입품의 국내가격 인상효과를 환율전가 효과라고 한다. 만일 정부가 10%를 평가절하할 경우 수입품의 국내가격이 10% 상승하면 환율 전가율이 1이 되어 평가절하로 인한 원가 상승 요인이 100% 수입재 가격 상승으로 전가되었음을 나타내고, 국내가격이 5% 상승하면 환율 전가율은 0.5가 되어, 50%만 가격에 전가됨을 의미한다. 여기서 환율 전가율이 1이 아니라는 것은 기업들이 평가절하가 일시적인 현상인지 장기적인 현상인지를 쉽게 판단할 수 없기 때문에 일단 관망하는 태도를 보이며 원가 상승 요인을 가격상승으로 한 차례 조금씩 부분조정을 한다는 것을 뜻한다. 그 이유는 가격조정에 따른 비용발생으로 자주 등락하는 환율변동에 수입품 판매가격을 100% 연동시키는 것이 바람직하지 않기 때문이다. 이는 곧 평가절하가 경상수지에 미치는 영향이 시간을 두고 나타날 것임을 시사하며 j-curve 효과와 같은 현상이 발생할 수 있음을 뒷받침하는 하나의 근거를 제시한다.

---

❸ 구매력 평가설(Purchasing Power Parity: PPP)

1) 전제조건

(1) 가정
① 무역규제조치와 조세징수가 없다.
② 수송비, 거래 수수료 등 거래비용이 없다.
③ 시장정보 취득비용이 없다.

(2) 일물일가의 법칙(law of one price)
① 상품시장이 완전하다고 가정하는 세계에서는 동일한 품질의 상품은 어떤 나라의 시장에서든 동일한 가격을 가지게 되므로 국제적인 차익거래(arbitrage)를 통해서 이익을 실현할 수 있는 가능성은 없다는 것이다.
② 단, 서비스와 같은 비교역재는 거래비용이 너무 커서 국제무역이 이루어지지 않는 상품으로서 일물일가의 법칙이 성립하지 않게 된다.

(3) 환율과 물가
① 국제 교역이 가능한 상품에 대해, 한 나라에서의 가격(P)이 다른 나라에서의 그 상품에 대한 가격(P_f)과 같게 하는 환율(e)이 균형 환율이라고 보는 것이 구매력 평가설의 출발점이다.
② 동일한 상품이라면 외화로 구입하는 것이나 외화를 원화로 바꾸어 원화로 구입하는 것이나 지불하는 가격이 같아야 한다.

환율 결정 과정

예컨대 미국에서 10달러인 상품이 우리나라에서는 10,000원이라면 원/달러 환율은 1,000원이어야 한다. 만약 원/달러 환율이 900원이라고 해 보자. 이러한 경우에는 9,000원을 10달러로 바꾸어 미국에서 이 상품을 구입하고 우리나라에서 팔아 1,000원의 이익을 얻을 수 있다. 그러나 이러한 차익거래는 무한히 지속될 수 없다. 왜냐하면 거래가 이루어짐에 따라 달러에 대한 수요가 증가하여 원/달러 환율이 상승하게 되고, 결국 차익거래의 기회가 사라짐에 따라 원/달러 환율은 1,000원으로 조정될 것이다.

확인 TEST

금 1돈 가격이 한국에서는 100,000원, 미국에서는 100달러이며, 현재 원/달러 환율은 1,100원이라고 한다. 금이 양국 간에 자유롭게 교역되며 관세와 운송비는 없다고 한다. 이에 대한 설명으로 옳은 것은?

① 원/달러 환율은 상승할 것으로 예상된다.
② 원/달러 환율의 교역 후 환율은 1달러당 1,200원이다.
③ 한국의 금 가격은 상승하고 미국의 금 가격은 하락한다.
④ 현재의 원화가치는 교역 후 환율 수준에 비하여 고평가된 상태이다.

해설 ▶ 주어진 조건을 전제로 한국에서 100,000원을 주고 금 1돈을 구입하여 미국에 판매하게 되면 100달러를 받게 된다. 이것을 다시 현재의 원/달러 환율로 환전을 하면 110,000원을 받을 수 있다. 따라서 10,000원의 차익을 얻을 수 있는 것이다. 이에 따라 한국에서는 금에 대한 수요가 증가하여 금 가격이 상승하고, 미국에서는 금의 공급이 증가하여 금 가격이 하락하게 된다(③). 또한 이러한 과정에서 외환시장에서 달러의 공급이 승가하여 원/달러 환율은 1,000원까지 하락하게 된다(①, ②). 이에 따라 원화 가치는 교역 전에 비해 상승하게 되므로, 현재의 원화가치는 교역 후 환율 수준에 비히여 저평가된 상태이다(④).

정답 ⑤

2) 절대적 구매력 평가설과 상대적 구매력 평가설

(1) 절대적 구매력 평가설(absolute *PPP*)

① 절대적 구매력 평가설은 양국의 (공통된) 소비재의 가격비율이 바로 균형 환율이라고 보는 견해이다.

$$P = eP_f \text{ 또는 } e = \frac{P}{P_f} \text{ 또는 } \frac{eP_f}{P} = 1$$

(단, e는 자국통화로 표시한 외국통화의 가격, P는 자국의 가격수준, P_f는 외국의 가격수준)

여기서 $e = \dfrac{P}{P_f} = \dfrac{\frac{1}{P_f}}{\frac{1}{P}}$이다. 그런데 물가의 역수는 화폐의 가치이고, 그것은 통화 한 단위의 구매력을 나타내므로 $e = \dfrac{\text{외국통화가치}}{\text{자국통화가치}} = \dfrac{\text{외국통화구매력}}{\text{자국통화구매력}}$이 성립한다.

② 즉, 실질환율이 1이거나 1에 수렴한다는 것을 의미한다.

(2) 상대적 구매력 평가설(relative *PPP*)

① 상대적 구매력 평가설은 현물환율의 변화가 양국의 물가상승률의 차이를 반영한다는 견해로, 실질환율이 꼭 1이어야 할 필요는 없으며, 물가와 환율이 각국 화폐의 국내구매력과 해외구매력의 비율을 유지하는 방식으로만 조정되면 된다고 주장한다.

$$\frac{eP_f}{P} = k \ (k\text{는 상수})$$

$$\frac{\Delta e}{e}(\text{환율 변화율}) = \frac{\Delta P}{P}(\text{국내 물가상승률}) - \frac{\Delta P_f}{P_f}(\text{해외 물가상승률})$$

② 어떤 주어진 기간 동안 한 나라의 물가상승률이 외국보다 높으면, 그 나라의 통화가치는 이를 반영하여 하락하게 된다.

표에 기초한 각국 환율에 대한 분석 및 추론으로 옳은 것은?   [2012]

(물가와 환율은 연중 일정하다고 가정함)

나라	빅 맥 햄버거 가격 (각국 통화)		대미 환율 (각국 통화/달러)	
	2008년	2009년	2008년	2009년
미국	3	4	–	–
갑국	300	400	150	200
을국	60	80	20	10
병국	6.6	4.4	2.0	1.1

* 빅 맥 지수: 미 달러화로 환산된 빅 맥 햄버거 가격

① 빅 맥 지수에 따르면 2008년 갑국의 통화는 저평가되어 있다.
② 2008년 대비 2009년에 갑국의 수출 가격 경쟁력이 약화되었다.
③ 명목 환율이 구매력 평가설에 가장 근접한 나라와 시기는 갑국 2008년이다.
④ 2008년 대비 2009년에 미국인들의 을국과 병국으로의 여행이 증가했을 것이다.
⑤ 빅 맥으로 구매력 평가가 성립한다면 2008년 병국의 구매력 평가환율은 달러당 3.3이 되어야 한다.

주어진 표를 전제로 각 국의 빅 맥 지수와 구매력평가환율을 정리하면 다음 표와 같다.

나라	빅 맥 햄버거 가격 (각 국 통화)		대미 환율 (각 국 통화/달러)		빅 맥 지수 (각 국 빅 맥 가격/대미환율)	
	2008년	2009년	2008년	2009년	2008년	2009년
미국	3	4	–	–	3	4
갑국	300	400	150	200	2	2
을국	60	80	20	10	3	8
병국	6.6	4.4	2.0	1.1	3.3	4

나라	빅 맥 햄버거 가격 (각 국 통화)		대미 환율 (각 국 통화/달러)		구매력 평가환율 (각 국 빅 맥 가격/미국 빅 맥 가격)	
	2008년	2009년	2008년	2009년	2008년	2009년
미국	3	4	–	–	–	–
갑국	300	400	150	200	100	100
을국	60	80	20	10	20	20
병국	6.6	4.4	2.0	1.1	2.2	1.1

• 각 국의 빅 맥 지수가 미국 빅 맥 가격에 비해 낮으면(높으면) 각 국의 통화는 저평가(고평가)된 것을 의미한다. 또한 구매력 평가 환율이 현재 대미 환율보다 낮으면(높으면) 각 국의 통화는 저평가(고평가)된 것을 의미한다.
① 2008년 미국 빅 맥 가격은 '3', 갑국의 빅 맥 지수는 '2'이므로 빅 맥 지수에 따를 때 2008년 갑국의 통화는 저평가되어 있음을 알 수 있다.

② 명목환율(=표에서 대미 환율)이 상승하면 수출품의 달러 표시가격이 하락하게 되어 대외 수출가격 경쟁력이 강화된다. 갑국에서는 2008년 대비 2009년 대미 환율이 150에서 200으로 상승했으므로 갑국의 수출가격 경쟁력은 2008년에 비해 2009년에 강화되었음을 알 수 있다.

③ 2008년 갑국의 명목 환율(=표에서 대미 환율)은 150, 구매력 평가 환율은 100이므로 구매력 평가 신에 성립하지 않았음을 알 수 있다.

④ 명목환율(=표에서 대미 환율)이 하락하면 각 국에서 미국 달러가치가 하락한다는 것을 의미한다. 이에 따라 미국인들의 해외여행은 이전에 비해 감소하게 된다. 2008년 대비 2009년의 각 국 대미환율이 하락하고 있으므로 미국인들의 을국과 병국으로의 여행이 감소했다는 것을 알 수 있다.

⑤ 구매력 평가설이 성립하기 위해서는 양 국의 빅 맥 가격이 일치해야 한다. 이에 따라 2008년도 병국의 구매력 평가환율은 다음과 같이 도출된다.

> • '미국 빅 맥 가격=병국 빅 맥 가격' ⇒ '3달러=6.6(병국 통화)' ⇒ '1달러=2.2(병국 통화)'

정답 ①

3) 구매력 평가설의 문제점

(1) 물가지수 선택의 문제

① 특히 구매력 평가설에 의해서와 같이 환율이 결정되려면 양국 간 물가지수의 산정기준이 같아야 한다.

② 물가변동을 나타내는 지수에 포함된 상품들의 내용과 그 가중치들이 국가에 따라 서로 다르기 때문에 P와 P_f의 기준이 다르게 되는 문제가 대두된다.

(2) 무역장벽의 존재

① 구매력 평가는 국가 간의 무역이 자유롭게 이루어질 수 있는 세상을 가정하여, 동질의 상품에 대해서는 국제적으로 동일한 가격이 성립한다는 것을 가정하고 있다.

② 현실세계는 수입물량 제한이나 수입관세의 부과, 또는 여러 형태의 수입품 규제가 존재하여 국내 기업들이 외국의 기업들보다는 유리하게 되어 있다.

(3) 비교역재(nontraded goods)의 존재

① 환율은 교역재 간의 교환비율인 반면 구매력 평가설은 교역재와 주로 서비스 상품으로 구성된 비교역재를 모두 고려의 대상으로 한다.

② 그러나 현실적으로 비교역재가 존재하고 이는 국제적으로 거래되지 않으므로 그 가격은 국내 수요와 공급에 의해서만 결정된다.

③ 국내요인에 의한 비교역재의 가격 변화는, 국내 물가 수준에는 영향을 주지만 환율에는 별다른 영향을 주지 못하므로 구매력평가와 환율 간에 괴리가 발생하게 된다.

(4) 독과점적 가격결정

① 독점력을 소유한 기업은 동일한 생산물을 시장마다 다른 가격으로 판매하는 이른바 시장별 가격결정(pricing to market)을 할 수 있다.

② 이에 따라 경쟁적 시장에서 이탈하는 정도가 클수록 국가마다 다른 가격이 형성될 가능성이 커진다.

빅맥환율(Bic Mac exchange rate)

영국의 이코노미스트(The Economist)는 맥도날드에서 판매하는 햄버거의 일종인 빅맥이 전 세계적으로 소비된다는 점에서 동질성을 갖기 때문에 햄버거 가격이 모든 나라에서 동일한 것으로 가정하여 매년 균형환율을 산출하고 있는데 이를 빅맥환율이라 한다.

예컨대 미국에서 2달러인 빅맥이 한국에서 2,000원에 판매된다면 균형환율은 1\$=1,000원이어야 한다. 그런데 실제의 명목환율이 1\$=1,100원이면 원화가 $\left(\dfrac{1,100-1,000}{1,000}\times100=10\%\right)$ 저평가되고 달러화가 고평가되었다고 할 수 있는 것이다.

기출확인

다음 자료는 A국과 B국 두 나라로 구성된 국제경제에서 교역이 이루어지고 있는 상황에 관한 것이다. 이에 대해 〈작성방법〉에 따라 서술하시오. [2017]

A국과 B국 두 나라의 교역에는 어떤 규제도 없으며 비용도 발생하지 않는다. A국과 B국의화폐단위는 각각 '링기'와 '페수'이다. 동일한 햄버거에 대한 두 나라의 수요곡선과 공급곡선은 다음과 같다. 식에서 Q와 P는 각각 햄버거의 수량과 가격을 나타낸다.

A국	B국
수요곡선: $Q_{DA}=100-P_A$	수요곡선: $Q_{DB}=80-2P_B$
공급곡선: $Q_{SA}=40+P_A$	공급곡선: $Q_{SB}=20+2P_B$

〈 작 성 방 법 〉

- 두 나라에서 햄버거 1개의 구입비용이 같도록 환율이 결정되어야 한다면, A국의 화폐 1링기는 B국의 화폐 몇 페수와 교환되어야 하는지를 제시할 것.
- 현재 A국과 B국 두 나라의 외환시장에서 링기 1단위와 페수 1단위가 교환되는 비율로 환율이 형성되어 있다면, 두 나라 간에 햄버거의 국제교역이 균형을 이루는 가격을 제시하고, A국과 B국 중에 어느 나라가 햄버거를 몇 개 수출하게 되는지를 제시할 것.

분석하기

- <u>1링기=0.5페수</u> ⇒ 주어진 A국과 B국의 수요곡선과 공급곡선을 연립하여 풀면 A국과 B국의 국내 가격을 각각 다음과 같이 구할 수 있다.

  - A국: $P_A=30$(링기)
  - B국: $P_B=15$(페수)

  이에 따라 구매력 평가설에 의해 두 나라에서 햄버거 1개의 구입비용이 같도록 환율이 결정되기 위해서는 A국의 화폐 1링기는 B국의 화폐 0.5페수와 교환되어야 한다.

- <u>균형가격: 20, B국이 20개 수출</u> ⇒ 현재 A국과 B국 두 나라의 외환시장에서 링기 1단위와 페수 1단위가 교환되는 비율로 환율이 형성되어 있다는 것은 두 나라의 화폐단위가 동일하다는 것과 같은 의미이다.

- A국과 B국의 수요곡선과 공급곡선을 각각 수평으로 합하면 국제 시장에서의 옥수수 수요곡선(Q_{DW})과 공급곡선(Q_{SW})을 도출할 수 있다.

- $Q_{DW} = Q_{DA} + Q_{DB} = 180 - 3P$
- $Q_{SW} = Q_{SA} + Q_{SB} = 60 + 3P$

- 앞에서 도출한 국제 시장에서의 옥수수 수요곡선(Q_{DW})과 공급곡선(Q_{SW})을 연립해서 풀면 옥수수 국제 가격(P_W)은 $P_W = 20$이 된다. 이 결과를 A국과 B국의 수요곡선과 공급곡선에 대입하면 다음과 같은 결과를 얻을 수 있다.

- A국: $Q_{DA} = 80$, $Q_{SA} = 60$ ⇒ 초과수요량=20 ⇒ 수입
- B국: $Q_{DB} = 40$, $Q_{SB} = 60$ ⇒ 초과공급량=20 ⇒ 수출
- 균형 교역량: 20

햄버거 가격은 한국과 미국 중 어디에서 더 비쌀까?

"미국 뉴욕에서 판매되는 맥도날드 빅맥 햄버거의 가격이 3$라고 가정하자. 그런데 똑같은 빅맥이 한국의 서울에서는 4,500원에 판매되고 있다. 현재 W/$환율은 1,100원이다. 그렇다면 현재의 환율은 두 나라 사이의 상품 가격을 정확히 반영하고 있는 것인가?"

만약 국가 간 거래에서 운송비용이 없고 일체의 무역장벽이 존재하지 않으면 국가 간에도 이른바 '일물일가의 법칙'이 성립할 수 있다. 일물일가의 법칙(the law of one price)이란 동일한 재화는 화폐 단위에 관계없이 같은 가격에 팔린다는 것이다. 예를 들어 미국에서 5$에 판매되고 있는 상품이 한국에서는 5,000원에 판매되고 있고, W/$ 환율은 900원이라고 가정해보자. 그렇다면 4,500원을 5$로 바꾸어 미국에서 이 상품을 구입해서 한국에서 되팔아 500원의 매매차익을 얻을 수 있다. 반대로 W/$ 환율이 1,100원이라고 하면 한국에서 이 상품을 구입해서 미국에서 되팔면 5$를 받을 수 있는데, 이를 W화로 바

꾸면 5,500원이 되므로 500원의 매매차익을 얻을 수 있다. 이와 같은 매매차익을 얻기 위한 거래를 차익거래(arbitrage)라고 한다. 그러나 이러한 차익거래가 무한히 지속될 수는 없다. 전자의 경우에는 외환시장에서 $에 대한 수요가 증가하여 W/$ 환율이 상승하게 되고, 후자의 경우에는 외환시장에서 $의 공급이 증가하여 W/$ 환율이 하락하게 되어 결국 W/$ 환율은 1,000원으로 조정될 것이다. 이에 따라 두 나라 사이에는 일물일가의 법칙이 성립하게 되는 것이다. 이러한 일물일가의 법칙을 전제로 환율 결정 원리를 설명하는 이론을 구매력 평가설(purchasing power parity: *PPP*)이라고 한다.

자! 이제 이러한 구매력 평가설을 검증해보자. 이를 위해서는 지구 상의 모든 나라에서 동시에 소비되고 있는 표준화된 상품이 필요하다. 물론 그런 조건을 충족하는 상품은 존재하지 않는다. 그런데 맥도날드의 빅맥은 세계 주요 국 70개국 이상에서 소비되고 있어 어느 정도 앞의 조건을 충족할 수 있다. 이에 착안한 런던에서 발행되는 시사 경제지인 '이코노미스트(The Economist)'는 1986년부터 외환시장에서 환율의 변화 방향을 예측하는 지표인 이른바 '빅맥 환율지표(Big Mac Currency)', 줄여서 '빅맥 지수'를 작성·발표하고 있다. 이러한 빅맥 지수는 각국의 화폐가 외환시장에서 과연 적정한 환율을 반영하고 있는가에 대한 가이드라인(guide line)으로 제시되고 있다.

처음에 제시된 문제를 해결하기 위해 다음과 같은 구체적인 예를 통해 구매력 평가설의 내용을 살펴보자. 미국에서 판매되는 빅맥 가격이 3$라고 가정하자. 이때 한국에서 판매되는 빅맥 가격이 4,500원이라면 W화 표시 빅맥 가격을 $표시 빅맥 가격으로 나누어 주면 1,500W/$라는 빅맥 환율을 구할 수 있다. 이것이 한국과 미국에서 빅맥 가격을 같게 해주는 환율이다. 그러나 외환시장에서의 현물환율은 1,100W/$이다. 따라서 W화는 빅맥 환율을 기준으로 약 36%(1,500/1,100=1.36) 과대평가되어 있다고 할 수 있다.

그런데 이러한 설명은 전술한 것처럼 운송비용이 없고, 무역장벽이 존재하지 않는다는 등의 가정을 전제한 것이다. 그러나 현실에는 운송비용을 지불해야 하고, 다양한 무역장벽 또한 존재하고 있다. 따라서 이러한 구매력 평가설을 그대로 받아들일 수 없다는 비판에 직면한다. 또한 교역재가 아닌 서비스와 같은 비교역재는 국가 간 가격의 차이가 발생한다고 하더라도 차익거래는 발생하지 않는다는 비판 역시 존재한다. 이에 대한 이코노미스트지의 대답은 해학적이다. "우리는 원래 재미로 시작한 것뿐인데……"

Theme 85 환율의 결정-Ⅱ(이자율 평가설)

❶ 이자율 평가설(Interest Rate Parity:IRP)의 의의

1) 전제

(1) 국제자본이동(international capital mobility)이 완전히 자유롭다고 가정한다.

┌ 국제자본이동성을 결정하는 요인(M. Obstfeld) ─────

1. 국내외 간 자본의 유입과 유출에 대한 제도적 규제가 심할수록 자본의 국제이동성은 불완전해진다. 이와 같은 자본통제(capital controls)를 완화하여 자본의 자유로운 유출입을 허용하는 것을 자본자유화(capital market liberalization) 또는 자본시장개방이라고 한다.
2. 국가 간 자본이동에 필요한 거래비용이 높을수록 자본의 국제이동성이 불완전해진다.

(2) 국내외 금융투자가들이 예금을 포함한 채권과 같은 자산으로 포트폴리오를 구성하려 할 때 먼저 국내통화표시 자산에 대한 투자수익률과 해외통화표시 자산에 대한 투자수익률을 비교하여 선택하게 된다.

(3) 국내외 투자 수익률이 서로 다르면 금융투자자들에 의해 국내외의 수익률이 동일해질 때까지 이자율 아비트리지(금리차익거래: interest arbitrage)가 발생한다.

(4) 국내외 금융 투자가들이 포트폴리오를 재구성하면 그것이 외환시장에서 각기 다른 통화에 대한 수요와 공급에 영향을 미치는 압력으로 작용하여 환율이 변하게 된다.

2) 의미

(1) 이자율 평가설이란 국가 간 자본 이동이 완전히 자유로운 경우에는 국내 투자 수익률과 해외 투자 수익률이 동일해야 한다는 이론을 말한다.

(2) **구매력 평가설과의 비교**
① **구매력 평가설**: 경상수지의 관점에서 환율을 설명하는 이론
② **이자율 평가설**: 자본수지의 관점에서 환율을 설명하는 이론 ⇒ 일물일가의 법칙을 금융 시장에 적용

❷ 금융자산 투자 수익률과 이자율 평가설 성립

1) 가정: 투자기간이 1년, 국내 연 이자율(i_D)이 5%, 해외 연 이자율(i_F)이 10%, 현물환율(S)이 1\$=1,000원, 투자원금이 1,000원이라고 전제한다.

2) 국내 투자 수익률 도출

(1) 1,000원의 투자원금으로 국내 금융자산에 투자하면 1년 후의 투자 원리금은 다음과 같이 도출된다.

> • 국내 투자 원리금=투자원금(1+이자율)=1,000(1+0.05)=1,000×1.05=1,050(원)

(2) 이에 따라 국내 금융자산 투자 수익률은 다음과 같다.

> • 국내 투자 수익률=$\dfrac{\text{투자 수익금}}{\text{투자 원금}}=\dfrac{50원}{1,000원}=0.05=5\%$
>
> • 국내 투자 수익률=국내 이자율(i_D)=5%

앞의 결과를 통해 국내 금융자산 투자 수익률(=5%)은 국내 이자율(=5%)과 같다는 것을 알 수 있다.

3) 해외 투자 수익률 도출

(1) 1,000원의 투자원금을 현물환율로 환전하면 1$을 받을 수 있다. 이렇게 환전한 투자 원금으로 해외 금융자산에 투자하면 1년 후의 투자 원리금은 다음과 같이 도출된다.

> • 해외 투자 원리금=투자원금(1+이자율)=1(1+0.1)=1×1.1=1.1(달러)

(2) 이에 따라 달러로 환산한 해외 금융자산 투자 수익률은 다음과 같다.

> • 해외 투자 수익률=$\dfrac{\text{투자 수익금}}{\text{투자 원금}}=\dfrac{0.1달러}{1달러}=0.10=10\%$
>
> • 해외 투자 수익률=해외 이자율(i_F)=10%

(3) 문제는 달러로 상환 받은 투자 원리금을 원화로 다시 바꿀 때 수익률이 얼마가 되는가 이다. 이것을 계산하기 위해서는 1년 후의 원/달러 환율이 얼마가 될 것인가를 알아야 한다. 다음 표는 1년 후의 예상환율(S_e)을 전제로 도출된 해외 금융자산 투자 수익률이다.

예상환율(원/달러)	예상환율 변동률	원화로 환산한 투자 원리금	원화로 계산한 투자 수익률
1$=990원	−1%	1,089원(=1.1달러×990원)	$\dfrac{89원}{1,000원}=0.089=8.9\%$
1$=1,000원	0%	1,100원(=1.1달러×1,000원)	$\dfrac{100원}{1,000원}=0.1=10\%$
1$=1,010원	1%	1,111원(=1.1달러×1,010원)	$\dfrac{111원}{1,000원}=0.111=11.1\%$

(4) 앞의 표에서 알 수 있듯이 해외 투자 예상 수익률과 해외 이자율 및 예상환율 변동률 사이에는 나음과 같은 근사 관계가 성립함을 알 수 있다.

> - 해외 투자 수익률＝해외 이자율(i_F)＋예상환율 변동률($\frac{\Delta S_e}{S}$)
> - 예상환율 변동률($\frac{\Delta S_e}{S}$)＝해외 투자 예상 수익률－해외 이자율(i_F)

❸ 이자율 평가설과 환율 결정

1) 이자율 평가설의 성립 조건

(1) 동일한 화폐단위로 환산한 국내 투자 수익률과 해외 투자 수익률이 같아야 한다.

(2) 이에 따라 다음과 같은 식이 성립해야 한다.

> - 국내 투자 수익률＝해외 투자 수익률
> - 국내 이자율(i_D)＝해외 이자율(i_F)＋예상환율 변동률($\frac{\Delta S_e}{S}$)
> - 국내 이자율(i_D)－해외 이자율(i_F)＝예상환율 변동률($\frac{\Delta S_e}{S}$)

2) 이자율 평가설의 성립 경로

(1) 국내 이자율(i_D)과 해외 이자율(i_F)이 서로 다른 경우

> - $i_D > i_F \Rightarrow \frac{\Delta S_e}{S} \uparrow \Rightarrow i_D = i_F$
> - $i_D < i_F \Rightarrow \frac{\Delta S_e}{S} \downarrow \Rightarrow i_D = i_F$

(2) 균형상태에서 국내 이자율이 상승하는 경우

> - $i_D = i_F + \frac{\Delta S_e}{S} \Rightarrow i_D > i_F + \frac{\Delta S_e}{S} \Rightarrow \frac{\Delta S_e}{S} \uparrow$ (∵ 균형을 회복하기 위해 필요)

(3) 균형상태에서 해외 이자율이 상승하는 경우

> - $i_D = i_F + \frac{\Delta S_e}{S} \Rightarrow i_D < i_F + \frac{\Delta S_e}{S} \Rightarrow \frac{\Delta S_e}{S} \downarrow$ (∵ 균형을 회복하기 위해 필요)

(4) **시사점** : 국내 이자율(i_D)과 해외 이자율(i_F)의 차이만큼 예상환율($\frac{\Delta S_e}{S}$)이 변동해야 국내－해외 투자 수익률이 같아짐을 알 수 있다. 즉 환율은 국내 이자율과 해외 이자율의 차이 범위 내에서 변동한다는 것이다.

현재 한국과 미국의 연간 이자율이 각각 4%와 2%이고, 1년 후의 예상환율이 1,122원/달러이다. 양국 간에 이자율평형조건(interest parity condition)이 성립하기 위한 현재 환율은?

① 1,090원/달러   ② 1,100원/달러   ③ 1,110원/달러   ④ 1,120원/달러

해설 ▸ • 유위험(커버되지 않은) 이자율 평가설에 따르면 다음과 같은 이자율평가식이 성립한다.

$$r - r_f = \frac{E_e - E}{E}$$

(여기서, r: 국내이자율, r_f: 해외이자율, E_e: 예상환율, E: 현물환율)

• 주어진 조건을 앞의 식에 대입하여 정리하면 다음과 같이 현재 환율을 도출할 수 있다.

• $r - r_f = \dfrac{E_e - E}{E} \Rightarrow 4\% - 2\% = \dfrac{1,122 - E}{E} \Rightarrow 0.02E = 1,122 - E \Rightarrow 1.02E = 1,122$

$\Rightarrow E = 1,100(원/달러)$

정답 ▸ ②

Theme

86 환율제도

❶ 고정환율제도와 변동환율제도

구분	고정환율제(fixed exchange rate system)	변동환율제(flexible exchange rate system)
의미	환율을 법적으로 일정 수준으로 고정시키는 제도	외환의 수급에 따라 환율이 자유롭게 결정되도록 하는 제도
장점	(1) 환위험이 없어서 국제무역을 확대시킨다. (2) 투기적인 단기자본이동을 제거할 수 있다. 　(그러나 M. Friedman은 반대) (3) 인플레이션을 방지할 수 있다. (4) 국내에 교란요인이 있는 경우에 국민경제 안정화에 도움이 된다(☞ 대국). (5) 국가 간의 자본이동이 자유로우면 재정정책이 사용 가능한 정책수단인 경우에 유리하다.	(1) 국제수지가 자동적으로 조정되므로 국제유동성에 대한 수요가 적다. (2) 대내균형을 유지하는 데 전념할 수 있다. (3) 디플레이션이 일어날 가능성이 적다. (4) 교란요인이 해외에 있는 경우에 국민경제 안정화에 도움이 된다. (5) 국가 간의 자본이동이 자유로우면 금융정책이 사용 가능한 정책수단인 경우에 유리하다.
단점	(1) 국제 유동성이 과다하게 필요해서 유동성 딜레마(liquidity dilemma)에 빠진다. (2) 일방통행적인 환투기로 불안하게 된다(M. Friedman). (3) 해외에 교란요인이 있는 경우 국민경제 안정화 달성이 어렵다. (4) 디플레이션이 발생할 가능성이 많다. (5) 통화정책이 무력하다.	(1) 환위험에 따른 국제무역축소가 우려된다. (2) 환투기로 환율이 불안정하다. (3) 국내에 교란요인이 있는 경우에 국민경제 안정화 달성이 어렵다. (4) 인플레이션이 발생할 가능성이 많다. (5) 재정정책이 무력하다. (6) 수출입의 가격탄력성이 작은 경우, 혹은 「J 커브 효과」가 발생하는 경우 환율변동만으로 대외균형이 달성되지 못한다.

Q&A

외환시장에서 달러에 대한 수요함수는 $Q = 12,000 - 5E$, 달러의 공급함수는 $Q = 2,000 + 5E$라고 한다. (단, E는 원/달러 환율을 나타낸다.) 중앙은행이 환율을 900원에 고정시킬 때 나타날 수 있는 현상과 이를 해결하기 위해 필요한 외환당국의 조치는 무엇인가?

Solution

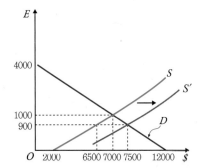

주어진 조건에서 균형환율은 1,000원이다. 이때 중앙은행이 환율을 900원으로 고정하면 외환시장에서 초과수요가 발생(1000)하며 이에 따라 환율을 900원으로 고정시키기 위해서는 중앙은행이 외환시장에 외환을 공급(1000)하고(중앙은행 외화자산 감소) 자국통화를 매입하여야 한다(통화량 감소)($S \rightarrow S'$).

확인 TEST

고정환율제도와 이 제도에서 나타날 수 있는 현상에 대한 설명으로 옳은 것을 모두 고르면?

> ㉠ 국제수지*흑자가 발생할 경우 국내 통화공급이 감소한다.
> ㉡ 국제수지*적자가 발생할 경우 중앙은행이 외환을 매각해야 한다.
> ㉢ 고정환율제도는 해외에서 발생한 충격을 완화시켜주는 역할을 한다.
> ㉣ 국내 정책목표를 달성하기 위한 통화정책이 제약을 받는다.
>
> *국제수지 = 경상수지+자본수지

① ㉠, ㉡, ㉣
② ㉠, ㉢
③ ㉠, ㉣
④ ㉡, ㉢
⑤ ㉡, ㉣

해설 ▶ 국제수지 흑자가 발생하면 외환시장에서는 외화의 초과공급으로 인해 환율의 하락 압력이 존재하게 되고, 외환당국이 이러한 압력을 해소하기 위해서 외화를 매입하게 된다. 이에 따라 국내 통화공급이 증가한다(㉠). 반대로 국제수지 적자가 발생하면 외환시장에서는 외화의 초과수요로 인해 환율의 상승 압력이 존재하게 되고, 외환당국은 이러한 압력을 해소하기 위해서 외화를 매각하게 된다(㉡). 이처럼 고정환율제도 하에서는 해외서 발생한 충격을 스스로 해소할 수 없게 되어(㉢), 그 충격을 해소하기 위해 통화당국이 외환시장에 개입하게 되고, 그 과정에서 통화량이 내생적으로 변화하게 되어 통화정책이 제약을 받게 된다(㉣).
여기서 통화량이 내생적으로 변화하게 된다는 의미는 고정환율제도 하에서 일정 수준의 환율을 유지하기 위한 중앙은행의 외환시장에 대한 개입이 중앙은행이 '의도하지 않은' 통화량의 변화를 발생시킨다는 것을 말한다.

정답 ▶ ⑤

국제거래에서 달러의 위상변화는?

"현재 지구상에는 최근 독립한 남수단을 포함하여 비록 비독립 국가이지만 국제법상 인정되는 국가가 243개국이 존재한다. 이들 국가의 대부분은 자국의 고유한 통화를 사용하고 있다. 그런데 자국 내에서 화폐로서 사용된다고 해서 국제거래에서도 통용되는 것은 아니다. 그렇다면 국제거래에서는 어떤 통화가 사용될까?"

국내거래를 위해 사회적으로 받아들여진 통화를 필요로 하듯이 국제거래에서도 거래 당사국 사이에서 보편적으로 받아들여진 거래수단, 즉 기축통화(key currency, vehicle currency)가 필요하다. 그런데 국민경제와는 달리 국제경제에서는 그러한 통화를 발행하고 관리하는 중앙기관이 존재하지 않기 때문에 국제통화제도의 필요성이 대두된다. 일반적으로 국제통화제도가 갖추어야 할 기본적인 요소로 다음과 같은 세 가지가 제시된다. 첫째 적절한 유동성의 제공 여부, 둘째 통화제도 조정시기의 적절성 여부, 셋째 국제통화제도에 대한 국제사회의 신뢰성 확보이다.

18C에서 19C 전반까지는 이러한 문제를 해결하기 위해 금(金)이 핵심적인 역할을 수행하였다. 왜냐하면 금은 어느 국가에서나 결제수단으로 받아들여질 수 있기 때문이다. 무엇보다 금은 전쟁·혁명·인플레이션 등 정치적·경제적 혼란 속에서도 가치저장 수단의 기능을 완벽하게 수행할 수 있다. 또한 금은 희소성(scarcity), 내구성(dur-ability), 가분용이성(divisibility) 등을 갖추어 금을 사용하는 통화제도를 발달시킬 수 있었다. 이처럼 금을 국제거래에서 결제수단으로 사용한 국제통화제도를 금본위제도(金本位制度: the gold standard)라고 한다.

그런데 제2차 세계대전이 진행되면서 전시경제의 활황으로 국제거래가 활발해지고, 이를 위한 결제수단으로서 금의 절대량이 부족하다는 것을 알게 되었다. 1944년 7월, 이러한 문제점을 인식한 세계 주요 44개국 대표들이 미국 동부의 브레튼 우즈(Bretton Woods)라는 작은 도시에 모여 종전이 임박한 제2차 세계대전 이후의 국제통화의 새로운 질서를 마련하기 위한 논의를 시작했다. 오랜 논의 끝에 1947년에 이르러 미국이 금 1온스가 35달러로 태환(兌換)되는 것을 보장하고, 그 대신 미국 달러화를 국제거래의 기축통화로 인정하는 금–외환(달러) 본위제도(the gold exchange standard)가 탄생하게 되었다. 이를 계기로 브레튼 우즈 체제의 핵심기구인 국제통화기금(International Monetary Fund)가 설립되기에 이르렀다. 이것은 제2차 세계대전 이후 생산능력이나 국부에 있어 초강대국으로 부상한 미국(진주만 폭격을 제외하면 제2차 세계대전 당시 국내 생산시설에 포탄 한 발 떨어지지 않고도 승전국이 된 유일한 국가)이 세계은행의 역할을 하게 되었다는 것을 의미한다.

❷ 통화정책과 환율 목표제

1) 환율 목표제의 의의

환율 목표제는 자국통화와 외국통화 간의 교환비율인 환율을 일정수준에서 유지시키는 통화정책 운영체제이다. 따라서 고정환율제도를 채택하고 있는 국가의 통화정책 운영체제는 예외 없이 환율목표제라고 할 수 있다.

2) 환율 목표제의 장점

(1) 경제의 기초여건이 건실한 나라, 특히 물가가 안정된 나라(anchor country)의 통화에 자국통화 가치를 고정시킴으로써 인플레이션을 낮출 수 있다. 특히 대외의존도가 높은 나라들은 수입물가 안정으로 큰 혜택을 볼 수 있다. 예컨대 미국으로부터 곡물을 수입하는 남미 국가의 수입 물가는 미국의 국내가격과 환율변동에 의존하는데, 미국의 물가상승률이 낮고 환율변동도 없기 때문에 수입 물가는 자연스럽게 안정될 수 있게 된다.

(2) 환리스크가 없어진다. 빠른 경제성장을 위해 대규모의 외국자본을 유치해야 하는 개발도상국이 입장에서는 환율을 고정시켜 기대수익의 변동성을 축소함으로써 외국인의 투자를 유인할 수 있다.

3) 환율 목표제의 단점

(1) 환율을 고정시킨다는 것은 자국의 사정에 맞는 통화정책을 수행할 수 없다는 것을 의미한다. 환율은 외환의 수급사정에 따라 변화하는데 이를 일정수준에서 묶어두려면 중앙은행이 직접 외환시장에 개입하거나 금리를 조절하여 외국통화와 자국통화 간의 상대수익률을 조절해야 하는데, 이로 인해 탄력적인 통화정책 수행을 어렵게 한다.

환율제도와 trilemma의 관계

	고정환율제	자본이동 자유화	통화정책의 자주성
금본위제도	○	○	×
브레턴우즈 체제	○	×	○
변동환율제	×	○	○
고정환율제	○	○	×

(2) 투기적 공격(speculative attack)에 취약하다. 환율을 일정수준에서 고정시키다 보면 시장원리에 부합하지 않는 경우가 있을 수 있다. 만약 중앙은행이 외환시장에 개입하여 자국통화 가치를 고평가 수준에서 유지하고자 하면 환투기 유인이 발생한다. 투기세력은 과대평가된 통화는 언젠가는 절하될 수밖에 없다는 기대 하에 해당통화를 대량으로 매각하게 되는데, 중앙은행이 이러한 투기공격을 더 이상 방어하지 못하면 통화가치는 일시에 큰 폭으로 떨어지고 투기세력은 엄청난 이익을 얻게 되는 것이다.

확인 TEST

불가능한 삼위일체(Impossible Trinity)에 대한 설명으로 옳은 것만을 모두 고르면?

⊙ 한 경제가 자유로운 자본이동, 물가안정 및 통화정책의 독립성을 동시에 모두 유지하는 것은 불가능하다는 이론이다.
⊙ 이 이론에 따르면 자본시장을 완전히 개방한 국가가 고정환율제도를 채택하는 경우 통화정책을 이용하여 경기조절이 가능하다.
⊙ 이 이론에 따르면 고정환율제도를 운영하면서 동시에 통화정책의 독립성을 확보하기 위해서는 자본이동에 대한 제한이 필요하다.

① ⓛ   ② ⓒ   ③ ⓖ, ⓛ   ④ ⓖ, ⓒ

 • '불가능한 삼위일체(Impossible Trinity)' 또는 '3원 불가능 원리(Principle of Impossible Trinity)'란 '통화정책의 독립성(자율성), 고정 환율 유지, 자본이동의 자유화'라는 3가지 목표 가운데 어느 두 개의 목표달성은 가능해도 3가지 목표를 동시에 달성할 수는 없다는 것을 말한다(⊙).

• 고정환율제도와 통화정책의 독립성은 자본이동을 허용하지 않는 경우에 유지될 수 있다. 만약 자본이동이 완전히 자유로운 국가가 고정환율제도를 채택하게 되면, 외환시장에서 고정환율을 유지하는 가운데 통화량이 내생적으로 변동하게 되어 경기안정화를 위한 통화정책은 무력해진다(⊙, ⓒ).

정답 ②

❸ 중앙은행의 외환시장 개입의 전략적 효과

1) 외환시장 개입 시 유의점

(1) 환율 변동의 원천을 분명하게 해야 한다. 예컨대 환율 변동이 기초경제변수의 변화에서 비롯된 변동인지, 단순한 외환에 대한 투기에서 비롯된 변동인지를 분명하게 인식하고 있어야 한다.

(2) 개입 시기의 적정성에 대한 고려가 필요하다. 개입은 가장 적게 하면서도 최고의 효과를 얻을 수 있는 시기의 선택이 중요하다.

(3) 개입 유형으로서 태화개입(nonsterilized intervention)인가 불태화개입(sterilized intervention)인가를 결정해야 한다.

2) 외환시장 개입의 유형과 효과

(1) 태화 개입

① 태화 개입이란 국내통화량의 변화를 수반하는 외환시장 개입을 의미한다.

② 외환시장에서 원화에 대한 달러화 가치가 급등하고 있다고 가정하자. 이때 한국은행은 외환시장에 개입하여 달러화 매각을 통하여 외환시장에 개입하게 된다. 이 경우는 외환시장에 달러화의 공급이 증가함으로써 달러화 가치(=환율)가 하락하게 되고, 달러화 매각으로 인한

원화 공급 감소가 수반되므로 태화개입의 예에 해당하게 된다.

③ 태화 개입은 환율하락과 원화 공급 감소로 인한 금리상승, 그리고 물가하락 압력을 발생시키게 된다.

⑵ 불태화 개입

① 불태화 개입이란 국내통화량의 변화를 수반하지 않는 외환시장 개입을 의미한다.

② 외환시장에서 원화에 대한 달러화 가치가 급등하고 있다고 가정하자. 이때 한국은행은 외환시장에 개입하여 달러화 매각과 원화 매입을 시도하면서, 동시에 공개시장조작 통하여 원화 매입액과 동일한 규모의 통화안정증권을 매입하여 원화 공급을 증가시킴으로써 통화량의 변동을 피하면서 외환시장에 개입하게 된다. 이 경우는 외환시장에 달러의 공급이 증가함으로써 달러화 가치가 하락하게 되었지만, 이와 함께 원화의 통화량의 변동을 수반하지 않았으므로 불태화 개입의 예에 해당하게 된다.

③ 불태화 개입으로 환율은 하락하지만 통화량의 불변으로 금리 또한 불변이 된다.

MEMO

제21장
개방경제하의 거시경제 균형

개방경제하의 국민소득 결정과 BP곡선

❶ 개방 경제하에서의 국민소득의 결정

1) 균형조건

(1) 생산물 시장이 균형을 이루기 위해서는 총수요와 총공급이 같아져야 하므로 개방경제에서의 생산물시장 균형조건은 다음과 같다.

$$Y = C + I + G + X - M$$

(2) 위에 주어진 국민소득 균형조건은 다음과 같이 쓸 수도 있다.

$$(Y - C - G) - I = X - M$$

위 식의 좌변의 괄호 안의 값은 국민소득에서 소비지출과 정부지출을 뺀 값으로 국민저축(NS)에 해당한다. 결국 생산물 시장의 균형조건은 순수출($NX = X - M$)이 국민저축과 국내투자의 차와 같아져야 한다는 조건으로 대체될 수 있다.

$$NS - I = NX$$

2) 균형국민소득 도출

(1) 소비[$C = C_0 + b(Y - T_0 + TR_0)$], 투자[$I = I_0$], 정부지출[$G = G_0$]을 고려하면 $NS - I$는 다음과 같은 선형식으로 표현될 수 있다.

$$NS - I = Y - C_0 - b(Y - T_0 + TR_0) - I_0 - G_0 = -A_0 + (1-b)Y$$
$$단, A_0 = C_0 - bT_0 + bTR_0 + I_0 + G_0$$

(2) 순수출은 자국과 외국의 국민소득과 환율에 의해서 결정되는데, 이에 따라 순수출을 다음과 같은 선형식으로 단순화할 수 있다.

$$NX - NX_0 - mY$$

단, 여기서 NX_0은 순수출 중 국민소득 이외의 요인에 영향을 받는 부분을 말하며,
m은 한계수입성향으로서 $0 < m < 1$이다.

(3) 앞의 두 식을 $NS - I = NX$에 대입하여 Y에 대하여 풀면 다음과 같은 균형국민소득을 구할 수 있다.

$$Y^* = \frac{1}{1-b+m}(A_0 + NX_0)$$

위 식으로부터 개방경제에서의 투자승수는 $\dfrac{1}{1-b+m}$임을 알 수 있다. 그런데 이것의 크기는
폐쇄경제에서의 투자승수인 $\dfrac{1}{1-b}$보다 작은 값을 가진다. 그 이유는 폐쇄경제에서는 독립투자
증가에 따른 유발수요가 모두 내국재에 대한 수요로 나타나는 반면에 개방경제에서는 유발수요
의 일부가 외국재에 대한 수입수요로 나타나므로 그만큼 내국재에 대한 수요가 감소하기 때문
이다.

3) 투자 증가와 환율변동의 효과

(1) 투자 증가의 효과

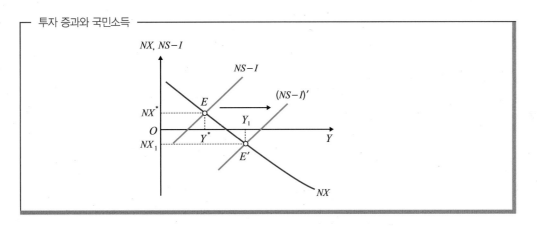

- 투자 증과와 국민소득 -

독립투자가 증가하면 $NX - I$선은 오른쪽(또는 아래쪽)으로 이동하여 새로운 균형은 E'점에서 이
루어지며 폐쇄경제에서와 마찬가지로 균형국민소득이 증가함을 알 수 있다. 또한 순수출은 E점
에 비해 감소하므로 투자의 증가는 순수출을 감소시킴을 알 수 있다.

(2) 환율 변동의 효과

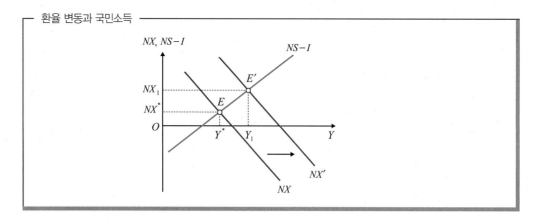

환율 변동과 국민소득

환율이 상승하면 마샬-러너 조건이 충족된다는 전제하에서 NX값을 증가시키고 이에 따라 NX 선이 오른쪽으로 이동한다. 이때 수출수요와 수입수요의 탄력성의 합이 크면 클수록 NX선의 이 동 폭은 커진다. 그 결과 새로운 국민경제의 균형점인 E'에서는 국민소득과 순수출이 모두 증가 함을 알 수 있다.

❷ 적용 사례 – 미국의 경기부양책이 우리나라에 미치는 영향

1) 미국의 경기부양책 효과

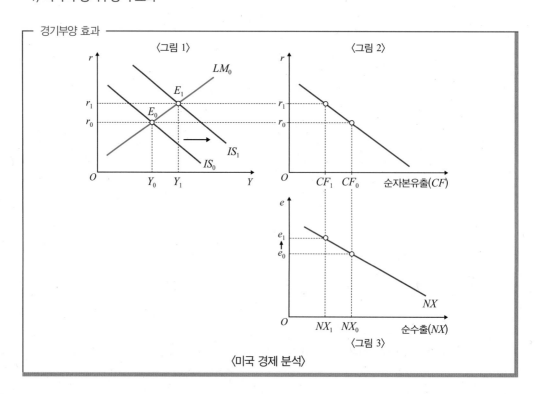

경기부양 효과

〈미국 경제 분석〉

(1) 미국에서 경기를 부양하기 위하여 대규모 재정지출을 하게 되면 〈그림 1〉에서 보는 바와 같이 IS곡선이 오른쪽으로 이동($IS_0 \rightarrow IS_1$)하고, 이에 따라 미국의 국민소득은 증가($Y_0 \rightarrow Y_1$), 이자율은 상승($r_0 \rightarrow r_1$)하게 된다. 이때 상승한 미국의 국내이자율은 현실적으로 세계이자율의 상승을 의미하게 된다.

(2) 이러한 이자율의 상승은 〈그림 2〉에서 보는 바와 같이 미국으로의 자본유입을 가져와 순자본유출을 감소시킨다.

(3) 한편 〈그림 3〉에서 보는 바와 같이 미국의 외환시장에서는 자본유입으로 인한 달러가치의 상승($e_0 \rightarrow e_1$)으로 순수출이 감소하게 되어 경상수지가 악화된다. 이러한 미국의 경상수지 악화는 교역상대국은 경상수지가 개선된다는 의미이기도 하다.

기출확인

(가)에 진술된 정책의 전달 경로를 참고하고 (나)에서 제시한 두 개의 이론 모형을 활용하여, 미국에서 재정적자와 중앙은행의 국채 매입이 각각 미국의 이자율과 화폐가치(환율) 그리고 순수출에 미치는 효과를 비교하시오(단, 재정적자가 이자율에 미치는 영향의 분석에는 대부자금시장 모형을, 국채 매입이 이자율에 미치는 영향의 분석에는 화폐시장 모형을 사용하시오.). 그리고 중앙은행의 국채 매입이 물가 및 국민소득에 미치는 단기적 효과가 폐쇄경제와 개방경제에서 어떻게 다른지 (다)의 조건을 고려하여 비교·설명하시오.   [2013]

(가) 1980년대 미국의 레이건 정부는 세금을 대폭 감면한 반면 재정지출은 비슷한 폭으로 감축하지 않아 대규모 재정적자가 발생했다. 재정적자는 이자율을 변화시켰으며, 이자율의 변화는 외환시장에서 달러에 대한 수요와 공급을 변화시켜 달러가치의 변화를 초래하였고, 나아가 이러한 달러가치의 변화는 같은 시기 미국의 대규모 무역적자의 원인이 되었다.

(나) 이러한 미국의 쌍둥이 적자를 설명하기 위해서는 두 개의 이론 모형과 몇 가지 가정이 필요하다. 첫째는 이자율 결정 모형이다. 이자율 결정 모형에는 이자율이 대부자금의 수요와 공급에 의해 결정된다는 대부자금시장 모형과 이자율이 화폐의 수요와 공급에 의해 결정된다는 화폐시장 모형이 있다. 모형의 단순화를 위하여 단기에 명목이자율의 변화와 실질이자율의 변화는 완전히 동일하다고 가정한다. 둘째는 환율 결정 모형으로 자본이동이 완전히 자유롭다는 가정 하에 외환시장에서 수요와 공급에 의해 한 나라의 화폐가치 또는 환율이 결정되는 과정을 분석하기 위한 것이다. 역시 단순화를 위하여 단기에 명목환율의 변화는 실질환율의 변화와 완전히 동일하다고 가정한다. 또한 미국의 수출품과 수입품 모두 수요의 가격탄력성이 1보다 크며, 환율이 변화가 순수출이 변화에 즉각적으로 반영된다고 가정한다.

〈이자율 결정 모형〉   〈환율 결정 모형〉

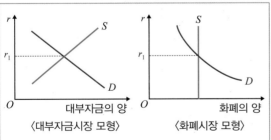 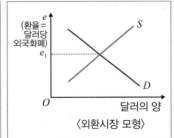

(다) 환율의 변화는 총수요와 총공급을 변화시켜 국민소득과 물가에 영향을 미친다. 동일한 환율 변화로 인한 총수요곡선의 이동 폭이 총공급곡선의 이동 폭보다 더 크다고 가정한다.

분석하기

- 재정적자 효과

> - 재정적자 ⇒ 이자율 상승 ⇒ 자본유입 ⇒ $수요 증가 ⇒ 환율($가치) 상승 ⇒ 순수출 감소

- 국채매입 효과

> - 국채매입 ⇒ 통화량 증가 ⇒ 이자율 하락 ⇒ 자본유출 ⇒ $공급 증가 ⇒ 환율($가치) 하락 ⇒ 순수출 증가

- 국채매입 효과 비교

> - 폐쇄경제: 국채매입 ⇒ 통화량 증가 ⇒ 이자율 하락 ⇒ 투자 증가 ⇒ 총수요 증가(AD곡선 우측 이동 … ⓐ) ⇒ 국민소득 증가, 물가 상승

> - 개방경제
>
> (국채매입 ⇒ 통화량 증가 ⇒ 이자율 하락 ⇒ 투자 증가 ⇒ 총수요 증가(AD곡선 우측 이동 … ⓐ) ⇒ 국민소득 증가, 물가 상승)
>
> +
>
> (국채매입 ⇒ 통화량 증가 ⇒ 이자율 하락 ⇒ 자본유출 ⇒ $공급 증가 ⇒ 환율($가치) 하락 ⇒ 순수출 증가 ⇒ 총수요 증가(AD곡선 우측 이동 … ⓑ) ⇒ 국민소득 증가, 물가 상승
>
> +
>
> (국채매입 ⇒ 통화량 증가 ⇒ 이자율 하락 ⇒ 자본유출 ⇒ $공급 증가 ⇒ 환율($가치) 하락 ⇒ 수입(원자재)가격 상승 ⇒ 총공급 감소(AS곡선 좌측 이동 … ⓒ) ⇒ 국민소득 감소, 물가 상승

> - 동일한 환율 변화로 인한 총수요(AD)곡선 이동 폭이 총공급(AS)곡선의 이동 폭보다 크다는 가정 ⇒ 'ⓑ > ⓒ' ⇒ 폐쇄 경제에 비해 개방 경제에서 국민소득이 ($Y_1 \sim Y_2$)만큼 더 크게 증가하고, 물가 역시 ($P_1 \sim P_2$)만큼 더 크게 상승한다.

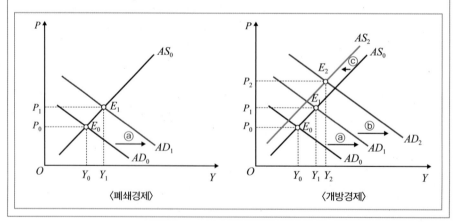

〈폐쇄경제〉　　　　　　　　〈개방경제〉

우리나라와 미국의 환율 정의는 다른가?

우리나라에서 환율은 1달러 당 원화의 교환비율로 정의하고, 미국에서는 1달러 당 외국화폐의 교환비율(2013년 기출문제 환율결정 모형 참조)로 정의한다. 결국 양 국의 환율 정의는 동일하다.

주의할 것은 환율 정의는 동일하지만 환율 변화에 따른 효과는 양 국에서 정반대로 나타나게 된다는 것이다. 마샬-러너 조건이 충족된다는 가정 하에, 환율이 상승하면(= 달러 가치가 상승하면 = 원화 가치가 하락하면) 우리나라에서는 순수출이 증가하지만 미국에서는 순수출이 감소한다는 것이다. 예컨대 환율이 상승하면 우리나라에서 미국으로 수출되는 상품은 달러 표시 가격이 하락하여 우리나라의 수출이 증가하지만, 미국에서 우리나라로 수출되는 상품은 원화 표시 가격이 상승하여 미국의 수출은 감소하게 되는 것이다.

2) 미국의 경기부양으로 인한 우리나라의 경제 변화 ⇒ IS-LM-BP 모형과 연결

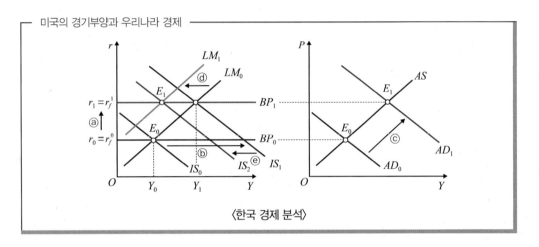

— 미국의 경기부양과 우리나라 경제

〈한국 경제 분석〉

(1) 미국의 경기부양으로 인한 미국 국내이자율의 상승은 결과적으로 세계이자율의 상승을 가져와 우리나라가 직면하게 되는 BP곡선을 상방으로 이동($BP_0 \rightarrow BP_1$)시키게 된다(ⓐ). 이에 따라 기존의 균형점(E_0)에서는 자본유출로 인한 국제수지 적자로 인해 환율이 상승하게 된다. 이러한 환율 상승은 우리나라의 국민소득 증가와 함께 순수출을 증가시키는 요인으로 작용하게 되고, 이에 따라 IS곡선이 오른쪽으로 이동($IS_0 \rightarrow IS_1$)하게 된다(ⓑ).

(2) 한편 순수출 증가로 인한 총수요(AD)의 증가로 국민소득의 증가와 물가상승을 가져온다(ⓒ). 여기서 물가의 상승은 화폐시장에서 실질통화량을 감소시켜 LM곡선을 왼쪽으로 이동($LM_0 \rightarrow LM_1$)시킨다(ⓓ). 또한 실질환율을 하락시켜 순수출을 일부 감소시키는 요인으로 작용하여 IS곡선을 왼쪽으로 이동($IS_1 \rightarrow IS_2$)시킨다(ⓔ).

(3) 결국 미국의 경기부양으로 우리나라에서는 국민소득의 증가, 이자율 상승, 물가 상승, 고용증가 등의 효과로 나타나게 된다.

기출확인

다음 자료를 바탕으로 A국이 통화 공급을 확대할 경우 B국의 국민소득과 물가에 미치는 영향과 그 과정을 B국이 선택하는 환율제도에 따라 구분하여 설명하시오. (단, 환율은 A국 통화 1단위에 대한 B국 통화의 교환비율이고, J 곡선 효과는 무시하며, 환율 변동은 총공급에 영향을 미치지 않는다고 가정한다) [2014]

- A국은 대규모 개방 경제로 B국에 경제적 영향을 주지만 B국은 소규모 개방 경제로 A국에 영향을 주지 않는다. A국과 B국 간 자본 이동은 자유로우며 자본은 이자율이 낮은 나라에서 높은 국가로 이동한다.
- A국 또는 B국에서 통화 공급이 증가(감소)하면 해당 국가의 총수요가 증가(감소)하고 이자율이 하락(상승)한다.
- 변동환율제도하에서는 환율의 변동에 따라 순수출이 변하며 환율 변동이 순수출 변화의 가장 중요한 요인이다. 고정환율제도에서는 중앙은행의 외환시장 개입에 따라 통화량이 변한다.

분석하기

- A국(대국)의 통화 공급 확대로 A국에서는 이자율이 하락하게 된다. 이에 따라 B국으로 자본이 유입된다.
- 자본유입에 따른 B국에서 나타나는 경제적 효과(변동환율제도를 전제)

  - 자본유입 ⇒ 환율 하락 ⇒ 순수출 감소 ⇒ 총수요 감소(AD곡선 좌측 이동) ⇒ 국민소득 감소, 물가 하락

- 자본유입에 따른 B국에서 나타나는 경제적 효과(고정환율제도를 전제)

  - 자본유입 ⇒ 환율 하락 압력 발생 ⇒ 외환시장 안정을 위한 중앙은행의 외환 매입 ⇒ 통화량 증가 ⇒ 이자율 하락 ⇒ 투자 증가 ⇒ 총수요 증가(AD곡선 우측 이동) ⇒ 국민소득 증가, 물가 상승

❸ 대외균형

1) 대외균형의 의의

 (1) 국제거래에 있어 수취외화와 지불외화의 크기가 같아지는 경우

 (2) 경상수지와 자본수지의 합이 0이 되면, 외환의 대한 수요와 공급이 같아져 국제수지 전체는 균형

2) BP곡선의 의의

 (1) **의미**: 국제 수지(경상수지+자본수지)를 0으로 만드는 국민소득과 이자율의 조합을 연결한 곡선

 (2) **국제수지의 구성**

$$BP = [X(e,\ Y_f) - M(e,\ Y)] + K(r,\ r_f)$$

(단, Y: 국내국민소득, Y_f: 해외국민소득, e: 환율, r: 국내이자율, r_f: 해외 이자율, $X-M$: 경상수지, K: 자본수지)

 ① **경상수지**(CA): Marshall-Lerner 조건이 성립한다는 가정 하에 소득의 감소함수이고 환율의 증가함수

② **자본수지**(KA): 해외 이자율이 일정하고 환율에 대한 기대가 정태적이라는 가정 하에 국내 이자율의 증가함수

Q&A

어느 개방경제의 국제수지와 관련된 행태방정식이 다음과 같다.

- $X=200+0.5E$
- $M=300+0.2Y-0.5E$
- $K=100+30r-10r^*$
- 단, X는 수출, M은 수입, E는 현물환율, Y는 소득, K는 자본수지, r은 국내이자율, r^*는 해외이자율이다.

현물환율이 1,050, 해외이자율이 5라고 할 때, 국제수지균형을 나타내는 BP곡선을 구하면?

Solution

국제수지 균형은 경상수지($X-M$)+자본수지(K)=0일 때 달성된다. 따라서 다음과 같은 식이 성립한다.

$(200+0.5E-300-0.2Y+0.5E)+(100+30r-10r^*)=0$

$E-0.2Y+30r-10r^*=0$

$E=1,050$, $r^*=5$이므로 $1,000-0.2Y+30r=0$에서 $0.2Y=1,000+30r$이 성립한다.

결국 BP곡선은 $Y=5,000+150r$이 된다.

❹ BP곡선

1) BP곡선의 도출(소국 개방경제 가정)

(1) **전제**: 해외국민소득(Y_f), 환율(e), 해외이자율(r_f) 등이 일정하다고 가정

(2) **국제 간 자본의 완전 이동이 가능한 경우**

① 국내이자율(r)과 해외이자율(r_f)이 조금만 달라도 즉각적으로 금리차익을 노린 대량의 자본거래 발생 ⇒ 대량의 경상수지의 불균형도 아주 작은 국내이자율의 변화에도 해소가 가능

② 항상 $r=r_f$이 성립하여 BP곡선은 $r=r_f$수준에서 수평선

(3) **자본거래가 자유화되어 있긴 하지만 국제 간에 자본 이동이 불완전한 경우**

① 국제수지가 균형을 이루는 최초의 균형점에서 국민소득이 증가하면 수입이 증가하여 경상수지가 악화되어 국제수지가 적자로 전환

② 국제수지의 균형을 회복하기 위해서는 외국자본의 국내유입이 증가해야 한다. 이를 위해서는 국내이자율이 상승해야 한다.

③ 국민소득이 증가하면 국제수지를 균형시키는 이자율이 상승하기 때문에 곡선은 우상향

BP곡선과 국제수지의 불균형

1. **BP곡선 위쪽**: 국제수지의 균형을 유지하는 데 필요한 이자율보다 높은 수준의 이자율이기 때문에 자본 유입이 이루어져 국제수지는 흑자가 된다.
2. **BP곡선 아래쪽**: 국제수지의 균형을 유지하는 데 필요한 이자율보다 낮은 수준의 이자율이기 때문에 자본 유출이 이루어져 국제수지는 적자가 된다.

---

(4) 국가 간 자본이동이 불가능한 경우

① 국제수지는 경상수지로만 구성되고 경상수지는 이자율의 영향을 받지 않는다.

② BP곡선은 수직선이 되고 BP곡선의 우측은 국제수지 적자, 좌측은 국제수지 흑자를 의미

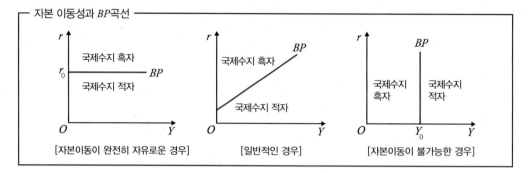

자본 이동성과 BP곡선

[자본이동이 완전히 자유로운 경우]   [일반적인 경우]   [자본이동이 불가능한 경우]

Q&A 개방 대국경제의 BP곡선 모습은?

개방 대국경제에서는 국민소득이 증가하면 순수출이 크게 감소하여 경상수지가 악화된다. 이때 국제수지가 계속해서 균형을 유지하기 위해서는 자본수지가 크게 개선되어 경상수지 악화분이 상쇄되어야 한다. 이를 위해서는 많은 자본유입이 필요하다. 그런데 개방 대국경제에서는 경제규모가 커서 이자율이 상승해야 원하는 자본유입이 가능해진다. 결국 국민소득이 증가하는 경우 대외균형(=국제수지 균형)이 달성되기 위해서는 이자율이 상승해야 하므로 BP곡선은 소국과 달리 우상향하는 모습을 보이게 된다.

2) BP 곡선의 이동

(1) 환율상승의 경우

① 국제수지 균형 상태에서 환율이 상승하면 수출이 증가하고 수입이 감소하여 순수출이 증가하고 이에 따라 주어진 이자율에서 총수요 증가에 따른 국민소득의 증가가 이루어진다.

> 환율(e) 상승 → 수출(X) 증가, 수입(M) 감소 → 총수요(AD) 증가 → 국민소득(Y) 증가

② BP곡선은 오른쪽으로 이동

(2) 환율하락의 경우

① 국제수지 균형 상태에서 환율이 하락하면 수출이 감소하고 수입이 증가하여 순수출이 감소하고 이에 따라 주어진 이자율에서 총수요 감소에 따른 국민소득의 감소가 이루어진다.

> 환율(e) 하락 → 수출(X) 감소, 수입(M) 증가 → 총수요(AD) 감소 → 국민소득(Y) 감소

② BP곡선은 왼쪽으로 이동

환율의 변동과 IS, LM, BP 곡선의 이동			
환율	IS 곡선	LM 곡선	BP 곡선
상승	오른쪽 이동	불변	오른쪽 이동
하락	왼쪽 이동	불변	왼쪽 이동

❺ 개방경제하에서의 대내균형과 대외균형

개방경제하의 대내외 동시균형

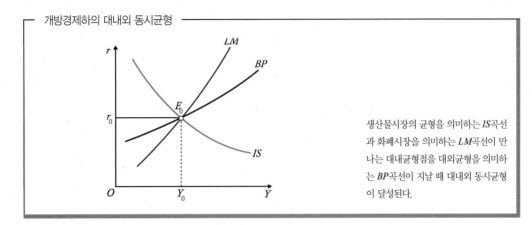

생산물시장의 균형을 의미하는 *IS*곡선과 화폐시장을 의미하는 *LM*곡선이 만나는 대내균형점을 대외균형을 의미하는 *BP*곡선이 지날 때 대내외 동시균형이 달성된다.

확인 TEST

현재 우리나라는 i) 물건이 잘 팔리지 않아 재고가 늘어나고, ii) 시중에는 돈이 많이 풀려 유동성이 넘치고, iii) 수출의 호조와 외국인 증권투자자금의 유입으로 국제수지가 흑자를 보이고 있다고 하자. 그렇다면 우리 경제는 아래의 *IS-LM-BP*모형에서 어느 국면에 위치하고 있는가?

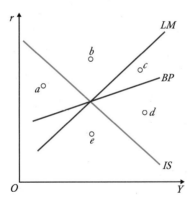

해설 ▶ 재고가 늘어난다는 것은 생산물 시장이 초과공급이라는 의미이므로 *IS*곡선 위쪽에 위치하고, 유동성이 넘친다는 것은 화폐시장이 초과공급이라는 의미이므로 *LM*곡선이 위쪽에 위치한다는 의미이다. 한편 국제수지가 흑자라는 것은 *BP*곡선 위쪽이라는 의미이다. 따라서 앞의 세 가지 모두를 충족하는 영역은 *b*영역이 되는 것이다.

정답 ▶ ②

IS-LM-BP 모형

❶ 자본이동이 불가능한 경우

1) 고정환율제도인 경우

(1) 금융정책의 효과

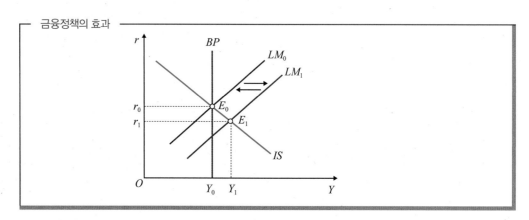
금융정책의 효과

① 외생적으로 화폐공급 증가 ⇒ LM곡선 오른쪽 이동(LM_1) ⇒ 일시적 대내 균형점(E_1)에서 국민소득 증가로 경상수지 악화 ⇒ 환율상승 압력 ⇒ 중앙은행 외환 매각 ⇒ 내생적으로 통화량 감소 ⇒ LM곡선 왼쪽 이동(LM_0) ⇒ 원래 균형점(E_0)으로 되돌아 감

② 통화공급의 내생성 때문에 확대통화정책이 국민소득 증대에 아무런 영향을 주지 못한다.

┌ 고정환율제도하에 통화량이 내생변수가 되는 이유 ─

　고정환율제도 하에서는 명목환율이 미리 정해진 수준에 고정되어 있으므로 외생변수가 된다. 그리고 통화량이 내생변수가 된다. 그 이유는 고정환율을 유지하기 위해서는 중앙은행이 외환시장에 개입해야 하며 그 과정에서 통화량이 변하기 때문이다. 그리고 이와 같이 외환시장 개입의 결과 통화량의 변화를 허용하는 것을 비중화 외환시장개입(nonsterilized intervention)이라고 한다.

(2) 재정정책의 효과

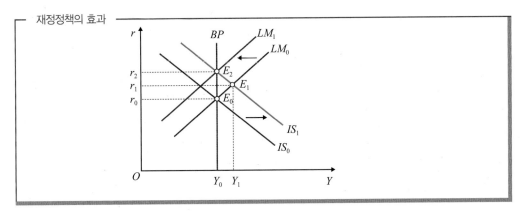

재정정책의 효과

① 정부의 재정지출 증가 ⇒ IS곡선 오른쪽 이동(IS_1) ⇒ 일시적 대내 균형점(E_1)에서 국민소득 증가로 경상수지 악화 ⇒ 환율상승 압력 ⇒ 중앙은행 외환 매각 ⇒ 내생적으로 통화량 감소 ⇒ LM곡선 왼쪽 이동(LM_1) ⇒ 새로운 균형점(E_2)에서 균형 달성

② 자본이동이 불가능하여 확대재정정책은 이자율만 상승시킬 뿐 국민소득 증대에 아무런 영향을 주지 못한다.

2) 변동환율제도인 경우

(1) 금융정책의 효과

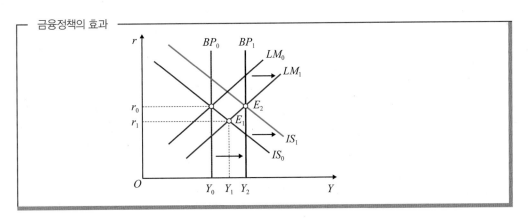

금융정책의 효과

① 외생적으로 화폐공급 증가 ⇒ LM곡선 오른쪽 이동(LM_1) ⇒ 일시적 대내 균형점(E_1)에서 국민소득 증가로 경상수지 악화 ⇒ 환율상승 ⇒ 순수출 증가 ⇒ IS곡선 오른쪽 이동(IS_1), BP곡선 오른쪽 이동(BP_1) ⇒ 새로운 균형점(E_2)에서 균형 달성

② 자본이동이 불가능하여 확대금융정책은 국민소득을 증가시킨다.

(2) 재정정책의 효과

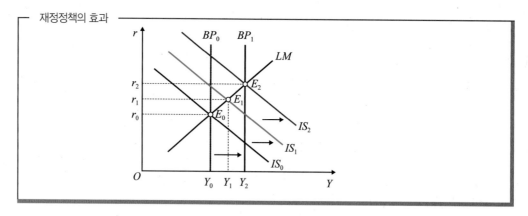

재정정책의 효과

① 정부의 재정지출 증가 ⇒ IS곡선 오른쪽 이동(IS_1) ⇒ 일시적 대내 균형점(E_1)에서 국민소득 증가로 경상수지 악화 ⇒ 환율상승 ⇒ 순수출 증가 ⇒ IS곡선 오른쪽 이동(IS_2), BP곡선 오른쪽 이동(BP_1) ⇒ 새로운 균형점(E_2)에서 균형 달성
② 자본이동이 불가능하여 확대재정정책은 국민소득을 크게 증가시킨다.

❷ 자본이동이 불완전한 경우

1) 고정환율제도인 경우

(1) 금융정책의 효과

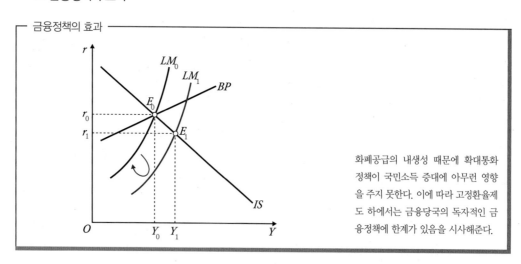

금융정책의 효과

> 화폐공급의 내생성 때문에 확대통화정책이 국민소득 증대에 아무런 영향을 주지 못한다. 이에 따라 고정환율제도 하에서는 금융당국의 독자적인 금융정책에 한계가 있음을 시사해준다.

① 외생적으로 화폐공급이 증가 ⇒ LM곡선 오른쪽으로 이동 ⇒ 일시적 대내 균형점(E_1)에서 국민소득 증가로 경상수지 악화, 이자율 하락으로 자본수지 악화 ⇒ 국제수지 악화(적자) ⇒ 내생적으로 통화량이 감소 ⇒ LM곡선이 왼쪽으로 이동 ⇒ 원래의 균형점으로 되돌아감
② 화폐공급의 내생성 때문에 확대통화정책이 국민소득 증대에 아무런 영향을 주지 못한다.

(2) 재정정책의 효과

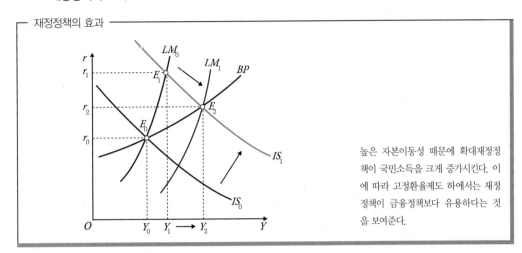

┌─ 재정정책의 효과 ─

높은 자본이동성 때문에 확대재정정책이 국민소득을 크게 증가시킨다. 이에 따라 고정환율제도 하에서는 재정정책이 금융정책보다 유용하다는 것을 보여준다.

① 정부의 재정지출 증가 ⇒ IS곡선 오른쪽으로 이동 ⇒ 일시적 대내 균형점(E_1)에서 국민소득 증가로 경상수지 악화, 이자율 상승으로 자본수지 개선 ⇒ 높은 자본이동성으로 자본수지 개선의 효과가 경상수지 악화의 효과를 압도하여 국제수지 개선(흑자) ⇒ 내생적으로 통화량 증가 ⇒ LM곡선이 오른쪽으로 이동 ⇒ 새로운 점(E_2)에서 균형달성

② 높은 자본이동성 때문에 확대재정정책이 국민소득을 크게 증가시킨다.

2) 변동환율제도인 경우

(1) 금융정책의 효과

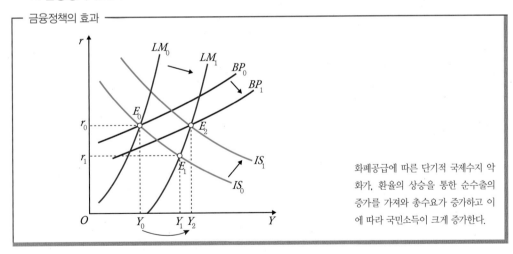

┌─ 금융정책의 효과 ─

화폐공급에 따른 단기적 국제수지 악화가, 환율의 상승을 통한 순수출의 증가를 가져와 총수요가 증가하고 이에 따라 국민소득이 크게 증가한다.

① 외생적으로 화폐공급이 증가 ⇒ LM곡선 오른쪽으로 이동 ⇒ 일시적 대내 균형점(E_1)에서 국민소득 증가로 경상수지 악화, 이자율 하락으로 자본수지 악화 ⇒ 국제수지 악화(적자) ⇒ 환율 상승 ⇒ 내생적으로 IS곡선 오른쪽으로 이동, BP곡선 오른쪽으로 이동 ⇒ 새로운 점(E_2)에서 균형달성

② 화폐공급에 따른 국제수지 악화에 따른 환율의 상승이 순수출의 증가를 가져와 총수요가 증가하고 이에 따라 국민소득이 크게 증가한다.

(2) 재정정책의 효과

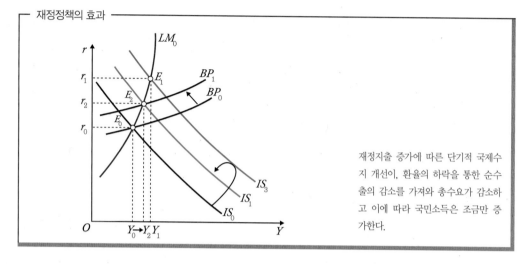

재정정책의 효과

재정지출 증가에 따른 단기적 국제수지 개선이, 환율의 하락을 통한 순수출의 감소를 가져와 총수요가 감소하고 이에 따라 국민소득은 조금만 증가한다.

① 정부의 재정지출 증가 ⇒ IS곡선 오른쪽으로 이동 ⇒ 일시적 대내 균형점(E_1)에서 국민소득 증가로 경상수지 악화, 이자율 상승으로 자본수지 개선 ⇒ 높은 자본이동성으로 자본수지 개선의 효과가 경상수지 악화의 효과를 압도하여 국제수지 개선(흑자) ⇒ 환율하락 ⇒ 내생적으로 IS곡선 왼쪽으로 이동, BP곡선 왼쪽으로 이동 ⇒ 새로운 점(E_2)에서 균형달성

② 정부의 재정지출 증가로 국제수지 개선에 따른 환율의 하락이 순수출의 감소를 가져와 총수요가 감소하고 이에 따라 국민소득은 조금만 증가한다.

확인 TEST

자본이동이 불완전하고 변동환율제도를 채택한 소규모 개방경제의 $IS-LM-BP$ 모형에서 균형점이 (Y_0, i_0)으로 나타났다. 이때, 확장적 재정정책에 따른 새로운 균형점에 대한 설명으로 옳은 것은? (단, Y는 총소득, i_0는 이자율이다.)

① 총소득은 Y_0보다 크고, 이자율은 i_0보다 높다.
② 총소득은 Y_0보다 크고, 이자율은 i_0보다 낮다.
③ 총소득은 Y_0보다 작고, 이자율은 i_0보다 높다.
④ 총소득은 Y_0보다 작고, 이자율은 i_0보다 낮다.

해설 • 자본이동이 불완전하고 변동환율제도를 채택하고 있는 소규모 개방경제에서 확장적 재정정책이 실시되는 경우의 변화 과정을 다음 그림으로 나타낼 수 있다.

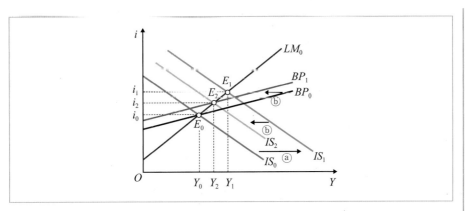

- 확장적 재정정책의 실시는 IS곡선을 오른쪽으로 이동시켜(ⓐ), 단기적 대내균형은 E_1점에서 이루어진다. 이러한 대내균형은 기존의 BP곡선 위쪽에 위치하게 되어, 국제수지는 흑자가 된다. 이에 따라 외환시장에서 환율의 하락을 가져온다.
- 환율의 하락으로 BP곡선은 왼쪽으로 이동하고(ⓑ), 환율하락으로 인한 순수출의 감소로 IS곡선 역시 왼쪽으로 이동하여(ⓑ), 최종 균형은 E_2점에서 달성된다. 이것과 최초의 수준인 E_0점과 비교해보면, 총소득은 Y_0보다 커지고, 이자율은 i_0보다 높아졌다는 것을 알 수 있다.

정답 ①

❸ 자본이동이 완전한 경우

1) 고정환율제도인 경우

(1) 금융정책의 효과

금융정책의 효과

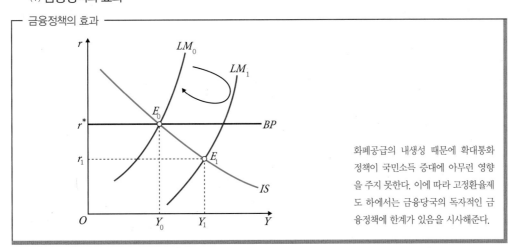

화폐공급의 내생성 때문에 확대통화정책이 국민소득 증대에 아무런 영향을 주지 못한다. 이에 따라 고정환율제도 하에서는 금융당국의 독자적인 금융정책에 한계가 있음을 시사해준다.

① 외생적으로 화폐공급이 증가 ⇒ LM곡선 오른쪽으로 이동 ⇒ 일시적 대내 균형점(E_1)에서 국민소득 증가로 경상수지 악화, 이자율 하락으로 자본수지 악화 ⇒ 국제수지 악화(적자) ⇒ 내생적으로 통화량이 감소 ⇒ LM곡선이 왼쪽으로 이동 ⇒ 원래의 균형점으로 되돌아 감

② 화폐공급의 내생성 때문에 확대통화정책이 국민소득 증대에 아무런 영향을 주지 못하고 이자율 역시 변동하지 않는다.

763

─ 시사점 ─

 자본의 국제이동성이 완전한 상황과 고정환율제도 하에서 국제금리 수준에 아무런 영향을 미치지 못하는 소규모 개방경제는 독자적인 통화정책을 수행할 수 없음을 가르쳐준다. 이는 자본시장이 완전히 개방되어 있는 국가에서는 환율관리목표와 통화관리목표를 동시에 추구할 수 없음을 의미하는 것으로 해석될 수도 있다. 즉, 국제자본이동성이 완전하다면 특정 환율 수준을 유지하는 환율정책을 수행하기 위해서는 통화관리를 포기할 수밖에 없으며, 총수요관리정책으로서 독자적인 통화정책을 추구하려 한다면 환율관리를 포기해야 한다는 것이다.

확인 TEST

다음은 고정환율제도 하에서의 확장적 통화정책에 대한 설명이다. 옳은 설명을 모두 고른 것은?

 ㉠ 통화팽창 이후 고정환율제도를 유지하기 위해서 중앙은행은 보유 중인 외환을 매각하여 원화의 통화량을 감소시켜야 한다.
 ㉡ 확장적 통화정책은 국민소득의 증가를 초래한다.
 ㉢ 고정환율제도하에서 중앙은행은 거시경제의 안정성을 유지하기 위한 수단으로서의 통화정책의 유효성을 상실하게 된다.

① ㉠
② ㉠, ㉡
③ ㉠, ㉢
④ ㉠, ㉡, ㉢
⑤ ㉡

해설 ▶ 고정환율제도 하에서 확장적 통화정책을 실시할 경우 단기적으로 국내이자율이 하락한다. 이자율이 하락하면 해외로 자본유출이 발생하고 이로 인해 외환시장에서는 환율상승 압력이 존재하게 된다. 고정환율제 하에서는 변동환율제도 하에서와 같이 환율변동을 통해 이러한 불균형을 해소할 수 없기 때문에, 통화당국이 환율상승 압력을 제거하기 위해 보유외화를 매각하게 된다. 그 과정에서 의도하지 않게 통화량이 내생적으로 감소하게 되어 최초의 확장적 통화정책은 무력해지게 된다.

정답 ▶ ③

(2) 재정정책의 효과

─ 재정정책의 효과 ─

높은 자본이동성 때문에 확대재정정책이 국민소득을 크게 증가시킨다. 이에 따라 고정환율제도하에서는 재정정책이 금융정책보다 유용하다는 것을 보여준다.

① 정부의 재정지출 증가 ⇒ IS곡선 오른쪽으로 이동 ⇒ 일시적 대내 균형점(E_1)에서 국민소득 증가보 경상수지 악화, 이사율 상승으로 자본수지 개선 ⇒ 높은 자본이동성으로 자본수지 개선의 효과가 경상수지 악화의 효과를 압도하여 국제수지 개선(흑자) ⇒ 내생적으로 통화량이 증가 ⇒ LM곡선이 오른쪽으로 이동 ⇒ 새로운 김(E_2)에서 균형 달성

② 높은 자본이동성 때문에 확대재정정책이 국민소득을 크게 증가시킨다.

확인 TEST

다음은 먼델－플레밍 모형을 이용하여 고정환율제도를 취하고 있는 국가의 정책효과에 대해서 설명한 것이다. ㉠과 ㉡을 바르게 연결한 것은?

> 정부가 재정지출을 (㉠)하면 이자율이 상승하고 이로 인해 해외로부터 자본 유입이 발생한다. 외환시장에서 외화의 공급이 증가하여 외화 가치가 하락하고 환율의 하락 압력이 발생한다. 하지만 고정환율제도를 가지고 있기 때문에 환율이 변할 수는 없다. 결국 환율을 유지하기 위해 중앙은행은 외화를 (㉡)해야 한다.

	㉠	㉡		㉠	㉡
①	확대	매입	③	축소	매입
②	확대	매각	④	축소	매각

해설 ▸ • 고정환율제도 하에서의 재정정책의 전달경로를 정리하면 다음과 같다.

> 재정지출 확대(축소) ⇒ 이자율 상승(하락) ⇒ 자본유입(유출) ⇒ 외화공급(수요) 증가 ⇒ 환율하락(상승) 압력 발생 ⇒ 외화 매입(매각)

• 여기서 고정환율제 하에서 중앙은행은 외환시장의 안정을 위해 개입해야 한다는 것을 알 수 있다. 이에 따라 통화량이 의도하지 않게 내생적으로 변동하게 되어 통화량을 원하는 대로 통제할 수 없게 된다.

정답 ▸ ①

---

2) 변동환율제도인 경우

(1) 금융정책의 효과

― 금융정책의 효과 ―

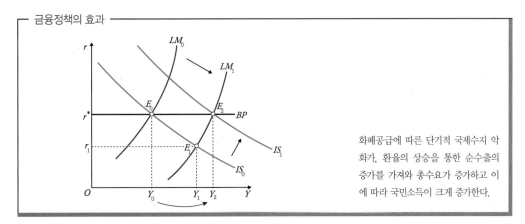

화폐공급에 따른 단기적 국제수지 악화가, 환율의 상승을 통한 순수출의 증가를 가져와 총수요가 증가하고 이에 따라 국민소득이 크게 증가한다.

① 외생적으로 화폐공급이 증가 ⇒ LM곡선 오른쪽으로 이동 ⇒ 일시적 대내 균형점(E_1)에서 국민소득 증가로 경상수지 악화, 이자율 하락으로 자본수지 악화 ⇒ 국제수지 악화(적자) ⇒ 환율상승 ⇒ 내생적으로 IS곡선 오른쪽으로 이동 ⇒ 새로운 점 (E_2)에서 균형달성

② 화폐공급에 따른 국제수지 악화에 따른 환율의 상승이 순수출의 증가를 가져와 총수요가 증가하고 이에 따라 국민소득이 크게 증가한다.

확인 TEST

A국은 변동환율제도를 채택하고 자본이동이 완전히 자유로운 소규모개방경제국이다. *IS-LM-BP* 분석에서 A국 중앙은행이 화폐공급량을 증가시킬 때, 최종적인 경제효과로 옳지 않은 것은? (단, 국제이자율은 불변이고, IS곡선은 우하향하며, LM곡선은 우상향한다.)

① 투자가 감소한다.　　　　　② 소비가 증가한다.
③ 소득이 증가한다.　　　　　④ 무역수지가 개선된다.

해설 괄호 안의 주어진 조건에 따라 그림을 그리면 다음과 같다.

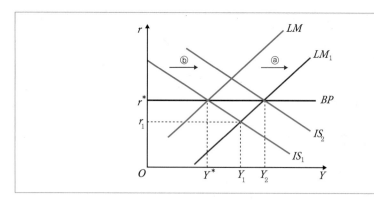

중앙은행이 화폐공급량을 증가시키면 LM곡선이 오른쪽으로 이동(그림 ⓐ)하여 대내균형점에서 이자율이 하락하고 소득이 증가하게 된다. 이에 따라 자본유출이 이루어지고 소득이 증가함에 따라 수입이 증가하여 외환시장에서 환율이 상승하게 된다. 그 결과 순수출의 증가와 이자율 하락에 따른 투자의 증가 및 소득 증가에 따른 소비 증가로 총수요가 증가하게 되어 IS곡선이 오른쪽으로 이동(그림 ⓑ)하게 되어 소득은 더 크게 증가하게 된다.

정답 ①

(2) 재정정책의 효과

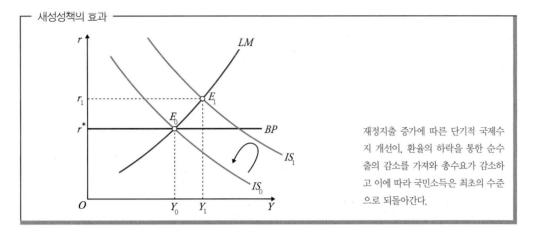

재정성책의 효과

재정지출 증가에 따른 단기적 국제수지 개선이, 환율의 하락을 통한 순수출의 감소를 가져와 총수요가 감소하고 이에 따라 국민소득은 최초의 수준으로 되돌아간다.

① 정부의 재정지출 증가 ⇒ IS곡선 오른쪽으로 이동 ⇒ 일시적 대내 균형점(E_1)에서 국민소득 증가로 경상수지 악화, 이자율 상승으로 자본수지 개선 ⇒ 높은 자본이동성으로 자본수지 개선의 효과가 경상수지 악화의 효과를 압도하여 국제수지 개선(흑자) ⇒ 환율하락 ⇒ 내생적으로 IS곡선 왼쪽으로 이동 → 원래의 균형점(E_0)으로 되돌아 감

② 정부의 재정지출 증가로 국제수지 개선에 따른 환율의 하락이 순수출의 감소를 가져와 총수요가 감소하고 이에 따라 국민소득은 종전 수준으로 되돌아간다.

확인 TEST

변동환율제도를 채택하고 있는 소국–개방경제에서 정부가 경기부양을 위해 재정지출을 확대할 경우, 최종적으로 나타날 수 있는 현상으로 보기 어려운 것은?

① 수출이 감소한다.
② 이자율이 상승한다.
③ 자본수지가 개선된다.
④ 국민소득은 변함이 없다.
⑤ 국내통화가 평가절상된다.

해설 ▸ • 주어진 조건들을 그림으로 나타내면 다음과 같다.

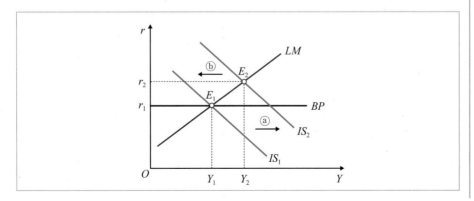

- 먼델-플레밍 모형에 따르면 자본이동이 완전한 소국 개방경제에서 경기부양을 위해 재정지출을 확대하면(ⓐ) 단기적으로는 이자율의 상승과 국민소득이 증가하게 된다.
- 이자율의 상승은 자본수지를 개선시키고(③), 국민소득의 증가는 수입을 증가시켜 경상수지를 악화 시킨다. 그런데 자본수지 개선의 크기가 경상수지 악화의 크기를 압도하여 국제수지는 개선된다.
- 외환시장에서 외화공급이 증가하여 환율이 하락하게 되어 국내통화가 평가절상된다(⑤). 이러한 환율의 하락은 수출을 감소시키고(①) 수입을 증가시켜 순수출을 감소시킨다. 순수출의 감소로 총수요가 감소하여 경제는 원래의 수준으로 복귀한다(ⓑ).
- 재정지출 확대의 최종적 결과는 이자율과 국민소득은 불변이다(②, ④).

정답 ②

사례 연구 환율제도와 경기안정화 정책의 효과

◈ 다음 그림은 자본이동이 자유로운 소규모 개방경제를 나타낸다.

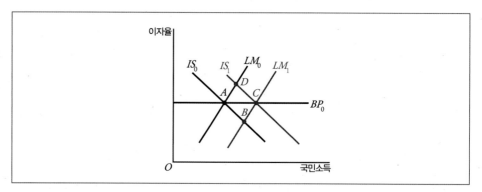

IS_0, LM_0, BP_0곡선이 만나는 점 A에서 균형이 이루어졌을 때, 환율제도에 따른 확장적 재정정책과 확장적 금융정책으로 인한 새로운 균형점은?

- 변동환율제 하에서 확장정 재정정책: 정부의 재정지출 증가 ⇒ IS 곡선 오른쪽으로 이동 ⇒ D 수준에서 일 시적 대내 균형 성립 ⇒ 국제수지 흑자 ⇒ 환율 하락 ⇒ 순수출 감소로 내생적으로 IS 곡선 왼쪽으로 이동 ⇒ 원래의 균형점인 A 수준으로 복귀(재정정책 무용)
- 변동환율제 하에서 확장적 통화정책: 외생적으로 화폐공급이 증가 ⇒ LM 곡선 오른쪽으로 이동 ⇒ B 수준 에서 일시적 대내 균형 성립 ⇒ 국제수지 적자 ⇒ 환율 상승 ⇒ 순수출 증가로 내생적으로 IS 곡선 오른쪽으 로 이동 ⇒ C 수준에서 새로운 균형달성(통화정책 유용)
- 고정환율제 하에서 확장적 통화정책: 외생적으로 화폐공급이 증가 ⇒ LM 곡선 오른쪽으로 이동 ⇒ B 수준 에서 일시적 대내 균형 성립 ⇒ 국제수지 적자 ⇒ 외환시장에서 환율 상승 '압력' 발생 ⇒ 외환시장 안정을 위해 중앙은행 외화 매각 ⇒ 내생적으로 통화량이 감소 ⇒ LM 곡선이 왼쪽으로 이동 ⇒ 원래의 균형점인 A 수준으로 복귀(통화정책 무용)
- 고정환율제 하에서 확장적 재정정책: 정부의 재정지출 증가 ⇒ IS 곡선 오른쪽으로 이동 ⇒ D 수준에서 일 시적 대내 균형 성립 ⇒ 국제수지 흑자 ⇒ 외환시장에서 환율 하락 '압력' 발생 ⇒ 외환 시장 안정을 위해 중 앙은행 외화 매입 ⇒ 내생적으로 통화량 증가 ⇒ LM 곡선 오른쪽으로 이동 ⇒ C 수준에서 새로운 균형달 성(재정정책 유용)

사례 연구 **긴축재정정책과 양적완화정책의 혼합**

◈ 유로지역의 재정위기 이후 내부문의 *G*20 국가들은 재정건전성 강화를 위해 긴축재정정책을 채택하고 있다. 그 중 규모가 큰 몇몇 국가들은 긴축재정이 부작용을 시정하고자 양적완화정책을 동시에 펼치고 있다. 이로 인해 소규모 개방경제 국가에 미치는 영향을 환율제도를 고려하면서 *IS - LM - BP* 모형으로 비교·설명하면? 단, 자본이동은 자유롭고, '마샬-러너 조건'이 충족되고 있다고 가정한다.

분석하기

• 변동환율제도인 경우

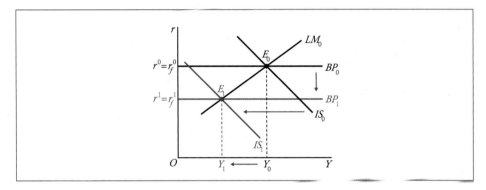

1) 긴축재정정책은 국민저축의 증가, 양적완화정책은 통화량의 증가를 수반하는 정책이다. 이로 인해 대국들의 이자율이 하락하게 되는데, 이는 곧 세계이자율의 하락($r_0 \rightarrow r_1$)을 의미한다. 이러한 대국들의 이자율 하락은 자본이동이 자유로운 소규모 개방경제 국가들의 *BP*곡선을 아래쪽으로 이동($BP_0 \rightarrow BP_1$)시킨다. 이에 따라 기존의 균형점인 E_0 수준에서는 국제수지가 흑자가 되어 환율이 하락하게 된다.

2) 마샬-러너 조건이 충족되고 있으므로 환율의 하락은 순수출을 감소시켜, *IS*곡선은 왼쪽으로 이동($IS_0 \rightarrow IS_1$)하게 된다. 그 결과 새로운 균형점인 E_1 수준에서는 이전에 비해 국민소득이 감소($Y_0 \rightarrow Y_1$)하게 된다. 일반적으로 일부 선진국들을 제외한 대부분의 국가들은 소규모 개방경제 국가들에 해당한다. 결국 이러한 소국들의 국민소득 감소는 곧 세계 대부분 국가들의 국민소득 감소를 의미한다. 이러한 과정을 통해 '글로벌' 절약의 역설(paradox of global thrifty)이 나타나게 되는 것이다.

• 고정환율제도인 경우

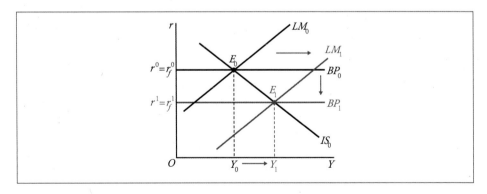

1) 긴축재정정책은 국민저축의 증가, 양적완화정책은 통화량의 증가를 수반하는 정책이다. 이로 인해 대국들의 이자율이 하락하게 되는데, 이는 곧 세계이자율의 하락($r_0 \rightarrow r_1$)을 의미한다. 이러한 대국들의 이자율 하락은 자본이동이 자유로운 소규모 개방경제 국가들의 *BP*곡선을 아래쪽으로 이동($BP_0 \rightarrow BP_1$)시킨다. 이에 따라 기존의 균형점인 E_0 수준에서는 국제수지가 흑자가 되어 외환시장에서는 '환율하락 압력'이 존재하게 된다.

2) 중앙은행은 외환시장에 존재하는 '환율하락 압력'을 해소하기 위하여 외환을 매입하게 된다. 이에 따라 외환 매입대금만큼 통화량이 증가하게 되어 LM곡선은 오른쪽으로 이동($LM_0 \rightarrow LM_1$)하게 된다. 그 결과 새로운 균형점인 E_1 수준에서는 이전에 비해 국민소득이 증가($Y_0 \rightarrow Y_1$)하게 된다.

기출확인

불황기에 국민 소득을 증대시키기 위한 확대 재정정책의 효과가, 개방 경제에서 더 큰지 폐쇄 경제에서 더 큰지 알아보고자 한다. 다음 자료를 읽고, 이자율 변동, 자본 이동, 환율변동, 총수요 변동을 고려하여 150자 이내로 설명하시오. (총공급 곡선은 이자율이나 환율에 의해서 영향을 거의 받지 않는다고 가정한다.

[2002]

상품과 자본의 이동이 자유로운 개방경제는 폐쇄 경제와는 다른 특징들을 보이고 있다. 자본이동이 자유로우면 국가 간 이자율의 차이에 따라 자본이 이동하는데, 이렇게 이동한 자본은 외환시장에서 수요나 공급을 변화시켜 환율을 변동시킨다. 환율의 변동은 다시 여러 경제변수에 영향을 준다. 따라서 경제정책의 효과를 분석할 때, 개방경제에서는 폐쇄경제에서와는 달리 환율 변동에 따른 효과까지 분석해야 한다. 즉 개방경제에서 재정정책과 통화정책의 효과를 분석할 때는 폐쇄 경제에서의 효과 외에 환율이 총수요와 총공급을 어떻게 변화시키는지 추가적으로 고려해야 한다.

분석하기
- 개방경제: 확대 재정정책을 실시하게 되면 이자율이 상승하여 투자가 감소하게 된다. 또한 이자율의 상승은 자본유입으로 인한 환율하락을 가져와 순수출도 감소하게 된다.
- 폐쇄경제: 확대 재정정책을 실시하게 되면 이자율이 상승하여 투자가 감소하게 된다. 다만 폐쇄경제하에서는 이자율 상승으로 인한 자본유입을 가져오지 않게 되어 순수출에 영향을 주지 않는다.
- 결국 불황기에 국민소득을 증가시키기 위한 확대 재정정책의 효과는 개방경제에 비해 폐쇄경제에서 더 크다는 것을 알 수 있다.

기출확인

변동환율제도를 채택하고 있으며 자본 이동이 자유로운 소규모 개방경제를 상정하자. 물가 하락은 가계의 소비 지출과 기업의 투자지출뿐 아니라 순수출에도 영향을 미친다. (A) 물가 하락이 화폐시장에서 이자율에 영향을 미치게 되는 과정을 쓰시오. (B) 화폐시장에서의 이런 변화가 순수출에 어떤 경로로 영향을 미치게 되는지를 자본 유출입, 환율, 수출입에 대한 영향의 순서에 따라 쓰시오.

[2006]

분석하기
- A: 물가가 하락하면 화폐시장에서 실질통화량이 증가하여 이자율이 하락하게 된다.
- B: 이자율의 하락으로 자본유출이 이루어지면 환율이 상승하게 되어 순수출이 증가한다.

MEMO

저자 허 역

경기도 고양에서 태어나 싱문고등학교를 졸업하고 고려대학교 법학과와 같은 대학원을 졸업했다.
이후 세종대학교에서 경제학 박사학위를 취득하였다.

- 법화시
- 법학석사(민사소송법 전공)
- 경제학 박사(화폐금융론 전공)

現 월비스 임용 일반사회 대표강사
　　(주)에스티앤티(ST&T) 대표이사
前 건국대학교 경제학과 강사
　　세종대학교 경제학과 강사
　　세종사이버대학교 외래교수

[주요저서]
- AK 통합 경제학, 박영사
- AK경제학 동형 모의고사, 박영사
- AK경제학 1개3특 1292, 박영사
- AK경제학 진도별 만점 Test, 아람출판사
- AK경제학 실전공식노트, 아람출판사
- 교원임용 경제학 길라잡이, 아람출판사
- 교원임용 일반사회 기본이론, 아람출판사
- 알고보면 쉬운 경제, 황금비율

[논문]
- 민사소송에 있어서의 법관의 석명에 관한 연구
- 화폐 수요의 결정요인과 특성에 관한 연구
　(자산 거래와 금융 발전의 역할을 중심으로)
- 부동산 거래와 화폐 수요에 관한 연구
- 금융발전과 화폐수요